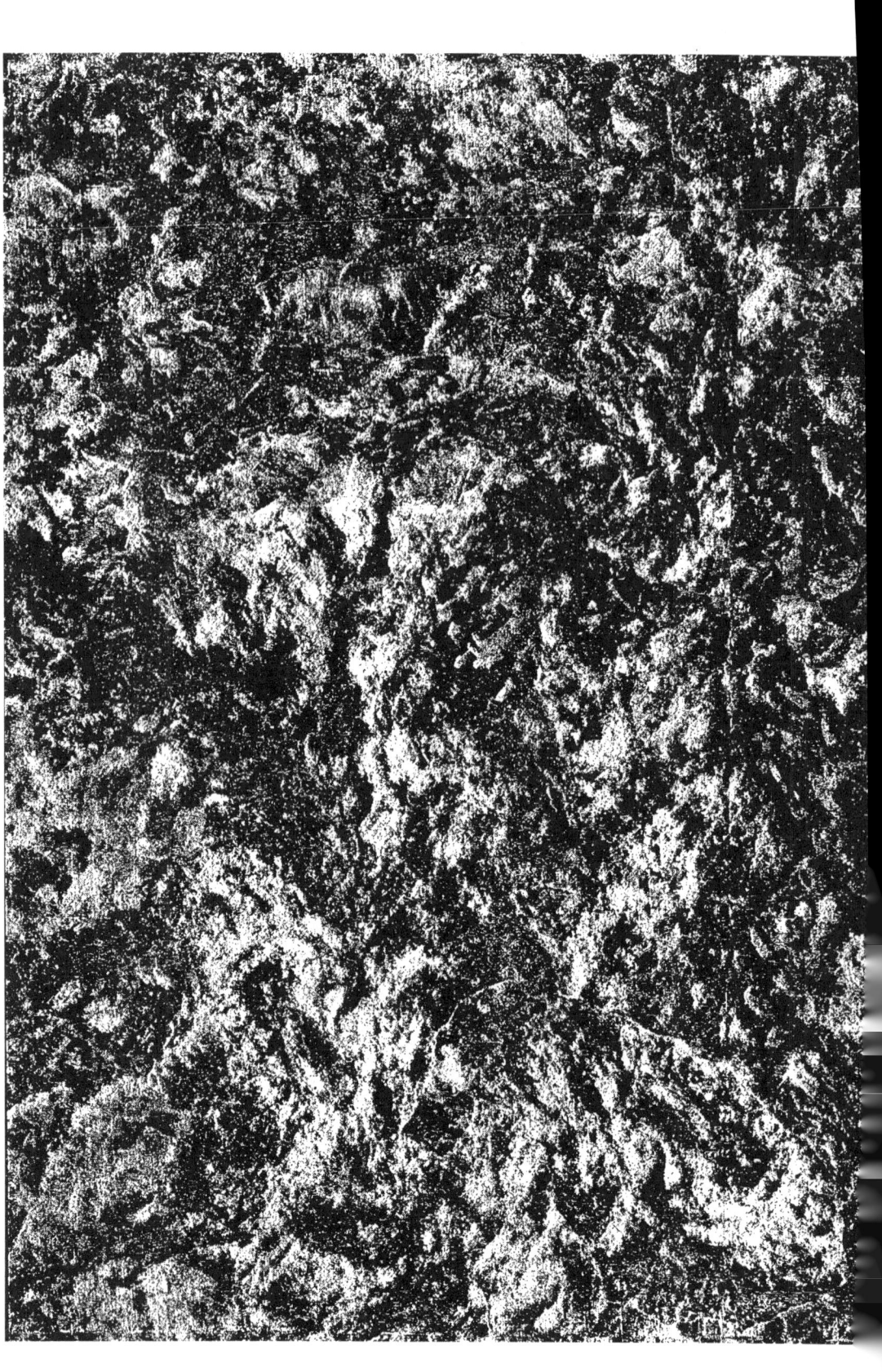

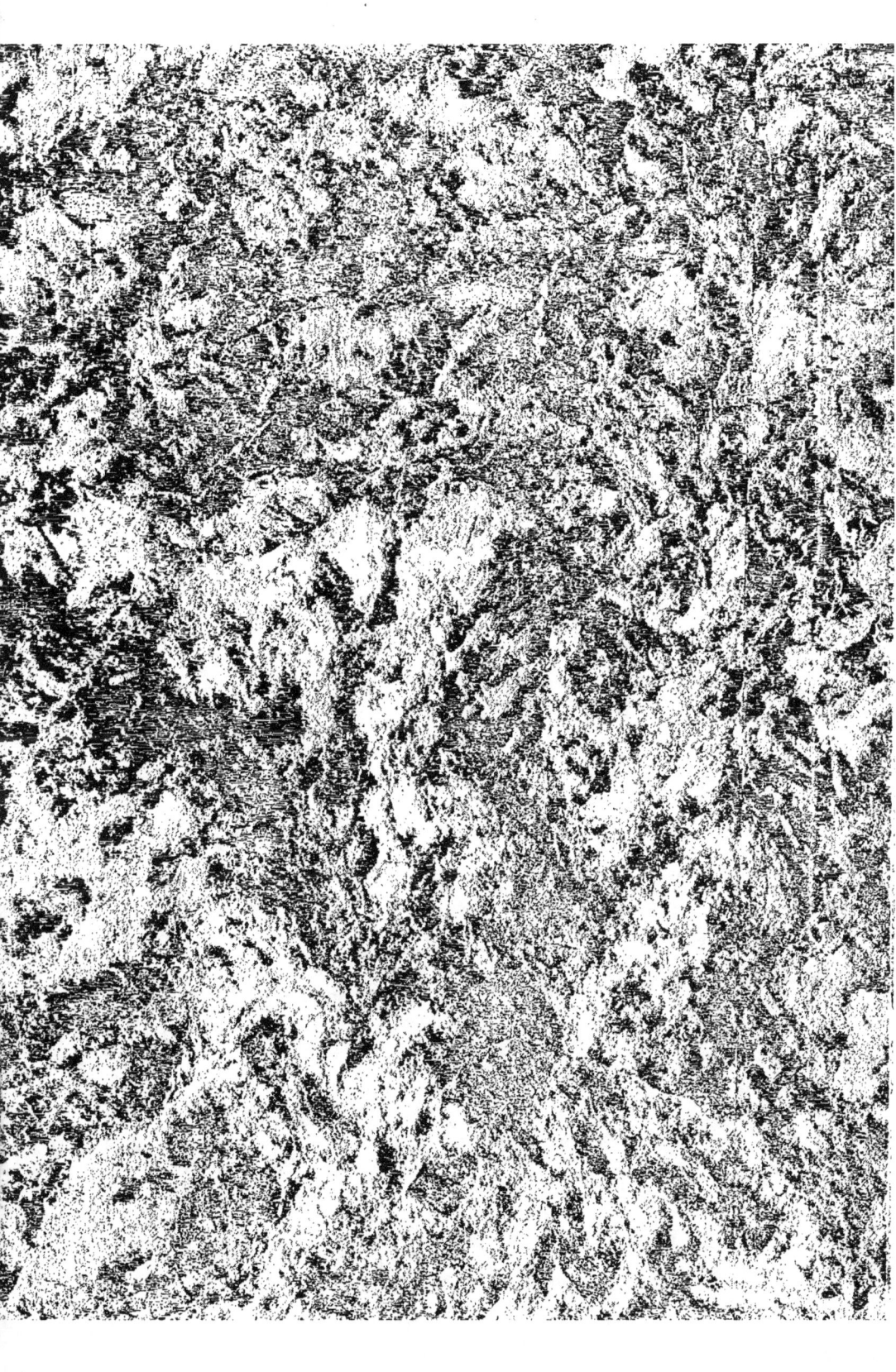

RECUEIL

DES

ACTES DU DIRECTOIRE EXÉCUTIF

(PROCÈS-VERBAUX, ARRÊTÉS,
INSTRUCTIONS, LETTRES ET ACTES DIVERS)

PUBLIÉS ET ANNOTÉS

PAR

A. DEBIDOUR

PROFESSEUR À LA FACULTÉ DES LETTRES DE L'UNIVERSITÉ DE PARIS,
INSPECTEUR GÉNÉRAL HONORAIRE DE L'INSTRUCTION PUBLIQUE

TOME TROISIÈME

DU 16 MESSIDOR AN IV AU 15 VENDÉMIAIRE AN V
(4 JUILLET — 6 OCTOBRE 1796)

PARIS

IMPRIMERIE NATIONALE

MDCCCXIII

COLLECTION

DE

DOCUMENTS INÉDITS

SUR L'HISTOIRE DE FRANCE

PUBLIÉS PAR LES SOINS

DU MINISTRE DE L'INSTRUCTION PUBLIQUE

Par arrêté en date du 9 janvier 1903, M. le Ministre de l'instruction publique et des beaux-arts, sur la proposition de la section des sciences économiques et sociales du Comité des travaux historiques et scientifiques, a ordonné la publication du *Recueil des actes du Directoire exécutif*, par M. DEBIDOUR.

M. AULARD, membre du Comité, a suivi l'impression de ce volume, en qualité de commissaire responsable.

SE TROUVE À PARIS

À LA LIBRAIRIE ERNEST LEROUX

RUE BONAPARTE, 28

[68]

RECUEIL

DES

ACTES DU DIRECTOIRE EXÉCUTIF

(PROCÈS-VERBAUX, ARRÊTÉS
INSTRUCTIONS, LETTRES ET ACTES DIVERS)

PUBLIÉS ET ANNOTÉS

PAR

A. DEBIDOUR

PROFESSEUR À LA FACULTÉ DES LETTRES DE L'UNIVERSITÉ DE PARIS
INSPECTEUR GÉNÉRAL HONORAIRE DE L'INSTRUCTION PUBLIQUE

TOME TROISIÈME

DU 16 MESSIDOR AN IV AU 15 VENDÉMIAIRE AN V
(4 JUILLET — 6 OCTOBRE 1796)

PARIS

IMPRIMERIE NATIONALE

MDCCCXIII

PRINCIPALES ABRÉVIATIONS.

Arch. nat............ Archives nationales.
C. C................ Procès-verbal des séances du Conseil des Cinq-Cents.
Anc................ Procès-verbal des séances du Conseil des Anciens.
Bull., II............ Bulletin des lois, 2ᵉ partie.
Monit.............. Moniteur universel.
Réd................ Le Rédacteur.
Déb................ Journal des débats et décrets.
Aulard, Paris........ Aulard, Paris pendant la réaction thermidorienne et sous le Directoire.

RECUEIL

DES ACTES DU DIRECTOIRE EXÉCUTIF

(PROCÈS-VERBAUX, ARRÊTÉS, INSTRUCTIONS, LETTRES ET ACTES DIVERS).

SÉANCE DU 16 MESSIDOR AN IV[1]

4 JUILLET 1796.

Le Directoire exécutif adresse au Conseil des Cinq-Cents trois messages :

Le premier a pour objet d'adresser au Conseil des détails relatifs à l'exécution des lois des 28 et 6 floréal an IV; il y joint le tableau des soumissions, consignations, etc... [2];

Le second, de transmettre des renseignements sur la suite des opérations de l'emprunt forcé [3];

Par le troisième, il propose d'échanger la maison de Castries [4], occupée par le ministre de la guerre, contre la propriété nationale dite des Filles-Dieu, située rue Saint-Denis [5].

---

[1] Arch. nat., AF III*, 4, fol. 35-37.

[2] Lu à la séance du 17 messidor. — C. C., messidor an IV, p. 319-322. — Il s'agit de la vente des biens nationaux. Ce nouveau tableau offre, pour 73 départements dont les états sont parvenus jusqu'au 14 messidor, 91,210 soumissions et en consignations 159,245,991 fr. 75, tandis que le tableau fourni le 1ᵉʳ messidor, qui ne comprenait que 54 départements, ne présentait que 45,936 soumissions et 79,606,012 fr. 17. Un 2ᵉ tableau offre 3,670 ventes consommées et, pour le prix de ces ventes, 33,027,644 fr. 30, tandis que le précédent n'en offrait que 267, dont le prix était de 2,233,501 fr. 48.

[3] Lu à la séance du 17 messidor. — C. C. messidor an IV, p. 305-307. — Le Directoire n'a encore reçu depuis le dernier compte rendu (c'est-à-dire celui du 30 prairial) que des renseignements incomplets. Il signale seulement que deux départements de plus ont perfectionné et corrigé leurs rôles et qu'il est entré 8 millions en valeurs réduites. Il donne quelques détails sur l'avancement du travail de la confection des rôles pour les contributions foncière et personnelle dans les départements.

[4] Rue de Varenne.

[5] Lu à la séance du 18 messidor. — C. C. messidor an IV. — Il s'agit de maintenir le ministère de la guerre dans la maison de Castries, le propriétaire de cet immeuble prenant les Filles-Dieu, «dont la plus-value est de 586,500 livres, valeur de 1790».

Il en reçoit un autre du Conseil des Anciens contenant six lois en date de ce jour :

La première annule l'élection des assesseurs et du juge de paix du canton de l'Argentière, département de l'Ardèche [1];

La seconde met à la disposition du ministre de la justice la somme de quinze millions, à prendre sur les deux milliards quatre cents millions créés par la loi du 28 ventôse dernier [2];

La troisième déclare illégaux des rassemblements qui ont eu lieu à Port-Brieuc [3] lors des assemblées primaires et valide les élections faites par les citoyens réunis dans les édifices de Saint-Pierre et Saint-Michel [4];

La quatrième annule un arrêté du représentant du peuple Boisset, du 16 brumaire an II°, pris au profit du citoyen Michel [5];

La cinquième met à la disposition des commissaires de la trésorerie nationale une somme de quatre millions cent cinquante-six mille soixante-six francs, valeur fixe, sur les deux milliards créés par la loi du 28 ventôse dernier [6];

La sixième déclare illégales et nulles les élections du juge de paix, de ses assesseurs et du président de l'administration municipale du canton de Mondeville, département du Calvados [7].

Le Directoire ordonne que ces lois seront publiées, exécutées et qu'elles seront munies du sceau de l'État. En conséquence, elles sont adressées de suite à l'enregistrement, pour deux expéditions de chacune être envoyées sans délai au ministre de la justice, avec l'arrêté portant ordre d'impression et de publication dans les formes prescrites par les lois.

Il maintient par un arrêté l'adjudication de quatre lots de biens, situés à Lisy, département de Seine-et-Marne, faite le 4 mai 1791, au citoyen Robert, moyennant 150,200 francs, et révoque une proclamation du Conseil exécutif provisoire, du 2 pluviôse an II, qui avait annulé cette adjudication [8].

---

[1] *Bull.*, II, LVII, n° 514.
[2] *Bull.*, II, LVI, n° 505. — Sur la loi du 28 ventôse, voir t. I, p. 841. — La présente loi est en réalité datée du 15 messidor.
[3] Saint-Brieuc.
[4] Cette loi est datée en réalité du 15 messidor. — *Bull.*, II, LVII, n° 512.
[5] *Bull.*, II, LVII, n° 516.
[6] *Bull.*, II, LVII, n° 515.
[7] *Bull.*, II, LVII, n° 513.
[8] Arrêté du 16 messidor an IV, signé des directeurs Revellière-Lépeaux, Carnot, Barras (Arch. nat., AF III, 384, dossier 1973).

[4 juillet 1796]   DU DIRECTOIRE EXÉCUTIF.   3

Il ordonne que la Trésorerie nationale tiendra à la disposition du ministre de la justice [1] la somme de 15 millions, à prendre sur les deux milliards quatre cents millions créés par la loi du 28 ventôse dernier [2].

Il autorise le ministre des finances à faire payer une somme de six mille livres, en mandats, au citoyen Mayer, maître de poste de Wissembourg, mandé à Paris par le Gouvernement [3].

Il autorise le citoyen Petit, garde-magasin de Pierre-des-Arcis, à délivrer au citoyen Jussieu, directeur du Muséum d'histoire naturelle, la quantité de cinq cents livres d'étain pour le laboratoire de chimie [4].

Il destitue définitivement plusieurs membres de l'administration municipale du canton de Granges, département de la Haute-Saône, suspendus provisoirement par l'administration centrale, par arrêté du 15 prairial [5].

Il autorise le ministre de l'intérieur à rendre stationnaires les ingénieurs des mines [6].

Il écrit au commissaire Bouteville, pour qu'il remplace le commissaire près le département de Jemmapes [7].

---

[1] En vertu de la loi du 15 messidor. (Voir ci-dessus, p. 2.)

[2] Arrêté du 16 messidor an IV, signé Carnot, Reubell, Revellière-Lépeaux (Arch. nat., AF III, 384, dossier 1972).

[3] Arrêté du 16 messidor an IV, signé Revellière-Lépeaux, Barras, Carnot (Arch. nat., AF III, 384, dossier 1973). — Voir t. II, p. 471 (séance du 6 prairial), l'accusation dont ce maître de poste avait été l'objet, et dont il s'était du reste justifié.

[4] «Pour la confection des ustensiles du laboratoire de chimie et pour les soudures des travaux de vitrerie.» — Arrêté du 16 messidor an IV, signé Revellière-Lépeaux, Carnot, Barras (Arch. nat., AF III, 384, dossier 1972).

[5] «Considérant que cette admininistration n'a pu produire aucun état exact du montant des rôles de l'an III, ni de la répartition des réquisitions faites audit canton; qu'elle n'avait point encore fait de rôle de la contribution somptuaire; que les communes de ce ressort n'ont fait aucun versement en foin et paille (ou du moins infiniment peu); qu'elles n'ont presque rien livré à compte de l'imposition foncière et rien de l'avoine requise pour l'armée; que les agents et adjoints négligent d'assister aux séances, au point que rarement ils se trouvent en nombre suffisant pour délibérer; que les prêtres réfractaires y prêchent et fanatisent le peuple dans presque toutes les communes; qu'ils y trouvent retraite et faveur auprès des agents et adjoints....» — Arrêté du 16 messidor an IV, signé des directeurs Le Tourneur, Carnot, Revellière-Lépeaux (Arch. nat., AF III, 384, dossier 1972).

[6] «Dans les arrondissements minéralogiques de la République où le bien du service l'exigera et pour le temps qui sera jugé convenable.» — Arrêté du 16 messidor an IV, signé Le Tourneur, Carnot, Revellière-Lepeaux (Arch. nat., AF III, 384, dossier 1972).

[7] Le citoyen Varon, qui demande son remplacement pour raison de santé. — Minute signée Carnot, Le Tourneur, Revellière-Lépeaux. — Arch. nat., AF III, 384, dossier 1972).

Il autorise le ministre de la guerre à faire délivrer par les commandants des dépôts de cavalerie dans l'intérieur des permissions aux volontaires pour le temps de la moisson [1].

Il arrête qu'il sera fait une revision générale des congés ou certificats de bonne conduite dont les militaires composant le bataillon des grenadiers près le Corps législatif doivent être porteurs individuellement [2].

Il s'occupe ensuite du personnel de la guerre et autres objets y relatifs; les minutes des arrêtés, etc., sont à la section de la guerre [3].

[1] Arrêté du 16 messidor an iv, signé Carnot, Barras, Revellière-Lépeaux (Arch. nat., AF iii, 384, dossier 1973).

[2] Arrêté du 16 messidor an iv, signé Carnot, Le Tourneur, Barras (Arch. nat., AF iii, 384, dossier 1973), fondé sur ce que certains de ces militaires «se rendent indignes du poste honorable qui leur est confié en se livrant journellement à des excès de débauche ou au trafic honteux de l'agiotage...» — Accusation confirmée par une *Adresse des grenadiers près la représentation nationale à leurs camarades*, dont une copie est jointe au dossier.

[3] Ces minutes se trouvent dans le dossier 1973 (Arch. nat., AF iii, 384) et constituent les pièces suivantes : 1° Lettre au commissaire du pouvoir exécutif près l'administration centrale du département de la Lozère (voir le texte plus loin à l'Appendice). — 2° Lettre, signée Carnot, Revellière-Lépeaux, Barras, au ministre de la police générale, pour l'informer que le Directoire vient de demander à son commissaire près le département de la Lozère des renseignements sur la situation de ce département, signalée par le général Châteauneuf-Randon. — 3° Lettre signée Carnot, Revellière-Lépeaux, Barras, au général de division Elie, commandant à Lyon, pour lui accuser réception de sa lettre du 3 et exprimer la satisfaction avec laquelle le Directoire apprend que les troubles dont était menacé le département de la Loire ne sont pas alarmants. — 4° Lettre signée Carnot, Revellière-Lépeaux, Barras, au général de division Lamer, pour lui accuser réception de sa *Relation historique des campagnes de l'armée des Pyrénées orientales*. — 5° Arrêté signé Carnot, Le Tourneur, Revellière-Lépeaux, par lequel le citoyen Regnier, déjà chargé de la surveillance du magasin des armes portatives (sabres, etc.), établi aux Feuillants, est nommé inspecteur général des armes portatives. — 6° Lettre signée Carnot, Revellière-Lépeaux, Barras, au ministre de l'intérieur, pour lui transmettre une note de l'adjudant-général Charles Perrin sur l'aciérie de Niederschœnthal et lui demander un rapport à ce sujet. — 7° Lettre signée Carnot, Revellière-Lépeaux, Barras, aux administrateurs du département du Mont-Blanc, pour les inviter à témoigner la satisfaction du Directoire aux citoyens de ce département qui ont protesté de leur attachement à leur nouvelle patrie et à ses lois. — 8° Lettre signée Carnot, Revellière-Lépeaux, Barras, au commissaire du Gouvernement près l'administration centrale d'Ille-et-Vilaine pour lui exprimer la satisfaction qu'a causée au Directoire sa lettre du 3 messidor sur le rétablissement de l'ordre dans ce département. — 9° Lettre signée Carnot, Revellière-Lépeaux, Barras, au général Hoche, pour lui transmettre celle des administrateurs du district de Faouet (Morbihan) «contenant le récit des vexations, réquisitions, arrestations, contributions et dilapidations qu'ils attestent avoir été exercées sur leur territoire et auxquelles ils attribuent le découragement et le mécontentement profond de ses habitants», et pour l'inviter à y mettre ordre. — 10° Lettre signée Carnot, Revellière-Lépeaux, Barras, aux administrateurs du district de Faouet, pour les informer que leur plainte a été transmise au général Hoche. — 11° Lettre signée Carnot, Revellière-Lépeaux, Barras, au général Hoche, pour lui transmettre copie d'une réclamation des officiers de la 16° demi-brigade, qui se plaignent de privations, de retard du payement de la solde et des appointements, pour lui deman-

On signe un état de citoyens exemptés du service militaire aux armées [1].

der des renseignements à cet effet et l'inviter à y mettre ordre. — 12° Lettre signée Carnot, Revellière-Lépeaux, Barras, au ministre de la guerre, pour lui faire la même communication. — 13° Lettre signée Carnot, Revellière-Lépeaux, Barras, au commandant de la 10° demi-brigade, à Saint-James, armée des Côtes de l'Océan, pour l'informer que la plainte des officiers de ce corps a été communiquée au général Hoche et au ministre de la guerre et lui rappeler qu'aux termes de l'article 364 de la constitution, les demandes et pétitions doivent être adressées individuellement et non en nom collectif. — 14° Trois lettres, signées Carnot, Revellière-Lépeaux, Barras, au général Hédouville : la première pour lui accuser réception de ses trois lettres du 4 messidor concernant : 1° les progrès de la soumission des chouans; 2° la réparation des armes au Port-Malo; 3° les dispositions prises pour l'envoi des renforts à l'armée d'Italie (avec invitation d'accélérer le mouvement); — la seconde pour lui accuser réception de sa dépêche du 23 prairial annonçant l'envoi sur le district de Mortain de «forces capables d'y rétablir le bon ordre et la soumission aux lois»; — la troisième est relative à l'arrestation du nommé Taron et aux passeports délivrés à des rebelles après leur soumission (voir le texte plus loin à l'Appendice). — 15° Deux lettres (mêmes signatures) aux administrateurs municipaux de Nantes et au commissaire du pouvoir exécutif près l'administration centrale de la Loire-Inférieure, dans le même sens que la précédente; — 16° Lettre signée Carnot, Revellière-Lépeaux, Barras, au chef de brigade du génie Chambarlhac, pour lui accuser réception de son plan du projet du passage du Rhin, joint à sa lettre du 9 messidor. — 17° Lettre signée Carnot, Revellière-Lépeaux, Barras au commissaire Haussmann, sur les objets d'art à enlever en Allemagne (voir le texte plus loin à l'Appendice). — 18° Quatre lettres (mêmes signatures) au ministre de la guerre : par la première le Directoire lui envoie copie d'une dépêche du commissaire Haussmann annonçant une diminution dans le prix des fournitures de grains à l'armée de Rhin-et-Moselle, et recommandant d'en faire subir une semblable aux autres armées; — par la seconde il lui fait part des plaintes de ce commissaire relativement à la négligence que «le département du Jura apporte à l'exécution de la loi sur la levée du 30° cheval»; — par la troisième il signale le peu de soin que l'on prend, dans les dépôts des différentes armées de la République des chevaux provenant de cette levée, l'invite à y mettre ordre et à faire diriger le plus tôt possible lesdits chevaux sur les armées auxquelles ils sont destinés; — par la quatrième, il lui envoie l'expédition d'un arrêté de ce jour relatif au cavalier Rasentraten. — 19° Arrêté signé Carnot, Revellière-Lépeaux, Barras, accordant un congé absolu au citoyen Jean Rasentraten, né à Schiedam, cavalier au 10° régiment. — 20° Arrêté signé Carnot, Revellière-Lépeaux, Barras, portant nomination de plusieurs officiers subalternes. — 21° Lettre signée Carnot, Revellière-Lépeaux, Barras, au général Beurnonville (voir le texte plus loin à l'Appendice). — 22° Lettre (mêmes signatures), au ministre plénipotentiaire de France près la République batave (voir le texte plus loin à l'Appendice).

[1] Arrêté du 16 messidor an IV, signé Carnot, Reubell, Revellière-Lépeaux (Arch. nat., AF III, 384, dossier 1973). Les jeunes gens ainsi exemptés, pour divers motifs indiqués en regard de leurs noms, sont au nombre de 69.

A signaler, en dehors des documents qui viennent d'être rapportés, les deux pièces suivantes, non mentionnées au procès-verbal et qui se trouvent dans le dossier 1972 : 1° Lettre (signée Carnot, Revellière-Lépeaux, Barras) au citoyen Garnerin jeune (chez le citoyen Garnerin, comptable pour la fabrication des armes, rue Dominique, faubourg Germain) pour lui accuser réception de sa lettre du 12 messidor et l'inviter à communiquer au ministre des relations extérieures les renseignements utiles que le Gouvernement qu'il a pu recueillir pendant son séjour en Autriche. — 2° Arrêté signé Carnot, Revellière-Lépeaux, Reubell, autorisant, en vertu de la loi du 21 floréal, le citoyen Adrien Fernel, capitaine réformé, à revenir à Paris et à y résider.

Le dossier 1974, dont le contenu, comme celui des deux précédents, se rapporte à la

A

Le Directoire exécutif à son commissaire près l'administration centrale du département de la Lozère.

On dénonce au Directoire, citoyen commissaire, que les lois sont violées dans votre département, que la sûreté individuelle n'y est pas respectée, que les assassinats s'y multiplient, que les patriotes et surtout ceux attachés à la religion protestante sont plus particulièrement dévoués aux coups des assassins, que le fanatisme rallume ses torches, que le royalisme aiguise ses poignards, sans que les administrations, ou trompées ou faibles, prennent les mesures nécessaires pour arrêter le cours de ces excès et prévenir une explosion qui ferait de votre territoire une seconde Vendée.

Il est de votre devoir, citoyen commissaire, d'éclairer le Directoire sur la situation de votre département.

Dans quels lieux de votre territoire, sur qui ont été commis les assassinats? Quelles mesures a-t-on prises pour en rechercher et en punir les auteurs?

Quelles dispositions a-t-on faites pour en arrêter le cours?

Les lois contre les émigrés, contre tous les ennemis de la liberté sont-elles exécutées?

Quelles sont les administrations qui ont méconnu leurs devoirs, qui ont montré dans l'exercice de leurs fonctions une faiblesse ou une insouciance coupable?

Quelles forces, quelles mesures seraient nécessaires pour rétablir le règne des lois, pour comprimer tous les perturbateurs de l'ordre, pour maintenir enfin la sûreté des personnes et des propriétés?

Vous êtes, citoyen commissaire, l'œil du Gouvernement auprès de votre administration. Sa confiance et votre responsabilité vous imposent l'obligation de faire connaître le mal avec franchise et de lui indiquer avec impartialité le remède qu'il conviendrait d'y appliquer.

CARNOT, L.-M. REVELLIÈRE-LÉPEAUX, P. BARRAS [1].

B

Le Directoire exécutif au général Hédouville, chef d'état-major de l'armée des Côtes de l'Océan.

Le Directoire a reçu, citoyen général, avec votre lettre du 7, les pièces qui y étaient jointes relativement à l'arrestation du nommé Taron, muni d'un passeport délivré par les ordres du général Hoche pour être conduit à la frontière.

---

séance du 16 messidor, est formé de 70 pièces relatives à des nominations de juges et de commissaires dans les départements de l'Aisne, du Calvados, de la Dordogne, de la Gironde, de la Marne, de la Haute-Marne, de l'Orne, du Pas-de-Calais, du Puy-de-Dôme, des Basses-Pyrénées et de Seine-et-Oise.

[1] Arch. nat., AF III, 384, dossier 1973.

La lettre de l'administration municipale de Nantes dont vous envoyez copie au Directoire lui était déjà parvenue.

Le ministre de la police générale vient de recevoir l'ordre de faire remettre Taron en liberté, pour qu'il soit sur-le-champ conduit aux frontières.

Pour que des affaires de cette nature n'aient plus lieu à l'avenir, il importe d'exécuter rigoureusement les instructions données au général Hoche, en faisant sur-le-champ conduire et escorter jusqu'aux frontières tous ceux qui, d'après les passeports qui leur sont expédiés, sont dans le cas de s'y rendre, en ne leur permettant point de séjour dans les communes de leur passage.

Quant aux individus qui obtiennent des passeports pour se rendre dans une commune et pour y résider, il convient que le choix de la commune où ils ont déclaré vouloir fixer leur résidence soit connu des administrations municipales, afin qu'elles puissent exercer à l'égard de ces individus une surveillance nécessaire et qu'ils soient à portée de s'assurer que ce ne sont point des émigrés rentrés qui auraient surpris auprès des généraux moins instruits des localités et des personnes une faveur qui leur est refusée par la loi.

Le Directoire vous invite en conséquence à recommander aux généraux qui délivreront des passeports de cette nature d'en donner avis aux administrations municipales des communes que les porteurs de ces passeports auront choisies pour le lieu de leur résidence.

CARNOT, L.-M. REVELLIÈRE-LÉPEAUX, P. BARRAS [1].

C
LE DIRECTOIRE EXÉCUTIF AU COMMISSAIRE DU GOUVERNEMENT HAUSSMANN.

Le Directoire vous fait passer, citoyen commissaire, l'extrait d'une lettre du citoyen Grégoire, membre du Conseil des Cinq-Cents [2].

Vous y trouverez quelques notions intéressantes pour les arts et vous vous empresserez sans doute d'enrichir nos collections de tout ce qui aura un vrai mérite.

Il sera beau de voir l'armée de Rhin-et-Moselle se réunir à celle d'Italie pour embellir le sol de la République de ce que la nature et le génie offrent de plus précieux dans les pays que leur courage rend tributaires de ses lois.

CARNOT, L.-M. REVELLIÈRE-LÉPEAUX, P. BARRAS [3].

D
LE DIRECTOIRE EXÉCUTIF AU GÉNÉRAL EN CHEF BEURNONVILLE, COMMANDANT EN CHEF L'ARMÉE DU NORD.

Le Directoire exécutif a reçu, citoyen général, vos cinq dernières lettres, sous la date des 7, 10 et 11 messidor. Il était dès longtemps convaincu que vous pour-

[1] Arch. nat., AF III, 384, dossier 1973.
[2] Ancien membre de l'Assemblée constituante, puis de la Convention, évêque constitutionnel de Loir-et-Cher, plus tard sénateur.
[3] Arch. nat., AF III, 384, dossier 1973.

riez, sans compromettre les intérêts du commandement qui vous est confié, fournir au général Jourdan un corps disponible, et il voit avec satisfaction que, par la justesse et la rapidité des mesures que vous avez prises, l'intention de ses dernières dépêches est parfaitement remplie. Il est utile, il est nécessaire non seulement de pourvoir à la sûreté et à la tranquillité de la Hollande, mais encore d'éloigner de ses habitants toutes les inquiétudes dont ils paraissent susceptibles. Ainsi le service sur les côtes et sur les frontières d'Allemagne doit devenir plus actif, quoique la présence des escadres ennemies vers le Texel et les démonstrations des corps orangistes ne soient nullement alarmantes, tandis que nous conserverons une attitude imposante sur le Rhin.

Puisque les troupes hollandaises ne vous ont pas paru capables de garder une contenance militaire, vous les avez sagement éloignées du théâtre des opérations, mais les précautions que vous observez dans leur placement sur les points intéressants de l'intérieur n'en sont pas moins utiles, afin d'assurer partout la supériorité des troupes de la République.

Vous avez remarqué qu'on pourrait extraire sans danger quelques corps mobiles des divisions territoriales de votre commandement, puisqu'il y reste encore 23,000 hommes, ce qui fait presque une armée. Accoutumés jusqu'ici à ne déployer que des forces immenses et à être présents partout, nous devons cependant modifier ce système selon les circonstances et apprendre à nous dégarnir à propos sur un point pour frapper sur un autre plus essentiel des coups plus certains. Vous faites une application précieuse de ce principe en mettant à la disposition du général Jourdan un renfort de six mille hommes, soutenu au besoin d'un autre corps de la même force, et en formant un camp mobile destiné à protéger les opérations du commissaire Alexandre. Il a été rendu compte au Directoire qu'un détachement de 300 hommes à cheval est indispensable en ce moment pour ce dernier objet dans les départements de l'Ourthe, Sambre-et-Meuse, Meuse-inférieure et Jemmapes.

Nous avons approuvé que le prix des fournitures qui sont faites par le gouvernement batave soit imputé sur les sommes qui lui restent à verser au Trésor national.

Les ressources que cette mesure va produire, jointes à celles de la levée des contributions dans la Belgique, doivent satisfaire abondamment aux besoins de l'armée de Sambre-et-Meuse et à l'approvisionnement des places. Rien ne peut plus suspendre son nouveau mouvement offensif combiné avec la marche victorieuse du général Moreau sur la rive droite du Rhin.

Nous avons accordé le congé absolu de l'individu cavalier au 10ᵉ régiment que réclame la Convention batave[1]. Le ministre de la guerre est chargé de le lui faire expédier.

Ce qui a été convenu relativement aux affaires de la Frise ayant pour but de dissiper tous les ombrages, le Directoire exécutif approuve que vous y ayez accédé. Il vous recommande de concourir aux avantages de cette réunion politique

---

[1] Rasentraten (voir plus haut, p. 5).

si désirable, de tous vos moyens, sans blesser les formes qui méritent d'être respectées.

Le projet du prince royal de Danemark de voir les armées victorieuses de la République n'a rien qui puisse motiver notre refus, quoiqu'il eût été plus convenable que la demande nous en eût été faite par la voie diplomatique. Vous êtes autorisé en conséquence à recevoir ce prince étranger avec les égards conformes à la dignité nationale.

Carnot, L.-M. Revellière-Lépeaux, P. Barras[1].

E

Le Directoire exécutif au citoyen Noël, ministre plénipotentiaire de la République française près la République batave.

Le Directoire exécutif a reçu, citoyen ministre, votre lettre du 4 messidor. Il est certainement disposé à accueillir tous les moyens qui lui sont offerts d'humilier les ennemis de la République et de ruiner leurs forces. Mais le projet qui vous a été envoyé de Londres et que vous lui soumettez ne lui paraît pas susceptible d'exécution, sans chercher d'ailleurs à pénétrer les motifs qui y ont donné lieu. Comment un tribunal impérial, quelque vastes que soient ses attributions, pourrait-il ordonner l'enlèvement des fonds, l'embargo des vaisseaux et l'arrestation des effets de tout genre appartenant à une puissance alliée de l'Empire et les faire réellement saisir, surtout au profit de la France? C'est sur la supériorité seule de nos armes que le Directoire fonde l'espérance de réduire l'Angleterre à l'impuissance de prolonger la guerre. Il vous invite néanmoins à lui communiquer les nouveaux renseignements qui pourraient vous être adressés pour donner suite à cette proposition, s'ils sont de nature à mériter son attention.

Le Directoire a autorisé son commissaire Alexandre à imputer sur la somme due à la République par le gouvernement batave le prix des fournitures qui seront faites par la Hollande à l'armée de Sambre-et-Meuse.

Carnot, L.-M. Revellière-Lépeaux, P. Barras[2].

DÉLIBÉRATION SECRÈTE DU 16 MESSIDOR AN IV[3]

4 JUILLET 1796.

CCXXI

Le Directoire exécutif,

Considérant qu'il est important de connaître la situation morale et politique des départements de Vaucluse, du Gard, des Bouches-du-

---

[1] Arch. nat., AF III, 384, dossier 1793.
[2] Arch. nat., AF III, dossier 1973.
[3] Arch. nat., AF III*, 20, p. 55-56. — AF III, 384, dossier 1972.

Rhône et du Var, pour apporter un remède assuré aux maux qui s'y font sentir;

Considérant qu'un agent ostensible serait moins propre qu'un agent secret à se procurer cette connaissance précieuse, attendu qu'exposé à être circonvenu par des partis contraires, il lui serait peut-être difficile de se garantir de la prévention; qu'un agent secret, au contraire, n'ayant aucun caractère qui attire à lui les individus intéressés à tromper le gouvernement, se trouve à même de recueillir, avec le secours d'une sage et judicieuse observation, tout ce qui peut conduire à la vérité, sans craindre d'être circonvenu ou trompé;

Arrête :

Article 1er. Le citoyen Cadet est chargé par le gouvernement d'une mission secrète dans les départements ci-dessus nommés.

Art. 2. Cette mission restera absolument inconnue et ce citoyen ne s'en prévaudra dans aucune occasion, à moins qu'il n'ait des ordres exprès du gouvernement.

Art. 3. Il se conformera pour l'exercice de cette mission aux instructions qui lui seront données par le ministre de la police générale, avec lequel il entretiendra une correspondance exacte et habituelle pendant le temps que durera cette mission.

Art. 4. Le ministre de la police générale est chargée de l'exécution du présent arrêté, qui ne sera pas imprimé[1].

SÉANCE DU 17 MESSIDOR AN IV[2]

5 JUILLET 1796.

Le Directoire exécutif adresse au Conseil des Cinq-Cents un message qui a pour objet l'envoi à ce Conseil de la procédure instruite contre les coopérateurs du délit pour lequel les membres du bureau central du canton de Paris sont mandés à sa barre[3].

Il joint à ce message une lettre du ministre de la justice.

---

[1] Signé à la minute Revellière-Lépeaux, Le Tourneur, Carnot.
[2] Arch. nat., AFiii*, 4, fol. 37-38.
[3] Lu à la séance du 17 messidor an iv. C. C., messidor an iv, p. 323. — Sur cette affaire, voir le t. II.

Il accorde une indemnité de cent livres, valeur fixe, par mois, au citoyen Bernardin de Saint-Pierre [1].

[1] Jusqu'au mois de messidor an V, et, en outre, «le pain, la viande et le bois nécessaire à son usage». — Arrêté du 17 messidor an IV, signé Revellière-Lépeaux, Reubell, Barras (Arch. nat., AF III, 384, dossier 1975). — Voir au dossier deux rapports du ministre de l'intérieur sur la requête de Bernardin de Saint-Pierre, et cette requête même, datée du 24 germinal an IV et qui est conçue en ces termes : «Citoyen ministre, la direction d'instruction publique vient de me prévenir que vous étiez chargé par le Directoire exécutif de fixer un terme à la continuation de mon traitement de professeur de l'École normale, accordée par le comité d'instruction pour que j'achevas (sic) le traité d'Éléments de morale dont il m'avait chargé, et que vous désiriez savoir quel est le terme que je détermine pour la confection de cet ouvrage.

«Lorsque je fus invité à l'entreprendre pour l'École normale, je m'occupais depuis plusieurs années à rassembler les matériaux de l'éducation et à les fonder sur les harmonies de la nature. Pour remplir cet objet sans distraction, je m'étais retiré à la campagne et j'avais refusé la place honorable et lucrative de bibliothécaire en chef de la Bibliothèque nationale, que le citoyen Garat, alors ministre, me fit proposer.

«J'acceptai donc avec joie l'invitation du Comité si conforme à mes occupations et à mes goûts. Je demandai seulement trois ou quatre mois pour rédiger le plan de mes travaux. En effet, je le lus dans le quatrième et dernier mois des séances de l'École normale. Je fis plus, j'en développai les premières parties. Je ne peux dans une lettre vous donner une idée de ce travail, qui remplit dix séances, chacune de trois quarts d'heure de lecture. D'ailleurs, il a été recueilli par les sténographes.

«Je ne vous parlerai ici, citoyen ministre, que de mon plan. Avant de l'établir je commence par réfuter nos systèmes de morale fondés sur des bases incertaines. J'examine quelles sont les lois fondamentales de la nature et je considère l'homme en harmonie avec elles depuis la naissance jusqu'au tombeau. Ainsi je présente à l'enfant le plan de la vie humaine comme une mappemonde à un voyageur qui doit faire le tour du globe.

«Il en résulte pour son éducation un cours d'harmonie que je divise en physiques et en morales. Les physiques comprennent quatre harmonies élémentaires, qui sont l'harmonie solaire, l'aérienne, l'aquatique et la terrestre, et trois harmonies organisées qui sont la végétale, l'animale et l'humaine. A cette dernière finissent les harmonies que l'homme a avec la nature et avec lui-même et commencent celles qu'il a avec ses semblables par les harmonies morales proprement dites. Je les distingue en sociales et en politiques. Les sociales comprennent l'harmonie fraternelle, la conjugale, la paternelle; et les politiques la tributive, la nationale et celle du genre humain.

«Toutes ces harmonies s'engendrent les unes des autres et vont en croissant d'intérêt. Je ne peux vous donner dans une lettre un développement de ces lois que j'étends à toutes les puissances de la nature. D'ailleurs il ne s'agit ici que de vous donner un aperçu du temps que me coûte et peut me coûter encore la rédaction de cet immense travail. Comme elle était déjà commencée lors de ma nomination à l'École normale, j'achevai en quatre mois les quatre premières harmonies élémentaires, mais j'ai principalement à faire les cinq suivantes. Ainsi j'en ai huit en tout qui peuvent composer à peu près deux forts volumes in-18 de 600 à 700 pages chacun, comme ceux de mes Études de la nature. Il m'en reste donc cinq à rédiger qui, au même compte, me demandent environ quinze mois d'un travail non interrompu.

«Il ne faut pas que je sois distrait par la nécessité de pourvoir à la subsistance de ma famille, composée maintenant de six personnes, car, comme je vous l'ai déjà mandé, je n'ai point de fortune, je ne fais point de commerce, mes ouvrages sont en proie aux agioteurs et aux contrefacteurs, et quoique ma femme participe à une succession assez considérable par la mort de son père, sa portion, qu'elle ignore encore, est pour longtemps entre les mains des gens d'affaires. C'était pour me tirer en partie d'une position aussi embarrassante et pour me faciliter la rédaction d'un ouvrage désiré par la nation que le Comité de salut public m'avait accordé *à titre d'encouragement pour mes travaux littéraires* la continuation de mon traitement de

Il accorde également un secours de douze cents livres, en mandats, au citoyen Mortier, peintre[1].

Il accorde quatre exequatur, savoir : à M. Hermann Wilkers, consul de la nation prussienne à la Rochelle[2];

A M. Jean-Louis Hilscher, consul de la nation prussienne à Rouen[3];

A M. Herwyn, consul de la nation prussienne à Dunkerque[4];

professeur, des bons de subsistances dans la même proportion qu'aux représentants du peuple, seize quintaux de farine pour un an et cinq livres de viande par décade pour la subsistance de ma famille, et dont je ne jouis que depuis vendémiaire, des bons pour du drap que je n'ai pas reçu. Vous devez juger, citoyen ministre, quelle a dû être ma surprise lorsque j'ai appris que le paiement de mes appointements était suspendu depuis le 15 brumaire, quoiqu'on me l'eût promis de jour en jour. Cette indifférence de la part du gouvernement dont je tâchais de remplir les vues par un travail sans relâche m'a été très sensible. La moindre de mes peines a été de passer l'hiver sans feu dans ma chambre, tâchant de me consoler en m'occupant tout entier de cet ouvrage dont on me demande aujourd'hui de fixer le terme. Cependant mes ressources sont épuisées, ma femme est prête d'accoucher, je suis endetté et j'ai une personne de plus à nourrir. Je vous prie donc de représenter au Directoire que, tandis que je suis occupé des besoins moraux de la nation, il est urgent de pourvoir aux besoins physiques de ma famille, d'arrêter que mes appointements me soient continués dans la proportion convenable au discrédit des assignats jusques au mois de messidor an v de la République, qu'il en sera de même des subsistances en farine et en viande, avec un supplément actuel pour une personne de plus; qu'on me fournisse du bois et du charbon dans les forêts de la République voisines de Corbeil et que les transports m'en seront faits par les voitures nationales qui viennent journellement à vide chercher des farines dans cette ville. Au fond tous ces objets ne sont qu'une partie des premiers besoins de la vie. La République les accorde sans difficulté aux gens de mer et aux gens de guerre qu'elle emploie à son service. Les gens de lettres qui travaillent pour elle lui sont-ils plus indifférents? N'ont-ils pas aussi des tempêtes à braver et des ennemis dangereux à combattre?

«J'avais lutté seul dans mes écrits pour la cause des droits de l'homme bien avant que la nation se réunit pour les défendre par les armes. Cependant le gouvernement dont j'avais relevé les abus me donna, sans sollicitation, en gratifications littéraires, 2,700 livres de bienfaits annuels. C'était presque tout mon revenu. Je l'ai perdu par la révolution et je ne le regrette pas, mais maintenant sexagénaire et père de famille, dois-je solliciter les moyens de subsister de la République que je sers par des travaux qu'elle m'a demandés? Puisqu'ils ont pour but d'établir les bases de l'ordre, vous êtes trop ami de l'ordre pour ne les pas favoriser de tout votre crédit, et le Directoire est trop équitable pour se refuser à vos justes réclamations. Citoyen ministre, salut et fraternité, DE SAINT-PIERRE. — A Essonnes, le 24 germinal l'an IV de la République une et indivisible.»

[1] Arrêté du 17 messidor an IV, signé Revellière-Lépeaux, Reubell, Barras (Arch. nat., AF III, 384, dossier 1975). — Mortier, blessé le 13 vendémiaire en défendant la Convention, secouru à plusieurs reprises (voir t. I, p. 61, 62, 351, 452; t. II, p. 51), avait reçu en tout 8,700 livres, comme il ressort de la lettre qu'il adresse au Directoire en prairial an IV et qui est jointe au dossier. Il représente qu'il a trois enfants, qu'il est sans travail et demande une place de maître de dessin dans quelque école.

[2] Arrêté du 17 messidor an IV, signé Reubell, Revellière-Lépeaux, Le Tourneur (Arch. nat., AF III, 384, dossier 1975).

[3] Arrêté du 17 messidor an IV, signé Reubell, Revellière-Lépeaux, Le Tourneur (Arch. nat., AF III, 384, dossier 1975).

[4] Arrêté du 17 messidor an IV, signé Reubell, Revellière-Lépeaux, Le Tourneur (Arch. nat., AF III, 384, dossier 1975).

A M. Jacques-Henry Wustemberg, consul de la nation prussienne à Bordeaux[1];

Il ordonne la publication, dans les neuf départements réunis, de l'arrêté du 29 frimaire an IV[2], qui détermine les attributions des municipalités de canton, relativement aux contributions[3].

Il nomme le citoyen Pruneau[4] directeur général de la division des Pays conquis d'Entre-Rhin-et-Meuse[5].

Il fixe à douze cents livres le traitement des citoyens Overney et Dodelin, garçons de bureau du triage des titres[6].

[Le Directoire exécutif, sur le rapport du ministre des finances relatif à l'administration de tous les pays conquis sur la rive gauche du Rhin, arrête ce qui suit :

ARTICLE 1er. L'arrêté du 28 floréal[7] concernant l'administration des pays conquis d'entre Rhin et Moselle et d'entre Meuse et Rhin sera exécuté selon sa forme et sa teneur sur tout le territoire acquis alors à la République et qui l'a été postérieurement et qui le serait encore sur la rive gauche du Rhin.

ART. 2. L'arrêté du 3 messidor[8] concernant l'administration des pays conquis sera pareillement exécuté selon sa forme et teneur sur le territoire désigné par l'article précédent.

ART. 3. Le citoyen Bella et le citoyen Pruneau rempliront les fonctions de directeurs et de commissaires spéciaux établis par les deux arrêtés susmentionnés, savoir, le citoyen Bella dans le pays d'entre Rhin et Moselle, et le citoyen Pruneau dans celui d'entre Meuse, Moselle et Rhin.

ART. 4. Copies des deux arrêtés susmentionnés et du présent seront envoyées par le ministre des finances aux commissaires du gouvernement près les armées du Nord et de Sambre-et-Meuse et de Rhin-et-Moselle, afin qu'ils en assurent l'exécution. — Arch. nat., AF III, 384, dossier 1977[9]].

---

[1] Arrêté du 17 messidor an IV, signé Reubell, Barras, Le Tourneur (Arch. nat., AF III, 384, dossier 1975).

[2] Voir t. I, p. 287-289.

[3] Arrêté du 17 messidor an IV, signé Revellière-Lépeaux, Reubell, Le Tourneur (Arch. nat., AF III, 384, dossier 1977).

[4] Actuellement directeur de la régie de l'enregistrement et du domaine national à Luxembourg.

[5] Arrêté du 17 messidor an IV, signé Revellière-Lépeaux, Le Tourneur, Reubell (Arch. nat., AF III, 384, dossier 1977). — Voir t. II, p. 398-403, l'arrêté du 28 floréal.

[6] Ci-devant agence temporaire des titres. — Arrêté du 17 messidor an IV, signé Revellière-Lépeaux, Reubell, Le Tourneur (Arch. nat., AF III, 384, dossier 1975).

[7] Voir t. II, p. 398-403.

[8] Voir t. II, p. 671-674.

[9] Signé Revellière-Lépeaux, Reubell, Bar-

[Le Directoire exécutif, considérant combien un peuple qui a conquis sa liberté et qui veut la conserver attache d'importance et d'intérêt aux solennités qui lui rappellent, chaque année, ses combats et ses triomphes;

Considérant que l'intention du législateur, en plaçant les fêtes de la Liberté aux 9 et 10 thermidor, a été de célébrer par une même institution la destruction de toutes les espèces de tyrannnie qui ont pesé sur la France; qu'ainsi ces deux fêtes, en rappelant la chute de la tyrannie triumvirale, doivent aussi consacrer les deux époques les plus mémorables de la Révolution, celle du 14 juillet 1789, où la nation fit les plus grands efforts pour recouvrer ses droits, et celle du 10 août 1792, où le trône fut renversé;

Considérant enfin que tout homme qui porte dans son cœur la haine de l'esclavage et qui mérite le nom de Français s'empressera de concourir à la pompe de leur célébration;

Arrête :

Article 1er. Les deux fêtes de la Liberté, fixées par la loi du 3 bru-

---

ras. — Cet arrêté est motivé par la résistance que les autorités militaires opposaient aux opérations du directeur général du pays d'entre Rhin et Moselle nommé le 28 floréal an IV. Ce fonctionnaire, venu à Paris pour s'en plaindre, s'exprime ainsi dans un rapport dont copie est jointe au dossier : «... Le général en chef (*de l'armée de Rhin-et-Moselle*) a pris le 30 prairial un arrêté dont il doit avoir adressé copie au Directoire exécutif et au ministre de la guerre, par lequel voulant, dit-il, éviter les frais et les lenteurs qu'occasionnent les opérations méthodiques de l'administration, il ordonne que la contribution de deux millions imposée par lui sur le pays actuellement occupé par l'armée sera la seule perçue quant à présent. Il ne veut pas que le directeur général et ses employés puissent s'immiscer sous aucun rapport dans la répartition et la perception de cette contribution. Il les confie aux commissaires des guerres et les charge de faire verser ces fonds dans la caisse du payeur de l'armée.

«Le général Lecourbe va plus loin; en notifiant l'ordre de son chef aux employés des domaines, il leur écrit le 2 messidor en ces termes : «Vous êtes relégués, vous et votre «administration, dans les pays occupés par «l'armée avant la rupture de la trêve; mais «sous aucun prétexte vous ne devez entrer à la «suite de l'armée depuis la ligne de démarca-«tion existante pendant l'armistice.»

«Le directeur général se trouve donc tout à coup arrêté dans ses opérations, précisément à l'époque où elles sont les plus intéressantes, notamment pour la fixation de la dîme en tout genre qui doit, attendu la belle récolte, produire des ressources immenses pour les subsistances de l'armée.

«Il ne peut pas non plus opérer dans le peu de pays qu'il administrait pendant la trêve, parce qu'il manque de force armée pour l'exécution de ses ordres. Il y a même des commandants militaires qui se sont permis de conseiller aux habitants de ne rien payer de ce qui pourrait leur être demandé par les employés de l'administration. Les habitants sont instruits que défenses ont été faites, sous peine d'arrestation, à ceux des pays nouvellement conquis, non seulement de rien payer, mais encore de fournir aucun renseignement servant à découvrir ce qui peut revenir à la République, au moyen de quoi ils se croient autorisés à en faire de même, ce qui produit un effet très préjudiciable à ses intérêts...»

maire au 9 et au 10 thermidor, seront célébrées avec l'éclat convenable dans tous les cantons de la République.

Art. 2. Les administrations municipales sont chargées des dispositions à faire à cet égard.

Art. 3. Dans les cantons qui renferment plusieurs municipalités, elles se réuniront et les deux fêtes seront dirigées dans tous leurs détails et présidées par les administrateurs du canton.

Art. 4. Les administrations municipales à qui les localités et l'insuffisance des moyens ne permettraient pas d'exécuter toutes les cérémonies indiquées dans le présent programme s'y conformeront du moins autant qu'il leur sera possible.

Première journée.

1° Le 9, les administrateurs, le commissaire du Directoire exécutif et tous les corps constitués, escortés par la garde nationale, partiront de la maison commune.

2° Ils seront précédés de six groupes : le premier, composé de pères de famille; le deuxième, de mères de famille; le troisième, de jeunes gens de dix-huit ans au moins; le quatrième, de jeunes filles à peu près du même âge; le cinquième, d'enfants mâles, et le sixième d'enfants de l'autre sexe. Les hommes et les femmes tiendront à la main une branche de chêne. Les chapeaux seront ornés de rubans tricolores.

3° Le cortège se rangera sur la place publique, autour de l'autel de la patrie. Il y aura sur l'autel des sabres, des haches et des massues et un faisceau de plusieurs drapeaux aux trois couleurs.

4° A l'extrémité opposée de la place on verra un trône et les emblèmes de la royauté, un sceptre, une couronne, un écusson armorié et un cahier sur lequel seront écrits ces mots en titre : *Constitution de 1791*.

5° Après un discours du président, analogue à l'objet de la fête, il sera chanté un hymne renfermant une invocation à la Liberté.

6° Les six groupes recevront du président de l'administration les armes déposées sur l'autel, se porteront rapidement, au son d'une musique guerrière, à l'autre extrémité de la place, et le trône s'écroulera sous leurs coups redoublés, pour rappeler que l'abolition de la royauté est due au courage du peuple entier. Cette cérémonie se fera au son des fanfares, au bruit d'une décharge de mousqueterie et aux cris répétés de *Haine à la tyrannie! Vive la liberté!*

7° Les six groupes reviendront déposer leurs armes sur l'autel de la patrie. Le président remettra à chacun d'eux un drapeau, en prendra un lui-même et, accompagné des corps constitués, il ira le planter sur les débris du trône. Les six groupes imiteront son exemple.

8° Le cortège se remettra en marche pour retourner à la maison commune et les danses commenceront sur la place publique.

Seconde journée.

1° Le lendemain, le cortège, partant de la maison commune, se rangera également autour de l'autel de la patrie : on posera sur l'autel des guirlandes de feuillages, de fleurs, et un flambeau allumé.

2° A l'extrémité opposée de la place, on verra un nouveau trône formé des débris du premier, recouvert d'un manteau aux trois couleurs et surmonté des emblèmes de la tyrannie triumvirale, un masque, un bandeau, des poignards et des torches, et un cahier sur lequel seront écrits ces mots en titre : *Constitution de 1793.*

3° Le président prononcera un discours, qui sera suivi d'un hymne renfermant une invocation à la Liberté.

4° Le président prendra le flambeau allumé sur l'autel de la patrie, accompagné du président des différents corps constitués et suivi de six groupes; il se portera, au son d'une musique guerrière, à l'autre extrémité de la place, dépouillera le trône du manteau tricolore dont il sera recouvert et mettra le feu au trône, pour rappeler que l'abolition de la tyrannie triumvirale est due particulièrement au courage des dépositaires de l'autorité. Cette cérémonie se fera au bruit d'une décharge d'artillerie, au son des fanfares, et aux cris répétés de *Haine à la tyrannie! Vive la liberté! Vive la République!*

5° Pendant cette dernière cérémonie, deux membres de chaque autorité constituée, escortés d'un détachement de la garde nationale, iront chercher la statue de la Liberté, et la reconduiront à l'extrémité de la place sur les débris des trônes détruits.

6° Le président prendra sur l'autel des guirlandes; il en gardera une et distribuera les autres aux six groupes. Le cortège s'avancera vers l'autre extrémité de la place, et le président et les six groupes suspendront leurs guirlandes à la statue de la Liberté.

7° Le cortège reviendra à la maison commune et des danses s'établiront autour de l'autel de la patrie et de la statue de la Liberté.

Il y aura pour la célébration de ces fêtes dans le canton de Paris un programme particulier.

Le ministre de l'intérieur est chargé de l'exécution du présent arrêté, qui sera imprimé au *Bulletin des lois*. — Arch. nat., AF III, 384, dossier 1975 [1]].

Il écrit au citoyen Montlinot, pour lui accuser réception de son ouvrage sur la transportation, considérée comme récompense, et la déportation, considérée comme peine [2].

Sur le rapport du ministre de la police générale, le Directoire prononce la radiation définitive de la liste des émigrés des citoyens . . . [3].

---

[1] Signé Le Tourneur, Revellière-Lépeaux, Reubell, Barras.

[2] «Parmi les détails curieux qui s'y trouvent, dit le Directoire, il a remarqué avec intérêt ceux relatifs aux tentatives faites sur Madagascar, la Guyane, les Côtes d'Afrique, etc., et il regrette que le secret qu'exigent vos plans et observations ne lui permette pas de concourir à la publication de vos idées par la voie de l'impression». — Minute signée Carnot, Reubell, Barras (Arch. nat., AF III, 384, dossier 1975).

[3] Ces citoyens, qui ne sont pas nommés dans le procès-verbal, sont : 1° François Baffier, homme de loi, d'Aix (Bouches-du-Rhône), qui a justifié qu'il ne s'est absenté que pour remplir une mission du gouvernement en Corse, avec passeport des représentants du peuple; — 2° Bernard Commeau, de la Côte-d'Or, Étienne Laporte, de Cahors, qui ont justifié de leur résidence; — 3° Claude-Austragézile Bengy-Puivallée fils, qui a prouvé qu'il n'avait que 13 ans quand il a quitté la France en 1791 et qu'il n'en est sorti que pour achever son éducation; — 4° Jacques-Louis Blin, surnuméraire de l'enregistrement à Saint-Avold, les sœurs Louise-Catherine, Louise-Camille et Marie-Charlotte Noblet, de Saône-et-Loire, ex-chanoinesses, qui ont justifié de leur résidence; — 5° Anne-Marie-Louise-Joséphine-Charlotte Decroy, veuve Bette-Deleyde, décédée à Paris le 28 septembre 1792, qui n'a pas émigré et dont la radiation est demandée par son héritier Anne-François-Eugène Bryas; — 6° Marie-Madeleine Farges, femme Turenne, de la Corrèze, et Marguerite-Gabrielle Bourdon, veuve Dahoux-Viomenil, de Nancy qui ont justifié de leur résidence; — 7° Catherine-Claudine Chaponay, veuve de Gabriel Quinsonnas, de Paris, qui a justifié de sa résidence (mais dont les biens resteront sous séquestre, vu qu'elle est mère de deux émigrés); — 8° Jean-Baptiste Lubersac, du département de Seine-et-Oise, ancien mestre de camp de cavalerie, qui a justifié de sa résidence, mais dont les biens seront remis sous séquestre, «à cause de l'émigration de ses deux fils, si mieux il n'aime profiter des bienfaits de la loi concernant les parents des émigrés et procéder au partage établi par cette loi»; — 9° Alexandre Mandat, ci-devant officier aux gardes françaises, inscrit sur la liste du département de Loir-et-Cher, mais qui a justifié de sa résidence; — 10° Joseph-Vivant Micault, fils aîné, condamné à mort par le tribunal révolutionnaire et exécuté le 8 thermidor an II, mais dont les héritiers ont prouvé qu'il n'avait pas émigré; — 11° Philippe-Jacques Bengy-Puivallée père, du département du Cher, qui a établi sa non-émigration. — Voir les quinze minutes d'arrêtés, signées, avec les rapports ministériels à l'appui, Arch. nat., AF III, 384, dossier 1976.

Il prend un arrêté relatif à l'organisation des comités de bienfaisance[1].

Il s'occupe ensuite du personnel de la guerre et autres objets y relatifs; les minutes des arrêtés, etc., sont à la section de la guerre[2].

On signe un état de citoyens exemptés du service militaire aux armées [3].

---

[1] Cet arrêté, dont la minute est datée du 15 messidor, a été mentionné au t. II, p. 775.

[2] Ces minutes se trouvent dans le dossier 1977 (Arch. nat., AF III, 384) et constituent les pièces suivantes : 1° Lettre au général Châteauneuf-Randon (voir le texte plus loin à l'Appendice). — 2° Deux lettres, signées Carnot, Revellière-Lépeaux, Reubell, aux commissaires du Directoire par les administrations centrales de l'Ardèche et du Tarn, pour lui signaler la faiblesse (dénoncée par le général Châteauneuf-Randon) des administrations inférieures de ces départements envers les fauteurs du désordre et du fanatisme et les inviter à y pourvoir. — 3° Lettre (mêmes signatures) à l'accusateur public du département de l'Ardèche, dans le même sens en ce qui concerne les juges de paix de ce département. — 4° Lettre (mêmes signatures) au général Jourdan (voir le texte plus loin à l'Appendice). — 5° Lettre signée Carnot, Le Tourneur, Revellière-Lépeaux au général Jourdan, pour lui signaler les abus d'autorité et mauvais traitements auxquels s'est porté le général Poncet envers l'économe de l'hôpital de Berncastel et l'inviter à y mettre ordre. — 6° Lettre (mêmes signatures) au ministre de la guerre pour lui signaler les mêmes faits. — 7° Deux arrêtés (mêmes signatures) portant nomination, maintien ou réintégration de plusieurs officiers. — 8° Trois arrêtés, signés Carnot, Revellière-Lepeaux, Reubell, accordant leur congé, pour raison de famille, aux citoyens *Roustouilh*, sergent au 2ᵉ bataillon de sapeurs, *Vachette*, soldat au 1ᵉʳ bataillon de la ci-devant légion de police (détenu à la prison de la Force), et *Laurain*, sapeur au 7ᵉ bataillon. — 9° Arrêté (mêmes signatures) ordonnant la mise en liberté du soldat Uchon, du 49ᵉ régiment d'infanterie, qui, poursuivi pour propos contre-révolutionnaire et acquitté par un conseil de guerre à Versailles, puis menacé du conseil de révision, s'était rendu à Paris sans permission et avait été incarcéré par ordre du directeur La Revellière-Lépeaux. — 9° Lettre signée Carnot, Le Tourneur, Revellière-Lépeaux, au ministre de la guerre pour lui ordonner de faire arrêter et traduire en jugement le capitaine Hugresse-Malville, du 20ᵉ régiment de chasseurs à cheval, prévenu de vol de fournitures. — 11° Lettre signée Carnot, Revellière-Lépeaux, Reubell, au commissaire Haussmann, approuvant ses mesures pour l'approvisionnement des places, les subsistances des troupes, et exprimant la confiance du Directoire dans les succès des armées de Rhin-et-Moselle et de Sambre-et-Meuse. — 12° Lettre (mêmes signatures) au citoyen Mangin, adjoint du génie, employé aux fortifications de la place de Thionville, pour le remercier de ses observations sur la campagne de l'armée de la République devant Mayence et du plan d'assaut qui y était joint. — 13ᵉ Lettre (mêmes signatures) au ministre de la police générale pour lui transmettre une dénonciation portée contre le receveur général à Évreux.

[3] Arrêté du 17 messidor an IV signé Carnot, Revellière-Lépeaux, Reubell (Arch. nat., AF III, 384, dossier 1977). Onze de ces jeunes gens sont exemptés comme «nécessaires à leurs parents vieux et infirmes»; — sept à titre de tanneurs; — dix-neuf comme «nécessaires à une nombreuse famille»; vingt-sept comme «mariés sur la foi d'une réquisition, congé, etc.» et ayant des enfants; huit comme «chefs de manufactures»; trois comme «réclamés par le ministre de l'intérieur pour la prospérité des arts, du commerce et de l'agriculture»; un comme comptable; un comme employé dans une administration militaire; un comme employé dans la Belgique.

Le dossier 1978, dont le contenu, comme celui des trois précédents, se rapporte à la séance du 17 messidor, est formé de 85 pièces relatives à des nominations de juges de paix, d'assesseurs, de commissaires dans les dépar-

A

Le Directoire exécutif au général Châteauneuf-Randon,
commandant les 9ᵉ et 10ᵉ divisions militaires.

Le Directoire a reçu, citoyen général, la lettre sans date par laquelle vous lui rendez compte de la situation du département de la Lozère. Il écrit en conséquence à son commissaire près l'administration de ce département[1] la lettre dont il vous transmet copie ci-jointe.

Le Directoire, en attendant les renseignements qu'il charge son commissaire de lui donner, vous invite à ne rien négliger pour comprimer tous les ennemis de l'ordre, assurer l'exécution des lois et réprimer toutes atteintes à la sécurité des personnes et des propriétés.

Le Directoire vous rappelle que toutes les mesures à prendre à cet égard doivent être concertées avec les autorités constituées; qu'étant particulièrement intéressées au maintien du bon ordre, elles sont d'ailleurs plus à portée de connaître les localités et les individus et qu'il importe enfin au bien du service, à la rapidité des mouvements et à une direction sage et utile des forces qu'il reste constamment entre ces administrations et les chefs de l'armée ce concert, cet ensemble qui assurent le succès des opérations.

Le Directoire a lu avec intérêt le rapport joint à votre lettre du 24 floréal. Son attention s'est particulièrement fixée sur les départements de l'Ardèche et du Tarn, dans lesquels il résulte de ce rapport que le mal est plus invétéré et le remède plus urgent. Il a chargé ses commissaires dans ces deux départements[2] de surveiller et stimuler l'administration inférieure pour tout ce qui tient à l'exécution des lois et au maintien de la tranquillité publique. L'accusateur public du département de l'Ardèche a été en outre chargé de rappeler aux juges de paix devant qui ont été renvoyés les auteurs des mouvements ce qu'exige d'eux l'importance de leurs devoirs et les conséquences funestes qu'entraînerait l'impunité des coupables.

Vous témoignez au Directoire, par votre lettre du 11 prairial, combien vous avez été sensible à l'inculpation insérée dans une feuille publique. C'est le sort, dans les gouvernements libres, des hommes attachés à la chose publique, d'être en butte aux attaques de l'intérêt et aux traits de la calomnie. C'est en continuant de bien faire, en redoublant de zèle et d'attachement à leurs devoirs qu'ils confondent leurs calomniateurs et désarment leurs ennemis.

Votre lettre du 4 messidor parvient dans ce moment au Directoire. Par la dernière qu'il vous a adressée[3] il vous prescrivait de faire partir sans délai une demi-brigade pour l'armée d'Italie. Il pense que ses ordres sont déjà exécutés à cet

tements des Basses-Alpes, de l'Aude, du Jura, du Bas-Rhin, de la Haute-Saône, de la Seine et de Seine-et-Oise.

[1] Voir plus haut, p. 6.
[2] Voir ci-dessus, p. 18.
[3] Voir t. II, p. 753.

égard. Il approuve d'ailleurs les mesures que vous prenez pour rendre de nouvelles forces disponibles et il compte sur le succès de vos soins et de vos efforts pour hâter le moment où il sera possible de les diriger vers la même destination.

L.-M. Revellière-Lépeaux, Carnot, Reubell.

Si vous pouvez envoyer en Italie les deux demi-brigades au lieu d'une, nous vous y invitons fortement, vu le besoin qu'a de renforts le général Bonaparte[1].

B

Le Directoire exécutif au général en chef Jourdan,
commandant l'armée de Sambre-et-Meuse.

Le Directoire exécutif a reçu, citoyen général, vos lettres des 4 et 5 messidor. Vous avez vu par ses précédentes dépêches son intention à l'égard des renforts que vous avez demandés au général Beurnonville. Ce général vient de lui rendre compte qu'un corps de six mille hommes a été mis à votre disposition, et qu'un autre corps de quatre à cinq mille hommes, déjà arrivé à Dusseldorf, était destiné à couvrir vos communications, le camp retranché et les autres points qu'il serait utile de lui faire occuper. Ainsi votre demande d'un secours de dix mille hommes se trouve remplie et vous vous trouvez en état de reprendre votre mouvement offensif. Nous sommes convaincus que vous avez tout disposé en conséquence aussitôt que vous avez appris le dessein du général Moreau et que vous avez commencé à agir dès que la nouvelle de son heureux passage du Rhin vous est parvenue. Notre lettre du 10[2] était pressante. Les moments sont décisifs et vous avez senti comme nous l'importance de profiter de l'étonnement où la marche de l'armée de Rhin-et-Moselle aura jeté les ennemis. Tout délai, toute incertitude seraient funestes. Le courage que les troupes ont montré à Ukerath pendant leur mouvement rétrograde annonce combien leur audace sera terrible et impétueuse en s'avançant de nouveau sur les bords du Rhin. Ce n'est plus le moment des démonstrations, même les plus savantes, mais des combats. Les succès du général Moreau interdisent l'exécution du plan que vous proposez, celui d'étendre sa gauche jusqu'à Coblentz pour vous donner la facilité d'appeler à vous le général Marceau. Le but essentiel est, dans les circonstances actuelles, de mettre l'armée de Rhin-et-Moselle en état de se maintenir sur la rive droite du Rhin pour vous donner à vous-même les moyens de concourir puissamment à l'issue victorieuse du plan combiné d'après lequel vous devez agir simultanément. Ainsi le général Marceau continuera à garder sa position pour observer la garnison de Mayence, et il se prolongera par sa droite pour contenir également celle de Manheim. Aussitôt qu'en vous reportant sur le Main vous aurez dégagé les rives du Rhin et que le général Moreau aura gagné du terrain, le gé-

---

[1] Arch. nat., AF III, 384, dossier 1977 — [2] Voir t. II, p. 740.

néral Marceau cherchera lui-même à passer le fleuve à Oppenheim, ou bien il vous rejoindra, selon les circonstances, en laissant toutefois les troupes nécessaires pour couvrir les passages de l'ennemi sur la rive gauche. Prévenez ce général des présentes dispositions et communiquez fréquemment avec le général Moreau, afin qu'il règne dans vos opérations le même concert qui se trouve entre vous et vos efforts pour assurer la supériorité des armes de la République.

Nous avons autorisé le commissaire Alexandre à garantir au gouvernement batave que le prix des fournitures qu'il s'engage à faire à l'armée de Sambre-et-Meuse serait imputé sur les sommes qu'il doit à la République. Cette mesure, jointe à l'activité de la levée de la contribution dans la République rendra vos subsistances faciles et abondantes. Ne perdez pas toutefois de vue que le grand art de la guerre est de vivre aux dépens de l'ennemi.

Il nous a été rendu compte que, par une dilapidation énorme qui se commet dans les vivres-pain, la République paye par jour quatre cents quintaux de grains au-dessus de la consommation réelle; nous avons chargé notre commissaire Joubert d'éclairer à cet égard notre opinion et nous voulons formellement que la vérité paraisse dans tout son jour. Prenez quelques moments, citoyen général, sur ceux que vous laissent vos dispositions et vos travaux militaires, pour sonder vous-même cet abîme de déprédations et livrer les coupables à leur juste châtiment.

Vos observations sur l'abus des démissions ont été prises immédiatement en considération. Le ministre de la guerre consultera désormais l'opinion des généraux en chef, qui s'attacheront sans doute à conserver les bons officiers et n'accorderont leurs consentements aux démissions offertes que pour les sujets dont les services seront les moins précieux et de manière à avoir toujours des cadres complets et bien composés.

Le général Beurnonville a instruit le Directoire que le prince royal de Danemark [1] lui avait fait demander par l'envoyé danois à la Haye la permission de visiter les armées de la République. La réputation de leur courage et l'éclat de leurs victoires ont sans doute motivé le projet de ce prince étranger et nous vous autorisons à le recevoir avec les égards conformes à la dignité nationale.

Le Directoire apprend à l'instant les nouveaux succès de l'armée de Rhin-et-Moselle [2]. Elle a coupé les communications de Wurmser avec les troupes ennemies qui sont sur le Haut-Rhin. Portez, citoyen général, cette heureuse nouvelle au prince Charles et marchez vivement à lui.

CARNOT, L.-M. REVELLIÈRE-LÉPEAUX, REUBELL [3].

[1] Voir plus haut, p. 9.
[2] Sur les opérations de l'armée de Rhin-et-Moselle depuis le passage du Rhin, voir les lettres du général Moreau au Directoire, du 10 et du 11 messidor, dans le *Moniteur* (XXVIII, 343, 345).
[3] Arch. nat., AF III, 384, dossier 1977.

SÉANCE DU 18 MESSIDOR AN IV [1]

6 JUILLET 1796.

Le Directoire exécutif adresse au Conseil des Cinq-Cents cinq messages et un au Conseil des Anciens.

Le premier a pour objet de soumettre la demande faite par la commune de Strasbourg d'être autorisée à achever la percée de la rue de l'Ecrevisse, en y employant une partie d'un terrain national [2].

Le second, d'inviter le Conseil des Cinq-Cents à établir définitivement la division du pays de Bouillon entre les départements environnants [3].

Le troisième, de soumettre à la décision du Conseil l'irrégularité des opérations de l'assemblée primaire du canton de Thonon [4].

Le quatrième est relatif à l'irrégularité des élections du juge de paix, de ses assesseurs et du président de l'administration municipale du canton externe de Ganges [5].

Par le cinquième on annonce aux deux Conseils la victoire remportée par l'armée de Rhin-et-Moselle sur les Autrichiens et des avantages obtenus par celle de Sambre-et-Meuse, qui a repassé le Rhin [6].

Il en reçoit un autre du Conseil des Anciens contenant une loi en date de ce jour. Cette loi déclare que les dispositions de la loi du 4 juin 1793, qui accorde des pensions et des secours aux veuves des militaires, sont applicables aux veuves des agents civils de la marine [7].

Le Directoire ordonne que cette loi sera publiée, exécutée, et qu'elle sera munie du sceau de l'État; elle est en conséquence adressée de

---

[1] Arch. nat., AF III*, fol. 39-41.

[2] C'est-à-dire la partie du jardin contiguë au bâtiment occupé par le tribunal criminel du département. — Message lu à la séance du 19 messidor. — *C. C.*, messidor an IV, p. 370-371.

[3] Message lu à la séance du 19 messidor. — *C. C.*, messidor an IV, p. 372. — Le pays de Bouillon avait été réuni au territoire de la République par la loi du 4 brumaire an IV.

[4] Département du Mont-Blanc. — Message lu à la séance du 19 messidor. — *C. C.*, messidor an IV, p. 368-369.

[5] Département de l'Hérault. — Message lu à la séance du 19 messidor. — *C. C.*, messidor an IV, p. 366.

[6] C'est-à-dire la victoire de Renchen remportée par l'armée de Rhin-et-Moselle et le passage du Rhin, entre Coblentz et Andernach, par les troupes de l'armée de Sambre-et-Meuse qui s'étaient repliées précédemment derrière le fleuve (voir sur cette opération les lettres de Jourdan et du commissaire Joubert au Directoire, *Monit.*, XXVIII, 344, 345). — Messages lus le 18 messidor. *C. C.*, messidor an IV, 339-340; — le 19 messidor, *Anc.*, messidor an IV, p. 178-179.

[7] *Bull.*, II, LVII, n° 517.

suite à l'enregistrement pour deux expéditions en être envoyées sans délai au ministre de la justice, avec l'arrêté portant ordre d'impression et de publication dans les formes prescrites par les lois.

Le ministre de l'intérieur soumet au Directoire la réclamation faite par le citoyen Chauvet, possesseur des droits de banalité dans la commune de Mézel, département des Basses-Alpes, contre un arrêté de l'administration centrale de ce département, en date du 1er octobre 1793 (v. st.), qui déclare ces droits féodaux supprimés sans indemnité.

Le Directoire renvoie les parties à se pourvoir par devant qui de droit [1].

Il charge le ministre des finances de fournir au citoyen Saussure [2], genevois, appelé à l'une des écoles centrales de Paris [3], les moyens de se rendre dans cette commune avec sa famille et ses effets [4].

Le ministre de la police soumet la demande faite par l'administration centrale du département de Seine-et-Oise de connaître les motifs de la destitution du citoyen Raguideau, ex-commissaire du pouvoir exécutif à Étampes, afin qu'elle puisse lui restituer l'emploi qu'il occupait dans ses bureaux [5] avant sa nomination à cette place, si ces motifs ne sont pas de nature à lui ôter leur confiance.

Ce même ministre soumet quelques observations à l'égard de l'amnistie accordée aux rebelles; il pense que les congés d'absolution devraient porter, avec la signature du général Hoche, celle des magistrats les plus connus dans les départements insurgés; cette mesure lui paraît propre à donner plus de confiance aux rebelles [6].

Le Directoire renvoie ces deux propositions dans ses bureaux et en ordonne le placement.

---

[1] Rapport du ministre de l'intérieur, avec cette note : «*Renvoyé les parties à se pourvoir par devant qui de droit, le 18 messidor.* P. Barras».

[2] Saussure, naturaliste (1740-1799).

[3] Comme professeur de chimie et de physique expérimentale.

[4] Arrêté du 18 messidor an iv, signé Revellière-Lépeaux, Reubell, Carnot (Arch. nat., AF iii, 385, dossier 1980). — Le ministre de l'intérieur dans son rapport (même dossier) évalue à 1,500 livres en numéraire ses frais de déplacement pour lui et pour sa famille, et à 300 livres le port de ses caisses de livres, d'instruments et de minéraux. Mais il estime que ce n'est pas trop pour l'avantage d'attacher au service de la République «un savant qui jouit à Genève de la plus haute considération».

[5] C'est-à-dire dans son *bureau des émigrés*. — Lettre signée Cochon (Arch. nat., AF iii, 385, dossier 1979).

[6] «... Il serait à propos... que chaque congé d'absolution accordé au rebelle qui rendrait les armes fût, outre la signature des généraux, revêtu de celles des magistrats les plus connus dans les départements insurgés...» Rapport du ministre de la police au Directoire (Arch. nat., AF iii, 385, dossier 1980).

Il ordonne la fabrication de promesse des mandats jusqu'à concurrence de cent quarante millions [1].

[Le Directoire exécutif, sur la proposition qui lui a été faite par le citoyen Legouez-Léger de former une société qui fera habituellement un service en numéraire métallique pour la Trésorerie nationale, à des conditions beaucoup plus avantageuses que celles qu'on lui fait ordinairement,

Considérant qu'indépendamment de l'économie que présente cette proposition, il en résulte encore, en faveur de l'État, un intérêt majeur,

Arrête ce qui suit :

Article 1er. La Trésorerie nationale est autorisée à recevoir toutes les sommes que les citoyens Léger et compagnie lui verseront ou lui feront verser pour leur compte.

Art. 2. Elle en délivrera des récépissés dans les coupures qui lui seront demandées.

Art. 3. Ces récépissés seront reçus pour le comptant en payement des objets que les citoyens Legouez-Léger et compagnie désireront acquérir de la nation et dont ils pourront traiter de gré à gré, soit dans le département du ministre des finances, soit dans celui du ministre de la marine.

Art. 4. Les lingots d'or ou d'argent, ou espèces étrangères et lettres de change qui seront fournis à la Trésorerie nationale par la Compagnie Legouez-Léger le seront au cours, sans aucun droit de commission ou agio quelconque.

Art. 5. La Compagnie n'exigera également aucun droit de commission pour les versements faits en monnaie nationale.

Art. 6. Les ministres des finances et de la marine sont chargés, de même que la Trésorerie nationale, de l'exécution du présent arrêté, chacun en ce qui le concerne. — Arch. nat., AF III, 385, dossier 1980 [2]].

Il destitue de ses fonctions le citoyen Kibbers, membre de l'administration centrale du département de l'Escaut [3].

---

[1] Savoir : dans la coupure de 500 francs, cent millions; dans celle de 250 francs, vingt millions; dans celle de 100 francs, 10 millions; dans celle de 25 francs, 10 millions. — Arrêté du 18 messidor an IV, signé Revellière-Lépeaux, Reubell, Barras (Arch. nat., AF III, 385, dossier 1980).

[2] Signé Revellière-Lépeaux, Carnot, Barras.

[3] Pour avoir pris la défense de l'agent

[6 juillet 1796] DU DIRECTOIRE EXÉCUTIF. 25

Il prononce également la destitution des membres de l'administration municipale du canton d'Amance, département de la Haute-Saône [1].

Il destitue pareillement l'agent municipal et l'adjoint de la commune de Châtenois, département du Bas-Rhin [2];

Ainsi que les président, agents et adjoints municipaux du canton de Montagnac, département de l'Hérault.

On écrit plusieurs lettres concernant le service militaire; les minutes sont à la section de la guerre [3].

municipal de Saamslag, Wandewick, coupable d'avoir trempé dans la révolte dont cette commune et celle d'Axel ont été le théâtre le 8 et le 9 germinal dernier et d'avoir voulu reporter l'accusation sur le commissaire du pouvoir exécutif près l'administration municipale d'Axel, reconnu innocent. — Arrêté du 18 messidor an IV, signé Reubell, Le Tourneur, Revellière-Lépeaux, Barras (Arch. nat., AF III, 385, dossier 1979). — Rapport du ministre de la police générale (même dossier).

[1] Auteurs d'une délibération tendant à avilir les mandats territoriaux, à déprécier la monnaie de la République et coupables de négligence à l'égard «des prêtres déportés, rentrés, qui cherchent à propager leur doctrine perfide». — Arrêté signé Reubell, Carnot, Barras (Arch. nat., AF III, 385, dossier 1979).

[2] Qui «ont trahi leurs devoirs en souffrant que des individus revêtus d'ornements d'église et porteurs de bannières et autres signes de culte fissent publiquement des processions dans les rues...» — Arrêté du 18 messidor an IV, signé Le Tourneur, Barras, Revellière-Lépeaux (Arch. nat., AF III, 385, dossier 1979).

[3] Ces minutes se trouvent dans le dossier 1980 (Arch. nat., AF III, 385) et constituent les pièces suivantes : 1° Lettre signée Carnot, Le Tourneur, Revellière-Lépeaux, au citoyen Dubois-Dubay, membre du Conseil des Cinq-Cents, pour lui accuser réception des notes qu'il a adressées de Caen au Directoire et qui ont été transmises au ministre de la guerre. — 2° Arrêté signé Carnot, Revellière-Lépeaux, Barras, par lequel 34 jeunes gens, y dénommés, sont exemptés du service militaire et retenus dans les ateliers du citoyen Dugey, adjudicataire des forêts nationales de Briquebec, Sauveur-sur-Douvres, etc., — 3° Lettre signée Carnot, Reubell, Revellière-Lépeaux, au général de division Liébert, à Lille, pour lui accuser réception de sa lettre et lui témoigner étonnement et mécontentement du retard que le général Kermorvan a mis à exécuter ses ordres. — 4° Lettre signée Carnot, Reubell, Revellière-Lépeaux, au général Kermorvan, à Valenciennes, pour lui exprimer le mécontentement du Directoire et lui représenter qu'il faut mettre tout en œuvre pour découvrir les auteurs du délit commis par des individus de la garde nationale sédentaire de Valenciennes et redoubler de vigilance pour que le service ne soit pas compromis. — 5° Lettre signée Carnot, Reubell, Revellière-Lépeaux, au ministre de la guerre pour lui transmettre l'extrait de celle que le Directoire a reçue du général Kermorvan. — 6° Lettre signée Carnot, Reubell, Revellière-Lépeaux, au ministre de la police générale, pour lui faire part des inquiétudes du général Peyre «sur le mouvement que peut produire le grand concours que va attirer la foire de Beaucaire», l'informer des instructions données en conséquence au général Châteauneuf-Randon, et l'inviter à recommander aux autorités civiles «la surveillance la plus exacte». — 7° Lettre signée Carnot, Reubell, Revellière-Lépeaux, au général Peyre, à Mende, pour lui accuser réception de sa lettre du 2 messidor sur les inquiétudes que lui cause la foire de Beaucaire et l'informer des mesures prises à cet égard. — 8° Lettre signée Carnot, Reubell, Revellière-Lépeaux au général Châteauneuf-Randon, commandant les 9° et 10° divisions militaires, à Nîmes, lui prescrivant, en vue de la foire de Beaucaire, de rassembler des forces suffisantes pour «assurer le maintien des propriétés, faire régner le bon ordre et prévenir ou réprimer toutes atteintes à la tranquillité publique». — 9° Lettre signée Carnot, Reubell, Revellière-Lépeaux, au ministre de la guerre, pour l'informer de la pé-

Il accorde trois exequatur :

1° Pour M. Frédéric Emmery, français, consul de la nation suédoise, à Calais [1];

2° Pour M. Thierry-Charles Hesse, agent de commerce de la nation prussienne, à Bordeaux [2];

3° Pour M. Jean-Marie Emmery, français, consul de la nation suédoise, à Dunkerque [3];

Il écrit à la citoyenne Bournon-Malarme pour lui accuser réception du petit ouvrage dont elle lui a adressé un exemplaire [4].

---

nurie de souliers et de vêtements dont se plaint le général Mouret, commandant la 2ᵉ division des côtes d'Italie, et l'inviter à y pourvoir. — 10° Lettre signée Carnot, Reubell, Revellière-Lépeaux, au ministre de la police, pour l'informer que le général Mouret et le commissaire du Directoire près l'administration des Basses-Alpes se plaignent que dans ce département «les patriotes sont opprimés et menacés, que le fanatisme et le royalisme y dominent, que tous les contre-révolutionnaires des départements voisins y trouvent protection et sûreté»; le ministre est invité à s'informer de la situation, à rechercher les remèdes qu'elle rend nécessaires et à «employer provisoirement tous les moyens d'ordre et de surveillance pour y maintenir la tranquillité». — 11° Lettre signée Carnot, Reubell, Revellière-Lépeaux, au général Mouret, commandant la 2ᵉ division des côtes d'Italie, pour l'informer de la réception de sa lettre du 5 et des instructions données en conséquence aux ministres de la guerre et de la police générale. — 12° Lettre signée Carnot, Reubell, Revellière-Lépeaux, au ministre de la guerre, pour lui communiquer la plainte du général Jourdan sur la trop grande facilité accordée aux officiers de donner leur démission et sur l'utilité de consulter, avant de renvoyer les démissionnaires, les généraux en chef, «qui, d'après la connaissance qu'ils ont de la situation journalière des corps et du mérite des officiers, accorderont de préférence leur consentement à ceux dont la présence et les services aux armées sont les moins utiles à la République et veilleront à ce qu'ils soient aussitôt remplacés». — 13° Lettre au général en chef Moreau (voir le texte plus loin à l'Appendice). — 14° Lettre au général en chef Jourdan, commandant l'armée de Sambre-et-Meuse (voir le texte plus loin à l'Appendice). — 15° Lettre signée Le Tourneur, Carnot, Revellière-Lépeaux, au citoyen Joubert, commissaire du gouvernement près l'armée de Sambre-et-Meuse, pour l'informer des succès de l'armée de Rhin-et-Moselle, des instructions données aux généraux Moreau et Jourdan, et l'inviter à redoubler de zèle pour pourvoir «aux besoins des divisions agissantes de l'armée de Sambre-et-Meuse». — 16° Lettre aux commissaires du Directoire près l'armée d'Italie (voir le texte plus loin à l'Appendice.) — 17° Lettre signée Carnot, Reubell, Revellière-Lépeaux, au général en chef Kellermann, commandant l'armée des Alpes (le Directoire lui accuse réception de ses lettres des 2, 4, 5, 6, 7 et 8 messidor, lui recommande de nouveau la célérité qu'il faut apporter à la démolition des places piémontaises, dont, à défaut du général d'Arçon, qui ne peut se rendre à sa destination, il chargera tel officier qu'il jugera utile, — l'invite à faire occuper Suze et lui représente de nouveau l'importance de diriger promptement vers l'Italie les secours dont il doit accroître les forces du général Bonaparte).

[1] Arrêté du 18 messidor an IV, signé Revellière-Lépeaux, Reubell, Barras (Arch. nat., AF III, 385, dossier 1979).

[2] Arrêté du 18 messidor an IV, signé Revellière-Lépeaux, Reubell, Barras (Arch. nat., AF III, 385, dossier 1979).

[3] Arrêté du 18 messidor an IV, signé Revellière-Lépeaux, Reubell, Barras (Arch. nat., AF III, 385, dossier 1980).

[4] Arrêté du 18 messidor an IV, signé Revellière-Lépeaux, Reubell, Barras (Arch. nat., AF III, 385, dossier 1979). — Ce «petit ouvrage», dont le but «a paru moral et par conséquent louable» au Directoire, ne com-

[6 juillet 1796]   DU DIRECTOIRE EXÉCUTIF.   27

Il accorde en même temps à cette citoyenne un secours de mille livres, en mandats [1].

A

Le Directoire exécutif au général en chef Moreau.

Le Directoire exécutif attendait avec avidité, brave général, des nouvelles de vos opérations militaires après votre heureux passage du Rhin; vos lettres du 10 et du 11 lui ont donné toute la satisfaction qu'il s'était promise. Dans les combats intéressants qui ont précédé la journée du 10 vous avez opéré avec autant de célérité que d'audace pour empêcher la réunion des forces ennemies qui cherchaient mutuellement à se secourir, et la bataille de Renchen, habilement préparée et livrée avec un courage digne de la reconnaissance de la République, a fait recueillir à l'armée que vous commandez ce fruit glorieux de ses premiers efforts. Félicitez-la au nom du Directoire sur sa valeureuse conduite et sur sa victoire. D'après le compte que vous annoncez des traits particuliers où le talent et le dévouement se sont montrés avec distinction, il s'empressera de récompenser par un avancement mérité les individus de tout grade que vous désignerez à son attention.

La jonction des corps commandés par le général Saint-Cyr [2] vous aura mis en

---

prend pas moins de 4 volumes. On trouve dans le dossier la lettre d'envoi à un des Directeurs. «Les affaires du temps, dit l'auteur, ne m'ont laissé pour toute ressource que ma plume. J'ai perdu tout ce qui pouvait me faire aimer la vie, époux, parents, amis, fortune. Il ne me reste pas même l'espoir d'une mort prochaine, étant trop peu âgée pour espérer qu'elle puisse bientôt me débarrasser du lourd fardeau de l'existence. Au retour de mon exil, car j'ai aussi le malheur de faire partie de la *caste* proscrite, je me suis crue dix fois à l'instant de périr de besoin. Cruelle destinée pour une femme accoutumée au bonheur!..»

[1] Arrêté du 18 messidor an IV, signé Revellière-Lépeaux, Reubell, Barras (Arch. nat., AF III, 385, dossier 1979).

Indépendamment des pièces qui viennent d'être signalées à propos de la séance du 18 messidor, on trouve dans le dossier 1979 (Arch. nat., AF III, 385) les deux suivantes, non mentionnées au procès-verbal : 1° Lettre signée Carnot, Revellière-Lépeaux, Barras, au ministre de l'intérieur, pour l'informer de la démission des citoyens Guibert et Letellier, président et officier municipal de l'administration du 5ᵉ arrondissement du canton de Paris; — 2° Lettre signée Carnot, Revellière-Lépeaux, Reubell, au citoyen Vaillant, à Châtillon-sur-Seine, pour lui accuser réception de sa lettre du 7 messidor, ainsi que du manuscrit qui y était joint et le remercier de ses renseignements «sur le système politique de l'Europe».

Les dossiers 1981 et 1982, dont le contenu, comme celui des deux précédents, se rapporte à la séance du 18 messidor, sont formés : le premier de 97 pièces relatives à des nominations de commissaires, de juges, etc., dans les départements de la Charente-Inférieure, d'Eure-et-Loir, de la Loire-Inférieure, de Lot-et-Garonne, de l'Oise, de la Seine et de Seine-et-Oise; le second de 144 pièces relatives à des nominations de juges de paix, d'assesseurs de juges de paix, d'agents et d'adjoints municipaux, dans les départements de la Vendée et de la Vienne.

[2] Gouvion-Saint-Cyr (Laurent), né à Toul, le 13 avril 1764; peintre dans sa jeunesse; enrôlé dans un bataillon de la Meurthe (septembre 1792), général de brigade à l'armée du Rhin (5 juin 1794); général de division (juillet 1794); commandant du centre de l'armée de Rhin-et-Moselle (an IV); — général en chef de l'armée d'Italie à Rome

état de profiter de tous vos avantages et de marcher à l'ennemi pour le combattre jusqu'à ce qu'il soit entièrement défait; un jour perdu après la victoire éloigne de nouveaux succès et affaiblit les premiers. Dans la position où vous êtes l'observation de ce principe devient encore plus impérieuse.

Profitez de la dispersion des forces de l'ennemi sur le haut et bas Rhin pour lui porter des coups plus décisifs et foudroyer le corps de Condé, s'il ose se mesurer avec les troupes de la République et ne cherche pas à échapper par la fuite à leur vengeance. Votre gauche est naturellement protégée par le cours du Rhin et vous pouvez l'avancer beaucoup plus que votre droite sans la compromettre, et vous avez par là la faculté de donner à cette droite un développement tel qu'elle ne puisse être débordée et de menacer vous-même le flanc de l'ennemi. Mais, le Directoire vous le répète, ce n'est pas principalement à lui enlever ses positions, à précipiter sa retraite que vous devez vous attacher, c'est à le détruire et à l'attirer dans des combats où il trouve sa perte.

L'armée de Sambre-et-Meuse a repris l'offensive, le général Jourdan doit avoir fait sa jonction avec le général Kléber et il marche pour présenter la bataille au prince Charles. Le Directoire exécutif instruit [2] de ses intentions au sujet du corps commandé par le général Marceau et qui est destiné à couvrir les passages de Mayence et de Manheim pour vous donner la facilité d'agir avec toutes vos forces sur la rive droite. Aussitôt que les circonstances le permettront, ce général passera lui-même le Rhin avec la partie de ses troupes qui se trouvera disponible.

L'exécution du plan général d'opération est maintenant en pleine activité. Les avantages importants qui en ont couronné le début, le concert qui règne entre vous et le général Jourdan, la généreuse émulation des deux armées, tout annonce au Directoire des succès décisifs.

Le Tourneur, Carnot, L.-M. Revellière-Lépeaux [3].

B

Le Directoire exécutif au général en chef Jourdan, commandant l'armée de Sambre-et-Meuse.

Le Directoire a reçu, citoyen général, vos lettres des 8 et 14 messidor. Il a appris avec satisfaction la nouvelle du passage du Rhin à Neuwied et celle des

après le départ de Masséna (1798); disgracié par suite de ses démêlés avec Bassal; commandant de l'aile gauche de l'armée du Rhin sous Jourdan (1799); puis rappelé à l'armée d'Italie sous Moreau (même année); rattaché à l'armée du Rhin, où il prend part à la campagne de Hohenlinden (1800); conseiller d'État, ambassadeur en Espagne (1801); chef du corps français d'occupation dans le royaume de Naples (1803); colonel-général des cuirassiers (1804); attaché à l'armée d'Italie (1805), à l'armée de Naples (1806);

chef du 7e corps et chargé du commandement de la Catalogne (1808), puis disgracié par Napoléon; chef du 6e corps de la grande armée pendant la campagne de Russie (1812); maréchal de France (1812); rallié aux Bourbons, pair de France (1814); ministre de la guerre (1815), de la marine (1817), de la guerre (1817-1819), mort à Hyères, le 17 mars 1830.

[2] C'est sans doute *l'instruit* ou *l'a instruit* que le Directoire a voulu dire (voir plus haut, p. 20-21).

[3] Arch. nat., AF III, 385, dossier 1980.

avantages remportés par le général en chef Kléber dans les environs de la Sieg. Les rapports qui lui sont parvenus de l'armée de Rhin-et-Moselle ne sont pas moins intéressants et cette armée a gagné une bataille à Renchen dont les suites amèneront sans doute avec rapidité l'exécution de la partie du plan de campagne que le Directoire a confiée au général en chef Moreau. Cet élan simultané des deux armées républicaines devient le gage de l'entier accomplissement de ce plan dont dépend une paix solide et honorable.

Il paraît, général, que vous n'avez pas saisi l'idée du Directoire lorsqu'il vous a parlé d'une position parallèle au cours de l'Acher. Il n'a pas voulu dire que cette position doit être prise sur l'Acher même, mais il a voulu indiquer la ligne de bataille qu'il croit utile à prendre sur la rive droite du Rhin et que cette ligne serait désavantageuse si elle était perpendiculaire au cours du fleuve ou, ce qui est la même chose, parallèle à celui de la Lahn, etc.

Le Directoire insiste donc sur la ligne de bataille qu'il a tracée, parce qu'elle présente l'avantage essentiel de mettre l'ennemi dans l'impossibilité de tourner votre gauche et vous met en situation d'affaiblir cette gauche et même le centre lorsque votre droite peut être menacée et a besoin de renforts pour s'opposer à ce que l'ennemi pourrait tenter contre elle. Une disposition de vos troupes partagées en trois corps par échelons, la droite en avant, à peu de distance les uns des autres et de manière à ce que chacun de ces corps pût secourir l'autre avec promptitude offrirait tous les avantages de la ligne de bataille dont il est question et ceux de pouvoir faire agir dans tous les sens trois gros corps disponibles que l'ennemi ferait épier avec difficulté et dont les mouvements individuels le tiendraient constamment en suspens et sur une défensive timide.

Quant au territoire prussien de ce côté de la Roër, on peut le traverser librement, ainsi que le Directoire vous l'a précédemment mandé, en observant de s'y comporter comme on doit le faire en pays ami. Au reste, citoyen général, les opérations militaires que le Directoire vous a prescrites se réduisent à ceci : *L'armée de Sambre-et-Meuse doit, en s'éloignant le plus possible du Rhin, se diriger avec rapidité vers la Franconie.*

Les dangers de s'appuyer trop au Rhin sont faciles à sentir. Cette marche donne en effet la chance à l'ennemi de disputer tout le terrain de la rive droite du fleuve, pour ainsi dire pied à pied, et toutes les rivières qui y aboutissent couvriraient toujours alors tous ses mouvements avec avantage. Un petit corps d'observation sur votre droite doit suffire pour empêcher l'ennemi de la tourner, et lorsque, par la ligne de bataille que vous prenez et que le Directoire vous a indiquée, vous le mettez dans l'impossibilité d'attaquer votre gauche avec avantage, cette même gauche devient dès lors disponible et chacun des pas en avant qu'elle peut faire inquiète fortement la droite des Autrichiens et les oblige à abandonner les positions qu'ils pourraient prendre. L'attaque étant par ce moyen toujours portée contre leur droite, ils se verront nécessairement obligés de faire un mouvement général pour vous faire face afin de couvrir la Franconie, et dès lors ils seront forcés d'abandonner Mayence à ses propres forces et d'évacuer même Francfort.

La marche de l'armée de Sambre-et-Meuse vers la Franconie pendant que celle de Rhin-et-Moselle ira passer le Neckar à Heilbronn ou à Stuttgart dispense les deux armées d'aller combattre les Autrichiens dans le pays de Darmstadt, et si les succès de la première sont plus rapides que ceux de celle qui obéit au général Moreau, non seulement l'ennemi se trouvera rejeté immédiatement au delà de la Rednitz, mais encore la jonction des deux armées françaises dans la Franconie pourra, en leur permettant de se former en quelque sorte sur une seule ligne, les mettre à même de repousser l'ennemi jusqu'au delà du Danube.

Si au contraire une grande partie des forces autrichiennes présentement dirigées contre le général en chef Moreau s'agglomérait pour s'opposer à vos efforts, et que la marche de l'armée de Rhin-et-Moselle devînt par les circonstances plus célère que la vôtre, cette armée pourrait, en prenant des positions heureuses, fermer peut-être le chemin du Danube aux troupes impériales et les forcer, en agissant sur leurs flancs et sur leurs derrières, à n'avoir d'autre retraite que la Bohême.

C'est ainsi, citoyen général, que l'on peut achever le tracé du plan des opérations militaires que nous avons commencé à dessiner dans les lettres précédentes que nous vous avons adressées, ainsi qu'au général en chef Moreau. Vos talents et ceux de ce général, la confiance que les troupes républicaines portent à tous deux, l'ardeur des guerriers français qui combattent pour l'indépendance de leur patrie empêchent que le Directoire ne le regarde comme exagéré ou comme impossible dans son exécution. Le plan de campagne qui a été adopté pour soumettre l'Italie était hérissé d'obstacles que la nature semblait avoir amoncelés pour s'opposer à son exécution. L'audace et la sagesse républicaines les ont vaincus. Elles triompheront en Allemagne comme elles ont triomphé en Italie. Nous avons pour nous la justice de notre cause, notre désir de finir une guerre que l'obstination de nos ennemis nous force à continuer. Nous avons pour nous le cri des nations, celui même des soldats de l'Autriche, qui savent que nous combattons pour la liberté et même pour l'affranchissement d'une partie de l'Europe. Nous avons pour nous la valeur des soldats républicains et la victoire qui n'a jamais cessé d'accompagner l'armée de Sambre-et-Meuse et qui vient de guider les puissants efforts de celle de Rhin-et-Moselle. Marchez donc rapidement vers la Franconie, citoyen général. Puissent vos premières lettres nous apprendre un succès marquant sur la Lahn, le passage de cette rivière et la déroute complète des Autrichiens !

Comptez sur la confiance que le Directoire n'a jamais cessé de vous accorder, ainsi qu'aux braves chefs qui servent sous vos ordres.

Le Tourneur, Carnot, L.-M. Revellière-Lépeaux [1].

---

[1] Arch. nat., AF III, 385, dossier 1980.

C

LE DIRECTOIRE EXÉCUTIF À SES COMMISSAIRES [1] PRÈS L'ARMÉE D'ITALIE.

Nous avons reçu, citoyens commissaires, vos dépêches datées du 8 et du 9 messidor. Nous sommes très satisfaits de la conclusion de l'armistice avec le pape [2] et nous pensons que le général en chef n'aura pas perdu un moment pour repasser le Pô et rassembler des forces imposantes contre les entreprises que le général Beaulieu pourrait tenter à la faveur de ses renforts. L'expédition de Livourne terminée, vous aurez exigé de Gênes, ainsi que nous l'avons mandé au général Bonaparte [3], qui vous aura sans doute fait part de nos intentions, les indemnités et les réparations que nous sommes en droit d'exiger pour les insultes et les pertes que sa neutralité perfide nous a fait essuyer. Nous pressons la marche des renforts destinés à l'armée d'Italie; quoique les succès de celle du Rhin nous donnent une nouvelle garantie du maintien de ses conquêtes, leur importance, l'inquiétude des habitants, toujours prêts à la révolte, et les exemples justes et terribles de la vengeance qu'ils ont attirée sur eux, nous font vivement sentir la nécessité de donner au général Bonaparte tous les moyens dont nous pourrons disposer. Une demi-brigade prise dans la 9e division militaire doit être en route pour Nice et nous recommandons au général Châteauneuf-Randon d'en envoyer une seconde, s'il peut à la rigueur s'en passer. La brigade que doit fournir le général Kellermann ne tardera pas à rejoindre Milan.

Le Directoire voit avec bien de la satisfaction le résultat de vos soins pour conserver la santé et la vigueur des troupes en satisfaisant à leurs besoins, sans toutefois vous départir des règles d'une économie nécessaire dans l'emploi des ressources qui sont à votre disposition et d'une surveillance active et sévère à l'égard des agents employés à la levée des contributions de toute espèce.

Les deux armées qui agissent sur le Rhin ont transporté tout le théâtre de la guerre sur la rive droite de ce fleuve et elles marchent à de nouvelles victoires qui semblent certaines.

Celle de Rhin-et-Moselle a gagné le 10 la bataille de Renchen et le général Jourdan a fait un nouveau passage de vive force près de Coblentz.

Le Directoire approuve vos arrêtés sur l'établissement des hôpitaux et des magasins. Il vous invite particulièrement à activer les mesures relatives à ce dernier objet et s'en réfère à ses précédentes dépêches pour tout ce qui concerne l'importante mission dans laquelle vous justifiez toute sa confiance en vous.

LE TOURNEUR, CARNOT, L.-M. REVELLIÈRE-LÉPEAUX [4].

---

[1] Saliceti et Garrau. — [2] Il s'agit de l'armistice de Bologne, en date du 5 messidor an IV (voir t. II, p. 754). — [3] Voir t. II, p. 764. — [4] Arch. nat., AF III, 385, dossier 1980.

SÉANCE DU 19 MESSIDOR AN IV [1]

7 JUILLET 1796.

Le Directoire exécutif adresse au Conseil des Cinq-Cents deux messages.

Par le premier, il demande qu'un fonds de deux millions soit mis à la disposition du ministre de la police générale [2].

Par le second, il demande qu'un fonds de cent cinquante millions soit également mis à la disposition du ministre de l'intérieur [3].

Le Directoire adopte ensuite un projet d'arrêté qui lui est soumis par le ministre de l'intérieur et par lequel une somme de quinze mille livres [4] est accordée à la citoyenne Henriette-Adélaïde Legrand, pour prix de cinq manuscrits légués à la Bibliothèque par Legrand, son oncle [5].

Le ministre des finances propose six projets d'arrêté que le Directoire adopte.

Le premier fixe le traitement du directeur et du receveur des Domaines et droits séquestrés, dans le pays de Ravestein (Provinces Unies) [6].

Le second est relatif à une demande formée par plusieurs proprié-

---

[1] Arch. nat., AF III*, 4, fol. 41-45. — AF III, 3.

[2] Deux millions, valeur fixe, dont un million pour les dépenses ordinaires et un million pour les dépenses extraordinaires et secrètes. — Message lu à la séance du 20 messidor. — C. C., messidor an IV, p. 382-383.

[3] Message lu à la séance du 20 messidor. — C. C. messidor an IV, p.385.

[4] En mandats.

[5] Arrêté du 19 messidor an IV, signé Revellière-Lépeaux, Reubell, Barras (Arch. nat., AF III, 385, dossier 1983). — Le ministre de l'intérieur, dans son rapport (même dossier), rappelle que Legrand, «secrétaire interprète des langues orientales», était mort pauvre en 1784, léguant à la Bibliothèque nationale (alors Bibliothèque du roi) cinq manuscrits qui constituaient pour elle une très précieuse acquisition, et qu'en retour une pension de 600 livres sur la caisse des Invalides de la marine avait été assurée à sa nièce, qui était son héritière; mais que, la loi du 13 mai 1791 ayant supprimé les pensions créées sur cette caisse au profit de personnes étrangères à la marine, elle n'avait plus rien reçu depuis cette époque, ce qui motivait sa demande ou des arrérages de ladite pension ou de la restitution des manuscrits. Le ministre fait remarquer que ces manuscrits, qui sont «uniques en France», se vendraient «au moins six mille francs en numéraire» et que c'est «rester bien au-dessous de l'équivalent» que d'en borner le prix à 15,000 francs en mandats.

[6] Arrêté du 19 messidor an IV, signé Revellière-Lépeaux, Carnot, Barras (Arch. nat., AF III, 385 dossier 1986). — Il s'agit des domaine et droits appartenant, dans le pays de Ravestein, occupé par les Français, à l'Électeur palatin, à l'évêque d'Anvers, émigré, ainsi qu'à quelques Français émigrés. — Le traitement du receveur est fixé à 3 1/2 p. 100 du montant de ses recettes.

taires de bâtiments et terrains dont la loi du 21 frimaire an III a ordonné la réunion au Muséum d'Histoire naturelle. Ces citoyens désirent en échange des biens nationaux, qu'ils ont indiqués, mais qui se trouvent soumissionnés [1].

Le troisième détermine les indemnités accordées aux meuniers des moulins de Herpen, de Uden, de Reck, de Bocket et de Ravestein, appartenant à l'Électeur Palatin : ces moulins avaient été séquestrés au profit de la République [2].

Le quatrième porte qu'il sera fait remise aux habitants du pays de Ravestein d'une somme de 7,203 florins, provenant d'un droit appartenant à l'Électeur Palatin [3].

Le cinquième ordonne la vente au plus offrant et dernier enchérisseur de cent arpents [4] de bois de frêne pour le service de l'artillerie [5].

Le dernier charge le ministre des finances de faire payer au citoyen Comblain, préposé des douanes à Beck [6], la somme de 197 livres 2 sols en numéraire effectif, montant des frais du pansement des blessures qu'il a reçues en défendant la maison du receveur des douanes contre les brigands qui voulaient enlever la caisse de ce receveur [7].

Un messager d'État du Conseil des Cinq-Cents remet sur le bureau

---

[1] Arrêté du 19 messidor an IV, signé Revellière-Lépeaux, Carnot, Barras (Arch. nat., AF III, 385, dossier 1986). — Cet arrêté ne concerne en fait que le citoyen Léger, qui, en échange de ses anciens bâtiments et terrains, annexés au Muséum, prendra plusieurs terrains des faubourgs Victor et Marcel, soumissionnés, il est vrai, mais dont les soumissionnaires seront remboursés de leur consignation. — Pareil avantage sera assuré à tous autres propriétaires de maisons ou terrains réunis au Muséum en vertu de la loi du 21 frimaire.

[2] Arrêté du 19 messidor an IV, signé Revellière-Lépeaux, Barras, Carnot (Arch. nat., AF III, 385, dossier 1986). «Considérant que, suivant une des clauses de leurs baux, il doit être accordé auxdits meuniers des indemnités pour raison des pertes que la guerre leur a fait éprouver», le Directoire leur accorde des diminutions allant de trois à six mois du prix de leurs fermes.

[3] Arrêté du 19 messidor an IV, signé Revellière-Lépeaux, Carnot, Barras (Arch. nat., AF III, 385, dossier 1983). — Cette somme représente la moitié de celle qui était due annuellement à l'Électeur Palatin et dont une année était échue depuis le 1er octobre 1795. Les armées françaises s'étant emparées du pays de Ravestein, le séquestre avait été mis sur les biens et revenus qu'y possédait l'Électeur Palatin et lesdits revenus étaient perçus au profit de la République. — La remise est motivée par les «malheurs particuliers que la commune de Velp a éprouvés lors du siège de Grave».

[4] C'est arbres qu'il faut lire et qui se trouve dans le texte de l'arrêté.

[5] Arrêté du 19 messidor an IV, signé Revellière-Lépeaux, Carnot, Barras (Arch. nat., AF III, 385, dossier 1986). Les adjudicataires devront fournir le corps des arbres aux agents de l'artillerie.

[6] Département de la Meuse-Inférieure.

[7] Arrêté du 19 messidor an IV, signé Revellière-Lépeaux, Carnot, Barras (Arch. nat., AF III, 385, dossier 1986). — L'attaque avait eu lieu dans la nuit du 14 au 15 germinal an IV (rapport du ministre des finances, même dossier).

une résolution de ce Conseil portant qu'il n'y a pas lieu à délibérer sur la mise en état d'accusation des membres du bureau central.[1].

En conséquence de cette résolution, le Directoire rapporte son arrêté du 23 prairial [2], qui suspend le citoyen Limodin de ses fonctions de membre du bureau central [3].

Il reçoit un message du Conseil des Anciens; ce message a pour objet l'envoi de trois lois en date de ce jour.

L'une porte que les bâtiments, jardins et terrains destinés à l'école de Liancourt demeurent affectés à l'école nationale de ce nom [4].

La seconde que le troisième quart des biens nationaux, soumissionnés conformément aux lois des 28 ventôse et 6 floréal derniers, sera payé, savoir : dans les dix jours pour les départements de la Seine, de Seine-et-Oise, de Seine-et-Marne, et dans les quinze jours pour les autres départements [5].

La dernière porte que les armées de Rhin-et-Moselle et de Sambre-et-Meuse ne cessent de bien mériter de la patrie [6].

Le Directoire ordonne que ces trois lois seront publiées, exécutées et qu'elles seront munies du sceau de l'État. Elles sont en conséquence envoyées, sur-le-champ, à l'enregistrement, pour deux expéditions de chacune être adressées sans délai au ministre de la justice, avec l'arrêté portant ordre d'impression et de publication dans les formes prescrites par les lois.

Le ministre de la police générale expose dans un rapport les lenteurs qui résultent, dans l'expédition des affaires, de l'obligation dans laquelle se trouvent les employés du gouvernement [7] de s'absenter pour monter leur garde; il propose d'arrêter que ces citoyens ne pourront être commandés que pour le service du quartier, ce qui restreindrait à vingt-quatre heures leur absence, qui souvent est de deux jours ou trois jours entiers [8].

---

[1] Voir (*C. C.*, messidor an IV, p. 330-336) le compte rendu de la comparution des membres du Bureau central devant le Conseil des Cinq-Cents, leur interrogatoire, le discours justificatif de Limodin, la discussion et la résolution qui s'ensuit.

[2] Voir t. II, p. 593.

[3] Arrêté du 19 messidor an IV, signé Revellière-Lépeaux, Reubell, Barras (Arch. nat., AF III, 385, dossier 1983).

[4] *Bull.* II, LVII, n° 521.

[5] *Bull.* II, LVII, n° 518.

[6] *Bull.* II, LVII, n° 519. — Voir plus haut, p. 22 (séance du 18 messidor).

[7] Il s'agit des «employés dans les différentes administrations publiques» de Paris, c'est-à-dire particulièrement des employés des ministères.

[8] Il s'agit du service de la garde nationale sédentaire. «On n'est appelé à ce poste (*le*

[7 juillet 1796] DU DIRECTOIRE EXÉCUTIF. 35

Cette proposition est renvoyée à l'examen des bureaux [1].

Sur le rapport du ministre de la police générale, le Directoire prononce la radiation définitive de la liste des émigrés des citoyens......[2].

poste du quartier), lit-on dans le rapport, que le soir, et on le quitte le lendemain à la même heure; par ce moyen l'employé n'abandonne ses fonctions que 24 heures et le service public ne souffre pas d'une manière sensible de ce retard.»

[1] Voir le rapport avec la mention du renvoi «à la division de police», Arch. nat., AF III, 385, dossier 1983.

[2] Louis-Joseph *Menou* père, ex-noble, ancien commandant des ville et château de Nantes, l'un des 132 Nantais envoyés à Paris en l'an II, décédé à la maison d'arrêt de la Force le 4 pluviôse an II, inscrit par suite d'une confusion de prénoms sur la liste des émigrés de la Loire-Inférieure (le séquestre est maintenu sur ses biens, attendu qu'il était père d'émigré); — Jean-Baptiste *Vergnette*, ci-devant maître des comptes, porté sur la liste des émigrés de la Côte-d'Or, et qui a justifié de sa résidence; — Joseph *Chalenge* et Marie-Anne *Baillon*, sa femme, portés sur la liste des émigrés d'Eure-et-Loir, qui ont justifié de leur résidence; — Louis-Marie-François *La Rochebossuot*, condamné à mort le 19 messidor an II par le tribunal révolutionnaire, inscrit sur la liste des émigrés du département d'Eure-et-Loir, et dont les héritiers ont établi la non-émigration; — Abdon-Thomas-François *Desens-Morsan*, ancien maréchal de camp, ex-noble, domicilié ci-devant à Paris, présentement à Bernay, inscrit sur la liste des émigrés du département de l'Eure et qui a justifié de sa résidence; — Étienne *Dufay*, curé constitutionnel de Chalon et Moulineux, canton d'Angerville, district d'Étampes, porté, à cause de ses biens, sur la liste des émigrés du département de l'Eure, et qui a justifié de sa résidence; — Anne *Dromart*, femme *Vergnette*, inscrite sur la liste des émigrés de la Côte-d'Or et qui a justifié de sa résidence; — Feu Antoine-Louis *Coustard de Villiers*, ancien administrateur des domaines, porté sur la liste des émigrés de Seine-et-Oise, et dont la veuve et les héritiers ont établi la non-émigration; — Alexandre-Denis *Duchesne*, dit *Chevoy*, ci-devant clerc tonsuré, âgé de 20 ans, fils de Denis-Alexandre et de Thérèse *Menjand*, domicilié à Alençon, inscrit sur la liste des émigrés de l'Orne et qui a justifié de sa résidence; — Louis-Augustin-Stanislas *Meneust*, ex-noble et ancien militaire, et Madeleine-Émilie *Fortier*, sa femme, inscrits sur la liste des émigrés du département de la Loire-Inférieure, étranger au lieu de leur domicile, et qui ont justifié de leur résidence; — Edme-Henry *Dudoyer*, ci-devant conseiller à la 3e chambre des enquêtes du ci-devant Parlement de Paris, et Marie-Renée-Jacqueline *Lhermite*, sa femme, inscrits sur la liste des émigrés du département de l'Orne, et qui ont justifié de leur résidence; — Marguerite *Noirot*, veuve *Philippon*, portée sur la liste des émigrés de la Côte-d'Or et qui a justifié de sa résidence; — Marie-Émilie *Courson*, ex-chanoinesse, portée sur la liste des émigrés de la Loire-Inférieure, et qui a justifié de sa résidence; — Magdeleine *Pincelon*, veuve de Charles-Pierre *Cureau*, portée sur la liste des émigrés du département de l'Orne et qui a justifié de sa résidence; — Louise-Anne-Ursule *Bonët*, veuve *Jomelière*, domiciliée dans la commune de Bagnères (Haute-Garonne), présumée émigrée dans le district de Nontron (Dordogne), où elle a des biens, et qui a justifié de sa résidence; — Jeanne-Marie *Peysson*, veuve *Lafont*, rentière, portée sur la liste des émigrés du département de l'Ain, qui a justifié de sa résidence; — Anne-Charlotte-Rosalie *Fouasse-Noirville*, veuve *La Palme*, portée sur la liste des émigrés du Calvados, qui a justifié de sa résidence; — Charlotte *Bologne*, femme divorcée de Philippe-Augustin *Vrevins*, portée sur la liste des émigrés du département d'Eure-et-Loir, sous la dénomination collective des héritiers Rolland-Challerange, et qui a justifié de sa résidence; — Jean-Baptiste-Joseph *Martin*, ci-devant procureur au parlement d'Aix, inscrit sur la liste des émigrés des Bouches-du-Rhône, et qui a justifié de sa résidence; — Georges-Élisabeth-Luc *Duboucxie*, dit *La Driannais*, père, et Georges-Luc-Marie, son fils, tous deux ex-nobles, portés sur la liste des émigrés de la Loire-Inférieure, qui ont justifié de leur résidence. — Dix-neuf arrêtés du 19 messidor an IV (Arch. nat., AF III, 385, dossiers 1983 et 1984).

3.

Il confirme le jugement rendu par la commission militaire de Verdun contre Étienne Poncet, émigré [1].

Le ministre de la justice remet sur le bureau quatre rapports dont l'envoi à la division de la justice est ordonné; ils sont relatifs au citoyen Ridel [2]; à une ramification à la conspiration Babeuf, dans la commune de Toulouse [3]; à des dénonciations portées contre le citoyen Dagomet, commissaire près le tribunal correctionnel de Louviers [4]; enfin aux excès commis par la force armée dans le département de la Mayenne.

Le même ministre soumet deux autres rapports [5].

---

[1] Arrêté du 19 messidor an IV, signé Le Tourneur, Revellière-Lépeaux, Carnot (Arch. nat., AF III, 385, dossier 1986). Il ressort du rapport du ministre de la police générale (même dossier) que Poncet, officier de santé, sorti de France en 1791 pour se perfectionner, dit-il, dans la profession de chirurgien, a résidé à Mayence, à Trèves, «a suivi la même marche que les armées de nos ennemis, est entré à Longwy pendant que cette place était occupée par les Prussiens»; qu'arrêté à Étain il a été déclaré émigré, le 9 janvier 1793, par une commission militaire réunie à Verdun, qui l'a condamné à la déportation; qu'il «est convaincu d'avoir porté la cocarde blanche»; depuis, arrêté en Hollande lors de l'entrée de nos troupes, il a été renvoyé de la commission militaire de Ravestein au tribunal criminel du département du Nord, puis au district de Dijon (lieu de la résidence de sa famille), qui a décidé, le 14 ventôse an III, qu'il devait être considéré comme déporté, mais non comme émigré pris sur le territoire ennemi; que cette dernière faveur est la seule qu'il puisse réclamer. — Le Directoire en conséquence ordonne l'exécution du jugement de déportation dont il a été l'objet et la confiscation de ses biens.

[2] Demeurant à Paris, rue des Grands-Degrés, n° 11, dont une pétition tend à faire suivre une plainte portée autrefois par lui au ci-devant Châtelet de Paris contre la veuve Delahaye et son fondé de pouvoir Cousin, pétition à laquelle le commissaire près les tribunaux civil et criminel de la Seine et l'accusateur public ont été d'avis de ne pas donner suite, «parce qu'il y avait plus de trois ans que le délit dont il se plaignait avait été commis, à moins que Ridel ne justifiât que dans cet intervalle il avait été fait des poursuites». — Voir le rapport, avec le renvoi à la division de la justice, Arch. nat., AF III, 385, dossier 1984.

[3] Ce rapport, qui se trouve dans le carton AF III, 42 (dossier de l'affaire Babeuf) est relatif : 1° à un «certain mouvement» qui s'est produit à Toulouse dans la nuit du 26 au 27 floréal et qui a donné lieu de soupçonner que l'administration de cette ville attendait à ce moment la nouvelle du succès de la conspiration Babeuf, dont elle aurait été complice; 2° à la procédure poursuivie contre Vadier père (voir t. II, p. 664), qui, retiré à Toulouse le 14 prairial, y avait été arrêté le 17, et Vadier fils, procédure qui ne paraît avoir établi de charges que contre le premier (encore ces charges se réduisent-elles à quelques expressions de mécontentement et à un écrit de Babeuf signalant un comité insurrectionnel dont ferait partie Vadier, mais qui ne serait pas le sien et dont il recommande de se méfier).

[4] Dénoncé comme «l'un des agents les plus sanguinaires de la Terreur», accusé d'avoir «pendant plus de dix mois, porté la terreur et la désolation dans toute l'étendue du district», d'avoir usé d'une sévérité barbare envers les détenus, etc., et attaqué dans ses mœurs et dans sa probité. Le rapport (Arch. nat., AF III, 385, dossier 1984) insiste surtout sur la réponse de Dagomet, qui se défend énergiquement de ces imputations, et sur les témoignages favorables qui se sont produits à son égard.

[5] Ces deux rapports (Arch. nat., AF III, 385, dossier 1985) portent la mention : *Approuvé par le Directoire*, suivie des signatures de Carnot, Revellière-Lépeaux et Reubell.

Le premier est relatif à une indemnité due au citoyen Deffosse [1] en exécution de la loi du 2 messidor [2].

Le second au payement de la même indemnité, fait à des employés [3] entrés en exercice depuis le 1er germinal [4].

Le Directoire annule un arrêté de l'administration municipale de Sarlat, département de la Dordogne, relatif au mandat d'arrêt décerné précédemment contre Étienne Martel, prétendu émigré [5].

[Le Directoire exécutif arrête que les individus compris dans le jugement rendu le 9 nivôse dernier par la commission militaire établie à Calais pour juger les émigrés échoués [6] et arrêtés au mois de brumaire précédent sur les côtes de Calais, seront transférés dans la maison d'arrêt de Lille, où ils seront détenus et mis au secret jusqu'à ce qu'il en ait été autrement ordonné.

Le ministre de la justice est chargé de l'exécution du présent arrêté, qui ne sera pas imprimé. — Arch. nat., AF III, 385, dossier 1984 [7].]

Il applique la loi d'amnistie à la commune d'Arthonnay [8], poursuivie pour avoir abattu ses bois communaux sans les formalités prescrites [9].

Il accorde un congé de trois mois aux citoyens Jacques Morière,

---

[1] Chef de la comptabilité du ministère de la justice du 10 floréal au 1er messidor.

[2] Voir t. II, p. 666.

[3] Au ministère de la justice.

[4] Il s'agit d'employés qui sont restés en activité tout le mois de prairial et qui ont touché le 6 messidor la moitié de l'indemnité accordée par la loi du 2 de ce mois, mais qui, n'étant entrés en exercice qu'après le 1er germinal, n'y auraient pas droit aux termes de l'arrêté du 14 messidor (voir t. II, p. 767-768). Le ministre représente qu'on ne peut les forcer à rendre ce qu'ils ont touché, que ce serait donner à l'arrêté du 14 messidor un effet rétroactif, etc.

[5] Arrêté du 19 messidor an IV, signé Carnot, Reubell, Revellière-Lépeaux (Arch. nat., AF III, 385, dossier 1984). — Il s'agit d'un arrêté du 29 germinal dernier par lequel l'administration municipale de Sarlat avait fait arrêter Étienne Martel, malgré les instructions du ministre de la justice représentant que, prévenu d'émigration, il avait été acquitté par la commission militaire de Lille le 18 germinal an II, que depuis, entré au 9e régiment de hussards, il avait été blessé au service de la République et que c'était cette blessure qui l'avait forcé de se retirer dans sa commune (Sarlat).

[6] Sur les *Naufragés de Calais*, voir t. I, p. 253, 323; t. II, p. 188, 457-460.

[7] Signé Carnot, Reubell, Revellière-Lépeaux.

[8] Canton de Crucy, département de l'Yonne.

[9] Arrêté du 19 messidor an IV, signé Carnot, Reubell, Revellière-Lépeaux (Arch. nat., AF III, 385, dossier 1984). — Un comité de la Convention nationale, sur la demande des habitants, avait suspendu les poursuites, mais le 13 ventôse an IV, le ministre des finances, saisi de la question, avait renvoyé les parties devant les tribunaux ordinaires. — L'arrêté du Directoire exécutif, conformément à celui du Conseil des Cinq-Cents, en date du 3 messidor an IV, lui renvoyant une nouvelle pétition des intéressés, charge son commissaire près les tribunaux civil et criminel de l'Yonne de poursuivre «l'application, s'il y a lieu, des lois concernant l'amnistie relativement au délit pour lequel les habitants de la commune d'Arthonnay ont été condamnés par le tribunal du ci-devant district de Tonnerre».

charretier des transports militaires au parc établi à Caen, et Charles Labbé, charretier des transports militaires au même lieu [1].

Il écrit au ministre de la guerre pour connaître les motifs réels qui s'opposent à ce que le citoyen Meyer, fournisseur des liquides pour l'armée de l'intérieur, soit, conformément aux dispositions de son marché, payé des fournitures qu'il a faites et qui ont été reçues par procès-verbaux [2].

Il autorise le ministre de la guerre à faire des avances jusqu'à concurrence de trente mille livres, en mandats, au citoyen Sonneck, fabricateur de membres mécaniques à l'usage des défenseurs de la patrie [3].

Il s'occupe du personnel des armées et autres objets y relatifs; les minutes des arrêtés, etc., sont à la section de la guerre [4].

Il écrit au ministre de la guerre, en lui prescrivant de rendre générale, pour l'armée de l'intérieur, la mesure prescrite par l'arrêté du 18 germinal [5], portant qu'il ne sera employé à la suite des troupes qui font le service à Paris que les officiers qui y auraient éprouvé la

---

[1] Deux arrêtés du 19 messidor an IV, signés Carnot, Barras, Revellière-Lépeaux (Arch. nat., AF III, 385, dossier 1986).

[2] Minute signée Carnot, Barras, Revellière-Lépeaux (Arch. nat., AF III, 885, dossier 1986). — Meyer avait déjà fourni, en vertu de son marché (daté du 23 ventôse an IV), 166,136 pintes de vin, sans compter le vinaigre et l'eau-de-vie. — Le ministre de la guerre répond au Directoire le 26 messidor (même dossier) qu'il a cru devoir s'adresser à des experts pour faire fixer le prix des fournitures de Meyer, et cela conformément aux instructions du Directoire (du 14 prairial) l'autorisant à résilier les anciens marchés, à en faire de nouveaux, etc.; que tout d'abord Meyer n'a pas réclamé; que les retards proviennent des experts nommés par le département de la Seine, qui ont refusé de procéder à l'estimation; — que cependant plusieurs acomptes ont été délivrés au citoyen Meyer. — Voir au même dossier un assez grand nombre de pièces (lettres de Meyer et d'autres) relatives à cette affaire.

[3] Arrêté du 19 messidor an IV, signé Carnot, Barras, Revellière-Lépeaux (Arch. nat., AF III, 385, dossier 1986). — Sonneck expose, dans une pétition au Directoire (même dossier) que, choisi par le Conseil de santé et chargé par le Comité de salut public (arrêté du 16 frimaire an III) de la «fabrication des membres artificiels à l'usage des défenseurs de la patrie», il a, pour son travail, «reçu l'applaudissement de tous les officiers de santé, ainsi que du lycée des arts, qui l'a décoré du prix accordé aux découvertes utiles»; mais «qu'il a épuisé le fruit de ses épargnes de vingt-quatre ans»; qu'il ne peut continuer, faute de fonds; il demande l'exécution de l'arrêté du Comité de salut public qui lui accorde une avance de 5,000 livres.

[4] Nous ne trouvons dans les dossiers relatifs à la séance du 19 messidor d'autres minutes de cette nature que : 1° Celle de la lettre au ministre de la guerre mentionnée ci-après par le procès-verbal et où il est question de l'application à faire de l'arrêté du 18 germinal; — 2° Celle de l'arrêté du 19 messidor, signé Carnot, Revellière-Lépeaux, Barras, qui réintègre comme officiers à la suite un certain nombre d'officiers de la première demi-brigade de la ci-devant légion de police (Arch. nat., AF III, 385, dossier 1986).

[5] «Dont le but est d'éloigner de cette commune (Paris) des citoyens qui y trouvent trop aisément des moyens de séduction et qui peuvent être plus utilement employés aux armées actives....».

réforme par la dernière organisation, et de l'appliquer particulièrement aux officiers de la ci-devant légion germanique et l'invitant à faire consommer sous peu la liquidation de la comptabilité de ce corps[1].

Conformément à l'arrêté du 1er prairial [2], les ministres de l'intérieur, de la justice, des finances et des relations extérieures déposent sur le bureau un état des payements à ordonnancer depuis le 4 de cette décade, sur les fonds mis à leur disposition : le Directoire leur remet à chacun un double de ces états revêtus de son approbation.

Les autres ministres n'ont pas obéi à cet arrêté.

Le ministre de la justice, en exécution de l'arrêté du 14 nivôse dernier, envoie l'état des appointements des employés qui sont sous sa surveillance, pour la première quinzaine de messidor [3].

---

[1] Minute signée Carnot, Revellière-Lépeaux, Barras (Arch. nat., AF III, 385, dossier 1983).

[2] Voir t. II, p. 428.

[3] A signaler, en dehors des documents qui viennent d'être indiqués, les pièces suivantes, se rapportant comme eux à la séance du 19 messidor, mais non mentionnées dans le procès-verbal, savoir :

Dans le dossier 1983 (Arch. nat., AF III, 385), deux arrêtés, signés Carnot, Revellière-Lépeaux, Reubell, qui autorisent à séjourner à Paris, en vertu de la loi du 21 floréal : 1° Thomas Blaickie, Écossais, domicilié en France depuis vingt ans; 2° Jacques-Louis Blondel fils, né à Lausanne;

Dans le dossier 1984, un arrêté signé Le Tourneur, Revellière-Lépeaux, Barras, annulant la nomination du citoyen Regnault-La Contrie en remplacement du citoyen Euvremer, commissaire du pouvoir exécutif près l'administration municipale du canton de Périers (Manche), parce qu'à l'époque où elle a été faite le Gouvernement ignorait qu'Euvremer eût retiré sa démission «à la sollicitation des administrés de cette commune»;

Dans le dossier 1985, un arrêté, signé Reubell, Carnot, Revellière-Lépeaux, portant que l'administration centrale du département de Saône-et-Loire étant complète au moment où par son arrêté du 14 nivôse dernier le Directoire a nommé membre de cette administration le citoyen Nardon, cette nomination est annulée. (A la suite de cette minute viennent un très grand nombre de pièces, y relatives — réclamations, etc. — pièces qui à elles seules composent tout le dossier 1986 et qui éclairent sur le caractère et le rôle du citoyen Nardon, sur l'histoire du département de Saône-et-Loire pendant la Révolution et sur la mission du représentant Reverchon dans ce département et les voisins);

Dans le dossier 1986, deux arrêtés signés Reubell, Revellière-Lépeaux, Barras, nommant le citoyen Reydelet commissaire du pouvoir exécutif près l'administration centrale du département de l'Ain, et le citoyen Morand à la place du précédent comme commissaire du pouvoir exécutif près les tribunaux civil et criminel du même département. — Une lettre de Morand, dont copie se trouve au dossier, fait connaître que ni l'un ni l'autre n'ont accepté ces nominations.

Le dossier 1987, dont le contenu, comme celui des quatre précédents, se rapporte à la séance du 19 messidor, est formé de 82 pièces relatives à des nominations de juges et de commissaires dans les départements de l'Aude, des Côtes-du-Nord, du Gard, du Morbihan, des Hautes-Pyrénées et des Vosges.

SÉANCE DU 20 MESSIDOR AN IV [1]

8 JUILLET 1796.

Le Directoire exécutif adresse au Conseil des Cinq-Cents un message qui a pour objet la demande d'un fonds de trois cents millions, pour le ministre de la guerre [2].

Il en reçoit un autre du Conseil des Anciens tendant à connaître les mesures prises par le Directoire pour la déchéance envers les soumissionnaires [3] qui n'ont pas payé le second quart [4].

Il écrit au ministre de l'intérieur, pour l'inviter à satisfaire à la demande faite par la commission des inspecteurs du Conseil des Anciens de divers ouvrages de sculpture pour l'ornement du jardin des Tuileries [5].

Il accorde un secours de six mille livres, mandats, à la citoyenne veuve Roujot [6].

Un autre secours de trois mille livres, valeur fixe, est accordé au citoyen Cavelier, contrôleur [7] à Toulon [8].

Il accorde la liberté provisoire au citoyen François-Benoît Metz, de Hoguenheim, département du Bas-Rhin [9].

Il autorise le ministre des relations extérieures à délivrer au citoyen

---

[1] Arch. nat., AF III*, 4, fol. 45-46. — AF III, 2.

[2] Message lu au Conseil le 20 messidor. — *C. C.*, messidor an IV, p. 384.

[3] De biens nationaux.

[4] Conformément aux lois des 28 ventôse et 22 prairial dernier (voir t. I, p. 841-842, et t. II, p. 587-588). — *Anc.*, messidor an IV, p. 182.

[5] Minute signée Revellière-Lépeaux, Reubell, Barras (Arch. nat., AF III, 386, dossier 1988).

[6] Dont le mari, receveur des fermes en 1789, avait vu sa caisse, ses papiers, ses effets pillés par les brigands et plus tard avait été condamné à mort par le tribunal révolutionnaire de Bordeaux. — Arrêté du 20 messidor an IV, signé Le Tourneur, Revellière-Lépeaux, Reubell (Arch. nat., AF III, 386, dossier 1988). — Voir t. I (28 nivôse).

[7] De la marine.

[8] «Pour lui donner les moyens de faire face aux dépenses extraordinaires où l'a entraîné une maladie grave qu'il vient d'essuyer». — Arrêté du 20 messidor an IV, signé Le Tourneur, Carnot, Barras (Arch. nat., AF III, 386, dossier 1988).

[9] Arrêté du 20 messidor an IV, signé Reubell, Revellière-Lépeaux, Barras (Arch. nat., AF III, 386, dossier 1988). Il s'agit d'un prêtre constitutionnel qui, élu en 1791 administrateur du district de Benfeld, avait prêté le serment prescrit, puis renoncé aux fonctions ecclésiastiques, et n'en avait pas moins plus tard reçu du procureur général syndic du Bas-Rhin l'ordre de quitter le territoire français, comme s'il avait été réfractaire à la loi du 26 août 1792. Il n'avait cessé de réclamer depuis et demandait sa liberté provisoire, sous la surveillance de sa municipalité, jusqu'à ce qu'il fût statué définitivement sur ses réclamations.

Sandoz, natif de Locle, pays de Neufchâtel, en Suisse, un passeport pour sa patrie [1].

Il rapporte son arrêté du 13 ventôse dernier, relatif à la destitution du commissaire du pouvoir exécutif près l'administration municipale de la commune de Rouen.

Il écrit au ministre de la police générale pour lui demander un rapport sur le département de l'Aisne [2].

Il écrit au ministre de l'intérieur pour qu'il lui indique des citoyens propres à remplacer les commissaires du département de l'Aisne qu'il propose de révoquer [3].

Il s'occupe ensuite du personnel des armées et autres objets y relatifs, etc.; les minutes des arrêtés, etc., sont à la section de la guerre [4].

---

[1] Arrêté du 20 messidor an IV, signé Revellière-Lépeaux, Reubell, Barras (Arch. nat., AF III, 386, dossier 1988). — A cette minute est jointe une lettre à Reubell par laquelle Sandoz fait savoir *qu'il n'a pu obtenir justice du citoyen Carnot*, demande un passeport, rappelle qu'il a trente ans de services, qu'il a reçu trois blessures aux armées depuis la Révolution, qu'il était capitaine dans un régiment suisse au service de la France avant 1789, etc. — Ladite lettre porte cette note, signée Reubell, Revellière-Lépeaux, Barras : «*Renvoi au ministre des relations extérieures pour lui envoyer le passeport*».

[2] Minute signée Le Tourneur, Carnot, Revellière-Lépeaux (Arch. nat., AF III, 386, dossier 1988). — Le rapport demandé au ministre de la police, daté du 17 fructidor, se trouve au même dossier; il fait connaître que le trouble signalé au Directoire provenait de l'opposition de l'administration centrale de l'Aisne, très attachée à l'ordre et à la constitution actuelle, et de plusieurs commissaires du pouvoir exécutif, qui regrettent la Terreur, la Constitution de 1793, favorisent les agissements anarchiques de l'ex-conventionnel Armonville, etc. — Le remplacement du président de cette administration, qui s'est montré peut-être un peu vif, et du commissaire du Directoire Dormai, mettra sans doute fin au conflit et au désordre.

[3] Il s'agit des commissaires du pouvoir exécutif près les administrations des cantons de Laon et de Cœuvres, département de l'Aisne, et aussi du canton de Villardin, département de l'Aube. — Minute signée Le Tourneur, Carnot, Revellière-Lépeaux (Arch. nat., AF III, 386, dossier 1988).

[4] Ces minutes, qui se trouvent dans le dossier 1988 (Arch. nat., AF III, 386), constituent les pièces suivantes : 1° Trois arrêtés, signés Carnot, Revellière-Lépeaux, Barras, dont les deux premiers accordent, pour raison de famille, un congé de trois mois à Gilbert Audebert et Jean Delaville, charretiers des transports militaires à l'armée des Côtes-de-l'Océan, et le troisième un congé absolu à Louis-Edmond Delachastre, grenadier servant près le Corps législatif, réclamé par son père infirme. — 2° Un arrêté signé Carnot, Le Tourneur, Barras, réintégrant, remettant en activité ou maintenant en fonctions un certain nombre d'officiers.

Indépendamment des pièces qui viennent d'être signalées à propos de la séance du 20 messidor, on trouve la suivante, non mentionnée au procès-verbal, dans le dossier 1988, correspondant à cette séance : Lettre signée Carnot, Le Tourneur, Revellière-Lépeaux, au ministre des finances, pour lui renvoyer des pièces du citoyen Guyenot, maître de forges de Morteau (Haute-Marne), qui réclame l'exécution d'un traité lui accordant la coupe annuelle de 97 arpents de bois pendant neuf ans.

A signaler enfin dans le dossier 1988 une curieuse lettre adressée au Directoire le 20 messidor par Coffin, son commissaire près

DÉLIBÉRATION SECRÈTE DU 20 MESSIDOR AN IV [1]

8 JUILLET 1796.

CCXXII

Le Directoire exécutif, après avoir ouï le rapport du ministre des relations extérieures, arrête ce qui suit :

Le citoyen Pérignon [2] est autorisé à négocier et conclure avec M. le prince de la Paix, premier ministre de Sa Majesté Catholique le roi d'Espagne, un traité d'alliance offensive et défensive entre la République française et Sadite Majesté catholique, conformément aux instructions à lui précédemment données [3] par le Directoire, aux modifications résultantes des dépêches servant de supplément d'instructions, et notamment aux observations et projet de rédaction d'articles en date de ce jour [4]. Le Directoire donne audit citoyen ambassadeur les pouvoirs nécessaires pour signer ledit traité, si, comme il ne peut en douter, le prince de la Paix, au nom de Sa Majesté Catholique, adopte lesdites dernières observations et projet de rédaction.

Le présent arrêté ne sera point imprimé [5].

---

l'administration centrale du Pas-de-Calais. Il en ressort qu'un «dépôt» (sans doute un dépôt d'argent ou d'objets précieux) avait été signalé à l'ambassadeur de France à Berlin par un individu qui en aurait reçu la déclaration d'un moine français, comme existant dans une cachette de l'ancienne abbaye de Saint-Vaast d'Arras; que les fouilles les plus minutieuses (décrites dans un long mémoire annexé à la lettre et dont le coût est de 808 livres) ont eu lieu sous sa direction et n'ont donné aucun résultat. «Je présume fortement, dit Coffin, que le dépôt, s'il existait, devait être dans un caveau à côté du cachot qui n'avait d'entrée que par l'escalier dont deux marches en grès, garnies d'anneaux de fer, se trouvaient levées; s'il en est ainsi, il aura certainement été enlevé.»

Le dossier 1989, dont le contenu, comme celui du précédent, se rapporte à la séance du 20 messidor an IV, se compose de quarante-cinq pièces relatives à des nominations de juges et de commissaires du pouvoir exécutif dans les départements des Bouches-du-Rhône, de la Haute-Loire, de la Seine-Inférieure, du Var et des Vosges.

[1] Arch. nat., AF III*, 20, p. 56. — AF III, 386, dossier 1988.
[2] Ambassadeur de la République française près le gouvernement espagnol. — V. t. I, p. 128, 507-508.
[3] Voir t. I, p. 417.
[4] Ces observations et ce projet ne se trouvent pas dans le dossier correspondant au 20 messidor.
[5] Signé à la minute Le Tourneur, Carnot, Barras, Reubell, Revellière-Lépeaux.

SÉANCE DU 21 MESSIDOR, AN IV [1]

9 JUILLET 1796.

Le Directoire exécutif adresse au Conseil des Cinq-Cents un message qui a pour objet de demander une loi qui autorise les tribunaux civils à commettre les juges de paix pour recevoir les serments des gardes forestiers, des employés de la régie de l'enregistrement et des experts [2].

Il en reçoit un autre du Conseil des Cinq-Cents relatif aux nommés Perraux-la-Caze, Sévene, Molhérat et Leduix [3]; il en envoie copie au ministre des finances, et l'invite à le mettre à même de donner des renseignements au Conseil sur l'affaire dont il s'agit [4].

Un second message, contenant deux lois, lui est adressé par le Conseil des Anciens.

La première de ces lois porte que la Trésorerie nationale tiendra à la disposition du ministre des finances pour les dépenses de son ministère la somme de vingt millions, valeur fixe [5].

La seconde porte que chaque livre de blé-froment due en mandats pour l'acquittement de la contribution foncière et des fermages de l'an IV sera payée, d'ici au 1er fructidor prochain, par seize sous en mandats [6].

Le Directoire ordonne que ces deux lois seront publiées, exécutées, et qu'elles seront munies du sceau de l'État; elles sont en conséquence adressées de suite à l'enregistrement, pour deux expéditions en être

---

[1] Arch. nat., AF III*, 4, fol. 46-48. — Arch. nat., AF III, 2.

[2] Message lu au Conseil le 24 messidor (C. C., messidor an IV, p. 459). — Les tribunaux de district, devant lesquels ces serments étaient précédemment prêtés, n'existant plus et étant remplacés par les tribunaux de département, les intéressés auraient dû se transporter au chef-lieu du département pour les prêter; d'où des déplacements et des retards que la mesure proposée par le Directoire avait pour but de leur épargner.

[3] Il s'agit de manœuvres d'agiotage sur les mandats territoriaux, que le Conseil signale au Directoire. — Message du 20 messidor (C. C., messidor an IV, p. 379). Les individus dénoncés offraient des mandats au rabais pour le payement du troisième quart des domaines nationaux et se présentaient comme agents du gouvernement dans les lieux où l'on négociait l'argent.

[4] Minute signée Carnot, Revellière-Lépeaux, Reubell (Arch. nat., AF III, 385, dossier 1990).

[5] Bull., II, LVII, n° 523.

[6] Bull., II, LVII, n° 522. — Voir t. II, p. 719. Les lois des 8 et 9 messidor (t. II, p. 719, 729), sur le payement de la contribution foncière et des fermages, ne pouvaient recevoir leur exécution qu'autant que le Corps législatif aurait, en exécution des articles 10 et 11 de la loi du 8, déterminé la valeur de la livre de blé.

envoyées, sans délai, au ministre de la justice, avec l'arrêté portant ordre d'impression et de publication, dans les formes prescrites par les lois.

Il annule [1] deux jugements de la justice de paix du canton de Villers, département de la Moselle, en vertu de l'article 27 de la loi du 21 fructidor, an III [2].

Le ministre de la justice soumet un rapport relatif au citoyen Laharpe, retenu dans les liens d'un mandat d'arrêt auquel il s'est soustrait.

Ce rapport ne présentant aucune conclusion, le Directoire passe à l'ordre du jour.

Le même ministre dépose sur le Bureau un autre rapport dans lequel il expose la demande de Charles-Louis Forceville, demeurant à Saint-Quentin, fils d'une émigrée, tendante à être mis en possession de la succession de son aïeule [3], décédée dans l'intervalle de temps que la loi du 9 floréal a été suspendue [4].

Il développe les raisons et les différentes lois qui prononcent la fin de non-recevoir contre la demande de Forceville [5], et il conclut par

---

[1] Comme constituant des empiétements sur le terrain administratif. — Arrêté du 21 messidor an IV, signé Le Tourneur, Carnot, Revellière-Lépeaux (Arch. nat., AF III, 386, dossier 1990).

[2] Ainsi conçu : «En cas de conflit d'attributions entre les autorités judiciaires et administratives, il sera sursis jusqu'à décision du ministre, confirmée par le Directoire exécutif, qui en référera, s'il est besoin, au Corps législatif.»

[3] C'est-à-dire sa grand'mère maternelle, dont les biens ont été séquestrés, vu l'absence de sa fille.

[4] La loi du 9 floréal an III, relative à la levée du séquestre mis sur les biens des pères et mères d'émigrés et sur les partages de présuccession, avait été suspendue par celle du 11 messidor an III. — Voir t. II, p. 348, la loi du 20 floréal an IV, autorisant «ceux sur les biens desquels le séquestre a dû être apposé en vertu de la loi du 17 frimaire an II... à demander le partage ordonné par la loi du 9 floréal an III...».

[5] «Par la loi du 9 floréal de l'an III, dit le ministre dans son rapport (Arch. nat., AF III, 386, dossier 1990), tout ascendant d'émigré devait faire dans les deux mois la déclaration de ses biens. — Prélèvement fait sur la masse en faveur du déclarant d'une somme de 20,000 livres, il devait être formé autant de parties égales qu'il y avait de têtes ou de souches des successeurs présents et émigrés. — L'ascendant devait être compté pour une souche; les portions des émigrés devaient être remises au domaine national. Les autres portions étaient déférées à l'ascendant avec le prélèvement des 20,000 livres. — L'article 25 de cette loi porte : «Au moyen «des dispositions ci-dessus, toute la légis«lation relative aux émigrés est abolie et la «Nation renonce à toutes les successions qui «pourraient leur échoir à l'avenir, tant en «ligne directe que collatérale, n'entendant «recueillir que celles ouvertes jusqu'à ce «jour.» — L'article 26 ajoute : «Après l'exé«cution du présent décret, on ne reconnaîtra «plus en France de père, mère, aïeux, parents «ni parentes d'émigrés.» — Ces dispositions étaient une dérogation précise à la loi du 28 mars 1793, notamment à l'article 3, section 2e, ainsi conçu : «Les effets de la mort «civile dont la Nation a frappé les émigrés ne «pourront être opposés à la République... A

[9 juillet 1796] DU DIRECTOIRE EXÉCUTIF. 45

demander le renvoi de ce rapport au ministre des finances, en l'autorisant à répondre au citoyen Forceville dans le sens de l'avis qui y est développé, en y ajoutant néanmoins qu'il peut demander des secours sur les biens de son aïeule.

Le Directoire approuve le rapport et en ordonne le renvoi au ministre des finances [1].

Il accorde un secours de cinq cents livres en mandats au citoyen Bourguignon [2].

Il accuse au citoyen Legall réception de ses opuscules mathématiques et lui en témoigne sa satisfaction [3].

Il écrit au ministre des finances en lui transmettant copie du message du Conseil des Cinq-Cents, relatif à la déchéance prononcée contre les soumissionnaires de biens nationaux [4], et l'invite à le mettre à même de répondre, dans le plus bref délai, à la demande qui lui est faite d'indiquer les mesures prises pour faire exécuter cette déchéance [5].

«à l'égard des successions échues aux émigrés en «ligne directe et collatérale depuis leur émi-«gration et de celles qui leur écherront par la «suite, elles seront recueillies par la Répu-«blique pendant 50 années, à compter du jour «de la proclamation de la présente loi, *sans* «*que pendant ledit temps les co-héritiers puissent* «*opposer la mort naturelle desdits émigrés.*» — La renonciation au nom de la Nation portée par l'article 25 est évidemment subordonnée à l'exécution des articles précédents. — La suspension de la loi du 9 floréal prononcée par celle du 11 messidor suivant a dû nécessairement suspendre aussi l'effet de la renonciation de la Nation aux successions futures qui pourraient échoir aux émigrés. — De là aussi la conséquence que les lois des 28 mars et 15 avril 1793 ont dû reprendre leur autorité. — La loi du 20 floréal dernier admet les ascendants d'émigrés à demander le partage accordé par la loi du 9 floréal de l'année précédente. L'objet de cette loi est de restituer à ces ascendants l'avantage dont ils étaient privés par la suspension de la loi citée. — Peut-on induire de là que la suspension de la loi du 9 floréal a été levée? — N'est-il pas plus conforme aux principes de conclure que cette loi n'a pu et dû produire d'effet que du jour de sa promulgation? — C'est à dater de cette époque qu'a commencé à courir le délai pour la déclaration préalable au partage. Par réciprocité, ne devrait-ce pas être à partir de la même époque que la renonciation de la Nation doit avoir son effet? — Une raison sans réplique me semble devoir le faire décider ainsi : C'est que la loi du 20 floréal dernier contient de nouvelles dispositions relatives à ce qui doit résulter du défaut de déclaration de la part des ascendants d'émigrés des biens qui leur appartiennent. Les changements qu'elle a faits à cet égard me paraissent démontrer que c'est seulement à partir de sa publication, nécessairement postérieure au 20 floréal dernier, que la loi du 9 floréal an III doit commencer à produire son effet....»

[1] Arrêté du 21 floréal an IV, signé Le Tourneur, Carnot, Revellière-Lépeaux (Arch. nat., AF III, 386, dossier 1990).

[2] Canonnier, qui était perclus de ses membres depuis le siège de Toulon, et avait été réformé en messidor an II. — Arrêté du 21 messidor an IV, signé des directeurs Carnot, Revellière-Lépeaux, Reubell (Arch. nat., AF III, 386, dossier 1990).

[3] Arrêté du 21 messidor an IV, signé Revellière-Lépeaux, Reubell, Le Tourneur (Arch. nat., AF III, 386, dossier 1990).

[4] Voir t. II, p. 271.

[5] Minute signée Revellière-Lépeaux, Le

Il supprime [1] le bureau de la poste aux lettres de Thann, département du Haut-Rhin [2].

Il arrête que la Trésorerie nationale paiera sur les ordonnances du ministre des finances jusqu'à concurrence de la somme de vingt millions, valeur fixe, mise à sa disposition par la loi en date de ce jour [3].

Il écrit aux représentants du peuple composant la commission chargée d'examiner la résolution relative aux prêtres [4], et lui transmet les renseignements qui lui sont adressés par son commissaire près l'administration centrale du département du Mont-Blanc sur les manœuvres des prêtres dans ce département [5].

Il s'occupe du personnel des armées et autres objets y relatifs; les minutes des arrêtés, etc., sont à la section de la guerre [6].

Tourneur, Reubell (Arch. nat., AF III, 386, dossier 1990).

[1] Comme inutile et trop dispendieux.

[2] Arrêté du 21 messidor an IV signé Le Tourneur, Révellière-Lépeaux, Reubell (Arch. nat., AF III, 386, dossier 1990).

[3] Arrêté du 21 messidor an IV, signé Revellière-Lépeaux, Carnot, Reubell (Arch. nat., AF III, 386, dossier 1999). — Voir plus haut, p. 43 (même séance).

[4] Il s'agit sans doute de la résolution votée le 17 floréal par le Conseil des Cinq-Cents concernant la déportation des prêtres réfractaires et rentrés, nonobstant le serment par eux prêté en exécution des lois du 11 prairial an III et du 7 vendémiaire an IV (*C. C.*, floréal an IV, p. 355). — Cette résolution devait être repoussée par le Conseil des Anciens le 9 fructidor suivant. — La minute de la lettre du Directoire qui est ici mentionnée ne se trouve pas dans les dossiers correspondant à la séance du 21 messidor.

[5] Minute signée Reubell, Revellière-Lépeaux, Le Tourneur (Arch. nat., AF III, 386, dossier 1990). — A la suite de cette pièce vient dans le dossier la lettre du commissaire près l'administration du Mont-Blanc. Ce fonctionnaire se plaint de la lenteur, des négligences de la justice à l'égard des prêtres réfractaires. Ceux qui avaient été emprisonnés se sont évadés ou ne sont pas encore jugés. Les réquisitionnaires les protègent. Les patriotes sont partout menacés. Les réfractaires seuls peuvent parler librement. Ils annoncent que la Savoie sera rendue au roi de Sardaigne, «... Au moment où je vous écris, ils rentrent en foule dans le département; ils rebénissent les églises, s'emparent des cures et presbytères, et eux et leurs nombreux amis menacent hautement ceux qui oseraient acquérir les biens des curés et des églises. Vingt-deux réfractaires ont tenu un synode dans la commune de Verbos, canton de Clermont. Le résultat de cette assemblée a été que les prêtres devaient rentrer et rester tranquillement dans leurs cures; que l'Espagne et la Prusse étaient leurs médiatrices et que, par leur moyen, le culte allait être rétabli dans toute sa splendeur dans le département. Ils répandent que, par les bons offices de ces deux puissances, tous les émigrés de ce département vont rentrer. Un d'eux, le nommé Picolet, a prêché publiquement que l'œuvre la plus méritoire était d'assassiner les patriotes. Les patriotes, de leur côté, paraissent très résolus à ne pas se laisser tuer et déjà j'ai ouï dire à quelques-uns d'entre eux que, si le gouvernement les abandonnait, ils sauraient se faire justice...» Bref, le commissaire représente la guerre civile comme imminente dans le département et demande instamment des forces suffisantes pour mettre ordre à cet état de choses.

[6] Ces minutes se trouvent dans le dossier 1990 (Arch. nat., AF III, 386) et constituent les pièces suivantes : 1° Trois arrêtés signés Carnot, Revellière-Lépeaux, Barras, portant nomination à des commandements tempo-

On signe un état de citoyens exemptés du service militaire aux armées[1].

SÉANCE DU 22 MESSIDOR AN IV[2]
10 JUILLET 1796.

Le Directoire adresse un message au Conseil des Cinq-Cents, pour l'inviter à s'occuper du message qu'il lui a adressé le 24 prairial dernier, relatif aux abus qui se sont introduits dans les tribunaux, sur le mode de poser la question intentionnelle[3].

Un messager d'État envoyé par le Conseil des Anciens est admis; il dépose sur le Bureau trois lois.

La première établit un second directeur de jury d'accusation dans la commune de Bruxelles, département de la Dyle[4].

---

raires, remise en activité, nomination, promotion de grade de divers officiers; — 2° Lettre signée Carnot, Revellière-Lépeaux, Barras, au général Hédouville, chef de l'état-major de l'armée des Côtes de l'Océan, pour lui demander de nouveau des renseignements sur l'affaire «extrêmement obscure et compliquée» du citoyen Lacroix, «ci-devant second chef du 2ᵉ bataillon des Landes, qui demande sa réintégration dans cet emploi»; — 3° Lettre signée Carnot, Revellière-Lépeaux, Barras, au général Hoche pour lui demander s'il est d'avis de donner satisfaction à l'adjudant général Brouard, qui a «témoigné au Directoire le désir d'accompagner à l'armée d'Italie les 10,000 hommes qui doivent être détachés de celle des Côtes de l'Océan pour s'y rendre»; — 4° Lettre signée Carnot, Revellière-Lépeaux, Barras, au représentant du peuple Reverchon, membre du Conseil des Cinq-Cents, pour lui demander les motifs qui l'ont déterminé, au cours de sa mission, à transférer de Lyon à Condrieux le lieutenant de gendarmerie Niolet, qui sollicite sa réintégration à Lyon.

[1] Comme réclamés par d'autres travaux. Ces jeunes gens sont au nombre de 76. — Arrêté du 21 messidor an IV signé Reubell, Carnot, Le Tourneur (Arch. nat., AF III, 386, dossier 1990).

Indépendamment des pièces qui viennent d'être signalées à propos de la séance du 21 messidor, on trouve les suivantes, non mentionnées au procès-verbal, dans le dossier 1990 (Arch. nat., AF III, 386), correspondant à cette séance : 1° Arrêté signé Révellière-Lépeaux, Le Tourneur, Reubell, autorisant Antoine-Jean-Baptiste Roussel, ex-commissaire des guerres, à revenir à Paris et à y résider; — 2° Arrêté (mêmes signatures), autorisant J.-G.-A. Wardenburg, médecin, de Gœttingue, à résider à Paris (Pelletan, «membre de l'Institut des sciences et arts, professeur de l'École de santé et chirurgien en chef du grand hospice d'humanité», certifie qu'il suit assidûment ses leçons et «la pratique chirurgicale du grand hospice»).

Le dossier 1991, dont le contenu, comme celui du précédent, se rapporte à la séance du 21 messidor, est formée de 104 pièces relatives à des nominations de juges de paix, assesseurs, juges, etc., dans les départements de l'Hérault, de l'Indre, d'Indre-et-Loire, de l'Isère, de la Lozère, du Mont-Blanc et des Hautes-Pyrénées.

[2] Arch. nat., AF III*, fol. 48-50. — AF III, 2.

[3] Message lu au Conseil le 22 messidor C. C., messidor an IV, p. 408-411. — Il s'agit surtout de l'abus que certains tribunaux criminels font de la *question intentionnelle*, ce qui permet souvent d'éluder la loi. — Sur le message du 24 prairial, voir t. II.

[4] *Bull.*, II, LVII, n° 526.

La seconde statue que nul délit n'est militaire, s'il n'a été commis par un individu qui fait partie de l'armée [1].

La troisième ordonne que les anciens payeurs des rentes qui n'auraient pas présenté leurs comptes à la Comptabilité nationale au terme fixé par la loi du 2 floréal dernier [2] seront poursuivis de la manière prescrite par les lois [3].

Le Directoire ordonne que ces lois seront publiées, exécutées et qu'elles seront munies du sceau de l'État. Elles sont, en conséquence, adressées de suite à l'enregistrement, pour deux expéditions de chacune être envoyées sans délai au ministre de la justice, avec l'arrêté portant ordre d'impression et de publication, dans les formes prescrites par les lois.

Il reçoit de la part du Conseil des Cinq-Cents un message tendant à obtenir l'avis du Directoire, étayé des instructions du département de Saône-et-Loire, sur l'utilité ou l'inutilité de l'établissement d'une place de notaire demandée par l'administration municipale du canton de Saisy [4].

Le Directoire adresse un message au Conseil des Cinq-Cents, pour l'inviter à statuer sur un arrêté des représentants du peuple en mission dans le département du Nord, du 13 frimaire an III qui a autorisé les maîtres de poste de Valenciennes, Saint-Amand et autres, à s'établir dans les bâtiments et terrains en dépendant, provenant des ci-devant maîtres de poste émigrés [5].

[Le Directoire exécutif, sur le compte qui lui a été rendu des inconvénients qui résultent de l'exécution des dispositions de l'arrêté du Comité de salut public du 1er prairial de l'an II, qui ordonne la remise, à la fin de chaque mois, aux receveurs des ci-devant districts dans les départements et à Paris à la Trésorerie nationale, des pièces des dépenses que les préposés des différentes administrations sont chargés

---

[1] Tout autre individu ne peut donc être jugé que par la juridiction civile. — La loi ajoute que «si, parmi deux ou plusieurs prévenus du même délit, il y a un ou plusieurs militaires et un ou plusieurs individus non militaires, la connaissance en appartient aux juges ordinaires.» — *Bull.*, II, LVII, n° 524.

[2] C'est-à-dire avant le 26 prairial. — Voir t. II, p. 188.

[3] *Bull.*, II, LVII, n° 525.

[4] *C. C.*, messidor an IV, p. 353.

[5] Lu au Conseil le 24 messidor. — *C. C.*, messidor an IV, p. 461-463. — Il s'agit particulièrement de la maison de la poste aux chevaux de Pont-à-Tressin et terres en dépendantes, qui avaient été soumissionnées comme biens d'émigrés et à la vente desquelles le ministre des finances avait ordonné de surseoir.

d'acquitter sur le produit des revenus qu'ils perçoivent, et l'envoi pur et simple de ces pièces comme comptant par ces receveurs à la Trésorerie nationale;

Vu aussi les observations faites à ce sujet par les commissaires de la Trésorerie nationale contenant que, suivant le mode établi par cet arrêté, ils ne peuvent faire qu'une vérification matérielle des dépenses, qui ne permet pas de reconnaître les abus qui pourraient s'être introduits dans les payements;

Considérant qu'il est instant d'établir un nouvel ordre de comptabilité qui puisse assurer une exacte vérification des dépenses que les préposés de la régie des douanes et celle de l'enregistrement et du domaine national sont chargés d'acquitter sur les produits des revenus qu'ils perçoivent, réunir l'ensemble des frais d'administration de chacune de ces régies, ainsi que des autres dépenses assignées sur leur produit, et faire connaître celui net de chaque partie,

Arrête :

Article 1er. A compter du dernier semestre de l'an IV, les préposés de la régie des douanes et de celle de l'enregistrement et du domaine national cesseront provisoirement de remettre à Paris à la Trésorerie nationale et dans les départements aux receveurs généraux ou à leurs délégués les pièces des dépenses qu'ils auront acquittées pour frais d'administration et autres.

Art. 2. Ces pièces seront remises à la fin de chaque trimestre par les receveurs des bureaux de perception aux inspecteurs ou autres employés supérieurs de ces régies chargés des tournées de recouvrement et de l'arrêté des registres de ces bureaux; elles seront d'abord vérifiées par ces inspecteurs, qui les remettront au directeur avec les récépissés des fonds qu'ils auront versés dans les caisses du receveur général du département et les bordereaux de compte qu'ils auront arrêtés avec les receveurs.

Art. 3. Les directeurs de ces régies vérifieront si ces pièces de dépenses sont régulières et admissibles et ils les comprendront dans la dépense du compte d'ordre qu'ils sont tenus de rendre, avant le 1er messidor de chaque année au plus tard, des recettes et des dépenses de leur direction pendant le cours de l'année précédente.

Art. 4. Ces directeurs rendront pour les six derniers mois de l'an IV un compte particulier dans la forme et le délai ci-dessus fixés.

Art. 5. Les régisseurs des douanes et ceux de la régie de l'enregistrement et du domaine national formeront également un compte général de toutes les recettes et dépenses de leur régie pendant les six derniers mois de la présente année; ils le présenteront à la Trésorerie nationale avec toutes les pièces justificatives à l'appui, d'ici au 1er germinal de l'an vi, et ils rendront ensuite pour chaque année un seul compte général des recettes et dépenses qui auront eu lieu pendant le cours de ladite année dans la forme et le délai déterminés pour le compte des six derniers mois de l'an vi.

Art. 6. Les régisseurs de l'enregistrement et des douanes acquitteront sur les produits de leur régie les dépenses fixes de leur administration qui auront été autorisées par arrêtés du Directoire ou par le ministre des finances.

Art. 7. La régie des douanes ne faisant à Paris aucune perception, il lui sera accordé par le ministre des finances des fonds de subvention pour acquitter sur les états que présenteront les régisseurs de l'emploi desdits fonds les dépenses de leur administration centrale, et ils feront recette de ces fonds de subvention dans le compte général qu'ils rendront à la fin de chaque année.

Le présent arrêté ne sera pas imprimé. — Arch. nat., AF iii, 386, dossier 1993 [1]].

Il approuve un arrêté de l'administration centrale du département du Gers, relatif au payement d'une somme de cinquante-deux mille cent quatre-vingt treize livres, valeur fixe, par l'administration municipale du canton de Lupiac [2].

[Le Directoire exécutif, vu l'article 13 de la loi du 20 mars 1791, ainsi conçu : «Tous les huissiers ou sergents (*ci-devant*) royaux, même ceux des ci-devant justices seigneuriales ressortissant immédiatement aux... cours supérieures supprimées pourront, en vertu de leurs anciennes immatricules et sans avoir égard aux privilèges et attributions

---

[1] Signé Barras, Le Tourneur. Revellière-Lépeaux.

[2] Arrêté du 23 messidor an iv, signé Le Tourneur, Barras, Revellière-Lépeaux (Arch. nat., AF iii, 386, dossier 1992). — Cette somme représente l'amende et les dommages-intérêts auxquels la commune de Meymes (du canton de Lupiac) a été condamnée pour le meurtre de Jean Sabathé, garde national de Plaisance, et la blessure reçue par un soldat de la 22e demi-brigade d'infanterie légère, par le fait des attroupements qui eurent lieu dans cette commune les 21 et 22 germinal derniers. Elle sera répartie entre les habitants de Meymes et, à défaut de payement, il sera envoyé «dans la commune de Meymes un commissaire et une force armée suffisante pour assurer cette remise.»

de leurs offices, qui demeurent abolis, continuer d'exercer concuremment entre eux leurs fonctions dans le ressort des tribunaux de district qui auront remplacé celui dans lequel ils étaient immatriculés... »,

Arrête que cet article sera publié dans les départements réunis par la loi du 9 vendémiaire dernier pour y être exécuté ainsi qu'il suit :

Article 1ᵉʳ. Les tribunaux civils de département remplaçant aujourd'hui les ci-devant tribunaux de district, les huissiers et sergents ci-devant immatriculés soit aux tribunaux supérieurs supprimés des départements réunis, soit aux ci-devant justices seigneuriales ou municipales ressortissant nuement à ces tribunaux, sont autorisés à continuer leurs fonctions dans le ressort du tribunal civil du département dans lequel était établie la juridiction à laquelle ils étaient précédemment attachés.

Art. 2. Conformément à l'article 27 de la loi du 19 vendémiaire dernier, chaque tribunal civil révoquera ceux de ces huissiers ou sergents qui se trouveraient au-dessus du nombre nécessaire pour le service, ou qui, soit par leur conduite, soit par leur défaut de connaissances suffisantes, soit par leur incivisme ou le refus qu'ils feraient du serment de haine à la royauté et d'attachement inviolable à la République, se seraient rendus ou se rendraient par la suite indignes d'exercer les fonctions auxquelles ils sont appelés.

Le présent arrêté sera imprimé et publié dans les neuf départements réunis par la loi du 9 vendémiaire dernier. — Arch. nat., AF ɪɪɪ, 386, dossier 1992 [1].]

Sur le rapport du ministre de la justice, il annule un article de l'arrêté de l'administration du département du Var du 2 germinal an ɪv, concernant les moulins destinés au *détritage* des olives [2].

Il ajourne un arrêté [3] de l'administration du département de la Marne, du 4 messidor an ɪv, qui a prorogé de douze jours le délai fixé

---

[1] Signé Le Tourneur, Carnot, Barras.

[2] Arrêté du 22 messidor an ɪv, signé Le Tourneur, Revellière-Lépeaux, Reubell (Arch. nat., AF ɪɪɪ, 386, dossier 1992) portant que, «sans avoir égard à l'article premier de l'arrêté ci-dessus mentionné, la commune de Figanières et les moulins du même lieu servant au détritage des olives sont renvoyés devant les tribunaux, pour être statué sur la question de savoir quel doit être l'effet de la clause des actes d'aliénation de ces moulins qui fixe le prix du détritage à quatre sous par coupe.» — Le *détritage* est l'action de passer les olives sous la meule.

[3] Il s'agit ici de l'*ajournement d'un projet d'arrêté* annulant celui qui avait été pris par les administrateurs du département de la Marne (comme contraire à l'article 12 de la loi du 12 vendémiaire an ɪv sur la mise à exécution des lois).

par la loi du 21 prairial pour le payement du second quart de biens nationaux; la minute de l'arrêté du Directoire est remise au ministre des finances, pour avoir ses observations.

Le ministre de la justice fait un rapport sur l'abus qu'on fait de l'article 145 de la Constitution, qui a placé sous l'œil et la main du Directoire les crimes qui compromettent la sûreté et la tranquillité générale et sur la nécessité d'adresser au Corps législatif un message, pour l'inviter à prendre cet objet en considération.

Un message est adressé au Conseil des Cinq-Cents à cette occasion[1].

[Le Directoire exécutif, considérant qu'il est instant de mettre à exécution l'arrêté du Comité de salut public en date du [2]
qui prescrit l'organisation de la garde nationale dans les neuf départements réunis à la République par la loi du 9 vendémiaire an IV, sur le rapport du ministre de la guerre, arrête :

ARTICLE 1er. Il sera créé deux cents brigades de gendarmerie nationale dans les neuf départements réunis par la loi du 9 vendémiaire an IV. Leur répartition et leur service auront lieu ainsi qu'il est indiqué dans le tableau ci-annexé, lequel sera imprimé.

ART. 2. Chaque brigade sera composée de cinq hommes, y compris le maréchal des logis ou le brigadier qui la commandera.

ART. 3. Ces deux cents brigades formeront une division.

ART. 4. Il sera affecté deux compagnies à chaque département qui aura plus de 18 brigades. La compagnie sera composée ainsi qu'il suit :

Un capitaine;

Un lieutenant;

Quatre maréchaux des logis;

Et d'un nombre de brigadiers et de gendarmes relatif à celui des brigades assignées à chaque département.

ART. 5. Il sera attaché à cette division un inspecteur et quatre chefs d'escadron, dont un pour deux départements. L'un de ces chefs d'escadron aura trois départements sous ses ordres.

ART. 6. La division aura quatre guidons portés par les maréchaux des logis les plus anciens de grade.

---

[1] Le rapport du ministre de la justice ne se trouve pas dans les dossiers correspondant à la séance du 22 messidor. Il en est de même de la minute du message en question, dont il n'est, du reste, pas fait mention dans le procès-verbal du Conseil des Cinq-Cents.

[2] En blanc dans la minute de l'arrêté.

Les porte-guidons résideront près les chefs d'escadron.

Art. 7. Il sera attaché un trompette à chaque compagnie. Il fera partie d'une brigade et fera le service de gendarme.

Art. 8. Les gendarmes actuellement employés dans les départements réunis feront après l'épuration partie des brigades créées par le présent arrêté. Elles seront complétées par des individus ayant servi dans les troupes à cheval, ayant fait une ou plusieurs campagnes de la guerre actuelle, sachant lire et écrire, de la taille de cinq pieds trois pouces au moins et âgés de 25 ans et au-dessus.

Art. 9. Conformément à l'arrêté du Comité de salut public du[1] le tiers des emplois de gendarmes, sous-officiers et officiers jusqu'au grade de capitaine inclusivement sera donné à des indigènes des départements ayant les qualités requises.

Art. 10. L'avancement sera le même que dans l'intérieur de la République après la formation.

Art. 11. Le payement de la solde aura lieu chaque mois par les payeurs-généraux des départements, sur les états dressés par les conseils d'administration et visés par un commissaire des guerres.

Art. 12. Le casernement sera fourni en nature par les administrations départementales aux brigades de gendarmerie et les administrations municipales pourvoiront au logement des détachements.

Art. 13. Il y aura un conseil d'administration par département. Il sera composé du plus ancien de grade des capitaines, lieutenants, maréchaux des logis, brigadiers et du plus ancien gendarme. Les membres du conseil résideront au chef-lieu du département.

Art. 14. Le ministre de la guerre passera les marchés pour la remonte, l'habillement, l'équipement et l'armement de cette gendarmerie nationale et les frais qui en résulteront seront acquittés sur les fonds provenant des contributions des départements réunis, sur les ordonnances du ministre de la guerre.

Art. 15. La solde des officiers, sous-officiers et gendarmes sera prise sur les fonds dont il est parlé dans l'article précédent; elle est fixée ainsi qu'il suit par an :

Chef de brigade inspecteur....................	5,500 livres.
Chef d'escadron.............................	3,200

[1] En blanc dans la minute de l'arrêté.

Capitaine...	2,100 livres.
Lieutenant...	1,600
Maréchal des logis................................	1,100
Brigadier...	1,000
Gendarme..	900

Au moyen de ce traitement ils seront tenus de se nourrir, eux et leurs chevaux, et de pourvoir à l'entretien de leur habillement et équipement, ainsi qu'à celui de la remonte et de l'équipement du cheval. Il sera à cet effet opéré une retenue de 72 livres par an de la solde journalière de chaque sous-officier et gendarme. Le produit en sera versé dans la caisse du conseil d'administration, qui ne sera tenu d'en rendre un compte particulier à aucun sous-officier ou gendarme. — Arch. nat., AF III, 386, dossier 1993 [1].]

On s'occupe du personnel des armées et autres objets y relatifs; les minutes des arrêtés, etc... sont à la section de la guerre [2].

---

[1] Signé Carnot, Reubell, Revellière-Lépeaux.

[2] Ces minutes se trouvent dans les dossiers 1992 et 1993 (Arch. nat., AF III, 386) et constituent les pièces suivantes, savoir :

Dans le dossier 1992 : 1° Lettre (signée Carnot, Revellière-Lépeaux, Reubell) au citoyen Chalvet, agent municipal au Val-des-Prés (Hautes-Alpes) pour lui accuser réception de sa lettre du 13 prairial. — 2° Lettre (signée Le Tourneur, Carnot, Barras), au commissaire du Directoire près le département de la Côte-d'Or pour l'inviter à rechercher dans les archives de la ci-devant province de Bourgogne la carte *des chaînes de montagnes de la France, de ses principales rivières et des principaux canaux de navigation faits ou à faire*, carte dessinée par Pourcher, inspecteur du canal du Charolais (le commissaire, dans sa réponse, datée du 3 thermidor — même dossier — annonce que la planche de cuivre de cette carte, qui a été gravée en 1782 et dont il envoie 300 exemplaires, est usée et demanderait deux mois de travail pour être remise en état, et qu'il reste à Dijon un grand nombre de pièces relatives au canal de jonction de la Saône à l'Yonne).

Dans le dossier 1993 : 1° Deux lettres, signées Carnot, Reubell, Revellière-Lépeaux, au général Hoche (par la première le Directoire se dit informé qu'on a signalé de Lorient «environ cent bâtiments anglais qui ont à bord douze mille émigrés destinés à être jetés sur la côte» et invite le général à prendre ses dispositions en conséquence; — par la seconde il lui transmet la lettre du citoyen Duverger, du Mans, sur «l'inexactitude avec laquelle..... les armes sont rendues» et les «moyens..... propres à maintenir la tranquillité dans les pays insurgés»). — 2° Lettre signée Carnot, Reubell, Revellière-Lépeaux, au citoyen Duverger, au Mans, pour l'informer que sa lettre a été transmise au général Hoche. — 3° Lettre signée Carnot, Reubell, Revellière-Lépeaux, au général Hédouville, lui exprimant la douleur avec laquelle le Directoire a appris «l'assassinat commis sur la généreuse citoyenne de la commune de Lamberville, district de Bayeux, qui, le 10 germinal dernier, mit le feu à sa propre maison pour en chasser les brigands qui s'y étaient renfermés et fortifiés». — 4° Lettre signée Carnot, Reubell, Revellière-Lépeaux, au citoyen Malo, commandant par intérim le 21ᵉ régiment de dragons, à Versailles, pour lui accuser réception de sa lettre sur la réorganisation de ce régiment et l'inviter à faciliter cette opération, au sujet de laquelle des ordres vont être donnés par le ministre de la guerre au général en chef de l'armée de l'intérieur. — 5° Lettre signée Carnot, Reubell, Revellière-Lépeaux, au commissaire du Direc-

[10 JUILLET 1796] DU DIRECTOIRE EXÉCUTIF. 55

Le Directoire prend un arrêté concernant les papiers du citoyen Poterat; la minute de cet arrêté est classée avec les pièces secrètes[1].

Par un autre arrêté, il maintient les jeunes gens de la première réquisition du département du Bas-Rhin à leur poste[2].

Il termine sa séance par un arrêté approbatif d'un règlement pour le service militaire des côtes maritimes[3].

---

toire près l'administration municipale du canton de Taverny (Seine-et-Oise) l'invitant à employer tous les moyens autorisés par les lois pour faire arrêter les réquisitionnaires déserteurs ou réfractaires qui se cachent dans ce canton. — 6° Lettre signée Carnot, Reubell, Revellière-Lépeaux, à Joubert, commissaire du Directoire près l'armée de Sambre-et-Meuse, pour lui accuser réception de sa lettre du 10 courant, ainsi que de celles du nommé Pernay, de l'adjudant-général Mutelé et du général de division Ernouf, qui y étaient jointes. — 7° Lettre signée Carnot, Reubell, Revellière-Lépeaux, au ministre de la police générale, pour lui transmettre les quatre lettres ci-dessus mentionnées et appeler sa «plus sérieuse attention» sur elles, particulièrement sur «celle signée Pernay» qui «doit surtout exciter une rigoureuse surveillance». — 8° Deux arrêtés, signés Carnot, Reubell, Revellière-Lépeaux, dont le premier promeut au grade de général de brigade le chef de brigade du génie Boisgérard, le chef de brigade Fauconnet et les adjudants-généraux Bellavesne et Abbatucci; et le second promeut au grade de général de division le général de brigade Montigny, commandant de la maison nationale des Invalides, et porte plusieurs nominations ou promotions d'officiers moins importantes.

[1] Voir plus loin, p. 56 (Délibération secrète du 22 messidor).

[2] Arrêté du 22 messidor an IV, signé Carnot, Le Tourneur, Barras (Arch. nat., AF III, 386, dossier 1993). Il s'agit d'un certain nombre de jeunes gens de la première réquisition, qui sont exemptés du service militaire et resteront attachés : 1° Aux usines nationales de Soultz; 2° à la forge de Villé; 3° à l'atelier de réparation d'armes de Mutzig; 4° à la manufacture de cuivre rouge du citoyen OEsinger, à Obernay; 5° aux mines de houille de Lalaye, canton de Viller; 6° à la manufacture nationale d'armes blanches de Klingenthal; 7° dans l'atelier du citoyen Mathis, salpêtrier national à Eppfig; 8° dans les ateliers des salpêtriers nationaux de Quatzenheim; 9° dans l'atelier du citoyen Georges Muller, salpêtrier national à Rosheim; 10° dans l'atelier du citoyen Henry Geyler, salpêtrier national à Bergzabern; 11° dans l'atelier du salpêtrier national à Neuviller; 12° dans l'atelier du salpêtrier national à Ingweiler; 13° dans l'atelier de Mathias Conte, salpêtrier national à Châtenois; 14° dans l'usine connue sous le nom de forge de Greidelbrück. — Sont désignés en outre, un certain nombre de jeunes gens ouvriers, dont les uns devront rester dans leurs cantons et dont les autres devront au contraire se rendre aux armées.

[3] Règlement «rédigé par la commission nommée à cet effet et adressé le 9 prairial dernier par le ministre de la guerre». — Arrêté du 22 messidor an IV, signé Carnot, Le Tourneur, Barras (Arch. nat., AF III, 386, dossier 1993).

A signaler, à propos de la séance du 22 messidor, indépendamment des pièces qui viennent d'être indiquées, un arrêté, non mentionné au procès-verbal, et signé Le Tourneur, Revellière-Lépeaux, Barras (Arch. nat., AF III, 386, dossier 1992) qui, en vertu de la loi du 21 floréal, autorise à résider à Paris François Paigis, qui, envoyé l'année précédente aux écoles normales, n'a pu, depuis leur clôture, rentrer dans son pays (la Mayenne), à cause de la guerre des Chouans, et a besoin de demeurer dans la capitale pour son instruction.

Les dossiers 1994 et 1995, dont le contenu, comme celui des deux précédents, se rapporte à la séance du 22 messidor, sont formés : le premier de 57 pièces relatives à des nominations de juges et de commissaires dans les départements des Ardennes, de l'Aude, de l'Ariège, du Loiret, de la Lozère,

DÉLIBÉRATION SECRÈTE DU 22 MESSIDOR AN IV[1]

10 JUILLET 1796.

CCXXIII

Le Directoire exécutif arrête ce qui suit :

Le citoyen Barthélemy, ambassadeur de la République française en Suisse, et le général de division La Borde sont chargés de procéder de concert à l'examen des papiers du citoyen Poterat[2]. Ils inviteront M. le Secrétaire de la chancellerie d'État du canton de Bâle de reconnaître les scellés par lui apposés sur le coffre où lesdits papiers ont été enfermés et ils les feront lever en sa présence et en celle du citoyen Poterat. Lesdits citoyens Barthélemy et La Borde feront ensuite l'inventaire desdits papiers, qui seront reconnus, cotés et paraphés par eux et ledit citoyen Poterat. Ils veilleront à ce que les instructions qui lui ont été données pour différentes opérations dont il avait été chargé demeurent secrètes. Aussitôt que ledit examen et inventaire seront achevés, ils prendront les mesures nécessaires pour les faire transporter ainsi que le citoyen Poterat à Paris, sous bonne et sûre garde. Ils rendront compte au ministre de la police générale de l'exécution du présent arrêté[3].

SÉANCE DU 23 MESSIDOR AN IV[4]

11 JUILLET 1796.

Le Directoire exécutif rapporte son arrêté du 14 de ce mois[5] relatif à l'indemnité accordée par la loi du 22[6], aussi de ce mois[7].

---

de la Meuse-Inférieure, de Seine-et-Marne, de la Seine-Inférieure et de la Somme; — le second de 158 pièces de même nature concernant le département de la Vendée.

[1] Arch. nat., AF III*, 20, p. 56-57. — AF III, 386, dossier 1992.

[2] Sur l'arrestation de Poterat, voir t. II, p. 744-747 (séance du 11 messidor).

[3] Signé à la minute Le Tourneur, Barras, Reveillère-Lépeaux, Reubell.

[4] Arch. nat., AF III*, 4, fol. 50-52. — AF III, 2.

[5] Voir t. II, p. 767.

[6] Erreur, c'est de la loi du 2 messidor qu'il s'agit (voir t. II, p. 666).

[7] Arrêté du 23 messidor an IV, signé Reu-

Il accorde à la citoyenne Barrère, volontaire à la 5ᵉ demi-brigade d'infanterie légère, un secours de cinq cents livres, en mandats, à la charge par elle de se rendre sans délai dans sa commune et de reprendre les habits de son sexe [1].

Il écrit au ministre de la justice, en lui adressant copie d'un message adressé au Directoire par le Conseil des Cinq-Cents [2], par lequel il demande divers renseignements relatifs à une pétition de l'administration municipale du canton de Saisy, département de Saône-et-Loire, qui sollicite l'établissement d'un notaire public dans ce canton et le charge de mettre le Directoire à même de répondre à ce message, dans le plus bref délai [3].

Sur le rapport du ministre de la police générale, le Directoire prononce la radiation définitive de la liste des émigrés des citoyens... [4] et maintient sur ladite liste les nommés... [5].

---

bell, Revellière-Lépeaux, Barras (Arch. nat., AF III, 386, dossier 1996).

[1] Arrêté du 23 messidor an IV, signé Carnot, Barras, Revellière-Lépeaux, Reubell (Arch. nat., AF III, 386, dossier 1996).

[2] Message du 19 messidor.

[3] Minute signée Revellière-Lépeaux, Reubell, Barras (Arch. nat., AF III, 386, dossier 1996).

[4] Julien-François *La Barberie-Saint-Front*, «capitaine vétéran, aide de camp de l'ex-général Wimpffen», inscrit sur la liste des émigrés du département du Calvados, et qui a justifié de sa résidence; — Bénigne-Augustine-Françoise *Le Tellier*, «femme divorcée d'Ambroise-Polycarpe *La Rochefoucauld*», inscrite sur la liste des émigrés des départements de Seine-et-Marne et du Pas-de-Calais, qui a justifié de sa résidence; — Joseph-Charles *Espariat*, négociant d'Aix, porté sur la liste des émigrés du département des Bouches-du-Rhône, qui a justifié de sa résidence; — Marie-Anne *Giverville*, veuve de Michel-Bernard *Grout de Sait-Paër*, porté sur la liste des émigrés du département de l'Eure et qui a justifié de sa résidence; — Louis *d'Étampes* père, «ci-devant maréchal de camp», domicilié dans la commune de Mauny, canton de Canteleu, district de Rouen, porté sur la liste des émigrés du département de l'Eure, qui a justifié de sa résidence; — Nicolas-Mathias *Poupillier*, âgé de 19 ans, et Louis-Charles-François *Poupillier*, âgé de 17 ans, fils de Nicolas *Poupillier*, négociant à Nancy, portés sur la liste des émigrés de la Meurthe et dont le second a justifié de sa résidence et le premier a établi que son absence «a été causée par les affaires de son commerce»; — Nicolas *Brétillot*, négociant à Versel, district d'Ornans (Doubs), porté sur la liste des émigrés du département du Doubs, qui a justifié de sa résidence; — Louis-Théophile *Pécault*, dit *Larderet*, de Besançon, porté sur la liste des émigrés du département du Doubs, qui a justifié de sa résidence; — Jean *Tresseman*, de la commune d'Aix, porté sur la liste des émigrés du département des Bouches-du-Rhône, qui a justifié de sa résidence; — Louise-Françoise-Charlotte *Le Tellier*, femme *Montesquiou*, inscrite sur la liste des émigrés du département de Seine-et-Marne, qui a justifié de sa résidence; — Michelle-Perrine-Jeanne *Gaudicher*, «fille ex-noble domiciliée en la commune de Nantes», portée sur la liste des émigrés du département de Maine-et-Loire, qui a justifié de sa résidence. — Dix arrêtés signés Revellière-Lépeaux, Reubell, Barras, et un arrêté signé Le Tourneur, Carnot, Barras (Arch. nat., AF III, 386, dossier 1996).

[5] 1° Joseph *Rossard* (voir plus loin, à la fin du procès-verbal); — 2° Jacques-Claude-René *Grimouard-Duperre*, de Coulonge, département des Deux-Sèvres, inscrit sur les listes des émigrés des Deux-Sèvres et de la Meuse, qui, ayant quitté la France en octo-

On écrit plusieurs lettres concernant le service militaire; les minutes sont à la section de la guerre [1].

bre 1791, n'y est rentré qu'en septembre 1792, s'est rendu à Verdun, dont les Prussiens étaient encore maîtres, y est resté jusqu'en mai 1793, a été ensuite détenu à Verdun, déclaré sujet à la déportation, puis mis en liberté par le Comité de sûreté générale le 20 germinal an III; l'arrêté (signé Revellière-Lépeaux, Reubell, Barras), qui le concerne, porte qu'il sera maintenu sur la liste des émigrés, déporté. et que ses biens seront confisqués (Arch. nat., AF III, 386, dossier 1996).

[1] Ces minutes se trouvent dans le dossier 1996 (Arch. nat., AF III, 386) et constituent les pièces suivantes : 1° deux lettres signées Le Tourneur, Carnot, Barras, au général Bonaparte (voir le texte plus loin à l'Appendice). — 2° Une lettre signée Le Tourneur, Carnot, Barras, à Saliceti et Garrau, commissaires du Directoire près l'armée d'Italie (voir le texte plus loin à l'Appendice). — 3° Une lettre signée Le Tourneur, Carnot, Barras, à Saliceti (voir le texte plus loin à l'Appendice). — 4° Une lettre signée Carnot, Reubell, Revellière-Lépeaux, au général Kellermann, l'invitant à diriger des forces vers le chef-lieu du département de l'Ain pour seconder la garde nationale sédentaire et la gendarmerie à l'effet de comprimer les malveillants et de faire exécuter les lois sur la désertion et la première réquisition. — 5° Une lettre signée Carnot, Reubell, Revellière-Lépeaux, au représentant du peuple Gauthier (de l'Ain), membre du Conseil des Cinq-Cents, pour lui annoncer que, conformément à sa demande, le Directoire vient de donner l'ordre au général Kellermann de diriger des forces à l'effet de comprimer la malveillance et de faire exécuter les lois dans le département de l'Ain. — 6° Lettre signée Le Tourneur, Carnot, Barras, par laquelle le Directoire témoigne sa satisfaction au général Kellermann sur la prise de possession des forteresses d'Exilles, la Brunette, Suze, etc., le presse de nouveau d'activer la démolition des places piémontaises désignées dans le traité de paix avec le roi de Sardaigne, et l'informe qu'il répondra à sa lettre sur la 5ᵉ demi-brigade, qui demande à recevoir la moitié de sa solde en numéraire. — 7° Trois lettres, signées Carnot, Reubell, Revellière-Lépeaux, au ministre de la guerre (par la première le Directoire l'invite à renvoyer le général Kellermann — au sujet de difficultés élevées entre lui et le duc d'Aoste — à ses précédentes instructions sur l'occupation et l'approvisionnement des places piémontaises; — par la seconde il lui adresse copie de sa lettre à ce général sur les habitants du département du Mont-Blanc qui font partie des milices savoisiennes; — par la troisième il lui envoie copie de notes relatives aux «brigandages énormes» auxquels donnent lieu les fournitures de grains à la République et lui demande un rapport sur les moyens de mettre fin à ces désordres). — 8° Lettre signée Carnot, Reubell, Revellière-Lépeaux, à Haussmann, commissaire du Directoire près l'armée de Rhin-et-Moselle, l'autorisant à faire droit, s'il y a lieu, à une réclamation de la commune de Spire contre une réquisition de cent mille livres. — 9° Autre lettre (mêmes signatures) à ce commissaire, pour lui accuser réception de ses deux dépêches du 16 messidor. — 10° Autre lettre (mêmes signatures) à Haussmann, relative à l'adjudant-général Ramel (le Directoire l'invite à en référer, s'il le juge nécessaire, au général en chef, «qui prendra les mesures convenables pour le maintien des égards dus au commissaire du gouvernement»). — 11° Dix lettres, signées Carnot, Reubell, Revellière-Lépeaux, par lesquelles le Directoire félicite de leur belle conduite au cours des récentes opérations de l'armée de Rhin-et-Moselle : le chef de bataillon *Becdelièvre*; l'adjudant-général *Decaen*; l'adjudant-général *Levasseur*; le général *Tholmé*; le général *Laroche*; le général *Férino*; le général *Desaix*; le général *Reynier*; le chef de bataillon des pontonniers *Dedon*; le chef de bataillon du génie *Poitevin*. — 12° Lettre signée Carnot, Reubell, Revellière-Lépeaux, à Joubert, commissaire du Directoire près l'armée de Sambre-et-Meuse, pour lui accuser réception de sa lettre du 10 messidor annonçant le nouveau renfort envoyé par le général Beurnonville, et l'informer de sa lettre du 5 messidor au général Jourdan (voir t. II, p. 699). — 13° Lettre signée Carnot, Reubell, Revellière-Lépeaux, au commissaire du Directoire près l'administration du Pas-de-Calais, pour l'informer qu'une soixantaine de soldats de l'armée de Sambre-

[11 JUILLET 1796] DU DIRECTOIRE EXÉCUTIF. 59

On écrit aussi au ministre de la guerre, pour qu'il prenne en considération la demande du citoyen Fallatieux[1], qui propose d'échanger du fer-blanc contre de l'étain;

Au ministre de la police, pour qu'il prenne des renseignements sur le citoyen Villemoney, commissaire du Directoire près le département de l'Oise[2];

Et au même ministre pour qu'il prenne des renseignements sur les administrateurs du département de Seine-et-Oise[3].

Le ministre de la guerre dépose sur le bureau l'état des armes fournies partiellement aux militaires à Paris, du 10 au 20 messidor, des magasins des armes à feu et armes blanches de Paris.

Un messager d'État, envoyé par le Conseil des Anciens, est admis : il dépose sur le bureau trois lois :

La première portant qu'en exécution de l'article 3 de la loi du 8 germinal dernier, les citoyens Levastre, Masneuf, Degout et autres, acquéreurs de domaines nationaux, sont renvoyés à se pourvoir par-devant l'autorité compétente[4].

La seconde annule l'arrêté pris le 13 brumaire dernier par le Comité de sûreté générale et plusieurs membres du Comité de législation, qui déclare non avenu le jugement rendu par le tribunal de cassation le 29 floréal an III, dans l'affaire des citoyens Colinet, Laugier, etc.[5]

et-Meuse, originaires du Pas-de-Calais, ont déserté dans l'intérieur, l'engager à rechercher si cela ne proviendrait pas «de quelques instigations secrètes de la part des malveillants» et l'inviter à prendre, avec zèle et discernement «les mesures nécessaires tant pour prévenir par la suite de semblables désordres que pour contraindre ceux qui viennent d'être commis en contraignant ces fuyards à rejoindre de suite leurs drapeaux». — 14° Deux lettres, signées Carnot, Reubell, Revellière-Lépeaux, au ministre de l'intérieur (par la première le Directoire lui transmet, en l'invitant à l'examiner, une note qu'il a reçue relativement aux grains provenant de la contribution en nature; — par la seconde il recommande à son attention une lettre du 15 messidor qu'il a reçue du citoyen Roumens, entrepreneur de travaux publics).

[1] Propriétaire de la manufacture de fer-blanc et de fils de fer établie à Bains. «Il offre d'échanger des fers-blancs, des fils de fer contre des étains dont il a besoin pour continuer de donner de l'ouvrage à mille ouvriers qu'il occupe.» — Minute signée Carnot, Reubell, Barras (Arch. nat., AF III, 386, dossier 1996).

[2] «Près les tribunaux civil et criminel du département de l'Oise.» Minute signée Carnot, Reubell, Barras (Arch. nat., AF III, 386, dossier 1996). Ce commissaire est dénoncé «comme un partisan déclaré du code anarchique de 1793, un ex-membre du Comité révolutionnaire de Chaumont, un amnistié».

[3] Minute signée Carnot, Reubell, Barras (Arch. nat., AF III, 386, dossier 1996). Le Directoire désire savoir si ces administrateurs sont dignes de leur emploi. Il a été porté des plaintes contre deux d'entre eux, Fauvel et Horeau.

[4] Bull., II, LVIII, n° 530. Il s'agit d'une contestation au sujet de biens nationaux adjugés par le ci-devant district de Tanargues (Ardèche).

[5] Bull., II, LVIII, n° 528.

La troisième portant établissement d'un sixième tribunal de police correctionnelle dans le département de la Manche [1].

Le Directoire ordonne que ces trois lois seront publiées, exécutées et qu'elles seront munies du sceau de l'État. Elles sont en conséquence adressées de suite à l'enregistrement pour deux expéditions de chacune être envoyées sans délai, au ministre de la justice, avec l'arrêté portant ordre d'impression et de publication dans les formes prescrites par les lois.

On reçoit un message du Conseil des Cinq-Cents contenant ses observations sur l'arrêté du Directoire du 17 messidor [2], relatif aux fêtes du 14 juillet, 9, 10 thermidor et 10 août [3].

Le Directoire prend un arrêté qui ordonne la déportation du nommé Joseph Rossard, émigré, et déclare ses biens acquis à la République [4].

---

[1] A Mortain. — *Bull.*, II, LVIII, n° 531. — Voir t. Ier, p. 731 (séance du 14 ventôse an IV).

[2] Voir plus haut, p. 14-17.

[3] Ce message (du 22 messidor) fait remarquer que l'arrêté en question «semble cumuler en deux jours trois époques très mémorables et très distinctes de notre sublime révolution, le 14 juillet, le 9 et 10 thermidor, le 10 août;...que le législateur constituant a suffisamment marqué son respect pour les dates ou jours anniversaires, témoin le 22 septembre, jour où l'on décréta la République, jour le premier de notre ère républicaine;...que la loi du 3 brumaire n'aurait pas omis la fête mémorable de la première fédération des Français..., si une loi de l'Assemblée Constituante, qui n'est pas rapportée, ne l'avait pas expressément ordonnée; enfin...que l'arrêté du Directoire exécutif annonçant un programme particulier pour Paris, permet au moins d'y célébrer le jour même du 14 juillet la première fédération des Français en vertu de la loi de l'Assemblée Constituante, *qui n'est pas rapportée...*». *C. C.*, messidor an IV, p. 406-407.

[4] Arrêté du 23 messidor an IV, signé Revellière-Lépeaux, Reubell, Barras (Arch. nat., AF III, 386, dossier 1996). — Condamné comme déserteur en 1789, gracié en 1791, Rossard, n'ayant pu obtenir à cette époque de reprendre du service, avait passé en Belgique. L'arrêté, «considérant...qu'il a quitté le territoire de la République dans le courant de l'année 1791 et qu'il n'y est rentré que le 7 prairial de l'an II; que par le fait de sa présentation volontaire par devant les autorités constituées de la frontière, il ne peut être regardé comme émigré rentré sujet à la peine capitale», porte qu'il sera reconduit hors du territoire avec défense de rentrer sous peine de mort (en vertu des lois contre les émigrés).

Les deux dossiers 1997 et 1998, dont le contenu, comme celui du précédent, se rapporte à la séance du 23 messidor, sont formés : le premier de 41 pièces relatives à des nominations de juges et d'assesseurs dans les départements de l'Aude, de l'Isère et des Landes; le second de 48 pièces concernant la nomination du citoyen Mathéus, homme de loi à Strasbourg, comme second substitut du commissaire du pouvoir exécutif près les tribunaux civil et criminel du département du Bas-Rhin, et les réclamations très vives qui en résultèrent, pour cause de terrorisme et de vandalisme révolutionnaire reproché audit Mathéus.

A

Le Directoire exécutif au général Bonaparte.

Nous avons reçu, citoyen général, vos intéressantes dépêches du 14 messidor[1]. Le succès de l'expédition de Livourne nous a causé une vive satisfaction et nous approuvons tout ce que vous avez fait et ordonné dans cette circonstance précieuse à la République[2]. Il faut maintenant s'occuper avec activité du soin de retirer tous les avantages qu'elle présente. Séquestrer tous les effets appartenant aux puissances qui sont en guerre avec la France, imposer de fortes contritions sur les individus qui leur appartiennent, telles sont les mesures que nous devons employer sans nous en départir; mais c'est particulièrement sur les Anglais que nous devons appesantir ce droit de guerre : nous avons à la fois à venger sur eux le droit des gens, que le gouvernement machiavélique de l'Angleterre a sans cesse violé, et l'indépendance des peuples neutres qu'il a méprisés pour nous nuire avec plus de sécurité. Les Anglais établis à Livourne doivent être à nos yeux comme les habitants de Londres ; qu'ils subissent des impositions sévères. La générosité nationale nous dicte toutefois, en songeant à nous indemniser de nos pertes, de ne pas porter la rigueur jusqu'à la dureté.

Quoique vous ne nous parliez pas, citoyen général, de Gênes et des mesures que vous avez à prendre à son égard, d'après nos précédentes instructions[3] nous pensons néanmoins que vous aurez fait les dispositions que cet objet important exige; nous serons satisfait d'en apprendre incessamment la nouvelle et nous ne doutons pas que vous n'y apportiez la sagesse et la fermeté que vous avez montrée en Toscane.

Le ministre de cette dernière puissance, M. Corsini, nous a fait des représentations sur ce qui la concerne; il est convenu cependant que la conduite de l'Angleterre rendait la nôtre très légitime; au reste il ne reçoit de nous que des réponses vagues; nous ne changerons rien aux instructions que vous avez, et c'est à vous et à nos commissaires à agir en conséquence.

La prise du château de Milan est une opération heureuse[4]; les troupes qui y ont été employées méritent bien que nous vous chargions de les féliciter de ce succès au nom de la République.

---

[1] Voir ces dépêches, qui sont au nombre de quatre, datées du quartier général de Bologne, le 14 messidor (*Corr. de Napoléon Ier* t. I, p. 445-450).

[2] Dans la première de ses dépêches Bonaparte, après avoir rapporté l'occupation de Livourne, l'arrestation de Spanocchi, gouverneur de cette ville, «qui avait favorisé le départ des Anglais», la mise sous scellés des magasins des Anglais à Livourne, rend compte de sa visite au grand-duc de Toscane à Florence, de la fourniture d'armes qu'il a obtenue de la république de Lucques, etc.

[3] Voir t. II, p. 754, 756. — Voir aussi plus loin, p. 125 (séance et délibération secrète du 29 messidor an IV).

[4] Le château de Milan s'était rendu le 11 messidor au général Despinoy, qui y avait trouvé 5,000 fusils, 200 milliers de poudre, 150 bouches à feu et d'importants approvisionnements (*Corr. de Napoléon Ier*, t. I, p. 447).

Nous pensons, sous les rapports militaire et politique, que ce château doit être démoli. Vous donnerez les ordres nécessaires; il est utile de faire regarder cette démolition et celle des casernes de la place aux militaires comme celle d'une autre Bastille, dont le despotisme autrichien s'était servi jusqu'ici pour retenir sous le joug ces contrées florissantes et qui semblent particulièrement faites pour la liberté. A la faveur de cette idée, que vous accréditerez parmi le peuple, excitez un enthousiasme généreux pour la chute de cette citadelle. Il ne sera sans doute qu'une faible image de celui qui a présidé à la destruction de la Bastille; mais il réveillera l'antique haine de la Lombardie contre l'Empereur et lui fera redouter le retour de sa domination.

Toute l'artillerie, tous les effets de magasin trouvés à Milan et qui ne seront pas nécessaires à l'armée seront envoyés en France. Ne gardez avec vous que ce qui est utile à vos mouvements et rien de ce qui pourrait les embarrasser.

Votre retour en deçà du Pô [1] ajoute à notre confiance sur la position de l'armée que vous commandez. Après avoir négocié habilement et recueilli le fruit de ces victoires, vous allez déployer de nouveau les talents militaires qui les ont préparées. Tout annonce que la campagne du Rhin sera également belle et décisive.

Le Tourneur, Carnot, P. Barras [2].

B

Le Directoire exécutif au général en chef Bonaparte.

Le Directoire exécutif est informé, citoyen général, par le résident de la République près celle des Grisons, que vous avez promis à ce peuple de permettre en sa faveur l'exportation des blés du Milanais, qui lui était précédemment accordée. Le Directoire ne s'oppose point à cette mesure, tant qu'elle ne nuira point aux subsistances de l'armée; mais il croit utile de vous recommander de vous informer avec exactitude si, pour prix de l'exportation des grains du Milanais dans le pays des Grisons, ceux-ci ne s'étaient pas obligés à donner un libre passage sur leur territoire aux troupes impériales. Si cette clause existe, vous sentez l'importance de la faire revivre à notre avantage.

Le Directoire ne peut rien statuer en ce moment sur ce qui concerne les Bolonais et les Ferrarais [3]; mais il voit avec plaisir que cette partie intéressante de

---

[1] Après les deux expéditions de Bologne et de Livourne.

[2] Arch. nat., AF III, 386, dossier 1996.

[3] «Ce pays-ci, dit Bonaparte de la Légation de Bologne, est uni, il demande son ancienne constitution. Le Sénat vous envoie trois députés. Ils regarderaient comme le plus grand malheur de rentrer sous la domination papale; je crois qu'il n'est pas de notre générosité de les y contraindre. Bologne, Ferrare et la Romagne pourraient faire sans efforts et sans mouvement une république aristo-démocratique, qu'ils constitueraient selon les usages et les mœurs et qui : 1° ayant deux ports sur l'Adriatique, rivaliserait avec Venise; 2° annulerait la puissance papale et, à la longue, entraînerait Rome et la Toscane dans le parti de la liberté...» (Corr. de Napoléon Ier, t. I, p. 447-448). — Lettre du 14 messidor au Directoire.

l'État de l'Église est impatiente de secouer le joug du pape. Nous devons nous attacher à maintenir dans ce pays les dispositions favorables à la liberté, en attendant que son sort politique soit décidé suivant le vœu que vous présentez, ou d'après les circonstances ultérieures.

La difficulté qui s'est élevée au sujet de la légation de Ravenne [1] ne peut soutenir la discussion; il est évident que la ville de Faenza ne peut être prise pour la légation entière, dont elle est la principale ville, et quelque désir qu'ait le Directoire d'accéder aux observations de M. Azara, par égard pour la Cour d'Espagne, il ne peut intervertir dans cette circonstance le sens d'un article de l'armistice qui a été loyalement consenti. Vous voudrez bien, citoyen général, faire l'usage convenable de cette décision, en réitérant à M. Azara le témoignage de notre considération pour sa Cour.

La sûreté des objets précieux d'art que Rome doit fournir ne doit pas être compromise [2]; il faut les faire voiturer par terre et y employer les moyens de transport que ce pays peut procurer, sauf les indemnités nécessaires.

La pensée du gouvernement se dirige naturellement, d'après les circonstances actuelles, sur la Corse et sur l'expulsion des Anglais hors de cette île [3]. Favorisez l'explosion des ferments d'insurrection qu'elle recèle contre ses orgueilleux dominateurs.

Le Directoire autorise la remise des lettres de marque aux bâtiments armés de la Méditerranée; mais il est important d'exiger une caution légitime des capitaines auxquels elles seront délivrées et de prévenir l'abus qui en a été fait : il a été tel que des bâtiments français ont été pris par des forbans qui avaient surpris ces lettres de marque.

Le Directoire vous engage à prendre toutes les précautions qu'exige le transport des effets en denrées et en argent dont vous annoncez l'envoi [4].

Les commissaires du Directoire, Saliceti et Garrau, nous rendent compte de l'importance d'occuper Porto-Ferrajo [5], qu'on pourrait garder avec une garnison

---

[1] «Le traité d'armistice, écrivait Bonaparte, porte que «nous continuerons à percevoir des contributions dans la légation de Faenza»; mais il n'y a pas de légation de Faenza, mais bien une légation de Ravenne, dont Faenza est la principale ville. M. d'Azara conclut de là que nous ne devons lever de contributions que dans la ville de Faenza. Il est clair que c'est une chicane déplacée...» (*Corr. de Napoléon Ier*, t. I, p. 449). Il ajoute cependant qu'ayant besoin de retirer ses troupes de la province de Ravenne, il a fait avec d'Azara une convention stipulant l'évacuation et portant que, sur la difficulté relative aux contributions, on s'en remettra à la décision du Directoire. (Voir le texte de cette convention, *Corr. de Napoléon Ier*, t. I, p. 445.)

[2] «Nous sommes très embarrassés, écrivait Bonaparte, sur ce que doit nous fournir Rome. Les statues ne peuvent être transportées que par mer, et il serait imprudent de s'y fier; il faudra donc les emballer et les laisser à Rome; ce parti même n'est pas sans inconvénients...» — (*Corr. de Napoléon Ier*, t. I, p. 449.)

[3] Sur les affaires de Corse, voir t. II, p. 295, 416-419.

[4] Bonaparte informait le Directoire (le 14 messidor), qu'il venait d'expédier pour Nice quatre-vingts voitures de chanvre et de soie, qu'il enverrait encore pour un million de chanvres, qu'il ferait partir pour Paris un convoi d'argenterie et de bijoux valant cinq à six millions de francs; qu'il y joindrait autant d'argent monnayé. — (*Corr. de Napoléon Ier*, t. I, p. 449.)

[5] Chef-lieu de l'île d'Elbe, entre la Toscane et la Corse.

de 100 hommes. Si vous jugez cette mesure utile, nous vous donnons l'autorisation nécessaire à cet effet.

Le Tourneur, Carnot, P. Barras [1].

C

Le Directoire exécutif aux citoyens Saliceti et Garrau, ses commissaires près l'armée d'Italie.

Nous avons reçu, citoyens commissaires, vos lettres du 12 messidor avec la satisfaction due aux heureuses nouvelles qu'elles renferment. Les avantages que la République peut retirer de l'occupation de Livourne auront sans doute fixé votre sollicitude ; que tous les effets des puissances ennemies soient séquestrés, en dédommagement de nos pertes, et que les individus qui leur appartiennent soient soumis à de fortes contributions, particulièrement les Anglais, sur lesquels nous avons à venger les injures multipliées qu'ils ont faites au droit des gens.

Ainsi que nous vous l'avons déjà mandé [2], Gênes ne doit pas échapper à notre attention ; elle nous doit des indemnités légitimes, et il faut y aller surprendre comme à Livourne les ressources de nos ennemis.

Nous avons prononcé sur la difficulté élevée au sujet de la légation de Ravenne [3]. Les observations de M. Azara ne peuvent être admises, quelques égards que nous ayons pour l'entremise de la Cour d'Espagne [4].

En ce que vous dites de l'occupation de Porto-Ferrajo [5], nous avons autorisé le général en chef à y mettre garnison.

Vos considérations sur l'état actuel de la Corse sont bien conformes à nos vues relativement à cette île, dont nous désirons que les Anglais soient bientôt chassés [6]. Nous nous proposons d'insister sur leur exclusion des ports du royaume de Naples dans la négociation du traité de paix avec cette puissance. Leur supériorité dans la Méditerranée sera alors vivement compromise et nous pourrons prendre des mesures puissantes pour rattacher à la République les départements de la Corse. En attendant il est utile de donner aux dispositions insurrectionnelles qui s'y sont manifestées tout le degré d'activité dont elles sont susceptibles. Prenez à cet égard, de concert avec le général en chef, les mesures que vous jugerez les plus favorables.

Nous avons ordonné le transport en France de toute l'artillerie et des autres effets trouvés à Milan [7] qui ne seront pas nécessaires à l'armée, ainsi que la

---

[1] Arch. nat., AF III, 386, dossier 1996.
[2] Voir plus haut, p. 31.
[3] Voir plus haut, p. 63.
[4] On sait que, vu les bons rapports qui existaient entre la République française et le gouvernement espagnol depuis la paix de Bâle, le Directoire avait admis que l'ambassadeur d'Espagne auprès du Saint-Siège, M. d'Azara, s'entremît en faveur du pape pour adoucir les conditions qui lui étaient faites au nom de la France par le général Bonaparte.
[5] Voir plus haut, p. 63.
[6] Sur l'état de la Corse à cette époque et les projets relatifs à cette île, voir plus loin, p. 123.
[7] Voir plus haut, p. 62.

[11 JUILLET 1796] DU DIRECTOIRE EXÉCUTIF.

démolition de cette citadelle, qui peut être considérée comme la Bastille du Milanais. Les casernes de la place seront aussi détruites.

Nous vous invitons à maintenir les habitants du Bolonais et du Ferrarais dans les principes qu'ils semblent professer et dans leur haine contre le joug de Rome. Quel que soit le sort politique réservé à ce pays lors de la pacification générale, nous aurons par là rendu hommage à la liberté.

Nous vous réitérons, citoyens commissaires, l'invitation essentielle de surveiller avec un zèle infatigable la levée des contributions et leur emploi et de nous en adresser des tableaux rigoureusement exacts. Donnez des soins particuliers à la délivrance des lettres de marque; il est nécessaire que les armateurs à qui elles seront remises donnent une caution suffisante et que les abus qui ont eu lieu à l'égard de ces bâtiments munis de lettres de marque ne se reproduisent plus.

Nous espérons que vous trouverez dans votre confiance et dans votre dévouement à la République le prix le plus doux des services importants que vous lui rendez.

Le Tourneur, Carnot, P. Barras [1].

D

Le Directoire exécutif au citoyen Saliceti,
son commissaire près l'armée d'Italie.

Le Directoire a reçu, citoyen commissaire, votre lettre du 13 messidor, par laquelle vous lui manifestez vos inquiétudes sur l'impression qu'auraient pu faire naître dans l'esprit de ses membres les bruits injurieux qu'on aurait cherché à répandre contre vous.

Votre délicatesse alarmée sollicite une nouvelle expression de sa pensée à votre égard. Le Directoire saisit avec plaisir l'occasion de vous répéter et de rendre public le témoignage de son estime. Continuez à la mériter par votre zèle à pourvoir aux besoins de l'armée triomphante qui en recueille tous les jours les fruits. C'est ainsi que vous confondrez vos calomniateurs.

S'il était vrai que les conspirateurs [2] eussent pu compter sur votre appui, c'est parce qu'ils ne vous auraient pas connu, et si le Directoire compte sur vous, c'est parce qu'il connaît et sait apprécier votre dévouement au gouvernement constitutionnel.

Le Tourneur, Carnot, P. Barras [3].

---

[1] Arch. nat., AF III, 386, dossier 1996. — [2] Allusion à la conspiration Babeuf. — [3] Arch. nat., AF III, 386, dossier 1996.

SÉANCE DU 24 MESSIDOR AN IV [1]

12 JUILLET 1796.

Le Directoire exécutif ayant pris séance, un messager d'État envoyé par le Conseil des Anciens est introduit : il dépose sur le bureau quatre lois.

La première rapporte la disposition de la loi du 3 brumaire dernier, qui plaçait à Mézières l'École centrale du département des Ardennes, et fixe cette école à Charleville [2].

La seconde porte que l'indemnité accordée aux employés et salariés de la République, par la loi du 2 de ce mois, pour prairial, sera la même pour messidor [3].

La troisième désigne les cinquante juges dont le Tribunal de Cassation doit être aujourd'hui composé [4].

La quatrième ordonne la traduction à la Haute Cour de Justice de tous prévenus mis en état d'accusation pour complicité dans un crime à raison duquel un représentant du Peuple ou un membre du Directoire exécutif sont mis en accusation [5].

Le Directoire ordonne que ces quatre lois seront publiées, exécutées et qu'elles seront munies du sceau de l'État. Elles sont en conséquence adressées de suite à l'enregistrement, pour deux expéditions de chacune être envoyées, sans délai, au ministre de la justice, avec l'arrêté

---

[1] Arch. nat., AF III*, 4, fol. 52-58. — AF III, 2.

[2] Bull., II, LVIII, n° 529. — Voir t. II, p. 629.

[3] Bull., II, LVIII, n° 534. — Sur la loi du 2 messidor, voir t. II, p. 666.

[4] Bull., II, LVIII, n° 533. — Ces 50 juges sont : 1° Les 20 juges ou suppléants nommés en vertu de la loi du 5 vendémiaire au nom des départements suivants : Alpes-Maritimes, Ardèche, Ariège, Charente, Charente-Inférieure, Cher, Corrèze, Côtes-du-Nord, Haute-Garonne, Gers, Golo, Hérault, Ille-et-Vilaine, Indre, Indre-et-Loire, Jura, Landes, Liamone, Loir-et-Cher, Loire ; 2° Les 26 juges ou suppléants nommés en vertu de la loi du 28 janvier 1791 au nom des départements suivants : Aisne, Allier, Basses-Alpes, Hautes-Alpes, Ardennes, Aude, Aveyron, Bouches-du-Rhône, Calvados, Cantal, Côte-d'Or, Creuse, Finistère, Gard, Lot, Manche, Marne, Morbihan, Moselle, Oise, Pas-de-Calais, Bas-Rhin, Haute-Saône, Saône-et-Loire, Seine-et-Marne, Seine-et-Oise ; — 3° Les citoyens Ddocq, Andrieux, Char et Sibuet, qui, parmi les juges nommés extraordinairement par la Convention, sont ceux qui, conformément à la loi du 2 brumaire an IV, ont été désignés par le sort comme devant se retirer les derniers. — La même loi détermine ensuite le mode de renouvellement de ce personnel, qui aura lieu annuellement par cinquième à partir du mois de germinal an V.

[5] Bull., II, LVIII, n° 532. — Suite de l'affaire Babeuf.

portant ordre d'impression et de publication dans les formes prescrites par les lois.

Le ministre de la justice écrit au Directoire pour l'informer que le jury d'accusation [1] a décidé ce matin qu'il y avait lieu à accusation contre Babeuf et cinquante-trois autres co-prévenus arrêtés avec lui [2].

Le Directoire adresse quatre messages au Conseil des Cinq-Cents.

Le premier en réponse à celui de ce Conseil, d'hier [3], relatif à la fête de la Liberté [4].

Par le second il transmet au Conseil des Cinq-Cents des renseignements qui lui ont été demandés par un message du 14 de ce mois [5], relativement à des marchandises saisies par les Anglais lorsqu'ils se sont emparés de la Guadeloupe, reprises par l'armée française sur les Anglais et aujourd'hui réclamées par les premiers propriétaires [6].

---

[1] Après une séance qui n'avait pas duré moins de vingt heures.

[2] Arch. nat., AF III, 42, dossier de l'affaire Babeuf. — La liste de ces accusés, qui se trouve au même dossier, ne comprend que 52 noms. Ce sont ceux de : Gracchus *Babeuf*, — Philippe *Buonarroti*, — Charles *Germain*, — Augustin-Alexandre *Darthé*, — Jean-Baptiste *Didier*, — Charles-Nicolas *Pillé*, — Guillaume-Gilles *Massard*, — *Fion*, ex-général (absent), — Jean-François *Ricord*, — Joseph-François *Laignelot*, — Robert *Lindet*, (absent), — Juste *Moroi*, — Jean-Baptiste *Goulard*, — Théodore *Lamberté*, — Lambert *Clérix*, — Antoine *Figuet*, — Claude *Figuet* (absent), — *Guilhem* (absent), — François *Dufour*, — *Chrétien* (absent), — Maurice *Duplay* père, — Jacques-Maurice *Duplay* fils, — Nicolas *Morel*, — Jean-Antoine *Mugnier*, — *Monnier* (absent), — Jacob *Reyr* (absent), — Pierre *Philip*, — Polycarpe *Pottofeux*, — Pierre-Joseph *Crespin*, — Pierre-Nicolas *Vergne*, — Jacques *Cordos*, — Jean-Pierre *Lambert*, — *Menessier* (absent), — Jean-Baptiste *Breton*, — Jeanne *Amiot*, femme *Breton*, — Joseph *Monnard* (absent), — Marie-Louise *Adhui*, femme *Monnard*, — Marie-Sophie *Lapierre*, — François *Thierry*, — Jean-Charles *Drouin*, — Marie-Adélaïde *Lambert*, — Nicole *Pognon*, femme *Martin*, — Louis *Taffoureau*, — André *Amar*, — Guillaume-Alexis *Vadier*, — *Antonelle* (absent), — *Baude* (absent), — *Bouin* (absent), — *Parrien* (absent), — Joseph *Bodron* (absent), —

Louis Jacques *Blondeau*, — François-Paul *Boudin*.

[3] Voir plus haut, p. 60.

[4] Message lu au Conseil le 25 messidor (C. C., messidor an IV, p. 493-494). Le Directoire représente que la loi du 3 brumaire an IV n'ayant institué que sept fêtes nationales, il n'a pas cru pouvoir en augmenter le nombre. «Mais, ajoute-t-il, comme la sixième de ces fêtes désignée sous le nom d *Fête de la Liberté*, devait consacrer toutes les époques qui ont pu nous la donner ou la consolider, le Directoire a caractérisé avec soin le 14 juillet et le 10 août dans les programmes dont vous avez connaissance.»

[5] Voir t. II, p. 765.

[6] Message lu au Conseil le 25 messidor (C. C., messidor an IV, p. 494-497). — Le Directoire, après avoir rappelé la prise de la Guadeloupe par les Anglais en mai 1794, sa reprise par les Français le 4 juillet suivant, et la réclamation des premiers propriétaires des marchandises, expose qu'il y a lieu de distinguer parmi ces derniers ceux qui se sont montrés patriotes de ceux qui, ayant été partisans des Anglais, n'auraient pas droit, en bonne justice, à la restitution, et que d'autre part il y a lieu de concilier les droits des propriétaires et ceux de l'armée des Antilles qui, en reprenant des marchandises devenues anglaises, pouvaient compter sur une légitime part de prise, dont le refus aurait pour effet de la décourager et de la mécontenter.

5.

Par le troisième il transmet au Conseil des Cinq-Cents une pétition des habitants de la commune de Fécamp, afin d'obtenir la concession d'une portion d'un terrain national nécessaire à la confection d'un nouveau chemin [1].

Par le quatrième, il adresse à ce Conseil un mémoire du ministre des finances, relatif à la règle de conduite que doit tenir la Régie de l'enregistrement pour les fermages de l'an III [2].

Par un cinquième message adressé au Conseil des Anciens [3], le Directoire rend compte des mesures qu'il a prises, relativement à la déchéance que peuvent avoir encourue les soumissionnaires de biens nationaux [4].

Le citoyen Tartas est nommé à la place du commissaire surveillant près la papeterie de Langlé [5].

Sur le rapport du ministre des finances, le Directoire prend trois arrêtés.

Par le premier, il sera tenu compte au citoyen Bérenger, inspecteur de la régie de l'enregistrement, de la somme de cent cinquante-deux livres cinq sols, en numéraire, qui lui a été volée à force ouverte dans une tournée [6].

---

[1] Lu au Conseil le 26 messidor (*C. C.*, messidor an IV, p. 502-503).

[2] Message lu au Conseil le 26 messidor (*C. C.*, messidor an IV, p. 506-507). — Le Directoire représente que la loi du 9 messidor (voir t. II, p. 729) sur le payement des fermages des biens ruraux et des domaines de la République ne s'applique qu'aux fermages de l'an IV et demande comment on doit procéder pour les fermages restés dus de l'an III.

[3] En réponse au message de ce Conseil en date du 20 messidor (Voir plus haut, p. 40).

[4] Message lu au Conseil le 26 messidor (*Anc.*, messidor an IV, p. 259-261). — Le Directoire informe le Conseil que, pour assurer l'exécution de la loi du 22 prairial (voir t. II, p. 587-588) qui ordonne la consignation du second quart, le ministre des finances a envoyé deux circulaires, l'une aux administrations centrales de départements et aux commissaires du Directoire près ces administrations, l'autre à la régie de l'enregistrement et des domaines, mais qu'on ignore encore si quelques déchéances ont été encourues; il ajoute que des mesures vont être prises pour assurer l'exécution de la loi du 19 messidor (voir plus haut, p. 34) sur le payement du troisième quart.

[5] «Pour la surveillance du papier mandat». — Arrêté du 24 messidor an IV, signé Reubell, Carnot, Barras (Arch. nat., AF III, 387, dossier 2000).

[6] Arrêté du 24 messidor an IV, signé Reubell, Carnot, Barras (Arch. nat, AF III, 387, dossier 2000). — «Le 16 germinal dernier, lit-on dans le rapport du ministre des finances (même dossier), le citoyen Bérenger, inspecteur de la régie de l'enregistrement au département de la Drôme, étant en tournée de recouvrement, accompagné du citoyen David, habitant de la commune de Saint-Paul-Trois-Châteaux, qui portait ses papiers et une partie de sa recette en numéraire, a été arrêté en plein jour par un particulier qui, caché dans des broussailles et armé de deux pistolets, les a surpris l'un et l'autre à un angle de la montagne de Dieu-Grâce et leur a ordonné, à peine d'être tirés, de jeter par terre l'argent qu'ils avaient. Le citoyen Bé-

[12 juillet 1796]   DU DIRECTOIRE EXÉCUTIF.   69

Par le second, les sommes dues en assignats pour remboursement du prix des objets mobiliers vendus ou employés au service public, appartenant aux ci-devant détenus[1], seront remboursés[2] à raison d'un capital pour trente[3].

Par le troisième les régisseurs des douanes sont autorisés à faire payer aux citoyens Frey et Kapelle[4] la somme de cent trente-trois livres dix-huit sols, en numéraire, pour les frais de pansement des blessures qu'ils ont reçues[5] en s'opposant à une exportation de grains[6].

L'exequatur est accordé à la commission de Jacques Henry Wurtemberg, consul de la nation prussienne à Bordeaux.

Sur le rapport du ministre de la police générale le Directoire prononce la radiation définitive de la liste des émigrés des citoyens[7]....

Sur le rapport du même ministre, le Directoire prend trois arrêtés.

Par le premier, il lève la défense faite par le citoyen Reverchon, son commissaire, dans les départements de Saône-et-Loire, Rhône-et-Loire, l'Ain et l'Isère, par son arrêté du 17 ventôse an IV, de laisser circuler le journal intitulé *Tableau de Paris* dans ledit département[8].

renger a déposé trois pièces de 48 livres en or, provenant de ses recettes, un écu de 6 livres et trois pièces de 15 sols. Le citoyen David a eu la présence d'esprit de dire au voleur qu'étant un pauvre ouvrier, sans argent, il allait à Dieu-le-fit pour en chercher. Le voleur le laissa passer...»

[1] «Aux ci-devant détenus, aux héritiers de condamnés rayés de la liste des émigrés et autres...»

[2] En mandats.

[3] Arrêté du 24 messidor, an IV, signé Reubell, Barras, Carnot (Arch. nat., AF III, 387, dossier 2000).

[4] Préposés aux douanes à Riedisheim (département du Haut-Rhin).

[5] Le 2 pluviôse dernier.

[6] «Que cherchaient à consommer des fraudeurs dont ils ont éprouvé la rébellion.» — Arrêté du 24 messidor an IV, signé Reubell, Carnot, Barras (Arch. nat., AF III, 387, dossier 2000).

[7] Pierre-Laurent *Martin*, fabricant de savon, de Marseille (liste des émigrés des Bouches-du-Rhône), — Jean-Baptiste-Pierre *Morin*, négociant à Nantes (liste des émigrés de la Loire-Inférieure), — Nicolas-Jean-Baptiste-Joseph *Morin* fils, employé dans les bureaux de l'agence de commerce extérieur (liste des émigrés de la Loire-Inférieure), — Charles *Davigot*, charron à Moutiers-sur-Saux, François *Voillot*, ex-curé dudit lieu, Jeanne-Pélagie *Briel* et Cécile *Raulot*, domiciliées en ladite commune (liste des émigrés de la Meuse), — les trois frères *Lordat* (Hilarion-Gabriel-Louis-Amédée, Louis-Philibert-Victor, Alexandre-Anne-Louis-Auguste) et Adélaïde-Magdeleine-Jeanne-Marie-Joséphine *Lordat*, leur sœur, natifs de Bram, ci-devant district de Castelnaudary (liste des émigrés de l'Aude), qui ont justifié de leur résidence; — et Charles-Simon-Antoine *Ryard*, «militaire en activité de service depuis le 26 novembre 1791 jusqu'au 13 ventôse an III, époque à laquelle il eut un congé absolu pour cause d'infirmités» (liste des émigrés du Jura), qui a justifié de son activité de service dans les armées de la République pendant la période sus-indiquée. — Six arrêtés du 24 messidor an IV, signés Le Tourneur, Reubell, Barras (Arch. nat., AF III, 387, dossier 2000).

[8] «Considérant que les motifs qui ont dicté cet arrêté ne subsistent plus, que la loi

Par le second, il destitue le citoyen Roaldes, agent municipal de la commune de Piac, canton de Moissac[1].

Par le troisième, il destitue pareillement le citoyen Sabathié, agent municipal de la commune de La Mothe, canton de Cazès[2].

On lit une lettre du ministre de la police générale adressée au Directoire, par laquelle il lui fait part d'une pétition qui lui a été adressée par la citoyenne Cellier, femme divorcée, propriétaire de la maison du café de Foy, Jardin Égalité, tendante à obtenir la levée des scellés qui ont été apposés, il y a environ deux mois[3], dans un appartement dépendant de sa maison, loué par elle à des gens tranquilles et peu nombreux, qui ne s'y rassemblaient que pour jouer aux échecs.

Le ministre observe que la société dite des *Échecs*, qui se tenait dans ce local, a été fermée par un arrêté du Directoire exécutif, tant sous le rapport du jeu que sous celui de la sûreté, que pareille mesure a été prise dans le même temps envers le Panthéon, la société des Patriotes, rue Traversière et le salon des Princes, boulevard des Italiens[4], que le Directoire exécutif a fait rouvrir le Panthéon et le théâtre de la rue Feydeau, le 11 germinal dernier[5]; mais qu'il n'a pas été statué sur les autres lieux.

Il prie le Directoire de lui faire connaître ses intentions au sujet de la citoyenne Cellier.

Le Directoire arrête que les scellés apposés dans l'appartement de la maison de la citoyenne Cellier, où s'assemblait la société dite des Échecs, seront levés et ajourne sa décision relativement aux autres

---

du 28 germinal an IV a établi d'une manière précise les mesures répressives des délits qui peuvent être commis par la voie de la presse...» — Arrêté du 24 messidor an IV, signé Le Tourneur, Reubell, Barras (Arch. nat., AF III, 387, dossier 2000). — Le *Tableau de Paris* est signalé par Maurice Tourneux (*Bibliographie de l'histoire de Paris, pendant la Révolution française*, t. II, p. 640) comme ayant paru du 7 novembre 1795 au 22 mars 1796, c'est-à-dire jusqu'aux premiers jours de germinal an IV.

[1] Département du Lot, aujourd'hui département de Tarn-et-Garonne. — Cet agent, sans parler de «la négligence criminelle» qu'il «a toujours montrée...dans l'exercice de ses fonctions», «s'est rendu coupable en ne faisant point exécuter la loi du 4 frimaire, en retirant chez lui un déserteur, son parent, pour le soustraire à cette même loi...» — Arrêté du 24 messidor an IV, signé Le Tourneur, Reubell, Barras (Arch. nat., AF III. 387, dossier 1999).

[2] Département du Lot. — Cet agent est frappé de destitution pour n'avoir pas fait «poursuivre les auteurs du délit commis contre l'arbre de la Liberté dans la commune de la Mothe», et n'avoir fait «connaître cet événement à l'administration centrale que longtemps après.»

[3] Par arrêté du 8 ventôse an IV. — Voir t. I, p. 691.

[4] Voir t. I, p. 691.

[5] Voir t. II, p. 63.

lieux sur lesquels les scellés ont été apposés, en exécution du même arrêté[1].

On lit une seconde lettre du ministre de la police générale relative à une pétition qui lui a été transmise par le Directoire, par laquelle le propriétaire du salon des *Muses*, connu anciennement sous le nom de salon des *Princes*, demande la main-levée des scellés apposés sur cet établissement ainsi que la jouissance du local dont il s'agit, pour y réunir de nouveau les amis des arts.

Il observe que le bureau central de police du canton de Paris, qu'il avait chargé de prendre des renseignements sur la nature de cet établissement et sur l'esprit qui le dirige, vient de lui en rendre un compte satisfaisant et il déclare ne voir aucun inconvénient à permettre l'ouverture de ce salon.

Le Directoire ajourne sa décision sur cette pétition[2].

Sur le rapport du ministre de l'intérieur, il autorise le ministre des finances à faire acquitter en numéraire par la Trésorerie nationale les trois mille cinquante francs, montant des arrérages dus au citoyen Girodet[3], artiste pensionnaire de la ci-devant Académie des Beaux-Arts de France à Rome, et dont le payement doit lui être fait en Italie, attendu le remboursement en espèces à faire par cet artiste de pareille somme qui lui a été prêtée pour sa subsistance[4].

---

[1] La minute de cet arrêté ne se trouve pas dans les dossiers correspondant à la séance du 24 messidor. On lit seulement cette note en marge du rapport du ministre : «*Le Directoire arrête que les scellés seront levés et ajourne quant au reste. Ce 24 messidor. P. Barras.*» (Arch. nat., AF III, 387, dossier 2000).

[2] Voir le rapport du ministre, avec cette note marginale : «*Le Directoire ajourne. Ce 24 messidor, P. B.*» (Arch. nat., AF III, 387, dossier 2000).

[3] Girodet-Trioson (Anne-Louis Girodet de Roussy, dit), peintre célèbre, né à Montargis le 5 février 1769, mort à Paris le 9 décembre 1824, titulaire du prix de Rome en 1789, avait résidé dans cette ville depuis cette époque jusqu'en 1793. — Il expose, dans sa pétition au Directoire, datée du 30 prairial (Arch. nat., AF III, 387, dossier 1999) qu'il était à Rome alors de l'assassinat de Bassville, occupé à peindre les armes de la République dans le palais même de l'Académie, lorsque la populace romaine vint y mettre le feu. Après avoir été grièvement blessé, il parvint à échapper à ses assassins; mais son argent, ses effets et, ce qu'il regrette le plus, le fruit de ses études pendant trois ans furent perdus pour lui. Pendant sa fuite, jusqu'à son arrivée à Naples, il courut encore les plus grands dangers. Une maladie longue et dispendieuse l'assaillit au moment de quitter ce pays, devenu ennemi du nom français. Il éprouva alors les persécutions de ce gouvernement, qui le força de partir non encore guéri. Il séjourna depuis dans plusieurs villes d'Italie, toujours malade et dans l'impossibilité de faire ressource de son talent, et d'ailleurs ne recevant point sa pension...» Il était rentré en France en 1795.

[4] Arrêté du 24 messidor an IV, signé Le Tourneur, Revellière-Lépeaux, Reubell (Arch. nat., AF III, 387, dossier 1999). — La pension de Girodet était de 2,400 fr. par an; il lui en était dû dix-huit mois, soit 3,600 fr. sur quoi il avait reçu 550 fr. tant à Flo-

Sur le rapport du même ministre, il destitue les citoyens Pétard fils, et Vérité, le premier de la place de président de l'administration municipale du canton de Chassaignes[1], le second de celle d'adjoint municipal de la commune de Saint-Pierre-de-Lorouer[2].

Il prononce aussi la destitution du citoyen Lefèvre, adjoint municipal de la commune de Cognères[3] et ordonne la traduction de ce fonctionnaire devant les tribunaux[4].

Il accorde des secours sur les fonds mis à sa disposition : de cent francs, en mandats, au citoyen Pierre-Louis Legardeur, ancien militaire[5]; de cinq cents francs, mandats, à la citoyenne Heudeline-Lamancelière[6];

Et de pareille somme de cinq cents francs, mandats, au citoyen Jacques François Waneck[7].

Le Directoire adresse une circulaire aux sept ministres et aux commissaires de la Trésorerie nationale, par laquelle il les charge expressément de veiller à ce que le mot de *Monsieur* soit proscrit dans leurs bureaux et que leurs employés ne se servent jamais que du titre honorable de *citoyen*[8].

Il adresse aussi deux lettres au ministre de la guerre[9], et une au

---

rence qu'à Gênes. Il était rentré en France le 1er juin 1795 (Rapport du ministre de l'intérieur). — (Arch. nat., AF III, 387, dossier 1999).

[1] Département de la Sarthe.

[2] Même département. — Arrêté du 24 messidor an IV, signé Le Tourneur, Reubell, Barras (Arch. nat., AF III, 387, dossier 1999). — Ces deux agents sont frappés pour avoir signé une délibération de l'assemblée primaire du canton de Chassaignes, en date du 22 fructidor an III, contraire aux lois des 5 et 13 fructidor.

[3] Canton de Bessé, département de la Sarthe.

[4] Pour avoir signé en qualité de scrutateur le procès-verbal d'une délibération de l'assemblée primaire du canton de Bessé, en date du 20 fructidor an III, contenant une infraction à la loi du 5 fructidor. — Arrêté du 24 messidor an IV, signé Le Tourneur, Reubell, Barras (Arch. nat., AF III, 387, dossier 1999).

[5] Qui expose dans sa pétition qu'après avoir servi 18 ans, de 1775 à 1793, il a été mis en congé de réforme, qu'il n'a obtenu, le

1er ventôse dernier, qu'une pension de 486 livres, insuffisante pour le faire vivre actuellement, et qu'il n'a pu se faire admettre ni à la maison nationale des Invalides, ni dans une compagnie de vétérans. — Arrêté du 24 messidor an IV, signé Barras Carnot, Revellière-Lépeaux (Arch. nat., AF III, 387, dossier 1999).

[6] Arrêté du 24 messidor an IV, signé Le Tourneur, Reubell, Barras (Arch. nat., AF III, 387, dossier 1999).

[7] Ou plutôt Wanneck (d'après la signature de l'intéressé). Il s'agit, d'après les termes de sa pétition, d'un « employé à la poste aux lettres en qualité de facteur » aux appointements « cent livres en mandats par mois, c'est-à-dire trois livres par jour valeur fixe, qui ne valent à peine quatre sols en numéraire, et cela pour cinq personnes. » — Arrêté du 24 messidor an IV, signé Barras, Carnot, Revellière-Lépeaux (Arch. nat., AF III, 387, dossier 1999).

[8] Voir plus loin, à l'Appendice, le texte de cette circulaire.

[9] Minutes signées Carnot, Le Tourneur, Barras (Arch. nat., AF III, 387, dossier

citoyen Joubert, son commissaire près l'armée de Sambre-et-Meuse, concernant le service militaire[1].

Il maintient à leurs postes les jeunes gens de la première réquisition, ouvriers des mines de Poullaouen et du Helgoat[2].

Sur le rapport du ministre des relations extérieures, il prend deux arrêtés[3].

Par le premier, il accorde à la République batave d'exporter des armes du pays de Liège : la minute de cet arrêté est restée entre les mains du ministre.

Par le second, il arrête la mise au pilon d'une édition d'un mémoire sur Avignon et le comtat Venaissin, en conservant un nombre d'exemplaires suffisant pour les bibliothèques publiques. La minute de cet arrêté est gardée par le ministre.

Il entend un troisième rapport du même ministre sur l'organisation des légations et consulats en Italie et la nomination à différents postes. Le Directoire conserve deux arrêtés proposés par le ministre, pour en délibérer.

Conformément à l'arrêté du Directoire, du 1er prairial[4] dernier, le ministre des finances lui propose l'état des dépenses à ordonnancer pour la troisième décade de messidor.

Le ministre de la police générale en propose un semblable pour son département.

Le ministre de la justice propose aussi un pareil état de dépenses depuis le 20 jusques et compris le 24 messidor, présent mois.

Le ministre de l'intérieur soumet au visa du Directoire sept semblables états, pour les première, deuxième, troisième, quatrième, cinquième, sixième et neuvième divisions de son département.

2000). — Par la première, le Directoire l'invite à pourvoir aux moyens de transport et au remplacement des chevaux que l'artillerie de l'armée de Sambre-et-Meuse a perdus. — Pour la seconde, il lui demande l'état de la dixième division militaire (commandée par le général Lamère), dont il désire connaître la force.

[1] Minutes signées Le Tourneur, Carnot, Barras (Arch. nat., AF III, 387, dossier 2000). — Le Directoire porte à la connaissance de Joubert les instructions qu'il vient de donner au ministre de la guerre en ce qui concerne les moyens de transport et le remplacement des chevaux de l'artillerie de l'armée de Sambre-et-Meuse.

[2] Département du Finistère. — Dix-sept de ces jeunes gens appartiennent à la mine de Poullaouen et onze à la mine du Helgoat. — Arrêté du 24 messidor an IV, signé Carnot, Revellière-Lépeaux, Reubell (Arch. nat., AF III. 387, dossier 2000).

[3] Les minutes de ces deux arrêtés ne se trouvent pas dans les dossiers correspondant à la séance du 24 messidor.

[4] Voir plus haut, p. 428.

Le Directoire approuve le payement de ces états et en remet un double à chaque ministre, en ce qui le concerne.

Le ministre des finances donne ses observations sur un arrêté pris par le Directoire, en sa séance du 22[1], portant annulation d'un arrêté du département de la Marne, du 4 messidor an IV, qui a prorogé de douze jours le délai fixé par la loi du 21 prairial pour le second quart[2] des biens nationaux. Le Directoire, en conséquence de ces observations, ajourne sa décision à cet égard.

Il ordonne que le citoyen Kolle sera inscrit sur le tableau des citoyens mis en réquisition.

Il entend un rapport du ministre de la justice sur le citoyen Housset, commissaire du Directoire près les tribunaux civil et criminel du département de l'Yonne. Ce rapport est remis au citoyen La Revellière-Lépeaux.

Il arrête que l'exemption du service militaire aux armées, accordée par son arrêté du 16 messidor[3] au citoyen Lointier (Louis-Jacques), est rapportée[4].

Le Directoire exécutif aux Ministres et a la Trésorerie nationale.

Si dans ces derniers temps, citoyens, le langage républicain s'est altéré et si l'expression la plus honorable pour tout Français qui sent la dignité de son être semble aujourd'hui dédaignée par les amis de l'ancien régime, ce n'en est pas moins un vrai scandale qu'il se trouve dans les administrations générales ou locales des employés qui affectent eux-mêmes de substituer le mot de *monsieur* à celui de *citoyen*.

Sans doute ce n'est pas à la loi de commander en pareil cas, ni d'exercer son

---

[1] Il s'agit du projet d'arrêté ajourné le 22 messidor (Voir plus haut, p. 51-52).

[2] C'est-à-dire pour le paiement du second quart du prix.

[3] Voir plus haut, p. 5.

[4] Indépendamment des pièces qui viennent d'être signalées à propos de la séance du 24 messidor, on trouve dans le dossier 1999 (Arch. nat., AF III, 387) deux arrêtés de ce jour, signés Barras, Revellière-Lépeaux, non mentionnés au procès-verbal, par lesquels le Directoire, en vertu de la loi du 21 floréal, autorise à revenir à Paris et à y résider: Jacques Grenus, horloger, né à Genève, employé à la rédaction du *Journal des Arts et Manufactures*; 2° Jean-David Ramel, du canton de Berne, négociant, qui a laissé à Paris ses enfants, dont le plus âgé n'a que dix ans.

Le dossier 2001, dont le contenu, comme celui des deux précédents, se rapporte à la séance du 24 messidor, est formé de 158 pièces relatives à des nominations de juges et de commissaires dans les départements de l'Allier, de la Charente-Inférieure, d'Eure-et-Loir, de la Gironde, du Jura, de la Haute-Marne, de la Mayenne, de la Meurthe, du Pas-de-Calais, des Pyrénées-Orientales, de Saône-et-Loire, de Seine-et-Oise, de la Somme et de la Vienne.

empire sur l'idiome privé des individus; il est des objets qui sont inaccessibles pour elle.

Dans l'ancienne Grèce, les habitants de l'une de ses villes s'étaient livrés à une incontinence extrême; un décret spécial, qui n'était qu'une satire sanglante, leur permit de s'enivrer. Qu'il soit de même permis à tous ceux qui ne se sentent pas dignes de porter le nom de *citoyen* de s'en attribuer un autre; il restera sans doute assez de républicains qui le tiendront à honneur et sauront le faire respecter.

Mais le gouvernement manquerait à ses devoirs s'il permettait que ses propres employés, dans l'exercice de leurs fonctions, s'écartassent des bienséances républicaines.

Que ceux qui veulent *monsieuriser* rentrent dans les coteries qui admettent ce langage, mais ces *messieurs* doivent renoncer à être employés par la République.

Nous connaissons l'influence des mots sur les choses et nous venons, citoyens, de vous exprimer notre volonté constante.

Vous voudrez donc bien prendre les mesures nécessaires pour la faire observer dans toutes les parties de l'administration publique qui correspondent aux départements dont vous êtes chargés.

CARNOT, L. M. REVEILLIÈRE-LÉPEAUX, REUBELL[1].

DÉLIBÉRATION SECRÈTE DU 24 MESSIDOR AN IV[2]

12 JUILLET 1796.

CCXXIV

Le Directoire exécutif arrête ce qui suit :
1° Il sera incessamment passé un marché entre le ministre de la guerre et le major général Ira Allen[3] pour vingt-quatre canons du

---

[1] Arch. nat., AF III, 387, dossier 2000. — Voir à la suite de cette minute deux lettres des commissaires de la Trésorerie et du ministre des finances affirmant leur intention de faire respecter la volonté du Directoire. Le ministre (Ramel) en particulier exprime l'espoir que ses bureaux, « inaccessibles au vil idiome de la féodalité, ne contiendront toujours que des hommes qui s'honoreront d'être républicains et d'en parler le langage».

[2] Arch. nat., AF III*, 20 p. 57-58. — AF III, 387, dossier 2000.

[3] Ira Allen était un Irlandais devenu citoyen américain. Le contrat passé avec lui par le Directoire n'était que simulé. En réalité, les armes mises à sa disposition par le Directoire devaient être employées à une expédition ayant pour but la reprise du Canada sur les Anglais. C'est Carnot qui avait fait adopter son plan. — Il s'embarqua effectivement quelque temps après au Havre. Il fut pris par les Anglais et relâché faute de preuves (il soutenait que les armes en question étaient destinées à la milice de Vermont). En l'an VIII, son navire était encore sous séquestre à Portsmouth. — Sur cette affaire voir plus loin, (délibération secrète du 28 messidor et du 4 thermidor). Voir aussi *Mémoires de Barras*, II, 168. — Voir également Arch. nat., AF III 540 et 628.

calibre de quatre et leurs affûts, ainsi que pour⁽¹⁾   caissons et tout ce qui est nécessaire au service de ces pièces.

2° Le prix sera fixé à raison de⁽²⁾ , espèces sonnantes, par canon, ⁽³⁾   par affût, ⁽⁴⁾ par caisson.

3° Le général Ira Allen remettra en échange de l'ordre de délivrance des canons, affûts et caissons, etc., mentionnés dans le premier article, une reconnaissance obligatoire pour lui, ses héritiers ou ayants cause, avec promesse du payement stipulé dans le deuxième article, dans sept années à compter de la date du marché qui sera passé par le ministre de la guerre.

4° En outre du marché ci-dessus, il en sera passé un second entre le ministre de la guerre et le major général Ira Allen, lequel sera destiné uniquement à tromper les ennemis de la France et à empêcher que les canons, affûts et caissons, etc., qui seront délivrés au général Allen, ne soient saisis en mer par eux. Dans ce second marché, le prix desdits canons, affûts et caissons, etc., sera porté à un cinquième au-dessus du prix fixé dans le précédent, et il sera établi que le général Allen a payé ce cinquième, donné sûreté pour le reste de la somme due, et que ces objets sont achetés pour les milices du comté de Vermont, dans les États-Unis d'Amérique; ce second marché, qui sera le seul ostensible, sera nul, n'étant pour autre but que celui déterminé au présent article⁽⁵⁾.

CCXXV

Le Directoire exécutif arrête ce qui suit:

1° Le ministre de la guerre est autorisé à passer un marché avec monsieur Ira Allen, major-général de l'État de Vermont, dans les États-Unis d'Amérique, et à lui faire délivrer, ou à ses agents, à Ostende, jusqu'à la concurrence de vingt mille fusils de calibre étranger, avec leurs baïonnettes.

2° Le prix des fusils qui seront délivrés au général Ira Allen sera fixé à vingt livres en numéraire (espèces sonnantes), y compris la bayonnette, dont la valeur sera de quatre livres, pareillement en espèces sonnantes.

---

(1) En blanc dans le texte.
(2) *Idem.*
(3) *Idem.*

(4) *Idem.*
(5) Signé à la minute Le Tourneur, Carnot, Barras.

3° Le général Allen remettra, en échange de l'ordre de délivrance des vingt mille fusils avec leurs bayonnettes, une reconnaissance obligatoire pour lui et ses héritiers ou ayants cause, avec promesse du payement du prix stipulé ci-dessus dans sept années à compter du marché qui sera passé par le ministre de la guerre.

4° En outre du marché ci-dessus, il en sera passé un second entre le ministre de la guerre et le major-général Ira Allen, lequel sera destiné uniquement à tromper les ennemis de la France et à empêcher que les fusils qui seront délivrés au général Allen ne soient saisis en mer par eux. Dans ce second marché, le prix de chaque fusil, y compris la bayonnette, sera porté à vingt-cinq livres, et il sera établi que le général Allen en a payé le cinquième, donné sûreté pour le reste de la somme due, et que ces armes sont achetées par lui pour les milices du comté de Vermont dans les États-Unis d'Amérique. Ce second marché, qui sera le seul ostensible, sera nul, n'étant pour autre but que celui déterminé dans le présent article[1].

SÉANCE DU 25 MESSIDOR, AN IV[2]

13 JUILLET 1796.

Le ministre de la police a présenté son compte de dépenses secrètes, il a été approuvé et remis au citoyen Letourneur pour être joint aux pièces annexées au registre secret[3].

Deux lois sont apportées par un messager d'État.

La première portant que la Trésorerie nationale tiendra à la disposition des deux commissions des Inspecteurs la somme de trente millions, pour les frais d'entretien des bâtiments à l'usage des deux Conseils[4].

La seconde portant que les écoles centrales, établies dans les divers

---

[1] Signé à la minute Le Tourneur, Carnot, Barras.
[2] Arch. nat., AF III*, 4, fol. 58-60. — AF III, 2.
[3] Cet état comprend les sommes ordonnancées depuis le 6 messidor (46,789 fr.) et à ordonnancer jusqu'au 30 messidor (37,016 fr. 67 c.). — Arch. nat., AF III, 387, dossier 2002.
[4] Bull. II, LIX, n° 539.

départements de la République, seront placés dans les maisons connues ci-devant sous le nom de collèges[1].

Le Directoire ordonne que ces deux lois seront publiées, exécutées et qu'elles seront munies du sceau de l'État. Elles sont en conséquence adressées de suite à l'enregistrement, pour deux expéditions de chacune être adressées, sans délai, au ministre de la justice, avec l'arrêté portant ordre d'impression et de publication, dans les formes prescrites par les lois.

Une circulaire est adressée aux sept ministres, pour les inviter à se trouver demain à onze heures et demie du matin, en costume, au lieu des séances du Directoire, pour assister à l'audience qu'il se propose de donner à l'envoyé de Tunis[2].

Sur le rapport du ministre des finances, le citoyen Louis Futaine est mis en réquisition spéciale[3] pour desservir pendant trois ans les relais et poste de Dormans[4].

On entend un second rapport du même ministre relativement aux indemnités réclamées par le général de brigade de Bar, ci-devant chef de la légion de la police générale.

Le Directoire décide qu'il n'y a lieu à délibérer sur cette demande[5].

Il décide pareillement qu'il n'y a lieu à délibérer, attendu qu'il ne peut être fait d'exception à la loi, sur la demande du citoyen Carriol, se prétendant créancier de la succession d'Aiguillon[6].

---

[1] *Bull.*, II, LIX, n° 536. — Voir t. II, p. 663-664 (séance du 2 messidor).

[2] Minute signée Revellière-Lépeaux, Carnot, Barras (Arch. nat., AF III, 387, dossier 2002.)

[3] C'est-à-dire exempté du service militaire.

[4] Arrêté du 25 messidor an IV, signé Reubell, Revellière-Lépeaux, Barras (Arch. nat., AF III, 387, dossier 2003).

[5] Le général de Bar, comptant 50 années de services, représentait qu'appelé en messidor an III à la légion de police, il avait dû vendre une maison qu'il avait à Passy, pour subvenir aux frais de son déplacement, s'établir à Paris avec sa famille et pourvoir aux frais strictement nécessaires pour ses uniformes et équipages, acheter un cheval, etc.; qu'en outre, depuis huit mois qu'il était suspendu de ses fonctions, il n'avait reçu «aucune espèce de traitement ni d'indemnité». — Il venait d'être admis à la retraite. Le ministre de la guerre, par son rapport du 1er messidor, proposait de lui allouer douze mille livres en mandats, — indemnité que le ministre des finances réduisait à 6,000 livres par sa proposition du 19 messidor (Arch. nat., AF III, 387, dossier 2003).

[6] La succession, d'Aiguillon à laquelle Carriol réclamait 215,000 livres (le prix de la construction de la digue d'Aiguillon par Carriol père, ingénieur, qui pour récompense d'aussi pénibles et dispendieux travaux, «éprouva une détention arbitraire pendant six ans»), s'était ouverte le 1er septembre 1788 et n'avait été acceptée par ses ayants droits (le duc d'Aiguillon et les frères de Chabrillant) que sous bénéfice d'inventaire. Lesdits ayants droit ayant émigré, la succession appartenait à la nation et c'était à l'État que Carriol réclamait le montant de sa créance; mais l'État, représenté par le minis-

Il donne son approbation à un rapport du ministre des finances, par lequel il établit qu'il n'y a lieu à admettre la réclamation de la citoyenne Marie-Charlotte-Elisabeth Latour, femme Ménard, tendante à être exceptée des dispositions de la loi du 9 floréal an III [1].

Les fonctionnaires publics désignés dans les deux arrêtés des 23 pluviôse [2] et 5 prairial dernier [3] auront un compte ouvert avec les directeurs des bureaux de postes aux lettres pour le port des lettres et paquets qu'ils sont dans le cas de recevoir relativement à l'exercice de leurs fonctions [4].

Le Directoire ajourne jusqu'à la décision des Conseils sa décision sur une pétition des citoyens Réal et compagnie, tendante à obtenir la permission de réexporter cent cinquante quintaux de café moka, pour payer les blés d'Afrique qu'ils ont fait entrer en France, au lieu d'exporter du numéraire, comme ils y seraient forcés [5].

[Le Directoire exécutif arrête:

1° Le théâtre du Luxembourg [6] est affermé pour trente ans consécutifs aux conditions suivantes au citoyen Poupart-Dorfeuille et sa compagnie, pour y établir un théâtre national, y rappeler la tragédie et la comédie française et former une école dramatique utile à la régénération de l'art.

2° Toutes les réparations à faire, soit pour le présent, soit pour l'avenir, pendant la durée du bail seront à la charge de la compagnie,

---

tère des finances, arguait de l'article 115 de la loi du 1er floréal an III, ainsi conçu: « *Aucune créance sur les successions dans lesquelles la nation a un droit ne sera définitivement liquidée pour ce qui la concerne que lorsqu'il sera constaté que ces successions sont solvables par la constatation de l'actif et du passif.* » Or cette constatation, pour la succession d'Aiguillon, n'avait encore pu être faite. — Voir les pièces relative à cette affaire, Arch. nat., AF III, 387, dossier 2003.

[1] Rapport du ministre des finances. Arch. nat., AF III, 387, dossier 2003. — La réclamante, femme divorcée du citoyen Ménard, qui avait émigré avec ses deux enfants, demandait, vu sa détresse, mainlevée du séquestre mis sur ses biens personnels. Le ministre représente que le Directoire ne peut l'affranchir des dispositions de la loi du 9 floréal sur les ascendants d'émigrés, mais qu'elle pourra trouver en satisfaisant à cette loi «le soulagement qu'elle désire, puisque, si, après le prélèvement qu'elle ordonne, il ne reste rien à partager, l'administration lui fera l'abandon de la totalité de ce qu'elle possède, ce qui la mettra légalement dans la position où elle désire être mise par la bienveillance particulière du Directoire.»

[2] Voir t. I, p. 591.

[3] Voir t. II, p. 461.

[4] Ces fonctionnaires feront chaque mois l'avance du montant de ces comptes, sauf remboursement, auquel ils auront droit. — Arrêté du 25 messidor an IV, signé Reubell, Barras, Revellière-Lépeaux (Arch. nat. AF III, 387, dossier 2003).

[5] Voir le rapport du ministre de l'intérieur favorable à la pétition (Arch. nat., AF III, 387, dossier 1999).

[6] Ou de l'Odéon. Voir t. I, p. 434-435.

avec la clause expresse de ne rien changer à l'extérieur ni à la forme intérieure, sauf la distribution.

3° A quelque époque que la compagnie remettre le théâtre du Luxembourg au gouvernement, elle sera tenue de le rendre en bon état, avec toutes les décorations actuellement existantes, dont il sera fait inventaire, et sans qu'elle puisse rien enlever de tout ce qu'elle y aura fait faire et de ce qui sera fixé et attenant audit théâtre, et sans qu'elle puisse exiger aucune indemnité pour cause d'amélioration.

4° La compagnie soumettra au ministre de l'intérieur le plan d'organisation de son établissement et de l'école dramatique.

5° Le gouvernement se réserve seulement le droit de révoquer la concession, si quelque vue d'utilité publique l'exigeait impérieusement, sauf indemnité proportionnée à la perte des avantages qui en résulterait pour les entrepreneurs.

6° La compagnie, toutes les fois qu'elle aura fait jouer des pièces d'auteurs morts, et au produit desquelles leurs familles n'ont plus de droit, sera tenue de remettre entre les mains d'un caissier nommé par le gouvernement la part qui reviendrait à ces auteurs, s'ils étaient vivants.

7° Toutes les fois que les fêtes nationales exigeront la disposition du local, le gouvernement se la réserve.

8° Les entrepreneurs se soumettront d'ailleurs à tous les règlements de police intérieure qu'il paraîtra convenable d'établir.

Le ministre de l'intérieur est chargé de l'exécution du présent arrêté, qui ne sera pas imprimé. — Arch. nat., AF III, 387, dossier 2002 [1].]

[1] Signé Revellière-Lépeaux, Reubell, Barras — On trouve, à côté de la minute de cet arrêté, dans le dossier 2002, diverses pièces intéressantes sur la question de l'Odéon. Ce théâtre «national» avait été déjà concédé au citoyen Dorfeuille par un arrêté du 25 nivôse an IV, dont l'exécution avait dû être suspendue parce que les finances ne permettaient pas que l'État en prît à sa charge les réparations. — Depuis longtemps Dorfeuille s'occupait d'entreprises théâtrales. On voit au dossier un exemplaire imprimé (8 p. in-8°) d'un *prospectus sur l'établissement par actions du théâtre de la Réunion des arts, académie nouvelle de musique, de danse et de haute pantomime héroïque, spectacle non encore exécuté, riche et fécond, qui fera fleurir les arts et tournera au profit de l'éducation, en donnant une connaissance sûre de la mythologie et des principaux événements que renferme l'histoire des événements les plus reculés.* Au bas de la première page on lit cette note manuscrite: « On doit à ce prospectus, publié en 1790 par le citoyen Dorfeuille, auteur du projet de l'Odéon, la construction de la salle actuelle de l'Opéra. Elle fut élevée avec le dessein d'exécuter ce que le citoyen Dorfeuille avait projeté, la grande pantomime historique. Mais ce projet resta sans exécution parce qu'il est impossible que les idées d'un auteur s'exé-

[13 juillet 1796] DU DIRECTOIRE EXÉCUTIF. 81

Le Directoire adresse au Conseil des Cinq-Cents un message pour l'inviter à déterminer un costume pour les membres du Bureau central des communes dont la population s'élève au-dessus de cent mille âmes[1].

Il écrit à l'Institut national, en lui accusant réception de sa lettre du 22 de ce mois[2], et l'assure qu'il recevra toujours avec plaisir tous les renseignements qui pourront lui être adressés sur tout ce qui peut intéresser les arts[3].

Il écrit de même au citoyen Hourcastremé[4] pour lui accuser la réception d'un exemplaire de ses écrits, qu'il lui avait adressé, et il lui témoigne sa satisfaction sur son ouvrage[5].

Il accorde un passeport au citoyen Lagarde, son secrétaire général, pour aller à Senlis[6].

cutent s'il n'est pas lui-même à la tête des travaux et de l'administration qu'ils exigent.» C'est un projet analogue que Dorfeuille soumet au gouvernement en l'an IV au sujet de l'Odéon. Voir au sujet de cette affaire, dans le dossier 2002 : 1° Un manuscrit de onze pages, sans signature, intitulé : *quelques réflexions sur l'Odéon*, à l'adresse de Carnot, alors président du Directoire; — 2° un rapport du ministre de l'intérieur, en date du 23 prairial, favorable à la proposition Dorfeuille («L'art dramatique, dit Bénézech, réclame avec fondement le secours paternel d'un gouvernement qui protège tous les autres. Sa régénération absolue tient à l'établissement d'un théâtre national, qui recueille enfin les débris précieux qui nous restent des vrais talents en ce genre; qui forme à côté de lui un institut dramatique; qui prévienne la décadence imminente du plus beau, du plus grand, et du plus utile de tous les arts. Le vœu du Directoire s'est déjà prononcé à cet égard; les inconvénients seuls d'une dépense considérable ont arrêté le désir qu'il avait montré d'utiliser l'ancien théâtre français. Un spectacle dans cette salle offrirait le triple avantage de rappeler cinq à six talents précieux qui ne demandent qu'un sort pour s'y rendre; de donner aux nombreux domaines qui l'environnent un débouché important et de contrebalancer pour le bien de l'art par une émulation salutaire un autre théâtre, qui ne s'est d'abord établi que pour ce même motif...»; — 3° un mémoire manuscrit (9 pages in-4°), daté du 28 prairial, de Dorfeuille en réponse aux objections faites par le directeur La Revellière-Lépeaux à son projet; — 4° un nouveau rapport du ministre de l'intérieur, en date du 4 messidor, concluant à l'adoption dudit projet; — 5° une lettre adressée au ministre de l'intérieur, le 6 messidor, par Dorfeuille, à la suite d'une audience que lui et ses associés ont obtenue de La Revellière-Lépeaux, lequel les a renvoyés audit ministre (il ressort de cette lettre qu'à ce moment encore, «le gouvernement est indécis : il balance entre deux propositions : établira-t-il, administrera-t-il lui-même l'Odéon? Le laissera-t-il établir et administrer à la compagnie?»)

[1] Message lu au Conseil le 27 messidor (*C. C.*, messidor an IV, p. 517-518). Le Directoire exprime le désir que cet objet soit réglé avant la célébration de la fête de la Liberté. — Le brouillon de ce message (dossier 2003) est de la main de La Revellière-Lépeaux.

[2] Par cette lettre (Arch. nat., AF III, 387, dossier 2002). Camus, président de l'Institut, exprime, au nom de ce corps, le désir qu'il soit consulté sur le choix des manuscrits que la République doit se faire livrer par le Pape.

[3] Minute signée Revellière-Lépeaux, Reubell, Barras (Arch. nat., AF III, 387, dossier 2002).

[4] Du Havre, littérateur, né en 1742, mort en 1815.

[5] Voir le texte de cette lettre plus loin à l'Appendice.

[6] Arrêté du 25 messidor an IV, signé Reubell, Revellière-Lépeaux, Le Tourneur, Barras (Arch. nat., AF III, 387, dossier 2003).

DIRECTOIRE. — III. 6

Il accorde une indemnité de quinze cents francs, en mandats, au citoyen Thomas Arlet, adjoint au génie[1].

Un secours de cinq cents francs, mandats, est accordé à la veuve du citoyen Bernard[2].

L'exequatur est donné à la patente de M. Félix-Charles-Georges Trappe, vice-consul de la nation prussienne à Rouen[3];

2° à celle de M. Pierre-François Baudin, consul de la nation prussienne à l'île de Ré[4];

3° à celle de M. Pelloutier, consul de la même nation à Nantes[5].

Sur le rapport du ministre de la police générale, le Directoire prononce la radiation définitive des listes des émigrés des citoyens[6]...

Le Directoire écrit plusieurs lettres, dont les minutes sont à la section de la guerre[7].

---

[1] Arrêté du 25 messidor an IV, signé Carnot, Reubell, Barras (Arch. nat., AF III, 387, dossier 2002). — Arlet représente dans sa requête que, suspendu de ses fonctions pendant la Terreur, il fut privé de moyens de subsistance; qu'il est resté veuf avec 8 enfants, dont quatre en bas âge et à sa charge. Réintégré, «je reçus, dit-il, pour rappel de mes appointements 7,038 livres en assignats; j'en employai six mille en une paire de bottes... J'ai dépensé tant pour ma maladie que pendant mon séjour à Paris 45 louis en numéraire. Je n'ai donc plus rien à prétendre à ce sujet, puisqu'il m'est rendu justice. Je désire ardemment obéir et servir avec tout le zèle possible. Mais comment pouvoir conduire mes quatre enfants à Montpellier, ma patrie, pour les faire élever?...»

[2] Capitaine vétéran, mort aux Invalides, laissant sa veuve et cinq enfants sans ressources. — Arrêté du 25 messidor an IV, signé Le Tourneur, Revellière-Lépeaux, Barras (Arch. nat., AF III, 387, dossier 2002).

[3] Arrêté du 25 messidor an IV, signé Reubell, Barras, Le Tourneur (Arch. nat., AF III, 387, dossier 2002).

[4] Arrêté du 25 messidor an IV, signé Reubell, Barras, Le Tourneur (Arch. nat., AF III, 387, dossier 2002).

[5] Arrêté du 25 messidor an IV, signé Reubell, Barras, Le Tourneur (Arch. nat., AF III, 387, dossier 2002).

[6] Charles-Edme-Bonaventure *Gastel*; — François-Pierre *Javary* (fait prisonnier par les rebelles de la Vendée le 8 juin 1793 et soupçonné, par suite, «d'avoir pris parti parmi ces mêmes rebelles»); — Nicolas-Albin *Parret*, rentier, demeurant à Franc-Amour, district d'Orgelet, département du Jura; — Victor-Charles-François-René *Labroue*, natif de Sommières, département de la Vienne., — qui, inscrits sur les listes des émigrés des départements de la Seine, de Seine-et-Marne, du Jura et des Hautes-Alpes, ont justifié de leur résidence. — Quatre arrêtés du 25 messidor an IV, signés, le premier Le Tourneur, Carnot, Barras, le second Le Tourneur, Carnot, Revellière-Lépeaux, les deux derniers Le Tourneur, Revellière-Lépeaux, Barras (Arch. nat., AF III, 387, dossier 2003).

[7] Ces minutes se trouvent dans le dossier 2003 (Arch. nat., AF III, 387) et constituent les pièces suivantes : 1° Trois lettres, signées Carnot, Revellière-Lépeaux, Reubell, au général Moreau (la première est relative aux opérations de l'armée de Rhin et Moselle; on en trouvera le texte plus loin à l'Appendice; — par la seconde le Directoire communique au général Moreau la plainte du représentant du peuple Hermann «relativement aux pillages et excès commis dans les pays d'Outre-Rhin» et l'invite à y mettre ordre; — par la troisième il approuve les «mesures vigoureuses» prises par Moreau pour le rétablissement de la discipline dans l'armée de Rhin et Moselle); 2° Une lettre signée Carnot, Revellière-Lépeaux, Reubell, au représentant du peuple Hermann (membre du Conseil des Cinq-Cents) pour l'informer qu'il a fait part au général Moreau de sa plainte relativement aux pillages et excès

On signe un état de citoyens exemptés du service militaire aux armées[1].

A

Le Directoire exécutif au citoyen Hourcastremé.

Le Directoire exécutif, citoyen, vous accuse réception de votre ouvrage intitulé: *Le chevalier des lois.*

Le cadre que vous avez choisi pour traiter des matières abstraites lui semble ingénieux. Il aplanit les difficultés de l'étude en la rendant agréable.

dans les pays d'Outre-Rhin et lui a donné des instructions en conséquence. — 3° Lettre signée Carnot, Revellière-Lépeaux, Reubell, au citoyen Haussmann, commissaire du Directoire près l'armée de Rhin et Moselle, pour lui accuser réception des détails qu'il a donnés sur les progrès des divisions Saint-Cyr et Desaix, le féliciter de son zèle à poursuivre «les brigands qui ne voient dans la guerre qu'un moyen de fortune et ne cherchent qu'à s'engraisser de la substance du peuple», et l'inviter à déjouer «les manœuvres tendantes à faire monter le prix des grains»; — 4° Quatre lettres (mêmes signatures) aux généraux Montrichard, Bellavène, Sainte-Suzanne et Beaupuy pour les féliciter de la part brillante qu'ils ont prise aux récentes opérations de l'armée de Rhin et Moselle; — 5° Trois lettres (mêmes signatures) au ministre de la guerre (par la première le Directoire lui signale le manque d'instruments de chirurgie dont se plaignent les officiers de santé de l'armée d'Italie et l'invite à y pourvoir; — par la seconde, il l'invite à adresser au général Châteauneuf-Randon l'ordre de faire partir sans retard un corps de 6,000 hommes des 9° et 10° divisions militaires pour l'armée d'Italie; par la troisième, il l'informe que, les fournitures de pain et de viande n'étant pas assurées dans la division de l'ouest de l'armée des Côtes de l'Océan, on a dû recourir à des réquisitions qui mécontentent les habitants de la campagne: que les soldats sont sans souliers, beaucoup sans vêtements, et l'invite à y pourvoir); — 6° Lettre signée Carnot, Revellière-Lépeaux, Reubell, au général Labarolière, à Rennes, pour lui accuser réception de sa lettre du 26 messidor sur les besoins de sa division et l'informer des instructions qu'il vient de donner en conséquence au ministre de la guerre; — 7° Lettre (mêmes signatures) au ministre des relations extérieures, pour lui signaler le manque de quinquina dont se plaignent les hôpitaux d'Italie, «l'utilité de ce remède, tant pour les fièvres nombreuses qui commencent à se manifester et à devenir fréquentes, que pour les gangrènes d'hôpital, qui sont fréquentes à Pavie et à Tortone», et l'inviter à charger notre ambassadeur en Espagne à en procurer à la République la quantité nécessaire. (Au même dossier, on voit par un rapport de ce ministre, en date du 5 thermidor, que notre ambassadeur en a fait la demande au prince de la Paix «qui sur le champ a fait extraire trois quintaux de quinquina de l'apothicairerie royale et les a fait expédier pour Gênes.»)

[1] Jeunes gens réclamés par leurs familles, auxquelles leur concours est indispensable. Ils sont au nombre de 38. — Arrêté du 25 messidor an IV, signé Carnot, Reubell, Barras (Arch. nat., AF III, 387, dossier 2003).

A signaler, indépendamment des pièces qui viennent d'être indiquées à propos de la séance du 25 messidor, un arrêté de ce jour, signé Revellière-Lépeaux, Reubell, Barras, non mentionné au procès-verbal, par lequel, en vertu de la loi du 21 floréal, le Directoire autorise Charles-Antoine Meyer, né à Lugano (Suisse), à qui son passeport a été volé, à séjourner une décade à Paris pour ses affaires.

Le dossier 2004, dont le contenu, comme celui des deux précédents, se rapporte à la séance du 25 messidor, est formé de 35 pièces relatives à des nominations de juges de paix, d'assesseurs de juges de paix dans les départements de la Gironde, de l'Indre et de la Meurthe.

G.

Par ce moyen vous avez concouru aux progrès de l'instruction publique et le Directoire vous en témoigne sa satisfaction.

Carnot, Reubell, L.-M. Revellière-Lépeaux[1].

B

Le Directoire exécutif au général Moreau,
commandant en chef de l'armée de Rhin-et-Moselle.

Le Directoire a reçu, citoyen général, la lettre que vous lui avez écrite de Baden le 17 du courant. Il y a lu avec intérêt le détail des nouveaux succès obtenus par l'armée que vous commandez et la nouvelle de la prise de Freudenstadt[2].

Le Directoire espère que les ordres que vous avez donnés pour le rétablissement de la discipline auront produit l'effet que vous aviez droit d'en attendre. Surveillez-en l'exécution avec un soin particulier, faites que les officiers redoublent de zèle et d'énergie, et s'il en est qui, par leur mollesse et leur insouciance, semblent en quelque sorte autoriser les désordres, il faut en faire des exemples et le Directoire vous ordonne de les destituer sur-le-champ et de les traduire même devant des conseils militaires, lorsque leur négligence a autorisé des délits dont toute l'armée aurait à rougir.

Le Directoire a peine à croire que la gauche de l'armée que commandait le général Wurmser soit en effet de 15,000 hommes, ainsi que le portait l'état de situation intercepté sur un officier que vous avez pris. Les rapports qui nous parviennent donneraient à croire que ce nombre est exagéré, et il ne serait pas impossible que l'ennemi eût fait prendre exprès l'officier porteur d'un faux état de situation afin de chercher à vous donner le change. Quoi qu'il en soit, il faut profiter de la séparation que vous avez opérée entre les émigrés réunis aux troupes que commande le prince de Furstenberg et le reste de l'armée que commandait le général Wurmser, pour suivre si vivement l'aile gauche de l'armée ennemie

---

[1] Arch. nat., AF ɪɪɪ, 387, dossier 2002. — Une note ainsi conçue est jointe à cette minute : «Anselme est le Don Quichotte de la jurisprudence. Conseiller dans une cour de justice, il a vu 736 procès dont il était rapporteur jugés contre son sentiment. Il se dégoûte de son état et part un jour, accompagné de son secrétaire, de son valet de chambre et de son jardinier, pour effectuer son grand projet de parcourir le monde et de rendre la justice gratuitement. Ce cadre fournit à l'auteur le moyen de traiter dans son ouvrage une infinité de causes intéressantes et de questions difficiles sur la jurisprudence. Il examine nos lois civiles, les critique avec sens et s'adonne de temps en temps à des digressions littéraires ou philosophiques qui rendent ses idées variées et son ouvrage intéressant. — L'auteur désire un emploi quelconque.» — En effet, Hourcastremé, dans une lettre adressée au Directoire le 15 messidor (même dossier), rappelle que l'Assemblée nationale constituante, à qui il avait fait hommage de la première édition de son ouvrage, lui avait fait espérer une «récompense nationale». Il est chargé d'une nombreuse famille, ruiné par la Révolution. «Il serait beau, dit-il, que le Directoire acquittât un jour cette dette sacrée en lui confiant une place ou mission quelconque.»

[2] Voir cette lettre dans le *Moniteur* (XXXVIII, 351-352).

qu'elle ne puisse échapper à une déroute complète. La division que commande le général Férino paraît devoir être chargée de ce soin, et celle qui obéit au général divisionnaire Laborde se trouvera sans doute, au reçu de la présente, en situation d'assurer le succès de la première en passant le Rhin près d'Huningue, ou au petit Kembs, que l'on indique comme un endroit favorable. Cette partie de l'armée de Rhin-et-Moselle, en agissant avec rapidité, pourra rejeter le corps du prince de Furstenberg sur la rive droite du Danube, le forcer à chercher à s'y maintenir dans une situation inquiétante pour lui, et l'obliger, par des corps auxquels les républicains feront descendre le fleuve pour s'emparer d'Ulm et menacer Donauwerth, à descendre également le fleuve sur la rive gauche[1] pour couvrir la Bavière et les derrières de l'armée autrichienne qui combat celle de la République dans le Tyrol. Cette dernière pourra elle-même être inquiétée par les mouvements que les divisions des généraux Férino et Laborde opéreront sur le haut Danube et même dans le voisinage du lac de Constance.

Quoique le Directoire pense qu'il n'y a aucun inconvénient à lancer en avant, à une assez grande distance, ces divisions dont il vient de parler, et à leur faire suivre une marche très audacieuse, il sent la nécessité de les tenir toujours liées au principal corps de l'armée à laquelle elles appartiennent et de leur assurer une retraite facile par l'occupation des principaux défilés des Montagnes noires[2] et la possession de Fribourg, qui nous devient nécessaire. Leurs opérations deviendront d'autant plus désastreuses pour l'ennemi que l'armée de Rhin-et-Moselle fera plus de progrès sur le haut Neckar et la Franconie; et si celle de Sambre-et-Meuse, après avoir repoussé les Autrichiens au delà du Main, parvenait à passer ce fleuve et que ses succès lui permissent de laisser derrière elle Wertheim et Wurtzburg, il lui deviendrait facile d'occuper avec avantage toute la rive gauche de la Rednitz et de menacer en quelque sorte la Bohême, pendant que l'armée de Rhin-et-Moselle, maîtresse du haut Danube et de toute la Souabe, se placerait avec avantage sur la rive gauche de la Lech, ferait trembler la Bavière et interdirait aux Autrichiens tout espoir de rentrer en Italie.

Ces données militaires s'accordent entièrement avec le plan de campagne que le Directoire vous a déjà tracé, ainsi qu'au général Jourdan. L'audace et la vivacité républicaines sauront le réaliser. C'est par elles que nous avons conquis l'Italie, c'est elles qui nous mettront en situation de dicter les conditions d'une paix solide à l'Allemagne étonnée. Vos succès, ceux de l'armée de Sambre-et-Meuse sur la rive droite du Rhin font penser au Directoire que ses espérances ne seront point trompées. L'ennemi pourrait vous disputer le terrain pied à pied. Il faut le faire renoncer à ce système, dont la lenteur désorganisatrice nous serait funeste. C'est en l'attaquant à la fois avec toutes vos forces, c'est en lui livrant plusieurs batailles décisives que nous nous rendrons maîtres du sort de l'Allemagne. Mais surtout ne perdons pas de temps, attaquons tous les jours, et la victoire, qui n'a cessé d'accompagner les drapeaux de la République, empêchera les Autrichiens de combiner des mouvements qui pourraient nous devenir funestes.

[1] C'est évidemment *rive droite* qu'on a voulu dire. — [2] La Forêt noire ou Schwartzwald.

Continuez, citoyen général, comme vous avez commencé. Votre sagesse et vos talents nous sont les garants de vos succès futurs.

CARNOT, L-M. REVELLIÈRE-LÉPEAUX, REUBELL[1].

DÉLIBÉRATION SECRÈTE DU 25 MESSIDOR AN IV[2]

13 JUILLET 1796.

CCXXVI

Dépôt du bordereau des sommes ordonnancées par le ministre de la police générale du 6 messidor et de celles à ordonnancer jusqu'au 30 dudit, approuvé aujourd'hui par le Directoire exécutif[3].

SÉANCE DU 26 MESSIDOR AN IV[4]

14 JUILLET 1796.

Le Directoire rapporte l'arrêté qu'il avait pris le 11 floréal dernier[5], à l'égard du citoyen Delandre et ses co-propriétaires du *Journal de la Justice civile et criminelle*, etc., et arrête qu'il leur sera payé une somme de dix mille francs valeur fixe[6].

Un messager d'État envoyé par le Conseil des Anciens est introduit : il dépose sur le bureau quatre lois.

---

[1] Arch. nat., AF III, 387, dossier 2003.
[2] Arch. nat., AF* III, 20, p. 58. — AF III, 387, dossier 2002.
[3] Voir plus haut, p. 77 (séance du 25 messidor). — Ce bordereau comprend :
1° le détail des sommes ordonnancées et payées à

Labbé	10,000f 00
Robert et autres	2,700 00
Noël et autres	18,283 33
Linage, Desjeon et autres	600 00
Noël et autres	9,900 00
Linage	500 00
Robert	1,350 00
Milcent	2,300 00
Romain et autres	1,155 67

2° des sommes à ordonnancer à

Noël et autres	20,466' 66
La commission des postes aux lettres	2,866 67
Noël et autres	10,233 34
La commission des postes	1,350 00
Linage et autres	1,100 00
Bacon et autres	1,000 00

Arch. nat., AF III, 387, dossier 2002.
[4] Arch. nat., AF III*, 4, fol. 60-62. — AF III, 2.
[5] Voir t. II, p. 263.
[6] Arrêté du 26 messidor an IV, signé Le Tourneur, Revellière-Lépeaux, Reubell (Arch. nat., AF III, 387, dossier 2005).

La première est relative aux porteurs de billets gagnants dans la loterie énoncée au décret du 27 vendémiaire an IV[1].

La seconde met à la disposition du ministre de la guerre, pour les dépenses de son ministère, la somme de trois cents millions, valeur fixe[2].

La troisième met à la disposition du ministre de l'intérieur, pour les dépenses de son département, la somme de cent cinquante millions, valeur fixe[3].

La quatrième ordonne l'établissement d'un quatrième tribunal de police correctionnelle dans le département des Deux-Sèvres[4].

Le Directoire ordonne que ces quatre lois seront publiées, exécutées et qu'elles seront munies du sceau de l'État. Elles sont en conséquence adressées de suite à l'enregistrement pour deux expéditions de chacune être envoyées, sans délai, au ministre de la justice, avec l'arrêté portant ordre d'impression et de publication, dans les formes prescrites par les lois.

Le Directoire arrête que la somme de cent cinquante millions, qui doit être mise à la disposition du ministre de l'intérieur, en conséquence de la loi votée ce jourd'hui, sera payée sur les ordonnances de ce ministre par la Trésorerie nationale[5].

Il prend un semblable arrêté à l'égard des trois cents millions mis à la disposition du ministre de la guerre, qui seront, en conséquence, payés sur les ordonnances de ce ministre par la Trésorerie nationale[6].

Un secours de trois mille francs, mandats, est accordé à la veuve du général Magallon-Lamorlière[7].

Sur le rapport du ministre de la guerre, le Directoire arrête l'envoi

---

[1] *Bull.*, II, LIX, n° 538. — Il s'agit de la loterie nationale de maisons, meubles et effets établie par le décret du 29 germinal an III. Le décret du 27 vendémiaire an IV frappait de déchéance les porteurs de billets gagnants qui n'auraient pas réclamé leurs lots 6 mois après le tirage (le premier tirage avait eu lieu les 2 et 12 fructidor). La loi du 26 messidor n'accorde plus qu'un délai de trois mois à dater de sa publication.

[2] *Bull.*, II, LIX, n° 540.

[3] *Bull.*, II, LIX, n° 541.

[4] *Bull.*, II, LIX, n° 542. — Le siège de ce tribunal est fixé à Melle.

[5] Arrêté du 26 messidor an IV, signé Carnot, Le Tourneur, Revellière-Lépeaux (Arch. nat., AF III, 387, dossier 2005).

[6] Arrêté du 26 messidor an IV, signé Carnot, Revellière-Lépeaux, Le Tourneur (Arch. nat., AF III, 387, dossier 2005).

[7] Arrêté du 27 messidor an IV, signé Carnot, Revellière-Lépeaux, Reybell (Arch. nat., AF III, 387, dossier 2005). — Ce n'est pas à *la veuve*, c'est à Magallon-Lamorlière lui-même, ex-général, réduit à la misère après «soixante et douze années de services à sa patrie» et dont une lettre, du 28 messidor, est jointe au dossier, que ce secours est accordé.

d'un message au Conseil des Cinq-Cents, pour lui proposer une nouvelle organisation des Invalides et des Vétérans[1].

Il rapporte son arrêté du 17 frimaire, relatif au citoyen Lelandais, et ordonne qu'il sera tenu de rejoindre les armées de la République[2].

Il ordonne à son commissaire près le tribunal de cassation de dénoncer à ce tribunal un jugement du tribunal criminel du département de Saône-et-Loire, qui a prononcé sans jurés sur un fait de complicité d'émigrés[3].

[Le Directoire exécutif, après avoir entendu le rapport du ministre de la justice[4],

Vu l'extrait du jugement rendu par le tribunal criminel du département des Côtes-du-Nord du 8 prairial an IVe, par lequel, avant de procéder au jugement définitif de Marc Jouan[5], prévenu d'émigration, il est ordonné que copie en sera envoyée avec un mémoire au Directoire exécutif pour en référer au Corps législatif;

Vu le mémoire adressé au Directoire exécutif en exécution de ce jugement par les membres composant le tribunal criminel du département des Côtes-du-Nord, duquel il résulte que Jouan, traduit devant lui comme prévenu d'émigration, s'annonce comme un prêtre réfrac-

---

[1] Le Directoire, après avoir rappelé sa proposition de réorganiser la maison nationale des Invalides, représente qu'elle est devenue tout à fait insuffisante et demande qu'il soit créé de nouvelles compagnies de vétérans stationnées soit à Paris, soit dans les départements, en faveur de militaires qui, soit sous l'ancien régime, soit depuis la Révolution, ont mérité la reconnaissance nationale. — Lu à la séance du 26 messidor (C. C., messidor an IV, p. 503-505).

[2] Arrêté du 26 messidor an IV, signé Carnot, Barras, Reubell (Arch. nat., AF III, 387, dossier 2005). — Lelandais était au nombre des ouvriers qui, le 24 messidor, avaient quitté leurs ateliers à l'Imprimerie de la République.

[3] Arrêté du 26 messidor an IV, signé Le Tourneur, Carnot, Barras (Arch. nat., AF III, 387, dossier 2005). Il s'agit du citoyen Michon, qui a été acquitté et mis en liberté. Le Directoire, rappelant que la loi du 25 brumaire an III (titre V, section 2, article 15) a ordonné que les complices des émigrés fussent jugés par le tribunal révolutionnaire, «qui ne pourrait rendre aucun jugement que que sur une déclaration de jurés», s'appuie sur ce «que la loi du 12 prairial an III, en supprimant le tribunal révolutionnaire, a expressément ordonné que les délits dont la connaissance était attribuée au tribunal révolutionnaire seraient jugés par les tribunaux criminels et que ces tribunaux se conformeraient pour l'instruction de ces sortes de délits à la loi du 16 septembre 1791, remplacée depuis par le Code des délits et des peines; que c'est en contravention à cette loi que le citoyen Michon a été ...jugé immédiatement par ce tribunal sans qu'il ait été dressé d'acte d'accusation contre lui et sans déclaration de jurés...». Michon avait été poursuivi pour avoir adressé une simple lettre de recommandation en faveur d'un artiste à un nommé Darnas, dont la qualité d'émigré n'avait pas été établie.

[4] Voir ce rapport, qui constitue une étude très approfondie de la question au point de vue de la légalité (Arch. nat., AF III, 387, dossier 2005).

[5] Ex-curé de la commune de Tréguier.

taire qui s'est soustrait à la loi du 26 août 1792⁽¹⁾ qui ordonnait sa déportation,

Vu la proclamation du citoyen Bruc, représentant du peuple, membre de la Convention nationale, envoyé près les armées des Côtes de Brest et de Cherbourg⁽²⁾, aux habitants des campagnes des départements du Morbihan, du Finistère, des Côtes-du-Nord et d'Ille-et-Vilaine, en date du 19 ventôse an IIIe⁽³⁾;

Vu enfin l'arrêté de l'administration des Côtes-du-Nord en date du 5e jour complémentaire de l'an IIIe;

Considérant que Marc Jouan est inscrit sur la liste des émigrés⁽⁴⁾, qu'il a été arrêté comme prévenu d'émigration et traduit en conséquence devant le tribunal criminel du département des Côtes-du-Nord;

Considérant que si Marc Jouan est définitivement reconnu émigré, il n'y aura plus lieu à examiner s'il est prêtre réfractaire;

Considérant que Jouan, ayant réclamé contre son inscription sur la liste des émigrés, le tribunal criminel, aux termes de l'article 5 du titre 5, 1re section de la loi du 25 brumaire an IIIe, devait, sans examiner si ces réclamations sont ou non fondées, les adresser à l'administration départementale et retenir le prévenu dans la maison de justice;

Considérant que, suivant l'article 3 de la loi du 10 vendémiaire dernier, le ministre de la justice ne doit soumettre au Directoire exécutif pour être transmises au Conseil des Cinq-Cents que les questions qui exigent une interprétation de la loi; qu'il est du devoir du Directoire exécutif de ne pas se rendre auprès du Corps législatif l'intermédiaire de référés qui ne présenteraient aux législateurs rien qui fût digne de leur attention et qui ne tendraient qu'à consommer en pure perte leurs plus précieux moments;

Considérant qu'il est important d'accélérer l'action de la justice cri-

---

⁽¹⁾ Cette loi frappait de la peine de la déportation les membres du clergé qui n'auraient pas prêté le serment substitué par la loi du 15 août 1792 à celui qu'avait ordonné celle du 27 novembre 1790. Ce serment était conçu dans les termes suivants : «Je jure d'être fidèle à la nation et de maintenir la liberté et l'égalité, ou de mourir en la défendant.»

⁽²⁾ Le représentant Bruc (du Morbihan) avait rempli plusieurs missions dans l'Ouest et avait été rappelé par décret du 29 prairial an III.

⁽³⁾ Cette proclamation, dit le ministre, ne promettait l'amnistie aux prêtres que s'ils s'étaient cachés à cause de leur seul caractère de prêtre; mais Jouan s'était caché «parce qu'il était réfractaire à la loi et pour se soustraire à la déportation».

⁽⁴⁾ Ce prêtre prétendait n'être pas sorti de France, mais s'y être simplement caché jusqu'au moment de la proclamation de Bruc.

minelle, afin que l'innocent ne reste pas sans nécessité sous le poids d'une accusation et que le coupable soit promptement puni;

Arrête qu'il n'y a lieu à délibérer sur le référé du tribunal criminel du département des Côtes-du-Nord en exécution de son jugement du 8 prairial an IVe;

Charge le ministre de la justice de l'exécution du présent arrêté, lequel ne sera point imprimé. — Arch. nat., AF III, 387, dossier 2005[1].]

Le ministre de la justice fait un rapport sur une question soumise au Directoire, par son commissaire près les tribunaux civil et criminel du département de la Mayenne. Il s'agit de savoir si le Directoire peut ordonner la mise en liberté des chouans arrêtés et traduits devant les tribunaux avant que leurs complices restés libres n'eussent mis bas les armes, ce qu'ils ont fait depuis et font tous les jours[2].

Le Directoire ajourne sa décision sur cette question et autorise le ministre de la justice à répondre que jusqu'à ce qu'il ait statué ultérieurement, les individus qui sont l'objet de ce rapport ne doivent être mis ni en jugement ni en liberté.

On accorde plusieurs congés limités à des militaires[3], et on prend des arrêtés relatifs au personnel des armées; toutes les minutes sont à la section de la guerre[4].

---

[1] Signé Reubell, Carnot, Le Tourneur.

[2] «Le moyen le plus sûr, dit le ministre dans son rapport (Arch. nat., AF III, 387, dossier 2005) d'affermir les Chouans restés libres dans les résolutions pacifiques qu'ils ont prises, c'est de les convaincre que c'est à leur soumission volontaire qu'ils doivent l'impunité dont ils jouissent et rien ne peut contribuer à leur imprimer fortement cette conviction comme le rapprochement qu'ils seront à même de faire de leur sort personnel et de celui de leurs complices arrêtés en état de rébellion; c'est en comparant l'un à l'autre qu'ils sentiront toute la sagesse du parti qu'ils ont adopté et qu'ils se pénétreront de la nécessité d'y persister.»

[3] Congé de deux mois à *Méchin*, grenadier près la représentation nationale et à *Alexandre Lemoine*, caporal au 3e bataillon de Paris, maintenant à la Fère en Picardie; d'un mois à *Villeminot*, chef de bataillon commandant les grenadiers près la représentation nationale, et à *Coignard*, grenadier près la représentation nationale; prolongation de deux mois à *Votu*, maréchal des logis au 21e régiment de chasseurs à cheval. — Cinq arrêtés signés le premier, le quatrième et le cinquième Carnot, Reubell, Barras, le second et le troisième Carnot, Revellière-Lépeaux, Reubell (Arch. nat., AF III, 387, dossier 2005).

[4] Deux arrêtés, signés Carnot, Reubell, Barras, portant promotion, réintégration, destitution de plusieurs officiers. (Arch. nat., AF III, 387, dossier 2005). — A signaler aussi (même dossier) les minutes signées Carnot, Reubell, Barras de trois lettres adressées le 26 messidor par le Directoire : 1° au général Jourdan, pour lui demander «s'il a été promis aux Turcs réunis aux déserteurs étrangers à Péronne qu'ils retourneraient dans leur patrie»; — 2° au ministre de la marine, pour lui communiquer une lettre et deux mémoires

DÉLIBÉRATION SECRÈTE DU 26 MESSIDOR AN IV [1]

14 JUILLET 1796.

CCXXVII

Dépôt d'une lettre du commissaire du pouvoir exécutif près l'administration départementale du Pas-de-Calais, du 20 de ce mois, relative à des recherches ordonnées par le Directoire dans la ci-devant abbaye de Saint-Vaast à Arras, à laquelle sont jointes sept pièces relatives à ladite opération [2].

SÉANCE DU 27 MESSIDOR AN IV [3]

15 JUILLET 1796.

Un messager d'État, envoyé par le Conseil des Anciens, est admis et dépose sur le bureau une loi portant annulation d'un arrêté du comité des finances, du 2 brumaire an IV, qui casse et annule l'adjudication passée à Charles Lutkens du domaine de Colleys-Mency, provenant des ci-devant feuillants de Bordeaux [4].

du citoyen Fredin, qui «développe des moyens de faire avec avantage des expéditions contre les colonies anglaises»; — 3° A Saliceti et Garrau, commissaires du pouvoir exécutif près l'armée d'Italie, pour leur faire part de renseignements reçus sur la situation des hôpitaux de cette armée. Ceux de Milan, Lodi et Pavie sont signalés comme bien tenus, mais l'air de Pavie l'est comme insalubre; il en est de même de celui de Tortone. On se loue du reste beaucoup des hommes qui sont à la tête des divers hôpitaux. «... *Moscati*, médecin de l'hôpital de Milan, joint à des lumières étendues une saine philosophie; on ne peut mieux faire que de suivre ses avis sur le traitement des maladies qui deviennent si communes en Italie sur la fin de l'été. *Carminati*, qui dirige l'hôpital de Pavie, est rempli de zèle et de connaissances. *Scarpa*, chirurgien du même hôpital, est l'un des premiers chirurgiens et des premiers anatomistes de l'Europe. C'est un homme bon à consulter. Il serait heureux de pouvoir l'attacher et l'acquérir à la République...»

Le dossier 2006, dont le contenu, comme celui du précédent, se rapporte à la séance du 26 messidor, est formé de cent quatorze pièces relatives à des nominations de juges de paix, d'assesseurs de juges, de commissaires, d'agents et adjoints municipaux dans les départements de l'Aisne, de l'Aube, de la Manche, de la Haute-Marne, de la Meurthe, du Mont-Blanc, des Pyrénées-Orientales, de Seine-et-Oise, de la Haute-Vienne et surtout de la Vendée.

[1] Arch. nat., AF III*, 20, p. 58-59.
[2] Ces pièces ne se trouvent pas dans les dossiers de la série AF III correspondant à la séance du 26 messidor.
[3] Arch. nat., AF III*, 4, fol. 62-64. — — AF III, 2.
[4] *Bull.*, II, LIX, n° 543.

Le Directoire ordonne que cette loi sera publiée, exécutée, et qu'elle sera munie du sceau de l'État. Elle est, en conséquence, adressée de suite à l'enregistrement pour deux expéditions être envoyées, sans délai, au ministre de la justice, avec l'arrêté portant ordre d'impression et de publication dans les formes prescrites par les lois.

Il adresse un message au Conseil des Cinq-Cents et un au Conseil des Anciens, pour leur annoncer l'heureuse nouvelle de l'extinction de la guerre de la Vendée et des chouans et demander les témoignages honorables de la reconnaissance publique pour la brave armée des Côtes de l'Océan [1].

Il autorise le ministre de l'intérieur à fournir aux citoyens Léger et Moulinier les cartes, livres et autres objets, qui leur sont nécessaires, pour l'exécution du voyage pittoresque de l'Espagne, qu'ils se proposent d'entreprendre [2].

Il accorde un secours de cent francs par mois au citoyen Dufour, vieillard de quatre-vingt-un ans, employé pendant soixante-trois ans aux affaires étrangères, duquel secours il jouira jusqu'à ce que le liquidateur général ait définitivement fixé son sort [3].

Il ordonne que de nouvelles lettres seront expédiés au citoyen Bruère, consul de la République française près celle de Raguse, qu'il nomme également chargé d'affaires de la République [4].

Sur le rapport du ministre des relations extérieures, il ordonne que le citoyen Desportes [5] sera remboursé d'une somme de mille cinquante

---

[1] Lu au Conseil le 28 messidor (*C. C.*, messidor an IV, p. 525-528). — Voir le texte de ce message dans le *Moniteur*, XXVIII, 360-361.

[2] Arrêté du 27 messidor an IV, signé Revellière-Lépeaux, Reubell, Barras (Arch. nat., AF III, 387, dossier 2007). — Voir t. II, p. 481-482, 520 (séances des 7 et 13 prairial). — Le ministre de l'intérieur, chargé par le Directoire de donner l'évaluation des objets demandés par Léger et Moulinier, expose dans son rapport que «la demande est composée de vingt-quatre articles, dont douze à acquérir ou à prendre ici dans les collections nationales et autant à se procurer en Espagne. On évalue ces articles, l'un dans l'autre, à 25 ou 30 francs en numéraire, ce qui formerait une somme de 800 francs à 1,000 francs. Comme cette somme, dont la moitié peut se prélever en nature dans les dépôts de la République, et l'autre se dépenser en Espagne, est peu de chose en comparaison des avantages qui peuvent résulter du voyage projeté, je propose au Directoire d'accorder aux citoyens Léger et Moulinier ceux des objets demandés qui se trouveront dans les dépôts de la République et qui sont désignés dans le travail que j'ai mis sous les yeux du Directoire, et de m'autoriser à faire acheter les autres» (Arch. nat., AF III, 387, dossier 2007).

[3] Arrêté du 27 messidor an IV, signé Carnot, Barras, Revellière-Lépeaux, Reubell (Arch. nat., AF III, 387, dossier 2007).

[4] Arrêté du 27 messidor an IV, signé Carnot, Barras, Revellière-Lépeaux, Reubell (Arch. nat., AF III, 387, dossier 2007).

[5] Résident français à Genève.

trois livres dix-neuf sols quatre deniers, qu'il a dépensée outre celle qui lui avait été fournie pour dépenses secrètes, et qu'il lui sera de nouveau avancé, pour pareil objet, la somme de quatre mille livres [1].

Il est donné un supplément d'instructions sur le traité à conclure avec Parme; la minute de cet arrêté a été gardée [2].

Sur la demande du citoyen Onfroy [3], le Directoire accorde [4] à Rottmann, libraire à Berlin, la permission d'un mois pour se rendre à Paris, à l'effet de terminer des affaires de commerce. L'arrêté portant cette permission sera envoyé à l'ambassadeur de la République à Bâle. Le ministre des relations extérieures et celui de la police générale sont chargés chacun en ce qui le concerne de son exécution [5].

Il arrête une proclamation aux citoyens de la commune de Paris, relativement à la prochaine nomination des administrateurs municipaux de cette commune [6].

Il adresse au Conseil des Cinq-Cents un message par lequel il invite le Corps législatif à mettre une somme de trois millions à la disposition du ministre des relations extérieures [7].

[Le Directoire exécutif, vu l'article 5 de la loi du 8 messidor [8] sur la contribution foncière de l'an IV, portant que, pour les besoins du service public, le Directoire pourra faire payer en denrées la moitié de la cotisation de chaque contribuable dont les propriétés en produisent; désirant concilier les avantages que cette ressource promet au Trésor public avec la facilité du service, le maintien de l'équilibre dans le prix des subsistances, l'économie dans les frais de transport et de garde et les progrès de l'agriculture, arrête ce qui suit:

ARTICLE 1er. — La moitié de la cotisation de chaque contribuable pour toutes les propriétés autres que les maisons d'habitation seulement sera payée en denrées.

ART. 2. Ne seront prélevés et reçus pour payement en denrées que

---

[1] Arrêté du 27 messidor an IV, signé Carnot, Barras, Revellière-Lépeaux, Reubell (Arch. nat., AF III, 387, dossier 2007).

[2] Cette minute ne se trouve pas dans les dossiers de la série AF III correspondant à la séance du 27 messidor. — Sur l'armistice conclu avec le duc de Parme le 20 floréal, voir t. II, p. 394.

[3] Libraire, rue Victor.

[4] En vertu de la loi du 21 floréal.

[5] Arrêté du 27 messidor an IV, signé Reubell, Revellière-Lépeaux, Carnot (Arch. nat., AF III, 387, dossier 2007).

[6] Voir le texte de cette proclamation plus loin, à l'Appendice.

[7] Lu au Conseil le 28 messidor. — (C. C., messidor an IV, p. 523-524).

[8] Voir t. II, p. 719.

le blé-froment, l'orge, le seigle et l'avoine; les prix en seront réglés par les corps administratifs sur ceux de ces denrées en 1790.

Art. 3. Les quittances seront délivrées par les garde-magasins, visées par deux membres de la municipalité du lieu du dépôt et reçues pour comptant par les percepteurs et receveurs.

Art. 4. Les denrées remises en payement de la contribution foncière seront versées dans les magasins de la République à ce destinés : la moitié avant le 1er vendémiaire prochain, et le surplus avant le 15 frimaire suivant.

Art. 5. Le ministre des finances est autorisé à faire vendre dans les magasins, au fur et à mesure des rentrées, les denrées dont la conservation ne sera pas déclarée nécessaire.

Art. 6. La vente sera faite à la diligence du commissaire du pouvoir exécutif, en présence d'un membre de la municipalité et du percepteur de la commune du lieu du dépôt.

Art. 7. Les ventes seront faites publiquement et à l'enchère; les prix seront payés en valeurs métalliques, comme représentant la somme dont les législateurs ont ordonné le prélèvement. Par ce moyen les denrées ne pourront être adjugées qu'autant que l'offre égalera le prix pour lequel la denrée aura été reçue en exécution de la taxe faite par l'administration du département.

Art. 8. Il sera déduit sur le prix des ventes un sou pour livre, qui sera réparti ainsi qu'il suit : trois deniers au percepteur pour sa remise; trois deniers, par égale portion, au membre de la municipalité et au commissaire du pouvoir exécutif; les six deniers restants seront employés à payer le loyer des magasins, les frais de garde et de vente.

Art. 9. Le percepteur du lieu du dépôt des denrées tiendra un compte particulier de cette recette et en versera le produit chez le receveur du département.

Art. 10. Les contribuables qui auront à payer une partie de la contribution foncière en denrées pourront s'en libérer en remettant, avant le 1er vendémiaire prochain pour toute préfixion de délai, aux percepteurs des communes dans lesquelles les biens sont situés, le prix des denrées pour lesquelles ils seront compris dans le rôle, et ce en valeur de 1790.

Art. 11. Les sommes remises en vertu de l'article précédent seront portées dans le rôle sur la colonne des valeurs métalliques. Les percepteurs et receveurs jouiront de la remise qui leur est accordée, dans ces mêmes valeurs.

Art. 12. Les contribuables qui se libèreront dans la forme autorisée par l'article 4 ci-dessus s'acquitteront de la partie de leur contribution payable en nature en remettant en valeur de 1790 une somme égale à celle qu'ils avaient à fournir en denrées; il ne leur sera rien demandé de plus, ni en considération de la plus-value des denrées, ni de l'économie qu'ils auront faite des frais de transport.

Art. 13. Les citoyens qui n'auront pas profité avant le 1er vendémiaire prochain des facilités et avantages offerts par les dispositions du présent arrêté ne pourront, sous aucun prétexte, les réclamer après l'expiration de ce délai.

Le ministre des finances est chargé de l'exécution du présent arrêté, qui sera imprimé dans le *Bulletin des lois*.

<blockquote>Pour expédition conforme, signé Carnot, *président;*
par le Directoire exécutif, le *secrétaire général*, Lagarde.]</blockquote>

Il s'occupe du personnel des armées et autres objets y relatifs; les minutes sont à la section de la guerre [1].

---

[1] Ces minutes se trouvent dans le dossier 2007 (Arch. nat., AF III, 387) et constituent les pièces suivantes : 1° Arrêté signé Carnot, Barras, Revellière-Lépeaux, accordant un congé de deux mois pour affaires de famille à Pierre Parfouru, dragon au 3e régiment, 2e compagnie, à la garde du Directoire; — 2° Lettre signée Carnot, Reubell, Barras, au ministre des finances, pour l'inviter à notifier à l'administration du département de la Moselle l'invitation à suspendre provisoirement la vente du ci-devant couvent des Augustins de Bitche, ce local étant le seul de cette ville qui puisse faire une caserne; — 3° Cinq lettres signées Carnot, Reubell, Barras au ministre de la guerre (la première pour l'inviter à s'occuper du ci-devant couvent des Augustins de Bitche, dont le général Xaintrailles propose de faire une caserne; — la seconde pour l'inviter à hâter l'exécution de l'arrêté du 22 messidor sur la gendarmerie des neuf départements réunis, dont l'inspection sera confiée au général de brigade Wirion, à se concerter à cet égard avec les ministres des finances et de l'intérieur, enfin à faire les règlements et instructions nécessaires; — la troisième pour l'informer que la caisse de la garnison de Landau est sur le point de manquer de fonds et l'inviter à y pourvoir; — la quatrième pour lui demander le tableau de tous les terrains et bâtiments nationaux qu'il est nécessaire d'affecter au service du génie et de l'artillerie dans les différentes places de la République, afin qu'ils ne soient pas mis en vente; — la cinquième pour lui signaler le mécontentement que causent les réquisitions militaires dans les départements de l'Ouest et l'inviter à y mettre fin en assurant administrativement la subsistance des troupes); — 4° Lettre signée Carnot, Reubell, Barras, au général Xaintrailles, commandant de la place de Bitche, pour l'informer que sa lettre du 15 messidor, relative au ci-devant couvent des Augustins, a été communiquée au ministère de la guerre; — 5° Lettre signée Carnot, Reubell, Barras, au général Liébert, à Lille, pour l'informer que le ministre des finances est chargé de faire exé-

A

PROCLAMATION DU DIRECTOIRE EXÉCUTIF AUX CITOYENS DE LA COMMUNE DE PARIS.

Citoyens,

Vous allez vous réunir pour la nomination de vos administrateurs municipaux[1]. Si la loi a retardé pour vous l'exercice de ce droit important, c'était pour vous préparer à en user avec plus de sagesse.

La paix et la félicité dans l'intérieur de vos murs sont attachées au choix que vous allez faire.

Pour réaliser cet avenir, pour élire des magistrats dignes de votre confiance, vous devez apporter dans vos assemblées le calme imposant et majestueux qui commande aux passions et les réduit au silence, et surtout vous devez ne vous

cuter l'arrêté du 22 germinal relatif aux terrains et bâtiments nationaux affectés au service militaire, en attendant que le tableau général de ces terrains et locaux puisse être présenté au Corps législatif; — 6° Lettre signée Carnot, Reubell, Barras, au commissaire du pouvoir exécutif près l'administration centrale du département de l'Orne pour lui exprimer la satisfaction qu'a causée au Directoire sa lettre du 15 messidor sur le rétablissement de l'ordre dans ce département; — 7° Lettre signée Carnot, Reubell, Barras, à Letellier, commissaire spécial du Directoire dans les départements de la Vendée et de la Loire-Inférieure, pour lui accuser réception de sa lettre du 15 sur le mécontentement et le désordre que causent les réquisitions militaires dans ces départements et l'informer des instructions qu'il vient de donner sur ce sujet au ministre de la guerre; — 8° Lettre signée Carnot, Reubell, Barras, au général de brigade Avril, à Belle-Ile, pour lui exprimer la satisfaction avec laquelle le Directoire a lu sa dépêche du 14 messidor sur les mesures prises pour l'approvisionnement et la défense de Belle-Ile, ainsi que sur le bon esprit de la garnison; — 9° Lettre au général Jourdan sur les opérations de l'armée de Sambre-et-Meuse (voir le texte plus loin à l'Appendice); — 10° Trois lettres signées Carnot, Reubell, Barras, au général Kellermann, commandant en chef l'armée des Alpes (par la première, le Directoire lui accuse réception de ses dépêches des 15 et 18 messidor, ainsi que des plans des places de Demont, Exilles et la Brunette,

et de la lettre du général Pouget sur la réduction des garnisons piémontaises et la démolition des fortifications, applaudit à ses mesures pour l'équipement et le départ des troupes dirigées sur l'armée d'Italie, l'engage à stimuler les autorités constituées pour l'exécution des lois sur les déserteurs, enfin l'invite à rétablir, autant que possible, les communications, comme il a été stipulé par le traité avec le roi de Sardaigne; — par la seconde, le Directoire approuve Kellermann d'avoir confié au chef de brigade Niger les fonctions pour lesquelles il avait d'abord désigné le chef de brigade d'Hélis; — par la troisième, il lui transmet l'arrêté portant destitution du chef de brigade Lucotte); — 11° Arrêté signé Carnot, Reubell, Barras, destituant le chef de brigade Lucotte et renvoyant à leurs postes les autres officiers appelés avec lui auprès du général Kellermann (sur l'affaire Lucotte, voir t. II, p. 600, 601, 683).

Le dossier 2008, dont le contenu, comme celui du précédent, se rapporte à la séance du 27 messidor, est formé de 74 pièces relatives à des nominations de juges de paix et d'assesseurs de juges de paix dans les départements de l'Aude, de la Haute-Garonne, du Loiret, de la Haute-Saône et du Var.

[1] Par la loi du 4 pluviôse an IV (voir t. I, p. 472-473), le délai fixé pour la tenue des assemblées primaires du canton de Paris et l'élection de ses municipalités avait été prorogé et le Directoire avait été autorisé à nommer les membres de ces administrations jusqu'au 1er thermidor suivant.

occuper que de l'objet de votre convocation, conformément aux articles 30 et 31 de la Constitution [1].

Vous devez en écarter tout ferment de haine et prévenir tout sujet de discorde.

Vous devez surtout proscrire ces dénonciations odieuses nées du chaos des secousses révolutionnaires, mais qu'un nouvel ordre de choses doit détruire avec les partis qui les ont trop longtemps prodiguées pour y trouver les prétextes de leurs excès.

L'enthousiasme de la liberté fonde les républiques; mais c'est à son culte paisible à en assurer la durée et la prospérité.

Que l'expérience du passé vous mette en garde contre les manœuvres du crime et les séductions de l'intrigue.

L'un ambitionne les places pour pouvoir choisir et frapper les victimes; l'autre, altéré d'ambition, y voit le moyen de s'élever sur les débris de la fortune publique.

Tous deux savent prendre tous les masques pour y parvenir. Mais ils se trahissent eux-mêmes, à force de vouloir paraître ce qu'ils ne sont pas, par l'exagération même des principes qu'ils affichent pour donner le change sur leurs véritables sentiments.

L'homme vertueux, au contraire, craint de se montrer. Il aime le silence et la retraite. Son intérieur est un temple consacré au culte de la vertu. Il est bon époux et bon père, il aime à servir ses voisins, il n'a jamais troublé le repos de personne. Les lois de son pays sont le régulateur de sa conduite. Il est républicain par caractère et probe par le besoin de s'estimer lui-même.

Tel est, citoyens, l'homme digne de votre choix. Que vos suffrages aillent le chercher. Les témoignages de votre estime feront naître en lui le sentiment de la reconnaissance, et ce sentiment, toujours puissant sur une belle âme, lui fera contracter l'obligation d'entrer dans une carrière où il peut ajouter à son bonheur en faisant celui de ses concitoyens.

Un tel choix honorera à la fois son objet et ses auteurs. Il confondra les calomniateurs de cette grande cité; il prouvera qu'elle est digne d'avoir été le berceau de la liberté.

Le Directoire exécutif, citoyens, écarte l'idée qu'une apathie honteuse éloigne de vos assemblées une partie des citoyens qui ont droit d'y voter.

L'égoïsme lui-même s'égarerait dans les fausses combinaisons de son insouciance, s'il pensait que les élections abandonnées au petit nombre ne doivent avoir aucune influence sur son existence civile.

Il doit se rappeler que le bonheur individuel ne peut exister sans le bonheur général; que celui-ci dépend du choix des dépositaires de l'autorité publique et qu'en se dérobant à l'obligation d'y concourir, les administrés s'exposent à favoriser par leur inertie les tentatives de l'intrigue et de l'ambition et se préparent d'amers regrets.

---

[1] Ainsi conçus : «Art. 30. Les assemblées, soit primaires, soit communales, ne font aucune autre élection que celles qui leur sont attribuées par l'acte constitutionnel. — Art. 31. Toutes les élections se font au scrutin secret.»

Citoyens, en vous traçant ces vérités, en vous conviant tous à l'exercice de vos droits politiques, en vous montrant les pièges de l'ambition et de l'intrigue, en vous désignant ceux qui sont dignes de vos suffrages, le Directoire exécutif remplit un devoir que lui prescrivent les circonstances et que lui impose le besoin qu'il éprouve de voir régner parmi vous la concorde. C'est votre union et la sagesse de vos choix qui doivent amener l'accomplissement de la félicité nationale et presser l'époque de la paix extérieure.

Les événements se succèdent et se pressent pour rapprocher ce terme; il est l'objet des vœux et des plus actives sollicitudes du gouvernement. Environnez-le de coopérateurs pénétrés de l'importance de leurs obligations et du sentiment de leur dignité, et vous doublerez ses moyens, vous assurerez ses succès, vous affermirez la constitution républicaine, vous préparerez en un mot votre propre bonheur.

L.-M. Revellière-Lépeaux, Reubell, P. Barras [1].

B

Le Directoire exécutif au général en chef Jourdan.
commandant l'armée de Sambre-et-Meuse.

Le Directoire a reçu, citoyen général, la lettre que vous lui avez écrite du quartier général de Weilmunster le 21 messidor [2]. Votre silence l'avait inquiété. Il importe que le gouvernement soit instruit le premier de tous les mouvements des armées et un silence prolongé de la part des généraux qui les commandent ne manque jamais de fournir aux malveillants l'occasion et la facilité de semer des fausses nouvelles, toujours désastreuses pour le crédit public. Votre temps, il est vrai, a été glorieusement employé, mais le Directoire doit toujours connaître immédiatement les mouvements opérés par les troupes françaises qui vous obéissent et ceux que vous vous proposez de leur faire exécuter.

Le Directoire a appris avec satisfaction le passage de la Lahn [3] et l'issue heureuse des divers combats qui l'ont préparé. Il vous charge de féliciter de sa part les militaires qui se sont distingués dans ces différentes occasions. Il accepte avec plaisir l'assurance que vous lui donnez que l'armée de Sambre-et-Meuse poursuivra l'ennemi jusqu'à ce qu'il veuille recevoir la bataille. S'il se propose de l'attendre derrière la Nidda, il sera facile de la gagner. Il suffira pour y parvenir de faire tourner son aile droite par des forces considérables et ce mouvement ne peut manquer de le forcer à se replier précipitamment sur les rives gauches du Main et de la Kintz; il est d'ailleurs avantageux en ce qu'il évite un combat général sur tout votre front et que les succès de votre gauche peuvent seuls, en épargnant du sang, forcer l'ennemi à quitter sa position et le mettre en déroute.

---

[1] Arch. nat., AF III, 387, dossier 2007.
[2] Voir le texte de cette lettre dans le *Moniteur*, à la date du 29 messidor (t. XXVIII, p. 356-357).

[3] Par suite du succès de cette opération, toute l'armée de Sambre-et-Meuse se trouvait, dès le 21 messidor, portée entre la Lahn et le Main.

Dans le cas où l'ennemi se retirerait derrière la Kintz, il ne faudrait pas hésiter à aller vous placer devant lui et déborder encore considérablement son aile droite, afin de le tourner avec facilité et de l'obliger à la retraite. Et dans l'hypothèse où il se placerait sur la rive gauche du Main, il n'en serait pas moins utile de vous porter sur la Kintz en appuyant votre droite à Hanau, ainsi que nous vous l'avons indiqué dans notre lettre du 2 messidor [1]. Vous jetteriez alors sur les bords du Main, entre Hanau et Mayence, un corps d'observation destiné, comme nous vous le mandions à cette époque, à s'emparer de Francfort et d'Offenbach, pendant que le corps de Marceau, qui se serait rapproché de la Seltze, porterait sur les hauteurs de Hocheim des troupes suffisantes pour contenir cette place (Mayence) sur la rive droite du Rhin. En général, nous continuons à vous prescrire formellement, ainsi que nous l'avons déjà fait dans nos précédentes, d'éviter de trop vous appuyer au Rhin. Notre lettre du 18 [2] en explique le danger et nous sommes toujours dans les mêmes sentiments. Nous ne vous dissimulerons pas, citoyen général, que nous serions profondément affectés de vous voir adopter une marche qui s'éloignerait directement de ce point des instructions que nos missives contiennent à cet égard. Rappelez-vous que le resserrement de l'armée de Sambre-et-Meuse entre Francfort et Mayence pendant la dernière campagne a été une des causes principales de son insuccès. Alors, nous le savons, une ligne de neutralisation inhabilement tracée vous força à prendre cette position désastreuse. Mais aujourd'hui cette ligne de neutralité n'existe plus [3]. Aucune raison quelconque ne doit vous empêcher de vous emparer de Francfort et de mettre cette ville à contribution, et aucun obstacle ne se présente pour s'opposer à votre marche vers la Franconie. A peine vous serez-vous élancé vers cette partie de l'Allemagne que vous verrez l'ennemi quitter avec précipitation l'Entre-Main-et-Neckar, où il risquerait d'être cerné par l'armée qui vous obéit et celle que commande le général en chef Moreau.

Ne perdez pas un instant, citoyen général, marchez avec une extrême rapidité dans la direction que nous vous indiquons. Déjà l'ennemi s'est vu forcé d'affaiblir l'armée qui vous est opposée et, malgré les renforts qu'il a portés pour résister aux efforts de celle de Rhin-et-Moselle, il vient d'être battu par elle à Rastadt et à Ettlingen. Des patrouilles républicaines ont été jusqu'à Sultz sur le haut Neckar et sans doute les Autrichiens, tournés par leur gauche dans leur position de Durlach, auront, en se retirant, comme nous le présumons, vers Vissloch et Sinzheim, mis l'armée de Rhin-et-Moselle en situation d'aller passer le Neckar en

---

[1] Voir t. II, p. 667-669.

[2] Voir plus haut, p. 28-30.

[3] Grâce à la complaisance de la Prusse, le Directoire était déjà à peu près d'accord avec cette puissance sur les conditions du traité qui fut signé à Berlin le 18 thermidor suivant (5 août) et par lequel la ligne de neutralité devait remonter la Ruhr jusqu'à sa source, atteindre ensuite l'Eder et de là la Fulda pour la remonter aussi jusqu'à sa source; de plus, les belligérants devaient avoir libre passage sur les territoires prussiens situés en dehors de cette ligne de neutralité, à la condition d'observer une exacte discipline. On voit combien cet arrangement était à l'avantage de la France. — Sur cette négociation, voir au tome II, p. 74-75, la délibération secrète du 12 germinal an IV et plus loin dans le présent volume, p. 135-136 (séance du 1er thermidor).

grande force du côté d'Heilbronn ou de Marspach. Pressez donc de votre côté l'ennemi avec toutes les troupes dont vous pouvez disposer; obligez-le à quitter les bords du Rhin et profitez de sa retraite pour le défaire entièrement.

Vous trouverez ci-joint, citoyen général, copie de la dernière lettre que nous avons écrite au général en chef Moreau [1]. Elle contient les dernières idées que nous avons cru devoir vous communiquer à l'un et à l'autre sur le plan de la campagne actuelle.

Nous vous recommandons audace et célérité.

Le Tourneur, Carnot, L.-M. Revellière-Lépeaux [2].

SÉANCE DU 28 MESSIDOR AN IV [3]

16 JUILLET 1796.

Le Directoire adresse au Conseil des Cinq-Cents un message pour l'inviter à porter une loi contre les dépositaires judiciaires qui abusent de leurs dépôts [4].

Il ordonne à son commissaire près le tribunal de cassation de dénoncer à ce tribunal plusieurs jugements du tribunal civil du département du Lot contre le ci-devant procureur de la commune de Moissac [5].

Il lui ordonne pareillement de dénoncer un jugement du tribunal criminel du département des Ardennes portant référé au Corps législatif [6].

---

[1] Voir plus haut, p. 84.
[2] Arch. nat., AF III, 387, dossier 2007.
[3] Arch. nat., AF III*, 4, fol. 64-68. — AF III, 2.
[4] Message lu à la séance du 30 messidor (C. C., messidor an IV, p. 581).
[5] Condamné à des dommages-intérêts pour avoir fait saisir des grains et farines qu'il jugeait être en contravention aux lois des 4 thermidor an III et 7 vendémiaire an IV (défendant de vendre grains et farines ailleurs qu'aux marchés), Le Directoire, conformément au rapport du ministre de la justice (Arch. nat., AF III, 388, dossier 2010), estime ces jugements illégaux, comme contraires notamment à l'article 203 de la Constitution, qui défend aux juges d'arrêter ou suspendre l'exécution d'aucune loi et de citer devant eux les administrateurs pour raison de leurs fonctions. — Arrêté du 28 messidor an IV, signé Le Tourneur, Revellière-Lépeaux, Reubell (Arch. nat., AF III, 383, dossier 2010).

[6] Ce tribunal, avant de statuer sur la déclaration du jury relative à Marie Ninis, accusée de provocation à la dissolution du gouvernement républicain et au rétablissement de la royauté, avait cru devoir référer au Corps législatif sur ses doutes relativement à l'application de la loi du 22 germinal an IV aux faits reconnus par le jury. — Le Directoire estime que par là ce tribunal «s'est dépouillé des fonctions judiciaires pour les transmettre au Corps législatif, qui ne peut pas les exercer; que les référés des tribunaux ne peuvent avoir pour objet que de demander ou une loi nouvelle ou l'interprétation d'une loi existante à des cas à venir; que demander une loi inter-

Sur le rapport du ministre de la justice, le Directoire destitue de ses fonctions le citoyen Lontreuil, adjoint municipal de la commune de Champosoult[1], charge son commissaire près le tribunal criminel de l'Orne de le dénoncer à l'accusateur public de ce département et de poursuivre l'annulation de la procédure commencée contre Lontreuil par le juge de paix du canton d'Argentan.

Il suspend de ses fonctions le citoyen Toulouze, son commissaire près le tribunal civil et criminel du département du Gard, et ordonne que la procédure contre lui commencée sera continuée[2].

Le Directoire donne son approbation à un rapport du ministre de la justice sur une contestation portée devant le tribunal civil du département du Pas-de-Calais, relativement au navire Le Zorg[3], et autorise ce ministre à répondre à son commissaire près ce tribunal que rien ne s'oppose à ce que, dans ladite contestation, ledit tribunal ne suive les règles générales concernant les prises.

Le même ministre fait un rapport sur une lettre à lui adressée par le commissaire du Directoire près le tribunal criminel du département du Bas-Rhin, relativement à la rentrée d'une foule de cultivateurs qui ont émigré dans le temps de la Terreur et de l'expulsion des Autrichiens de ce département[4], et qui reviennent en grand nombre depuis l'ouverture du pont sur le Rhin[5].

prétative applicable à des cas arrivés, c'est demander une loi rétroactive, c'est-à-dire un acte que la Déclaration des droits de l'homme et du citoyen interdit au Corps législatif lui-même; que tout tribunal saisi d'une contravention doit y statuer; que s'il le fait conformément à la loi, son jugement doit être exécuté; que s'il le fait en contravention à la loi, son jugement est sujet à cassation, et que s'il refuse de juger, il commet un vrai déni de justice...» — Arrêté du 28 messidor an IV, signé Le Tourneur, Carnot, Reubell (Arch. nat., AF III, 388, dossier 2010).

[1] Département de l'Orne. Cet adjoint est «prévenu d'avoir délivré à l'émigré Mallard un passeport dont l'original a été trouvé sur ce dernier à la suite d'un combat dans lequel il a été tué...» et «d'avoir contrefait la signature du citoyen Soumillon, agent municipal, que l'on trouve à côté de la sienne au bas du passeport délivré à l'émigré Mallard». — Arrêté du 28 messidor an IV, signé Le Tourneur, Revellière-Lépeaux, Reubell (Arch. nat., AF III, 388, dossier 2009). — La procédure commencée par le juge de paix est dénoncée comme contraire à l'article 203 de la Constitution.

[2] Arrêté du 28 messidor an IV, signé Le Tourneur, Revellière-Lépeaux, Reubell, (Arch. nat., AF III, 388, dossier 2010). — Il s'agit d'un vol dénoncé par le citoyen Toulouze et qu'il est soupçonné d'avoir lui-même commis lorsqu'il était greffier provisoire du tribunal.

[3] Navire hollandais qui, en 1794, se rendant aux Indes, avait relâché à Plymouth, et sur lequel, depuis, le gouvernement anglais avait mis l'embargo. Ce navire se trouvait avoir repris la mer et avoir échoué, en brumaire an IV, près de Boulogne. Le ministre de la justice (Merlin) le considère comme de bonne prise. (Voir son rapport, Arch. nat., AF III, 388, dossier 2010).

[4] C'est-à-dire à la fin de 1793.

[5] «Le tribunal, dit le commissaire, est très embarrassé de prononcer sur le sort de ces individus; il semble répugner à l'applica-

Le même ministre fait deux autres rapports, à la suite desquels le Directoire prend deux arrêtés.

Par le premier, il renvoie au greffe du tribunal criminel du département de la Seine des pièces qui lui ont été adressées par le tribunal correctionnel de Paris, relatives aux événements des 1er, 2 et 3 septembre 1792[1].

Par le second, il charge son commissaire près le tribunal criminel du département du Doubs de dénoncer à l'accusateur public les agents municipaux de six communes de ce département[2], prévenus d'avoir favorisé la rentrée d'un prêtre émigré.

Il écrit au ministre de l'intérieur, pour l'inviter à faire publier solennellement la proclamation du jour d'hier[3] aux citoyens de Paris, relative aux assemblées primaires qui vont se former[4].

Un messager d'État est admis et dépose sur le bureau deux lois :

La première portant que les dépenses du Corps législatif, des Archives nationales, domaniales et judiciaires, etc., seront acquittées par le Trésor public, sous le titre de dépenses du gouvernement[5].

---

tion de la peine capitale, que la loi prescrit contre eux, et que je crois devoir requérir. La déportation serait-elle suffisante dans ce cas? Je ne le pense pas, d'après la teneur impérieuse des lois.» — Rapport du ministre (Arch. nat., AF III, 388, dossier 2010). Aucune décision n'est prise par le Directoire. On lit seulement en tête du rapport cette note de la main de Lagarde : «*Mention au procès-verbal de la présentation de ce rapport. Ce 28 messidor.*»

[1] Ces pièces, produites par l'imprimeur du *Messager du soir*, poursuivi comme diffamateur devant le tribunal correctionnel de Paris par le citoyen Barbot, ci-devant membre du comité civil de la section de l'Unité, consistaient en deux bons signés Barbot, l'un de 80 francs pour huit personnes, l'autre de 20 francs pour une personne, et en l'autorisation, signée Barbot et autres membres de la section des Quatre-Nations (depuis de l'Unité), donnée au citoyen Cheradame de payer à Dallongeville, employé à surveiller pendant les neuf premiers jours de septembre 1792, la somme de 32 francs. — «Considérant, dit l'arrêté, que les trois pièces dont il s'agit sont relatives aux événements des 1er, 2 et 3 septembre 1792; qu'il paraît que déjà elles ont été déposées au greffe du tribunal criminel du département de la Seine; que, de l'aveu de François Porte et d'Étienne-Augustin Barbot, elles ont même été représentées à ce dernier au moment où il a été entendu comme témoin dans le procès de plusieurs individus accusés d'être les auteurs des massacres de septembre et qu'elles n'auraient jamais dû sortir de ce dépôt...». — Arrêté du 28 messidor an IV, signé Le Tourneur, Reubell, Barras (Arch. nat., AF III, 388, dossier 2009).

[2] Les citoyens Gauthier, Mongin, Cartien, Bailly, Simonin et Périssot, agents municipaux de Bief, Damjout, Villars-sous-Damjout, Sente, Noirefontaine et Liebwillers, dénoncés «comme ayant, le 16 nivôse dernier, forcé le citoyen Tournont, ministre assermenté du culte à Damjout, de leur remettre les clefs de l'église, qu'ils ont ensuite ouverte au nommé Rougnon, émigré, ci-devant curé du même lieu...» — Arrêté du 28 messidor an IV, signé Le Tourneur, Carnot, Barras (Arch. nat., AF III, 388, dossier 2009).

[3] Voir plus haut, p. 96.

[4] Minute signée Reubell, Revellière-Lépeaux, Carnot (Arch. nat., AF III, 388, dossier 2009).

[5] *Bull.*, II, LIX, n° 545. — Cette loi met à la charge : 1° de l'État, les dépenses du

La seconde met à la disposition du ministre de la police générale la somme de deux millions pour les dépenses de son département [1].

Le Directoire ordonne que ces lois seront publiées, exécutées, et qu'elles seront munies du sceau de l'État. Elles sont en conséquence adressées de suite à l'enregistrement pour deux expéditions être adressées sans délai au ministre de la justice, avec l'arrêté, portant ordre d'impression et de publication, dans les formes prescrites par les lois.

Il écrit au ministre de l'intérieur, pour l'inviter à lui présenter, sous deux jours, un rapport concernant les citoyens Gérin et Bourget, administrateurs du département des Bouches-du-Rhône [2].

Il sera pris pour le compte du gouvernement trente abonnements de l'ouvrage périodique intitulé : *Les Fastes du Peuple* [3]. Les exemplaires seront remis au secrétariat général, où la distribution en sera faite [4].

Le Directoire accorde une indemnité de trois mille livres, mandats, à la citoyenne veuve du citoyen Hue, capitaine en second sur le vaisseau *Le Ça-ira*, mort des suites des blessures qu'il a reçues dans le combat glorieux que ce bâtiment a soutenu les 23 et 24 ventôse de l'an III [5].

Corps législatif, des archives nationales, domaniales et judiciaires, du Directoire, de ses commissaires près les administrations et tribunaux, des sept ministres, de la haute cour de justice, du tribunal de cassation, de la trésorerie, des bureaux de la comptabilité et de la liquidation, de l'institut national, des écoles spéciales et de service public, de la gendarmerie nationale, des hôtels des élèves de la patrie et des invalides, de l'impression et de l'envoi des lois, de la guerre, de la marine, des relations extérieures, de la confection, entretien et réparation des grandes routes, de la navigation intérieure, des canaux et travaux d'art contre les torrents et rivières, des primes et encouragements à l'agriculture, au commerce et aux arts, de la Bibliothèque nationale, du Muséum, du Jardin des Plantes, des hôtels des monnaies, de la régie des poudres et salpêtres, des manufactures nationales, de la dette publique; — 2° *des départements*, celles des administrations centrales, des corps judiciaires, de la police intérieure et locale, de l'instruction publique, des prisons; — 3° *des communes*, les frais de bureaux des municipalités et des cantons, ainsi que le traitement des secrétaires-greffiers et des commis.

[1] *Bull.*, II, LX, n° 550.

[2] «Contre lesquels il s'est élevé des plaintes graves.» — Minute signée Le Tourneur, Carnot, Barras (Arch. nat., AF III, 388, dossier 2009).

[3] *Les Fastes du peuple français* étaient destinés, dit leur auteur, Grasset-Saint-Sauveur, dans sa pétition au Directoire, «à immortaliser par des gravures les belles actions de nos frères d'armes et les actes de civisme et de patriotisme des citoyens français».

[4] Arrêté du 28 messidor an IV, signé Carnot, Barras, Revellière-Lépeaux (Arch. nat., AF III, 388, dossier 2009). Ces abonnements sont pris à «deux francs, valeur métallique, par chaque cahier de quatre estampes en noir».

[5] Arrêté du 28 messidor an IV, signé Revellière-Lépeaux, Reubell, Barras (Arch. nat., AF III, 388, dossier 2009). — Le ministre de

Il accuse réception au citoyen Fréron du manuscrit qu'il lui a envoyé, sous le titre de : *Mission du citoyen Fréron, ex-député à la Convention nationale et commissaire du gouvernement dans les départements des Bouches-du-Rhône, de Vaucluse, de la Drôme, du Gard, des Hautes et Basses-Alpes* [1].

Il charge le ministre de la marine de donner des ordres pour la visite des navires américains et autres bâtiments neutres, sur lesquels l'Angleterre s'est arrogé le droit de préhension et de visite [2].

[Le Directoire exécutif, considérant qu'en autorisant, par son arrêté du 23 brumaire dernier [3], le ministre de la marine et des colonies à signer des lettres de neutralisation, son but avait été non seulement de faciliter au commerce les moyens de maintenir son activité pendant les circonstances difficiles d'une guerre maritime, mais aussi de procurer aux ports de la République et principalement aux armements de l'État les approvisionnements de première nécessité, à l'aide des pavillons de puissances neutres;

Considérant que, d'une part, le plus grand nombre des spéculations faites par les négociants qui ont obtenu des permissions de neutraliser se sont dirigées vers des branches de commerce moins essentielles au bien général et n'ont fait que très peu ou point de retours dans nos ports depuis l'époque de ces permissions; qu'il n'en est résulté par conséquent aucun avantage pour la marine de la République ni pour ses approvisionnements;

Considérant d'une autre part que plusieurs bâtiments français ainsi neutralisés ont été aliénés à des étrangers malgré les conditions qui doivent en garantir la réfrancisation à la paix, et qu'il serait d'autant plus difficile d'en exiger l'exécution que ces ventes peuvent se faire à

---

la marine, dans son rapport (même dossier), représente que la veuve Hue, aux termes de la loi du 13 prairial, n'aura qu'une pension de 461 francs, dont elle est encore loin de pouvoir jouir.

[1] Minute signée Revellière-Lépeaux, Reubell, Barras (Arch. nat., AF III, 388, dossier 2009). — Ce manuscrit (joint au dossier forme la première partie du rapport de Fréron au Directoire sur sa mission dans les départements du Midi, rapport écrit pour répondre aux attaques des représentants Isnard et Jourdan (des Bouches-du-Rhône). Il contient l'exposé de la réaction et des fureurs royalistes dans ces départements dans les derniers mois de l'an III. — On sait que Fréron a publié le récit complet de sa mission sous le titre de *Mémoire historique sur la réaction royaliste et sur les malheurs du Midi*.

[2] Arrêté du 28 messidor an IV, signé Le Tourneur, Revellière-Lépeaux, Reubell (Arch. nat., AF III, 388, dossier 2010). — Cf. l'arrêté du 14 messidor an IV (t. II, p. 768).

[3] Voir t. I, p. 65.

l'aide de fausses déclarations de condamnation, d'échouement ou de dépérissement;

Considérant que, sous ce dernier rapport, ce serait préparer la ruine totale du commerce maritime pour l'époque glorieuse de la paix que de laisser plus longtemps à l'égoïsme, à la cupidité et à la malveillance les moyens de dénaturer les instruments précieux du cabotage, genre d'industrie qui doit à cette époque être assuré exclusivement à des Français d'après l'acte de navigation;

Considérant d'ailleurs que si le système des neutralisations a présenté moins d'inconvénients lorsque les forces maritimes de l'État étaient dans l'impossibilité de protéger efficacement le pavillon républicain, les mesures prises pour faire sortir la marine de la langueur où le défaut d'ensemble et de lois organiques l'avait fait tomber seront désormais suffisantes pour garantir le commerce national des insultes de l'ennemi par une sage distribution de bâtiments armés sur tous les points où il réclamera leur secours;

Arrête : qu'il ne sera plus délivré de lettres de neutralisation aux bâtiments de commerce construits en France ou francisés d'après les lois ;

Autorise le ministre de la marine et des colonies à faire poursuivre, aux termes des conditions prescrites par celles précédemment accordées, les armateurs et les cautions qui n'auront pas justifié dans le délai de six mois de l'existence des bâtiments neutralisés et de leur retour sous pavillon français ou de l'impossibilité légalement constatée de satisfaire à ces dispositions. — Arch. nat. AF ɪɪɪ, 388, dossier 2010 [1].]

Tous les ustensiles et fournitures à l'usage des bureaux seront mis à la charge des employés à l'exception du papier, de l'encre, du fil, des épingles, des pains et de la cire à cacheter [2].

La trésorerie nationale payera sur les ordonnances du ministre de la police générale jusqu'à concurrence de la somme de deux millions, valeur fixe, mise à sa disposition par la loi de ce jourd'hui [3].

---

[1] Signé: Le Tourneur, Carnot, Barras.

[2] Arrêté du 28 messidor an ɪv, signé Revellière-Lépeaux, Reubell, Barras (Arch. nat., AF ɪɪɪ, 388, dossier 2009). — Les articles 4 et 5 portent que la fourniture du bois de chauffage sera évaluée pour toute l'année à cinq voies par cheminée ou poêle en activité; que ce qui ne sera pas brûlé à la fin de l'hiver appartiendra aux employés et que le prix leur en sera distribué par portions égales.

[3] Arrêté du 28 messidor an ɪv, signé Le Tourneur, Revellière-Lépeaux, Reubell (Arch. nat., AF ɪɪɪ, 388, dossier 2009).

Un secours de dix mille livres, mandats, est accordé au citoyen Mémoire, aide de camp du général Beurnonville, en considération des pertes qu'il a éprouvées pendant sa détention en Autriche[1].

Un message est adressé au Conseil des Cinq-Cents, pour lui proposer l'échange de la maison des ci-devant capucins de Graulhet contre la ci-devant église paroissiale et la maison commune de Graulhet[2].

Un autre message adressé au même conseil a pour objet de lui proposer de suspendre l'effet des soumissions faites ou à faire des bâtiments nationaux, actuellement employés au service militaire, jusqu'à la présentation du tableau de ceux auxquels devra être appliqué l'article 7 de la loi du 26 vendémiaire[3].

Une lettre est adressée au ministre de la guerre[4], pour lui faire part des plaintes qui viennent au Directoire sur les lenteurs dans la délivrance des certificats d'exemption du service militaire aux armées, qui, à ce que l'on assure, n'ont d'autre but que d'amener les pétitionnaires à offrir des récompenses illicites, pour abréger les délais qu'ils éprouvent[5].

Il prend deux arrêtés secrets : l'un relatif au major général Ira Allen[6], l'autre qui autorise le ministre de l'intérieur à délivrer une ordonnance de 200,000 francs en faveur du ministre des finances pour les frais de bureaux[7].

Il adresse trois lettres : l'une aux officiers municipaux de Lisieux, à l'effet de les inviter à la réunion avec le commissaire du pouvoir exécutif[8];

---

[1] Et de l'état de maladie où il se trouve par l'effet de sa captivité. — Arrêté du 28 messidor an IV, signé Revellière-Lépeaux, Reubell, Barras (Arch. nat., AF III, 388, dossier 2009). — Voir t. II, p. 368 (séance du 23 floréal). Mémoire, à qui une indemnité de 26,760 francs, payable en mandats, avait été alors allouée, la trouvait hors de proportion avec les pertes qu'il avait éprouvées et demandait qu'elle fût convertie en valeur métallique.

[2] Département du Tarn. Message lu au Conseil le 29 messidor (C. C., messidor an IV, p. 568-569).

[3] Message lu à la séance du 29 messidor (C. C., messidor an IV, p. 570-571). — Voir plus haut, p. 95 (séance du 27 messidor).

[4] A lui seul (souligné), lit-on en tête de la minute.

[5] Minute signée Carnot, Revellière-Lépeaux, Reubell (Arch. nat., AF III, 388, dossier 2010).

[6] Voir délibération secrète du 28 messidor.

[7] Idem.

[8] Minute signée Carnot, Le Tourneur, Revellière-Lépeaux et datée du 29 messidor (Arch. nat., AF III, 388, dossier 2012). — Le Directoire reproche à ces administrateurs : 1° de n'avoir pas de jour et d'heure fixes pour leurs séances, ce qui empêche souvent le commissaire du pouvoir exécutif de s'y rendre; 2° de se partager entre eux, non seulement le travail préparatoire, mais la décision des affaires, qui ne doit être prise qu'en séance générale et après discussion; 3° de ne pas entendre le commissaire du pouvoir exécutif

La seconde aux ministres des finances et de l'intérieur pour qu'ils fassent leur rapport sur la situation des digues de l'Escaut[1];

La troisième au commissaire du pouvoir exécutif près l'administration centrale du département de la Seine-Inférieure, pour qu'il rende compte de l'affaire du président de l'administration de Colombes[2].

On s'occupe du personnel des armées et on fait différentes promotions; les minutes sont à la section de la guerre[3].

[Le Directoire exécutif, ouï le rapport du ministre des relations extérieures, arrête ce qui suit :

Les citoyens Tholosé, général de brigade, inspecteur des fortifications, Noizet-Saint-Paul, chef de brigade au corps du génie, et Brossier, employé au département des relations extérieures, sont nommés commissaires pour la démarcation des limites entre le territoire de la République et les pays réservés au roi de Sardaigne en Italie[4].

Les citoyens Bourcet, adjoint au génie, Tugot, *idem*, et Duhautoir, ancien employé au département des relations extérieures, sont nommés adjoints à ladite commission.

Chaque commissaire jouira pendant le temps qu'il sera en activité

---

dans toutes les affaires; 4° de ne pas lui communiquer la correspondance; 5° de laisser cumuler au citoyen François, l'un d'entre eux, les fonctions d'administrateur et celles de commissaire des guerres, c'est-à-dire celles de surveillant et de surveillé. — Voir au dossier plusieurs plaintes du commissaire (*Lévêque*), qui ont motivé cette lettre.

[1] Minute signée Le Tourneur, Carnot, Révellière-Lépeaux et datée du 29 messidor (Arch. nat., AF III, 388, dossier 2012). — Le Directoire informe les deux ministres que Bouteville, son commissaire près les neuf départements réunis, lui a fait savoir que des mémoires leur avaient été adressés par les administrations de ces départements sur l'état de dégradation des digues et les moyens propres à y pourvoir. Il demande un prompt rapport. — Voir à la suite la lettre de Bouteville et les mémoires adressés aux ministres.

[2] Minute signée Le Tourneur, Carnot, Revellière-Lépeaux, et datée du 29 messidor (Arch. nat., AF III, 388, dossier 2012). — Le président de l'administration de Colombes se plaignait de sa suspension, prononcée par l'administration départementale le 7 messidor, et accusait de vexations le commissaire du pouvoir exécutif à Colombes.

La minute porte département de la *Seine* et non département de la *Seine-Inférieure*.

[3] Arrêté du 28 messidor an IV, signé Carnot, Revellière-Lépeaux, Le Tourneur, relatif au lieutenant de gendarmerie Rivaud (membre du Conseil des Cinq-Cents), promu capitaine; au ci-devant capitaine Billant, de la légion de police, réintégré avec son grade dans la gendarmerie nationale; à l'ancien général de brigade Pacquin-Vanzlémont, désigné pour être employé à la suite dans la place de Metz comme commandant temporaire de 2° classe; et au capitaine Bernard, ci-devant aide de camp du général Kellermann, désigné pour être employé à la suite dans une place forte (Arch.nat., AF III, 388, dossier 2010).

[4] Voir le traité de paix entre la République française et le roi de Sardaigne, t. II, p. 650-653. — Voir plus loin, p. 108, à l'Appendice de cette séance, les articles secrets du traité.

d'un supplément de traitement de [1]   par mois. Ledit supplément sera de moitié pour chaque adjoint.

Il ne leur sera alloué aucun frais, excepté ceux de porte-chaînes et autres manœuvres nécessaires à l'opération.

Le ministre des relations extérieures est chargé de l'exécution du présent arrêté, qui ne sera point imprimé. — Arch. nat., AF III, 388, dossier 2010 [2].]

Articles secrets du traité de paix conclu entre le roi de Sardaigne et la République Française [3].

Article 1er. Le roi de Sardaigne consent à ce que la République française possède les îles de Saint-Pierre, de Saint-Antioche et îlots en dépendants, la baie qu'elles forment, ainsi que le fort qui existe sur l'île Saint-Pierre, et qu'elle en use comme Sa Majesté en userait elle-même. Sa Majesté consent également à ce que la République use de l'artillerie, des munitions de guerre et de bouche qui s'y trouveront à l'époque de l'occupation. Les pêcheries possédées par des particuliers dans lesdites îles continueront à l'être au même titre et de la même manière qu'elles l'étaient sous la domination de Sa Majesté sarde.

Art. 2. Le Directoire exécutif ne s'oppose pas à ce que les deux filles du roi de Sardaigne [4] rejoignent leur père, sans cependant qu'il puisse être formé de leur part aucune action ou prétention quelconque contre la République.

Art. 3. Les citoyens des départements du Mont-Blanc et des Alpes-Maritimes qui ont pu être enlevés par ordre de Sa Majesté sarde ou de ses agents seront mis en liberté sur-le-champ.

---

[1] En blanc.

[2] Signé Revellière-Lépeaux, Le Tourneur, Reubell.

A signaler, indépendamment des pièces qui viennent d'être indiquées 1° un arrêté du 28 messidor an IV, signé Carnot, Barras, Revellière-Lépeaux, non mentionné au procès-verbal, par lequel un congé de deux mois est accordé, pour affaires de famille, au soldat Steigne, du 1er bataillon du 83e régiment d'infanterie. 2° un arrêté, signé Le Tourneur, Carnot, Reubell, qui n'est pas non plus mentionné au procès-verbal et par lequel est rapporté celui du 26 prairial an IV, portant nomination du citoyen Falconet à la place de juge de paix de l'Abergement, département du Doubs (cette nomination ayant été faite par erreur, puisque la place était déjà pourvue).

Dans le dossier 2009, on trouve également deux arrêtés, signés Le Tourneur, Reubell, Revellière-Lépeaux, non mentionnés au procès-verbal et qui, en vertu de la loi du 21 floréal, autorisent à séjourner à Paris pour leurs affaires : 1° Le citoyen Mühlenbeck, négociant à Ribeauviller (Haut-Rhin); 2° le citoyen Schlickum, négociant à Elberfeld (duché de Berg).

Le dossier 2011, dont le contenu, comme celui des deux précédents, se rapporte à la séance du 28 messidor, est formé de 38 pièces relatives à des nominations de juges de paix, d'assesseurs de juges de paix et de commissaires dans les départements de la Haute-Garonne, de la Loire-Inférieure, de la Gironde, de la Mayenne et du Nord.

[3] Arch. nat., AF III*, 20.

[4] Marie-Joséphine-Louise, mariée au comte de Provence (Louis XVIII) et Marie-Thérèse, mariée au comte d'Artois (Charles X).

Art. 4. Les troupes de Sa Majesté sarde seront remises sans délai sur le pied de paix, et les milices licenciées et rendues à leurs travaux.

Art. 5. Le roi de Sardaigne s'oblige soit à démolir la forteresse de Demont et les retranchements dits les Barricades, soit à abandonner à la République française la portion de territoire située entre la frontière des départements des Alpes-Maritimes et des Hautes-Alpes désignée en l'article 3[1] et la limite qui sépare les ci-devant comtés de Beuil et de Tende de la province de Coni, laquelle embrasse le château d'Isson, Pardillon, les bains de Vandier et le haut des Vallés de Sture, de Gesso et de Borso. — L'option résultante du présent article est réservée à Sa Majesté sarde, du consentement du Directoire exécutif, mais elle sera faite en même temps que la ratification du présent traité[2].

Art. 6. Le roi de Sardaigne fera mettre sans délai dans tous ses ports le séquestre sur les vaisseaux appartenant soit aux gouvernements, soit aux sujets des puissances ennemies de la République française qui pourront s'y trouver. — Il s'engage de plus à ne jamais donner accès ni retraite auxdits vaisseaux ennemis, soit pendant la présente guerre, soit pendant le cours de celles qui pourraient avoir lieu dans la suite, et à prendre toutes les mesures qui seront en son pouvoir pour empêcher les fraudes qui pourraient être commises contre le présent article sous pavillon neutre, ou de toute autre manière. — Les vaisseaux français trouveront au contraire dans tous les temps, soit de paix, soit de guerre, asile, sûreté et protection dans tous les ports du roi de Sardaigne.

Art. 7. Le roi de Sardaigne n'emploiera plus à l'avenir dans aucun acte les titres de souveraineté ou de seigneurie des pays cédés par le présent traité.

Fait et conclu à Paris, le 26 floréal de l'an iv de la République française une et indivisible, répondant au 15 mai 1796.

Le chevalier DE REVEL, Charles DELACROIX, Le chevalier DE TONSO.

DÉLIBÉRATION SECRÈTE DU 28 MESSIDOR AN IV[3]

16 JUILLET 1796.

CCXXVIII

Le Directoire exécutif au ministre de l'intérieur.

Le Directoire exécutif est informé, citoyen ministre, que le citoyen

---

[1] Ainsi conçu: « Le roi de Sardaigne renonce purement et simplement, à perpétuité, pour lui et ses successeurs et ayants cause, en faveur de la République française à tous les droits qu'ils pourrait prétendre sur la Savoie, les comtés de Nice, de Tende et de Beuil.

[2] Par acte signé le 1ᵉʳ juin 1796, c'est-à-dire le même jour que la ratification du traité, le roi de Sardaigne (Victor-Amédée III) déclare « choisir et préférer la démolition de la forteresse de Demont et des retranchements dits les Barricades. » — Voir le texte complet de cet acte dans le registre AF iii*, 20 des Archives nationales.

[3] Arch. nat., AF iii*, 20, p. 59-66. — AF iii, 388, dossier 2009 et 2010.

Georges Grisel[1], capitaine au 3ᵉ bataillon de la 38ᵉ demi-brigade, éprouve dans sa santé un dérangement qui exige des soins et des dépenses. Le Directoire exécutif vous invite à donner des ordres pour que ce citoyen, qui a rendu des services essentiels à la République, soit exactement visité par les gens de l'art dont il pourrait avoir besoin et pour que tous les remèdes ou objets quelconques nécessaires à sa guérison lui soient fournis aux frais de la République[2].

CCXXIX

Le Directoire exécutif arrête qu'il sera payé au citoyen Grisel, capitaine au 3ᵉ bataillon de la 38ᵉ demi-brigade, une somme de trois mille livres en mandats, à titre de gratification pour les services par lui rendus à la chose publique.

Le ministre de l'intérieur est chargé de l'exécution du présent arrêté, qui ne sera pas imprimé[3].

CCXXX

Le Directoire exécutif arrête ce qui suit[4] :

Le ministre de la marine et des colonies donnera sur-le-champ et secrètement des ordres pour que la quantité de vingt mille fusils de calibre étranger, avec leurs baïonnettes, ainsi que vingt-quatre canons de bronze du calibre de quatre, six affûts et six caissons puissent sortir du port d'Ostende à bord d'un ou de plusieurs navires neutres.

Les différents objets mentionnés dans le présent arrêté ont été vendus par le gouvernement français au citoyen Allen, des États-Unis de l'Amérique[5].

CCXXXI

Le Directoire exécutif ayant approuvé les propositions réciproquement convenues entre lui et le major général Ira Allen, de Colchester,

---

[1] Sur le capitaine Georges Grisel, dénonciateur de la conspiration Babeuf, voir t. II, p. 380, 382, 490, 640.

[2] Signé à la minute Carnot, Le Tourneur, Barras.

[3] Signé à la minute Carnot, Le Tourneur, Barras.

[4] Cet arrêté et les trois suivants sont relatifs à l'expédition d'Ira Allen, qui était alors en préparation. — Voir plus haut, délibération secrète du 24 messidor.

[5] Signé à la minute Le Tourneur, Carnot, Revellière-Lépeaux. — Sur Ira Allen, voir plus haut, p. 75-77.

dans l'État de Vermont, dans les États-Unis de l'Amérique, arrête par suite de cette convention, ce qui suit :

ARTICLE 1ᵉʳ. Il sera remis au major général Ira Allen une somme de deux cent mille livres, valeur métallique, à titre de prêt, dont il effectuera le remboursement le 1ᵉʳ thermidor de l'an XII de la République, correspondant au 19 juillet de l'an 1804, ère vulgaire.

ART. 2. Cette somme sera fournie en rescriptions bataves de cent mille florins payables moitié le 1ᵉʳ vendémiaire prochain, 21 septembre prochain (v. s.) et l'autre moitié à pareille époque de l'année suivante.

ART. 3. La somme ci-dessus mentionnée sera remise par le ministre des finances, qui la recevra de la Trésorerie nationale, sur l'ordonnance du ministre de l'intérieur, au major général Allen. Son récépissé, mis au bas du présent, vaudra engagement de sa part pour l'exécution de son contenu et promesse de remboursement au bout de huit années, de deux cent mille francs, valeur métallique, sans intérêts[1].

CCXXXII

Le Directoire exécutif autorise le ministre de l'intérieur à ordonnancer et mettre à la disposition du ministre des finances une somme de deux cent mille livres, valeur métallique. Cette somme sera prise sur les cent millions décrétés par le Corps législatif pour les dépenses ordinaires, extraordinaires et secrètes du Directoire. Elle sera payée en rescriptions bataves de cent mille florins, payables moitié le 1ᵉʳ vendémiaire de l'an VI.

Le présent arrêté sera envoyé aux ministres de l'intérieur et des finances pour qu'il soit mis à exécution[2].

CCXXXIV[3]

Le citoyen Théobald Wolfe Tone[4] est promu au grade de chef de brigade d'infanterie, à prendre date du 1ᵉʳ messidor dernier.

Il jouira à Paris du traitement et rations affectés à ce grade[5].

---

[1] Signé à la minute Carnot, Revellière-Lépeaux, Reubell.

[2] Signé à la minute Revellière-Lépeaux, Reubell, Carnot.

[3] Numéro placé dans le registre des délibérations secrètes à la suite du n° 233, qui porte la date du 1ᵉʳ thermidor et que l'on trouvera à sa date (voir plus loin, p. 140).

[4] Sur Wolfe Tone, v. t. II, p. 364, 490-491.

[5] Signé à la minute Le Tourneur, Carnot,

CCXXXV

Le Directoire exécutif arrête ce qui suit :

1° Le ministre de la guerre donnera les ordres les plus prompts pour faire transporter à Brest jusqu'à la concurrence de cinquante mille fusils de calibre étranger ou ancien.

2° Ces fusils seront tirés de l'intérieur et mis à la disposition du général en chef de l'armée des Côtes de l'Océan.

3° Ceux qui pourront être transportés par eau et par la rivière de Seine le seront ainsi qu'il suit : de Paris jusqu'au Havre, puis du Havre jusqu'au Pays et de là à Granville par terre et de Granville à Brest par mer.

4° La mesure prescrite par le présent arrêté étant urgente, tout retard non justifié par les circonstances est mis sous la responsabilité du ministre de la guerre [1].

CCXXXVI

Le Directoire exécutif arrête ce qui suit :

1° Le ministre de la guerre donnera les ordres les plus prompts pour faire transporter à Brest le plus d'obus qu'il lui sera possible.

2° Ces obus seront tirés de l'intérieur et mis à la disposition du général en chef de l'armée des Côtes de l'Océan.

3° Ceux qui pourront être transportés par la rivière de Seine et par eau le seront ainsi qu'il suit : de Paris jusqu'au Havre, puis du Havre jusqu'au Pays et de là à Granville par terre et de Granville à Brest par mer.

Reubell. — Cet arrêté se rapporte, ainsi que les trois suivants, à l'expédition d'Irlande, qui était alors en préparation. L'Irlandais Wolfe Tone, qui en fut un des principaux instigateurs, était à Paris depuis le mois de ventôse an IV (voir t. I et II). Le Directoire, qui n'avait d'abord songé qu'à organiser une *chouannerie* en Angleterre sous les ordres de Kilmaine, puis d'Humbert, en était venu à l'idée d'envoyer en Irlande un corps d'armée de débarquement et à en confier le commandement au général Hoche (voir t. II, p. 660-663, séance du 1er messidor). A la date du 24 messidor, ce dernier était à Paris et avait avec Wolfe Tone, au palais du Luxembourg, deux entretiens décisifs, dont un chez Carnot, où ils dînèrent, ainsi que le frère de ce directeur, le ministre de la marine Truguet, le général Clarke, le général Lacuée, le secrétaire général du Directoire exécutif Lagarde, etc. — Voir sur ces entretiens Guillon, *La France et l'Irlande pendant la Révolution*, p. 189-192. — L'expédition d'Irlande était résolue, le Directoire n'allait pas tarder à donner au général Hoche ses instructions en vue de cette importante entreprise (voir plus loin, p. 140, délibération secrète du 1er thermidor).

[1] Signé à la minute Le Tourneur, Carnot, Reubell.

4° La mesure prescrite par le présent arrêté étant urgente, tout retard non justifié par les circonstances est mis sous la responsabilité du ministre de la guerre [1].

CCXXXVII

Le Directoire exécutif arrête ce qui suit :

1° Le ministre de la guerre fera transporter à Brest le plus promptement possible la plus grande quantité de souliers dont il pourra disposer.

2° Ces souliers seront mis immédiatement à la disposition du général en chef de l'armée des Côtes de l'Océan.

3° Les souliers qui pourront être transportés par eau et par la rivière de Seine le seront ainsi qu'il suit : de Paris jusqu'au Havre, puis du Havre jusqu'au Pays et delà à Granville par terre et de Granville à Brest par mer.

4° Les mesures prescrites par le présent arrêté étant urgentes, tout retard non justifié par les circonstances est mis sous la responsabilité du ministre de la guerre [2].

SÉANCE DU 29 MESSIDOR AN IV [3]

17 JUILLET 1796.

Sur le rapport du ministre de la police générale, le Directoire prononce la radiation définitive de la liste des émigrés des citoyens [4]...,

---

[1] Signé à la minute Le Tourneur, Carnot, Reubell.

[2] Signé à la minute Le Tourneur, Carnot, Reubell.

[3] Arch. nat., AF III*, 4 fol. 68-70. — AF III, 2.

[4] Léonard *Rabillat-la-Vazeille*, ancien maire de la commune de Bellac et juge de paix dudit canton (Haute-Vienne); — François *Le Chauff*, ex-noble, demeurant à Nantes; — François-Joseph *Foucault*, habitant de la commune de Mercy (Eure); — Antoine-Paul-Augustin *Falcon*, Jean-François-Augustin *Falcon* et Marie-Gabrielle *Falcon*, frères et sœur, héritiers Longevialle; — Louis-François *Montigny*, ancien militaire, domicilié à Paris; — François *Foucques-du-Parc*, «ci-devant officier de la chambre du ci-devant dernier roi, habitant de la commune de Versailles»; — Etienne-Gabriel *Bouquin*, marchand fripier, domicilié dans la commune de Bourges; — Jeanne-Gabrielle-Delphine-Victoire *Chauvelin*, «femme séparée de Charles-Robert *Boutin*, domiciliée à Paris»; — Aimable-Françoise *Duché*, femme *Lecomte*, — Georges-Marie *Thoisy*, ancien militaire; — Louis-Armand-Hyacinthe *Grout*,

maintient sur ladite liste le nommé[1]... et ordonne que les nommés Labourdonnaye et Cottineau seront déportés[2].

[Le Directoire exécutif, vu le mémoire d'observations de Gousse-Rougeville[3] sur l'arrêté du 8 germinal dernier, qui a annulé celui du département de la Seine du 3 ventôse précédent en ce qu'il avait établi — en contravention à l'article 24 du titre 2 de la loi du 25 brumaire an III — la nécessité de l'extraction de ce prévenu d'émigration hors de la maison de justice où il est détenu, pour lui faciliter les moyens

---

dragon au 8ᵉ régiment, demeurant à Rouen, âgé de 20 ans; — Pierre-Antoine *Bonnet*, dit *Saint-Priest*, «vivant de son bien»; — Jean-Jacques *Nalin*, agriculteur; — Laurent-François *Brigot*, «juge de paix et notaire public en la commune de Crouy». — inscrits sur les listes des émigrés des départements de la Haute-Vienne, de la Loire-Inférieure, du Cher, du Cantal, du Finistère, du Calvados, du Loiret, du Pas-de-Calais, de Seine-et-Oise, de Saône-et-Loire, de l'Eure, du Loiret, des Basses-Alpes et de l'Oise, et qui ont suffisamment justifié de leur résidence (quatorze arrêtés du 29 messidor an IV, signés: les 1ᵉʳ, 3ᵉ, 4ᵉ, 5ᵉ, 6ᵉ, 7ᵉ, 8ᵉ, 11ᵉ, 12ᵉ et 13ᵉ, Revellière-Lépeaux, Reubell, Barras; — les 2ᵉ, 9ᵉ, 10, et 14ᵉ, Revellière-Lépeaux, Reubell, Carnot); — Jacques-Henry-Sébastien-César *Moreton*, ancien maréchal de camp et général de division, porté sur la liste des émigrés du département de la Drôme et dont la veuve a établi qu'il «a constamment été au service de la République depuis le 16 décembre 1791 et qu'il est mort en activité de service près ses armées le 23 avril 1793» (arrêté du 29 messidor an IV, signé Revellière-Lépeaux, Reubell, Barras; — Arch. nat., AF III, 388, dossier 2013); — Jean-Nicolas *Desmeuniers*, ex-membre de l'Assemblée constituante, inscrit sur la liste des émigrés du département du Jura, qui n'a quitté la France en novembre 1793 «que pour cause de prétendu fédéralisme..., pour fuir les fureurs de la tyrannie» et qui est rentré des États-Unis en France dès que la loi lui a permis de le faire (arrêté du 29 messidor an IV, signé Revellière-Lépeaux, Reubell, Barras, — (Arch. nat., AF III, 388, dossier 2013).

[1] Richard *Lallemand*, fils de Richard-Gontran Lallemand, imprimeur-libraire à Rouen, porté sur la liste des émigrés du département de la Seine-Inférieure et dont le père n'a justifié «ni que son fils, absent de France depuis 1792, ait été dans l'usage de faire des voyages chez l'étranger pour raison de son commerce, ni qu'il ne se soit absenté que pour acquérir de nouvelles connaissances dans son art» (arrêté du 29 messidor an IV, signé Revellière-Lépeaux, Reubell, Barras, — (Arch. nat., AF III 388, dossier 2013).

[2] C'est-à-dire conduits hors du territoire français. — Arrêté du 29 messidor an IV, signé Le Tourneur, Carnot, Reubell (Arch. nat., AF III, 388, dossier 2013). — Le rapport du ministre de la police (même dossier) expose que La Bourdonnaye (Anne-Julien-Joseph), d'une famille noble de l'Anjou, ancien grand vicaire, ayant adopté les principes de la Révolution et exercé honorablement la fonction d'administrateur du département de Mayenne-et-Loire, avait été tellement «bafoué» par «les évêques et les nobles» qu'il avait pris le parti de se retirer en Belgique, près de Liège, avec le jeune Cottineau, son élève; que, ce pays étant occupé par les Français, tous deux avaient été, en pluviôse an IV, arrêtés comme émigrés et qu'un arrêté du Directoire du 28 ventôse (voir t. I, p. 844) avait ordonné de les traduire comme tels devant le tribunal criminel de leur département d'origine (Mayenne-et-Loire); mais que cet arrêté étant encore sans exécution (La Bourdonnaye était à Tours, malade depuis plusieurs mois, avec son compagnon) il était possible d'éviter le fâcheux effet qu'un tel procès produirait sur l'opinion publique, où La Bourdonnaye paraissait jouir d'une grande estime, en rapportant l'arrêté du 28 ventôse et faisant simplement reconduire les deux intéressés hors de France. De là l'arrêté du 29 messidor, conforme à ces conclusions.

[3] Sur Rougeville, voir t. II, p. 42-44.

de justifier de sa résidence dans le délai d'un mois, qui lui était accordé par l'arrêté du corps administratif;

Ouï le nouveau rapport du ministre de la police générale;

Considérant que l'article 24 de la section 4 du titre 2 de la loi du 25 brumaire a clairement prévu le cas où les détenus seraient dans la nécessité de se procurer des pièces justificatives de non-émigration et qu'il indique la marche à suivre à cet égard;

Arrête qu'il n'y a lieu à délibérer sur la pétition dudit Gousse-Rougeville et que l'arrêté du 8 germinal dernier portera son plein et entier effet, sauf à lui à se conformer à la section 4 du titre 2 de la loi du 25 brumaire an III pour la justification de sa résidence.

Le ministre de la police générale est chargé de l'exécution du présent arrêté, qui ne sera point imprimé. — Arch. nat., AF III, 388, dossier 2013 [1].]

Sur le rapport du même ministre, le citoyen Berger du Jaunet est destitué de ses fonctions de président de l'administration du canton de Varennes [2].

Le Directoire adresse au Conseil des Cinq-Cents un message pour l'inviter à relever Jean Rahu, ex-capitaine au régiment de Steiner (Suisse), de la déchéance qu'il a encourue pour n'avoir pas remis en temps utile ses titres à la pension [3].

[Le Directoire exécutif, sur le rapport du ministre de l'intérieur concernant un projet d'établissement à former pour les fêtes publiques, arrête:

1° Le plan présenté, et qui sera annexé à l'expédition du présent, sera exécuté.

2° Les offres faites par le citoyen Poyet, architecte, de construire cet

---

[1] Signé Revellière-Lépeaux, Reubell, Barras.

[2] Département de l'Allier. Considérant dit l'arrêté, qu'il « s'est montré partisan de la réaction et perturbateur de la tranquillité publique en faisant partie d'un attroupement séditieux qui a eu lieu le 11 messidor dans la commune de Varennes, lorsque au contraire il était de son devoir de tout employer pour le dissiper, faire cesser le chant homicide du Réveil du peuple et sévir contre les provocateurs au meurtre.....; que non seulement il a pris une part active à ce rassemblement, chanté avec lui le Réveil du peuple, mais encore provoqué par des menaces et des démonstrations furieuses l'assassinat du commissaire du pouvoir exécutif près l'administration municipale de Varennes, qui s'était porté vers le rassemblement pour l'engager à se retirer et à cesser le chant proscrit et qui n'a évité la mort que par une fuite précipitée..... » — Arrêté du 29 messidor an IV, signé Revellière-Lépeaux, Reubell, Barras, (Arch. nat., AF III, 388, dossier 2012).

[3] Message lu au Conseil le 1er thermidor (C. C. thermidor an IV, p. 23).

édifice à ses frais, sont acceptées, le ministre de l'intérieur en surveillera la plus prompte exécution.

3° Cet établissement sera consacré aux fêtes et aux jeux publics dont les frais seront supportés par le gouvernement; mais le citoyen Poyet aura la jouissance des cabinets destinés aux rafraîchissements.

4° Pour dédommager le citoyen Poyet de la dépense de la construction du Wauxhall projeté, il lui sera permis de s'en servir pour donner des spectacles chaque fois que le local ne sera pas employé aux fêtes nationales ordonnées par le gouvernement.

5° Il est aussi permis au citoyen Poyet de construire à ses frais auprès du Wauxhall quatre petits bâtiments particuliers dont il aura la jouissance pendant trente années.

6° A l'expiration des trente années, le Wauxhall et les autres bâtiments construits sur le même local par le citoyen Poyet seront délaissés à la République et le citoyen Poyet sera tenu de les entretenir en bon état pendant la durée des trente années.

7° La construction sera surveillée par un ingénieur nommé à cet effet par le ministre de l'intérieur, afin de s'assurer qu'elle sera faite avec la solidité qu'exigent la sûreté du peuple et l'intérêt de la République. — Arch. nat. AF III, 388, dossier 2012[1].]

Il fixe à trois cent quarante huit mille deux cent vingt un francs huit centimes, en mandats, la somme revenant aux régisseurs de l'enregistrement et du domaine national[2], pour le complément de la remise qui leur accordée par le comité des finances, par son arrêté du 4 brumaire[3].

Il fait passer par un messager d'État au Conseil des Cinq-Cents les états que lui a fait passer le ministre de la justice, en conséquence de la résolution que ce Conseil a prise le 12 de ce mois[4], tendante à ce que le ministre de la justice lui fournisse l'état de l'emploi de la somme de 504,293 francs, formant avec celle de 28,368 francs celle de 532,659 francs, qui lui restait disponible sur les fonds antérieurs à ceux qui lui ont été accordés par la loi du 27 floréal[5].

---

[1] Signé Le Tourneur, Barras, Reubell, Revellière-Lépeaux.

[2] Sur le produit de leur régie pour l'an III.

[3] An IV. — Arrêté du 29 messidor an IV, signé Reubell, Barras, Revellière-Lépeaux, (Arch. nat., AF III, 388, dossier 2014).

[4] Voir t. II.

[5] Message lu au Conseil le 29 messidor (C. C., messidor, an IV, p. 572-573). — Sur la loi du 27 floréal, voir t. II, p. 387.

Il accorde[1] un congé de quatre décades au citoyen Nicolas Morard, caporal au premier bataillon de la 154ᵉ demi-brigade[2].

Un messager d'État, envoyé par le Conseil des Anciens, est admis et dépose sur le bureau quatre lois.

La première rapporte les articles 2ᵉ et 3ᵉ de la loi du 15 germinal dernier, sur le payement des transactions entre citoyens[3].

La seconde accorde à chaque membre de l'Institut national une indemnité qui ne pourra être sujette à aucune réduction ou retenue[4].

La troisième concerne les arrondissements de justice de paix de Paris, du canton de Vienne, département de l'Isère, ainsi qu'ils ont été fixés, en exécution de la loi du 12 septembre 1793[5].

La quatrième déclare que l'armée des Côtes de l'Océan, a bien mérité de la patrie[6].

---

[1] Pour raison de santé et de famille, sur la proposition de La Revellière-Lépeaux.

[2] Arrêté du 29 messidor an IV, signé Revellière-Lépeaux, Reubell, Barras (Arch. nat., AF III, 388, dossier 2014). — Une note indique que Nicolas Morard a servi pendant quatre ans soit en Hollande, soit à l'armée de l'Ouest.

[3] *Bull.*, II, LVIII, n° 535. — Ces deux articles, que la loi nouvelle rapporte pour en prévenir l'abus, étaient ainsi conçus : «Art. 2. En exécution de la loi du 28 ventôse dernier, toutes les obligations antérieures au 1ᵉʳ janvier 1792, ou contractées depuis en numéraire ou lingots d'or ou d'argent, seront, tant en principal qu'intérêts, acquittées en mandats. Les arrérages des rentes viagères entre particuliers seront payés en mandats. — Art. 3. Quant aux autres obligations contractées et non spécifiées en valeur numéraire postérieurement au 1ᵉʳ janvier 1792, leur valeur réelle, pour ce qui en reste dû, sera fixée de la manière suivante : Les obligations contractées depuis le 1ᵉʳ janvier 1792 jusqu'au 1ᵉʳ janvier 1793 seront réduites à 95 francs pour 100; — celles contractées pendant les cinq premiers mois de 1793 seront réduites à 85 francs pour 100; — celles contractées pendant les mois de juin, juillet, août et septembre, jusqu'au 1ᵉʳ vendémiaire an II, et pendant les six premiers mois de l'an II, seront réduits à 75 francs pour 100; — celles contractées pendant les six derniers mois de l'an II et jours complémentaires seront réduits à 65 francs pour 100; — celles contractées pendant les trois mois de vendémiaire, brumaire et frimaire de l'an III seront réduites à 60 francs pour 100; — celles contractées dans les mois de nivôse et pluviôse, même année, seront réduites à 50 francs pour 100; — celles contractées en ventôse et germinal, à 40 francs pour 100; — celles contractées en floréal seront réduites à 30 francs pour 100; — celles contractées en prairial seront réduites à 20 francs pour 100; — celles contractées en messidor et thermidor, à 15 francs pour 100; — celles contractées en fructidor et jours complémentaires, à 10 francs pour 100; — celles contractées en vendémiaire an IV, à 8 francs pour 100; — celles en brumaire, à 6 francs pour 100; — celles en frimaire, à 4 francs pour 100; — celles contractées en nivôse, à 3 francs pour 100; — celles contractées depuis, à 2 francs pour 100. — Le montant de la valeur réelle des obligations ainsi réduites, soit en capital, soit en intérêts, sera acquitté en mandats.»

[4] *Bull.*, II, LX, n° 552. — Cette loi porte que le total de cette indemnité, calculé sur le pied de 1,500 francs par chaque membre, sera réparti suivant les règlements intérieurs de l'Institut.

[5] *Bull.*, II, LX, n° 551. — Cette loi annule les élections des juges de paix et assesseurs faites le 10 brumaire an IV par les habitants du canton de Vienne et confirme néanmoins les jugements rendus ou à rendre jusqu'à leur remplacement.

[6] *Bull.*, II, LIX, n° 546. — Voir plus haut p. 92.

Le Directoire ordonne que ces quatre lois seront publiées, exécutées et qu'elles seront munies du sceau de l'État. Elles sont en conséquence adressées de suite à l'enregistrement pour deux expéditions être adressées, sans délai, au ministre de la justice, avec l'arrêté portant ordre d'impression et de publication dans les formes prescrites par les lois.

On écrit des lettres relatives au service militaire et l'on écrit à la députation du Doubs [1].

---

[1] Les minutes mentionnées dans ce paragraphe se trouvent dans les dossiers 2012 et 2014 (Arch. nat., AF III, 388) et constituent les pièces suivantes :

Dans le dossier 2012 : 1° lettre signée Carnot, Barras, Revellière-Lépeaux, au citoyen Amaury Duval, ci-devant employé dans les Relations extérieures, pour l'informer que sa recommandation en faveur du nommé Giuseppe Massani, qui le «déroba au poignard des assassins de Bassville», a été communiquée au général Bonaparte, qui est invité à prendre à l'égard de ce brave homme des mesures conformes à la générosité nationale»; — 2° lettre signée Carnot, Barras, Revellière-Lépeaux, au citoyen Santy (rue Amelot, n° 1), lui accusant réception de deux lettres des 15 et 16 messidor dans lesquelles il expose «l'avantage qu'il y aurait pour la République d'avoir huit têtes de pont sur le Rhin»; — 3° lettres signées Carnot, Barras, Revellière-Lépeaux, au citoyen Pelgrin pour le remercier de celle qu'il a adressée au Directoire le 30 prairial et qui est dictée par le désir d'être utile à la République.

Dans le dossier 2014 : 1° cinq lettres au ministre de la guerre, signées la première Le Tourneur, Carnot, Revellière-Lépeaux, les quatre autres Le Tourneur, Carnot, Reubell (par la première, le Directoire lui demande copie du marché qui a été conclu avec la compagnie Gobert et Rousseau pour la fourniture des grains à l'armée de l'intérieur; — par la seconde, sur de nouvelles plaintes de l'administration du département d'Ille-et-Vilaine, il lui réitère l'invitation d'assurer la subsistance des troupes dans ce département, pour mettre fin aux réquisitions contre lesquelles réclament les populations; — par la troisième, il l'informe que, sur la demande des administrateurs du Calvados, il s'est décidé à maintenir dans ce département le général Dugua, qui avait déjà reçu l'ordre de se rendre à l'armée d'Italie, et il l'invite à le lui faire savoir; — par la quatrième, il lui communique les soumissions qui lui ont été envoyées par son commissaire près l'armée de Sambre-et-Meuse, soumissions plus avantageuses «que celles stipulées dans la plupart des marchés actuellement en vigueur», et l'engage à en prendre exemple pour «réduire le prix des fournitures à des termes plus égaux»; — par la cinquième, il lui rappelle les ordres donnés pour que le général Châteauneuf-Randon fasse passer sans retard 6,000 hommes de ses troupes en Italie et l'informe que trois escadrons du 18° régiment de dragons, qu'a demandé le général Bonaparte, devront lui être envoyés, le quatrième devant rester dans la 11° division militaire); — 2° lettre signée Carnot, Le Tourneur, Reubell, aux administrateurs d'Ille-et-Vilaine, pour les informer qu'il a communiqué leurs plaintes au ministre de la guerre en lui réitérant l'invitation d'assurer la subsistance des troupes dans ce département; — 3° lettre signée Le Tourneur, Carnot, Reubell, aux administrateurs du Calvados, pour les informer que, suivant leur désir, il maintient le général Dugua dans ce département; — 4° lettre signée Le Tourneur, Carnot, Reubell, au ministre des finances, pour l'informer que depuis trois mois la garnison de Lyon n'a pas reçu la portion de la solde en numéraire qui lui est attribuée par la loi et l'inviter à y pourvoir; — 5° lettre signée Le Tourneur, Carnot, Reubell, au général Elie, commandant à Lyon, l'informant que, d'une part, il vient de donner des ordres pour le payement de la solde de la garnison de Lyon, de l'autre que, pour assurer la tranquillité de cette ville, il vient d'écrire au général Kellermann d'y envoyer des détachements; — 6° lettre signée Carnot, Barras, Revellière-Lépeaux, au chef de brigade Sirugue, à Buzançais (Indre) pour lui représenter que la nouvelle destination donnée

On accorde à des militaires des congés limités; les minutes des lettres, etc., sont à la section de la guerre [1].

Conformément à l'arrêté du 1ᵉʳ prairial, le ministre des relations extérieures dépose sur le bureau l'état des sommes à ordonnancer par lui, pendant le cours de la première décade de thermidor prochain.

Celui de la justice dépose sur le bureau un semblable état de

---

au corps qu'il commande ne doit lui «faire concevoir aucune crainte, puisqu'elle le met à même d'être encore utile dans le pays où il l'a déjà été par son courage»; — 6° deux lettres, signées Le Tourneur, Carnot, Reubell, au général Kellermann, commandant en chef l'armée des Alpes (par la première le Directoire l'invite à concilier autant que possible l'envoi des renforts destinés à l'armée d'Italie avec celui des secours qu'exige la tranquillité de la commune de Lyon, menacée par la réduction de la garnison; — par la seconde il lui accuse réception de ses lettres des 15, 18, 20, 21 et 22 messidor, ainsi que des pièces qui y étaient jointes, approuve les conventions faites avec le commissaire sarde et les ordres donnés pour démanteler les places piémontaises, l'invite à faire passer promptement à l'armée d'Italie les renforts qu'il a reçus de l'armée des Côtes de l'Océan, à se concerter avec le général Bonaparte au sujet de la remonte des escadrons, enfin l'avise qu'il s'occupera du supplément de solde de la garnison des places piémontaises et que le ministre des finances vérifiera les motifs qui ont retardé le versement des fonds destinés à l'armée des Alpes); — 8° cinq lettres signées Carnot, Barras, Revellière-Lépeaux, au général Bonaparte (voir le texte de ces lettres plus loin à l'Appendice); — 9° lettre signée Carnot, Barras, Revellière-Lépeaux, aux citoyens Garrau et Saliceti, commissaires du Directoire près l'armée d'Italie, pour les inviter à informer le ministre des finances des sommes qui sont mises à sa disposition, des époques de leur recouvrement, et notamment des «payements que doit faire le prince de Rome», c'est-à-dire le pape; — 10° lettre signée Carnot, Barras, Revellière-Lépeaux, à Saliceti, relativement à la Corse (voir le texte de cette lettre plus loin à l'Appendice); — 12° deux lettres, signées Le Tourneur, Carnot, Reubell, au citoyen Haussmann, commissaire du Directoire près l'armée de Rhin-et-Moselle (par la première

le Directoire approuve comme avantageuses les soumissions des citoyens Lauterbach et d'Hoffalz pour diverses fournitures et l'invite à favoriser la concurrence entre les fournisseurs des armées; — par la seconde, il lui accuse réception des détails qu'il a donnés sur les récentes opérations des généraux Desaix et Saint-Cyr, dans lesquelles il voit le présage d'une campagne décisive pour la République); — 13° lettre signée Carnot, Le Tourneur, Revellière-Lépeaux, aux représentants du peuple composant la députation du département du Doubs, pour leur demander des renseignements sur la moralité et le civisme du citoyen Briot, de Besançon (*Briot*, soumis par son âge à la première réquisition, mais professeur à l'École centrale du Doubs, marié, père de deux enfants, avait obtenu du Directoire, le 14 pluviôse an IV, une dispense de tout service militaire qui depuis avait été dénoncée comme due à la faveur et à l'intrigue et avait été rapportée par l'arrêté du 2 messidor (voir t. II, p. 665). Sa réclamation contre ce dernier arrêté, avec diverses pièces à l'appui, se trouve au dossier 2014, à la suite de la lettre du Directoire).

[1] Congés de deux mois à Jean *Martin*, sergent-major au ci-devant 6ᵉ bataillon de la légion de police; — de trois mois à Louis-René-Gilbert *Butor*, volontaire au 1ᵉʳ bataillon, 6ᵉ compagnie de la 196ᵉ demi-brigade, à Tours; — de deux décades à Eloy *Barillier*, caporal à la 6ᵉ compagnie du 6ᵉ bataillon de la formation d'Orléans, à Dol (Ille-et-Vilaine). — Trois arrêtés, signés Le Tourneur, Carnot, Revellière-Lépeaux (Arch. nat., AF III, 388, dossier 2014). — Un autre arrêté du même jour, signé Carnot, Revellière-Lédeaux, Reubell, confirme le congé de réforme accordé par le ministre de la guerre à Jean-Baptiste Victor *Grignon*, cavalier au 23ᵉ régiment, «attaqué de la poitrine et jugé hors d'état de faire aucun service militaire» (Arch. nat., AF III, 388, dossier 2014).

dépenses depuis le 24 messidor jusques et compris le 29 du même mois.

Celui de la police générale en fait autant pour la dépense de messidor.

Celui des finances dépose un pareil état de dépenses pour la troisième décade de messidor.

Celui de l'intérieur soumet aussi les dépenses de son département.

Le Directoire approuve ces états et en remet un double à chacun desdits ministres, pour les ordonnancer [1].

A

Le Directoire exécutif au général en chef Bonaparte.

Suivant les dernières dépêches du général en chef de l'armée des Alpes, citoyen général, il paraît qu'il n'avait pas reçu les 200,000 francs en numéraire que vous avez été chargé de lui envoyer [2]. La situation des choses est telle que l'envoi de ces fonds ne pourrait être différé plus longtemps sans les inconvénients les plus graves. Nous vous invitons donc à lui faire parvenir ces 200,000 francs dans le plus court délai.

Carnot, P. Barras, L.-M. Revellière-Lépeaux [3].

B

Le Directoire exécutif au général en chef Bonaparte.

Le Directoire, citoyen général, a reçu la lettre que vous lui avez écrite de Roverbella le 18 du courant [4]; c'est avec plaisir qu'il a appris que les troupes que commande le général Serurier au siège de Mantoue ont repoussé avec avantage les sorties que la garnison a voulu tenter.

---

[1] Outre les pièces qui viennent d'être indiquées, il faut signaler, comme se rapportant à la séance du 29 messidor, un arrêté signé Le Tourneur, Carnot, Revellière-Lépeaux, autorisant, en vertu de la loi du 21 floréal, le citoyen Aucillion, ex-administrateur municipal de Nemours (Seine-et-Marne), à résider à Paris (Arch. nat., AF III, 388, dossier 2014).

Le dossier 2013, outre les documents cités plus haut, renferme 11 pièces relatives à des nominations de juges et de juges suppléants près le tribunal civil de Loir-et-Cher.

Le dossier 2015, dont le contenu, comme celui des trois précédents, se rapporte à la séance du 29 messidor, est formé de 132 pièces relatives à des nominations de juges de paix, d'assesseurs de juges de paix et de commissaires dans les départements des Bouches-du-Rhône, de l'Isère, de la Haute-Loire, de la Lozère, de la Meurthe, du Nord, des Basses-Pyrénées, du Rhône, de la Seine et de la Haute-Vienne.

[2] Voir t. II.

[3] Arch. nat., AF III, 388, dossier 2014.

[4] Corr. de Napoléon Ier, t. I, p. 457.

[17 juillet 1796]   DU DIRECTOIRE EXÉCUTIF.   121

Si le Directoire avait sous les yeux un aperçu des vivres qui peuvent être dans cette place, il eût pu déterminer s'il était préférable d'ouvrir la tranchée devant elle ou de se contenter d'un simple blocus, au moyen duquel nous en serions devenus les maîtres. Les maladies qui ont commencé à se mettre dans la division du général Serurier [1] font penser au Directoire que le parti que vous avez pris d'ouvrir la tranchée est le plus convenable dans les circonstances actuelles, et il a appris avec satisfaction que vous n'aviez pas négligé d'employer aux corvées de ce siège les prisonniers que vous avez faits sur le prince de Rome [2], etc.

D'après des lettres particulières du général Berthier, il paraît que les fièvres qui se sont manifestées dans la division française à Mantoue ne sont qu'éphémères; peut-être cesseront-elles en évacuant sur-le-champ les malades à une certaine distance et en les mettant à même de respirer un air plus salubre; nous nous sommes bien trouvés de ce moyen dans la Zélande.

Vous devez avoir présentement connaissance de la marche des renforts que l'armée des Côtes de l'Océan a détachés pour l'armée d'Italie. Le Directoire vous envoie ci-joint l'état des demi-brigades et bataillons qui la composent : ces troupes présentent un total de 12,000 hommes. Le Directoire croit devoir vous observer que l'armée des Alpes est pour ainsi dire réduite à rien, et il convient que vous laissiez au général Kellermann environ 2,000 hommes, dont il a un besoin indispensable, tant pour surveiller la démolition des places du Piémont que pour maintenir la police dans les départements soumis à son commandement.

L'état que vous nous avez envoyé de la force ennemie qui vous est opposée nous a paru exagéré [3]. Le général en chef Moreau semble même croire que quelques-uns des renforts autrichiens que l'armée d'Hohenlohe a détachés pour secourir celle qui vous combat sont revenus vers le Rhin pour résister aux efforts de l'armée de Rhin-et-Moselle. Quand Mantoue sera au pouvoir de l'armée d'Italie, les troupes qui l'auront prise, réunies à celles que vous avez vers le Tyrol, vous donneront une grande supériorité de forces sur le général Wurmser.

Les fusils de la république de Lucques [4] peuvent devenir utiles pour la Corse.

Le Directoire approuve les précautions que vous avez prises pour le séquestre des biens appartenant aux Napolitains de Livourne [5].

CARNOT, P. BARRAS, L.-M. REVELLIÈRE-LÉPEAUX [6].

---

[1] Cinquante malades par jour, sur un effectif de 7,000 hommes, dit Bonaparte dans la lettre mentionnée ci-dessus.

[2] C'est-à-dire sur le pape.

[3] Dans cet état (lettre mentionnée ci-dessus), Bonaparte évaluait le reste de l'armée de Beaulieu à 18,000 hommes, la garnison de Mantoue à 8,000, les renforts envoyés d'Allemagne à 31,000, total 67,000 hommes. Quant à la force de son armée, il ne la portait qu'à 44,000 hommes (moins il est vrai, les garnisons de Livourne, Milan, Pavie, Tortone, etc.).

[4] Il s'agit de 6,000 fusils que Bonaparte avait demandés à la République de Lucques, mais qu'il disait avoir renvoyés parce qu'ils n'étaient pas de calibre (voir la lettre mentionnée ci-dessus).

[5] Bonaparte avait ordonné ce séquestre parce que la suspension d'armes convenue avec la cour de Naples ne devait commencer qu'au moment où la cavalerie napolitaine serait rendue dans les positions qui lui étaient indiquées.

[6] Arch. nat., AF III, 388, dossier 2014.

C

LE DIRECTOIRE EXÉCUTIF AU GÉNÉRAL EN CHEF BONAPARTE.

Les nouvelles qui viennent de parvenir au Directoire exécutif des succès des armées de Sambre-et-Meuse et de Rhin et Moselle [1] lui font présumer, citoyen général, que les Autrichiens, se trouvant dans l'impossibilité absolue de défendre plus longtemps la rive droite du Rhin, ont résolu de l'abandonner. Ils paraissent vouloir se retirer dans l'intérieur de l'Allemagne. Les ordres que le Directoire a transmis aux généraux républicains de les poursuivre avec vigueur lui donnent l'espérance de les rejeter soit vers la Bohême, soit sur la rive droite du Danube.

Vous trouverez ci-joint copie de la lettre que nous avons écrite au général Moreau le 25 messidor [2]; nous avons pensé qu'il était utile que vous en eussiez connaissance.

Le Directoire pense comme vous relativement à ce qui regarde la république de Venise [3]. La première opération à assurer est la prise de Mantoue; la seconde, c'est de repousser Wurmser, dans le cas où il voudrait tenter de rentrer en Italie, et surtout de le tenir dans une inquiétude fatigante pour les soldats qu'il commande.

CARNOT, P. BARRAS, L.-M. REVELLIÈRE-LÉPEAUX [4].

D

LE DIRECTOIRE EXÉCUTIF AU GÉNÉRAL EN CHEF BONAPARTE.

C'est avec regret, citoyen général, que le Directoire se voit forcé de sortir en quelque sorte des principes qu'il s'est faits et qu'il a constamment suivis jusqu'à ce jour avec la ville de Gênes; mais la conduite du gouvernement génois avec la République française l'a forcé, malgré lui, à prendre les mesures sévères contenues dans l'arrêté ci-joint [5].

Vous voudrez bien, citoyen général, le faire mettre à exécution aussitôt que les circonstances vous le permettront. Le Directoire s'en repose sur votre prudence relativement au choix du moment et à celui des moyens d'exécution; il s'en rapporte également à vous et sur la proclamation qui doit précéder vos demandes et

---

[1] Voir plus haut, p. 84, 98.

[2] Voir t. II, p. 84.

[3] C'est-à-dire qu'il ne faut faire de demandes à Venise qu'après la fin des affaires de Gênes, la prise de Mantoue et la défaite de Wurmser. — Voir lettres de Bonaparte au Directoire et à Carnot du 18 messidor (*Corr. de Napoléon Ier*, t. I, p. 457, 459).

[4] Arch. nat., AF III, 388, dossier 2014.

[5] Sur les affaires de Gênes, voir t. I et II. — Voir plus loin, p. 125, (délibération secrète du 29 messidor an IV) le texte de l'arrêté dont il est ici question. — Cet arrêté répond à la demande adressée au Directoire par Bonaparte le 18 messidor. «Je pense, écrivait ce dernier, ... qu'il faudrait chasser du gouvernement de Gênes une vingtaine de familles, qui, par la constitution même du pays, n'ont pas le droit d'y être, vu qu'elles sont feudataires de l'empereur ou du roi de Naples, obliger le Sénat à rapporter le décret qui bannit de Gênes huit ou dix familles nobles; ce sont celles qui sont attachées à la France...» (*Corr. de Napoléon Ier*, t. I, p. 458).

sur les précautions à prendre pour que les fonds et autres objets précieux déposés à Gênes ne puissent dans aucun cas courir les moindres hasards. Il vaut mieux, général, mettre ces objets en sûreté que d'être obligé de les réclamer.

Carnot, P. Barras, L.-M. Revellière-Lépeaux [1].

E
Le Directoire exécutif au général en chef Bonaparte.

Le Directoire exécutif, qui a reçu, citoyen général, votre lettre du 18 messidor relative aux moyens de chasser les Anglais de la Corse [2] et de rendre sans effort ces départements à la République [3], a adopté toutes les vues qui y sont consignées.

Il vous autorise à faire passer en Corse, soit par Livourne, soit par toute autre voie, tous les patriotes corses dont le courage et le civisme vous seront connus.

Il vous autorise à y faire passer 8 à 10 mille fusils de chasse et 7 à 8 milliers de poudre.

Il vous autorise à promettre, au nom du gouvernement, des preuves de la reconnaissance nationale à tous les Corses qui combattent pour la liberté de leur pays natal.

Il vous autorise à promettre un pardon absolu à ceux qui rentreront dans le devoir.

Il vous autorise en un mot à prendre tous les moyens que vous croirez praticables avec l'opération générale dont vous êtes particulièrement chargé.

Le Directoire, convaincu que pour assurer le succès de cette grande opération il est nécessaire de lui donner un chef connu par ses talents, son civisme, son attachement à la République française, et qui réunisse la confiance du gouvernement à celle des patriotes corses, écrit par le même courrier au citoyen Saliceti [4] : il lui annonce qu'il a jeté les yeux sur lui pour cet objet et lui promet tous les secours qui dépendront de lui et de vous. Pour compléter votre gloire et la rendre plus brillante, il ne vous reste, général, qu'à joindre au titre de vainqueur de l'Italie celui de libérateur du pays qui vous a vu naître.

Le Directoire l'espère de vos talents et de vos soins.

Carnot, P. Barras, L.-M. Revellière-Lépeaux [5].

F
Le Directoire exécutif
au citoyen Saliceti, son commissaire près l'armée d'Italie.

Le Directoire, qui a reçu il y a quelque temps, citoyen commissaire, les idées que vous lui avez communiquées sur la manière de réunir de nouveau avec faci-

---

[1] Arch. nat., AF III, 388, dossier 2014.
[2] Corr. de Napoléon Ier, t. 1, p. 459-460. — Sur les affaires de l'île de Corse, voir plus haut, p. 63, 64.
[3] La Corse formait alors les deux départements du Golo et du Liamone.
[4] Voir plus loin, même page.
[5] Arch. nat., AF III, 388, dossier 2014.

lité et promptitude les départements de la Corse à la République française, était occupé à en méditer l'exécution lorsqu'il a reçu une lettre du général en chef de l'armée d'Italie relative au même objet.[1]. La conformité de l'opinion du général Bonaparte avec la vôtre a confirmé le Directoire dans celle où il était sur la nécessité et les avantages de cette opération. On autorise en conséquence par le même courrier le général en chef à faire passer en Corse, par Livourne ou par toute autre voie, tous les Corses qui, Français dans le cœur, voudront aller redonner la liberté à leur pays natal; on l'autorise à employer tous les moyens qu'il croira les plus convenables pour secourir les patriotes persécutés. On l'autorise à y faire passer huit ou même dix mille fusils de chasse et une quantité de poudre proportionnée à leurs besoins. On l'autorise enfin à promettre à tous les Corses qui aideront leurs concitoyens à reprendre la liberté des preuves de la reconnaissance nationale et un pardon général et absolu à tous les autres.

Quelque bien conçues que soient ces dispositions, quel que soit le courage des patriotes corses, quelques secours qu'ils reçoivent, pourrons-nous espérer de voir nos projets couronnés par un prompt et grand succès, si un homme connu par ses talents, par son civisme et son attachement à la République, si un homme qui réunira la confiance du gouvernement français et celle des patriotes corses ne se met à leur tête pour diriger leurs mouvements, y mettre cette harmonie et cet ensemble qui peuvent seuls assurer le succès des opérations les mieux combinées? Cet homme, citoyen commissaire, le Directoire croit l'avoir trouvé; c'est sur vous qu'il a jeté les yeux, il vous charge de cette opération si importante pour la République et si glorieuse pour vous. Soyez certain, citoyen commissaire, que le gouvernement et le général Bonaparte vous seconderont de tout leur pouvoir. Que la Corse recouvre la liberté, qu'elle vous la doive et vous aurez acquis des droits immuables à la reconnaissance de vos concitoyens, à celle de la République française et aux éloges de la postérité.

Carnot, P. Barras, L.-M. Revellière-Lépeaux [2].

---

[1] Lettre du 18 messidor an IV (*Corr. de Napoléon Ier*, t. I, p. 459-460).

[2] Arch. nat., AF III, 388, dossier 2014. — Bonaparte, on le voit par sa correspondance, s'était préoccupé dès les premiers temps de sa campagne d'Italie des moyens de faire rentrer sous la domination française l'île de Corse, occupée depuis plusieurs années par les Anglais. Dès le mois de mai, il y avait fait passer le chef de bataillon Bonelli et quelques autres réfugiés corses du parti français, avec de l'argent, des armes, de la poudre, pour agiter le pays et avait chargé les citoyens Braccini et Paravicini de rester à Gênes pour correspondre avec lui et lui envoyer des secours (*Corr. de Napoléon Ier*, t. I, p. 310-311). Le 23 juin Bonelli lui écrivait de Bocognano pour lui rendre compte de ses opérations (*Corr.*, t. I, p. 459, 488). Dans la pensée du général, l'occupation de Livourne, effectuée à la fin de juin, devait avoir, entre autres effets, celui de faciliter l'insurrection de l'île, par des envois plus considérables de réfugiés, de fusils, de poudre. Dès le 6 juillet, il avait proposé au Directoire d'y faire passer son compatriote Saliceti comme commissaire du gouvernement (*Corr.*, t. I, p. 460). — Le 14 juillet, il ordonnait aux généraux Gentili et Casalta de se rendre à Livourne pour y réunir les réfugiés corses (*Corr.*, t. I, p. 479). Le 20, il s'étendait encore sur ces préparatifs, dans ses lettres à Vaubois, à Sappey, et

DÉLIBÉRATION SECRÈTE DU 29 MESSIDOR AN IV [1]

17 JUILLET 1796.

CCXXXVIII

Le Directoire exécutif :

Considérant que le gouvernement génois a fréquemment violé, depuis le commencement de la guerre que les puissances coalisées font à la France, les lois que les puissances neutres doivent observer et a constamment montré un dévouement absolu aux volontés et aux désirs des ennemis de la République ;

Considérant particulièrement qu'il a souffert que les Anglais aient pris à la Spezia deux frégates françaises et cinq bâtiments à l'ancre ;

Que des batteries génoises ont tiré à mitraille sur des navires français, tandis qu'elles protégeaient les vaisseaux ennemis ;

Considérant que le gouvernement génois a dans tous les temps accordé aux ennemis de la République les secours de tout genre qu'ils

---

parlait du général Gentili comme devant être chargé de commander l'expédition qu'il méditait. Le 22 juillet, on voit par sa lettre au Directoire qu'il songeait à faire passer en Corse trois généraux, Gentili, Casalta, Cervoni, 180 Corses, anciens gendarmes, 4,000 fusils, 6 milliers de poudre, puis une compagnie de canonniers, avec cinq à six pièces de montagne (*Corr.*, t. I, p. 494). — Le 27, il parlait de 800 à 900 Corses qui devaient se réunir à Livourne et ordonnait à Vaubois de les armer (*Corr.*, t. I, p. 497). — Depuis, l'occupation de l'île d'Elbe par les Anglais et surtout les grandes opérations militaires à effectuer contre Wurmser (juillet, août, septembre) l'avaient contraint à retarder l'exécution de son dessein. Mais il n'y avait pas renoncé, comme le prouvent son ordre du 12 août au général corse Casabianca de se rendre à Livourne pour se tenir prêt à participer à l'expédition (*Corr.*, t. I, p. 537), son ordre du 25 août à Gentili d'organiser en compagnies tous les Corses réfugiés se trouvant à Livourne (*Corr.*, t. I, p. 565) et sa lettre à Saliceti du 26 août (*Corr.*, t. I, p. 571-572). Aussi après les victoires de Castiglione, de Bassano et de Saint-Georges et

surtout en octobre, après la nouvelle que les Anglais, menacés par l'alliance franco-espagnole et par les préparatifs de l'expédition d'Irlande, allaient évacuer la Méditerranée, avait-il pris ses mesures pour que l'expédition de Corse ne fût pas plus longtemps retardée. C'est ce que montrent ses quatre lettres du 26 vendémiaire (17 octobre) au Directoire, à Gentili, à Cacault et à Baraguey d'Hilliers, d'où ressortent en détail ses intentions au sujet de l'occupation, de la mise en défense et de l'organisation militaire de l'île (*Corr.*, t. I, p. 59-63). — De fait, une première expédition, précédée par Saliceti et commandée par le général Casalta, débarqua en Corse dès le 28 vendémiaire (19 octobre) et en peu de jours s'empara de Bastia, de Saint-Florent ; très peu après Gentili arrivait et prenait possession d'Ajaccio. L'île redevint bientôt tout entière française; des députations furent envoyées par ses habitants à Livourne pour renouveler le serment de fidélité à la République française, et Saliceti fit procéder à l'acceptation de la Constitution de l'an III par les assemblées primaires.

[1] Arch. nat., AF III*, 20, p. 66-68. — AF III, 386, dossier 1990.

ont sollicités, tandis qu'il a obstinément refusé aux Français ceux qui étaient même les plus urgents, et qu'il a persécuté avec obstination toutes les familles et tous les individus qui ont montré quelque attachement pour la République française;

Considérant qu'au moment de l'approche des Autrichiens, au commencement de cette campagne, le gouvernement génois et beaucoup d'habitants de Gênes ont donné les preuves les moins équivoques de leur partialité pour la maison d'Autriche;

Que le gouvernement génois paraît avoir souffert et même protégé les entreprises faites nouvellement par les rebelles d'Arquata [1];

Considérant enfin que le gouvernement génois n'a donné jusqu'à ce moment que des réponses évasives et insignifiantes à toutes les notes qui lui ont été remises par le ministre plénipotentiaire de la République française [2];

Arrête :

Le général en chef de l'armée d'Italie est autorisé à faire faire au gouvernement génois par le ministre plénipotentiaire de la République française, Faipoult, la déclaration ci-jointe des demandes du Directoire exécutif :

1° Les ports de la République de Gênes seront fermés aux Anglais.

2° Le gouvernement génois fera sortir de son territoire le ministre de l'Empereur.

3° Le gouvernement génois reconnaîtra pour vice-consul de la République française à la Spezia le citoyen Marco Frederici.

4° Le gouvernement fera rentrer à Gênes et dans le Grand Conseil tous les Génois qui ont été expulsés à cause de leur attachement à la République française. Le ministre de la République en présentera le tableau.

5° Le gouvernement génois annulera tous les décrets et ordonnera la cessation de toutes les poursuites commencées contre des habitants de Gênes sous prétexte de propos et d'opinions politiques.

6° Le gouvernement génois bannira de Gênes les familles qui, d'après la constitution génoise, n'ont pas le droit de faire partie du gouvernement.

7° Le ministre plénipotentiaire exigera en outre un prêt de vingt

---

[1] Voir plus haut. — [2] Faipoult.

millions de livres tournois, remboursable en six ans, en commençant à la seconde année après la paix générale. Le général en chef de l'armée d'Italie pourra cependant réduire cette somme à une moindre dans le cas où des événements et des circonstances imprévus rendraient cette réduction nécessaire.

8° Le général en chef exigera, par l'entremise du ministre plénipotentiaire, que les conditions ci-dessus stipulées soient littéralement exécutées dans un délai très court; à défaut de quoi le général en chef de l'armée d'Italie prendra toutes les mesures que lui dictera sa sagesse pour rétablir la neutralité génoise d'une manière loyale, sincère et permanente, telle que la nation française a le droit de l'exiger [1].

SÉANCE DU 30 MESSIDOR AN IV [2]

18 JUILLET 1796.

[Le Directoire exécutif, après avoir entendu le ministre de la justice sur l'arrêté du 18 frimaire dernier, par lequel les commissaires du gouvernement dans les départements réunis par la loi du 9 vendémiaire précédent ont ordonné que la loi du 17 septembre 1791 concernant les vacances des tribunaux y serait publiée et exécutée;

Considérant que cette loi a été suspendue dans tout le territoire de la République par l'effet de la loi du 8 juillet 1792 et que c'est sur ce motif qu'un décret de la Convention nationale du 14 septembre 1793 a ordonné que tous les juges qui s'étaient permis de prendre des vacances seraient tenus de reprendre leurs fonctions dans les 24 heures, à peine de destitution;

Considérant qu'elle paraît avoir été révoquée définitivement par l'article 2 de la loi du 5 octobre 1793, portant : « Les administrateurs, les tribunaux, les agents ou fonctionnaires publics ne pourront prendre de vacances que les 10, 20 et 30 de chaque mois, ou les derniers jours de chaque décade », et que, si les articles de cette dernière loi qui ne sont pas révoqués n'ont pas encore été publiés dans les neuf départements réunis, c'est par un oubli qu'il est d'autant plus urgent de ré-

---

[1] Signé à la minute Le Tourneur, Carnot, Reubell, Revellière-Lépeaux, Barras.

[2] Arch. nat., AF III*, 4, fol. 70-72. — AF III, 2.

parer que l'ère républicaine, expressément consacrée par l'article 372 de l'acte constitutionnel, doit à cette loi même sa naissance et sa première organisation;

Considérant enfin que, s'il y avait du doute sur la révocation de la loi du 17 septembre 1791 par l'effet de celle du 5 octobre 1793, au moins il ne pourrait pas y en avoir sur l'impossibilité d'exécuter, quant à présent, la première de ces lois, puisque des trois articles qui la composent et qui forment un tout inséparable, le second et le troisième sont devenus inexécutables, d'après les lois intervenues depuis; que, d'une part, en effet, les directeurs du jury sont, par la constitution même, totalement étrangers aux tribunaux civils, tout le temps que dure leur service en cette qualité, et qu'ainsi ils ne pourraient plus *décider des affaires sommaires et provisoires* qui se présenteraient en matière civile pendant les vacances; que, de l'autre, le tribunal de cassation est obligé, par l'article 4 de la loi du 22 août 1793 et par l'acte 452 du code des délits et des peines, de prononcer sur chaque affaire portée devant lui dans le mois de la remise qui lui est faite des pièces; qu'ainsi il ne peut plus se borner à n'avoir que dix de ses membres de service pendant les deux mois que dureraient les vacances, *pour décider seulement sur l'admission des requêtes;* que par conséquent tout se réunit pour démontrer que l'état actuel de la législation nationale n'est pas compatible avec l'exécution de la loi qui a accordé deux mois de vacance, chaque année aux tribunaux,

Arrête ce qui suit :

Article 1er. L'arrêté des commissaires du gouvernement, en date du 18 frimaire dernier, qui a ordonné la publication et l'exécution de la loi du 17 septembre 1791 sur les vacances des tribunaux dans les départements réunis par la loi du 9 vendémiaire an IV est rapporté.

Art. 2. Le ministre de l'intérieur proposera incessamment au Directoire exécutif une instruction qui renfermera, pour les mêmes départements, les dispositions des lois relatives au calendrier républicain qui sont en vigueur dans la République.

Le présent arrêté sera inséré au *Bulletin des Lois.*

Pour expédition conforme, *signé* Carnot, président; par le Directoire exécutif, *le secrétaire général,* Lagarde [1].]

---

[1] *Bull.*, II, LX, n° 553.

Il ordonne la publication dans les départements réunis de l'article 10 du titre 10 de la loi du 24 août 1790 [1] sur l'organisation judiciaire, de la loi du 11 prairial dernier [2], de celle du 19 du même mois [3] concernant le régime hypothécaire, de celles des 20 et 22 du même mois [4] et de celle du 22 messidor présent mois [5] sur la compétence des conseils militaires.

Il réintègre le citoyen Dejean dans les fonctions de juge au tribunal civil du département de Vaucluse [6].

Une décision du ministre de la justice, confirmée par arrêté du Directoire du 1er prairial dernier, porte que le mandat d'arrêt décerné contre le commissaire du Directoire près l'administration municipale de Barbentane l'a été par le citoyen Ripert, directeur du jury de l'arrondissement de Tarascon; ce mandat a été au contraire décerné par le citoyen Martin, juge de paix du canton de Barbentane. Le nom du citoyen Ripert sera rayé dudit arrêté et de ladite décision et celui du citoyen Martin y sera substitué [7].

Plusieurs membres de l'administration municipale de Saint-Aubin, département du Jura, sont destitués de leurs fonctions, pour avoir signé des arrêtés en faveur du prêtre Séguin, émigré [8].

---

[1] Ainsi conçu : «Tout appelant dont l'appel sera jugé mal fondé sera condamné à une amende de neuf livres pour un appel de jugement de juge de paix, et de soixante livres pour l'appel d'un jugement du tribunal de district, sans que cette amende puisse être remise ni modérée sous aucun prétexte.»

[2] Voir t. II, p. 507.

[3] Voir t. II, p. 563.

[4] Voir t. II, p. 570, 588.

[5] Voir plus haut, p. 48.

[6] Vu la radiation de son beau-frère Gasquy de la liste des émigrés. — Arrêté du 30 messidor an IV, signé Le Tourneur, Reubell, Revellière-Lépeaux (Arch. nat., AF III, 388, dossier 2017).

[7] Arrêté du 30 messidor an IV, signé Le Tourneur, Revellière-Lépeaux, Reubell (Arch. nat., AF III, 388, dossier 2016).

[8] Considérant qu'ils ont «attesté par un arrêté du 2 ventôse dernier que le prêtre Séguin, ex-vicaire insermenté, ne devait pas être regardé comme prêtre sujet à la déportation, malgré les conclusions du commissaire du pouvoir exécutif, malgré la notoriété publique, et quoique Séguin eût fait en 1790 des actes de vicaire et qu'il fût sur le tableau des prêtres salariés par l'État; que ces mêmes membres ont, par un arrêté du 23 du même mois, accordé un certificat de résidence ininterrompue audit Seguin, sur l'attestation de neuf citoyens de la commune, malgré les conclusions du commissaire du pouvoir exécutif et sans avoir égard à l'émigration de ce prêtre, constatée par son inscription sur la liste des émigrés, déposée au greffe même de cette administration, inscription contre laquelle il n'a point réclamé...» — Arrêté du 30 messidor an IV, signé Le Tourneur, Revellière-Lépeaux, Reubell, Barras (Arch. nat., AF III, 388, dossier 2016). — Voir (même dossier) le rapport très détaillé par lequel le ministre de la justice (Merlin) signale au Directoire que la justice «se rend d'une manière scandaleuse» dans le département du Jura, «que tout s'y fait par intrigue, par or ou par prières et que l'impudeur des juges est sans exemple, comme le crime est sans frein». Sans parler de faits de vol, de désertion, d'excitation à la violation de la loi, restés impunis, il dénonce longuement l'affaire Séguin, et aussi l'affaire Berigot, qu'il relate en ces termes : «... Un

Le citoyen Bruyker, agent municipal de Destelberge [1], est suspendu de ses fonctions et traduit devant les tribunaux pour avoir violé la nuit le domicile d'un citoyen et commis des voies de fait contre lui [2].

Le ministre de la justice appelle l'attention du Directoire sur la situation douloureuse des tribunaux, il annonce que la misère des juges est à son comble et invite le Directoire à apporter un prompt remède à ce mal qui menace de priver totalement la justice de ses ministres.

Le Directoire approuve ce rapport et arrête l'envoi au Conseil des Cinq-Cents d'un message à cette occasion, pour l'inviter à venir au secours des juges [3].

Il écrit au ministre pour lui recommander la plus prompte publication possible de la loi d'hier qui a rapporté les dispositions des articles 2 et 3 de la loi du 15 germinal sur les transactions entre citoyens [4].

Il écrit aussi au ministre de la police générale, concernant le nommé Niroth, arrêté à Amsterdam [5].

Il écrit au même ministre concernant le nommé Pierre-Joachim Trotonier, arrêté pour avoir séjourné à Paris sans autorisation [6].

Un messager d'État envoyé par le Conseil des Anciens, dépose sur le bureau une loi portant que, d'ici au 1er nivôse prochain inclusivement les corps administratifs et autres autorités constituées, sont tenus, sous leur responsabilité, d'apposer les visa et certificats exigés

---

ministre de la religion romaine, aidé des sectateurs de cette religion, a détruit dans l'espace d'un jour et d'une nuit, à Dôle, un monument dédié aux mânes des héros morts pour la patrie et destiné en même temps aux solennités décadaires. Ce monument, élevé dans l'église, qui avait été cédée pour l'exercice du culte catholique, devait être respecté et conservé, aux termes même de l'acte de cession. Après plusieurs tentatives inutiles pour obtenir des corps administratifs sa démolition, les fanatiques s'enfermèrent dans l'église pour l'effectuer eux-mêmes; ce qui fut exécuté, malgré le juge de paix et la municipalité, qui se transportèrent sur les lieux pour faire cesser les travaux...» Il ajoute que le prêtre Berigot, principal auteur de ce délit, est resté impuni, par la faute du directeur du jury.

[1] Département de l'Escaut.
[2] Arrêté du 30 messidor an IV, signé Le Tourneur, Revellière-Lépeaux, Barras (Arch. nat., AF III, 388, dossier 2016). Cet agent, lisons-nous dans le rapport du ministre de la justice (même dossier), «se transporte à 10 heures du soir chez le citoyen Goëthals. Les portes étaient fermées, il les ouvre à coups de crosse de fusils; il entre avec ses compagnons, les vitres et les meubles sont aussitôt brisés; une des personnes de la maison est atteinte et blessée d'un coup de sabre; le propriétaire, effrayé, veut fuir, il reçoit au bras un coup de fusil...»
[3] Voir plus loin, p. 160 (séance du 4 thermidor).
[4] Voir note 5, f° 141.
[5] Voir note 6, f° 141.
[6] Voir note 7, f° 141.

par les lois précédentes aux titres de créances sur les communes, les districts, les départements, etc [1].

Le Directoire ordonne que cette loi sera publiée, exécutée et qu'elle sera munie du sceau de l'État. Elle est en conséquence adressée de suite à l'enregistrement pour deux expéditions être envoyées, sans délai, au ministre de la justice, avec l'arrêté portant ordre d'impression et de publication dans les formes prescrites par les lois.

Marie-Rose Busquin, de Clermont [2], compris par son âge dans la première réquisition, rejoindra, sans délai, les armées de la République, tous arrêtés et actes quelconques dont il pourrait se prévaloir étant annulés [3].

Le Directoire arrête que les ports de lettres adressées aux défenseurs de la patrie seront payés en mandats, jusqu'à ce que les parents et amis de ces militaires puissent être informés du nouveau mode de payement [4].

Cet arrêté sera soumis par un message au Corps Législatif [5].

On écrit aux administrateurs des postes à cette occasion [6].

On signe un état de citoyens exemptés du service militaire aux armées [7].

---

[1] *Bull.*, II, LIX, n° 547. L'article 1ᵉʳ de cette loi porte que «d'ici au 1ᵉʳ nivôse prochain, les corps administratifs et autres autorités sont tenus sous leur responsabilité d'apposer les *visa* et certificats exigés par les lois précédentes aux titres de créance sur les communes, les districts, les départements et les ci-devant corporations supprimées, qui leur ont été produits dans les délais fixés par les articles 2 et 10 de la loi du 23 prairial an III.»

[2] Département de l'Oise.

[3] Arrêté du 30 messidor an IV, signé Le Tourneur, Carnot, Barras (Arch. nat., AF III, 388, dossier 2016). — Cet arrêté est provoqué par la lettre (jointe au dossier) qu'un homme de loi de Clermont (Oise) adresse au Directoire le 30 messidor pour dénoncer Busquin, qui a profité de son absence pour lui enlever sa femme et la conduire à Paris; le mari a surpris les coupables à l'hôtel des Indes, rue du Mail. Il représente que Busquin s'est fait dispenser du service militaire comme artiste peintre, mais qu'il est facile de vérifier qu'il n'a jamais été peintre. Il demande qu'on l'incorpore dans l'armée, après quoi il espère que sa femme, «revenue de son erreur,... entendra la voix de la nature, de l'amour conjugal,... se rejettera dans les bras de son mari,... recevra les caresses de son enfant...; notre ménage, ajoute-t-il, redeviendra heureux et nous vous serons redevables de notre félicité commune.»

[4] Qui doit se faire désormais en numéraire. — L'effet de cette faveur ne se prolongera pas au delà de quatre décades. — Arrêté du 30 messidor an IV, signé Revellière-Lépeaux, Le Tourneur, Barras (Arch. nat., AF III, 388, dossier 2016).

[5] Arrêté du 30 messidor an IV, signé Reubell, Revellière-Lépeaux, Barras (Arch. nat., AF III, 388, dossier 2016).

[6] Minute signée Revellière-Lépeaux, Le Tourneur, Barras (Arch. nat., AF III, 388, dossier 2016).

[7] En tout 69, dont 52 réclamés par leurs familles, 3 jugés nécessaires à l'approvisionnement de Paris et des armées, 5 nécessaires dans l'industrie de la tannerie, 6 réclamés par le ministre de l'intérieur comme utiles aux arts et à l'agriculture, 1 retenu dans l'administration militaire des vivres et 2 rete-

On s'occupe du personnel des armées et de ce qui y est relatif. Les minutes de ce qui a été fait à ce sujet sont à la section de la guerre [1].

Le Directoire fait une proclamation aux défenseurs de la Patrie, composant l'armée de l'intérieur, relative à la prise de Francfort [2].

[Le Directoire exécutif, sur la proposition du ministre de la guerre, arrête ce qui suit :

Article 1er. Les autorités constituées dans le ressort desquelles les citoyens Méchain, Delambre, Perny et Nonet, astronomes français, devront opérer conjointement avec les ingénieurs géographes militaires détachés du dépôt général de la guerre et de la géographie pour l'exécution des travaux mentionnés en l'arrêté du 23 floréal dernier [3], sont chargés de procurer auxdits ingénieurs toutes les facilités et la protection dont ils auront besoin pour leurs observations et expériences, ainsi que pour l'établissement des signaux, mâts, réverbères et échafauds dans les lieux convenables, même sur le faîte et à l'extérieur de tous monuments et édifices publics, à la charge par lesdits ingénieurs et astronomes, en cas de dommage, de le faire estimer et de pourvoir à la réparation des lieux.

nus comme chefs de manufactures. — Arrêté du 30 messidor an IV, signé Carnot, Barras, Reubell (Arch. nat., AF III, 388, dossier 2016).

[1] Ces minutes se trouvent dans les dossiers 2016 et 2017 (Arch. nat., AF III, 388) correspondant à la séance du 30 messidor et constituant les pièces suivantes :

Dans le dossier 2016 : Arrêté signé Carnot, Le Tourneur, Revellière-Lépeaux, portant diverses nominations d'officiers, notamment celle de l'adjudant-général *Verger*, dont la suspension est levée; du chef de brigade *Musnier-la-Converserie*, nommé adjudant-général près les 2,500 hommes à la solde de la Hollande; du général *Ponsot*, relevé de sa suspension et confirmé dans le grade de général de brigade, mais sans activité; du général de division *Rey*, ci-devant employé à l'armée des Côtes de l'Océan et qui est envoyé à l'armée d'Italie; de l'ex-général de brigade provisoire *Ouvre*, qui sera employé à la suite d'une place avec le grade de chef de brigade; de l'ex-adjudant-général *Hubert*, nommé commandant provisoire de la place d'Avignon pour le temps de la guerre seulement; du citoyen *Desgners*, ancien brigadier des armées, nommé commandant provisoire de la place de Vizille pour le temps de la guerre seulement; de l'ex-général de brigade *Martin*, nommé commandant provisoire de la place de Luxeuil pour le temps de la guerre seulement; et destitution du général de brigade Louis Legrand, renvoyé devant les tribunaux qui doivent connaître des faits à lui imputés dans le département du Finistère. — 2e Lettre signée Carnot, Barras, Revellière-Lépeaux, au ministre de la guerre pour l'inviter à soumettre aux commissions des inspecteurs des deux Conseils des Anciens et des Cinq-Cents les congés qu'il a été autorisé à délivrer aux grenadiers du Corps législatif.

Dans le dossier 2017 : Arrêté, signé Carnot, Revellière-Lépeaux, Reubell, qui alloue 1,500 livres en mandats au citoyen Lamothe, ci-devant chef de brigade du 7e régiment de hussards, pour l'indemniser des rations de fourrages qu'il n'a point reçues du 1er brumaire au 13 prairial an III, durée du séjour qu'il a fait à Lunéville pour apurer la comptabilité du régiment qu'il commandait précédemment.

[2] Voir le texte de cette proclamation plus loin à l'Appendice.

[3] Voir t. II, p. 366-367.

Art. 2. Il est enjoint particulièrement aux administrations municipales de procurer à un prix convenu entre elles et lesdits astronomes et ingénieurs les chevaux et voitures dont ils pourront avoir besoin pour le transport de leurs instruments, ainsi que les bois et matériaux nécessaires à la construction des échafauds, et de tenir la main à ce que lesdits astronomes et ingénieurs ne soient pas troublés dans leurs observations et signaux de jour et de nuit, et à ce que lesdits signaux, échafauds et autres ouvrages qu'ils auraient fait construire ne soient ni endommagés, ni détruits.

Le ministre de la guerre est chargé de l'exécution du présent arrêté, qui ne sera point imprimé. — Arch. nat., AF III, 388, dossier 2016 [1].]

[Le Directoire exécutif, considérant combien il importe au bien d'une armée comme celle de l'intérieur, à sa discipline et à son instruction, que les troupes soient exercées dans des camps qui réunissent à l'avantage du terrain celui des transports faciles, arrête :

Article 1er. Le général en chef de l'armée de l'intérieur composera le camp d'Issy du nombre de troupes nécessaires pour faire le service dans Paris pendant six jours de suite. A cet effet, la garnison de Paris rentrera au camp, à l'exception de la garde du Corps législatif, du Directoire exécutif et des Vétérans.

Art. 2. Il restera au camp de Vincennes un nombre de troupes nécessaire pour entretenir la communication et protéger les arrivages des subsistances.

Art. 3. Il sera formé, dans le plus bref délai possible, un camp d'instruction à une marche de Paris, situé de manière à être appuyé à l'Oise ou à la Marne, afin d'assurer les transports des vivres, etc. Il sera composé de toutes les troupes, tant cavalerie qu'infanterie, tirées de l'armée de l'intérieur, sans dégarnir les côtes, ni les garnisons.

Le général en chef est chargé de l'exécution du présent arrêté, dont il rendra compte au Directoire exécutif et au ministre de la guerre. — Arch. nat., AF III, 388, dossier 2016 [2].]

---

[1] Signé Carnot, Revellière-Lépeaux, Reubell. Cet arrêté n'est pas mentionné au procès-verbal.

[2] Signé Carnot, Reubell, Revellière-Lépeaux. Cet arrêté n'est pas mentionné au procès-verbal.

Indépendamment des pièces qui viennent d'être signalées, on trouve dans le dossier

LE DIRECTOIRE EXÉCUTIF AUX DÉFENSEURS DE LA PATRIE COMPOSANT L'ARMÉE DE L'INTÉRIEUR.

Braves guerriers,

Francfort vient d'éprouver le sort de tout ce qu'attaquent les armées républicaines. Cette importante place est au pouvoir des Français. Le courage de vos frères d'armes semble s'accroître, leurs succès sont chaque jour plus importants à mesure que le bon esprit qui les dirige, la discipline, l'amour de l'ordre et de l'obéissance aux lois s'affermissent parmi eux. Par les mêmes moyens, braves guerriers, vous pourrez et vous voudrez sans doute mériter la reconnaissance de votre patrie. Continuez à comprimer au dedans les traîtres qui, sous divers masques, quelquefois même sous le prétexte apparent de votre intérêt, croient parvenir à vous égarer. Marchez avec nous d'un pas glorieux et ferme contre l'anarchie et le royalisme. Vous vous mettrez ainsi de pair avec celles de nos phalanges qui combattent l'ennemi du dehors, et la tranquillité de l'intérieur vous méritera les mêmes trophées, la même gloire que vos frères acquerront en portant la terreur dans les rangs ennemis.

CARNOT, L.-M. REVELLIÈRE-LÉPEAUX, LE TOURNEUR [1].

SÉANCE DU 1ᵉʳ THERMIDOR AN IV [2]

19 JUILLET 1796.

Sur le rapport du ministre des finances, le Directoire arrête qu'il sera fabriqué des promesses de mandats dans la coupure de cinq cents

2016 (Arch. nat., AF III, 388) la minute, signée Carnot, Revellière-Lépeaux, Reubell, d'un arrêté du 30 messidor an IV, non mentionné au procès-verbal, par lequel le Directoire ordonne la construction (déjà ordonnée par l'arrêté du Comité de salut public du 24 nivôse an III) d'une machine à compression pour l'École polytechnique.

Le dossier 2017 renferme dix-huit pièces relatives à des nominations de juges de paix et d'assesseurs de juges de paix dans les départements des Hautes-Alpes, de l'Isère, du Puy-de-Dôme et de Seine-et-Oise.

[1] Arch. nat., AF III, 2. La corrélation qui existe entre cette proclamation du 30 messidor et l'arrêté du même jour (voir plus haut, p. 133) prescrivant l'éloignement de Paris et la répartition en camps retranchés d'une grande partie de l'armée de l'intérieur s'explique quand on se représente les excitations dont cette armée était alors l'objet et le mauvais esprit qu'elle manifestait. Les rapports de police cités par M. Aulard (*Paris...*, III, 325) en font foi. «Les bruits se répandent toujours, y lit-on, à la date du 30 messidor, de l'indiscipline des troupes campées aux environs de Paris; on parle de leur insurrection à l'approche des nouvelles nominations municipales. Cette circonstance des assemblées primaires fait craindre que ce ne soit un coup monté pour enhardir la scélératesse et arrêter le zèle des bons citoyens.»

[2] Arch. nat., AF III*, fol. 73-74. — AF III, 3.

[19 JUILLET 1796] DU DIRECTOIRE EXÉCUTIF. 135

francs, jusqu'à concurrence de deux cent millions, pour assurer le service de la Trésorerie nationale [1].

Sur le rapport du même ministre, il ordonne la vente de deux réserves : l'une dans les bois provenant de la vente des ci-devant bénédictins anglais de Paris et l'autre dans ceux appartenant ci-devant à la ci-devant abbaye de Saint-Pères-en-Vallée de Chartres [2].

Il est accordé au citoyen Poissant, commissaire du gouvernement, à compter du 15 prairial dernier, cinq cents livres par mois à titre d'indemnité personnelle et sept cents livres, aussi par mois, pour frais de bureau, le tout en numéraire effectif [3].

On adresse, par un message, au Conseil des Cinq-Cents l'état de situation de la vente des domaines nationaux jusques et compris le 29 messidor an IV [4].

Le ministre des relations extérieures est autorisé à délivrer un passeport pour l'étranger à la citoyenne Lottin, femme de Wast [5].

[Le Directoire exécutif, après avoir entendu le rapport du ministre des relations extérieures, arrête ce qui suit :

En vertu des articles 330 et 331 de l'acte constitutionnel, le Directoire donne plein pouvoir au citoyen Caillard [6], ministre plénipoten-

---

[1] Arrêté du 1er thermidor an IV, signé Le Tourneur, Reubell, Revellière-Lépeaux (Arch. nat., AF III 389, dossier 2018).

[2] Arrêté du 1er thermidor an IV, signé Le Tourneur, Reubell, Revellière-Lépeaux (Arch. nat., AF III, 339, dossier 2018), conforme à la proposition du ministre des finances, dont le rapport se trouve au dossier.

[3] Arrêté du 1er thermidor an IV, signé Le Tourneur, Reubell, Revellière-Lépeaux (Arch. nat., AF III, 389, dossier 2018). Poissant, régisseur de l'enregistrement et du domaine, avait été nommé par arrêté du 5 prairial an IV commissaire du gouvernement dans les pays conquis d'entre Rhin et Meuse pour y faire exécuter l'arrêté du 28 floréal précédent sur l'administration générale des pays conquis.

[4] Lu à la séance du 1er thermidor (C. C., 1er thermidor an IV, 23-25). Il en ressort que les états partiels fournis par quatre-vingts départements, à la date du 20 messidor, offrent pour résultats : «1° 123,864 soumissions ; 2° 263,025,576 fr. 32 cent. en consignations ; 3° 8,727 ventes consommées ; 4° 78,088,184 fr. 73 pour le montant des prix de vente; 5° 76,506,245 fr. 59 en sommes payées à compte ; 6° 83 déchéances prononcées ; 7° et enfin 123,811 fr. 64 en sommes restituées, soumissionnaires déchus.»

[5] «Qui est dans l'intention d'aller chercher sa fille, âgée de dix ans, pour veiller elle-même à son éducation.» Arrêté du 1er thermidor an IV, signé de tous les membres du Directoire (Arch. nat., AF III, dossier 2018). Cette minute la dénomme femme Dewalst.

[6] CAILLARD (Antoine-Bernard), né à Ainay le 22 septembre 1737, mort à Paris le 6 mai 1807; secrétaire de légation à Parme (1769), puis à Cassel (1773), à Copenhague (1775); chargé d'affaires de France à Copenhague (1776), à Saint-Pétersbourg (1780), à la Haye (1787); ministre de France en Hollande (1792), à Ratisbonne, près la Diète germanique (1792), où il ne peut se faire agréer officiellement; rentré en France (oct. 1792), puis chargé de diverses missions secrètes, en Hollande et en Allemagne; ministre de France à Berlin (11 juillet 1795-8 mai 1798); garde des archives (nov. 1799); chargé de l'intérim du ministère des affaires étrangères (1801).

tiaire de la République française près Sa Majesté le roi de Prusse, de négocier, conclure et signer la convention concernant la neutralité du nord de l'Allemagne, ensemble les articles secrets qui doivent y être annexés, en se conformant aux instructions du 12 germinal dernier[1], sauf les modifications résultant des dépêches du ministre des relations extérieures, approuvées par le Directoire exécutif et qui ont été successivement transmises audit citoyen Caillard pour lui servir de supplément d'instructions. — Arch. nat., AF III, 389, dossier 2018[2].]

Il adresse au citoyen Desportes, résident de la République française à Genève, un mémoire qui lui a été présenté sur la question de savoir si la République de Genève doit être comprise dans les traités qui se préparent et notamment dans celui de commerce avec le roi de Sardaigne[3].

[Le Directoire exécutif s'étant fait représenter :

1° La loi du 26 frimaire, 3ᵉ année républicaine, relative à la comptabilité des anciens payeurs des rentes, portant entre autres dispositions : «ART. 3. La responsabilité des payeurs des rentes jusqu'à l'apurement et à la reddition de leurs comptes portera seulement sur la propriété des trente mille livres de l'inscription provenant de la liquidation de leurs offices; ils pourront, en conséquence, disposer sans opposition et recevoir l'excédent de l'inscription[4] qu'ils peuvent avoir en leur nom.»

Et l'article 7 : «Les payeurs et leurs commis ou successeurs à la propriété de leur inscription en recevront le payement annuel, l'opposition de la nation ne portant que sur la propriété de ladite inscription.»

2° L'arrêté des Comités de salut public et des finances réunis de la Convention nationale du 10 fructidor, 3ᵉ année, et notamment les articles 7, 8 et 9 dudit arrêté;

Et 3° La pétition des ci-devant régisseurs des étapes et convois militaires pour le compte du Trésor public[5];

---

[1] Voir t. II, p. 74-75 (Délibération secrète).

[2] Signé à la minute Le Tourneur, Carnot, Reveillère-Lépeaux, Reubell.

[3] Minute signée Reubell, Carnot, Le Tourneur (Arch. nat., AF III, 389, dossier 2018).

[4] Au grand livre.

[5] Voir cette pétition, ainsi qu'un rapport du ministre de la guerre (du 5 prairial an IV) concluant au payement des intérêts du fonds d'avance des régisseurs des étapes et convois militaires (Arch. nat., AF III, 389, dossier 2018).

Considérant que lesdits régisseurs n'ont eu personnellement aucun maniement de denrées et ne sont responsables que d'une bonne et sage administration;

Le Directoire exécutif, sur le rapport du ministre de la guerre, arrête :

Article 1er. La responsabilité des ci-devant régisseurs des étapes et convois militaires jusqu'à la reddition, clôture et arrêté des comptes des directeurs et caissiers généraux des étapes et des bordereaux ou comptes de la régie jusques et y compris les six derniers mois de 1792 (v. s.), portera seulement, quant à présent, sur la propriété des dix mille livres de l'inscription provenant de la liquidation des fonds d'avances par eux faits en ladite qualité. Ils pourront, en conséquence, disposer sans opposition et recevoir l'excédent de l'inscription qu'ils peuvent avoir en leur nom.

Art. 2. Les ci-devants régisseurs des étapes, les bailleurs de fonds et créanciers ou successeurs à la propriété de leur inscription en recevront le payement annuel, l'opposition de la nation ne portant provisoirement que sur la propriété de ladite inscription.

Art. 3. Lesdits régisseurs pourront user de la même faculté qui est accordée aux anciens payeurs des rentes par les articles 4 et 5 de la loi du 26 frimaire, et leurs créanciers seront réservés dans leurs droits conformément à l'article 6 de cette loi.

Art. 4 et dernier. Quant à la demande à fin de main-levée de l'opposition de la nation sur la propriété de l'inscription, le Directoire exécutif renvoie lesdits régisseurs devant le Corps législatif.

Le ministre de la guerre et celui des finances, chacun en ce qui le concerne, sont chargés de l'exécution du présent arrêté qui ne sera point imprimé. — Arch. nat., AF III, 389, dossier 2018 [1].]

Il accorde une somme de huit mille livres en mandats, à titre d'encouragement et d'indemnité, aux citoyens David Labatut et Imbert-la-Platière, éditeurs du journal intitulé *Courrier de Paris* [2].

Il accorde une pareille indemnité au citoyen Coilliot, propriétaire et rédacteur du *Journal des Campagnes* [3].

---

[1] Signé à la minute Le Tourneur, Reubell, Revellière-Lépeaux.

[2] Arrêté du 1er thermidor an IV, signé Carnot, Barras, Revellière-Lépeaux (Arch. nat., AF III, 389, dossier 2018). Sur le *Courrier de Paris*, voir t. I et II.

[3] Arrêté du 1er thermidor an IV, signé Carnot, Barras, Revellière-Lépeaux (Arch. nat., AF III, 389, dossier 2018). A cette minute est jointe une lettre par laquelle Coilliot expose que son journal, fondé depuis huit mois, a constamment servi la République;

Il autorise la délivrance des différentes avances aux ingénieurs, artistes et ouvriers destinés à la mission de Constantinople [1].

Il prend deux décisions : l'une relative à la réponse à faire au dey d'Alger [2]; l'autre relative aux députés envoyés par la commune de Bologne [3]; ces deux minutes ont été gardées.

Il prend un arrêté qui ordonne le parachèvement de la machine de compression de nouvelle espèce; la minute de cet arrêté est à la section de la guerre.

On écrit au ministre des finances pour le charger d'avoir une conférence avec les membres du Conseil des Cinq-Cents composant la commission chargée de faire à ce Conseil un rapport sur la réclamation formée par plusieurs journalistes, relativement au port des journaux [4].

Le Directoire exécutif au ministre des finances.

Sur la réclamation faite au Conseil des Cinq-Cents par plusieurs journalistes relativement au paiement du port des journaux, il a été nommé une commission chargée de faire un rapport à cet égard.

qu'il s'est loyalement soumis à la loi du 28 germinal en mettant ses abonnements en mandats territoriaux à trente capitaux pour un; mais que la poste lui demandant 3 francs en numéraire par journal pour le port, c'est-à-dire trois fois plus qu'il ne reçoit, il a dû suspendre ses envois.

[1] Voir l'arrêté relatif à cette mission, t. II, p. 630-632 (séance du 28 prairial). — Il est accordé à titre d'avances et en numéraire : à l'ingénieur en chef, 6,000 livres; à l'ingénieur en second, 3,000; au troisième ingénieur, 2,400; à chacun des deux dessinateurs, 1,800; à l'appareilleur, 1,800; au charpentier, 1,800; au sous-appareilleur, 1,200; au modeliste, 1,200. L'ambassadeur de France sollicitera de la Porte l'octroi des fonds qui leur seront nécessaires et le remboursement de ces avances. — Arrêté du 1er thermidor an IV, signé Le Tourneur, Carnot, Barras (Arch. nat., AF III, 389, dossier 2018).

[2] Voir t. II, p. 554 (séance du 17 prairial). Mention d'une réponse faite au dey et dont la minute ne se trouve pas dans les dossiers de cette séance.

[3] Voir plus haut, p. 62-63.

[4] Voir le texte de cette lettre plus loin à l'Appendice.

Outre les actes qui viennent d'être indiqués, on trouve dans le dossier 2018, relatif à la séance du 1er thermidor, les pièces suivantes, non mentionnées au procès-verbal : 1° Lettre du Directoire (signée Carnot, Revellière-Lépeaux, Reubell) au général Wimpfen pour lui demander copie de l'arrêté et de la lettre par lesquels il doit avoir été chargé du travail qu'il vient de faire passer au citoyen Reubell, l'arrêté en question ne se retrouvant pas; 2° Arrêté, signé Le Tourneur, Carnot, Revellière-Lépeaux, par lequel Henri Rossel, manufacturier de Nantes, né en Suisse, ex-fonctionnaire public, ex-officier de cavalerie nationale dans la Vendée, est autorisé à séjourner trois décades à Paris pour ses affaires; 3° Arrêté, signé Carnot, Revellière-Lépeaux, Barras, accordant un congé de deux mois au citoyen Coquet, dont l'assistance est nécessaire à sa mère, devenue veuve, pour l'exploitation de la ferme de Boutervilliers (district d'Étampes).

Le dossier 2019 dont le contenu, comme celui du précédent, se rapporte à la séance du 1er thermidor, est formé de quarante-et-une pièces relatives à des nominations de commissaires, juges, etc., dans les départements de l'Isère et de la Meurthe.

Le Directoire pense que vous ferez bien d'avoir une conférence avec les membres de cette commission et de faire valoir auprès d'eux les motifs puissants qui militent pour faire maintenir le port des journaux.

Vous connaissez comme le Directoire l'état déplorable du service des postes; vous savez les sommes énormes que le gouvernement a dû dépenser et dépense encore pour le maintien de cet établissement devenu très onéreux, tandis que les bénéfices qui devraient en résulter et en résultaient autrefois lui eussent fourni les moyens non seulement de combler le déficit de cette administration, mais même de fournir au moins en partie à l'entretien des routes, dont l'état de délabrement interrompt les communications commerciales et tarit ainsi l'une des sources principales de la prospérité nationale.

Il était donc indispensable d'augmenter les recettes de l'administration des postes. La nécessité de ne pas exposer ce service à être compromis en faisait une loi impérieuse.

Dès lors pourquoi n'eût-on pas soumis les journaux à un droit quelconque? Les éditeurs de ces papiers peuvent-ils s'en plaindre, lorsque c'est sous le poids de leurs envois multipliés que succombent tous les jours les chevaux de l'administration des postes, lorsque ces envois quadruplent la consommation des voitures, lorsque le travail des distributions double le travail des bureaux? Comment peuvent-ils se plaindre lorsque le prix du port de leurs journaux n'est que d'environ le cinquième de celui du commerce?

Il est temps de penser sérieusement à sauver les finances de l'État de la chute où tous les intérêts individuels semblent vouloir les entraîner; il est temps que la République cesse de payer toujours sans jamais recevoir.

Le transport des journaux est l'objet d'une très grande partie du service des postes; il est juste que ces journaux paient une partie des frais de ce service. Les éditeurs de ces ouvrages augmenteront en concurrence le prix de leurs abonnements, et l'exemple de l'Angleterre, où les journaux sont soumis non seulement au paiement du port, mais même au droit de timbre, au droit de timbre que l'on ferait bien d'établir également pour nos papiers publics, cet exemple prouve que les journaux n'en existeront pas moins avec avantage pour les entrepreneurs, dès qu'ils donnent à leur travail les soins nécessaires pour que leurs feuilles présentent au public l'intérêt dont elles sont susceptibles.

Les objections que l'on tire de l'intérêt des ouvriers des papeteries et des imprimeries tombent d'elles-mêmes. La rareté et la cherté des papiers indiquent assez que ceux qui les fabriquent ne manqueront pas de travail. Le petit nombre des imprimeurs, qui précisément parce que l'on a besoin d'eux font chaque jour la loi et grèvent la République par les augmentations de salaire qu'ils exigent, prouve que ceux qui existent trouveront toujours à s'employer. Ces motifs d'ailleurs, ces motifs purement individuels, ces motifs nuls en quelque sorte, puisque la plupart des ouvriers dont il s'agit ne se sont adonnés que depuis peu à ce genre de travail et pourront reprendre leurs anciennes professions, ne peuvent écarter une mesure nécessaire à l'intérêt général.

Le Directoire exécutif vous invite, citoyen ministre, à ne pas perdre de vue cet objet important. Une grande partie de nos maux vient du défaut de contributions; il faut attaquer le mal dans sa source; il faut avoir le courage de froisser en apparence quelques intérêts individuels pour les servir plus utilement par les avantages que chacun retire du bien général.

REUBELL, LE TOURNEUR. L.-M. REVELLIÈRE-LÉPEAUX [1].

DÉLIBÉRATION SECRÈTE DU 1ᵉʳ THERMIDOR AN IV [2]

19 JUILLET 1796.

CCXXXIII

Le Directoire exécutif ayant jeté les yeux sur vous, citoyen général, pour la conduite de l'expédition d'Irlande, croit devoir vous donner aujourd'hui quelques instructions et poser les bases qui deviendront utiles pour déterminer vos démarches dans le cours de l'opération glorieuse que vous allez entreprendre par son ordre.

Il importe que vous ne puissiez jamais être embarrassé sur le parti que vous aurez à prendre dans les différentes situations politiques et militaires où vous vous trouverez. C'est à vous que la République française remet le soin de rendre la liberté à un peuple généreux qui la désire et qui est impatient de secouer le joug tyrannique de l'Angleterre. Prudence, esprit, talents militaires, connaissance des éléments qui peuvent contribuer à former des systèmes plus ou moins parfaits de gouvernement, douceur et fermeté et le désir de voir ses semblables jouir du bienfait inappréciable de la liberté; telles sont les qualités que doit avoir le général chargé d'opérer l'indépendance de l'Hibernie. Ces qualités nous les avons trouvées en vous; les grands services que vous n'avez cessé de rendre à la République française et la pacification récente de ses départements de l'ouest, si longtemps déchirés par une guerre civile désastreuse, ont porté le Directoire à vous confier la glorieuse tâche d'arracher les Hiberniens à l'esclavage. Votre activité, votre zèle sont pour lui le plus sûr garant du succès.

D'après les rapports qui sont parvenus au Directoire [3], les habitants

---

[1] Arch. nat., AF III, 3.

[2] Arch. nat., AF III, 20, p. 59-65; AF III, 389, dossier 2018. — Instructions du Directoire au général Hoche, chargé de l'expédition d'Irlande.

[3] Voir notamment les deux importants

de l'Irlande paraissent désirer fortement de vivre désormais sous le gouvernement républicain. C'est à conserver ces sentiments et à les fortifier par tous les moyens qui sont en votre pouvoir que vous devez vous attacher principalement. Plus les Irlandais se rapprocheront du système de gouvernement que nous avons adopté, plus nous pouvons compter sur une alliance permanente entre la France et leur pays. Il est facile de sentir combien le général qui doit mener dans ces contrées les troupes françaises destinées à les affranchir aura de facilité pour diriger l'esprit public vers le but le plus avantageux à la France et à l'Hibernie. Vous ne devez donc rien épargner pour que ce pouvoir de direction ne vous échappe jamais et pour qu'aucun intrigant tel que les révolutions ont coutume d'en élever à leur aurore ne cherche à l'arracher de vos mains en vous réduisant à jouer un rôle secondaire, incompatible avec la dignité de la République française et qui répondrait si peu aux efforts puissants qu'elle va faire pour rendre les Hiberniens libres.

Tant que les troupes françaises seront en Irlande, notre situation politique demande que nous tenions les rênes du gouvernement de ce pays et que les principaux agents soient soumis à la République de France jusqu'à la paix générale. Ils devront donc vous consulter dans toutes les occasions et n'agir que d'après l'impulsion que vous leur donnerez. Cette marche, ordonnée par les circonstances actuelles, et dont le principal but est de déjouer les intrigues de toute espèce de l'Angleterre, ne peut être nuisible à l'indépendance immédiate de l'Hibernie, puisque vous dirigerez toujours les nouveaux gouvernants selon le vœu du Directoire vers la liberté et vers le bonheur qui l'assure.

On ne peut se dissimuler que l'Irlande ne retire des avantages inappréciables de l'état libre dans lequel les succès de nos armes vont la placer. Mais c'est à nous, c'est aux sacrifices que la République française aura faits qu'elle devra ce bienfait inestimable dont nous ne devons dans aucun cas devenir victimes. La cause des Hiberniens ne peut triompher sans notre appui et nous avons droit d'espérer que ce peuple, une fois régénéré, nous indemnisera des sacrifices que nous aurons faits en agissant avec ardeur et simultanément contre notre ennemi

Mémoires sur l'Irlande remis par Wolf Tone au Directoire (10 ventôse an IV) et dont les parties essentielles ont été reproduites par M. Guillon, comme pièces justificatives de son ouvrage sur *la France et l'Irlande pendant le Directoire* (Paris, A. Colin, 1888), p. 449-466.

commun, l'Angleterre, et en accordant à notre commerce tous les avantages que sa situation le met à même de nous donner.

Il résulte de ce qui vient d'être dit plus haut que, dans le cas où le peuple irlandais se soulèverait en masse, vous ne devriez point hésiter de vous mettre à la tête de toutes les troupes levées et de prendre la direction du mouvement insurrectionnel. C'est à vous qu'appartiendra pareillement la défense générale du pays et le commandement de l'armée irlandaise après son organisation. Pour écarter quelques obstacles qui pourraient s'opposer à l'accomplissement du vœu du Directoire à cet égard, il vous autorise à préparer dès ce moment six cadres de régiments d'infanterie de deux bataillons chacun et sur le pied de formation de l'ordonnance de 1788 et deux cadres de régiments de troupes à cheval également organisés en conformité de l'ordonnance de la même année.

Vous devrez éviter avec le plus grand soin de vous trouver jamais considéré seulement comme général d'un corps auxiliaire.

Dans l'hypothèse où les membres du comité catholique ou ceux de l'assemblée de l'union des (*en blanc*) de l'Irlande se rassembleraient au moment de votre arrivée dans le pays et de votre insurrection presque générale, ils devront être considérés comme les véritables représentants de la nation. Mais il sera utile de ne laisser durer leur pouvoir, si les circonstances le commandent, que jusqu'au moment où le peuple, convoqué en assemblées primaires, aura nommé une assemblée légale. Vous vous attacherez principalement à ce que leur première convention nationale ne soit ni mal composée ni trop nombreuse. Deux ou trois individus par comté devront suffire pour les représenter.

Nous vous laissons maître de dissoudre, en usant de tous les moyens que votre prudence vous suggèrera, toute assemblée générale ou particulière dont la majorité se dirigerait dans le sens du gouvernement anglais et d'après des principes également funestes et pour la France et pour l'Hibernie.

Nul doute qu'il ne soit désirable que l'Irlande adopte un système de gouvernement rapproché de celui de la République française. Mais dans le cas où des obstacles majeurs s'opposeraient à ce que ce système fût préféré, un gouvernement républicain tel que celui de Gênes, avec des modifications qui le rapprocheraient davantage de la liberté, pourrait être choisi. Il faut éviter avec un soin tout particulier que le vœu du peuple hibernien ne retourne vers la monarchie et, s'il devenait impossible, dans le cas où l'esprit public aurait pris cette direction, de la lui faire changer, tous vos efforts devront tendre à donner à la nation irlandaise un chef du pays bien disposé en faveur de la France et bien connu comme ennemi passionné de l'Angleterre. Il devrait être de la religion catholique et romaine, ce qui donnerait une garantie de plus contre l'union future de l'Angleterre et de l'Irlande.

Dans la dernière hypothèse, l'organisation constitutionnelle monarchique de l'Irlande devra être telle qu'elle donne au pouvoir exécutif de grands moyens, sans lesquels l'Hibernie serait reconquise de nouveau par l'Angleterre.

Si aucune assemblée nationale hibernienne ne peut avoir lieu et si l'armée aux ordres et à la solde de l'Angleterre ne se dissout pas et qu'elle soit augmentée par des renforts envoyés par le gouvernement anglais, la première chose à faire sera de la combattre et de la vaincre. Mais si les troupes qui nous seront opposées étaient tellement nombreuses qu'elles doivent vous interdire l'espoir d'en triompher, vous devez alors séparer vos forces, organiser une chouannerie dans le pays et chercher à vous y maintenir dans cet état, jusqu'à ce que la République française vous fasse passer des troupes capables de vous permettre de vous rassembler en corps d'armée régulière, et dans aucun cas il n'y aura point de capitulation à faire avec le gouvernement anglais.

Deux choses essentielles demanderont votre attention au moment de votre arrivée en Irlande : l'organisation d'un système simple et économique des finances, et la création d'une marine hibernienne redoutable. Il est inutile de s'étendre sur ces deux objets dont l'importance est facilement aperçue.

Le parti aristocratique protestant et le clergé anglais ne seront point épargnés. Il faudra éviter cependant d'élever des querelles de religion qui ne pourraient que prolonger désastreusement les premières crises révolutionnaires. Quant aux agents civils, il sera prudent, pour éviter de créer des mécontents, de ne les priver de leur place que dans le cas d'une absolue nécessité.

Il ne paraît pas que l'Irlande soit mûre pour une révolution de religion que le bienfait de la liberté illimitée de la presse amènera nécessairement avec le temps; mais dans l'hypothèse où le peuple hibernien, après avoir secoué le joug de l'Angleterre, voudrait s'affranchir aussi de celui de la superstition de l'église de Rome, auquel les trois quarts des habitants de l'Irlande sont présentement soumis, il faudrait bien se garder de lui laisser adopter la religion anglicane ou la presbytérienne; ce serait lui donner un moyen de rapprochement des Anglais; un culte conforme à la religion naturelle et dont la base serait le déisme pur conviendrait plus que tout autre.

Il n'y a pas d'inconvénient cependant de laisser subsister les trois religions, anglicane, presbytérienne et catholique romaine, dans l'état où elles sont à peu près à présent, avec la condition que les croyants de chacune d'elles paieront leurs prêtres ou ministres qui, dans aucune circonstance, ne doivent être à la charge du gouvernement. Il est nécessaire d'observer qu'il faudrait maintenir les deux premières et surtout l'anglicane en minorité, sans donner trop d'influence à la catholique romaine, dont les éléments s'opposent aux saines institutions de la philosophie et de la morale et aux progrès de la science.

En finissant ces instructions, le Directoire croit superflu de vous recommander de vous conduire toujours avec la loyauté et la générosité qui caractérisent la nation française. Les moyens moraux devront, pour opérer la révolution d'Irlande, toujours être préférés à ceux de la force. Tout ce qui peut augmenter le nombre des mécontents qu'une révolution ne manque jamais de faire doit être écarté par vous avec sollicitude. Vous userez en conséquence de tous les moyens de conciliation que les circonstances mettront en votre pouvoir pour maintenir l'union et la concorde parmi les patriotes hiberniens. Il est inutile de vous recommander de les diriger avec assez d'adresse pour qu'ils n'aperçoivent qu'à peine la main qui les conduit vers l'indépendance et le bonheur de leur pays.

Dans le cas où la révolution hibernienne serait assurée, le Directoire vous autorise à faire une descente en Angleterre, si la situation des troupes que vous commanderez et les renforts que pourra vous donner le nouveau gouvernement hibernien vous donnent la perspective du succès [1].

---

[1] Signé à la minute Le Tourneur, Carnot, Barras, Reubell, Revellière-Lépeaux.

SÉANCE DU 2 THERMIDOR AN IV[1]

20 JUILLET 1796.

Le Directoire transmet par un message au Conseil des Cinq-Cents un mémoire du ministre des finances relatif à l'interprétation de l'article 12 de la loi du 10 juin 1793, concernant le mode de partage des communaux[2].

Sur le rapport de ce ministre, le citoyen Formé est maintenu dans la jouissance et propriété du bois des Charmes[3].

L'adjudication faite le 10 frimaire an II, aux citoyens Jacques-Nicolas Merlat, Simon Petit et Jacques Thibsard, de la coupe appelée les deux Baliveaux et de celle d'Érolle[4] est confirmée.

[Le Directoire exécutif, vu la résolution du Conseil des Cinq-Cents[5] qui passe à l'ordre du jour en conséquence du rapport à lui fait le 17 floréal dernier sur les prévenus d'assassinats et de massacres commis à Lyon, dans le département du Rhône et dans celui de la Loire[6];

Vu pareillement le jugement rendu sur délibéré le 24 ventôse dernier par le tribunal de cassation, par lequel ce tribunal, rejetant les conclusions de son commissaire sur la demande en renvoi à un des tribunaux criminels les plus voisins, qu'il avait été chargé de faire, par arrêté du 5 du même mois[7], de tous les prévenus d'assassinats et massacres commis à Lyon et dans les départements du Rhône et de la Loire, il

---

[1] Arch. nat., AF III*, 4, fol. 75-76. — AF III, 8.

[2] Lu à la séance du 4 thermidor (C. C., thermidor an IV, 74-75). — L'article 12 de la loi du 10 juin, dont il est ici question, porte que «chaque habitant jouira en toute propriété de la portion qui lui écherra dans le partage».

[3] Dépendant de la ci-devant abbaye de Cherlieux (Haute-Saône). La contenance de ce bois n'avait été évaluée qu'à 90 arpents lors de l'adjudication; elle est de 117. Formé devra payer le prix des 27 arpents formant l'excédent. — Arrêté du 2 thermidor an IV, signé Revellière-Lépeaux, Le Tourneur, Reubell (Arch. nat., AF III, 389, dossier 2022).

[4] Sise dans le ci-devant district de Troyes et provenant de l'émigré Montmorency-Luxembourg. Il y avait eu réclamation au sujet de l'arpentage. — Arrêté du 2 thermidor an IV, signé Revellière-Lépeaux, Le Tourneur, Reubell (Arch. nat., AF III, 389, dossier 2022).

[5] A la suite d'une discussion très vive, le Conseil, avait dans sa séance du 30 prairial, passé à l'ordre du jour conformément à proposition de Dumolard et rendu à leurs juges naturels les prévenus des massacres de Lyon.

[6] Ces assassinats et massacres avaient eu lieu depuis plus d'un an.

[7] Sur cet arrêté, voir t. I*er* de ce recueil, p. 665.

en réfère au Corps législatif et exprime le vœu que ces demandes en renvoi soient spécifiées, pour qu'il puisse prononcer en connaissance de cause, conformément à l'article 254 de l'acte constitutionnel[1];

Considérant qu'il est urgent que les individus détenus pour les causes ci-dessus mentionnées soient promptement mis en jugement, pour être rendus à la liberté s'ils sont innocents et pour être punis s'ils sont coupables;

Considérant que, parmi ces individus, il peut s'en trouver plusieurs dont la sûreté publique et des motifs de suspicion légitime exigent le renvoi par devant les tribunaux, directeurs de jury et officiers de police judiciaire autres que ceux qui leur sont assignés par leur domicile habituel;

Après avoir entendu le ministre de la justice[2];

Arrête ce qui suit:

Article 1er. Les commissaires du pouvoir exécutif près les administrations centrales et les tribunaux criminels des départements du Rhône et de la Loire et près le bureau central de la commune de Lyon feront incessamment parvenir au Directoire exécutif, par l'intermédiaire du ministre de la justice, tous les renseignements établis par pièces probantes d'où il pourrait résulter que les individus détenus pour les délits ci-dessus mentionnés doivent être renvoyés devant d'autres tribunaux que ceux de leurs départements respectifs, et ce pour cause de suspicion légitime ou de sécurité publique.

Art. 2. Ces renseignements seront donnés séparément et divisément sur chacun des détenus.

Art. 3. Le ministre de la justice est chargé de l'exécution du présent arrêté qui ne sera point imprimé. — Arch. nat., AF III, 389, dossier 2022[3]].

Le Directoire annule plusieurs nominations de juges faites par ses commissaires dans les départements réunis[4].

---

[1] Ainsi conçu : «Il y a pour toute la République un tribunal de cassation. — Il prononce : 1° Sur les demandes en cassation contre les jugements en dernier ressort rendus par les tribunaux; 2° *Sur les demandes en renvoi d'un tribunal à un autre pour cause de suspicion légitime ou de sûreté publique;* 3° Sur les règlements de juges et les prises à partie contre un tribunal entier.

[2] Voir le rapport très développé et très fortement motivé du ministre de la justice (Merlin) concluant à la nécessité de ne pas retarder plus longtemps le cours de la justice et à l'adoption du présent arrêté (Arch. nat., AF III, 389, dossier 2022).

[3] Minute signée Le Tourneur, Révellière-Lépeaux, Reubell.

[4] Les nominations annulées sont celles des

[20 juillet 1796] DU DIRECTOIRE EXÉCUTIF. 147

Il adresse un message au Conseil des Cinq-Cents pour lui demander une interprétation de l'article 5 de la loi du 18 frimaire [1], qui ordonne l'insertion au *Bulletin des Lois* des états de compte arrêtés par les commissaires de la comptabilité [2].

Le citoyen Hardouin, commandant de la place de Tarascon, est suspendu de ses fonctions; il sera ainsi que les officiers et soldats de la dixième demi-brigade, prévenus de rébellion à la justice, traduit devant devant un conseil militaire [3].

Il est fait présent au général Hoche, au nom de la République française, de deux des plus beaux chevaux existant dans les dépôts de la guerre, avec les harnais; il recevra également une paire de pistolets de combat de la manufacture nationale de Versailles [4].

Sur le rapport du ministre de la police générale, le Directoire prononce la radiation définitive de la liste des émigrés des citoyens ci-après [5] : femme Bourgelas [6]; Daubert [7]; Bartels [8]; Guénet de Saint

citoyens Dunevac, Marcilly et Duchesne, juges au tribunal civil de Sambre-et-Meuse; Lefebvre, commissaire du Directoire près le tribunal correctionnel de Namur; Legrand, président du tribunal criminel de Sambre-et-Meuse (mais ce dernier sera nommé juge au tribunal civil du même département). — Arrêté du 2 thermidor an IV, signé Le Tourneur, Carnot, Reubell (Arch. nat., AF III, 389, dossier 2020).

[1] Il s'agit de la loi du 18 frimaire an IV. Voir t. I, p. 211-212.

[2] Lu à la séance du 4 thermidor (*C. C.*, thermidor an IV, 77-79). — Le Directoire fait remarquer que les comptes arrêtés en nivôse, pluviôse et ventôse lui ont été adressés par les commissaires de la comptabilité, alors qu'aux termes de la loi ils auraient dû l'être au Corps législatif, pour être ensuite renvoyés par lui au Directoire. Il demande si l'utilité de la publication de ces comptes, très volumineux, est en rapport avec l'importance de la somme (20,000 francs) qu'elle doit coûter.

[3] Arrêté du 2 thermidor an IV, signé Carnot, Revellière-Lépeaux, Reubell (Arch. nat., AF III, 389, dossier 2022). — Un rapport du ministre de la justice (même dossier) fait connaître que le 16 messidor Hardouin «a favorisé par des manœuvres indignes d'un soldat républicain l'évasion de plusieurs prévenus contre lesquels le directeur du jury avait décerné des mandats d'arrêt pour raison des mouvements séditieux et anarchiques qui avaient éclaté dans ladite commune dans le mois de floréal dernier;... qu'il a connivé de la manière la plus frappante et tout à la fois la plus répréhensible à une rébellion opposée par la force armée qui était à sa disposition aux ordres du directeur du jury;... enfin que plusieurs officiers et soldats de la 10e demi-brigade, en garnison à Tarascon, se sont rendus coupables d'une rébellion ouverte aux ordres du directeur du jury.» — Pour les détails, voir les copies de la lettre du directeur du jury de Tarascon au ministre de la justice et des procès-verbaux y annexés (même dossier).

[4] Arrêté du 2 thermidor an IV, signé de tous les membres du Directoire (Arch. nat., AF III, 389, dossier 2022).

[5] Quatorze arrêtés du 2 thermidor an IV, signés les uns Le Tourneur, Carnot, Barras, les autres Revellière-Lépeaux, Reubell, Barras (Arch. nat., AF III, 389, dossier 3021).

[6] Marguerite-Louise Gusten-Châteauneuf, «femme délaissée de Mathurin Bourgelas», portée sur la liste des émigrés du département de l'Eure, mais qui a justifié de sa résidence.

[7-8] [7] Jean-Claude-François-Gabriel-Marie Daubert, porté sur la liste des émigrés du département de la Moselle, qui a justifié qu'il s'était établi bien antérieurement au 14 juillet 1789 dans le pays de Nassau-

10.

Just[1]; Griveau[2]; veuve Vanier[3]; Tellier[4]; veuve Valence[5]; veuve Peyroninq[6]; Villetard[7]; Barbaut[8]; Brière, dit Lémont[9]; Jourdan[10]; et maintient sur ladite liste le nommé Carton[11].

L'agent et l'adjoint de la commune de Morey, département de la Haute-Saône, sont aussi destitués, pour avoir insulté le commissaire chargé d'opérer le versement des contributions en nature dans ce département[12].

On écrit au citoyen Lemonnier pour lui accuser réception d'un exemplaire de ses ouvrages littéraires[13].

Saarbrück, où il avait acquis et où il exploitait une verrerie; et qui est dans le cas d'exception du paragraphe 7, article 2, section 1re, titre Ier, de la loi du 25 brumaire an III. — [6] Jacques Bartels, porté sur la liste des émigrés du département des Ardennes. L'arrêté porte qu'il est « notoirement connu pour avoir toujours exercé la profession d'organiste (à Fumay), dont il tirait sa subsistance; que son absence avait été forcée, puisqu'il n'a pas quitté le territoire français que par l'enlèvement fait de sa personne (en juillet 1793) par les Croates; qu'il n'a profité de son séjour à Liège que pour acquérir de nouvelles connaissances dans son art... ».

[1] Jean-Jacques Guénet, dit Saint-Just, ex-conseiller au Parlement de Rouen, porté sur la liste des émigrés du département de l'Eure. Il est mort à Paris, le 19 mai 1793. Ses héritiers ont justifié de sa résidence jusqu'à son décès.

[2] Louis-Nicolas Griveau, ex-notaire à Paris, demeurant à Vannes (Meurthe), porté sur la liste des émigrés du département du Calvados, mais qui a justifié de sa résidence.

[3] Marguerite Renaut, veuve de François Vasnier, portée sur la liste des émigrés du département de la Meurthe. Étant sortie de France, avec sa famille, depuis 1783, n'étant pas rentrée depuis, elle peut être considérée comme ayant pris un établissement en pays étranger et se trouve comprise dans la 7e exception de l'article 2, titre Ier, section 1re, de la loi du 25 brumaire an III.

[4] Nicolas Godinot-Tellier, porté sur la liste des émigrés du département des Ardennes. Il est décédé à Reims le 6 nivôse an III et ses héritiers ont justifié de sa résidence.

[5] Adélaïde Lévis, veuve Valence, portée sur la liste des émigrés du département de Lot-et-Garonne, mais qui a justifié de sa résidence.

[6] Marie-Élisabeth Maucase, veuve d'Antoine-Jean-Louis Peyroninq, portée sur la liste des émigrés du département de la Haute-Loire, mais qui a justifié de sa résidence.

[7] Nicolas-Laurent-Amand Villetard, ancien homme de loi à Lisieux, porté sur la liste des émigrés du département de l'Eure, mais qui a justifié de sa résidence.

[8] Louis-François Barbaut, domicilié à Paris, porté sur la liste des émigrés du département de Seine-et-Oise, mais qui a justifié de sa résidence.

[9] Daniel-Jean-Jacques-David Brière, dit Lesmont, homme de loi, ancien maire de Dieppe, porté sur la liste des émigrés du département de la Seine-Inférieure, mais qui a justifié de sa résidence.

[10] Denis Jourdan, ouvrier en soie, porté sur la liste des émigrés du département de Vaucluse. Il justifie qu'il n'est ni ex-noble ni ex-prêtre; qu'il n'est sorti de France que postérieurement au 31 mai 1793; qu'il est rentré en France et a pris acte le 28 ventôse an IV de sa comparution au secrétariat de la commune d'Orange, suivant le vœu de la loi du 22 nivôse.

[11] Pierre-Nicolas Carton, ex-chanoine de la cathédrale de Laon, porté sur la liste des émigrés du département de l'Aisne. L'arrêté porte qu'il n'a pas suffisamment justifié de sa résidence et qu'il n'a pas réclamé en temps utile.

[12] Arrêté du 2 thermidor an IV, signé Le Tourneur, Carnot (Arch. nat., AF III, 389, dossier 2020).

[13] Minute signée Carnot, Revellière-Lépeaux, Reubell (Arch. nat., AF III, 389, dossier 2018).

[20 juillet 1796] DU DIRECTOIRE EXÉCUTIF. 149

Un secours de huit cents livres, en mandats, est accordé au citoyen Lemoine, ancien perruquier à Neuilly-sur-Marne [1].

On écrit au ministre de la guerre, pour l'autoriser à payer les frais des actes civils demandés par les défenseurs de la patrie au bureau central du canton de Paris [2];

Et pour l'autoriser à faire quelques changements dans l'habillement de l'École de trompettes [3].

On charge les autorités constituées de protéger les ingénieurs détachés dans la Belgique pour la levée de la carte de France.

On écrit au commissaire [4] du Directoire près l'administration du département du Pas-de-Calais, pour avoir des renseignements sur Caron [5].

Le Directoire étend aux vétérans et invalides les dispositions de l'arrêté concernant les militaires en activité, relatif aux ports de lettres [6].

On écrit au général Jourdan, commandant en chef l'armée de Sambre-et-Meuse [7];

Et au citoyen Joubert, commissaire du gouvernement près la même armée [8] : les minutes de ces deux lettres sont à la section de la guerre.

---

[1] Arrêté du 2 thermidor an IV, signé Le Tourneur, Barras, Revellière-Lépeaux (Arch. nat., AF III, 389, dossier 2020). — Lemoine demandait à être maintenu dans la jouissance d'un terrain situé sur la route de Neuilly.

[2] Afin qu'ils puissent en obtenir gratuitement la délivrance. — Minute signée Le Tourneur, Carnot, Reubell (Arch. nat., AF III, 389, dossier 2022).

[3] Arrêté du 2 thermidor an IV, signé Le Tourneur, Carnot, Reubell (Arch. nat., AF III, 389, dossier 2022) et conforme au rapport, y annexé, du ministre de la guerre, proposant de remplacer par un gilet et une culotte de drap bleu la culotte et le gilet blancs, qui exigent une propreté difficile à obtenir des jeunes gens. — Une note sans signature (et qui paraît de la main de Reubell), jointe au dossier, porte : «l'établissement des trompettes est une chose ridicule à Paris, sa véritable place est à Strasbourg.»

[4] Coffin.

[5] Lettre signée Carnot, Revellière-Lépeaux, Reubell (Arch. nat., AF III, 389, dossier 2020). — Caron, commissaire à Tournehem, ancien accusateur public au temps de Lebon, avait été dénoncé comme terroriste. C'est par erreur qu'il est dénommé Carère dans le procès-verbal.

[6] Voir plus haut.

[7] La minute de cette lettre ne se trouve pas dans les dossiers relatifs à la séance du 2 thermidor.

[8] Minute signée Carnot, Reubell, Barras (Arch. nat., AF III, 389, dossier 2022). — Le Directoire lui accuse réception de ses lettres du 26 et du 27 messidor, annonçant la prise de Francfort. Il l'autorise à lever jusqu'à 10 millions de contributions sur cette ville. Il s'étend sur la discipline à entretenir pendant que l'armée avancera en Allemagne, sur les mesures prises pour éviter les désordres qu'aurait entraînés le cours forcé des mandats dans les pays conquis, sur la nécessité de maintenir les autorités locales et de les rendre responsables de la rentrée des réquisitions, etc.

Il destitue de ses fonctions le citoyen Van Onsem, adjoint municipal de la commune de Vemmel, département de la Dyle [1].

DÉLIBÉRATION SECRÈTE DU 2 THERMIDOR AN IV [2]

20 JUILLET 1796.

CCXXXIX

Le Directoire exécutif arrête ce qui suit :

ARTICLE 1er. Le général Lazare Hoche est nommé général en chef de l'armée destinée à opérer la révolution d'Irlande. Il continuera à commander celle des Côtes de l'Océan jusqu'au moment où il s'embarquera pour cette expédition.

---

[1] « Considérant que François Van Onsem a tenu des propos injurieux à la République et a opposé une sorte de résistance scandaleuse contre l'exécution dont il était menacé, lorsqu'un huissier du tribunal civil du département de la Dyle s'est présenté le 1er messidor à son domicile pour percevoir sa quote part d'imposition de l'emprunt forcé... » — Arrêté du 2 thermidor an IV, signé Le Tourneur, Carnot, Barras (Arch. nat., AF III, 389, dossier 2020).

Outre les pièces qui viennent d'être indiquées, on trouve les suivantes, non mentionnées au procès-verbal, dans les dossiers relatifs à la séance du 2 thermidor, savoir :

Dans le dossier 2020 : 1° Arrêté signé Le Tourneur, Carnot, Barras, destituant de leurs fonctions d'administrateurs du département de Seine-et-Oise les citoyens Fauvel et Horeau, qui y ont été appelés sans avoir été proposés pour ces fonctions. — 2° Deux arrêtés signés Le Tourneur, Carnot, Revellière-Lépeaux, autorisant (en vertu de l'art. 4 de la loi du 21 floréal an IV) les citoyens Schepeler et Thorspecken, négociants nés à Brême, domiciliés à Rouen, à revenir et à résider à Paris pour leurs affaires.

Dans le dossier 2022 : 1° Arrêté signé Carnot, Le Tourneur, Reubell, accordant un congé de deux mois au citoyen François Briscard, volontaire à la 12e demi-brigade à Nozay (Loire-Inférieure), fils d'un ancien gendarme vieux, infirme, veuf et sans fortune, qui a besoin de son assistance. — 2° Arrêté signé Carnot, Révellière-Lépeaux, Reubell, accordant un congé de trois mois à Jean-Dumaine le jeune, grenadier au 37e régiment d'infanterie, « actuellement à Paris chez le représentant du peuple Devars, rue des Saints Pères, n° 69, faubourg Saint Germain. » — 3° Arrêté signé Carnot, Le Tourneur, Reubell, accordant congé absolu à Nicolas Pigoust, gendarme dans la 31e division de gendarmerie, armée de Sambre-et-Meuse, qui comptait 27 années de service et, ayant deux fils dans l'armée, est réclamé par sa femme, réduite à l'indigence.

Le dossier 2023, dont le contenu, comme celui des trois précédents, se rapporte à la séance du 2 thermidor, est formé de 47 pièces relatives à des nominations de juges de paix dans les départements de la Creuse, de la Marne, de la Moselle, de l'Orne, du Pas-de-Calais, de la Seine-Inférieure (voir notamment les nombreuses pièces relatives à Dumesnil, juge de paix à Francqueville, dénoncé pour ivrognerie et pour avoir employé, dans l'assemblée électorale de 1792, pour se faire nommer à la Convention « des moyens que l'honnêteté réprouve ») et enfin de la Vendée.

[2] Arch. nat., AF III*, 20, p. 68. — AF III, 389, dossier 2020.

Art. 2. Il est autorisé à faire toutes les démarches convenables pour en hâter les préparatifs, à choisir dans les troupes qui forment l'armée des Côtes de l'Océan jusqu'à concurrence de quinze mille hommes qui devront être embarqués et à composer l'état-major au moyen d'officiers employés présentement dans ladite armée.

Art. 3. Il est également autorisé à dresser toutes les instructions pour les subalternes et à envoyer dès à présent des agents secrets dans le pays, s'il le croit nécessaire.

Art. 4. Il pourra faire les réquisitions convenables dans les cas d'urgence, même pour des objets qui regardent la marine, à charge d'en rendre compte sur-le-champ au ministre de ce département et au Directoire exécutif.

Art. 5. Le général en chef Hoche pourra pareillement donner des ordres aux divers corps destinés à agir contre l'Angleterre, sous ceux des généraux Humbert [1] et Quantin [2]. Ces corps resteront sous sa direction, Il se concertera pour les renforcer au besoin avec le général qui le remplacera dans le commandement de l'armée des Côtes de l'Océan [3].

SÉANCE DU 3 THERMIDOR AN IV [4]
21 JUILLET 1796.

Le Directoire autorise le ministre de l'intérieur à disposer de 321,300 francs en faveur des individus qui composent les manufactures nationales des Gobelins, de la Savonnerie, de Sèvres, etc [5].

Le ministre de la police générale fait un rapport en conséquence des notes qui lui ont été adressées par le représentant du peuple Lebrun sur plusieurs fonctionnaires publics de Mantes, département de Seine-et-Oise, qui, par leur immoralité, leurs principes et leur ineptie, ont perdu la confiance de leurs concitoyens.

---

[1] Sur le général Humbert, voir t. II.

[2] Sur le général Quantin, voir plus loin (p. 173) l'arrêté du 5 thermidor qui le concerne.

[3] Signé à la minute Le Tourneur, Carnot, Revellière-Lépeaux, Reubell.

[4] Arch. nat., AF III*, 4, fol. 76-78. — AF III, 3.

[5] Arrêté du 3 thermidor an IV, signé des directeurs Le Tourneur, Carnot, Barras, Revellière-Lépeaux (Arch. nat., AF III, 389, dossier 2024), conforme à la proposition faite par le ministre de l'intérieur (même dossier) et attribuant 94,500 francs aux Gobelins, 19,800 francs à la Savonnerie et 207,000 francs à Sèvres.

Le Directoire ordonne la mention au procès-verbal de ce rapport, pour être examiné : il est envoyé de suite à la section de la police générale [1].

Le citoyen Mathieu, économe des hôpitaux militaires, à Marchiennes [2], expose qu'après avoir été fait prisonnier de guerre, à la prise de cette place, au mois d'octobre 1793, et ayant après deux ans de captivité obtenu son échange, ainsi que sa réintégration dans sa place et une indemnité pour les pertes qu'il avait souffertes, il a présenté au ministre un mémoire tendant à obtenir l'habillement accordé aux prisonniers de guerre, mais qu'il lui a été répondu que cette faveur n'était applicable qu'aux militaires; il demande que cet habillement lui soit accordé.

Le Directoire, après avoir entendu le rapport du ministre de la guerre [3], auquel la pétition avait été communiquée, renvoie cette pétition au ministre de l'intérieur, pour accorder de quoi acheter des vêtements au pétitionnaire [4].

Les conseils d'administration des différents corps de troupes qui sont dans l'intérieur de la République ainsi que les chefs ou commandants des dépôts, détachements ou compagnies auxiliaires appartenant à ces corps, sont autorisés à délivrer aux sous-officiers et volontaires qui en font partie des permissions limitées de deux mois [5], pour aller chez eux aider à faire les moissons [6].

Un commissaire sera envoyé à Solingen [7], pour amener en France des ouvriers [8].

Il en sera envoyé un autre à Vienne et à Thiers pour préparer des logements pour les ouvriers qui viendront de Solingen [9].

---

[1] Il est déjà fait mention des notes de Lebrun et du rapport du ministre de la police dans le procès-verbal de la séance du 2 messidor (t. II, p. 666-667).

[2] Département du Nord.

[3] Voir le rapport (Arch. nat., AF III, 389, dossier 2024).

[4] Arrêté du 3 thermidor an IV, signé Reubell, Revellière-Lépeaux, Barras (Arch. nat., AF III, 389, dossier 2024).

[5] Permissions dont le nombre, toujours subordonné aux besoins du service, ne pourra excéder le dixième de l'effectif.

[6] Arrêté du 3 thermidor an IV, signé Carnot, Reubell, Barras (Arch. nat., AF III, 389, dossier 2024). — Voir plus haut (séance du 16 messidor) l'arrêté analogue relatif aux dépôts de cavalerie.

[7] Ville d'Allemagne située non loin de Dusseldorf et centre d'une importante fabrication d'armes et d'outils de fer et d'acier.

[8] Ce commissaire devra y examiner la fabrication des armes et outils et déterminer une partie des ouvriers à venir s'établir en France. — Arrêté du 3 thermidor an IV, signé Carnot, Le Tourneur, Reubell (Arch. nat., AF III, 389, dossier 2024).

[9] Arrêté du 3 thermidor an IV, signé Carnot, Le Tourneur, Reubell (Arch. nat., AF III, 389, dossier 2024).

Il sera mis 20,000 livres à la disposition du ministre de la guerre pour les dépenses ordonnées par les deux arrêtés ci-dessus [1].

On écrit au ministre de la guerre pour lui indiquer les commissaires à nommer pour aller à Vienne et à Solingen [2].

On écrit au commissaire du pouvoir exécutif près l'administration du département de Seine-et-Marne pour qu'il prenne des renseignements sur la conduite du commissaire du Châtelet [3].

Les militaires tirés de la 1re et 2e division de gendarmerie pour entrer dans la légion de police pourront entrer dans la gendarmerie départementale, chacun à leur résidence [4].

On s'occupe du personnel des armées et on prend plusieurs arrêtés : les minutes sont à la section de la guerre [5].

---

[1] Arrêté du 3 thermidor an III, signé Carnot, Le Tourneur, Reubell (Arch. nat., AF III, 389, dossier 2024).

[2] Voir le texte de cette lettre plus loin à l'Appendice.

[3] Il s'agit du commissaire de la commune du Châtelet (Seine-et-Marne), contre lequel une pétition a été adressée au Directoire. — Minute signée Carnot, Le Tourneur, Reubell (Arch. nat., AF III, 389, dossier 2024).

[4] C'est-à-dire «chacun à la résidence dont il faisait partie avant son départ pour l'armée et dans le grade qu'il exerçait lors de son admission dans la ci-devant légion de police». — Arrêté du 3 thermidor an IV, signé Carnot, Revellière-Lépeaux, Reubell (Arch. nat., AF III, 389 dossier 2024).

[5] Voici la liste de ces arrêtés, dont les minutes se trouvent dans le dossier 2024 (Arch. nat., AF III, 389) : 1° Arrêté signé Carnot, Reubell, Barras, accordant un congé de trois mois au citoyen Pierre Godard, charretier dans les transports militaires, à charge par lui de laisser à l'armée la voiture et les quatre chevaux qu'il y a fournis. — 2° Arrêté signé Carnot, Revellière-Lépeaux, Reubell, par lequel : le général Michel, commandant à Orléans, est confirmé dans le grade de général de division et continuera d'être employé à l'armée de l'intérieur; — le citoyen Martel, ci-devant capitaine au 6e régiment de dragons, sera employé dans son grade à la suite de la place de Douai; — le citoyen Rozand, ci-devant officier invalide, sera remis en activité à la suite de la 80e compagnie de vétérans à Dijon, en qualité de capitaine. — 3° Arrêté signé Carnot, Reubell, Revellière-Lépeaux, par lequel : la réintégration des capitaines Cardenois, Cherrier et Rouff au 21e régiment de cavalerie est accordée; — la nomination des citoyens Lintz et Jolleau, comme lieutenants dans le même régiment est confirmée; — le capitaine Simon, du même corps, est destitué; — la nomination des sous-lieutenants Villemin et Badet au même corps est confirmée; — le sous-lieutenant Dietrich est mis à la retraite; — les officiers Guichardet, Dassier, Lasmoles, Seranne et Dufayet, du même régiment, sont réformés, — le citoyen Demory, adjudant réformé du 21e régiment de chasseurs, est nommé sous-lieutenant dans ce corps; les citoyens Verreaux, chef de brigade, Choppin, chef d'escadron, Pierre d'Houy, capitaine, Derost, quartier-maître, et Sellier, lieutenant au 12e régiment de cavalerie, destitués le 21 germinal, sont réintégrés, la destitution des citoyens Padoux et Leysenne étant maintenue; le citoyen Dejean, rétabli dans le grade de sous-lieutenant au 10e régiment de chasseurs, prendra rang du jour où il a atteint dix-huit ans; — le citoyen France, chef d'escadron réformé du 8e régiment de chasseurs, est replacé avec son grade dans ce régiment; — le citoyen Henry, sous-lieutenant démissionnaire du 4e régiment, est remis en activité dans le même régiment; — la nomination du citoyen Loubers au grade de sous-lieutenant de chasseurs est confirmée; — le citoyen Favre, aide de

A

Le Directoire exécutif au ministre de la guerre.

Occupé constamment des moyens de multiplier les ressources de la République, le Directoire vient de prendre, citoyen ministre, deux arrêtés qui présentent le double avantage d'augmenter l'industrie française et de diminuer celle de nos voisins.

Par l'un il vous charge d'envoyer à Solingen un commissaire à l'effet d'y examiner la fabrication des armes blanches, des faux et faucilles, des scies et limes et des outils de menuiserie qui s'y font et de disposer les ouvriers à venir s'établir en France.

camp provisoire du général Pouget, est nommé sous-lieutenant de cavalerie; — le citoyen Delchels est réintégré dans les fonctions de commissaire des guerres; — les citoyens Roger, capitaine, et Delage, lieutenant, sont nommés le premier chef d'escadron, le second, capitaine dans la gendarmerie de l'armée des Alpes; — le citoyen Philippot, ci-devant aide de camp capitaine, est nommé capitaine de gendarmerie en Belgique; les citoyens Lassalle, maréchal des logis, et Huguet, brigadier, sont nommés le premier lieutenant, le second maréchal des logis de gendarmerie.

A ces arrêtés, il faut joindre l'indication des lettres suivantes, écrites par le Directoire et non mentionnées au procès-verbal : 1° Deux lettres au ministre de la guerre (signées Carnot, Reubell, Barras) : la première relative aux abus qui se sont glissés dans le service des hôpitaux affectés aux troupes de la République qui sont à la solde de la République batave; la seconde pour faire connaître au ministre la lettre du citoyen Dejean, inspecteur des fortifications, sur la situation de celles de Maestricht et l'inviter à y pourvoir. — 2° Lettre au général Dejean, inspecteur des fortifications (signé Carnot, Reubell, Barras) pour lui accuser réception de sa lettre sur les fortifications de Maestricht, qui a été transmise au ministre de la guerre. — 3° Deux lettres (signées Carnot, Reubell, Barras) au ministre des relations extérieures : la première pour lui transmettre une lettre interceptée en Italie, avec prière de la faire déchiffrer; — la seconde pour l'inviter à représenter au gouvernement batave l'inexactitude des fournitures dues aux troupes françaises à sa solde et le défaut de surveillance des hôpitaux affectés à ces mêmes troupes. — 4° Une lettre (signée Carnot, Reubell, Barras) au ministre de la police générale, l'invitant à donner des ordres pour la réorganisation de la garde nationale de l'Isère. — 5° Deux lettres (signées Carnot, Reubell, Barras) au général Berthier, chef de l'état-major général de l'armée d'Italie : la première pour lui accuser réception de sa lettre du 18 messidor et du rapport du général Mouret, «le tout relatif au paragraphe faux de la *Gazette de Francfort* visé dans la *Gazette générale de l'Europe* du 6 du même mois messidor; — la seconde pour lui accuser réception de deux lettres interceptées. — 6° Deux lettres (signées Carnot, Reubell, Barras), dont la première est reproduite plus loin à l'Appendice, et dont la seconde l'invite à accélérer la marche de 12,000 hommes envoyés de la Vendée sur les Alpes et en Italie, ainsi qu'à hâter la nouvelle organisation de l'armée des Côtes de l'Océan et approuve la fusion de la 46° demi-brigade dans la marine. — 7° Une lettre (signée Carnot, Reubell, Barras) au citoyen Huguenin père, mécanicien à Paris, pour le remercier de sa lettre du 24 messidor et applaudir au zèle qui l'a dictée. — 8° Une lettre (signée Carnot, Reubell, Barras) au citoyen Laurent, colporteur, pour le remercier de sa lettre du 14 messidor sur la négligence des autorités constituées de son département relativement à l'organisation de la garde nationale.

Le dossier 2025, dont le contenu, comme celui des précédents, se rapporte à la séance du 3 thermidor, se compose de 58 pièces relatives à des nominations de commissaires du pouvoir exécutif dans les départements de la Côte-d'Or, de la Drôme, du Gard, de la Haute-Garonne, de l'Isère et du Tarn.

Vous sentez, citoyen ministre, que, pour faire réussir une telle entreprise, il est indispensable d'y employer un homme intelligent, accoutumé à diriger des ouvriers de cette trempe, de lui donner tous les moyens de lever les obstacles qui se rencontreront, de l'adresser et le recommander au citoyen Joubert, commissaire du gouvernement près l'armée de Sambre-et-Meuse, de prévenir le général en chef de cette armée de cette entreprise industrieuse, de l'engager à l'appuyer par la force, si c'est nécessaire, enfin de mettre en usage tout ce qui peut tendre à sa réussite. Le commissaire que vous nommerez pourrait annoncer à ces ouvriers que la République française, grande dans tout ce qu'elle fait, leur assure une protection spéciale; qu'elle les placera dans un beau climat, pourvoira à leurs logements, leur fera distribuer des vivres, leur procurera un travail constant et utile, prendra soin de leur vieillesse.

Ce commissaire ne manquera pas de faire sentir à ces habitants la supériorité du régime républicain français sur les autres gouvernements. Adroitement il pourrait leur insinuer que le pays de Solingen cessera peut-être sous peu de temps d'offrir aux ouvriers qu'il renferme les ressources qui attendent en France ceux qui viendront s'y établir. Vous jugerez sans doute aussi convenable, citoyen ministre, de tracer à ce commissaire dans des instructions que vous lui remettrez le plan de conduite le plus propre au succès de sa mission, et le Directoire à cet égard s'en rapporte pleinement à vos lumières et à votre amour pour la gloire et la prospérité nationales.

L'ancien Comité de salut public de la Convention nationale a employé pendant assez longtemps à Klingenthal le citoyen Arnal; il avait gagné la confiance des ouvriers de cette belle manufacture d'armes blanches. Cet homme probe et instruit, doux et intelligent, patriote et parlant la langue allemande, pourrait remplir la fonction de commissaire à Solingen.

L'autre arrêté vous charge aussi, citoyen ministre, d'envoyer à Vienne et Thiers un commissaire à l'effet de préparer ces deux communes, ou celle des deux qui méritera la préférence, à recevoir les ouvriers venant de Solingen qui seront destinés pour les manufactures d'armes blanches qui y existent.

Le Directoire a pensé que le sol arrosé par l'Isère conviendra bien à ces ouvriers. Le commissaire disposera des logements commodes pour les recevoir; les fera garnir de meubles à leur usage; préparera le moyen de les nourrir; mais pour que ce dernier point s'exécute aisément, vous sentez qu'il faut puiser dans les magasins militaires les rations de vivres qui leur seront distribuées et vous seul avez le droit de le permettre. Vous aurez donc soin de donner les ordres pour que ces nourritures soient assurées ponctuellement. Quant aux meubles, les magasins publics en renferment peut-être. Mais s'il ne s'y en trouvait pas, il faudra s'en procurer autrement; car il serait déplacé que ces ouvriers, venant de loin, descendissent dans des logements où tout manquerait. Au contraire, les habitations qui les attendent doivent être toutes préparées. Le succès d'une affaire dépend le plus souvent de la première impression qu'elle fait sur les personnes qu'elle intéresse.

Il est essentiel que l'atelier pour le travail soit prêt, car l'oisiveté tue l'homme laborieux éloigné de ses anciennes habitudes. Les directeurs de ces fabriques seront prévenus de l'arrivée des ouvriers pour qu'ils leur fassent un bon accueil, qu'ils ne les inquiétent pas ni ne souffrent qu'on les inquiète. Le commissaire fera bien d'engager les autorités constituées des lieux à leur assurer une protection spéciale basée sur les lois.

Le Directoire pense que le citoyen Régnier, inspecteur général des armes portatives, artiste habitué à mener des ouvriers, pourrait remplir la commission pour Vienne et Thiers.

Il ne sera pas utile que Régnier aille visiter l'établissement de Denis Febvre. Ce fabricant, prévenu de la bonne disposition du gouvernement, est tout prêt à recevoir, loger, meubler, nourrir et occuper ceux des ouvriers qui seront amenés par le commisssire de Solingen.

Vous pourriez encore le charger d'inspecter en passant les fabriques d'armes blanches qui se trouvent sur ou près de la route de Paris à Vienne, de vérifier les causes de l'inactivité dans laquelle elles sont tombées, d'indiquer les moyens de les en sortir.

Comptant sur votre zèle, citoyen ministre, le Directoire vous invite à l'employer au succès d'une mesure qui tend à arracher à nos ennemis une branche majeure de l'industrie ei de la fixer irrévocablement en France.

Le Tourneur, Carnot, Reubell [1].

B

Le Directoire exécutif au général en chef Hoche.

Il a été adressé, citoyen général, au Directoire exécutif plusieurs pétitions des autorités constituées du département de la Vendée à l'appui de la demande faite par les chasseurs à cheval dits de la Vendée pour être rendus à leurs foyers. Ils s'autorisent d'une proclamation où cette mesure leur est annoncée de votre part. Le Directoire, qui l'a examinée, n'y trouve point d'inconvient, étant rassuré par les attestations des autorités civiles sur les dispositions de ces chasseurs à cheval. Vous pourrez donc, citoyen général, en donner l'ordre définitif, en prenant d'ailleurs toutes les précautions pour qu'aucun ressentiment, aucun esprit de vengeance ne s'exercent parmi des hommes qui, habitant le même sol, doivent resserrer davantage entre eux les liens de la fraternité républicaine, qui doit être dans ces contrées le fruit et le gage de la réconciliation.

Carnot, Reubell, P. Barras [2].

---

[1] Arch. nat., AF III, 389, dossier 2024. — [2] Arch. nat., AF III, 389, dossier 2024.

SÉANCE DU 4 THERMIDOR AN IV [1]

22 JUILLET 1796.

Le Directoire annule un arrêté du département de l'Ain qui attribue aux juges de paix le droit de prononcer les amendes infligées par la loi du 15 pluviôse an IV sur le mode de compléter la levée des chevaux, juments, mules et mulets [2].

La tranquillité publique et intérieure de la commune de Paris exigeant que tous ceux qui y entrent ou qui en sortent soient connus, il sera établi à chaque barrière de cette commune cinq vétérans, qui, sous le nom de consignes, tiendront registre de tous les citoyens qui entreront à Paris ou qui en sortiront [3].

Tout militaire, gradé ou non, et qui est dans Paris depuis quelque temps, ou qui y entrera dorénavant, sera tenu de se rendre dans les vingt-quatre heures à l'État-major général de l'armée de l'intérieur, pour y faire et signer la déclaration, qui sera déterminée par le général-chef de l'État-major général. Aucun officier général ni aide de camp, non employé dans l'armée de l'intérieur, ne pourra porter l'écharpe affectée à ces grades [4].

[Le Directoire exécutif, après avoir entendu le rapport du ministre de la justice sur le jugement du tribunal criminel du département du Pas-de-Calais en date du 21 nivôse dernier, portant référé au Corps législatif sur les poursuites dirigées contre le nommé Louis-Joseph Drain, âgé de 34 ans, tailleur d'habits, domiciliée à Blandecques, près Saint-Omer, prévenu d'émigration;

Considérant que Louis-Joseph Drain ayant été traduit devant le tribunal criminel du département du Pas-de-Calais, son conseil a

---

[1] Arch. nat., AF III*, 4, fol. 78-82. — A F III, 3.

[2] Arrêté du 4 thermidor an IV, signé Le Tourneur, Carnot, Revellière-Lépeaux (Arch. nat., AF III, 389, dossier 2028). — Il s'agit des amendes encourues par «ceux qui sont en défaut de déclarer, ou qui recèlent les chevaux, juments, mules et mulets dont ils sont propriétaires, possesseurs, détenteurs ou gardiens». L'arrêté porte que les poursuites seront exercées «devant les tribunaux correctionnels ou devant les tribunaux de police, suivant la valeur des objets qui y auront donné lieu».

[3] Arrêté du 4 thermidor an IV, signé Carnot, Revellière-Lépeaux, Reubell (Arch. nat., AF III, 389, dossier 2028).

[4] Arrêté du 4 thermidor an IV, signé Carnot, Revellière-Lépeaux, Reubell (Arch. nat., AF III, 389, dossier 2028).

réclamé en son nom la loi du 22 nivôse an III et celle du quatrième jour complémentaire, l'une et l'autre relatives à la rentrée des *laboureurs, ouvriers, artisans*, et qu'il a opposé en second lieu son état habituel de démence;

Considérant que le prévenu ayant fait valoir en sa faveur les lois rendues à l'égard des ouvriers rentrés, le tribunal criminel aurait dû envoyer sur-le-champ cette réclamation à l'administration centrale du département, qui aurait prononcé dans les trois jours du renvoi et transmis de suite son arrêté au ministre de la police générale, conformément à l'article 5, titre V, de la loi du 25 brumaire an III;

Considérant que si l'état habituel d'imbécillité de Louis-Joseph Drain était prouvé, sa résidence dans la ci-devant Belgique au mois d'avril 1793, après la retraite des troupes françaises, serait une divagation et non une véritable émigration, et que cette exception de démence proposée en son nom aurait également dû être renvoyée par le tribunal criminel à l'administration centrale du département, puisqu'il n'appartient qu'à elle, suivant le titre III et l'article 5 de la loi précitée, de déclarer, en ce cas, s'il y a ou non émigration, et conséquemment de décider si Louis-Joseph Drain était ou non en état de démence;

Considérant que l'article 3 de la loi du 10 vendémiaire dernier impose au ministre de la justice l'obligation de soumettre les questions qui lui sont proposées relativement à l'ordre judiciaire *et qui exigent une interprétation de la loi* au Directoire exécutif, qui les transmet au Conseil des Cinq-Cents, d'où il suit que les référés des tribunaux ne doivent être transmis au Conseil des Cinq-Cents par le Directoire exécutif que lorsqu'ils présentent de véritables doutes à éclaircir, des questions proprement dites à résoudre, et qu'il est du devoir du Directoire exécutif de ne pas se rendre auprès du Corps législatif l'intermédiaire de référés qui ne présenteraient aux législateurs rien qui fût digne de leur attention et qui ne tendraient qu'à consommer en pure perte leurs plus précieux instants;

Arrête qu'il n'y a pas lieu à délibérer ssr le référé dont il s'agit.

Le ministre de la justice est chargé de tenir la main à l'exécution du présent arrêté, qui ne sera point imprimé. — Arch. nat., AF III, 389, dossier 2026[1].]

---

[1] Signé Le Tourneur, Carnot, Revellière-Lépeaux.

Il sera formé un Conseil militaire pour juger de nouveau l'ex-général de brigade Bonnard, condamné aux fers, par un jugement rendu par contumace, le conseil militaire qui l'a jugé étant dissous[1].

Sur le rapport du ministre de la police générale, le Directoire prononce la radiation définitive de la liste des émigrés des citoyens ci-après :

Quinson; veuve Leloup, Bois-Chalons; Viel, dit Raffeton; Narbonne père; veuve d'Escayrac; Léonce d'Escayrac et Ernestine d'Escayrac; Moustier; femme Simon; Charles; Drévon; Cazeaux; Gigot; Cassin et sa femme; Certain; Joybert et sa femme; Perrache et Sansonnetty[2];

Et maintient sur ladite liste le nommé Clergeau[3].

---

[1] Arrêté du 4 thermidor an IV, signé Carnot, Barras. Reubell (Arch. nat., AF III, 389, dossier 2028). — Sur Bonnard et son renvoi devant un conseil militaire, voir t. II, p. 144 (séance du 24 germinal). — Accusé de faux, il s'était évadé et avait été condamné par contumace à cinq ans de fer. Pour justifier son évasion, il arguait que le général Canuel, président du conseil militaire par lequel il avait été jugé, était son ennemi personnel. Il offrait de purger sa contumace.

[2] Seize arrêtés, signés Revellière-Lépeaux, Le Tourneur, Reubell, ou Revellière-Lépeaux, Reubell, Barras (Arch. nat, AF III, 389, dossier 2027) rendus en faveur des citoyens dont les noms suivent et qui, inscrits sur les listes d'émigrés, ont justifié de leur résidence et réclamé en temps utile : David-Roch *Quinson*, rentier, demeurant à Lyon (liste de la Côte-d'Or); Marie Angevin, veuve de Victor-Maurille *Leloup-Bois-Chalons*, demeurant à Nantes (liste de la Loire-Inférieure); Guillaume-Jacques-Sébastien *Viel*, dit *Raffeton*, ex-noble, demeurant à Rouen (liste de l'Orne); Jean *Narbonne* père, ex-duc (liste de Lot-et-Garonne). (Ses biens sont maintenus sous le séquestre parce qu'il est père d'émigré); — Stanislas-Louise Chaumont, veuve d'Étienne-Henry *d'Escayrac* et ses deux enfants mineurs (liste du Lot); — Antoine *Moustier* fils aîné, homme de loi, demeurant à Paris (liste du Lot-et-Garonne); — Joséphe-Claudine-Pierrette Bergeret, de Paris, femme divorcée de François-Charles-Adrien *Simon* (liste du Lot); — Étienne *Charles*, rentier, domicilié à Longjumeau (liste de Seine-et-Oise); — Ennemont *Drévon*, de Grenoble (réputé émigré parce que, porté en 1793 sur la liste des suspects de cette commune, il ne s'était pas rendu dans une des maisons de réclusion désignées par les arrêtés des représentants du peuple Amar et Merlino); — Guillaume-Joseph *Cazeaux*, ex-président au ci-devant parlement de Bordeaux (liste de la Gironde); — Melchiade Corentin *Gigot*, homme de loi, demeurant à Paris (liste de la Seine-Inférieure); — Étienne-Marie *Cassin*, commissaire national près le district de Montbraine, ci-devant Château-Renault, et Adélaïde *Prégent*, son épouse (liste de Maine-et-Loire); — Jean-Charles *Certain*, ci-devant conseiller à la Cour des Aides de Paris (liste de la Seine-Inférieure); — Jérôme-Antoine *Joybert* et Anne-Charlotte *Desalve*, son épouse, domiciliés à Vitry-sur-Marne (liste des Ardennes); — Joseph-André *Perrache*, ci-devant commis au greffe du ci-devant parlement d'Aix (liste des Bouches-du-Rhône); — Dominique-Antoine-Judith *Sansonnetty* fils, demeurant à Grenet (liste du département de la Meurthe).

[3] Arrêté du 4 thermidor an IV, signé Revellière-Lépeaux, Reubell, Barras (Arch. nat., AF III, 389, dossier 2027), rendu conformément au rapport très détaillé du ministre de la police générale (même dossier) et dont les considérants portent que si Clergeau a quitté la France en 1788, époque à laquelle aucune loi ne l'en empêchait, «il a séjourné, sur la fin de 1793, trois mois à la Cour de Russie, où il a accepté le brevet de major *ad honores*; que, plus récemment encore, il a séjourné en Angleterre en l'année 1795 pendant plus de quatre mois, qu'enfin il est rentré en France en thermidor de l'an III; que

Le Directoire adresse un message au Conseil des Cinq-Cents, relatif à son arrêté du 30 messidor dernier[1], concernant les ports de lettres adressées aux défenseurs de la patrie[2].

Un second message au même Conseil a pour objet un nouveau rapport du ministre de la justice sur le sort des juges réduits à un affreux dénuement[3].

Les arrêtés du Directoire du 3 messidor dernier, relatifs aux communes de Beaumont et de Bacquet, contiennent deux erreurs : il a été nommé trois assesseurs pour Beaumont; il n'y avait qu'une place vacante; il en a été aussi nommé trois pour Bacquet et il n'y avait qu'une place, les seuls citoyens Robillard et Rehotte sont maintenus[4].

La portion de solde en valeur métallique payée aux sous-officiers et soldats des troupes composant l'armée de l'intérieur sera augmentée d'autant de fois six deniers en valeur métallique qu'il se trouvera de fois sept sols six deniers dans la portion de solde acquittée en mandats. La minute est à la section de la guerre[5].

Le Directoire invite le ministre de l'intérieur à lui procurer les renseignements nécessaires pour répondre dans le plus bref délai au message du Conseil des Cinq-Cents du 30 messidor dernier, qui demande un état de divers bâtiments qui se font actuellement aux frais de la République[6].

Il écrit au conseil d'administration du deuxième bataillon des sapeurs pour lui témoigner sa satisfaction sur le don patriotique qu'il a adressé d'une somme de 1,500 francs[7].

Clergeau est allé librement en Angleterre, après avoir, de son propre aveu, séjourné pendant cinq mois en Suisse, pays neutre et voisin de la France, et que l'Angleterre était en guerre avec la France à l'époque où Clergeau y a fait un séjour de plus de quatre mois...» L'arrêté le déclare émigré, confisque ses biens et ordonne sa déportation.

[1] Voir plus haut, p. 131.

[2] Lu à la séance du 4 thermidor (C. C., thermidor an IV, 73-74). — Le Directoire exécutif des Cinq-Cents soumet au Conseil l'arrêté du 30 messidor, par lequel il a cru devoir accorder aux militaires un délai de quatre décades pour se soumettre à la loi qui prescrit que dorénavant les ports de lettres seront payés non plus en mandats, mais en numéraire.

[3] Message lu à la séance du 4 thermidor (C. C., thermidor an IV, 76). — Le Directoire déclare que «le cours de la justice va s'interrompre, la loi va perdre ses organes». Voir, sur le même sujet, son message du 15 messidor.

[4] Arrêté du 4 thermidor an IV, signé Le Tourneur, Carnot, Barras (Arch. nat, AF III, 389, dossier 2028).

[5] Arrêté du 4 thermidor, an IV, signé Carnot, Reubell, Revellière-Lépeaux (Arch. nat., AF III, 389, dossier 2028).

[6] Minute signée Revellière-Lépeaux, Reubell, Barras (Arch. nat., AF III, 389, dossier 2026).

[7] Minute signée Revellière-Lépeaux, Reubell, Barras (Arch. nat., AF III, 389, dossier 2028).

Le citoyen Frézet[1] est nommé à la place du citoyen Surgy[2], commissaire surveillant la fabrication du papier-mandat, qui se fait dans la manufacture du citoyen Delagarde le jeune, à Courtalin[3].

Le Directoire reçoit un message du Conseil des Cinq-Cents, par lequel il lui demande son avis sur une pétition de la commune de Clermont, département du Puy-de-Dôme, adressée à ce Conseil, tendante à être autorisée à faire l'acquisition de divers emplacements[4].

Le Directoire écrit au ministre des finances en lui transmettant ce message, pour l'inviter à lui faire part de son opinion relativement à cette pétition[5].

Il accorde une gratification de 240 livres, à prendre sur la somme ci-après, à un détachement des troupes républicaines, qui a saisi chez la veuve Bigot, habitante de Saint-Gilles, département d'Ille-et-Vilaine, une somme de 462 livres en écus, qu'elle avait reçue[6] d'un chef de brigands[7].

Le ministre des relations extérieures est autorisé à délivrer un passeport au citoyen Philippe-Mathias Mühlenbeck[8], pour se rendre dans le duché de Berg, où son commerce l'appelle[9].

Un secours de 300 francs en mandats est accordé au citoyen Baudet, ci-devant employé aux relations extérieures[10].

Sur le rapport du ministre de l'intérieur, le Directoire arrête que les grains provenant des récoltes de la Flandre hollandaise[11] pourront être librement transportés, avec acquit à caution, dans les départe-

---

[1] «Ci-devant inspecteur de la fabrication du papier assignat à la papeterie du Marais, actuellement administrateur du département de Seine-et-Marne» (rapport du ministre des finances, Arch. nat., AF III, 389, dossier 2028).

[2] Qui demande son remplacement.

[3] Arrêté du 4 thermidor an IV, signé Reubell, Revellière-Lépeaux, Barras (Arch. nat., AF III, 389, dossier 2028).

[4] Destinés à des usages publics. — Message du 1er thermidor (C. C., thermidor an IV, 5-6).

[5] Minute signée Le Tourneur, Revellière-Lépeaux, Reubell (Arch. nat., AF III, 389, dossier 2026).

[6] En dépôt.

[7] Arrêté du 4 thermidor an IV, signé Reubell, Revellière-Lépeaux, Barras (Arch. nat., AF III, 389, dossier 2028). — Le tribunal criminel, l'accusateur public et l'administration centrale d'Ille-et-Vilaine estimaient que toute la somme saisie devait être abandonnée aux saisissants, mais le ministre des finances (voir son rapport, même dossier) pense que «l'état des choses exigeant la plus stricte économie», 240 francs suffiront.

[8] Fabricant à Ribeauvillé (Haut-Rhin).

[9] Arrêté du 4 thermidor an IV, signé Le Tourneur, Revellière-Lépeaux, Reubell (Arch. nat., AF III, 389, dossier 2026). Minute de la main de Reubell.

[10] «Compris dans la réforme qui a eu lieu par la mise en activité de la constitution» (Rapport du ministre des relations extérieures au Directoire). — Arrêté du 4 thermidor an IV, signé Revellière-Lépeaux, Le Tourneur, Reubell (Arch. nat., AF III, 389, dossier 2026).

[11] De la ci-devant Flandre hollandaise.

ments belges, par tous les ports de l'Escaut où il y a des bureaux de douanes [1].

Le Directoire adresse un message au Conseil des Cinq-Cents, pour lui transmettre une pétition de la commune de Rouen, tendante à ce qu'il lui soit concédé un terrain national pour l'embellissement de la rue Chasse-Lièvre [2].

Il en reçoit un du même Conseil, portant invitation au Directoire de lui envoyer l'état approximatif des troupes qu'il croit indispensable de conserver en temps de paix [3].

Un autre messager d'État, envoyé par le Conseil des Anciens, dépose sur le bureau trois lois:

La première est relative au tarif des postes et fixe le prix du port des ouvrages périodiques [4].

La deuxième renvoie au Directoire exécutif, pour y statuer, l'arrêté du comité des finances, du 11 fructidor an III, qui résilie la vente des biens provenant de Pierre-Antoine Darche, émigré, faite aux citoyens Ducot et consorts [5].

La troisième réunit au canton de Ménigoute [6] la commune de Vausseroux, département des Deux-Sèvres [7].

Le Directoire ordonne que ces trois lois seront publiées, exécutées et qu'elles seront munies du sceau de l'État. Elles sont, en conséquence, adressées de suite à l'enregistrement, pour deux expéditions être envoyées sans délai au ministre de la justice avec l'arrêté portant ordre d'impression et de publication dans les formes prescrites par les lois.

Le général de brigade Deshauts-Champs [8] est autorisé à jouir du

---

[1] Arrêté du 4 thermidor an IV, signé Revellière-Lépeaux, Reubell, Barras (Arch. nat., AF III, 389, dossier 2026). — Cet arrêté rapporte les articles de celui par lequel le commissaire du gouvernement avait, le 30 frimaire précédent, restreint l'embarquement des grains de la Flandre hollandaise pour l'intérieur aux seuls ports de Doël et de Sas-de-Gand, ce qui nuisait à l'approvisionnement de plusieurs départements belges et causait un mécontentement constaté par Bouteville, commissaire du gouvernement dans les départements réunis, dans sa lettre au Directoire du 17 messidor (même dossier).

[2] Il s'agit de prolonger cette rue en ligne droite jusqu'à celle du Mont-libre. — Message lu à la séance du 6 thermidor (C. C., thermidor an IV, 103-105).

[3] Message du 4 thermidor (C. C., thermidor an IV, 59).

[4] Bull., II, LX, n° 554. — Le prix (payé d'avance et en numéraire) sera pour les périodiques ou journaux de 4 centimes par feuille; pour les livres, catalogues ou prospectus, de 5 centimes par feuille.

[5] Par le ci-devant district de Cadillac (Gironde) le 7 pluviôse an II. — Bull., II, LX, n° 556.

[6] Le procès-verbal porte Menil-Goute.

[7] Bull., II, LX, n° 557.

[8] Ingénieur militaire et directeur de l'École polytechnique.

traitement attaché à son grade⁽¹⁾, au lieu de celui de directeur de l'École Polytechnique ⁽²⁾.

Il est accordé au citoyen Berneret ⁽³⁾, officier de santé, deux rations de vivres ⁽⁴⁾ pour les soins qu'il donne⁽⁵⁾ aux aérostiers de Meudon, lorsqu'ils sont malades⁽⁶⁾.

Une carabine sera délivrée au citoyen Peteguecy, chef de bataillon ⁽⁷⁾.

[Le Directoire exécutif, vu l'arrêté du Comité de salut public de la Convention nationale du 4 pluviôse an III qui a ordonné que les mémoires, plans et devis rédigés par le général Meunier concernant l'aérostation seraient copiés et que les copies seraient envoyées à l'École nationale aérostatique de Meudon et les originaux déposés à la Bibliothèque nationale;

Considérant que l'art aérostatique étant encore un secret pour bien des peuples, l'intérêt national commande de ne pas déposer actuellement dans une bibliothèque publique les ouvrages dont il s'agit;

Arrête ce qui suit :

La disposition de l'arrêté du Comité de Salut public du 4 pluviôse an III qui a ordonné le dépôt à la Bibliothèque nationale des originaux des ouvrages du général Meunier sur l'aérostation est rapportée.

Ces ouvrages seront déposés aux archives du Directoire exécutif.

Le ministre de l'intérieur fera faire les recherches les plus exactes de ces ouvrages et effectuera le dépôt.

Il veillera à ce que la disposition de l'arrêté du Comité de salut public qui ordonne l'envoi à l'école aérostatique de Meudon des copies de ces mêmes ouvrages soit promptement exécutée.

Le présent arrêté ne sera pas imprimé. Il sera exécuté dans la quinzaine. — Arch. nat., AF III, 389, dossier 2028 ⁽⁸⁾.]

⁽¹⁾ Soit 8,000 francs.
⁽²⁾ Arrêté du 4 thermidor an IV, signé Carnot, Revellière-Lépeaux, Reubell (Arch. nat., AF III, 389, dossier 2028).
⁽³⁾ Cet officier de santé est dénommé *Bouron* dans la minute de l'arrêté.
⁽⁴⁾ Par jour.
⁽⁵⁾ Gratuitement.
⁽⁶⁾ Arrêté du 4 thermidor an IV, signé Carnot, Revellière-Lépeaux, Reubell (Arch. nat., AF III, 389, dossier 2028).
⁽⁷⁾ Arrêté du 4 thermidor an IV, signé Carnot, Revellière-Lépeaux, Reubell (Arch. nat., AF III, 389, dossier 2028). — Dans la minute de cet arrêté, le donataire est dénommé non Peteguecy, mais *Locquin*. C'est un «chef de bataillon du génie, que sa mauvaise santé force de renoncer à la carrière militaire et qui s'est distingué dans plusieurs affaires, et particulièrement au siège du château de Milan, où il a été chargé de diriger les attaques».
⁽⁸⁾ Signé Carnot, Revellière-Lépeaux, Reubell. — A cette minute est joint (même dos-

Le ministre des finances fera délivrer à l'adjudant général Crublier, sur-le-champ, une voiture à deux places pour courir la poste [1].

Il lui sera également remis une somme de 1,500 livres, en numéraire par le ministre de la guerre [2].

Les minutes de ces six arrêtés sont à la section de la guerre.

On écrit treize lettres dont les minutes sont à la section de la guerre [3].

On signe un état de citoyens exemptés du service militaire aux armées [4].

---

sier) un long et intéressant « *Rapport au Directoire exécutif par le directeur de l'École aérostatique* (Conté) *sur l'état où était l'aérostation au mois de juillet 1793* (v. s.), *sur ses progrès et son état actuel*».

[1] Arrêté du 4 thermidor an IV, signé Carnot, Le Tourneur, Barras (Arch. nat., AF III, 389, dossier 2026). — Sur la mission de Crublier, voir plus loin, p. 167.

[2] Arrêté du 4 thermidor an IV, signé Carnot, Le Tourneur, Barras (Arch. nat., AF III, 389, dossier 2026).

[3] Ces minutes, qui se trouvent dans les dossiers se rapportant à la séance du 4 thermidor (Arch. nat., AF III, 389, dossiers 2026, 2028) et sont signées Le Tourneur, Carnot, Reubell, ou Le Tourneur, Carnot, Barras, sont celles des lettres suivantes : 1° Deux lettres au ministre de la guerre : la première pour l'inviter à faire cesser le dénûment dans lequel se trouvent les troupes employées dans l'arrondissement de Parthenay et dans l'Ille-et-Vilaine, troupes qui manquent de bois, de légumes secs et ne reçoivent pas depuis longtemps leur solde en numéraire; la seconde pour l'inviter à faire cesser le dénûment qu'éprouvent, dans presque toutes les parties du service, les troupes employées dans le département de la Vendée, ainsi que l'injustice et l'inégalité des réquisitions en bestiaux qu'on frappe dans ce département. — 2° Une lettre au ministre de la police générale pour lui transmettre des pièces concernant la connivence des habitants des îles d'Houat et d'Hédic avec les Anglais pendant les derniers troubles du département du Morbihan et le charger de prendre des renseignements à cet égard. — 3° Une lettre au général Avril, commandant à Belle-Isle, pour lui accuser réception des pièces qu'il a envoyées sur la connivence des habitants des îles d'Houat et d'Hédic avec les Anglais. — 4° Une lettre au ministre de l'intérieur pour l'inviter à faire un rapport sur la demande des habitants dont les pays ont été le théâtre de la révolte, tendant à ce qu'il leur soit distribué des fers et des bois de construction, dont le payement aurait lieu à des époques éloignées. — 5° Une lettre au représentant du peuple Morisson, aux Sables-d'Olonne, pour lui accuser réception d'une lettre et d'un mémoire concernant des observations sur le pays ci-devant insurgé. — 6° Une lettre au général Cardenau, lui accusant réception de la lettre par laquelle il fait connaître le dénûment des troupes employées dans l'arrondissement de Parthenay. — 7° Deux lettres au général Hoche : voir le texte de la première plus loin à l'Appendice; par la seconde, le Directoire lui accuse réception de l'état des troupes composant la colonne de 12,000 hommes qu'il fait passer à l'armée d'Italie. — 8° Deux lettres au général Moreau : voir le texte de la première plus loin à l'Appendice; par le seconde, le Directoire lui demande des renseignements sur la conduite et la moralité du général Tuncq, accusé de tyrannie, de débauche et d'intempérance publique. — 9° Une lettre au général Barthélemy, ambassadeur de la République française en Suisse (on en retrouvera le texte plus loin à l'Appendice). — 10° Une lettre au citoyen Dupéron pour lui accuser réception des réflexions politiques qu'il a adressées au Directoire sur la Souabe; «elles sont d'un citoyen éclairé et zélé pour la gloire et la prospérité de son pays».

[4] Arrêté du 4 thermidor an IV, signé Carnot, Revellière-Lépeaux, Reubell (Arch. nat., AF III, 389, dossier 2028). — Ces citoyens sont au nombre de 71 et sont exemptés en général pour raisons de famille ou de santé.

En exécution de l'arrêté du Directoire du 12 nivôse dernier[1] le ministre de la justice dépose sur le bureau l'état des appointements de ses employés pendant la deuxième quinzaine de messidor.

Le même ministre, celui de la guerre, celui des finances et celui de l'intérieur, en exécution de l'arrêté du Directoire du 1er prairial[2], remettent au Directoire l'état des dépenses à ordonnancer par eux.

Le Directoire approuve ces états et en remet un double signé à chacun desdits ministres[3].

A

LE DIRECTOIRE EXÉCUTIF AU GÉNÉRAL HOCHE.

Le représentant du peuple Morisson écrit au Directoire, citoyen général, que les chasseurs de la Vendée[4], en recouvrant leur liberté, n'ont plus retrouvé partie de leurs chevaux, de leurs armes, manteaux, porte-manteaux, linge et autres effets.

Le Directoire vous invite à donner des ordres pour que tout leur soit rendu.

Le même représentant écrit au Directoire que la plupart des chefs militaires de la Vendée ne vivent qu'avec les anciens chefs des rebelles ou des nobles connus par leurs opinions inciviques et qu'il en a déjà résulté des injustices envers plusieurs patriotes.

Le Directoire vous invite à vérifier ce fait et à veiller à ce que, sans distinction de partis, les personnes et les propriétés soient constamment protégées par l'autorité chargée de l'exécution des lois.

LE TOURNEUR, CARNOT, REUBELL[5].

B

LE DIRECTOIRE EXÉCUTIF AU GÉNÉRAL EN CHEF MOREAU,
COMMANDANT L'ARMÉE DE RHIN-ET-MOSELLE.

Les succès importants dont vous nous rendez compte, citoyen général, dans vos dernières dépêches, annoncent que la brave armée que vous commandez va mettre le comble à sa gloire par la défaite entière des ennemis qu'elle a à combattre. Nous ne doutons pas que vous ne les poursuiviez avec une chaleur d'autant plus vive que les moments sont plus décisifs. S'ils se sont retirés derrière

---

[1] Voir t. Ier, p. 358.
[2] Voir t. II, p. 428.
[3] Le dossier 2029 (Arch. nat., AF III, 389) dont le contenu, comme celui des trois précédents, se rapporte à la séance du 4 thermidor, est formé de 29 pièces relatives à des nominations de juges de paix, d'assesseurs de juges de paix, de commissaires et de substituts de commissaires du pouvoir exécutif près les tribunaux dans les départements du Calvados, de la Charente-Inférieure, de l'Hérault, de la Manche, de l'Oise, de la Mayenne, du Morbihan et de Seine-et-Oise.
[4] Voir t. II, 623, 636, 683, 717.
[5] Arch. nat., AF III, 389, dossier 2028.

le bas Neckar dans l'intention de résister encore quelque temps, ils vous auront par là donné l'occasion précieuse d'entreprendre avec succès sur leurs moyens de retraite en développant votre droite sur les points par où elle doit s'effectuer. Mais affaibli presque de moitié par les pertes et par les garnisons qu'il aura été forcé de jeter dans ses places, déconcerté dans ses plans de défensive par la marche victorieuse des deux armées qui le pressent sur deux flancs, le prince Charles n'aura plus sans doute d'autre salut pour lui après la bataille d'Ettlingen[1] et la prise de Francfort[2] que dans la précipitation de son mouvement rétrograde. Après l'avoir jeté dans cette situation critique, qui ne lui permettra vraisemblablement pas de tenter le sort d'une affaire générale, il ne vous reste plus qu'à le gagner de vitesse vers le Danube au moyen d'un corps de troupes suffisant, tandis qu'avec l'autre partie de vos forces, vous marcherez vivement sur ses derrières pour le harceler sans cesse et lui interdire la faculté de rien oser.

Nous présumons que le général Férino[3] a encore ajouté à vos avantages par ceux qu'il aura obtenus sur le corps ennemi qui occupait le haut Rhin et qu'il a déjà traversé les montagnes à sa poursuite. Après la défaite et la dispersion des Autrichiens dans cette partie, il importe de donner à cette division une direction telle qu'elle couvre à la fois les issues de la Forêt-Noire et qu'elle serve à couper ou à gêner les communications de l'ennemi avec l'intérieur de l'Allemagne. Il est à croire que le général Jourdan n'a pas perdu de temps après son arrivée sur le Main pour pousser ses opérations avec une vigueur analogue à sa supériorité sur le général Wartensleben. Il est bien à désirer que vous puissiez bientôt correspondre ensemble sur la rive droite même du Rhin. Ce moment ne peut plus être éloigné et le Directoire attend des effets bien favorables de l'empressement et de l'harmonie que vous apporterez naturellement à vous concerter dans vos mouvements ultérieurs.

Nous allons nous occuper de la demande que vous faites relativement aux officiers supérieurs qui se sont distingués et de la confirmation des différentes promotions que vous avez faites sur le champ de bataille, persuadés que vous n'employez qu'avec sagesse cette mesure féconde en principes d'émulation quand elle est appliquée au courage et aux talents au moment même où ils se montrent avec éclat, dans quelque grade que ce soit. Nous vous invitons à considérer, citoyen général, qu'à mesure que l'armée s'éloigne de nos frontières et porte plus avant ses conquêtes, il importe essentiellement d'ajouter à sa consistance militaire par le maintien rigoureux de la discipline et du bon ordre et par le sage emploi des ressources qu'offre le pays conquis.

---

[1] La bataille d'Ettlingen avait eu lieu le 9 juillet (21 messidor). A la suite de cette action, l'archiduc Charles s'était retiré sur Pforzheim, à l'entrée de la Forêt-Noire, d'où le 14 juillet, il avait décampé dans la direction de Stuttgard; il avait passé, le 19 juillet, à l'est du Neckar, mais en laissant un corps à Cannstadt et Esslingen pour retarder la marche de Moreau.

[2] L'armée de Sambre-et-Meuse était entrée à Francfort le 16 juillet (28 messidor).

[3] Le général Férino, avec l'aile droite de l'armée de Rhin-et-Moselle, venait de remonter heureusement la Kintzig, d'aborder avec succès la Forêt-Noire, de refouler le corps de Frœlich, ainsi que l'armée du prince de Condé, et d'occuper les villes forestières.

Les circonstances où la République est placée par le triomphe de ses armées sont trop intéressantes pour vous rappeler, citoyen général, le désir qu'éprouve le Directoire d'être instruit avec exactitude et célérité des progrès des opérations dans cette campagne, qui sera vraisemblablement la dernière, comme elle est la plus glorieuse de toutes celles auxquelles le génie de la Liberté a présidé,

CARNOT, LE TOURNEUR, BARRAS [1].

C

LE DIRECTOIRE EXÉCUTIF AU CITOYEN BARTHÉLEMY,
AMBASSADEUR DE LA RÉPUBLIQUE FRANÇAISE EN SUISSE.

La présente vous sera remise, citoyen, par l'adjudant général Crublier [2].

Le ministre des relations extérieures a mis sous nos yeux la lettre que vous lui avez adressée le 18 messidor. Nous nous sommes déterminés à permettre à M. O'Connor de venir en France. L'adjudant général Crublier est chargé de le conduire et de l'accompagner jusqu'à la commune que nous avons fixée [3]. Il y trouvera une personne qui lui fera connaître les intentions ultérieures du Directoire.

Nous vous engageons en conséquence à inviter M. O'Connor à accompagner l'adjudant général Crublier le plus tôt possible. Quant au compagnon de voyage de M. O'Connor [4], sa conduite pourra dès ce moment être absolument indépendante de ce dernier et nous avons vu avec plaisir qu'il renonçait à entrer en France, où il est connu.

Nous n'avons pas besoin de stimuler votre zèle, qui nous est connu. Vous ne rendrez compte qu'au Directoire de vos démarches auprès de M. O'Connor et de leur issue.

CARNOT, LE TOURNEUR, P. BARRAS [5].

DÉLIBÉRATION SECRÈTE DU 4 THERMIDOR AN IV [6]

22 JUILLET 1796.

CCXL

Le Directoire exécutif arrête ce qui suit :
Le ministre des finances donnera sur-le-champ des ordres secrets et

---

[1] Arch. nat., AF III, 389, dossier 2028. — La minute de cette lettre paraît être de la main de Carnot.
[2] Voir plus loin, p. 168, les ordres relatifs à la mission de cet officier à Bâle.
[3] Rennes.
[4] Fitz-Gerald. — O'Connor et lui étaient deux agents des Irlandais-Unis, envoyés après Wolf-Tone et Lewins. Ils avaient voulu venir directement à Paris, mais le Directoire avait préféré qu'ils se rendissent d'abord à Bâle.
[5] Arch. nat., AF III, 389, dossier 2026.
[6] Arch. nat., AF III*, 20, p. 69. — AF III, 389, dossiers 2026, 2028.

prompts pour que les employés des douanes d'Ostende ne mettent aucun obstacle à la sortie de ce port de vingt-quatre canons du calibre de quatre, six affûts, six caissons et vingt mille fusils de calibre étranger avec leurs bayonnettes, lesquels appartiennent à M. Allen [1] et doivent être embarqués par lui ou son fondé de pouvoir à Ostende sur bâtiments neutres [2].

CCXLI

Le Directoire exécutif arrête ce qui suit :

L'adjudant-général Crublier partira dans le plus court délai pour se rendre à Bâle, en Suisse, et de cet endroit à Rennes, département d'Ille-et-Vilaine, avec un compagnon de voyage [3].

SÉANCE DU 5 THERMIDOR AN IV [4]

23 JUILLET 1796.

Le ministre de l'intérieur fait un rapport relativement à l'administration centrale du département de la Haute-Loire, à la suite duquel le Directoire destitue de leurs fonctions les citoyens Portal et Masson, membres de cette administration.

Sur le rapport du même ministre, il destitue pareillement les citoyens Albert Gérin et Bourget, membres de l'administration centrale du département des Bouches-du-Rhône [5].

Un message est adressé au Conseil des Cinq-Cents pour lui soumettre plusieurs pièces relatives à l'affaire du citoyen Angosse [6].

---

[1] Sur Ira Allen et sa mission, voir plus haut, p. 75-77, 110-111.

[2] Signé à la minute, Carnot, Le Tourneur, Barras.

[3] Signé à la minute Le Tourneur, Carnot, Barras. — Voir plus haut, p. 167, la lettre du Directoire à Barthélemy relative à Crublier et O'Connor.

[4] Arch. nat., AF* III, 4, fol. 82-85.

[5] Arrêté du 5 thermidor an IV, signé Barras, Reubell, Revellière-Lépeaux (Arch. nat., AF III, 389, dossier 2030). — L'arrêté porte que leur présence «excite des plaintes, des haines et des divisions extrêmement nuisibles à l'intérêt public». Voir au même dossier les pièces sur lesquelles il est fondé (lettres de la députation des Bouches-du-Rhône, pétition des habitants d'Aix, etc.), pièces représentant ces administrateurs comme des terroristes qui ont abusé de leurs fonctions. Un premier projet d'arrêté, non signé par le Directoire (même dossier), représente Gérin comme banqueroutier et agent de la Terreur, Bourget comme coupable de différents délits pour lesquels il a été déféré au tribunal criminel du Gard et comme ne devant sa liberté qu'à l'amnistie.

[6] Message lu à la séance du 6 thermidor (C. C., thermidor an IV, p. 106). — Au

Le ministre de l'intérieur fait un rapport sur la réclamation d'indemnité formée par le citoyen Juvénal Cappa et la citoyenne Gardes, en conséquence des pertes qu'ils disent avoir éprouvées, par l'effet de l'artillerie, le 13 vendémiaire.

Le Directoire ajourne sa décision sur cette réclamation, jusqu'à ce que les pétitionnaires aient justifié de leur présence, les 13 et 14 dudit mois de vendémiaire dernier.

Trois lois sont apportées par un messager d'État.

La première statue que l'article 1er de la loi du 6 messidor dernier, sur la taxe des ports de lettres [1], n'est pas applicable aux militaires, soit de terre, soit de mer, en activité de service, qui sont présents aux drapeaux et aux pavillons de la République [2].

La seconde déclare que nul contribuable ayant obtenu une réduction pour cause de surtaxe de l'an III ne pourra être contraint, pour l'an IV, au paiement d'une somme plus forte que celle à laquelle sa cotisation, pour raison de la même propriété, aura été légalement réduite en l'an III [3].

La troisième garantit aux citoyens la liberté de contracter comme bon leur semblera et décide que les obligations qu'ils auront souscrites seront exécutées dans les termes et valeurs stipulés [4].

Le Directoire ordonne que ces lois seront publiées exécutées et qu'elles seront munies du sceau de l'État. Elles sont en conséquence adressées de suite à l'enregistrement pour deux expéditions être envoyées sans délai au ministre de la justice avec l'arrêté portant ordre d'impression et de publication, dans les formes prescrites par les lois.

Le ministre de la police générale informe le Directoire de la remise au Bureau central de Paris de presque tous les procès-verbaux des assemblées générales des ci-devant sections de cette commune et demande s'il ne serait pas à propos d'y faire déposer aussi toutes les pièces relatives à ces procès-verbaux.

---

sujet de la réclamation du citoyen Angosse, maître de forge, contre deux arrêtés des représentants du peuple Monestier et Pinet, un message avait déjà été adressé le 4 messidor par le Directoire au Conseil des Cinq-Cents, qui avait nommé une commission pour étudier l'affaire (voir t. II, p. 677).

[1] Voir t. II, p. 712-713.

[2] Bull., II, LX, n° 558. — La nouvelle loi porte aussi que la taxe des lettres qui seront adressées aux militaires sera payée provisoirement, jusqu'au 1er brumaire an V, en mandats valeur nominale.

[3] Bull., II, LX, n° 559.

[4] Bull., II, LX, n° 560. — L'article 2 porte que «nul ne pourra refuser son paiement en mandats au cours du jour et du lieu où le paiement sera effectué.»

Le Directoire décide que tous procès-verbaux, pièces et tous autres papiers doivent être déposés au Bureau central [1].

On écrit deux lettres au ministre de la justice :

Par la première on lui recommande de suivre avec la plus grande activité les renseignements qui lui ont été transmis relativement à un nommé Lespagnol, prévenu d'avoir remis au citoyen Maupas une fausse lettre, prétendue écrite par le secrétaire général du Directoire, qui l'autorisait à rester dans ses foyers [2], et d'avoir reçu dix louis du citoyen Maupas à cette occasion. On invite le ministre à livrer à la justice l'auteur de ce faux et de cette escroquerie [3].

Par la seconde il transmet au ministre de la justice le message qui lui a été adressé par le Conseil des Cinq-Cents le 2 de ce mois, relativement aux faux certificats produits par l'émigré Mauvoisin [4], en l'invitant à mettre la plus grande activité à en faire punir les auteurs et complices [5].

Il écrit en même temps au ministre de la police générale pour l'inviter à suspendre tout travail relativement aux sollicitations que Mauvoisin peut faire pour obtenir sa radiation jusqu'à ce que le fait du faux dénoncé soit éclairci [6].

La citoyenne Capouillet, mère de famille indigente qui a rendu des services signalés à nos armées et qui pendant deux mois a gémi dans les fers autrichiens, recevra à titre de secours une somme de douze cents francs [7].

---

[1] Le rapport du ministre de la police et la décision du Directoire relativement au dépôt des procès-verbaux des sections sont déjà mentionnés à propos de la séance du 14 messidor (voir t. II, p. 770).

[2] C'est-à-dire qui l'exemptait du service militaire.

[3] Minute signée Revellière-Lépeaux, Reubell, Le Tourneur (Arch. nat., AF III, 389, dossier 2031).

[4] Le représentant Guyomar avait dénoncé le fait aux Cinq-Cents dans la séance du 29 messidor, remontrant que bien qu'il eût émigré en 1791 et longtemps servi dans l'armée de Condé, un faux certificat médical l'avait simplement représenté comme malade.

[5] Minute signée Revellière-Lépeaux, Reubell, Le Tourneur (Arch. nat., AF III, 389, dossier 2031). Le Directoire signale «ces sortes de délits si souvent multipliés et tant de fois impunis. Ces actes frauduleux, ajoute-t-il, avilissent les fonctionnaires publics, que la malveillance ne manque pas d'accuser d'en faire un honteux trafic.»

[6] Minute signée Revellière-Lépeaux, Reubell, Le Tourneur (Arch. nat., AF III, 389, dossier 2031).

[7] Arrêté du 5 thermidor an IV, signé Barras, Le Tourneur, Reubell (Arch. nat., AF III, 389, dossier 2031), rendu conformément à un rapport du ministre de l'intérieur (même dossier) où il est dit qu'elle «a donné à nos généraux, lors du siège de Maubeuge, des renseignements précieux sur le nombre des troupes ennemies et sur leur position; qu'ayant soustrait un soldat français à la mort ou à l'horrible alternative de porter ses armes contre sa patrie, elle a été enlevée et a gémi pendant deux mois dans les chaînes autrichiennes; que là même elle a donné des

Sur le rapport du ministre de l'intérieur[1], une somme de mille francs, valeur fixe, sera payée, par provision, au citoyen Prévôt, natif de Cherbourg, en attendant qu'il ait établi d'une manière plus précise le montant des avances qu'il a faites aux défenseurs de la patrie, prisonniers en Angleterre[2].

Il est accordé également un secours de six cents livres à Elisabeth Pitt, ex-religieuse, en considération du dénûment où elle se trouve réduite, par suite de l'arrestation qu'elle a subie comme Anglaise[3].

La soumission faite sur le ci-devant château de Choisy[4] et ses dépendances en masse sera admise de préférence à celles faites sur quelques parties seulement de terrains en dépendant[5].

Le Directoire écrit au citoyen Le Couteulx-Canteleux[6], pour lui accuser réception de l'envoi qu'il lui a fait[7] de la traduction de l'*Hermès*[8], ouvrage anglais, faite par le citoyen Thurot[9].

Il reçoit un message de la part du Conseil des Cinq-Cents, qui l'invite à lui transmettre les motifs qui l'ont déterminé à prendre son arrêté, relatif au port des lettres des défenseurs de la patrie[10].

Le ministre de la marine expose que l'organisation de la marine

---

preuves de son courage républicain en ôtant les fers à un chasseur français et en lui facilitant les moyens de s'évader nuitamment.»

[1] Il ressort de ce rapport (Arch. nat., AF III, 389, dossier 2030) que Prévost, né à Cherbourg, était aubergiste à Londres, où il avait épousé une Anglaise, lorsque éclata la guerre entre la France et l'Angleterre; que nombre de prisonniers français lui durent la nourriture et le moyen de repasser dans leur pays; que le gouvernement anglais le fit emprisonner pour cela et ne le relâcha, au bout de dix mois, qu'en le bannissant; que ses meubles ont été saisis, ses biens vendus au profit de ses créanciers; que sa femme est réduite au métier de blanchisseuse, etc. — Voir au même dossier diverses pièces établissant les services qu'il a effectivement rendus à Londres aux prisonniers français.

[2] Arrêté du 5 thermidor an IV, signé LeTourneur, Barras, Reubell (Arch. nat., AF III, 389, dossier 2030).

[3] Arrêté du 5 thermidor an IV, signé Le Tourneur, Barras, Reubell (Arch. nat., AF III, 389, dossier 2030). — Cette Anglaise, entrée en 1785 dans la communauté de la Visitation d'Abbeville, avait payé une dot de 6,000 fr. et s'était constitué, par don d'une somme de 9,000 fr. au couvent, une rente perpétuelle de 450 fr. Arrêtée en octobre 1793, elle avait vu ses effets séquestrés et n'avait depuis obtenu ni sa rente ni la pension qu'elle sollicitait comme ex-religieuse depuis sa mise en liberté.

[4] Département de la Seine.

[5] Arrêté du 5 thermidor an IV, signé Le Tourneur, Revellière-Lépeaux, Reubell (Arch. nat., AF III, 389, dossier 2031).

[6] Membre du Conseil des Anciens.

[7] Par lettre du 1er thermidor (Arch. nat., AF III, 389, dossier 2031).

[8] *Hermès* ou *Recherches philosophiques sur la grammaire universelle*, par Jacques Harris.

[9] Arrêté du 5 thermidor an IV, signé Le Tourneur, Revellière-Lépeaux, Reubell (Arch. nat., AF III, 389, dossier 2031).

[10] Voir plus haut, p. 131, 160. — La question de la légalité de cet arrêté avait été agitée au conseil des Cinq-Cents dans sa séance du 3 thermidor. Il avait été dit qu'une pareille mesure ne pouvait être prise que par une loi. De là le message envoyé au Directoire (voir le texte, Arch. nat., AF III, 389, dossier 2024).

militaire a exigé un travail long et pénible : six commis du Bureau des officiers y ont été employés extraordinairement et ont fourni des cahiers volumineux, faits avec autant d'exactitude que de zèle. Il prie le Directoire d'approuver que chacun de ces six commis reçoive, à titre de récompense extraordinaire, un habillement complet : approuvé.

On s'occupe du personnel des armées et on prend plusieurs arrêtés, dont les minutes sont à la section de la Guerre[1].

---

[1] On ne trouve dans les dossiers relatifs à la séance du 5 thermidor qu'un seul arrêté de ce genre, signé Carnot, Revellière-Lépeaux, Reubell (Arch.nat., AF III, 389, dossier 2031), par lequel le citoyen Spital, chef de la 171ᵉ demi-brigade, est promu au grade de général de brigade, le citoyen Romand, faisant fonctions de général de brigade, est définitivement promu à ce grade; le citoyen Lamartinière, aide de camp capitaine du général Valletaux, est nommé chef de bataillon; les citoyens Poitou, Renaud, Biétry, Motte, Quinette et Privat, aides de camp du général Hoche, sont nommés le premier chef de brigade, le second chef de bataillon, le troisième et le quatrième capitaines, le cinquième et le sixième lieutenants; le citoyen Monnet, chef de bataillon, est nommé chef de brigade; le citoyen Guérin, chef d'escadron de gendarmerie, est nommé chef de brigade dans le même corps.

On trouve aussi dans le dossier 2031 les minutes (signées Carnot, Revellière-Lépeaux, Reubell) des lettres suivantes du Directoire:

1° Lettre au ministre de la marine pour lui transmettre le récit du combat qui a eu lieu le 13 messidor dans la baie d'Audierne et l'inviter à le publier; 2° Lettre au représentant du peuple Guezno (du conseil des Cinq-Cents) pour lui accuser réception de sa relation du combat du 13 messidor dans la baie d'Audierne, relation qu'il a chargé le ministre de la marine de rendre publique. — 3° Lettre aux représentants du peuple députés par le département du Morbihan en réponse aux inculpations qu'ils ont portées contre les généraux Varin et Lemoine et contre le citoyen Appert, commandant d'Avranches, avec avis que ces inculpations ont été transmises au général Hoche, chargé «de proposer les mesures les plus propres à assurer la protection des personnes et des propriétés». — 4° Trois lettres au général Hoche : la première pour lui transmettre les dénonciations faites contre Varin, Lemoine et Appert; la seconde pour lui faire part de plaintes contre le général Legrand, commandant à Carhaix, accusé de *ton despotique, arrestations arbitraires, négligence à réprimer les pillages*, et pour lui rappeler la dénonciation qu'il lui a transmise le 16 floréal (Voir t. II, p. 310) contre le général de brigade Dugua, le citoyen Catolle, les généraux Dumesnil et Baraguay-d'Hilliers; la troisième pour lui transmettre une note propre à découvrir des fonds dont les rebelles ont voulu se servir. — 5° Lettre au commissaire du Directoire près l'administration du département du Finistère, pour lui accuser réception de sa dénonciation contre le général Legrand, qui a été communiquée au général Hoche. — 6° Onze lettres au général de division Caffin, commandant la grande division du Sud de l'armée des côtes de l'Océan à Montaigu, — au général de division Hédouville à Rennes, — au général de division Labarolière, commandant la grande division de l'Ouest de l'armée des côtes de l'Océan à Rennes, — au général de division Lemoine, commandant dans le département de la Manche, — au général de division Dugua, commandant dans le département du Calvados, — au général de brigade Gratien, au Mans, — au général de brigade Watrin, chef de l'état-major de la division de l'Est à Alençon, — au général de brigade Quantin, armée des côtes de l'Océan, — au général de brigade Duthil, à Nantes, — au général de brigade Valletaux, à Saint-Brieuc, — au général de brigade Grigny, chef de l'état-major de la division du Sud, — pour leur témoigner sa satisfaction sur la part qu'ils ont prise à la fin de la guerre de Vendée. — 7° Lettre au général Châteauneuf-Randon, à Mende, pour le féliciter de son activité à poursuivre les

DÉLIBÉRATION SECRÈTE DU 5 THERMIDOR AN IV [1]

23 JUILLET 1796.

CCXLII

Le Directoire exécutif arrête ce qui suit :

Le général de brigade Quantin [2] est nommé commandant des cinq mille hommes destinés à une expédition secrète et qui doivent s'embarquer à Flessingue. Ces cinq mille hommes seront composés des déserteurs étrangers qui sont à Péronne et dans le département du Nord. Ils seront complétés par les soins du général en chef de l'armée du Nord et du général de brigade Quantin [3].

SÉANCE DU 6 THERMIDOR AN IV [4]

24 JUILLET 1796.

En conséquence du message du conseil des Cinq-Cents du 3 de ce mois, envoyé le 5 [5], le Directoire en adresse un à ce conseil pour lui

brigands et lui demander des nouvelles des 6,000 hommes qu'il devait diriger sur l'armée d'Italie. — 8° Lettre au général Puget, à Avignon, pour lui témoigner son étonnement sur ce qu'il ne s'est pas rendu au poste qui lui avait été assigné. — 9° Lettre au citoyen Joubert, commissaire près l'armée de Sambre-et-Meuse, pour lui accuser réception de deux lettres, l'une sur les mesures prises par le général Daendels contre les bateliers qui favorisent la désertion des soldats hollandais, l'autre sur la marche et les progrès de l'armée de Sambre-et-Meuse. — 10° Lettre au citoyen Guyard, chef de bataillon de la 16e demi-brigade d'infanterie légère, à Thionville, pour lui accuser réception de sa lettre et du travail qui y était joint sur l'organisation militaire. — 11° Lettre au général Kellermann, commandant en chef l'armée des Alpes, en réponse à sa lettre sur la démolition des places frontières du Piémont, avec approbation de l'emploi des mineurs sardes à ce travail.

Les dossiers 2032 et 2033, dont le contenu, comme celui des deux précédents, se rapporte à la séance du 5 thermidor, sont formés : le premier de 54 pièces relatives à des nominations ou destitutions de juges, administrateurs, commissaires du pouvoir exécutif dans les départements des Alpes-Maritimes, du Gard, de la Haute-Loire (pièces nombreuses et particulièrement intéressantes pour ce département, lettres de Gonchon, Châteauneuf-Randon, etc.); — le second de 38 pièces de même nature sur les départements de la Meurthe et de la Sarthe.

[1] Arch. nat., AF III*, 20, p. 69.
[2] Voir plus haut, p. 151.
[3] Signé à la minute Carnot, Revellière-Lépeaux, Reubell, Le Tourneur.
[4] Arch. nat., AF III*, 4, fol. 85-86.
[5] Voir plus haut, p. 171.

donner de nouveaux éclaircissements relatifs aux dispositions de son précédent arrêté concernant le port des lettres adressées aux défenseurs de la patrie[1].

Il écrit au ministre de la justice, en lui remettant douze états qu'il reçoit du Conseil des Anciens, relatifs au paiement des pensions accordées aux militaires blessés ou infirmes[2].

On s'occupe du personnel des armées et autres objets y relatifs; les minutes, etc., sont à la section de la guerre[3].

---

[1] Message lu à la séance du 6 thermidor (*C. C.*, thermidor an IV, 102-103). — Le Directoire répond que les éclaircissements demandés ont été fournis par son message du 4 thermidor (voir plus haut, p. 160).

[2] Minute signée Le Tourneur, Revellière-Lépeaux, Barras (Arch. nat., AF III, 390, dossier 2034). — La lettre porte que ces états doivent être annexés à la loi du 9 messidor dernier (voir t. II, p. 729).

[3] Les pièces mentionnés ici en bloc sont les suivantes, signées Le Tourneur, Carnot, Revellière-Lépeaux (Arch. nat., AF III, 390, dossier 2034): 1° Deux lettres au ministre de la guerre: la première pour l'inviter à faire cesser le retard de l'envoi des fonds destinés à la solde des troupes aux ordres du général Châteauneuf-Randon, — la seconde pour l'inviter à se prémunir contre les agents infidèles qui portent en compte au gouvernement des fournitures faites par des administrations civiles dans les pays conquis et lui envoyer le tableau de celles qui ont été faites par la ville de Freudenstadt. — 2° Lettre au général Châteauneuf-Randon, à Mende, pour lui accuser réception de sa lettre du 16 messidor et de l'imprimé qui y était joint, documents qui ont été communiqués au ministre de la police, «tant pour lui faire connaître la situation des départements où vous commandez que pour le mettre à portée d'employer tous les moyens de surveillance qui lui sont confiés pour découvrir et comprimer les agents des divers partis qui tenteraient de troubler la tranquillité dans ces départements.» (Le Directoire l'avise aussi qu'il a chargé le ministre de la guerre de lui faire passer des fonds.) — 3° Trois lettres au ministre de la police générale, la première pour lui transmettre les renseignements fournis par le général Châteauneuf-Randon sur la situation politique des départements soumis à sa surveillance et l'inviter à prendre des mesures en conséquence, — la seconde pour l'inviter à surveiller les chefs et officiers chouans nouvellement soumis qui viendraient à Paris et à en rendre compte au Directoire, — la troisième pour lui faire passer divers extraits de Bulletins qui méritent son attention. — 4° Onze lettres adressées au général Travot, au général Baillot, au général de brigade Ménage à Dinan, au général de brigade Auguste Mermet, à l'adjudant-général Simon, au général de brigade Drut, au général Digonet, au général Cortez, à l'adjudant-général Lavalette, au général de brigade Geney (à Fougères) et au général Crublier, pour leur témoigner la satisfaction du Directoire sur la part qu'ils ont prise à la fin de la guerre de Vendée. — 5° Une lettre au général Kellermann pour lui accuser réception de deux lettres et de trois pièces dont il a fait part au ministre de la police. — 6° Une lettre au général en chef Beurnonville, commandant l'armée du Nord (voir le texte plus loin à l'Appendice). — 7° Une lettre au ministre de la République française près la République batave (voir le texte plus loin à l'Appendice). — 8° Un arrêté (signé Le Tourneur, Carnot, Reubell) promouvant le chef de bataillon Daniel O'Méara au grade de chef de brigade. — 9° Une lettre signée Carnot, Le Tourneur, Revellière-Lépeaux, au citoyen Thomas aîné, négociant à Port-Malo, pour lui accuser réception de sa lettre du 26 messidor et applaudir au zèle qui lui a dicté les vues y renfermées. — 10° Une lettre (mêmes signatures) au citoyen Navarre, à Meaux, pour lui accuser réception de sa lettre du 18 prairial et du projet qui y était joint et qui dénotait «un zèle bien louable pour la gloire et les intérêts de son pays».

Le dossier 2035, dont le contenu, comme celui du précédent, se rapporte à la séance du 6 thermidor, est formé de 59 pièces rela-

[24 JUILLET 1796]

Sur le rapport du ministre de la police générale, le nom d'Hyacinthe-Hugues-Timoléon Cossé-Brissac [1] est rayé de la liste des émigrés.

A

LE DIRECTOIRE EXÉCUTIF AU GÉNÉRAL EN CHEF BEURNONVILLE COMMANDANT L'ARMÉE DU NORD.

Nous avons reçu, citoyen général, vos lettres en date des 24 et 30 messidor. Notre dernière dépêche vous aura servi à résoudre la difficulté qui s'est élevée au sujet de l'établissement du quartier général du général Souham. En répondant à vos observations précédentes sur le logement et autres objets d'entretien des troupes françaises à la solde de la République batave, nous vous avons invité à prendre toutes les mesures nécessaires pour maintenir parmi elles la santé, le bien-être et la discipline. Mais nous n'en sommes pas moins jaloux de veiller à l'exécution du traité qui existe entre les deux Républiques [2], persuadés que, pour les objets de détail ou non prévus, le gouvernement batave accédera à toutes les propositions utiles qui lui seront faites. Le ministre de la République à la Haye [3] est chargé particulièrement de vous seconder à cet égard de tous les moyens attachés au caractère dont il est revêtu.

Quelque fondé que soit l'espoir que vous nous témoignez de voir vos mesures approuvées, nous croyons néanmoins devoir vous observer que nous aurions désiré trouver dans votre correspondance officielle avec les différentes sections du gouvernement batave des formes plus analogues à l'harmonie qui règne entre les deux puissances, et s'il arrivait que les mêmes procédés ne fussent pas observés à notre égard, le Directoire se réserve le soin d'y pourvoir.

Nous voyons toujours avec la même satisfaction l'activité avec laquelle vous surveillez dans toute l'étendue de votre commandement le bon ordre et l'instruction des troupes, ainsi que la tranquillité publique.

CARNOT, LE TOURNEUR, L.-M. REVELLIÈRE-LÉPEAUX [4].

tives à des nominations de juges, de juges de paix, d'assesseurs, etc., dans les départements de Seine-et-Marne, du Calvados, de la Haute-Garonne, de l'Orne, du Pas-de-Calais, de la Sarthe, de la Seine, de la Seine-Inférieure et de Seine-et-Oise.

[1] Arrêté du 6 thermidor an IV, signé Revellière-Lépeaux, Reubell, Barras (Arch. nat., AF III, 390, dossier 2034). — H.-H.-T. de Cossé-Brissac, ancien maréchal de camp domicilié à Moussy-le-Vieux, canton de Dammartin (Seine-et-Marne), inscrit sur la liste des émigrés du département de la Seine, avait justifié de sa résidence ininterrompue sur le territoire de la République du 1er février 1792 au 25 brumaire an II et de sa détention dans les prisons de la rue Neuve-des-Capucines et du Luxembourg depuis cette dernière époque jusqu'au 12 brumaire an III.

[2] Traité de la Haye (27 floréal an III).

[3] Noël.

[4] Arch. nat., AF III, 390, dossier 2034.

B

Le Directoire exécutif au Ministre de la République française près la République Batave [1].

Nous avons reçu, citoyen ministre, la lettre où vous nous informez de la conférence que vous avez eue avec plusieurs membres du gouvernement batave au sujet des mesures qu'exige la situation politique de la Frise [2]. Nous avons lieu de penser que le besoin de mettre un terme à ces divisions fâcheuses sous le double rapport de l'ordre public et de l'établissement d'une constitution sagement appropriée au peuple des ci-devant Provinces-Unies ne peut tarder de se faire sentir à tous les esprits et de former une majorité d'opinion imposante en faveur des véritables principes. Il est temps, en effet, pour l'intérêt de cette puissance et pour celui de notre alliance avec elle, que le nouvel ordre de choses attendu de tous les amis de la liberté s'y établisse et que toutes les prétentions qui lui sont contraires s'évanouissent devant une constitution victorieuse du fédéralisme et de l'aristocratie. Sans blesser les égards dus à l'indépendance du peuple batave, il est dans l'ordre de nos rapports avec lui de seconder les progrès de sa révolution vers le but où il doit tendre et vous remplissez nos intentions, citoyen ministre, en y appliquant avec une active persévérance et votre zèle et tous vos moyens.

D'après les rapports qui nous ont été faits sur l'incomplet et l'inexactitude des fournitures dues aux 25,000 hommes à la solde de la République batave, nous avons chargé le ministre des relations extérieures [3] de vous inviter à en faire l'objet de vos négociations et à appuyer de toute l'influence de votre caractère les réclamations soit du général en chef, soit de l'inspecteur général, soit des administrateurs en chef de l'armée du Nord, pour tout ce qui intéresse la conservation et le bien-être des troupes de la République réparties dans la Hollande. Nous vous en faisons nous-mêmes l'invitation pressante.

Le Tourneur, Carnot, L.-M. Revellière-Lépeaux [4].

DÉLIBÉRATION SECRÈTE DU 6 THERMIDOR AN IV [5]

24 JUILLET 1796.

CCXLIII

Le Directoire exécutif arrête ce qui suit :
Le ministre des relations extérieures est chargé de payer au citoyen

---

[1] Noël.
[2] Province de la République Batave.
[3] Delacroix.

[4] Arch. nat., AF III, 390, dossier 2034.
[5] Arch. nat., AF III*, 20, p. 69-71. — AF III, 390, dossier 2034.

Morainville[1] la somme de six mille livres en numéraire, pour être employée à l'opération dont il est chargé. Cette somme sera imputée sur les fonds mis à la disposition dudit ministre pour dépenses secrètes. Le présent arrêté ne sera point imprimé[2].

CCXLIV

Le Directoire exécutif arrête ce qui suit :

L'établissement des déserteurs étrangers à Péronne et celui que le général en chef Beurnonville a formé à Lille passeront sous les ordres du général de brigade Quantin[3]. Le ministre de la guerre pourra, sur la demande de ce général, les transférer dans les endroits qu'il lui indiquera.

Le ministre de la guerre est chargé de l'exécution du présent arrêté[4].

CCXLV

Le Directoire exécutif au ministre des relations extérieures.

Vous voudrez bien donner sur-le-champ des ordres, citoyen ministre, pour que tous les prisonniers de guerre irlandais qui se trouvent présentement soit à Landrecies, soit à Lille, ou dans le département du Nord, soient incessamment rassemblés et dirigés, savoir un tiers ou environ sur Blain, département de la Loire-Inférieure, un tiers sur Ernée, département de la Mayenne, et un tiers sur La Guerche, département d'Ille-et-Vilaine. Ces derniers devront passer par Le Mans, Sablé et Craon. Ceux qui sont à Landrecies devront avoir cette dernière direction. A leur passage à Péronne ils seront sous les ordres du chef de brigade O'Méara, qui sera chargé de les conduire, conjointement avec les citoyens Cathelin et Lumigny, à leur destination.

Les prisonniers irlandais qui devront aller à Blain recevront des ordres du chef de bataillon Macdonoughi[5] à leur passage à Beauvais,

---

[1] Roussilhe-Morainville, ancien entrepreneur de constructions navales, chargé à diverses époques de missions secrètes par le Directoire. — Voir t. II, 42, 249, 645.

[2] Signé à la minute Le Tourneur, Reubell, Carnot, Revellière-Lépeaux, Barras.

[3] Voir plus haut, p. 173.

[4] Signé à la minute Carnot, Le Tourneur, Reubell.

[5] La minute de cette lettre (AF III, 389, dossier 2034) porte une note ainsi conçue : «dans deux actes du Directoire, l'un du 7 vendémiaire, l'autre du 5 ventôse an V, ce militaire irlandais est appelé *Magdonagh.*»

et ce dernier les conduira à cette destination. A leur arrivée à Blain ils seront sous les ordres de l'adjudant-général Sherlock. Il leur sera délivré des souliers, deux chemises et un havresac.

Vous ferez toutes les dispositions nécessaires, citoyen ministre, pour l'exécution immédiate que le Directoire vient de vous prescrire et vous ferez au ministre de la guerre toutes les demandes convenables[1].

CCXLVI

Le Directoire exécutif arrête ce qui suit :

Le ministre des relations extérieures donnera sur-le-champ des ordres pour que les prisonniers de guerre irlandais qui se trouvent près Paris et dans un rayon de quinze lieues de cette commune soient rassemblés, soit à Sèvres, soit à Versailles, pour partir ensemble pour Craon, dans le département de la Mayenne.

Le nommé Thurl commandera ce détachement et recevra une route de sous-lieutenant. La totalité du détachement sera sous les ordres du citoyen Lee, présentement domicilié chez le citoyen Valadon, rue Grenelle-Gros-Caillou[2], n° 972, lequel recevra une route en qualité de chef de brigade.

Il sera délivré deux chemises et une paire de souliers au citoyen Thurl et aux prisonniers irlandais ci-dessus mentionnés.

Le ministre des relations extérieures fera toutes les dispositions convenables pour que l'exécution du présent arrêté ait lieu le plus tôt et le plus secrètement possible[3].

SÉANCE DU 7 THERMIDOR AN IV[4]

25 JUILLET 1796.

Le ministre de la guerre fait un rapport à la suite duquel il propose — et le Directoire exécutif arrête — l'envoi d'un message au Conseil des Cinq-Cents, pour lui proposer d'excepter des dispositions des lois

---

[1] Signé à la minute Carnot, Le Tourneur, Reubell.
[2] Rue de Grenelle.
[3] Signé à la minute Carnot, Le Tourneur, Reubell.
[4] Arch. nat., AF III*, 4, fol. 86-89.

des 4 et 28 ventôse⁽¹⁾ la maison dite des Missions étrangères⁽²⁾, pour être affectée au service du département de la guerre⁽³⁾.

Il adresse deux autres messages au même Conseil.

Par le premier il lui transmet des informations prises sur la nomination du juge de paix du canton de Foix⁽⁴⁾.

Par le second, il lui fait passer un arrêté de l'administration du département du Loiret, qui demande l'établissement d'un second notaire à Gien⁽⁵⁾.

Il ordonne la publication dans les départements réunis de la loi du 20 septembre 1793, concernant les lettres patentes et arrêts de propre mouvement.⁽⁶⁾

[Le Directoire exécutif après avoir entendu le ministre de la justice,

Considérant que ses commissaires près les administrations et les tribunaux ne sont pas personnellement propriétaires des pièces existant entre leurs mains à raison de leurs fonctions; qu'ils n'en sont, au contraire, que les dépositaires et les gardiens; qu'ainsi, lorsqu'ils viennent à quitter leurs places par démission ou autrement, ils doivent remettre ces pièces à leurs successeurs, et que, s'ils ne le font pas, ils s'exposent à être poursuivis et punis conformément à l'article 12 de la section V du titre Iᵉʳ de la seconde partie du Code pénal, portant

---

⁽¹⁾ Voir t. Iᵉʳ, p. 665, 841.

⁽²⁾ Située au coin des rues du Bac et de Babylone, à Paris.

⁽³⁾ Message lu à la séance du 9 thermidor (C. C., thermidor an IV, 167-169). — Le Directoire représente l'utilité de rapprocher du centre de l'administration de la guerre le dépôt de la guerre et de la géographie (situé à ce moment place Vendôme, dans une maison dont le loyer est de 20,000 livres) en le transférant au coin des rues de Babylone et du Bac, dans la maison des Missions étrangères, qui est une propriété nationale et qui est seule propre à le contenir. Il montre qu'il y a lieu de faire exception : 1° à la loi du 4 ventôse an IV (voir t. Iᵉʳ, 665), qui veut qu'en demandant au Corps législatif de déclarer un domaine national non soumissionnable, on lui présente l'état des changements et dépenses à y faire (la maison des Missions étrangères pouvant, telle qu'elle est, recevoir les dépôts en question); 2° à la loi du 28 ventôse (voir t. Iᵉʳ, p. 841), qui prescrit la formation d'un tableau des domaines nationaux destinés au gage des mandats territoriaux.

⁽⁴⁾ Information demandée par le Conseil des Cinq-Cents à la suite d'une dénonciation du citoyen Comminges contre la nomination du citoyen Porlet à la place du juge de paix de Foix. — Message lu le 10 thermidor (C. C., thermidor an IV, 183).

⁽⁵⁾ Message daté du 8 thermidor, lu à la séance du 10 (C. C., thermidor an IV, 179-180).

⁽⁶⁾ Arrêté du 7 thermidor an IV, signé Reubell, Carnot, Revellière-Lépeaux (Arch. nat., AF III, 390, dossier 2036). — L'article 1ᵉʳ de la loi du 20 septembre 1793 est ainsi conçu : «Les lettres patentes accordées dans des cas particuliers, enregistrées aux ci-devant parlements ou autres cours supérieures *sans opposition et discussion préalable*; — les arrêts de propre mouvement et autres du ci-devant Conseil *rendus sans parties présentes ou appelées et sans mention de pièces originales et production du procès*, ne peuvent en aucun cas être valablement opposés à ceux contre qui ils ont été obtenus.»

que « tout fonctionnaire public qui sera convaincu d'avoir détourné ou soustrait des deniers, effets, actes, pièces ou titres dont il était dépositaire à raison des fonctions publiques qu'il exerce et par l'effet d'une confiance nécessaire, sera puni de la peine de douze ans de fers;

Considérant que le citoyen Teste, ci-devant son commissaire près les tribunaux civil et criminel du département de Vaucluse, s'est permis, lors de sa destitution, d'emporter toute la correspondance qu'il avait tenue et toutes les lettres qu'il avait reçues pendant l'exercice et à raison de ses fonctions; que par là il a mis son successeur dans l'impossibilité de suivre les errements des affaires qu'il avait commencées,

Arrête ce qui suit :

ARTICLE 1ᵉʳ. Le citoyen Teste sera sommé, à la requête du commissaire du Directoire exécutif près les tribunaux civil et criminel du département de Vaucluse, de lui remettre, sous récépissé, toutes les lettres qu'il a écrites et reçues pendant l'exercice et à raison de ses fonctions de commissaire du Directoire exécutif, et généralement toutes les pièces qu'il a eues en sa possession à raison de ces mêmes fonctions.

ART. 2. A défaut par le citoyen Teste de satisfaire pleinement à cette sommation dans la décade de la signification qui lui en aura été faite, il sera dénoncé à l'accusateur public, pour être poursuivi conformément à l'article précité du code pénal.

Le présent arrêté sera inséré au *Bulletin des lois*.

Le ministre de la justice est chargé de son exécution. — Arch. nat., AF III, 390, dossier 2036][1].

L'arrêté du Directoire du 25 prairial dernier, portant nomination d'un juge de paix et d'assesseurs dans le canton de Fonvielle[2], est rapporté, attendu qu'aucune de ces places n'était alors vacante[3].

Le commissaire du Directoire près le tribunal de cassation est chargé de dénoncer à ce tribunal un jugement rendu sans juré par le

---

[1] Signé Révellière-Lépeaux, Reubell, Carnot.

[2] Ou Fontvieille (Bouches-du-Rhône).

[3] Arrêté du 7 thermidor an IV, signé Le Tourneur, Révellière-Lépeaux, Reubell (Arch. nat., AF III, 390, dossier 2036). — Le rapport du ministre de la justice au Directoire exécutif fait ressortir que les citoyens qui occupaient antérieurement ces places n'ont pu en être dépossédés comme parents d'émigrés, puisqu'ils ne sont tels que par alliance.

[25 JUILLET 1796] DU DIRECTOIRE EXÉCUTIF. 181

tribunal militaire de l'armée du Nord, le 18 messidor an II, contre Antoine Harel[1].

Un projet d'arrêté proposé par le ministre de la justice, tendant à autoriser le citoyen Courtois à prendre à partie les membres du Conseil de Montélimar, qui ont signé l'arrêté du deuxième jour complémentaire de l'an III portant ordre de l'incarcérer, est ajourné, jusqu'à ce que le Conseil se soit pourvu au Corps législatif[2].

Trois arrêtés sont pris concernant l'organisation des arrondissements de recettes de trois départements.

Celui du Pas-de-Calais sera divisé en sept arrondissements[3].

Celui de la Haute-Garonne est distribué en cinq arrondissements[4].

---

[1] Capitaine des carabiniers du 4ᵉ bataillon des *Chasseurs francs*, condamné à la détention jusqu'à la paix pour complicité de vente d'un cheval pris sur l'ennemi. — Arrêté du 7 thermidor an IV, signé Le Tourneur, Carnot, Reubell (Arch. nat., AF III, 390, dossier 2036).

[2] Un rapport du ministre de la justice (Arch. nat., AF III, 390, dossier 2036) expose que Courtois, ex-curé de Montélimar, ayant fait imprimer, en prairial an III, une pièce de vers dans laquelle il accusait, sans le nommer, un habitant de cette commune d'avoir surpris la confiance du représentant Jean Debry pour troubler la tranquillité de cette ville, la municipalité le fit comparaître devant elle, l'admonesta et le condamna à rester six mois consigné chez lui, puis le fit incarcérer pour avoir rompu sa consigne et, malgré l'arrêté du Comité de législation de la Convention (du 21 fructidor an III) qui ordonnait sa mise en liberté, le fit de nouveau, le 2ᵉ jour complémentaire, mettre en prison, où il est resté jusqu'au 1ᵉʳ brumaire.

[3] Arrêté du 7 thermidor an IV, signé Reubell, Le Tourneur, Barras (Arch. nat., AF III, 390, dossier 2037). — 1ᵉʳ arrondissement, chef-lieu Arras (24 cantons : Arras, Beaumetz, Berneville, Fresne-les-Montauban, Hénin-Liétard, Lens, Saulty, Bapaume, Cagnicourt, Pas, Athies, Mont-la-Liberté, Vimy, Vitry, Carvin, Avesne-Lecointe, Courcelles-le-Comte, Croisilles, Foucq-Villiers, Grevilliers, Haplincourt, Metz-en-Couture, Oisy, La Guicourt). — 2ᵉ arrondissement, chef-lieu Saint-Omer (13 cantons, Saint-Omer, Aire, Arques, Bomy, Éperlecques, Fauquemberques, Lambres, Liettes, Séninghem, Thérouanne, Tournehem, Vimes, Halines). — 3ᵉ arrondissement, chef-lieu Béthune (8 cantons, Béthune, Beuvry, Hersain, Houdain, La Couture, La Ventie, Lillers, Saint-Venant). — 4ᵉ arrondissement, chef-lieu Saint-Pol (8 cantons, Saint-Pol, Fleury, Frévent, Heuchin, Magnicourt-sur-Canche, Monchy-Breton, Pernes, Framecourt). — 5ᵉ arrondissement, chef-lieu Hesdin (11 cantons, Hesdin, Montreuil-sur-Mer, Auxi-le-Château, Blangy, Campagne, Cappelle, Frenci, Fruges, Saint-Josse, Waben, Wail). — 6ᵉ arrondissement, chef-lieu Boulogne (12 cantons, Boulogne, Bourthes, Condette, Desvres, Etaples, Herdinghem, Henneveux, Hucqueliers, Marquise, Neuville, Saint-Martin-Boulogne, Samer). — 7ᵉ arrondissement, chef-lieu Calais (9 cantons, Calais, Ardres, Audruicq, Guines, Saint-Folquin, Nouvelle-Eglise, Foupelingues, Saint-Pierre, Licques).

[4] Arrêté du 7 thermidor an IV, signé Reubell, Le Tourneur, Barras (Arch. nat., AF III, 390, dossier 2037). — 1ᵉʳ arrondissement, chef-lieu Toulouse (21 cantons, Toulouse, Levignac, Castelnau, Vascil, Grisolle, Cadours, Cintegabelle, Castanet, Blagnac, Villemur, Caraman, Grenade, Muret, Le Saint-Hérin, Leguevin, Brugnières, Montastruc, Lanta, Verdun, Auterive, Saint-Lis). — 2ᵉ arrondissement, chef-lieu Villefranche (8 cantons, Villefranche, Montesquieu, Revel, Avignonnet, Montgiscard, Saint-Félix, Nailloux, Bazièges). — 3ᵉ arrondissement, chef-lieu Castelsarrasin (6 cantons, Castelsarrasin, Villebrunier, Saint-Porquier, Saint-Nicolas-de-Lagrave, Montich, Beaumont). —

Celui de la Meurthe comprendra pareil nombre d'arrondissements[1].

Les citoyens Legouez-Léger et compagnie sont autorisés à traiter de gré à gré, pour les objets à acquérir de la nation et qui pourront leur convenir, avec les ministres de l'intérieur, de la guerre et des relations extérieures[2].

Le Directoire écrit trois lettres :

L'une aux représentants du peuple, inspecteurs du Conseil des Cinq-Cents[3] pour les prévenir que les malveillant sont choisi le jardin des Tuileries pour y former leurs rassemblements impurs et corrompre l'esprit public par leurs perfides insinuations[4].

Par la seconde, le Directoire applaudit au zèle du citoyen Guilliaud, négociant à Lyon, auteur d'un mémoire sur la mise en œuvre de tous les métaux[5].

4ᵉ arrondissement, chef-lieu Montesquieu-Volvestre (10 cantons, Montesquieu-Volvestre, Cazères, Carbone, Gaillac-Toulsa, Saint-Sulpice-le-Zadois, Rieu, Martres, Le Fourteret, Noé, Rieumes). — 5ᵉ arrondissement, chef-lieu Saint-Gaudens (11 cantons, Saint-Gaudens, Saliès, Aurignac, Boulogne, Aspet, Saint-Bertrand, Bagnères-de-Luchon, Saint-Martory, L'Isle-en-Dodon, Montréjeau, Saint-Béat).

[1] Arrêté du 7 thermidor an IV, signé Reubell, Le Tourneur, Barras (Arch. nat., AF III, 390, dossier 2037). — 1ᵉʳ arrondissement, chef-lieu Nancy (14 cantons, Nancy, Nancy extra-muros, Amance, Custine, Frouard, Lenoncourt, Pont-Saint-Vincent, Rosières, Saint-Nicolas, Nomeny, Morville, Belleau, Pont-à-Mousson (intra-muros et extra-muros). — 2ᵉ arrondissement, chef-lieu Toul (16 cantons, Toul, Bicqueley, Allamps, Blénod, Fontenoy, Foug, Jaillon, Lucey, Royaumeix, Dieulouard, Flirey, Thiaumont, Pagny, Colombey, Vaudeleville, Favières). — 3ᵉ arrondissement, chef-lieu Lunéville (19 cantons, Lunéville, Lunéville intra-muros, Ozerailles, Baccarat, Blainville, Bayon, Créville, Einville, Gerbéviller, La Neuville-aux-Bois, Neuville, Harond, Fulligny, Vézelise, Vaudémont, Ogéviller, Leintrege, Blamont, Badonviller). — 4ᵉ arrondissement, chef-lieu Sarrebourg (10 cantons, Sarrebourg, Phalsbourg, Lorquin, Walscheid, Lixheim, Niderviller, Cirey, Réchicourt, Fenestrange, Réchicourt).

— 5ᵉ arrondissement, chef-lieu Vic (12 cantons, Vic, Château-Salins, Arracourt, Bioncourt, Bourdonnay, Dalham, Delme, Lucy, Conthil, Bussing, Albestroff, Dieuze).

[2] Arrêté du 7 thermidor an IV, signé Le Tourneur, Reubell, Barras (Arch. nat., AF III, 390, dossier 2037). — Voir plus haut, p. 24, l'arrêté du 18 messidor an IV.

[3] A qui seuls appartient la police du jardin des Tuileries.

[4] Minute signée Revellière-Lépeaux, Reubell, Barras (Arch. nat., AF III, 390, dossier 2036). — «... Là, dit le Directoire, les discours les plus violents se tiennent contre le gouvernement..., des menaces s'y profèrent..., la malveillance s'y applique à tout dénaturer..., on y fait craindre pour les subsistances en disant que les blés s'exportent..., on va jusqu'à dire qu'on ne peut sortir d'affaire que par un grand coup...»

[5] Minute signée Revellière-Lépeaux, Carnot, Barras (Arch. nat., AF III, 390, dossier 2036). — Guilliaud, dont la lettre est jointe au dossier, expose qu'il a fait don du produit de la première édition de son ouvrage à l'hospice des vieillards et orphelins de Lyon. Il a l'intention de consacrer aussi à cet établissement celui de la seconde édition qu'il médite et demande au Directoire d'accorder un secours extraordinaire audit établissement. Le Directoire lui répond qu'il applaudit à ses vues bienfaisantes et qu'il demande au ministre de l'intérieur un rapport sur son ouvrage.

Par la troisième, il invite le ministre de l'intérieur à lui faire un prompt rapport sur cet ouvrage [1].

[Sur le rapport du ministre de la marine et des colonies, le Directoire exécutif, considérant qu'il est important de mettre en activité les chaloupes canonnières construites par ses ordres dans les ports de la République;

Considérant qu'il convient de former les garnisons de ces embarcations d'hommes également robustes, actifs, courageux, et qu'il est utile de former un détachement de volontaires destinés spécialement à ce service et extraits des deux brigades existantes pour le temps de sa durée,

Arrête :

ARTICLE 1er. Il sera formé un détachement de volontaires destinés à s'embarquer sur les chaloupes canonnières en armement à Dunkerque et tiré temporairement des corps existants.

ART. 2. Ce détachement sera composé de 456 hommes et divisé en trois compagnies.

ART. 3. Chaque compagnie sera composée d'un capitaine, un lieutenant, deux sergents, 144 volontaires et quatre canonniers.

ART. 4. Il ne sera affecté au détachement aucun officier supérieur ou d'état-major. Le plus ancien capitaine fera fonctions de chef de bataillon et le dernier lieutenant de quartier-maître trésorier.

ART. 5. Il sera embarqué sur chaque chaloupe canonnière un officier ou sous-officier, 36 volontaires et un canonnier.

ART. 6. Quatre chaloupes canonnières formeront une division.

ART. 7. L'uniforme sera le même que celui de l'infanterie. Les officiers et sous-officiers porteront les marques distinctives attribuées à leurs grades dans les troupes de ligne.

ART. 8. Le détachement sera assimilé pour son organisation intérieure et pour tout ce qui se rapporte à l'ordre du service à un bataillon de l'armée.

ART. 9. Le ministre de la marine est chargé de présenter au Directoire exécutif les règlements qui pourraient être appliqués particulièrement à ce détachement, dont il pressera le plus possible le complètement.

---

[1] Minute signée Carnot, Barras, Revellière-Lépeaux (Arch. nat., AF III, 390, dossier 2036).

Art. 10. Expédition du présent arrêté sera envoyée au ministre de la marine, qui demeure chargé de son exécution. — Arch. nat., AF III, 390, dossier 2036] [1].

On écrit neuf lettres concernant le service militaire :

Une aux généraux en chef des armées de la République;

Une au ministre des finances [2];

Une au ministre de la guerre [3];

Une au ministre des relations extérieures [4];

Une au général en chef de l'armée de l'intérieur [5];

Deux au citoyen Joubert, commissaire du Directoire près l'armée de Sambre-et-Meuse [6];

Une au citoyen Tassu, employé dans l'administration des hôpitaux militaires à Rennes [7];

Et une au général Hoche [8];

Les minutes sont à la section de la guerre.

---

[1] Signé Carnot, Revellière-Lépeaux, Reubell.

[2] Minute signé Carnot, Revellière-Lépeaux, Reubell (Arch. nat., AF III, 390, dossier 2037). — Le Directoire lui transmet copie : 1° d'une lettre du 26 messidor qu'il a reçue du général Bonaparte, relative aux sept millions de lettres de change que la Trésorerie a tirées sur Gênes (voir *Corr. de Napoléon Ier*, t. I, p. 478), 2° de la lettre écrite par ce général le 14 messidor au citoyen Miot, ambassadeur à Florence (voir *Correspondance de Napoléon Ier*, t. I, p. 451).

[3] Minute signée Carnot, Revellière-Lépeaux, Reubell (Arch. nat., AF III, 390, dossier 2037). — Le Directoire invite le ministre de la guerre à lever les difficultés de comptabilité auxquelles ont donné lieu les opérations du commissaire Alexandre dans les pays conquis.

[4] Minute signée Carnot, Revellière-Lépeaux, Reubell (Arch. nat., AF III, 390, dossier 2037). — Le Directoire transmet au ministre des relations extérieures copie d'une lettre du général Bonaparte sur le refus par le prince Pignatelli de donner officiellement par écrit les ouvertures faites par l'empereur, ainsi que d'une lettre écrite au général Masséna par le général napolitain Ruiz de Casaonentz le 8 juillet 1796 (lettre datée de Méran dans le Tyrol).

[5] Voir le texte de cette lettre plus loin à l'Appendice.

[6] Minutes signées Carnot, Revellière-Lépeaux, Reubell (Arch. nat., AF III, 390, dossier 2037). — Par la première, le Directoire accuse réception à Joubert d'une lettre par laquelle il fait connoître les contributions imposées aux habitants du pays situé entre la Sieg et la Lahn, ainsi que de deux autres sur les progrès de l'armée, et l'invite à surveiller les divers agents et fournisseurs et à provoquer la sévérité des lois contre ceux qui se rendraient coupables de dilapidation ou d'infidélités. — Par la seconde il approuve les mesures prises par Joubert pour établir et assurer la circulation de la monnaie républicaine dans le pays conquis.

[7] Minute signée Carnot, Revellière-Lépeaux, Reubell (Arch. nat., AF III, 390, dossier 2037). — Le Directoire le remercie de son offre de lui adresser son ouvrage sur la situation actuelle de l'Europe et les avantages qu'il est possible d'en tirer pour établir une pacification générale et un nouvel équilibre de pouvoirs.

[8] Minute signée Carnot, Revellière-Lépeaux, Reubell (Arch. nat., AF III, 390, dossier 2037). — Le Directoire approuve la mesure prise par Hoche d'ajouter deux mille hommes aux dix mille qui ont déjà été tirés de son armée pour renforcer celle d'Italie.

Un messager d'État, envoyé par le Conseil des Anciens, dépose sur le bureau cinq lois.

La première détermine le mode de remplacement des présidents des administrations municipales de canton, en cas de nullité de nominations faites par les assemblées primaires ou autrement[1].

La seconde distrait la commune de Fontenouilles du canton de Château-Renard, département du Loiret, et la réunit au canton de Charny, département de l'Yonne[2].

La troisième établit dans la maison du ci-devant couvent des Ursulines de Beauvais l'École centrale du département de l'Oise[3].

La quatrième conserve provisoirement la commission des contributions directes créée pour la commune de Paris par le décret de la Convention nationale du 23 frimaire an III[4].

La cinquième fixe le siège de l'administration municipale du canton de Beaumont-Pied-de-Bœuf, département de la Mayenne, dans la commune de Ballée[5].

Le Directoire ordonne que ces cinq lois seront publiées, exécutées et qu'elles seront munies du sceau de l'État. Elles sont, en conséquence, adressées de suite à l'enregistrement pour deux expéditions être envoyées, sans délai, au ministre de la justice, avec l'arrêté portant ordre d'impression et de publication dans les formes prescrites par les lois.

On écrit au général en chef Bonaparte[6];

Et aux citoyens Garrau et Saliceti, commissaires du Directoire près l'armée d'Italie[7]; les minutes sont à la section de la guerre.

Les administrations municipales sont chargées de régler le montant des indemnités dues aux préposés au service des étapes, en conformité de la loi du 21 fructidor an III[8].

---

[1] En ce cas, les agents réunis des communes composant le canton s'adjoindront en remplacement un président temporaire, qui exercera en cette qualité jusqu'aux élections suivantes. — *Bull.*, II, LX, n° 561.

[2] *Bull.*, II, LXI, n° 567.

[3] *Bull.*, II, LX, n° 564.

[4] *Bull.*, II, LV, n° 562.

[5] *Bull.*, II, LX, n° 563.

[6] Deux lettres. — Voir le texte plus loin à l'Appendice.

[7] Voir le texte de cette lettre plus loin à l'Appendice.

[8] Arrêté du 7 thermidor an IV, signé Carnot, Revellière-Lépeaux, Reubell (Arch. nat., AF III, 390, dossier 2037). — Cet arrêté est basé sur le rapport fait par le ministre de la guerre (même dossier) «du refus qu'éprouvent plusieurs préposés immédiats chargés de la subsistance des troupes de la République pendant leurs marches dans l'intérieur, ainsi que leurs co-préposés et bouchers, à faire régler par les administrations municipales le montant des indemnités qui leur ont été assurées par les arrêtés du Comité de salut public en date des 2 germinal 2e année, 4 vendémiaire et 29 pluviôse 3e année, sur les quotités de livres de viande

On écrit au ministre de la guerre, pour excepter de l'arrêté du 4 thermidor[1], concernant la solde des troupes de l'armée de l'intérieur, les militaires composant la garde du corps législatif[2].

A

Le Directoire exécutif au général en chef de l'armée de l'intérieur.

Le Directoire exécutif ne cesse, citoyen général, de fixer une attention particulière sur l'armée que vous commandez; l'importance des fonctions qu'elle a à remplir dans cette commune où réside le gouvernement de la République et qui est le siège des plus grands intérêts politiques y appelle en effet le concours de tous les moyens et de tous les efforts en faveur de l'ordre public et de l'affermissement de la Constitution.

Aux mesures déjà adoptées sur l'emplacement des troupes et leur circulation dans les camps, pour obvier à l'inconvénient d'une garnison dans l'enceinte de Paris, le Directoire pense qu'on peut en ajouter d'autres dont vous reconnaîtrez l'utilité.

Il ne suffit pas d'établir un ordre de service sagement approprié aux localités et aux circonstances; la disposition des corps exige une surveillance non interrompue. Parmi les officiers auxquels cette considération s'applique principalement, il y en a un grand nombre d'auxiliaires, qu'elle concerne plus particulièrement; il importe que les corps n'en soient pas trop surchargés et surtout que le choix en soit fait avec soin.

La dissémination des troupes par fractions de bataillons ou d'escadrons ne doit être que l'effet de la nécessité. Vous jugerez sans doute avantageux de réunir les divers détachements d'un même corps dispersés sur des points éloignés ou dans

---

qu'ils ont justifié avoir fourni à l'étape pendant la durée du *maximum*.

[1] Voir plus haut, p. 160.

[2] Minute signée Carnot, Revellière-Lépeaux, Reubell (Arch. nat., AF III, 390, dossier 2037). — Le ministre de la guerre, dans une lettre du 5 thermidor à Carnot (même dossier), fait observer que, si on appliquait l'arrêté du 4 thermidor aux sous-officiers de la garde du Corps législatif, certains *sous-officiers auraient plus de numéraire que les officiers*.

Outre les pièces qui viennent d'être signalées à propos de la séance du 7 thermidor, il faut signaler les suivantes, signées Carnot, Revellière-Lépeaux, Reubell et non mentionnées au procès-verbal, qui se trouvent dans le dossier 2037 : 1° Arrêté qui accorde un congé de trois mois au citoyen Malfilâtre, charretier au service de la République. — 2° Arrêté par lequel le général de brigade Kermorvan, ci-devant commandant temporaire à Valenciennes, doit être employé en la même qualité à la suite d'une place hors de l'arrondissement de l'armée du Nord; le capitaine Balland sera employé à la suite de la place de Tours; le capitaine à la suite Barbé passera avec son grade dans l'arme de la cavalerie; le citoyen Curiol, adjoint provisoire à l'adjudant-général Rey, est nommé sous-lieutenant.

A signaler encore dans le dossier 2037 plusieurs pièces relatives à la nomination du citoyen Hubert Aubertin, homme de loi, comme second substitut près les tribunaux civil et criminel du département de la Meurthe.

des départements différents, afin que tous ces détachements soient rapprochés le plus possible du point central de leurs corps et de rendre aux armées agissantes ceux qui leur appartiennent et qui pourraient se trouver encore dans l'intérieur.

Après avoir évité le danger du séjour de Paris pour les troupes, il faut les préserver de ceux qui naîtraient dans leurs camps de l'inaction et d'une communication trop fréquente au dehors. Excitez à cet effet l'émulation dans tous les grades, dirigez-la, citoyen général, vers l'instruction et que les manœuvres se répètent souvent et avec fruit. Faites que le soldat trouve dans son camp les amusements et les jeux militaires qui lui sont propres et qui détournent les effets de l'oisiveté et du défaut de distraction. Ordonnez de veiller sur les cantiniers qui lui apportent des rafraîchissements et des comestibles, afin qu'il puisse s'en procurer à portée de lui d'une qualité saine et au meilleur prix du commerce.

Telles sont, citoyen général, les dispositions dont le Directoire recommande l'exécution et sous vos ordres au chef de l'état-major général, dont il connaît le zèle pour vous seconder dans vos travaux.

CARNOT, L.-M. REVELLIÈRE-LÉPEAUX, REUBELL [1].

B

LE DIRECTOIRE EXÉCUTIF AU GÉNÉRAL EN CHEF BONAPARTE.

Le Directoire exécutif vous rappelle, citoyen général, l'invitation pressante qu'il vous a faite de donner des ordres précis et constamment surveillés pour que les tableaux de situation et les bulletins historiques décadaires lui soient adressés avec exactitude. Il voit avec peine que, depuis le commencement de la campagne, l'armée que vous commandez ne lui a rien envoyé de ces différents objets. Il est important que ce travail soit désormais scrupuleusement suivi et exécuté d'après les dispositions du modèle.

Lorsque les occupations du chef de l'état-major sont trop multipliées pour qu'il y donne lui-même un soin assidu, il peut se faire suppléer par un adjudant-général dans la confection du bulletin historique qui exige un talent particulier.

Vous remplirez, citoyen général, le vœu du Directoire en donnant une attention sérieuse à l'objet de cette lettre.

CARNOT, REUBELL, P. BARRAS [2].

C

LE DIRECTOIRE EXÉCUTIF AU GÉNÉRAL EN CHEF BONAPARTE.

Nous avons reçu, citoyen général, vos lettres en date des 18, 24 et 26 messidor [3].

---

[1] Arch. nat., AF III, 390, dossier 2037.
[2] Arch. nat., AF III, 390, dossier 2037.
[3] *Corr. de Napoléon I*, I, 455, 457, 458, 459, 474, 477, 478.

Nous sommes très satisfaits d'apprendre que les divisions que vous avez conduites au delà du Pô ont repassé ce fleuve et que vous poussez avec vigueur le siège de Mantoue. L'insalubrité des travaux de ce siège et les préparatifs qui se font dans le Tyrol nous font désirer vivement de voir cette place rendue incessamment aux troupes que vous commandez. Les stratagèmes et les coups de main audacieux sont en effet une partie essentielle de l'art d'attaquer les places, et ceux que vous méditez contre celle-ci en accéléreront sans doute la reddition, à la faveur du secret dont vous saurez envelopper leurs combinaisons profondes et de la vivacité de leur exécution.

Nos dernières dépêches vous auront instruit de notre adhésion aux propositions que vous nous avez faites relativement à Gênes et nous pensons comme vous que cette opération doit être différée, ainsi que celle concernant Venise, jusqu'au moment où la prise de Mantoue aura consolidé votre position de manière à ôter à ces deux États tout espoir d'échapper à la légitimité de nos demandes et à l'empire des armes de la République.

Il est à regretter que l'intéressante île d'Elbe soit au pouvoir des Anglais, qui y trouvent une espèce de dédommagement de la perte de Livourne et d'où ils peuvent gêner vos dispositions en faveur de la Corse [1]. Mais cet événement a l'avantage pour nous de dévoiler les intentions secrètes que le grand-duc avait colorées jusqu'ici du désir apparent de conserver sa neutralité. Dans toute autre circonstance nous n'aurions pas balancé à proposer la guerre à cette puissance perfide; mais lorsque la marche rapide de nos triomphes tend chaque jour à dissiper les restes de la coalition et amène nécessairement la paix générale, il ne nous a pas paru prudent d'allumer de nouvelles étincelles de guerre, nous réservant toutefois de réclamer plus tard contre cette violation des traités, que nous nous montrions jaloux de respecter.

Des bruits circulent que l'empereur [2], d'après les probabilités d'une santé toujours chancelante, touche au terme de sa vie. Pour profiter de cet événement, il est utile que vous en soyez instruit avec la plus grande célérité lorsqu'il aura lieu. Entretenez à cet effet des intelligences dans Vienne. Le grand-duc de Toscane, héritier du trône impérial [3], n'hésitera pas à se rendre sur-le-champ dans sa capitale après la mort de son frère. Il s'agit dès lors de le prévenir et de l'enlever comme ennemi de la République, et d'occuper militairement la Toscane. Ce plan, quoique dressé sur des conjectures peut-être peu certaines, n'en mérite pas moins votre attention.

Les mouvements séditieux qui se répètent de la part des Italiens contre les troupes françaises annoncent parmi eux une haine profonde de nos succès, puisque le faux bruit d'un revers, même invraisemblable, suffit seul pour la faire

---

[1] Voir plus haut.

[2] François II, fils aîné de Léopold II, empereur depuis 1792 et frère de Ferdinand III, grand-duc de Toscane. — Il touchait si peu au terme de sa vie qu'il vécut et régna encore jusqu'en 1835.

[3] Ou plutôt des États héréditaires de la maison d'Autriche. Ne pas oublier que la dignité impériale était élective. Mais en fait, depuis le milieu du xve siècle, tous les empereurs élus, à l'exception du Bavarois Charles VII (1741-1745), avaient été les chefs de cette maison.

éclater d'une manière aussi grave. Conciliez, citoyen général, avec l'activité de vos travaux militaires, les soins que réclame la répression constante et sévère de ces germes alarmants d'insurrection, qui pourraient peut-être étonner les troupes et ralentir leur audace contre les Autrichiens, sur lesquels elle ne doit cesser de se déployer avec le même éclat. L'enlèvement d'un grand nombre d'otages et les plus considérables dans les différents pays est un moyen puissant à employer contre la révolte.

La droite de l'armée de Rhin-et-Moselle touche bientôt au lac de Constance [1] et va inquiéter les derrières de l'armée autrichienne d'Italie. Le prince Charles, réduit à la moitié de ses forces par ses pertes et par les garnisons qu'il a jetées dans les places, prend le chemin du Danube. Les généraux Moreau et Jourdan le pressent avec vivacité sur ses deux flancs.

La campagne la plus décisive paraît être à l'abri de tout retour fâcheux et les nouvelles que le Directoire attend incessamment de vous, citoyen général, ajouteront encore à la glorieuse et étonnante situation militaire de la République.

Votre lettre du 15 nous est parvenue.

CARNOT, REUBELL, P. BARRAS [2].

D

LE DIRECTOIRE EXÉCUTIF AUX CITOYENS GARRAU ET SALICETI, SES COMMISSAIRES PRÈS L'ARMÉE D'ITALIE.

Nous avons reçu, citoyens commissaires, les lettres des 24 et 25 messidor que vous nous avez adressées individuellement. Comme elles ont le même objet, nous y répondrons à la fois dans la présente dépêche.

Les renseignements que vous nous donnez sur l'occupation de Porto-Ferrajo par les Anglais nous dévoilent toute la perfidie du cabinet de Florence et nous font regretter que les troupes de la République ne les aient pas prévenus dans ce poste important. La communication avec la Corse et l'activité qu'exigent les dispositions que nous avons autorisées relativement à cette île auront à souffrir de cet événement.

Notre intention est sans doute d'en tirer une vengeance digne de la République et nous n'aurions pas hésité dans tout autre moment à proposer contre le grand-duc la déclaration d'une guerre légitime. Mais les circonstances nous ont fait pencher vers une détermination contraire. Vous savez que les vœux comme les intérêts de la République appellent la paix générale, que nos triomphes doivent nécessairement amener à une époque rapprochée. Entamer une nouvelle guerre, c'eût été jeter de fâcheuses inquiétudes dans l'intérieur, réveiller le sentiment des sacrifices que coûte l'état actuel des choses, diminuer nos moyens contre les puissances encore redoutables que nous avons à combattre et les éloigner des propo-

---

[1] Sous le général Férino. — [2] Arch. nat., AF III, 390, dossier 2037.

sitions pacifiques sur lesquelles nous avons droit de compter de leur part. Toutes ces considérations puissantes nous ont décidés à renfermer dans le secret les griefs violents que nous ressentons contre la Toscane, nous réservant de lui en faire sentir tout le poids dans un temps plus favorable. Agissez, citoyens commissaires, en conséquence de ces dispositions.

S'il était en votre pouvoir de chasser l'Anglais de l'île d'Elbe, nous ne balancerions pas à en donner l'ordre. Mais il serait même inutile de réclamer auprès du grand-duc des mesures contre cette invasion. Cependant nous vous autorisons à suivre de concert avec le général en chef la négociation à laquelle elle a donné lieu, afin de cacher les véritables dispositions dans lesquelles nous sommes à cet égard.

Nous espérons que le siège de Mantoue fera bientôt place à de nouvelles opérations de campagne et que la prise de cette place permettra à l'armée d'Italie de prévenir les desseins que l'ennemi prépare dans le Tyrol[1]. La campagne du Rhin devient de jour en jour plus décisive.

Nous pensons, citoyens commissaires, que vous ne cessez de veiller avec le même zèle sur les opérations administratives. Accélérez la rentrée des contributions et le versement en France des espèces et des objets précieux qui en résultent.

Les renforts destinés au général Bonaparte arrivent successivement à Chambéry. Les six mille hommes que lui fournit en outre la 9ᵉ division militaire doivent être en pleine marche en ce moment. Ils rendront nécessairement l'armée d'Italie supérieure aux forces autrichiennes, comme elle l'est du côté de la bravoure et du talent de ses chefs.

Faites passer sans délai au général Kellermann les 200,000 francs qui lui sont destinés.

CARNOT, REUBELL, P. BARRAS [2].

SÉANCE DU 8 THERMIDOR AN IV [3]

26 JUILLET 1796.

Le Directoire annule l'adjudication faite le 17 vendémiaire dernier par le district de Senlis de cent-quatre-vingt-cinq arpents quarante-six perches de bois formant le quart de réserve des bois de la ci-devant abbaye de Sainte-Geneviève, comme ayant été faite sans l'autorisation du Gouvernement [4].

[1] Sous Wurmser.
[2] Arch. nat., AF III, 390, dossier 2037.
[3] Arch. nat., AF III*, 4, fol. 89-92. — AF III, 3.
[4] L'arrêté porte que «néanmoins le citoyen Marcellot est autorisé à disposer des bois dont l'adjudication est faite, à la charge par lui d'en compter de clerc à maître avec la régie de l'enregistrement et du domaine national». — Arrêté du 8 thermidor an IV, signé Revel-

Sur le rapport du ministre de la police générale, le Directoire prononce la radiation définitive de la liste des émigrés des noms des citoyens : Mandat, Millet, Coussol, Desvaux, Lachaussée, femme Comnène, Bégasson de la Lardais, Le Cointe, Blondin, veuve Narbonne-Pelet, Duperron, Robert, Joly de Fleury, Labate, Neuchèze, Soulier-Lortal et sa femme, Roussel, veuve Penhoet, Malfait [1] ;

Et maintient sur ladite liste le nommé Audiffret [2].

lière-Lépeaux, Reubell, Barras (Arch. nat., AF III, 390, dossier 2041).

[1] Jean Gallyot *Mandat*, ancien officier des gardes-françaises, inscrit sur la liste des émigrés du département d'Indre-et-Loire, tué à Paris le 10 août 1792 (ses enfants ont justifié de sa résidence) ; — Jean-Baptiste *Millet*, qui a justifié «qu'il n'a quitté le territoire de la République, avant le 1ᵉʳ juillet 1789, que pour se rendre dans l'île de la Martinique, qu'il s'y est constamment livré au commerce ; qu'il y a entretenu une correspondance suivie avec ses associés de France, qu'il y a donné durant la Révolution des preuves éclatantes de civisme et a contribué à conserver la colonie à la République» ; — Louis-Henry *Coussol*, militaire inscrit sur la liste des émigrés du département du Gers, qui a justifié de sa résidence ; — Louis-Charles *Lenoir-Desvaux*, chef de brigade, inscrit sur la liste des émigrés du département du Pas-de-Calais, qui a prouvé son service ininterrompu dans l'arme du génie ; — Edmée-Marie *Lachaussée*, femme de Démétrius-Stéphanopolis-Constantin *Comnène*, inscrite sur la liste des émigrés du département d'Indre-et-Loire, qui a justifié de sa résidence ; — Julien-René *Bégasson de la Lardais*, demeurant à Rennes, inscrit sur la liste des émigrés du département de la Loire-Inférieure, qui a justifié de sa résidence ; — Vaast-Gilles-Joseph *Lecointe*, demeurant à Boubert (Pas-de-Calais) et fonctionnaire public, inscrit sur la liste des émigrés du département du Pas-de-Calais et qui a justifié de sa résidence ; — Charles-Henry-Aimé *Blondin*, ex-lieutenant particulier et assesseur criminel en la ci-devant sénéchaussée de Ponthieu, à Abbeville, y demeurant, inscrit sur la liste des émigrés du département de la Somme, qui a justifié de sa résidence ; — Marie-Félicité *Duplessis-Châtillon*, veuve de Charles-Bernard *Narbonne-Pelet*, ex-noble, demeurant à Paris et à Boulogne-sur-Seine, inscrite sur les listes des émigrés des départements de l'Eure et de l'Orne, qui a justifié de sa résidence ; — Julien-Marie *Duperron*, nommé juge au tribunal du Morbihan, inscrit sur la liste des émigrés du département de la Mayenne, qui a justifié de sa résidence ; — Jean-Nicolas *Robert*, rentier, domicilié à Reims, porté sur la liste des émigrés du département des Ardennes et qui a justifié de sa résidence ; — Arnaud-Guillaume-Marie *Joly de Fleury*, ex-procureur général du ci-devant parlement de Paris, inscrit sur la liste des émigrés du département du Loiret et qui a justifié de sa résidence ; — Jérôme-Marie-Octave *Pétion-Labate*, homme de loi et ci-devant commissaire des guerres, porté sur la liste des émigrés du département de Seine-et-Oise et ayant justifié de sa résidence ; — Jean-Michel *Neuchèze*, ex-chanoine de Notre-Dame, domicilié à Paris, possessionné au Plaissy, district de Cérilly (Allier), inscrit sur la liste des émigrés du département de l'Allier, qui a justifié de sa résidence ; — François *Soulier-Lortal*, ancien militaire, et Marie-Pierre-Scolastique *Lafournière*, sa femme, domiciliés au Bugue (Dordogne), inscrits sur la liste des émigrés du département de la Marne et qui ont justifié de leur résidence ; — Jacques *Roussel*, directeur de l'état militaire, demeurant à Paris, inscrit sur la liste des émigrés du département de la Marne, qui a justifié de sa résidence ; — Anne-Marie-Françoise *Barthelot*, veuve d'Alexandre-Marie *Blesvain-Penhoet*, née et domiciliée à Lyon, inscrite sur la liste des émigrés du département des Basses-Alpes et qui a justifié de sa résidence ; — Lambert *Malfait*, négociant à Lannoy (Nord), inscrit sur la liste des émigrés du département du Pas-de-Calais et qui a justifié de sa résidence. — Dix-huit arrêtés du 8 thermidor an IV, signés Le Tourneur, Revellière-Lépeaux, Reubell (Arch. nat., AF III, 390, dossier 2040).

[2] Louis *Audiffret*, officier d'artillerie, inscrit sur la liste des émigrés du département

Le ministre de l'intérieur est chargé de pourvoir à la nourriture et au placement des chevaux envoyés de la Lombardie par le général Bonaparte [1].

On écrit au ministre des finances pour l'inviter à faire un prompt rapport sur une seconde lettre du citoyen Dumas, commissaire du Directoire, dont il lui transmet l'extrait [2].

Le Directoire arrête que nulles coupes de quarts de réserve ou autre bois autres que les coupes ordinaires ne pourront être faites qu'elles n'aient été autorisées par le Directoire exécutif [3].

Il maintient le citoyen Hallot dans l'adjudication à lui faite le 23 ventôse dernier par l'administration municipale de Mantes d'environ soixante-douze arpents de bois taillis, provenant de l'émigré Tilly [4].

Il dispense de la garde nationale le citoyen Cheyré, dépositaire des Archives domaniales de la République [5].

Il adresse deux messages au conseil des Cinq-Cents.

Par le premier, il l'invite à prendre une résolution interprétative des dispositions des paragraphes 28 et 29 de la loi du 24 août 1793 concernant les dettes et l'actif des communes [6].

---

des Basses-Alpes, qui réclame indûment le bénéfice de la loi du 22 prairial an III en faveur des individus obligés de fuir ou de se cacher à l'occasion des événements des 31 mai et 2 juin 1793 ou inculpés de prétendu fédéralisme. — Arrêté du 8 thermidor an IV, signé Le Tourneur, Revellière-Lépeaux, Reubell (Arch. nat., AF III, 390, dossier 2040).

[1] Arrêté du 8 thermidor an IV, signé Revellière-Lépeaux, Reubell, Barras (Arch. nat., AF III, 390, dossier 2039).

[2] Minute signée Revellière-Lépeaux, Le Tourneur, Reubell (Arch. nat., AF III, 390, dossier 2041). — Il s'agit des secours en bois de construction demandés pour les habitants des départements insurgés sur la rive gauche de la Loire.

[3] Arrêté du 8 thermidor an IV, signé Reubell, Revellière-Lépeaux, Barras (Arch. nat., AF III, 390, dossier 2041). — Voir plus haut l'arrêté relatif au district de Senlis et au citoyen Marcellot.

[4] Arrêté du 8 thermidor an IV, signé Reubell, Revellière-Lépeaux, Barras (Arch. nat., AF III, 390, dossier 2041).

[5] Arrêté du 8 thermidor an IV, signé Reubell, Revellière-Lépeaux, Barras (Arch. nat., AF III, 390, dossier 2039). — Le ministre des finances, dans son rapport (même dossier), représente que le citoyen Cheyré «est obligé par la nature de ses fonctions à une assiduité qui ne lui permet pas d'en être détourné pour tout autre service».

[6] Lu à la séance du 10 thermidor (C. C., thermidor an IV, 180-181). — Les deux paragraphes en question qui avaient donné lieu à divers doutes sont ainsi conçus :

« § XXVIII. *Des dettes des communes.* — 82. Toutes les dettes des communes, des départements ou des districts, contractées en vertu d'une délibération légalement autorisée, ou dont le fonds en provenant aura été employé pour l'établissement de la liberté, jusques et y compris le 10 août 1793, sont déclarées *dettes nationales.* — 83. Sont exceptées les dettes qui auront été contractées pour fournir à des dépenses qui ont eu pour but de marcher contre Paris ou contre la Convention, ces dépenses devant être acquittées par ceux qui les auront ordonnées. — 84. Sont égale-

Par le second il demande à être autorisé à acquérir par voie d'échange contre des propriétés nationales trois maisons contiguës au palais directorial [1].

Il écrit aux capitaine et sous-officiers de la deuxième compagnie du premier bataillon de la seizième demi-brigade d'infanterie de ligne, pour leur accuser réception du don patriotique par eux envoyé de la somme de quatre mille soixante-une livres quinze sols, et leur en témoigne sa satisfaction [2].

Il écrit au ministre de la guerre, pour l'inviter à prendre des mesures pour arrêter l'abus par lequel plusieurs chefs et autres officiers des différents corps, campés près Paris, se permettent de loger dans les communes voisines [3].

---

ment exceptées les dettes des communes, des départements ou des districts, contractées vis-à-vis du trésor national, pour dépenses locales, ordinaires, administratives ou municipales ou pour lesquelles il a été déjà ou doit être réparti des impositions en sous additionnels. — 85. Tous les créanciers des communes, des départemens et des districts, à quelque titre que ce soit, seront tenus de remettre, dans le délai et sous les peines fixées par l'article 76. tous leurs titres de créance au directeur général de la liquidation. — 86. Les dettes des communes, départements et des districts seront liquidées, remboursées ou inscrites sur le grand-livre, d'après les formes précédemment prescrites pour la liquidation des autres créances sur la République. — 87. Les communes dresseront dans le mois un état général de leur actif et de leur passif, qu'elles adresseront aux administrations de districts, qui le feront passer, avec leur avis, à l'administration du département. — 88. Les administrations de département, après avoir vérifié lesdits états, en feront passer un double au directeur général de la liquidation et un double au préposé à la régie nationale de l'enregistrement. — 89. Les administrations de département et de district enverront au directeur général de la liquidation les états des dettes mentionnées à l'article 82, qu'ils auront contractées». — «§ XXIX. De l'actif des communes. — 90. Toutes les créances dues par la République aux communes, à quelque titre que ce soit, sont éteintes et supprimées, dès ce jour, au profit de la nation : elles ne seront plus portées sur les livres ou états de la dette publique. — Tout l'actif des communes, pour le compte desquelles la République se charge d'acquitter les dettes, excepté les biens communaux, dont le partage est décrété, et les objets destinés pour les établissements publics, appartiennent dès ce jour à la nation, jusqu'à concurrence du montant desdites dettes. — 92. Les meubles ou immeubles provenant des communes seront régis, administrés ou vendus comme les autres domaines nationaux; la régie du droit d'enregistrement et les administrations de département et de district en feront dresser un état détaillé, qu'elles enverront à l'administrateur des domaines nationaux. La régie du droit d'enregistrement poursuivra la rentrée de toutes les créances actives appartenant auxdites communes.»

[1] Message lu à la séance du 10 thermidor (*C. C.*, thermidor an IV, 178-179). — Ces trois maisons, sises rue de Vaugirard, appartenaient les deux premières aux citoyens Coraucez et Léon, la dernière à la citoyenne Deschamps.

[2] Minute signée Revellière-Lépeaux, Reubell, Barras (Arch. nat., AF III, 390, dossier 2041).

[3] Minute signée Carnot, Revellière-Lépeaux, Reubell (Arch. nat., AF III, 390, dossier 2041). — Les troupes sont ainsi abandonnées, dit le Directoire, «soit à elles-mêmes, soit à des officiers dont quelques-uns donnent le plus mauvais exemple à leurs frères d'armes qu'ils sont chargés de surveiller. Il n'est pas douteux, citoyen ministre, que cette indifférence inexcusable ne soit une des principales

Le citoyen Mangourit, premier secrétaire de la légation en Espagne, passera à Philadelphie en qualité de chargé d'affaires de la République près les États-Unis d'Amérique [1].

L'arrêté du 12 germinal dernier [2], qui autorise le ministre de la marine et celui des relations extérieures à faire délivrer des passe-ports aux marins belges et liégeois qui veulent naviguer sur les vaisseaux de la République batave, est rapporté [3].

Sur le rapport du ministre des relations extérieures, le passe-port précédemment accordé au citoyen Boulet [4], pour voyager en Espagne, est prolongé jusqu'à ce que ses affaires soient entièrement terminées [5].

Une somme de trois mille francs, valeur fixe, est accordée à titre de secours, au citoyen Brianciaux, ancien armateur à Dunkerque [6].

Un messager d'État est admis et dépose sur le bureau deux lois.

La première adjoint pendant six mois aux huit directeurs du jury d'accusation créés à Paris par le code des délits et des peines quatre autres directeurs [7], qui en rempliront les fonctions concurremment avec eux.

La deuxième renvoie au Directoire exécutif la réclamation du citoyen Juddes contre l'arrêté du Comité des finances de la Convention nationale du 27 thermidor, an III [8].

Le Directoire ordonne que ces lois seront publiées, exécutées et

---

causes des désordres auxquels quelques militaires sont accusés de se livrer et ne doive conduire enfin ces corps, si elle n'était réprimée, à leur désorganisation totale.»

[1] Arrêté du 8 thermidor an IV, signé Le Tourneur, Reubell, Carnot, Revellière-Lépeaux (Arch. nat., AF III, 390, dossier 2038). — Il est remplacé en Espagne par le citoyen La Bene.

[2] Voir t. II, p. 70.

[3] Arrêté du 8 thermidor an IV, signé Le Tourneur, Revellière-Lépeaux, Reubell (Arch. nat., AF III, 390, dossier 2041). — Le ministre de la marine, dans son rapport (même dossier) représente que les Hollandais offrant à ces marins jusqu'à 80 florins d'enrôlement, il en résulte un préjudice pour les levées ordonnées dans la ci-devant Belgique et les autres départements réunis pour le compte de la République.

[4] Négociant français établi à Séville depuis 1765 et qui, ayant dû quitter l'Espagne au moment de la guerre entre cette puissance et la France, y était retourné depuis la paix pour régler ses affaires.

[5] Arrêté du 8 thermidor an IV, signé Carnot, Barras, Reubell (Arch. nat., AF III, 390, dossier 2038).

[6] Auteur de nombreux projets et mémoires sur différentes parties de l'administration publique et qui a formé «des répétitions assez considérables sur le gouvernement». —Arrêté du 8 thermidor an IV, signé Le Tourneur, Reubell, Revellière-Lépeaux (Arch. nat., AF III, 390, dossier 2041).

[7] Pour les affaires courantes, et six autres pour les affaires arriérées. Le Directoire est, de plus, autorisé à nommer, aussi pour six mois, un second substitut du commissaire du pouvoir exécutif près le tribunal correctionnel de Paris, lequel sera spécialement attaché aux directeurs du jury d'accusation. — Bull., II, LX, n° 565.

[8] Bull., II, LXI, n° 568.

qu'elles seront munies du sceau de l'État: elles sont en conséquence adressées de suite à l'enregistrement, pour deux expéditions être envoyées sans délai au ministre de la justice, avec l'arrêté portant ordre d'impression et de publication, dans les formes prescrites par les lois.

On adresse un supplément d'instructions sur les propositions de paix faites par le Portugal [1].

Et des instructions sur des projets d'arrangements relatifs au duc de Parme: les minutes ont été gardées [2].

On écrit: 1° au commissaire du Directoire près le département du Pas-de-Calais [3], pour l'inviter à prendre des renseignements sur la dénonciation de l'administration de Bapaume contre le commissaire du gouvernement [4].

2° Au citoyen Embry [5] pour qu'il envoie son mémoire des dépenses qu'il a faites [6], en exécution d'un arrêté des représentants près l'armée des Pyrénées-Orientales [7].

3° Au commissaire du Directoire près le département du Nord, pour qu'il vérifie les dénonciations faites contre les administrateurs de Valenciennes [8].

4° Au citoyen Péchart, président de l'administration du département de l'Aisne, pour lui annoncer que sa démission [9] est acceptée [10].

---

[1] Ne se trouve pas dans les dossiers du 8 thermidor.

[2] *Idem.*

[3] Le citoyen Coffin.

[4] Le citoyen Théry. — Minute signée Carnot, Revellière-Lépeaux, Barras (Arch. nat., AF III, 390, dossier 2038). — Voir aussi (même dossier) la lettre du Directoire (mêmes signatures) aux membres de la députation du Pas-de-Calais près le Corps législatif, pour l'informer qu'il demande des renseignements sur l'affaire Théry et qu'il ne négligera rien pour assurer l'ordre et la tranquillité dans le Pas-de-Calais. — Il ressort d'un rapport du ministre de l'intérieur (même dossier) qu'une lutte scandaleuse s'est élevée entre Théry et l'administration de Bapaume. On reproche à Théry d'accorder sa protection à une femme immorale en instance de divorce, «protection qui ne paraît pas même exempte de vénalité». On lui reproche d'avoir été partisan de Lebon et de son tribunal, de se montrer attaché à la constitution de 1793 et de garder le silence dans les fêtes publiques depuis la découverte de la conspiration Babeuf. — Voir au même dossier de nombreuses pièces relatives à cette affaire et notamment de longues lettres de Théry pour sa défense.

[5] Ex-administrateur du département de l'Aude.

[6] Et dont il a demandé le remboursement.

[7] Du 25 juin 1793. — Minute signée Revellière-Lépeaux, Barras, Carnot (Arch. nat., AF III, 390, dossier 2038).

[8] Minute signée Carnot, Revellière-Lépeaux, Barras, (Arch. nat., AF III, 390, dossier 2038). — Ces administrateurs ont été dénoncés comme terroristes par une note sans signature que l'on trouve au même dossier.

[9] Démission donnée parce qu'aux termes de l'article 198 de la Constitution, il n'était pas éligible aux fonctions de président d'administration centrale de département.

[10] Arrêté du 8 thermidor an IV, signé Carnot, Revellière-Lépeaux, Barras (Arch. nat., AF III, 390, dossier 2039).

5° Aux administrateurs du même département, pour les informer de la démission de leur collègue et que c'est à eux à le remplacer [1].

6° Au citoyen Adam, ex-commissaire du Pouvoir exécutif à Fontainebleau, pour lui dire que le Directoire est satisfait de son zèle [2] : les minutes sont déposées à la section de la Guerre.

En exécution de l'arrêté du Directoire du 1er prairial dernier, le ministre de la justice dépose sur le bureau l'état des sommes à ordonnancer par lui pour les dépenses de son département, depuis le 5 jusqu'au 8 thermidor présent mois.

Celui des finances soumet à l'approbation du Directoire trois semblables états des dépenses à ordonnancer par lui, dans la première décade de thermidor.

Le Directoire approuve ces états et en remet un double à chacun desdits ministres, pour les ordonnancer.

On écrit quatre lettres concernant le service militaire, savoir :

Deux au général en chef Kellermann [3] ;

Une au général Hélie, commandant à Lyon [4] ;

Et une au ministre de la police générale [5].

Les minutes de ces lettres sont à la section de la Guerre.

---

[1] Arrêté du 8 thermidor an IV, signé Carnot, Revellière-Lépeaux, Barras (Arch. nat., AF III, 390. dossier 2039).

[2] Minute signée Carnot, Revellière-Lépeaux, Barras (Arch. nat., AF III, 390, dossier 2038). — « La justice, dit le Directoire, a commandé au Directoire de rendre le citoyen Marrier-Chanteloup aux fonctions de commissaire du pouvoir exécutif près l'administration municipale de Fontainebleau, qu'il n'avait pas mérité de perdre. Satisfait du zèle que vous avez déployé pendant la durée de votre exercice, il saisira l'occasion de vous en donner des preuves. »

[3] Une des deux lettres signalées ici est adressée non au général Kellermann, mais au « citoyen Kellermann, commandant la place de Boulogne ». C'est un simple accusé de réception de l'état nominatif de 11 passagers venant d'Angleterre sur un bâtiment neutre. Minute signée Carnot, Revellière-Lépeaux, Barras (Arch. nat., AF III, 390, dossier 2041). — Voir le texte de la seconde lettre plus loin à l'Appendice.

[4] Voir le texte de cette lettre plus loin à l'Appendice.

[5] Minute signée Carnot, Reubell, Barras (Arch. nat., AF III, 390, dossier 2041). Le Directoire adresse au ministre copies de la lettre qu'il a reçue du général Elie et de celles qu'il vient d'écrire aux généraux Elie et Kellermann. Il l'invite à prendre les mesures nécessaires pour prévenir le mouvement que la malveillance prépare dans la commune de Lyon.

Indépendamment des pièces qui viennent d'être signalées, on trouve les suivantes, non mentionnées au procès-verbal, dans les dossiers relatifs à la séance du 8 thermidor, savoir :

Dans le dossier 2039 : Arrêté signé Le Tourneur, Carnot, Revellière-Lépeaux, autorisant, en vertu de la loi du 21 floréal, le citoyen Montfort, capitaine de gendarmerie suspendu de ses fonctions, à résider à Paris jusqu'au 10 fructidor ; — Arrêté signé Revellière-Lépeaux, Reubell, Barras, autorisant le citoyen Pugh, étranger, à résider à Paris

A

Le Directoire exécutif au général Kellermann,
commandant en chef l'armée des Alpes.

Le général Élie, commandant à Lyon, vient d'adresser au Directoire, citoyen général, deux rapports des 12 et 23 messidor, que vous lui avez transmis vous-même, relativement aux mouvements contre-révolutionnaires qui se préparent sur les frontières de la Suisse et de la Savoie et dont il paraît qu'on veut rendre la commune de Lyon le centre et le foyer, d'où l'on ose espérer qu'ils se propageront dans plusieurs départements du Midi.

Ces rapports, combinés avec le concours d'étrangers, émigrés et déserteurs que le général Élie a remarqué dans cette commune, lui font craindre une explosion prochaine, qu'il est du devoir du gouvernement de prévenir. Il demande en conséquence que la garnison soit renforcée tant en infanterie qu'en cavalerie.

Le Directoire vous invite, citoyen général, à surveiller la commune de Lyon. Les secousses qu'elle éprouverait ne pourraient que retentir au loin. Le Directoire compte sur le développement de tout ce que vous avez de moyens disponibles pour les prévenir.

Il vous invite pareillement à employer tous les moyens de force et de surveillance que vous jugerez nécessaires pour rompre sur la frontière le fil des trames ourdies par les ennemis de la chose publique, pour déjouer leurs intrigues, gêner ou empêcher leurs mouvements et déconcerter leurs criminelles espérances.

jusqu'au 10 fructidor (à la demande, jointe au dossier, du citoyen Le Couteulx-Canteleu, qui dit avoir à se concerter avec lui pour la réorganisation de l'établissement qu'il a fondé à Rouen et dans lequel il est lui-même intéressé); — Arrêté, signé Reubell, Revellière-Lépeaux, Barras, portant qu'il n'y a pas lieu de délibérer sur la demande d'indemnité du citoyen Lamothe, chef de brigade, pour la perte éprouvée sur ses effets laissés en la maison Massiac et confondus avec ceux d'un émigré pendant qu'il combattait sur les frontières, et lui accordant toutefois un secours de 1,500 francs sur les fonds secrets du Directoire; — Arrêté signé Carnot, Reubell, Revellière-Lépeaux, accordant un congé de deux mois au citoyen Anson, grenadier de la garde du Directoire, pour aller aider sa mère à faire la récolte, attendu la mort de son père.

Dans le dossier 2041 : deux arrêtés signés Carnot, Revellière-Lépeaux, Barras, accordant deux mois de congé aux citoyens Rogeau, sergent au 2⁰ bataillon des Vosges, à Domfront, et Demory, adjudant au 21ᵉ régiment de chasseurs à cheval, réclamés comme soutiens de famille; — arrêté signé Carnot, Revellière-Lépeaux, Barras, confirmant le citoyen Quintin Beauverd dans le grade de chef de brigade du génie, auquel il a été promu.

Les deux dossiers 2042 et 2043, dont le contenu, comme celui des quatre précédents, se rapporte à la séance du 8 thermidor, sont formés : le premier de 70 pièces relatives à des nominations de commissaires du pouvoir exécutif, de juges de paix, d'assesseurs de juges de paix, etc., dans les départements des Bouches-du-Rhône, du Calvados, de la Creuse, de l'Eure, du Gard, d'Ille-et-Vilaine, de l'Isère, de Lot-et-Garonne, de l'Oise, du Pas-de-Calais et de la Seine; le second de 98 pièces de même nature concernant les départements de la Seine (voir notamment les nombreuses pièces relatives à la révocation du citoyen Fournier, commissaire du pouvoir exécutif près l'administration municipale du canton de Colombes et à celle du citoyen Darondeau, commissaire près l'administration municipale du canton de Vincennes) et de la Somme.

C'est surtout les chefs qu'il faut chercher à atteindre; c'est sur leurs têtes qu'il faudrait pouvoir faire peser toute la sévérité des lois.

Carnot, L.M. Revellière-Lépeaux, P. Barras[1].

B
Le Directoire exécutif au général Élie, commandant à Lyon.

Le Directoire a reçu, citoyen général, avec votre lettre du 1er thermidor, les deux rapports des 12 et 23 messidor qui vous avaient été adressés par le général Kellermann.

Vous verrez par la copie ci-jointe de la lettre écrite par le Directoire à ce général les mesures qu'il a cru devoir prendre pour prévenir l'explosion que vous craignez dans une commune où il est si important de maintenir la tranquillité.

Le Directoire voit à regret le peu de moyens disponibles qui sont en ce moment au pouvoir du général Kellermann. Mais en attendant que la masse des forces qui vous sont destinées puisse être augmentée, que la plus étroite surveillance y supplée. Réclamez auprès des autorités civiles la stricte exécution des lois et règlements de police relatifs aux étrangers et aux passeports. Réunissez-vous à elles pour tâcher de découvrir les auteurs des trames qui menacent la sûreté de cette commune et les lieux où elles s'ourdissent. Que les malveillants se sentent entourés d'un œil vigilant et, pressés par l'action de la police, renoncent à leurs criminelles espérances, voilà le but qu'avec une ferme volonté l'autorité civile, soutenue par l'autorité militaire, peut et doit atteindre.

Le Directoire sait ce qu'il doit attendre de votre zèle et s'y repose avec confiance.

Il transmet au ministre de la police copie de votre lettre, des deux rapports des 12 et 23 messidor et des lettres qu'il vous a adressées à ce sujet ainsi qu'au général Kellermann. Le ministre est chargé d'appeler sur la situation de la commune de Lyon toute l'attention et toute la sollicitude des administrations établies dans cette commune.

Carnot, L.-M. Revellière-Lépeaux, P. Barras[2].

SÉANCE DU 9 THERMIDOR AN IV[3]

27 JUILLET 1796.

Le Directoire a consacré cette journée toute entière à la célébration de la fête commémorative du 14 juillet mil sept cent quatre-vingt neuf,

---

[1] Arch. nat., AF III, 390, dossier 2041.
[2] Arch. nat., AF III, 390, dossier 2041.
[3] Arch. nat., AF III*, 4, fol. 92-96. — AF III, 3.

du 10 août mil sept cent quatre-vingt-douze et du 9 thermidor de l'an second de la République.

Cette fête avait été annoncée à Paris, à cinq heures du matin, par une salve d'artillerie.

Les ministres se rendent dans la salle des séances du Directoire.

A une heure, le Directoire monte dans ses voitures, escorté de sa garde et accompagné de ses ministres, et se rend à l'École militaire.

Il descend dans la salle qui lui est préparée, où il trouve réunis tous les membres du corps diplomatique qui y attendaient son arrivée.

Un concours nombreux de citoyens garnissait les talus du champ de la fédération; l'enceinte en était restée libre pour les différents exercices qui devaient embellir la fête.

A trois heures, l'administration centrale du département de la Seine, les tribunaux et le bureau central du canton de Paris, précédés d'un corps de musique et formant un cortège nombreux, après s'être successivement rendus sur l'emplacement de la Bastille et à la place du Carrousel, sont entrés dans le champ de la réunion et sont venus saluer le Directoire.

Une pluie abondante a pendant une demi-heure suspendu la cérémonie.

Le temps le plus agréable ayant succédé, le Directoire est descendu de l'École militaire, précédé des autorités constituées du département de la Seine, accompagné de ses ministres et du corps diplomatique, et est allé occuper la place qui lui était destinée sur un tertre élevé à cet effet au milieu du champ, en face l'École militaire.

A son arrivée, l'Institut national de musique a exécuté des airs analogues à l'objet de la fête.

Il se fait un profond silence et le Président du Directoire[1] prononce le discours suivant :

« Français !

« Quels événements mémorables cette solennité nous retrace ! quelles époques glorieuses elle rassemble ! Nous célébrons à la fois, dans cette fête, et le jour natal de la Liberté et les journées de mort de toutes les tyrannies. Avec quel intérêt nos yeux se reposent successivement

---

[1] Carnot.

sur ces phases de la Révolution! Chacune d'elles remplit notre âme d'images, tour à tour terribles et sublimes.

« Ô souvenir du 14 juillet, tu ne peux frapper notre mémoire sans nous rappeler les temps, les causes qui l'ont amené, la longue oppression du peuple, les honteux débordements d'une cour dissolue et tous les crimes amoncelés pendant quatorze siècles du trône et du sacerdoce.

« Le peuple enfin se lève contre ses oppresseurs, il sape les fondements de leur puissance, il renverse leur Bastille, il brise à la fois dans leurs mains et la verge du despotisme et le sceptre féodal et théocratique. Oh! qui peindra cet élan sublime? qui rendra cette ivresse, cette exaltation des citoyens, se félicitant, se pressant, dans leur joie réciproque, leurs mains dégagées de chaînes?

« Mais, ô funeste inexpérience d'un peuple sortant de la servitude! trop fatale confiance d'une nation sublime et généreuse! Comme elle se laisse entraîner par de perfides démonstrations d'amour! Comme elle croit facilement au repentir hypocrite de ses tyrans! forfaits qui précédâtes le jour vengeur du 10 août, vous êtes encore devant nos yeux. C'en est trop, tant de parjures ont enfin lassé la patience du peuple, le trône en vain s'entoure de poignards, en vain il s'arme de tous les instruments de la mort, de toute la fureur de ses complices; le Français s'élance, il le pulvérise, il plante sur ses débris l'étendard de la République.

« Arrêtons-nous, s'il se peut, à cette époque d'une gloire immortelle, applaudissons longtemps à cette aurore de bonheur..... que dis-je? déjà de nouveaux événements sont sur la scène, déjà des jours désastreux, des jours de deuil et de servitude commencent à reparaître; au despotisme couronné a succédé le règne des factions; elles se disputent l'empire, elles s'arrachent le sceptre, elles se dévorent et s'engloutissent tour à tour; le peuple se trouve enchaîné de nouveau, il est dans les fers du monstre qu'il croit son libérateur; il est livré aux fureurs de ses bourreaux, alors même qu'il les invoque comme des dieux tutélaires.

« L'excès de l'oppression en amène enfin le terme; les yeux du peuple sont dessillés; il s'étonne, il s'indigne d'être égaré par un lâche et stupide vociférateur, le tyran tombe; ce sera le dernier.

« Ô journée du 9 thermidor, c'est à toi qu'était réservée cette glorieuse époque! c'est à toi qu'elle demeure attachée pour l'immensité des siècles!

« Ô journée du 14 juillet, journée du 10 août, journée du 9 thermidor, vous vivrez à jamais dans le cœur des hommes libres! Peuple français! cette fête est ton jour triomphal. C'est par ton courage invincible, c'est par ta constance au milieu de tous les maux accumulés par l'erreur, l'ambition et les vengeances, que la Liberté s'est enfin assise sur la base indestructible d'une constitution républicaine. Tu n'auras plus à vaincre, tu n'as plus qu'à profiter de tes victoires; en vain les factions ont-elles tenté d'autres efforts, ils ont été brisés par la puissance nationale. Que de vils esclaves, que d'aveugles fanatiques calomnient la liberté et s'efforcent de relever le trône au nom du ciel qui les désavoue; que quelques ambitieux se couvrent du manteau de la popularité pour égarer une foule crédule, leur espoir sera déçu. Chaque jour voit les Français abjurer leurs erreurs, ils sentent enfin le besoin de s'aimer, le besoin de se pardonner, le besoin de se serrer autour de l'acte constitutionnel, leur salut unique.

« Non, la liberté que veulent les Français n'est point ce spectre sanglant dont on effraye l'imagination des uns et que d'autres offrent à l'adoration de leurs séides; la liberté qui reçoit nos hommages a droit aux hommages de tous les amis de l'humanité. Elle est fille de la Nature, douce comme elle, et mère des tendres affections comme des sublimes vertus; son culte est pur autant que simple, ses maximes salutaires sont innées dans les cœurs, elles en sont ineffaçables. Ô Liberté! nous croyons les entendre ici de ta bouche même, nous aimons à les répéter avec toi.

« Français, méritons de conserver ce don du ciel, cette liberté que notre constitution nous assure, que nous garantissent les innombrables triomphes de nos armées et qu'ont fixée pour jamais les grandes époques que nous célébrons aujourd'hui. Solennisons avec éclat ces mémorables journées; livrons-nous aux douces effusions d'une joie fraternelle; la Liberté sourit aux yeux de ses enfants; que la simplicité de ces fêtes rappelle les images qui lui plaisent, que des hymnes républicaines chantent ses préceptes et ses bienfaits; entourons son autel, jurons de pratiquer les vertus qu'elle commande et que leur exercice constant soit désormais notre première offrande à la Patrie. »

Ce discours a été accueilli par des cris mille fois répétés de *Vive la République!*

Ensuite, le Président du Directoire a allumé sur l'autel de la Patrie un feu représentant le feu sacré de la Liberté.

Le Conservatoire de musique a chanté l'Hymne à la Liberté.

Le Directoire a prêté solennellement le serment de défendre la Constitution de l'an III; ce serment a été répété par les autorités constituées et par tout le cortège.

Une salve générale d'artillerie a annoncé la prestation de serment et la fin de la cérémonie.

Le Directoire, environné du même cortège qui l'avait accompagné lors de son arrivée, est rentré à l'Ecole militaire, précédé d'un groupe nombreux de musiciens qui exécutaient différents airs patriotiques, puis est retourné de là au palais directorial[1].

SÉANCE DU 10 THERMIDOR AN IV [2]

28 JUILLET 1796.

Le Directoire ordonne la publication dans les départements réunis de la loi du 24 messidor dernier relative à la compétence de la Haute Cour de justice, de celle du même jour relative au tribunal de cassation[3], et des arrêtés du Directoire des 15 prairial et 25 messidor suivants[4].

[Le Directoire exécutif, informé que les dispositions de la loi du 19 nivôse dernier[5], qui chargent ses commissaires près les administrations de la poursuite et de la direction des actions judiciaires qui intéressent la République, ne sont pas exécutées dans tous les départements avec l'uniformité qu'exigent le bien du service et la conservation

---

[1] Deux arrêtés du 9 thermidor an IV, signés des directeurs Carnot, Reubell, Revellière-Lépeaux, portant nomination, réintégration ou destition de plusieurs officiers de l'armée de terre, et non mentionnés au procès-verbal de la séance du 9, se trouvent dans le dossier 2044 (Arch. nat., AF III, 390).

[2] Arch. nat., AF III*, 4, fol. 96-99. — Arch. nat., AF III, 3.

[3] Voir plus haut, p. 66.

[4] Voir t. II, p. 537, et t. III, p. 79. — Arrêté du 10 thermidor an IV, signé Carnot, Revellière-Lépeaux, Reubell (Arch. nat., AF III, 390, dossier 2044).

[5] Voir t. Ier, p. 396.

des droits nationaux; que, dans plusieurs départements, les commissaires du Directoire exécutif près les administrations font paraître à l'audience des défenseurs officieux qui plaident au nom de la République et que les administrateurs salarient; que, dans d'autres, les commissaires du Directoire exécutif près les tribunaux portent la parole pour les commissaires du Directoire exécutif près les administrations et font valoir les moyens que leur fournissent ceux-ci par les mémoires qu'ils leur adressent à cet effet;

Considérant : 1° qu'il importe de saisir toutes les occasions qui se présentent d'économiser les deniers de la République et de retrancher toutes les dépenses superflues; 2° qu'il est contraire à la dignité de la République qu'elle ne soit représentée devant les tribunaux que par de simples particuliers, tandis qu'il existe auprès de ces tribunaux mêmes des fonctionnaires publics chargés de stipuler ses intérêts et de défendre ses droits,

Arrête ce qui suit :

ARTICLE 1er. Dans toutes les affaires portées devant les tribunaux dans lesquelles la République sera partie, les commissaires du Directoire exécutif près les administrations en vertu des arrêtés desquelles elles seront poursuivies seront tenus d'adresser aux commissaires du Directoire exécutif près ces tribunaux des mémoires contenant les moyens de défense de la nation.

ART. 2. Les commissaires du Directoire exécutif près les tribunaux pourront lire à l'audience les mémoires qui leur ont été adressés par les commissaires du Directoire exécutif près les administrations et, soit qu'ils les lisent ou non, ils proposeront tels moyens et prendront telles conclusions que la nature de l'affaire leur paraîtra devoir exiger.

Le présent arrêté sera inséré au *Bulletin des lois*.

Il sera exécuté dans les départements réunis par la loi du 9 vendémiaire dernier[1], comme dans les autres parties de la République. — Arch. nat., AF III, 390, dossier 2041[2].]

Il adresse deux messages au Conseil des Cinq-Cents :

Le premier[3], sur la nécessité d'interpréter les articles 1 et 2[4] de

---

[1] C'est-à-dire en Belgique.
[2] La minute de cet arrêté porte les signatures de Carnot, Revellière-Lépeaux, Reubell.
[3] Lu à la séance du 12 thermidor (*C. C.*, thermidor an IV, 212-215).
[4] Entre lesquels se trouve «une contradiction, au moins apparente».

la loi du 3 vendémiaire an IV sur l'abolition de l'effet rétroactif de la loi du 17 nivôse an II[1];

Le second, pour demander une loi pour prévenir la ruine des défenseurs de la patrie, poursuivis devant les tribunaux pendant qu'ils sont aux armées[2].

Un messager d'État envoyé par le Conseil des Anciens est admis et dépose sur le bureau trois lois.

La première détermine le placement des six tribunaux de police correctionnelle établis dans le département d'Ille-et-Vilaine[3].

La seconde ordonne que la fête du 14 juillet (v. s.) sera célébrée chaque année le 26 messidor dans toutes les communes de la République[4].

La troisième, relative au payement de deux états de pensions accordées à des veuves et enfants d'invalides[5].

N^a. Cette dernière loi a été renvoyée au Conseil des Cinq-Cents pour la rectification d'une erreur[6].

Le Directoire ordonne que ces trois lois seront publiées, exécutées et qu'elles seront munies du sceau de l'État. Elles sont en conséquence adressées de suite à l'enregistrement pour deux expéditions être envoyées sans délai au ministre de la justice, avec l'arrêté portant ordre d'impression et de publication dans les formes prescrites par les lois.

On écrit au ministre de l'intérieur pour lui rappeler que les courses à cheval qui doivent se célébrer aujourd'hui ont été ordonnées dans l'intention d'exciter entre les Français seulement l'émulation pour ce genre d'exercices et pour lui recommander, en conséquence, d'exclure du concours tout étranger et même tout cheval né hors du territoire de la République[7].

---

[1] Loi relative aux donations et successions.

[2] Message lu à la séance du 12 thermidor (*C. C.*, thermidor an IV, 210-212). Le Directoire représente que, soit pour une action à intenter, soit pour une action à soutenir, les défenseurs de la patrie, absents de leur domicile, sont également victimes des délais et des formes prescrits par les lois.

[3] Loi du 9 thermidor an IV. — *Bull.*, II, LI, n° 569. — De ces six tribunaux, cinq resteront fixés, conformément au décret de la Convention du 19 vendémiaire dernier, à Rennes, Saint-Servan, Fougères, Vitré et Bain; le sixième sera transféré de Dol à Montfort.

[4] *Bull.*, II, LX, n° 566. — La loi porte aussi que la fête du 10 août sera célébrée chaque année le 23 thermidor. — Loi du 10 thermidor an IV.

[5] *Bull.*, II, LXXIX, n° 722. — Loi du 9 thermidor an IV.

[6] Voir plus loin, séance du 5e jour complémentaire an IV.

[7] Minute signée des directeurs Carnot,

Les membres de l'administration municipale du canton de Limbourg, département de l'Ourthe, ont refusé le serment de haine à la royauté, en offrant cependant celui de fidélité à la République et en déclarant qu'ils donnaient leurs démissions. L'administration centrale du département ayant pris des mesures sévères à l'égard de ces lâches administrateurs, ils ont offert le serment qu'ils avaient d'abord refusé et accompagné cette offre d'une espèce de supplication de les réintégrer dans les fonctions qu'ils avaient abdiquées. Le ministre de l'intérieur a rejeté cette supplique et a abandonné ces administrateurs à l'état de nullité auquel ils se sont eux-mêmes condamnés. Le Directoire, sur le rapport que le ministre lui a fait de sa conduite à cet égard, lui donne son approbation[1].

Les agents et adjoints des communes des départements réunis par la loi du 9 vendémiaire réclament un traitement proportionné à leurs travaux.

Sur le rapport fait de cette réclamation par le ministre de l'intérieur, le Directoire passe à l'ordre du jour[2].

Le citoyen Denizot est nommé second substitut près le directeur du jury d'accusation de Paris[3].

Le Directoire exécutif, voulant témoigner aux officiers ci-après sa satisfaction de services par eux rendus dans les départements de l'Ouest, arrête qu'il sera délivré aux généraux de brigade Quantin et Ménage et à l'adjudant-général Crublier une carabine de la manufacture d'armes de Versailles[4];

Aux généraux de division Dugua et Lemoine; aux généraux de bri-

---

Reubell, Barras (Arch. nat., AF III, 390, dossier 2044).

[1] Voir ce rapport (Arch. nat., AF III, 390, dossier 2044), qui porte en note : «Approuvé la conduite du ministre. Ce 10 thermidor. P. Barras.»

[2] Voir le rapport (Arch. nat., AF III, 390, dossier 2044). Le ministre (Bénézech) représente bien que le commissaire du gouvernement et plusieurs administrations départementales font redouter «une désorganisation générale des administrations générales si les agents et adjoints des communes n'obtiennent pas le dédommagement qu'ils sollicitent; qu'avant la réunion les intérêts des communes étaient confiés à des agents salariés et que le plus grand nombre des communes a des biens sur le produit desquels pourrait être prélevée l'indemnité; d'autre part il rappelle que la loi du 20 fructidor est un obstacle et que toute proposition de la modifier «occasionnerait infailliblement de semblables réclamations de la part de tous les agents municipaux et adjoints des communes de la République, dont plusieurs ont déjà fait de vives sollicitations».

[3] Arrêté du 10 thermidor an IV, signé Le Tourneur, Carnot, Reubell (Arch. nat., AF III, 390, dossier 2044).

[4] Arrêté du 10 thermidor an IV, signé Carnot, Revellière-Lépeaux, Reubell (Arch. nat., AF III, 390, dossier 2044).

gade Duthil, Grigny, Watrin, Gratien, Mermet, Baillot et à l'adjudant-général Simon une paire de pistolets de la même fabrique[1];

A chacun des généraux de brigade Valletaux, Digonnet, Travot, Gency et des adjudants-généraux Cortès et Lavalette, un sabre[2];

A chacun des généraux Labarollière et Caffin deux pistolets d'arçons et une carabine de la manufacture d'armes de Versailles[3];

Et au général Hédouville deux chevaux tirés des dépôts de la République, une paire de pistolets et une carabine[4].

On écrit quatre lettres concernant le service militaire, savoir :

Deux au général en chef Hoche, commandant l'armée des Côtes de l'Océan[5];

Une au général Schérer, général de division, inspecteur de la cavalerie de l'armée de l'intérieur[6];

Et une au citoyen Delaine-Denvers, commissaire du Directoire près l'administration du canton d'Ablis, département de Seine-et-Oise[7].

Les minutes de ces cinq arrêtés et lettres sont déposées à la section de la Guerre.

[Le Directoire exécutif, considérant, d'une part, qu'il est indispensable de prendre des mesures pour assurer l'exécution du titre VII de la loi du 30 vendémiaire an IV spécialement relatif à l'école de géographie[8];

D'autre part, qu'il n'est pas moins nécessaire de conserver et d'étendre la connaissance des moyens aérostatiques, tant pour l'usage

---

[1] Arrêté du 10 thermidor an IV, signé Carnot, Revellière-Lépeaux, Reubell (Arch. nat., AF III, 390, dossier 2044).

[2] Arrêté du 10 thermidor an IV, signé Carnot, Revellière-Lépeaux, Reubell (Arch. nat., AF III, 390, dossier 2044).

[3] Arrêté du 10 thermidor an IV, signé Carnot, Revellière-Lépeaux, Reubell (Arch. nat., AF III, dossier 2044).

[4] Arrêté du 10 thermidor an IV, signé Carnot, Revellière-Lépeaux, Reubell (Arch. nat., AF III, 390, dossier 2044).

[5] Minutes signées Carnot, Revellière-Lépeaux, Reubell (Arch. nat., AF III, 390, dossier 2044). — Par la première, le Directoire invite le général à conférer sans délai avec le ministre de la guerre touchant la direction ordonnée précédemment sur Brest des armes et effets d'artillerie et à lui faire part de ses vues nouvelles à cet égard. — Par la seconde, il l'informe que l'avis donné par lui d'un projet de rassemblement de Chouans à Aix (Bouches-du-Rhône) a été communiqué au ministre de la guerre et au général commandant le département des Bouches-du-Rhône.

[6] Minute signée Carnot, Reubell, Barras (Arch. nat., AF III, 390, dossier 2044). Le Directoire lui accuse réception d'un mémoire militaire que le général lui a adressé.

[7] Minute signée Carnot, Le Tourneur, Reubell, (Arch. nat., AF III, 390, dossier 2044). Le Directoire répond à sa lettre sur les demandes d'exemptions de réquisitions. Il l'invite à lui adresser la déclaration par écrit de ceux qui disent les avoir payées et les noms de ceux qui ont reçu l'argent.

[8] Ou, plus exactement, *des géographes*.

qu'on en peut faire dans les armées que pour les autres applications dont ils sont susceptibles, et notamment leur emploi dans la topographie, que le meilleur moyen pour y parvenir est de transmettre ces connaissances à des hommes suffisamment instruits, attachés par leurs fonctions au service de la République et dont elle puisse conséquemment disposer dans tous les temps;

Enfin que ces divers besoins doivent être conciliés avec la stricte économie que les circonstances commandent;

Arrête ce qui suit:

ARTICLE 1er. Il sera procédé au mois de brumaire prochain à l'examen des élèves de l'École polytechnique qui se destinent à l'École d'application des géographes.

Cet examen se fera conformément aux lois et aux arrêtés du Directoire déjà rendus sur ce sujet.

ART. 2. Le nombre des élèves à admettre pourra se porter à cinquante, ainsi qu'il est dit à l'article 10 du titre III de la loi du 30 vendémiaire précitée.

ART. 3. La moitié de ce nombre sera immédiatement attachée à l'école proprement dite des géographes et suivra les études prescrites par le titre VII de la loi du 30 vendémiaire.

ART. 4. A cet effet il sera disposé un local convenable dans une partie de celui déjà affecté au bureau du cadastre et, à défaut, dans l'emplacement même de l'École polytechnique.

ART. 5. Les professeurs de mathématiques et de dessin qui doivent être attachés à cette école seront pris parmi les coopérateurs actuels des travaux relatifs au cadastre, sur la présentation du directeur de ces travaux, et ils seront nommés par le ministre de l'intérieur.

ART. 6. Leur traitement sera le même que celui des instituteurs de l'École polytechnique et, en conséquence, ils renonceront à celui qu'ils touchaient précédemment.

ART. 7. Le Conseil de l'école des géographes soumettra à l'approbation du ministre de l'intérieur les règlements particuliers nécessaires pour l'organisation et l'entretien de cette école.

ART. 8. Les élèves admis auront la faculté de participer à l'enseignement de la physique et de la chimie à l'École polytechnique dans les temps qui ne seront pas consacrés à d'autres parties de leur instruction.

Art. 9. L'autre moitié des élèves géographes se rendra aussitôt après sa réception à l'École aérostatique de Meudon.

Là les élèves prendront une instruction complète sur la construction et l'emploi des machines aérostatiques.

Ils s'exerceront par la pratique à tous les détails de ces constructions et du service des aérostats, soit comme moyen de faire les reconnaissances militaires, soit dans leur usage pour la topographie, soit pour transmettre les signaux et le langage, soit enfin dans toutes les applications utiles dont cet art est susceptible.

Art. 10. Les élèves rédigeront des notes instructives sur ces divers objets et y joindront tous les dessins nécessaires pour l'intelligence des procédés et la description exacte de chaque partie.

Ils en formeront un recueil complet où ils puissent recourir dans tous les temps et dans tous les lieux où le service pourrait les appeler.

Art. 11. Il est interdit aux élèves et à qui que ce soit de laisser prendre copie de ces renseignements ou d'en donner communication à d'autres qu'à ceux qui en auraient l'autorisation formelle du gouvernement.

Art. 12. La violation de cette condition sera regardée comme un manque de fidélité envers la République et poursuivie comme pour le cas des ingénieurs qui communiqueraient des détails sur nos places fortes.

Art. 13. Le directeur de l'École aérostatique déterminera le mode d'instruction et l'emploi du temps des élèves, tant pour la partie théorique que pour la partie pratique de leur instruction.

Art. 14. Les élèves géographes devront avoir le même traitement que les élèves de l'École polytechnique. Ils seront traités comme ceux-ci relativement aux fournitures qui seront faites par le gouvernement, et cela soit que leur service les attache à l'École des géographes proprement dite, soit qu'ils se trouvent près de l'École aérostatique.

Art. 15. Après un an d'études, la moitié des élèves de l'École des géographes alternera avec la moitié de ceux de l'École aérostatique, c'est-à-dire que ces élèves changeront d'école, sauf les exceptions que les besoins du service pourraient exiger.

Art. 16. Ceux qui auraient resté deux ans à l'École aérostatique et n'auraient pas antérieurement fait un an d'études au moins à celle des géographes proprement dite passeraient à cette dernière pour satisfaire à cette condition; sans cela ils ne pourraient être employés en qualité d'ingénieurs géographes.

Art. 17. Les directeurs de l'École aérostatique et du cadastre se concerteront pour ces translations d'élèves, qui ne s'opéreront qu'avec l'autorisation des ministres respectifs dont ces écoles dépendent.

Elles seront alimentées l'une et l'autre par des jeunes gens tirés chaque année de l'École polytechnique d'après l'examen déjà prescrit.

Art. 18. Au moyen des dispositions précédentes, l'organisation de l'École aérostatique sera faite sur un nouveau plan.

Art. 19. Les élèves actuels qui auront assez d'instruction sur les éléments des mathématiques pourront concourir au mois de brumaire prochain pour l'admission à l'École polytechnique.

Art. 20. Ceux qui n'y seraient pas reçus seront libres de se retirer chez eux ou seront incorporés, s'ils le désirent, dans les régiments d'artillerie ou tous autres corps militaires auxquels ils seront reconnus propres.

Art. 21. Cependant les dix plus capables, au jugement du directeur, pourront rester à l'école en qualité d'aides-élèves.

Ils y suivront toutes les parties de l'instruction et coopéreront à tous les objets de travail qui seront prescrits.

Leur traitement sera les 4/5 de celui des élèves, mais ils recevront les mêmes fournitures qui leur seront faites par le gouvernement.

Art. 22. Ceux des aides-élèves qui, par la suite, auront acquis assez de connaissances en mathématiques pour être admis à l'École polytechnique pourraient y être admis en subissant l'examen ordinaire.

Les autres continueront d'être employés en raison de leur capacité aux opérations aérostatiques.

Art. 23. Outre le directeur, les élèves et les aides-élèves, l'école aura :

Un sous-directeur;

Un quartier-maître pour les dépenses;

Et un garde-magasin.

La nomination à ces trois dernières places sera faite par le ministre de la guerre sur la présentation du directeur.

Art. 24. Il sera de plus attaché à l'École aérostatique, soit pour la construction des machines ordonnées, soit pour toute autre partie du service, le nombre d'ouvriers et de manœuvres nécessaire. Leur salaire sera réglé en proportion de leur talent et de leur utilité.

Art. 25. Les élèves seront employés à toutes les opérations que le gouvernement ordonnera pendant qu'ils seront attachés à l'école. Dans le cas où leur instruction ordinaire s'en trouverait interrompue, ils l'achèveraient dès que le service pour lequel ils auraient été requis serait fini. Ainsi ils ne quitteront définitivement l'école qu'après y avoir puisé toutes les connaissances qui peuvent les mettre en état d'exercer leur art dans quelque lieu qu'ils se trouvent.

Art. 26. Les officiers aérostiers qui sont actuellement aux armées conserveront les grades militaires qu'ils ont acquis respectivement.

Si à la paix il n'était plus nécessaire de tenir en activité leurs compagnies, elles seraient licenciées.

Art. 27. Les officiers conservant leurs grades se rendront alors à l'École aérostatique pour y être employés ou le seraient ailleurs aux opérations que le gouvernement aurait prescrites. Les sous-officiers et soldats des compagnies seraient admis à être incorporés dans l'artillerie ou autres corps militaires dans leurs grades respectifs, ou bien se retireraient chez eux.

Art. 28. Lorsqu'il s'agira de tenir d'une manière continue des aérostats soit à la guerre, soit pour des opérations quelconques, il pourra y être attaché des ouvriers et des manœuvres en nombre suffisant, ou être requis dans les régiments des hommes pour en tenir lieu.

Art. 29. Tout ce qui concerne le service et le régime des machines aérostatiques reste provisoirement sous l'autorité du ministre de la guerre, qui pourvoira aux dépenses de leur entretien et fera en sorte de leur donner la plus grande utilité.

Art. 30. Il est chargé, ainsi que le ministre de l'intérieur, de l'exécution du présent arrêté, chacun en ce qui le concerne.

Cet arrêté ne sera pas imprimé. — Arch. nat., AF III, 390, dossier 2044 [1].]

Il reçoit un message du Conseil des Cinq-Cents [2] relatif aux troubles

---

[1] Signé à la minute Carnot, Revellière-Lépeaux, Reubell.

[2] *C. C.*, thermidor an IV, 171-172. — Les troubles qui avaient eu lieu à Marseille le 1er thermidor, à l'occasion des élections municipales et qui avaient coûté la vie à plusieurs citoyens (Fabrici, Bourguignon, etc.), avaient été dénoncés au Conseil, très vigoureusement, par Siméon (appuyé de Dumolard, Noaille, Doulcet), qui les représentaient

qui ont agité les assemblées primaires de Marseille et par lequel ce Conseil demande quelles sont les mesures que le Directoire a prises pour arrêter l'effusion du sang et rétablir le calme dans cette commune.

SÉANCE DU 11 THERMIDOR AN IV [1]

29 JUILLET 1796.

Les trois mois de la présidence du citoyen Carnot se trouvant expirés, il a été procédé à son remplacement, en exécution de l'article cent quarante-un de l'acte constitutionnel. Le citoyen Revellière-Lépeaux a été installé en qualité de président et la remise des sceaux de la République lui a été faite par le citoyen Carnot.

[Le Directoire exécutif, après avoir ouï le rapport du ministre des relations extérieures, arrête :

Le citoyen Charles Delacroix, ministre des relations extérieures, est autorisé à négocier avec MM. le baron Charles de Wœlwarth et Abel, envoyés extraordinaires et plénipotentiaires de S. A. S. le duc de Wurtemberg [2] et Teck, à conclure et signer avec eux un traité de paix particulière, en se conformant aux instructions qui lui ont été et seront données. Le Directoire lui donne à cet effet les pouvoirs nécessaires. Il rendra compte successivement des progrès et de l'issue des négociations.

Le présent arrêté ne sera point imprimé. — Arch. nat., AF III, 391, dossier 2045 [3].]

Il autorise la fabrication d'une somme de cent millions, en promesse de mandats de la coupure de cinq cents livres [4].

comme une revanche de l'anarchie et du terrorisme (séance du 10 thermidor. — *Monit.*, XXVIII, 373-374). De là le message dont il est ici question.

Outre les documents qui viennent d'être signalés, on trouve dans le dossier 2044, relatif à la séance du 10 thermidor an IV, huit pièces, non mentionnées au procès-verbal, relatives à des nominations de commissaires du pouvoir exécutif près les administrations municipales, d'adjoint municipal et de juge de paix dans les départements de Maine-et-Loire, de Seine-et-Marne et de l'Orne.

[1] Arch. nat., AF* III, 4, fol. 99-101.
[2] Frédéric-Eugène.
[3] Minute signée de tous les membres du Directoire. — Voir plus loin, séance du 21 thermidor.
[4] Arrêté du 11 thermidor an IV, signé Revellière-Lépeaux, Le Tourneur, Carnot (Arch. nat., AF III, 391, dossier 2045).

Les lois relatives à l'établissement des nouveaux poids et mesures seront exécutées dans les neuf départements réunis [1].

Les ingénieurs et conducteurs des ponts et chaussées, en activité de service, sont dispensés de faire partie des colonnes mobiles [2].

Le traitement des employés de la comptabilité nationale et du bureau général de la liquidation de la Dette publique est porté au taux où il était en 1790, valeur fixe [3].

Pour se mettre en état de répondre au message du Conseil des Cinq-Cents, relatif aux troubles qui ont éclaté dans les dernières assemblées primaires de Marseille [4], le Directoire écrit au ministre de la police générale de lui donner tous les renseignements qu'il a acquis à cet égard et l'invite à prévenir par tous les moyens qui sont en son pouvoir le renouvellement des troubles dans le département des Bouches-du-Rhône [5].

On écrit six lettres concernant le service militaire, savoir :

Deux au ministre de la guerre [6] ;

Une au ministre de la police générale [7] ;

Une au général Hatry, commandant l'armée de l'intérieur [8] ;

---

[1] Arrêté du 11 thermidor an IV, signé Le Tourneur, Revellière-Lépeaux, Barras (Arch. nat., AF III, 391, dossier 2045).

[2] Arrêté du 11 thermidor an IV, signé Le Tourneur, Carnot, Revellière-Lépeaux (Arch. nat., AF III, 391, dossier 2045).

[3] Arrêté du 11 thermidor an IV, signé Carnot, Reubell, Barras (Arch. nat., AF III, 391, dossier 2045). — Cet arrêté est fondé sur ce que l'application de celui du 29 germinal an IV (voir t. II, p. 171) avait été préjudiciable à ces employés et de peu équitable. Il porte que ces traitements ne pourront excéder par mois la somme de 56,653 livres, valeur fixe, pour les employés de la comptabilité nationale, et celle de 29,416 livres pour ceux de la liquidation de la dette publique.

[4] Voir plus haut, séance du 10 thermidor.

[5] Minute signée Revellière-Lépeaux, Reubell, Barras (Arch. nat., AF III, 391, dossier 2045).

[6] Par la première signée Carnot, Revellière-Lépeaux, Barras (Arch. nat., AF III, 391, dossier 2045), le Directoire autorise le ministre de la guerre à faire passer à Dunkerque 652 volontaires demandés par le ministre de la marine, qui seront pris dans l'armée de l'intérieur et y seront remplacés par un même nombre d'hommes tirés de l'armée des Côtes de l'Océan. Par la seconde, signée Carnot, Revellière-Lépeaux, Reubell (Arch. nat., AF III, 391, dossier 2045), il l'informe que le général Hoche a été chargé de conférer avec lui sur la direction précédemment ordonnée des armes et effets d'artillerie qui doivent être dirigés sur Brest (voir plus haut, p. 112-13, séance du 28 messidor).

[7] Minute signée Carnot, Revellière-Lépeaux, Reubell (Arch. nat., AF III, 391, dossier 2045). Le Directoire l'informe d'un projet de rassemblement de Chouans à Aix signalé par le général Hoche, commandant en chef de l'armée des Côtes de l'Océan, et l'invite à s'informer et à prendre toutes les mesures nécessaires.

[8] Minute signée Carnot, Reubell, Barras (Arch. nat., AF III, 391, dossier 2045). Le Directoire l'invite à faire partir la 38ᵉ demi-brigade d'infanterie pour les départements de la Somme et du Pas-de-Calais.

Une au général commandant la huitième division territoriale militaire[1].

Les minutes de ces six lettres[2] sont à la section de la guerre.

Le directeur du dépôt de la guerre enverra au cabinet topographique du Directoire toutes les cartes d'Angleterre, d'Écosse et d'Irlande qui se trouvent présentement dans le dépôt dont il a la surveillance[3].

La minute de cet arrêté est à la section de la guerre.

Par le Directoire exécutif :

Le secrétaire général,
LAGARDE.

Le président du Directoire exécutif,
L.-M. REVELLIÈRE-LÉPEAUX.

DÉLIBÉRATION SECRÈTE DU 11 THERMIDOR AN IV[4]

29 JUILLET 1796.

CCLI

Le Directoire exécutif, après s'être fait représenter son arrêté du 28 messidor dernier[5] relatif au citoyen Wolf Tone, arrête que

---

[1] Minute signée Carnot, Revellière-Lépeaux, Reubell (Arch. nat., AF III, 391, dossier 2045). — Le Directoire lui fait connaître l'avis donné par le général Hoche d'un projet de rassemblement de Chouans à Aix et l'invite à prendre les mesures de surveillance nécessaires.

[2] Six en comprenant dans le nombre une lettre, signée Carnot, Revellière-Lépeaux, Reubell (Arch. nat., AF III, 391, dossier 2045), non mentionnée au procès-verbal, par laquelle le Directoire accuse réception au général Berthier, chef de l'état-major de l'armée d'Italie, de plusieurs lettres interceptées.

[3] Arrêté du 11 thermidor an IV, signé Le Tourneur, Carnot, Revellière-Lépeaux (Arch. nat., AF III, 391, dossier 2045). Outre les pièces qui viennent d'être signalées, on trouve dans le dossier 2045, relatif à la séance du 11 thermidor, deux arrêtés, signés Le Tourneur, Reubell, Carnot, non mentionnés au procès-verbal, par lesquels le Directoire autorise, en vertu de la loi du 21 floréal, à résider à Paris, le médecin Maloët, inscrit à tort sur la liste des émigrés, et le jeune Gabriel Lanjuinais, né en Suisse, parent du représentant Lanjuinais, qui répond de lui, et désireux de séjourner à Paris pour y apprendre le commerce.

A signaler aussi dans le dossier 2045 trois pièces relatives à la nomination d'un juge de paix dans le département de Lot-et-Garonne.

Les dossiers 2046 et 2047, dont le contenu, comme celui du précédent, se rapporte à la séance du 11 thermidor, sont formés : le premier de 103 pièces relatives à des nominations d'agents municipaux, de commissaires, de juges de paix et assesseurs de juges de paix dans le département de Maine-et-Loire ; — le second de 124 pièces de même nature concernant le même département.

[4] Arch. nat., AF* III, 20, p. 72. — AF III, 391, dossier 2045.

[5] Voir plus haut, p. 111.

ce chef de brigade prendra date pour ce grade du 1ᵉʳ germinal dernier[1].

SÉANCE DU 12 THERMIDOR AN IV[2]

30 JUILLET 1796.

[Le Directoire exécutif, vu les arrêtés des 23 pluviôse[3], 5 prairial[4] et 25 messidor dernier[5] sur le remboursement des ports de lettres et paquets adressés aux fonctionnaires y dénommés relativement à l'exercice de leurs fonctions, et voulant simplifier à cet égard le mode de comptabilité,

Arrête ce qui suit :

1° Les mandats à délivrer par les administrations centrales pour l'acquit des comptes de chaque mois seront au nom du directeur des bureaux de poste avec qui ces comptes auront été ouverts, et au pied du règlement qui en aura été fait dans la forme prescrite par lesdits arrêtés.

2° Les receveurs généraux des contributions ou ceux des droits d'enregistrement sur qui le paiement en sera assigné suivant la nature des dépenses et la qualité des fonctionnaires seront tenus de le faire dans les mêmes valeurs, et ainsi qu'il est prescrit par la loi du 6 messidor[6] contenant un nouveau tarif pour la poste aux lettres et les messageries.

Les ministres de la justice, de l'intérieur et des finances sont chargés, chacun en ce qui le concerne, de l'exécution du présent arrêté, qui sera commun aux départements réunis par la loi du 9 vendémiaire an IV, et imprimé au *Bulletin des lois*. — Arch. nat., AF III, 391, dossier 2049[7].]

Il confirme les paiements faits, d'après les bases établies par les arrêtés des représentants du peuple et commissaires du gouvernement, pour traitements et autres dépenses de l'ordre judiciaire dans les départements nouvellement réunis, jusqu'au 1ᵉʳ prairial exclusivement[8].

---

[1] Signé à la minute Le Tourneur, Carnot, Revellière-Lépeaux, Reubell, Barras.
[2] Arch. nat., AF III*, 4, fol. 101-103.
[3] Voir t. Iᵉʳ, p. 591.
[4] Voir t. II, p. 461.
[5] Voir plus haut, p. 79.
[6] Voir t. II, p. 712.
[7] Signé à la minute Le Tourneur, Reubell, Revellière-Lépeaux, Barras.
[8] Arrêté du 12 thermidor an IV, signé Reu-

Il adresse un message au Conseil des Cinq-Cents, en réponse aux demandes contenues dans le message envoyé par ce Conseil[1], relativement aux troubles de Marseille, et lui faire part des mesures par lui prises pour prévenir les troubles dans cette commune et depuis pour les réprimer et rétablir le calme dans cette intéressante commune[2].

Par un second message adressé au même Conseil, il lui propose de fixer la retenue à faire sur les matières à convertir en monnaie à la proportion nécessaire pour que le Trésor public soit à couvert de tous ses frais[3].

Il écrit au citoyen Févélat, consul de la République française à la Corogne, pour lui accuser réception de la traduction qu'il lui a adressée de la Constitution française en langue castillane; le manuscrit a été déposé aux archives[4].

Il écrit au citoyen Soulavie[5] pour lui accuser réception de cinq gravures allégoriques qu'il lui a adressées[6].

Il renvoie au tribunal de cassation des pétitions par lesquelles les signataires, détenus dans les maisons d'arrêt de Marseille comme prévenus d'avoir pris part aux assassinats commis l'année dernière[7] dans

bell, Carnot, Barras (Arch. nat., AF III, 391, dossier 2048).

[1] Voir plus haut, p. 210-211 (séance du 10 thermidor).

[2] Message lu à la séance du 12 thermidor C. C., thermidor an IV, 206-208). — Le Directoire répond qu'il n'a pas attendu les derniers troubles de Marseille pour envoyer dans le Midi «un commissaire observateur» chargé de le renseigner sur l'état de cette contrée et donner ordre d'y faire passer «un officier général sage et énergique». Il a refusé son assentiment aux nominations faites dans les assemblées primaires du 1er thermidor. Il a de plus donné des instructions aux ministres de la police, de l'intérieur, de la justice et de la guerre à la suite des messages du Conseil. Il constate, du reste, que la tranquillité paraît momentanément rétablie à Marseille. — Comme pièces justificatives de ce message, voir dans le dossier 2048 (Arch. nat., AF III) 12 pièces (lettres du ministre de l'intérieur, du ministre de la police générale, circulaire du bureau central de Paris, procès-verbaux et rapports des commissaires du bureau central de Marseille, de l'administration centrale des Bouches-du-Rhône, du commissaire du pouvoir exécutif près cette administration, etc.) sur les troubles qui ont eu lieu à Marseille le 1er thermidor.

[3] Message lu à la séance du 12 thermidor (C. C., thermidor an IV, 208-209). — Le Directoire représente qu'actuellement c'est la République qui supporte tous les frais de la fabrication des monnaies. Il propose de fixer la retenue à deux trois quarts pour cent sur l'argent et à trois quarts pour cent sur l'or.

[4] Minute signée Carnot, Reubell, Barras (Arch. nat., AF III, 391, dossier 2048).

[5] Sur Soulavie, voir t. I, 384; t. II, 166-210.

[6] Il y a dans le texte : «...des cinq exemplaires de l'allégorie ingénieuse dont vous êtes l'auteur». — Minute signée Carnot, Reubell, Barras (Arch. nat., AF III, 391, dossier 2048).

[7] Il s'agit des assassinats commis le 17 prairial an III à Marseille, où 200 détenus avaient été égorgés dans le fort Saint-Jean par les royalistes.

le département des Bouches-du-Rhône, demandent à être renvoyés par devant le directeur du jury de Nîmes[1].

Il charge son commissaire près le tribunal de cassation de requérir ce tribunal d'envoyer à un autre tribunal que celui des Bouches-du-Rhône les prévenus de l'assassinat commis à Marseille et à Aix, les premier de ce mois et jours suivants[2].

François Baile, adjoint municipal de la commune de Malijay, département des Basses-Alpes, prévenu de manœuvres pour empêcher le recouvrement de l'emprunt forcé, est destitué de ses fonctions et traduit devant le directeur du jury d'accusation de Digne[3].

Instruction sur ce qui s'est passé à Genève le 2 thermidor : la minute a été gardée[4].

On s'occupe des armées et autres objets y relatifs : les minutes des arrêtés sont à la section de la guerre[5].

---

[1] Arrêté du 12 thermidor an IV, signé Le Tourneur, Carnot, Revellière-Lépeaux (Arch. nat., AF III, 391, dossier 2048). — «...Considérant, y est-il dit, que les mouvements qui ont eu lieu à Marseille au commencement de ce mois, à la suite des assemblées primaires tenues pour la nomination des officiers municipaux, donnent lieu de craindre que la tranquillité publique ne soit encore troublée dans cette commune, ainsi que dans les autres parties du même département, par la mise en jugement des pétitionnaires devant leurs juges naturels...»

[2] Arrêté du 12 thermidor an IV, signé Le Tourneur, Reubell, Carnot (Arch. nat., AF III, 391, dossier 2048), rendu conformément au rapport (même dossier) du ministre de la justice sur les événements arrivés à Marseille le 1er thermidor et à Aix dans la nuit du 3 au 4. —«...Considérant, y est-il dit, que les prévenus des attentats horribles qui ont ensanglanté ces deux communes doivent être présentement jugés; — que la tranquillité et la sûreté publiques ont été compromises; — que l'on ne peut pas malheureusement regarder comme des délits privés et rentrant dans la classe ordinaire des crimes dont la plupart ont été commis à force ouverte, d'autres sur des magistrats dans l'enceinte même du lieu de l'exercice de leurs fonctions, des délits qui ont été accompagnés, précédés ou suivis de provocations séditieuses, de vociférations royalistes, de clameurs anarchiques, de cris de mort contre les républicains; — ...que ce serait offrir un nouvel aliment aux passions que de faire juger sur les lieux, ou près des lieux des délits, des individus qui pourraient rallier autour d'eux des complices et échapper par la force ou par d'autres moyens à la juste punition qui les attend...»

[3] «...Considérant que François Baile est prévenu d'avoir soustrait le rôle de l'emprunt forcé de la commune de Malijay arrêté par l'administration départementale et d'avoir par cette soustraction empêché le recouvrement de cette contribution; d'avoir injurié le président de l'administration municipale qui faisait publier ce rôle et d'avoir excité ses concitoyens à l'insulter et à le maltraiter...». — Arrêté du 12 thermidor an IV, signé Carnot, Reubell, Barras (Arch. nat., AF III, 391, dossier 2048).

[4] Il s'agit d'un mouvement populaire que le résident français à Genève, Félix Desportes, avait contribué à calmer.

[5] Il n'y a qu'un arrêté, signé Carnot, Le Tourneur, Reubell (Arch. nat., AF III, 391, dossier 2049). Il porte que : *Aubin Bouverie*, chasseur au 5e régiment et aide de camp du général Souham, est promu au grade de sous-lieutenant pour continuer les fonctions d'aide de camp; *Drouin*, hussard au 4e régiment et aide de camp provisoire, est promu sous-lieutenant pour continuer ses fonctions d'aide de camp; *Desdorides* est mis en activité comme commandant à la suite; *Schmitz* est promu

[30 juillet 1796] DU DIRECTOIRE EXÉCUTIF. 217

Le Directoire exécutif, considérant qu'il est instant de faire jouir des bienfaits de la Constitution les départements de l'Ouest, ci-devant infestés par les Chouans et qui avaient été soumis au régime militaire, lève l'état de siège dans toutes les communes des départements de l'Ouest qui y avaient été soumises en exécution des précédents arrêtés du Directoire [1].

On écrit trente-quatre lettres, concernant le service militaire, savoir :

Cinq au général en chef Moreau [2];

Trois au citoyen Haussmann, commissaire du gouvernement près l'armée de Rhin-et-Moselle [3];

Trois au général en chef Hoche [4];

sous-lieutenant d'infanterie et admis à servir à la suite; le général de brigade *Fabrefond* et le chef de brigade *Micoud* sont mis à la retraite; l'adjudant-général *Tristan Brission* obtient un congé de deux décades; *Ménoire*, aide de camp chef d'escadron du général Beurnonville, est promu chef de brigade; *Recusson*, chef de brigade, continuera d'être employé à la suite de la place de Strasbourg; *Dejean*, chef de brigade, est nommé chef de la 11ᵉ demi-brigade à l'armée de l'intérieur; *Pouget* et *Cherter* sont confirmés, l'un comme adjudant de place, l'autre commandant provisoire du Cap; *Bocquet* est confirmé comme commandant de la place d'Angers; *Henry-Larivière* est promu sous-lieutenant; *Déclaye*, ex-général de division, jouira du traitement de commandant temporaire de 3ᵉ classe jusqu'à ce qu'il soit nommé titulaire; *Liégeard*, lieutenant au 14ᵉ régiment de chasseurs, est confirmé dans le grade de capitaine; *Eichmann* est promu lieutenant au 14ᵉ régiment de chasseurs; *Pelletier-Montmarie*, maréchal-des-logis au 3ᵉ régiment de dragons, est promu sous-lieutenant; *Aubry*, capitaine à la suite des chasseurs, passera en la même qualité à la suite du 7ᵉ régiment.

[1] Arrêté du 12 thermidor an IV, signé Le Tourneur, Carnot, Revellière-Lépeaux (Arch. nat., AF III, 391, dossier 2049).

[2] On ne trouve dans les dossiers relatifs à la séance du 12 thermidor que quatre de ces lettres. Par la première, signée Carnot, Le Tourneur, Reubell (Arch. nat., AF III, 391, dossier 2049), le Directoire transmet à Moreau une lettre du général de division Krieg tendant à faire entrer en France sa mère et sa sœur; il l'invite, ainsi que le commissaire du gouvernement Haussmann, à donner des ordres en conséquence et à en informer de suite le Directoire exécutif. — Voir le texte des trois autres plus loin à l'Appendice.

[3] Deux de ces lettres seulement se trouvent dans les dossiers relatifs à la séance du 12 thermidor. Par la première, signée Carnot, Le Tourneur, Revellière-Lépeaux (Arch. nat., AF III, 391, dossier 2049), le Directoire lui accuse réception de deux lettres du 24 et du 26 messidor relatives à la position de l'armée de Rhin-et-Moselle et aux propositions des plénipotentiaires du duc de Wurtemberg. — Par la seconde, (mêmes signatures, même dossier), il applaudit aux progrès des armées de Rhin-et-Moselle et manifeste en même temps son indignation des excès et pillages commis par quelques individus, notamment des officiers généraux et autres chefs. Il ordonne à son commissaire près cette armée de traduire les coupables devant des conseils militaires.

[4] Deux de ces lettres seulement se trouvent dans les dossiers relatifs à la séance du 12 thermidor. Par la première, signée Carnot, Le Tourneur, Revellière-Lépeaux (Arch. nat., AF III, 391, dossier 2048), le Directoire accuse réception au général Hoche d'une lettre trouvée sur le curé de Bézique, et il l'invite à surveiller Scépeaux et ses compagnons. — Par la seconde (mêmes signatures, dossier 2049), il l'invite à se concerter avec le ministre de la guerre pour faire cesser les réquisitions de fourrages et de bestiaux dans les départements de l'Ouest.

Cinq au ministre de la police générale[1];
Huit au ministre de la guerre[2];

[1] La première de ces lettres, signée Le Tourneur, Carnot, Revellière-Lépeaux (Arch. nat., AF III, 391, dossier 2048), est un accusé de réception de la lettre du ministre du 12 messidor et de la copie de la proclamation de Scépeaux qui y était jointe. A propos de ce dernier, «le regret, dit le Directoire, que paraît lui coûter la démarche qu'il a faite est en effet bien propre à appeler sur sa conduite une surveillance plus particulière». (Sur Scépeaux, voir t. II, 391, etc.) — Par la seconde lettre, signée Carnot, Reubell, Barras (Arch. nat., AF III, 391, dossier 2049), le Directoire invite le ministre de la police à s'occuper sans délai de l'exécution de l'arrêté (voir plus haut) qui lève l'état de siège des départements de l'Ouest; les administrations centrales de ces départements ne devront prendre aucune mesure de sûreté générale que de concert avec les officiers généraux commandant ces départements; enfin il y a lieu de manifester l'intention du Directoire concernant le libre exercice de tous les cultes. — Par la troisième, signée Le Tourneur, Carnot, Revellière-Lépeaux (Arch. nat., AF III, 391, dossier 2049), le Directoire informe le ministre des ordres qu'il vient de donner pour l'arrestation des porteurs de fausses feuilles de route. — Par la quatrième, signée Carnot, Le Tourneur, Revellière-Lépeaux (Arch. nat., AF III, 391, dossier 2049), le Directoire transmet au ministre une lettre du général Cordellier sur la situation de son département et l'invite à prendre des mesures en conséquence. — Par la cinquième, signée Carnot, Le Tourneur, Revellière-Lépeaux (Arch. nat., AF III, 391, dossier 2049), le Directoire transmet au ministre les pièces qu'il a reçues sur l'arrestation de Lahaye-de-Silz, inscrit sur une liste d'émigrés du département du Morbihan, et lui demande un rapport sur ce sujet.

[2] Par la première, signée Le Tourneur, Carnot, Revellière-Lépeaux (Arch. nat., AF III. 391, dossier 2049), le Directoire, en réponse aux plaintes à lui adressées par le ministre de la guerre le 8 thermidor, lui annonce que des mesures ont été prises pour faire cesser les entraves concernant le service à faire en numéraire effectif et en mandats au cours. — Par la seconde (mêmes signatures, même dossier), il l'invite à lever les obstacles qui se rencontreraient dans la construction du plan en relief d'un nouveau système de fortifications, ainsi que dans l'impression des procès-verbaux et les gravures d'expériences faites à Saint-Omer sur des batteries blindées. — Par la troisième (mêmes signatures, même dossier), il l'informe des réclamations des employés des fourrages à Bayonne concernant l'arriéré de leurs appointements. — Par la quatrième (mêmes signatures, même dossier), il l'informe des mesures qu'il a prises concernant les porteurs de fausses feuilles de route et l'invite à porter son attention sur cet objet. — Par la cinquième, signée Le Tourneur, Carnot, Reubell (Arch. nat., AF III, 391, dossier 2049), il l'invite à faire cesser les retards dans le payement des voituriers chargés de conduire les bombes, affûts et autres effets militaires à Chalon-sur-Saône et autres lieux. — Par la sixième, signée Carnot, Le Tourneur, Revellière-Lépeaux (Arch. nat., AF III, 391, dossier 2049), il l'informe que le citoyen Juzaucourt lui a dénoncé comme mal rendu et contraire aux intérêts de la République un jugement du tribunal de paix de Wasemme (Nord) qui décharge le citoyen Colle de l'action intentée contre lui pour infraction à la loi du 10 juillet 1791 concernant la conservation et la police des places de guerre; ce jugement autoriserait des abus multiples «en invitant les citoyens qui ont des habitations en deçà des limites fixées pour le terrain national autour des places de guerre à réparer ces bâtiments et même à les faire construire de nouveau. Le Directoire invite le ministre à s'informer, à interjeter appel s'il y a lieu et à adresser «une circulaire dans toutes les places de guerre pour rappeler les dispositions de la loi de 1791». — Par la septième, signée Carnot, Le Tourneur, Revellière-Lépeaux (Arch. nat., AF III, 391, dossier 2049), le Directoire ordonne qu'un envoi de fonds plus exact et plus régulier dispense à l'avenir de recourir à la voie des réquisitions pour fournir à la subsistance des troupes des départements de l'Ouest. — Par la huitième (mêmes signatures, même dossier), le Directoire exprime sa satisfaction des dispositions

Une au ministre de l'intérieur[1];
Une au citoyen Juzaucourt, directeur des fortifications[2];
Une au général de division Élie, à Lyon[3];
Une aux employés de l'administration des fourrages, à Bayonne[4];
Une au général Châteauneuf-Randon[5];
Une au général en chef Beurnonville[6];
Une au commissaire du gouvernement près l'administration centrale du département de la Loire-Inférieure[7];
Une au général Cordelier, à Faremoutiers[8];
Une au général en chef de l'armée des Alpes[9];
Une aux commandants temporaires à Lyon, Valence et Avignon[10].

---

prises pour le départ des 6,000 hommes que le général Châteauneuf-Randon a dû diriger sur l'armée d'Italie.

[1] Minute signée Carnot, Reubell, Barras (Arch. nat., AF III, 391, dossier 2049). Le Directoire invite le ministre de l'intérieur à s'occuper sans délai de l'exécution de l'arrêté concernant la levée de l'état de siège des départements de l'Ouest.

[2] A Lille. — Minute signée Carnot, Le Tourneur, Revellière-Lépeaux (Arch. nat., AF III, 391, dossier 2049). — Le Directoire l'informe que le ministre de la guerre a été chargé de prendre toutes les mesures nécessaires pour faire rectifier le jugement qu'il a dénoncé comme contraire à la loi du 10 juillet 1791.

[3] Minute signée Le Tourneur, Carnot, Revellière-Lépeaux (Arch. nat., AF III, 391, dossier 2049). Le Directoire invite le général Élie à réprimer les abus qui lui ont été dénoncés par le ministre de la police générale.

[4] Minute signée Carnot, Le Tourneur, Revellière-Lépeaux (Arch. nat., AF III, 391, dossier 2049). Le Directoire les informe qu'il a chargé le ministre de la guerre d'examiner leur réclamation (voir plus haut).

[5] Minute signée Carnot, Le Tourneur, Revellière-Lépeaux (Arch. nat., AF III, 391, dossier 2049). — Le Directoire invite le général Châteauneuf-Randon à compléter le nombre de 6,000 hommes destinés à l'armée d'Italie.

[6] Voir le texte de cette lettre plus loin à l'Appendice.

[7] Minute signée Carnot, Le Tourneur, Revellière-Lépeaux (Arch. nat., AF III, 391, dossier 2049). — Le Directoire informe ce commissaire des mesures qu'il a prises pour faire cesser les réquisitions de vivres dans les départements de l'Ouest.

[8] Minute signée Carnot, Le Tourneur. Revellière-Lépeaux (Arch. nat., AF III, 391, dossier 2049). — Le Directoire accuse au général Cordellier réception de sa lettre du 29 messidor sur la situation de son département (Seine-et-Marne).

[9] Minute signée Carnot, Le Tourneur, Revellière-Lépeaux (Arch. nat., AF III, 391, dossier 2049). — Le Directoire l'informe des abus dénoncés par le ministre de la police et «contraires à la sûreté des chemins...» Il l'invite à porter son attention sur cet objet.

[10] Minutes signées Le Tourneur, Carnot, Revellière-Lépeaux (Arch. nat., AF III, 391, dossier 2049). — Le Directoire les invite à arrêter les porteurs de fausses feuilles de route militaires. — «...Il paraît (lit-on dans le rapport du ministre de la police relatif à cet abus, — même dossier) que les routes, surtout celle depuis Lyon jusqu'à Marseille, sont couvertes d'hommes revêtus du costume militaire. Ces individus ont entre eux un langage particulier, qui n'est entendu que de leurs initiés, et lorsqu'ils rencontrent des soldats, ils ont soin de leur demander de quel corps ils sont et quel est le nom de leur commandant, afin de se servir de ces renseignements pour les indiquer sur les feuilles de route dont ils sont porteurs et qu'ils falsifient pour aller et venir et commettre impunément leurs brigandages. Sans cesse sur les routes, ces hommes s'informent des uns aux autres, des noms des commissaires des guerres,

Les minutes de ces lettres sont à la section de la guerre.

On reçoit un message du Conseil des Cinq-Cents, qui invite le Directoire à lui faire part des mesures qu'il a prises pour activer la fabrication des monnaies[1].

On signe un état de citoyens exemptés du service des armées[2].

A

Le Directoire exécutif au général en chef Moreau,
commandant l'armée de Rhin-et-Moselle.

Aussitôt que le ministre de la guerre nous aura soumis un rapport sur votre projet d'administration des pays conquis, nous nous empresserons, citoyen général, de l'examiner et de statuer sur son contenu.

Quant aux fonds provenant des pays conquis par l'armée de Rhin-et-Moselle, ils devront être déposés dans la caisse du payeur général. La plus grande partie sera destinée au service de l'armée, à payer ses dépenses actuelles et arriérées et ce qui ne sera pas indispensable pour ces objets sera mis par le commissaire du gouvernement Haussmann à la disposition du ministre des finances et servira à remonter le crédit public.

Quant à l'augmentation que vous vous proposez de faire du traitement des troupes en numéraire, nous approuvons que cette augmentation soit conforme au tarif que vous nous avez adressé et qui porte la dépense qu'elle occasionnerait pour

---

ainsi que de leurs commis, se procurent leurs signatures pour les contrefaire, ainsi que le timbre de la République. — Lorsqu'il arrive que les vrais défenseurs de la patrie leur demandent de quelle armée ils sont eux-mêmes, ils répondent qu'ils sont de l'*armée roulante*. Ils les accostent ensuite comme camarades et les entraînent avec eux pour boire. Ils mettent tout en œuvre pour les détourner de rejoindre leurs corps... Ils ont, du moins on nous l'assure, des chefs qui paraissent avoir des protecteurs puissants dans les administrations publiques, puisqu'ils trouvent les moyens de se procurer des feuilles de route, des billets d'hôpital, à l'aide desquels ils parcourent les départements et y portent la dévastation et les assassinats. On m'assure aussi que cette bande de brigands est composée en partie de jeunes réquisitionnaires lâches et déserteurs de nos armées, d'égorgeurs du midi, de vagabonds et de gens sans aveu, de réfugiés de la Vendée. Il paraît que leur point de ralliement est à Lyon...»

[1] Il s'agit de la fabrication des nouvelles monnaies. — Message du 12 thermidor (*C. C.*, thermidor an IV, 202), motivé par la nécessité de mettre un terme «spéculations des agioteurs».

[2] Arrêté du 12 thermidor an IV, signé Carnot, Reubell, Barras (Arch. nat., AF III, 391, dossier 2049). — Cet arrêté porte sur 74 jeunes gens, dont les noms, professions, demeures, ainsi que les motifs d'exemption, sont respectivement indiqués.

Les dossiers 2050 et 2051, dont le contenu, comme celui des deux précédents, se rapporte à la séance du 12 thermidor, sont formés : le premier de 47 pièces relatives à des nominations d'agents municipaux, juges de paix, assesseurs de juges de paix, etc., dans les départements de l'Ain, de l'Allier, de l'Aube, des Côtes-du-Nord, du Cher et de la Loire-Inférieure ; le second de 124 pièces de même nature concernant les départements de Maine-et-Loire, de la Manche, de la Haute-Marne, de la Nièvre et du Pas-de-Calais.

une armée de 80,000 hommes avec sous-officiers à la somme de 187,500 livres par mois. Si cette augmentation était plus forte, elle pourrait devenir dangereuse par la suite et au moment où la paix générale sera conclue. Nous vous invitons à surveiller attentivement les dépenses de l'armée et à arrêter surtout les affreuses dilapidations des administrations militaires.

Nous vous autorisons par la présente à prélever une somme de trois cent mille livres en numéraire sur le produit des contributions en argent des pays conquis. Une partie de cette somme sera destinée à vos dépenses particulières et l'autre tant aux dépenses secrètes qu'à celles que les circonstances vous mettront dans le cas de faire. Vous rendrez compte au ministre de la guerre de l'emploi des 300,000 livres ci-dessus.

Carnot, L.-M. Revellière-Lépeaux, Reubell [1].

B

Le Directoire exécutif au général en chef Moreau,
commandant l'armée de Rhin-et-Moselle.

Le Directoire approuve, citoyen général, les dispositions que vous avez faites pour faire observer la garnison de Philipsbourg par une partie de celle de Landau. C'est à l'armée que vous commandez qu'il appartient également de bloquer Manheim, dans laquelle il sera d'autant plus nécessaire de faire jeter quelques bombes qu'elle n'a ni casemates ni magasins voûtés et que, les magasins une fois consumés, on pourra compter avec quelque espoir sur la prompte reddition de cette place.

Tout ce que l'armée des Côtes de l'Océan avait de disponible a été dirigé soit sur l'armée des Alpes, qui était réduite à trois bataillons, soit sur l'armée d'Italie, où ces renforts étaient indispensables, soit enfin dans l'intérieur et sur divers points menacés par les intrigues des ennemis de la Révolution et de la constitution que le peuple français s'est donnée. Le Directoire pense que l'armée de Rhin-et-Moselle est assez forte pour assurer la déroute des Autrichiens et s'emparer des places de Manheim et de Philipsbourg.

Nous venons d'écrire au commissaire du gouvernement Haussmann sur la nécessité de réprimer le pillage dans l'armée de Rhin-et-Moselle et tous les excès qu'il traîne après lui. Nous sommes informés que plusieurs généraux ne rougissent pas de les autoriser par leur exemple. Il est essentiel de les punir de la manière la plus sévère. C'est en traduisant ces chefs devant des conseils militaires que vous parviendrez à réprimer ce fléau désorganisateur de la discipline. Nous examinerons avec soin l'état des officiers que vous avez destitués et dont vous annoncez l'envoi par votre lettre du 29 messidor, et nous ne tarderons pas à prononcer sur son contenu. Nous approuvons le renvoi sur les derrières que vous avez ordonné d'une demi-brigade qui se conduisait mal.

[1] Arch. nat., AF III. 391, dossier 2049.

Le Directoire prendra incessamment en considération, citoyen général, la demande que vous lui faites du grade de général de division pour le général Sainte-Suzanne et de celui de général de brigade pour les adjudants-généraux Decaen et Montrichard.

CARNOT, L.-M. REVELLIÈRE-LÉPEAUX, LE TOURNEUR [1].

C

LE DIRECTOIRE EXÉCUTIF AU GÉNÉRAL EN CHEF MOREAU, COMMANDANT L'ARMÉE DE RHIN-ET-MOSELLE.

Le Directoire a reçu, citoyen général, vos deux lettres du 29 messidor et celle que vous lui avez écrite de Stuttgard [2] le 5 thermidor. Il vous félicite sur l'exécution ponctuelle et célère des instructions qu'il vous avait transmises par ses précédentes. Il vous recommande de féliciter en son nom la brave armée que vous avez conduite à la victoire et dont les efforts glorieux lui donnent tant de droits à la reconnaissance nationale.

L'armée de Sambre-et-Meuse doit avoir dirigé sa marche vers la Franconie. Elle suivra l'ennemi avec cette vivacité qui a assuré jusqu'ici les triomphes à jamais mémorables des armées républicaines. Le Directoire a recommandé au général en chef Jourdan de s'avancer vers Nuremberg. Il apprendra sans doute bientôt son arrivée sur la Rednitz. Il s'y préparera à rejeter une partie des Autrichiens vers la Bohême dans l'hypothèse où ils agiraient encore avec deux corps d'armée séparés, et dans le cas contraire il passera cette rivière et pourra entrer en Bavière et marcher sur Ratisbonne en couvrant sa gauche par un corps d'observation destiné à s'opposer aux forces que l'ennemi pourrait envoyer de la Bohême contre l'armée de Sambre-et-Meuse, et même à s'avancer dans ce royaume pour y lever des contributions.

Vos dépêches du 5 annoncent, citoyen général, que l'Autrichien s'est retiré vers Donauverth. Informez-vous avec soin de la marche du général en chef Jourdan et cherchez à prendre position sur la Lech au moment où il arrivera sur la Rednitz, ou même avant. Vous y parviendrez facilement en renforçant les divisions de droite de l'armée de Rhin-et-Moselle, et s'il est nécessaire que vous teniez ces corps sur la rive gauche du Danube, soit pour assurer vos communications avec l'armée de Sambre-et-Meuse, soit pour agir simultanément contre les deux armées autrichiennes réunies, nous pensons que vous pourrez placer une partie des troupes qui vous obéissent soit sur la rive droite de la Wernitz, soit entre l'Altmühl et le Danube en jetant, s'il le faut, quelques corps sur la gauche de la Schab Redzat.

Selon toutes les probabilités, l'ennemi, craignant de se séparer trop de l'armée

---

[1] Arch. nat., AF III, 391, dossier 2049.

[2] Voir un extrait de la première de ces lettres du général Moreau, datée de Baden, ancien *Moniteur*, XXVIII, 363, — et le texte complet de la seconde, ancien *Moniteur*, XXVIII, 367.

que commande le général Wurmser dans le Tyrol, sachant d'ailleurs combien notre entrée en Bohême pourrait entraîner pour nous d'inconvénients et le dangereux dissémination des troupes qu'elle occasionnerait, s'est vu forcé de se réunir sur le Danube pour protéger en partie la Bavière et couvrir entièrement l'Autriche. Si vous ne le poursuiviez pas avec acharnement, il pourrait détacher de puissants renforts qui mettraient son armée dans le Tyrol dans le cas de reprendre l'offensive avec vigueur et de dégager Mantoue, dont la prise peut seule assurer nos conquêtes en Italie.

Nous regarderons comme un immense avantage celui que pourrait obtenir l'armée de Rhin-et-Moselle en coupant toute communication directe entre l'archiduc Charles ou le prince de Hohenlohe et le général Wurmser.

Les talents que vous avez déployés jusqu'ici, citoyen général, nous présagent encore des succès glorieux. Vous les assurerez par le choix des positions et des camps que vous prendrez, par le gain d'une bataille générale qui achèvera la déroute totale de l'ennemi, si elle est nécessaire. Vous l'assurerez surtout par cette union qui règne entre vous et le général en chef de l'armée de Sambre-et-Meuse et sur laquelle le Directoire se plaît à fonder ses plus chères espérances.

Une paix honorable, voilà le but pour lequel nous combattons; le courage des armées républicaines, l'habileté de leurs chefs, les avantages importants que cette campagne nous a acquis nous font croire que nos ennemis ne tarderont pas à la demander.

CARNOT, L.-M. REVELLIÈRE-LÉPEAUX, REUBELL.

P.-S. L'intention du Directoire est qu'il ne soit conclu aucun armistice, même provisoire, avec les Autrichiens sans sa participation et sans son ordre formel. Quelque avantageuse qu'elle puisse paraître pour les deux armées de Rhin-et-Moselle et de Sambre-et-Meuse, un des grands inconvénients qu'un tel armistice entraînerait serait celui de permettre à notre ennemi de renforcer l'armée de Wurmser et de combattre avec avantage celle que commande le général Bonaparte. Nous vous invitons fortement à poursuivre constamment l'Autrichien avec la plus grande vivacité et avec cet acharnement qui peut seul assurer et sa déroute complète et la prise de ses magasins [1].

D

LE DIRECTOIRE EXÉCUTIF AU GÉNÉRAL EN CHEF BEURNONVILLE,
COMMANDANT L'ARMÉE DU NORD.

Nous avons reçu, citoyen général, vos lettres des 2 et 3 et avec les pièces qui y sont annoncées. Nos précédentes dépêches ont dû vous rassurer sur les inquiétudes que vous nous aviez déjà communiquées relativement au cordon de troupes prussiennes en Westphalie. Nous vous répétons néanmoins que des raisons que

---

[1] Arch. nat., AF III, 391, dossier 2049.

nous avons lieu de regarder comme décisives doivent dissiper tous les ombrages que ces dispositions militaires ont pu faire naître. Votre dernière entrevue avec les membres du gouvernement batave aura sans doute rendu aux représentants de cette république alliée la sécurité nécessaire pour fonder sa constitution sur les véritables principes de liberté que la France professe[1]. C'est pour eux l'objet le plus essentiel ; c'est par là qu'ils doivent se montrer jaloux et empressés d'affermir leur indépendance en se reposant sur vous du soin de défendre leur territoire, avec une confiance également fondée sur la loyauté et sur les intérêts de la République française.

Quoique le rapport que vous nous avez transmis sur l'état des troupes formant le cordon de neutralité nous paraisse exagéré, il est utile de vérifier avec exactitude ces renseignements, attendu que nos relations amicales avec le roi de Prusse ne s'accorderaient pas avec un appareil de force aussi considérable. Mais, ainsi que nous vous l'avons déjà dit, rien n'altère en ce moment la persuasion où nous sommes de ses bonnes dispositions[2], et vous devez éviter, citoyen général, tout ce qui porterait l'empreinte de la défiance, sans cesser néanmoins d'observer toutes les règles d'une sage prévoyance.

Carnot, Le Tourneur, L.-M. Revellière-Lépeaux[3].

DÉLIBÉRATION SECRÈTE DU 12 THERMIDOR AN IV[4]

30 JUILLET 1796.

CCLII

Le Directoire exécutif arrête ce qui suit :

Le citoyen Shée, né à Landrecies, département du Nord, le 24 janvier 1739, est autorisé à accompagner le général en chef Hoche, en qualité d'agent civil, dans l'expédition d'Irlande. Il sera sous les ordres immédiats de ce général[5].

---

[1] C'est-à-dire sur ceux de la Constitution de l'an III.
[2] Voir plus loin, le texte du traité et de la convention secrète conclus avec le roi de Prusse le 18 thermidor (5 août).
[3] Arch. nat., AF III, 391, dossier 2049.
[4] Arch. nat., AF III*, 20, p. 72. — AF III, 391, dossier 2048.
[5] Signé à la minute Le Tourneur, Carnot, Reubell, Barras.

SÉANCE DU 13 THERMIDOR AN IV [1]

31 JUILLET 1796.

Le Directoire exécutif adresse au Conseil des Cinq-Cents quatre messages :

Par le premier il lui transmet six nouvelles pièces relatives aux nouveaux troubles survenus à Marseille et des renseignements sur ceux suscités à Aix [2].

Par le second il l'invite à mettre à la disposition du ministre de la marine une somme de cent cinquante millions, valeur fixe, pour les dépenses de son département [3].

Par le troisième il lui fait passer les réclamations de quarante-huit cantons [4] du département de la Meurthe contre la translation [5] de l'administration centrale du département à Lunéville [6].

Par le quatrième, en réponse à celui du Conseil des Cinq-Cents [7], il lui donne son avis sur la demande de l'administration municipale de Clermont, département du Puy-de-Dôme, tendante à acquérir divers édifices, terrains et remplacements [8].

Des folliculaires malveillants ont cherché à inspirer au public des soupçons désavantageux sur les sentiments et la conduite du général Bonaparte [9]. Le Directoire lui écrit pour démentir ces insinuations

---

[1] Arch. nat., AF III*, 4, fol. 103-106.

[2] Message lu à la séance du 13 thermidor (*C. C.*, thermidor an IV, 226). — Les six pièces annoncées sont : 1° les copies de deux lettres du chef de brigade Liégard, commandant à Marseille, au ministre de la guerre; — 2° une proclamation imprimée de ce commandant; — 3° un rapport du ministre de la justice et l'arrêté pris en conséquence par le Directoire sur le jugement des auteurs des crimes commis dans les assemblées primaires de Marseille (voir plus haut, p. 215-216, séance du 12 thermidor); — 4° une lettre du Bureau central de Marseille. — Voir dans le dossier 2052 (Arch. nat., AF III, 391), outre ces pièces, un grand nombre d'autres, manuscrites ou imprimées, relatives à ces troubles et particulièrement aux assassinats commis contre des républicains à Aix dans la nuit du 3 au 4 thermidor.

[3] Message lu à la séance du 14 thermidor (*C. C.*, thermidor an IV, 253).

[4] Sur soixante-douze.

[5] Ordonnée par la loi du 6 ventôse (voir t. Ier, p. 674).

[6] Message lu à la séance du 14 thermidor (*C. C.*, thermidor an IV, 253).

[7] En date du 1er thermidor (voir plus haut).

[8] Message lu à la séance du 14 thermidor (*C. C.*, thermidor an IV, 252-253). — Le Directoire donne un avis favorable.

[9] Les rapports de police du Bureau central publiés par M. Aulard donnent une idée précise des bruits qui couraient alors à Paris sur ce général. Il y est dit, le 7 thermidor, que, d'après ces bruits, «le général Buonaparte — ne travaille que pour lui et non pour la République,... ne rend pas compte des contributions qu'il a retirées de l'Italie... et ne cherche qu'à se faire des créatures et à s'en-

perfides et lui témoigne qu'il conserve toute sa confiance et l'admiration que sa loyauté et ses rares talents militaires ont inspirées à tous les vrais républicains[1].

[Le Directoire exécutif, considérant que tous les peuples libres ont fêté avec ivresse les époques mémorables de leur histoire et surtout les jours de leur affranchissement; que chez les Romains une des principales fêtes était celle de l'expulsion des Tarquins; que le 10 août, dernier jour du despotisme royal en France, ne doit pas être moins cher aux Français;

Considérant que l'on n'a fait qu'une simple commémoration de ce grand jour dans les dernières fêtes de la liberté, mais que, conformément à la loi du 8 thermidor de l'an iv[2], cette glorieuse époque doit être célébrée au jour même où elle se trouve placée dans l'annuaire républicain,

Arrête :

Article 1er. La fête du 10 août sera célébrée le 23 de ce mois, dans toutes les communes de la République. Les administrations centrales et municipales feront les proclamations nécessaires pour inviter les citoyens à célébrer cette époque mémorable.

Art. 2. Dès le matin tous les fonctionnaires publics, dans chaque

richir». — Le 11 thermidor, le *Journal des patriotes de 89*, faisant allusion à ces accusations, les impute aux ennemis de la République et prend énergiquement la défense du général. — Le 12, le Bureau central constate la persistance des accusations : «...On dit que le général est Corse d'origine, que son but est de se retirer dans cette île *et d'y former une République*, où il sera suivi de tous les patriotes exclusifs. On dit que les Anglais le serviront dans cette entreprise pour le faire *roi de Corse*; on ajoute que Barras doit se retirer avec lui, que l'épouse de Buonaparte est partie pour rejoindre son époux avec des instructions de Barras, dont elle est *l'amie intime*...» Le 13 thermidor, il fait savoir que «les bruits de la trahison du général Buonaparte se ralentissent». Le 14, après avoir rapporté que ces bruits ont repris, qu'on a parlé de trois commissaires que le gouvernement aurait envoyés pour s'assurer de sa personne et qu'il aurait fait fusiller, il ajoute que la lettre du Directoire a coupé court à ces calomnies. «La joie avec laquelle ce démenti a été accueilli démontre que déjà ces annonces perfides avaient pris racine et qu'il était temps de faire taire tous ces bruits perturbateurs et destructeurs de la confiance publique. — On s'occupe de la lettre du Directoire et on la considère comme une espèce d'appel à Buonaparte, comme un moyen terme employé par le gouvernement pour demander au général un compte de sa conduite...» (Aulard, *Paris pendant la réaction thermidorienne et sous le Directoire*, III, 341, 355, 357, 359, 360, 361). — «Bonaparte, lit-on dans les *Mémoires* de Barras (II, 175, à la date du 13 thermidor an iv), s'étant lui-même plaint, dans plusieurs dépêches, des diatribes des journaux, le Directoire pense qu'à cet égard il ne peut éviter de se prononcer et qu'on fera des insertions honorables pour sa conduite, qui lui prouveront la satisfaction du gouvernement.»

[1] Voir le texte de cette lettre plus loin à l'Appendice.

[2] Il s'agit de la loi du 10 thermidor. — Voir plus haut, p. 204.

commune, se réuniront; ils se rendront sur la place publique, précédés d'un détachement de la garde nationale.

Art. 3. Le président rappellera au peuple assemblé l'histoire abrégée du 10 août. Il suspendra ensuite à l'arbre de la liberté l'inscription suivante :

Au 10 août.

Honneur aux braves qui renversèrent le trône! Les Français ne reconnaissent plus d'autres maîtres que les lois.

Cette cérémonie se fera au bruit d'une musique guerrière.

Art. 4. Les instituteurs de la jeunesse qui habiteront dans la commune se rendront avec leurs élèves sur la place publique, où ils s'engageront à haute voix, en présence des corps constitués, à n'inspirer à leurs élèves que des sentiments républicains, du respect pour les vertus, les talents, le courage, et de la reconnaissance pour les fondateurs de la République. Des chants civiques suivront cet engagement solennel.

Art. 5. On se rendra ensuite de chacune des communes dans le chef-lieu du canton, autant que les localités et les distances le permettront. On y exécutera des jeux, des courses à pied et à cheval, ou d'autres exercices en usage dans le pays.

Art. 6. Des places seront fixées dans le lieu des courses et jeux pour les corps constitués de chaque commune.

Art. 7. Les pères et mères des défenseurs de la patrie auront dans ces jeux une place distinguée; une inscription entourée de lauriers désignera leur place.

Art. 8. Les juges des jeux seront choisis parmi les instituteurs de la jeunesse : ces juges seront placés sur une estrade et tiendront à la main des palmes et des couronnes de lauriers, qu'ils donneront aux vainqueurs.

Si quelques citoyens du canton veulent proposer d'autres prix, ils se concerteront à cet effet avec l'administration du chef-lieu, qui proclamera à l'avance quels sont les prix destinés aux vainqueurs des jeux.

Art. 9. Des danses dans le même lieu termineront la fête.

Art. 10. Dans les communes divisées en plusieurs municipalités, le bureau central sera chargé des détails de la fête : dans les autres ils seront dirigés par les administrations municipales.

Art. 11. La fête sera présidée par les administrations, dans l'ordre suivant, savoir : les administrations centrales de département, les bureaux centraux, les administrations municipales de la commune où la fête sera célébrée.

Le ministre de l'intérieur est chargé de l'exécution du présent arrêté, qui sera inséré au *Bulletin*. — Arch. nat., AF III, 391, dossier 2052[1].]

L'incertitude sur la nature et la quotité des valeurs remises en échange de traites sur la Trésorerie nationale[2] détermine le Directoire à suspendre leur paiement jusqu'à ce que l'on ait des renseignements susceptibles de lever tous les doutes qui résultent des avis des administrateurs des colonies[3].

Sur le rapport du ministre de la police générale, le Directoire prononce la radiation définitive de la liste des émigrés des noms des citoyens : Veuve Leusse; Leusse; Marie Leusse; Dejean; Noblet; Duvrac; Chevallier; Talleyrand-Périgord; Gilloz; veuve Guérin; Solanet, dit Laval; veuve Fournel; Lamirault; Malderrée et Gout[4].

[1] Signé à la minute Carnot, Reubell, Barras.

[2] Tirées des colonies françaises orientales et occidentales.

[3] Arrêté du 13 thermidor an IV, signé Le Tourneur, Carnot, Revellière-Lépeaux (Arch. nat., AF III, 391, dossier 2054). — L'arrêté porte que doivent être exceptées de cette suspension : 1° Les traites délivrées pour appointements, solde, traitements de table, journées d'ouvriers, de nègres, loyers de maisons et pensions alimentaires (ces dernières jusques et compris la date du 30 ventôse an III); 2° la moitié des traites des îles de France et de la Réunion à l'ordre des 14 déportés de ces deux colonies et du citoyen Duplessis, dont le tiers du total sera payé de suite et la moitié de ce tiers à leur échéance.

[4] Jeanne-Antoinette Delaube, veuve de Louis *Leusse*, domiciliée à Lyon (inscrite sur la liste des émigrés du département de Saône-et-Loire); — André-Emmanuel *Leusse*, rentier natif de Vienne (liste de l'Isère); — François-Marie *Leusse*, rentier, natif de Vienne (liste de l'Isère); — Joseph-Guillaume *Dejean*, ancien lieutenant-colonel d'infanterie, actuellement cultivateur, domicilié à Paris (liste de l'Hérault); — Charles-Étienne-Adrien *Noblet*, né à Clayette (Saône-et-Loire), domicilié à Arles (liste de Saône-et-Loire); — Étienne-François *Duvrac*, cultivateur demeurant en la commune de Bois-Guillaume, près Rouen (liste de Seine-Inférieure); — Jean-Rose-Louis *Chevallier*, cultivateur à la Neuvilette (Eure) (liste de Seine-et-Oise); — Gabriel-Marie *Talleyrand-Périgord*, ex-noble, domicilié à Paris (liste de la Dordogne); — Joseph *Gilloz*, marchand mercier à Paris (liste de la Seine-Inférieure); — Marie-Madeleine Thélinge, veuve *Guérin*, domiciliée à Reims (liste des Ardennes); — Jean-François *Solanet*, dit *Laval*, cultivateur propriétaire de la commune de Buzens (liste de l'Aveyron), qui ont justifié de leur résidence; — Jacques-Pierre *Fournel* (liste de la Meuse), décédé, dont la résidence a été établie par sa veuve, Marguerite *Lahausse*; — Louis-François-Antoine-Bonne *Lamirault*, rentier, domicilié à Illiers (Eure-et-Loir) (liste du Loiret); — Adrien-Jacques-Étienne *Malderrée*, ex-noble et ancien officier aux gardes françaises (liste de la Seine-Inférieure), qui ont justifié de leur résidence; — Pierre *Gout*, de la commune de Dolus, île d'Oléron, dont le frère, Jean-Louis *Gout*, a justifié qu'il était absent de France plus de dix ans avant l'époque du 1er juillet 1789, son existence ayant été ignorée avant

[31 juillet 1796] DU DIRECTOIRE EXÉCUTIF. 229

On écrit au ministre de la justice pour l'inviter à faire passer à l'administration centrale du département de Maine-et-Loire [1] des exemplaires de la Constitution et du Code des juges de paix [2].

On écrit au ministre de la guerre pour l'inviter à remplacer le citoyen Bluget, inspecteur des forges dans le département de la Haute-Marne [3].

Le citoyen Bélot [4] est nommé lieutenant au neuvième bataillon de sapeurs [5].

On écrit au ministre de la guerre que provisoirement il ne remplace pas le feu chef de bataillon commandant les trois compagnies de vétérans nationaux de service près le Corps législatif [6].

On s'occupe du personnel des armées et de ce qui y est relatif; les minutes sont à la section de la guerre [7].

---

cette époque et ayant continué à l'être depuis» (liste de la Charente-Inférieure). — Quinze arrêtés du 13 thermidor an IV (Arch. nat., AF III, 391, dossier 2053).

[1] Dont le personnel judiciaire venait d'être en grande partie reconstitué.

[2] Minute signée Reubell, Le Tourneur, Barras (Arch. nat., AF III, 391, dossier 2054).

[3] Parce qu'il est beau-frère d'émigré et par conséquent exclu par la loi du 3 brumaire. — Minute signée Carnot, Reubell, Barras (Arch. nat., AF III, 391, dossier 2052).

[4] Sous-lieutenant au 1er bataillon du 6e régiment d'infanterie.

[5] Arrêté du 13 thermidor an IV, signé Carnot, Reubell, Barras (Arch. nat., AF III, 391, dossier 2054).

[6] Minute signée Carnot, Le Tourneur, Reubell (Arch. nat., AF III, 391, dossier 2054).

[7] Ces minutes constituent les pièces suivantes : 1° Lettre signée Carnot, Le Tourneur, Reubell (Arch. nat., AF III, 391, dossier 2054) au chef de brigade Daumant, pour l'inviter à faire le sacrifice du congé qu'il a obtenu et à rejoindre son corps (le 3e régiment de dragons), où sa présence est nécessaire. — 2° Arrêté, signé Le Tourneur, Carnot, Reubell (Arch. nat., AF III, 391, dossier 2054) par lequel : Chardoillet, capitaine d'infanterie, sera employé à la suite de la place de Belfort, avec le traitement de son grade; Perron, ci-devant aide de camp du général Jourdan, sera mis en activité de son grade de lieutenant d'infanterie et admis à profiter des dispositions des arrêtés du 30 ventôse et du 5 germinal dernier; Nicolot, lieutenant réformé, sera remis en activité dans son grade et admis à servir à la suite; Rogé, ci-devant officier au 19e régiment de chasseurs, sera remis en activité à la suite d'un régiment de chasseurs avec le grade de lieutenant; Boudin, aide de camp provisoire du général Gillot, est promu sous-lieutenant de cavalerie et continuera ses fonctions d'aide de camp; Bachelier, vétéran à la 3e compagnie au Mans, passera à la même qualité dans la compagnie de Dijon; Lemoine, sous-lieutenant dans les grenadiers de la représentation nationale, est révoqué et remplacé par le citoyen Thibaudeau. — 3° Arrêté du 13 thermidor an IV, signé Carnot, Le Tourneur, Reubell (Arch. nat., AF III, 391, dossier 2054), par lequel : les capitaines Léger et Bovier-Bellevaux, le lieutenant Deleure et le maréchal de logis Laprade, de la gendarmerie nationale, sont réintégrés dans leurs grades; le brigadier Brosse, les gendarmes Gillot, Chauvet dit Le Roux, Lalande, Bottard, Peignard, Marcard, Couvert, Lombard, Pourtan, Nassier et Dantin, sont destitués. — 4° Arrêté du 13 thermidor an IV, signé Carnot, Le Tourneur, Reubell, (Arch. nat., AF III, 391, dossier 2054), par lequel : Pouzet, ex-chef de bataillon, sera employé à la suite; la destitution des capitaines Zimmer, Pellissier, Fromental, du lieutenant Mena et du sous-

On renvoie au ministre de la guerre une pétition de la femme du général Beaufort[1], tendante à recevoir un quart des appointements de son mari, qui la laisse dans le dénuement. Le Directoire ne voit pas d'inconvénient à faire droit à cette réclamation[2].

Cinq feuilles des sommes en numéraire ordonnancées par les différents ministres, dont les paiements ont été autorisés par le Directoire, sur l'avis du ministre des finances, l'une pour la troisième décade de floréal, la deuxième pour la deuxième décade de prairial, la troisième pour la troisième décade de prairial, la quatrième pour la première décade de messidor, la cinquième pour la deuxième décade de messidor, sont vues et approuvées par le Directoire.

On écrit cinq lettres concernant le service militaire, savoir :

Une au ministre de la guerre[3] ;

Une au citoyen Joubert, commissaire du gouvernement près l'armée de Sambre-et-Meuse[4] ;

Et trois au général en chef Jourdan[5].

On écrit au ministre de la guerre pour s'informer de quelle manière ieutenant Zimmer, du 10ᵉ bataillon de la Meurthe, est confirmée; les lieutenants *Eckert* (de la 65ᵉ demi-brigade) et *Lépine*, de la 97ᵉ, sont destitués ; *Relot*, ancien commissaire des guerres, ancien major, est remis en activité comme capitaine et employé à la suite ; *Foisy*, ci-devant sergent-major dans les tirailleurs de Thouars, est rétabli dans son grade ; *Gastine*, chef de brigade à l'armée de Rhin-et-Moselle, passera en la même qualité à la suite de l'armée des Côtes de l'Océan ; *Desvignes*, ex-lieutenant au 9ᵉ bataillon de la réserve, est relevé de sa suspension et recevra son congé absolu.

[1] Général de brigade à l'armée du Nord.

[2] Minute signée Le Tourneur, Carnot, Reubell (Arch. nat., AF III, 391, dossier 2054). — Par lettre du 15 thermidor (même dossier) le ministre de la guerre informe le Directoire qu'il fait opérer une retenue d'un cinquième.

[3] Minute signée Carnot, Reubell, Barras, (Arch. nat., AF III, 391, dossier 2054). — Le Directoire exécutif invite instamment le ministre de la guerre à faire cesser les plaintes des militaires campés à Grenoble au sujet des fournitures qui leur sont dues. Il dénonce la négligence de deux inspecteurs des vivres, sur lesquels il appelle l'attention du ministre.

[4] Minute signée Carnot, Reubell, Barras (Arch. nat., AF III, 391, dossier 2054). — Le Directoire invite Joubert à faire acquitter promptement les contributions imposées par le général Jourdan, soit de la Sieg à la Lahn, soit de la Lahn au Main et enfin à Francfort. Il exprime le regret que le pays occupé par l'armée n'ait pas été imposé à une fourniture de chevaux propre à relever le service des charrois et les escadrons. Il invite le commissaire à faire refluer en deçà du Rhin les objets d'approvisionnement qui ne sont pas nécessaires à la consommation de l'armée. Il l'invite enfin à rendre compte de l'état de la discipline.

[5] Par la première de ces lettres, signées Carnot, Reubell, Barras (Arch. nat., AF III, 391, dossier 2054), le Directoire invite le général à ne pas épargner les propriétés des princes de Hohenlohe qui se sont montrés les ennemis de la France. — Par la seconde il recommande d'épargner, «autant que faire pourra», les possessions du prince d'Anhalt-Schaumbourg, recommandé par le ministre de Prusse à Paris. — Voir le texte de la troisième lettre plus loin à l'Appendice.

[31 JUILLET 1796] DU DIRECTOIRE EXÉCUTIF. 231

la compagnie de vingt-cinq musiciens créée pour l'État-major du camp sous Marly, par arrêté du Comité de Salut public du 18 messidor an III, est passée au service de l'État-major de l'armée de l'intérieur [1].

On arrête l'organisation provisoire de la compagnie des musiciens attachée au service de la garde du Directoire et la fixation de la solde de ces musiciens [2].

Le ministre de la guerre est autorisé à accorder une ration extraordinaire de vivres au citoyen Bressot, dit Cadet, sergent-major au deuxième bataillon du quarante-neuvième régiment d'infanterie [3], et ce en considération du grand nombre de ses enfants.

Un messager d'État envoyé par le Conseil des Anciens est admis et dépose sur le bureau une loi qui fixe le mode de paiement du dernier quart des biens nationaux soumissionnés [4].

Le Directoire ordonne que cette loi sera publiée, exécutée et qu'elle sera munie du sceau de l'État. Elle est en conséquence adressée de suite à l'enregistrement, pour deux expéditions être envoyées, sans délai, au

---

[1] Minute signée Carnot, Reubell, Barras, datée non du 13, mais du 14 thermidor an IV (Arch. nat., AF III, 392, dossier 2057).

[2] Le nombre de ces musiciens est fixé à 32. Leur solde sera pour le chef celle de sergent-major, pour chaque musicien celle de tambour (plus l'habillement, les rations et autres avantages attribués aux musiciens des autres corps). — Arrêté daté non du 13, mais du 14 thermidor an IV, signé Carnot, Reubell, Barras (Arch. nat., AF III, 392, dossier 2057).

[3] En service depuis 1775, père de quatre garçons et d'une fille. — Arrêté daté non du 13, mais du 14 thermidor an IV, signé Carnot, Reubell, Barras (Arch. nat., AF III, 392, dossier 2057).

[4] Bull., II, LXII, n° 573. — Ce paiement sera fait en mandats, valeur au cours. Le cours sera déclaré tous les jours par la Trésorerie nationale. Il sera fait une remise de 10 pour 100 sur le prix des maisons d'habitation. Le paiement du quatrième quart aura lieu en six parts, à partir du présent mois, dans l'espace de seize mois; remise de 18 pour 100 dans le cas de paiement total le premier mois, etc.

Outre les pièces qui viennent d'être signalées, à propos de la séance du 13 thermidor, on trouve dans le dossier 2054 (Arch. nat., AF III, 391) les suivantes, datées de ce jour et non mentionnées au procès-verbal : 1° Arrêté signé Carnot, Revellière-Lépeaux, Reubell, accordant, pour raison de famille, un congé de deux mois aux deux frères Maury, volontaires au 6e bataillon formé à Soissons, cantonné à Rouen; — 2° Arrêté signé Carnot, Revellière-Lépeaux, Reubell, autorisant le citoyen Whagen, dit Aghan, agent et cultivateur de la commune d'Ury, à rester chez lui, en laissant à l'armée ses chevaux et sa voiture, qu'il ne sera pas obligé de conduire lui-même; — 3° Lettre, signée Carnot, Reubell, Barras, au général de division Aboville, inspecteur d'artillerie à la Fère, pour approuver la conduite qu'il a tenue en faisant délivrer la poudre refusée par le directeur d'artillerie Dubuisson pour la célébration de la fête de la Liberté et pour l'inviter à surveiller la conduite de ce dernier.

Le dossier 2055, dont le contenu, comme celui des trois précédents, se rapporte à la séance du 13 thermidor, est formé de 27 pièces relatives à des nominations de juges de paix et d'assesseurs de juges de paix dans les départements des Basses-Alpes et de l'Aude.

ministre de la justice avec l'arrêté portant ordre d'impression et de publication, dans les formes prescrites par les lois.

A

Le Directoire exécutif au général Bonaparte.

Le Directoire exécutif, qui n'a qu'à se louer, citoyen général, de l'infatigable activité avec laquelle vous combattez les ennemis de la liberté, le Directoire exécutif qui partage avec tous les bons citoyens, avec tous les vrais amis de la patrie, avec les sincères républicains, l'admiration qu'inspirent les grands talents militaires que vous déployez, et qui vous donnent de justes titres à la reconnaissance nationale, voit avec indignation les efforts que des folliculaires couverts de différents masques font chaque jour pour tromper le public et seconder les ennemis de notre patrie par des bruits dont le but ne peut être que de semer la discorde parmi les amis de l'ordre et de la paix. Le Directoire voit avec indignation la perfidie avec laquelle ces folliculaires coalisés se sont permis d'attaquer la loyauté, la constante fidélité de vos services, et il se doit à lui-même le démenti formel qu'il donne aux absurdes calomnies que leur a fait hasarder le besoin d'entretenir la malignité par quelques récits qui puissent l'aiguillonner et faire lire leurs productions. Les uns, ouvertement royalistes, répandent crûment une fausseté; les autres, se disant patriotes par excellence, mais marchant au même but, la commentent, l'ornent à leur manière, sous prétexte de combattre leurs prétendus antagonistes. Les uns et les autres travaillent ainsi à arrêter les progrès de l'ordre qui s'établit; les uns et les autres secondent les ennemis de la Révolution; les uns et les autres veulent semer la discorde et désorganiser les armées; les uns et les autres se jouent ainsi de la bonne foi de leurs lecteurs et de ceux qui leur procurent leur subsistance, et ils leur donnent indécemment comme certains des récits qui ne sont que le fruit des écarts de leur imagination.

Non, citoyen général, jamais les amis de l'Autriche n'ont pu prévenir le Directoire contre vous, parce que les amis de l'Autriche n'ont ni accès ni influence au Directoire, parce que le Directoire connaît vos principes et votre attachement inviolable à la République. Non, jamais il n'a été question de votre rappel; jamais le Directoire, jamais aucun de ses membres n'a pu penser à donner un successeur à celui qui conduit si glorieusement nos républicains à la victoire. Le folliculaire qui, voulant avoir l'air de vous défendre, ose dire qu'il avait connaissance de l'intrigue ourdie contre vous, et dont une affaire d'argent n'était que le prétexte; celui qui, se parant d'une fausse vertu, ose ajouter qu'il a eu la délicatesse de taire des événements qui auraient fait rire nos ennemis, celui-là en impose, celui-là trompe le public et est évidemment indigne de sa confiance. Si cet homme si instruit, cet homme qui, comme ses confrères en calomnie, cherche à se donner un air d'importance en prétendant connaître tous les secrets de l'État; si cet homme a connaissance d'une intrigue de la nature de celle dont il parle, qu'il la découvre, qu'il la fasse connaître au Directoire; elle est importante assez sans doute, elle intéresse assez le bien public, la marche de nos armées pour que celui qui peut la mettre au jour ne puisse se dispenser de la dénoncer à ceux qu'elle a pour but d'induire en erreur. Mais le silence de cet homme, son silence qui sera sa condamnation, éclairera le public sur la confiance qu'il devra désormais à ses insinuations.

Vous avez, citoyen général, la confiance du Directoire : les services que vous rendez chaque jour vous y donnent des droits, les sommes considérables que la République doit à vos victoires prouvent que vous vous occupez tout à la fois de la gloire et des intérêts de votre patrie; tous les bons citoyens sont d'accord sur cet objet; vous n'aurez pas de peine à abandonner les jactances, les calomnies des autres au mépris qu'elles méritent par elles-mêmes et plus encore par l'esprit qui les dirige.

Le Tourneur, Carnot, Reubell, L.-M. Revellière-Lépeaux[1],

B

Le Directoire exécutif au général en chef Jourdan, commandant l'armée de Sambre-et-Meuse.

Votre dépêche datée de Rendel le 28 messidor, citoyen général, est parvenue au Directoire exécutif. Elle lui annonçait l'entrée dans Francfort des troupes de la République qui sont sous vos ordres. Nous avons appris depuis par une lettre du général Ernouf la prise de Kœnigstein. Notre intention est que vous donniez des ordres sur-le-champ pour que ce fort soit rasé le plus tôt possible. Votre missive du 28 messidor nous annonçait des nouvelles plus certaines sur la position des ennemis. Elles devaient nous parvenir ou nous être envoyées par vous le 29 ou le 30. Mais nous ne les avons pas encore reçues.

Le Directoire approuve ce que vous avez fait relativement aux contributions à fournir par les pays conquis à l'armée de Sambre-et-Meuse. Il est persuadé que vous vous serez concerté pour cet objet avec le commissaire du gouvernement Joubert. C'est à ce dernier à surveiller scrupuleusement l'emploi des fonds qui proviendront de ces contributions et leur rentrée immédiate.

Les pays entre le Main et le Neckar pourront être imposés également par vous. Le produit des contributions qu'ils fourniront sera versé dans la caisse du payeur général de l'armée de Sambre-et-Meuse et dans ses magasins. Quant à celui de la partie du Palatinat qui est sur la rive gauche du Neckar, il devra être destiné

---

[1] Arch. nat., AF III, 391, dossier 2054.— A cette lettre du Directoire exécutif, qui lui parvint après sa victoire de Castiglione, Bonaparte fit la réponse suivante, datée de Brescia le 27 thermidor : «J'ai reçu avec reconnaissance, citoyens directeurs, le nouveau témoignage d'estime que vous m'avez donné par votre lettre du 13 thermidor. Je ne sais pas ce que Messieurs les journalistes veulent de moi. Ils m'ont attaqué dans le même temps que les Autrichiens. Vous les avez écrasés par la publication de votre lettre. J'ai complètement battu les Autrichiens; ainsi jusqu'à cette heure ces doubles tentatives de nos ennemis ne sont pas heureuses.» — *Correspondance de Napoléon Ier*, t. 1, p. 549.

pour l'armée de Rhin-et-Moselle. Nous vous recommandons au surplus de ne rien faire sur cet objet sans que les commissaires du gouvernement Joubert et Haussmann se soient concertés préalablement afin d'éviter toute confusion.

Suivant une lettre du général Ernouf en date du 5 thermidor, il paraîtrait que l'ennemi s'est rassemblé au nombre de 60,000 hommes du côté de Wurtzbourg. Mais les lettres du général en chef Moreau font présumer au Directoire que les rapports qui vous ont été faits sont absolument faux et dénués de fondement. Si les personnes que vous avez employées pour la partie de l'espionnage vous ont mal instruit, vous les aurez sans doute changées au moment où vous recevrez la présente. Il importe extrêmement que vous ne soyez jamais abusé tant sur les forces de l'ennemi que sur leurs mouvements.

Il résulte des lettres du général en chef de l'armée de Rhin-et-Moselle que les Autrichiens, après un combat opiniâtre du côté d'Esslingen et de Stuttgardt, se sont retirés avec précipitation du côté de Donauwerth. Le général Moreau est à leur poursuite. La copie ci-jointe de la dernière dépêche que nous lui avons adressée[1] vous fera connaître les mesures militaires que nous lui prescrivons et celles que nous esquissons pour l'armée de Sambre-et-Meuse et dont nous vous confions l'exécution. Nous croyons à la vérité du rapport du général en chef Moreau et nous présumons que l'armée que vous commandez ne peut avoir en ce moment devant elle qu'un faible corps d'observation destiné peut-être à couvrir la Bohême et à se jeter dans ce royaume, où il sera suffisant de le faire poursuivre par une division. Il conviendra d'ordonner à l'officier qui la commandera de ne pas s'écarter de l'armée qui vous obéit de manière à courir le danger d'être intercepté par les ennemis dans le cas où ils se renforceraient devant lui.

Au moment où la présente vous parviendra, vous serez sans doute dans le cœur de la Franconie. Votre marche pourrait y être gênée par les égards que nous devons aux pays neutres et amis, telles que le sont les possessions prussiennes d'Anspach et de Baireuth. Nous vous recommandons de vous y conduire de manière à ne donner aucun prétexte de plainte et nous nous en reposons sur vos soins à cet égard. Une petite armée prussienne occupe ce pays. Il sera bon d'éviter que nos troupes restent trop longtemps dans son voisinage et nous vous recommandons en outre de veiller sur tous les mouvements des troupes prussiennes. Tout nous annonce qu'elles agiront de même. Mais la prudence exige que nous soyons toujours en mesure de leur en imposer dans le cas où elles ne se conduiraient pas suivant la teneur des traités.

Si vous parvenez sur la Rednitz sans rencontrer l'Autrichien, ou si votre arrivée sur les bords de cette rivière le force à se replier soudainement sur le Danube, vous ne devez pas hésiter, citoyen général, à marcher sur-le-champ sur Ratisbonne, et nous vous autorisons même à vous avancer jusqu'à Passau dans le cas où les circonstances et la déroute de l'ennemi vous permettraient de le faire. Mais dans cette hypothèse, comme dans celle que nous avons établie plus haut, l'intention du Directoire est qu'un corps d'observation suffisant, détaché de votre armée,

---

[1] Voir plus haut, p. 222.

surveille la Bohême et y lance même quelques partis pour y lever des contributions.

Nous présumons au surplus que l'ennemi, extrêmement faible et qui se trouve dans l'impuissance absolue de résister aux deux armées républicaines, aura réuni toutes ses forces vers le Danube. Nous espérons que l'armée de Sambre-et-Meuse et celle de Rhin-et-Moselle agiront simultanément pour le mettre dans une déroute totale. Elles sont toutefois assez fortes l'une et l'autre pour l'attaquer séparément et lui livrer bataille, et comme rien n'est plus pernicieux à la guerre que la lenteur, nous pensons que celle des deux armées qui le rencontrera la première ne doit pas hésiter à l'attaquer et à profiter de sa défaite.

Avant de terminer la présente, citoyen général, le Directoire appellera votre attention sur la nécessité de bien choisir les positions et les camps que vous prendrez en vous avançant dans l'Allemagne. Nous espérons que la forteresse d'Ehrenbreitstein tombera bientôt en votre pouvoir. Une partie des troupes que l'armée du Nord a prêtées momentanément à l'armée de Sambre-et-Meuse devront concourir à sa prise. Nous vous recommandons particulièrement cette mesure. Nous nous référons à nos précédentes pour ce qu'il convient de faire relativement à Mayence et à Francfort.

L'armée de Rhin-et-Moselle sera chargée du blocus de Manheim et de Philipsbourg. Pour ce qui est du pays entre le Main et le Neckar, il ne faut y tenir d'autres troupes que celles qui seront indispensablement nécessaires pour assurer le recouvrement des impositions. Nous ne devons pas traiter l'Allemagne comme l'ont été certaines parties de l'Europe il y a quelques siècles par des nations barbares. Mais nous ne devons rien ménager lorsqu'il s'agit de notre intérêt dans un pays que nous ne nous proposons pas de conserver, et l'intention formelle du Directoire est que vous fassiez affluer sur la rive gauche du Rhin et dans nos places de guerre tout ce qui ne sera pas absolument nécessaire à l'armée que vous commandez.

CARNOT, REUBELL, P. BARRAS [1].

SÉANCE DU 14 THERMIDOR AN IV [2]

1ᵉʳ AOÛT 1796.

Le Directoire exécutif adresse trois messages au Conseil des Cinq-Cents.

Par le premier il invite ce Conseil à soumettre à l'appel tous les jugements rendus par arbitrage forcé, depuis le 10 juin 1793 [3].

---

[1] Arch. nat., AF III, 391, dossier 2054.
[2] Arch. nat., AF III*, 4, fol. 106-109 et AF III, 3.

[3] Message lu à la séance du 17 thermidor (C. C., thermidor an IV, 305). — Le Directoire représente que l'arbitrage forcé, intro-

Par le second, il l'engage à statuer par une loi précise sur deux points de jurisprudence du tribunal de cassation, qui paraissent contraires à l'esprit du Code des délits et des peines [1].

Par le troisième, il lui fait observer une erreur d'addition dans la loi du 9 de ce mois [2], relative aux pensions des veuves et enfants d'invalides, et lui propose de la rectifier [3].

Le ministre de la justice fait plusieurs rapports à la suite desquels le Directoire a pris les arrêtés suivants :

La procédure instruite contre le citoyen Stappal, agent municipal de la commune de Nodewez, département de la Dyle, est annulée [4]; il sera traduit au tribunal criminel du même département sur la dénonciation de l'accusateur public, comme prévenu de concussions et d'actes arbitraires [5].

[Le Directoire exécutif, vu le jugement rendu à Mayenne, le 29 germinal dernier, contre le général de brigade Dutertre, condamné par contumace pour complicité de dilapidation de deux voies de bois appartenant à la République à la peine d'une année de fer;

Après avoir entendu le rapport du ministre de la justice [6];

Considérant que l'ex-général Dutertre, en combattant dans son pays natal les ennemis de la République, a dû se faire autant d'ennemis personnels, acharnés et intéressés à sa perte;

---

duit par la loi du 10 juin 1793 (sur le partage des biens communaux), a privé la République d'une partie considérable de ses propriétés; et que celle du 21 prairial an IV (voir t. II, p. 678), qui ordonne de surseoir aux poursuites résultant de l'exécution de cette loi, ne pourrait avoir pour effet que des recours en cassation, moyen « presque illusoire ».

[1] Message lu à la séance du 17 thermidor (C. C., thermidor an IV, 308). — Il s'agit de déterminer : 1° «la manière dont il doit être statué sur les vices des procédures criminelles qu'un acte d'accusation admis par les premiers jurés ne conduit pas par les voies ordinaires jusqu'aux tribunaux criminels de département; — 2° l'effet que doit produire l'annulation des jugements de ces tribunaux, lorsqu'elle est prononcée par le tribunal de cassation sur le seul réquisitoire du commissaire du Directoire exécutif près ce tribunal, soit que celui-ci l'ait provoquée d'office ou en vertu d'un arrêté du Directoire».

[2] Voir plus haut, p. 204.

[3] Message lu à la séance du 17 thermidor (C. C., thermidor an IV, 306).

[4] Pour cause de conflit entre les autorités administratives et judiciaires.

[5] Arrêté du 14 thermidor an IV, signé Le Tourneur, Revellière-Lépeaux, Reubell (Arch. nat., AF III 392, dossier 2056).

[6] Ce rapport (Arch. nat., AF III, 392, dossier 2057) fait ressortir que le jugement qui a frappé Dutertre est d'autant plus inique que ce général a été condamné comme *complice* et qu'il n'y avait pas de principal accusé; que le garde-magasin Valin, qui aurait pu l'être, a reconnu, par une pièce qui a été retrouvée, devoir à Dutertre cinq cordes de bois sur les différents bons d'office qu'il lui a remis, en sorte que le prétendu vol n'est qu'une restitution par forme d'acompte qui laisse encore Dutertre créancier de trois cordes de bois, etc.

Qu'il a rempli dans toutes les contrées qui ont été dévastées par les Chouans un ministère souvent rigoureux et sévère et qu'il est dans l'esprit de la loi de ne pas abandonner aux préventions locales et aux inimitiés particulières les fonctionnaires publics qui ont sacrifié à la patrie leurs considérations personnelles et la crainte des ressentiments domestiques; que c'est par ce motif que l'article 264 de l'acte constitutionnel autorise le renvoi d'un tribunal à un autre, et que l'article 203 du code des délits et des peines laisse à l'accusé l'option d'un tribunal voisin lorsque la commune où est établi le tribunal criminel se trouve celle de sa résidence habituelle; que cette dernière considération a ici une application d'autant plus naturelle que les propriétés et le domicile de l'ex-général Dutertre sont à Mayenne;

Que n'appartenant plus à aucune armée en particulier, même à l'époque du délit qui lui est imputé, il peut être jugé dans l'arrondissement de l'armée de l'intérieur;

Arrête:

Qu'aussitôt que l'ex-général de brigade Dutertre se sera constitué prisonnier dans l'arrondissement de l'armée de l'intérieur, Paris excepté, il y sera formé un conseil militaire pour le juger suivant les formes établies par la loi du deuxième jour complémentaire dernier et celle du 4 brumaire suivant, sur le délit qui lui est imputé et qui a motivé le jugement rendu par contumace à Mayenne le 29 germinal dernier.

Le ministre de la guerre est chargé de l'exécution du présent arrêté qui ne sera point imprimé. — Arch. nat., AF III, 392, dossier 2057 [1].]

Le ministre de l'intérieur est chargé de faire payer une somme de quatorze cent cinquante francs, valeur fixe, aux citoyens Debelle et Nouvillers, commis au greffe du tribunal de police correctionnelle du canton de Paris, pour récompense d'un travail extraordinaire dans l'affaire de Babeuf [2].

---

[1] Signé à la minute Le Tourneur, Revellière-Lépeaux, Reubell.

[2] Arrêté du 14 thermidor an IV, signé Le Tourneur, Revellière-Lépeaux, Reubell (Arch. nat., AF III, 42, *affaire Babeuf*). — Le ministre de la justice dans un rapport qui se trouve au même dossier, expose que le citoyen Gérard, directeur du jury du canton de Paris, chargé de l'instruction de l'affaire Babeuf, s'est fait assister par Debelle, commis greffier du tribunal correctionnel, et par Nouvilliers; que «l'un et l'autre ont passé des journées et des nuits entières, depuis deux mois, le premier pour rédiger les actes de la procédure

[Le Directoire exécutif,

Vu l'arrêté de l'administration du département du Cher du 10 septembre 1792, portant que les administrateurs du district de Bourges feront exécuter envers les ex-vicaires généraux du ci-devant archevêché de Bourges la déportation ordonnée par la loi du 26 août 1792 [1];

Considérant qu'aux termes d'un décret de la Convention nationale du 2 brumaire an II, les ci-devant vicaires généraux, qui n'avaient pas été nommés en vertu de la loi dite *Constitution civile du clergé*, ne sont compris ni dans la loi du 30 vendémiaire précédent [2], ni dans celle du 26 août 1792, qu'elle rappelle;

Considérant que la dénonciation qui forme l'un des motifs de l'arrêté dont il s'agit n'est point datée, qu'elle n'est dirigée contre aucun ex-vicaire général individuellement, qu'elle ne parle même pas de ceux de Bourges et qu'elle n'articule aucun fait contre eux;

Considérant néanmoins que si les principes réclament l'annulation de cet arrêté, les lois des 21 et 23 avril 1793 et 30 vendémiaire an II, maintenues par l'article 10 de la loi du 3 brumaire an IV, exigent impérieusement que la déportation tienne à l'égard de ceux des ci-devant vicaires généraux de Bourges qui, étant appelés par les lois, soit comme ex-bénéficiers, soit autrement, à jouir d'une pension ou d'un traitement quelconque de l'État, n'auraient pas prêté avant le 23 mars 1793 le serment de maintenir l'égalité et la liberté prescrit par la loi du 14 août 1792 [3];

Arrête ce qui suit :

ARTICLE 1er. L'arrêté de l'administration du département du Cher du 10 septembre 1792, ci-dessus mentionné, est nul, de nul effet et comme non avenu.

ART. 2. En conséquence, ceux des ex-vicaires généraux du ci-devant archevêché de Bourges qui, à l'époque de la publication de la loi du 14 août 1792, étaient appelés par les lois à jouir d'une pension ou d'un traitement quelconque de l'État et ont, en conséquence de cette

---

sous les yeux et la dictée du citoyen Gérard, et le second pour en classer et distribuer toutes les pièces, de manière à en faciliter l'examen... »

[1] Contre les réfractaires au serment.

[2] Loi du 30 vendémiaire an II sur les ecclésiastiques sujets à la déportation.

[3] Cet expédient, par lequel pouvaient être repris et déportés les ex-vicaires généraux et particulièrement celui d'entre eux (Gassot) dont les réclamations avaient été portées jusqu'au Directoire, est suggéré au gouvernement par le rapport du ministre de la justice Merlin (Arch. nat., AF III, 392, dossier 2056), conformément auquel est rendu cet arrêté.

loi, prêté le serment de maintenir la liberté et l'égalité, sont et demeurent réintégrés dans tous leurs droits de citoyens.

Art. 3. A l'égard de ceux d'entre eux qui, étant, à l'époque de la publication de la loi du 14 août 1792, appelés par les lois à jouir d'une pension ou d'un traitement quelconque de l'État, n'ont pas prêté antérieurement au 23 mars 1793 le serment de maintenir la liberté et l'égalité, ils demeurent sujets à la déportation et, comme tels, soumis à toutes les dispositions des lois relatives aux prêtres déportés.

Le présent arrêté ne sera pas imprimé. Les ministres de l'intérieur et de la police générale sont chargés de son exécution, chacun en ce qui le concerne. — Arch. nat., AF III, 392, dossier 2056 [1].]

Sur le rapport du ministre des relations extérieures, un passe-port sera délivré par ce ministre à Marie Trant [2] et aux deux personnes qui l'accompagnent pour retourner en Angleterre [3].

On écrit deux lettres : la première au ministre des finances, pour l'inviter à mettre le Directoire à même de répondre au message du Conseil des Cinq-Cents du 12 de ce mois [4], qui demande quelles mesures ont été prises pour activer la fabrication de la nouvelle monnaie [5];

La seconde au ministre de l'intérieur pour le charger de faire passer au Directoire le tableau détaillé de ses dépenses annuelles [6].

On s'occupe du personnel des armées et on prend plusieurs arrêtés, qui sont à la section de la guerre [7].

On écrit vingt-quatre lettres concernant le service militaire, savoir :

Une au citoyen Fourcy, directeur des postes, à Tournai [8];

---

[1] Signé à la minute Le Tourneur, Revellière-Lépeaux, Reubell. — Voir au même dossier le rapport du ministre de la justice, la dénonciation portée contre les ex-vicaires généraux, la rétractation de plusieurs de ses signataires, la réclamation de Gassot, l'un des ex-vicaires généraux visés, etc.

[2] Native de Londres, âgée de 80 ans, ramenant en Angleterre sa nièce Alix Trant, fort malade.

[3] Arrêté du 14 thermidor an IV, signé Carnot, Barras, Reubell (Arch. nat., AF III, 391, dossier 2056).

[4] Voir plus haut. p. 220.

[5] Minute signée Reubell, Carnot, Barras (Arch. nat., AF III, 392, dossier 2057).

[6] C'est-à-dire des dépenses du Directoire, tableau réclamé par le ministre des finances,

que l'article 162 de la Constitution oblige de soumettre chaque année au Corps législatif l'état des finances de la République. — Minute signée Revellière-Lépeaux, Reubell, Carnot (Arch. nat., AF III, 392, dossier 2056).

[7] Deux arrêtés : l'un, signé Carnot, Revellière-Lépeaux, Reubell, qui élève au grade de chef de brigade d'infanterie le chef de bataillon Normand, pour sa belle conduite à l'armée des Côtes de l'Océan ; — l'autre, signé Carnot, Reubell, Barras, qui élève au grade de général de brigade l'adjudant-général Ney (le futur maréchal) pour « sa conduite valeureuse pendant cette campagne et la précédente» à l'armée de Sambre-et-Meuse (Arch. nat., AF III, 392, dossier 2057).

[8] Minute signée Carnot, Reubell, Barras (Arch. nat., AF III, 392, dossier 2057). —

Une au ministre de l'intérieur [1];
Une au général Élie, commandant à Lyon [2];
Une aux commissaires du gouvernement près l'armée d'Italie [3];
Trois au citoyen Haussmann, commissaire du gouvernement près l'armée de Rhin-et-Moselle [4];
Cinq au général en chef Kellermann [5];
Six au général en chef Bonaparte [6];
Six au ministre de la guerre [7].

Le Directoire lui accuse réception d'une lettre à laquelle en était jointe une autre adressée au duc d'York.

[1] Minute signée Reubell, Carnot, Barras (Arch. nat., AF III, 392, dossier 2057). — Le Directoire transmet au ministre de l'intérieur une lettre de son commissaire à l'armée de Rhin-et-Moselle concernant les objets précieux trouvés dans les pays nouvellement conquis et qui ont été estimés dignes de trouver place dans le monument érigé à Paris aux sciences et aux arts. Il juge utile de placer à Strasbourg ce qui a été trouvé de plus remarquable dans le cabinet d'histoire naturelle et la bibliothèque de l'Université de Fribourg.

[2] Minute signée Carnot, Barras, Reubell (Arch. nat., AF III, 392, dossier 2057). — Le Directoire répond à la lettre par laquelle le général Élie rend compte de l'attentat qui a eu lieu dans l'hospice général des malades à Lyon et l'informe de ses instructions au ministre de la guerre et au général Kellermann pour le maintien de la tranquillité dans cette commune.

[3] Voir le texte de cette lettre plus loin à l'Appendice.

[4] Minutes signées Carnot, Barras, Reubell (Arch. nat., AF III, 392, dossier 2057). — Par la première, le Directoire accuse réception à Haussmann de sa lettre du 6 thermidor sur les moyens d'utiliser au profit de la République la position de la ville de Vieux-Brisach et l'invite à communiquer ses vues aux officiers du génie employés à l'armée de Rhin-et-Moselle. — Par la seconde il lui donne avis de ses instructions au ministre de l'intérieur (voir plus haut) sur les objets précieux trouvés dans les pays conquis. — Par la troisième il lui accuse réception de sa lettre du 6 thermidor sur les bonnes dispositions des habitants des villes conquises. Il l'informe qu'en transmettant au ministre de la guerre l'avis du transfert des grains et autres objets à Huningue, il a appelé la surveillance de ce ministre sur les brigandages et l'invite à faire punir les coupables d'une manière exemplaire.

[5] Minutes signées la première Carnot, Revellière-Lépeaux, Reubell, les quatre autres Carnot, Barras, Reubell (Arch. nat., AF III, 392, dossier 2057). — Par la première, le Directoire approuve les mesures de Kellermann pour accélérer la rentrée du trentième cheval et des déserteurs, ainsi que pour démolir les places du Piémont. Il l'invite à faire filer vers l'armée d'Italie le nombre de 8.000 hommes tirés de l'armée des Côtes de l'Océan et à garder l'excédent. — Par la seconde, il lui accuse réception des détails et pièces qu'il a fournis touchant les démolitions des places du Piémont et les moyens de défense en cas d'attaque des troupes employées à cette démolition. — Par la troisième, il approuve ses dispositions pour la démolition des places du Piémont et refuse l'augmentation de traitement proposée pour les troupes employées à cette démolition. — Par la quatrième, il appelle son attention sur la situation de la commune de Lyon et la faiblesse de sa garnison; il l'invite, pour le maintien de la tranquillité dans cette ville, à faire tout ce que lui permettra la sûreté des pays confiés à son commandement. — Par la cinquième, il applaudit au zèle avec lequel il s'occupe de diriger sur l'armée d'Italie les renforts qui lui sont destinés et l'invite à faire constater exactement la force des corps au moment de leur arrivée.

[6] Voir le texte de ces lettres plus loin à l'Appendice.

[7] Minutes signées les trois premières Carnot, Barras, Reubell, les trois autres Carnot, Revellière-Lépeaux, Reubell (Arch. nat., AF III, 392, dossier 2057). — Par la pre-

Les minutes de ces lettres et des deux arrêtés qui précèdent sont à la section de la guerre.

Conformément à l'arrêté du Directoire du 1ᵉʳ prairial de l'an IV, les ministres de la justice et de la police générale déposent sur le bureau et soumettent à l'approbation du Directoire chacun un état des dépenses à ordonnancer par eux depuis le 11 thermidor jusqu'à ce jourd'hui.

Le Directoire approuve ces états et en remet un double à chacun desdits ministres.

Il approuve de même deux états de dépenses présentés par le ministre de l'intérieur et celui de la guerre et leur en remet à chacun un double.

Un message d'État du Conseil des Anciens est admis et dépose sur le bureau quatre lois.

La première porte que les droits de douane et de navigation seront perçus en numéraire ou en mandats, valeur représentative [1].

La seconde rapporte celle du 9 pluviôse dernier [2], relative à la perception des droits d'enregistrement [3].

La troisième fixe, à compter du 1ᵉʳ vendémiaire prochain, le prix du papier timbré et les droits de timbre et de visa pour timbre [4].

---

mière, le Directoire approuve les dispositions du ministre pour diriger sur l'armée d'Italie les troupes tirées de l'armée des Côtes de l'Océan. — Par la seconde, il l'informe que près de 3,000 sacs de grains et farines ont été laissés par l'ennemi à Rhinfelden et qu'ils vont être transférés avec d'autres objets à Huningue; il l'invite à prendre les mesures de police les plus sévères pour arrêter les gaspillages qui ont lieu à l'armée de Rhin-et-Moselle. — Par la troisième il lui accuse réception de ses observations sur le mode d'achat des denrées destinées aux approvisionnements des armées. — Par la quatrième, il le charge de diriger sur Marseille l'un des trois escadrons du 18ᵉ régiment de dragons partis de Bordeaux pour se rendre en Italie. — Par la cinquième, il l'invite à faire suspendre les approvisionnements en viande salée pour l'armée de Rhin-et-Moselle, le temps étant peu favorable (à cause de la chaleur). — Par la sixième, il lui transmet un état d'objets laissés par les Autrichiens dans Rhinfelden.

[1] *Bull.*, II, LXII, n° 574.

[2] Voir t. I, p. 506.

[3] *Bull.*, II, LXII, n° 576. — Ces droits sont ramenés (sauf quelques exceptions) au tarif de la loi du 19 décembre 1790, savoir: 4 p. 0/0 pour les actes translatifs de propriété d'immeubles réels compris dans le premier article de la 6ᵉ section de la première classe du tarif et les retours d'échange de biens de même nature; — 2 p. 0/0 pour les licitations et les retours de partages d'immeubles réels entre co-propriétaires au même titre; — pour les donations entre vifs et les mutations par décès, un 1/2 p. 0/0 en ligne directe; — 2 p. 0/0 entre frères et sœurs, oncles et tantes neveux et nièces; — 4 p. 0/0 entre autres parents.

[4] *Bull.*, II, LXII, n° 575. — Loi abaissant les droits de timbre et de visa pour timbre, qui n'avaient été élevés par la loi du 11 nivôse an IV (voir t. I, p. 352) qu'à raison de la baisse des assignats (parce que le payement desdits droits devait alors être effectué en cette valeur).

Et la quatrième fixe définitivement dans la commune de Monthois le siège de l'administration municipale du canton de Saint-Morel[1].

Le Directoire ordonne que ces lois seront publiées, exécutées et qu'elles seront munies du sceau de l'État. Elles sont en conséquence adressées de suite à l'enregistrement, pour deux expéditions être envoyées sans délai au ministre de la justice, avec l'arrêté portant ordre d'impression et de publication, dans les formes prescrites par les lois[2].

A

Le Directoire exécutif à ses commissaires près l'armée d'Italie[3].

Nous avons reçu, citoyens commissaires, des représentations très vives de M. Corsini, ministre du grand-duc de Toscane près la République, au sujet des arrêtés que vous avez cru devoir prendre à Livourne. Vous aurez jugé d'après nos dernières dépêches que nous ne regardons pas la circonstance comme favorable pour donner suite aux griefs que la partialité de cette cour pour les Anglais doit nous inspirer et qu'il convient en attendant de s'abstenir de toute mesure qui paraîtrait porter atteinte à ses droits dans le gouvernement intérieur de la Toscane et qui pourrait lui causer des ombrages fâcheux. Nous avons pensé en conséquence qu'il est à propos de révoquer les dispositions qui concernent l'expulsion des originaires Anglais. Mais cette condescendance ne doit pas nous faire

---

[1] Département des Ardennes. — *Bull.*, II, LXIII, n° 578.

[2] Outre les pièces qui viennent d'être mentionnées, il faut signaler les suivantes, non mentionnées au procès-verbal et qui se trouvent dans les dossiers relatifs à la séance du 14 thermidor, savoir : le dossier 2056, un arrêté signé Le Tourneur, Révellière-Lépeaux, Reubell, rapportant celui du 5 messidor par lequel le citoyen Picot-Laroche avait été nommé assesseur du juge de paix de Boussac (Creuse), en remplacement du citoyen Micheau, qui en réalité n'avait pas démissionné ; — dans le dossier 2057, un arrêté signé Le Tourneur, Révellière-Lépeaux, Barras, approuvant le rapport du ministre de la justice (Merlin) au sujet de chefs vendéens encore détenus (par ordre du général Hoche) et qui réclament le bénéfice de l'amnistie ; le général Hédouville, chef d'état-major de l'armée des Côtes de l'Océan, a fait observer «que la mise en liberté de la plupart des pétitionnaires présente les plus grands dangers ; il désigne nominativement ceux dont l'immoralité et la férocité très connues pourraient devenir facilement la cause et le germe de nouveaux malheurs ; il les signale comme des hommes très dangereux, soit sous le rapport de leur vie privée et du caractère absolu qui les rend odieux à tout ce qui les entoure, soit sous celui de cet esprit chaleureux dont le mouvement et la rébellion sont l'unique élément ; il soupçonne même ces hommes extraordinaires d'avoir actuellement des relations très dangereuses et d'exercer du fond de leur prison une influence dont il importe de connaître les effets.» Le ministre propose — ce que le Directoire accepte — que l'autorité militaire soit juge de ceux qui peuvent être remis en liberté sans inconvénient.

Le dossier 2057 se termine par dix pièces relatives à des nominations de commissaires du pouvoir exécutif et d'assesseurs de juges de paix dans les départements de la Haute-Marne et de l'Yonne.

[3] Garrau et Salicetti.

dévier des principes que nous avons adoptés et qui tendent à employer tous les moyens capables d'affaiblir la puissance des Anglais dans la Méditerranée et de retirer de nos conquêtes en Italie tous les avantages de la victoire.

Nous pensons, citoyens commissaires, qu'il devient chaque jour essentiel que toutes les mesures qui y ont rapport soient préalablement concertées entre vous et le général en chef. Un des principaux inconvénients qui résulteraient de l'isolement de vos opérations respectives serait de raviver les espérances perfides des ennemis secrets de nos triomphes parmi un peuple dont la politique astucieuse est reconnue et de les inviter à y chercher des contradictions pour s'en prévaloir et affaiblir l'autorité et le respect qui doivent entourer l'exercice de vos fonctions.

Chargés principalement de surveiller les abus et de régler la marche des opérations administratives d'après les vues du gouvernement, vos soins dans cette partie importante obtiendront sans doute les résultats les plus utiles pour la République dans la recherche et le séquestre des objets que le droit de la guerre a mis sous sa main à Livourne. Le choix des agents qui y sont employés en est la première garantie et nous ne doutons pas que vous n'y apportiez sans cesse la sévérité et la surveillance nécessaires.

Le général en chef nous a proposé d'accorder une amnistie aux Corses pour les ramener sous les lois de la République et favoriser le succès de l'opération du citoyen Saliceti dans leur île. Nous avons accédé à cette mesure, qui nous paraît susceptible de produire d'heureux effets et que vous êtes autorisés à proclamer de concert avec le général Bonaparte [1].

Nous n'avons rien changé à nos précédentes décisions concernant Gênes et Venise et nous voyons avec satisfaction que l'activité du siège de Mantoue nous mettra bientôt à même de déclarer ouvertement nos intentions et de satisfaire à la dignité et aux intérêts de la République.

Les succès de la campagne du Rhin ajoutent chaque jour à nos espérances et confirment celles qui reposent sur nos triomphes en Italie.

Carnot, L.-M. Revellière-Lépeaux, Reubell [2].

B

Le Directoire exécutif au général en chef Bonaparte.

Ce que vous écrivez au Directoire de Castiglione le 4 thermidor [3], citoyen général, relativement à la démolition des fortifications du château de Milan et de

---

[1] Voir plus loin la lettre du Directoire au général Bonaparte.
[2] Arch. nat., AF III, 392, dossier 2057.
[3] Bonaparte écrivait au Directoire (*Corr. de Napoléon I*, I, 493-494) qu'à son sens la démolition du château de Milan ne devait avoir lieu qu'après la prise de Mantoue, vu que, si elle était faite avant, «elle nous obligerait, au lieu de 1,200 hommes que nous tenons dans Milan en garnison, d'en fournir au moins 4,000 et qu'en cas de malheur cette place, pouvant soutenir deux mois de siège, nous donnerait le temps d'évacuer les parcs d'artillerie que nous avons du côté de Mantoue et les immenses machines que nous avons de tous côtés».

Mantoue a son approbation. Il pense toutefois que tout doit être disposé pour en faire jouer les mines et détruire ses ouvrages dans le cas où des succès de la part des ennemis rendraient cette mesure nécessaire. Quant à Mantoue, le Directoire adopte la proposition que vous lui faites de raser sur-le-champ cette place et de transporter immédiatement en France les trois cents pièces d'artillerie qui s'y trouvent. Quand cette ville sera démolie, vous pourrez ordonner la destruction des fortifications du château de Milan.

Carnot, Reubell, P. Barras [1].

C

Le Directoire exécutif au général en chef Bonaparte.

Nous avons reçu, citoyen général, la lettre que vous nous avez écrite de Castiglione le 4 thermidor [2] et dans laquelle vous nous parlez du soulèvement de la ville de Reggio et des dispositions des habitants soumis aux ducs de Modène et de Parme. Les circonstances et l'amitié qui existe entre la République française et la Cour d'Espagne pourraient demander qu'il fût accordé, à la paix générale, quelques concessions au duc de Parme, dont l'agrandissement en Italie serait avantageux pour la France sous plusieurs rapports politiques.

Carnot, Reubell, P. Barras [3]

D

Le Directoire exécutif au général en chef Bonaparte.

Le compte que vous nous rendez, citoyen général, du siège de Mantoue, nous persuade que vous y mettez toute l'activité que commande cette opération importante et dont nous attendons le succès avec un vif empressement. Il est superflu de vous recommander de veiller sur les besoins des troupes qui y sont employées, afin d'atténuer les effets des travaux auxquels elles se livrent et de ralentir les progrès des maladies qui se sont déclarées parmi ces divisions.

Nous avons approuvé, dans une dépêche particulière [4], des propositions à l'égard de cette place, lorsque l'audace, la constance et le talent réunis l'auront fait tomber en notre pouvoir, ainsi qu'à l'égard du château de Milan.

Nous ne pouvons trop seconder le zèle que vous manifestez pour enlever la Corse à l'Anglais, et nous vous autorisons à y accorder une amnistie, de con-

---

[1] Arch. nat., AF III, 392, dossier 2057.
[2] Voir cette lettre (*Corr. de Napoléon Ier*, 1, 493). «La ville de Reggio, écrivait Bonaparte, se soulève contre le duc de Modène: des députés de cette ville sont venus me demander protection et assistance; comme nous avons conclu un traité avec le duc de Modène, j'ai cru devoir les exhorter à la tranquillité. Je vous rends compte de ceci pour que vous sachiez que les sujets des ducs de Parme et de Modène sont très peu attachés à leurs princes.»
[3] Arch. nat., AF III. 392, dossier 2057.
[4] Voir plus haut.

cert avec le commissaire Saliceti, chargé spécialement des dispositions que vous avez faites.

CARNOT, L.-M. REVELLIÈRE-LÉPEAUX, REUBELL[1].

E

LE DIRECTEUR EXÉCUTIF AU GÉNÉRAL EN CHEF BONAPARTE.

Le Directoire est informé, citoyen général, que, conformément à ses ordres, le ministre de la guerre a ordonné au général commandant dans la onzième division militaire de conserver dans cet arrondissement un escadron du dix-huitième régiment de dragons et de faire passer sans délai à l'armée d'Italie les trois escadrons de ce corps.

Les troubles qui viennent de se manifester dans le département des Bouches-du-Rhône[2], et notamment à Marseille et à Aix, nous ont portés à y envoyer sur-le-champ le général Willot[3], qui a notre confiance. Nous l'invitons à surveiller ce département avec un soin particulier et à empêcher, autant qu'il sera en son pouvoir, que la guerre civile n'éclate.

Nous venons d'ordonner au ministre de la guerre de faire passer à Marseille un des trois escadrons du dix-huitième régiment de dragons destinés pour l'Italie.

Les chevaux que vous avez envoyés au Directoire sont arrivés.

CARNOT, L.-M. REVELLIÈRE-LÉPEAUX, REUBELL[4].

F

LE DIRECTOIRE EXÉCUTIF AU GÉNÉRAL BONAPARTE.

Nous avons donné, citoyen général, une attention particulière à celle de vos dernières dépêches qui est relative à Livourne[5]. Nous persistons dans la détermination qui a jusqu'ici dirigé notre conduite à l'égard du grand-duc de Toscane, et nous avons vu avec peine, dans les mesures prises par nos commissaires, l'oubli de nos principes politiques à l'égard de cette puissance. Sans cesser de marcher à notre but, celui d'affaiblir les Anglais dans la Méditerranée, en leur fermant les ports, et de ramener la Corse sous les lois de la République, à la faveur de l'occupation de Livourne, nous ne voulons porter aucune atteinte, en ce moment, à l'in-

---

[1] Arch. nat., AF III, 392, dossier 2057.
[2] Voir plus haut.
[3] Willot (Amédée, comte de), né à Saint-Germain-en-Laye en 1757, mort à Choigny (Seine-et-Oise) le 17 décembre 1823; — général de brigade aux armées des Pyrénées Orientales et des Pyrénées Occidentales; général de division en Vendée (1795); suspecté de royalisme par Hoche, qui le renvoie de l'armée des Côtes de l'Océan (1796); chargé du commandement de la division militaire de Marseille; député de Marseille (mai 1797); compromis dans le parti clichyen et déporté en Guyane après le 18 fructidor; évadé et réfugié en Angleterre (1798); rentré en France en 1814; commandant de la Corse en 1816.
[4] Arch. nat., AF III, 392, dossier 2057.
[5] Lettre du 2 thermidor (*Corr. de Napoléon I*, I, 484-485).

dépendance de la Toscane et exécuter dans son sein des actes de gouvernement. Nous écartons, jusqu'à des circonstances plus favorables, les griefs qui doivent résulter pour nous de la partialité du grand-duc pour les Anglais; aussi nous recommandons à nos commissaires d'employer les formes qu'exige la neutralité et de concerter préalablement avec vous les arrêtés qu'ils croiront utiles, en s'abstenant toutefois de tout ce qui tendrait à usurper les droits du gouvernement toscan. Il faut, sans lui donner d'ombrage et sans affecter l'exercice de l'autorité, ménager les avantages de la République, dont ce système favorisera les intérêts.

M. Corsini nous a fait présenter un mémoire contenant les griefs de sa cour; nous avons cru devoir accéder à sa demande de révoquer l'arrêté concernant les originaires anglais, en nous refusant à ses autres propositions.

Les opérations administratives à Livourne fixent aussi notre sollicitude et notre intention formelle est d'y faire régner la sécurité, le bon ordre et l'intégrité. Nous appelons fortement la surveillance de nos commissaires sur cet important objet.

CARNOT, L.-M. REVELLIÈRE-LÉPEAUX, REUBELL[1].

G

LE DIRECTOIRE EXÉCUTIF AU GÉNÉRAL BONAPARTE.

Les observations que contient, citoyen général, votre lettre concernant l'État de Venise [2] nous ont paru très judicieuses.

Le Directoire vous autorise à prendre toutes les mesures que vous vous êtes proposées, en attendant que les événements militaires dont nous attendons l'heureuse issue déterminent d'une manière positive notre conduite à l'égard de cette puissance.

Quant aux réclamations des Ligues grises, le parti que vous avez pris mérite également l'approbation du Directoire, étant conforme à ses précédentes instructions [3].

---

[1] Arch. nat., AF III, 392, dossier 2057.
[2] Lettre du 2 thermidor (*Corr. de Napoléon I*, II, 482-483). — Bonaparte informe le Directoire que pour prévenir l'effet des mauvaises intentions du Sénat de Venise, il s'est emparé de la citadelle de Vérone, et il a obligé le Sénat à cesser les armements. Il exige des fournitures de cette république et désapprouve les commissaires près l'armée d'Italie de lui avoir fourni une lettre de change de 300,000 livres à prendre sur les contributions du Pape : «.... Je suis obligé de me fâcher contre le provéditeur, d'exagérer les assassinats qui se commettent contre nos troupes, de me plaindre amèrement de l'armement qu'on n'a pas fait du temps que les Impériaux étaient les plus forts ; mais par là je les obligerai à me fournir, pour m'apaiser, tout ce qu'on voudra. Voilà comme il faut traiter avec ces gens-ci. Ils continueront à me fournir, moitié gré, moitié force, jusqu'à la prise de Mantoue ; et alors je leur déclarerai ouvertement qu'il faut qu'ils me paient la contribution portée dans votre instruction, ce qui sera facilement exécuté....»

[3] Voir la lettre du 2 thermidor (*Corr. de Napoléon I*, I, 482) par laquelle Bonaparte rend compte des difficultés qu'il a faites de fournir aux Grisons du blé en vertu de leurs capitulats et de son intention d'exiger d'eux «le passage qui est accordé à l'archiduc de Milan ou indemnisation de ladite fourniture...»

Il est utile de profiter du besoin qu'elles ont des blés du Milanais pour s'assurer de leurs dispositions.

L'acte constitutionnel nous interdit d'autoriser l'emploi que vous proposez[1] de faire d'un corps de 800 suisses pensionnés.

CARNOT, L.-M. REVELLIÈRE-LÉPEAUX, REUBELL[2].

SÉANCE DU 15 THERMIDOR AN IV [3]

2 AOÛT 1796

Le ministre de la police générale fait un rapport sur la conduite politique des administrateurs du département du Lot, destitués par arrêté du Directoire du 1er germinal. Il propose, pour compléter cette administration, de nommer aux deux places qui y sont encore vacantes les citoyens Théron, membre de l'ancienne administration, et Satur, de Montauban.

Le Directoire approuve cette proposition et ordonne que les commissions seront expédiées aux deux citoyens désignés par le ministre.

Il écrit au ministre de la guerre pour lui rappeler que ce n'est plus devant le directoire de département, mais bien devant les administrations que les officiers de gendarmerie doivent prêter le serment que la loi leur prescrit; en conséquence il l'invite à substituer dans les brevets de ce genre le mot *administration* à celui de *directoire*[4].

Le ministre de l'intérieur est chargé de faire payer à titre de secours provisoire, et à valoir sur leurs droits, à la citoyenne Anne-Marie-Rosalie Lignauld, femme Montbel, et à ses enfants, une somme de quatre cents livres, en numéraire, et celle de quarante-cinq livres par chaque mois, aussi en numéraire, à compter du premier fructidor jusqu'à la liquidation des droits de la communauté qui a existé entre elle et son mari, émigré[5].

---

[1] Par la lettre du 2 thermidor déjà citée.
[2] Arch. nat., AF III, 392, dossier 2057.
[3] Arch. nat., AF III*, 4, fol. 109-111. — AF III, 3.
[4] Le terme de *directoire* de département n'étant plus constitutionnel depuis la mise en vigueur de la Constitution de l'an III. — Minute signée Révellière-Lépeaux, Barras, Carnot (Arch. nat., AF III, 392, dossier 2059).
[5] Arrêté du 15 thermidor an IV, signé Barras, Reubell, Carnot (Arch. nat., AF III, 392, dossier 2058). — Voir au même dossier la pétition de la citoyenne Montbel au Directoire.

Un message est adressé au Conseil des Cinq-Cents, pour lui rendre compte de la situation de l'emprunt forcé[1].

Le ministre de la police générale fait un rapport sur la conduite faible et plus qu'équivoque du citoyen Kien, adjoint municipal de la commune de Bennvihr[2]; il propose[3] et le Directoire prononce la destitution définitive de ce fonctionnaire[4].

Sur le rapport du ministre de la police générale, le Directoire prononce la radiation définitive de la liste des émigrés des noms des citoyens Iviquet, dite Saint-Goustan; Bardon-Segonzac; Hurlaux; Ménage; veuve l'Huillier[5]; Rességuier; Pérouze et Montaignac[6].

Le Directoire écrit aux ministres pour les inviter à ne plus remettre aux personnes intéressées les rapports qui les concernent et qui doivent rester secrets; et ce afin de prévenir le trafic honteux

---

[1] Message lu à la séance du 17 thermidor (C.C., thermidor an IV, 309-310). — Il en ressort que les recouvrements s'élèvent à 169,954,307 francs et que la somme restante à recouvrer est de 369,098,679 francs. Cinq tableaux annexés au message indiquent, par départements, le détail des opérations. — Le Directoire annonce pour le 1ᵉʳ vendémiaire le tableau des contributions directes arriérées et courantes de la République.

[2] Haut-Rhin.

[3] Ce rapport du ministre (Arch. nat., AF III, 392, dossier 2058) représente que Kien est dénoncé pour s'être absenté « de chez lui le 11 floréal, malgré qu'il fût instruit dès la veille qu'un rassemblement devait avoir lieu ce jour-là dans cette commune relativement à l'exercice du culte par un ministre constitutionnel, pour avoir approuvé tacitement par son absence ce rassemblement, qui s'est porté à des voies de fait envers ce prêtre en le frappant, lui déchirant ses habits, le couvrant de boue et d'ordure, en arrachant son acte de soumission qui était placé dans l'endroit le plus apparent du temple, en l'insultant à l'autel, en cassant les vitres de l'édifice destiné au culte, en lui jetant des pierres, en insultant et en maltraitant ceux qui avaient assisté à son office, enfin pour n'avoir pris aucune mesure pour assurer ce jour-là la tranquillité publique.

[4] Arrêté du 15 thermidor an IV, signé Carnot, Reubell, Barras, Revellière-Lépeaux (Arch. nat., AF III, 392, dossier 2058).

[5] Marguerite-Marie *Yviquet*, dite *Saint-Goustan*, ex-noble, demeurant à Guérande; Jean-Louis *Bardon*, dit *Segonzac*, ex-militaire; François-Florimond *Hurlaux*, curé constitutionnel de la commune d'Aix (Moselle); Michel-André-Vincent *Ménage*, officier de marine, demeurant à Fécamp; Félicité-Perpétue *Lambert*, veuve *L'Huillier*, inscrits respectivement sur les listes des émigrés des départements de la Loire-Inférieure, de la Dordogne, de la Moselle, de la Seine-Inférieure et du Loiret, et qui tous ont justifié de leur résidence. — Arrêtés signés Carnot, Reubell, Barras (Arch. nat., AF III, 392, dossier 2058).

[6] Louis-Emmanuel-Elisabeth *Rességuier*, ci-devant procureur général au parlement de Toulouse, qui s'était soustrait par la fuite aux poursuites intentées contre les membres de ce parlement condamnés et exécutés sous la Terreur, mais qui a justifié de sa résidence sur le territoire de la République; Joseph-Marie *Pérouze*, fabricant de chapeaux de Marseille, qui, ayant pris la fuite pour se soustraire au décret du 19 juin 1793 contre le comité central des trente-deux sections de Marseille, dont il était membre, est dans le cas de l'application des décrets des 22 germinal et 22 prairial; enfin François-Antoine *Montaignac*, qui a justifié de sa résidence sur le territoire de la République. — Arrêté du 15 thermidor an IV, signé Carnot, Reubell, Barras (Arch. nat., AF III, 392, dossier 2058).

[2 AOÛT 1796] DU DIRECTOIRE EXÉCUTIF. 249

que beaucoup d'individus font à l'aide de la communication de ces rapports[1].

Le citoyen Candelon-Paris sera employé au Cabinet historique et topographique militaire au Directoire en qualité de rédacteur[2].

On écrit au citoyen Joubert, commissaire du gouvernement près l'armée de Sambre-et-Meuse; la minute de ces deux lettres[3] est déposée à la section de la guerre, ainsi que celles des suivantes.

On écrit au ministre de la guerre pour le charger d'expédier sur-le-champ au citoyen Bonnat l'ordre de se rendre, sur-le-champ, au poste qui lui est désigné, à peine par lui d'être destitué, s'il n'exécute cet ordre sans délai[4].

On s'occupe du personnel des armées : les minutes des arrêtés sont à la section de la guerre[5].

On écrit au ministre de la police générale, relativement au citoyen Pescher, ex-capitaine au deuxième bataillon de la deuxième demi-brigade de la ci-devant légion de police qui, après avoir été destitué le 18 floréal, a été réintégré le 20 messidor par le Directoire, qui ignorait le mandat d'arrêt lancé contre cet officier par la police le 19 floréal, sur des soupçons de complicité dans la conspiration de Babœuf[6].

Le ministre des finances soumet à l'approbation du Directoire l'état des sommes à ordonnancer par lui dans la deuxième décade de thermidor.

---

[1] Minute signée Carnot, Reubell, Barras (Arch. nat., AF III, 392, dossier 2058).

[2] Arrêté du 15 thermidor an IV, signé Carnot, Le Tourneur, Revellière-Lépeaux (Arch. nat., AF III, 392, dossier 2059).

[3] Une seule minute signée Carnot, Revellière-Lépeaux, Reubell, se trouve au dossier 2059 (Arch. nat, AF III, 392). Le Directoire accuse réception à Joubert de sa lettre du 29 messidor relative à la prise de possession de Francfort.

[4] Minute signée Carnot, Reubell, Barras (Arch. nat., AF III, 392, dossier 2059). — Le Directoire avait décidé que Bonnat «serait employé à la suite (comme chef de bataillon) d'une place dans l'arrondissement des Pyrénées-Orientales».

[5] On ne trouve aux dossiers correspondant à cette séance qu'un seul de ces dossiers, daté du 15 thermidor an IV, signé Carnot, Reubell, Barras (Arch. nat., AF III, 392, dossier 2059), par lequel le général de brigade *Bruneteau-Sainte-Suzanne* est nommé général de division, les adjudants-généraux *Decaen* et *Montrichard* sont nommés généraux de brigade, et le citoyen Étienne-Félix *Hénin*, sous-lieutenant à la suite des dragons, est promu au grade de lieutenant. — Voir au même dossier plusieurs requêtes de Hénin, qui, ancien militaire, employé depuis 1785 comme agent diplomatique (ex-chargé d'affaires de la République à Venise, à Constantinople), demande à rentrer dans l'armée.

[6] Minute signée Carnot, Reubell, Barras (Arch. nat., AF III, 362, dossier 2058). — Le Directoire demande de nouveaux éclaircissements sur la conduite de cet officier, qui est actuellement employé à la suite d'un des bataillons de la ci-devant légion campée à Grenoble.

Le Directoire approuve ces dépenses et remet un double de cet état au ministre qui l'a soumis à sa décision.

Un messager d'État du Conseil des Anciens est admis et dépose sur le bureau une loi, en date de ce jour, portant que le tribunal de police correctionnelle établi à Joinville[1] sera transféré dans la commune de Vassy[2].

Le Directoire ordonne que cette loi sera publiée, exécutée et qu'elle sera munie du sceau de l'État; elle est, en conséquence, adressée de suite à l'enregistrement, pour deux expéditions être envoyées sans délai au ministre de la justice, avec l'arrêté portant ordre d'impression et de publication, dans les formes prescrites par les lois[3].

SÉANCE DU 16 THERMIDOR AN IV [4]

3 AOÛT 1796.

Un messager d'État envoyé par le Conseil des Anciens dépose sur le bureau trois lois.

La première concerne les enfants nés hors mariage[5].

La seconde met à la disposition du ministre des relations extérieures une somme de cinq cent mille livres, valeur fixe[6].

---

[1] Département de la Haute-Marne.

[2] *Bull.*, II, LXIII, n° 579.

[3] Outre les documents qui viennent d'être indiqués, il y a lieu de signaler les suivants, qui se rapportent aussi à la séance du 15 thermidor et ne sont pas mentionnés au procès-verbal, savoir : dans le dossier 2058, un arrêté signé Reubell, Carnot, Revellière-Lépeaux, autorisant Jean Justamond, professeur de langues, né à Londres, domicilié à Rouen depuis vingt ans, à séjourner à Paris jusqu'au 15 fructidor prochain. — 2° dans le dossier 2059, un arrêté (mêmes signatures), accordant un congé de trois mois à Louis Girardot, fourrier de la 5ᵉ compagnie du 3ᵉ bataillon de la 15ᵉ demi-brigade, dont l'assistance est nécessaire à ses parents.

On trouve encore dans le dossier 2059 dix pièces relatives à des nominations de juges de paix, d'assesseurs, de commissaires ou agents municipaux dans les départements des Basses-Alpes, de la Côte-d'Or, du Mont-Blanc, de Saône-et-Loire.

Le dossier 2060, dont le contenu, comme celui des deux précédents, se rapporte à la séance du 15 thermidor, est formé de 64 pièces de même nature relatives au département de la Vendée.

[4] Arch. nat., AF* III, 4, fol. 111-114. — AF III, 3.

[5] *Bull.*, II, LXIII, n° 580. — Loi du 15 thermidor an IV. — Cette loi abolit l'effet rétroactif que celle du 4 juin 1793, reconnaissant aux enfants nés hors mariage le droit de succéder à leurs père et mère, avait attribué à ce droit et accorde seulement aux enfants ainsi privés du bénéfice de cette rétroactivité une pension égale au revenu du tiers de la portion qu'ils auraient prise dans la succession de leurs parents s'ils étaient nés dans le mariage.

[6] *Bull.*, II, XLIII, n° 585.

La troisième autorise les employés de la régie des droits de l'enregistrement et autres à prêter le serment que la loi exige d'eux devant le juge de paix du canton de leur résidence, lorsqu'ils ne résident pas dans la commune où siège le tribunal civil du département[1].

Le Directoire exécutif ordonne que ces trois lois seront publiées, exécutées et quelles seront munies du sceau de l'État; elles sont en conséquence adressées de suite à l'enregistrement pour deux expéditions être envoyées sans délai au ministre de la justice, avec l'arrêté portant ordre d'impression et de publication, dans les formes exigées par les lois.

Deux messages sont adressés au Conseil des Cinq-Cents.

Le premier présente l'état de la situation de la vente des domaines nationaux[2].

Le second a pour objet l'envoi de différentes pièces concernant l'affaire de Marseille et celle d'Aix[3].

Le Directoire écrit au Président du Conseil des Cinq-Cents, pour l'inviter à lui envoyer incessamment les copies des différentes pièces relatives aux affaires de Marseille et d'Aix adressées aujourd'hui en original à ce Conseil avec un message ci-dessus[4].

[Le Directoire exécutif, considérant que la citoyenne Sombreuil [5]

---

[1] *Bull.*, II, xliii, n° 581.

[2] Message lu à la séance du 17 thermidor (*C. C.*, thermidor an IV, 311-313). — Il en ressort que, d'après les états fournis par 81 départements, le résultat des opérations, à la date du 14 thermidor, donne les résultats suivants : 1° 162,193 soumissions; 2° 351,692,325 fr. 17 centimes en consignation; 3° 16,739 ventes consommées; 4° 155,591,187 fr. 16 centimes pour le montant de ces ventes; 5° 169,864,667 fr. 63 centimes en sommes payées à compte; 6° 1,323 déchéances; 7° 875,016 fr. 57 centimes en sommes restituées aux soumissionnaires déchus. — Les départements qui n'ont encore fourni aucun état décadaire sont ceux des Alpes-Maritimes, des Côtes-du-Nord, du Jura, du Haut-Rhin, de la Haute-Saône et de la Haute-Vienne.

[3] Message simplement mentionné dans les procès-verbaux des séances du Conseil des Cinq-Cents du 16 et du 17 thermidor (*C. C.*, thermidor an IV, 295-303). — Il s'agit des troubles qui ont eu lieu à Marseille et à Aix dans les premiers jours de thermidor (voir plus haut), et qui sont le fait des agitateurs royalistes. Les pièces transmises par le Directoire forment la presque totalité du dossier 2062 (Arch. nat., AF III, 392).

[4] Minute signée Barras, Carnot, Reubell (Arch. nat., AF III, 392, dossier 2063).

[5] Il s'agit de Marie-Maurille *Virot de Sombreuil*, née en 1774, morte en 1823, qui, lors des massacres de septembre, à l'Abbaye, avait contribué par ses larmes et ses cris au salut de son père, ancien gouverneur des Invalides, que les massacreurs remirent alors en liberté. Le rapport du ministre des finances conformément auquel est rendu cet arrêté (Arch. nat., AF III, 392, dossier 2063) rappelle «les malheurs de cette citoyenne, sa piété filiale qu'elle a signalée par des traits héroïques, la détresse où elle se trouve...» Il fait remarquer aussi que «l'émigration du frère de la citoyenne Sombreuil était antérieure à la mort de son père et de son autre frère, injustement supplicié...»

a obtenu la délivrance du mobilier dont la succession de son père était composée; qu'elle en était propriétaire pour moitié à titre d'hérédité; qu'il a été reconnu par le Comité de législation de la Convention nationale qu'elle en était donataire et qu'au surplus elle paraît hors d'état de rapporter la valeur de l'autre moitié qui pourrait appartenir à la nation dans ce mobilier médiocre, dont elle aurait disposé pour subsister;

Considérant que les biens fonds composant la succession de Clément Desflottes, aïeul maternel de la citoyenne Sombreuil, appartiennent par moitié à la République comme représentant le frère émigré de cette citoyenne[1] et qu'elle ne peut devenir propriétaire de cette moitié qu'en la soumissionnant conformément à la loi du 28 ventôse dernier;

Considérant d'ailleurs que, jouissant de cette même moitié de biens en vertu d'un arrêté pris le 26 thermidor an III, qui n'a reçu aucune atteinte, la citoyenne Sombreuil a dû nécessairement s'abstenir de le soumissionner, d'autant que sa possession est encore assurée par cet arrêté et qu'elle a été induite à présumer que la jouissance provisoire serait déclarée définitive;

Considérant enfin que toute soumission qui aurait pu être faite de tout ou partie des biens dont il s'agit serait prématurée, attendu l'arrêté qui en accorde indéfiniment la jouissance à la citoyenne Sombreuil et l'incertitude du sort de la pétition de cette citoyenne tendant à ce que sa jouissance provisoire soit déclarée définitive;

Arrête ce qui suit :

ARTICLE 1er. Il ne sera fait aucune répétition ni réclamation contre la citoyenne Viraud-Sombreuil relativement au mobilier provenant de son père et dont elle a obtenu la délivrance; cette délivrance, qui n'a été que provisoire, sera considérée comme purement définitive.

ART. 2. La moitié appartenant à la République dans les biens fonds provenant de la succession de Clément Desflottes, aïeul maternel de la citoyenne Sombreuil, ne doit pas lui être définitivement abandonnée; elle ne peut en devenir propriétaire qu'en la soumissionnant.

ART. 3. Toutes soumissions qui auraient été faites jusqu'à présent

---

[1] Charles Virot de Sombreuil, né en 1769, avait émigré en 1792 et, après avoir servi dans l'armée prussienne, avait passé en Angleterre, puis fait partie en 1795 de l'expédition de Quiberon, à la suite de laquelle, ayant été fait prisonnier par les républicains, il avait été fusillé à Vannes (28 juillet 1795).

de ladite moitié en tout ou en partie sont considérées comme prématurées et non avenues. En conséquence, celle qui, d'après la disposition précédente, pourra être effectuée par la citoyenne Sombreuil aura le même effet que s'il n'en existait pas d'autres et prévaudra, étant faite pour le tout, sur des soumissions partielles qui auraient la même époque à partir du présent arrêté.

Art. 4. Le ministre des finances est chargé de l'exécution du présent arrêté, qui ne sera pas imprimé. — Arch. nat., AF III, 392, dossier 2063 [1].]

La Trésorerie nationale est autorisée à délivrer au dey d'Alger une reconnaissance de la somme de 200.000 piastres fortes, montant du prêt par lui fait à la République française, laquelle somme lui sera remboursée dans deux ans à compter de la date à laquelle le versement aura été fait dans la caisse du consul de France à Alger [2].

Sur le rapport fait par le ministre des finances relativement au prêt sus-mentionné, le Directoire affecte au payement de cet emprunt une portion de la dette batave, sur laquelle il sera déposé à la Trésorerie nationale des rescriptions des échéances de 1797 et 1798 jusqu'à la concurrence du montant dudit prêt [3].

Le Directoire donne son approbation à une décision du ministre de la justice qui a déclaré nulles les dispositions d'un jugement d'un conseil militaire tenu à Delémont, le 13 prairial dernier, et du conseil de revision du 14 du même mois, en ce qui concerne les administrateurs du département du Mont-Terrible [4].

Il arrête que la Trésorerie nationale paiera sur les ordonnances du

---

[1] Signé à la minute Le Tourneur, Reubell, Revellière-Lépeaux.

[2] Arrêté du 16 thermidor an IV, signé Reubell, Barras, Carnot (Arch. nat., AF III, 392, dossier 2063). Il ressort des pièces justificatives y annexées (rapport du ministre des finances, du ministre des relations extérieures, lettres du citoyen Herculais, envoyé extraordinaire auprès des régences barbaresques) que la république aurait voulu emprunter 1,000,000 de piastres ; — que la somme prêtée (200,000 piastres fortes) devra être remboursée en même monnaie ; que le prêt est fait (pour deux ans) sans intérêts, mais qu'il sera joint au remboursement un présent de 10,000 piastres fortes.

[3] Arrêté du 16 thermidor an IV, signé Reubell, Carnot, Barras (Arch. nat., AF III, 392, dossier 2063).

[4] Arrêté du 16 thermidor an IV, signé Le Tourneur, Revellière-Lépeaux, Barras (Arch. nat., AF III, 392, dossier 2061). — Cet arrêté se fonde sur ce que le jugement en question, absolvant les citoyens Dauzée, Souvestre père, commissaire des guerres, et Aubert, garde-magasin, dénoncés par les administrateurs du département du Mont-Terrible, a condamné ces derniers aux frais du procès et autorisé des poursuites contre eux; qu'il y a là conflit d'attributions entre les autorités administratives et judiciaires et violation de la loi.

ministre des relations extérieures jusqu'à concurrence de la somme de cinq cent mille livres, valeur fixe, mise à la disposition de ce ministre par la loi de ce jourd'hui[1].

Le Directoire passe à l'ordre du jour sur la demande de l'administration centrale du département de la Seine tendant à autoriser deux de ses membres à entendre et apurer les comptes de leurs prédécesseurs, le jugement de ces comptes appartenant aux commissaires de la comptabilité[2].

Il ordonne que le citoyen Mangourit, secrétaire de légation en Amérique, se rendra à Paris, près le ministre des relations extérieures, avant de se rendre aux Etats-Unis[3].

Il écrit au ministre de la police générale[4] pour lui indiquer les bases des réponses qu'il a à faire aux questions faites par le citoyen Letellier, commissaire spécial du Gouvernement dans le département de la Vendée[5].

Il fixe la valeur des piastres à l'effigie fournies par la Trésorerie nationale pendant les années 1791, 1792 et 1793 (v. st.) au directeur de la Monnaie de Paris, sur le pied de dix deniers dix-huit grains[6].

Il adresse un troisième message au Conseil des Cinq-Cents pour lui représenter que le local affecté à l'établissement fondé dans la commune de Bordeaux en faveur des sourds et muets n'est point assez étendu pour cet établissement et l'inviter à le transférer dans la maison des ci-devant Catherinettes[7].

Le Directoire, profondément affligé des événements affreux qui ont

---

[1] Arrêté du 16 thermidor an IV, signé Le Tourneur, Reubell, Barras (Arch. nat., AF III, 392, dossier 2061).

[2] Arrêté du 16 thermidor an IV, signé Reubell, Le Tourneur, Barras (Arch. nat., AF III, 392, dossier 2061).

[3] Arrêté du 16 thermidor an IV, signé Le Tourneur, Carnot, Reubell (Arch. nat., AF III, 392, dossier 2061). — Mangourit avait d'abord été attaché à l'ambassade de Pérignon, qui l'avait fait rappeler de Madrid.

[4] Erreur. C'est au ministère de la justice qu'est adressée cette lettre.

[5] Voir le texte de cette lettre plus loin, à l'Appendice.

[6] Cet arrêté avait été pris le 21 prairial an IV (Voir t. II, p. 579). Par arrêté du 16 thermidor, signé Reubell, Barras, Carnot (Arch. nat., AF III, 392, dossier 2063), le Directoire en rend communs à tous les directeurs des monnaies les articles 2, 3 et 4, relatifs au prix du cuivre fourni pour l'alliage des monnaies, aux frais d'ajustage et aux frais de fabrication.

[7] Message lu à la séance du 18 thermidor (C. C., thermidor an IV, 328-331). — Le Directoire représente que cet établissement, situé dans le bâtiment national des ci-devant Minimes, ne devait, d'après le décret du 12 mai 1793, compter que 17 élèves; mais que ce nombre ayant été porté à 60 par la loi du 16 nivôse an III, ce local est manifestement insuffisant et qu'il y a lieu de le remplacer par celui des ci-devant Catherinettes.

[3 AOÛT 1796] DU DIRECTOIRE EXÉCUTIF. 255

eu lieu dans le département des Bouches-du-Rhône et reconnaissant qu'il est urgent de réorganiser l'administration centrale de ce département réduite à deux membres, nomme des membres pour compléter cette administration[1] et la charge de lui proposer trois candidats pour composer le bureau central de Marseille, dont la composition actuelle n'est pas approuvée : la charge pareillement de nommer les membres qui doivent composer la nouvelle administration municipale d'Aix, le Directoire refusant son approbation à la composition actuelle de cette administration[2].

Il reçoit deux messages du Conseil des Cinq-Cents.

Par le premier, il invite le Directoire à lui faire connaître le résultat des opérations qui lui ont été attribuées relativement aux demandes en radiation de la liste des émigrés et lui transmet une adresse de l'administration centrale du département de l'Aveyron concernant un supplément à la liste des émigrés, publié dans ce département[3].

Le second, relatif au dépôt des restes du grand Turenne[4].

---

[1] Les membres nommés par cet arrêté sont : Maréchal, ex-administrateur, Dallauch, assesseur à Marseille, Mongendre, ex-agent national et juge de paix à Marseille, Paulin Clément, ex-administrateur, et Manche, administrateur.

[2] Arrêté du 16 thermidor an IV, signé Barras, Le Tourneur, Reubell (Arch. nat., AF III, 392, dossier 2063).

[3] Message du 15 thermidor (C. C., thermidor an IV, 264-266). A la séance de ce jour au Conseil des Cinq-Cents, il avait été dit que la publication de cette liste supplémentaire, dont les matériaux étaient signalés comme « un reste malheureux du règne décemviral », avait jeté l'alarme dans le département de l'Aveyron. L'administration centrale de ce département a représenté « que d'après les effets de cette liste, dans laquelle, parmi le grand nombre de ceux qui y figurent, on ne peut compter que quatre ou cinq individus qui aient réellement émigré, il n'existe point de fonctionnaire public dans ce département qui ne devienne parent ou allié d'un émigré supposé ». On s'est plaint des lenteurs et des obstacles qu'éprouvent les individus qui ont formé des demandes en radiation. Le Conseil rend pleine justice « au zèle, à la justice et à l'humanité » dont fait preuve en cette sorte d'affaires le ministre de la police générale. Il demande seulement qu'il lui soit rendu compte des opérations et qu'on lui fasse connaître les moyens « par lesquels le Directoire peut s'assurer que ce travail pourrait être terminé dans le délai moral qu'exige la situation des personnes qui sont en réclamation et les suites funestes d'un long séquestre ».

[4] Message du 15 thermidor (C. C., thermidor an IV, 267-269; — Monit. XXVIII, 379). — A la séance de ce jour, le représentant Dumolard expose au Conseil des Cinq-Cents que, parcourant le Jardin des Plantes, il n'a pu voir sans affliction « les restes du grand Turenne placés entre ceux d'un éléphant et d'un rhinocéros; que c'est là une honte pour le gouvernement de la République; que sans doute « Turenne vécut sous un roi, mais que ce fut l'erreur de son siècle et non le crime de ce héros ». Il ne demande pas pour lui « les honneurs du Panthéon », mais il exprime le vœu que ses restes soient déposés « dans un lieu plus convenable et plus décent »; de là le message adressé conformément à cette décision par le Conseil au Directoire. — Voir la lettre adressée le 16 thermidor au Directoire par Anoir, conservateur du muséum des mo-

LE DIRECTOIRE EXÉCUTIF AU CITOYEN MINISTRE DE LA JUSTICE.

Le Directoire exécutif a examiné, citoyen ministre, le rapport que vous lui avez soumis le 28 messidor sur le résultat des conférences qui ont eu lieu entre le citoyen Letellier, commissaire spécial dans le département de la Vendée[1], et les juges de paix désignés pour ces cantons. Vous demandez à être autorisé à écrire dans le sens de ce rapport au citoyen Letellier. Mais le Directoire croit que l'on pourra obtenir le même résultat en transmettant simplement à ce commissaire les principes suivants :

Toute propriété foncière, qu'elle ait été vendue ou non, peut être réclamée par le propriétaire légitime, sauf à l'acheteur à se pourvoir contre son vendeur. Il en est de même des meubles et bestiaux lorsqu'ils n'ont pas été déplacés et qu'ils sont encore dans la propriété ou ferme du réclamant.

Quant aux meubles et bestiaux déplacés, celui-là qui pourrait prouver qu'il en était propriétaire ne pourra les réclamer qu'autant qu'il prouvera que le détenteur actuel les possède à titre gratuit.

REUBELL, CARNOT, F. BARRAS[2].

SÉANCE DU 17 THERMIDOR AN IV[3].

4 AOÛT 1796.

Le ministre de la justice fait un rapport sur plusieurs questions qui lui ont été soumises par le général de brigade chef de l'État-major

---

numents français, rue des Petits-Augustins, et par laquelle il demande que les restes de Turenne soient placés dans le monument confié à ses soins (Arch. nat., AF III, 392, dossier 2058).

Le dossier 2064 (Arch. nat., AF III, 392), dont le contenu, comme celui des trois précédents, se rapporte à la séance du 16 thermidor, est formé de 112 pièces relatives à des nominations de juges de paix, d'assesseurs, de commissaires du pouvoir exécutif dans les départements de la Charente-Inférieure, des Côtes-du-Nord, des Landes, de la Loire-Inférieure, du Lot, de Lot-et-Garonne, du Mont-Blanc, de la Marne et de la Seine-Inférieure.

[1] Voir le texte de ce rapport (Arch. nat., AF III, 392, dossier 2063), d'après les questions posées et les solutions adoptées telles qu'elles résultent de la «Conférence patriotique convoquée par A. F. Letellier, commissaire spécial du gouvernement, à laquelle ont assisté les citoyens La Douespe, Loyau, Majoux, Desgroix, Camus, Gauty et Brisson, tous hommes probes, éclairés et vrais amis de leur pays, tous destinés aux honorables fonctions de juges de paix» (même dossier). — Voir au même dossier un exemplaire imprimé des Instructions préliminaires données par A. F. Letellier, commissaire spécial du pouvoir exécutif, aux habitants des départements de la Vendée et de la Loire-Inférieure, lors de l'organisation des administrations républicaines dans ces contrées»; et un exemplaire imprimé du discours prononcé par Letellier le 11 floréal an IV devant l'administration départementale de la Vendée.

[2] Arch. nat., AF III, 392, dossier 2063.
[3] Arch. nat., AF III*, 4, fol. 114-119. — AF III, 3.

général des armées des Côtes de l'Océan, relativement aux demandes en élargissement que font plusieurs chefs vendéens, qui furent arrêtés dans le temps par ordre du général Hoche et traduits dans la tour de la Grenetière à Saumur, où ils sont actuellement détenus; il est d'avis que l'autorité militaire doit retenir encore dans des maisons de sûreté comme prisonniers de guerre ces hommes qui invoquent des conditions qui n'ont jamais été violées et cependant accueillir les réclamations de ceux qu'elle reconnaîtrait incapables d'abuser de leur liberté.

Le Directoire donne son approbation à cette opinion [1].

Il confirme la destitution de plusieurs agents et adjoints municipaux du canton de Seclin, département du Nord, qui ont refusé de prêter le serment de haine à la royauté et ordonne qu'ils seront par son commissaire près le tribunal criminel de ce département dénoncés à l'accusateur public, pour être poursuivis comme réfractaires à la loi du 19 ventôse dernier [2].

Il décide qu'il n'y a pas lieu de délibérer sur un référé du tribunal civil du département des Côtes-du-Nord relatif au mode de paiement de marchandises vendues par des étrangers [3].

Il charge son commissaire près le tribunal de cassation de dénoncer à ce tribunal deux jugements du tribunal criminel du département du Gard, pour inobservation des formes légales, notamment parce que ce tribunal a lui-même réformé son premier jugement par un subséquent [4].

Il charge le même commissaire de dénoncer au tribunal de cassation un jugement du juge de paix du canton de Donjon [5], du 29 frimaire an 4°, qui prononce une confiscation, amende et détention contre un citoyen, sans l'assistance du commissaire du pouvoir exécutif [6].

---

[1] Sur ce rapport et cet arrêté, pris en réalité le 14 thermidor, voir plus haut, p. 242 (séance du 14 thermidor an IV).

[2] Voir t. I", p. 764. — Arrêté du 17 thermidor an IV, signé Le Tourneur, Carnot, Revellière-Lépeaux (Arch. nat., AF III, 392, dossier 2065).

[3] Arrêté du 17 thermidor an IV, signé Le Tourneur, Carnot, Barras (Arch. nat., AF III, 392, dossier 2065). — «Considérant, y est-il dit, que cette question n'exige l'interprétation d'aucune loi, puisqu'elle naît d'une affaire particulière de commerce, où les lois existantes, les règles de la bonne foi et de l'équité sont les seuls guides à consulter; — considérant enfin que le tribunal civil des Côtes-du-Nord est compétent pour la décider et ne peut en être dessaisi.» — Il s'agissait de vins et eaux-de-vie vendus par un capitaine de navire américain, qui prétendait être payé en numéraire, tandis que les acquéreurs ne voulaient le payer qu'en promesses de mandats.

[4] Arrêté du 17 thermidor an IV, signé Le Tourneur, Carnot, Barras (Arch. nat., AF III, 392, dossier 2065).

[5] Département de l'Allier.

[6] Arrêté du 17 thermidor an IV, signé Le

On écrit sept lettres :

La première au ministre de l'intérieur, pour l'inviter à donner un encouragement pécuniaire au citoyen Marigny, sculpteur, auteur d'un tableau sculpté en ivoire, dont il fait hommage au Directoire[1];

La seconde au ministre des finances, pour l'inviter à se concerter avec celui de la police générale pour fournir les fonds nécesssaires aux différents services de la division militaire commandée par le général Châteauneuf-Randon[2];

La troisième aux inspecteurs des salles des deux conseils, pour les prévenir que le Directoire vient de faire mettre à leur disposition quatre chevaux lombards, de ceux qui lui ont été adressés par le général Bonaparte[3];

La quatrième au ministre de l'intérieur pour l'inviter à remettre aux inspecteurs des salles des deux conseils quatre chevaux pour chaque conseil, ainsi qu'il est mentionné ci-dessus[4];

La cinquième au ministre des relations extérieures pour lui annoncer l'envoi de cent exemplaires[5] de la traduction en allemand de l'ouvrage de Thomas Paine sur le délabrement des finances de l'Angleterre[6], et le charger de les faire répartir et envoyer de suite aux agents de la République française en pays étranger[7];

La sixième aux administrateurs du département de l'Aveyron, pour leur annoncer la réception des discours prononcés à l'inauguration de l'école centrale de ce département[8];

Tourneur, Carnot, Reubell (Arch. nat., AF III, 392, dossier 2065).

[1] Minute signée Le Tourneur, Reubell, Carnot (Arch. nat., AF III, 392, dossier 2065). — Voir (même dossier) deux lettres de Marigny offrant son ouvrage et insistant sur son indigence.

[2] Minute signée Le Tourneur, Reubell, Carnot (Arch. nat., AF III, 392, dossier 2065). — Le manque de ces fonds est signalé par une lettre du ministre de la police au Directoire, du 14 thermidor (même dossier).

[3] Minute signée Carnot, Reubell, Barras (Arch. nat., AF III, 392, dossier 2065). — Voir *Corr. de Napoléon Ier*, I.

[4] Minute signée Carnot, Reubell, Barras (Arch. nat., AF III, 392, dossier 2065).

[5] La minute de la lettre porte : « mille exemplaires ».

[6] Intitulé : *Décadence et chute du système des finances de l'Angleterre*. — Voir t. II, 236-237 (séance du 8 floréal).

[7] Minute signée Reubell, Carnot, Barras (Arch. nat., AF III, 392, dossier 2065).

[8] Minute signée Reubell, Le Tourneur, Carnot (Arch. nat., AF III, 392, dossier 2065). — Voir (même dossier) la lettre par laquelle les administrateurs de l'Aveyron annoncent l'envoi de ces discours. Ils disent de leur école centrale que « cet établissement majestueux s'élève avec toute sa gloire »; que « le jour de son inauguration a été un jour de fête et déjà de toutes parts des élèves sont accourus en foule pour assister aux leçons du génie». — « Assez et trop longtemps, ajoutent-ils, le vandalisme s'est exercé à détruire, il faut que la philosophie cicatrise les plaies qu'il a faites; nous avons protégé ses premiers

[4 AOÛT 1796] DU DIRECTOIRE EXÉCUTIF. 259

Et la septième au citoyen Didot jeune, pour lui accuser réception de l'envoi qu'il a fait au Directoire d'un exemplaire d'un livre intitulé : *Fables* du citoyen Mancini-Nivernais[1] et applaudir à ce nouveau chef-d'œuvre typographique[2].

Sur le rapport du ministre des finances, les lois relatives aux douanes, sur la police des frontières, seront exécutées sur le territoire qui existe entre les deux lignes des bureaux et des postes des préposés qui se trouvent à plus de deux lieues de l'extrême frontière[3].

Il charge son commissaire près le tribunal de cassation de dénoncer à ce tribunal un jugement rendu par le juge de paix du canton de Novion[4], du 3 floréal de l'an III, rendu en contravention aux dispositions du code des délits et des peines[5].

Il écrit au ministre de la justice pour l'inviter à faire rechercher avec l'activité la plus scrupuleuse les auteurs des forfaits et assassinats commis récemment dans le Midi et à les livrer aux tribunaux, ainsi que les fonctionnaires publics qui ne les ont pas prévenus ou empêchés, par pusillanimité ou malveillance[6].

Il rappelle aux fonctions de président du tribunal criminel du département de Jemmapes le citoyen Dubois-Dumillac et refuse de confirmer la nomination du citoyen Latteur, soit à la place de président criminel, soit à celle de juge du tribunal civil du département de Jemmapes[7].

---

dans; qu'elle obtienne votre appui et les beaux siècles du génie ne seront pas perdus pour la France.»

[1] Sur le duc de Nivernais, voir t. II, p. 670.
[2] Minute signée Le Tourneur, Reubell, Carnot (Arch. nat., AF III, 392, dossier 2065).
[3] Arrêté du 17 thermidor an IV, signé Barras, Reubell, Le Tourneur (Arch. nat., AF III, 382, dossier 2065). — «Considérant, y est-il dit, que dans plusieurs départements les localités se sont opposées à ce que la première et la deuxième ligne de bureaux et postes du service des douanes fussent formées de manière que la deuxième ligne ne se trouvât qu'à deux lieues de l'étranger; qu'il n'est pas moins indispensable que ces deux lignes et le territoire qu'elles enveloppent servent de barrière relativement aux importations et exportations par le maintien de la police qui est établie; qu'il est instant de faire cesser les abus résultant du libre passage sur ce territoire et de prendre des mesures pour comprimer les manœuvres des contrebandiers qui s'affranchissent des formalités prescrites, sous le prétexte que les transports se font à plus de deux lieues de l'étranger».

[4] Département des Ardennes.
[5] Arrêté du 17 thermidor an IV, signé Le Tourneur, Carnot, Reubell (Arch. nat., AF III, 392, dossier 2065). Le Directoire représente que le juge de paix a excédé ses pouvoirs, soit en prononçant une condamnation qu'il ne lui appartenait pas de prononcer, soit en jugeant une question qui ne lui était pas attribuée par la loi.
[6] Minute signée Barras, Revellière-Lépeaux, Carnot (Arch. nat., AF III, 392, dossier 2065).
[7] Arrêté du 17 thermidor an IV, signé Le Tourneur, Carnot, Reubell (Arch. nat., AF III, 392, dossier 2065). — Dubois-Dumillac, président du tribunal civil du département du

Il autorise le bureau du domaine national de département de la Seine à requérir la force armée, à l'effet de contraindre le citoyen Herbinot à vider les lieux par lui occupés dans la maison nationale adjugée à bail au citoyen Gouin, sise au lieu dit le Cloître-Notre-Dame, si dans trois jours il ne les a pas évacués[1].

[Le Directoire exécutif, considérant qu'il est instant de pourvoir à l'organisation définitive de la direction générale établie en exécution de son arrêté du 28 floréal dernier[2] dans la division des pays conquis situés entre Meuse et Rhin, et de déterminer le nombre des employés, la nature des emplois, ainsi que le traitement tant du directeur général que des préposés qui seront sous ses ordres,

Arrête :

ARTICLE 1er. Il y aura sous la surveillance immédiate du directeur général :

Quatre inspecteurs des domaines qui seront occupés des tournées de recouvrement, de l'instruction des receveurs et de toutes les opérations qui leur seront prescrites dans les divisions qui leur seront assignées;

Trois vérificateurs qui vérifieront les recouvrements, feront l'intérim des recettes vacantes, suppléeront les inspecteurs en cas de maladie ou d'absence et exécuteront tout ce qui leur sera ordonné dans les différentes parties d'administration;

Trois contrôleurs chargés particulièrement des travaux relatifs aux contributions directes et à l'emprunt forcé.

Le nombre des receveurs sera déterminé par le directeur général, sous l'approbation du commissaire du gouvernement chargé de l'exécution de l'arrêté du 28 floréal.

Nord, avait été chargé par arrêté du Directoire du 11 pluviôse an IV (voir t. I, p. 519) des fonctions provisoires de président du tribunal civil du département de Jemmapes. — Il venait d'être appelé par Bouteville, commissaire du gouvernement dans les départements réunis, à la place de commissaire du Directoire près l'administration centrale du département de Jemmapes et remplacé au tribunal criminel par Latteur. Ce sont ces deux nominations que le Directoire refuse de ratifier.

[1] Arrêté du 17 thermidor an IV, signé

Reubell, Le Tourneur, Barras (Arch. nat., AF III, 392, dossier 2066). — Le bail consenti le 28 frimaire an IV à Herbinot, receveur de l'enregistrement, avait été annulé comme irrégulier le 8 ventôse par le ministre des finances, et le local en question avait été affermé le 27 germinal au citoyen Gouin, teinturier, dont les propositions étaient antérieures à celles d'Herbinot. Mais ce dernier s'était toujours refusé à quitter les lieux, et le tribunal auquel il en avait été référé s'était déclaré incompétent.

[2] Voir t. II, p. 398 et suiv.

Il sera formé un état général des arrondissements de ces receveurs, lequel sera envoyé par le directeur général au ministre des finances et à la régie de l'enregistrement.

Art. 2. Il y aura un inspecteur en chef des forêts et six inspecteurs particuliers. Les sous-inspecteurs et gardes-généraux sont supprimés.

Art. 3. Le nombre des chefs gardes ou gardes à cheval, ainsi que celui des gardes ordinaires, sera fixé par le directeur général sur la proposition de l'inspecteur en chef.

Art. 4. Il y aura un inspecteur des mines, forges et usines.

Le nombre des employés nécessaires pour la régie des mines, forges et usines sera déterminé par le directeur général sur la proposition de l'inspecteur.

Art. 5. Il y aura pour tout le pays conquis entre Meuse et Rhin un inspecteur des ponts et chaussées chargé de la direction des travaux nécessaires à l'entretien des routes; il aura sous ses ordres deux sous-inspecteurs.

Art. 6. Il y aura pour chaque canton un administrateur qui sera spécialement chargé d'envoyer aux communes et de faire afficher les arrêtés et proclamations du gouvernement, de faire la répartition entre les communes de son canton des contributions et réquisitions, d'en surveiller le recouvrement, de maintenir l'ordre public et d'entretenir avec le directeur général une correspondance active sur tout ce qui intéressera l'administration.

Art. 7. Tous les employés ci-dessus dénommés seront subordonnés au directeur général.

Art. 8. Le Directoire exécutif, prenant en considération les services déjà rendus par le directeur général et voulant lui donner ainsi qu'aux autres employés de la division d'entre Meuse et Rhin une marque de sa satisfaction, leur assure l'exécution des dispositions de l'article 7 de la 3ᵉ section de l'arrêté du Comité du salut public portant que les employés des domaines, des forêts et des ponts et chaussées qui auront été requis pour exercer des fonctions dans les pays conquis ne cesseront pas d'appartenir aux administrations d'où ils sont sortis et qu'à leur retour ils seront placés dans l'intérieur avec les mêmes grades qu'ils auront occupés dans les pays conquis.

Art. 9. Le traitement du directeur général sera de 1200 livres par mois, au moyen de quoi il ne pourra rien prétendre pour le bois, la chandelle, les plumes, papier, encre, frais de voyages et tous autres menus frais.

Les bureaux de sa direction seront composés d'un secrétaire général, de cinq chefs de bureau, de dix commis expéditionnaires et de deux garçons de bureau.

Le traitement du secrétaire général sera de deux cents livres par mois;

Celui des chefs de bureau de cent cinquante livres;

Celui des commis expéditionnaires de cent livres;

Et celui des garçons de bureau de cinquante livres;

Le traitement du receveur général sera de 600 livres par mois;

Celui des inspecteurs des domaines de 500 livres par mois;

Celui des vérificateurs de 350 livres;

Celui des contrôleurs des contributions directes de pareille somme de 350 livres aussi par mois;

Celui des receveurs consistera en une remise sur leurs recettes. La quotité en sera fixée par le ministre des finances sur la proposition du directeur général. En attendant cette fixation, il leur sera payé provisoirement la somme de 150 livres par mois;

Celui de l'inspecteur en chef des forêts sera de 600 livres par mois;

Celui des inspecteurs particuliers de 400 livres;

Celui des gardes à cheval de 150 livres;

Celui des gardes à pied de 50 livres;

Il sera, en outre, accordé aux gardes la moitié des amendes qui seront recouvrées par suite des procès-verbaux de délits qu'ils auront rapportés;

Le traitement de l'inspecteur des mines, forges et usines sera de 400 livres par mois;

Celui des employés qui seront jugés nécessaires pour la régie des mines, forges et usines sera fixé par le directeur général, mais aucun ne pourra excéder 200 livres par mois;

Le traitement de l'inspecteur des ponts et chaussées sera de 400 livres par mois;

Et celui du sous-inspecteur de 250 livres;

Enfin celui des administrateurs du canton sera de 300 livres par mois.

Art. 10. Les employés qui formeront les bureaux du directeur général seront à sa nomination, à l'exception du receveur général. Les autres seront nommés pour la première fois par le commissaire du gouvernement chargé de l'exécution de l'arrêté du 28 floréal. A l'avenir les choix appartiendront à la régie nationale de l'enregistrement sur la proposition du directeur général.

Art. 11. Les traitements ci-dessus fixés ne commenceront à courir qu'à compter du jour de l'installation des nouveaux employés qu'il y aura lieu de nommer et de la confirmation de ceux qui sont déjà en activité.

Art. 12. Ces traitements seront payés par mois, sur des états arrêtés et ordonnancés par le directeur général.

Art. 13. Les frais d'impression, de traduction, de ports de lettres, d'achat et d'envoi de registres, d'envoi d'ordonnance à pied ou à cheval, seront remboursés sur des états ordonnancés par le directeur général, mais il ne sera tenu compte d'aucun autre frais, sous quelque prétexte que ce soit.

Art. 14. S'il était néanmoins reconnu par la suite qu'il fût nécessaire de créer d'autres places, d'augmenter ou de diminuer le traitement de celles établies par le présent arrêté, ou enfin d'allouer d'autres dépenses non prévues, le ministre des finances est autorisé d'y pourvoir sur la proposition du directeur général.

Le présent arrêté ne sera point imprimé. — Arch. nat., AF III, 392, dossier 2065 [1].]

Le Directoire adresse deux messages au Conseil des Cinq-Cents :

Par le premier il l'invite à statuer sur des irrégularités qui se trouvent dans les élections faites par l'assemblée primaire du canton de Magalas, département de l'Hérault [2].

Par le second il lui demande de nouveaux fonds pour les frais d'expéditions du greffier du tribunal criminel du département de la Seine [3].

Il reçoit un message du Conseil des Anciens relatif à l'envoi d'une

---

[1] Signé à la minute Le Tourneur, Reubell, Barras.

[2] Message lu à la séance du 19 thermidor (C. C., thermidor an IV, 358-359). — Il a été tenu le même jour dans cette commune deux assemblées primaires pour la nomination des agents et adjoints municipaux, quoi qu'il ne dût y en avoir qu'une.

[3] Message lu à la séance du 19 thermidor (C. C., thermidor an IV, 360-361). — La somme de 6,000 francs, allouée à ce greffier pour frais d'expéditions, paraît insuffisante.

loi qui annule les élections faites le 10 brumaire dernier par l'assemblée primaire du canton d'Entrains, département de la Nièvre[1].

Le Directoire ordonne que cette loi sera publiée, exécutée et qu'elle sera munie du sceau de l'État; elle est en conséquence adressée de suite à l'enregistrement pour deux expéditions être envoyées, sans délai, au ministre de la justice, avec l'arrêté portant ordre d'impression et de publication dans les formes prescrites par les lois.

L'auteur du journal intitulé la *Sentinelle* du département de la Meurthe écrit au Directoire pour lui dénoncer l'inexécution frauduleuse d'un marché fait avec la République pour fourniture de vin et eau-de-vie par les citoyens Mayer, Max, Hodechaux, Aleau et Compagnie.

Le Directoire renvoie cette lettre au ministre des finances pour prendre des renseignements et des mesures, et du résultat faire son rapport, pour être statué ce qu'il appartiendra.

Il écrit au général en chef Jourdan[2];

Et au citoyen Joubert, commissaire du gouvernement près l'armée de Sambre-et-Meuse[3].

Les minutes sont à la section de la guerre.

Il maintient à leurs ateliers les jeunes citoyens de la première réquisition qui travaillent à la manufacture d'armes de Threy, près Besançon, département du Doubs[4].

Il donne la retraite au citoyen Simon, officier du génie.

L'arrêté du Directoire du 28 messidor[5] portant nomination des citoyens Tholosé, Noiret, Saint-Paul et Brossier et de trois adjoints comme commissaires pour la démarcation des limites entre la République et les États du roi de Sardaigne est rapporté[6].

---

[1] *Bull.*, II, LXIII, n° 583. — Cette loi annule bien les élections faites du juge de paix, de ses assesseurs et du président de l'administration municipale d'Entrains, mais déclare valides les actes de ces fonctionnaires depuis l'époque de leur installation jusqu'à leur remplacement.

[2] La lettre à Jourdan ne se trouve pas dans les dossiers correspondant à la séance du 17 thermidor.

[3] Minute signée Carnot, Reubell, Revellière-Lépeaux (Arch. nat., AF III, 392, dossier 2066). — Le Directoire approuve, comme devant prévenir des causes d'insubordination et de désordre, l'arrêté de Joubert touchant les cantiniers et vivandières attachés à la suite de l'armée de Sambre-et-Meuse, arrêté que le gouvernement va rendre commun à l'armée de Rhin-et-Moselle.

[4] Arrêté du 17 thermidor an IV, signé Carnot, Reubell, Barras (Arch. nat., AF III, 392, dossier 2066). — Ces jeunes gens sont au nombre de 35. Douze autres sont également requis pour travailler à la même manufacture.

[5] Voir plus haut, p. 187 (séance du 28 messidor).

[6] Arrêté du 17 thermidor an IV, signé Le

On écrit dix-neuf lettres concernant le service militaire, savoir :

Une au citoyen Alexandre, commissaire du gouvernement près les armées du Nord et de Sambre-et-Meuse[1];

Une au ministre de la marine[2];

Une au général de division Liébert, à Lille[3];

Une au citoyen Haussmann, commissaire du gouvernement près l'armée de Rhin-et-Moselle[4];

Une à l'administration municipale de Strasbourg[5];

Une à l'administration du département du Bas-Rhin[6];

Une au général Beaupuy[7];

Une au général en chef Bonaparte[8];

Une au général en chef Kellermann[9];

Deux au général en chef Hoche[10];

Tourneur, Carnot, Barras (Arch. nat., AF III, 392, dossier 2066).

[1] Minute signée Carnot, Le Tourneur, Barras (Arch. nat., AF III, 292, dossier 2066).
— Le Directoire approuve l'arrêté d'Alexandre sur l'exploitation des houillères de Rolduc pour le compte de la République; il le charge d'installer l'administrateur général et de fixer ses appointements.

[2] Minute signée Carnot, Le Tourneur, Barras (Arch. nat., AF III, 392, dossier 2066).
— Le Directoire envoie au ministre de la marine copie d'une lettre du commissaire du gouvernement Saliceti sur les ressources que la France peut tirer d'Italie pour les arsenaux et les armements de mer.

[3] Minute signée Carnot, Le Tourneur, Barras (Arch. nat., AF III, 392, dossier 2066).
— Le Directoire informe Liébert qu'il a transmis au ministre des finances sa lettre et les pièces qui y étaient jointes concernant les dispositions faites par les autorités civiles d'Arras pour la vente d'un bâtiment national servant de magasin au bois des fortifications.

[4] Minute signée Le Tourneur, Carnot, Barras (Arch. nat., AF III, 392, dossier 2066).
— Le Directoire prévient Haussmann qu'il a chargé le ministre de la guerre de faire suspendre sans délai la fourniture de viandes salées destinées aux approvisionnements des places.

[5] Minute signée Carnot, Barras, Le Tourneur (Arch. nat., AF III, 392, dossier 2066).
— Le Directoire témoigne aux administrateurs municipaux de Strasbourg combien il est satisfait des soins et marques honorables d'intérêt donnés par les habitants de cette commune aux militaires blessés dans les combats.

[6] Minute signée Carnot, Le Tourneur, Barras (Arch. nat., AF III, 392, dossier 2066).
— Le Directoire témoigne aux administrateurs du département du Bas-Rhin sa satisfaction et les charge de la faire connaître à leurs concitoyens, pour les secours qu'ils se sont honorablement empressés de prodiguer aux militaires blessés dans les combats.

[7] Minute signée Carnot, Le Tourneur, Barras (Arch. nat., AF III, 392, dossier 2066).
— Le Directoire félicite le général Beaupuy sur la guérison de ses blessures et lui témoigne combien il est satisfait, tant pour la gloire de ce général que pour l'exemple à ses frères d'armes, d'apprendre qu'il va retourner à son poste.

[8] Minute signée Carnot, Le Tourneur, Barras (Arch. nat., AF III, 392, dossier 2066).
— Le Directoire transmet à Bonaparte un extrait de plusieurs numéros de l'émissaire principal du général Kellermann, par lesquels il paraît qu'on médite l'enlèvement des objets précieux recueillis en Italie.

[9] Minute signée Carnot, Le Tourneur, Barras (Arch. nat., AF III, 392, dossier 2066).
— Le Directoire accuse réception à Kellermann des extraits de plusieurs numéros de son émissaire principal, qu'il a communiqués au ministre de la police et au général Bonaparte.

[10] Minutes signées Le Tourneur, Carnot,

Deux au ministre de la police générale[1];
Trois au ministre des finances[2];
Et trois au ministre de la guerre[3].
Les minutes de ces lettres sont à la section de la guerre.

SÉANCE DU 18 THERMIDOR AN IV[4]

5 AOÛT 1796.

[Le Directoire exécutif, vu la note officielle présentée par M. le baron de Staël, ambassadeur de Suède, en date du 2 août 1796 (*vieux style*)[5],

Barras (Arch. nat., AF III, 392, dossier 2066).
— Par la première, le Directoire invite le général Hoche à faire remettre en liberté (sauf à le poursuivre légalement s'il y a lieu) le citoyen Lautour, adjoint de l'agent municipal de Saint-Jean-du-Corail, canton de Mortain, que le général Digonet a fait arrêter «sous prétexte d'abus de pouvoir ou malversations».
— Par la seconde, il accuse réception des pièces concernant l'arrestation du citoyen Lautour; il croit à la pureté des intentions du général Digonet, mais l'arrestation n'en était pas moins illégale.

[1] Minutes signées Carnot, Le Tourneur, Barras (Arch. nat., AF III, 392, dossier 2066).
— Par la première, le Directoire transmet au ministre de la police un extrait de plusieurs numéros de l'émissaire principal du général en chef Kellermann, où il verra des choses qui appellent sa surveillance. — Par la seconde, il l'invite à faire annuler par l'administration centrale de la Manche l'arrêté de l'administration municipale du canton de Mortain en vertu duquel elle a cessé ses fonctions, aigrie par l'arrestation d'un de ses membres (Lautour), qu'avait ordonnée le général Digonet.

[2] Minutes signées Carnot, Le Tourneur, Barras (Arch. nat., AF III, 392, dossier 2066).
— Par la première, le Directoire transmet au ministre des finances une note dénonçant la lenteur et la négligence des bureaux du citoyen Denormandie, liquidateur général des pensions militaires. — Par la seconde, il lui transmet une lettre du général Liébert et plusieurs pièces concernant les dispositions faites par les autorités civiles d'Arras pour la vente d'un bâtiment national servant de magasin au bois des fortifications. — Par la troisième, il l'invite à se concerter avec la Trésorerie pour qu'un envoi de fonds plus régulier et plus exact dispense à l'avenir de recourir à la voie des réquisitions dans les départements de l'Ouest.

[3] Minutes signées Carnot, Le Tourneur, Barras (Arch. nat., AF III, 392, dossier 2066).
— Par la première, le Directoire réitère au ministre l'invitation à lui adressée le 11 thermidor (voir plus haut, p. 212) de conférer avec le général Hoche sur les moyens les plus rapides à employer pour hâter l'arrivée à Brest des armes et effets qui doivent être mis à la disposition de ce général. — Par la seconde, il approuve ses dispositions concernant la formation d'un détachement pris dans les troupes de l'armée de l'intérieur et destiné aux embarcations de Dunkerque conformément à l'arrêté du 7 thermidor (voir plus haut, p. 182).
— Par la troisième, il lui transmet un procès-verbal constatant la mauvaise qualité de la fourniture des vins faite à l'hôpital militaire de Trèves.

Les 25 dernières pièces contenues dans le dossier 2066 (Arch. nat., AF III, 392), qui, comme le précédent, se rapporte à la séance du 17 thermidor, sont relatives à des nominations de commissaires, de juges et de suppléants de juges dans les départements du Cantal, du Mont-Blanc et du Haut-Rhin.

[4] Arch. nat., AF III*, 4, fol. 119-122; — AF III, 3.

[5] Par cette note (imprimée à la suite de

Arrête :

Article 1er. Le Directoire exécutif persiste dans son refus d'admettre M. de Rehausen. Il charge en conséquence le ministre de la police générale de lui notifier les lois de la République relatives aux étrangers.

Art. 2. Le Directoire exécutif rappelle le citoyen Perrochel, chargé d'affaires, et le citoyen Marivaux, secrétaire de légation, précédemment chargé d'affaires en Suède.

Art. 3. Le Directoire exécutif proteste néanmoins que la nation suédoise peut toujours compter sur ses sentiments d'affection.

Art. 4. Le ministre des relations extérieures et celui de la police générale sont chargés, chacun en ce qui le concerne, de l'exécution du présent arrêté, qui sera imprimé avec la note. — Arch. nat., AF III, 393, dossier 2067][1].

[Le Directoire exécutif, ouï le rapport du ministre des relations extérieures, arrête :

Le ministre des relations extérieures est autorisé à faire délivrer au citoyen Lesseps[2] et sous son récépissé, pour le compte de la Porte, la somme de vingt mille livres, valeur métallique, demandée par ledit citoyen Lesseps, pour retourner à Constantinople avec les artistes demandés par lui au nom de la Porte[3] et qu'il emmène sur son Kirlanguish. Ladite somme sera évaluée en piastres, monnaie du Grand Sei-

l'arrêté dans le *Bulletin des lois*, — Bull., II, LXIV, n° 586), le baron de Staël insiste pour l'admission de M. de Rehausen en qualité de chargé d'affaires de Suède. Les sentiments de ce diplomate ont été, dit-il, méconnus. Ces sentiments «peuvent d'autant moins causer de l'ombrage au gouvernement que, dans l'exercice de ses fonctions, il en ferait certainement le sacrifice, s'ils pouvaient être contraires aux instructions qu'il a reçues; et si, dans sa conduite ou dans son langage, il manquait au traité subsistant entre la Suède et la France, c'est dans le cas seulement où il en serait résulté une mésintelligence entre les deux gouvernements que son rappel pourrait devenir nécessaire; mais ce cas n'existant pas, ses sentiments personnels ne peuvent être regardés comme un motif d'exclusion valable, et le refus devient par conséquent moins un tort fait à M. de Rehausen qu'un manque d'égards à son souverain. — Je dois également observer que M. de Rehausen, se trouvant à Paris, a été nommé pour vaquer *ad interim* aux affaires de la Suède lorsque l'on s'attendait à chaque instant à une rupture avec la Russie, lorsque l'ambassadeur de Suède à cette cour était sur le point de quitter son poste. Sa nomination ne pouvait donc avoir été influencée par l'impératrice de Russie, à laquelle il est d'ailleurs absolument inconnu...» — Staël fait savoir que si Rehausen n'est pas reconnu, son souverain sera forcé «pour le maintien de sa dignité, d'user de réciprocité vis-à-vis du citoyen Perrochel». Il proteste d'ailleurs du désir du roi de Suède de rester uni par des liens d'amitié avec la République française.

[1] Signé à la minute Reubell, Carnot, Barras.

[2] Sur Lesseps, consul général à Constantinople, voir t. II, p. 630.

[3] Voir l'arrêté du 28 prairial an IV (t. II, p. 630-632).

gneur, et remise à la Légation française par la Porte ottomane[1]. Le présent arrêté ne sera pas imprimé. — Arch. nat., AF III, 393, dossier 2067][2].

Il nomme le citoyen Percheron son commissaire pour procéder à la fixation définitive des limites du terrain cédé à la République française[3] sur le bassin du port de Flessingue[4].

Une somme de deux cents francs, en monnaie de cuivre, sera payée à titre de secours à la citoyenne veuve Leblanc, de la commune de Cherbourg[5].

Sur le rapport du ministre de la police générale, le citoyen Bruny, administrateur du département de Vaucluse, est destitué comme ayant intrigué contre ses collègues, pour les faire remplacer par des hommes à son choix[6].

Sur le rapport du même ministre, le Directoire prononce la radiation définitive de la liste des émigrés des noms des citoyens Le Marié, dit la Crossonnière; femme Roquefort; Désiré de Calmesnil; Vasselot; Taillebourg; Brainville, Marie Brainville et Henry Brainville; Martel; anonyme Martel, Charles Martel et Adam Martel; et veuve Dumont, Taillebourg et Pierre Texier et Montaudouin[7].

---

[1] Voir plus haut, p. 138 (séance du 1er thermidor).

[2] Signé à la minute Carnot, Reubell, Revellière-Lépeaux.

[3] Par le gouvernement batave (article 3 du règlement supplémentaire du traité du 27 floréal an III).

[4] Arrêté du 18 thermidor an IV, signé Le Tourneur, Carnot, Reubell, Revellière-Lépeaux (Arch. nat., AF III, 393, dossier 2067).

[5] Arrêté du 18 thermidor an IV, signé Le Tourneur, Revellière-Lépeaux, Barras (Arch. nat., AF III, 393, dossier 2067). — La veuve Leblanc expose dans sa pétition (même dossier) que son mari, garde-magasin d'artillerie, est mort en activité de service; qu'elle est mère de 14 enfants, dont 3 ont été tués en combattant pour la République; que la pension de 300 francs qui lui a été allouée ne lui est payée qu'en papier et qu'elle est réduite à la plus affreuse misère.

[6] Arrêté du 18 thermidor an IV, signé Reubell, Barras, Revellière-Lépeaux (Arch. nat., AF III, 393, dossier 2067). — Le rapport du ministre de la police (même dossier) représente que Bruny est «signalé comme un homme dangereux par son infatigable activité à servir les anarchistes en leur révélant les mesures que prend le gouvernement ou l'administration pour le maintien du bon ordre ou l'exécution des lois. On prétend même qu'on lui doit la manière perfide avec laquelle on a substitué des hommes immoraux à des membres de plusieurs municipalités qui avaient été destitués par Fréron...»

[7] Guillaume-François-Pierre *Le Marié*, dit *la Crossonnière*, vivant de son bien, domicilié à Chartres, incarcéré en 1793, qui a justifié de sa résidence (inscrit sur la liste des émigrés de Maine-et-Loire); — Marie-Bernardine Lamire, épouse de Secondat-*Roquefort*, inscrite, comme héritière de Lavalette-Lautron, sur la liste des émigrés du département du Lot, et qui a justifié de sa résidence; — Gédéon-Charles-Désiré *Calmesnil*, ex-noble et ancien officier de dragons, domicilié en la commune de Secqueville-la-Campagne, inscrit sur les listes d'émigrés de l'Orne et du Calvados, qui a justifié de sa résidence; — Alexis-François *Vasselot*, demeurant ordinairement au Châtaignier (Vienne) et actuellement à Montrouge près Paris, inscrit sur la liste des émigrés du

Il déclare qu'il n'y a pas lieu à délibérer sur la réclamation de Louis-François Dorlan-Polignac[1]; et maintient le séquestre apposé sur les biens d'Antoine-Thomas Henry[2].

Le Directoire répond à la lettre que lui ont adressée hier les représentants du peuple composant la commission nommée par le Conseil des Cinq-Cents pour la surveillance de la Trésorerie nationale[3] concernant l'embarras qu'elle éprouve par le défaut actuel de fonds[4].

Le Directoire renvoie au ministre de la police générale, pour faire un prompt rapport sur deux pétitions qui lui ont été adressées :

La première par Georges Keith, chef de la maison de commerce éta-

---

département des Deux-Sèvres et qui a justifié de sa résidence; — les mineurs *Chantier-Brainville* (Charles-Elisabeth-Joseph, — Marie-Charlotte-Catherine, — Henry-Louis-Michel), enfants de défunt Charles Chantier-Brainville, ex-noble, domiciliés à Paris et qui ont justifié de leur résidence par l'organe de leur tuteur Durosoy (liste des émigrés du département d'Eure-et-Loir); — Marie-Louise-Constance *Martel*, anonyme *Martel*, Charles-Jean-Marie-Elisabeth *Martel* et Charles-Louis-Adam *Martel* frères, ex-nobles, demeurant à la Ferté, commune de Reuilly (Indre), inscrits sur la liste des émigrés du département de l'Indre, qui ont justifié de leur résidence; — Marie-Anne-Suzanne Prévost, veuve de René *Dumont*, garde-magasin d'artillerie au château de Caen, inscrite sur la liste des émigrés de la Seine-Inférieure et qui a justifié de sa résidence; — Jean-Baptiste-Antoine *Mouchet-Taillebourg*, cultivateur à Bareille (Lot-et-Garonne), inscrit sur la liste des émigrés du département de Lot-et-Garonne, et qui a justifié de sa résidence; — Pierre *Texier*, vivant de ses revenus, inscrit sur la liste des émigrés du département d'Eure-et-Loir, qui a justifié de sa résidence; — René-Patrice *Montaudouin*, ci-devant premier chef d'escadron au 1er régiment de cavalerie, domicilié à Issoudun, inscrit sur la liste des émigrés de la Loire-Inférieure et qui a justifié de sa résidence. — Arrêtés du 18 thermidor an IV, signés Reubell, Barras, Revellière-Lépeaux (Arch. nat., AF III, 393, dossiers 2068, 2069).

[1] Arrêté du 18 thermidor an IV, signé Reubell, Barras, Revellière-Lépeaux (Arch. nat., AF III, 393, dossier 2068). — Cet arrêté rappelle qu'arrivé le 26 ventôse an IV à Bordeaux, sur le navire brémois *Maria-Catharina*, sous le nom de *Desalons*, avec un passeport anglais, incarcéré le 27 ventôse, il a été reconnu pour être Louis-François Dorlan-*Polignac*, ancien chevau-léger de la garde du ci-devant roi, ci-devant chevalier de Saint-Louis, etc., émigré en 1791, ayant habité depuis Neuwied, Dusseldorf, la Westphalie, Brême, l'Angleterre, et se rendant en Espagne; qu'il est inscrit sur la liste des émigrés du département de Lot-et-Garonne, etc.

[2] Arrêté du 18 thermidor an IV, signé Reubell, Barras, Revellière-Lépeaux (Arch. nat., AF III, 393, dossier 2068). — Le rapport du ministre de la police (même dossier) rappelle qu'il a été condamné par contumace à dix années de gêne pour meurtre; qu'il a été inscrit pendant son absence sur la liste des émigrés du département de la Manche, et que son frère François Henry, qui réclame sa radiation, n'a pas fourni la preuve légale de sa résidence depuis le 9 mai 1792 jusqu'au 20 germinal an II, date de son décès.

[3] Voir cette lettre, signée Defermon, Monnot, Camus (Arch. nat., AF III, 393, dossier 2067).

[4] Minute signée Le Tourneur, Reubell, Barras (Arch. nat., AF III, 393, dossier 2067). — Le Directoire répond qu'il n'a cessé de se préoccuper de cette question et s'est efforcé d'y pourvoir. «La source du mal, dit-il, est dans le défaut des contributions et d'un plan de finances qui égale les recettes aux dépenses... Hâtez-vous donc de mener à bon terme votre travail sur les contributions et les opérations de finances. Adoptez surtout un mode de paiement qui ne le rende pas illusoire; donnez au gouvernement les moyens de rigueur nécessaires pour faire exécuter la loi... Évitez surtout les lenteurs».

blie à Ostende sous la raison de Georges Keith, par laquelle il réclame contre l'inscription de son nom sur la liste des émigrés;

La seconde par Marie Blommaert, épouse de Théodore Vanmozelle, négociant et commissionnaire à Ostende, par laquelle elle fait la même réclamation, à l'égard de l'inscription du nom de son mari sur la liste des émigrés.

Ils demandent l'un et l'autre la radiation définitive et subsidiairement la suspension provisoire de toutes poursuites.

Un messager du Conseil des Anciens est admis; il présente une loi en date de ce jour, laquelle est relative au mode de traitement des fonctionnaires publics et des employés dans les établissements publics [1].

Le Directoire ordonne que cette loi sera publiée, exécutée et qu'elle sera munie du sceau de l'État. Elle est en conséquence adressée de suite à l'enregistrement pour deux expéditions en être envoyées sans délai au ministre de la justice, avec l'arrêté portant ordre d'impression et de publication, dans les formes prescrites par les lois.

On s'occupe du personnel des armées et on prend plusieurs arrêtés qui sont à la section de la guerre [2].

---

[1] *Bull.*, II, LXIII, n° 584. — Le traitement sera payé pour moitié en blé calculé à 10 francs le quintal, ou en valeurs équivalentes.

[2] Deux arrêtés du 18 thermidor an IV, signés Carnot, Reubell, Barras (Arch. nat., AF III, 393, dossier 2068), en vertu desquels: Le citoyen Auguste *Dejean*, aide de camp provisoire de son père, est promu au grade de sous-lieutenant d'infanterie pour prendre rang et continuer ses fonctions d'aide de camp; — les ex-adjudants généraux provisoires *Huché* et *Frontin* sont remis en activité comme chefs de bataillon; — le citoyen *Coutures* est nommé au commandement de la vallée d'Osson pour la durée de la guerre seulement; — le citoyen *Lappara*, lieutenant, ex-adjudant de place, passe avec son grade à la suite de la 26e demi-brigade; — le citoyen *Collinet*, ci-devant adjudant de place à Blâmont, continuera à être employé à la suite de la place de Besançon; — la nomination du citoyen *Lepape* au commandement de la place d'Oudenarde est confirmée pour le temps de la guerre seulement; — *Lemaire*, ci-devant chef de bataillon; *Lami*, ci-devant sous-lieutenant; *Martin*, ci-devant adjudant sous-officier, et *Verbigier*, ci-devant lieutenant, sont réintégrés; — la destitution du citoyen *Châtel*, ci-devant chef de brigade de la Légion des montagnes, est maintenue; — le citoyen *Estève*, ci-devant chef du 6e bataillon de chasseurs, est remis en activité comme capitaine; — la suspension du sous-lieutenant *Ambialet* et du lieutenant *Vanet* est levée, mais sans réintégration dans leurs corps; — le citoyen *Ami*, ci-devant chef du 3e bataillon de la Charente-Inférieure, est nommé chef du 3e bataillon de Lot-et-Garonne; — le citoyen *Naverre*, capitaine réformé, est autorisé à passer à la suite des corps en garnison à Rochefort ou à La Rochelle; — le citoyen *Vergis*, capitaine au 1er bataillon des chasseurs des montagnes, est nommé chef de ce bataillon; — le citoyen *Boemer*, ancien chef d'escadron de dragons, est admis à la retraite; le citoyen *Levasseur d'Armonville*, sous-lieutenant à la suite du 5e régiment de chasseurs, est nommé sous-lieutenant dans ce régiment; — le citoyen *Grimblot*, lieutenant de carabiniers, est nommé capitaine; le citoyen *Vidal*, ancien capitaine de cavalerie, est remis en activité à la suite d'un régiment, en attendant son remplacement; — le citoyen *Guérin*, chef de brigade de gendarmerie, restera à la suite de la 3e inspection

[5 août 1796] DU DIRECTOIRE EXÉCUTIF. 271

On passe à l'ordre du jour sur la demande de Louis Quentin et Ch. Moisant d'être inscrits sur le registre d'immatricule.

On décide plusieurs questions proposées par le consul général en Espagne, relativement aux citoyens qui ont prêté le serment exigé par le gouvernement espagnol[1].

Le ministre des relations extérieures est autorisé à faire des ouver-

jusqu'à ce que cette inspection devienne vacante; — un congé de deux mois est accordé au citoyen *Grouchy*, chef de l'état-major de l'armée du Nord, qui sera remplacé pendant son absence par le général *Tilly*, celui-ci par le général *Souham* et ce dernier par le général *Delaage*; — le citoyen *Lucotte*, ci-devant chef de la 12ᵉ demi-brigade, est réintégré et sera employé à la suite d'un autre corps en attendant son remplacement; — le citoyen *Couturier*, capitaine au 16ᵉ régiment de chasseurs à cheval, est autorisé à passer à la suite du 24ᵉ régiment de cavalerie.

[1] Voici ces questions, soumises au Directoire par le ministre des relations extérieures, avec les réponses du Directoire (écrites en marge du rapport du ministre et signées Carnot, Reubell, Revellière-Lépeaux, Le Tourneur). — Arch. nat., AF III, 393, dossier 2067:

« 1ʳᵉ *question*. — Les Français qui, établis en Espagne avant 1789, ayant prêté le serment de domiciliés en 1791, ont été néanmoins expulsés en 1793 et ont servi dans les armées de la République pendant un ou plusieurs campagnes, soit comme soldats, soit comme employés dans l'administration des vivres, fourrages, etc., doivent-ils être inscrits sur le registre d'immatricule et jouir comme citoyens de la protection et de la garantie nationale? — *Rép. du Directoire*: Ils ont cessé d'être Français aux termes de la Constitution. Les sept années d'épreuve commencent à courir du jour où ils seront entrés au service de la République.

« 2ᵉ *question*. — Les Français qui, établis en Espagne avant 1789, ayant prêté le serment de domiciliés en 1791, ont été postérieurement incarcérés et persécutés par le gouvernement espagnol pour avoir manifesté des sentiments républicains doivent-ils être inscrits? — *Rép. du Dir.*: A la négative.

« 3ᵉ *question*. — Les Français qui, établis en Espagne avant 1789, ayant prêté le serment des domiciliés, ont été néanmoins expulsés de 1793 et, retirés dans leurs communes, y ont exercé des fonctions publiques et ont acquis des biens nationaux, etc. — *Rép. du Dir.*: A la négative.

« 4ᵉ *question*. — Les Français qui, établis en Espagne avant 1789, ayant prêté le serment des domiciliés en 1791, sont restés sur le territoire espagnol durant la guerre, mais dont les fils servent dans les armées de la République, doivent-ils être inscrits? — *Rép. du Dir.*: A la négative.

« 5ᵉ *question*. — Les enfants de l'un ou de l'autre sexe, nés en France, dont les pères et mères, établis en Espagne avant 1789, ayant prêté le serment en 1791, sont restés sur le territoire espagnol, n'étant point d'âge eux-mêmes à prêter aucun serment, sont restés sur le territoire espagnol avec leurs parents, doivent-ils être inscrits? — *Rép. du Direct.*: Les enfants suivent le sort de leurs parents.

« 6ᵉ *question*. — Les Français établis en Espagne avant le 14 juillet 1789, qui, par les exceptions stipulées dans la cédule de 1791, ou pour des circonstances particulières, telles que l'état de domesticité auprès des ministres et ambassadeurs étrangers, maladie, extrême indigence, omission des tribunaux, etc., n'ayant point été assujettis à la formule du serment, n'ont été compris ni dans le séquestre ni dans l'expulsion et sont restés sur le territoire espagnol, doivent-ils être inscrits? — *Rép. du Dir.*: A l'affirmative, pourvu qu'ils ne soient pas inscrits sur les listes d'émigrés, auquel cas ils se feront rayer.

« 7ᵉ *question*. — Les habitants des pays réunis, établis en Espagne avant 1789, qui n'ont pas été assujettis en 1791 au serment de domiciliés et n'ont pas compris dans l'expulsion de 1793, doivent-ils être inscrits sur le registre d'immatricule et jouir de la protection et de la garantie nationale? — *Rép. du Dir.*: Même décision que sur la précédente question.

tures à M. Sandoz-Rollin[1], pour une négociation relative à l'embouchure de l'Ems.

On écrit au commissaire du pouvoir exécutif près le département de Seine-et-Oise pour qu'il prenne des renseignements sur la conduite politique du président de l'administration municipale de Livry[2]; au ministre de l'intérieur, pour qu'il invite les comités de bienfaisance de Paris à se compléter[3];

Et aux commissaires de la Trésorerie nationale[4].

Plusieurs agents et adjoints du canton d'Amance, département de la Haute-Saône, sont destitués, comme convaincus d'avoir signé une délibération contraire aux lois des 20 ventôse et 7 germinal derniers.

On écrit plusieurs lettres concernant le service militaire, savoir:

Au général Jourdan;

Au général Kléber, commandant par intérim l'armée de Sambre-et-Meuse;

Et au citoyen Joubert, commissaire du gouvernement près l'armée de Sambre-et-Meuse[5].

---

[1] Ministre plénipotentiaire de Prusse à Paris.

[2] Minute signée Le Tourneur, Carnot, Reubell, et datée non du 18, mais du 19 thermidor an IV (Arch. nat., AF III, 393, dossier 2072). — Il s'agit de plaintes que le Directoire a reçues relativement à l'organisation des colonnes mobiles.

[3] Minute signée Carnot, Le Tourneur, Reubell (Arch. nat., AF III, 393, dossier 2072). — Sur l'organisation des bureaux de bienfaisance, voir l'arrêté du 15 messidor an IV (t. II, p. 775).

[4] Minute signée Carnot, Reubell, Revellière-Lépeaux (Arch. nat., AF III, 393, dossier 2068). — Le Directoire envoie aux commissaires de la Trésorerie copie d'une lettre du ministre de la guerre signalant un abus dont il demande que ces agents préviennent le retour en assujettissant leurs agents «à une régularité inviolable et jusqu'ici trop souvent compromise».

[5] Les minutes de ces lettres à Jourdan, Kléber et Joubert ne se trouvent pas dans les dossiers correspondant à la séance du 18 thermidor. — En revanche, les minutes de lettres adressées à ces deux généraux et à ce commissaire par le Directoire et datées du 21 thermidor, non mentionnées au procès-verbal de la séance du 21, se trouvent dans le dossier 2078, qui correspond à cette séance. — Voir plus loin, p. 290, séance du 21 thermidor.

Outre les documents qui viennent d'être indiqués, on trouve les deux suivants, non signalés au procès-verbal, dans les dossiers 2067 et 2068, savoir:

1° Dans le dossier 2067, un arrêté du 18 thermidor, signé Carnot, Le Tourneur, Revellière-Lépeaux, par lequel le citoyen Linngberg, ingénieur suédois, est mis en réquisition pour remplir les fonctions d'ingénieur en chef des ponts et chaussées dans les départements de la Dyle et des Deux-Nèthes;

2° Dans le dossier 2068, un arrêté du 18 thermidor, signé Carnot, Reubell, Barras, par lequel le capitaine du génie Simon, de l'armée de Sambre-et-Meuse, dénoncé pour ses habitudes incurables d'intempérance, est mis à la retraite.

Les dossiers 2069, 2070 et 2071, dont le contenu, comme celui des deux précédents, se rapporte à la séance du 18 thermidor, sont formés: le premier de 38 pièces relatives à

[5 AOÛT 1796] DU DIRECTOIRE EXÉCUTIF. 273

DÉLIBÉRATION SECRÈTE DU 18 THERMIDOR AN IV [1]

5 AOÛT 1796.

CCXLIX

Dépôt d'un rapport au Directoire exécutif par le ministre des finances, approuvé le 18 thermidor et mentionné au procès-verbal du 21[2], relatif à la maison Long, Huppé et Gelot, chargée par le Comité de Salut public de faire des approvisionnements dans le Nord, auquel est jointe une pièce datée de Paris le 10 thermidor an IV, signé Coste, Caylus et Givaudan, relative audit rapport.

SÉANCE DU 19 THERMIDOR AN IV [3]

6 AOÛT 1796.

Le Directoire autorise la vente et adjudication de dix-huit arpents de bois situés au canton de Chauvis, faisant partie de la réserve de la commune de Montigny-les-Vesoul [4].

Il autorise pareillement la vente du quart de réserve des bois de la commune de Vauciennes [5].

Il adresse trois messages au Conseil des Cinq-Cents :

Par le premier il l'invite à mettre à la disposition du ministre des finances une somme de trente millions [6].

Par le second il lui demande de déterminer les droits à percevoir

---

des nominations de juges, juges de paix, assesseurs, commissaires, etc., dans les départements de l'Allier, des Basses-Alpes, des Alpes-Maritimes, de la Charente-Inférieure et de l'Hérault ; — le second de 68 pièces de même nature relatives aux départements du Loiret, de la Marne, de l'Oise, de la Seine et de la Seine-Inférieure ; — le troisième de 137 pièces de même nature relatives au département de la Vendée.

[1] Arch. nat., AF III*, 20, p. 72.
[2] Voir plus loin.

[3] Arch. nat., AF III*, 4, fol. 122-125 ; et AF III, 3.
[4] Département de la Haute-Saône. — Arrêté du 19 thermidor an IV, signé Reubell, Le Tourneur, Revellière-Lépeaux (Arch. nat., AF III, 393, dossier 2074).
[5] Arrêté du 19 thermidor an IV, signé des directeurs Reubell, Le Tourneur, Revellière-Lépeaux (Arch. nat., AF III, 393, dossier 2074).
[6] Message lu à la séance du 19 thermidor (C. C., thermidor an IV, 359-360).

sur les bateaux et bacs de la rivière de Seine, dans la commune de Paris[1].

Par le troisième il l'engage à statuer sur la pétition du citoyen Lemonnier, ex-curé de Penne-de-Pie[2], tendant à obtenir la jouissance d'une maison construite à ses frais, sur un terrain national[3].

Les lois du 14 de ce mois[4], concernant la perception des droits d'enregistrement et timbre, seront publiées dans les départements réunis, pour y être exécutées[5].

Le ministre des finances est autorisé à traiter avec les citoyens Isabelle et Costé de l'échange d'un terrain qui leur appartenait et qui a été réuni au Domaine[6].

Cinq lettres sont écrites : la première au ministre de l'intérieur, pour le charger d'accorder les secours qu'il jugera convenables au citoyen Geoffroy, auteur d'un lavis dont il fait hommage au Directoire[7];

La deuxième aux représentants du peuple composant la commission[8] du Conseil des Anciens, pour les prévenir que le ministre de l'intérieur est chargé de mettre à leur disposition les morceaux de sculpture qu'ils ont demandés[9] pour le jardin national des Tuileries[10];

La troisième aux administrateurs du département de l'Aveyron, pour leur demander des renseignements sur la quatrième liste des émigrés, publiée dans ce département[11];

---

[1] Message lu à la séance du 21 thermidor (*C. C.*, thermidor an IV, 382-383). — Le Directoire rappelle que le décret du 25 thermidor an III prescrivant la mise en location du service de ces bateaux et bacs n'a pu encore être exécuté, que ce service est en souffrance et qu'il s'agit : « 1° de déterminer les droits à percevoir sur les passages, de manière à ce que la perception en soit facile et donne un produit moyennant lequel il soit possible de parvenir à une adjudication; 2° d'établir des règles de police et de discipline pour la sûreté publique et le maintien du bon ordre dans toutes les parties de ce service».

[2] Département du Calvados.

[3] Message lu à la séance du 21 thermidor (*C. C.*, thermidor an IV, 381-382). — Le Directoire représente que Lemonnier s'était fait autoriser par la commune à construire cette maison, dont il jouirait pendant sa vie et qui après sa mort appartiendrait à la fabrique; qu'il en a abandonné la jouissance au maître d'école tant qu'il a été curé; qu'il a 78 ans et qu'il n'a plus d'autre asile.

[4] Voir plus haut, p. 241.

[5] Arrêté du 19 thermidor an IV, signé Reubell, Le Tourneur, Revillière-Lépeaux (Arch. nat., AF III, 393, dossier 2073).

[6] Par la loi du 28 vendémiaire an IV portant ouverture d'une avenue à partir du palais directorial jusqu'au boulevard. — Arrêté du 19 thermidor an IV, signé Le Tourneur, Reubell, Revellière-Lépeaux (Arch. nat., AF III, 393, dossier 2074).

[7] Minute signée Le Tourneur, Reubell, Carnot (Arch. nat., AF III, 393, dossier 2073).

[8] Des inspecteurs.

[9] Par lettres des 11 et 15 thermidor.

[10] Minute signée Le Tourneur, Reubell, Carnot (Arch. nat., AF III, 393, dossier 2073).

[11] Pour pouvoir répondre au message du Conseil des Cinq Cents sur cette quatrième

La quatrième au ministre de l'intérieur pour lui rappeler la demande des inspecteurs de la salle[1] sus-mentionnée[2];

La cinquième au ministre de la police générale, pour l'inviter à procurer au Directoire les renseignements demandés par le Conseil des Cinq-Cents[3] concernant les demandes en radiation de la liste des émigrés[4].

Le commissaire du Directoire près le tribunal de cassation est chargé de lui dénoncer un jugement du tribunal criminel du département des Côtes-du-Nord rendu en faveur d'un prévenu d'émigration[5].

[Le Directoire exécutif, ayant revu son arrêté en date du 16 prairial dernier[6] relatif aux formalités auxquelles seront assujettis les Français voyageant dans les pays neutres qui voudront être inscrits sur les registres d'immatriculation, demanderont des certificats de vie ou réclameront l'autorité des consuls de la République française pour tout autre acte quelconque,

Arrête, comme mesure additionnelle, que ces Français seront tenus de rapporter, outre les certificats et papiers désignés dans l'arrêté cité plus haut, une attestation de l'administration de leur département, constatant qu'ils ne sont pas dans le cas de la réquisition.

Le ministre des relations extérieures est chargé de l'exécution du présent arrêté, qui sera envoyé à tous les agents de la République fran-

---

liste, le Directoire demande : 1° à quelle époque elle a été faite; 2° quelles réclamations elle a soulevées; 3° la date de ces réclamations; 4° les décisions qui ont pu être prises à cet égard; 5° la date de ces décisions. Il demande en outre toutes observations de nature à éclairer soit sur la liste en général, soit sur tel ou tel des individus qu'elle comprend. — Minute signée Reubell, Carnot, Revellière-Lépeaux (Arch. nat., AF III, 393, dossier 2073).

[1] Du Conseil des Cinq Cents. — Voir ci-dessus.

[2] Minute signée Le Tourneur, Reubell, Carnot (Arch. nat., AF III, 393, dossier 2073).

[3] Voir plus haut, p. 255.

[4] Minute signée Reubell, Carnot, Revellière-Lépeaux (Arch. nat., AF III, 393, dossier 2073).

[5] Arrêté du 19 thermidor an IV, signé Le Tourneur, Reubell, Revellière-Lépeaux (Arch. nat., AF III, 393, dossier 2073). — Il s'agit de Jean Le Boulanger, prévenu d'émigration,

de port d'armes contre sa patrie tant en Espagne que parmi les chouans, etc., et dont les «aveux réitérés... pouvaient dispenser le tribunal de toute recherche ultérieure»; ce tribunal n'en a pas moins ordonné la mise en liberté du prévenu, en quoi il a excédé ses pouvoirs, la loi du 25 brumaire an III l'obligeant à le renvoyer devant une commission militaire. — Voir le rapport du ministre de la justice (même dossier).

[6] Voir t. II, p. 544. Aux termes de cet arrêté, ces Français seront assujettis «outre les formalités déjà requises, à représenter un passeport de l'administration de leur département, visé par le ministre des relations extérieures» (ou, s'il est postérieur à la loi du 14 ventôse an IV, le certificat de l'administration départementale que la notice desdits passeports a été envoyée audit ministre). Ils doivent aussi rapporter un certificat de l'administration de leur département attestant qu'ils ne sont compris sur aucune liste d'émigrés ou qu'ils en ont été définitivement rayés.

çaise en pays étranger et sera imprimé à la suite de l'arrêté du 16 prairial. — Arch. nat., AF III, 393, dossier 2072](1).

Les lois nécessaires aux administrations municipales et aux justices de paix des départements de l'Ouest seront réimprimées(2).

[Le Directoire exécutif, vu les arrêtés des 11(3) et 22 messidor(4) dernier, relatifs à l'arrestation du citoyen Poterat, chargé d'une mission par la République, demeurant ordinairement au Madro, près Cléry, département du Loiret, lequel était prévenu de conspiration contre la sûreté intérieure et extérieure de l'État;

Vu l'interrogatoire subi le 17 de ce mois par le citoyen Poterat devant le ministre de la police générale de la République; vu pareillement le rapport du même ministre, en date de ce jour, sur les différents faits qui ont donné lieu à son arrestation (5);

Arrête ce qui suit:

ARTICLE 1er. Le citoyen Poterat, ci-devant chargé de mission par la République, sera à l'instant mis en liberté, à la charge par lui de se conformer aux lois relatives aux citoyens étrangers à la commune de Paris (6).

ART. 2. Le ministre de la police générale est chargé de l'exécution du présent arrêté, lequel ne sera pas imprimé. — Arch. nat., AF III, 393, dossier 2073](7).

[Le Directoire exécutif, après avoir entendu le rapport du ministre de l'intérieur sur les réclamations d'un grand nombre d'administrations

---

(1) Signé à la minute Reubell, Carnot, Revellière-Lépeaux.

(2) Arrêté du 19 thermidor an IV, signé Le Tourneur, Revellière-Lépeaux, Reubell (Arch. nat., AF III, 393, dossier 2073).

(3) Voir t. II, p. 744.

(4) Voir plus haut, p. 56.

(5) Dans ce rapport (Arch. nat., AF III, 393, dossier 2073), le ministre de la police rend compte non seulement de l'examen des papiers de Poterat, mais de l'interrogatoire subi par ce dernier, dont les réponses évasives ou négatives ne peuvent dissimuler l'inexactitude des renseignements fournis par lui aux généraux Moreau et Laborde sur l'état du Brisgau, non plus que ses rapports avec des émigrés, les promesses qu'il leur a faites, etc. — Le ministre conclut ainsi : «... Il est aisé de se convaincre qu'il a outrepassé les pouvoirs qui lui ont été transmis par le Directoire exécutif. Mais comme il serait difficile, en le traduisant devant les tribunaux, d'acquérir des preuves matérielles des faits qui lui sont imputés, que d'ailleurs il existe dans les pièces et papiers dudit citoyen Poterat des actes et pièces qu'il me paraît nécessaire de ne point rendre publiques, attendu qu'elles font partie des mesures secrètes que le Gouvernement est obligé de prendre dans les circonstances présentes, je me bornerai à vous proposer d'ordonner que le citoyen Poterat sera remis en liberté, à la charge par lui de se conformer aux lois relatives aux citoyens étrangers à la commune de Paris....».

(6) C'est-à-dire de quitter Paris et de se retirer au lieu de son domicile ordinaire.

(7) Signé à la minute Reubell, Carnot, Le Tourneur.

départementales contre la vaine-pâture, réclamations fondées sur l'altération que les foins de la première faux ont éprouvée par les pluies qui ont accompagné la fenaison et sur la nécessité d'y suppléer par le produit de la seconde herbe;

Après s'être fait représenter l'arrêté pris par le Comité de salut public le 25 thermidor de l'an 3e, dans les mêmes circonstances et par les mêmes considérations, portant que l'usage de la vaine-pâture dans les prés, quoique non clos, serait suspendu jusqu'à la seconde faux et la levée des regains au profit des propriétaires;

Arrête ce qui suit :

Les administrations centrales des départements sont autorisées à maintenir provisoirement, autant qu'elles le jugeront nécessaires, les dispositions de l'arrêté du Comité de salut public du 25 thermidor an 3e concernant la destination de la seconde herbe des prés ou prairies.

Le ministre de l'intérieur est chargé de l'exécution du présent arrêté, qui ne sera point imprimé mais seulement communiqué par lui aux administrations centrales ou municipales qui l'ont sollicité. — Arch. nat. AF III, 393, dossier 2073] [1].

Il sera sursis pendant six mois à la radiation définitive de la liste des émigrés de Louise-Exupère-Françoise-Charlotte Dubot-Du Grège, veuve d'Amphernet, dit Pont-Bellanger, et cependant le séquestre sera provisoirement levé, avec restitution et jouissance provisoire de ses biens [2].

Un messager d'État, envoyé par le Conseil des Anciens, est admis et dépose sur le bureau trois lois :

La première relative aux droits de sortie [3] de différentes marchandises de la République;

---

[1] Signé à la minute Le Tourneur, Revellière-Lépeaux, Reubell.

[2] Arrêté du 19 thermidor an IV, signé Le Tourneur, Reubell, Revellière-Lépeaux (Arch. nat., AF III, 393, dossier 2073). — La veuve de Pont-Bellanger, chef de chouans, a exposé qu'abandonnée par son mari, elle avait cru devoir se cacher pendant la guerre civile. Elle a été inscrite sur les listes d'émigrés du Finistère et du Morbihan. Les administrateurs du ministère ont trouvé qu'elle ne justifiait pas suffisamment de sa résidence; on l'a accusée d'être allée à Jersey, Guernesey et dans les îles méridionales de l'Angleterre (Voir le rapport du ministre de la police, Arch. nat., AF III, 393, dossier 2073).

[3] *Bull.*, II, LXVI, n° 598. — «... Considérant, lit-on dans le préambule, que l'encouragement le plus utile pour l'industrie agricole et manufacturière est de lui assurer le débouché de ses productions; que la faculté d'exporter toutes celles dont la conservation n'est pas indispensable peut seule vivifier l'agriculture et faire rentrer dans la Répu-

La seconde portant que les commissaires de la Comptabilité continueront à fournir tous les trois mois au Corps législatif les états des comptes arrêtés définitivement ou provisoirement pendant le trimestre[1];

La troisième qui statue que les décisions et jugements rendus par la haute-cour de justice[2] ne sont pas sujets au recours devant le tribunal de cassation[3].

Le Directoire ordonne que ces trois lois seront publiées, exécutées et qu'elles seront munies du sceau de l'État : elles sont, en conséquence, adressées de suite à l'enregistrement, pour deux expéditions être envoyées sans délai au ministre de la justice, avec l'arrêté portant ordre d'impression et de publication dans les formes prescrites par les lois.

[Le Directoire exécutif, considérant que, dans un moment où le commerce ne pouvait alimenter qu'une faible partie des habitants de la ville de Paris, le gouvernement s'est vu forcé à accorder des secours en nature aux citoyens indigents;

Que, depuis que le commerce a repris son cours, l'abondance des denrées de première nécessité a permis de diminuer la distribution des secours;

Que l'activité des relations commerciales, le retour de l'industrie et des travaux offrent aux hommes laborieux des moyens d'existence assurés;

Considérant que, les secours en nature devenant superflus aux citoyens que le travail et l'industrie mettent au-dessus du besoin, il est du devoir du gouvernement de jeter un regard économique sur la distribution de ces secours et sur les dépenses qu'ils occasionnent;

---

blique du numéraire et des matières brutes, dont l'emploi est une nouvelle source de prospérité; — qu'une loi prohibitive à la sortie est une mesure extrême, dont une bonne administration ne doit user qu'autant que l'exportation ne peut être restreinte ou ralentie par des droits; — considérant encore qu'il est juste d'accorder aux habitants des départements réunis à la France ou limitrophes le débouché des productions qui ne pourraient soutenir la concurrence avec celles de l'intérieur...». La loi en question est suivie de trois tableaux indiquant, par ordre alphabétique, 1° d'abord les objets précédemment prohibés, dont la sortie sera permise moyennant le paiement de certains droits (les droits sont indiqués pour chaque objet); 2° ensuite les objets qui demeureront prohibés à la sortie; 3° enfin le droit (10 p. %) auquel seront assujettis les bois sciés venant de l'étranger par les départements de la Lys, de l'Escaut et des Deux-Nèthes.

[1] *Bull.*, II, LXIV, n° 587.
[2] Alors sur le point d'être convoquée (pour l'affaire Babeuf).
[3] *Bull.*, II, LXIV, n° 588.

Considérant enfin que ces secours doivent être réservés pour les véritables indigents;

Sur le rapport du ministre de l'intérieur,

Arrête :

1° Toute distribution de pain et de viande à d'autres personnes qu'aux vrais indigents est supprimée à compter du 15 fructidor prochain;

2° Les indigents continueront à recevoir chaque jour gratuitement et par tête trois quarterons de pain;

3° Les indigents, vieillards, infirmes, malades, et les femmes en couches recevront en outre gratuitement par décade et par tête une livre de viande;

4° Est réputé indigent tout citoyen qui par son revenu et le produit de son travail ne peut se procurer vingt sols par jour, valeur métallique; s'il n'a pas d'enfants à sa charge; vingt-cinq sols s'il en a un au-dessous de dix ans; trente sols s'il en a deux, et en augmentant de cinq sols par chaque tête d'enfant au-dessous de dix ans;

5° Toute famille composée du mari et de la femme est réputée indigente si, par son revenu et le produit de son travail, elle ne peut se procurer trente sols par jour, lorsqu'elle n'a pas d'enfants; trente-cinq sols si elle a un enfant au-dessous de l'âge de dix ans, en augmentant de cinq sols par tête d'enfant au-dessous de l'âge de dix ans.

Le ministre de l'intérieur est chargé de l'exécution du présent arrêté, qui sera imprimé. — Arch. nat., AF III, 393, dossier 2073][1].

[Le Directoire exécutif, considérant que, depuis le passage du Rhin et les progrès victorieux en pays ennemi des armées qui ont effectué cette glorieuse entreprise, il n'a été établi aucun mode fixe et régulier pour l'exercice du droit d'imposer des contributions ou de faire des réquisitions, et que, pour prévenir tous abus d'autorité en ce genre et faire jouir les troupes qui composent les armées de Rhin-et-Moselle et et de Sambre-et-Meuse de toutes les ressources que leur offrent à chaque pas les pays si vaillamment conquis par elles, il est urgent de statuer d'une manière fixe et précise sur l'objet important des contributions et réquisitions, arrête ce qui suit :

ARTICLE 1ᵉʳ. Aucune contribution en numéraire ou en nature ne

---

[1] Signé à la minute Le Tourneur, Revellière-Lépeaux, Reubell, Carnot.

pourra être imposée sur les pays conquis par les armées de Rhin-et-Moselle et de Sambre-et-Meuse qu'en vertu d'un ordre spécial du général en chef de chacune de ces armées ou d'une délégation expresse de sa part.

Art. 2. Aucune réquisition en denrées ou fournitures propres aux besoins des armées ne pourra être faite que par le seul commissaire ordonnateur en chef de chacune des armées de Rhin-et-Moselle et de Sambre-et-Meuse ou qu'en vertu d'une autorisation expresse de sa part.

Art. 3. Les officiers généraux, commissaires des guerres et chefs de corps qui se trouveraient dans la nécessité, pour des besoins urgents et imprévus, de faire quelques réquisitions partielles, seront tenus, sous leur responsabilité personnelle, d'en rendre compte sur-le-champ soit au général en chef, soit au commissaire ordonnateur en chef de chacune des armées de Rhin-et-Moselle et de Sambre-et-Meuse et de soumettre ces réquisitions à leur approbation.

Art. 4. Sur les fonds provenant des contributions en numéraire, il est mis à l'entière disposition du général en chef de chacune des armées de Sambre-et-Meuse et de Rhin-et-Moselle et pour les dépenses secrètes de l'une et de l'autre armée une somme de trois cent mille livres. Tous leurs mandats pour cet objet essentiel seulement et sur cette somme de trois cent mille livres seront acquittés par le payeur général de chacune desdites deux armées.

Art. 5. Toutes les dépenses sur les mêmes fonds provenant des contributions en numéraire ne pourront être acquittées que par arrêté du commissaire du gouvernement près l'une et l'autre armée, essentiellement motivé sur une lettre du commissaire ordonnateur en chef, tous deux tenus d'en rendre compte, le premier au Directoire exécutif et le second au ministre de la guerre.

Art. 6. Les ministres de la guerre et des finances sont, chacun en ce qui le concerne, chargés de l'exécution du présent arrêté, qui ne sera pas imprimé. — Arch. nat., AF III, 393, dossier 2076 [1].]

Le citoyen Pothier, commissaire de police de la section du Contrat-

---

[1] Signé à la minute Le Tourneur, Carnot, Revellière-Lépeaux. — Arrêté conforme aux vues du commissaire Joubert. Voir son rapport du 8 thermidor, par lequel il dénonce les brigandages et excès de tous genres auxquels donnent lieu les contributions et réquisitions en pays conquis, et les remèdes qu'il propose (Arch. nat., AF III, 393, dossier 2076).

Social⁽¹⁾, du troisieme arrondissement du canton de Paris, est destitué⁽²⁾.

Le citoyen Linngberg, ingénieur suédois, est requis pour servir d'ingénieur en chef des ponts et chaussées dans les départements réunis⁽³⁾.

On écrit au ministre de la guerre en lui renvoyant la pétition du citoyen Girardet, armurier à Porentruy⁽⁴⁾.

Conformément à l'arrêté du Directoire du 1ᵉʳ prairial an 4ᵉ, les ministres de la guerre, de la police générale, des relations extérieures, de la justice, des finances et de l'intérieur soumettent à l'approbation du Directoire les états des dépenses à ordonnancer par eux. Le Directoire approuve ces dépenses et remet un double desdits états à chacun des ministres qui les a proposés.

Les citoyens Quentin-Beauvert et Brossier⁽⁵⁾ sont nommés commissaires pour la démarcation des limites entre le territoire de la République et les pays réservés au roi de Sardaigne, en Italie⁽⁶⁾.

Les citoyens Bourret, Tugot et Duhautoire leur sont adjoints pour cette commission.

Le Directoire écrit au citoyen Saliceti, son commissaire près l'armée d'Italie⁽⁷⁾;

Au général Duvignau, chef de l'État-major de l'armée de l'intérieur⁽⁸⁾;

Et cinq lettres au général Kellermann⁽⁹⁾.

⁽¹⁾ Ancienne section des *Postes* (quartier Saint-Eustache).

⁽²⁾ Comme «incapable de faire le bien dans la place qu'il occupe». — Arrêté du 19 thermidor an IV, signé Carnot, Le Tourneur, Revellière-Lépeaux (Arch. nat., AF III, 393, dossier 2072).

⁽³⁾ Arrêté daté du 18 thermidor an IV et mentionné plus haut, p. 272, à la suite du procès-verbal de la séance de ce jour.

⁽⁴⁾ Minute signée Carnot, Le Tourneur, Revellière-Lépeaux (Arch. nat., AF III, 393, dossier 2072). — On demande au ministre de la guerre de rendre compte de l'essai d'un pistolet dont le citoyen Girardet est l'inventeur. Ce pistolet «chasse la balle à une distance bien plus grande que ceux dont on a fait jusqu'à présent usage».

⁽⁵⁾ L'un chef de brigade, l'autre ancien capitaine d'infanterie.

⁽⁶⁾ Arrêté du 19 thermidor an IV, signé Carnot, Reubell, Barras (Arch. nat., AF III, 393, dossier 2074). — Voir plus haut.

⁽⁷⁾ Voir le texte de cette lettre plus loin à l'Appendice.

⁽⁸⁾ Minute signée Le Tourneur, Carnot, Reubell (Arch. nat., AF III, 393, dossier 2074). — Le Directoire l'informe que le détachement du 3ᵉ régiment de dragons qui forme sa garde provisoire restera auprès de lui.

⁽⁹⁾ Minutes signées Carnot, Le Tourneur, Reubell. — Par la première de ces lettres, le Directoire transmet à Kellermann copie d'une lettre du ministre de la police et l'invite à prendre des mesures en conséquence. — Par la seconde, il lui témoigne sa satisfaction sur les détails contenus dans sa lettre et dans celle du duc d'Aoste au général Puget, relativement à la bonne conduite de la garnison de Suze. — Par la troisième, il lui accuse réception de deux lettres relatives à la marche des troupes vers Coni et aux besoins des différents services

Les minutes de ces lettres sont à la section de la guerre.

On signe un état de citoyens exemptés du service militaire aux armées[1].

Le Directoire ordonne que le jugement du tribunal criminel du département des Côtes-du-Nord, du 16 fructidor an 3ᵉ, rendu en faveur d'un prévenu d'émigration, sera dénoncé au tribunal de cassation[2].

Le Directoire exécutif au citoyen Saliceti,
son commissaire près l'armée d'Italie.

Le Directoire exécutif, citoyen, a reçu par le courrier extraordinaire que vous lui avez expédié les huit états concernant les recouvrements qui sont en pleine activité dans les parties de l'Italie soumises aux armes françaises. Ces états classés par nature de contributions donnent une connaissance claire et précise des sommes

---

de l'armée, besoins auxquels les ministres de la guerre et des finances sont chargés de pourvoir. — Par la quatrième, il lui annonce que le ministre de la guerre a été chargé de faire passer sans délai les fonds nécessaires pour les besoins de l'artillerie et autres services; il l'invite à réclamer lui-même du général Bonaparte les sommes qui doivent lui revenir du produit des contributions en Italie. — Par la cinquième, il lui accuse réception de sa lettre sur les différentes époques de l'arrivée des corps de troupes en marche pour Lyon ou pour l'Italie, sur les dispositions faites pour leur distribution et leur répartition ultérieure. Il lui recommande de ne pas retenir les troupes qui doivent se rendre en Italie (Arch. nat., AF ııı, 393, dossier 2074).

[1] Arrêté du 19 thermidor an ıv, signé Carnot, Reubell, Revellière-Lépeaux (Arch. nat., AF ııı, 393, dossier 2074). — Dix-sept citoyens sont exemptés comme «nécessaires à leurs parents vieux et infirmes»; — douze comme «nécessaires à une nombreuse famille»; — treize comme «mariés»; — quatre comme «tanneurs»; — six comme «réclamés par les ministres pour les approvisionnements de Paris et des armées»; — quatre comme «chefs de manufactures et d'ateliers»; — sept comme «réclamés par les ministres de la guerre et de l'intérieur pour la prospérité des arts, du commerce ou de l'agriculture»; — enfin sept comme «employés dans les administrations militaires et civiles avant la loi».

[2] Arrêté déjà mentionné plus haut au présent procès-verbal (voir p. 275).

Indépendamment des pièces qui viennent d'être signalées, on trouve encore les suivantes, se rapportant à la séance du 19 thermidor et non mentionnées au procès-verbal, dans le dossier 2074 (Arch. nat., AF ııı, 393): 1° arrêté, signé Carnot, Le Tourneur, Reubell, par lequel les citoyens Le Crosnier, capitaine adjudant-major au 2ᵉ bataillon de la ci-devant légion de police; Ledru, lieutenant; Jacquin, sous-lieutenant; et Simon, sergent-major, au 3ᵉ bataillon de la ci-devant légion de police, sont réintégrés et admis à servir dans leur grade à la suite d'une demi-brigade, en attendant leur remplacement; — 2° arrêté signé Carnot, Barras, Reubell, accordant un congé de deux mois, pour cause de maladie, à Charles Nicolas, grenadier attaché à la garde du Directoire; — 3° arrêté, signé Carnot, Le Tourneur, Reubell, rapportant celui du 27 nivôse an ıv qui destituait le citoyen Courlet-Vrégille, commandant de l'arsenal de Besançon (dont un fils était émigré) et l'admettant à prendre sa retraite (Voir plus loin, p. 294, séance du 21 thermidor).

Le dossier 2075, dont le contenu, comme celui des trois précédents, se rapporte à la séance du 19 thermidor, est formé de 24 pièces relatives à des nominations de juges de paix et d'assesseurs dans les départements de l'Aisne, des Hautes-Alpes, des Ardennes, du Calvados, du Lot, de Seine-et-Oise et de la Sarthe.

déjà versées et de celles qui sont encore à percevoir, dont le Directoire a été très satisfait. Il l'a été également des dispositions contenues dans votre arrêté qui annonce l'emploi des voies coercitives envers les communes des pays conquis qui n'auront pas satisfait au versement de leurs contributions dans le temps prescrit.

Le citoyen Lachèze doit être absolument étranger aux opérations du citoyen Belleville touchant le séquestre mis sur les effets anglais à Livourne, dont celui-ci a d'abord été chargé. Pour le bien du service et pour satisfaire aux règles de la justice, il est nécessaire que le consul français à Livourne suive seul les opérations qu'il a commencées à cet égard et sans l'intervention des commissaires adjoints à lui, quelque zèle qu'ils puissent avoir d'ailleurs. C'est le plus sûr moyen de terminer promptement cette affaire, soit par la vente directe des effets, soit en traitant avec ceux qui voudront continuer de les garder pour leur propre compte.

Le Directoire conçoit des espérances d'autant plus fondées sur le succès de l'expédition de Corse que votre zèle pour les intérêts de la République lui est parfaitement connu. Continuez, citoyen, d'entretenir les compagnons de vos dangers et de votre patriotisme dans l'honorable sentiment dont ils sont maintenant animés. Qu'ils oublient les torts de leurs frères égarés dès que ceux-ci, délivrés du joug anglais, pourront leur tendre les bras, et qu'ils se rendent dignes en tout d'être les régénérateurs de leur terre natale.

Vous vous concerterez avec le général Bonaparte afin qu'il mette à votre disposition les sommes qui seront jugées entre vous deux être indispensables pour l'expédition de Corse. Elles devront être prises sur le produit des contributions levées par l'armée d'Italie. Le Directoire s'en rapporte à votre discrétion et à la prudence du général en chef.

CARNOT, LE TOURNEUR, REUBELL[1].

DÉLIBÉRATION SECRÈTE DU 19 THERMIDOR AN IV [2]

6 AOÛT 1796.

CCXLVII

Le Directoire exécutif arrête ce qui suit :

ARTICLE 1er. Le compte des recettes et paiements que le ministre de la police générale a faits pour dépenses secrètes de son ministère pendant le mois de messidor sur les fonds mis à sa disposition pour le maintien de l'ordre et de la tranquillité publique est reçu par le Directoire exécutif, qui reconnaît que les sommes portées en dépense, mon-

---

[1] Arch. nat., AF III, 393, dossier 2074. — [2] Arch. nat., AF III*, 20, p. 71. — AF III, 393, dossier 2072.

tant à cent cinquante trois mille deux cent quarante-sept francs trente-deux centimes ont été employées à leur destination[1].

ART. 2. Le ministre se chargera en recette dans le compte des dépenses ultérieures de la somme de quatre-vingt-deux mille cent quatre-vingt-cinq francs quatorze centimes, formant le reliquat de celui arrêté par le présent.

ART. 3. Ce compte, ainsi que les pièces à l'appui, demeureront joints au registre de dépenses secrètes du gouvernement, pour y avoir recours au besoin.

ART. 4. Expédition du présent sera remise au ministre de la police pour sa décharge[2].

SÉANCE DU 20 THERMIDOR AN IV [3]

7 AOÛT 1796.

Le Directoire adresse un message au Conseil des Cinq-Cents, pour lui transmettre un jugement du tribunal civil du département de Seine-et-Marne qui a prononcé un référé au Corps législatif pour lui demander l'explication positive de l'article 4 de la loi du 3 brumaire dernier, interprétative de celle du 2 thermidor de l'an III[4].

Vu les pièces actuellement produites devant le tribunal criminel du département de la Manche, desquels il résulte que Pierre-Marie-Félicité Desoteux, dit Cormatin[5], a émigré du territoire de la République, et qu'il y est rentré en contravention aux lois qui en bannissent à perpétuité les émigrés, (il) charge son commissaire près le tribunal criminel

---

[1] Le bordereau justificatif de l'emploi des sommes fourni par le ministre de la police (Arch. nat., AF III, 393, dossier 2072) désigne (avec indication de ce qu'elles ont reçu et des dates des paiements) les personnes suivantes : *Labbé;* — *Robert* et autres; — *Noël* et autres; — *Linage, Desjons* et autres; — *Milcent;* — *Romain* et autres; — *Rousset;* — *Cadet;* — *Linage* jeune; — *Michel;* — *Descamps;* — *Letrône* et *Soupais;* — *Bacon* fils; — *Ducke;* — *Dossonville.* — Les mandats de paiement du ministre, acquittés par les parties prenantes, sont joints au dossier.

[2] Signé à la minute Le Tourneur, Revellière-Lépeaux, Carnot.

[3] Arch. nat., AF III*, 4, fol. 125-130, et AF III, 3.

[4] Message lu à la séance du 23 thermidor (*C. C.*, thermidor an IV, 427-428). — Cet article 4, dit le Directoire, n'est pas suffisamment clair. — La loi du 2 thermidor an III astreignait les fermiers ou locataires de biens ruraux à prix d'argent à payer aux propriétaires et bailleurs moitié de leurs fermes en grains.

[5] Sur Cormatin, voir t. I, 126, 282.

de ce département de dénoncer au même tribunal ledit Cormatin, pour être procédé à son égard conformément aux lois sur les émigrés, soit avant soit après le jugement du procès instruit contre lui par le directeur du jury de Saint-Lô[1].

Il reçoit un message du Conseil des Cinq-Cents, qui lui demande son opinion sur la question de savoir : s'il ne serait pas avantageux de réunir dans un même local les ateliers de géographie et d'hydrographie[2].

Un message d'État envoyé par le Conseil des Anciens dépose sur le bureau deux lois :

La première portant que les citoyens Amonnin, Sainte-Luce et Lebon-Lahoutraie, anciens payeurs des rentes, jouiront pour la formation et la présentation de leurs comptes du délai accordé par l'article 2 de la loi du 22 messidor dernier aux citoyens Cochin et d'Espaignes[3] ;

La seconde concernant l'exportation des marchandises[4].

Le Directoire ordonne que ces deux lois seront publiées, exécutées et qu'elles seront munies du sceau de l'État : elles sont en conséquence adressées de suite à l'enregistrement pour deux expéditions être envoyées sans délai au ministre de la justice, avec l'arrêté portant ordre d'impression et de publication dans les formes prescrites par les lois.

Le ministre de l'intérieur propose d'autoriser le chargement sur navires neutres des marchandises du Levant et leur importation à Marseille. Le Directoire renvoie la proposition au ministre de la marine pour avoir son avis[5].

Six lettres sont écrites, savoir :

Deux au ministre de la guerre[6] ;

---

[1] Arrêté du 20 thermidor an IV, signé Reubell, Revellière-Lépeaux, Barras (Arch. nat., AF III, 393, dossier 2076).

[2] Message du 19 thermidor an IV (Arch. nat., AF III, 393, dossier 2073). — Le Conseil demande s'il n'y aurait pas avantage à «réunir, soit dans un seul établissement formé spécialement pour cet objet, soit par une nouvelle attribution au bureau des longitudes, les ateliers de géographie et d'hydrographie, dépôts de mémoires, dessins et manuscrits relatifs à ces sciences, qui existent actuellement dans les bureaux des divers départements du ministère, bureau du cadastre, des ponts et chaussées et autres...».

[3] Bull., II, LXIV, n° 590.

[4] Loi déjà mentionnée dans le procès-verbal de la séance du 19 thermidor.

[5] Rapport du ministre de l'intérieur (Arch. nat., AF III, 393, dossier 2076).

[6] Minutes signées Carnot, Le Tourneur, Reubell (Arch. nat., AF III, 393, dossier 2076). — Par la première le Directoire transmet au ministre de la guerre une lettre du général Kellermann et une autre du directeur du parc d'artillerie de l'armée des Alpes sur l'urgence des besoins qu'éprouve le service de l'artillerie et la nécessité d'y pourvoir. — Par la seconde il l'invite à prendre toutes les mesures nécessaires pour assurer

Deux au citoyen Haussmann, commissaire du gouvernement à l'armée de Rhin-et-Moselle[1];

Une au citoyen Letellier, commissaire dans les départements de la Loire-Inférieure et de la Vendée[2];

Et une autre au citoyen Dumas, commissaire dans les départements de Maine-et-Loire et des Deux-Sèvres[3].

On écrit au général de division Lamer, commandant la 10ᵉ division militaire, pour lui demander des renseignements sur l'ex-adjudant général Delage, employé à la suite de Collioure, et le citoyen Marron-Martin, capitaine de gendarmerie à Narbonne[4];

Au commissaire du Directoire près l'administration municipale de Narbonne, pour lui demander des renseignements sur la rixe survenue entre l'adjudant général Delage et le capitaine de gendarmerie Marron-Martin[5];

Au commissaire du Directoire près l'administration centrale du département de l'Aude, pour lui demander des renseignements sur le même objet[6];

Au commissaire du Directoire près le tribunal du département de l'Aude, pour lui demander des renseignements sur les accusations portées réciproquement par les citoyens Delage et Marron-Martin l'un contre l'autre[7];

---

toutes les parties du service de l'armée du général Kellermann.

[1] Minutes signées, la première, Carnot, Reubell, Barras, — la seconde, Carnot, Le Tourneur, Reubell (Arch. nat., AF III, 393, dossier 2076). — Par la première, le Directoire autorise Haussmann à prélever sur les contributions des pays conquis les fonds nécessaires à sa mission en donnant successivement avis au Gouvernement des sommes délivrées; le Directoire se fera donner des renseignements touchant le cours du Rhin par rapport à Vieux-Brisach. — Par la seconde, le Directoire envoie à Haussmann l'arrêté qu'il vient de prendre pour la punition de plusieurs officiers de l'armée du Rhin-et-Moselle qui se sont rendus coupables de brigandages et autres excès. Il le charge de rassembler promptement les preuves des délits dont sont spécialement prévenus le général Tuncq et l'adjudant-général Perrin (accusés l'un d'un enlèvement de vin et autres denrées au mépris d'un armistice, — l'autre d'extorsion d'argent dans le margraviat de Dourlach); il lui ordonne de les traduire ensuite devant un conseil militaire.

[2] Voir le texte de cette lettre plus loin, à l'Appendice.

[3] Cette lettre est la même que la précédente.

[4] Minute signée Le Tourneur, Carnot, Reubell (Arch. nat., AF III, 393, dossier 2076). — Le Directoire rappelle que Delage a été envoyé de Narbonne à Collioure par arrêté du 25 prairial, parce qu'il avait été accusé de violences exercées envers des femmes; d'un autre côté le Directoire exécutif a cru devoir éloigner également de Narbonne le capitaine de gendarmerie Marron-Martin, chargé de diriger les poursuites contre Delage et que ce dernier accusait de complaisance coupable pour les déserteurs.

[5] Minute signée Le Tourneur, Carnot, Reubell (Arch. nat., AF III, 393, dossier 2076).

[6] Minute signée Le Tourneur, Carnot, Reubell (Arch. nat., AF III, 393, dossier 2076).

[7] Minute signée Le Tourneur, Carnot, Reu-

Ainsi qu'au ministre de la guerre, pour le charger d'examiner les réclamations du général chargé de l'organisation de la gendarmerie dans les neuf départements réunis[1].

Ces lettres et arrêtés sont à la section de la guerre.

Le Directoire passe ensuite dans la salle d'audience : les ministres le précédent, les ambassadeurs et envoyés des puissances étrangères se rangent auprès de lui. Le ministre des relations extérieures entre précédé de deux huissiers et présente au Directoire M. Vincent Spinola, envoyé extraordinaire de la République de Gênes près la République française, lequel, s'adressant au Président, lui adresse le discours suivant :

« Citoyen Président,

« Honoré de la confiance de ma république, j'ai été chargé pendant quatre années consécutives aux frontières des deux États d'un soin bien doux à mon cœur, celui de contribuer à entretenir la bonne intelligence qui a régné jusqu'ici entre les deux nations et j'ai eu le bonheur d'y réussir.

« C'est durant cet intervalle que j'ai vu le spectacle étonnant de la République française, luttant contre presque toute l'Europe coalisée, passer (*sic*) des revers les plus cruels aux triomphes les plus éclatants et finir par vaincre tous ses ennemis. Mes vœux secrets avaient devancé ses hautes destinées. J'ai été d'autant plus satisfait de les voir remplies que mes sentiments se trouvaient d'accord avec les sages déterminations que le ferme Gouvernement de Gênes avait adoptées en proclamant une neutralité si avantageuse aux deux Républiques.

« Je dois ajouter pour l'honneur de ma Patrie que, malgré les dangers dont elle était menacée de toutes parts, elle a donné une grande preuve de courage et en même temps un exemple de l'attachement que

---

bell (Arch. nat., AF III, 393, dossier 2076). — Il ressort des réponses reçues par le Directoire touchant cette affaire et qui se trouvent au même dossier, que la querelle de Delage et de Marron-Martin provenait de ce que, la maîtresse de ce dernier ayant provoqué la femme de Delage, Delage s'était porté contre elle à des voies de fait, qui avaient motivé contre lui une poursuite en police correctionnelle.

[1] Minute signée Le Tourneur, Carnot, Revellière-Lépeaux (Arch. nat., AF III, 393, dossier 2076). — Le Directoire se plaint que ce général (Wirion) se soit attribué un traitement de 500 francs par mois en sus de ses appointements de général de brigade ; qu'il ait dans ses bureaux trop d'employés et trop payés ; et qu'il ait porté ses frais de tournées à la somme exagérée de 5,000 francs.

l'on doit à ses amis; ces événements n'échapperont pas à l'histoire. Le Gouvernement français y a applaudi et j'ai été plus d'une fois l'organe par lequel il a bien voulu exprimer à mon Gouvernement son entière satisfaction.

« Des événements qui sont une suite inévitable de la guerre n'ont point altéré la bonne harmonie entre les deux États; elle est invariable comme les principes de justice et d'intérêt réciproques sur lesquels elle est basée; elle sera durable comme les sentiments de l'estime et de la constante amitié dont la République de Gênes est pénétrée pour la République française et dont un ministre qui jouit, à juste titre, de la confiance des deux Républiques, a été l'organe auprès de vous.

« Le Gouvernement de Gênes, toujours empressé de témoigner à la République française le plus ardent désir d'entretenir et de consolider davantage la bonne harmonie entre les deux peuples, a voulu vous en réitérer l'assurance solennelle par une mission extraordinaire. Mes concitoyens ont jeté les yeux sur moi; ils ont cru que celui à qui les représentants et les généraux de la République française avaient si souvent témoigné de la confiance aurait, Citoyens Directeurs, quelque titre à la vôtre. Continuer de la mériter sera le but de mes efforts, heureux si je parviens à réaliser la douce espérance d'être aussi agréable au Directoire qu'utile à mon pays.

« Veuillez donc bien agréer, Citoyen Président, le nouveau gage d'une ancienne amitié, que j'ai l'honneur de vous présenter de la part de ma République, au nom de laquelle je viens résider auprès de vous, en qualité d'envoyé extraordinaire et ministre plénipotentiaire[1]. »

L'envoyé a ensuite présenté ses lettres de créance au Président du Directoire[2] qui lui a répondu :

« Monsieur l'Envoyé extraordinaire de la République de Gênes,

« Le Directoire exécutif, conduit par l'esprit qui anime le Peuple français, aime à trouver des amis dans tous ses voisins : mais il ne redoute l'inimitié d'aucun d'eux.

« Si les sentiments que vous témoignez à notre République de la

---

[1] Arch. nat., AF III, 393, dossier 2076. — [2] La Revellière-Lépeaux.

part de celle de Gênes sont sincères, comme nous n'en doutons pas, elle peut compter sur la constante amitié du Gouvernement français.

«Fort de la puissance de la nation et dirigé par sa volonté, il sera fidèle à ses amis et prompt à les servir, mais en même temps il saura forcer au silence la malveillance d'un ennemi impuissant et briser les efforts des ennemis les plus redoutables et les plus habilement coalisés; il saura forcer à respecter la République française et à lui rendre égards pour égards.

«Non, la France et ceux qui la gouvernent ne craignent pas la guerre, vous pouvez le dire à votre Gouvernement et à l'Europe entière; l'amour de la Liberté assure à nos soldats républicains d'assez glorieux triomphes.

«Mais vous devez leur dire aussi que nous chérissons la paix et que si nos vœux les plus ardents étaient accomplis, déjà cette paix consolante ferait oublier à l'Europe les malheurs d'une guerre dont tout l'odieux retombera désormais sur des ennemis qu'un inconcevable vertige ou la plus aveugle fureur doivent précipiter dans l'abîme qu'ils croyaient avoir creusé pour nous.

«Le Directoire exécutif voit avec une véritable satisfaction que le Gouvernement génois a choisi pour le représenter auprès de la République française un citoyen qui s'est acquis la réputation d'un ami de l'humanité, de la Liberté et des républicains français[1].»

LE DIRECTOIRE EXÉCUTIF AU CITOYEN LETELLIER,
SON COMMISSAIRE DANS LES DÉPARTEMENTS DE LA LOIRE-INFÉRIEURE ET DE LA VENDÉE.

On écrit au Directoire, citoyen commissaire, que plusieurs membres des administrations civiles dans les départements de l'Ouest et notamment quelques commissaires du Directoire auprès de ces administrations tiennent à l'égard des hommes qui sont rentrés sous les lois de la République une conduite et des propos propres à éloigner d'eux la confiance et à renouveler les troubles qui ont agité ces contrées.

Le Directoire vous invite à prendre dans les départements confiés à votre surveillance les renseignements que vous jugerez convenables et à les lui transmettre en lui proposant les changements que le résultat de vos découvertes à cet égard vous paraîtra nécessiter. Il importe de ne laisser dans les fonctions publiques que

---

[1] Arch. nat., AF III, 393, dossier 2076. — De la main de La Revellière-Lépeaux.

des hommes dont l'exemple et les discours concourent à amener avec l'oubli des maux passés cette union et cette concorde de laquelle dépendent le bonheur des individus et la prospérité publique.

CARNOT, LE TOURNEUR, REUBELL[1].

SÉANCE DU 21 THERMIDOR AN IV[2]

8 AOÛT 1796.

Sur le rapport du ministre des finances, le Directoire étend aux rubans de fil et de laine et aux étoffes de fil et coton du duché de Berg, expédiés pour la Suisse, les dispositions des arrêtés des 9 prairial et 9 messidor derniers[3], relatifs au transit par Venlo et Meyel[4].

Il autorise le ministre des relations extérieures à payer à M. Barré une somme de trois cents livres numéraire, pour supplément d'indemnité d'une course qu'il a faite dans les contrées du nord-est de l'Europe[5].

Il écrit au ministre de l'intérieur pour lui annoncer l'acceptation faite par les commissions d'inspection des salles des deux Conseils des quatre chevaux qui leur ont été offerts à chacune par le Directoire[6] et pour l'inviter à mettre à leur disposition huit des plus beaux chevaux arrivés d'Italie.

Sur la pétition du citoyen Ménoire[7], ci-devant aide de camp du général Beurnonville, en considération des pertes qu'il a essuyées pendant sa captivité, le Directoire ordonne que sur les vingt-six mille sept cent soixante livres qui lui ont été accordées pour indemnité, par arrêté du 23 floréal[8], il lui sera payé une somme de cinq mille livres, en numéraire[9].

---

[1] Arch. nat., AF III, 393, dossier 2076.
[2] Arch. nat., AF III*, 4, fol. 130-133. — AF III, 3.
[3] Voir t. II, p. 493 et 730.
[4] Arrêté du 21 thermidor an IV, signé Le Tourneur, Carnot, Barras (Arch. nat., AF III, 393, dossier 2078).
[5] Arrêté du 21 thermidor an IV, signé Le Tourneur, Carnot, Revellière-Lépeaux (Arch. nat., AF III, 393, dossier 2077).

[6] Minute signée Carnot, Barras, Revellière-Lépeaux (Arch. nat., AF III, 393, dossier 2078).
[7] Voir cette pétition (Arch. nat., AF III, 393, dossier 2077) par laquelle Ménoire expose son dénûment.
[8] Voir t. II, p. 368.
[9] Arrêté du 21 thermidor an IV, signé Carnot, Barras, Revellière-Lépeaux (Arch. nat., AF III, 393, dossier 2077).

Il accorde un encouragement de deux mille livres, valeur fixe, dont deux cent cinquante livres en monnaie de cuivre, au citoyen Etienne Bazin, auteur de l'établissement de modèles des moulins à poudre et à papier [1].

Un messager d'État, envoyé par le Conseil des Anciens, dépose sur le bureau trois lois.

La première annule les élections faites dans les assemblées primaires tenues à Marseille le 1er thermidor et jours suivants [2].

La seconde détermine le mode dont les membres du Directoire et du Corps législatif donneront leur témoignage en justice, soit en matière civile, soit en matière criminelle [3].

La troisième relative à l'organisation de la haute-cour de justice [4].

Le Directoire ordonne que ces trois lois seront publiées, exécutées et qu'elles seront munies du sceau de l'État; elles sont en conséquence adressées de suite à l'enregistrement, pour deux expéditions être envoyées sans délai au ministre de la justice, avec l'arrêté portant ordre d'impression et de publication dans les formes prescrites par les lois.

Le traité de paix négocié au nom de la République française par le ministre des relations extérieures [5] et MM. le baron Charles de Woelwarth et Abel, ministres plénipotentiaires du duc de Wurtemberg et Teck, est arrêté et signé [6].

---

[1] Arrêté du 21 thermidor an IV, signé Carnot, Reubell, Barras (Arch. nat., AF III, 393, dossier 2077).

[2] Bull., II, LXVII, n° 604. — Sur les troubles de Marseille, voir plus haut.

[3] Quand ils seront cités hors de la commune où ils résident pour l'exercice de leurs fonctions, l'état des faits, demandes et questions sur lesquels on désire leur témoignage sera adressé aux officiers de police et juges civils ou criminels du lieu de leur résidence, où ils seront assignés et interrogés. — Bull., II, LXIV, n° 591.

[4] Bull., II, LXV, n° 595. — Cette loi comprend quatre titres : I. *Composition du haut-jury* (16 membres, plus 4 adjoints et 4 suppléants tirés au sort). — II. *Des récusations* (les accusés pourront exercer trente récusations sans donner de motifs; au delà de ce chiffre, ils devront donner des motifs, dont la Haute-Cour sera juge; les accusateurs nationaux n'exerceront de récusations qu'en faisant connaître leurs motifs, dont la Haute-Cour appréciera la validité). — III. *Des témoins* (délai de cinq jours aux accusés après leur interrogatoire pour indiquer leurs témoins, formalités pour l'assignation et la déposition de ces derniers). — IV. *Dispositions et règlements* (les fonctions de commissaires du Directoire seront remplies par les accusateurs nationaux; — l'opinion de quatre hauts jurés suffira en faveur de l'accusé; formalités relatives à la convocation de la Haute-Cour, détails de procédure, clôture des opérations, contumax, etc.). — V. *Indemnités, traitements, greffier, employés et huissiers* (indemnités de voyage, pour les juges, les jurés, etc., égales à celle des membres du Corps législatif, indemnité de 8 myriagrammes de blé par jour de session, traitement du greffier égal à celui du greffier du tribunal de cassation, etc.).

[5] Voir plus haut.

[6] Voir le texte de ce traité plus loin à l'Appendice.

292   PROCÈS-VERBAUX ET ARRÊTÉS   [21 THERM. AN IV]

Le Directoire adresse ce traité par un message[1] au Conseil des Cinq-Cents, pour être par lui examiné et ratifié.

Il rapporte son arrêté du 23 prairial dernier[2], relatif à l'organisation définitive de la marine militaire[3].

Le citoyen François Bayle, adjoint de l'agent municipal de la commune de Malyac[4], prévenu d'avoir retenu par devers lui le rôle des citoyens de cette commune soumis à l'emprunt forcé, est suspendu de ses fonctions[5].

Le Directoire confirme l'arrêté de l'administration centrale du département du Bas-Rhin, du 28 messidor dernier, portant suspension de l'agent municipal de la commune de Rosheim et de son adjoint et les destitue définitivement[6].

Il destitue pareillement le citoyen Chauffant[7], agent municipal de la commune de Saint-Bonnet[8], canton de Bellenaves, coupable d'insulte envers l'administration du département de l'Allier[9].

Sont pareillement destitués les agents municipaux des communes de Meistratzheim et du Haut-Oltrost et l'adjoint municipal de cette dernière commune, pour avoir toléré dans ces communes l'exercice public

---

[1] Message lu à la séance du 21 thermidor en Comité secret (C. C., thermidor an IV, 385.

[2] Voir t. II, p. 592.

[3] Arrêté du 21 thermidor an IV, signé Le Tourneur, Revellière-Lépeaux, Barras (Arch. nat., AF III, 393, dossier 2078). Le ministre de la marine est chargé de compléter ladite organisation conformément aux lois du 3 brumaire et du 23 frimaire an IV.

[4] Département des Basses-Alpes.

[5] Arrêté du 21 thermidor an IV, signé Carnot, Reubell, Barras (Arch. nat., AF III, 393, dossier 2077).

[6] «... Considérant que ces administrateurs ont trahi leurs devoirs, soit en négligeant l'exécution des lois, soit en souffrant que leur commune servit d'asile aux prêtres réfractaires et aux jeunes gens de la première réquisition, soit en laissant subsister dans leur commune les signes extérieurs du culte, sans qu'ils justifient avoir rien fait pour s'y opposer, sans en avoir même donné connaissance à l'administration départementale, ni dressé procès-verbal...» — Arrêté du 21 thermidor an IV, signé Reubell, Revellière-Lépeaux, Barras (Arch. nat., AF III, 393, dossier 2077).

[7] Dénommé Cheffant dans la minute de l'arrêté.

[8] Saint-Bonnet-de-Four.

[9] «... Considérant que le citoyen Cheffant... s'est permis, par ses lettres des 15 et 29 prairial, d'invectiver l'administration centrale de l'Allier; qu'il a par ces lettres manqué à une administration supérieure à laquelle il est subordonné...» — Arrêté du 21 thermiddor an IV, signé Reubell, Barras, Revellière-Lépeaux (Arch. nat., AF III, 393, dossier 2077). — Le rapport du ministre de la police (même dossier) expose que l'administration centrale de l'Allier ayant cru devoir faire imprimer et répandre dans tout le département une proclamation par laquelle, après la découverte de la conspiration Babeuf, l'administration municipale de Moulins, sourdement accusée de complicité, avait protesté de ses sentiments constitutionnels et recommandé la soumission aux lois, Cheffant lui a écrit des lettres injurieuses, lui reprochant d'avoir enfreint la loi, l'accusant de fédéralisme, de terrorisme, etc.

et, hors des édifices destinés au culte religieux, des cérémonies ecclésiastiques[1];

Le président de l'administration municipale du canton de Bergzabern et l'agent municipal de cette commune, convaincus de négligence dans l'exercice des lois relatives à la police générale[2];

Et les agents et adjoints municipaux des communes de Mennolsheim, Singrest, Reutenbourg, Iderviller, Grastalt et Kleingœfft, département du Bas-Rhin, pour avoir toléré des rassemblements séditieux à l'occasion des prêtres réfractaires[3].

Sont suspendus de leurs fonctions les membres de l'administration du canton de Bohain[4], prévenus du crime de faux dans un certificat donné à Vincent le Roi, prévenu d'émigration[5].

[1] «... Considérant que ces administrateurs ont trahi leurs devoirs, soit en souffrant que des individus à la tête desquels était l'adjoint municipal fissent publiquement, dans la commune du Haut-Oltrost, une procession, le 7 prairial dernier, jour dit de la Fête-Dieu; soit en souffrant que, dans la commune de Meistratzheim, il se soit fait un enterrement public avec l'appareil des cérémonies religieuses, tel que croix, cierges, enfants de chœur en costume, etc.; soit en laissant subsister dans ces deux communes les signes extérieurs du culte, sans qu'ils justifient avoir rien fait pour s'y opposer, sans en avoir depuis donné connaissance à l'administration départementale, ni dressé procès-verbal...»
— Arrêté du 21 thermidor an IV, signé Carnot, Barras, Reubell (Arch. nat., AF III, 393, dossier 2077).

[2] «... Considérant que ces administrateurs ont trahi leurs devoirs, soit en négligeant l'exécution des lois du 10 vendémiaire sur la police intérieure des communes, celle sur les jeunes gens de la première réquisition, celle sur les passeports; soit en outrepassant leurs pouvoirs, en destituant un adjoint municipal de la commune de Kapeller; soit en autorisant des fermiers de biens nationaux à payer en vins le fermage qu'ils devaient en grains; soit en faisant lever sur les communes du canton des sommes en numéraire pour frais d'administration, sans avoir soumis l'état au département pour le rendre exécutoire; soit en privant des citoyens de la commune de Viven de leur portion des biens communaux, ou en en autorisant la vente au profit de la commune; soit en prononçant définitivement sur la pétition d'un citoyen, laquelle n'avait été renvoyée à ladite administration par le département que pour donner son avis; — Considérant que le président de l'administration municipale du canton de Bergzabern n'assiste que rarement aux séances et passe au jeu dans les auberges des moments que la chose publique réclame; — Que l'agent municipal de ladite commune mène une vie scandaleuse, ne désemparant pas du cabaret, où il fait venir le greffier de l'administration pour expédier les affaires...»
— Arrêté du 21 thermidor an IV, signé Carnot, Reubell, Barras (Arch. nat., AF III, 393, dossier 2077).

[3] «... Considérant que ces administrateurs ont trahi leurs devoirs, soit en tolérant des attroupements formés dans leurs communes pour enlever des prêtres réfractaires des mains de la force armée, soit en ne s'opposant point à ces attroupements, soit en les encourageant par leur silence, soit en souffrant que ces prêtres rebelles aient publiquement célébré leur culte dans les communes de Singrist et de Mennolsheim dans la journée du 26 prairial dernier, soit enfin en laissant subsister dans les communes d'Iderviller et de Grastalt les signes extérieurs du culte...»
— Arrêté du 21 thermidor an IV, signé Carnot, Reubell, Barras (Arch. nat., AF III, 393, dossier 2077).

[4] Département de l'Aisne.

[5] Arrêté du 21 thermidor an IV, signé Carnot, Reubell, Barras (Arch. nat., AF III, 393, dossier 2077).

L'arrêté du Directoire du 27 nivôse dernier, portant destitution du citoyen Courlet-Vrégille, est rapporté; ce citoyen aura sa retraite[1].

Les citoyens Battincourt, ancien officier de l'état-major, et Vallon-Villeneuve, capitaine au régiment de la Guadeloupe, sont nommés, le premier au grade d'adjudant-général et le deuxième à celui de chef de bataillon, pour être employés à une mission particulière, sous les ordres du général de brigade Quentin[2].

En exécution de l'arrêté du Directoire, du 4 frimaire[3], le ministre de la marine lui rend compte des mouvements des poudres dans le courant de messidor dernier[4].

Le ministre des finances fait un rapport concernant l'affaire du citoyen Carriol[5], créancier de la succession d'Aiguillon, et sur les difficultés résultantes de l'article 115 de la loi du 1er floréal[6], applicable aux créanciers des successions[7].

---

[1] Arrêté daté du 19 thermidor et mentionné plus haut, p. 282 (Séance du 19 thermidor).

[2] Sur la mission du général Quentin, voir plus haut.

[3] Voir t. Ier, p. 124.

[4] Voir ce rapport, Arch. nat., AF III, 393, dossier 2078. — 20,000 livres de poudre ont été expédiées de la fabrique de Saint-Jean-d'Angély à Rochefort et 35,000 livres de celle des Loges au Havre.

[5] Ou plutôt des héritiers de Carriol, entrepreneur de travaux.

[6] An III.

[7] Voir le rapport du ministre accompagné de la copie d'une lettre du citoyen Carriol et de la copie d'une lettre du citoyen Bergerot, liquidateur de la dette des émigrés du département de Paris au ministre des finances (Arch. nat., AF III, 393, dossier 2078).

Outre les documents qui viennent d'être indiqués, il faut signaler ici deux arrêtés du Directoire, datés du 21 thermidor et non mentionnés au procès-verbal, par lesquels Joseph *André*, né à Nîmes, commerçant à Gênes, et Benjamin-Sigismond *Frossard*, né à Nyon (Suisse), chef d'institution à Paris, sont autorisés à résider dans cette dernière ville.

Le dossier 2078, dont le contenu, comme celui du précédent, se rapporte à la séance du 21 thermidor, se termine par trois pièces relatives à la nomination du citoyen Durand-Daniche, commissaire du pouvoir exécutif près l'administration municipale de Prats-de-Mollo (Pyrénées-Orientales).

Il faut de plus signaler dans le dossier 2078 les minutes de plusieurs lettres adressées par le Directoire au citoyen Joubert, commissaire du gouvernement près l'armée de Sambre-et-Meuse, et aux généraux Jourdan et Kléber, toutes datées du 21 thermidor et non mentionnées au procès-verbal de la séance de ce jour. Plusieurs d'entre elles paraissent avoir été mentionnées par erreur dans le procès-verbal de la séance du 18 thermidor (voir plus haut, p. 272). On trouvera le texte de toutes ces lettres plus loin à l'Appendice.

On trouve enfin dans le dossier 2078 (correspondant à la séance du 21 thermidor) un rapport du ministre des finances (Ramel) suivi d'un arrêté approbatif du Directoire (signé Le Tourneur, Revellière-Lépeaux, Carnot, Reubell), daté du 18 thermidor et non mentionné au procès-verbal, par lequel une somme de 150,000 marcs, prise sur les fonds secrets du Directoire exécutif, est allouée à la compagnie Coste, Caylus et Givaudan, qui, moyennant cette prime (et étant déjà créancière de la République de 450,000 marcs pour fourniture de draps),

A

Traité de paix conclu le 20 thermidor an iv entre la République Française
et le duc de Wurtemberg et Teck.

La République française et S. A. S. le duc de Wurtemberg et Teck, également animés du désir de mettre fin à la guerre qui les divise et de rétablir les liaisons de commerce et de bon voisinage qui leur étaient réciproquement avantageuses, ont nommé pour leurs plénipotentiaires, savoir ; le Directoire exécutif, au nom de la République française, le citoyen *Charles Delacroix*, ministre des relations extérieures; et S. A. S. le duc de Wurtemberg et Teck, MM. le baron *Charles de Woelwarth*, son ministre d'État et président de sa Chambre des finances, et *Abel*, son conseiller de légation;

Lesquels, après avoir échangé leurs pleins pouvoirs respectifs, ont arrêté les articles suivants :

Article 1ᵉʳ. Il y aura paix, amitié et bonne intelligence entre la République française et S. A. S. le duc régnant de Wurtemberg et Teck ; en conséquence toutes hostilités cesseront entre les puissances contractantes, à compter de la ratification du présent traité.

Art. 2. Le duc de Wurtemberg révoque toute adhésion, consentement et accession, patente ou secrète, par lui donnée à la coalition armée contre la République française, à tout traité d'alliance, offensive et défensive, qu'il pourrait avoir contractée contre elle. Il ne fournira à l'avenir à aucune puissance ennemie de la République aucun contingent ou secours en hommes, chevaux, vivres, argent, munitions de guerre ou autrement, à quelque titre que ce soit, quand même il en serait requis comme membre de l'Empire germanique.

Art. 3. Les troupes de la République française pourront passer librement dans les états de S. A. S., y séjourner et occuper tous les postes militaires nécessaires à leurs opérations [1].

Art. 4. S. A. S. le duc de Wurtemberg et Teck renonce, en faveur de la République française, pour lui, ses successeurs et ayants cause, à tous ses droits sur la principauté de Montbéliard [2], les seigneuries d'Héricourt [3], de Passavant [4] et autres en dépendant, le comté d'Horbourg [5], ainsi que les seigneuries de Riquewihr et Ostheim [6], et lui cède généralement toutes les propriétés, droits et revenus fonciers qu'il possède sur la rive gauche du Rhin et les arrérages qu'il pourrait réclamer. Il renonce à toute répétition qu'il pourrait faire contre la République

---

se substituera à la compagnie Long, Huppé et Gelot (qu'elle désintéressera de ce qui lui est dû par la République) comme créancière du gouvernement français, qui lui abandonnera ce qu'elle pourra obtenir du gouvernement anglais pour la valeur de navires saisis sous pavillon neutre (et amenés par Long, Huppé et Gelot).

[1] De fait le duché de Wurtemberg était déjà occupé par l'armée française de Rhin-et-Moselle.
[2] Département du Doubs.
[3] Département de la Haute-Saône.
[4] Idem.
[5] Département du Haut-Rhin.
[6] Département du Haut-Rhin.

pour non-jouissance desdits droits et revenus, et pour toute autre cause, de quelque espèce qu'elle soit, antérieure au présent traité.

Art. 5. S. A. S. s'engage à ne point permettre aux émigrés et prêtres déportés de la République française de séjourner dans ses États.

Art. 6. Il sera conclu incessamment entre les deux puissances un traité de commerce sur des bases réciproquement avantageuses. En attendant, toutes les relations commerciales seront rétablies telles qu'elles étaient avant la présente guerre.

Toutes les denrées et marchandises provenant du sol, des manufactures, colonies ou pêches françaises, jouiront dans les états de S. A. S. de la liberté de transit et d'entrepôt, en exemption de tous droits, autres que ceux de péage sur les voitures et chevaux.

Les voituriers français seront traités, pour le paiement desdits droits de péage, comme la nation la plus favorisée.

Art. 7. La République française et S. A. S. le duc de Wurtemberg s'engagent respectivement à donner mainlevée du séquestre de tous effets, revenus ou biens, saisis, confisqués, détenus ou vendus sur les citoyens français, d'une part, et sur tous les habitants des duchés de Wurtemberg et Teck, de l'autre part, et à les admettre à l'exercice légal des actions et droits qui peuvent leur appartenir.

Art. 8. Tous les prisonniers respectivement faits seront rendus dans un mois, à compter de l'échange des ratifications du présent traité, en payant les dettes qu'ils pourraient avoir contractées pendant leur captivité.

Les malades et blessés continueront d'être soignés dans les hôpitaux respectifs et seront rendus aussitôt leur guérison.

Art. 9. Conformément à l'article 6 du traité conclu à La Haye, le 27 floréal de l'an III, le présent traité de paix et d'amitié est déclaré commun avec la République batave.

Art. 10. Il sera ratifié et les ratifications échangées dans un mois, à compter de sa signature, et plus tôt si faire se peut.

A Paris, le 20 thermidor an IV de la République française, une et indivisible.

Signé : Ch. Delacroix ; Charles, baron de Woelwarth ; Abel.

ARTICLES SECRETS.

Les plénipotentiaires soussignés, en addition au traité de paix par eux arrêté et signé aujourd'hui, sont convenus des articles suivants, lesquels demeureront secrets tant que l'intérêt des puissances contractantes paraîtra l'exiger.

Article 1er. Lors du traité de paix avec l'Empire, la République française demandera et insistera pour qu'il soit cédé au duc de Wurtemberg et que l'on sécularise en sa faveur quelques principautés ecclésiastiques, et, sur la demande de S. A. S., la République française consent à ce que le bailliage d'Oberkirchen, dépendant du ci-devant duché de Strasbourg, l'abbaye de Zwiefalten et la prévôté princière d'Elwangen soient désignés pour remplir le vœu du présent article.

Art. 2. Le duc de Wurtemberg s'oblige spécialement à payer ce qu'il peut devoir personnellement, à quelque titre que ce soit, aux habitants du pays par lui cédé et à rembourser dans le délai de cinq années les capitaux versés dans sa caisse particulière et pour lesquels il a constitué des rentes au profit des établissements publics qui y sont situés ou des particuliers. Il s'engage également à accorder, sur les revenus du territoire d'Elwangen et d'Oberkirchen, aux titulaires des charges et offices établis dans les territoires par lui cédés à la République française un dédommagement égal à 8 p. 100 d'intérêts viagers des sommes par eux versées dans le trésor du prince.

Art. 3. Le duc de Wurtemberg s'oblige, en sa qualité de membre de l'Empire germanique, à concourir par son suffrage à la Diète, lorsque le traité de paix à conclure entre la République française et l'Empire y sera porté :

1° A ce que tout le territoire dépendant de l'Empire germanique situé sur la rive gauche du Rhin, les îles et le cours de ce fleuve soient réunis à la République française ;

2° A ce que les différents États d'Italie soient dégagés de tout lien de féodalité avec l'Empire germanique ;

3° A ce qu'il soit sécularisé un nombre de principautés ecclésiastiques situées sur la rive droite du Rhin suffisant pour dédommager les princes laïques des possessions qu'ils se trouveront perdre sur la rive gauche.

Art. 4. Le duc de Wurtemberg, désirant vivre à perpétuité en bonne harmonie et intelligence avec la République française, s'engage à observer pour les guerres futures qui pourraient s'élever entre elle et quelque autre puissance que ce soit, la plus exacte neutralité et à ne fournir contre elle aucun contingent ni secours à quelque titre et sous quelque prétexte que ce soit.

Art. 5. Dans toutes les guerres qui pourraient être suscitées à l'avenir à la République française, ses troupes pourront passer et séjourner dans les États de S. A. S. le duc de Wurtemberg, y occuper tous les postes militaires nécessaires à leurs opérations ; elles y observeront une discipline exacte et s'y comporteront en tout comme dans un pays neutre et ami.

Art. 6. Tous les individus qui pourraient avoir été arrêtés dans les États de S. A. S. ou poursuivis pour leurs opinions politiques seront sans délai mis en liberté, toutes poursuites cesseront contre eux ; leurs biens, s'ils avaient été saisis ou confisqués, leur seront rendus ou le prix restitué en cas de vente. Il leur sera loisible d'en disposer, de rentrer et demeurer dans les États de S. A. S. ou de s'en retirer.

Art. 7. Il est expressément convenu que tous les différends civils qui pourraient s'élever entre citoyens français dans les États du duc de Wurtemberg seront jugés par l'agent diplomatique de la République française.

Art. 8. S. A. S. le duc de Wurtemberg renonce à prendre à l'avenir aucun des titres des principautés et seigneuries qu'il cède à la République française par le traité de ce jour.

Art. 9. L'armistice conclu le 29 messidor (17 juillet) dernier aura son exécution pleine et entière en tout ce qui n'est pas contraire aux dispositions du présent traité.

ART. 10. Les contributions qui y sont stipulées[1] seront acquittées en entier, sauf les conversions qui pourraient être convenues de gré à gré. Il sera en outre payé une contribution de 200,000 livres par mois, à compter du 1ᵉʳ vendémiaire prochain jusqu'à la signature des préliminaires de paix avec l'Autriche.

ART. 11. Le présent traité de paix est déclaré commun aux villes impériales d'Esslingen et de Riutlingen.

Fait à Paris, le 20 thermidor an IV (7 août 1796).

Signé : CHARLES DELACROIX; CHARLES, baron DE WOELWARTH; ABEL[2].

B

LE DIRECTOIRE EXÉCUTIF AU GÉNÉRAL JOURDAN.

Le Directoire exécutif, citoyen général, a appris avec une sensible peine la nouvelle de votre maladie. Il espère qu'elle n'aura aucune suite fâcheuse, qu'un peu de tranquillité rétablira promptement votre vigueur première et que, rendu au commandement de l'armée avec laquelle vous avez acquis tant de gloire, les ennemis de la République n'auront pas le temps de s'apercevoir qu'il lui manque un de ses principaux défenseurs.

Le Directoire, qui sait vous apprécier et qui pense que vous pouvez être utile à la chose publique même pendant la courte durée de votre indisposition, ne doute pas que vous ne vous empressiez (autant que votre santé le pourra permettre) d'aider de vos conseils le général Kléber, qui s'est toujours montré très capable d'en faire usage pour étendre sa réputation militaire en même temps que celle de son chef.

CARNOT, LE TOURNEUR, REUBELL.[3]

C

LE DIRECTOIRE EXÉCUTIF AU GÉNÉRAL KLÉBER,
COMMANDANT PAR INTÉRIM L'ARMÉE DE SAMBRE-ET-MEUSE.

Les abus scandaleux qui se commettent dans l'armée de Sambre-et-Meuse acquièrent chaque jour, citoyen général, un tel degré d'accroissement que le Directoire exécutif se rendrait coupable envers la nation s'il tardait plus longtemps à faire usage de l'autorité qu'il tient d'elle, afin d'en prévenir les funestes conséquences. Le brigandage s'exerce impunément par les soldats sur la rive droite du Rhin, et plusieurs de leurs chefs, livrés à une cupidité effrénée, se sont privés par le mauvais exemple qu'ils donnent eux-mêmes, du droit de réprimer toutes les fautes qui déshonorent un républicain français.

---

[1] 4 millions; 42,000 chevaux, 100,000 quintaux de grains, 50,000 sacs d'avoine, 100,000 bottes de foin et 50,000 paires de souliers.

[2] De Clercq, *Recueil des traités de la France*, t. Iᵉʳ, p. 283-287.

[3] Arch. nat., AF III, 393, dossier 2078.

Si les premières autorités eussent dès le principe déployé plus de vigueur envers ceux qui s'écartaient de leur devoir, on n'aurait point à gémir aujourd'hui sur une armée dont les lauriers sont souillés par les vices opposés aux vertus guerrières.

C'est maintenant, citoyen général, qu'il faut prendre un caractère ferme et soutenu et établir pour maxime dans l'armée que tout pillard est indigne d'être Français. Le Directoire vous autorise formellement à traiter les coupables comme vous traitez les ennemis auxquels leurs excès les assimilent. C'est un sûr moyen de rétablir la discipline. Au commencement de la campagne l'armée d'Italie était extrêmement indisciplinée. Le général en chef Bonaparte a employé à temps la vigueur; cette armée est aussi remarquable à présent par sa discipline qu'elle l'était par les excès qu'elle commettait. Les mêmes efforts vous donneront les mêmes résultats.

Au surplus le Directoire a transmis ses intentions au commissaire du gouvernement près l'armée de Sambre-et-Meuse[1], dans un arrêté dont l'exécution ne peut souffrir aucune sorte d'exception. Vous vous conformerez strictement à ce qu'il prescrit, autant pour obéir à la loi que pour vous préparer aux nouveaux succès qui peuvent être la suite des dispositions qu'il renferme.

Faites triompher, citoyen général, l'armée qui se trouve provisoirement sous vos ordres et n'oubliez jamais de rendre sa conduite estimable chez les nations qu'elle aura vaincues.

CARNOT, LE TOURNEUR, REUBELL[2].

Le Directoire exécutif au général Kléber,
commandant par intérim l'armée de Sambre-et-Meuse.

Le Directoire exécutif, citoyen général, ayant égard à la situation militaire des choses en Allemagne, croit devoir vous expliquer ses intentions de manière à ne rien laisser d'équivoque dans le but où doivent tendre toutes vos opérations, afin d'achever la campagne aussi glorieusement qu'elle a commencé.

Le Directoire vous charge donc de poursuivre les troupes impériales jusqu'à leur entière dissolution en corps d'armée, ou au moins jusqu'à leur rentrée totale dans la Bohême, au delà de la Bavière et dans l'Autriche proprement dite.

Il vous charge pareillement de ne recevoir à capitulation les villes d'Ehrenbreitstein, Mayence, qu'à condition que les garnisons demeureront prisonnières de guerre et non renvoyées sur leur parole. Cette condition doit être de rigueur envers les troupes autrichiennes, non seulement pour les places dont il vient d'être parlé, mais encore pour tous les postes quelconques dont les armées républicaines pourront s'emparer.

Le Directoire se repose entièrement de l'exécution de ce plan sur votre amour bien connu pour la patrie, sur vos talents, et votre loyauté lui répond de l'accord

---

[1] Voir plus loin la lettre du Directoire à Joubert. — Voir plus haut, p. 279, l'arrêté du Directoire du 19 thermidor sur les contributions et réquisitions militaires (séance du 19 thermidor).

[2] Arch. nat., AF III, 393, dossier 2078.

de vos opérations avec celles du général qui commande l'armée de Rhin-et-Moselle.

Le Directoire exécutif au citoyen Joubert,
commissaire du Gouvernement près l'armée de Sambre-et-Meuse.

Les détails contenus dans votre lettre du 8 thermidor, citoyen, ont excité l'indignation du Directoire contre ceux qui se sont rendus coupables des excès que vous lui dénoncez [1]. Si la discipline eût été sévèrement maintenue dans l'armée de Sambre-et-Meuse dès le temps que celle-ci était inactive, le soldat ne s'abandonnerait pas aujourd'hui au brigandage, qui n'est que le résultat d'une insubordination trop longtemps tolérée par la négligence des chefs; mais quand les chefs donnent eux-mêmes l'exemple d'une immoralité aussi avilissante pour la dignité de leurs fonctions que destructive des vertus républicaines, la conduite scandaleuse des subalternes ne doit plus étonner.

Le Directoire ne peut vous dissimuler, citoyen, que tous ces abus auraient pu être aisément détruits dès le principe, si vous les lui aviez dénoncés avec le même courage que vous montrez aujourd'hui, si vous aviez eu le soin de préciser et les délits et les coupables; mais le triste résultat de vos ménagements vous affecte sans doute trop sensiblement pour qu'on doive insister plus longtemps sur cette observation.

Le mal est fait; il faut le réparer, et votre lettre du 8, citoyen, présente à cet égard des mesures très propres à atteindre ce but salutaire. Le Directoire a cru devoir en faire usage dans l'arrêté qu'il vous envoie et qu'il vous charge de faire connaître sur-le-champ à l'armée de Sambre-et-Meuse. Suivez-en l'exécution avec toute la rigidité qu'exigent les circonstances et rétablissez dans cette armée le respect de soi-même et des vertus morales sans lesquelles la gloire militaire ne mérite pas l'estime des nations civilisées.

Carnot, Le Tourneur, Reubell,

P.-S. Des considérations politiques ayant déterminé le Directoire à traiter les possessions des princes parents du roi de Prusse [2] avec tous les ménagements que peuvent permettre les circonstances de la guerre, vous aurez attention, citoyen, à ce que les contributions imposées sur la principauté de Nassau-Orange soient assez peu considérables pour que le cabinet de Berlin sache gré au gouvernement français de sa modération.

Le Directoire consent aussi à ce qu'il soit accordé une sauvegarde au bailliage et appartenances de Hircherfeld en Franconie, sans que ce bailliage puisse être pour cela exempt des réquisitions [3].

[1] Voir plus haut, p. 280.
[2] Voir le traité et la convention secrète qui venaient d'être conclus le 18 thermidor (5 août) par la République française avec le roi de Prusse.
[3] Arch. nat., AF III, 393, dossier 2078.

SÉANCE DU 22 THERMIDOR AN IV [1]

9 AOÛT 1796.

Le Directoire ordonne que le dernier quart du prix des domaines nationaux soumissionnés sera acquitté en mandats, valeur au cours, conformément à la loi du 13 thermidor[2], et fait défense à la Trésorerie nationale et à tous autres receveurs ou percepteurs de faire aucune négociation sur ce payement et de recevoir du numéraire en place de mandats au cours.

Un messager d'État, envoyé par le Conseil des Anciens, est admis et dépose sur le bureau une loi de ce jourd'hui, qui ordonne que les contributions personnelles et somptuaires établies par la loi du 7 thermidor de l'an III sont les mêmes pour l'an IV [3].

Le Directoire ordonne que cette loi sera publiée, exécutée et qu'elle sera munie du sceau de l'État. Elle est en conséquence adressée de suite à l'enregistrement, pour deux expéditions être envoyées sans délai au ministre de la justice, avec l'arrêté portant ordre d'impression et de publication dans les formes prescrites par les lois.

Il est alloué au citoyen d'Hermand, consul de la République à Madrid, le demi pour cent du prix des ventes des prises faites par l'escadre de Richery, depuis l'installation dudit d'Hermand au consulat de Cadix, jusqu'au jour où il a été reconnu par la cour d'Espagne comme consul général à Madrid [4].

[Le Directoire exécutif arrête que M. Greiffeneck père, administrateur ou intendant du Brisgau et de l'Autriche antérieure [5], sera conduit à Phalsbourg, où il restera détenu à ses frais jusqu'à ce qu'il en soit autrement ordonné [6].

---

[1] Arch. nat. AF III*, 4, fol. 133-136. — AF III, 3.
[2] Voir plus haut.
[3] *Bull.*, II, LXV, n° 597. D'après la loi du 7 thermidor an III, la contribution personnelle était de 5 livres par an (exemption pour les manœuvres dont la journée n'excédait pas 30 sous); les taxes somptuaires pesaient sur : 1° les cheminées (exception faite des cheminées de cuisine et de four); 2° les domestiques mâles uniquement attachés à la personne et aux soins du ménage; 3° les chevaux et mulets de luxe; 4° les voitures suspendues, carrosses, cabriolets (rabais pour les voitures de louage ou de messageries).
[4] Arrêté du 22 thermidor an IV, signé Le Tourneur, Revellière-Lépeaux, Carnot, Barras (Arch. nat., AF III, 394, dossier 2079).
[5] Territoires qui venaient d'être occupés par l'armée de Rhin-et-Moselle.
[6] Pour comprendre cette arrestation, que

Le général commandant la division de l'armée dans le Brisgau et le citoyen Bacher, secrétaire interprète de la légation en Suisse, se concerteront pour l'exécution du présent arrêté, qui leur sera adressé par le ministre des relations extérieures. — Arch. nat., AF III, 394, dossier 2079[1]].

Il est accordé un secours de 1500 francs au citoyen Lamothe, chef de brigade[2].

Un message est adressé au Conseil des Cinq-Cents, pour lui rendre compte de la situation du recouvrement de la contribution foncière de l'an IV dans la commune de Paris, et pour l'inviter à porter des lois sur la contribution personnelle et somptuaire, les patentes, etc.[3].

---

rendait possible l'occupation du Brisgau par les Français, il faut lire une lettre adressée de Bâle au Directoire, le 8 thermidor, par Bacher à un destinataire qu'il appelle «mon cher concitoyen» et d'où il ressort qu'elle avait pour but d'obtenir la mise en liberté de Probst, ancien secrétaire de Reubell et agent diplomatique secret du Directoire, que les Autrichiens avaient arrêté en Allemagne et qui fut, par suite, échangé contre Greiffeneck. «... J'ai fait, écrivait Bacher, tous mes efforts pour arracher le pauvre Probst de sa captivité et des griffes autrichiennes; mais tout a été inutile, parce qu'il a commis différentes imprudences et laissé trainer des papiers qui déposent contre lui. Il n'existe plus qu'un seul moyen de forcer la main au ministre Thugut. C'est de faire arrêter Greiffenegg père, ci-devant résident impérial en Suisse, et actuellement administrateur et intendant du Brisgau et de l'Autriche antérieure. Ce vieux renard est le seul membre de la régence autrichienne qui soit resté à Fribourg....». (Arch. nat., AF III, 394, dossier 2079).

[1] Signé à la minute Reubell, Carnot, Le Tourneur, Revellière-Lépeaux.

[2] Arrêté du 22 thermidor an IV, signé Reubell, Carnot, Barras (Arch. nat., AF III, 394, dossier 2080). Lamothe, chef de brigade, a représenté que ses effets, laissés à la maison Massiac et confondus avec ceux d'un émigré pendant qu'il combattait à la frontière, ont été détériorés et n'ont pu lui être rendus en totalité.

[3] Message lu à la séance du 23 thermidor (C.C., thermidor an IV, 428-430). La recette, à Paris, s'élevait déjà, le 20 thermidor, au septième du capital réparti. Le Directoire espère que l'exemple du zèle dont a fait preuve l'administration centrale de la Seine sera suivi dans les autres départements. Mais une nouvelle loi est nécessaire. «La contribution personnelle et somptuaire manque au système des recouvrements de l'an IV; vous avez manifesté l'intention de joindre les patentes à l'ensemble de vos mesures; les lois qui seront rendues à cet égard seront exécutées avec la même ponctualité; mais le Directoire ne peut vous dissimuler qu'elles viennent un peu tard; que l'ordre dans les finances et le crédit public exigent que celles de l'an V n'éprouvent pas le même sort, et que les moyens qu'elles présentent seront encore insuffisants pour les dépenses fixes du Gouvernement, si les communes ne trouvent pas les ressources qui leur sont nécessaires pour les dépenses locales. Vous pourriez les leur procurer en mettant à leur disposition quelques perceptions indirectes. L'opinion publique les sollicite avec force et persévérance; leur produit partagé entre cet objet, l'entretien des routes publiques, si nécessaires aux approvisionnements et au commerce, et les secours dus à l'humanité souffrante, améliorerait les dépenses de l'autre. Ce moyen, joint à l'économie que vous porterez dans toutes les parties de l'administration, en revenant, s'il le faut, sur les lois antérieures qui les déterminent, vous feront trouver de quoi fournir à l'État, avec des contributions, les fonds ordinaires; vous réserverez les revenus proprement dits, tels que celui des forêts, des salines, le produit et le capital des domaines nationaux pour les dépenses extraordinaires de la guerre, et ensuite pour l'extinction de la dette publique...».

Sur le rapport du ministre de la police générale, le Directoire prononce la radiation définitive de la liste des émigrés des noms des citoyens Louis Lalanne; Charles-François Tascher; René-Augustin-Ange Maupeou; Claude-Nicolas Le Roy de l'Isle; René-André-Henry Chappelles, dit Courteilles; Jean Dreüe; Françoise-Claudine Loquin, femme d'Ambroise Maillat; Jean-Baptiste-Joseph Boistel; Jean-Baptiste-Guillaume Blondel; Jeanne-Marguerite Courtet, veuve Poisson, dite Malvoisin; Charlotte-Éléonore-Joseph Cuinghien, veuve de Raoul-Tanneguy Le Prévost, et Marie-Henriette-Suzanne-Périne Le Prévost, veuve d'Armand de Montault; Nicolas-Henry Henriquez, dit Dufayel; Charles et Victor Combettes; Béchon d'Arquian (Jean-Pierre); François-Xavier-Casimir Constant; Anne-Marie-Thérèse Prud'homme Fontenay, épouse de Louis Bonnetier; la duchesse de l'Infantado, Espagnole[1]; et François Laplasse[2].

(1-2) [1] Louis *Lalanne*, cultivateur, domicilié à Bordeaux, inscrit sur la liste des émigrés de la Gironde, qui, sorti de France dans un temps où la loi n'en avait pas fait la prohibition expresse, y est rentré dans le délai fixé par la loi du 8 avril 1792; — Charles-François *Tascher*, propriétaire-cultivateur, domicilié dans la commune d'Orléans, inscrit sur la liste des émigrés de la commune d'Orléans, qui a justifié de sa résidence; — René-Ange-Augustin *Maupeou*, ancien maréchal de camp, résidant ordinairement à Paris, inscrit sur les listes d'émigrés des départements de l'Eure et de la Seine Inférieure, qui a justifié de sa résidence; — Claude-Nicolas *Leroy de l'Isle*, inscrit sur la liste des émigrés de Seine-et-Oise, qui a justifié de sa résidence; — René-André-Henry *Chappelles*, dit *Courteille*, ci-devant conseiller au parlement de Rouen, inscrit sur la liste des émigrés du département de l'Eure, qui a justifié de sa résidence; — Jean *Dreüe*, ex-procureur au ci-devant parlement de Paris, y demeurant, inscrit sur la liste des émigrés du département de la Seine, qui a justifié de sa résidence; — Françoise-Claudine *Loquin*, femme d'Ambroise *Moillat*, domiciliée à Avallon (Yonne), qui, incarcérée comme suspecte et inscrite sur la liste des émigrés de la Côte-d'Or, a justifié de sa résidence; — Jean-Baptiste-Joseph *Boistel*, ci-devant noble, demeurant à Amiens, inscrit sur la liste des émigrés du département du Pas-de-Calais, qui a justifié de sa résidence; — Jean-Baptiste-Guillaume *Blondel*, marchand confiseur à Bordeaux, décédé, inscrit sur la liste des émigrés de la Seine-Inférieure et dont la résidence a été justifiée par son fils; — Jeanne-Marguerite *Courtet*, veuve *Poisson*, dite *Malvoisin*, domiciliée à Paris, inscrite sur la liste des émigrés de la Haute-Marne et qui a justifié de sa résidence; — Marie-Charlotte-Éléonore-Joseph *Cuinghien*, dite de *Saint-Julien*, veuve de Raoul-Tanneguy *Le Prévost*, ex-noble, demeurante à Rouen, et Marie-Henriette-Suzanne-Périne *Le Prévost*, sa fille, veuve d'Armand de *Montault*, ex-noble, demeurant aussi à Rouen, inscrites sur la liste des émigrés du Calvados, qui ont justifié de leur résidence; — Nicolas-Henry *Henriquez*, dit *Dufayel*, demeurant à Rouen, inscrit sur la liste des émigrés de la Seine-Inférieure, qui a justifié de sa résidence; — Charles et Victor *Combettes*, dont le père, Jean-Pierre-Charles *Combettes*, dit *Deslendes*, homme de loi à Villefranche (Aveyron), a justifié qu'il ne les avait envoyé à l'étranger, en 1781 et 1789, que pour parfaire leur éducation et apprendre le commerce; — Jean-Pierre *Béchon d'Arquian*, condamné à mort par le tribunal révolutionnaire de Paris le 9 thermidor an II, pour avoir fait sortir son fils du territoire de la République, en être sorti lui-même pour l'enrégimenter à Coblentz et avoir introduit en France de faux assignats, inscrit sur la liste des émigrés de la Nièvre, et dont la veuve a justifié qu'il a résidé en France sans interrup-

Le nom de Jean-Baptiste Cuénot, prêtre déporté, est maintenu sur la liste des émigrés et ses biens sont restitués à ses héritiers[1].

Le Directoire maintient aussi sur ladite liste le nom de François Laplasse.

[Le Directoire exécutif, sur la proposition du ministre de la guerre[2], considérant que les fonds provenant des contributions en numéraire levés par l'armée de Rhin-et-Moselle et versées ou à verser dans la caisse du payeur général de cette armée doivent être entièrement affectés aux besoins des troupes qui la composent, et voulant assurer la régularité et la célérité des paiements sur ces fonds pour toutes les fournitures faites à cette armée, arrête ce qui suit :

Article 1er. Tous les fonds provenant des contributions levées par l'armée de Rhin-et-Moselle seront versés dans la caisse du payeur général de cette armée et exclusivement affectés aux besoins des troupes qui la composent.

Art. 2. Le payeur général de cette armée sera comptable desdits fonds au commissaire ordonnateur en chef et tenu de lui fournir les états de situation toutes les fois qu'il en sera requis.

Art. 3. Il tiendra à la disposition du commissaire ordonnateur en chef les fonds pour lesquels le ministre de la guerre lui aura ouvert un

---

tion du 1er mai 1792 jusqu'au jour de sa mort; — François-Xavier-Casimir *Constant* d'Aix, inscrit sur la liste des émigrés des Bouches-du-Rhône et qui a justifié de sa résidence; — Anne-Marie-Thérèse *Prud'homme-Fontenay*, épouse de Louis *Bonnetier*, demeurant à Douai, inscrite sur la liste des émigrés de la Moselle et qui a justifié de sa résidence; — la duchesse *de l'Infantado*, Espagnole de nation, inscrite par conséquent à tort sur la liste des émigrés et frappée à tort du séquestre de son hôtel à Paris. — Arrêtés du 22 thermidor an III (Arch. nat., AF III, 394, dossier 2079). — [2] C'est par erreur que François *Laplasse* est ici compris dans la liste des citoyens rayés de la liste des émigrés. L'arrêté du 22 thermidor qui le concerne, signé Reubell, Carnot, Barras, arrêté mentionné un peu plus loin (Arch. nat., AF III, 394, dossier 2079), porte au contraire qu'il y sera maintenu, comme ayant quitté sa résidence du Houga (Gers) en 1789, ayant depuis résidé à l'étranger et ayant été arrêté à Bois-le-Duc par l'armée française en 1793, sans avoir pu justifier légalement son émigration; il sera donc reconduit hors de la frontière et traité comme émigré s'il rentre sur le teritoire français.

[1] Arrêté du 22 thermidor, an IV, signé Reubell, Carnot, Barras (Arch. nat., AF III, 394, dossier 2079). — Cet arrêté porte que *Cuénot* «s'est déporté volontairement en vertu de la loi du 26 août 1792» et que ses biens appartiennent à ses héritiers présomptifs en vertu de la loi du 11 prairial an IV (voir t. II, p. 507) «concernant les prêtres sexagénaires ou infirmes, sujets à la déportation, qui se sont déportés volontairement».

[2] Voir le rapport du ministre de la guerre concluant à la prise de cet arrêté (Arch. nat., AF III, 394, dossier 2079). Il en ressort que, outre les ressources en chevaux et subsistances, les fonds en numéraires assurés à l'armée de Rhin-et-Moselle par les suspensions d'armes et par les contributions exigées en pays étrangers sont évalués par le général en chef à la somme totale de vingt-cinq millions de francs.

crédit d'après l'état de répartition que le même ministre adressera à la Trésorerie nationale.

Art. 4. Aussitôt que cet état général de répartition aura été transmis au payeur général de l'armée de Rhin-et-Moselle, il ne pourra sous aucun prétexte se refuser au paiement des ordonnances qui lui seront présentées, ces ordonnances étant expédiées sous la responsabilité du commissaire ordonnateur en chef.

Art. 5. Les ministres des finances et de la guerre sont, chacun en ce qui le concerne, chargés de l'exécution du présent arrêté qui ne sera pas imprimé. — Arch. nat., AF III, 394, dossier 2080 [1]].

Le Directoire ordonne qu'il sera expédié à titre de récompense un brevet de chef de brigade au citoyen Clinchamp [2], mais qu'il n'en recevra le traitement que lorsqu'il sera remis en activité [3].

On s'occupe du personnel des armées et on prend à cet égard plusieurs arrêtés dont les minutes sont déposées à la section de la guerre [4].

Le Directoire arrête les bases des négociations avec M. Spinola, ministre plénipotentiaire de Gênes [5].

Il fixe la division du département du Rhône pour la perception des contributions en trois arrondissements [6].

---

[1] Signé à la minute Le Tourneur, Carnot, Reubell, Revellière-Lépeaux.

[2] «Pour les différentes missions et les divers commandements qui lui ont été confiés dans l'armée des Côtes de l'Océan».

[3] Arrêté du 22 thermidor an IV, signé Le Tourneur, Carnot, Reubell (Arch. nat., AF III, 394, dossier 2080).

[4] On ne trouve qu'un arrêté de ce genre, signé Le Tourneur, Carnot, Reubell, et daté du 22 thermidor, dans les dossiers correspondant à la séance de ce jour (Arch. nat., AF III, 394, dossier 2080). En vertu de cet arrêté : 1° le citoyen Jérôme-Joseph *Goris*, ci-devant chef de bataillon dans la 33° demi-brigade, est remis en activité à la suite d'un corps, en attendant son remplacement; — 2° l'arrêté du 30 floréal dernier (voir t. II, p. 424) est rapporté en ce qui concerne le citoyen Nicolas-Jean *Frémont*, ci-devant capitaine au 3° bataillon de la 72° demi-brigade; sa démission est acceptée et il lui sera expédié un congé absolu; — 3° le citoyen Justin *Corrada*, Napolitain, ci-devant lieutenant au 3° bataillon de la 1re demi-brigade des chasseurs des montagnes, sera remis en activité à la suite d'un corps employé à l'armée d'Italie et où il attendra son remplacement; — 4° le citoyen Dominique *Mailhe*, adjudant-sous-officier dans la 5° demi-brigade d'infanterie légère, est promu sous-lieutenant et sera employé comme tel à la suite, en attendant son tour de placement; — 5° le citoyen Jacques-René *Bertrand*, ancien capitaine au 34° régiment, sera mis en activité dans son grade à la suite d'une des compagnies de vétérans employées à Versailles; — 6° le citoyen *Forno*, ancien capitaine et commissaire des guerres réformé, sera employé dans son grade à la suite d'un régiment de troupes à cheval en attendant son remplacement.

[5] Sur les griefs du gouvernement français et ses exigences à l'égard de Gênes, voir t. II, 754-757. — Voir aussi plus haut, p. 287, le compte rendu de l'audience solennelle accordée par le Directoire à Spinola, envoyé par la République de Gênes pour mener la négociation.

[6] Arrondissements de *Villefranche* (cantons de Villefranche, Saint-Igny-et-Vers, Mont-

On accorde l'exequatur à la commission de M. Jean-Edme-Marie Vanhée, vice-consul de Suède à Dunkerque[1].

Le Directoire écrit au ministre de la guerre en lui adressant copie de la lettre du ministre de la justice contenant son avis sur la question de savoir quelle est l'autorité compétente pour appliquer à Claude Joyant, déserteur du bataillon des Lombards[2], la loi de l'amnistie du 10 thermidor an III[3].

[Le Directoire exécutif, considérant que le nombre des cantiniers ou vivandiers et de ceux qui se qualifient tels sans être légalement reconnus augmente tous les jours et augmente l'armée d'une multitude de chevaux inutiles; que les cantiniers et vivandiers attellent à leurs voitures et entretiennent un plus grand nombre de chevaux que celui qui est autorisé par les lois sur les règlements militaires;

Informé que les cantiniers ou vivandiers achètent le plus souvent des chevaux volés ou des chevaux de prise sur l'ennemi, qui ne peuvent être vendus qu'aux prix et aux personnes désignées par l'ordre du général en chef; que d'ailleurs ces voitures superflues servent fréquemment au recèlement des effets que le pillage procure à quelques brigands indignes du nom de soldats français;

Arrête ce qui suit :

Article 1er. Il sera fait dans chacune des divisions de l'armée, à la diligence des généraux, par les officiers qu'ils désigneront à cet effet, une revue exacte de toutes les voitures de cantiniers et vivandiers.

Art. 2. Chaque cantinier ou vivandier sera tenu de déclarer et de montrer les chevaux qu'il possède.

Art. 3. Ceux desdits cantiniers ou vivandiers qui en auront une plus grande quantité que celle prescrite par la loi désigneront ceux

---

sols, Villiers, Belleville, Anse, Bois-d'Oingt, Amplepuis, Thiry, Beaujeu, Chamelet); — Lyon (cantons de Lyon-Nord, Lyon-Sud, Lyon-Ouest, Vaise, la Croix-Rousse, la Guillotière); — Lyon (cantons de Bossenay, l'Arbresle, Chasselas, Neuville, Saint-Cyr-au-Mont-d'Or, Saint-Genis-Laval, Millery, Givors, Sainte-Colombe-les-Vienne, Condrieu, Mornant, Saint-Symphorien-sur-Coize, Saint-Laurent-de-Chaurousset, Vaugneray, Vrézon). — Arrêté du 22 thermidor an IV, signé Reubell, Revellière-Lépeaux, Barras (Arch. nat., AF III, 394, dossier 2080).

[1] Arrêté du 22 thermidor an IV, signé Carnot, Reubell, Barras (Arch. nat., AF III, 394, dossier 2079).

[2] C'est-à-dire de la section des Lombards.

[3] Le Directoire estime que l'autorité compétente doit être un conseil militaire. — Minute signée Carnot, Le Tourneur, Reubell (Arch. nat., AF III, 394, dossier 2080).

qu'ils voudront réserver. Les autres, formant l'excédant, seront sur-le-champ enlevés et affectés, suivant leurs qualités, aux charrois, à l'artillerie ou à la remonte.

Art. 4. Il sera dressé un procès-verbal de signalement et d'estimation desdits chevaux dont copie sera remise aux cantiniers et vivandiers et leur servira de titre au paiement qui leur sera alloué.

Art. 5. Tout cheval non déclaré et qu'on aura voulu dérober à la revue sera confisqué au profit de la République sans indemnité pour le propriétaire, qui sera tenu de plus de justifier comment il se le sera procuré.

Art. 6. Passé le 15 de ce mois, tous chevaux trouvés chez les cantiniers ou vivandiers en excédant du nombre fixé par la loi seront pareillement confisqués sans indemnité.

Art. 7. Le commissaire général de l'armée prendra toutes les précautions convenables pour que la valeur des chevaux livrés aux différents services en conséquence des opérations ci-dessus énoncées soit déduite des sommes qui pourraient être dues aux entreprises chargées de la remonte desdits services.

Art. 8. Les chevaux des cantiniers ou vivandiers seront marqués d'une empreinte particulière.

Art. 9. Tous les cantiniers ou vivandiers qui n'auront pas des permissions en règle seront tenus de se retirer de l'armée et le chef de la force publique demeure chargé de les faire escorter dans le plus court délai au delà du Rhin. Ceux qui enfreindraient les présentes dispositions seront punis suivant la rigueur des règlements militaires.

Art. 10. Aucune permission ne sera valable qu'autant qu'elle sera visée par les chefs de l'état-major des divisions, qui veilleront à ce que les conseils d'administration n'en délivrent pas une quantité qui excède les besoins et le nombre déterminé par la loi.

Art. 11. Les généraux de division sont invités à faire surveiller particulièrement les voitures des vivandiers et cantiniers et à faire visiter fréquemment les objets qu'elles renferment. S'il s'y trouve des effets volés, les cantiniers ou vivandiers doivent être poursuivis comme recéleurs ou complices de pillage, jugés et punis suivant les formes prescrites par la loi du 2ᵉ jour complémentaire.

Art. 12. Le général en chef est invité à donner tous les ordres nécessaires à la prompte et entière exécution du présent arrêté. — Arch. nat., AF III, 394, dossier 2080 [1]].

Le général de brigade Lapeyrouse est nommé commissaire du gouvernement, tant pour procéder à la démolition des places fortes dénommées dans le traité de paix entre la France et la Sardaigne [2] que pour fixer la démarcation des limites du territoire respectif des deux nations. On lui donne des adjoints [3] pour ces opérations et on fixe leur indemnité à cet égard [4].

Le Directoire écrit quinze lettres :
Cinq au ministre de la guerre [5];
Trois au ministre de la police générale [6];
Une au ministre des finances [7];
Une au représentant du peuple Talot [8];
Une au citoyen Hector, adjudant général, à Argentan [9];

[1] Signé à la minute Le Tourneur, Carnot, Reubell.

[2] C'est-à-dire Exilles, la Brunette et Suze.

[3] Niger, chef de brigade d'artillerie; Quintin-Beauvert, chef de brigade du génie, et Brossier, ci-devant agent du département des relations extérieures. — Voir plus haut, séance du 19 thermidor.

[4] Arrêté du 22 thermidor an IV, signé Carnot, Reubell, Barras (Arch. nat., AF III, 394, dossier 2080).

[5] Minutes signées Carnot, Reubell, Barras (Arch. nat., AF III, 394, dossier 2080). Par la première, il lui communique extrait d'une lettre du représentant du peuple Lalot sur les brigandages qui se commettent à l'armée de Sambre-et-Meuse, et l'invite à prendre des mesures sur ce sujet. — Par la seconde, il lui transmet copie de plusieurs lettres du général Kellermann sur les besoins et le dénûment des divers services de l'armée des Alpes. — Par la troisième, il lui transmet copie d'un rapport du ministre de la justice relatif à la demande formée par le commissaire près le tribunal correctionnel de l'arrondissement d'Arles d'un détachement de troupes à cheval à l'effet d'arrêter les dévastations qui se font dans les campagnes. — Par la quatrième, il lui transmet copie de la lettre par laquelle le citoyen Niger, chef de brigade, réclame une augmentation de solde pour les sapeurs et mineurs employés aux démolitions des forts du Piémont. — Par la cinquième, le Directoire invite le ministre de la guerre à prendre des renseignements sur les faits dont on accuse l'adjudant-général Huché.

[6] Minutes signées Carnot, Reubell, Barras (Arch. nat., AF III, 394, dossier 2080). — Par la première, le Directoire transmet au ministre de la police copie d'une lettre adressée de Nantes au représentant du peuple Bodin, contenant une dénonciation contre le citoyen Choudieu, ex-conventionnel. — Par la seconde, il lui transmet copie d'une lettre du citoyen Boutour sur la situation de Lyon et sur le projet publiquement annoncé d'organiser une Vendée dans l'Ardèche. — Par la troisième il lui transmet les pièces relatives au mouvement qui a eu lieu à Cambrai le 10 thermidor et l'invite à témoigner sa satisfaction à l'administration municipale.

[7] Minute signée Carnot, Reubell, Barras (Arch. nat., AF III, 394, dossier 2080). — Le Directoire transmet au ministre des finances copie d'une lettre du citoyen Hadault, lieutenant au 2ᵉ bataillon de sapeurs, sur la malversation ou la négligence de quelques directeurs des postes.

[8] Minute signée Carnot, Reubell, Barras (Arch. nat., AF III, 394, dossier 2080). — Le Directoire informe Talot qu'il a transmis au ministre de la guerre la lettre du maréchal des logis Mignon sur les brigandages et dilapidations qui se commettent à l'armée de Sambre-et-Meuse.

[9] Minute signée Carnot. Reubell, Barras

[9 août 1796] DU DIRECTOIRE EXÉCUTIF. 309

Une au citoyen Renou, à Saint-Servan[1];
Une au citoyen Niger, chef de brigade d'artillerie[2];
Une au citoyen Liébert[3];
Et une au citoyen Haussmann, commissaire du gouvernement près l'armée de Rhin-et-Moselle[4].

DÉLIBÉRATION SECRÈTE DU 22 THERMIDOR AN IV [5]

9 AOÛT 1796.

CCXLVIII

Dépôt d'une lettre adressée au Directoire le 14 thermidor par le citoyen Barthélemy, ambassadeur de la République en Suisse relative à la mission dont est chargé l'adjudant général Crublier.

---

[1] (Arch. nat., AF III, 394, dossier 2080). Le Directoire applaudit aux réflexions contenues dans les deux lettres qu'il a adressées le 16 prairial et le 9 thermidor à son président.

[2] Minute signée Carnot, Reubell, Barras (Arch. nat., AF III, 394, dossier 2080). — Le Directoire l'informe qu'il a satisfait à sa réclamation en ordonnant l'établissement du régime constitutionnel dans les communes des départements de l'ouest que les circonstances avaient obligé de mettre en état de guerre.

[2] A Suze. Le Directoire lui annonce qu'il a transmis sa lettre au ministre de la guerre concernant l'augmentation de solde pour les sapeurs et mineurs employés à la démolition des places du Piémont. — Minute signée Carnot, Reubell, Barras (Arch. nat., AF III, 394, dossier 2080.)

[3] Minute signée Carnot, Reubell, Barras (Arch. nat., AF III, 394, dossier 2080). — Le Directoire applaudit aux mesures prises par ce général (commandant les 1re et 16e divisions militaires) pour arrêter les suites du mouvement qui a eu lieu à Cambrai le 10 thermidor.

[4] Minute signée Carnot, Reubell, Barras (Arch. nat., AF III, 394, dossier 2080). — Le Directoire mande à Haussmann qu'il vient d'ordonner au ministre de la guerre de faire disposer la nouvelle forme de comptabilité qui permet pour l'armée de Rhin-et-Moselle l'espoir de subvenir aux différents services de cette armée par la levée des contributions sur la Souabe et l'Autriche antérieure. Il engage ce commissaire à faire connaître le plus tôt possible aux troupes l'arrêté (voir plus haut) dont le Directoire lui transmet l'expédition en en confiant la prompte exécution à sa surveillance.

Outre les documents qui viennent d'être signalés, il faut rapporter à la séance du 22 thermidor deux arrêtés de ce jour, non mentionnés au procès-verbal, et signés Carnot, Reubell, Barras, par lesquels Joseph Zajonczek, général polonais, réfugié, et Valentin Krajewski, son domestique, sont autorisés, en vertu de la loi du 21 floréal, à résider à Paris. — ZAJONCZEK (Joseph), né à Kaminiec-Podolski le 1er novembre 1752, mort à Varsovie le 28 juillet 1826, lieutenant de Kosciusko; détenu par les Autrichiens après l'affaire de Praga (1794); réfugié en France (1796); général de brigade à l'armée d'Italie (1797); puis à l'armée d'Égypte, général de division en 1801; employé par Napoléon à la Grande-Armée (1805-1806); chef d'une des trois légions polonaises (1807); fait prisonnier par les Russes en 1812; rallié à la Russie en 1815; fait prince et lieutenant du roi dans le nouveau royaume de Pologne par le tsar Alexandre (1818).

Le dossier 2080 se termine par dix pièces relatives à des nominations de commissaires et de juges de paix ou d'assesseurs dans les départements de l'Ain, de la Marne, de la Haute-Saône et de Seine-et-Marne.

[5] Arch. nat., AF III*, 20, p. 71.

SÉANCE DU 23 THERMIDOR AN IV [1]

10 AOÛT 1796.

[Le Directoire exécutif, considérant que, par l'arrêté du Comité de salut public du 19 vendémiaire an III, il n'a été affecté un arrondissement forestier à divers ports de la République que pour accélérer l'approvisionnement de bois de construction qu'exigeaient les travaux ordonnés à cette époque;

Considérant que, vu le changement des circonstances, les dispositions de l'arrêté précité deviennent inutiles; et qu'en remettant les choses au même état qu'elles étaient auparavant, il en résultera plus d'ordre, d'économie et d'ensemble dans l'important service des exploitations de bois de marine,

Arrête :

ARTICLE 1er. L'arrêté du Comité de salut public du 19 vendémiaire an III, concernant l'exploitation des bois environnant les ports ci-après dénommés, est rapporté.

ART. 2. L'arrondissement forestier affecté à chacun des ports suivants, savoir : Lorient, Brest, Port-Malo, Cherbourg, Le Havre, Dunkerque, Nantes, Rochefort, Bordeaux, Bayonne et Toulon, sera réuni à celui des quatre grands arrondissements forestiers dont il faisait ci-devant partie.

Le ministre de la marine est chargé de l'exécution du présent arrêté. — Arch. nat., AF III, 394, dossier 2081 [2].]

Il adresse un message au Conseil des Cinq-Cents, pour solliciter une loi qui lui donne le moyen de garantir du pillage les navires échoués sur les côtes [3].

---

[1] Arch. nat., AF III*, 4, fol. 136-142; et AF III, 3.

[2] Signé à la minute Le Tourneur, Revellière-Lépeaux, Barras.

[3] Message lu à la séance du 26 thermidor (C. C., thermidor an IV, 483-483). «...Lorsqu'il arrive sur les côtes, lit-on dans cette pièce, un naufrage, un échouement, les habitants accourent de toutes parts. Ne voyant dans cet événement qu'un profit à faire, au lieu d'y trouver le devoir le plus sacré à remplir, celui de secourir le malheur, ils se livrent au pillage de tous les effets naufragés. Au milieu de ce brigandage, plusieurs sont victimes de leur cupidité ou de leur imprudence; les autorités constituées manquent alors de moyens pour écarter une multitude qui, par son exemple, promet l'impunité à tous les coupables : et tel est l'excès du désordre qu'on voit souvent prendre part à ces vols et soustractions ceux mêmes qui sont chargés de les empêcher...» Le Directoire

[10 AOÛT 1796] DU DIRECTOIRE EXÉCUTIF.

Il en reçoit un du Conseil des Anciens, relatif à l'envoi de deux lois :

La première concerne les procès-verbaux des gardes-champêtres et forestiers [1] ;

Le seconde portant qu'à compter du 1er fructidor prochain, chaque franc de contribution directe ou indirecte, payable en valeurs représentatives de dix livres de blé-froment, sera payé en numéraire, ou en mandats au cours [2].

Le Directoire ordonne que ces deux lois seront publiées, exécutées et qu'elles seront munies du sceau de l'État. Elles sont en conséquence adressées de suite à l'enregistrement pour deux expéditions être envoyées sans délai au ministre de la justice, avec l'arrêté portant ordre d'impression et de publication dans les formes prescrites par les lois.

Le ministre de la guerre est chargé de prendre dans les troupes composant l'armée de l'Intérieur un corps complet de quatorze à quinze cents hommes, qui devra se rendre immédiatement à Marseille [3].

Cet arrêté est à la section de la guerre.

Douze lettres sont écrites concernant le service militaire, savoir :

Deux au général Châteauneuf-Randon [4] ;

Trois au général en chef Kellermann [5] ;

demande donc qu'il soit statué : 1° sur les moyens d'écarter la multitude du lieu du naufrage ou de l'échouement ; 2° sur l'établissement et l'organisation d'une force armée pour cet objet ; 3° sur le choix des autorités à qui il conviendra d'en confier la direction ; 4° sur la responsabilité des communes ; 5° sur le mode d'administration des objets provenant des naufrages et échouements.

[1] *Bull.*, II, LXVI, n° 601. — Ces procès-verbaux ne seront pas soumis à la formalité de l'enregistrement. La peine minima pour tout délit rural ou forestier sera d'une amende de la valeur de trois journées de travail, ou de trois jours d'emprisonnement.

[2] *Bull.*, II, LXVI, n° 600.

[3] Arrêté du 23 thermidor an IV, signé Carnot, Le Tourneur, Barras (Arch. nat., AF III, 394, dossier 2081). — Sur les affaires de Marseille, voir plus haut.

[4] Minutes signées Carnot, Le Tourneur, Barras (Arch. nat., AF III, 394, dossier 2081). — Par la première de ces lettres, le Directoire applaudit à ses dispositions pour faire régner le bon ordre à la foire de Beaucaire. — Par la seconde il lui accuse réception de la lettre par laquelle il réclame des fonds pour le paiement de la solde due aux troupes qu'il commande.

[5] Minutes signées Le Tourneur, Carnot, Barras (Arch. nat., AF III, 394, dossier 2081). — Par la première de ces lettres, le Directoire invite Kellermann à activer la remonte, l'équipement et la direction sur l'Italie des corps de cavalerie qui se trouvent à Lyon et à se concerter avec les autorités civiles pour empêcher les progrès de la désertion. — Par la seconde, il lui accuse réception de deux lettres relatives à la célébration des fêtes des 9 et 10 thermidor et aux travaux exécutés pour la démolition des places du Piémont. — Par la troisième il lui accuse réception d'une lettre adressée par le général Le Doyen, qui explique les retards éprouvés par l'envoi des tableaux de situation et des Bulletins historiques décadaires ; il recommande «de veiller sur l'exactitude de cette partie intéressante du service».

Une au général en chef Beurnonville[1];

Une au général Kléber, commandant par intérim l'armée de Sambre-et-Meuse[2];

Deux au général en chef Moreau[3];

Une au ministre de la guerre[4];

Une aux représentants du peuple députés par le département du Rhône[5];

Et une au général de division Schérer[6].

Les minutes de ces lettres sont à la section de la guerre.

A 2 heures le Directoire suspend sa séance, pour se rendre au Champ de la fédération à l'effet d'assister à la fête commémorative du 10 août 1792.

Il descend à l'École militaire, accompagné de ses ministres; les membres du Bureau central de la commune de Paris viennent l'y recevoir. Le Corps diplomatique y était déjà réuni et attendait son arrivée.

---

[1] Minute signée Carnot, Le Tourneur, Barras (Arch. nat., AF III, 394, dossier 2081).
— Le Directoire applaudit à son dessein de surveiller par lui-même le service de l'état-major; il l'invite à transmettre au ministre de la guerre les renseignements nécessaires à l'effet de convenir avec la République batave d'une somme affectée aux 25,000 hommes de troupes françaises à sa solde. Il l'invite aussi à faire part au commandant de l'armée de Sambre-et-Meuse de ses dispositions au sujet d'un renfort à lui envoyer. Il applaudit aux mesures prises pour établir l'uniformité et le bon ordre parmi les troupes dont il a le commandement.

[2] Minute signée Carnot, Le Tourneur, Barras (Arch. nat., AF III, 394, dossier 2081).
— Le Directoire invite Kléber à protéger le transport des marchandises manufacturées à Lyon, destinées à la foire de Leipzig et qui n'ont pas pu parvenir à leur destination depuis que la Souabe est devenue le théâtre de la guerre.

[3] Minutes signées Carnot, Le Tourneur, Barras (Arch. nat., AF III, 394, dossier 2081).
— Par la première, le Directoire transmet à Moreau copie d'une lettre des députés du Rhône (voir plus bas) concernant des marchandises manufacturées à Lyon, qui n'ont pu parvenir à leur destination depuis que la Souabe est devenue le théâtre de la guerre.

Il l'invite à en protéger le transport en faisant surveiller la fraude. — Par la seconde, il le charge de commettre un ou plusieurs ingénieurs pour examiner la proposition faite par le commissaire Haussmann (voir plus haut), de changer le lit du Rhin et si, par la position qu'aurait alors la ville de Vieux-Brisach, on pourrait se procurer une tête de pont capable de défendre les départements du Rhin.

[4] Minute signée Carnot, Le Tourneur, Barras (Arch. nat., AF III, 394, dossier 2081).
— Le Directoire transmet au ministre une lettre du général Châteauneuf-Randon sur la pénurie de fonds qui met en retard le paiement des troupes qu'il commande.

[5] Minute signée Carnot, Le Tourneur, Barras (Arch. nat., AF III, 394, dossier 2081).
— Le Directoire les informe qu'il a fait passer aux généraux en chef des armées de la République opérant en Allemagne leur lettre relative aux marchandises manufacturées à Lyon et qui, envoyées de cette ville à destination de Leipzig, se trouvent encore arrêtées à Bâle.

[6] Minute signée Carnot, Le Tourneur, Barras (Arch. nat., AF III, 394, dossier 2081).
— Le Directoire remercie Schérer du mémoire qu'il lui a adressé sur les opérations des armées de la République en Allemagne.

Un concours immense de citoyens garnissent les talus du Champ de la fédération. Une garde nombreuse est placée, pour maintenir l'ordre et prévenir les accidents. A l'extrémité du Champ, en face du bâtiment de l'École militaire, s'élève un tertre spacieux, sur lequel sont placés les membres des différentes autorités constituées de la commune et du département de la Seine. L'Institut national de musique y occupe une place et exécute différents airs patriotiques.

Le Directoire descend dans le Champ de la fédération, environné de ses ministres et du Corps diplomatique, il monte au tertre et se place sur les sièges qui lui sont préparés.

Des cris répétés de *Vive la République,* l'accueillent à son arrivée, une salve d'artillerie l'annonce.

Il se fait ensuite un profond silence et le président[1] prononce le discours suivant :

« Français,

« Déjà depuis longtemps la raison commençait à éclairer nos esprits, et le feu sacré de la Liberté se glissait dans nos veines ! L'étude des langues énergiques dont le goût venait de se répandre, les systèmes hardis, les pensées fortes, les sentiments profonds et les images vigoureuses des philosophes et des poètes qui ont illustré l'Europe, avaient grandi nos idées et échauffé nos imaginations. L'exemple de l'Amérique septentrionale, convertie en République, ne pouvait plus être stérile.

« C'est alors que la liberté se fait entendre avec éclat sur le territoire français ! À sa voix puissante le Dauphinois descend de ses montagnes et le Breton se lève au milieu de ses landes et de ses forêts; ils veulent leur indépendance. Bientôt ce mouvement généreux se communique à toutes les parties de la France ! les représentants de la nation sont assemblés.

« La courageuse résolution des députés du peuple, dans la journée du 23 juin, commença à saper les fondements d'un trône qui nous opprimait depuis tant de siècles : la chute de la Bastille, dans la journée du 14 juillet, continua de l'ébranler ! Cependant il existait encore : il menaçait de se consolider de nouveau et de peser sur nous avec plus de force que jamais !

[1] La Revellière-Lépeaux.

« Grâces te soient rendues, immortelle journée du 10 août! C'est toi qui le renversas!

« Les amis de la liberté, fatigués des manœuvres d'une cour aussi lâchement perfide que profondément corrompue, accourent de toutes parts : leurs redoutables phalanges attaquent ce colosse de royauté qui ne méditait que ruines et que forfaits! . . . . . Il est réduit en poudre! et la République est proclamée à la face de ses ennemis les plus redoutables!

« Ah! c'est en vain que de lâches partisans de l'esclavage et des hommes, qui, incapables d'oublier une injure, sacrifieraient la plus juste et la plus belle des causes au désir de se venger, c'est en vain, dis-je, qu'ils chercheraient à jeter des nuages sur cette journée! L'impassible histoire lui assurera sa place au rang des journées les plus glorieuses; elle dira à la postérité que, si quelques brigands se glissèrent dans les rangs sacrés et réussirent d'abord à établir leur affreuse domination et à combler la mesure du crime en profitant de l'étonnement et du chaos que dut produire nécessairement la chute épouvantable de cette antique monarchie, il n'en est pas moins vrai que le 10 août fut l'ouvrage des patriotes les plus purs et que tous ceux d'entre eux que la nature avait doués d'un grand courage et d'un esprit élevé y contribuèrent par leurs discours ou par leurs écrits ou bien en payant de leur personne.

« Elle lui dira, que sans la journée du 10 août, la France était partagée en lambeaux par une coalition ou le trône raffermi par le renversement de nos institutions naissantes et qu'alors un tyran furieux se livrait à des vengeances encore plus exécrables et plus prolongées que celles qui signalèrent le règne passager du triumvirat.

« Elle lui dira que sans la journée du 10 août le Français n'aurait jamais joui de toute l'étendue des droits que peut comporter l'état social; que l'égalité n'existerait pas, non cette égalité chimérique dont les fougueux partisans de la constitution de 1793 ont si longtemps abusé et voudraient abuser encore, pour enfanter toutes sortes de crimes et de malheurs, mais cette égalité réelle des droits, qui ouvre la carrière des fonctions publiques à tous les citoyens; cette égalité que nous assure la constitution de 1795, cette constitution qui, tout en donnant aux lois une grande force d'exécution et aux personnes, aux propriétés et aux fruits de l'industrie une entière assurance, ne souffre pas qu'aucune famille, aucun individu puissent prétendre à des prérogatives et à des distinctions particulières et s'arrogent des prétentions sur les emplois publics; cette constitution qui, en même temps, oblige les législateurs et les premiers magistrats de la République à rentrer dans la classe des simples citoyens, après un petit nombre d'années d'exercice.

« Enfin l'histoire dira à la postérité que c'est à l'immortelle journée du 10 août que nous devons la République!..... La République! Eh! quel est celui qui possède un cœur assez froid et un esprit assez rampant pour ne pas sentir son être s'agrandir et son âme s'élever à la seule idée d'y vivre et d'en être membre?

« Mais, citoyens, il ne suffit pas de l'avoir conquise par des lois sages, il faut la conserver! Quel serait votre sort, si elle périssait? La honte et le malheur! Le moyen de la perpétuer est donc dans nos mains! Voulons-nous être assurés que le trône des rois ne se relèvera jamais? Abattons celui du vice, érigeons celui de la vertu!

« Que toutes les affections de la nature, que la corruption des cours avait détruite et que le jeu terrible des factions avait fait presque oublier, reprennent leur empire! Que les doux nœuds de la famille se resserrent, que les noms délicieux d'amant fidèle, de tendre époux, de bon père, d'enfant chéri, d'ami sûr, de voisin secourable, d'homme de bien, prononcés par une bouche reconnaissante, flattent cent fois plus agréablement notre oreille que tous les titres auxquels l'ambition attache tant de prix! Que l'austère franchise et une vie simple soient préférées à tout l'éclat d'un talent mensonger et à celui d'une brillante fortune! C'est par la modération dans les désirs, c'est par l'habitude de s'oublier tout entier, pour ne songer qu'au bonheur des siens, que l'égoïsme se détruit et que l'on forme ces grands cœurs auxquels rien ne coûte pour venir au secours de leur pays, ou pour en augmenter la gloire et la prospérité. C'est alors qu'embrasés de l'amour de la patrie, nous sacrifions nos intérêts aux siens. C'est alors que la générosité et une mâle énergie prennent la place de la haine et de l'amour de la vengeance et qu'enfin l'exercice habituel de toutes les vertus publiques et privées amène l'oubli des maux inséparables des grandes secousses politiques, pour ne plus en faire sentir que les heureux résultats.

« Réjouissez-vous, républicains, dignes d'un nom si glorieux! Bientôt nos sages institutions auront produit ces précieux effets, et tous les Français, réunis par un même sentiment, goûtant avec ivresse les fruits qu'ils en auront recueillis, béniront à jamais l'immortelle journée du 10 août!

« Que les jeux civiques s'apprêtent pour la célébrer ! Que tous les citoyens ouvrent leur cœur à l'aimable fraternité et à la joie la plus pure. Douce concorde, viens présider à nos fêtes, et qu'en même temps l'enthousiasme de la liberté leur prête tout l'éclat de ses charmes. »

Ce discours, écouté avec un religieux recueillement, a été suivi d'un cri unanime de *Vive la République,* de la part de tous les spectateurs.

Succède ensuite une musique guerrière : les sons du clairon annoncent l'ouverture des jeux. Les concurrents, sortis en pompe de l'École militaire, font le tour du champ et attendent le signal.

Aux courses à pied succèdent les courses à cheval, puis celles de bagues.

Le Directoire, après avoir assisté à ces exercices, rentre à l'École militaire, ensuite retourne au palais directorial, dans le même ordre qu'il en était parti [1].

SÉANCE DU 24 THERMIDOR AN IV [2]

11 AOÛT 1796.

Un messager d'État, envoyé par le Conseil des Anciens, est admis et dépose sur le bureau quatre lois :

La première portant annulation [3] des élections faites les 10, 13 et 15 brumaire dernier, dans les canton et commune des Vans, chef-lieu de canton du département de l'Ardèche [4];

La seconde met à la disposition du ministre des finances, pour les

---

[1] Le dossier 2082 (Arch. nat., AF III, 394), dont le contenu, comme celui du précédent, se rapporte à la séance du 23 thermidor, est formé de trente-six pièces relatives à des nominations de juges, juges de paix, assesseurs, suppléants et commissaires du pouvoir exécutif dans les départements des Côtes-du-Nord, d'Eure-et-Loir, de l'Indre, de Loir-et-Cher, de la Manche et des Deux-Sèvres.

[2] Arch. nat., AF III*, 4, fol. 142-145; et AF III, 3.

[3] Pour diverses violations de la loi.

[4] *Bull.*, II, LXIX, n° 622.

dépenses de son département, une somme de trente millions, mandats ou promesses de mandats [1];

La troisième déclare nulles [2] les nominations d'agent municipal et de son adjoint faites par l'assemblée communale de Plouigneau [3], dans sa séance du 15 frimaire dernier [4];

La quatrième proroge jusqu'au 1er brumaire prochain le terme indiqué au 1er fructidor par la loi du 19 prairial dernier [5] relativement au Code hypothécaire [6].

Le Directoire ordonne que les trois premières de ces lois seront publiées, exécutées et qu'elles seront munies du sceau de l'État. Elles sont en conséquence adressées de suite à l'enregistrement pour deux expéditions être envoyées dans le jour au ministre de la justice, avec l'arrêté portant ordre d'impression et de publication dans les formes prescrites par les lois.

Et à l'égard de la quatrième, au moyen de ce qu'elle n'est pas revêtue des formes prescrites par la Constitution, le Directoire la renvoie au Conseil des Anciens.

Il adresse quatre messages au Conseil des Cinq-Cents :

Le premier relatif à un arrêté du représentant du peuple Bouchereau, à l'occasion d'un référé fait par le tribunal correctionnel de Montdidier [7];

Le second tendant à faire déterminer la nouvelle destination des bons au porteur et leur véritable valeur [8];

Le troisième portant envoi de cinq états de pensions et secours à

---

[1] *Bull.*, II, LXIX, n° 624.
[2] Comme irrégulières.
[3] Département du Finistère.
[4] *Bull.*, II, LXIX, n° 623.
[5] Voir t. II, p. 563.
[6] *Bull.*, II, LXII, n° 612. — Nouveau délai nécessaire pour que le Corps législatif ait le temps de statuer sur les modifications dont est susceptible le Code hypothécaire du 9 messidor an III.
[7] Message lu à la séance du 26 thermidor (*C. C.*, thermidor an IV, 480-481). — Le Directoire exprime l'avis qu'il n'appartient qu'au Corps législatif de prononcer sur la validité de l'arrêté de Bouchereau.
[8] Message lu à la séance du 26 thermidor (*C. C.*, thermidor an IV, 479-480). — «Les lois des 28 ventôse et 6 floréal dernier, lit-on dans ce document, en affectant au retirement des mandats la totalité des biens nationaux, ont fait perdre aux *bons* aux porteurs provenant des restitutions de biens confisqués la destination qui leur a été donnée par la loi du 21 prairial an III (*cette loi portait que la restitution des biens confisqués aux familles des condamnés serait faite en bons au porteur recevables en paiement de biens d'émigrés*) pour l'acquisition des biens d'émigrés. Les porteurs de ces *bons* qui sont en même temps débiteurs de la République demandent à compenser leur dette avec la créance résultant de ces mêmes *bons*. Votre intention, citoyens législateurs, n'a pu être de rendre nuls dans leurs mains des titres de créances légitimes, tandis qu'ils sont poursuivis pour leurs dettes envers la nation...»

accorder aux marins, militaires et autres employés du département de la marine et aux veuves et enfants des défenseurs de la patrie, dans le même département[1];

Le quatrième a pour objet d'annoncer aux deux Conseils l'éclatante victoire remportée à Lonelo, etc., sur les Autrichiens par l'armée d'Italie[2].

Le Directoire charge son commissaire près le tribunal de cassation de dénoncer à ce tribunal un jugement du tribunal criminel du département du Jura et une ordonnance du directeur du jury de Dôle, dans l'affaire de Bérignot[3].

[Le Directoire exécutif, ouï le rapport du ministre des finances,

Considérant que les dispositions contenues dans l'ordre du général en chef de l'armée d'Italie du 2 prairial dernier n'ont été prises que dans l'intention d'assurer la solde des troupes de l'armée qu'il commande dans un pays conquis, où le papier républicain n'a point cours,

Arrête :

ARTICLE 1ᵉʳ. L'ordre du général en chef de l'armée d'Italie du 2 prairial et celui transmis postérieurement au payeur général de cette armée par le commissaire ordonnateur en chef sont maintenus et auront leur plein et entier effet.

ART. 2. Les officiers, sous-officiers et soldats de toute arme des quatre divisions qui composent cette armée, l'avant-garde, les troupes à cheval; les officiers de l'état-major, les commissaires des guerres, les officiers de santé et employés des hôpitaux, les garnisons de Plaisance, Tortone, Ceva, Mondovi, Cherasco, Milan, Coni et généralement tout ce qui est au delà des Alpes et de l'Apennin recevront à compter du 1ᵉʳ prairial dernier leur solde moitié en valeur fixe, moitié en numéraire effectif.

ART. 3. Les officiers recevront également à partir de cette époque,

---

[1] Message lu à la séance du 26 thermidor (*C. C.*, thermidor an IV, 481-483). — Le total de ces pensions et secours s'élève à 150,268 fr. 18.

[2] Message lu à la séance du 24 thermidor (*C. C.*, thermidor an IV, 437-439). — Il s'agit des batailles de Lonato, Salo et surtout Castiglione.

[3] Arrêté du 24 thermidor an IV, signé Le Tourneur, Revellière-Lépeaux, Barras (Arch. nat., AF III, 394, dossier 2083). — Cette ordonnance et ce jugement sont dénoncés comme nuls et contenant des excès de pouvoir, pour avoir cassé et annulé le mandat d'arrêt lancé contre «Jean-Alexis Bérignot, prêtre, ex-vicaire de la paroisse de Dôle, prévenu d'avoir dirigé, fait et fait faire, par des ouvriers réunis à lui, la démolition d'un obélisque et d'une estrade élevés aux mânes des défenseurs de la patrie dans l'église paroissiale de Dôle et servant aux solennités des fêtes ordinaires....».

à titre d'avance, ce qui doit leur revenir en numéraire pour le mois entier de prairial; cette disposition aura également lieu pour le mois de messidor.

Art. 4. Le supplément de 3 livres et de 8 livres est et demeure supprimé à compter du 1er prairial.

Art. 5. Le ministre de la guerre et le ministre des finances sont chargés, chacun en ce qui le concerne, de l'exécution du présent arrêté, qui ne sera point imprimé et dont il sera adressé copie aux commissaires de la Trésorerie et au général Bonaparte. — Arch. nat., AF III, 394, dossier 2084 [1].]

[Le Directoire exécutif, vu la lettre du ministre de la guerre, du 5 de ce mois, portant que les nommés *Duquesne*, ci-devant soldat des gardes-françaises; *Moncombles*, *Dubois*, *Quéand* et *Richard*, ci-devant volontaires d'un bataillon du Nord et d'un bataillon du Pas-de-Calais; *Duforest*, du ci-devant régiment de la Colonelle; *Dubois* et *Leblanc*, fuyards de la première réquisition, ont quitté le territoire de la République en 1793; qu'ils y sont rentrés en s'annonçant comme déserteurs de la légion de Choiseul, composée en partie d'émigrés, et que le chef de l'état-major de l'armée du Nord les a fait conduire à la citadelle de Lille, en attendant les ordres du gouvernement sur la manière dont il doit agir à leur égard;

Vu pareillement les actes par lesquels les ci-dessus nommés se sont engagés dans la légion de Choiseul pour y porter les armes au service du roi d'Angleterre, lesquels actes font partie des pièces dont l'émigré Choiseul, colonel de ladite légion, a été trouvé saisi lors de son arrestation sur la côte de Calais, le 23 brumaire dernier [2];

Vu enfin l'extrait, certifié par le ministre de la justice, du contrôle général de la même légion, lequel contrôle fait également partie des pièces dont il vient d'être parlé;

Après avoir entendu le ministre de la justice :

Arrête que, conformément à l'article 8 de la 1re section du titre V de la loi du 25 brumaire an III, concernant les émigrés, les huit individus ci-dessus nommés seront traduits devant une commission militaire, qui sera nommée par les officiers de l'état-major de la division dans l'étendue de laquelle ils ont été arrêtés.

---

[1] Signé à la minute Carnot, Reubell, Barras. — [2] Voir t. Ier, p. 254, 323.

Les ministres de la justice et de la guerre sont chargés, chacun en ce qui le concerne, de l'exécution du présent arrêté, qui sera imprimé. — Arch. nat., AF III, 394, dossier 2083 [1].]

Sur le rapport qui lui est fait qu'un nommé Knaps a essayé d'ébranler la fidélité d'un des chefs de bureau du secrétariat, en lui offrant cent louis pour l'intéresser à s'employer pour obtenir la radiation de la liste des émigrés de la citoyenne Faulx, veuve Grammont : il ordonne que la réclamation de cette citoyenne sera classée dans les cartons des affaires suspendues, pour n'être représentée au Directoire qu'après qu'il aura été prononcé sur toutes les demandes de cette nature [2].

Par le même motif, il ordonne que le nom du citoyen Lafortelle sera retiré du tableau des citoyens exemptés du service militaire [3].

[Le Directoire exécutif, après avoir entendu le ministre de la justice,

Considérant qu'il s'est glissé dans la rédaction de son arrêté du 12 messidor dernier [4], concernant le mode de jugement des actions relatives à la perception des impôts indirects dans les neuf départements réunis par la loi du 9 vendémiaire dernier, quelques expressions qui ont pu faire naître des doutes dans ces départements sur la question de savoir si les tribunaux civils peuvent juger en première instance et sans appel non seulement les contestations relatives aux impôts indirects, quelle que soit la valeur des objets litigieux, ainsi qu'ils y sont autorisés par la loi du 11 septembre 1790, maintenue à cet égard par l'article 218 de l'acte constitutionnel, mais encore les affaires personnelles et mobilières, dont la connaissance en premier et dernier ressort, jusqu'à la valeur de 1,000 livres de principal, leur est attribuée par l'article 5 du titre IV de la loi du 24 août 1790, maintenu également par le même article de la constitution ;

Considérant que l'unique objet de cet arrêté a été le rapport de celui du 2 frimaire dernier, pris par les commissaires du gouvernement, en ce qu'il ordonnait que les tribunaux civils des départements réunis

---

[1] Signé à la minute Le Tourneur, Carnot, Reubell.

[2] Arrêté du 24 thermidor an IV, signé Le Tourneur, Carnot, Revellière-Lépeaux (Arch. nat., AF III, 394, dossier 2083).

[3] Lafortelle, cultivateur à Mitry, recommandé par le même Knaps pour l'exemption du service militaire. L'arrêté porte qu'il «rejoindra sans délai les armées de la République». — Arrêté du 24 thermidor an IV, signé Carnot, Le Tourneur, Revellière-Lépeaux (Arch. nat., AF III, 394, dossier 2083).

[4] Voir t. II, p. 749.

jugeraient, au nombre de trois juges, toutes les affaires relatives aux contributions indirectes,

Arrête ce qui suit :

ARTICLE 1er. Le deuxième considérant de l'arrêté du 12 messidor dernier est rapporté, et il y sera substitué ce qui suit :

« Considérant néanmoins que ce même arrêté est, quant à la forme des jugements à rendre par les tribunaux civils, en opposition avec l'article 220 de l'acte constitutionnel, d'après lequel ces tribunaux ne peuvent juger, soit en premier, soit en dernier ressort, au-dessous du nombre de cinq juges... »

ART. 2. L'article 3 du même arrêté est pareillement rapporté et il demeurera conçu dans les termes suivants :

« L'arrêté du 2 frimaire, ci-dessus mentionné, est rapporté en ce qu'il ordonne que les tribunaux civils des départements réunis jugeront au nombre de trois juges les actions civiles relatives à la perception des impôts indirects. »

Le présent arrêté sera inséré au *Bulletin des lois;* le ministre de la justice est chargé de son exécution. — Arch. nat., AF III, 394, dossier 2084 [1].]

L'exemption de service militaire, accordée au citoyen Lointier [2], est rapportée [3].

Il ordonne la translation à Cuers [4] du bureau de la poste aux lettres établi dans la commune de Solliès [5].

Il accorde à la caution du citoyen Champmessière, vivant receveur de l'enregistrement à Craon, tué par les rebelles de la Vendée [6] qui ont pillé sa caisse, la remise du déficit de la caisse du receveur [7].

Il décharge pareillement le citoyen Guillon, receveur de l'enregistrement à Bourbriac (Côtes-du-Nord), d'une somme de trois cent dix-sept francs quatorze centimes, en numéraire, et de vingt-deux mille

---

[1] Signé à la minute Le Tourneur, Revellière-Lépeaux, Barras.

[2] L'arrêté d'exemption portait la date du 16 messidor dernier.

[3] Arrêté du 24 thermidor an IV, signé Revellière-Lépeaux, Carnot, Le Tourneur, (Arch. nat., AF III, dossier 2084).

[4] Département du Var.

[5] Arrêté du 24 thermidor an IV, signé Reubell, Carnot, Barras (Arch. nat., AF III, 394, dossier 2084).

[6] « Lors de la première invasion des rebelles de la Vendée dans le département de la Mayenne » (Rapport du ministre des finances, Arch. nat., AF III, 394, dossier 2084).

[7] Arrêté du 24 thermidor an IV, signé Carnot, Reubell, Barras (Arch. nat., AF III, 394, dossier 2084).

deux cent dix-neuf francs quarante-un centimes, en assignats, lesquelles sommes ont été enlevées[1] par les chouans[2].

Il charge le ministre de la justice de faire poursuivre par-devant les tribunaux le citoyen Griess, pour dilapidations par lui commises à Pirmasens[3].

Il ordonne la mise en jugement de l'agent municipal de la commune de Mousseval[4], prévenu d'avoir provoqué un rassemblement séditieux[5].

Les trente millions mis à la disposition du ministre des finances par la loi de cejourd'hui seront payés par la Trésorerie nationale sur les ordonnances de ce ministre[6].

Le ministre de la justice fait un rapport sur un conflit qui s'est élevé entre les autorités judiciaires et administratives du département de la Lys et sur la décision qu'il a donnée en cette circonstance. Le Directoire approuve cette décision[7].

Il répond à une lettre du citoyen Réal[8], défenseur officieux, qui lui demandait une audience, en l'invitant à s'adresser au ministre des finances[9].

On écrit au citoyen Boutteville, commissaire du gouvernement dans les pays réunis, pour l'autoriser à remplacer le commissaire près le tribunal de police correctionnelle de Saint-Nicolas[10].

---

[1] Le 21 ventôse dernier.

[2] Arrêté du 24 thermidor an IV, signé Carnot, Reubell, Barras (Arch. nat., AF III, 394, dossier 2084).

[3] Arrêté du 24 thermidor an IV, signé Le Tourneur, Revellière-Lépeaux, Barras (Arch. nat., AF III, 394, dossier 2083). — Il en ressort que «Griess, se disant commissaire du gouvernement dans les pays conquis entre Rhin et Moselle», avait donné l'ordre, «le 14 germinal an II, aux préposés de la commune de Pirmasens de partager entre les habitants de cette commune les biens du prince et des émigrés», ce qui constituait «une dilapidation considérable des biens de la République».

[4] Département de la Haute-Marne.

[5] Arrêté du 24 thermidor an IV, signé Le Tourneur, Revellière-Lépeaux, Barras (Arch. nat., AF III, 394, dossier 2083). — Cet agent est «prévenu d'avoir provoqué l'attroupement et les voies de fait qui ont eu lieu dans cette commune à l'effet de détruire une partie des propriétés prétendues appartenir au citoyen de Vassy».

[6] Arrêté du 24 thermidor an IV, signé Carnot, Reubell, Barras (Arch. nat., AF III, 394, dossier 2083).

[7] Arrêté du 24 thermidor an IV, signé Le Tourneur, Reubell, Revellière-Lépeaux (Arch. nat., AF III, 394, dossier 2083). — Il s'agit d'une citation du juge de paix d'Ypres (département de la Lys), que le ministre de la justice avait annulée comme attentatoire aux droits de l'administration centrale de ce département.

[8] Défenseur de Tort-la-Sonde.

[9] Minute signée Revellière-Lépeaux, Barras, Reubell (Arch. nat., AF III, 294, dossier 2084).

[10] Département de l'Escaut. — Minute signée Carnot, Reubell, Barras (Arch. nat., AF III, 394, dossier 2083). — Voir au même dossier l'arrêté (mêmes signatures) révoquant ce commissaire, nommé Macschalk. — Le commissaire du Directoire près l'administra-

Les ministres de la justice, de la guerre, des finances et de l'intérieur, conformément à l'arrêté du Directoire du 1er prairial de l'an IV, soumettent à l'approbation du Directoire chacun un état de dépenses à ordonnancer dans son département. Le Directoire approuve ces dépenses et remet un double desdits états à chacun des ministres qui les ont présentés.

On signe un état de citoyens exemptés du service militaire aux armées [1].

SÉANCE DU 25 THERMIDOR AN IV [2]

12 AOÛT 1796.

Le Directoire exécutif destitue de ses fonctions le citoyen Estratte, agent municipal de la commune de Laune [3], comme ayant refusé d'interposer l'autorité dont il était revêtu pour arrêter un rassemblement séditieux [4].

---

tion du département de l'Escaut, dans un rapport du 29 messidor (même dossier), le rendait responsable de la déclaration du jury spécial nommé pour examiner s'il y avait lieu à accusation contre les «cinquante-trois signataires de la fameuse protestation faite au ci-devant chef collège du pays de Waes, qui ont été destitués de leurs fonctions et traduits par-devant les tribunaux par arrêté du Directoire du 8 prairial dernier» (voir t. II, p. 485). Ce jury avait répondu, le 23 messidor, «qu'il n'y avait lieu» C'était, disait le rapport, la faute de Maeschalk, «qui, au lieu de nommer pour jurés des patriotes prononcés, comme il le devait, a nommé des Chouans pour juger des Vendéens... Cet homme, ayant toujours vécu sous la dépendance de ceux qui étaient accusés, ayant été employé au ci-devant chef collège du pays de Waes, n'a pas voulu désobliger ses anciens maîtres...» — On trouve au même dossier une lettre de Maesschalk du 14 fructidor au Directoire, pour réclamer contre sa révocation et protester de son loyalisme républicain, et à l'appui de cette réclamation diverses pièces de correspondance administrative et judiciaire.

[1] Arrêté du 24 thermidor an IV, signé Carnot, Reubell, Barras (Arch. nat., AF III, 394, dossier 2084). Les jeunes gens y dénommés et exemptés du service militaire (la plupart pour raisons de famille) sont au nombre de cent dix-sept.

Le dossier 2085, dont le contenu, comme celui des deux précédents, se rapporte à la séance du 24 thermidor, est formé de 56 pièces relatives à des nominations de commissaires du pouvoir exécutif dans les départements des Ardennes, de l'Aude, du Gard, de l'Isère, de la Haute-Saône et des Deux-Sèvres.

[2] Arch. nat., AF III*, 4, fol. 145-149. — Arch. nat., AF III, 3.

[3] Département des Basses-Pyrénées.

[4] Arrêté du 25 thermidor an IV, signé Barras, Reubell, Carnot (Arch. nat., AF III, 394, dossier 2086). — Estratte avait refusé «le 2 frimaire, sous différents prétextes, d'interposer son autorité, quoique la demande lui en eût été faite, pour empêcher un attentat qui se commettait le même jour par des hommes déguisés et armés sur la personne du citoyen Hourcade, ministre du culte». — Voir à la suite de cet arrêté (même dossier) de curieuses pièces relatives à l'enquête provoquée par cette affaire; Hourcade, prêtre

Il ordonne l'établissement à Toulouse [1] d'un atelier pour la fabrication de la petite monnaie.

[Le Directoire exécutif arrête que Joseph *Bein*, né à Berlin, employé comme agent secret à Pétersbourg, recevra à titre de supplément d'indemnité la somme de deux cents livres en numéraire. — Arch. nat., AF III, 394, dossier 2086 [2].]

Il délibère sur la demande faite par la Diète helvétique à l'ambassadeur français à Bâle, et arrête que les sels originaires du Tyrol et de la Bavière pourront être saisis et confisqués au profit de la République française, comme propriété ennemie; ceux de ces sels qui seront réclamés par les cantons suisses leur seront délivrés, à la charge d'en payer le prix dans la caisse de l'ambassade de la République en Suisse [3].

Un messager d'État, envoyé par le Conseil des Anciens, dépose sur le bureau une loi portant que les citoyens rétablis dans leurs droits, par l'effet de l'anéantissement rétroactif des lois des 5 et 12 brumaire, seront admis pendant trois mois à faire insinuer tous actes de donation ou autres de pareille nature [4].

---

constitutionnel, avait pris à Laune la place d'un curé réfractaire dont les partisans (et Estratte était du nombre) l'avaient accablé d'avanies et finalement s'étaient portés sur sa personne aux plus brutales voies de fait.

[1] Où il existe plus de deux millions quatre cents milliers de métal de cloche. — Arrêté du 25 thermidor an IV, signé Barras, Carnot, Le Tourneur (Arch. nat., AF III, 394, dossier 2088).

[2] Signé à la minute Le Tourneur, Carnot, Barras, Reubell. — La minute porte la note suivante : «Joseph Bein, né à Berlin, a été employé comme agent secret à Pétersbourg. Il y a rendu des services et il y a éprouvé des malheurs. Il est maintenant à Paris, envoyé par le citoyen Grouvelle, de qui il avait reçu sa mission. Il est sans place et sans ressources; il réclame de l'emploi ou des secours.»

[3] Arrêté du 25 thermidor an IV, signé Le Tourneur, Reubell, Barras (Arch. nat., AF III, 394, dossier 2088).

[4] *Bull.*, II, LXVII, n° 605. — Cette loi mentionne non seulement celles du 5 brumaire an II (*Décret contenant plusieurs dispositions relatives aux actes et contrats civils*) et du 12 brumaire an II (*Décret relatif aux droits des enfants nés hors mariage*), mais celle du 17 nivôse an II (*Décret relatif aux donations et successions*). L'effet rétroactif attribué à ces trois lois avait depuis été rapporté par d'autres lois. Le préambule de la loi nouvelle dont il est ici question fait ressortir que ces autres lois resteraient sans effet si on ne les complétait «en accordant aux citoyens qu'elles ont rétablis dans leurs biens un nouveau délai pour profiter des dispositions du décret du 24 germinal an III; — que l'intérêt des citoyens qui ont leurs biens sous le séquestre national, ainsi que celui de la République, exige que ce nouveau délai ne commence à courir à leur égard que du jour où le séquestre sera levé et que jusqu'alors les actes de donation à leur profit ne puissent être argués de nullité par défaut d'insinuation...» — Le décret du 24 germinal accordait un délai de trois mois (à partir de sa publication) aux «parties intéressées dans des actes d'une date certaine, contenant des dispositions à titre gratuit, telles que donations entre vifs, dons mutuels, sujets à la formalité de l'insinuation, et aux ayants cause desdites parties qui auraient omis de remplir cette formalité à dater du 1er avril 1793.» La présente loi (du 25 thermidor) vise les citoyens rétablis dans leurs droits ou leurs ayants cause se trouvant dans les cas prévus par le décret du 24 germinal an III.

Le Directoire ordonne que cette loi sera publiée, exécutée et qu'elle sera munie du sceau de l'État. Elle est, en conséquence, adressée de suite à l'enregistrement pour deux expéditions être envoyées, sans délai, au ministre de la justice, avec l'arrêté portant ordre d'impression et de publication dans les formes prescrites par les lois.

On écrit au ministre de l'intérieur pour l'inviter à demander promptement à l'administration du département des Bouches-du-Rhône une liste motivée des candidats qu'elle croit le plus dignes de remplir les places auxquelles le Directoire est chargé [1] de nommer dans ce département [2].

Il sera payé au citoyen Munier, adjoint aux adjudants généraux de la première division de l'armée de Rhin-et-Moselle, une somme de quinze cent soixante-dix livres dix sols, pour les avances par lui faites relativement à la translation du citoyen Poterat, agent particulier des relations extérieures, qu'il a été chargé d'accompagner de Bâle à Paris [3].

Il autorise le ministre des relations extérieures à faire payer au citoyen Le Hoc, ci-devant ambassadeur de la République en Suède, la somme de trente-un mille deux cent soixante-douze livres [4], pour tout ce qui peut lui être dû relativement à la mission dont il a été chargé [5].

Il charge le même ministre, auquel est confiée l'exécution de l'arrêté du Directoire du 6 du présent mois [6], de payer une somme de cent vingt livres en numéraire au citoyen Lée, qui doit concourir à cette exécution [7].

Il est accordé à la veuve de feu Leblond-Saint-Hilaire, capitaine de vaisseau [8], en attendant qu'elle puisse jouir de la pension à laquelle

---

[1] Par la loi du 21 thermidor. — Voir plus haut.

[2] Minute signée Barras, Reubell, Carnot (Arch. nat., AF III, 394, dossier 2086). Le Directoire exécutif recommande de dresser cette liste avec impartialité. «... Que les hommes connus par leur immoralité, par leurs excès, par leur attachement à la royauté, par leurs principes anarchiques, par leur fanatisme religieux, soient sévèrement exclus de cette liste...»

[3] Arrêté du 25 thermidor an IV, signé Le Tourneur, Carnot, Reubell, Barras (Arch. nat., AF III, 394, dossier 2086), — Sur Poterat, voir t. II, 744-747.

[4] En numéraire.

[5] Arrêté du 25 thermidor an IV, signé Le Tourneur, Carnot, Barras, Reubell (Arch. nat., AF III, 394, dossier 2086).

[6] Voir plus haut.

[7] Arrêté du 25 thermidor an IV, signé Le Tourneur, Carnot, Barras (Arch. nat., AF III, 394, dossier 2087).

[8] Cet officier commandait l'*Alcide* au combat du 25 messidor an III et avait péri dans l'incendie qui avait fait sauter ce vaisseau.

lui donnent droit les longs services de son mari, un secours provisoire de dix mille livres en mandats [1].

[Le Directoire exécutif, considérant que la loi du 16 thermidor [2], contenant les bases d'après lesquelles seront provisoirement payés les traitements des fonctionnaires publics et des employés, doit, pour son exécution, porter sur des objets déterminés et dont l'uniformité ne laisse exister entre les parties prenantes d'autres différences que celles que leurs fonctions rendent nécessaires, arrête :

Article 1er. Les traitements des fonctionnaires publics et employés autres que ceux déterminés par une loi spéciale seront réglés, à compter du 1er messidor dernier, comme il suit :

Art. 2. Les directeurs de division des bureaux du Directoire exécutif, des ministères, de la liquidation, de la comptabilité, des postes et messageries à Paris, huit mille francs.

Art. 3. Les chefs de bureau, de 4,800 à 6,000 livres. Leur traitement moyen, lorsqu'ils seront plus de deux, ne pourra excéder 5,400 livres.

Art. 4. Les sous-chefs, de 3,000 à 3,600 livres. Leur traitement moyen, lorsqu'ils seront plus de deux, ne pourra excéder 3,300 livres.

Art. 5. Les principaux commis de correspondance analyseurs, de 2,100 à 2,700 livres. Leur traitement moyen, lorsqu'ils seront plus de deux, ne pourra dépasser 2,400 livres.

Art. 6. Les commis aux écritures ou expéditionnaires, de 1,200 à 2,100 livres. Leur traitement moyen, lorsqu'ils seront plus de deux, ne pourra excéder 1,800 livres,

Art. 7. Les élèves ou surnuméraires appointés, de 600 à 1,200 livres. Le terme moyen, lorsqu'il y en aura plus de deux, ne pourra excéder 900 livres.

Art. 8. Le traitement moyen de tous les employés dans chaque établissement, autre que les directeurs, ne pourra excéder 3,000 livres.

Art. 9. Les garçons de bureau, de 600 à 1,200 livres. Le traitement moyen ne pourra excéder 900 livres.

Art. 10. Les employés dans les grades correspondant à ceux ci-dessus désignés et placés dans les administrations particulières recevront, les mieux traités, les deux tiers du traitement de chef d'adminis-

---

[1] Arrêté du 25 thermidor an IV, signé Le Tourneur, Barras, Reubell, Carnot (Arch. nat., AF III, 394, dossier 2088). — [2] Voir plus haut.

tration, pourvu que ce traitement n'excède pas 8,000 livres. Les autres employés seront rétribués dans la même proportion. — Arch. nat., AF III, 394, dossier 2086 [1].]

Il accorde un secours de dix mille livres en mandats à la citoyenne Pujol, veuve Girbaud, à compter sur ses droits et les répétitions qu'elle a faites sur la succession Girbaud [2].

Il adresse un message au Conseil des Cinq-Cents pour lui transmettre de nouvelles pièces relatives aux réclamations que forment plusieurs communes du département de la Meurthe contre la translation de l'administration centrale de ce département à Lunéville [3].

On écrit au ministre de l'intérieur pour lui recommander de donner ses soins au commissaire de police de la section du Montblanc [4], qui a été blessé par l'explosion d'un mortier à la fête du 23 de ce mois [5].

Sur le rapport du ministre de la police générale, le Directoire propose la radiation définitive de la liste des émigrés des noms des citoyens Bellemare, dit Saint-Cyr; Decaulx; Magdeleine Lagrange-Gourdon-Floirac, femme Saint-Exupéry; Jean-François-Georges Cartié; Jean-Baptiste-Charles Gray; Grégoire Tandeau-Marsac; Gabrielle Damourette, veuve d'Alexandre-Étienne Alexandre; Marie-François-Isidore Milleville; Rose-Sophie Josephe Baudon, veuve Cromot; Jean-Baptiste-Louis Baudart-Bruyant; Perrine-Magdeleine Follin; et Henry-Jean-Étienne Le Petit, dit Bois-Souchard [6].

---

[1] Signé à la minute Carnot, Reubell, Barras.

[2] Dont les biens avaient été confisqués par jugement du tribunal criminel du département de la Seine en date du 1ᵉʳ ventôse an II. — Arrêté du 25 thermidor an IV, signé Reubell, Le Tourneur, Barras (Arch. nat., AF III, 394, dossier 2086).

[3] Message lu à la séance du 28 thermidor (*C. C.*, thermidor an IV, 533-534). — Sur ces réclamations, voir plus haut, séance du 30 messidor.

[4] Ancienne section de la *Grange-Batelière*, puis *Mirabeau*.

[5] Minute signée Le Tourneur, Carnot, Barras (Arch. nat., AF III, 394, dossier 2086). — Sur cette explosion, voir plus haut.

[6] Georges *Bellemare*, dit *Saint-Cyr*, ci-devant lieutenant-colonel du 50ᵉ régiment d'infanterie, inscrit sur la liste des émigrés du département de l'Eure, qui a justifié de sa résidence; — René-Henry *Decaulx*, ex-militaire, possessionné et domicilié dans le district de Saumur, inscrit sur la liste des émigrés du département d'Indre-et-Loire (où il est également possessionné), qui a justifié de sa résidence; — Magdeleine *Lagrange-Gourdon-Floirac*, femme *Saint-Exupéry-Rouffignac*, inscrite sur la liste des émigrés du département du Lot, qui a justifié de sa résidence; — Jean-François-Georges *Cartié*, notaire public à Aubagne (Bouches-du-Rhône), inscrit sur la liste des émigrés du département des Bouches-du-Rhône, qui a justifié de sa résidence; — Jean-Baptiste-Charles *Gray*, capitaine commandant de la 6ᵉ compagnie des mineurs à l'armée du Rhin, porté sur la liste des émigrés du département de la Moselle, qui a justifié

On donne des instructions au ministre des relations extérieures sur les griefs à reprocher au Valais.

On permet à la République batave d'exporter douze cents sabres et deux cents lames d'épées [1].

Le Directoire donne des ordres pour faire évaluer le logement que le citoyen Guffroy, imprimeur, occupe [2] dans les bâtiments des ci-devant Capucins de la rue Honoré, servant [3] de caserne aux grenadiers de la représentation nationale [4].

On écrit au ministre de la guerre pour lui annoncer qu'on ne peut fournir aux officiers des grenadiers près le Corps législatif les chapeaux, épaulettes et garnitures de bonnets [5];

Au général Bonaparte, commandant en chef l'armée d'Italie, pour l'inviter à faire rechercher et punir par voie de police militaire les volontaires du septième bataillon de Paris qui se sont portés à des excès à leur passage à Mont-Louis [6];

Et au ministre de la guerre pour l'inviter à proposer au Directoire, pour le citoyen Baudard, l'avancement dont ses services et son grade le rendent susceptible, et à accorder, sur les fonds qui sont à sa disposition, une gratification au citoyen Andrieux [7].

---

de sa résidence et de son activité de service; — Grégoire *Tandeau-Marsac*, ex-trésorier de France, demeurant à Saint-Léonard. porté sur la liste des émigrés du département de la Haute-Vienne, qui a justifié de sa résidence; — Gabrielle *Damourette*, veuve d'Alexandre-Étienne *Alexandre*, brodeuse, demeurant à Paris, inscrite sur la liste des émigrés du département de la Manche, qui a justifié de sa résidence; — Marie-François-Isidore *Milleville*, décédé capitaine commandant d'artillerie au service de la République à Rocroy, inscrit sur la liste des émigrés du département de la Somme, dont la résidence a été établie par sa veuve; — Rose-Sophie-Josèphe *Baudon*, veuve de Jules *David-Cromot*, demeurant à Paris, inscrite sur la liste des émigrés du département de l'Orne, qui a justifié de sa résidence; — Jean-Baptiste-Louis *Baudard-Bruyant*, négociant, demeurant à Reims, inscrit sur la liste des émigrés du département des Ardennes, qui a justifié de sa résidence; — Perrine-Magdeleine *Follin*, fille de cultivateur, domiciliée en la commune de Mayer (Sarthe), inscrite sur la liste des émigrés du département de Maine-et-Loire, qui a justifié de sa résidence; — Henry-Jean-Etienne *Le Petit*, dit *Boissouchard*, ex-noble, demeurant à Paris, inscrit sur la liste des émigrés du département de la Loire-Inférieure, qui a justifié de sa résidence. — Arrêtés du 25 thermidor signés Le Tourneur, Carnot, Barras (Arch. nat., AF III, 394, dossier 2087).

[1] La minute de cet arrêté ne se trouve pas dans les dossiers correspondant à la séance du 25 thermidor.

[2] En vertu d'un bail.

[3] En vertu de l'arrêté des comités de salut public, des finances et militaire du 12 floréal an III.

[4] Arrêté du 25 thermidor an IV, signé Carnot, Reubell, Barras (Arch. nat., AF III, 394, dossier 2088).

[5] Minute signée Carnot, Reubell, Barras (Arch. nat., AF III, 394, dossier 2088).

[6] Voir le texte de cette lettre plus loin à l'Appendice.

[7] *Baudard*, adjoint aux adjudants-généraux, et *Andrieux*, secrétaire de l'état-major,

[Le Directoire exécutif, vu les rapports du ministre de la guerre, arrête :

1° Le commandement temporaire de Bicêtre est supprimé. Le citoyen Badin, qui en était pourvu, cessera d'être employé et recevra la retraite dont il peut être susceptible.

2° Le général de division Mouret est nommé au commandement de la 21° division militaire.

3° L'arrêté de l'ex-commissaire du gouvernement Fréron qui ordonnait la permutation des citoyens Pérard et Viriville, lieutenants de gendarmerie, est annulé. Le premier retournera à Montélimar et le second à Gap.

4° La nomination du citoyen Mahier au grade de capitaine de la gendarmerie nationale est confirmée.

5° Le citoyen Nagera, ex-brigadier de gendarmerie, est relevé de sa destitution, mais ne sera plus employé.

6° Le ministre de la guerre est chargé de l'exécution du présent arrêté. — Arch. nat., AF III, 394, dossier 2088 [1].]

On écrit vingt-trois lettres, savoir :

Une aux commissaires du gouvernement près l'armée d'Italie [2] ;

Une au général en chef Bonaparte, commandant l'armée d'Italie [3] ;

Une au général en chef Kellermann, commandant l'armée des Alpes [4] ;

Six au général en chef Moreau, commandant l'armée de Rhin-et-Moselle [5] ;

---

avaient collaboré au travail historique des campagnes de l'armée des Pyrénées-Orientales adressé au Directoire par le général Lamer. — Arrêté du 25 thermidor an IV, signé Carnot, Reubell, Barras (Arch. nat., AF III, 394, dossier 2088).

[1] Signé à la minute Carnot, Reubell, Barras.

[2] Voir le texte de cette lettre plus loin à l'Appendice.

[3] Voir le texte de cette lettre plus loin à l'Appendice.

[4] Minute signée Carnot, Barras, Reubell (Arch. nat., AF III, 394, dossier 2088). — Le Directoire lui accuse réception de plusieurs lettres, approuve sa conduite à l'égard des deux compagnies de gardes nationales de Valence et de Montélimart, — le félicite de son zèle relativement à la démolition des places du Piémont, — et l'invite à ne garder pour ce service que le nombre indispensable de troupes et à faire filer le reste vers l'armée d'Italie.

[5] On ne trouve au dossier que cinq de ces lettres. Par la première, signée Le Tourneur, Carnot, Barras, le Directoire exprime à Moreau la satisfaction que lui ont causée ses lettres des 15, 18 et 19 thermidor, auxquelles il va répondre. — Par la seconde, signée Carnot, Barras, Reubell, il l'engage à suppléer, en retirant des places tout ce qui sera disponible, au secours que ne peut lui envoyer le général Jourdan à l'effet de contenir la garnison de Manheim; le Directoire ne peut admettre la proposition faite au général Moreau de lui livrer cette ville après avoir préa-

Une au citoyen Haussmann, commissaire du gouvernement près l'armée de Rhin-et-Moselle [1];

Une au général de division Kléber, commandant par intérim l'armée de Sambre-et-Meuse [2];

Cinq au général Jourdan, commandant en chef l'armée de Sambre-et-Meuse [3];

Une au ministre de la police générale [4];

Une aux administrateurs du département du Calvados [5];

Une aux membres de l'administration municipale du Mans [6];

Une au ministre de la guerre [7];

Une au général en chef Hoche, commandant en chef l'armée des Côtes de l'Océan [8];

---

lablement fait sauter un front de fortification. — Voir le texte des trois autres plus loin à l'Appendice. — Arch. nat., AF III, 394, dossier 2088.

[1] Voir le texte de cette lettre plus loin à l'Appendice.

[2] La minute de cette lettre ne se trouve pas dans les dossiers correspondant à la séance du 25 thermidor.

[3] On ne trouve au dossier que quatre minutes (signées Carnot, Barras, Reubell). — Par la première de ces lettres, le Directoire transmet à Jourdan copie d'une lettre du citoyen Bordet, capitaine dans la 29ᵉ demi-brigade, sur 4,000 chevaux sauvages qu'il dit exister dans les bois de l'Électeur palatin et qu'il propose de faire prendre pour le compte de la République. — Par la seconde, il lui accuse réception de sa lettre datée de Wurtzbourg le 16 courant; il désire apprendre bientôt son retour près l'armée de Sambre-et-Meuse. — Voir le texte des deux autres lettres plus loin à l'Appendice.

[4] Minute signée Carnot, Le Tourneur, Barras (Arch. nat., AF III, 394, dossier 2088). — Le Directoire lui transmet copie d'un projet d'arrêté adressé par les administrateurs du département du Calvados, contenant les mesures qu'ils jugent nécessaires pour surveiller et comprimer les chefs de la rébellion rentrés sous les lois de la République, mais dont la franchise et la loyauté paraissent encore douteuses.

[5] Minute signée Carnot, Le Tourneur, Barras (Arch. nat., AF III, 394, dossier 2088).

— Le Directoire leur accuse réception de l'arrêté qu'ils ont pris pour surveiller et comprimer les chefs de la rébellion rentrés sous les lois de la République et dont la loyauté paraît encore douteuse.

[6] Minute signée Le Tourneur, Carnot, Barras (Arch. nat., AF III, 394, dossier 2088). — Le Directoire lui accuse réception d'une lettre par laquelle elle assure la sincérité du retour au bon ordre de cette contrée.

[7] On trouve au dossier deux minutes (signées Le Tourneur, Carnot, Barras) de lettres adressées par le Directoire au ministre de la guerre. Par la première, le Directoire l'invite à faire rejoindre sans délai l'armée au citoyen Elvion (*Elleviou?*), ci-devant acteur des Italiens, réquisitionnaire déserteur. — Par la seconde, il l'invite à se conformer pour toutes les nominations militaires à l'arrêté du 23 ventôse (voir t. Iᵉʳ, p. 794), portant qu'aucune promotion, avancement ou nomination d'officiers, commissaires des guerres, commandants temporaires ou autres places militaires quelconques, ne sera faite désormais sans son approbation expresse et par écrit.
— Arch. nat., AF III, 394, dossier 2088.

[8] Minute signée Le Tourneur, Carnot, Barras (Arch. nat., AF III, 394, dossier 2088). — Le Directoire lui transmet copie d'un arrêté du département du Calvados contenant des mesures pour surveiller et comprimer les chefs de la rébellion rentrés sous les lois de la République, mais dont la loyauté paraît encore douteuse.

Et deux au citoyen Joubert, commissaire du Directoire près l'armée de Sambre-et-Meuse[1].

Les minutes de ces lettres sont à la section de la guerre.

A

Le Directoire exécutif à ses commissaires près l'armée d'Italie[2].

Nous avons reçu, citoyens commissaires, vos dépêches des 14 et 17 thermidor. Le peu d'intervalle qui s'est écoulé entre leur réception ne nous aurait pas laissé longtemps inquiets sur les suites de l'affaire de Salo et de la Corona[3], si nous avions pu douter de la permanence de la victoire en faveur de la cause républicaine. Nous ne nous dissimulons pas néanmoins que le sort des conquêtes de la République aurait pu être compromis si le général Bonaparte n'eût pris sur-le-champ le parti sage et courageux d'abandonner le siège de Mantoue pour marcher avec toutes ses forces aux ennemis. L'issue de leur tentative a été terrible pour eux et elle décide du plan de campagne que nous devons désormais suivre. C'est dans le Tyrol que nous devons en transporter le glorieux théâtre en laissant la garnison de Mantoue en proie aux maladies et en la contenant par un blocus qui doit produire bientôt le même effet qu'un siège réglé. L'armée de Rhin-et-Moselle a ordre de chercher à communiquer par sa droite à Inspruck avec celle d'Italie. Des succès multipliés l'ont déjà portée sur le Danube à Donauwerth, pen-

---

[1] Minutes signées, la première, Carnot, Barras, Reubell, la seconde, Le Tourneur, Carnot, Barras (Arch. nat., AF III, 394, dossier 2088). — Par la première, le Directoire lui accuse réception d'une lettre datée de Schweinfurt. Il lui annonce l'envoi très prochain d'un ou de plusieurs artistes «chargés de recueillir les manuscrits, tableaux et objets d'art, etc., dignes d'enrichir les muséums français». Il lui témoigne son étonnement sur ce qu'il ne peut se procurer les éclaircissements demandés sur la différence qui existe dans l'armée entre les consommateurs et les consommations. — Par la seconde, le Directoire l'invite à ne faire donner à la compagnie Lamotze que des acomptes successifs, dont la quotité et les époques ne puissent nuire à l'acquit des dépenses de l'armée; il lui demande un compte particulier de l'activité du service de cette compagnie et de la manière dont il se fait.

Outre les documents qui viennent d'être indiqués, on trouve dans les dossiers correspondant à la séance du 25 thermidor plusieurs arrêtés non mentionnés au procès-verbal, savoir : dans le dossier 2086, un arrêté signé Reubell, Carnot, Barras, nommant le citoyen Joseph-Marie-Jean *Sainte-Croix*, directeur de la Monnaie de Perpignan; — dans le dossier 2088, un arrêté signé Carnot, Reubell, Barras, qui accorde un congé de trois mois, pour affaires de famille, au citoyen *Cattoir*, lieutenant au 3e régiment de dragons.

Le dossier 2089, dont le contenu, comme celui des trois précédents, se rapporte à la séance du 25 thermidor, est formé de 32 pièces relatives à des nominations de juges, juges de paix, suppléants, commissaires du pouvoir exécutif, etc., dans les départements de l'Aisne, de l'Ardèche, du Calvados, de l'Eure, d'Eure-et-Loir, de la Loire et de la Seine-Inférieure.

[2] Garrau et Saliceti.

[3] Il s'agit des succès foudroyants remportés par Quasdamowich et Wurmser le 11 thermidor (29 juillet) et qui avaient déterminé Bonaparte à abandonner sur-le-champ pour leur faire face le siège de Mantoue.

dant que celle de Sambre-et-Meuse laisse le Main derrière elle et marche sur Ratisbonne.

Telles sont nos intentions que nous avons communiquées aux généraux en chef de ces armées respectives. Nous attendons avec sécurité de leurs dispositions savantes et audacieuses, de la bravoure républicaine des troupes qu'ils commandent et du zèle de nos commissaires à les seconder dans l'exécution de ce plan d'opérations, le succès décisif de la campagne et des ouvertures sincères de la paix de la part des ennemis. Mais si tel doit être le terme de la guerre, il faut la pousser avec une nouvelle énergie pour y venir plus sûrement.

Nous approuvons beaucoup le dessein que vous avez de hâter la levée des contributions et de faire verser dans l'intérieur de la France tout ce qui y est destiné après avoir pourvu aux besoins de l'armée. Les précautions que vous avez cru nécessaires dans cette circonstance qui a été un instant difficile doivent exciter toute votre activité à cet égard, et cette mesure doit embrasser à la fois l'artillerie, l'argent et les objets précieux et les munitions de tout genre.

Particulièrement appelés à surveiller les abus, il en est un qui serait alarmant si vous ne cherchiez à le réprimer avec la sévérité nécessaire. Nous sommes prévenus que des militaires et employés de toute espèce fréquentent, surtout à Milan, ceux des habitants qui sont les plus opposés aux intérêts de la France et que l'esprit républicain reçoit dans ces communications dangereuses des atteintes qui tendent à désorganiser l'armée. Concertez-vous avec le général en chef pour faire constamment régner la discipline et l'émulation républicaines, et soyez inflexibles pour réparer l'oubli et punir la violation de ces principes auxquels sont attachées la gloire et la prospérité nationales.

Nous pensons que les places sont approvisionnées au complet. Nous vous rappelons néanmoins l'importance de cette mesure.

CARNOT, P. BARRAS, REUBELL [1].

B

LE DIRECTOIRE EXÉCUTIF AU GÉNÉRAL BONAPARTE.

A peine étions-nous instruits, citoyen général, des événements dont vous nous rendez compte dans votre lettre du 15 [2] que nous avons appris la nouvelle de la bataille de Castiglione [3]. Les circonstances qui ont précédé cette victoire la rendent encore plus mémorable et plus chère à la République, et nous la regardons comme une des plus décisives de celles que la brave armée que vous commandez a remportées dans le cours de la campagne.

---

[1] Arch. nat., AF III, 394, dossier 2088.

[2] Par sa lettre du 15 thermidor (2 août), Bonaparte informait le Directoire qu'il venait de battre l'ennemi à Lonato et de lui reprendre Salo (*Corr. de Napoléon I*, 1, 512).

[3] Voir la lettre du 19 thermidor (6 août), par laquelle Bonaparte rend compte en détail au Directoire de ses opérations depuis le 11 thermidor et notamment de la victoire de Castiglione remportée le 18 (5 août). — *Corr. de Napoléon I*, I, 520-525.

Dans l'intervalle qui s'est écoulé entre la réception des deux courriers, nous n'avons pas douté un instant du retour de la fortune en faveur des armes républicaines et notre confiance n'a cessé de se reposer sur le talent et la bravoure qui les conduisent.

Nous avons vu avec satisfaction le parti que vous avez rapidement pris de lever le siège de Mantoue pour rassembler vos forces. Les moments étaient chers et vous en avez habilement saisi l'importance. Profitons de l'expérience dont le résultat semblait devoir nous être funeste et qui est lui-même un avantage signalé. Abandonnons le projet de forcer la place de Mantoue par un siège réglé et laissons sa garnison s'éteindre par les maladies, qui doivent y faire de grands ravages, à en juger par leurs effets sur les troupes assiégeantes. Vous êtes engagé dans une nouvelle campagne où l'armée de la République a pris une offensive aussi imposante que lorsqu'elle chassait l'ennemi de l'Apennin au Tyrol. Il s'est accru de quelques renforts; mais ceux que vous recevez successivement et les pertes irréparables qu'il vient de faire vous donnent de grands moyens de le combattre avec les avantages d'une offensive vigoureuse.

Notre intention est sans doute conforme à vos vues : Allez pour la remplir porter les conquêtes de la République jusqu'à Inspruck, en réduisant l'armée de Wurmser à des débris fugitifs, qui n'aient que l'Autriche pour se rallier. Pour favoriser ce projet, nous venons d'ordonner au général Moreau, qui, d'après ses derniers rapports, a poussé le prince Charles jusque près de Donauwerth, d'occuper par sa droite la ligne d'Inspruck à Ingolstadt. Ce mouvement tend à couper la communication entre les armées impériales d'Italie et d'Allemagne et à faciliter votre marche sur l'Inn. Pendant ce temps, le général Kléber, qui commande par intérim l'armée de Sambre-et-Meuse, dont le général en chef est malade [1], doit se diriger sur Ratisbonne, après avoir dispersé le corps d'armée du général Wartensleben, qui lui est opposé et qui lui est inférieur en nombre.

La suprise qui a eu lieu à Salo [2] a sans doute fixé votre attention, pour prévenir les dangers de la négligence et de la mollesse dans le service. Cet événement a été un instant trop grave pour ne pas commander un exemple sévère des fautes qui peuvent y avoir donné lieu. Nous vous invitons à nous en rendre compte.

Vous penserez sans doute qu'il est utile de profiter de la nouvelle impression de crainte et d'admiration que l'Italie vient d'éprouver des succès de la République pour entamer les opérations politiques concernant Gênes et Venise. Nous n'en avons point jusqu'ici précisé le moment, et nous vous en laissons encore l'arbitre, persuadés que vous saurez saisir le plus favorable.

La levée des contributions doit aussi acquérir, s'il est possible, une nouvelle activité, ainsi que le versement en France de ce qui n'est pas nécessaire à l'entretien de l'armée.

Nous sommes instruits que des militaires se prêtent, avec une facilité alarmante, particulièrement à Milan, à l'empressement affecté des habitants, qui cherchent à

---

[1] Voir plus haut, p. 298.
[2] Le 11 thermidor (29 juillet) la division Sauret, surprise à Salo par 15,000 Autrichiens, qui s'étaient emparés de «ce poste essentiel», s'était mise en retraite sur Desenzano (*Corr. de Napoléon Ier*, I, 520).

les circonvenir et à corrompre au sein des plaisirs la pureté de l'esprit républicain qui doit les animer. Le général Despinoy ne paraît pas exempt de reproches à ce sujet [1]; rappelez-les, citoyen général, à la pureté des principes et réprimez en sévèrement l'oubli. Nous vous autorisons même à chasser de l'armée, en nous en rendant compte, tous les officiers ou employés militaires qui, par une conduite aussi dangereuse, tendraient à la désorganiser.

Carnot, P. Barras, Reubell [2].

C
Le Directoire exécutif au général en chef de l'armée d'Italie.

Vous trouverez ci-joint, citoyen général, un rapport du commissaire du Directoire près l'administration municipale du canton de Mont-Louis sur les excès auxquels plusieurs individus du septième bataillon de Paris se sont portés à leur passage dans cette commune pour se rendre à l'armée d'Italie. Vous y verrez que plusieurs volontaires se sont permis des voies de fait contre des citoyens et ont fait feu sur la Garde nationale et le commissaire du Directoire. Le défaut de moyens de s'emparer des coupables, au lieu du délit, n'a pas permis de les livrer aux tribunaux; mais le Directoire vous invite à les faire chercher et à leur faire subir, par voie de police militaire, la peine que vous jugerez qu'ils ont méritée.

Carnot, Reubell, P. Barras [3].

D
Le Directoire exécutif au général Moreau.

La gloire que vous avez acquise, citoyen général, par vos succès en Allemagne et par la conquête du Brisgau n'a pu inspirer des sentiments républicains à quelques-uns des officiers qui sont sous vos ordres. Ils se sont rendus indignes du chef qui les commandait en faisant perdre à la nation le fruit des avantages obtenus par ses armes, l'amour des peuples vaincus.

Le Directoire vous a transmis le 12 thermidor ses instructions relativement au général Tuncq et à l'adjudant-général Perrin, qui, par leur infâme conduite, n'ont fait qu'aliéner les habitants du Brisgau, dont il importait de ménager la bienveillance. Le Directoire vous réitère aujourd'hui l'ordre de les faire traduire le plus promptement possible pardevant un conseil militaire, non seulement en vertu des faits dont il vous a déjà donné connaissance, mais encore en vertu de ceux que vous pourrez recueillir sur les lieux où ils ont exercé leur brigandage.

---

[1] Dès le 19 thermidor (6 août) le général Despinoy, qui, dans la journée du 17, «avait opéré sa retraite sur Brescia, laissant une partie de sa division aux prises avec l'ennemi», avait été renvoyé par Bonaparte à Alexandrie (*Corr. de Napoléon I*, 1, 523-526).

[2] Arch. nat., AF III, 394, dossier 2088.

[3] Arch. nat., AF III, 394, dossier 2088.

C'est par une suite de ces considérations qu'il importe que le général de division Mengaud reçoive de vous une autre destination que celle qu'il a maintenant. Il paraît que son patriotisme trop exalté lui a fait protéger les créatures de Poterat de manière à alarmer les paisibles riverains de cette partie du Rhin. D'après cet exposé, vous conclurez facilement, citoyen général, que l'officier destiné à remplacer le général Mengaud sache réunir aux qualités les plus conciliantes la fermeté indispensable au maintien de la discipline et le désintéressement le moins équivoque. Le Directoire laisse à vous seul l'honneur de ce choix.

Une des opérations les plus essentielles, c'est de rétablir Kehl et de construire une tête de pont redoutable à Huningue. Nous vous recommandons de ne pas perdre un seul instant cet objet de vue.

Le Tourneur, Carnot, P. Barras [1].

E

Le Directoire exécutif au général en chef Moreau.

Le Directoire n'a pour réprimer les délits militaires que la loi existante et les conseils institués par la loi du 2° jour complémentaire, dont il a mis l'insuffisance sous les yeux du Corps législatif. C'est donc avec ces éléments qu'il faut aller, citoyen général, et nous pensons que, malgré leur faiblesse, ils peuvent, lorsque le choix des membres qui composent les conseils militaires est fait avec soin, suffire, sinon pour établir une discipline très rigoureuse, du moins pour s'opposer aux crimes, aux dilapidations et aux désordres majeurs qui désorganisent les armées.

Nous avons été satisfaits des mesures que vous avez employées pour rétablir la discipline et de leur succès. Si nous en avons écrit au commissaire du gouvernement Haussmann, c'est que nous pensons qu'il est bon quelquefois d'éviter à un général en chef de faire constamment des exemples sévères, dont la nécessité ne se présente que trop souvent. La répétition de la menace dans la même bouche en diminue quelquefois l'effet. Elle contraste d'ailleurs d'une manière dangereuse peut-être avec le peu d'occasions qui se présentent de récompenser.

Nous avons appris avec une extrême peine, citoyen général, les désordres et les dilapidations de quelques officiers généraux. Nous avons tracé au citoyen Haussmann un plan de conduite à cet égard [2] et nous nous y référons. Nous désirons la continuation de la bonne intelligence qui règne entre vous. Vous êtes convaincu comme nous que c'est en frappant les chefs qu'on extirpe le mal : car le désordre des supérieurs justifie les subalternes.

On nous assure que le général Férino [3] a fait passer dernièrement à Strasbourg

---

[1] Arch. nat., AF III, 394, dossier 2088.
[2] Voir p. 240.
[3] Férino (Pierre-Marie-Barthélemy), né à Caravaggio (Milanais) en 1747, d'abord au service de l'Autriche, entré à celui de la France en 1792, général de division en 1793, plus tard sénateur (1807), gouverneur d'Anvers et comte de l'Empire (1808). Rallié aux Bourbons en 1814, pair de France, mort à Paris le 28 juin 1816.

une somme de 5,000 louis, produit manifeste de ses concussions ou d'un vol dont l'exemple doit être le signal général de tous les désordres. Nous doutons encore du fait. Nous estimons la valeur et les talents de ce général, mais nous nous voyons forcés de vous recommander d'éclairer sa conduite, de le rapprocher du centre de l'armée afin de le placer immédiatement sous vos yeux. Nous ajouterons que sa marche vers le lac de Constance nous a paru lente et incertaine.

Nous sommes extrêmement satisfaits de votre conduite et de la manière probe et brillante dont vous remplissez tous vos devoirs. Nous sentons tout ce que la République doit à votre zèle et à vos talents militaires.

CARNOT, P. BARRAS, REUBELL [1].

F

Le Directoire exécutif au général en chef Moreau,
commandant l'armée de Rhin-et-Moselle.

Nous avons appris, avec satisfaction, citoyen général, vos succès à Gmund, Aalen et Heydenheim. Nous attendons avec impatience la nouvelle de votre sortie des montagnes, d'une bataille gagnée par l'armée que vous commandez près du Danube et celle des progrès de la marche extrêmement rapide que les circonstances exigent que nous vous tracions.

Le corps de Wartensleben, qui est opposé à l'armée de Sambre-et-Meuse, est, suivant le rapport de général Kléber, de 35,000 hommes. Les autres données que nous avons à ce sujet nous font croire que ce général a été trompé relativement à ce nombre et notre opinion se rapproche de la vôtre à cet égard. Nous savons aussi que vous avez à combattre une armée encore redoutable et qui cependant vous est de beaucoup inférieure en nombre. Les principales forces autrichiennes sont dans le Tyrol et dans l'État de Venise. Elles combattent l'armée d'Italie. Les rapports que cette armée nous envoie les portent au moins à 60,000 hommes, et les troupes républicaines destinées à les vaincre leur sont de beaucoup inférieures et dans une situation devenue difficile par les maladies occasionnées par les marais de Mantoue.

Le moment est venu de réunir les trois armées de Sambre-et-Meuse, de Rhin-et-Moselle et d'Italie et de les diriger de manière à conquérir une paix honorable et permanente, et c'est à vous qu'appartiendra la gloire de dégager la dernière. Déjà des mouvements offensifs de la part de l'ennemi l'ont obligée à lever le siège de Mantoue et à quitter les bords de l'Adige en évacuant Vérone. Elle a pris, il est vrai, une revanche glorieuse sur l'Autrichien audacieux en remportant sur lui une victoire complète à Salo, à Lonato, à Montechiaro et Castiglione, près le lac de Garda, en lui faisant plus de 6,000 prisonniers, en lui tuant ou blessant deux mille hommes, en lui prenant deux de ses généraux, trente bouches à feu et plusieurs drapeaux. Mais la force imposante de l'ennemi et l'ordre qu'il a sans doute

[1] Arch. nat., AF III, 394, dossier 2088.

reçu de tout risquer pour terrasser les républicains, dégager absolument Mantoue et empêcher que le général Bonaparte ne ressaisisse l'offensive donnent à craindre que l'Autrichien ne remporte encore quelques avantages, d'autant plus dangereux pour nous que l'Italie, inquiète, est toujours disposée à en profiter d'une manière également perfide et contraire à nos intérêts.

Voici, citoyen général, ce que nous croyons devoir vous prescrire : c'est de battre d'abord complètement l'armée de l'archiduc Charles, de la poursuivre avec acharnement, de passer vivement le Danube et la Lech, de vous emparer de la grande route qui va d'Inspruck à Ratisbonne et qui passe par Munich, Pfaffenhoffen et Neustadt, d'appuyer votre gauche au Danube vers Ingolstadt en la couvrant de la petite rivière d'Ihn, de porter un gros corps sur votre droite et de le diriger avec la plus extrême célérité sur Inspruck, dont il s'emparera, afin de couper en partie la retraite à l'armée de Wurmser dans le Tyrol. Nous ne nous arrêterons pas à détailler les avantages immenses que présente ce plan et nous croyons inutile d'insister sur la nécessité de l'exécuter avec rapidité. Ces réflexions se présentent naturellement à votre esprit et vous en êtes sans doute aussi frappé que nous-mêmes. Nous sommes loin de nous dissimuler les obstacles que son exécution présente. Ils naissent principalement de la difficulté des chemins et de la partie des montagnes que votre droite aura à parcourir; mais vous saurez les vaincre.

Nous vous en facilitons les moyens en prescrivant au général en chef de l'armée de Sambre-et-Meuse de passer la Rednitz et de se diriger sur le Danube et vers Ratisbonne et en invitant le général en chef de l'armée d'Italie à s'avancer lui-même dans le Tyrol. Ces deux généraux agiront, nous n'en doutons pas, avec une vivacité qui assure les succès et qui nous a conquis pendant cette guerre l'assurance de notre indépendance et l'estime des nations vaincues. C'est aux trois généraux des armées attaquantes que sont confiés le sort et la paix future de l'Europe entière et les destinées certaines de la République. Qu'ils agissent, qu'ils fassent encore quelques efforts puissants et ce but sera rempli.

CARNOT, P. BARRAS, REUBELL [1].

G

Le DIRECTOIRE EXÉCUTIF AU CITOYEN HAUSSMANN,
COMMISSAIRE DU GOUVERNEMENT PRÈS L'ARMÉE DE RHIN-ET-MOSELLE.

Les circonstances actuelles, citoyen, nécessitent la plus grande activité dans la mission dont vous êtes chargé près l'armée de Rhin-et-Moselle; et le Directoire, qui connaît bien toute l'étendue de votre zèle, va vous expliquer les objets sur lesquels vous aurez à l'exercer de nouveau.

Les intentions du Directoire vous ont déjà été transmises, ainsi qu'au général Moreau, pour faire traduire à un conseil militaire le général Tuncq et l'adjudant-général Perrin [2]. Il est nécessaire maintenant d'arrêter les effets d'un mauvais

---

[1] Arch. nat., AF III, 394, dossier 2088. — [2] Voir plus haut, p. 221, 334.

établissement imaginé par le premier et qui paraît destiné à faire piller, sous une apparence de légalité, les habitants du Brisgau et des villes frontières.

Ce général a créé une commission composée de quatre membres chargée de faire passer dans le département du Haut-Rhin ce qu'il lui plaira de mettre en réquisition sur la rive droite du Rhin.

Le Directoire vous enjoint, citoyen commissaire, de casser sur-le-champ cette commission et de prendre des renseignements sur les manœuvres dont ses membres ont pu se rendre coupables et de les traduire, s'il y a lieu, devant des conseils militaires.

Ne changez pas les autorités constituées du pays, mais exigez fortement d'elles une observation stricte de tout ce que la République a droit de leur demander. Engagez-les à surveiller, et surveillez vous-même, citoyen commissaire, avec toute votre vigilance accoutumée tous les suppôts du jacobinisme mayençais qui cherchent à établir dans le Brisgau les maximes de leur secte, afin de désorganiser ces malheureuses contrées pour complaire à la politique anglaise qui les paie. Faites en sorte que la paix des familles, suite de l'armistice qui a été conclu, ne soit point troublée dans la Souabe, afin que nos départements voisins puissent jouir de la même tranquillité.

On assure que l'abbaye de Saint-Blaise recèle un grand nombre d'effets appartenant aux ennemis de la France. Il faudra prendre à cet égard les informations les plus exactes et, dans le cas où le fait se trouverait certain, vous ferez saisir ces effets au nom de la République, en usant des formes requises en pareil cas.

Le Directoire exécutif vous engage, citoyen commissaire, à donner tous vos soins pour empêcher que les consommations de l'armée de Rhin-et-Moselle n'excèdent pas les besoins reconnus des troupes. Vous vous concerterez en conséquence avec le commissaire ordonnateur en chef pour que le surplus de toutes les différentes natures d'approvisionnement soit reversé dans les places des départements du Rhin et particulièrement à Strasbourg et Huningue. Si, après avoir satisfait aux besoins qui viennent d'être indiqués, l'excédent en grains provenant des contributions levées dans la Souabe permet encore d'en céder aux Suisses, vous pourrez, citoyen, faciliter aux cantons l'achat en numéraire des grains qui ne seront pas nécessaires à la République. Vous observerez aussi qu'il soit formé à Strasbourg et Huningue des magasins considérables.

Le Tourneur, Carnot, P. Barras[1].

H

Le Directoire exécutif au général Jourdan, commandant l'armée de Sambre-et-Meuse.

Le Directoire exécutif présume, citoyen général, d'après les dernières lettres du général Kléber, que vous avez repris le commandement de l'armée et il vous adresse la présente dépêche.

---

[1] Arch. nat., AF III, 394, dossier 2088.

Nous vous rappellerons ici nos intentions. Votre premier objet doit être d'imposer de fortes contributions sur Wurtzbourg, Bamberg et Nuremberg, sans égard pour les réclamations qui pourraient vous être faites par M. Hohenlohe à l'égard de cette dernière ville. Nous ne pouvons la considérer, sous quelque prétexte que ce soit, comme exempte d'impositions militaires, se trouvant enveloppée dans le pays conquis. Les magasins ennemis doivent être recherchés avec soin et saisis au profit de la République. Quant aux mouvements que nous avons à vous tracer, nous désirons d'abord que vous soyez convaincu de la supériorité que vous avez sur le général ennemi Wartensleben. Vous ferez des dispositions qui menacent à la fois la Saxe, la Bohême et l'Autriche en effectuant toutes les démonstrations capables d'exagérer vos forces aux yeux de l'ennemi. Mais vous vous dirigerez réellement sur Ratisbonne en marchant avec la plus grande célérité et chassant avec impétuosité devant vous tout ce qui voudrait s'opposer à votre passage. Vous tâcherez ainsi de tourner l'ennemi qui est sur le Lech et semble vouloir résister à l'armée de Rhin-et-Moselle. Arrivé à Ratisbonne vous jetterez sur la droite du Danube une forte division qui, par une attaque subite sur les derrières de l'armée ennemie, y mettra une confusion dont le général Moreau pourra profiter avec de grands avantages, pendant que sa droite ira couper les communications du prince Charles avec Wurmser.

En adoptant ce plan d'opérations, nous pensons que c'est à l'audace et à la vivacité seules que nous en devrons le succès. Les moments sont chers, n'en perdez aucun, établissez la correspondance la plus active avec le général Moreau pour agir toujours de concert ensemble.

Dans le cours de votre marche vous respecterez toujours avec soin le territoire prussien. Il y a entre les pays d'Anspach et de Baireuth un intervalle où vous pourrez librement passer sans violer la ligne de neutralité anciennement convenue[1]. Mais si nous nous montrons scrupuleux observateurs des conventions, il est de notre devoir comme de notre intérêt d'écarter les vaines prétentions de la Prusse ou de la Hesse sur différentes parties du territoire qui leur sont étrangères et dont ces puissances pourraient s'attribuer la possession dans les circonstances actuelles. Nous vous recommandons spécialement cet objet et nous vous prescrivons d'user de tous les moyens qui sont entre vos mains pour appuyer au besoin les droits de la guerre dans les pays que vous occuperez et qui ne sont pas positivement compris dans des états alliés ou neutres. Tels sont les bailliages d'Ammersbourg et de Fritzlar, qui, d'après les articles secrets du traité de paix avec la Hesse, lui sont seulement promis à la paix générale, mais sur lesquels elle n'a aucun droit en ce moment, ainsi que sur la petite ville de Gelnhausen. N'oubliez pas surtout de raser le château de Hohenlohe et de punir l'animosité personnelle de ce petit prince.

Nous croyons devoir vous prémunir particulièrement contre les insinuations de Hardenberg, afin d'écarter tous les moyens qu'il emploiera pour tâcher de couvrir de la protection de sa cour des propriétés particulières.

---

[1] Par la convention conclue à Bâle le 28 floréal an III (17 mai 1795).

Votre supériorité sur l'ennemi est telle que l'on peut songer aujourd'hui à bombarder Mayence et à forcer Ehrenbreitstein. Employez une partie ou la totalité des seize bataillons que le général Beurnonville dit avoir mis à votre disposition pour faire tomber cette dernière forteresse, qu'il faut attaquer avec la plus grande vigueur pour la réduire promptement. Au moyen de ce renfort qui, quoique commandé par les généraux de l'armée du Nord, restera néanmoins sous les ordres des généraux de l'armée de Sambre-et-Meuse pendant le temps qu'il agira conjointement avec les troupes de cette armée, vous pourrez également envoyer des troupes à Mayence et même à Manheim, pour culbuter, s'il est possible, le camp retranché qui couvre cette dernière place, ou du moins pour contenir sur la rive gauche du Rhin les incursions de cette garnison, auxquelles le général Moreau ne peut s'opposer et qu'il faut cependant réprimer; nous vous chargeons d'y pourvoir.

Nous sommes trop fortement convaincus de la nécessité de la discipline pour ne pas vous rappeler dans toutes nos dépêches les mesures de surveillance et de fermeté qu'exige son observation. Soyez inexorable à l'égard des Français indignes de ce nom qui se livrent au pillage, et rendez-nous compte des exemples sévères que vous ordonnerez.

Des ressources en chevaux doivent se présenter dans les contrées où vous agissez. Mettez les sur-le-champ à profit. Il n'y aura point cette année de foire à Francfort.

Vous connaissez, citoyen général, les nouveaux et brillants succès de l'armée d'Italie. Tout concourt à la défaite totale des ennemis : hâtons-nous de leur porter les derniers coups.

CARNOT, P. BARRAS, REUBELL [1].

I

LE DIRECTOIRE EXÉCUTIF
AU GÉNÉRAL COMMANDANT EN CHEF L'ARMÉE DE SAMBRE-ET-MEUSE.

Le Directoire a appris, citoyen général, par un rapport que lui a fait le ministre de la guerre le 21 du courant que les magistrats de la ville de Francfort apportent la plus extrême mauvaise volonté à payer les contributions. Cette audace sans exemple doit être promptement et sévèrement réprimée. Déjà vous nous avons transmis nos intentions relativement à Francfort, qui, pendant cette guerre, a témoigné contre la France une partialité révoltante. Aussitôt la présente reçue, vous ferez signifier aux magistrats de cette ville rebelle que le Directoire, indigné des retards qu'ils apportent à faire payer les impositions modérées qui leur ont été demandées, s'est déterminé à les augmenter, pour chaque jour de retard que les paiements ont éprouvés ou éprouveront jusqu'à ce qu'ils soient consommés, d'une somme dont vous fixerez la quotité. Le Directoire pense qu'elle doit s'élever à cent mille livres par jour.

---

[1] Arch. nat., AF III, 394, dossier 2088.

Si la force est nécessaire pour les contraindre à agir autrement qu'ils ne l'ont fait jusqu'ici, nous vous ordonnons, citoyen général, de l'employer et de l'étendre jusqu'au degré extrême de sévérité que peuvent autoriser les droits formels de la guerre. Nous n'hésiterions pas à vous rendre responsable du succès de la mesure que nous vous prescrivons, si nous n'étions parfaitement convaincus et de votre amour pour vos devoirs et du sentiment qui vous anime comme nous sur la nécessité de faire rentrer sans délai les fonds que les conquêtes de l'armée que vous commandez nous assurent.

Le Directoire a vu avec peine que le nombre des otages enlevés dans Francfort s'élevait seulement à 25 individus. Il est loin de le croire suffisant pour dompter cette ville toujours prête à prendre parti contre nous, et son intention est qu'il soit de beaucoup augmenté. Il n'a pas appris sans étonnement que le général de division Marceau avait pris sur lui de faire revenir à Wiesbaden les 25 otages qui avaient été conduits jusqu'à Charlemont, et, si ce fait est exact, comme il paraît l'être, il vous charge de lui en témoigner son mécontentement et de lui ordonner de renvoyer sur-le-champ à Charlemont les 25 otages dont il vient d'être parlé.

Nous approuvons la réquisition en denrées frappée par le commissaire ordonnateur en chef Dubreton sur la ville et le territoire de Francfort. Nous croyons inutile de vous recommander d'en surveiller scrupuleusement la rentrée, puisqu'elle est sous tous les rapports indispensable à la République.

CARNOT, P. BARRAS, REUBELL [1].

SÉANCE DU 26 THERMIDOR AN IV [2]

13 AOÛT 1796.

Le Directoire déclare qu'il n'y a pas lieu de confirmer la nomination provisoire faite par ses commissaires du citoyen Rogier à la place de commissaire du Directoire exécutif près l'administration centrale du département de la Meuse-Inférieure [3];

Ni celle du citoyen Picquery à celle d'administrateur de ce département [4].

Il charge son commissaire près le tribunal criminel du département de la Meuse de dénoncer ces trois individus [5], à l'accusateur public,

---

[1] Arch. nat., AF III, 394, dossier 2088.
[2] Arch. nat., AF III*, 4, fol. 149-152. — AF III, 3.
[3] Arrêté du 26 thermidor an IV, signé Revellière-Lépeaux, Barras, Reubell (Arch. nat., AF III, 394, dossier 2090).
[4] Arrêté du 26 thermidor an IV, signé Revellière-Lépeaux, Barras, Reubell (Arch. nat., AF III, 394, dossier 2090).
[5] Le troisième est Sermoise, qu'on trouvera mentionné au paragraphe suivant du procès-verbal. — Ces trois fonctionnaires

pour être par lui poursuivis comme faisant un trafic honteux de leurs fonctions.

Il révoque pareillement celle du citoyen Sermoise de la place de commissaire du pouvoir exécutif près l'administration municipale de Tongres [1].

Il ordonne à son commissaire près le tribunal de cassation de dénoncer à ce tribunal un jugement du tribunal correctionnel de Neufchâtel, département de la Seine-Inférieure, comme contenant une usurpation de pouvoir à l'égard de Louis-Gaston Deschamps [2].

Il accorde par provisoire à la citoyenne Marie-Thérèse de la Moustière, femme divorcée de Jean-Victor de Novion, émigré [3], une somme de dix mille livres, en mandats, à valoir sur ses droits et sur ceux de ses enfants, sur les biens dudit Jean-Victor de Novion [4].

Informé des mouvements séditieux qui se sont manifestés à Boulay, département de la Moselle, les 27, 28 et 29 messidor dernier, le Directoire ordonne à son commissaire près le tribunal criminel de ce département de dénoncer ces mouvements à l'accusateur public, à l'effet par lui d'en punir les auteurs [5].

---

sont dénoncés comme coupables «singulièrement d'extorquer de l'argent des contribuables pour des dégrèvements qu'ils leur promettent et leur font accorder». — Arrêté du 26 thermidor an IV, signé Revellière-Lépeaux, Barras, Reubell (Arch. nat., AF III, 394, dossier 2090). — Voir au dossier les réclamations de Rogier, Picquery et Sermoise contre les mesures dont ils ont été l'objet et plusieurs pièces y relatives.

[1] Arrêté du 26 thermidor an IV, signé Revellière-Lépeaux, Barras, Reubell (Arch. nat., AF III, 394, dossier 2091).

[2] Arrêté du 26 thermidor an IV, signé Le Tourneur, Revellière-Lépeaux, Barras (Arch. nat., AF III, 394, dossier 2091). — «...Considérant que Deschamps a été condamné pour récidive d'escroquerie à *quatre années d'emprisonnement*, suivant l'article 32 du titre II de la loi du 22 juillet 1791, tandis que l'article 233 de la Constitution porte que les tribunaux correctionnels ne pourront jamais prononcer de peine plus grave que l'emprisonnement pour deux ans...»

[3] Dont les biens sont situés dans le département de l'Aisne.

[4] Arrêté du 26 thermidor an IV, signé Carnot, Reubell, Barras (Arch. nat., AF III, 394, dossier 2091).

[5] Arrêté du 26 thermidor an IV, signé Le Tourneur, Revellière-Lépeaux, Barras (Arch. nat., AF III, 394, dossier 2091). Il s'agit, dit le rapport du ministre de la justice (même dossier), de rassemblements et processions qui se sont formés dans les communes de Waresberg, de Kreutznach, de Ham, de Guerting, de Risten, de Coum, de Denting, de Helstroff et de Boulay. «L'adjoint municipal de cette dernière commune a été maltraité et presque assassiné, quoique revêtu des marques extérieures de son autorité...» — «Considérant, dit l'arrêté, que la sûreté publique a été violemment compromise par les attroupements dont il s'agit, que les signes de la révolte ont été déployés, que l'autorité légitime a été méconnue et avilie dans la personne des magistrats du peuple; — considérant que des prêtres réfractaires, des fanatiques, des contre-républicains ont dirigé et excité ces attroupements, qu'un prêtre réfractaire, prévenu d'être l'un des chefs de cette révolte, a été trouvé saisi d'une pièce latine ayant pour titre *Te Deum in Gallos*, provoquant à la dissolution, à l'avilissement de la représentation nationale

[13 AOÛT 1796] DU DIRECTOIRE EXÉCUTIF. 343

Le ministre de la police générale propose la destitution du citoyen Carteret, commissaire du Directoire exécutif près l'administration municipale du canton de Grenant, département de la Haute-Marne, lequel a perdu la confiance publique par le peu de délicatesse qu'il a montrée dans différentes commissions dont il a été chargé par le ci-devant district de Langres.

Il [1] charge son commissaire près le tribunal de cassation de requérir, pour cause de sûreté publique, ce tribunal de renvoyer devant tout autre directeur du jury d'accusation que celui de Lyon les prévenus de l'assassinat commis le 26 messidor dernier, dans l'hospice de Lyon, sur la personne du citoyen Pancrace Istria [2].

Trois messages sont ensuite adressés au Conseil des Cinq-Cents :

Le premier pour lui annoncer la continuation des éclatants succès de l'armée d'Italie contre Wurmser [3];

Le second pour l'inviter à établir un second substitut près les tribunaux du département de l'Aude [4];

Le troisième relatif à des réclamations élevées contre la nomination du juge de paix de Pontacq, département des Basses-Pyrénées [5].

Sur le rapport du ministre de la police générale, le Directoire suspend de leurs fonctions les président et agents municipaux du canton

---

et du gouvernement, appelant la vengeance contre les Français et implorant l'Être suprême en faveur des émigrés, de Louis et de sa famille...»

[1] Le Directoire.

[2] Ancien administrateur d'un des départements de la Corse, qui, se rendant de Marseille à Paris, avait été blessé à Lyon, à la suite d'une dispute qu'il avait eue à une table d'hôte sur l'esprit qui avait régné dans cette ville, et qui, transporté à l'hospice, y avait été assassiné par les nommés Champeaux, Paris, Storkenfeld, Dussuc et Renard. — Arrêté du 26 thermidor an IV, signé Revellière-Lépeaux, Barras, Reubell (Arch. nat., AF III, 394, dossier 2091). «...Considérant, est-il dit dans l'arrêté, que les compagnons, complices, amis de ces prévenus ont tenté de séduire par leurs promesses et d'intimider par leurs menaces les préposés à la sûreté des prisons et à l'exécution des jugements, qu'ils ont même formé le projet d'employer la violence et la force ouverte pour opérer l'évasion et l'impunité des coupables; que ces manœuvres ne peuvent que porter une atteinte dangereuse à l'ordre public et que le Directoire exécutif doit s'empresser de les faire cesser en ôtant aux malveillants l'espoir et les moyens de parvenir à leur but...»

[3] Message lu à la séance du 26 thermidor (C. C., thermidor an IV, 474-475). Le Directoire mentionne par ce message l'historique à lui adressé par Bonaparte le 19 thermidor des «cinq mémorables journées» couronnées par la grande victoire de Castiglione (Corr. de Napoléon Ier, I, 520-525).

[4] Message lu à la séance du 28 thermidor (C. C., thermidor an IV, 536-537).

[5] Message lu à la séance du 28 thermidor (C. C., thermidor an IV, 534-535). — On allègue contre cette nomination la précipitation mise dans l'opération de l'assemblée primaire, le défaut de mention de l'appel nominal et celui de la constatation que le juge de paix dont il est question a été nommé à la pluralité absolue des suffrages.

de Montreuil, département de l'Eure, prévenus d'avoir empêché la formation des colonnes mobiles dans ce canton [1].

Le ministre de la justice fait un rapport sur le citoyen Jautard, nommé juge de paix [2];

Et sur le citoyen Arexi, juge de paix de Saint-Girons.

Ces minutes ont été remises au dossier des nominations [3].

On écrit concernant le service militaire :

Au général en chef Kellermann [4];

Au citoyen Haussmann, commissaire du gouvernement près l'armée de Rhin-et-Moselle [5];

Au général en chef Moreau, commandant l'armée de Rhin-et-Moselle [6];

Au général en chef Hoche, commandant l'armée des Côtes de l'Océan [7];

Au citoyen Bousquet, à Paris [8];

---

[1] Ils ont refusé d'exécuter l'«arrêté du 17 floréal dernier, qui ordonne l'organisation de ces colonnes mobiles ...en demandant un mode de formation de ces colonnes qui ne prête pas à l'arbitraire...» — Arrêté du 26 thermidor an IV, signé Le Tourneur, Revellière-Lépeaux, Barras (Arch. nat., AF III, 394, dossier 2091).

[2] Du canton de Lamarque (Gironde).

[3] Il y a deux arrêtés pris par le Directoire et signés, le premier Revellière-Lépeaux, Barras, Reubell, le second Le Tourneur, Revellière-Lépeaux, Barras (Arch. nat., AF III, 394, dossier 2091). — Par le premier, la nomination de Jautard est rapportée comme ayant été faite par erreur. — Par le second, Arexi, destitué le 17 pluviôse comme parent d'émigré, est rétabli parce qu'il a été constaté que depuis 1790 il a constamment exercé des fonctions publiques à la nomination du peuple.

[4] Minute signée Carnot, Barras, Reubell (Arch. nat., AF III, 394, dossier 2091). — Le Directoire l'invite à réclamer du gouvernement du Piémont les plans et cadastre du département du Mont-Blanc, qui se trouvent à Turin.

[5] Minute signée Carnot, Barras, Reubell (Arch. nat., AF III, 394, dossier 2091). — Le Directoire exécutif fait part à son commissaire près l'armée de Rhin-et-Moselle des plaintes portées par les envoyés extraordinaires et plénipotentiaires du duc de Wurtemberg contre quelques détachements de cette armée qui ont exercé le pillage et la dévastation. Il charge ce commissaire d'assurer les autorités constituées de ces pays que le Directoire va prendre des mesures promptes et coercitives pour arrêter ces débordements et punir les coupables.

[6] Minute signée Carnot, Barras, Reubell (Arch. nat., AF III, 394, dossier 2091). — Le Directoire témoigne sa douleur de voir la gloire de l'armée de Rhin-et-Moselle ternie dans la Souabe par les brigandages et autres excès qu'y commettent quelques détachements. Il invite le général en chef à faire rechercher et punir exemplairement les coupables des délits dont se plaignent les envoyés extraordinaires et plénipotentiaires du duc de Wurtemberg.

[7] Cette lettre ne se trouve pas dans les dossiers correspondant à la séance du 26 thermidor.

[8] Bousquet, chef d'une maison de Bordeaux, rue de Grenelle-Honoré, à Paris. — Le Directoire exécutif lui accuse réception de sa lettre en date du 10 thermidor; il prendra en considération les réflexions et les vues qu'elle contient. — Minute signée Carnot, Barras Reubell (Arch. nat., AF III, 394, dossier 2091).

Au commissaire du gouvernement près l'administration centrale du Morbihan [1];

Au général Labarollière, à Rennes [2];

Au ministre de la police [3];

Au ministre des finances [4];

Au ministre de la guerre [5];

Et au général de division Liébert, à Lille [6].

Les minutes de ces lettres sont à la section de la guerre.

Le Directoire, voulant reconnaître la part active qu'ont eue à la pacification des départements où la tranquillité publique a été troublée [7] le général de division Canuel et le général de brigade Barbazan, ordonne qu'il sera délivré au premier deux pistolets d'arçon et une carabine et au second une paire de pistolets de la manufacture nationale de Versailles [8].

On écrit au citoyen Coffin, commissaire du gouvernement près l'administration centrale du département du Pas-de-Calais, pour le presser de répondre à la lettre du Directoire du 2 de ce mois [9].

Un messager d'État envoyé par le Conseil des Anciens est admis et dépose six lois.

---

[1] Minute signée Carnot, Barras, Reubell (Arch. nat., AF III, 394, dossier 2091). — Le Directoire lui témoigne son espoir de voir les habitants de ce département ne refuser aucune des fonctions publiques qui pourront leur être confiées dans la nouvelle organisation politique.

[2] Minute signée Carnot, Barras, Reubell (Arch. nat., AF III, 394, dossier 2091). — Le Directoire lui accuse réception de sa lettre du 16 thermidor et lui annonce qu'il va donner des ordres pour faire cesser le mécontentement dont il se plaint.

[3] Minute signée Carnot, Barras, Reubell (Arch. nat., AF III, 394, dossier 2091). — Le Directoire lui transmet des pièces qui lui ont été envoyées par son ex-commissaire près le département des Basses-Alpes et appelle son attention sur ce département.

[4] Minute signée Carnot, Barras, Reubell (Arch. nat., AF III, 394, dossier 2091). — Le Directoire l'invite à hâter la rentrée des contributions dans le département du Morbihan.

[5] Deux lettres signées Carnot, Reubell, Barras (Arch. nat., AF III, 394, dossier 2091). — Par la première, le Directoire lui accuse réception de sa lettre du 4 thermidor sur les abus qui existent dans la répartition des réquisitions frappées sur le département de la Vendée; il l'invite à recueillir des renseignements sur l'agiotage des préposés de la viande. — Par la seconde, il l'informe que l'armée des Côtes de l'Océan manque de solde et d'objets de première nécessité; il l'invite à faire cesser un tel état de choses.

[6] Minute signée Carnot, Barras, Reubell (Arch. nat., AF III, 394, dossier 2091). — Le Directoire approuve les dispositions de Liébert (commandant les 1re et 16e divisions militaires à Lille) pour que les troubles qui ont éclaté à Cambrai ne se renouvellent plus.

[7] Allusion aux mouvements royalistes dont les départements du Cher et de l'Indre avaient été le théâtre en germinal et floréal an IV. — Voir t. II, p. 103, 107, etc.

[8] Deux arrêtés du 26 thermidor an IV signés Carnot, Barras, Reubell (Arch. nat., AF III, 394, dossier 2091).

[9] Voir plus haut, p. 149.

La première déclare que l'armée d'Italie ne cesse de bien mériter de la patrie [1].

La deuxième ordonne que les soumissions faites par le citoyen Salmon sur le domaine national connu sous le nom de maison des Missions étrangères auront leur exécution [2].

La troisième annule les élections faites les 22 brumaire et 23 frimaire derniers par l'assemblée communale de Burnhaupt-le-Haut, département du Haut-Rhin [3].

La quatrième rapporte le décret de la Convention nationale du 4 ventôse an III, qui prononce l'ordre du jour sur la réclamation du citoyen Le Clerc-Saint-Aubin [4].

La cinquième ordonne que celle du 8 mai 1791, concernant la manière de procéder au jugement des demandes en revision contre les arrêtés du ci-devant parlement de Douai, sera observée pour le jugement des demandes en revision contre les arrêts du ci-devant sénat de Chambéry [5].

La sixième concerne les messageries [6].

Le Directoire ordonne que ces six lois seront publiées, exécutées, et qu'elles seront munies du sceau de l'État. Elles sont en conséquence adressées de suite à l'enregistrement pour deux expéditions être envoyées sans délai au ministre de la justice, avec l'arrêté portant ordre d'impression et de publication dans les formes prescrites par les lois.

Le Directoire destitue de leurs fonctions l'agent et l'adjoint de la commune d'Amancey, département du Doubs, coupables d'actes arbitraires envers un citoyen [7] connu par sa moralité politique et de tolérer dans leur commune la résidence des prêtres émigrés [8].

---

[1] *Bull.*, II, LXVII, n° 610. — Cette loi répond au message du Directoire relatif aux victoires de Salo, Lonato, Castiglione et Montechiaro.

[2] *Bull.*, II, LXIX, n° 628.

[3] *Bull.*, II, LXIX, n° 627.

[4] Fonctionnaire public destitué. La loi renvoie sa réclamation au Directoire. — *Bull.*, II, LXIX, n° 626.

[5] C'est-à-dire qu'on appliquera au jugement de ces demandes en revision les règles prescrites par la loi du 18 février 1791 pour le jugement des requêtes civiles. — *Bull.*, II, LXVII, n° 606.

[6] *Bull.*, II, LXVII, n° 609. — Il s'agit d'un nouveau tarif pour les messageries nationales, nécessité par le discrédit du papier-monnaie et l'instabilité de son cours, qui rendent nul pour la recette celui qu'avait fixé la loi du 6 messidor dernier. Les prix fixés par ce nouveau tarif devront être payés soit en numéraire, soit en papier-monnaie, au cours fixé pour le payement du quatrième quart des biens soumissionnés, sans prime.

[7] Ce citoyen, nommé Ordinaire, «a été vexé et outragé dans sa personne pour avoir soumissionné des biens nationaux». Rapport du ministre de la police au Directoire (Arch. nat., AF III, 394, dossier 2091).

[8] «Considérant... qu'à chaque jour dési-

Il destitue de même l'agent de la commune de Carantilly[1] prévenu d'abus d'autorité et de prévarication dans l'exercice de ses fonctions[2].

L'agent municipal et le juge de paix du canton d'Aire[3], département des Landes, prévenus d'abus de confiance dans l'inventaire des meubles et effets de l'émigré Fossé, seront poursuivis par devant le tribunal criminel de ce département[4].

[Le Directoire exécutif, vu la loi du 13 thermidor[5] qui détermine le mode de payement du dernier quart des domaines nationaux soumissionnés et celui de la proclamation du cours des mandats, vu aussi la loi du 22 thermidor[6] sur le payement des contributions, arrête :

Article 1er. Le cours des mandats sera proclamé par un arrêté particulier, les primidi et sextidi de chaque décade, sur le terme moyen des cinq jours précédents déclaré par la trésorerie nationale.

Art. 2. L'arrêté sera envoyé à la trésorerie nationale, à la régie des domaines nationaux et à toutes les administrations centrales des départements et transmis par ces dernières à chaque administration municipale et au receveur du droit d'enregistrement chargé de recevoir le prix des domaines.

Art. 3. Le dernier cours reçu sera observé jusqu'à ce que le suivant ait été notifié aux receveurs et percepteurs.

Art. 4. Le terme moyen du cours du mois de thermidor est proclamé par le présent en exécution de l'article 9 de la loi du 13 pour les sommes payées en mandats acompte ou pour complément du quatrième quart des biens nationaux, ainsi qu'il suit :

Pour cent livres en mandats,

Pour les cinq premiers jours de la première décade, quatre livres neuf sols trois deniers, ci.	4^l	9^s	3^d
Pour les cinq derniers jours, quatre livres cinq sols dix deniers, ci.................	4	5	10

---

gné pour l'exercice du culte catholique, ledit agent a paru à la tête d'un rassemblement pour servir d'escorte au ci-devant curé d'Amancey, prêtre réfractaire déporté...» — Arrêté du 26 thermidor an IV, signé Le Tourneur, Revellière-Lépeaux, Reubell (Arch. nat., AF III, 394, dossier 2091).

[1] Département de la Manche.

[2] Arrêté du 26 thermidor an IV, signé Le Tourneur, Revellière-Lépeaux, Reubell (Arch. nat., AF III, 394, dossier 2091). — «...On l'accuse principalement d'avoir favorisé les chouans, entre les mains desquels il a fait tomber les armes qui lui avaient été remises à la suite du désarmement de sa commune.» — Rapport du ministre de la police générale (Arch. nat., AF III, 394, dossier 2091).

[3] Aire-sur-l'Adour.

[4] Arrêté du 26 thermidor an IV (Arch. nat., AF III, 394, dossier 2091).

[5] Voir plus haut, p. 231.

[6] Voir plus haut, p. 301.

Pour les cinq premiers jours de la seconde décade, deux livres dix-sept sols, ci......... 2¹ 17ˢ
Pour les cinq derniers jours, deux livres neuf sols neuf deniers, ci.............. 2 9 9ᵈ

Le ministre des finances est chargé de l'exécution du présent arrêté, qui sera imprimé dans le *Bulletin des lois*. — Arch. nat., AF III, 394, dossier 2091 [1]].

Il proclame le cours des mandats, dans les cinq premiers jours de la troisième décade de thermidor, à trente-sept sols dix deniers (*pour*) cent livres en mandats [2].

SÉANCE DU 27 THERMIDOR AN IV [3]

14 AOÛT 1796.

Le Directoire accorde au citoyen Maillé-Brézé, ancien militaire, la somme de trois mille livres, mandats, à titre de secours [4].

Le ministre de la justice fait un rapport [5] tendant à faire prononcer au Directoire qu'il y a incompatibilité entre les fonctions de notaire et celles de commissaire du gouvernement près les tribunaux civils et correctionnels. Le Directoire n'approuve pas cette décision.

Il [6] refuse son approbation à la nomination provisoire, faite par ses commissaires dans le département de la Meuse-Inférieure, des citoyens Vandewart et Hainin, aux fonctions d'administrateurs de ce départe-

---

[1] Signé à la minute Revellière-Lépeaux, Carnot, Reubell.

[2] Arrêté du 26 thermidor an IV, signé Revellière-Lépeaux, Carnot, Reubell (Arch. nat., AF III, 394, dossier 2091).
Le dossier 2092, dont le contenu, comme celui des deux précédents, se rapporte à la séance du 26 thermidor, est formé de 140 pièces relatives à des nominations de commissaires du pouvoir exécutif, agents et adjoints municipaux, juges, juges de paix, assesseurs, dans les départements des Bouches-du-Rhône, du Loiret, du Morbihan, du Puy-de-Dôme, de Saône-et-Loire et de la Vendée (117 pour ce dernier département).

[3] Arch. nat., AF III*, 4, fol. 152-156.

[4] Arrêté du 27 thermidor an IV, signé Revellière-Lépeaux, Barras, Reubell (Arch. nat., AF III, 395, dossier 2093). — Voir au dossier la pétition de François-Alexis *Maillé-Brézé*, âgé de 78 ans, ancien lieutenant-colonel, domicilié à Paris, section du Luxembourg, représentant que la pension de 4,000 livres dont il jouissait pour 30 ans de services, onze sièges, neuf batailles, trois blessures, a été réduite à 1,800 livres, qui, vu la dépréciation du papier, ne valent à peu près rien et qu'il est réduit, avec sa femme et ses deux enfants (de 10 et de 2 ans 1/2), aux secours de sa section.

[5] Arch. nat., AF III, 395, dossier 2093.

[6] Le Directoire.

ment; il charge le citoyen Bouteville, son commissaire, de pourvoir à leur remplacement et à celui du citoyen Picquery [1].

Le ministre de la justice fait un rapport sur une instruction du général divisionnaire Puget aux commandants des places en état de siège portant, entre autres choses, qu'aucune arrestation quelconque ne doit avoir lieu sans que ceux-ci en soient informés, pas même celles émanées du pouvoir judiciaire, dont ils ne peuvent dans aucun cas arrêter le cours en exécution de cet ordre; le commandant temporaire de la place de Tarascon exige qu'aucune personne ne puisse entrer en prison ou en sortir, sans lui avoir été présentée. Le ministre est d'avis que cette prétention est contraire aux lois, qui veulent seulement que copies des mandats d'arrêts soient adressées aux municipalités des communes de la résidence des prévenus. Le Directoire approuve cette décision et autorise le ministre à répondre dans ce sens au directeur du jury de Tarascon-sur-Rhône, qui l'a consulté à cet égard [2].

[Le ministre des relations extérieures fera passer sans délai aux citoyens Garrau et Saliceti les conditions expresses auxquelles il consent à traiter avec le pape, avec un arrêté portant des pouvoirs spéciaux à cet effet [3]. Ils en instruiront sur-le-champ le pape et l'inviteront à envoyer sans délai un plénipotentiaire pour traiter sur les griefs de toute espèce que la République a à lui reprocher. Le traité, signé dans les termes prescrits par le Directoire, sera présenté au pape pour être par lui ratifié; renvoyé ensuite au Directoire qui le présentera à la ratification du Corps législatif pour les articles patents et l'approuvera pour les articles secrets [4]. Ils notifieront à Sa Sainteté que, dans

---

[1] Arrêté du 27 thermidor an iv, signé Le Tourneur, Barras, Reubell (Arch. nat., AF iii, 395, dossier 2093). — Sur Picquery, voir plus haut, page 341 (séance du 26 thermidor).

[2] Arrêté du 27 thermidor an iv, signé Le Tourneur, Barras, Reubell (Arch. nat., AF iii, 395, dossier 2093).

[3] Voir ce projet de traité plus loin à l'Appendice.

[4] Le Directoire, depuis quelques semaines, se préoccupait de plus en plus de la politique que les chances de la guerre pourraient lui permettre en Italie. En ce qui concerne le pape, il avait, depuis l'armistice de Bologne (voir t. II, p. 685), envoyé à Rome Cacault, et un agent du Souverain Pontife, Pierachi, était venu à Paris pour négocier en son nom, sous la médiation de l'Espagne. Il y était le 6 thermidor et avait été reçu le 8 par Delacroix. Ce dernier avait peu après préparé un projet de traité patent et de traité secret, ce dernier comportant la rétractation par le pape de tous ses manifestes contre la Révolution française et son œuvre. Le ministre français aurait voulu que cette rétractation fût adressée par le pape à un de nos évêques constitutionnels. Mais ce projet avait été amendé et le Directoire, dans sa rédaction du 23 thermidor (qui constitue le projet de traité ici mentionné), exigeait que l'article de la rétractation fît partie du traité public. Pierachi, mis en demeure par le Directoire (qu'enhardissait la nouvelle des derniers succès de Bonaparte à

le cas où elle se refuserait à donner pleins pouvoirs ou à ratifier le traité dans les quatre décades, le Directoire prendra les mesures con-

Lonato et à Castiglione) de répondre nettement par *oui* ou par *non* à sa proposition de traité, s'était déclaré sans pouvoirs (27 thermidor) et le Directoire, après l'avoir renvoyé, avait résolu de faire reprendre la négociation en Italie par Garrau et Saliceti. — Pour se rendre compte des vues du Directoire au sujet de l'Italie, il faut remonter au commencement de thermidor, époque où — quelles que pussent être les tendances personnelles de certains de ses membres, comme La Revellière-Lépeaux et Barras, à favoriser les mouvements révolutionnaires dans cette contrée — il était en somme opposé à celles de Bonaparte qui déjà depuis quelque temps encourageait les Lombards à constituer une république et, par ses deux dépêches du 8 et du 14 messidor (*Corr.*, I, 432, 447), proposait d'en constituer une autre au sud du Pô, dans la Romagne et les Légations. — On peut en juger par l'accueil que le gouvernement fit le 7 thermidor au mémoire qui lui fut présenté par le ministre des relations extérieures, Delacroix, sous le titre de *Projets d'arrangement en Italie* (on trouvera l'analyse de cet important document dans l'ouvrage de M. Raymond Guyot, *Le Directoire et la paix de l'Europe*, Paris, 1911, p. 189-193). — Le ministre, à la suite d'une enquête faite par ses agents dans la péninsule, se prononçait nettement contre l'idée de républicaniser l'Italie. Si l'on transformait ce pays, disait-il, en une république unitaire, on créerait à la République française un voisin puissant, qui pourrait l'inquiéter. Établir simplement une république en Lombardie ne lui paraissait pas désirable : 1° Parce qu'il n'était pas prouvé que les Italiens voulussent vraiment la liberté et fussent disposés à la défendre; 2° parce que la République milanaise n'aurait pas assez de consistance pour se passer du soutien de la France et que, par suite, elle entraînerait cette puissance dans les plus redoutables complications; 3° parce qu'il était plus avantageux à la France de se servir des territoires qu'elle venait de conquérir en Italie comme d'un moyen de négociation. Delacroix admettait qu'on pût rendre le Milanais à l'Empereur pour obtenir qu'il renonçât à la Belgique et à la rive gauche du Rhin. Mais ses préférences allaient à une combinaison plus vaste et plus compliquée, en vertu de laquelle : l'Empereur, abandonnant la Belgique et la rive gauche du Rhin, recevrait en compensation la Bavière, le Haut-Palatinat et diverses principautés ecclésiastiques allemandes (Neubourg, Salzbourg, Augsbourg, etc.); renoncerait à ses domaines de Souabe, qui serviraient à indemniser les princes de la rive gauche du Rhin; céderait Trente, Brixen, Aquilée et le Tyrol italien à Venise, qui les payerait 60 millions à la France; enfin perdrait le Milanais et le Mantouan, qui seraient donnés au roi de Sardaigne, en échange de l'île de ce nom cédée à la France; le duché de Parme (que la France tenait à agrandir pour complaire à l'Espagne et obtenir d'elle, en Amérique, des territoires qui lui serviraient à obtenir de l'Angleterre la restitution de nos colonies) s'étendrait aux dépens du pape et de la république de Gênes; Gênes obtiendrait les enclaves sardes et les fiefs impériaux de la Ligurie; Naples recevrait Bénévent, et abandonnerait à la France l'île d'Elbe et Trapani en Sicile; enfin le grand-duché de Toscane, Modène, la Romagne, Ferrare et Bologne formeraient le royaume d'Étrurie, où serait transféré l'Électeur palatin dépossédé de la Bavière; le grand-duc de Toscane serait dédommagé par son frère l'Empereur en Allemagne; les États italiens formeraient une confédération où la France aurait droit de suffrage pour ses nouvelles acquisitions. — On voit que sans accepter dans leur ensemble ces propositions, le Directoire, dans sa séance du 7 thermidor, s'en inspira, puisqu'il se prononça : 1° contre l'établissement d'une ou de plusieurs républiques en Italie; 2° pour le maintien du pouvoir temporel du pape, qui perdrait seulement les Légations et la Romagne; 3° pour l'attribution de la Toscane, du Mantouan et de Modène à l'électeur palatin, qui perdrait la Bavière cédée à l'Autriche; 4° pour l'attribution des fiefs impériaux à Gênes, de Trente et Brixen à Venise; 5° pour celle de Livourne, de l'île d'Elbe et de Trapani à la France; 6° pour celle du Milanais au duc de Parme. — Ainsi l'Italie resterait divisée et impuissante, avec cet avantage que la domination autrichienne en serait complètement exclue.

[14 août 1796] DU DIRECTOIRE EXÉCUTIF. 351

venables aux circonstances. Le présent arrêté ne sera point imprimé. — Arch. nat., AF III, 395, dossier 2093 [1]].

[Le Directoire exécutif, vu les deux notes remises au ministre des relations extérieures par MM. del Campo, ambassadeur d'Espagne, et Pierachi, envoyé par le pape pour négocier sa paix avec la République, desquelles il résulte, ainsi que des déclarations verbales de ce dernier, qu'il n'a pas de pouvoirs suffisants à l'effet de traiter pour la réparation de tous les griefs de la République, arrête que toutes les conférences avec M. Pierachi, envoyé du pape, sont rompues, et qu'il se retirera sans délai, avec M. Evangelisti, son secrétaire de légation. Le ministre des relations extérieures est chargé de lui notifier le présent arrêté, qui ne sera point imprimé. — Arch. nat., AF III, 395, dossier 2093 [2]].

Le Directoire informé que l'adjudant-général La Barrière doit être traduit à un conseil militaire, pour une rixe qu'il a eue à Montpellier avec le citoyen Goudard, de Cette, considérant que la sévérité avec laquelle cet officier a rempli ses devoirs a pu lui susciter des ennemis, ordonne que le conseil qui doit le juger sera formé dans la huitième division [3].

Il écrit au ministre de la justice en lui transmettant une lettre du président de la commission déléguée aux Isles-sous-le-Vent au ministre de la marine, contenant des observations importantes sur l'établissement des tribunaux, les demandes en cassation et la police correctionnelle [4].

[Le Directoire exécutif, considérant que la *fête des vieillards*, fixée

---

[1] Signé à la minute Le Tourneur, Reubell, Barras.

[2] Signé à la minute Le Tourneur, Barras, Reubell.

[3] A la diligence du général Willot, commandant à Marseille. — Arrêté du 27 thermidor an IV, signé Carnot, Reubell, Barras (Arch. nat., AF III, 395, dossier 2093). — On lit dans le rapport du ministre de la guerre sur cette affaire (même dossier) : «...L'adjudant-général Labarrière, connu dans le midi pour la vigueur avec laquelle il a comprimé, après le 9 thermidor, les partisans de la Terreur, s'étant rendu à Cette le 12 prairial dernier, fut attaqué publiquement par plusieurs anarchistes de cette ville et ne put s'échapper qu'avec peine de leurs mains. Quelques jours après, le citoyen Labarrière rencontra dans une rue à Montpellier le citoyen Goudard, dit Brutus, l'un de ceux qui l'avaient insulté à Cette. Entraîné par son ressentiment, il lui demanda raison de l'injure qu'il en avait reçue. Goudard s'élança sur lui avec un couteau. Labarrière, voulant détourner le coup, est blessé entre le pouce et l'index. Il tire aussitôt son sabre et en frappe le citoyen Goudard à la tête et à la main. Celui-ci porte plainte au juge de paix et l'affaire est renvoyée au général Châteauneuf-Randon pour être jugée par un conseil militaire...»

[4] Il demande un prompt rapport sur ces objets. — Minute signée Le Tourneur, Carnot, Reubell (Arch. nat., AF III, 395, dossier 2095).

au 10 fructidor de chaque année par l'article 1er du titre VI de la loi du 3 brumaire, est une de ces intéressantes et utiles institutions qui doivent concourir à améliorer les mœurs; considérant que le spectacle des honneurs rendus à la vieillesse vertueuse est pour tous les âges un des plus puissants encouragements à la vertu,

Arrête :

Article 1er. Dans toutes les municipalités de la République la *fête des vieillards* sera célébrée le 10 fructidor prochain. Les administrations municipales sont chargées des dispositions à faire à cet égard.

Art. 2. La veille de la fête, chaque administration désignera, au scrutin, les deux pères de famille et les deux mères de famille de l'âge le plus avancé, non infirmes, et qui jouissent dans l'arrondissement de la meilleure réputation de probité, de patriotisme et de vertu.

Art. 3. La municipalité nommera ceux d'entre les jeunes gens qui seront jugés les plus dignes de cette fonction honorable, pour aller, dès le matin du jour de la fête, orner de feuillage les portes des vieillards désignés.

Art. 4. Si, parmi les vieillards des deux sexes les plus avancés en âge et les plus distingués par leurs vertus, il s'en trouve qui soient retenus par leurs infirmités et hors d'état d'assister à la fête, ils ne seront point compris dans le nombre ci-dessus prescrit; mais leurs noms seront inscrits au procès-verbal et les jeunes gens seront aussi chargés d'orner leurs portes de feuillages.

Art. 5. Les enfants des deux sexes, depuis huit ans jusqu'à douze, se rassembleront dans la matinée à la maison commune.

Art. 6. Les administrateurs municipaux, précédés de ces enfants, d'un détachement de gens armés et d'un corps de musiciens qui exécuteront des airs patriotiques, se rendront dans les maisons des quatre vieillards et les conduiront sur la place publique, ou (si le temps n'est pas favorable) dans l'un des plus vastes édifices publics de la commune.

Les vieillards, la tête couverte, marcheront appuyés sur quelques-uns des enfants, qui seront tous découverts et garderont le silence.

Art. 7. Tous les vieillards de la commune, âgés de soixante ans ou plus, auront été invités par une proclamation à se rendre au lieu de la fête : ils y occuperont une place distinguée.

Art. 8. Les quatre vieillards se placeront sur une estrade et le président de l'administration, au milieu d'eux, fera un discours sur le *respect de la vieillesse*. Il posera ensuite sur la tête des vieillards une couronne de verdure.

Art. 9. De jeunes épouses présenteront aux vieillards des corbeilles ornées de fleurs et pleines de fruits.

Pendant toutes ces cérémonies, on exécutera de la musique, et, autant qu'il sera possible, des chants analogues à l'objet de la fête.

Art. 10. Les vieillards seront reconduits dans leurs maisons avec la même solennité, et le cortège se séparera.

Art. 11. Le soir, il y aura, pour la jeunesse, des danses, des exercices et des jeux; les vieillards couronnés le matin y auront les premières places d'honneur; les autres vieillards seront placés immédiatement après eux.

Art. 12. Dans les communes où il y a des spectacles, les vieillards couronnés seront conduits au théâtre par une députation de jeunes gens que leur enverra l'administration municipale; on leur aura réservé une place ornée de feuillages et d'inscriptions.

Art. 13. Le ministre de l'intérieur est chargé de l'exécution du présent arrêté qui sera inséré dans le *Bulletin des lois*. — Arch. nat., AF III, 395, dossier 2093 [1]].

Il ordonne qu'à compter du 1er fructidor et jusqu'à ce qu'il en ait été autrement ordonné, les secours pécuniaires distribués aux pauvres infirmes ci-devant mendiants, domiciliés à Paris, seront délivrés en valeur réelle [2].

Il charge son commissaire près le tribunal de cassation de dénoncer à ce tribunal un jugement du tribunal criminel du département des Côtes-du-Nord, rendu en faveur d'un prévenu d'émigration [3].

[Le Directoire exécutif, vu les observations du ministre des finances sur l'arrêté du 28 floréal dernier [4], inséré au *48ᵉ Bulletin des Lois*, 2ᵉ série, sous le n° 407, interprétatif de celui du 23 germinal précédent [5],

---

[1] Signé à la minute Le Tourneur, Barras, Reubell.

[2] Il sera délivré 75 centimes aux pauvres infirmes incapables de tout travail, 50 centimes aux pauvres encore capables de quelque travail, 50 centimes à leur femme, 25 centimes à chacun de leurs enfants âgés de moins de douze ans. — Arrêté du 27 thermidor, signé Le Tourneur, Barras, Reubell (Arch. nat., AF III, 395, dossier 2093).

[3] François Richard, mis en liberté comme n'étant pas inscrit sur la liste des émigrés. — Arrêté du 27 thermidor an IV, signé Le Tourneur, Barras, Reubell (Arch. nat., AF III, 395, dossier 2093).

[4] Voir t. II, p. 397-398.

[5] Voir t. II, p. 135.

relatif aux instances en matière de douanes dans les départements réunis par la loi du 9 vendémiaire an IV;

Considérant qu'il ne paraît pas que l'article 233 de la Constitution, qui attribue aux tribunaux correctionnels le jugement des délits dont la peine n'est ni afflictive ni infamante, soit applicable aux amendes et confiscations résultant des contraventions aux lois sur les douanes et autres droits de perception; qu'en effet, d'une part, la Constitution est du 5 fructidor an III, et l'attribution des matières de douanes aux juges de paix et aux tribunaux civils a été prononcée par une loi du 14 du même mois; que, d'autre part, l'article 213 de la Constitution porte que la loi détermine les objets dont les juges de paix connaissent en dernier ressort, et leur en attribue d'autres qu'ils jugent à la charge de l'appel;

Qu'ainsi, puisque les auteurs de la Constitution ont accordé, neuf jours après sa rédaction, la connaissance des matières de douanes aux juges de paix, il en résulte que les législateurs n'ont pas considéré l'article 233 comme un empêchement à ce que cette attribution eût lieu, et qu'elle est au contraire une application toute naturelle de la faculté exprimée par l'article 213;

Considérant qu'il ne paraît point non plus que les dispositions du Code des délits et des peines, décrété le 3 brumaire suivant, puissent s'appliquer aux amendes et confiscations dont il s'agit; qu'en effet ce serait donner une grande extension à l'article 1ᵉʳ de ce code que de considérer les contraventions aux droits sur les douanes comme des délits attentatoires *aux lois qui ont pour objet le maintien de l'ordre social et de la tranquillité publique;* qu'admettre en principe qu'une amende ou confiscation quelconque, dès qu'elle excède la valeur de trois journées de travail, ne peut être prononcée que par les tribunaux correctionnels, ce serait vouloir aussi que ces tribunaux fussent seuls compétents pour prononcer les amendes encourues par les infractions aux lois sur l'enregistrement, le timbre et toutes les contributions directes et indirectes; que cependant le Code des délits et des peines ne contient rien qui puisse mener à cette conséquence; que bien loin de là, ni l'article 21 de ce code, indicatif des agents de la police judiciaire, ni les articles 22 et 23, dans lesquels il est question de la surveillance sur ces agents, ne font mention des employés des douanes, de l'enregistrement, du timbre, etc.; que l'article 609, relatif aux peines correctionnelles, porte qu'elles seront prononcées conformément à l'ordonnance des eaux et forêts de 1669, aux lois des 19 juillet et 28 septembre 1791, à celles du 20 messidor an III, et aux autres concernant la police municipale, correctionnelle, rurale et forestière, mais qu'il ne fait aucune mention des lois sur les douanes, ni de celles sur l'enregistrement, le timbre et autres contributions;

Considérant que la législation sur les douanes n'est évidemment que politique et commerciale; que les peines à prononcer contre les contrevenants en cette partie ne sont pas de la même nature que celles à prononcer contre les délinquants qui troublent l'ordre social et ne doivent être envisagées que comme des mesures propres à assurer la prépondérance du commerce et des manufactures nationales sur le commerce et les manufactures de l'étranger;

Considérant que si, de l'examen attentif du Code des délits et des peines il résulte qu'il n'attribue ni directement ni indirectement les matières de douanes aux tribunaux correctionnels, et que les amendes de cette partie ne sont point des peines de la nature de celles qu'il embrasse, il est également constant qu'il y aurait de très grands inconvénients à donner une pareille attribution à ces tribunaux; que la compétence des juges de paix donne aux affaires des douanes toute la célérité qu'elles exigent et qu'on ne trouverait point dans les tribunaux correctionnels, dont le nombre est bien moins considérable; que d'ailleurs l'attribution à ces tribunaux entraînerait, pour les préposés, des déplacements journaliers, qui laisseraient les postes à découvert, et qui souvent même seraient impossibles, à raison de l'éloignement et de l'obligation de faire prononcer le matin sur une contravention arrivée la veille au soir, ainsi que l'ordonne l'article 2 de la loi du 14 fructidor an III; que cette attribution entraînerait aussi la nécessité de suivre les formes établies par le Code des délits et des peines; qu'ainsi il faudrait se conformer à l'article 182, qui exige que la citation qui saisit le tribunal soit visée par le directeur du jury pour assurer la compétence, et à l'article 183, qui veut que cette citation soit signifiée avec assignation pour comparaître dans les dix jours au plus tard, et à l'article 184, qui permet l'audition des témoins pour et contre et le renvoi à une autre audience (toutes formalités qui peuvent d'autant moins être admises dans les affaires de douanes qu'elles doivent être jugées au plus tard dans les vingt-quatre heures et que des témoins ne peuvent y être entendus que dans le cas d'inscription de faux), et enfin à l'article 190, suivant lequel le recouvrement des amendes prononcées par le tribunal correctionnel doit être poursuivi par le directeur de la régie de l'enregistrement, tandis que celles concernant les douanes doivent être recouvrées à la diligence des préposés de cette régie, sans le concours de celle de l'enregistrement;

Considérant enfin que l'exécution de l'arrêté du Directoire exécutif du 28 floréal dernier désorganiserait le régime des douanes, donnerait à la fraude le plus libre cours et amènerait la ruine du commerce et des manufactures nationales;

Après avoir entendu le ministre de la justice, arrête ce qui suit :

ARTICLE 1er. L'arrêté du 28 floréal dernier, concernant les instances en matières de douanes dans les départements réunis par la loi du 9 vendémiaire précédent, est rapporté.

ART. 2. Celui du 23 germinal an IV, qui ordonne l'exécution des lois des 4 germinal an II et 14 fructidor an III dans les mêmes départements, continuera d'être exécuté selon sa forme et teneur.

ART. 3. Le présent arrêté sera inséré au *Bulletin des lois,* et il en sera, dans les vingt-quatre heures, fait part au Corps législatif par un message exprès [1]. — Arch. nat., AF III, 393, dossier 2093 [2]].

Un messager d'État, envoyé par le Conseil des Anciens, est introduit : il dépose sur le bureau trois lois :

La première, que l'armée d'Italie ne cesse de bien mériter de la patrie [3];

La seconde applique au citoyen Marc-Antoine Bernard, fils d'un

---

[1] Message lu à la séance du 30 thermidor (*C. C.*, thermidor an IV, 581-582). — «... De nouvelles réflexions sur cette matière importante, lit-on dans ce document, ont convaincu le Directoire exécutif que la disposition de l'acte constitutionnel qui attribue aux tribunaux correctionnels le jugement des délits dont la peine n'est ni afflictive ni infamante n'est pas applicable aux amendes et confiscations résultant des contraventions aux lois sur les douanes, et que d'ailleurs elle ne pourrait leur être appliquée en effet sans désorganiser entièrement le service des douanes et donner à la fraude le plus libre cours; en conséquence le Directoire exécutif s'est déterminé à rapporter son arrêté du 28 floréal et à ordonner que celui du 23 germinal continuerait d'être exécuté purement et simplement dans les neuf départements réunis... »

[2] Signé à la minute Le Tourneur, Barras, Reubell. — Arrêté transmis au Conseil des Cinq-Cents par un message du 27 thermidor, signé Le Tourneur, Barras, Reubell (Arch. nat., AF III, 395, dossier 2093).

[3] *Bull.*, II, LXVIII, n° 615. — Réponse au message directorial du 26 thermidor sur les derniers succès de l'armée d'Italie (Voir plus haut, p. 343).

représentant du peuple mort victime de son dévouement à la patrie, les dispositions de l'article 4 de la loi du 9 floréal dernier [1].

La troisième déclare nulle la nomination de Jean Bonin à la place de président de l'administration municipale du canton d'Allamps, département de la Meurthe et charge le Directoire de prendre les mesures convenables pour qu'il soit procédé à remplacement [2].

Le Directoire ordonne que ces trois lois seront publiées, exécutées et qu'elles seront munies du sceau de l'État. Elles sont en conséquence adressées de suite à l'enregistrement, pour deux expéditions être envoyées sans délai au ministre de la justice, avec l'arrêté portant ordre d'impression et de publication dans les formes prescrites par les lois.

On écrit aux généraux en chef Jourdan et Moreau [3];
Au ministre de la guerre [4];
Au général Châteauneuf-Randon [5];
A l'adjudant-général Mireur [6];
Au général Bernadotte [7];
Au général Marescot et au général Ney [8];

---

[1] *Bull.*, II, LXIX, n° 630. — La loi du 9 floréal (voir t. II, p. 247) accordait des pensions aux veuves et enfants de plusieurs représentants du peuple morts victimes de la Terreur. — Le nom de Marc-Antoine Bernard, porté dans le procès-verbal, est en réalité celui d'un représentant des Bouches-du-Rhône, condamné à mort comme fédéraliste et exécuté le 22 janvier 1794; le nom de son fils était Louis-Joseph-Marie Bernard.

[2] *Bull.*, II, LXIX, n° 629.

[3] Ces lettres ne se trouvent pas dans les dossiers du 27 thermidor.

[4] Minute signée Carnot, Reubell, Barras (Arch. nat., AF III, 395, dossier 2093). — Le Directoire lui annonce que la 38e demi-brigade est affectée aux départements de la Somme et du Pas-de-Calais pour y maintenir la tranquillité. Il l'invite à rendre compte de l'exécution de l'arrêté du 23 thermidor (voir plus haut, p. 311) ordonnant l'envoi de 1,500 hommes de l'armée de l'intérieur sur Marseille.

[5] Minute signée Carnot, Reubell, Barras (Arch. nat., AF III, 395, dossier 2093). — Le Directoire lui accuse réception des lettres par lesquelles il rend compte des dispositions qu'il a faites pour empêcher dans les départements qu'il commande la communication des troubles qui ont agité les départements des Bouches-du-Rhône et de Vaucluse. Il l'invite à se concerter avec le général Willot, chargé récemment du commandement à Marseille.

[6] Minute signée Carnot, Reubell, Barras (Arch. nat., AF III, 395, dossier 2093). — Le Directoire lui témoigne sa satisfaction sur les services qu'il a rendus sous le commandement du général Bernadotte.

[7] Minute signée Carnot, Reubell, Barras (Arch. nat., AF III, 395, dossier 2093). — Le Directoire le félicite du succès qu'il a remporté sur un ennemi très supérieur en nombre sur la route de Bamberg.

[8] Minutes signées Carnot, Reubell, Barras (Arch. nat., AF III, 395, dossier 2093). — Par la première de ces lettres, le Directoire, tout douteux que lui paraisse le projet qu'on suppose à l'ennemi de soulever les paysans du pays conquis, se repose avec confiance sur l'activité du général de division Marescot (commandant à Landau) pour déjouer ces manœuvres et lui recommande d'instruire les

Les minutes de ces lettres sont à la section de la guerre.

Un messager d'État envoyé par le Conseil des Cinq-Cents est admis et dépose sur le bureau l'acte de ce Conseil portant proclamation de la formation d'une Haute-Cour de justice, en la commune de Vendôme, département de Loir-et-Cher, convocation des juges et accusateurs nationaux à cet effet et l'ordre de translation en ladite commune, pour le 15 fructidor prochain, du représentant du peuple Jean-Baptiste Drouet et de ses co-accusés [1];

Le Directoire ordonne que cet acte sera publié, exécuté et qu'il sera muni du sceau de la République [2].

Il écrit une circulaire aux ministres de la guerre, de l'intérieur, de la police et de la justice : elle est relative à la résolution qui fixe à Vendôme la tenue de la Haute-Cour nationale [3].

Rédaction du traité avec Sa Sainteté le pape Pie VI.

Sa Sainteté le pape Pie VI ayant témoigné le désir de rétablir ses rapports d'union et de bonne harmonie avec la République française,

Le Directoire exécutif, au nom de la République française, a nommé les citoyens Garrau et Saliceti, ses commissaires près l'armée d'Italie [4] pour traiter avec M.   , plénipotentiaire envoyé par le pape, des clauses et conditions

---

généraux en chef des armées de Sambre-et-Meuse et de Rhin-et-Moselle de ses nouvelles découvertes à ce sujet. — Par la seconde, il témoigne au général de brigade Ney, de l'armée de Sambre-et-Meuse, sa satisfaction sur le courage qu'il a montré dans les combats qui ont eu lieu à Zeill et à Ebelsbach.

[1] Suite de l'affaire Babeuf. — Séance du Conseil des Cinq-Cents du 21 thermidor (*C. C.*, thermidor an IV, 384-385).

[2] Arrêté du 9 thermidor an IV.

[3] Voir plus loin, p. 373, où cette circulaire est de nouveau mentionnée dans le procès-verbal de la séance du 29 thermidor, dont elle porte la date.

Outre les pièces qui viennent d'être signalées, on trouve dans le dossier 2093, correspondant à la séance du 27 thermidor, un arrêté, signé Reubell, Revellière-Lépeaux, Barras, non mentionné au procès-verbal, par lequel le séquestre apposé sur les biens de la baronne de Greiffenstein, qui n'a pas quitté la rive gauche du Rhin, est levé.

Le dossier 2094, dont le contenu, comme celui du précédent, se rapporte à la séance du 27 thermidor, est formé de 76 pièces relatives à des nominations de commissaires, juges, etc., dans les départements de l'Ain, de l'Aude, de l'Aveyron, de la Charente-Inférieure, du Gers, de la Gironde, de Loir-et-Cher, de la Loire-Inférieure, de Lot-et-Garonne, de la Vienne et de la Haute-Vienne.

[4] Le texte portait d'abord : *le citoyen Charles Delacroix, ministre des relations extérieures*, la négociation devant avoir lieu à Paris. C'est après le refus de l'envoyé du pape, Pieracchi, de répondre catégoriquement aux propositions du Directoire et son renvoi par ce gouvernement que la substitution de Garrau et Saliceti à Delacroix fut faite et que les directeurs décidèrent que la négociation serait reprise et continuée par eux en Italie.

de la paix; lesquels, après avoir échangé leurs pleins pouvoirs respectifs, sont convenus de ce qui suit :

Article 1ᵉʳ. Il y aura paix, amitié et bonne intelligence entre la République française et Sa Sainteté le pape Pie VI.

Art. 2. Le pape révoque toute adhésion, consentement ou accession patente ou secrète par lui donnée à la coalition armée contre la République française, à tout traité d'alliance offensive ou défensive qu'il pourrait avoir conclu contre elle avec quelque puissance ou État que ce soit. Il s'engage à ne fournir, tant pour la guerre actuelle que pour les guerres à venir, à aucune des puissances armées contre la République française aucun secours en hommes, vaisseaux, armes, munitions de guerre, vivres et argent, à quelque titre et sous quelque dénomination que ce puisse être.

Art. 3. Le pape ne pourra, tant pour la présente guerre que pour les guerres futures, donner passage sur son territoire aux troupes ennemies de la République française.

Les troupes françaises jouiront en tout temps du libre passage dans les États du pape. Elles s'y comporteront comme il convient en pays neutre et ami.

Art. 4. Sa Sainteté reconnaît avec le plus vif regret que des ennemis communs ont abusé de sa confiance et surpris sa religion pour expédier, publier et répandre en son nom différents actes, dont le principe et l'effet sont également contraires à ses véritables intentions et aux droits respectifs des nations. En conséquence Sa Sainteté désavoue [1], révoque et annule toutes bulles, rescrits, man-

---

[1] L'idée de faire désavouer formellement par le pape tous ses manifestes contre la politique religieuse de la Révolution est développée dans une note que l'évêque constitutionnel Grégoire avait remise au ministre Delacroix et que l'on trouve dans le dossier 2081 (Arch. nat., AF III, 394). «Il faut veiller, lit-on dans ce document, à ce que le pape, rétractant ses brefs par un acte quelconque, n'ait pas la présomption de vouloir donner au clergé une absolution dont il n'a pas besoin et qui serait aussi injurieuse que séditieuse, puisqu'il a fait son devoir en se soumettant aux lois de la patrie et en travaillant à l'affermissement de la liberté. L'acte rétractatif qui sera exigé du pape sera sans doute notifié d'une manière quelconque aux citoyens catholiques. Il faut veiller à ce que le pape n'adresse rien que par l'intermédiaire du gouvernement. La décence et la justice exigent que le pape réponde enfin aux lettres que les évêques constitutionnels lui avaient écrites conformément au vœu de la loi sur la Constitution civile du clergé; et pourrait-il y répondre plus utilement qu'en adressant à ceux qui sont restés en tout fidèles à leurs devoirs une circulaire propre à fortifier dans toute la France l'attachement à la Constitution républicaine?» — A la suite de ces lignes on lit celles-ci, ajoutées par Delacroix : «Ce que demande ici le citoyen Grégoire me paraît sujet à de grands inconvénients. Il serait contraire à la Constitution que le Directoire se fît adresser un acte quelconque du pape concernant la religion, qu'il se mêlât directement des querelles religieuses, qu'il stipulât que le pape donnât ou ne donnât pas son absolution aux évêques constitutionnels. Il me semble que l'avant-dernier des articles secrets (*il s'agit ici des articles proposés par le ministre au Directoire*), tel qu'il est proposé, obvie à cet inconvénient, puisqu'il porte que la bulle ou bref sera adressé à un des évêques de France qui ont professé la soumission aux lois. Par là l'évêque de Rome les traite fraternellement. Point d'absolution; la paix se trouve naturellement rétablie dans le ménage sans que le voisin soit obligé de s'en mêler.» On voit que cette proposition avait été écartée par le Directoire ou tout au moins qu'il ne voulait pas qu'il en fût fait mention dans un traité avec le pape.

dements apostoliques, lettres circulaires ou autres, monitoires, instructions pastorales et généralement tous écrits et actes émanés de l'autorité du Saint-Siège et de toute autre autorité y ressortissante, qui seraient relatifs aux affaires de France depuis 1789 jusqu'à ce jour.

Art. 5. Sa Sainteté fera désavouer par un ambassadeur à Paris l'assassinat commis à Rome sur la personne du ministre de France Bassville[1]. Il sera payé par Sa Sainteté et par elle mis incessamment à la disposition du gouvernement français la somme de 500,000 francs, pour être répartie entre ceux qui ont souffert de cet attentat.

Art. 6. Les citoyens français qui, postérieurement à l'année 1788, auraient été expulsés des États du pape, emprisonnés ou dépossédés en son nom, pour cause d'opinions politiques ou religieuses, seront mis sur-le-champ en liberté et réintégrés dans la pleine et entière jouissance de leurs biens, meubles, immeubles, droits, facultés et actions quelconques, nonobstant tous séquestres, saisies, confiscations, procédures même jugées et autres actes, lesquels sont et demeurent annulés sans exception. Les biens et effets qui auront été soustraits, aliénés ou vendus seront, ainsi que les dommages soufferts, évalués par des commissaires que nommeront à cet effet les parties contractantes, et le prix de l'évaluation sera payé sans délai par Sa Sainteté.

Art. 7. Les dispositions du précédent article sont déclarées communes, en leur entier, aux individus de toute nation et spécialement à ceux des États du pape qui ont éprouvé les mêmes traitements pour les mêmes causes. Il est loisible à tous de rentrer et de demeurer dans les États du pape ou de s'en retirer en conservant la libre disposition de leur propriété.

Art. 8. Les territoires, églises, couvents, hôpitaux, académies, collèges, séminaires, maisons, bourses, places, fondations, rentes, créances, prestations annuelles, effets mobiliers, monuments des sciences et arts, et généralement tous objets, droits et actions quelconques, qui appartenaient à la France ou qui appartiendraient à des corporations et pays réunis ou à réunir, comme aussi les établissements et biens de même nature et autre, sur lesquels la France et lesdits corps et pays avaient ou auraient à l'avenir droit d'administration et de protection, seront restitués et remis à la République française pour les posséder, vendre et aliéner à sa volonté ou être administrés et protégés en son nom, suivant ses lois et par ses agents.

Art. 9. Le pape s'oblige à faire réintégrer, réparer et remplacer, soit en nature, soit par équivalent, au choix des agents de la République, ceux des objets spécifiés au précédent article qui auraient été détournés, dégradés, détruits ou vendus. Il s'oblige également à faire raison à la République des fruits perçus depuis le commencement de la guerre, ainsi que des non-jouissances et non valeurs, et généralement de tous dommages et intérêts.

Art. 10. L'école des arts instituée à Rome pour tous les Français sera rétablie et continuera d'être dirigée comme avant la guerre. Il en sera de même de

---

[1] Voir t. 1er. 550.

celle de Liège et de tous les autres pays réunis ou à réunir à la République française.

Art. 11. L'ambassadeur, les ministres, consuls et vice-consuls de la République et les hôtels, maisons et dépendances qu'ils occupent sont indépendants de toute puissance et souveraineté, justice civile et criminelle, dans les états de Sa Sainteté, et ne ressortissent dans tous les cas qu'au gouvernement français. Ils ont toute juridiction sur les personnes qui séjournent et demeurent dans leurs maisons, qu'elles leur soient attachées ou non.

Art. 12. Les différends de quelque espèce que ce soit qui pourront s'élever entre deux Français dans les États du pape seront jugés et terminés par l'ambassadeur ou l'agent de la République le plus à portée du défendeur.

Art. 13. Toutes les fois que des Français et des sujets du pape auront entre eux des contestations ou des procès, qui ne pourront se terminer sans la voie des tribunaux, le demandeur sera obligé de poursuivre son action par devant les juges naturels du défendeur, si la cause est purement personnelle. Les causes réelles seront portées devant le juge territorial.

Art. 14. Tout citoyen français prévenu de crime ou délit pourra être arrêté, mais la police des lieux est tenue d'avertir à l'instant l'ambassadeur ou l'agent de la République le plus à portée, lequel, après avoir pris connaissance des faits, en informera le Directoire exécutif, qui décidera si le prévenu sera jugé sur les lieux ou traduit en France, pour y être jugé suivant la nature du crime ou délit.

Art. 15. Tous les Français sans exception et tous autres individus qui seraient employés ou avoués par les agents politiques et consulaires de la République jouiront du libre exercice de leur culte sans pouvoir être recherchés ni inquiétés par quelque autorité et sous quelque prétexte que ce soit.

Art. 16. Sa Sainteté, voulant faire cesser des abus contre lesquels l'humanité et la raison réclament depuis longtemps, et cédant à l'invitation qui lui est faite au nom de la République, prend l'engagement de défendre, sous les peines les plus sévères, dans l'étendue de ses États, la dégradation du sexe masculin dans les enfants ou les adultes, et d'abolir le tribunal de l'Inquisition. Aucune personne à l'avenir ne pourra y être privée de sa liberté ou poursuivie pour ses opinions religieuses.

Art. 17. Sa Sainteté sera tenue de donner asile et des moyens de subsistance à tous les prêtres, religieux ou religieuses et ecclésiastiques français qui voudront se retirer dans ses États.

Art. 18. Le pape renonce purement et simplement à tous les droits qu'il pourrait prétendre sur la ville et territoire d'Avignon, le Comtat Venaissin et ses dépendances, et transporte, cède et abandonne lesdits droits à la République française.

Art. 19. Tous les articles, clauses et conditions du présent traité, sans exception, sont obligatoires à perpétuité, tant pour Sa Sainteté le pape Pie VI que pour tous ses successeurs ou ayants cause.

Art. 20. Conformément à l'article 6 du traité conclu à la Haye le 27 floréal de l'an III°, la paix conclue par le présent traité entre la République française et Sa Sainteté est déclarée commune à la République batave.

Art. 21. Le présent traité sera ratifié et les ratifications échangées dans quarante jours pour tout délai à compter du jour de la signature.

Approuvé les instructions, 23 thermidor an IV.

REUBELL, CARNOT, LE TOURNEUR, REVELLIÈRE-LÉPEAUX [1].

ARTICLES SÉPARÉS ET SECRETS.

Article 1er. Les conditions portées dans l'armistice du [2] seront exécutées en leur entier. Sa Sainteté s'oblige en outre de payer 300,000 livres par mois, monnaie métallique de France, à compter du 1er vendémiaire prochain, au lieu qui sera indiqué par le Directoire exécutif, jusqu'à la conclusion et ratification de la paix avec l'empereur et le roi de Naples.

Art. 2. Le pape renonce purement et simplement, pour lui et ceux qui lui succéderont, aux duchés de Castro et de Bénévent et à la terre de Ponte-Corvo, les cède et abandonne en toute propriété à la République française [3].

Art. 3. Le pape s'oblige pour lui et ceux qui lui succéderaient à ne point point prendre et à ne transporter à personne les titres de seigneurie attachés aux territoires par lui cédés ou à céder à la République.

Art. 4. Les vaisseaux de guerre ou corsaires des puissances armées contre la République ne pourront entrer et encore moins séjourner dans les ports et rades de l'État ecclésiastique.

Les vaisseaux et bâtiments de guerre et de commerce de la République entreront et séjourneront librement dans lesdits ports et rades et les commandants en seront tenus d'empêcher par la force toute agression de la part des vaisseaux et bateaux ennemis de la République. Sa Sainteté s'oblige à réparer les dommages qui résulteront du défaut de mesures suffisantes.

---

[1] Arch. nat., AF III, 394, dossier 2081.

[2] Armistice de Bologne, du 5 messidor an IV. — Voir t. II, 684, 695-696.

[3] Après ces lignes viennent dans le projet de traité que nous rapportons ici les suivantes, qui sont barrées d'un trait de plume : «Il continuera à jouir du duché de Ferrare et Ferrarais, de la ville de Bologne et province du Bolonais, pendant la présente guerre et jusqu'à ce que la République française en déclare l'indépendance ou en dispose autrement, ainsi qu'elle s'en réserve expressément le droit; auquel cas Sa Sainteté le pape s'engage déjà à présent à renoncer auxdits pays et à les remettre et céder à la République, avec les différents terrains et domaines qui en avaient été démembrés par lui ou ses prédécesseurs.» — Dans une copie du projet de traité avec le Saint-Siège qui se trouve au dossier 2081 (Arch. nat., AF III, 394), mais qui n'est signée d'aucun des membres du Directoire exécutif, ces lignes sont remplacées par les suivantes : «La République française continuera de jouir des duchés de Ferrare et Ferrarais, de la ville de Bologne, de la province du Bolonais et de ses dépendances, jusqu'à la pacification générale, à laquelle époque elle se réserve d'en disposer de la manière qu'elle jugera la plus convenable, ainsi que des différents terrains et domaines qui en auraient été démembrés par le pape ou par ses prédécesseurs; Sa Sainteté faisant dès à présent pour elle et ses successeurs au profit de la République française toutes cessions, transports et renonciations nécessaires pour cet effet.»

Art. 5. Il sera loisible à la République française de mettre garnison dans les places de Civita-Vecchia et d'Ancône pendant la présente guerre et celles qui auraient lieu à l'avenir.

Art. 6. Le pape s'oblige à faire rétablir et mettre en activité sans délai ni interruption le service de la poste aux lettres, tel qu'il existait avant la guerre actuelle.

Art. 7. En attendant qu'il soit conclu un traité de commerce entre la République française et le pape, le commerce de la République sera rétabli et maintenu dans les États de Sa Sainteté sur le pied de la nation la plus favorisée.

Tous les articles du présent traité secret sont obligatoires tant pour Sa Sainteté que pour ses successeurs.

Approuvé les instructions ci-dessus et des autres parts.

23 thermidor an IV.

REUBELL, CARNOT, REVELLIÈRE-LÉPEAUX, LE TOURNEUR [1].

SÉANCE DU 28 THERMIDOR AN IV [2]

15 AOÛT 1796.

[Le Directoire exécutif, après avoir ouï le rapport du ministre des relations extérieures, arrête ce qui suit :

Le citoyen Charles Delacroix, ministre des relations extérieures, est autorisé avec M. le baron de Reitzenstein, envoyé extraordinaire de S. A. S. le margrave de Baden, pour négocier la paix particulière avec la République française. Le Directoire donne audit ministre les pouvoirs spéciaux nécessaires à l'effet d'arrêter et signer les articles dudit traité. Il se conformera aux instructions du Directoire, auquel il rendra compte successivement des progrès et de l'issue des négociations. Le présent arrêté ne sera point imprimé. — Arch. nat., AF III, 395, dossier 2095 [3]].

[Le Directoire exécutif arrête ce qui suit :

Le citoyen Charles Delacroix, ministre des relations extérieures, est autorisé à négocier avec M. Vincent Spinola, envoyé extraordinaire de la République de Gênes [4], pour la réparation des griefs dont la Répu-

---

[1] Arch. nat., AF III, 394, dossier 2081.
[2] Arch. nat., AF III*, 4, fol. 156-159; et AF III, 3.
[3] Signé à la minute Le Tourneur, Revellière-Lépeaux, Barras, Carnot, Reubell.
[4] Voir plus haut, p. 287.

blique française a à se plaindre et sur les autres objets mentionnés dans les instructions qui lui ont été données le 22 du présent mois. Le Directoire donne audit ministre les pouvoirs nécessaires pour arrêter et signer les articles de la convention à passer sur cet objet. Il rendra compte successivement des progrès et de l'issue des négociations. Le présent arrêté ne sera point imprimé. — Arch. nat., AF III, 395, dossier 2095 [1]].

Il écrit à la Convention nationale batave pour lui accuser réception des lettres de créance par lesquelles elle rappelle le citoyen Blaw [2], son ambassadeur en France, et l'assurer des sentiments d'affection dont il est animé envers cette République [3].

Le ministre des relations extérieures communique des conventions avec la Prusse, relatives à la neutralité du nord de l'Allemagne et à la paix générale [4].

Le Directoire déclare qu'il ne communique avec les ambassadeurs que par le ministre des relations extérieures. M. Corsini [5] sera invité à remettre la lettre du Grand-Duc.

Il accorde un secours de trois mille livres, mandats, à la citoyenne Castel [6].

Il ordonne que, sur la partie de la contribution foncière de l'an IV payable en nature ou en numéraire, il sera prélevé une somme de cent mille livres par département, en numéraire, pour le quart de cette somme être réservé pour la solde des armées et le surplus être délivré aux fournisseurs et précompté sur les fonds mis à la disposition des ministres [7].

Le ministre de l'intérieur fait un rapport sur les difficultés que fait la commune d'Amiens de rembourser au Trésor public le juste prix de

---

[1] Signé à la minute Le Tourneur, Carnot, Revellière-Lépeaux, Barras, Reubell.

[2] Voir t. II, p. 610 (délibération secrète du 24 prairial an IV).

[3] Minute signée Carnot, Barras, Le Tourneur (Arch. nat., AF III, 395, dossier 2095). — Voir au même dossier la lettre par laquelle Blaw donne avis à Delacroix de la fin de sa mission en France et de sa nomination comme ministre plénipotentiaire de la République batave auprès des principales puissances d'Italie.

[4] Voir le texte de ces conventions plus loin (séance du 19 fructidor).

[5] Nerri Corsini, ministre plénipotentiaire de Toscane à Paris. — Voir t. Ier, p. 247, 511-513.

[6] C'était la femme d'un capitaine qui compte de brillants services et qui sert à la 25e demi-brigade, tandis que cette citoyenne est restée à Paris sans ressources. — Arrêté du 28 thermidor an IV, signé, Reubell, Barras, Carnot (Arch. nat., AF III, 395, dossier 2095).

[7] Arrêté du 28 thermidor an IV, signé de tous les membres du Directoire (Arch. nat., AF III, 395, dossier 2096).

neuf mille quintaux de grains qu'il lui a fait délivrer dans les mois de frimaire et de floréal derniers [1], et sur la demande qu'elle fait encore d'un secours gratuit, pour subvenir à la nourriture des indigents de cette commune.

Le Directoire charge le ministre de l'intérieur de lui présenter les moyens propres à obliger la commune d'Amiens à effectuer le payement intégral des grains fournis et passe à l'ordre du jour sur la nouvelle demande de cette commune [2].

Il écrit aux administrateurs du département du Var et au citoyen Willot, commandant à Toulon, pour les inviter à lui donner des renseignements sur la conduite incivique que sont accusés avoir tenue les membres des autorités constituées de Toulon, lors de la célébration en cette commune de la fête du 14 juillet, 10 août et 9 thermidor [3].

Il accorde un sabre au citoyen Conté, directeur de l'École aérostatique de Meudon [4].

Un messager d'État envoyé par le Conseil des Anciens dépose sur le bureau deux lois :

La première portant annulation des *élections* faites par les assemblées scissionnaires de la commune de Montauban, département du Lot [5].

La seconde met à la disposition des commissions des inspecteurs des deux Conseils la somme de trente millions en mandats, pour les dépenses du Corps législatif [6].

Le Directoire ordonne que ces deux lois seront publiées, exécutées et qu'elles seront munies du sceau de l'État; elles sont en conséquence adressées de suite à l'enregistrement, pour deux expéditions en être envoyées, sans délai, au ministre de la justice, avec l'arrêté portant

---

[1] Voir t. Ier et t. II.

[2] Arch. nat., AF III, 395, dossier 2093 (rapport du ministre de l'intérieur). Il ressort de ce rapport que la commune d'Amiens avait prétendu s'acquitter en mandats, sans tenir compte de la dépréciation de ce papier, ce qui faisait qu'elle n'avait payé qu'une très faible partie de ce qu'elle devait.

[3] Minute signée Le Tourneur, Carnot, Barras (Arch. nat., AF III, 395, dossier 2096). — Le président de l'administration municipale de Toulon, Barry, était dénoncé (par le *Courrier de Paris* ou *Chronique du jour*, numéro du 17 thermidor) d'avoir à cette fête prononcé un discours débutant en ces termes : «*Forcés de célébrer dans une fête publique l'anéantissement de la Constitution de 1793, qui avait été acceptée par le peuple, dont elle devait faire le bonheur...*» — On trouve au même dossier un rapport des membres de l'administration centrale du Var, en date du 21 fructidor, qui disculpe Barry de cette accusation et affirme qu'il a fait l'éloge de la Constitution de l'an III et «tonné hautement contre celle de 1793».

[4] Arrêté du 28 thermidor an IV, signé Carnot, Reubell, Barras (Arch. nat., AF III, 395, dossier 2096).

[5] Aujourd'hui département de Tarn-et-Garonne. — *Bull.*, II, LXIX, n° 632.

[6] *Bull.*, II, LXIX, n° 631.

ordre d'impression et de publication, dans les formes prescrites par les lois.

Un messager d'État envoyé par le Conseil des Cinq-Cents est admis et dépose sur le bureau : 1° L'acte du corps législatif portant accusation contre Jean-Baptiste Drouet, l'un des représentants du peuple, membre du Conseil des Cinq-Cents, comme ayant participé à la conspiration dénoncée par les messages des 21, 23, 25 et 26 floréal an IV[1], laquelle était dirigée contre la sûreté intérieure de la République et tendait à renverser la Constitution et anéantir les autorités par elle établies[2].

2° Le renvoi d'une pétition des déportés des colonies, tendant à obtenir des secours[3].

3° La demande faite par le Conseil des Cinq-Cents au Directoire de renseignements sur le nombre des maisons de force, de gêne et de détention qu'il convient de conserver dans toute l'étendue de la République et sur leur distribution[4].

On s'occupe du personnel des armées et on prend plusieurs arrêtés, dont les minutes sont à la section de la guerre[5].

On écrit au ministre de la guerre, pour lui faire passer une lettre du commissaire près le canton de Templeuve, département de Jemmapes,

---

[1] Voir t. II, p. 353, 362, 376, 380.

[2] Pour le texte de cet acte d'accusation, voir C. C., thermidor an IV, 464-468.

[3] C. C., thermidor an IV, 526 (séance du Conseil des Cinq-Cents du 28 thermidor). — Le Conseil demande «de quelle manière les secours accordés par la Convention nationale aux déportés des colonies ont été payés depuis l'installation du Corps législatif et la formation du Directoire», et invite le Directoire à lui faire connaître son avis sur leur requête, tendant à obtenir de nouveaux secours.

[4] Message du 29 thermidor (C. C., thermidor an IV, 493-494).

[5] Ces arrêtés, dont les minutes se trouvent dans le dossier 2095 (Arch. nat., AF III, 396), sont les suivants : 1° Arrêté signé Carnot, Reubell, Barras, accordant un congé de quatre décades au citoyen Guyon, lieutenant au 10ᵉ régiment de hussards. — 2° Arrêté signé Carnot, Reubell, Barras, suspendant de ses fonctions et de son traitement le citoyen Van Heyden, chef de brigade de la ci-devant légion germanique, jusqu'à ce que l'apurement des comptes de ce corps, dont le retard ne peut provenir que d'une «négligence coupable» de sa part, soit terminé. — 3° Arrêté signé Carnot, Reubell, Barras, par lequel : le citoyen Huché jeune, ci-devant adjudant général provisoire, est mis à la retraite, avec un brevet de chef de brigade; Jean-Baptiste Prudon, ci-devant adjudant sous-officier de la ci-devant 4ᵉ division d'artillerie dite de Valenciennes, est remis en activité dans son grade à la suite d'un corps d'infanterie, en attendant son replacement; — le citoyen Rogé, lieutenant de chasseurs (voir plus haut, séance du 13 thermidor) sera employé dans son grade de lieutenant de chasseurs à la suite d'une place. — 4° Arrêté, signé Carnot, Reubell, Barras, par lequel : le général de brigade *Dallemagne* est promu général de division ; les adjudants-généraux *Verdier* et *Vignolles* sont promus généraux de brigade; le chef de bataillon d'artillerie *Songis* est promu général de brigade; l'adjoint aux adjudants-généraux *Ballet* est promu chef de bataillon.

en date du 10 de ce mois, l'inviter à faire juger les délits qui y sont dénoncés et rendre compte au Directoire du résultat des poursuites qui seront faites[1].

On écrit neuf lettres :
Une aux représentants du peuple de la députation du département du Rhône[2];
Une au général Elie, commandant à Lyon[3];
Une au général en chef Beurnonville[4];
Une au ministre de la guerre[5];
Une au citoyen Recco, chef de bataillon[6];
Une aux citoyens Garrau et Saliceti, commissaires du Gouvernement à l'armée d'Italie[7];
Une au citoyen Marmont, aide de camp du général Bonaparte[8];
Une au citoyen Junot, aide de camp du général Bonaparte[9];

[1] Minute signée Carnot, Reubell, Barras (Arch. nat., AF III, 395, dossier 2096). — Il s'agit de fraudes et d'extorsions auxquelles ont donné lieu la levée du trentième cheval, les réquisitions de grains, foin, paille, avoine, viande, de chariots, de charretiers, etc.

[2] Minute signée Carnot, Reubell, Barras (Arch. nat., AF III, 395, dossier 2096). — Le Directoire les informe qu'il a tenu compte de la lettre par laquelle ils appellent son attention sur le passage des troupes à Lyon et sur l'observation de la discipline militaire dans la garnison de cette ville.

[3] Minute signée Carnot, Reubell, Barras (Arch. nat., AF III, 395, dossier 2096). — Le Directoire, vu les provocations mutuelles qui se sont produites à Lyon entre les troupes de passage et les jeunes gens de cette ville, l'invite à ne point accorder de séjour à Lyon aux troupes qui se rendent en Italie et à surveiller la discipline de la garnison.

[4] Minute signée Carnot, Reubell, Barras (Arch. nat., AF III, 395, dossier 2096). — Le Directoire lui accuse réception de sa lettre concernant la place de Maestricht. Il l'invite à prévenir de nouvelles dégradations et à s'occuper de l'approvisionnement des places au moyen du produit des réquisitions de la Belgique et de la Hollande. Il l'avise qu'une partie des troupes qui sont à sa disposition doivent être employées à la réduction d'Ehrenbreitstein et au blocus de Mayence. Il lui fait part des plaintes de la Prusse concernant la ligne de neutralité, qui aurait été dépassée dans le comté de Bentheim, et l'invite à vérifier le fait.

[5] Minute signée Carnot, Reubell, Barras (Arch. nat., AF III, 395, dossier 2096). — Le gouvernement appelle l'attention du ministre sur les provocations mutuelles entre les troupes qui passent à Lyon pour se rendre en Italie et les habitants de cette ville.

[6] Minute signée Carnot, Reubell, Barras (Arch. nat., AF III, 395, dossier 2096). — Le Directoire lui témoigne sa satisfaction sur la bravoure qu'il a montrée au combat de la Bocchetta et à la prise de la position de Belone.

[7] Minute signée Carnot, Reubell, Barras (Arch. nat. AF III, 395, dossier 2096). — Le Directoire recommande de nouveau aux représentants Garrau et Saliceti de faire transporter au plus tôt en France tout ce qui, en fait d'approvisionnement de bouche ou de guerre, pourra y être envoyé d'Italie et ne sera pas indispensable à l'armée.

[8] Minute signée Carnot, Reubell, Barras (Arch. nat., AF III, 395, dossier 2096). — Le Directoire lui témoigne sa satisfaction sur les services qu'il a rendus dans la journée du 18 thermidor (Castiglione).

[9] Minute signée Carnot, Reubell, Barras (Arch. nat., AF III, 395, dossier 2096). — Le Directoire lui témoigne sa satisfaction sur la bravoure qu'il a montrée au combat de Desenzano.

Et une au général en chef Bonaparte[1];
Les minutes de ces lettres sont à la section de la guerre.

[Le Directoire exécutif arrête que le général de brigade Valette, suspendu provisoirement de ses fonctions à l'armée d'Italie par le général en chef Bonaparte[2] et prévenu de lâcheté et d'avoir abandonné le poste de Castiglione qui lui était confié, sera traduit sans délai devant un conseil militaire.

Le ministre de la guerre est chargé de l'exécution du présent arrêté. — Arch. nat., AF III, 395, dossier 2096[3].]

Le Directoire exécutif au général en chef Bonaparte.

Votre lettre du 19[4] a mis, citoyen général, le comble à notre satisfaction. Il semble que la fortune n'ait placé un instant la brave armée d'Italie dans une situation critique que pour lui donner une occasion plus éclatante de déployer tout son courage et à ses chefs celle de faire usage des plus brillantes ressources du talent. Nous vous avons témoigné, dans notre dernière dépêche[5], notre opinion sur le

---

[1] Voir le texte de cette lettre plus loin à l'Appendice.

[2] Voici en quels termes Bonaparte avait rendu compte de ce fait au Directoire : «...Le 15 (thermidor)... je laissai à Castiglione le général Valette avec 1,800 hommes; il devait défendre cette position importante et par là tenir toujours la division du général Wurmser loin de moi. Cependant, le 15 au soir, le général Valette abandonna ce village avec la moitié de ses troupes seulement et vint à Montechiaro porter l'alarme, annonçant que le reste de sa troupe était prisonnière; mais, abandonnés par leur général, ces braves gens trouvèrent des ressources dans leur courage et opérèrent leur retraite sur Ponte-San-Marco. J'ai sur-le-champ, et devant sa troupe, suspendu de ses fonctions ce général, qui avait déjà montré très peu de courage à l'attaque de la Corona...» — Corr. de Napoléon Ier, I, 521. — Le général Valette fut plus tard réemployé à l'armée d'Italie, puis à l'armée de Rome.

[3] Signé à la minute Carnot, Reubell, Barras.

Outre les documents qui viennent d'être indiqués, il faut signaler trois arrêtés du 28 thermidor signés Le Tourneur, Carnot, Barras, non mentionnés au procès-verbal, dont les minutes se trouvent dans le dossier 2096 (Arch. nat., AF III, 395) et par lesquels l'autorisation de séjourner à Paris est accordée à : 1° Thomas Mitchel, né en Angleterre, venu en France pour se livrer au commerce (recommandé par Thomas Paine); — 2° Conrad Schalch et Jean-Frédéric Schalch, frères, négociants, de Schaffouse (Suisse); — 3° Jonas Keller, homme de confiance des frères Schalch.

Les dossiers 2097 et 2098, dont le contenu, comme celui des deux précédents, se rapporte à la séance du 28 thermidor, sont formés, le premier de 52 pièces relatives à des nominations de commissaires, agents et adjoints municipaux, de juges, juges de paix, assesseurs, etc., dans les départements de l'Aisne, du Calvados, de la Loire, de la Loire-Inférieure, du Pas-de-Calais, de Seine-et-Marne et de la Vendée : — le second de 84 pièces de même nature relatives au département de la Loire-Inférieure.

[4] Par laquelle il rendait compte de ses opérations depuis le 11 thermidor et notamment de la victoire de Castiglione. — Corr. de Napoléon Ier, I, 520-525.

[5] Voir plus haut, p. 332.

parti habile et audacieux que vous avez pris sans balancer de lever le siège de Mantoue, quoiqu'il fût déjà avancé, pour marcher à un ennemi redoutable par sa force et par sa position offensive. Cette combinaison profonde a ramené la victoire et la célérité de vos mouvements a rendu irréparable l'incertitude de Wurmser et la faute qu'il a faite de partager ses forces sur les côtes du lac de Garda.

Le plan que vous nous avez tracé et qui se lie avec celui qui doit diriger les opérations en Allemagne ne pouvait être conçu plus à propos, puisqu'il se trouve déjà en partie exécuté à la faveur des événements mémorables qui vous ont ouvert les gorges du Tyrol. Les débris des Autrichiens ne pourront défendre le cours de l'Inn; vous le descendrez rapidement pendant que le général Moreau leur fermera, par le prolongement de sa droite, les issues des défilés des montagnes du côté de l'Allemagne. Il serait bien important que vous pussiez correspondre directement avec ce général. D'après ses derniers rapports, il doit être arrivé avec ses principales forces sur le Danube, près Donauwert.

L'armée de Sambre-et-Meuse marche aussi de succès en succès. Le corps d'armée commandé par le général Wartensleben, qui lui est opposé, s'est, comme nous l'avions prévu dans nos dernières instructions, partagé pour couvrir la Bohême et l'Autriche, et il favorise par là l'exécution de nos ordres, d'après lesquels le général Jourdan doit se diriger sur Ratisbonne. Nous prescrivons surtout aux généraux en chef des armées agissantes en Allemagne de faire succéder aux nombreux et brillants combats qu'ils ont livrés des actions plus sérieuses, dont les résultats soient décisifs. Ce n'est que par de grandes batailles gagnées qu'ils pourront dissoudre complètement l'armée autrichienne, et, quelque habile qu'elle soit à rétrograder de position en position, nous espérons qu'en se rapprochant ils la contraindront à un engagement général, dont l'issue l'obligera à aller se rallier au loin.

Nous vous invitons à nous rendre compte si les 6,000 hommes que vous devez recevoir des neuvième et dixième divisions militaires vous sont arrivés. Nous sommes déjà instruits que les renforts partis des côtes de l'Océan vous joignent successivement.

Employez la surveillance active et la fermeté qui vous caractérisent à l'égard du versement dans l'intérieur de la République de tous les objets qui doivent y être transportés d'Italie; obligez les employés en tout genre à vous rendre vive et précise l'exécution de nos ordres sur tous les points qu'ils concernent.

Il vient de nous être rendu compte que le département des Alpes-Maritimes est infesté de barbets [1] : ces brigands, sortis du Piémont et de la rivière de Gênes,

---

[1] Les Barbets étaient des partisans, ou plutôt des brigands, qui, depuis longtemps, infestaient le département des Alpes-Maritimes et le Piémont, s'appuyant sur les vallées des Alpes, assassinant, volant les Français, troublant les communications de l'armée d'Italie. Le décret du 20 fructidor an III, qui avait établi contre eux une commission militaire, avait cessé de fonctionner. Les brigandages des Barbets, favorisés par le royalisme et par la Cour de Sardaigne, redoublèrent surtout à partir du moment où l'armée française fut compromise par l'attaque de Wurmser (en thermidor an IV). — De là, les réclamations et les mesures rigoureuses de Bonaparte, dont on trouve la trace dans ses lettres des 1er, 8, 15 fructidor, 5e jour complémentaire an IV, 1er, 3, 4, 9, 11, 26 vendémiaire an V (*Corr. de Napo-*

et grossis de déserteurs, d'émigrés et de soldats sardes licenciés, portent chaque jour de fâcheuses atteintes à la tranquillité intérieure. Délivrez, citoyen général, nos contrées méridionales de ce fléau, qui est une suite ordinaire des guerres d'Italie et qu'il devient aujourd'hui instant de réparer.

Les demandes de promotions que vous nous avez faites sont accordées déjà [1]. Le ministre de la guerre est chargé de l'exécution de l'arrêté que nous avons pris en conséquence.

L'armée des Alpes se trouve dans la plus extrême pénurie; nous vous invitons à lui faire passer les premières sommes dont vous pourrez disposer, jusqu'à la concurrence de 300,000 livres.

CARNOT, REUBELL, P. BARRAS [2].

DÉLIBÉRATION SECRÈTE DU 28 THERMIDOR AN IV [3]

15 AOÛT 1796.

CCLIII

Le Directoire exécutif, vu la résolution du Conseil des Cinq-Cents qui fixe à Vendôme la tenue de la haute-cour de justice, arrête ce qui suit :

ARTICLE 1er. Il sera pris sans délai les mesures les plus actives pour préparer dans cette commune des prisons sûres et commodes dans lesquelles chaque accusé puisse être tenu séparément jusqu'au jugement définitif.

ART. 2. Il sera également pris des mesures pour que les juges, jurés et autres fonctionnaires publics nécessaires à l'instruction du procès puissent se procurer à Vendôme des logements convenables.

ART. 3. Le local et les salles destinés à la tenue des séances de la haute-cour de justice seront sans aucun délai disposés d'une manière convenable et digne des fonctions qui doivent y être exercées.

ART. 4. Les troupes destinées à maintenir l'ordre et la sûreté à Vendôme seront au moins de mille hommes d'infanterie et de cent hommes de cavalerie; elles seront commandées par un officier général ou par un adjudant général. Il sera aussi réuni à Vendôme le nombre

---

léon Ier, I, 557, 583, 629; II, 1, 9, 11, 18, 30, 57).

[1] Voir plus haut, p. 366 (même séance).

[2] Arch. nat., AF III, 395, dossier 2096.
[3] Arch. nat., AF III*, 20, p. 72-75. — AF III*, 4, fol. 159. AF III, 42 (affaire Babeuf).

de brigades de gendarmerie nationale, tant à pied qu'à cheval, qui pourra être jugé nécessaire. Les troupes seront, autant que faire se pourra, logées dans un même édifice, à portée de ceux choisis pour le lieu des séances de la haute-cour et pour la maison d'arrêt.

Art. 5. Le nombre des troupes ci-dessus énoncé sera rendu à Vendôme, avec deux pièces de canon de campagne, le 12 fructidor au plus tard.

Art. 6. Il sera pris des mesures pour que les vivres et autres objets de consommation nécessaires à une augmentation momentanée de population dans cette commune s'y trouvent en quantité suffisante.

Art. 7. Dès à présent la police la plus exacte et la plus sévère sera établie et maintenue dans cette commune. Aucun individu non domicilié à Vendôme ne pourra y rester, y entrer, y séjourner, ni même traverser, sans se présenter à l'administration municipale pour y être enregistré et y obtenir et faire viser, s'il y a lieu, son passeport chaque fois qu'il voudra en sortir. Les domiciliés ne pourront sortir qu'après s'être munis d'un passeport.

Art. 8. Les prévenus seront transférés des maisons d'arrêt de Paris dans celles de la haute-cour dans des voitures à ce destinées. Le départ se fera au milieu de la nuit; chaque convoi ne sera que de quatre à cinq voitures au plus, chacune d'elles contenant au moins une garde. Elles seront escortées par des piquets de cavalerie et de gendarmerie disposés en relais. Il sera pris des mesures pour la subsistance des hommes et des chevaux, ainsi que pour la célérité de la marche. Aucune précaution d'ailleurs ne sera négligée pour pourvoir, autant que possible, aux divers accidents qui pourraient avoir lieu soit par le brisement d'une voiture, soit autrement.

Art. 9. Indépendamment des piquets de cavalerie disposés par relais, il sera établi des postes de cinquante hommes d'infanterie dans les communes où les convois passeront la nuit et de vingt-cinq hommes dans ceux où ils s'arrêteront dans la journée pour rafraîchir.

Art. 10. Indépendamment des troupes spécialement destinées à la sûreté immédiate de la haute-cour de justice, il en sera disposé en échelon jusqu'au quartier général de l'armée de l'intérieur, afin qu'au besoin il puisse être rapidement pris les mesures qui seraient jugées nécessaires pour la maintenir. En conséquence, le département de Loir-et-Cher, où est située la commune de Vendôme, faisant actuellement partie de la 22ᵉ division militaire territoriale, sera provisoirement compris dans l'arrondissement de l'armée de l'intérieur.

ART. 11. L'officier destiné à commander la force armée dans la commune et l'arrondissement de Vendôme se rendra sur-le-champ à son poste, ainsi que le commissaire des guerres qui devra y être chargé de la police militaire, pour y faire exécuter sous leurs (sic) dès à présent tous les préparatifs nécessaires pour l'établissement des troupes en conséquence des dispositions prescrites par cet arrêté.

ART. 12. Il sera envoyé à Vendôme un détachement de pompiers de Paris, avec deux pompes à incendie. Ce détachement sera sous les ordres de l'officier général, commandé par un officier du corps, et se rendra à Vendôme le 12 fructidor au plus tard.

ANS. 13. Les ministres de la guerre, de l'intérieur, de la police et de la justice sont chargés, chacun en ce qui le concerne, de l'exécution du présent arrêté. Ils en rendront compte par écrit au Directoire exécutif, ainsi que des mesures préparatoires qu'ils prendront successivement en conséquence.

Le présent arrêté ne sera pas imprimé [1].

SÉANCE DU 29 THERMIDOR AN IV [2]

16 AOÛT 1796.

Le Directoire adresse un message au Conseil des Cinq-Cents pour l'inviter par les plus pressantes considérations à s'occuper efficacement du soin important de restaurer les finances de la République [3].

[1] Signé à la minute Le Tourneur, Revellière-Lépeaux, Carnot, Reubell.

[2] Arch. nat., AF III*; fol. 159-162. — AF III, 3.

[3] Arch. nat., AF III, 395, dossier 2099. — «...Faites connaître à la nation entière, dit le Directoire, l'état au vrai de la situation des finances, les dettes et les créances du trésor public. — Arrêtez le tableau des dépenses fixes du gouvernement : les lois rendues à cet égard exigent un nouvel examen avant que le Directoire vous présente l'état des fonds de l'année. Le crédit public le commande. — Déclarez comme principe du régime que vous vous proposez d'établir que toute la dépense fixe et ordinaire sera prise sur le produit des contributions et qu'il y sera ajouté 1 million par mois pour les dépenses imprévues. — Déclarez qu'il sera établi des contributions indirectes pour suppléer à tout ce qui pourra manquer pour la sûreté du service; hâtez-vous de fixer et d'ordonner le prélèvement de tout ce qui est nécessaire pour le service de l'an V. — Affectez toutes les propriétés nationales en capital et produit, les domaines nationaux par conséquent, les forêts, les salines, les canaux, etc., aux dépenses de la guerre, et ensuite à l'extinc-

Il charge le ministre de l'intérieur de faire payer au chef du bureau de la comptabilité une somme de deux cent quatre-vingt-onze francs, en numéraire, qui doit être répartie à raison de trois francs par individu aux employés du Secrétariat général, pour leur tenir lieu de fournitures de bureau.

Il arrête les dispositions à faire en conséquence de la résolution qui fixe à Vendôme la tenue de la Haute-Cour de justice [1].

Il écrit aux ministres de la guerre, de l'intérieur, de la police et de la justice, en leur transmettant à chacun une expédition de l'arrêté susmentionné, pour les inviter à en remplir exactement toutes les dispositions [2].

Il invite par une lettre le ministre de la justice à faire imprimer et envoyer aux accusateurs nationaux près la Haute-Cour de justice l'acte d'accusation contre le représentant du peuple Drouet [3].

Il transmet au ministre de l'intérieur, copie du message du Conseil des Cinq-Cents, relatif aux maisons de force, de gêne et de détention [4] et le charge de lui procurer au plus tôt les renseignements demandés à cet égard par le Conseil [5].

Il adresse de même au ministre de la marine le message du Conseil des Cinq-Cents relatif aux secours demandés par les déportés des Colonies [6] et lui demande les renseignements nécessaires sur la moralité

tion de la dette publique. — Faites observer qu'au moyen de cette distinction les citoyens n'ont pas de nouvelles contributions à payer en temps de guerre et qu'en temps de paix la diminution de la dette publique réduit la dette à répartir. — Autorisez le Directoire exécutif à disposer par vente, hypothèque ou engagement des objets affectés aux dépenses de la guerre; classez dans ce nombre l'arriéré de toutes les contributions et la moitié des contributions directes de l'an iv. — Rendez la loi sur la suppression des corps religieux dans la ci-devant Belgique; ordonnez la réunion des biens qui formaient leur dotation au domaine national. — Examinez si un signe supplémentaire est nécessaire au mouvement des finances; le Directoire estime qu'il est indispensable et dès lors qu'il ne faut rien négliger pour le mettre en crédit. — Soumettez à votre discussion l'examen de la question suivante : ce signe supplémentaire doit-il être fourni par le Gouvernement ou doit-on l'attendre de la formation d'une Banque à laquelle les citoyens seront invités à prendre librement intérêt ? Si vous préférez la continuation de l'émission de papier-monnaie, ne jetez point de défaveur sur les établissements particuliers qui pourraient se former; encouragez-les au contraire; le commerce ne pourra qu'y gagner. Si vous préférez le système de la Banque, observez qu'elle n'est pas encore établie et que le public a des besoins journaliers... »

[1] Voir le texte de ces dispositions plus haut, p. 370 (délibération secrète du 28 thermidor).

[2] Minute signée Le Tourneur, Carnot, Barras (Arch. nat., AF iii, 42, *affaire Babeuf*).

[3] Minute signée Carnot, Barras, Reubell (Arch. nat., AF iii, 42, *affaire Babeuf*).

[4] Voir plus haut.

[5] Minute signée des directeurs Carnot, Barras, Reubell (Arch. nat., AF iii, 395, dossier 2099).

[6] Voir plus haut.

de ces individus et sur la manière dont leur ont été payés les secours qui leur ont été accordés par la Convention nationale, à l'effet par lui de transmettre ces renseignements au Conseil qui les demande [1].

Un messager d'État, envoyé par le Conseil des Anciens, dépose sur le bureau trois lois :

La première portant ratification du traité de paix fait avec le duc de Wurtemberg [2];

La seconde relative à l'anniversaire de la fondation de la République française, à célébrer dans toutes les communes de la République le 1er vendémiaire [3].

La troisième détermine le mode et le taux de cautionnement prescrit par l'article 222 de la loi du 3 brumaire sur les délits et les peines [4].

Le Directoire ordonne que ces trois lois seront publiées, exécutées et qu'elles seront munies du sceau de l'État; elles sont en conséquence adressées de suite à l'enregistrement, pour être envoyées, sans délai, au ministre de la justice, avec l'arrêté portant ordre d'impression et de publication dans les formes prescrites par les lois.

Sur le rapport du ministre de la police générale, le Directoire prononce la radiation définitive de la liste des émigrés des noms des citoyens : Alexandre-Joseph André; Anne-Françoise-Adélaïde Pilot-Combreux, veuve de Pilot-Dampierre; Frédéric Schoell; Pierre-Jacques Mesnard, dit Duboissy; Michel-François de Rallemont; Charles-Benoit Rémond et Marie-Françoise Gand, sa femme; Pierre-François Allard; Antoine Racine; Jean Berthélemy; Nicolas Adam; Pierre-Hervé Le Cousté; Marie-Jeanne-Antoinette Bourgeois, veuve de Nicolas-Christophe Pasquier; Marie-Anne-Jacquette-Hyacinthe Béthune, veuve Valleau, dit Durivage; Marie-Dionne Bressoncourt, femme de Louis-

---

[1] Minute signée des directeurs Carnot, Reubell, Barras (Arch. nat., AF III, 395, dossier 2100).

[2] Loi du 28 thermidor. — *Bull.*, II, LXXX, n° 738. — Sur le traité, voir plus haut, p. 295.

[3] *Bull.*, II, LXVIII, n° 617.

[4] *Bull.*, II, LXVIII, n° 618. — Cette loi, considérant l'insuffisance du cautionnement prescrit par l'article 222 du code des délits et des peines pour la mise en liberté provisoire du prévenu, lorsque le délit n'entraîne pas une peine afflictive (3,000 livres), insuffisance qui a été reconnue préjudiciable à l'État, ainsi qu'aux particuliers, porte ledit cautionnement au triple de la valeur des effets volés (le minimum étant fixé à 3,000 livres). En toute autre matière que le vol, comportant peine infamante, le cautionnement sera au minimum de 2,000 livres, au maximum de 6,000 livres. Si le délit n'emporte que peine correctionnelle, il ne pourra excéder le triple de l'amende à laquelle le délit donnera lieu, mais il sera au minimum de 1,000 livres. Les gens sans aveu et vagabonds ne pourront être mis en liberté sous caution.

Charles-François Damoiseau; Henry-François Buget; Charles-François-Marie Grimbert; Philippe-Henry Roche; Louis-Claude Préville, et Philippine-Colette-Joséphine Malet-Coupigny [1].

L'arrêté de l'administration centrale du département de la Seine, du 15 thermidor, qui déclare que Charles-Léon Guiton-Maulévrier ne peut être regardé comme émigré, est confirmé [2].

Le Directoire rejette la réclamation de Joseph-Augustin-Louis Lécrivain, département de la Manche, et ordonne qu'il sera tenu de sortir du territoire de la République dans les dix jours qui suivront la notification de l'arrêté pris à cet égard [3].

Les citoyens Fauvel et Haureau, administrateurs du département de Seine-et-Oise, sont destitués.

---

[1] Alexandre-Joseph *André* (liste des émigrés du Pas-de-Calais), demeurant à Douai; Anne-Françoise-Adélaïde *Pilot-Combreux*, veuve de *Pilot-Dampierre*, général de l'armée du Nord (liste du Loiret), — qui ont justifié de leur résidence; Frédéric *Schoell*, imprimeur à Strasbourg (liste du Bas-Rhin), n'a émigré que par suite des événements des 31 mai et 2 juin 1793 et doit bénéficier de la loi du 22 prairial an III; Pierre-Jacques *Mesnard*, dit *Duboissy* (liste de la Loire-Inférieure); Michel-François de *Rallemont*, demeurant à Rouen (liste de la Seine-Inférieure); Charles-Benoît *Rémond*, ancien capitaine au régiment d'Alsace, et Marie-Françoise *Gand*, sa femme, demeurant à Castelnoux, district de Thionville (listes de la Meuse et de la Moselle); Pierre-François *Allard*, notaire à Douai (liste du Pas-de-Calais); Antoine *Racine*, journalier-cultivateur, demeurant à Indevillers (liste du Doubs); Jean *Berthélemy*, ex-prêtre, domicilié dans la commune de Dijon (liste de la Côte-d'Or); Nicolas *Adam*, jardinier, demeurant au Plessis-Barbuise, département de l'Aube (liste de la Marne); Pierre-Hervé *Le Cousté*, ci-devant employé dans les Fermes, demeurant à Paris (liste de la Seine-Inférieure); Marie-Jeanne-Antoinette *Bourgeois*, veuve de Nicolas-Christophe *Pasquier*, domiciliée dans la commune de Crépy (liste de l'Aisne); Marie-Anne-Jacquette-Hyacinthe *Béthune*, veuve *Valleau*, dit *Durivage*, ex-noble, âgée de 87 ans, demeurant à Corps, près Fontenay-le-Peuple (liste de la Vendée); Marie-Dionne *Bressoncourt*, femme de Louis-Charles-François *Damoiseau* (émigré), rentière, domiciliée à Saint-Mihiel (liste de la Meuse); Henry-François *Buget*, homme de loi, domicilié à Bourg (liste de l'Ain); Charles-François-Marie *Grimbert*, commissaire employé pour la subsistance de la section, demeurant à Arras (liste du Pas-de-Calais); Philippe-Henry *Roche*, ex-lieutenant-colonel dans le 82ᵉ régiment d'infanterie, domicilié à Périgueux (liste de la Dordogne); Louis-Claude *Fréville* (liste de l'Indre); Philippine-Colette-Joséphine *Malet-Coupigny*, ci-devant noble, de la commune d'Arras (liste du Pas-de-Calais), — qui ont justifié de leur résidence. — Arrêtés du 29 thermidor an IV, signés les uns Carnot, Revellière-Lépeaux, Barras, les autres Le Tourneur, Revellière-Lépeaux, Barras (Arch. nat., AF III, 395, dossiers 2099, 2100).

[2] Arrêté du 29 thermidor an IV, signé Le Tourneur, Revellière-Lépeaux, Barras (Arch. nat., AF III, 395, dossier 2100). — Maulévrier, déchargé de l'acte d'accusation dirigé contre lui comme étant un des chefs de la conspiration de vendémiaire, a justifié de sa résidence et de plus n'est porté sur aucune liste d'émigrés.

[3] Arrêté du 29 thermidor an IV, signé Carnot, Barras, Revellière-Lépeaux (Arch. nat., AF III, 395, dossier 2100). — Lécrivain, prêtre, domicilié dans la commune de Saint-Sauveur-le-Vicomte (Manche), inscrit sur la liste des émigrés de la Manche, n'avait réclamé que postérieurement à la loi du 26 floréal an III, ne pouvait invoquer celle du 4ᵉ jour complémentaire suivant et n'avait pas suffisamment justifié de sa résidence.

Le Directoire rapporte son arrêté du 27 prairial dernier [1], qui accordait des rations de vivres aux agents et employés de l'École polytechnique [2].

Conformément à l'arrêté du Directoire du 1er prairial an IV, les ministres de l'intérieur, des finances, de la guerre, des relations extérieures et de la justice soumettent à l'approbation du Directoire les dépenses à ordonnancer par eux présentement. Le Directoire approuve ces dépenses et remet un double desdits états à chacun des ministres qui les ont présentés.

Le ministre de l'intérieur présente à la signature du Directoire trois expéditions de brevets de pensions.

On s'occupe du personnel des armées et on prend plusieurs arrêtés, dont les minutes sont à la section de la guerre [3].

---

[1] Cet arrêté est du 24 prairial (voir t. II, 606).

[2] Arrêté du 29 thermidor an IV, signé Carnot, Le Tourneur, Barras (Arch. nat., AF III, 395, dossier 2099). — Cet arrêté porte que pour le mois de thermidor leur salaires, tels qu'ils ont été proposés dans l'état du 6 germinal an IV, seront acquittés suivant le mode prescrit par la loi du 18 thermidor (voir plus haut, p. 270) et qu'en conséquence la moitié leur en sera payée en blé calculé à 10 francs le quintal ou en valeur équivalente.

[3] On trouve au dossier 2100 (Arch. nat., AF III, 395) trois arrêtés, signés Le Tourneur, Carnot, Revellière-Lépeaux, relatifs au personnel des armées. — Par le premier : Paulin *Rousseau*, capitaine aide de camp du général Beurnonville, est promu au grade de chef d'escadron de hussards; la promotion de *Rapatel*, aide de camp du général Sainte-Suzanne, au grade de capitaine d'infanterie à dater du 1er août 1793, est confirmée; la promotion de *Lauzer*, aide de camp du général Romaud, est confirmée pour prendre rang à dater du 5 thermidor an IV; le général de division *Dufour* est envoyé à l'armée de Rhin-et-Moselle et remplacé provisoirement dans le commandement de la 6e division militaire par le général de brigade qui y est employé; *Machemin*, lieutenant au 4e bataillon des tirailleurs, est nommé à l'adjudance de place de Seyne-et-Saint-Vincent; la nomination de *Ferraris* au commandement de la place d'Ath est confirmée pour le temps de la guerre; la nomination de *Sciard* au commandement provisoire de Senlis est confirmée; *Mouter*, adjudant sous-officier au régiment de chasseurs de la Côte-d'Or, est promu au grade de sous-lieutenant; *Rigaud*, chef d'escadron au 10e régiment de chasseurs, est promu chef de brigade à la suite de ce régiment; *Col*, premier chef d'escadron au 16e régiment de chasseurs, est nommé chef de brigade de ce régiment. — Par le second : *Devilliers*, adjudant-major dans la 25e demi-brigade, est nommé chef de bataillon; *Conroux*, capitaine aide de camp du général Bernadotte, est nommé chef de bataillon; *Maison*, capitaine adjoint à l'état-major, est nommé chef de bataillon; *Maurin*, sous-lieutenant adjoint à l'état-major, est nommé lieutenant; *Vampierre*, maréchal des logis chef au 11e régiment de chasseurs, est nommé sous-lieutenant; *Prudhomme*, capitaine au 1er régiment de chasseurs, est nommé chef d'escadron; *Montbrun*, sous-lieutenant au 1er régiment de chasseurs et aide de camp du général Richepanse, est nommé lieutenant. — Par le troisième, le citoyen *Pescher*, capitaine à la suite du 4e bataillon de la ci-devant légion de police (déjà destitué comme soupçonné de babouvisme, puis replacé), est destitué, sur le rapport du général Hatry, pour avoir quitté le poste qu'il commandait à l'abbaye de Saint-Germain (il est soupçonné d'avoir livré le mot d'ordre à des malveil-

A

LE DIRECTOIRE EXÉCUTIF AU GÉNÉRAL EN CHEF JOURDAN,
COMMANDANT L'ARMÉE DE SAMBRE-ET-MEUSE.

Vous avez vu, citoyen général, par la lettre que nous avons écrite au général Kléber pendant votre absence de l'armée et par la dernière dépêche que nous vous avons adressée depuis que vous en avez repris le commandement, l'intention formelle et réfléchie où nous sommes que l'armée de Sambre-et-Meuse ne se borne plus à livrer des combats partiels qui, quoique heureux, ne remplissent pas le

lants qui se proposaient de s'y rendre pour délivrer les prisonniers).

On trouve encore dans le dossier 2100 (Arch. nat., AF III, 395) les minutes d'un certain nombre de lettres du Directoire, du 29 thermidor, non mentionnées au procès-verbal de la séance de ce jour, et relatives aux armées, savoir : 1° six lettres du Directoire (signées Carnot, Reubell, Barras) au général Jourdan : par la première le Directoire lui accuse réception de la nouvelle de la capitulation du fort de Kœnigstein; il espère apprendre bientôt que ce fort a été rasé; — par la seconde il l'informe qu'il examinera la proposition transmise par le général de rendre la Lahn navigable; — par la troisième il lui annonce qu'en faveur de l'heureuse intelligence qui existe avec la Prusse, il révoque les ordres qu'il avait donnés concernant le prince de Hohenlohe; il l'invite en conséquence à éviter de passer sur les terres de ce prince; — par la quatrième, il lui annonce la confirmation des nominations faites à l'armée en faveur de quelques officiers (voir plus haut, p. 376); il l'invite à recommander aux généraux qui sont sous ses ordres d'être sobres de ces sortes de nominations; — par la cinquième, il l'informe que son intention est que, sans égard pour des réclamations quelconques, il s'empare en arrivant à Ratisbonne des registres de la diète germanique, à laquelle il ne peut accorder la neutralité qu'elle a demandée, et de tout ce qui peut être de quelque intérêt pour la République; — quant à la sixième on en trouvera le texte plus loin à l'Appendice.
2° Deux lettres, signées Carnot, Reubell, Barras, au général Moreau (voir le texte de ces lettres plus loin à l'Appendice). — 3° Deux lettres, signées Carnot, Reubell, Barras, au citoyen Joubert, commissaire du gouvernement près l'armée de Sambre-et-Meuse. Par la première, le Directoire lui accuse réception de l'état des bouches à feu et munitions trouvées à Wurtzbourg. Il l'invite, aussitôt que la ville de Ratisbonne sera occupée par les troupes de la République, à faire dans la bibliothèque de Saint-Emerand la recherche d'un manuscrit antique, qui fut volé autrefois à l'abbaye de Saint-Denis («Il ne comprend que des psaumes et des prières, mais il remonte, dit-on, au v° ou vi° siècle et on a imprimé à Ratisbonne un petit in-4° uniquement consacré à sa description»); — par la seconde, le Directoire annonce à Joubert que l'ordre a été donné de faire passer à l'armée de Sambre-et-Meuse six commissaires des guerres de celle du Nord; il l'invite à veiller à l'économie des subsistances, à faire passer sur la rive gauche du Rhin celles qui ne seraient pas nécessaires à l'armée; il écarte la demande des députés de Francfort concernant un dégrèvement dans les contributions, dont il invite Joubert à hâter le recouvrement; il lui annonce l'envoi prochain d'articles vétérinaires pour arrêter les progrès de l'épizootie qui s'est manifestée dans l'armée. — 4° Lettre signée Carnot, Reubell, Barras, au général Bonnet, commandant dans le département de l'Aveyron : le Directoire l'autorise à recevoir la soumission des «individus connus sous le nom de chouans» qui veulent rentrer sous les lois de la République, à leur appliquer les mêmes mesures qui ont été adoptées dans les départements de l'Ouest, et à faire déporter les émigrés qui se trouveraient parmi eux. — 5° Lettre signée Carnot, Reubell, Barras, au citoyen Talot, représentant du peuple : le Directoire l'invite à lui faire connaître les coupables de dilapidation qui lui ont été dénoncés (armée de Sambre-et-Meuse), afin de les faire punir.

but de la guerre, celui de dissoudre les forces de l'Autriche. Soyez convaincu, citoyen général, que vous n'y parviendrez qu'en engageant des affaires générales, dont l'issue peut seule être décisive, et dès lors, fort de cette persuasion et de la volonté du gouvernement, mettez tout en œuvre, employez toutes les ressources du talent pour ouvrir un champ plus vaste à la bravoure républicaine. C'est en exécutant les mêmes ordres que nous vous donnons ici que l'armée d'Italie, en se mesurant en bataille rangée avec l'armée impériale qui lui est opposée, l'a réduite à ne pouvoir plus tenir campagne devant elle, malgré la supériorité du nombre qu'elle avait, avantage qui est en votre faveur.

Il n'est pas à présumer que le général de Wartensleben se retire avec toutes ses troupes dans la Bohême. Il est plus vraisemblable qu'il ira rejoindre avec une grande partie de ses forces le prince Charles sur le Danube, ainsi que le général Kléber l'a déjà mandé. Dans l'une ou l'autre supposition il n'y a pas un instant à perdre pour marcher à lui, le battre et le forcer à rassembler au loin ses débris. Vous dirigeant alors avec rapidité sur Ratisbonne, vous opérerez de concert avec le général Moreau les mêmes entreprises contre le prince Charles, qui ne pourra résister à vos efforts combinés.

Vous connaissez nos intentions à l'égard du fort d'Ehrenbreitstein. Quant à Mayence, si vous jugez le bombardement de cette place impraticable en ce moment, vous pouvez attendre pour l'entreprendre avec plus de sécurité la chute d'Ehrenbreitstein.

Nous nous proposons de prendre des mesures applicables aux deux armées qui agissent en Allemagne, quant au supplément de solde en numéraire. En employant des troupes de l'armée du Nord, il devient nécessaire que vous recommandiez fortement aux chefs et officiers de tout grade les plus sévères précautions pour maintenir une bonne harmonie entre elles et celles qui ont une solde différente.

CARNOT, REUBELL, P. BARRAS [1].

B

Le Directoire exécutif au général en chef Moreau,
commandant l'armée de Rhin-et-Moselle.

Nous vous avons tracé, citoyen général, le plan d'opérations qui vous reste à suivre et les derniers événements de l'Italie nous confirment encore davantage dans nos premières intentions. Le général ennemi Wurmser étant réduit à la moitié des forces avec lesquelles il a vainement essayé de reprendre l'offensive et ne pouvant plus tenir campagne qu'en fuyant devant l'armée victorieuse qui le poursuit, il devient plus instant que votre droite s'avance sur l'Inn jusqu'à Inspruck et jusqu'à Brixen, où elle se liera avec la gauche de l'armée d'Italie.

Vous ne perdrez donc pas un instant pour porter un corps de 15,000 hommes dans cette direction, afin d'intercepter, s'il est possible, tout moyen de retraite à

[1] Arch. nat., AF III, 395, dossier 2100.

Wurmser et empêcher qu'il ne communique avec le prince Charles. Pendant ce temps l'armée de Sambre-et-Meuse marchera sur Ratisbonne et ses efforts, combinés avec ceux de l'armée que vous commandez, doivent incessamment porter les derniers coups aux Impériaux, qu'il ne faut pas se borner à harceler, mais qu'il faut attirer dans des affaires plus sérieuses et vaincre en bataille rangée. Il est sans doute à présumer qu'ils chercheront à éviter un engagement général, afin de fatiguer l'activité des armées républicaines et d'affaiblir en temporisant l'influence de vos victoires et d'épargner à l'Autriche le sort d'une affaire générale dont les suites pourraient faire trembler Vienne. Mais c'est à vous à rompre ce système d'opérations dont la lenteur nous serait funeste, à triompher de l'incertitude même des ennemis et à mettre dans vos mouvements tant d'audace, de célérité et de précision qu'ils ne puissent refuser la bataille que vous leur présenterez et dont l'issue ne peut que nous être favorable.

Tels sont, citoyen général, les succès nouveaux auxquels vous devez prétendre et tels sont les ordres positifs que nous vous donnons pour les obtenir. Vous avez pour vous les plus puissants mobiles de la victoire, la confiance que donne la supériorité, le zèle et le talent des chefs qui vous seconderont et une bravoure républicaine de la part des troupes.

CARNOT, REUBELL, P. BARRAS [1].

C

LE DIRECTOIRE EXÉCUTIF AU GÉNÉRAL MOREAU,
COMMANDANT EN CHEF L'ARMÉE DE RHIN-ET-MOSELLE.

Les manufactures de soie établies à Constance, citoyen général, ont toujours porté un très grand préjudice à celles de Lyon par l'avantage qu'elles tirent de leur position, et aujourd'hui les effets de la rivalité pour cette branche de commerce se font sentir d'une manière beaucoup plus marquée que dans les temps antérieurs. Plusieurs lyonnais se sont réfugiés à Constance pendant les temps désastreux du terrorisme. Ils y ont apporté la perfection du goût qui leur est propre et pouvaient l'y perpétuer en formant des élèves. Il est à craindre qu'une plus longue résidence de ces artistes français sur un territoire étranger qui communique au cœur de l'Allemagne n'habitue d'une part les gens du pays à une industrie à laquelle ils n'étaient pas encore parvenus et de l'autre les consommateurs des contrées voisines à ne plus recourir aux manufactures de Lyon pour tous les objets de luxe et d'élégance qui les rendent nos tributaires. Dans cet état de choses qui, s'il était durable, amènerait sensiblement la décroissance et peut-être la chute entière du commerce de Lyon, le Directoire exécutif a jugé indispensable d'employer les moyens que lui donne le droit de la guerre pour rappeler dans leur patrie les fabricants lyonnais réfugiés à Constance, en privant momentanément cette ville des ressources qu'elle fournit à l'exercice de leurs talents.

En conséquence, le Directoire exécutif vous charge, citoyen général, de com-

---

[1] Arch. nat., AF III, 395, dossier 2100.

mettre quelques personnes versées dans l'art des manufactures à l'effet : 1° de faire enlever de la ville de Constance et transporter en France toutes les machines dont la perfection du travail peut mériter la conservation; 2° de faire détruire toutes les autres; 3° de faire détruire également tous les établissements soit en maçonnerie, soit en hydraulique et en mécanique qui peuvent avoir été construits pour l'usage desdites manufactures de soieries ou autres analogues à l'industrie lyonnaise. Ce préalable rempli, le Directoire exécutif examinera s'il y a lieu ou non à indemniser les habitants de Constance, moyennant un dégrèvement sur les contributions qu'ils doivent supporter comme associés à la coalition formée contre la République française.

CARNOT, REUBELL, P. BARRAS [1].

DÉLIBÉRATION SECRÈTE DU 29 THERMIDOR AN IV [2]

16 AOÛT 1796.

CCL

Le Directoire exécutif arrête que, sur les fonds décrétés pour les dépenses ordinaires, extraordinaires et secrètes du Directoire, il sera remis dix millions au ministre des finances pour soutenir le crédit des mandats.

Cette somme sera ordonnancée en la forme ordinaire par le ministre de l'intérieur [3].

SÉANCE DU 30 THERMIDOR AN IV [4]

17 AOÛT 1796.

Le Directoire, sur les attestations qui lui sont fournies de la moralité et du patriotisme du citoyen Salzner, réfugié mayençais, ordonne qu'il jouira des secours journaliers accordés aux autres Mayençais réfugiés, et qu'il lui sera délivré en outre, à dater du 15 thermidor, la somme de trois cents livres par mois [5].

---

[1] Arch. nat., AF III, 395, dossier 2100.
[2] Arch. nat., AF III*, 20, p. 72. — Arch. nat., AF III, 395, dossier 2100.
[3] Signé à la minute : Carnot, Le Tourneur, Barras.
[4] Arch. nat., AF III*, 4, fol. 162-163. — AF III, 3.
[5] Arrêté du 30 thermidor an IV, signé Reubell, Carnot, Revellière-Lépeaux (Arch. nat., AF III, 395, dossier 2101). — Il ressort

Le ministre de la guerre [1] fait un rapport sur les événements qui se sont passés à Saint-Domingue dans le courant du mois de pluviôse dernier [2] sur la bonne conduite des commissaires du gouvernement dans cette colonie et sur leurs succès dus particulièrement à la fidélité et à la bravoure du citoyen Toussaint-Louverture, nommé par eux général de division, et des citoyens Pierre Michel, Pajeot, Léveillé et Pierrot, promus par eux au grade de généraux de brigade.

[Le Directoire exécutif, après avoir entendu le rapport du ministre de la marine et des colonies,

Arrête ce qui suit :

ARTICLE 1er. L'arrêté des agents du Directoire à Saint-Domingue qui nomme le citoyen *Toussaint-Louverture* [3] général de division est confirmé. Les deux enfants de cet officier seront envoyés en France pour y recevoir l'instruction et l'éducation aux frais du gouvernement.

Il lui sera envoyé un sabre et une paire de pistolets de la manufacture nationale de Versailles.

ART. 2. Les autres arrêtés des agents particuliers, par lesquels les citoyens *Pierre Michel*, *Pujeot*, *l'Eveillé* et *Pierrot* ont été promus au grade de général de brigade, sont pareillement confirmés.

---

d'une note du 28 thermidor, signée *Dorsch*, *traducteur aux relations extérieures*, qu'attaché à l'armée française sous Custine comme marchand de vins et de vivres, Salzner avait été, après la reddition de Mayence en 1793, pillé, maltraité et mis en prison à Kœnigstein, d'où il n'avait été délivré que deux ans plus tard par les Français.

[1] C'est une erreur, le rapport est du ministre de la marine, Truguet.

[2] Voir ce rapport, très détaillé, Arch. nat., AF III, 395, dossier 2101. — Ce n'est pas en pluviôse, c'est le 30 ventôse qu'avait eu lieu l'échauffourée du Cap, provoquée par le mulâtre Villatte, général de brigade, qui, commandant en cette ville, avait essayé de s'emparer du commandement général et fait emprisonner le général Laveaux, gouverneur général de Saint-Domingue, ainsi que l'ordonnateur civil de cette colonie. Plusieurs colonels nègres, Michel, Léveillé, s'étaient presque aussitôt déclarés pour les prisonniers et les avaient délivrés. Un autre nègre, Toussaint-Louverture, général de brigade, qui commandait aux Gonaïves, n'avait pas tardé à marcher sur le Cap, où il était entré, faisant grand étalage de son zèle pour la France, et où Laveaux l'avait associé à son gouvernement comme lieutenant-général. Les commissaires envoyés à Saint-Domingue par le Directoire (le 6 pluviôse, — voir t. Ier, 484) [Santhonax, Leblanc, Raymond, Giraut et Roume-Saint-Laurent] y étaient arrivés le 11 mai et leur confiance avait encore valu à Toussaint-Louverture de nouveaux honneurs.

[3] TOUSSAINT-LOUVERTURE, né à Saint-Domingue en 1743, avait été longtemps esclave, puis avait pris part, sous Jean-François et Biassou, à l'insurrection des noirs à partir de 1791. Emprisonné par Jean-François, puis délivré par Biassou (1793), il avait eu de grands succès contre les Français, était ensuite devenu colonel dans l'armée espagnole dominicaine qui s'était jointe aux noirs pour combattre la République française, mais avait fini par céder aux propositions des commissaires de la Convention, Santhonax et Polverel, qui l'avaient fait nommer général de brigade. Devenu général de division en 1796, il n'aspira plus qu'à se rendre maître de la colonie ; et il ne devait pas tarder à y réussir.

Les quatre généraux de brigade dénommés dans le précédent article recevront chacun un sabre de la manufacture nationale de Versailles.

Art. 3. Les citoyens *Villatte*[1] et autres co-accusés, déportés de Saint-Domingue comme prévenus d'être les auteurs, fauteurs ou complices de la révolte qui a eu lieu au Cap le 30 ventôse dernier, seront mis en arrestation dans le port où ils débarqueront.

Art. 4. Il sera établi dans le port un conseil de guerre, qui sera chargé de les juger conformément aux lois, eux et ceux de leurs complices présumés, dénommés dans l'arrêté des agents particuliers en date du 26 prairial dernier.

Art. 5. Le ministre de la marine et des colonies, chargé de l'exécution du présent arrêté, fera remettre au Conseil de guerre toutes les pièces qu'il a reçues de Saint-Domingue, relativement aux crimes commis le 30 ventôse et jours suivants. — Arch. nat., AF III, 395, dossier 2101 [2]].

Un messager d'État, envoyé par le Conseil des Anciens, dépose sur le bureau deux lois :

La première relative au paiement de ce qui reste de l'emprunt forcé[3];

La seconde concernant les co-propriétaires des biens *indivis* avec les émigrés[4];

---

[1] Villatte, mandé au Cap par Santhonax pour rendre compte de sa conduite, avait été l'objet d'une manifestation sympathique dans cette ville, où il jouissait, près de la population nègre, d'une certaine popularité.

[2] Signé à la minute : Le Tourneur, Revellière-Lépeaux, Carnot.

[3] *Bull.*, II, LXVIII, n° 619. — Il ne sera plus reçu de demandes en décharge ou réduction après la publication de cette loi. Il n'y aura pas de réductions de plus d'un quart, sauf dans les départements de l'Ouest, où elles pourront s'élever à la moitié. Les sommes dues seront payées en mandats, promesses de mandats au cours, en numéraire, en matières d'or ou d'argent ou en grains; les prêteurs qui s'acquitteront en totalité dans la décade de la publication de la loi jouiront d'une remise de 30 p. 100, qui sera réduite à 20 dans la seconde décade et à 10 dans la troisième. Les quittances d'emprunt forcé seront reçues en payement des contributions par coupons annuels d'une division, déduction faite de la remise. Les assignats de 100 francs et au-dessous seront reçus au trentième des mandats au cours, etc., etc.

[4] *Bull.*, II, LXVIII, n° 620. — Cette loi porte (art. 1ᵉʳ) que «la disposition de l'article 96 de la loi du 1ᵉʳ floréal an III qui prive du droit de partager *en nature* les co-propriétaires de biens indivis avec des émigrés qui n'auraient pas, dans la forme et dans les délais prescrits par ladite loi, justifié de leurs qualités et de leurs titres de propriété dans chacun des districts de la situation des biens, et ne leur réserve qu'une portion dans le prix desdits biens, qui, dans ce cas, doivent être vendus en totalité, n'est point applicable à ceux desdits co-propriétaires qui, avant l'existence de la loi précitée, avaient fait les justifications dont il s'agit à l'administration du département ou

Le Directoire ordonne que ces deux lois seront publiées, exécutées et qu'elles seront munies du sceau de l'État. Elles sont, en conséquence, adressées de suite à l'enregistrement, pour deux expéditions être envoyées, sans délai, au ministre de la justice, avec l'arrêté portant ordre d'impression et de publication dans les formes prescrites par les lois.

SÉANCE DU 1er FRUCTIDOR AN IV [1]

18 AOÛT 1796.

Le Directoire adresse au Conseil des Cinq-Cents trois messages :

Le premier, pour lui donner avis que le représentant du peuple Drouet, mis en état d'arrestation par le Corps législatif et détenu à l'abbaye, s'est évadé furtivement de cette prison hier, au soir [2].

---

du district dans l'étendue duquel les successions auxquelles ils ont droit ont été ouvertes, ou à celle du dernier domicile de l'émigré.» L'article 2 ajoute que «si les biens sont déjà vendus, ils n'auront que la portion à eux afférente dans le prix de la vente.»

Le dossier 2101, dont le contenu se rapporte à la séance du 30 thermidor, se termine par seize pièces relatives à des nominations de commissaires du pouvoir exécutif, de juges et de suppléants de juges dans les départements du Loiret, de la Moselle et de Saône-et-Loire.

Outre les pièces qui viennent d'être indiquées, on trouve dans le dossier 2101 la minute (signée Revellière-Lepeaux, Carnot, Reubell) d'un arrêté du 30 thermidor, non mentionné au procès-verbal, par lequel le Directoire, en vertu de la loi du 21 floréal, autorise Guillaume Barré, Suédois, envoyé par le ministre plénipotentiaire de France à Copenhague («pour objet intéressant le gouvernement», lit-on dans une lettre de lui et dans une note du ministre des relations extérieures, jointes au dossier), à séjourner à Paris jusqu'au 1er vendémiaire.

[1] Arch. nat., AF III*, 4, fol. 164-166. — AF III, 3.

[2] Message lu à la séance du 1er fructidor (C. C., fructidor an IV, 30-31). — Dans les *Mémoires* de Barras (I, 178) cette évasion est rapportée non à la date du 30, mais à celle du 29 thermidor. — Drouet devait être conduit à Vendôme le 10 fructidor. — Cette évasion donna lieu à bien des propos et notamment au soupçon qu'il n'y avait pas seulement en cette affaire négligence et corruption des gardiens, mais que Barras, connu comme ami de Drouet, n'y était pas étranger. «Chez Velloni, au Palais-Égalité, où se rassemblent pour le déjeuner les jeunes gens, les agréables et les filles, le sarcasme volait de bouche en bouche. «Voulez-vous savoir où «est Drouet? Allez chez Barras. C'est une «affaire convenue et Drouet n'a pas eu de «grands efforts à faire pour s'évader.» (Rapports de police du 1er fructidor, dans *Paris pendant la réaction thermidorienne et sous le Directoire*, III, 398). — S'il faut en croire Barras, le Directoire lui-même n'aurait pas vu avec peine cette évasion. Aussitôt après l'avoir mentionnée dans son journal, il ajoute : «Letourneur est désolé de voir échapper sa proie. Il pense qu'il faut faire une enquête sur l'évasion de Drouet. Le Directoire est loin de vouloir donner suite à cette affaire; nous sommes heureux que la représentation nationale ne perde point son intégrité. Je déclare hautement que c'est là toute mon opinion, lors même qu'elle pourrait me valoir le soupçon d'avoir favorisé l'évasion de Drouet.» (*Mém.* de Barras, II, 178-179.)

Le second, pour lui rendre compte de l'état de situation des ventes des domaines nationaux [1].

Le troisième, pour l'inviter à prendre des mesures efficaces pour réprimer les délits maritimes [2].

Il ordonne qu'il sera remboursé au citoyen Noël, ministre plénipotentiaire de la République à la Haye, neuf cents florins de Hollande, qu'il a avancés pour la célébration de la fête qu'il a donnée, à l'occasion de l'entrée des Français en Hollande et pour celle des victoires [3].

Il charge l'ambassadeur de la République française en Suisse [4] de notifier aux cantons que tout prêtre catholique [5] qui sera trouvé dans les communes de la République limitrophes de la Suisse sera regardé comme espion et traité comme tel [6].

Il ordonne au ministre des relations extérieures de notifier à M. de Revel [7] que son intention est qu'il se retire sans délai et sans attendre son successeur [8].

Il accorde au citoyen Bourville, vice-consul à Latakich, en Syrie, une indemnité de deux mille livres, valeur métallique, en considération des pertes qu'il a essuyées, par l'effet du tremblement de terre arrivé [9] en cette ville [10].

Il autorise le même ministre à faire payer une somme de soixante livres, en numéraire, au citoyen Thurl, chargé de conduire des prison-

---

[1] Message lu à la séance du 3 fructidor (C. C., fructidor an IV, 64-67). D'après les états fournis par 81 départements, on constate, à la date du 29 thermidor, les résultats suivants : 1° 178,643 soumissions; 2° 429,044,379 fr. 40 centimes en consignations; 3° 27,642 ventes consommées; 4° 273,258,203 fr. 96 centimes pour le montant du prix de ces ventes; 5° 250,163,548 fr. 45 centimes en sommes payées à compte; 6° 2,087 déchéances; 7° enfin 3.966,328 fr. 90 centimes en sommes restituées aux soumissionnaires déchus.

[2] Message lu à la séance du 1er fructidor (C. C., fructidor an IV, 31-32). Il s'agit des délits maritimes, c'est-à-dire des actes de désertion, d'insubordination et de vol qui ont lieu sur nos escadres et dans nos arsenaux, et qui restent trop souvent impunis, par suite de la composition du jury, qui absout presque tous les accusés. Le Directoire propose : 1° d'appliquer les lois concernant les conseils militaires à ces délits; 2° de leur rendre communes les lois portées contre les militaires coupables de pareils délits; 3° d'établir des cours martiales dans les ports secondaires.

[3] Arrêté du 1er fructidor an IV, signé Revellière-Lépeaux, Barras, Reubell (Arch. nat., AF III, 396, dossier 2102).

[4] Barthélemy.

[5] C'est-à-dire tout prêtre catholique suisse.

[6] Arrêté du 1er fructidor an IV, signé Revellière-Lépeaux, Barras, Reubell (Arch. nat., AF III, 396, dossier 2102).

[7] Ministre plénipotentiaire de Sardaigne.

[8] Arrêté du 1er fructidor an IV, signé Le Tourneur, Revellière-Lépeaux, Reubell (Arch. nat., AF III, 396, dossier 2102).

[9] Le 16 floréal dernier.

[10] Arrêté du 1er fructidor an IV, signé Le Tourneur, Revellière-Lépeaux, Barras, Reubell (Arch. nat., AF III, 396, dossier 2102).

niers de guerre irlandais, qui seront traités comme les défenseurs de la patrie non élevés en grade [1].

[Le Directoire exécutif, ouï le rapport du ministre des relations extérieures, arrête ce qui suit :

Les citoyens Garrau et Saliceti, commissaires du Directoire exécutif près l'armée d'Italie, sont spécialement autorisés à traiter avec le pape Pie VI pour la réparation des griefs de toute espèce que la République a à lui reprocher; à arrêter et signer avec le ministre plénipotentiaire de Sa Sainteté le traité de paix, en se conformant textuellement aux articles que le Directoire leur envoie. Le traité, signé par le plénipotentiaire, ayant été ratifié par le pape dans le délai que prescrit l'arrêté du 28 thermidor [2], sera envoyé sur-le-champ au Directoire pour être approuvé et ratifié. — Arch. nat., AF III, 396, dossier 2102 [3].]

Le congé accordé au citoyen Desforges, octogénaire, employé dans les bureaux du Directoire, en qualité de bibliothécaire adjoint, est prolongé de trois mois [4].

Le Directoire proclame le cours des mandats, pour les cinq derniers jours de thermidor, à deux livres seize sous six deniers pour cent livres en mandats [5].

Un secours extraordinaire de douze cents francs, en numéraire, est accordé au citoyen Bourgagna, ouvrier sans fortune, qui a été, le 23 du mois dernier, blessé grièvement ainsi que sa femme, à la fête commémorative du 10 août [6].

Sont rayés de la liste des émigrés les noms de Marguerite Chapelle, veuve de Charles-Louis Boissac [7]; Nicolas Mazeilly [8];

---

[1] Arrêté du 1er fructidor an IV, signé Le Tourneur, Revellière-Lépeaux, Reubell, Barras (Arch. nat., AF III, 396, dossier 2102).

[2] Voir p. 349, 358 (séance du 27 thermidor).

[3] Signé à la minute, Reubell, Barras, Revellière-Lépeaux. — Voir plus haut, p. 349, 358 (séance du 27 thermidor).

[4] Arrêté du 1er fructidor an IV, signé Carnot, Reubell, Barras (Arch. nat., AF III, 396, dossier 2102).

[5] Arrêté du 1er fructidor an IV, signé Revellière-Lépeaux, Le Tourneur, Carnot (Arch. nat., AF III, 396, dossier 2102). — La minute de l'arrêté porte seulement 2 livres 6 sols.

[6] Arrêté du 1er fructidor an IV, signé Le Tourneur, Revellière-Lépeaux, Carnot, Reubell (Arch. nat., AF III, 396, dossier 2102).

[7] Marguerite *Chapelle*, veuve *Boissac*, vivant de son bien, habitant la commune de Chalier (Rhône), inscrite sur la liste des émigrés du département du Rhône, qui a justifié de sa résidence. — Arrêté du 1er fructidor an IV, signé Carnot, Le Tourneur, Reubell (Arch. nat., AF III, 397, dossier 2102).

[8] Nicolas *Mazeilly*, notaire public à Pont-sur-Seine (Aube), inscrit sur la liste des émigrés du département de la Marne, qui a justifié de sa résidence (Arch. nat., AF III, 396, dossier 2102).

Antoinette-Louise Morizot, femme de Henri-Jean-Baptiste Bousmard [1]; Claude-Marie Besson [2]; Reine Larcher, femme Baudot [3]; Jean-François-Xavier Adam [4]; Emmanuel Dequen [5]; Louis Bézin, père [6]; Jean-Guillaume-Pierre-Noël Le Courtois, dit Mautamy [7]; Séverin-Balthazard Cornu [8]; Marie-Françoise Lagrange-Floirac, femme de Bouy-Lavergue [9].

Le Directoire rejette la réclamation de Claude de Langle et sa sœur, tendant à obtenir la radiation des noms de Mathieu-René et de Mathieu de Langle, prêtres, leurs oncles (les biens de ces derniers leur seront cependant restitués [10]); et de Léonard-Louis La Brue, département de

---

[1] Antoinette-Louise *Morizot*, femme *Bousmard*, demeurant à Verdun, inscrite sur la liste des émigrés du département de la Meuse (Arch. nat., AF III, 396, dossier 2102).

[2] Claude-Marie *Besson*, cultivateur, habitant la commune de Seyssel (Ain), inscrit sur la liste des émigrés du département de la Côte-d'Or, qui a justifié de sa résidence. — Arrêté du 1ᵉʳ fructidor an IV, signé Le Tourneur, Carnot, Reubell (Arch. nat., AF III, 396, dossier 2102).

[3] Reine *Larcher*, femme *Baudot*, demeurant à Dijon, inscrite sur la liste des émigrés du département de la Côte-d'Or, qui a justifié de sa résidence. — Arrêté du 1ᵉʳ fructidor an IV, signé Le Tourneur, Carnot, Reubell (Arch. nat., AF III, 396, dossier 2102).

[4] Jean-François-Xavier *Adam*, demeurant à la Solle, près Briey (Moselle), inscrit sur la liste des émigrés du département de la Moselle, qui a justifié de sa résidence. — Arrêté du 1ᵉʳ fructidor an IV, signé Carnot, Le Tourneur, Reubell (Arch. nat., AF III, 396, dossier 2102).

[5] Emmanuel *Dequen* et Victoire *Dequen*, sa sœur, nés à Beuvraines (Somme), d'un père pauvre, avaient été emmenés en 1790 par un «opérateur», qui les fit voyager avec lui, et les montra au public comme chose curieuse, ayant la figure extraordinaire, des cheveux et sourcils blancs, les yeux rouges et vacillants; ils parcoururent la Flandre, la Hollande et une partie du cercle d'Allemagne. A cette époque la France n'était en guerre avec aucune puissance de l'Europe.» (Rapport du ministre de la police, Arch. nat., AF III, 396, dossier 2102). Depuis ils avaient quitté l'«opérateur». *Dequen*, arrêté près de Liège, lors de l'entrée des Français dans cette ville et détenu faute de papiers, demandait son élargissement. L'arrêté du 1ᵉʳ fructidor an IV, signé Le Tourneur, Carnot, Reubell (Arch. nat., AF III, 396, dossier 2102), porte que, comme il n'est inscrit sur aucune liste d'émigrés et que ses biens ne sont pas séquestrés, il n'y a pas lieu à délibérer et que les pièces qui le concernent seront renvoyées au tribunal criminel du département de la Somme, pour y statuer.

[6] Louis *Bézin* père, domicilié à Crépy (Oise), inscrit sur la liste des émigrés du département de l'Aisne, qui a justifié de sa résidence. — Arrêté du 1ᵉʳ fructidor an IV, signé Le Tourneur, Carnot, Reubell (Arch. nat., AF III, 396, dossier 2102).

[7] Jean-Guillaume-Pierre-Noël *Le Courtois*, dit *Montamy*, inscrit sur la liste des émigrés du département du Calvados, qui a justifié de sa résidence. — Arrêté du 1ᵉʳ fructidor an IV, signé Carnot, Reubell, Barras (Arch. nat., AF III, 396, dossier 2102).

[8] Séverin-Balthazard *Cornu*, ancien épicier à Dreux, inscrit sur la liste des émigrés du département de Seine-et-Oise, qui a justifié de sa résidence. — Arrêté du 1ᵉʳ fructidor an IV, signé Carnot, Reubell, Barras (Arch. nat., AF III, 396, dossier 2102).

[9] Marie-Françoise *Lagrange-Floirac*, inscrite sur la liste des émigrés du département du Lot, qui a justifié de sa résidence (Arch. nat., AF III, 396, dossier 2102). — Arrêté du 1ᵉʳ fructidor an IV, signé Carnot, Reubell, Barras.

[10] C'est-à-dire seront restitués à leurs héritiers. — Arrêté du 1ᵉʳ fructidor an IV, signé Carnot, Reubell, Barras (Arch. nat., AF III, 396, dossier 2102). — «Considérant, y est-il dit, qu'il est constaté que Mathieu-René

la Corrèze, qui sera tenu de sortir du territoire de la République dans cinq décades[1].

Un messager d'État, envoyé par le Conseil des Cinq-Cents, est admis et présente deux messages : par le premier, le Conseil se plaint que le Directoire exécutif ait mis au bas de la proclamation relative à la convocation de la haute-cour la formule qu'il met à la suite des lois : *Le Directoire exécutif ordonne que l'acte du Corps législatif ci-dessus sera publié, exécuté et qu'il sera muni du sceau de la République.* Le Conseil prétend que cette formule a été apposée inconstitutionnellement à cet acte et demande au Directoire quelles mesures il a prises pour la désavouer[2].

Par le second[3], il invite le Directoire à répondre aux messages qui lui ont été précédemment adressés, pour qu'il lui fournisse des renseignements sur les bâtiments publics qui se font présentement[4], sur le nombre des troupes à entretenir en temps de paix[5], sur les maisons occupées par divers établissements publics dans le département de la Seine et sur l'emploi des fonds mis à la disposition du ministre de l'intérieur pour les dépenses du Directoire[6].

On signe un état de citoyens exemptés du service militaire aux armées[7].

---

et Mathieu Delangle étaient grands-vicaires de l'évêque d'Évreux et qu'en conséquence ils étaient en cette qualité assujettis au serment prescrit par la constitution civile du clergé; — Considérant que, n'ayant point rempli ce devoir civique, ils étaient dans le cas de la déportation, en conformité de la loi du 26 août 1792 (v. s); — Considérant qu'ils ont satisfait au vœu de cette loi en déclarant au district de Dieppe qu'ils entendaient se retirer en pays étranger et en prenant un passeport à cet effet qui a été enregistré à la municipalité du même lieu; — Considérant que leur départ a été effectué le 15 septembre 1792 (v. s.) et que ce n'est que longtemps après qu'ils ont été inscrits sur la liste des émigrés; — Considérant que les dispositions des décrets qui ont assimilé aux émigrés les ecclésiastiques déportés restent dans toute leur vigueur en ce qui concerne les peines corporelles prononcées contre eux...».

[1] Léonard-Louis *Labrue*, inscrit sur la liste des émigrés du département de la Corrèze, rentré indûment en France et qui ne justifie pas de sa résidence. — Arrêté du 1er fructidor an IV, signé Le Tourneur, Carnot, Reubell (Arch. nat., AF III, 396, dossier 2102).

[2] Message du 30 thermidor (*C. C.*, thermidor an IV, 568).

[3] Message du 1er fructidor (*C. C.*, fructidor an IV, 40-41).

[4] Message du Conseil des Cinq-Cents au Directoire, du 29 messidor an IV.

[5] Message du Conseil des Cinq-Cents au Directoire, du 4 thermidor an IV.

[6] Il s'agit de l'emploi : 1° des cent millions mis à la disposition du ministre de l'intérieur pour les dépenses ordinaires, extraordinaires et secrètes du Directoire par la loi du 25 floréal (voir t. II, 376); 2° des cent millions mis à la disposition de ce ministre pour le même objet par la loi du 17 brumaire (voir t. Ier, 37).

[7] Arrêté du 1er fructidor an IV, signé Le Tourneur, Carnot, Reubell (Arch. nat.,

SÉANCE DU 2 FRUCTIDOR AN IV [1]

19 AOÛT 1796.

Le Directoire adresse cinq messages au Conseil des Cinq-Cents.

Le premier, pour lui transmettre une lettre du ministre de la police générale et le procès-verbal dressé à l'occasion de l'évasion du représentant du peuple Drouet [2].

Le second, a pour objet de rendre compte au Conseil de la situation du Trésor public et de l'inviter de la manière la plus pressante à prendre en considération l'extrémité à laquelle est réduite la fortune publique et à employer sans délai des mesures promptes et efficaces [3].

---

[1] Arch. nat., AF III*, 4, fol. 166-169. — AF III, 3.

[2] Message lu à la séance du 3 fructidor (*C. C.*, fructidor an IV, 64). — La lettre du ministre de la police annonce qu'il est faux que d'autres prisonniers que Drouet se soient évadés. — Dans son procès-verbal, le commissaire de police de la section de la Fontaine-de-Grenelle expose que, conduit dans la chambre que Drouet avait occupée à l'Abbaye, au troisième étage, «on lui a représenté une corde longue de 10 brasses et un barreau étroit et scié; mais on a reconnu que cette corde et cette ouverture n'avaient pu servir à fuite de Drouet. La corde était trop faible pour soutenir un homme; l'ouverture était trop étroite. Le mur, auquel on ne peut toucher sans qu'il y reste des traces, n'en présente aucune; pas l'apparence du moindre frottement; et enfin il restait encore un mur de 45 pieds à franchir. Les deux geôliers ont été mis provisoirement en arrestation; l'un d'eux a déclaré qu'à 7 heures, faisant sa ronde, il trouva la porte de Drouet ouverte et qu'il avertit sur-le-champ son confrère, qui était au guichet; ayant déclaré aussi qu'à 6 heures Drouet était encore dans sa chambre et qu'il n'y avait aucune apparence de tentative pour scier les barreaux. On lui a demandé comment en une heure Drouet avait pu scier ses barreaux, descendre par la fenêtre, et franchir un mur de 45 pieds. Il a répondu qu'il n'en savait rien. — Le président annonce qu'il vient de recevoir une lettre de Drouet; le Conseil n'a pas voulu en entendre la lecture» (*Journal des Débats*, fructidor an IV, p. 11-12).

[3] Minute signée Le Tourneur, Reubell, Revellière-Lépeaux (Arch. nat., AF III, 396, dossier 2104). — Le Directoire représente qu'il n'a plus pour unique ressource que les cent millions de promesses de mandats qui restent à fabriquer. Cette ressource n'est rien, comparée à ses besoins : «Ne regardez pas, écrit-il, comme un moyen sur lequel on puisse se reposer les fonds en numéraire arrivés au Trésor public depuis vingt-quatre heures. Que sont deux malheureux millions environ lors-

AF III, 396, dossier 2102). — Ces jeunes gens sont au nombre de 145 et sont exemptés généralement pour raison de famille.

Outre les pièces qui viennent d'être indiquées, il faut signaler dans le dossier 2102 la minute d'un arrêté du 1er fructidor, signé Revellière-Lépeaux, Reubell, Barras, et non mentionné au procès-verbal, par lequel Jean-Baptiste *Ménardeau*, poursuivant sa radiation de la liste des émigrés, est autorisé, en vertu de la loi du 21 floréal, à revenir à Paris et à y résider.

Le dossier 2103, dont le contenu, comme celui du précédent, se rapporte à la séance du 1er fructidor, est formé de 55 pièces relatives à des nominations de juges de paix, d'assesseurs, d'agents et d'adjoints municipaux dans les départements des Bouches-du-Rhône, de la Lozère, des Basses-Pyrénées, des Deux-Sèvres et de la Loire-Inférieure.

Le troisième, portant transmission à ce Conseil des pièces de la procédure instruite par devant les tribunaux du département de l'Ardèche contre plusieurs individus prévenus d'être auteurs de la mort des nommés Eraguet, Moutel et autres complices et fauteurs de la rébellion du traître Saillant et invitation à décider quelles suites doit avoir le décret de la Convention nationale du 12 messidor de l'an III, qui a sursis à cette procédure [1].

Le quatrième, énonciatif de la demande de la commune de Noményi, département de la Meurthe, tendante à ce qu'il lui soit abandonné une portion de terrain de l'enclos des ci-devant religieuses de la congrégation de cette commune, pour la formation d'un nouveau chemin [2].

Le cinquième contient des explications données à ce Conseil relativement à la publication de la proclamation concernant la haute-cour de justice, en réponse au message [3] de ce Conseil du jour d'hier [4].

Un messager d'État envoyé par le Conseil des Anciens est admis et déposé sur le bureau trois lois.

qu'il est dû plus de cinquante millions sur le service courant? Lorsque l'armée des Côtes de l'Océan n'a pas reçu son prêt depuis trois mois, lorsque le service de l'armée de l'intérieur et celui des subsistances de Paris fait naître les plus vives alarmes?..."

[1] Message lu à la séance du 4 fructidor (*C. C.*, fructidor an IV, 77-78. — Le comte de Saillant, chef royaliste, avait fomenté en 1792 dans le département de l'Ardèche un soulèvement à la suite duquel plusieurs de ses complices, Cregut, Montel et autres, arrêtés, avaient été massacrés malgré la garde nationale qui les conduisait. La procédure ouverte contre les auteurs de ces meurtres (Sault, Leblanc, Dusserre, Bezard, etc.) avait été suspendue par le décret de la Convention du 12 messidor an III. Depuis, les accusés avaient demandé le bénéfice de la loi d'amnistie du 4 brumaire. Mais les tribunaux n'avaient pas cru devoir le leur accorder. — Sur cette affaire, voir le *Moniteur*, XXV, 119. — Ce dossier 2107 (Arch. nat., AF III, 396) est uniquement formé de pièces relatives à cette affaire, documents du plus haut intérêt pour l'histoire du camp de Jalès et des suites du complot de Saillans. On y trouve notamment un exemplaire d'une volumineuse brochure publiée à Privas en 1792 sous ce titre : *Conspiration de Saillans, avec les pièces authentiques*, — rédigé et imprimé par ordre du département de l'Ardèche.

[2] Message lu à la séance du 4 fructidor (*C. C.*, fructidor an IV, 75-77).

[3] Voir plus haut, p. 387.

[4] Message lu à la séance du 3 fructidor (*C. C.*, fructidor an IV, 58-62). — Le Directoire exécutif invoque pour sa défense l'article 128 de la Constitution, qui le charge de faire sceller et publier les lois et *Actes du Corps législatif*, ainsi que l'article 130 qui lui prescrit la formule suivante : «...Le Directoire ordonne que la loi ou l'acte législatif ci-dessus sera publié, exécuté, qu'il sera muni du sceau de la République.» — Il représente que la proclamation de la formation d'une haute-cour est manifestement un acte du Corps législatif, et que l'article 267 de la Constitution, qui attribue cette proclamation exclusivement au Conseil des Cinq-Cents (sans le concours du Conseil des Anciens), ne le dispensait pas de ce devoir et ne dérogeait en aucune manière à l'article 128. — La discussion qui s'ensuivit au Conseil des Cinq-Cents (séance du 3 fructidor. — *C. C.*, fructidor an IV, 63) amena la nomination d'une commission de cinq membres pour élucider la question.

La première autorise les notaires qui ont obtenu la radiation provisoire de la liste des émigrés de leurs noms à continuer leurs fonctions [1].

La seconde ordonne que les caisses des receveurs des diverses contributions soient visitées et vérifiées au moins une fois chaque décade [2].

La troisième concerne les successions échues et à échoir dans lesquelles les ci-devant religieux auraient des droits à exercer [3].

Le Directoire ordonne que ces trois lois seront publiées, exécutées et qu'elles seront munies du sceau de l'État. Elles sont en conséquence adressées de suite à l'enregistrement, pour deux expéditions être envoyées sans délai au ministre de la justice, avec l'arrêté portant ordre d'impression et de publication dans les formes prescrites par les lois.

[Le Directoire exécutif, sur le rapport du ministre des finances, arrête :

Les pièces de billon de la valeur de *vingt-quatre deniers* ne pourront être refusées pour cette valeur entière [4], sous quelque prétexte que ce soit, lorsqu'il restera, de l'un ou de l'autre côté, des vestiges de leur empreinte.

Le présent arrêté sera inséré au *Bulletin des lois*. — Arch. nat., AF III, dossier 2106 [5].]

Il annule l'adjudication du bois de l'Épaux, département des Deux-Sèvres, comme pouvant être réuni à une forêt qui n'en est pas à une distance fixée par la loi du 23 août 1790.

---

[1] Vu qu'ils sont étrangers aux fonctions législatives, judiciaires et municipales, et qu'il y a lieu «de faire cesser la fausse application qui leur est faite des lois de rigueur relatives aux fonctionnaires publics.» — *Bull.*, II, LXIX, n° 634.

[2] *Bull.*, II, LXIX, n° 636. — La loi porte de plus que les percepteurs du département de la Seine verseront leurs fonds à la Trésorerie tous les cinq jours; et que ceux des départements y enverront les leurs dans le plus bref délai possible.

[3] Il s'agit des religieux que les lois des 5 brumaire et 17 nivôse an II ont rendus habiles à succéder. La loi porte que les successions dans lesquelles ils pourraient exercer des droits au nom de ces lois «appartiendront exclusivement aux héritiers présomptifs qui étaient appelés à les recueillir, si ces mêmes religieux étaient émigrés ou déportés à l'époque de leur promulgation.» — *Bull.*, II, LXIX, n° 635.

[4] Un rapport du ministre des finances (Arch. nat., AF III, 396, dossier 2106) fait connaître que ces pièces sont tellement décriées par la malveillance, qu'on «ne les reçoit dans le commerce que pour *dix-huit deniers*; ce qui les fait accaparer par le spéculateur avide, excite des rixes et empêche la circulation de huit à dix millions de pièces que les circonstances rendent de plus en plus nécessaires.»

[5] Signé à la minute Reubell, Le Tourneur, Barras.

Il annule pareillement le sauf-conduit délivré par le général Canuel au nommé Chollet-la-Joubardière[1].

Il écrit au citoyen Bouchaud, professeur au Collège de France, qu'il acceptera la dédicace de son ouvrage sur les Institutions élémentaires du droit de la nature et des gens[2].

Il fixe à la somme de neuf cents livres le traitement[3] de chacun des citoyens Touret et Lisné, garçons de bureau, le premier des Archives judiciaires, le second des Archives domaniales[4].

Il commet le citoyen Canon, ancien receveur des douanes à Lille, pour apurer la comptabilité des anciens receveurs des douanes de la Belgique, supprimés depuis sa réunion à la France[5].

Il confirme la vente faite aux citoyens Thiébault et Thomas de la tuilerie de Rémonville par un fondé de pouvoirs de Jean-Joseph Macklot, émigré[6].

[Le Directoire exécutif, sur la demande du citoyen Jemmi, ancien capitaine au ci-devant régiment suisse de Salis-Grisons;

Considérant les services rendus par le citoyen Jemmi lors du licenciement des troupes suisses en France;

Considérant que l'emprunt fait par lui d'une somme de douze mille

---

[1] Arrêté du 2 fructidor an IV, signé Le Tourneur, Révellière-Lépeaux, Barras, Reubell (Arch. nat., AF III, 396, dossier 2105). — Voir au même dossier le rapport du ministre de la justice qui propose cet arrêté. Il rappelle que Chollet-la-Joubardière, ex-noble, de la commune de Saint-Georges, près Montrichard, était un des principaux chefs de la révolte qui a éclaté à Palluau et qui coïncidait avec celle de Sancerre (voir t. II, 103); que « frère d'armes de Fauconnet, il n'a pas quitté celui-ci un seul instant depuis son arrivée à Palluau,... a été à toutes les affaires où il a paru et agi comme chef»; qu'il a été l'objet d'un mandat d'arrêt et que ce n'est que postérieurement à ce mandat, c'est-à-dire le 6 thermidor, qu'il est allé à Tours faire une déclaration de soumission et a obtenu du général Canuel un sauf-conduit pour se rendre dans ses foyers.

[2] Minute signée Reubell, Le Tourneur, Barras (Arch. nat., AF III, 396, dossier 2104). — BOUCHAUD (Mathieu-Antoine), jurisconsulte et économiste, né à Paris en 1719, mort à Paris en 1804; collaborateur de l'Encyclopédie; professeur à la faculté de droit de Paris (1766); professeur au Collège de France (1774); conseiller d'État (1785); membre de l'Institut (1796).

[3] Fixé à 508 livres par l'arrêté du 5 floréal an IV (voir t. II, p. 217). Cette somme est insuffisante, comme l'a représenté le citoyen Camus, garde des Archives de la République.

[4] Arrêté du 2 fructidor an IV, signé Le Tourneur, Reubell, Barras (Arch. nat., AF III, 306, dossier 2104).

[5] Et lui alloue un traitement de 300 livres en numéraire par mois à partir du 1er vendémiaire prochain. — Arrêté du 2 fructidor an IV, signé Le Tourneur, Reubell, Barras (Arch. nat., AF III, 396, dossier 2106).

[6] A la charge par les acquéreurs de payer à la caisse des domaines nationaux ce qui reste dû en valeur réelle calculée sur le cours de la date de leur acquisition (13 juin 1792). — Arrêté du 2 fructidor an IV, signé Le Tourneur, Reubell, Barras (Arch. nat., AF III, 396, dossier 2106).

francs en numéraire pour conserver des défenseurs à la République est une preuve de son attachement pour elle;

Qu'il est de la loyauté française de ne pas différer plus longtemps le remboursement réclamé;

Vu le rapport et l'avis du ministre des finances,

Arrête :

Le citoyen Jemmi, ancien capitaine licencié du ci-devant régiment de Salis-Grisons, sera remboursé sur ordonnance du ministre de la guerre, et ce nonobstant l'arrêté qui distingue l'arriéré du service courant, de la somme de douze mille francs en numéraire, capital avancé par lui au gouvernement, avec les intérêts à 5 p. 100 aussi en numéraire, jusqu'au jour de l'ordonnance.

Le présent arrêté ne sera pas imprimé. — Arch. nat., AF III, 396, dossier 2104[1].]

Le Directoire rapporte son arrêté du 11 prairial dernier[2], qui fixe provisoirement à Laval, département de la Mayenne, le siège du tribunal correctionnel de Villaines et le transfère à Lassay[3].

Il confirme la vente des forges de Vierzon[4], à la charge par le soumissionnaire de conserver les établissements qui y ont été faits pour la fabrication des canons[5].

Il charge son commissaire près le tribunal de cassation de dénoncer à ce tribunal :

1° Un jugement du tribunal criminel du département d'Indre-et-Loire, du 4 prairial dernier, qui a prononcé sur une question d'émigration[6];

2° Un jugement du tribunal de police du canton de Lévignac[7], du 17 germinal an IV, qui a appliqué incompétemment la peine contre un père, prévenu de n'avoir pas représenté son enfant dans le délai fixé par la loi[8];

---

[1] Signé à la minute Le Tourneur, Reubell, Barras.

[2] Voir t. II, p. 501.

[3] Arrêté du 2 fructidor an IV, signé de ous les membres du Directoire (Arch. nat., AF III, 396, dossier 2105).

[4] En exécution de la loi du 28 ventôse dernier.

[5] Arrêté du 2 fructidor an IV, signé Le Tourneur, Reubell, Barras (Arch. nat., AF III, 396, dossier 2106).

[6] Arrêté du 2 fructidor an IV, signé de tous les membres du Directoire (Arch. nat., AF III, 396, dossier 2105). — — Il s'agit d'un prêtre réfractaire, *Séverin*, que ce tribunal a déclaré avoir été inscrit comme émigré par suite d'une inadvertance, « question de fait, dit l'arrêté, sur laquelle il n'appartient qu'à l'administration départementale de statuer par provision et au Directoire exécutif définitivement... »

[7] Lot-et-Garonne.

[8] Arrêté du 2 fructidor an IV, signé de tous les membres du Directoire (Arch. nat., AF

3° Le jugement du tribunal de police du canton de Meilhan, département de Lot-et-Garonne, qui a excédé la compétence de ce tribunal, en prononçant sur un vol de bois de chêne à la pile [1].

Le ministre de la police générale propose et le Directoire ordonne la radiation du nom d'Antoine-Augustin Engelmann [2], département du Bas-Rhin, de dessus la liste des émigrés.

Le Directoire rapporte l'arrêté du Comité des finances du 27 thermidor an III et ordonne l'exécution des marchés passés entre le citoyen Judde et les émigrés Pérusse d'Escars et Gauthier du Hautier [3].

La pension de retraite du citoyen Desaignes (Barthélemy-Marie), ancien directeur de l'enregistrement et du domaine national, est fixée à 4,599 francs par an [4].

Le Directoire accorde aux directeurs de la régie de l'enregistrement [5] une somme pareille aux indemnités accordées par les lois des 2 et 24 messidor dernier [6].

III, 396, dossier 2105). — L'enfant n'avait pas été représenté dans les vingt-quatre heures de la naissance et le père avait été condamné simplement à vingt-quatre heures de détention. Le Directoire représente dans son arrêté que cette infraction à la loi de 1792 sur l'état civil est passible de la peine « de deux mois de prison, que le tribunal de police correctionnelle est chargé de prononcer. »

[1] Arrêté du 2 fructidor an IV, signé de tous les membres du Directoire (Arch. nat., AF III, 396, dossier 2105). — Il s'agit d'un maraudage de « fagots de bois de chêne à la pile » dont les auteurs ont été condamnés à 3 jours de prison et 15 francs de dommages-intérêts. — L'arrêté rappelle dans ses considérants que la loi du 28 septembre 1791 sur la police rurale prononce pour ce fait « une amende double ou triple du dédommagement dû au propriétaire et un emprisonnement, suivant le premier article, de trois mois, et suivant le second, de six mois au plus; que, par conséquent, le tribunal était incompétent pour connaître de faits qui pouvaient, d'après les circonstances, mériter une peine plus forte que celle qu'il a prononcée».

[2] «Ci-devant magistrat à Strasbourg», inscrit sur la liste des émigrés du Bas-Rhin, qui a justifié de sa résidence. — Arrêté du 2 fructidor an IV, signé Reubell, Carnot, Revellière-Lépeaux (Arch. nat., AF III, 396, dossier 2105).

[3] Arrêté du 2 fructidor an IV, signé Reubell, Le Tourneur, Barras (Arch. nat., AF III, 396, dossier 2106). — Il s'agissait de bois appartenant à Gautier du Hautier et à Pérusse d'Escars, dont Judde, maître de forges de la Haute-Vienne, avait acquis l'exploitation en 1790 et 1791. Les propriétaires ayant depuis émigré, leurs biens avaient été mis sous séquestre. Il en était résulté des réclamations de la part de Judde. L'arrêté du Comité des finances de la Convention (27 thermidor an III) portait qu'évaluation serait faite des parties de bois exploitées dans les ventes mentionnées aux actes des 3 octobre 1790 et 6 octobre 1791; qu'il en serait fait compte avec le citoyen Judde, qui garderait les parties exploitées desdites ventes pour le prix y afférant proportionnellement au prix total des marchés, lesquels au surplus étaient déclarés nuls pour les parties restantes à exploiter, ainsi que le marché conclu à la date du 18 février 1791.

[4] Arrêté du 2 fructidor an IV, signé Reubell, Le Tourneur, Barras (Arch. nat., AF III, 396, dossier 2106).

[5] Dans les départements autres que ceux réunis par la loi du 9 vendémiaire an IV.

[6] Arrêté du 2 fructidor an IV, signé L Tourneur, Carnot, Reubell (Arch. nat., AF III, 396, dossier 2106). — Sur la loi du 2 messidor, voir t. II, p. 666; sur la loi du 24 messidor, voir plus haut, p. 66.

[Le Directoire exécutif, après avoir entendu le rapport du ministre de la justice sur le référé au Corps législatif, proposé par le jugement du tribunal civil du département du Gard du 9 brumaire dernier, relativement à la question de savoir si à l'opposition aux hypothèques[1] donne ouverture au remboursement de la créance de l'opposant;

Considérant que le jugement dont il s'agit a été rendu à une époque où la loi du 25 messidor[2], qui *défendait tout remboursement avant terme*, était en pleine vigueur; que l'opposition aux hypothèques ne produit d'autres effets que de conserver l'hypothèque du créancier sur les immeubles du débiteur; que la question posée par le tribunal civil du département du Gard ne présente qu'une espèce élevée par l'intérêt privé entièrement soumise au pouvoir judiciaire et qui n'exige ni interprétation d'une loi subsistante, ni provocation d'une loi nouvelle,

Arrête qu'il n'y a pas lieu à délibérer sur le référé dont il s'agit.

Le présent arrêté ne sera pas imprimé. — Arch. nat., AF III, 396, dossier 2105 [3].]

[Le Directoire exécutif,

Vu l'arrêté du 24 frimaire dernier, par lequel les commissaires du gouvernement dans les départements réunis par la loi du 9 vendémiaire précédent ont ordonné que la loi du 14 vendémiaire an III, relative à la question intentionnelle, serait publiée et exécutée dans ces départements, en même temps que le code des délits et des peines du 3 brumaire an IV;

Vu pareillement l'article 594 de ce code, portant que « les dispositions des deux premiers livres du présent code devant seules, à l'avenir, régler l'instruction et la forme, tant de procéder que de juger relativement aux délits de toute nature, les lois des 16 et 29 septembre 1791, concernant la police de sûreté, la justice criminelle et l'établissement des jurés sont rapportées, ainsi que toutes celles qui ont été rendues depuis pour les interpréter ou les modifier »;

Considérant que la loi du 14 vendémiaire an III se trouvant rapportée par cet article, ce n'est que par erreur que les commissaires du gouvernement ont pu en ordonner la publication, avec celle de la loi même qui la rend sans effet;

---

[1] C'est-à-dire l'opposition faite au bureau des hypothèques pour la conservation de la créance.

[2] 25 messidor an III.

[3] Signé de tous les membres du Directoire.

Après avoir entendu le ministre de la justice,

Rapporte l'arrêté du 24 frimaire ci-dessus mentionné, en ce qui concerne la loi du 14 vendémiaire an III.

Ce présent arrêté sera imprimé au *Bulletin des lois*. — Arch. nat., AF III, 396, dossier 2105 [1].]

[Le Directoire exécutif, sur le rapport qui lui a été fait par le ministre des finances; considérant que la loi du 22 août 1791, en assujettissant à la formalité du plomb et de l'acquit-à-caution les marchandises prohibées ou sujettes aux droits à la sortie et transportées d'un lieu de la France à un autre par emprunt du territoire étranger, n'a prescrit aucune restriction, attendu que ces transits étaient alors très limités; mais qu'étant devenus plus étendus depuis la réunion de la Savoie à la République, il importe de les circonscrire dans de justes bornes, afin d'arrêter les abus que leur extension favorise dans le département du Mont-Blanc,

Arrête :

ARTICLE 1ᵉʳ. Les particuliers qui, à l'avenir, voudront jouir de l'avantage du transit par Genève et le pays de Vaud, ne pourront faire sortir et rentrer les marchandises qu'ils expédieront que par les bureaux de Jougne, Morez, Versoix, Sacconex, Collonge, Carouge et Thonon, où seront remplies les formalités prescrites au titre III de la loi du 22 août 1791.

ART. 2. Les certificats de décharge ou d'arrivée ne seront valables qu'autant qu'ils seront souscrits par trois commis et écrits de la main d'un de ces préposés.

Le présent arrêté sera imprimé. — Arch. nat., AF III, 396, dossier 2106 [2].]

Il ordonne la publication et l'exécution dans les départements réunis de la loi du 19 thermidor an IV [3] concernant l'exportation des marchandises nationales [4].

Il proroge de trois ans en faveur du citoyen Dubosc [5] le bail de la maison conventuelle de Saint-Joseph à Rouen [6].

---

[1] Signé de tous les membres du Directoire.

[2] Signé à la minute Le Tourneur, Reubell, Barras.

[3] Voir plus haut, p. 277.

[4] Arrêté du 2 fructidor an IV, signé Le Tourneur, Reubell, Barras (Arch. nat., AF III, 396, dossier 2106).

[5] Fabricant d'acier.

[6] Arrêté du 2 thermidor an IV, signé Le Tourneur, Reubell, Barras (Arch. nat., AF III, 396, dossier 2106).

Il ordonne un sursis à la vente du terrain composant le marché Germain[1] à Paris, et ordonne au ministre des finances de lui faire un prompt rapport à cet égard. (La minute de cet arrêté porté par forme d'apostille en marge d'une note est entre les mains du ministre.)

On écrit au ministre de la guerre pour approuver son opinion sur la conduite du général Xaintrailles dans l'affaire du citoyen Crochat, économe de l'hôpital de Bitche, mais qui (*sic*) en même temps témoigne l'étonnement du Directoire de ce que ce général était encore à Bitche le 1er thermidor [2].

Le Directoire accorde une indemnité de 2,000 francs en mandats au citoyen Falquières, colonel vétéran invalide, pour la perte qu'il a éprouvée sur le montant d'un décompte d'appointements [3].

Il accorde aussi une main-levée à la veuve Goussier des saisies-arrêts faites sur ses biens par le conseil d'administration du 41e régiment d'infanterie.

On écrit au commissaire du Pouvoir exécutif près le département de Seine-et-Oise, pour qu'il veille à ce que la municipalité de Mantes soit réorganisée [4].

On fixe le traitement des citoyens Quintin-Beauvert et ses adjoints, chargés de la démarcation des limites de la République et de la Sardaigne [5].

Il confirme la concession de la vente de la mine accordée au citoyen Azémar fils.

[Le Directoire exécutif arrête que le citoyen Thilorier [6] est autorisé à faire construire et établir à ses frais les machines de son invention relatives à la remonte des bateaux [7] contre le vent et le courant et au perfectionnement de la navigation intérieure sur les rivières de la

---

[1] Saint-Germain.

[2] Minute signée Carnot, Reubell, Barras (Arch. nat., AF III, 396, dossier 2105).

[3] A raison du retard qu'il a éprouvé dans ce payement. — Arrêté du 2 fructidor an IV, signé Carnot, Reubell, Barras (Arch. nat., AF III, 396, dossier 2105).

[4] Minute du 2 fructidor an IV, signée Carnot, Reubell, Barras (Arch. nat., AF III, 396, dossier 2104). — L'administration municipale de Mantes n'a pas célébré les fêtes des 9 et 10 thermidor dernier. De plus, il ne reste dans cette administration qu'un agent municipal, un adjoint et le greffier.

[5] Quintin (ou Quentin)-Beauvert, chef de brigade du génie, Ragot, adjoint du génie de 1re classe, et Bourcet (ou Brosset), adjoint du génie de 2e classe (voir plus haut, p. 281, séance du 19 thermidor). — Ces trois citoyens recevront, en *valeur métallique*, le premier, vingt-neuf francs par jour, le second onze francs onze sols, le troisième, neuf francs six sols. — Arrêté du 2 fructivor an IV, signé Carnot, Reubell, Barras (Arch. nat., AF III, 396, dossier 2105).

[6] Le procès-verbal porte le nom de *Tirolier*.

[7] Des bateaux à voile.

Seine et de l'Oise, notamment sur la Seine, à partir du lieu dit « La Folie », jusques et au-dessus du Perthuis de la Marne, et sur la partie coudée de la Loire près la commune de Laurent-les-Eaux, à la charge par lui de laisser dans tous les temps un passage suffisant pour la navigation ordinaire.

Les bateliers seront toujours libres d'user ou de ne pas user des machines du citoyen Thilorier, et, dans le cas où ils voudraient en user, le prix de la location desdites machines sera déterminé de gré à gré entre les parties.

Le citoyen Thilorier aura la faculté d'établir à ses frais, pour la sûreté de ses équipages, tel nombre de gardiens que bon lui semblera, qu'il sera tenu de faire recevoir par les municipalités riveraines dans la même forme que celle des gardes champêtres.

Il est enjoint à toutes les autorités constituées, et sous leur responsabilité, de veiller à ce que l'exercice du brevet d'invention accordé au citoyen Thilorier [1] n'éprouve aucun obstacle.

Le présent arrêté sera imprimé et affiché partout où besoin sera. — Arch. nat., AF III, 396, dossier 2104 [2].]

Le Directoire ordonne que six mille hommes de l'armée des Côtes-de-l'Océan passeront à celle de l'Intérieur et qu'à mesure de leur arrivée six mille hommes de l'armée de l'Intérieur passeront à celle de Rhin-et-Moselle [3].

Il interprète l'article 14 du titre II de son arrêté du 18 nivôse dernier [4], concernant le rang que doivent avoir les adjudants sous-officiers, soit dans le corps de l'infanterie, soit dans les troupes à cheval [5].

Il donne l'ordre au général de division Grouchy, chef de l'État-major général de l'armée du Nord, d'aller sans délai prendre le commandement de l'île de Ré [6].

---

[1] Le 25 pluviôse an IV.

[2] Signé à la minute Carnot, Reubell, Barras.

[3] Voir copie de cet arrêté à la suite du procès-verbal de la séance du 2 fructidor (AF III, 3) — Signé Carnot, Revellière-Lépeaux, Reubell.

[4] Voir t. 1er, 395.

[5] Voir copie de cet arrêté, signé Carnot, Revellière-Lépeaux, Reubell, à la suite du procès-verbal de la séance du 2 fructidor (Arch. nat., AF III, 3). Le Directoire exécutif décrète que cet article 14 de l'arrêté en question « ne peut concerner que les adjudants nommés avant que la loi du 14 germinal an III ait été officiellement connue et mise à exécution dans les corps... »

[6] Arrêté du 2 fructidor an IV, signé Carnot, Revellière-Lépeaux, Reubell (Arch. nat., AF III, 396, dossier 2105).

Il ordonne la réunion à l'armée de l'Intérieur du département de Loir-et-Cher.

Il écrit au citoyen Horoy, chef de bataillon à Valognes [1];

Aux administrateurs du département de la Meuse-Inférieure [2];

A l'administration municipale du canton du Sap, département de l'Orne [3];

Au représentant du peuple Girault [4];

Au ministre des finances [5];

Au ministre de l'intérieur [6];

Au ministre de la guerre [7];

Et au ministre de la police générale [8].

---

[1] Minute signée Carnot, Reubell, Barras (Arch. nat., AF III, 396, dossier 2106). — Le Directoire lui accuse réception d'une lettre par laquelle il représente de quelle utilité serait à l'armée d'Italie une compagnie d'artillerie, pour le moment inactive à Valognes.

[2] Minute signée Carnot, Reubell, Barras (Arch. nat., AF III, 396, dossier 2106). — Le Directoire répond à leur réclamation contre une réquisition dont le commissaire Alexandre a frappé leur département, que cette mesure était indispensable à l'armée et qu'ils n'avaient pas le droit d'en retarder l'exécution.

[3] Minute signée Carnot, Reubell, Barras (Arch. nat., AF III, 396, dossier 2105). — Le Directoire lui accuse réception de la lettre par laquelle elle réclame la cessation du régime militaire et les bienfaits de l'organisation constitutionnelle; la levée de l'état de guerre dans les départements de l'Ouest lui a donné satisfaction.

[4] Minute signée Carnot, Reubell, Barras (Arch. nat., AF III, 396, dossier 2105). — Le Directoire lui accuse réception de la lettre par laquelle il signale la pénurie de la garnison du Croisic et l'informe qu'il a chargé le ministre de la guerre d'y pourvoir.

[5] Minute signée Carnot, Revellière-Lépeaux, Reubell (Arch. nat., AF III, 396, dossier 2106). — Le Directoire lui transmet des pièces adressées par l'administration municipale de Saint-Georges, département d'Ille-et-Vilaine, tendant à prouver la bonne conduite des habitants de cette commune pendant la guerre de Vendée et à demander pour eux un dégrèvement de contributions.

[6] Minute signée Carnot, Reubell, Barras (Arch. nat., AF III, 396, dossier 2106). — Le Directoire l'invite à donner les ordres nécessaires pour que plusieurs artistes vétérinaires se transportent à l'armée de Sambre-et-Meuse et autres lieux circonvoisins, où l'épizootie fait des ravages.

[7] Minute signée Carnot, Reubell, Barras (Arch. nat., AF III, 396, dossier 2106). — Le Directoire lui transmet les pièces adressées par le représentant du peuple Girault concernant la pénurie où se trouve la garnison du Croisic; il l'invite à prendre les mesures nécessaires pour la faire cesser. — On trouve d'autre part dans le dossier 2102 (Arch. nat., AF III, 396) la minute, signée Carnot, Reubell, Barras, d'une autre lettre du 2 fructidor, adressée par le Directoire au ministre de la guerre. Par cette dernière, le Directoire fait savoir qu'il ne croit pas devoir déroger à la loi du 2 frimaire an II en accordant aux officiers du 2ᵉ bataillon du Bas-Rhin (1ʳᵉ réquisition) d'être considérés comme officiers réformés et admis à servir à la suite d'autres corps.

[8] Minute signée Carnot, Revellière-Lépeaux, Reubell (Arch. nat., AF III, 396, dossier 2106). — Le Directoire lui annonce que, d'après son rapport, il a donné les ordres nécessaires pour délivrer le département des Alpes-Maritimes du brigandage des *Barbets*.

Outre les pièces qui viennent d'être signalées, on trouve dans les dossiers correspon-

A

LE DIRECTOIRE EXÉCUTIF AU CITOYEN COFFIN, COMMISSAIRE DU DIRECTOIRE EXÉCUTIF PRÈS L'ADMINISTRATION CENTRALE DU DÉPARTEMENT DU PAS-DE-CALAIS.

Le Directoire exécutif, citoyen, a reçu les renseignements que vous lui avez dant à la séance du 2 fructidor un certain nombre de minutes de ce jour, non mentionnés au procès-verbal, savoir :

Dans le dossier 2104 : 1° Deux minutes signées Carnot, Reubell, Barras) de lettres du Directoire au citoyen Coffin, son commissaire près l'administration centrale du Pas-de-Calais, et aux citoyens Delatre, Personne, Liborel, Bénard-Lagrave, etc., représentants du peuple (voir le texte de ces deux lettres plus loin, à l'Appendice); — 2° Minute, signée Le Tourneur, Carnot, Revellière-Lépeaux, d'un arrêté autorisant, en vertu de la loi du 21 floréal, le citoyen Thomas-Richard *Samson*, né en Espagne de parents français et qui habite la France depuis longtemps, à revenir et à résider à Paris, où il réclame les secours accordés aux réfugiés colons (ayant perdu ce qu'il possédait à Saint-Domingue); — 3° Minute signée Carnot, Reubell, Barras, d'une lettre par laquelle le Directoire remercie le citoyen Baumé, membre de l'Institut, de son mémoire sur l'alliage le plus avantageux dans la fonte des bouches à feu (le mémoire est au dossier); 4° Minute, signée Carnot, Reubell, Barras, d'une lettre du Directoire au citoyen Cossigny (rue Neuve-des-Capucines, 166, à Paris) pour le remercier de son mémoire sur les matières à employer dans la fonte des bouches à feu (le mémoire est au dossier); — 5° Minute signée Carnot, Reubell, Barras, d'un arrêté par lequel le Directoire charge l'Institut national de lui présenter ses vues sur l'emploi de 500 marcs de platine envoyés par le gouvernement espagnol (voir au dossier la lettre de Lacépède, secrétaire de l'Institut, en date du 18 fructidor, transmettant au Directoire le rapport de la classe des sciences physiques et mathématiques sur le platine envoyé par le gouvernement espagnol, annonçant que les citoyens Guyton, Le Lièvre et Haüy ont été nommés commissaires, avec adjonction des citoyens Laplace et Legendre, et promettant au nom de l'Institut de faire passer le résultat de ses observations sur ce métal; — deux rapports de Le Lièvre et de Haüy à la classe des sciences physiques et mathématiques); — 6° Minute signée Carnot, Reubell, Barras, d'un arrêté par lequel le Directoire fixe à mille livres en numéraire, au lieu de trois mille livres en mandats, comme le portait son arrêté du 7 prairial dernier (voir t. II, p. 481), la récompense accordée au citoyen Paroisse pour sa découverte «d'une préparation qui diminue la consommation du charbon de bois, rend le feu plus actif, fer plus soudant et beaucoup plus tôt en état d'être travaillé...»

Dans le dossier 2105 : 1° Minute d'un arrêté signé Carnot, Reubell, Barras, par lequel le général Canuel est nommé commandant à Lyon et le général Elie est envoyé à l'armée des Alpes. — 2° Minute d'un arrêté signé Carnot, Reubell, Barras, par lequel : le citoyen *Auvray*, commandant temporaire à Poitiers, est révoqué et remplacé par le chef de bataillon *Lambron-Lacrouzillière*; le citoyen *Bonis*, ex-sous-lieutenant dans la ci-devant légion de police, est remis en activité à la suite; la suspension du citoyen *Thierry*, ex-chef de bataillon, est levée et il est autorisé à prendre sa retraite; le citoyen *Griffon*, ci-devant chef de bataillon et ex-commandant temporaire de Bailleul, sera employé à la suite; l'arrêté du 11 floréal dernier, qui confère l'emploi de chef de la 89° demi-brigade au citoyen *Sauvat* et prescrit la rétrogradation du citoyen *Ruby* à celui de chef de bataillon, est maintenu, et le premier est tenu de rejoindre sur-le-champ son poste; le citoyen *Jolly*, ancien chef de bataillon du 103° régiment, est relevé de sa destitution, sans réintégration; le citoyen *Bailly*, sergent-major au 1er bataillon des *Républicains de Paris*, est nommé sous-lieutenant à la 8° demi-brigade d'infanterie.

Dans le dossier 2108 : Minute, signée Carnot, Reubell, Barras, d'un arrêté par lequel : 1° Les états cotés A et B des proposition faites par le général de brigade Wirion et présentées par le ministre de la guerre aux adressés le 18 thermidor dernier sur la situation du département du Pas-de-Calais, en conséquence de sa lettre du 2 du même mois[1].

Il y a vu avec peine celle où se trouvent plusieurs cantons. Mais il ne doute point qu'aidé des forces militaires qui viennent d'y être envoyées, vous ne parveniez bientôt, en les employant avec prudence et une active fermeté, à y rétablir partout l'ordre et la tranquillité publique. Le Directoire attendra avec empressement que vous lui rendiez compte du résultat des mesures que vous aurez prises à cet égard.

Il croit au surplus devoir vous observer que les victoires multipliées de nos armées, leur situation actuelle et le bon esprit qui les anime rendant beaucoup moins important le secours qu'elles pourraient tirer des hommes qui n'ont pas joint ou qui ont abandonné leur drapeau, il paraît d'autant plus convenable de ne pas user envers eux de mesures trop rigoureuses, que la plupart de ces lâches ne pourraient faire que de très mauvais soldats et que c'est en très grande partie à l'excessive rigueur que l'on a mise dans la levée des 300,000 hommes qu'est due la malheureuse guerre à peine éteinte de la Vendée.

Quant à ses commissaires qui, quoique exempts de reproches dans leurs nouvelles fonctions, seraient cependant tellement repoussés par l'opinion publique, soit à cause de leurs fonctions antérieures, soit par la manière dont ils les auraient remplies, qu'ils pussent difficilement faire tout le bien que l'on doit nécessairement en attendre, le Directoire pense avec vous qu'il ne peut être que très avantageux d'accepter leurs démissions. Il vous engage en conséquence à proposer un successeur au citoyen Caron pour le canton de Tournehem, ainsi qu'au citoyen Guilluy, pour celui de Fruges, lorsque vous vous serez assuré toutefois de l'identité de ce dernier avec celui indiqué dans les pièces qui vous ont été adressées le 2 thermidor.

Vous connaissez, citoyen, les principes du Directoire : surveiller et combattre tous les ennemis de la République, de quelque masque qu'ils se couvrent; protéger efficacement tous les bons citoyens, les véritables républicains contre les

---

emplois de chefs d'escadron, capitaines, lieutenants, maréchaux des logis et brigadiers de la gendarmerie nationale organisée pour les neuf départements réunis de la ci-devant Belgique, sont approuvées et les nominations confirmées, à l'exception des citoyens Cointement, Hylt, Mourlé, Closeil et Bessort, désignés dans l'état coté A pour des emplois de chefs d'escadron et de lieutenants, lesquels officiers sont réformés (voir les états au dossier); 2° ne sont également point admis les citoyens Pouillon, Désiré et Provooste, désignés dans l'état coté B pour des places de maréchaux des logis; 3° la création de neuf emplois de quartiers-maîtres est ajournée.

On trouve d'autre part à la suite du procès-verbal de la séance du 2 fructidor (Arch. nat., AF III, 3) copie d'un arrêté de ce jour, signé Carnot, Revellière-Lépeaux, Reubell, par lequel le département de Loir-et-Cher est provisoirement réuni à l'armée de l'intérieur.

Le dossier 2109 (Arch. nat., AF III, 396), dont le contenu, comme celui des cinq précédents, se rapporte à la séance du 2 fructidor, est formé de 85 pièces relatives à des nominations de juges, juges de paix, assesseurs, commissaires du Pouvoir exécutif, etc., dans les départements de l'Allier, de l'Aube, de l'Aveyron, du Cantal, du Calvados, du Finistère, de la Loire-Inférieure, de la Manche, du Pas-de-Calais, de Seine-et-Oise, de Vaucluse et de la Vendée.

[1] Voir plus haut, p. 149.

entreprises de toutes les factions; affaiblir l'exaspération, détruire les haines, ranimer l'esprit public, veiller à l'éducation et à la pureté des mœurs, etc.; voilà, citoyen, la tâche civique que vous avez à remplir avec lui et à laquelle il est sûr que vous parviendrez facilement, pénétré de votre désir ardent de faire le bien et de l'étendue des moyens attachés à la place importante qui vous est confiée.

Carnot, Reubell, P. Barras[1].

B

Le Directoire exécutif aux citoyens Delatre, Personne, Liborel, Bénard-Lagrave, Daunou, Chollet, Vaillant, représentants du peuple.

Le Directoire exécutif, citoyens représentants, en vous faisant passer, le 8 thermidor dernier, copie d'une lettre de son commissaire près l'administration centrale du département du Pas-de-Calais, vous annonçait qu'en conséquence de la vôtre du 22 messidor, ainsi que de celles de l'accusateur public de ce département, qui y étaient jointes, il venait de s'adresser à ce commissaire, afin d'obtenir les éclaircissements nécessaires pour juger des mesures propres à y rétablir le plus tôt possible l'ordre et la tranquillité publique.

Ces éclaircissement viennent de lui parvenir par une lettre en date du 18, à laquelle sont jointes une foule de pièces. procès-verbaux de gendarmes et autres, qui ne peuvent plus lui laisser aucun doute que dans plusieurs cantons du département et notamment dans ceux du ci-devant district de Saint-Pol et quelques autres environnants, l'étendard de la révolte ne soit prêt à être arboré; que des émigrés, des déserteurs et autres ennemis acharnés de la République s'y réunissent en grand nombre, qu'ils y foulent aux pieds la cocarde nationale, coupent les arbres de la liberté, y font retentir les airs des cris de *Vive le roi* et de chansons analogues, y insultent et y maltraitent tous les véritables républicains, notamment les acquéreurs de biens nationaux, les prêtres assermentés, etc., y provoquent à la guerre civile, et à l'assassinat des fonctionnaires publics, y attaquent la gendarmerie, y résistent à la force armée et y sonnent le tocsin souvent pendant plusieurs heures de suite, etc. Le Directoire exécutif, citoyens représentants, s'empresse de vous transmettre ces faits affligeants, afin de vous tenir en garde contre les insinuations perfides de la haine, de la malveillance, de toutes les passions et de tous les intérêts particuliers réunis. C'est avec satisfaction cependant qu'il croit pouvoir vous annoncer que dans plusieurs cantons et même dans la majeure partie de ce département, l'on se rattache tous les jours de plus en plus au gouvernement, que chaque jour les haines et l'exaspération des esprits diminuent et qu'une très grande partie de ces bons effets est due tant au bon esprit qui anime la très grande masse des citoyens de ce département qu'aux commissaires du gouvernement, qui presque tous apportent dans l'exercice de leurs fonc-

---

[1] Arch. nat., AF III, 396, dossier 2104.

tions ce zèle et cet amour prononcé de l'ordre et de la République qu'il serait si fort à souhaiter que partageassent beaucoup d'autres fonctionnaires publics, à plusieurs desquels il paraît qu'il n'y a pas seulement à reprocher de la négligence et de la faiblesse. Mais le Directoire va redoubler de moyens pour neutraliser tous les efforts des ennemis de la liberté, et il espère que bientôt ce département pourra être rangé au nombre de ceux cités pour modèles par leur entier dévouement et leur attachement sincère à la République. Le Directoire vous invite à y concourir, citoyens représentants, par votre correspondance particulière, en éclairant de plus en plus vos concitoyens. Il ne peut, au surplus, vous dissimuler combien il a été affecté d'apprendre que la lettre officielle de son commissaire, dont il vous avait confidentiellement adressé copie, ait été rendue en très grande partie publique dans ce département, cette publicité ne pouvant que contrarier les mesures à prendre pour rétablir l'ordre et réveiller les passions partout où la tranquillité paraissait assurée ou devait être incessamment rétablie.

CARNOT, REUBELL, P. BARRAS [1].

SÉANCE DU 3 FRUCTIDOR AN IV [2]

20 AOÛT 1796.

Le Directoire arrête qu'il sera fait une vente au citoyen Carbonnet, ou à tout autre qui fera la condition meilleure, de quatorze mille setiers de sel sur les 21,000 appartenant à la nation, étant à Saint-Martin, île de Ré [3].

Il ordonne que le département des Hautes-Alpes sera divisé en quatre arrondissements pour la perception des contributions [4].

Il sera payé aux chirurgiens qui ont pansé les blessures de quatre préposés aux douanes du poste de Vlodorp [5] reçues dans une révolte

---

[1] Arch. nat., AF III, 396, dossier 2104.

[2] Arch. nat., AF III*, 4, fol. 170-172 — AF III, 3.

[3] Arrêté du 3 fructidor an IV, signé Reubell, Barras, Carnot (Arch. nat., AF III, 397, dossier 2111).

[4] Arrêté du 3 fructidor an IV, signé Reubell, Barras, Carnot (Arch. nat., AF III, 397, dossier 2111). — 1er arrondissement, chef-lieu Gap : 16 cantons (Veynes, Gap, la Batie-Neuve, Saint-Bonnet, Chorges, Remolon, Saint-Étienne, Tallard, Saint-Eusèbe, Ourcières, la Roche, la Saulie, Chabottes, Saint-Firmin, Saint-Étienne-d'Avon). — 2e arrondissement, chef-lieu : Briançon : 9 cantons (la Grave, Briançon, L'Argentière, Le Monestier, Villard, Ubriès, Val-des-Prés, Vallouise, Villevieille). — 3e arrondissement: chef-lieu Embrun, 6 cantons (Mouillyon, Embrun, Guillestre, Barratier, Saint-Clément. Savines). — 4e arrondissement, chef-lieu Serres : 7 cantons (Serres, Ribiers, Montmaurin, Aspres, Orpierre, Larague, Saint-André).

[5] Vlodorp (Meuse-Inférieure).

qu'ils ont éprouvée le 6 messidor dernier[1] une somme de cent dix-sept francs quatre sous en numéraire [2].

L'hôpital de la marine établi à Bordeaux sera transféré dans les bâtiments des ci-devant capucins de cette commune [3].

Il sera fait délivrance[4] aux citoyens Massot père et fils des bois mentionnés en leur marché pour le service du port de Toulon[5].

Le Directoire autorise la vente[6] du quart de la réserve[7] de la commune de Beaulon, département de la Nièvre [8].

Il sera délivré au citoyen Joseph Grasset, frère du consul de la République française à Corfou, un passeport pour Corfou[9] et il lui est accordé un secours de quatre cents livres, valeur métallique.

Le Directoire charge le ministre des relations extérieures de transmettre des ordres à l'ambassadeur de la République à Madrid [10] de déclarer au gouvernement espagnol que le Directoire, vivement affecté de l'outrage fait à la nation en la personne du citoyen Senlon, vice-consul à Carthagène, détenu par ordre du gouverneur de cette place, attend de la justice et de l'impartialité de ce gouvernement qu'il ordonnera la mise en liberté de ce vice-consul et rappellera ce gouverneur d'un poste dont il abuse [11].

Le citoyen Jacob, secrétaire de légation à Venise, est nommé secrétaire de légation à Turin, où il remplira les fonctions de chargé d'affaires; et le citoyen Villetard, second secrétaire de la légation de Gênes, secrétaire à Venise[12].

---

[1] «De la part d'un grand nombre de fraudeurs armés».

[2] Arrêté du 3 fructidor an IV, signé Reubell, Barras, Carnot (Arch. nat., AF III, 397, dossier 2111).

[3] Arrêté du 3 fructidor an IV signé Reubell, Barras, Carnot (Arch. nat., AF III, 397, dossier 2111). Le rapport du ministre des finances qui demande cette mesure (même dossier) porte que cet hôpital «est menacé d'une épidémie qui a déjà produit ses funestes effets sur plusieurs malades»; que ce local, à peine suffisant pour 450 malades, en renferme 800, «tous atteints de la gale et du scorbut et qu'il existe encore une grande quantité de galeux à bord de deux vaisseaux nouvellement arrivés...»

[4] «Dans les forêts de la ci-devant Grande-Chartreuse».

[5] Arrêté du 3 fructidor an IV, signé Reubell, Barras, Carnot (Arch. nat., AF III, 397, dossier 2111).

[6] A l'adjudication.

[7] Soit 388 arpents.

[8] Arrêté du 3 fructidor an IV, signé Reubell, Barras, Carnot (Arch. nat., AF III, 397, dossier 2111).

[9] Et «une conduite pour l'armée d'Italie». — Arrêté du 3 fructidor an IV, signé Le Tourneur, Revellière-Lépeaux, Barras, Reubell (Arch. nat., AF III, 397, dossier 2110).

[10] Pérignon.

[11] Arrêté du 3 fructidor an IV, signé Le Tourneur, Barras, Revellière-Lépeaux, Reubell (Arch. nat., AF III, 397, dossier 2110).

[12] Arrêté du 3 fructidor an IV, signé Le Tourneur, Revellière-Lépeaux, Reubell (Arch. nat., AF III, 397, dossier 2110). — Jacob

Un messager d'État envoyé par le Conseil des Anciens est admis et présente une loi relative aux biens composant la succession de Jean-Baptiste Dubarry [1].

Le Directoire ordonne que cette loi sera publiée, exécutée et qu'elle sera munie du sceau de l'État. Elle est en conséquence adressée de suite à l'enregistrement pour deux expéditions être envoyées dans le jour au ministre de la justice avec l'arrêté portant ordre d'impression et de publication dans les formes prescrites par les lois.

Il adresse trois messages au Conseil des Cinq Cents.

Par le premier il lui transmet une lettre de l'administration départementale des forêts, avec des pièces à l'appui, tendant à obtenir la réunion des vingt-deux communes de la ci-devant Belgique connues sous la dénomination de *Cour de Brousfeld,* au canton d'Artzfeld [2].

Par le second, il invite le Conseil à statuer sur la demande du citoyen Séguy, négociant à Rouen, tendant à acquérir la propriété du Château-Trompette et dépendances [3].

Par le troisième, il demande que l'article 5 du titre trois du décret du 20 septembre 1792, relatif à la déclaration de la naissance des enfants [4], soit appliqué aux personnes qui négligent de déclarer les décès [5].

Le ministre de la police générale soumet au Directoire plusieurs demandes en radiation de noms de la liste des émigrés. Le Directoire décide favorablement en faveur des citoyens Jean-Étienne Fazas, dit Favols [6]; Anne-Marguerite Chabenat, veuve de Louis-Jean-Baptiste-

---

touchera le traitement de chargé d'affaires; Villetard un traitement de 3,000 francs.

[1] Condamné à mort par le tribunal révolutionnaire de Toulouse. — *Bull.*, II, LXXI, n° 644.

[2] Message lu à la séance du 5 fructidor (*C. C.*, fructidor an IV, 94-95).— Ces communes dépendaient autrefois en partie de l'électorat de Trèves, en partie du Luxembourg.

[3] A Bordeaux. Message lu à la séance du 5 fructidor (*C. C.*, fructidor an IV, 90-92). — Cette vente serait faite moyennant le prix de quatre millions, valeur numéraire métallique. L'acheteur désintéresserait l'architecte Louis, à qui il revient une indemnité de 900,000 livres à la charge de la République. Il se chargerait du faire démolir les fortifications et bâtiments du Château-Trompette. Le Directoire représente combien cette opération serait avantageuse à la République et contribuerait à l'embellissement et à l'agrandissement de la ville de Bordeaux.

[4] Cet article punit de deux mois de prison les personnes qui, chargées de déclarer la naissance des enfants dans les vingt-quatre heures, ne s'y sont pas conformées.

[5] Message lu à la séance du 5 fructidor (*C. C.*, fructidor an IV, 92-93).

[6] Jean-Étienne *Fazas*, dit *Favols*, ancien militaire, domicilié dans la commune de Cahors, inscrit sur la liste des émigrés du département du Lot, qui a justifié de sa résidence (Arrêté du 3 fructidor an IV, signé Carnot, Barras, Reubell; Arch. nat., AF III, 397, dossier 2110).

Spiridon Budes-Guébriant [1]; Henri-Claude Clémenceau [2]; Pierre-Jean-Guillaume Calvé, dit Soursac [3]; Marguerite Rocourt, veuve de Pierre-Louis Champenois [4]; Louis-Edme Lemot [5]: Jean-Baptiste Clément [6]; Luc-Claude-François-Xavier Atthalin [7]; Hugues-Augustin Lagrange-Floirac [8]; Claude-Joseph Belon [9]; Jacques-Alexandre Chambellée le jeune et Louise-Françoise Pellard, sa femme [10]; Joseph-Philippe Mailhes [11]; Geneviève Dutartre, veuve Laleu [12]; et Cécile Demonty [13]. Est aussi rayé, mais avec maintenue du séquestre,

[1] Anne-Marguerite *Chabenat*, veuve de Louis-Jean-Baptiste-Spiridon *Budes-Guébriant*, portée sur la liste des émigrés du département de l'Aisne, qui a justifié de sa résidence. — Arrêté du 8 fructidor an IV, signé Le Tourneur, Carnot, Barras (Arch. nat., AF III, 397, dossier 2110).

[2] Henry-Claude *Clemenceau*, prêtre, décédé le 14 juillet 1792, inscrit sur la liste des émigrés du département de la Loire-Inférieure, dont la résidence a été établie par sa sœur, Mathurine-Anne *Clemenceau*, femme Philippe *Tronjoly*. — Arrêté du 3 thermidor an IV, signé Le Tourneur, Carnot, Barras (Arch. nat., AF III, 397, dossier 2110).

[3] Pierre-Jean-Guillaume *Calvé*, dit *Soursac*, inscrit sur la liste des émigrés du département de la Loire-Inférieure, qui a justifié de sa résidence. — Arrêté du 3 fructidor an IV, signé Carnot, Barras, Reubell (Arch. nat., AF III, 397, dossier 2110).

[4] Marguerite *Rocourt*, veuve de Pierre-Louis *Champenois*, demeurant à Reims, inscrite sur la liste des émigrés du département des Ardennes, qui a justifié de sa résidence. — Arrêté du 3 fructidor an IV, signé Carnot, Barras, Reubell (Arch. nat., AF III, 397, dossier 2110).

[5] Louis-Edme *Lemot*, notaire public à Pont-sur-Seine (Aube), inscrit sur la liste des émigrés du département de la Marne, qui a justifié de sa résidence. — Arrêté du 3 fructidor an IV, signé Carnot, Barras, Reubell (Arch. nat., AF III, 397, dossier 2110).

[6] Jean-Baptiste *Clément*, mort à Avignon le 21 prairial an II, inscrit sur la liste des émigrés du département des Bouches-du-Rhône, dont la résidence a été prouvée par ses héritiers. Arrêté du 3 fructidor an IV, signé Le Tourneur, Revellière-Lépeaux, Barras (Arch. nat., AF III, 397, dossier 2110).

[7] Luc-Claude-François-Xavier *Atthalin*, ex-conseiller au ci-devant Conseil souverain d'Alsace, inscrit sur la liste des émigrés du département de la Haute-Saône, qui a justifié de sa résidence. — Arrêté du 3 fructidor an IV, signé Le Tourneur, Revellière-Lépeaux, Barras (Arch. nat., AF III, 397, dossier 2110).

[8] Hugues-Augustin *Lagrange-Floirac* fils, âgé de 18 ans, inscrit sur la liste des émigrés du département du Lot, qui a justifié de sa résidence. — Arrêté du 3 fructidor an IV, signé Le Tourneur, Revellière-Lépeaux, Barras (Arch. nat., AF III, 397, dossier 2110).

[9] Claude-Joseph *Belon*, ex-chanoine de Dôle, demeurant à Paris, inscrit sur la liste des émigrés du département du Jura, qui a justifié de sa résidence. — Arrêté du 3 fructidor an IV, signé Le Tourneur, Revellière-Lépeaux, Barras (Arch. nat., AF III, 397, dossier 2110).

[10] Jacques-Alexandre *Chambellée* le jeune et Louise-Françoise *Pellard*, sa femme, ex-noble, inscrits sur la liste des émigrés du département de la Loire-Inférieure, qui ont justifié de leur résidence. — Arrêté du 3 fructidor an IV, signé Le Tourneur, Revellière-Lépeaux, Barras (Arch. nat., AF III, 397, dossier 2110).

[11] Joseph-Philippe *Mailhes*, ancien militaire de la commune de Cahors, inscrit sur la liste des émigrés du département du Lot, qui a justifié de sa résidence. — Arrêté du 3 fructidor an IV, signé Le Tourneur, Revellière-Lépeaux, Barras (Arch. nat., AF III, 397, dossier 2110).

[12] Geneviève *Dutartre*, veuve *Laleu*, inscrite sur la liste des émigrés du département de Seine-et-Oise, qui a justifié de sa résidence. — Arrêté du 3 fructidor an IV, signé Le Tourneur, Revellière-Lépeaux, Barras (Arch. nat., AF III, 397, dossier 2110).

[13] Cécile *Demonti*, domiciliée dans la commune de Bouguenais, canton de Mezé (Loire-

le nom de Thomas-Robert Dumoulinet, dit Pont-Chartrye, père d'émigré[1].

Le Directoire maintient sur la liste des émigrés le nom d'Antoine Pelletier[2], département de Seine-et-Oise, lequel ne justifie pas de sa résidence.

Le ministre fait un rapport satisfaisant et avantageux par une lettre sur la moralité et la conduite politique du citoyen Villemouny, commissaire du gouvernement près les tribunaux civil et criminel du département de l'Oise, sur le compte duquel il avait été chargé de prendre des renseignements [3].

On donne des instructions aux citoyens Garrau et Saliceti pour le traité de commerce et la convention consulaire avec le pape.

On écrit au ministre de la guerre pour lui demander des renseignements sur le citoyen Valcroissant, ancien maréchal de camp [4].

Au citoyen Bouteville, commissaire du gouvernement près les administrations civiles de la ci-devant Belgique, pour lui adresser copie d'une lettre écrite de Bruxelles au ministre de la justice relativement à un repas donné par le général Tilly, et auquel Réal et Tort-la-Sonde ont assisté, et lui demander des détails qu'il peut avoir ou pourra se procurer sur l'objet de cette lettre [5].

Le Directoire admet à l'école d'artillerie de Châlons-sur-Marne les dix-neuf élèves qui ont subi l'examen fait le 1er messidor dernier [6].

Inférieure), inscrite sur la liste des émigrés du département de la Loire-Inférieure, qui a justifié de sa résidence. — Arrêté du 3 fructidor an IV, signé Le Tourneur, Revellière-Lépeaux, Barras Arch. nat. (AF III, 397, dossier 2110).

[1] Thomas-Robert *Dumoulinet*, dit *Pont-Chartrye*, ex-noble, ancien officier de dragons, demeurant à Sées, inscrit sur la liste des émigrés du département de l'Orne, qui a justifié de sa résidence. — Arrêté du 3 fructidor an IV, signé Carnot, Barras, Reubell (Arch. nat., AF III, 397, dossier 2110).

[2] Antoine *Pelletier*, ci-devant gendarme de la gendarmerie de Lunéville, fils de Denis-Étienne *Pelletier*, propriétaire et cultivateur dans la commune de Frépillon, canton de Taverny (Seine-et-Oise). — Arrêté du 3 fructidor an IV, signé Carnot, Reubell, Barras (Arch. nat., AF III, 397, dossier 2110).

[3] Rapport du ministre de la police générale Cochon, au Directoire exécutif, en date du 3 fructidor an IV. — Arch. nat., AF III, 397, dossier 2110.

[4] Minute signée Carnot, Barras, Reubell (Arch. nat., AF III, 397, dossier 2111). — Valcroissant, qui demandait à être admis aux Invalides, était «dans ce moment dénoncé comme cherchant à favoriser les projets et les espérances des royalistes».

[5] Minute signée Carnot, Barras, Reubell (Arch. nat., AF III, 397, dossier 2111).

[6] Arrêté du 12 fructidor an IV, signé Carnot, Reubell, Barras (Arch. nat., AF III, 397, dossier 2110).— Ces élèves (dont la liste est jointe au dossier) devront, à partir de la fin de frimaire prochain, passer de Châlons à Paris, «pour y prendre l'instruction qui se donne à l'École polytechnique. Ces jeunes gens feront alors partie de ladite école; en conséquence, ils y seront traités comme les autres élèves et concurremment avec eux pour

On écrit quinze lettres concernant le service militaire, savoir :

Une au ministre de la guerre [1]; une au ministre de l'intérieur [2]; deux aux commissaires du gouvernement à l'armée d'Italie [3]; cinq au général en chef Kellermann [4]; deux au général en chef Bonaparte [5]; une au général de brigade Victor, à l'armée d'Italie [6]; deux au citoyen Joubert, commissaire à l'armée de Sambre-et-Meuse [7], et une au général en chef Jourdan [8].

Il est pris plusieurs arrêtés concernant le personnel des armées [9].

---

les places vacantes dans l'artillerie et, s'ils le désirent, pour celles des autres services publics, suivant la capacité qu'ils montreront aux examensʺ.

[1] Minute signée Carnot, Reubell, Barras (Arch. nat., AF III, 397, dossier 2111). — Le Directoire lui accuse réception de sa lettre du 28 thermidor relative à la soumission des chefs chouans du département de l'Aveyron; il l'informe qu'il a donné des ordres à ce sujet au général Bonnet. — On trouve aussi dans le dossier la minute signée Carnot, Reubell, Barras, d'une autre lettre, non mentionnée au procès-verbal, par laquelle le Directoire renvoie au ministre de la guerre la pétition du citoyen Deghilenghien, de Nivelles, avec le modèle d'un affût de canon de son invention.

[2] Minute signée Carnot, Reubell, Barras (Arch. nat., AF III, 397, dossier 2111). — Le Directoire lui adresse une lettre de son commissaire près l'armée de Rhin-et-Moselle concernant les productions des arts trouvées chez les ennemis vaincus. «... Vous y verrez que la République continue toujours, par ses conquêtes, de s'enrichir des productions des arts trouvées chez les ennemis vaincus.ʺ

[3] Minutes signées Carnot, Le Tourneur, Barras (Arch. nat., AF III, 397, dossier 2111). — Par la première, le Directoire leur transmet une réclamation qui leur a été adressée par le citoyen Gagneraux, artiste peintre, de Dijon. — Quant à la seconde, on en trouve le texte plus loin à l'Appendice.

[4] Minutes signées, la première Carnot, Reubell, Barras, les quatre autres Le Tourneur, Carnot, Barras (Arch. nat., AF III, 397, dossier 2111). — Par la première, le Directoire lui transmet un tableau indicatif des gratifications à accorder aux troupes employées dans les places piémontaises pour le temps de leur séjour. — Par la seconde, il l'informe qu'il a écrit au général Bonaparte pour qu'il lui fasse passer 300,000 francs. — Par la troisième, il lui accuse réception de deux faux congés et de la fausse route qui y était jointe, pièces qu'il a transmises au ministre de la police. — Par la quatrième, il lui accuse réception de plusieurs lettres et l'informe qu'il ne peut recevoir, quant à présent, de soldats piémontais sur le territoire de la République, «surtout lorsque nous voyons le département des Alpes-Maritimes infesté de Barbetsʺ. — Par la cinquième, il lui annonce qu'il a ordonné au ministre de la guerre de lui faire passer la quantité de sapeurs et de mineurs dont il pourra disposer; en cas d'insuffisance, il l'autorise à employer des gens du pays pour activer la démolition des places du Piémont.

[5] Par la première (minute signée Le Tourneur, Carnot, Barras; — Arch. nat., AF III, 397, dossier 2111), le Directoire l'autorise à féliciter en son nom les généraux Augereau et Masséna sur leur conduite brillante dans les combats du 19 thermidor. — Quant à la seconde, on en trouvera le texte plus loin à l'Appendice.

[6] Minute signée Carnot, Le Tourneur, Barras (Arch. nat., AF III, 397, dossier 2111). Le Directoire lui témoigne sa satisfaction sur la bravoure qu'il a montrée dans le combat qui a eu lieu le 19 thermidor près de Peschiera.

[7] On ne trouve qu'une de ces lettres dans le dossier relatif à la séance du 3 fructidor. Minute signée Carnot, Reubell, Barras. — Voir le texte de cette lettre plus loin à l'Appendice.

[8] Voir le texte de cette lettre plus loin à l'Appendice.

[9] Les arrêtés de cette nature pris dans la

A

Le Directoire exécutif aux citoyens Garrau et Saliceti,
commissaires du Gouvernement près l'armée d'Italie.

Vos dépêches datés de Vérone et de Milan les 21 et 23 thermidor nous sont parvenues. Si elles instruisent sur ce qui s'est fait jusqu'à présent, elles indiquent aussi ce qui reste à faire, et le Directoire, persuadé, citoyens commissaires, de votre zèle et de votre activité va signaler de nouveau les objets sur lesquels il désire que vous exerciez ces qualités civiques dans toute leur étendue.

Vous louez la bonne volonté avec laquelle le commissaire ordonnateur en chef Lambert seconde vos mesures pour établir l'ordre de la comptabilité dans l'armée; mais il est temps enfin qu'on connaisse le résultat de cet intéressant travail. Où en est-il? Quelles sont les causes particulières de la désorganisation de cette partie du service, dont le Directoire veut être instruit afin d'empêcher qu'elles ne se reproduisent à l'avenir? Doivent-elles être attribuées aux chefs ou aux agents subalternes des différents services? Dans ce cas pourquoi l'ordonnateur ne sévit-il pas contre eux? Proviennent-elles des militaires ou des officiers d'administration? Pourquoi le général ou l'ordonnateur ne dénoncent-ils pas les coupables? Cette

séance du 3 fructidor sont : 1° Celui qui concerne l'Ecole d'artillerie de Châlons et qui est indiqué plus haut; 2° un arrêté signé Carnot, Barras, Reubell (Arch. nat., AF III, 397, dossier 2111), par lequel : Il est accordé un congé de deux mois au citoyen *Hache*, aide de camp du général Huzard, pour rétablir sa santé; le citoyen *O'Donnell*, ancien capitaine au régiment de Berwick, sera employé dans un grade à la suite d'un commandement de place de 4° classe; — le citoyen Alexis *Lallemand*, officier à la suite du 10° bataillon de volontaires nationaux, sera employé comme lieutenant à la suite de la compagnie de vétérans nationaux en garnison à Arras; — le citoyen *Blondeau*, capitaine au 1er bataillon de la 90° demi-brigade, sera employé dans une grade à la suite d'une compagnie de vétérans nationaux dans le département de la Côte-d'Or; — le citoyen Pierre-Honoré *Grisel*, ci-devant de la compagnie de grenadiers d'Abbeville, licencié, sera mis en activité dans le grade de lieutenant à la suite de la 38° demi-brigade; — la destitution prononcée par le général en chef de l'armée de Rhin-et-Moselle contre le citoyen *Thivaudey*, sous-lieutenant au 3° bataillon de la 62° demi-brigade, est confirmée.

Outre les pièces qui viennent d'être signalées, on trouve encore les suivantes, non mentionnées au procès-verbal, dans les dossiers se rapportant à la séance du 3 fructidor :

1° Dans le dossier 2110 (Arch. nat., AF III. 397): Arrêté signé Le Tourneur, Carnot, Reubell, par lequel Pierre-Guillaume-Charles-Albert *Labletonnière*, qui, inscrit sur la liste des émigrés en instance de radiation, avait été expulsé de Paris en floréal dernier, est autorisé à y revenir et à y résider.

2° Dans le dossier 2111 : Arrêté signé Le Tourneur, Reubell, Barras, par lequel est annulée l'adjudication du bois national de Lépeaux (département des Deux-Sèvres), attendu que ce bois «contient plus de cent arpents et qu'il peut être réuni à plusieurs parties de bois nationaux qui n'en sont pas à la distance fixée par la loi du 23 août 1790.»

Le dossier 2112, dont le contenu, comme celui des deux précédents, se rapporte à la séance du 3 fructidor, est formé de 47 pièces relatives à des nominations de commissaires, juges, juges de paix, etc., dans les départements des Côtes-du-Nord, du Loir-et-Cher, de la Nièvre, du Bas-Rhin et des Vosges.

lenteur pour agir, cette mollesse pour réprimer sont des outrages envers l'esprit républicain auxquels le Directoire vous demande, citoyens, de mettre un terme en usant, de concert avec le général en chef, de l'autorité qu'il vous a confiée dans l'armée.

A l'égard des contributions reçues ou à recevoir dans les pays conquis par l'armée d'Italie, le Directoire a reconnu par les états que vous lui avez fait parvenir le   thermidor qu'il était rentré la moitié de leur totalité et qu'on activait la rentrée du reste en employant les voies coercitives que donne le droit de la guerre. Par quel étrange désordre se trouve-t-on réduit à craindre que les sommes perçues et appliquées aux divers services ne puissent suffire aux dépenses de l'armée, dépenses dont le Directoire connaît cependant toutes les différentes parties? Occupez-vous sans délai, citoyens, à découvrir les sources de ce torrent dévastateur occasionné par une cupidité qui n'est devenue si effrénée que parce qu'elle est toujours restée impunie, ayant toujours été dénoncée d'une manière beaucoup trop vague.

Le Directoire vous a déjà transmis, citoyens commissaires, ses intentions sur la nécessité de faire transporter en France tous les approvisionnements, soit en subsistances, soit en effets militaires, qui sont jugés n'être pas absolument indispensables pour le service de l'armée d'Italie. Songez que l'exécution de cette mesure ne peut souffrir aucun retard; la saison s'avance et il est nécessaire de profiter du temps où les Alpes sont encore praticables pour ordonner le charroi des canons et de tous les ustensiles qui ne peuvent être transportés par des bêtes de somme.

C'est par cette même raison qu'il faut aussi presser l'envoi des productions des arts qui sont le fruit des victoires de la République. Aucun tableau n'est encore parvenu en France de ceux qui ont été conquis sur les puissances coalisées d'Italie. Échauffez à cet égard le zèle des artistes dont vous pouvez disposer et faites en sorte que rien ne demeure au delà des monts des objets auxquels la France attache un grand prix.

Nous avons écrit au général Bonaparte d'envoyer au général Kellermann cent mille écus en numéraire pour subvenir aux opérations dont il est chargé. Le Directoire vous engage à presser l'exécution de cet ordre, s'il n'a pas encore été exécuté.

Le Tourneur, Carnot, P. Barras[1].

Le Directoire exécutif au général en chef de l'armée d'Italie.

Votre dépêche du 28 thermidor[2], citoyen général, nous est parvenue. Elle contenait l'heureuse nouvelle de la levée du siège de Peschiera, celle de l'abandon de la ligne du Mincio et l'annonce de la retraite de l'Autrichien au delà de l'Adige.

Vaincre les ennemis du dehors c'est terrasser ceux de l'intérieur, et les brillants succès de l'armée que vous commandez répondent dignement à l'envie et à la

---

[1] Arch. nat., AF III, 397, dossier 2111. — [2] *Corr. de Napoléon Ier*, I, 528-529.

malveillance qui avaient voulu vous calomnier[1] et qui s'efforcent vainement chaque jour de renverser le gouvernement constitutionnel.

Honneur aux braves de l'armée d'Italie qui combattent avec tant d'ardeur et de dévouement pour assurer l'indépendance et la paix de la République! Honneur au général qui les conduit avec talent et courage dans la carrière de la gloire!

Nous avons ordonné au général en chef de l'armée de Rhin-et-Moselle de diriger un corps de 15,000 hommes vers Inspruck et même jusqu'à Brixen. C'est à vous, citoyen général, à seconder ce mouvement. Vos derniers succès vous en donnent la possibilité. Il devient même instant que vous attaquiez l'ennemi et que vous le chassiez devant vous. L'armée de l'archiduc Charles, grossie de quelques renforts venus de la Galicie et de l'intérieur de l'Autriche, s'est crue assez imposante pour attaquer celle que commande le général en chef Moreau et pour lui livrer, entre Neresheim et Donauwerth, une bataille dont le succès, qui paraît avoir été un instant douteux, s'est décidé en notre faveur[2]. Si le général Wurmser obtenait un instant de repos, il pourrait détacher quelques troupes qui, jointes au corps d'armée de l'archiduc Charles, s'opposeraient aux entreprises de l'armée de Rhin-et-Moselle et la combattraient peut-être avec avantage. Nous croyons devoir nous référer à nos lettres des 25 et 28 thermidor[3] à cet égard.

Nous avons appris avec beaucoup de satisfaction les preuves d'attachement à la liberté qu'ont données les peuples de Milan, de Bologne et de Ferrare[4]. Nous vous recommandons de cultiver avec soin ces heureuses dispositions.

Nous attendons avec impatience, citoyen général, des nouvelles de votre marche, de la situation de l'armée et des démarches que les circonstances vous auront permis de faire à l'égard de la République de Venise en conformité des ordres que nous vous avons transmis à cet égard.

Nous vous recommandons de nouveau de faire envoyer dans le plus bref délai la somme de *trois cent mille livres* à l'armée des Alpes.

Le Tourneur, Carnot, P. Barras[5].

Le Directoire exécutif au citoyen Joubert, commissaire du gouvernement à l'armée de Sambre-et-Meuse.

Il est temps, citoyen, de profiter du mécontentement qui se manifeste parmi les habitants de la Bohême et de la Hongrie contre le régime oppresseur de la

---

[1] Voir plus haut, p. 225, 232.

[2] La bataille de Neresheim avait été livrée le 24 thermidor (11 août).

[3] Voir plus haut, p. 332, 368.

[4] Bonaparte écrivait le 21 thermidor précédent au Directoire exécutif (*Correspondance de Napoléon Ier*, tome Ier, page 529): «...Les peuples de Bologne, de Ferrare, mais surtout celui de Milan ont, pendant notre retraite, montré le plus grand courage et le plus grand attachement à la liberté. A Milan, tandis que l'on disait que l'ennemi était à Cassano et que nous étions en déroute, le peuple demandait des armes et l'on entendait dans les rues, sur les places et dans les spectacles, l'air martial: *Allons, enfants de la patrie!...*».

[5] Arch. nat., AF III, 397, dossier 2111.

maison d'Autriche. Il est temps de rendre à cette maison intrigante et despote une partie des maux qu'elle a faits à la France, et particulièrement depuis sept années, en excitant contre les amis de la liberté tous ceux de l'esclavage. Il est temps enfin de venger l'humanité qu'elle outrage et d'agir dans un sens contraire au sien pour le bien général de l'Allemagne.

Le Directoire pense donc, citoyen, que vous devez maintenant répandre dans la Bohême et dans la Hongrie une proclamation dans les langues qui y sont familières, par laquelle ces peuples seront invités à profiter des circonstances qui s'offrent à eux, afin de rentrer dans les anciens droits qui leur ont été successivement ravis par la cour de Vienne, et vous leur ferez sentir en même temps quel redoutable appui les armes victorieuses de la République peuvent donner à la légitimité de leur insurrection. Le Directoire, bien persuadé qu'une pareille mesure, à laquelle vous ferez concourir les lumières qu'il reconnaît en vous, doit produire le plus grand effet, vous invite à vous en occuper le plus tôt possible.

Carnot, Reubell, P. Barras [1].

Le Directoire exécutif au général en chef Jourdan, commandant l'armée de Sambre-et-Meuse.

Nous avons reçu, citoyen général, votre lettre du 25 thermidor. Le rétablissement de votre santé, dont nous avons une satisfaction particulière, et les derniers mouvements dont vous nous rendez compte ajoutent de nouveaux motifs à l'espoir des succès décisifs qu'exige l'intérêt même de la paix pour laquelle nous combattons. Nous ne cesserons de vous prescrire les dispositions dont nous vous avons déjà donné connaissance et dont le premier but est de profiter de l'isolement du général Wartensleben des principales forces impériales pour obtenir sur lui les avantages signalés que votre supériorité sous le rapport moral et militaire vous assure, surtout depuis la retraite du corps saxon. Mais quelque pressante que soit notre intention de ne pas laisser respirer l'ennemi dans sa fuite, pour l'accabler plus sûrement, la difficulté du terrain où vous agissez nous avertit néanmoins que vous avez des précautions à prendre pour éviter d'être compromis dans votre poursuite aussi longtemps que l'armée autrichienne qui vous est opposée n'aura pas été défaite en bataille rangée, de manière à ne pouvoir plus se présenter au combat. Les renforts partis de la Galicie sont venus grossir les troupes du prince Charles et lui ont inspiré assez de confiance pour tenter lui-même le sort d'une action générale. Vous avez appris sans doute l'issue glorieuse pour l'armée de Rhin-et-Moselle de celle qui a eu lieu à Neresheim [2]. Aujourd'hui le prince Charles est de l'autre côté du Danube et hors d'état sans doute de rien entreprendre de quelque temps. Si la fortune ne vous présente pas une aussi belle occasion en inspirant à Wartensleben le dessein de vous attaquer ou de vous attendre, pour décider du sort de la Bohême, nous ne doutons pas que la célérité

---

[1] Arch. nat., AF III, 397, dossier 2111. — [2] Le 24 thermidor (11 août).

et l'habileté de vos mouvements n'y suppléent et que vos efforts ne soient couronnés par un aussi brillant succès.

L'essentiel dans votre position est donc de vous lier principalement à sa gauche pour le rejeter dans la Bohême, où il sera enfin forcé de combattre, et dans le cas où il voudrait se porter sur le Danube avec une partie ou la totalité de ses forces, vous forcerez d'activité pour atteindre ses derrières, le harceler sans cesse et le détruire en détail s'il se refuse toujours ou que vous ne puissiez le contraindre à recevoir la bataille.

Nous approuvons la déclaration que vous avez faite à l'égard des troupes de Saxe, attendu l'intérêt que nous mettons à traiter immédiatement de paix avec cette puissance.

Pressez, citoyen général, la chute d'Ehrenbreitstein pour songer ensuite à Mayence. Dans le cours de votre glorieux commandement notre estime et notre confiance ne vous abandonneront pas et nous vous invitons à en être persuadé.

CARNOT, REUBELL, P. BARRAS [1].

SÉANCE DU 4 FRUCTIDOR AN IV [2]

21 AOÛT 1796.

Le Directoire adresse cinq messages au Conseil des Cinq-Cents :

Par le premier il l'invite à porter une loi pénale contre les gendarmes, huissiers et geôliers qui laissent évader les prévenus [3].

Par le second il lui transmet la demande du citoyen Rey, de Chambéry, tendant à établir un haras dans le département du Mont-Blanc [4].

Par le troisième il l'invite à créer un second directeur du jury d'accusation dans l'arrondissement de Lille [5].

Par le quatrième il lui propose de transporter à Sceaux-l'Unité [6] le siège du tribunal correctionnel de Bourg-l'Égalité [7].

---

[1] Arch. nat., AF III, 397, dossier 2111.

[2] Arch. nat., AF III*, 4, fol. 172-174. — AF III, 3.

[3] Message lu à la séance du 9 fructidor (C. C., fructidor an IV, 166-167). — Le Directoire fait observer que «sur tous les points de la République, les prévenus de crimes, les condamnés mêmes, s'évadent journellement...».

[4] Message lu à la séance du 9 fructidor (C. C., fructidor an IV, 165-166). — Ce haras serait établi dans la ci-devant abbaye de Betton. Rey payerait une redevance annuelle égale au prix des baux à terme de 1790 et se chargerait de l'entretien des bâtiments, ainsi que du payement des contributions foncières. Il demande un bail à vie, que le Directoire est d'avis de lui accorder.

[5] Lu à la séance du 9 fructidor (C. C., fructidor an IV, 177-178).

[6] Département de la Seine.

[7] Précédemment Bourg-la-Reine. — Mes-

Par le cinquième il lui demande d'établir un tribunal correctionnel à Saint-Fargeau, département de l'Yonne [1].

Le ministre de la justice, par suite à son rapport du 14 messidor sur la situation du département des Bouches-du-Rhône, entretient le Directoire de la liste des jurés de jugement de ce département pour le trimestre de messidor, contre laquelle des plaintes ont été portées, sans cependant qu'il y ait illégalité dans sa formation [2].

Le Directoire, en interprétation de ses arrêtés du 6 pluviôse dernier [3], relatifs au remplacement des juges civils du département du Tarn, détermine l'ordre et le rang que chacun des nouveaux juges doit prendre [4].

Il affranchit de la taxe les lettres qui seront adressées à la haute-cour de justice et aux accusateurs nationaux [5].

Il charge son commissaire près le tribunal de cassation de dénoncer un jugement d'un conseil militaire tenu à Paris, le 16 prairial dernier, lequel a condamné Pierre-Augustin Renaud, ci-devant capitaine au 1er bataillon de la République, à deux années de fers, pour crime de désertion, quoiqu'il soit constaté qu'il ait perdu la raison [6].

Sur le rapport du ministre des finances, le Directoire ordonne que son arrêté du 19 messidor dernier [7], pris sur la demande du citoyen Léger, et qui autorise l'échange de propriétés nationales contre des biens patrimoniaux réunis au Muséum d'histoire naturelle, sera exécuté selon sa forme et teneur [8].

Il arrête que les cent millions de promesses de mandats qui restent pour compléter l'émission des deux milliards quatre cents millions ordonnée par la loi seront fabriqués incessamment en coupures de cinq cents livres [9].

---

sage lu à la séance du 9 fructidor (*C. C.*, fructidor an IV, 168-169). — Le Directoire représente que la commune de Bourg-l'Égalité n'a pas de bâtiments convenables pour ce tribunal et que les prisons n'y sont ni sûres ni saines.

[1] Message lu à la séance du 9 fructidor (*C. C.*, fructidor an IV, 174-175).

[2] Voir ce rapport, portant cette note : *Mention au procès-verbal* (Arch. nat., AF III, 397, dossier 2113).

[3] Voir t. I, p. 487.

[4] Arrêté du 4 fructidor an IV, signé Le Tourneur, Revellière-Lépeaux, Barras, Reubell (Arch. nat., AF III, 397, dossier 2114).

[5] Arrêté du 4 fructidor an IV, signé Le Tourneur, Revellière-Lépeaux, Barras, Reubell (Arch. nat., AF III, 42, *Affaire Babeuf*).

[6] Arrêté du 4 fructidor an IV, signé Le Tourneur, Revellière-Lépeaux, Barras (Arch. nat., AF III, 397, dossier 2114).

[7] Voir plus haut, p. 33.

[8] Nonobstant toutes soumissions. — Arrêté du 4 fructidor an IV, signé Le Tourneur, Reubell, Revellière-Lépeaux (Arch. nat., AF III, 397, dossier 2114).

[9] Arrêté du 4 fructidor an IV, signé Le Tourneur, Revellière-Lépeaux, Reubell (Arch. nat., AF III, 397, dossier 2114).

Sur le rapport du ministre de la police générale, sont rayés de la liste des émigrés :

Marie-Thérèse Paichereau, veuve Laisné-Saint-Martin, et André-Gabriel Laisné, son fils [1]; Gédéon-Charles-Blaise Rozerieulle et Françoise-Georges Chélincourt, son épouse [2]; Simon-Emmanuel-Julien Lenormand [3]; Jacques-Joseph-Félix-Angélique-Jean-Baptiste Clémens [4]; Antoine-Philippe-Joseph-Régis Esterno, Adélaïde-Joséphine-Prosper et Aglaé-Marie-Charlotte-Régis Esterno, ses filles [5]; Thomas-Marie Royou [6]; Marie Bizouard [7]; Jeanne-Angélique-Élisabeth Thiéry [8]; Maximilien-Joseph Dewrintz [9]; Rémy Lauchon [10]; Pierre-Louis

---

[1] Marie-Thérèse *Paichereau*, veuve *Laisné Sainte-Marie*, et André-Gabriel *Laisné*, son fils, inscrits sur la liste des émigrés du département du Loiret, qui ont justifié de leur résidence. — Arrêté du 4 fructidor an IV, signé Reubell, Revellière-Lépeaux, Barras (Arch. nat., AF III, 397, dossier 2113).

[2] Gédéon-Charles-Blaise *Rozerieulle*, et Françoise-Georges *Chélincourt*, son épouse, domiciliés à Retousey (Moselle), inscrits sur la liste des émigrés de la Moselle, qui ont justifié de leur résidence. — Arrêté du 4 fructidor an IV, signé Reubell, Barras, Revellière-Lépeaux (Arch. nat., AF III, 397, dossier 2113).

[3] Simon-Emmanuel-Julien *Le Normand*, ex-receveur général des finances, demeurant à Paris, inscrit sur la liste des émigrés du département du Loiret, qui a justifié de sa résidence. — Arrêté du 4 fructidor an IV, signé Reubell, Barras, Revellière-Lépeaux (Arch. nat., AF III, 397, dossier 2113).

[4] Jacques-Joseph-Félix-Angélique-Jean-Baptiste *Clemens*, inscrit sur la liste des émigrés du département des Bouches-du-Rhône, qui a justifié de sa résidence. — Arrêté du 4 fructidor an IV, signé Reubell, Barras, Revellière-Lépeaux (Arch. nat., AF III, 397, dossier 2113).

[5] Antoine-Joseph-Philippe-Régis *Esterno* père, ambassadeur de France en Prusse, décédé à Berlin le 23 août 1790 dans l'exercice de ses fonctions et n'ayant pas dû en conséquence être considéré comme émigré; — Adélaïde-Joséphine-Prosper *Esterno* et Aglaé-Marie-Charlotte *Esterno*, ses filles, qui n'ont été portées sur aucune liste d'émigrés des départements et qui, portées par erreur sur la liste générale, justifient de leur résidence.

— Arrêté du 4 fructidor an IV, signé Reubell, Revellière-Lépeaux, Barras (Arch. nat., AF III, 397, dossier 2113).

[6] Thomas-Marie *Royou*, professeur de philosophie au ci-devant collège dit de Louis-le-Grand, prêtre, décédé à Paris le 22 juin 1792, porté sur la liste des émigrés et dont la résidence est établie par son frère Jacques-Corentin *Royou*, ci-devant assesseur de la maréchaussée à Quimper. T.-M. *Royou*, né en 1741, mort en 1792, ancien collaborateur de Fréron à l'*Année littéraire*, s'était rendu célèbre depuis 1789 par la publication d'un journal contre-révolutionnaire, l'*Ami du Roi*. — Arrêté du 4 fructidor an IV, signé Reubell, Barras, Revellière-Lépeaux (Arch. nat., AF III, dossier 2113),

[7] Marie *Bizouard*, fille valétudinaire et octogénaire, inscrite sur la liste des émigrés du département du Calvados, qui a justifié de sa résidence. — Arrêté du 4 fructidor an IV, signé Reubell, Barras, Revellière-Lépeaux (Arch. nat., AF III, 397. dossier 2114).

[8] Jeanne-Angélique-Élisabeth *Thiéry*, demeurant à Paris, inscrite sur la liste des émigrés du département du Calvados, qui a justifié de sa résidence. — Arrêté du 4 fructidor an IV, signé Reubell, Barras, Revellière-Lépeaux (Arch. nat., AF III, 397, dossier 2114).

[9] Maximilien-Joseph *Devrintz*, natif de Brême, ville anséatique, domicilié dans le comté d'Oldenbourg, inscrit sur la liste des émigrés du département du Bas-Rhin, où il est possessionné, mais qui a justifié qu'il est toujours resté sujet du roi de Danemarck, par conséquent étranger. — Arrêté du 4 fructidor an IV, signé Reubell, Barras, Revellière-Lépeaux (Arch. nat., AF III, 397, dossier 2114).

[10] Remy *Lauchon*, négociant à Lorient,

…lin[1]; Étienne Genêt[2]; Étienne-Alexandre-Louis Pelletier[3]; Claude-Denis Turgis[4]; Alexandre-Mathias Becquet[5] et Joseph-Honoré-Guillaume Brousse[6].

Le Directoire rejette la réclamation de Jean Rayjal-Latour[7]; Étienne-Alexandre-Louis Le Pelletier et Claude-Denis Turgis[8].

Il ordonne au ministre de la guerre de rechercher la conduite du général Duhesme, prévenu de lâcheté et de s'être retiré à plusieurs lieues en arrière de l'armée de Rhin-et-Moselle, lors de la bataille qui eu lieu en avant de Nercsheim, le 24 thermidor dernier, et d'avoir ainsi compromis le sort de l'armée[9].

…scrit sur la liste des émigrés du département de la Loire-Inférieure, qui a justifié de sa résidence. — Arrêté du 4 fructidor an IV, signé Reubell, Barras, Révellière-Lépeaux (Arch. nat., AF III, 397, dossier 2114).

[1] Pierre-Louis *Blin*, rentier, demeurant à Bourdon (Somme), inscrit sur la liste des émigrés du département du Pas-de-Calais, qui a justifié de sa résidence. — Arrêté du 4 fructidor an IV, signé Reubell, Revellière-Lépeaux, Barras (Arch. nat., AF III, 397, dossier 2114).

[2] Etienne *Genêt*, jardinier, porté sur la liste des émigrés du département de Seine-et-Oise, qui a justifié de sa résidence. — Arrêté du 4 fructidor an IV, signé Reubell, Barras, Revellière-Lépeaux (Arch. nat., AF III, 397, dossier 2114).

[3] Étienne-Alexandre-Louis *Pelletier*, juge au tribunal du ci-devant district de Nemours, inscrit sur la liste des émigrés du département du Loiret, qui a justifié de sa résidence. — Arrêté du 4 fructidor an IV, signé Reubell, Barras, Revellière-Lépeaux (Arch. nat., AF III, 397, dossier 2114).

[4] Claude-Denis *Turgis*, domicilié dans la commune de Rouen, inscrit sur la liste des émigrés du département de l'Eure, qui a justifié de sa résidence. Arrêté du 4 fructidor an IV, signé Reubell, Barras, Revellière-Lépeaux (Arch. nat., AF III, 397, dossier 2114).

[5] Alexandre-Mathias *Becquet*, rentier, demeurant à Douai, inscrit sur la liste des émigrés du département du Pas-de-Calais, qui a justifié de sa résidence. — Arrêté du 4 fructidor an IV, signé Reubell, Barras, Revellière-Lépeaux (Arch. nat., AF III, 397, dossier 2114).

[6] Joseph-Honoré-Guillaume *Brousse*, ex-avoué, demeurant à Seclin, district de Lille, inscrit sur la liste des émigrés du département du Nord, qui a justifié de sa résidence. — Arrêté du 4 fructidor an IV, signé Reubell, Barras, Revellière-Lépeaux (Arch. nat., AF III, 397, dossier 2114).

[7] Jean *Rayjal-Latour*, ci-devant domicilié à Brive, qui, ayant quitté la France en janvier 1792 et n'y étant rentré que vers le mois de thermidor an III, ne peut ni justifier de sa résidence, ni se réclamer de la loi du 22 nivôse an III relative à la rentrée en France des ouvriers et laboureurs. — Il sera reconduit à la frontière. — Arrêté du 4 fructidor an IV, signé Reubell, Barras, Revellière-Lépeaux, AF III, 397, dossier 2114).

[8] Ces deux derniers noms sont ici portés par erreur, les individus qu'ils désignent étant au contraire, comme on l'a vu plus haut, rayés de la liste des émigrés.

[9] Arrêté du 4 fructidor an IV, signé Carnot, Le Tourneur, Barras [copie] (Arch. nat., AF III, 3). — DUHESME (Philippe-Guillaume), né à Bourgneuf (Bourgogne), le 7 juillet 1766, mort à Genappe (Belgique), le 18 juin 1815; capitaine au 2ᵉ bataillon de Saône-et-Loire (1792); général de brigade à l'armée du Nord (1793); général de division (8 nov. 1794); sert dans l'armée des Côtes de Brest, puis dans celle de Rhin-et-Moselle; de Rome (1798); destitué, puis réintégré (1799); sert en Italie, puis en Allemagne (1800-1801); en Espagne (1808); commandant de la Catalogne, rappelé en 1810 et resté en disgrâce jusqu'en 1814; prend part à la campagne de France (1814), rallié aux Bourbons; accepte un commandement de Napoléon pendant les Cent

Huit lettres sont écrites concernant le service militaire [1] :

Une au citoyen Haussmann, commissaire du gouvernement près l'armée de Rhin-et-Moselle [2] ;

Une au citoyen Barthélémy, ambassadeur de la République en Suisse [3] ;

Une au commissaire du Directoire près l'administration municipale de Beaune [4] ;

Une au ministre de la police générale [5] ;

Deux au ministre de la guerre [6] ;

Et deux au général en chef Moreau [7].

Le Directoire annule les ventes faites des biens situés dans la Belgique provenant des princes en guerre avec la République, pour payement de contribution militaire [8].

[Le Directoire exécutif, vu le mémoire qui lui a été présenté le 1er messidor dernier par les citoyens *Willens et Dotrenge, fondés de procuration des parents de plusieurs absents, domiciliés en la commune de Bruxelles, département de la Dyle,* pour réclamer contre l'application

ours; massacré à Genappe par les hussards de Brunswick, à la suite de la bataille de Waterloo (18 juin 1815).

[1] Toutes ces lettres, comme il est facile de le constater, ne sont pas relatives au service militaire.

[2] La minute de cette lettre ne se trouve pas dans les dossiers correspondant à la séance du 4 fructidor.

[3] Voir le texte de cette lettre plus loin à l'Appendice.

[4] Minute signée Carnot, Reubell, Barras (Arch. nat., AF III, 397, dossier 2113). — Le Directoire demande des renseignements sur le ci-devant prêtre Bouzereau, âgé de 76 ans, qui vient d'être transporté à Dijon dans la maison de réclusion de la Côte-d'Or et qui réclame la faculté de rester sous la surveillance de sa municipalité.

[5] Minute signée Le Tourneur, Carnot, Revellière-Lépeaux (Arch. nat., AF III, 397, dossier 2114). — Le Directoire lui transmet deux faux congés et une fausse feuille de route dont étaient porteurs deux individus que le général Kellermann a fait arrêter. — Voir plus haut.

[6] Minutes signées Carnot, Le Tourneur, Barras (Arch. nat., AF III, 397, dossier 2114). — Par la première de ces lettres, le Directoire communique au ministre de la guerre un extrait de lettre de son commissaire près l'armée de Rhin-et-Moselle, d'où il ressort que les approvisionnements sont absolument assurés pour ladite armée pendant le reste de la campagne. — Par la seconde, il l'invite, à envoyer le plus tôt possible la quantité de sapeurs et mineurs dont il pourra disposer au général Kellermann, à l'effet de démolir promptement les places du Piémont.

[7] Les minutes de ces deux lettres ne se trouvent pas dans les dossiers correspondant à la séance du 4 fructidor.

[8] Arrêté du 4 fructidor an IV, signé Barras, Reubell, Le Tourneur (Arch. nat., AF III, 397, dossier 2114). — Il s'agit d'un domaine appartenant au prince d'Orange, mis en vente par la municipalité de Diest, à défaut par celui-ci d'avoir payé sa quote-part de la contribution militaire imposée à cette commune lors de l'entrée des armées de la République dans le Brabant. L'arrêté du Directoire fait ressortir que les propriétés du prince d'Orange situées en Belgique sont devenues domaine de la République française par le fait de la conquête.

de la loi du 25 brumaire an III, concernant les émigrés, aux départements réunis par la loi du 9 vendémiaire an IV;

Considérant que les raisons employées dans ce mémoire pour établir que les dispositions de la loi du 25 brumaire an III ne sont point applicables aux habitants des neuf départements dont il s'agit portent toutes sur la supposition qu'antérieurement à cette loi il n'en existait aucune d'après laquelle on pût traiter comme émigrés ceux d'entre ces habitants qui, à l'approche des armées françaises ou après leur entrée dans la ci-devant Belgique, avaient abandonné leur domicile pour passer en pays étranger et n'étaient pas revenus dans un certain délai; mais que cette supposition est détruite :

1° Par l'article 8 de l'arrêté des représentants du peuple près les armées du Nord et de Sambre-et-Meuse, du 27 thermidor an II, lequel est ainsi conçu : « Tout habitant des pays conquis, absent de son domicile, pourra y rentrer dans un délai de quinze jours, à compter de la publication du présent arrêté : ce délai écoulé, tous ceux qui ne seront pas rentrés seront réputés émigrés. Cette faculté ne pourra avoir lieu en faveur de ceux qui se seraient rendus coupables envers la République d'un délit quelconque, pour lequel ils seraient dans le cas d'être poursuivis et jugés comme ennemis du peuple français. Elle n'aura pas lieu non plus à l'égard des habitants des pays conquis dont les biens étaient déjà en séquestre en vertu des lois précédentes. Le délai, pour les habitants qui se trouveraient dans les places actuellement bloquées, ne courra que du jour que le blocus ou l'empêchement à la sortie de la place aura cessé, mais le séquestre de leurs biens aura toujours lieu provisoirement »;

2° Par l'arrêté des mêmes représentants du peuple, en date du 8 frimaire an III, portant que l'exception contenue en l'article 8 de l'arrêté du 27 thermidor précédent « ne doit avoir lieu principalement qu'en faveur de ceux qui justifieront n'avoir été absents que pour leurs affaires, des bons citoyens, des cultivateurs, ouvriers, journaliers et autres individus qui ont été forcés de servir au transport des vivres et équipages des troupes des tyrans coalisés contre la liberté française, mais que cette même exception ne peut aucunement tourner au profit des malveillants, des ennemis de la République et de ceux qui ont suivi ou précédé l'évacuation des soldats de la tyrannie en haine des soldats français »;

3° Par l'article 1ᵉʳ de l'arrêté pris le lendemain, 9 frimaire an III, par les mêmes représentants du peuple, lequel déclare « propriétés de la République française les biens meubles et immeubles, créances actives, droits et actions mobilières et immobilières qui étaient possédés ou dont jouissaient dans la Belgique et autres pays conquis : 1° le ci-devant gouvernement ennemi ; 2° les princes étrangers qui sont en guerre contre la République ou au service de leurs ennemis..... ; 5° les Français constitués émigrés suivant les lois concernant l'émigration ; 6° *les émigrés du pays conquis,* les maisons religieuses et bénéfices abandonnés, et *tous autres absents, réputés émigrés* » ;

4° Par l'arrêté même du 8 germinal an III, par lequel les mêmes représentants du peuple *ont sursis à la vente des biens meubles et immeubles des Belges absents, réputés émigrés;*

5° Par l'arrêté du lendemain, 9 frimaire an III, par lequel les mêmes représentants du peuple, étendant aux pays conquis la loi du 12 nivôse précédent, et lui donnant à leur égard plus de latitude qu'elle n'en avait dans son propre texte, *ont autorisé à revenir dans leurs foyers toute personne vivant du travail de ses mains, les artistes, les hommes de lettres, les cultivateurs, négociants, marchands, fabricants, banquiers, domiciliés dans ces pays avant l'entrée des troupes françaises et qui s'en étaient absentés;*

6° Par l'article 2 de la loi du 3 brumaire an IV, rendue pour les départements réunis le 9 vendémiaire précédent, qui confirme les arrêtés ci-dessus, en ce qu'il ordonne que « les arrêtés du Comité de salut public et des représentants du peuple en mission auxquels il n'a pas été dérogé jusqu'à ce jour par le Comité de salut public continueront d'être exécutés dans ces pays jusqu'à l'établissement qui s'y fera successivement des lois françaises » ;

Considérant que, d'après des dispositions aussi précises, les représentants du peuple *Pérès* et *Portiez* (de l'Oise), envoyés le 2 brumaire dernier dans les départements réunis par la loi du 9 vendémiaire précédent, n'ont pu douter que, dans ces départements, on ne dût regarder comme émigrés ceux qui, avant ou depuis l'entrée des troupes républicaines dans ces pays, avaient abandonné le domicile qu'ils y avaient pour se retirer chez l'étranger ; que c'est dans cet état de choses qu'ils ont pris, le 8 du même mois de brumaire, un arrêté par lequel ils ont ordonné que les lois des 25 brumaire, 22 nivôse, 22 germinal, 12 et 26 floréal, 22 prairial, 1ᵉʳ et 20 fructidor et 4ᵉ jour complémentaire de l'an IIIᵉ, concernant les émigrés et prêtres déportés de France, etc., seraient publiées dans les départements réunis à la République, pour être exécutées dans les dix jours, à dater de la publication; que le droit de faire publier ces lois leur était attribué par l'arrêté du Comité de salut public du 20 frimaire an III, portant défense aux autorités constituées dans la Belgique de publier d'autres lois de la République française que celles qui leur seraient envoyées par les représentants du peuple en mission dans ces contrées, et ordre de reconnaître et faire promulguer les arrêtés de ces commissaires, et qu'ils ont pu exercer ce droit, même postérieurement à l'installation du Corps législatif, puisque la loi du 20 vendémiaire an IV avait prorogé leur mission et, par conséquent, les pouvoirs qui y étaient inhérents, jusqu'au moment où le Directoire exécutif leur eût fait notifier son entrée en fonctions;

Considérant que si ces termes de leur arrêté : *concernant les émigrés et prêtres déportés de France* ont pu, du premier abord, faire croire à ceux qui, placés dans l'intérieur de la République, n'avaient pas sous les yeux l'ensemble de leurs opérations, qu'ils n'avaient fait publier les lois dont il s'agit que pour être appliquées aux émigrés des anciens départements, cette opinion n'a pu du moins se répandre et être accueillie dans les départements où s'est faite la publication de ces lois, parce que là étaient notoirement connus les arrêtés que les représentants du peuple *Pérès* et *Portiez* (de l'Oise) avaient pris les 11 brumaire et 5 frimaire an IV, et desquels il résulte évidemment que sous les mots *émigrés et déportés de France* ils avaient, dans l'arrêté du 8 brumaire, compris les émigrés et déportés des pays réunis le 9 vendémiaire, par la raison que la réunion de ces pays en avait fait une portion intégrante du territoire français; qu'aussi, dans l'arrêté du 11 brumaire, ils s'expriment en ces termes : « Les représentants du peuple... désirant maintenir l'exécution des lois et décrets de la Convention nationale relatifs aux *émigrés français ou prêtres déportés.....*, déclarent que, pour avoir le visa des représentants du peuple sur les passeports qui leur seront présentés pour obtenir la rentrée des Belges absents, il est indispensable que les dispositions ci-après détaillées soient remplies : — ARTICLE 1ᵉʳ. Il faut que les passeports soient expédiés par les officiers municipaux de la commune où l'absent était domicilié au moment de son départ. — Art. 2. Les noms, prénoms et qualités des personnes auxquelles on les accorde doivent être clairement et distinctement énoncés. — Art. 3. L'époque de leur demeure dans la commune où le passeport s'expédie..... On devra, au surplus, se conformer au modèle ci-après : Nous, maire... déclarons que Pierre ....., citoyen de la ci-devant Belgique, demeurant en cette commune depuis 1788, est absent d'icelle depuis le mois de mai 1793 et que, conformément aux lois, et notamment à celle du 25 brumaire de l'an III (voyez l'article 6, n° 4 du titre 1er de la loi du 25 brumaire ci-dessus) ....., peut rentrer dans ses foyers»;

Que l'arrêté du 25 frimaire dernier est encore plus formel : «Les représentants du peuple..... (y est-il dit), voulant remettre aux administrations départementales le soin de réintégrer dans leurs biens les Belges absents qui viennent à rentrer dans leurs foyers dans le délai de trois mois qui leur est accordé par la loi du 25 brumaire an III, rapportent les dispositions de l'article 4 de l'arrêté du 9 germinal dernier, en ce qui concerne l'attribution qu'ils s'étaient réservée et donnent ladite attribution aux administrations de département, chacune dans leur ressort respectif»;

Considérant que ces mêmes arrêtés ont établi, de la manière la plus précise, qu'en vertu ou par suite de la loi du 25 brumaire an III, il était accordé aux absents des neuf départements réunis, pour rentrer en France, un délai de trois mois, à compter de la publication de la loi du 9 vendémiaire an IV, sans qu'on dût à cet égard distinguer les communes de ces départements qui avaient voté leur réunion un peu plus tôt ou un peu plus tard, d'avec celles qui ne l'avaient pas votée du tout; et que par là ils ont résolu à l'avance les doutes qui depuis ont été sur ce point proposés au Gouvernement par quelques administrations départementales des pays réunis, doutes d'ailleurs d'autant plus mal fondés que c'est par pure faveur que les arrêtés des 11 brumaire et 5 frimaire an IV ont appliqué aux départements réunis la disposition du n° 4 de l'article 6 du titre 1er de la loi du 25 brumaire an III, puisque, aux termes de l'arrêté du 27 thermidor an II, confirmé par l'article 2 de la loi du 4 brumaire an IV, on pouvait traiter définitivement comme émigrés tous ceux qui n'étaient pas rentrés dans leurs foyers quinze jours après sa publication,

Arrête ce qui suit :

Article 1er. Il n'y a pas lieu à délibérer sur le mémoire présenté au Directoire exécutif, le 1er messidor dernier, par les citoyens *Willens* et *Dotrenge*, et tendant à soustraire aux lois concernant les émigrés les habitants des départements réunis qui ont passé en pays étranger dans le cours de l'an II et ne sont pas rentrés en France dans les trois mois de la publication de la loi du 9 vendémiaire dernier.

Art. 2. La partie du préambule de l'arrêté du 4 floréal dernier, inséré au Bulletin des lois (*B. 43, n° 345*), qui commence par ces mots : «*que la chose est d'autant moins douteuse*» et finit par ceux-ci : «*mais les émigrés de France*», est rapportée.

Art. 3. Le ministre de la police générale rendra compte dans le mois au Directoire exécutif de l'état où se trouvent les opérations des corps administratifs des départements réunis relativement aux émigrés.

Art. 4. Le présent arrêté sera, par la voie du *Bulletin des lois*, imprimé et publié dans les neuf départements réunis par la loi du 9 vendémiaire dernier.

Les ministres de la justice, des finances et de la police générale sont chargés de son exécution, chacun en ce qui le concerne. — Arch. nat., AF III, 397, dossier 2114 [1]].

Le Directoire exécutif au citoyen Barthélemy,
Ambassadeur de la République française en Suisse.

Le Directoire exécutif a reçu votre lettre du 12 thermidor qui lui annonce l'arrivée à Bâle de l'adjudant général Crublier [2] et l'instruit des mesures prises de

---

[1] Signé à la minute Le Tourneur, Reveillière-Lépeaux, Barras, Reubell.

Outre les pièces qui viennent d'être signalées, on trouve les suivantes, de la même date, non mentionnées au procès-verbal, dans les dossiers se rapportant à la séance du 4 fructidor :

Dans le dossier 2113 : 1° Arrêté nommant le citoyen Amaury Gelasseau administrateur municipal de la commune de Chollet (Maine-et-Loire). — 2° Arrêté signé Le Tourneur, Reubell, Carnot, qui, en vertu de la loi du 21 floréal, autorise Claude-François-Robin *Latremblaye* à revenir à Paris et à y résider.

Dans le dossier 2114 : Arrêté, signé Carnot, Reubell, Barras, qui nomme capitaine le lieutenant Bonaparte, aide de camp du général en chef de l'armée d'Italie (il s'agit de Louis Bonaparte, né en 1778, frère de Napoléon).

Le dossier 2115, dont le contenu, comme celui des deux précédents, se rapporte à la séance du 4 fructidor, est formé de 63 pièces relatives à des nominations de juges, commissaires, etc, dans les départements de l'Ain, des Bouches-du-Rhône, de la Charente-Inférieure, de Maine-et-Loire, du Mont-Blanc, du Var et des Vosges.

[2] Sur la mission de Crublier, voir plus haut, p. 167 et 168.

concert pour que le départ de la personne qui doit l'accompagner ne puisse donner lieu à des conjectures nuisibles à l'objet de son voyage. Le Directoire vous annonce que ces mesures ont reçu son approbation.

Carnot, Le Tourneur, P. Barras[1].

SÉANCE DU 5 FRUCTIDOR AN IV[2]

22 AOÛT 1796.

Le Directoire arrête que le bataillon qui est actuellement dans la commune de Dijon se rendra sans délai à l'armée des Alpes, aux ordres du général en chef Kellermann.

Le ministre de l'intérieur fait un rapport sur la situation malheureuse où se trouve le citoyen Perrier, ancien employé qui, par la réforme qu'il a essuyée, le 18 ventôse dernier, et le vol de son portefeuille, se trouve dans le plus affreux dénuement. Il propose et le Directoire arrête que, sur les fonds mis à sa disposition, il sera accordé au citoyen Perrier, à titre de secours extraordinaire, une somme de deux mille francs, valeur fixe[3].

Le ministre de la marine, chargé de donner son avis sur la proposition faite au Directoire, le 20 thermidor dernier[4] par le ministre de l'intérieur, de concert avec celui des finances, d'autoriser les chargements sur navires neutres des marchandises du Levant et leur importation par Marseille, fait son rapport sur cette proposition et soumet quelques modifications au projet d'arrêté proposé par le ministre de l'intérieur, pour en faciliter l'exécution.

La proposition mise en délibération n'est pas approuvée[5].

Le Directoire adresse deux messages au Conseil des Cinq-Cents.

Par le premier, il propose à ce Conseil d'accorder aux concessionnaires et propriétaires constructeurs du Pont-Morand, à Lyon, un doublement pendant cinq ans du droit de péage établi sur ce pont, en

---

[1] Arch. nat., AF III, 397, dossier 2113.
[2] Arch. nat., AF III*, fol. 174-177. — AF III, 3.
[3] Arrêté du 5 fructidor an IV, signé Le Tourneur, Revellière-Lépeaux, Reubell (Arch. nat., AF III, 397, dossier 2113).
[4] Voir plus haut, p. 286.
[5] Arch. nat., AF III, 397, dossier 2117. — Voir le rapport du ministre de la marine.

indemnité de leur non-jouissance pendant trois ans et des dépenses extraordinaires qu'exigent les réparations à y faire[1].

Par le second, il lui transmet une réclamation des anciens professeurs de l'Université de Paris contre la cessation de leur traitement[2].

Le ministre des finances est autorisé à mettre à la disposition du citoyen Conti, ou de son fondé de pouvoir, ce qui reste encore de ses meubles en nature[3].

Le Directoire ordonne l'exécution du règlement concernant les ateliers de filature établis à l'hospice de la Salpêtrière[4].

La Trésorerie nationale est chargée de couvrir par une quittance comptable le payeur du département du Rhône de la somme de 1000 francs en numéraire effectif, qu'il a acquittée d'après un arrêté du représentant du peuple Reverchon, commissaire du gouvernement[5].

Le ministre des finances délivrera à titre d'indemnité au citoyen Jourdain Rocheplate, capitaine invalide, une ordonnance de cinq cents livres, en monnaie de cuivre, sur la Trésorerie nationale[6].

---

[1] Message lu à la séance du 9 fructidor (*C. C.*, fructidor an IV, 169-171). — Il s'agit d'un pont en bois sur lequel un droit de péage avait été accordé aux constructeurs en 1771. Ils étaient de fait privés de ce droit depuis l'époque du siège de Lyon (octobre 1793), et des réparations considérables étaient devenues nécessaires.

[2] Message lu à la séance du 9 fructidor (*C. C.*, fructidor an IV, 172-174). — Les professeurs *émérites* de l'ancienne Université de Paris recevaient, sous l'ancien régime, après *vingt ans de services*, une pension de retraite garantie par le 28ᵉ du produit des postes et messageries, dont jouissait ladite Université. Cette pension, qui s'élevait à 1400 livres et même à 1700 pour les vingt plus anciens émérites, ne leur avait été payée que jusqu'au 12 pluviôse an III, le comité des finances ayant décidé qu'à l'avenir elles devraient être liquidées en vertu des décrets concernant les pensions. Le Directoire représente qu'il y aurait injustice à cela, parce que la loi du 22 août 1790, qui exige *trente ans de services* pour les retraites, «porterait atteinte à la convention passée entre l'ancien gouvernement et les professeurs de l'Université».

[3] «Pour les réunir à Paris ou être employés à son service à Melun, où il est provisoirement retiré». — Arrêté du 5 fructidor an IV, signé Le Tourneur, Reubell, Barras (Arch. nat., AF III, 397, dossier 2117). — Sur le prince de Conti, voir séance du 29 germinal an IV. Le prince a représenté (rapport du ministre des finances, dossier 2117) qu'il a dû contracter des dettes, que les 50,000 francs en mandats qui lui ont été accordés, et qui ne sont payables que de décade en décade, ne peuvent les acquitter.

[4] L'un pour les enfants de 5 à 16 ans, l'autre pour les filles plus âgées. Les filles du grand atelier qui refuseraient de s'y rendre ou d'y travailler seront renvoyées de la maison. — Arrêté du 5 fructidor an IV, signé Le Tourneur, Carnot, Barras, Reubell (Arch. nat., AF III, 397, dossier 2116).

[5] Somme payée en vertu de l'arrêté de Reverchon du 28 pluviôse an IV «au général La Salcette, chargé d'une mission importante». — Arrêté du 5 fructidor an IV, signé Le Tourneur, Reubell, Barras (Arch. nat., AF III, 397, dossier 2117).

[6] Cet officier, qui avait 74 ans d'âge et 39 ans de services, avait subi une détention de 13 mois, à l'occasion de laquelle des effets mobiliers lui avaient été enlevés. — Arrêté du

Les scellés apposés sur le *Salon des Muses*[1] seront levés[2].

Le Directoire accorde au citoyen Cels une somme de deux mille quatre cents francs, valeur métallique en numéraire, à titre d'encouragement et pour l'aider à soutenir sa culture précieuse des plantes et des végétaux exotiques[3].

Il ordonne que le sel existant dans le dépôt de la rue Germain-l'Auxerrois continuera à être distribué au public à raison d'un décime ou de deux sous la livre[4].

Il autorise l'administration des postes et messageries à faire élever d'un étage et d'une mansarde au-dessus deux ailes de bâtiments de ladite maison, pour y placer des bureaux[5].

Le fils et le frère du général de brigade Pierrot, les deux fils du citoyen Lechat et le fils du citoyen Félix, qui sont arrivés de Saint-Domingue à Rochefort avec le fils du général Toussaint-Louverture, recevront, ainsi qu'il a été arrêté pour ces derniers, l'instruction aux frais du gouvernement[6].

Sur le rapport du ministre de la police générale les noms des citoyens qui suivent sont rayés de la liste des émigrés :

Phébade Montpezat[7]; Maximilien-Louis Buissy[8]; Félicité Lopriac-

---

5 fructidor, an IV, signé Reubell, Barras, Revellière-Lépeaux (Arch. nat., AF III, 397, dossier 2117).

[1] Ancien *Salon des princes*, fermé par arrêté du 8 ventôse an IV (Voir t.I, p. 691).

[2] Arrêté du 5 fructidor an IV, signé Le Tourneur, Reubell, Carnot (Arch. nat., AF III, 397, dossier 2116).

[3] Arrêté du 5 fructidor an IV, signé Le Tourneur, Revellière-Lépeaux, Barras, Reubell (Arch. nat., AF III, 397, dossier 2116). — «Sa culture, lit-on dans le rapport du ministre de l'intérieur (même dossier), qui porte principalement sur les plantes et les végétaux exotiques, est du plus grand intérêt pour la chose publique, puisque, malgré les orages de la Révolution, il a conservé une collection de plantes et de végétaux exotiques qui a toujours été considérée comme une des premières de l'Europe». — Cels, membre de l'Institut, né en 1743, mort en 1806, botaniste célèbre, créateur d'une pépinière qui passait pour la plus belle de l'Europe.

[4] *En numéraire*, vu la perte que la dépréciation des assignats fait subir à la République. — Arrêté du 5 fructidor an IV, signé Le Tourneur, Reubell, Barras (Arch. nat., AF III, 397, dossier 2117) et rapport du ministre des finances y annexé.

[5] Pour faciliter le service intérieur de la poste aux lettres à Paris, dont les bureaux sont trop resserrés, et préparer un local pour le placement de la section des relais, située place des Victoires dans la maison Massiac, qui est soumissionnée et pourra être vendue. — Arrêté du 5 fructidor an IV, signé Le Tourneur, Reubell, Barras (Arch. nat., AF III, 397, dossier 2117) et rapport du ministre des finances y annexé.

[6] Arrêté du 5 fructidor an IV, signé Le Tourneur, Revellière-Lépeaux, Barras (Arch. nat., AF III, 397, dossier 1117). — Voir plus haut.

[7] Phébade *Montpezat*, inscrit sur la liste des émigrés du département de Lot-et-Garonne, qui a justifié de sa résidence. — Arrêté du 5 fructidor an IV, signé Le Tourneur, Revellière-Lépeaux, Barras (Arch. nat., AF III, 397, dossier 2116).

[8] Maximilien-Louis *Buissy*, ex-président au parlement de Flandre, demeurant à Douai, inscrit sur la liste des émigrés du départe-

[22 AOÛT 1796]   DU DIRECTOIRE EXÉCUTIF.   425

Donge, veuve Querhoënt[1]; François-Barthélemy Fage, fils[2]; François-Auguste Barbieux[3]; Jean Noirot[4]; Nicolas Chevalier[5]; Marie-Aimée-Marguerite-Françoise Gorjon, veuve de Firmin-Pierre-Joseph Warnier-Wailly[6]; et Paul-Isaac-Marie-Félix Bessay[7].

[Le Directoire exécutif, après avoir entendu le rapport du ministre de la police générale relatif à Sébastien Saint-Marc, ex-prêtre et agent municipal de la commune de Villeneuve[8], et les pièces y jointes, desquelles il résulte que ledit Sébastien Saint-Marc est prévenu d'être un prêtre réfractaire, d'avoir accompagné un prétendu nonce du Pape[9] chez plusieurs prêtres pour les engager à rétracter leur serment; d'avoir surpris un certificat de civisme sous la moustache et l'habit de dragon[10],

ment du Pas-de-Calais, qui a justifié de sa résidence. — Arrêté du 5 fructidor an IV, signé Le Tourneur, Revellière-Lépeaux, Barras (Arch. nat., AF III, 397, dossier 2116).

[1] Félicité *Lopriac-Donge*, ex-noble, veuve de Louis-Joseph *Kerhoënt*, brigadier des armées françaises, «tombée sous le glaive de la loi en vertu d'un jugement du tribunal révolutionnaire de Paris du 8 thermidor an II», inscrite sur les listes des émigrés des départements de la Loire-Inférieure et de l'Eure, et dont la résidence a été établie par Pulchérie-Éléonore *Lanion*, veuve *Pons*, son héritière. — Arrêté du 5 fructidor an IV, signé Le Tourneur, Revellière-Lépeaux, Barras (Arch. nat., AF III, 397, dossier 2116).

[2] François-Barthélemy *Fage* fils, géomètre, domicilié à Apt (Vaucluse), inscrit sur la liste des émigrés du département de Vaucluse, qui a justifié de sa résidence (Arch. nat., AF III, 397, dossier 2116).

[3] François-Auguste *Barbieux*, marchand épicier, demeurant à Douai, inscrit sur la liste des émigrés du département du Pas-de-Calais, qui a justifié de sa résidence. — Arrêté du 5 fructidor an IV, signé Le Tourneur, Revellière-Lépeaux, Barras (Arch. nat., AF III, 397, dossier 2116).

[4] Jean *Noirot*, cultivateur, domicilié commune de Frolois, ci-devant district de Semur (Côte-d'Or), inscrit sur la liste des émigrés du département de la Côte-d'Or, qui a justifié de sa résidence. — Arrêté du 5 fructidor an IV, signé Le Tourneur, Revellière-Lépeaux, Barras (Arch. nat., AF III, 397, dossier 2116).

[5] Nicolas *Chevalier*, domicilié dans la commune d'Arpajon (Seine-et-Oise), inscrit sur la liste des émigrés du département de Seine-et-Oise, qui a justifié de sa résidence. — Arrêté du 5 fructidor an IV, signé Le Tourneur, Revellière-Lépeaux, Barras (Arch. nat., AF III, 397, dossier 2116).

[6] Marie-Aimée-Marguerite-Françoise *Gorjon*, veuve de Firmin-Pierre-Joseph *Warnier-Wailly*, arrêtée le 9 vendémiaire an II par mesure de sûreté générale, décédée à Abbeville en prison le 12 germinal an II, inscrite pendant sa détention sur la liste des émigrés du département de la Somme, et dont la résidence a été établie par ses héritiers. — Arrêté du 5 fructidor an IV, signé Le Tourneur, Revellière-Lépeaux, Barras (Arch. nat., AF III, 397, dossier 2116).

[7] Paul-Isaac-Marie-Félix *Bessay*, ex-noble, procédant sous l'autorité de Marie-Jeanne-Louise-Aimée *Jaillard*, épouse de François *Dauber*, auparavant veuve *Bessay*, sa mère et tutrice, demeurant à Nantes, inscrit sur la liste des émigrés du département de la Loire-Inférieure, qui a justifié de sa résidence. — Arrêté du 5 fructidor an IV, signé Le Tourneur, Revellière-Lépeaux, Barras (Arch. nat., AF III, 397, dossier 2116).

[8] Département des Landes.

[9] «Un nommé Lamarque, ex-vicaire général, se disant nonce du pape» (Rapport du ministre de la police. Arch. nat., AF III, 397, dossier 2116).

[10] «...Quatre citoyens ont déclaré, dit le rapport précité, qu'au retour d'un voyage à Toulouse il se présenta à la commune avec la moustache et l'habit de dragon, demanda un certificat de civisme pour voler aux frontières, mais qu'à peine l'eut-il obtenu, il fit dispa-

et qu'enfin il s'élève de violents soupçons que sa prestation de serment est un acte fait pour la circonstance[1];

Vu aussi la défense de Sébastien Saint-Marc;

Considérant qu'il est important à la tranquillité publique que les membres des autorités constituées jouissent de la confiance et de l'estime de leurs concitoyens, ce qui ne peut être que lorsque leur conduite est claire et exempte de reproches;

Considérant que Sébastien Saint-Marc, loin de réunir les suffrages de ses concitoyens, paraît être pour eux un sujet de trouble et de désordre,

Arrête, en vertu de l'article 196 de l'acte constitutionnel:

ARTICLE 1er. Le nommé Sébastien Saint-Marc-de-la-Bastide, agent municipal de la commune de Villeneuve, canton de ce nom, département des Landes, est destitué.

ART. 2. Il sera promptement pourvu par l'administration municipale de ce canton à son remplacement.

ART. 3. L'administration centrale est chargée de vérifier si ledit Sébastien Saint-Marc a réellement prêté serment et de faire les poursuites que la loi exige au cas contraire.

ART. 4. Le ministre de la police générale de la République est chargé de l'exécution du présent arrêté qui ne sera point imprimé. — Arch. nat., AF III, 397, dossier 2116[2]].

En considération des services qu'a rendus à la République l'adjudant-général Robert, qui vient de périr par accident, les deux chevaux qui lui avaient été donnés, pour faire son service, par le gouvernement, sont laissés à sa succession comme sa propriété[3].

On écrit au ministre de la guerre, en lui envoyant la pétition du citoyen Mesnard, notaire, qui réclame ses armes[4].

Le bail de la fonderie du Creusot est résilié pour le 1er vendémiaire prochain[5].

raître ses moustaches, quitta l'habit militaire et devint le plus ardent persécuteur des citoyens qui s'étaient montrés amis de la Révolution et partisans de la liberté...».

[1] Voir le rapport du ministre de la police, notamment sur ce point et sur les tournées faites par Saint-Marc avec Lamarque.

[2] Signé à la minute Le Tourneur, Revellière-Lépeaux, Barras.

[3] Arrêté du 5 fructidor an IV, signé Carnot, Reubell, Barras (Arch. nat., AF III, 397, dossier 2117).

[4] Qui lui ont été enlevées par ordre du Comité révolutionnaire de la section de l'Unité, à Paris. — Minute signée Carnot, Reubell, Barras (Arch. nat., AF III, 397, dossier 2116).

[5] Arrêté du 5 fructidor an IV, signé Car-

L'arrêté du 3 prairial dernier [1], concernant les citoyens Pierre-Antoine Chaigneau-Desfrancs, Armand Lavaud, Prosper Bernard et Jacques Moriceau, est rapporté et ces citoyens sont autorisés à rester à leur poste, comme employés dans les équipages des vivres [2].

L'administration des hôpitaux est autorisée d'avoir un compte ouvert avec les directeurs des bureaux de poste aux lettres, pour le port des lettres ou paquets qu'ils sont dans le cas de recevoir, relativement à leur service [3].

On écrit au ministre de la police générale, pour l'inviter à presser l'organisation des colonnes mobiles de la garde nationale sédentaire et à détruire les insinuations [4] de la malveillance contre cette institution [5];

Au ministre de la guerre, pour l'inviter à faire connaître si le citoyen Lamotze est intéressé dans quelque entreprise, d'examiner sa conduite, et de le faire traduire, s'il y a lieu, devant les tribunaux [6];

Au ministre des finances pour l'inviter à faire vérifier si le citoyen Lamotze est chargé de recouvrements à faire à Francfort, à examiner sa conduite et à le faire juger s'il y a lieu [7];

Au citoyen Joubert, commissaire du gouvernement près l'armée de Sambre-et-Meuse, pour l'inviter à examiner les dénonciations portées

---

not, Reubell, Barras (Arch. nat., AF III, 397, dossier 2116). — Les fonderies du Creusot avaient été mises en réquisition en germinal an II par le Comité de Salut public et confiées au citoyen Ramus par forme de bail devant finir en germinal an IV. Ces établissements venaient d'être acquis par les citoyens Bureau, Mollerat et Cailus. Voir au même dossier leur lettre du 10 fructidor au Directoire sur l'exécution de l'arrêté du 5 et la lettre adressée par le gouvernement au ministre de la marine, le 11 fructidor, sur les précautions et formalités à remplir lors de la remise de la fonderie du Creusot à ses nouveaux propriétaires.

[1] Voir t. II, p. 445. Cet arrêté leur enjoignait de rejoindre leurs corps respectifs, comme réquisitionnaires.

[2] Arrêté du 5 fructidor an IV, signé Le Tourneur, Carnot, Barras (Arch. nat., AF III, 397, dossier 2117).

[3] Le montant desdits comptes pendant le mois sera soldé par les préposés qu'il concernera dans la première décade du mois suivant. — Arrêté du 5 fructidor an IV. Signé Carnot, Le Tourneur, Barras (Arch. nat., AF III, 396, dossier 2102).

[4] Notamment le bruit que ces colonnes sont destinées à être employées par la suite aux armées.

[5] Minute signée Carnot, Revellière-Lépeaux, Barras (Arch. nat., AF III, 397, dossier 2116).

[6] Minute signée Carnot, Revellière-Lépeaux, Barras (Arch. nat., AF III, 397, dossier 2117). — Voir les deux notes qui suivent. — Il ressort de la réponse du ministre des finances, du 14 fructidor (même dossier), que Lamotze avait été chargé du recouvrement des contributions sur le pays conquis.

[7] Minute signée Carnot, Revellière-Lépeaux, Barras (Arch. nat., AF III, 397, dossier 2117). — Voir la note suivante.

contre le citoyen Lamotze [1] et à le faire traduire devant les tribunaux, si elles sont fondées [2].

Un messager d'État est envoyé par le Conseil des Anciens : il présente deux lois qui portent : la première, qu'il est accordé un nouveau délai de trois mois aux citoyens Biré et Savalette pour rendre leurs comptes [3]; la seconde relève de la déchéance prononcée par la loi les défenseurs de la patrie, tant de terre que de mer, qui, inscrits sur une liste d'émigrés, prouveront qu'ils étaient présents aux drapeaux, ou en activité de service, au moment de leur inscription [4], etc.

Le Directoire ordonne que ces lois seront publiées, exécutées et qu'elles seront munies du sceau de l'État. Elles sont en conséquence adressées de suite à l'enregistrement pour deux expéditions être envoyées, sans délai, au ministre de la justice, avec l'arrêté portant ordre d'impression et de publication dans les formes prescrites par les lois [5].

SÉANCE DU 6 FRUCTIDOR AN IV [6]
23 AOÛT 1796.

Le Directoire adresse au Conseil des Cinq-Cents un message pour lui donner des éclaircissements qu'il a demandés [7] concernant le quatrième supplément de la liste des émigrés pour le département de l'Aveyron [8].

---

[1] Ci-devant entrepreneur des fourrages, accusé de dilapidations et qui, paraît-il, insinue «qu'il est soutenu par des hommes à la tête du gouvernement».

[2] Minute signée Carnot, Revellière-Lépeaux, Barras (Arch. nat., AF III, 397 dossier 2117).

[3] Bull., II, LXXI, n° 647.

[4] Seront également relevés de la déchéance ceux dont les familles prouveront que, présents à leur corps lors de leur inscription sur la liste des émigrés, ils sont, depuis, morts sur le champ de bataille ou tombés au pouvoir de l'ennemi. — Bull., II, LXIX, n° 640.

[5] Outre les pièces qui viennent d'être indiquées, il faut signaler dans le dossier 2117 (Arch. nat., AF III, 397) la minute, signée Carnot, Le Tourneur, Barras, d'un arrêté du 5 fructidor an IV, non mentionné au procès-verbal, par lequel un congé de deux mois est accordé au citoyen Claude-François Duval, lieutenant de la 31ᵉ division de gendarmerie nationale à pied, présentement adjudant de la place de Namur.

Le dossier 2118, dont le contenu, comme celui des deux précédents, se rapporte à la séance du 5 fructidor, est formé de 30 pièces relatives à des nominations de juges, d'assesseurs, de commissaires, etc., dans les départements de l'Aisne, des Ardennes, du Calvados, de la Lozère, de la Manche et de l'Orne.

[6] Arch. nat., AF III*, 4, fol. 177-180. — AF III, 3.

[7] Voir plus haut, p. 255 (séance du 16 thermidor).

[8] Message lu à la séance du 7 fructidor

Il accorde une somme de 3,000 livres, en espèces métalliques, au citoyen Hatry, commandant en chef l'armée de l'Intérieur, pour indemnités en raison des dépenses extraordinaires qu'exige le poste qui lui est confié[1].

Il ordonne la publication dans les départements réunis des lois et arrêtés sur la manière de procéder dans les actions judiciaires qui intéressent la République; des arrêtés concernant les Français voyageant dans les pays étrangers; de la loi du 16 thermidor, relative à la prestation de serment des employés de la régie, de l'enregistrement, etc; de celle des 19 et 20 du même mois, relative à la haute-cour de justice; de celle du 23 du même mois, relative aux délits champêtres; de celle du 29, sur la fête de la fondation de la République, et de celle du même jour sur le cautionnement prescrit par l'article 222 du code des délits et des peines[2].

On écrit à l'administration centrale du département de l'Aveyron pour la presser de fournir les éclaircissements demandés par le Directoire par sa lettre du 19 thermidor dernier[3].

Un messager d'État envoyé par le Conseil des Anciens est admis et présente une loi qui ordonne le payement en numéraire métallique des droits établis sur les rubans de fil et de laine et sur tous les ouvrages de quincaillerie et mercerie importés des manufactures du duché de Berg[4].

Le Directoire ordonne que cette loi sera publiée, exécutée et qu'elle sera munie du sceau de l'État. Elle est en conséquence adressée de suite à l'enregistrement pour deux expéditions être envoyées, sans

---

(*C. C.*, fructidor an IV, 136-137). — Le Directoire informe le Conseil que l'administration du département de l'Aveyron n'a pas encore répondu à la demande de renseignements qu'il lui a adressée à cet égard, et que, d'autre part, le ministre de la police n'a pas terminé le travail dont il l'a chargé sur les demandes en radiation de la liste des émigrés.

[1] Arrêté du 6 fructidor an IV, signé Revellière-Lépeaux, Reubell, Barras (Arch. nat., AF III, 397, dossier 2121).

[2] Arrêté du 6 fructidor an IV, signé Le Tourneur, Revellière-Lépeaux, Barras, Reubell (Arch. nat., AF III, 397, dossier 2121).

[3] Minute signée Reubell, Carnot, Barras (Arch. nat., AF III, 397, dossier 2120). — Voir au même dossier les deux lettres de l'administration centrale de l'Aveyron au ministre des finances (du 23 messidor an IV) et au Directoire (du 15 fructidor an IV) pour représenter que les listes avaient été dressées au temps de la Terreur, sous l'influence du parti révolutionnaire et qu'un très grand nombre de citoyens qui n'avaient en réalité jamais émigré y avaient été portés.

[4] Loi motivée par «la nécessité de détruire la contrebande et de raviver les relations commerciales entre les deux pays». — Ces droits seront de 10 p. 100 de la valeur. — *Bull.*, II, LXXII, n° 658.

délai, au ministre de la justice, avec l'arrêté portant ordre d'impression et de publication, dans les formes prescrites par les lois.

Sur le rapport du ministre de la police générale, le Directoire destitue de ses fonctions le citoyen Legrand, agent de la commune de Saint-Calais, département de la Sarthe, prévenu d'entraver les lois sur l'exercice des cultes[1].

Le président de l'administration municipale de Florensac[2] et l'agent de cette commune sont aussi destitués, pour avoir, par leur faiblesse, autorisé les troubles qui ont eu lieu dans cette commune dans les mois de prairial et de messidor derniers[3].

Il adresse deux messages au Conseil des Cinq-Cents.

Par le premier, il lui présente un tableau exact de la situation pénible du Trésor public et lui découvre les besoins urgents de pourvoir à tous les genres de service dans l'intérieur[4].

Par le second il l'invite à statuer sur un référé du tribunal de cassation, relatif à Joseph Firmin, dit Rétif, condamné à seize ans de fers[5].

Il confirme un arrêté de l'administration centrale du département de Seine-et-Oise qui annule les opérations d'une prétendue assemblée primaire du canton de Bréval, du 2 ventôse an IV, pour la nomination d'un juge de paix.

Il destitue définitivement les agents municipaux des communes de Bernsdorf et Eschentzwiller, département du Bas-Rhin, réfractaires aux lois sur la police des cultes[6].

---

[1] Arrêté du 6 thermidor an IV, signé Reubell, Barras, Revellière-Lépeaux (Arch. nat., AF III, 397, dossier 2120). — «... Il paraît, lit-on dans le rapport du ministre de la police (même dossier), que ce fonctionnaire a mérité ce traitement en refusant d'obtempérer au réquisitoire du commissaire près son administration pour l'exécution de la loi relative à la police des cultes, en excitant par ses propos fanatiques son administration à refuser à son exemple de délibérer sur le réquisitoire, et en prononçant à la fête des Époux un discours contenant des déclamations contre la loi du divorce.»

[2] Département de l'Hérault.

[3] Arrêté du 6 fructidor an IV, signé Reubell, Barras, Revellière-Lépeaux (Arch. nat., AF III, 397, dossier 2120).

[4] Arch. nat., AF III, 397, dossier 2119. — Le Directoire représente que les ressources font défaut notamment : 1° pour pourvoir aux distributions de pain aux indigents, aux secours à accorder aux familles des défenseurs de la patrie, à la subsistance des réfugiés, à l'entretien des hospices et des détenus; 2° dans l'entretien des routes, canaux, rivières et digues; 3° pour les secours et encouragements que réclament les manufactures, l'agriculture et le commerce.

[5] Par le tribunal criminel du Rhône, comme complice d'un vol de marchandises. — Le référé avait été porté à la Convention nationale, qui s'était séparée sans s'en être occupée. — Message lu à la séance du 9 fructidor (C. C., fructidor an IV, 175-176).

[6] Arrêté du 6 fructidor an IV, signé Reu-

Il invite par une lettre le ministre des finances à faire payer à l'entrepreneur du *Journal des défenseurs de la Patrie* ce qui lui est dû[1].

Trois lettres sont écrites :

L'une au ministre des finances pour l'inviter à mettre promptement le Directoire à même de répondre au message du Conseil des Cinq-Cents du 2 de ce mois, qui a demandé[2] l'état des maisons actuellement occupées par divers établissements publics, dans le département de la Seine, et des personnes qui y sont logées gratuitement[3] ;

La seconde au ministre de l'intérieur, pour lui demander l'état de l'emploi tant des parties dépensées sur la somme de 100 millions, mise à la disposition pour les dépenses du Directoire, que de l'emploi d'une autre somme mise aussi à sa disposition pour le même objet et ce pour pouvoir répondre au message du Conseil des Cinq-Cents du même jour[4] ;

La troisième au même ministre de l'intérieur transmissive d'un message du Conseil des Cinq-Cents, du 2 de ce mois[5], qui demande un état des bâtiments divers qui se font actuellement aux frais de la République et notamment dans le département de la Seine, avec indication de leur destination, et portant invitation à ce ministre d'adresser au Directoire l'état demandé[6].

Le Directoire proclame le cours des mandats[7] ainsi qu'il suit : pour 100 livres en mandats, 3 livres[8]. Il confirme l'ordre du général en chef de l'armée d'Italie du 23 messidor dernier, portant qu'il sera payé aux conseils d'administration de chaque demi-brigade une somme de 600 livres en numéraire, pour réparations d'armes[9].

---

bell, Barras, Revellière-Lépeaux (Arch. nat., AF III, 397, dossier 2120). — «... Considérant que ces administrateurs ont trahi leur devoir et ont annoncé une volonté bien prononcée de ne point exécuter les lois sur la police des cultes en refusant de signer l'arrêté pris par l'administration municipale pour empêcher la sonnerie des cloches pour la convocation des exercices religieux; considérant en outre que l'agent municipal de la commune de Bernsdorf a proféré en séance publique des propos injurieux à la loi... »

[1] Minute signée Carnot, Revellière-Lépeaux, Reubell (Arch. nat., AF III, 397, dossier 2121). — Sur le *Journal des défenseurs de la patrie* et son entrepreneur Gratiot, voir t. II, 133, 175, 388.

[2] Message du 1er fructidor (v. plus haut, 387).

[3] Minute signée Reubell, Carnot, Revellière-Lépeaux (Arch. nat., AF III, 397, dossier 2119).

[4] Minute signée Reubell, Carnot, Revellière-Lépeaux (Arch. nat., AF III, 397, dossier 2119).

[5] Voir la note 2.

[6] Minute signée Reubell, Carnot, Revellière-Lépeaux (Arch. nat., AF III, 397, dossier 2119).

[7] Pour les cinq premiers jours de fructidor.

[8] Arrêté du 6 fructidor an IV, signé Carnot, Reubell, Barras (Arch. nat., AF III, 397, dossier 2121).

[9] Arrêté du 6 fructidor an IV, signé Reu-

Il charge son commissaire près le tribunal de cassation de dénoncer à ce tribunal un jugement du tribunal criminel du département de la Loire-Inférieure, qui a prononcé sans l'assistance des jurés sur trois prévenus de complicité d'émigration avec Latribouille[1].

Il suspend de leurs fonctions les agents et adjoint municipaux de la commune de Coudres, canton de Saint-André, département de l'Eure, prévenus de n'avoir pas exécuté la loi sur l'organisation des colonnes mobiles[2].

Il invite les administrations des départements ci-devant infestés par les Chouans à lui envoyer, sans délai, les listes des citoyens qu'ils jugeront les plus dignes de remplir des fonctions publiques dans les corps administratifs et judiciaires à constituer dans leurs départements[3].

Le ministre de la justice fait un rapport sur cette question : *L'amnistie accordée aux Chouans s'étend-elle jusque sur leurs plus lâches assassinats?* Il invite le Directoire à la décider, pour qu'il transmette sa réponse au commissaire du pouvoir exécutif près le tribunal correctionnel de Loudéac, qui l'a consulté sur cette question relativement à un assassinat commis par les Chouans, il y a plus d'un an, sur le curé, dit constitutionnel, de la commune de la Chèze[4].

Le Directoire renvoie à la division de la guerre un rapport du même ministre, sur la nécessité d'envoyer promptement des forces suffisantes dans le département des Bouches-du-Rhône, pour y maintenir la tranquillité publique et y assurer l'exercice du cours de la justice.

Informé que le général de division La Borde, employé à l'armée de Rhin-et-Moselle, les citoyens Charpentier et Jenanemard, ses aides

---

bell, Carnot, Barras (Arch. nat., AF III, 397, dossier 2121).

[1] Arrêté du 6 fructidor an IV, signé Le Tourneur, Revellière-Lépeaux, Barras, Reubell (Arch. nat., AF III, 397, dossier 2121). — Il s'agit des nommés Bureau, Bouteille et Corme, que l'accusateur public, s'attribuant les fonctions d'officier de police judiciaire, a mis en liberté, sur la déposition d'un témoin cité devant lui, par ordonnance du 21 messidor.

[2] Arrêté du 6 fructidor an IV, signé Reubell, Barras, Revellière-Lépeaux (Arch. nat., AF III, 397, dossier 2120). Il s'agit des citoyens Legendre, Dolet, Perrier, Fauveau, Louis Hernault, Bigault, Ledoux, agents municipaux, et Le Blanc, adjoint municipal. — Le ministre de la police dans son rapport (même dossier) dit que la tiédeur dont ils ont fait preuve et qui est «malheureusement le partage de beaucoup de fonctionnaires publics, ne sera pas corrigée... par la destitution ; il est même à craindre, ajoute-t-il, qu'on éprouve de la difficulté à remplacer les destitués...»

[3] Arrêté du 6 fructidor an IV, signé Revellière-Lépeaux, Barras, Reubell (Arch. nat., AF III, 397, dossier 2120).

[4] Rapport de Merlin (Arch. nat., AF III, 397, dossier 2121).

de camp, le citoyen Maraudet, secrétaire d'ambassade en Suisse, et le citoyen Salomon, fils, de Blotzheim[1], se font délivrer de l'argent en échange contre des mandats, valeur nominale, dans divers lieux situés sur la rive droite du Rhin, et que par cette conduite ils ont puisé dans diverses caisses appartenantes à la République française, qui les avait conquises, le Directoire ordonne qu'ils seront traduits, sur-le-champ, devant une commission militaire pour y être jugés[2].

Vingt-deux lettres sont écrites, concernant le service militaire, savoir :

Sept au ministre de la guerre[3];
Une au général de division Mouret, à Toulon[4];
Une au général Foissac-Latour[5];
Une au citoyen Haussmann, commissaire du gouvernement à l'armée de Rhin-et-Moselle[6];
Une au général Châteauneuf-Randon, à Nîmes[7];

---

[1] Département du Haut-Rhin.

[2] Arrêté du 6 fructidor an IV, signé Carnot, Barras, Revellière-Lépeaux. — Copie (Arch. nat., AF III, 3).

[3] Minutes signées Carnot, Barras, Revellière-Lépeaux (Arch. nat., AF III, 397, dossier 2121). — Par la première le Directoire l'invite à écrire une circulaire à tous les généraux pour faire cesser la lenteur apportée dans le jugement des délits militaires. — Par la seconde, il l'invite à faire examiner la conduite du général Paillard, qui a exigé une somme de 3,000 livres en numéraire des magistrats de la ville de Lauffenbourg et a donné en échange celle de 2,900 livres en mandats. — Par la troisième, il l'invite à se concerter avec la Trésorerie pour faire cesser le besoin de fonds qu'éprouve le service des troupes qui sont à Lyon. — Par la quatrième, il lui communique l'extrait des ordres qu'il a donnés au général Moreau pour mettre en jugement l'adjudant-général Perrin. — Par la cinquième, il l'invite à prendre des informations sur la conduite des citoyens Spindler, ingénieur de la place d'Huningue, et Florence, casernier, éclusier et inspecteur des îles du Rhin. — Par la sixième, il l'invite à réformer l'abus consistant dans l'existence de quatre caserniers à Huningue, où il n'y en avait qu'un autrefois. — Par la septième, il l'invite à ne conserver dans les casernes d'Huningue que les individus qui ont droit d'y être logés.

[4] Commandant la 8e division militaire à Toulon. — Le Directoire lui témoigne sa satisfaction sur les précautions qu'il prend pour arrêter les effets de l'esprit de parti; il lui annonce qu'il ne peut adopter la mesure proposée de mettre en état de siège quelques communes de l'arrondissement qu'il commande. — Minute signée Carnot, Revellière-Lépeaux, Barras (Arch. nat., AF III, 397 dossier 2121).

[5] Minute signée Carnot, Barras, Revellière-Lépeaux (Arch. nat., AF III, 397, dossier 2119). — Accusé de réception d'une lettre adressée à un membre du Directoire et des pièces qui y étaient jointes. — Sur Foissac-Latour, voir t. Ier, 303, 403, 404; II, 19-20, 111, 182.

[6] Cette lettre ne se trouve pas dans les dossiers correspondant à la séance du 6 fructidor.

[7] Minute signée Carnot, Barras, Revellière-Lépeaux (Arch. nat., AF III, 397, dossier 2121). — Le Directoire l'autorise à recevoir les actes de soumission aux lois de la République de la part des rebelles des départements du Midi et de la part des émigrés, à appliquer aux premiers les me-

Une au citoyen Joubert, commissaire du gouvernement à l'armée de Sambre-et-Meuse [1];

Une au général de division Élie, à Lyon [2];

Une au général de division Berthier, à l'armée d'Italie [3];

Une au ministre des finances [4];

Deux au général Kellermann, à l'armée des Alpes [5];

Une au général en chef Moreau [6];

Trois au général en chef Buonaparte [7];

Et une aux commissaires du gouvernement près l'armée d'Italie [8].

On écrit au citoyen Thoumin, commissaire du gouvernement près l'administration centrale du département de l'Orne, pour qu'il propose un successeur au citoyen Brard, remplaçant le citoyen Desgrouars, commissaire du pouvoir exécutif près l'administration du canton de Mortagne [9].

Le Directoire ordonne que le citoyen Adet, ministre plénipotentiaire de la République française auprès des États-Unis, suspendra ses fonctions auprès du gouvernement fédéral et remettra au consul de Philadelphie le consulat général [10].

Le ministre de la police générale soumet au Directoire plusieurs sures prises pour ceux des départements de l'Ouest, et à faire déporter les autres hors des frontières.

[1] Minute signée Carnot, Barras, L.-M. Revellière-Lépeaux (Arch. nat., AF III, 397, dossier 2121). — Le Directoire lui communique les réclamations des princes d'Anhalt-Schaumbourg et de Solms-Braunfels, appuyées par le roi de Prusse, au sujet des contributions qui peuvent être levées chez eux.

[2] Minute signée Carnot, Barras, Revellière-Lépeaux (Arch. nat., AF III, 397, dossier 2121). — Le Directoire approuve les précautions qu'il a prises pour prévenir les rixes entre les habitants de Lyon et les militaires.

[3] Minute signée Carnot, Barras, Revellière-Lépeaux (Arch. nat., AF III, 397, dossier 2121). — Le Directoire lui envoie la carte du Tyrol en vingt feuilles.

[4] Minute signée Carnot, Revellière-Lépeaux, Barras (Arch. nat., AF III, 397, dossier 2121). — Le Directoire l'invite à se faire rendre compte des pouvoirs en vertu desquels existe à Huningue une commission de surveillance qui entrave la circulation des denrées de toute espèce dans ce pays.

[5] Minutes signées Carnot, Barras, Revellière-Lépeaux (Arch. nat., AF III, 397, dossier 2121). — Par la première, le Directoire approuve ses instructions concernant la démolition des places piémontaises. — Par la seconde, il approuve le supplément de ses instructions sur le même objet et l'invite à ménager dans cette opération la délicatesse de la Cour de Turin (en ne lui laissant pas soupçonner que le gouvernement français se défie de la loyauté de ses intentions).

[6] Cette lettre ne se trouve pas dans les dossiers correspondant à la séance du 6 fructidor.

[7] Voir le texte de ces lettres plus loin à l'Appendice.

[8] Id.

[9] Minute signée Carnot, Reubell, Barras, (Arch. nat., AF III, 398, dossier 2122).

[10] Arrêté du 6 fructidor an IV, signé de tous les membres du Directoire (Arch. nat., AF III, 397, dossier 2119).

réclamations en radiation des noms de la liste des émigrés; le Directoire accueille celles des citoyens ci-après nommés :

Jean-Baptiste Besson [1]; Julien-Louis Pavée [2]; Béatrix-Josèphe Baudelet, veuve de Louis d'Hennin [3]: Madeleine-Adélaïde Brazy [4]; Antoine-Charles-Joseph André [5] et Étienne-Louis-Nicolas Adam [6].

Il destitue définitivement des fonctions d'agent municipal de la commune de Saint-Calais, département de la Sarthe, le citoyen Legrand [7].

A

Le Directoire exécutif au général en chef de l'armée d'Italie.

Les derniers comptes que vous nous avez rendus, citoyen général, de vos opérations militaires [8] nous prouvent que la brave armée que vous commandez

---

[1] Jean-Baptiste *Besson*, rentier, natif de Chaudesaigues (Cantal), inscrit sur la liste des émigrés du département du Cantal, qui a justifié de sa résidence.— Arrêté du 6 fructidor an IV, signé Reubell, Barras, Revellière-Lépeaux (Arch. nat., AF III, 397, dossier 2120).

[2] Julien-Louis *Pavée*, sans profession, domicilié dans la commune d'Angers, inscrit sur la liste des émigrés du département de la Sarthe, qui a justifié de sa résidence.— Arrêté du 6 fructidor an IV, signé Reubell, Barras, Revellière-Lépeaux (Arch. nat., AF III, 397, dossier 2120).

[3] Béatrix-Josèphe *Baudelet*, veuve de Louis d'*Hennin*, tricoteuse, demeurant en la commune de Merville (Nord), inscrite sur la liste des émigrés du département du Pas-de-Calais, qui a justifié de sa résidence. — Arrêté du 6 fructidor an IV, signé Reubell, Barras, Revellière-Lépeaux (Arch. nat., AF III, 397, dossier 2120).

[4] Madeleine-Adélaïde *Brazy*, domiciliée à Metz, inscrite sur la liste des émigrés du département de la Moselle, qui a justifié de sa résidence. — Arrêté du 6 fructidor an IV, signé Reubell, Barras, Revellière-Lépeaux (Arch. nat., AF III, 397, dossier 2120).

[5] Antoine-Charles-Joseph *André*, notaire à Douai, inscrit sur la liste des émigrés du département du Pas-de-Calais, qui a justifié de sa résidence. — Arrêté du 6 fructidor an IV, signé Reubell, Barras, Revellière-Lépeaux (Arch. nat., AF III, 397, dossier 2120).

[6] Étienne-Louis-Nicolas *Adam*, ci-devant prêtre vicaire de la commune de Châtenay (Seine-et-Marne), inscrit sur la liste des émigrés du département de l'Aube, qui a justifié de sa résidence. — Arrêté du 6 fructidor an IV, signé Reubell, Barras, Revellière-Lépeaux (Arch. nat., AF III, 397, dossier 2120).

[7] Arrêté déjà mentionné plus haut dans le procès-verbal.

Outre les pièces qui viennent d'être indiquées, il faut signaler la minute signée Carnot, Reubell, Barras, d'un arrêté du 6 fructidor, non mentionné au procès-verbal de la séance de ce jour (Arch. nat., AF III, 397, dossier 2119), par lequel le Directoire, en vertu de la loi du 21 floréal, autorise le citoyen *Lequinio*, ex-conventionnel, qui avait dû se retirer à Fontainebleau après la découverte de la conspiration Babeuf, à revenir dans le département de la Seine pour résider dans sa propriété de l'Ay, canton de Choisy-sur-Seine (voir au même dossier quatre lettres de Lequinio au Directoire, à Barras et à Carnot protestant de son respect de la légalité et sollicitant son rappel). Lequinio de Kerblay (Joseph-Marie), né à Sarzeau (Morbihan) le 15 mars 1755, mort à Newport (États-Unis) en 1813, avait été député du Morbihan à la Législative, puis à la Convention, et s'était fait remarquer comme terroriste.

Le dossier 2121 se termine par 33 pièces relatives à des nominations de commissaires, juges, assesseurs, etc., dans les départements de l'Orne, de la Seine-Inférieure et des Vosges.

[8] Voir les lettres adressées par Bonaparte

cueille chaque jour les fruits de la victoire en augmentant la détresse de son ennemi : consterné de sa défaite, il n'osera pas sans doute se mesurer de longtemps en bataille rangée avec le reste de vos forces; c'est donc à le détruire dans des affaires partielles et fréquentes qu'il faut vous attacher, ainsi que vous l'avez fait depuis les mémorables journées des 16 et 18. Pressé sur ses derrières par la marche rapide de l'aile droite de l'armée de Rhin-et-Moselle, qui s'avance sur l'Inn, il est à présumer qu'il ne fera dans le Tyrol qu'une défense faible et incertaine et dès lors votre poursuite doit acquérir un nouveau degré de célérité, soit pour atteindre ses arrière-gardes et les tailler en pièces, soit pour les devancer dans les passages importants, selon l'occasion ou la nature des localités où vous aurez à déployer toute la variété des combinaisons et les ressources de l'art, ainsi que vous les avez déjà développées tour à tour dans les opérations de montagnes et dans celles de plaine. Nous avons loué la hardiesse de votre projet de vous porter brusquement sur Trieste [1]; mais le moment favorable ne nous semble pas encore arrivé. L'affaiblissement de l'armée causé par les maladies, les dispositions plus qu'équivoques des différentes puissances de l'Italie, et l'intérêt le plus pressant de tous, celui de dissoudre les forces de l'Autriche, en lui faisant essuyer des défaites réitérées, et de porter ainsi les derniers coups à nos ennemis du continent; toutes ces considérations nous déterminent à vous prescrire de ne pas vous écarter, dans les circonstances actuelles, du plan qui a pour but de lier votre gauche à la droite du général Moreau, et de combiner vos mouvements de manière à écraser Wurmser et le prince Charles, pendant que le général Jourdan fera tous ses efforts pour rejeter Wartensleben dans la Bohême et le réduire à l'impuissance de couvrir ce royaume ou de protéger la rive gauche du Danube, s'il se replie de ce côté.

Après que les trois armées républicaines auront exécuté ces dispositions dans leur ensemble et que les portes de l'Autriche leur seront ouvertes, nous vous autorisons à jeter une division sur Trieste pour en ruiner le port et les établissements publics.

Jusque-là la sagesse nous commande d'ajourner cette entreprise. Nous regrettons de ne pouvoir lui donner immédiatement notre assentiment; mais l'essentiel est d'affermir la conquête de l'Italie et d'ôter à l'ennemi qui a osé encore la disputer à l'armée qui est sous vos ordres tout espoir et tous moyens de la ressaisir. Il est d'ailleurs à observer que le corps que vous dirigeriez sur Trieste pourrait être compromis dans sa retraite en Italie, dans le cas, toutefois invraisemblable, d'un événement fâcheux.

Il nous a été rendu compte que les 6,000 hommes que le général Châteauneuf-

---

au Directoire les 21, 26 et 27 thermidor (8, 13 et 14 août). — *Corr. de Napoléon I*, I, 528, 544, 548.

[1] Le Directoire voulait que Bonaparte coordonnât ses opérations avec celles de Moreau en se portant dans le Tyrol, mais Bonaparte n'en paraissait pas très désireux et préférait agir tout seul en se portant sur Trieste.

«Si l'armée de Sambre-et-Meuse, écrivait-il le 27 thermidor (14 août), arrive au Danube, que celle du Rhin puisse être renforcée à Inspruck, je marcherai sur Vienne par le chemin de Trieste et alors nous aurons le temps de retirer les immenses ressources que contient cette place...» *Corr. de Napoléon I*, I, 548.

Randon a eu ordre de diriger sur l'Italie sont depuis longtemps en mouvement; instruisez-nous de leur arrivée, ainsi que des renforts qui ont été tirés des côtes de l'Océan. Notre intention est de maintenir l'armée d'Italie dans un état de force qui lui assure constamment la supériorité dans toutes les opérations qui la concernent, soit en la renforçant des troupes de l'intérieur, soit en lui prêtant les secours de l'armée de Rhin-et-Moselle, à laquelle nous ferons passer 6,000 hommes, lorsque la communication sera établie entre elles; car, nous vous le répétons, il faut conserver à tout prix nos avantages en Italie; c'est l'objet auquel la pensée du gouvernement est le plus fortement attachée et qui doit le plus influer sur la paix continentale.

Lorsque l'empereur aura été forcé de recevoir les conditions de cette paix nécessaire à l'Europe, nous aurons à décider celle qu'il conviendra à l'intérêt et à l'éclat des victoires de la République d'imposer aux différents états de l'Italie; c'est alors que nous pourrons avec une sécurité entière menacer Rome et Naples pour les faire accéder à nos vues.

Les maladies qui assiègent la garnison de Mantoue doivent bientôt réduire cette place et nous obligent de ne l'observer que de loin. La santé des troupes occupe vivement notre sollicitude et attire sans doute vos soins les plus assidus, que réclament le courage et la fidélité républicaine de ces braves défenseurs de la patrie. Il faut faire évacuer, autant que possible, sur des lieux salubres les malades que leur état permet de transporter.

Carnot, Le Tourneur, L.-M. Revellière-Lépeaux [1].

B

Le Directoire exécutif au général Bonaparte.

Le Directoire a reçu, citoyen général, votre lettre de Brescia, du 27 thermidor [2], qui contenait des notes sur quelques généraux de l'armée d'Italie; le Directoire en a été satisfait et s'en occupera lorsque vous lui aurez transmis d'autres notes sur les généraux de brigade et les adjudants-généraux qui sont sous vos ordres.

Vous avez oublié plusieurs officiers et principalement le général Kilmaine.

Le Tourneur, Carnot, L.-M. Revellière-Lépeaux [3].

C

Le Directoire exécutif au général Bonaparte.

Le Directoire a reçu, citoyen général, la lettre que vous lui avez écrite de Brescia le 26 du mois dernier [4]; il a sur-le-champ donné des ordres au ministre

---

[1] Arch. nat., AF III, 397, dossier 2121.
[2] Corr. de Napoléon Ier, 1, 548-549. — Cette lettre contient des notes sur Berthier, Augereau, Masséna, Serurier, Despinoy, Sauret, Abbatucci, Garnier, Meunier, Casabianca, Macquart, Gaultier, Vaubois, Sahuguet.
[3] Arch. nat., AF III, 397, dossier 2121.
[4] Corr. de Napoléon Ier, I, 544.

des finances pour faire venir à Paris les bijoux estimés à 400,000 livres, dont vous portez la valeur à 2 ou 3 millions. Le Directoire est satisfait de votre surveillance dans cette occasion essentielle; il éprouve chaque jour combien il est urgent que tous les amis de la République dénoncent les nombreux abus qui entravent la marche de ses opérations de finance et qui doublent les inconvénients qu'une administration trop compliquée occasionne dans cette partie importante. Les secours que l'armée d'Italie fournit au trésor national sont d'autant plus précieux que la crise est plus forte; ils ont aidé à déjouer les trames de nos ennemis intérieurs.

Nous continuerons à vous recommander et aux commissaires du gouvernement de mettre à la disposition du ministère des finances toutes les sommes qui ne sont pas indispensables pour les divers services de l'armée que vous commandez.

Le Directoire a appris avec peine la levée du séquestre sur les biens des Napolitains à Livourne; c'est une mesure sur laquelle les circonstances ne permettent pas de revenir présentement. La conduite future de la cour de Naples déterminera les démarches ultérieures que nous aurons à faire. Avant la tentative du général Wurmser sur l'Adige et le Mincio, M. de Belmonte-Pignatelli, qui est à Paris [1], a cherché à éviter par tous les moyens que la diplomatie étrangère sait employer l'occasion de traiter sérieusement de la paix avec la République française. Depuis que l'armée d'Italie et les talents de son chef ont vaincu l'audacieux Autrichien, la conduite de l'envoyé de Naples a changé totalement et il est devenu aussi ardent pour négocier la paix qu'il paraissait d'abord très peu l'être. Il est facile de sentir que le roi des Deux-Siciles désire profiter de votre éloignement pour conclure, à des termes extrêmement avantageux pour lui, un traité contre lequel s'élève sa partialité pour l'Angleterre et pour l'Autriche. C'est à vous, citoyen général, à nous entretenir de notre véritable situation en Italie et de notre position particulière à l'égard de Naples. Ce que vous nous dites au sujet des dispositions peu favorables des Napolitains qui sont à Brescia [2] et du danger qu'il y aurait à les y laisser nous a fait considérer l'état de l'armée d'Italie avec la plus sérieuse attention. Nous nous sommes demandé si le moment des grandes chaleurs, celui où cette armée a 15,000 hommes malades, celui surtout où elle se dispose non seulement à entrer dans le Tyrol, mais peut-être à se lancer vers Trieste, était l'époque favorable pour rompre l'armistice conclu avec Naples. Nous avons pensé que l'heure de cette rupture, si elle doit avoir lieu, n'était point arrivée, et qu'il

---

[1] Depuis l'armistice de Brescia, signé le 17 prairial (5 juin), la cour de Naples avait envoyé en France, pour négocier la paix, le prince de Belmonte-Pignatelli, qui était d'abord allé trouver Bonaparte et n'était arrivé à Paris que le 7 thermidor (25 juillet); l'envoyé napolitain avait d'abord cherché à gagner du temps, dans l'espoir des succès de Wurmser.

[2] «... Cette cour de Naples (écrivait Bonaparte au Directoire le 26 thermidor) se conduit très mal; les Napolitains qui sont ici se sont très mal conduits pendant les événements militaires et je pense qu'il est dangereux qu'ils continuent à y rester. M. Pignatelli est-il à Paris? Les négociations de paix sont-elles commencées? Si cela n'est pas, je crois que nous avons le droit de séquestrer cette cavalerie; il y a 2,000 chevaux...». — *Corr. de Napoléon I ^{er}*, I, 544.

serait cependant dangereux de s'endormir sur la foi italienne, qui nous a si souvent trompés.

Nous croyons en conséquence, citoyen général, non seulement vous recommander de surveiller scrupuleusement les Napolitains qui sont à Brescia, de les éparpiller de manière à les rendre moins dangereux, d'en gagner quelques-uns même pour connaître toutes leurs démarches, et de vous tenir en mesure de vous saisir de leurs chevaux et de leurs armes, si cela devient nécessaire. Si la cour de Naples, infidèle à l'armistice, se montrait ouvertement notre ennemie; si elle s'avançait à votre rencontre ou se déclarait de nouveau absolument en faveur de l'Autriche et de l'Angleterre; alors, et dans le cas d'un danger absolument imminent, nous vous autorisons, citoyen général, à vous rendre maître des 2,000 cavaliers napolitains qui sont sur les derrières de l'armée d'Italie.

Le Directoire approuve ce que vous avez fait au sujet du légat que la cour de Rome avait envoyé à Ferrare [1]. Nous avons congédié l'envoyé du prince de Rome, qui nous avait été adressé sans aucun pouvoir pour traiter avec la République française [2]. Ces démarches ne nous mettent pas toutefois en situation hostile à l'égard du pape, mais elles nous avertissent de retirer vivement de Rome, en prenant bien soin de l'intimider ainsi que vous l'avez fait, les contributions de tout genre que l'armistice nous accorde [3].

Il est bon, citoyen général, que vous ayez l'œil sur ce que fait la cour de Turin. Son ambassadeur en France, le chevalier Revel, émigré français, vient d'être congédié par nous, à raison de cette qualité [4]. Nous attendons son successeur. Cette mesure ne change rien à l'état de paix dans lequel nous nous trouvons à l'égard du Piémont. Mais nous savons que l'on s'est réjoui dans ce pays des succès éphémères de Wurmser.

Il vaut mieux se tenir sur ses gardes que de s'exposer à être trompé.

Le Tourneur, Carnot, L.-M. Revellière-Lépeaux [5].

D

Le Directoire exécutif à ses commissaires près l'armée d'Italie [6].

Le Directoire vous a déjà marqué, citoyens [7], qu'il fallait que vous vous concertassiez avec le général en chef de l'armée d'Italie afin de déterminer la quotité des fonds qui doivent être destinés à l'expédition de Corse. Il ajoute maintenant que

---

[1] «La Cour de Rome, écrivait Bonaparte (le 26 thermidor), a cru l'armée perdue et elle avait déjà envoyé un légat à Ferrare. La municipalité de Ferrare et la garde du pays se sont bien conduites et ont refusé de le recevoir. Je viens d'ordonner à ce cardinal de se rendre à mon quartier général...». — Corr. de Napoléon Ier, I, 544.

[2] Voir plus haut, p. 351 (séance du 27 thermidor).

[3] L'armistice de Bologne (5 messidor-23 juin) stipulait que le Pape livrerait à la République française 100 tableaux, bustes, vases ou statues, 500 manuscrits et 11 millions de livres, dont 5,500,000 livres en denrées, marchandises, chevaux, bœufs, etc.

[4] Voir plus haut.

[5] Arch. nat., AF III, 397, dossier 2121.

[6] Garrau et Saliceti.

[7] Voir plus haut.

ces fonds resteront à la disposition du général chargé de cette expédition sous la surveillance du commissaire du gouvernement Saliceti, qui doit l'accompagner.

Le Directoire a appris avec peine que vous aviez fait lever les séquestres mis sur les propriétés napolitaines à Livourne sans l'avoir préalablement consulté ou sans vous être concerté avec le général en chef. Si vous nous eussiez prévenus de cette mesure, le Directoire vous aurait fait sentir combien il était nécessaire de laisser les choses dans l'état où elles étaient d'abord, afin que la levée des séquestres fût un des articles du traité de paix qui aura lieu tôt ou tard avec la cour de Naples, et afin que cet article pût servir de compensation à ceux par lesquels le roi de Naples doit être forcé à quelques conditions avantageuses à la France.

Le Directoire rend à votre zèle, citoyens commissaires, toute la justice qui lui est due, mais il vous engage à le resserrer autant qu'il sera possible dans le cercle des fonctions administratives qui vous ont été confiées, bien assuré que les occasions où il faudra l'employer suffiront pour vous rendre chers à la République.

Les termes où nous en sommes en ce moment avec la cour de Naples prouvent assez qu'il ne faut pas se presser de se montrer favorable à son égard. A Paris les avances de son ministre pour obtenir la paix n'ont eu vraiment de l'activité que depuis la nouvelle bien constatée des grands succès de l'armée d'Italie; et en Italie les deux mille hommes de cavalerie napolitaine, rendus passifs par l'effet de l'armistice [1], ont témoigné au premier bruit de la prise de Salo par les Autrichiens une disposition très équivoque par rapport à la France. Elle finirait même par n'être plus douteuse si en effet le roi de Naples envoyait des troupes pour protéger l'État ecclésiastique, ainsi qu'on l'a publié. La fluctuation de la politique italienne est aujourd'hui trop connue pour ne pas déterminer le général Bonaparte en cas qu'elle continue sa marche tortueuse, à faire déformer et démonter les deux mille cavaliers napolitains qui sont retirés à Brescia.

Le ministre plénipotentiaire du roi de Sardaigne à Paris et le négociateur envoyé par le Pape [2] viennent d'en être également congédiés, quoique par des motifs différents, dont il est nécessaire que vous soyez informé. L'agent du Pape n'ayant pu exhiber aucuns pouvoirs pour traiter, émanés de son souverain, a reçu ordre de se retirer. A l'égard du chevalier de Revel, ambassadeur de Sardaigne, le Directoire n'a pu communiquer avec lui, dès qu'il a été prouvé que c'était un Français émigré. La cour de Turin ignorait sans doute cette particularité quand elle a fait choix de ce ministre pour l'envoyer résider en France, et la nomination qu'elle va faire d'un autre pour le remplacer mettra fin à toutes les combinaisons de la malveillance, au moins sur cet objet.

Le Tourneur, Carnot, L.-M. Revellière-Lépeaux [3].

[1] De l'armistice de Brescia. — [2] Reveil et Pieracchi. — [3] Arch. nat., AF III, 397, dossier 2121.

SÉANCE DU 7 FRUCTIDOR AN IV [1]

24 AOÛT 1796.

Le Directoire adresse au Conseil des Cinq-Cents un message en réponse à celui qu'il a reçu le 4 thermidor [2] dernier relatif au nombre de troupes et à la dépense qu'elles exigent en temps de paix [3].

Il arrête que les créanciers des ci-devant entrepreneurs des équipages et harnais militaires, pour objets fournis auxdits entrepreneurs, à raison de leur entreprise, se pourvoiront, soit par devant le liquidateur général de ladite entreprise, soit par devant le ministre de la guerre, pour obtenir le payement de leurs créances [4].

Il ordonne que le cheval qui avait été délivré par le juge des jeux au citoyen Carbonnel, l'un des vainqueurs de la course à cheval à la fête de la Liberté [5] et qui lui a été enlevé pendant qu'il assistait comme vainqueur à la fête des Champs-Élysées, lui sera restitué [6].

Le ministre de la police générale soumet à la décision du Directoire plusieurs demandes en radiation de la liste des émigrés. Le Directoire décide favorablement à l'égard des citoyens dont les noms suivent :

Thomas-Augustin Bellet [7]; Gabriel-Joseph Delelès [8]; François-Antoine Berthereau [9]; Joseph Barail [10]; Hugues-Charles-Joseph-Robert

---

[1] Arch. nat., AF III*, 4, fol. 180-181. — AF III, 3.

[2] Voir plus haut, p. 162.

[3] Message renvoyé par le Conseil à sa commission des dépenses dans la séance du 7 fructidor (C. C., fructidor an IV, 138).

[4] Arrêté du 7 fructidor an IV, signé Reubell, Le Tourneur, Revellière-Lépeaux (Arch. nat., AF III, 398, dossier 2122).

[5] Fête du 10 août. — Voir plus haut, p. 316.

[6] Arrêté du 7 fructidor an IV, signé Reubell, Barras, Revellière-Lépeaux (Arch. nat., AF III, 398, dossier 2122).

[7] Thomas-Augustin *Bellet*, ex-auditeur en la Chambre des Comptes à Paris, inscrit sur la liste des émigrés du département de Seine-et-Oise, qui a justifié de sa résidence. — Arrêté du 7 fructidor an IV, signé Carnot, Reubell, Barras (Arch. nat., AF III, 398, dossier 2122).

[8] Gabriel-Joseph *Delelès*, ex-lieutenant particulier de la ci-devant sénéchaussée de Beaumont (Sarthe), y demeurant, inscrit sur la liste des émigrés du département de l'Orne, qui a justifié de sa résidence. — Arrêté du 7 fructidor an IV, signé Carnot, Reubell, Barras (Arch. nat., AF III, 398, dossier 2122).

[9] François-Antoine *Berthereau*, ci-devant lieutenant-général à Mortagne, demeurant à Rouen, inscrit sur la liste des émigrés du département de la Sarthe, qui a justifié de sa résidence. — Arrêté du 7 fructidor an IV, signé Carnot, Reubell, Barras (Arch. nat., AF III, 398, dossier 2122).

[10] Joseph *Barail*, ci-devant officier municipal et membre du bureau de conciliation du district de Blamont (Meurthe), inscrit sur la liste des émigrés du département des Vosges, qui a justifié de sa résidence. — Arrêté du 7 fructidor an IV, signé Carnot,

Moussy [1]; Louis Solomé [2]; André-Louis Gossey [3]; Antoine-Martin Senequier [4]; Anne-Radegonde Lalande, veuve d'Achille-Pierre-Albert Venault [5]; Marie-Nicole Barraux, veuve Lapique [6]; Pierre-Laurent-Guillaume Gosseaume [7]; Philippe Bertrand [8]; Charles Porée [9]; Marie-Angélique-Josèphe Becquet, veuve Decomble [10]; Geneviève-Françoise-Charlotte Bombelles, femme Tombebeuf [11]; Prosper Béchet [12]; Léon-Louis-Joseph Buissy [13].

Reubell, Barras (Arch. nat., AF III, 398, dossier 2122).

[1] Hugues-Charles-Jacques-Robert *Moussy*, ex-noble, demeurant à la Contour, près Montmorillon, inscrit sur la liste des émigrés du département des Deux-Sèvres, qui a justifié de sa résidence. — Arrêté du 7 fructidor an IV, signé Carnot, Reubell, Barras (Arch. nat., AF III, 398, dossier 2122).

[2] Louis *Solomé*, ancien notaire, de Marseille, inscrit sur la liste des émigrés du département des Bouches-du-Rhône, qui a justifié de sa résidence. — Arrêté du 7 fructidor an IV, signé Carnot, Reubell, Barras (Arch. nat., AF III, 398, dossier 2122).

[3] André-Louis *Gossey*, domicilié à Rouen, y vivant de son revenu, inscrit sur la liste des émigrés du département de la Seine-Inférieure, qui a justifié de sa résidence. — Arrêté du 7 fructidor an IV, signé Carnot, Reubell, Barras (Arch. nat., AF III, 398, dossier 2122).

[4] Antoine-Martin *Senequier*, menuisier, de Toulon, inscrit sur la liste des émigrés du département du Var, qui a justifié de sa résidence. — Arrêté du 7 fructidor an IV, signé Carnot, Reubell, Barras (Arch. nat., AF III, 398, dossier 2122).

[5] Anne-Radegonde *Lalande*, veuve d'Achille-Pierre-Albert *Venault*, ex-noble, commandant du bataillon de la Fraternité, tué au poste de la Chataigneraye en mai 1793 en combattant les rebelles de la Vendée, inscrite sur la liste des émigrés du département des Deux-Sèvres, qui a justifié de sa résidence. — Arrêté du 7 fructidor an IV, signé Carnot, Reubell, Barras (Arch. nat., AF III, 398, dossier 2122).

[6] Marie-Nicole *Barraux*, veuve de Nicolas *Lapique*, domiciliée à Châlons-sur-Marne, inscrite sur la liste des émigrés du département des Ardennes, qui a justifié de sa résidence. — Arrêté du 7 fructidor an IV, signé Carnot, Reubell, Barras (Arch. nat., AF III, dossier 2122).

[7] Pierre-Laurent-Guillaume *Gosseaume*, médecin à Rouen, inscrit sur la liste des émigrés du département de l'Eure, qui a justifié de sa résidence. — Arrêté du 7 fructidor an IV, signé Carnot, Reubell, Barras (Arch. nat., AF III, 398, dossier 2122).

[8] Philippe *Bertrand*, inspecteur général des ponts-et-chaussées de la République, domicilié à Paris, inscrit sur la liste des émigrés du département de l'Aube, qui a justifié de sa résidence. — Arrêté du 7 fructidor an IV, signé Carnot, Reubell, Barras (Arch. nat., AF III, 398, dossier 2122).

[9] Charles *Porée*, domicilié dans la commune de Rouen, y vivant de son revenu, inscrit sur la liste des émigrés du département de la Seine-Inférieure, qui a justifié de sa résidence. — Arrêté du 7 fructidor an IV, signé Carnot, Reubell, Barras (Arch. nat., AF III, 398, dossier 2122).

[10] Marie-Angélique-Josèphe *Becquet*, veuve *Decomble*, demeurant à Cambrai, inscrite sur la liste des émigrés du département du Pas-de-Calais, qui a justifié de sa résidence. — Arrêté du 7 fructidor an IV, signé Carnot, Reubell, Barras (Arch. nat., AF III, 398, dossier 2122).

[11] Geneviève-François-Charlotte *Bombelles*, femme *Tombebeuf*, inscrite sur la liste des émigrés du département de la Moselle, qui a justifié de sa résidence. — Arrêté du 7 fructidor an IV, signé Carnot, Reubell, Barras (Arch. nat., AF III, 398, dossier 2122).

[12] Prosper *Béchet*, domicilié à Stenay (Meuse), inscrit sur la liste des émigrés du département de la Meuse, qui a justifié de sa résidence. — Arrêté du 7 fructidor an IV, signé Carnot, Reubell, Barras (Arch. nat., AF III, 398, dossier 2122).

[13] Léon-Louis-Joseph *Buissy*, ex-chanoine de Cambrai, domicilié à Albi (Tarn), inscrit

Un messager d'État envoyé par le Conseil des Anciens est admis et dépose sur le bureau une loi du jour d'hier portant qu'il est établi et qu'il sera perçu un droit de patente pour l'an v dans toute l'étendue de la République [1].

Le Directoire ordonne que cette loi sera publiée, exécutée et qu'elle sera munie du sceau de l'État. Elle est en conséquence adressée de suite à l'enregistrement pour deux expéditions être envoyées sans délai au ministre de la justice, avec l'arrêté portant ordre d'impression et de publication dans les formes prescrites par les lois.

On écrit concernant le service militaire cinq lettres :

Une au général Châteauneuf-Randon [2],

Deux au ministre de la guerre [3];

Une au ministre de la police [4];

Et une au citoyen Chappe, directeur du télégraphe à Lille [5].

sur la liste des émigrés du département du Nord, qui a justifié de sa résidence. — Arrêté du 7 fructidor an IV, signé Carnot, Reubell, Barras (Arch. nat., AF III, 398, dossier 2122).

[1] Bull., II, LXX, n° 342. — La loi du 2 mars 1791 avait remplacé le *vingtième d'industrie*, que l'on payait sous l'ancien régime, par les droits de *patentes*, qui, à leur tour, avaient été supprimés par le décret du 21 mars 1793. — La loi du 6 fructidor les rétablit, en les réglementant, parce «qu'il n'est pas juste que l'agriculture supporte presque seule les charges de l'État et qu'il convient que le commerce et l'industrie y contribuent aussi en raison de la protection qu'il leur accorde et de l'avantage qu'ils en retirent», — et «que les besoins du Trésor public exigent de promptes rentrées.» — Ces droits seront payés par «ceux qui exercent le commerce, l'industrie, les métiers et professions compris au tableau annexé au texte de la loi. En seront exempts, en général, les fonctionnaires publics, les laboureurs et cultivateurs, les commis, ouvriers journaliers et travailleurs à gages; et, pour l'an v seulement, les manufacturiers ne vendant qu'en gros, et les armateurs en course, à moins qu'ils n'exercent un commerce, une profession ou une industrie dans le cas de la patente. Il y aura : 1° un droit fixe, conformément au tarif annexé à la présente loi; 2° un droit proportionnel du dixième de la valeur locative des maisons d'habitation, usines, ateliers, magasins et boutiques.

[2] Minute signée Carnot, Reubell, Barras (Arch. nat., AF III, 398, dossier 2122). — Le Directoire lui accuse réception du compte qu'il a rendu de l'état de l'esprit public dans les lieux où il commande, ainsi que des plaintes portées sur la conduite peu civique de l'administration centrale du département de la Lozère.

[3] Minutes signées Carnot, Reubell, Barras (Arch. nat., AF III, 398, dossier 2122). — Par la première, le Directoire l'invite à faire délivrer le payement de solde que l'on refuse au citoyen Scott, commandant à Chartres. — Par la seconde il l'invite à désigner les ingénieurs les plus propres à faire le relevé topographique du théâtre des opérations militaires sur la rive droite du Rhin.

[4] Minute signée Carnot, Reubell, Barras (Arch. nat., AF III, 398, dossier 2122). — Le Directoire lui communique les plaintes faites par le général commandant les 9° et 10° divisions militaires concernant les manœuvres pratiquées par les prêtres, les émigrés et les déserteurs.

[5] Minute signée Carnot, Reubell, Barras (Arch. nat., AF III, 398, dossier 2122). — Le Directoire l'invite à communiquer au général commandant à Lille les nouvelles qui lui sont transmises par le télégraphe, lorsqu'elles sont de nature à être publiées dans les journaux.

Le Directoire rapporte son arrêté, par lequel il a nommé la municipalité de Sées, département de l'Orne [1].

SÉANCE DU 8 FRUCTIDOR AN IV [2]

25 AOÛT 1796.

Le Directoire arrête et signe le traité de paix conclu le 5 du présent mois avec le margrave de Bade, négocié au nom de la République française par le ministre des relations extérieures, fondé de pouvoirs à cet effet, et au nom du margrave de Bade par son chambellan et grand-bailly, Sigismond-Charles-Jean de Reitzenstein.

Il adresse ce traité par un message au Conseil des Cinq-Cents pour le soumettre à l'approbation du Corps législatif [3].

Il charge son commissaire près le tribunal de cassation de dénoncer à ce tribunal deux jugements du tribunal criminel du département du Doubs, contraires à la déclaration du jury de jugement dans l'affaire de Denis Dus, serrurier [4].

Il prononce la destitution du général Tilly commandant à Bruxelles,

---

[1] Arrêté du 7 fructidor an IV, signé Carnot, Reubell, Barras (Arch. nat., AF III, 398, dossier 2122). — Il s'agit des citoyens Guillaume, directeur de la poste aux lettres, nommé président de cette municipalité, et des citoyens Boullay, notaire, Darric, ex-administrateur du ci-devant district d'Alençon, Desdoint père, tanneur, Bellanger, tanneur, nommés officiers municipaux.
Outre les pièces qui viennent d'être signalées on trouve dans le dossier 2122 les minutes de deux arrêtés du 7 fructidor non mentionnés au procès-verbal, savoir : 1° Arrêté signé Reubell, Le Tourneur, Revellière-Lépeaux, par lequel le citoyen *Ginoux*, directeur de correspondance de la régie de l'enregistrement et des domaines nationaux, est nommé préposé en chef de ladite régie en remplacement du citoyen Marchandeau-Delisle, démissionnaire. — 2° Arrêté signé Carnot, Reubell, Barras, mettant en réquisition onze citoyens pour le transport des charbons de terre de la mine de Littry, canton d'Isigny (Calvados).

Le dossier 2123, dont le contenu, comme celui du précédent, se rapporte à la séance du 7 fructidor, est formé de 40 pièces relatives à des nominations de juges, d'assesseurs, de suppléants, dans les départements du Calvados, de la Creuse, de la Nièvre, des Pyrénées-Orientales, du Bas-Rhin et des Vosges.

[2] Arch. nat., AF III*, 4, fol. 181-185. AF III, 3.

[3] Message renvoyé le 9 fructidor, par le Conseil à une commission de cinq membres chargée d'examiner le traité (*C. C.*, fructidor an IV, 164). — Voir le texte du traité, et celui du traité secret additionnel, plus loin à l'Appendice.

[4] Arrêté du 8 fructidor an IV, signé Le Tourneur, Révellière-Lépeaux, Barras (Arch. nat., AF III, 398, dossier 2124). Le Directoire représente que, Dus ayant été déclaré coupable, le tribunal «devait aux termes de l'article 7, titre VIII, de la loi du 16 septembre 1791, prononcer la peine sans désemparer et n'a pu surseoir à son jugement sans excéder ses pouvoirs.»

prévenu d'avoir employé des manœuvres indécentes pour dérober à l'action de la justice ordinaire trois individus coupables de divertissement et soustraction d'effets nationaux ; et de l'adjudant Leclerc, et de l'adjoint aux adjudants généraux Leclerc, frère de ce dernier; le premier un des auteurs desdits vols, et le second prévenu d'avoir excité le général Tilly à cette démarche illégale [1].

Il renvoie la citoyenne Caroline Raymond en possession du domaine d'Eyrans, qui lui avait été donné par une voie indirecte par Suzanne Raymond, sa tante [2].

Il ratifie et confirme un traité passé le 21 messidor dernier entre le ministre des finances et la compagnie Rousseau [3], relativement à une coupe extraordinaire de bois dans le pays de Trèves, Deux-Ponts, la Layenne, Saarbruck et autres parties des pays conquis, adjacents au département de la Moselle [4].

Il autorise les généraux en chef à accepter les démissions des sous-officiers, en tel nombre qu'ils le jugeront convenable, sans qu'ils puissent être remplacés, tant qu'il y aura des sous-officiers surnuméraires [5].

Il accorde aux préposés des douanes de la brigade de Turnhout une somme de mille livres, en numéraire effectif, à titre d'encouragement, en considération de ce que, le 21 messidor dernier, ils ont arrêté le payeur particulier d'Anvers, qui passait en Hollande avec les deniers de sa caisse [6].

Il renvoie la veuve et les héritiers du citoyen Fougeret, condamné,

---

[1] Arrêté du 8 fructidor an IV, signé Revellière-Lépeaux, Barras, Reubell (Arch. nat., AF III, 398, dossier 2125). — L'arrêté rapporte qu'au lieu de livrer les accusés à la justice ordinaire, comme il avait été mis en demeure de le faire, Tilly les a traduits devant un conseil militaire, bien que l'un d'eux, simple domestique de l'adjudant Leclerc, n'appartînt à l'armée à aucun titre, et que, nonobstant toutes preuves, les trois accusés ont été acquittés.

[2] Arrêté du 8 fructidor an IV, signé Reubell, Carnot, Barras (Arch. nat., AF III, 398, dossier 2125). — Le domaine en question avait été mis sous séquestre comme appartenant au mari de la citoyenne Caroline Raymond. Mais cette dernière a établi que la vente que Suzanne Raymond, sa tante, en avait faite à ce dernier, en le mariant avec sa nièce, n'était que fictive et constituait en réalité une donation à celle-ci (la donation ayant été à cette époque empêchée par la coutume de Bordeaux).

[3] Rousseau, La Noue, Arnould, F. et D. Gobert, entrepreneurs des fourrages de l'armée de Rhin-et-Moselle sous la raison Rousseau et Cie.

[4] Arrêté du 8 fructidor an IV, signé Reubell, Barras, Revellière-Lépeaux (Arch. nat., AF III, 398, dossier 2126).

[5] Arrêté du 8 fructidor an IV, signé Carnot, Reubell, Barras (Arch. nat., AF III, 398, dossier 2125).

[6] Arrêté du 8 fructidor an IV, signé Reubell, Barras, Revellière-Lépeaux (Arch. nat., AF III, 398, dossier 2126).

à se pourvoir [1] devant les tribunaux compétents, relativement à une coupe de bois taillis, dépendant de sa succession, adjugée par l'administration du district de Montargis [2].

Il ordonne que la portion de rempart réclamée par la commune de Beauvais, avec le petit bâtiment accolé à l'extérieur, ainsi qu'un autre petit terrain situé au bas de ce rempart, seront rendus à l'usage commun des habitants de Beauvais [3].

Il autorise la vente des taillis et arbres dépérissants, qui se trouvent sur la moitié de la réserve de la commune d'Harmonville, département des Vosges [4].

Il anule l'adjudication faite le 18 brumaire dernier au citoyen Balais par le ci-devant district de l'Isle-Jourdain, département du Gers, d'une coupe de dix-huit arpents de bois de la Rouilh [5].

Il supprime le quart de réserve des bois de la commune de Valmunster [6], département de la Moselle, et ordonne sa réunion aux affouages pour être exploité en coupe ordinaire.

Sur le rapport du ministre des finances, il arrête que la ferme et les bois de Tarteret, ainsi que le port de la Ferté, situés canton de la Ferté-sur-Marne [7], ayant été aliénés en conformité de la loi du 28 ventôse dernier, il n'y a rien à faire sur la demande du citoyen Jarry [8].

Il adresse trois messages au Conseil des Cinq-Cents :

Par le premier, il l'invite de la manière la plus pressante à fournir au Trésor public les ressources nécessaires pour la subsistance et l'entretien des troupes dans l'intérieur [9].

---

[1] Au nom de la loi du 21 prairial an III, qui prescrit la restitution des biens des condamnés.

[2] Arrêté du 8 fructidor an IV, signé Carnot, Reubell, Barras (Arch. nat., AF III, 398, dossier 2126).

[3] Arrêté du 8 fructidor an IV, signé Carnot, Reubell, Barras, Revellière-Lépeaux (Arch. nat,, AF III, 398, dossier 2126).

[4] Arrêté du 8 fructidor an IV, signé Carnot, Reubell, Barras (Arch. nat., AF III, 398, dossier 2126).

[5] Vente annulée parce qu'elle n'a pas «été précédée de publications et affiches dans la commune de Saint-Elix, où ce bois est situé». — Arrêté du 8 fructidor an IV, signé Carnot, Reubell, Barras (Arch. nat., AF III, 398, dossier 2126).

[6] Parce que les bois de cette commune sont au-dessous de deux cents arpents. — Arrêté du 8 fructidor an IV, signé Carnot, Reubell, Barras (Arch. nat., AF III, 398, dossier 2126).

[7] La Ferté-sous-Jouarre.

[8] Qui demandait, mais trop tard, qu'ils lui fussent donnés en régie intéressée. — Arrêté du 8 fructidor an IV, signé Carnot, Reubell, Barras, Revellière-Lépeaux (Arch. nat., AF III, 398, dossier 2126).

[9] Arch. nat., AF III, 398, dossier 2124. — Le Directoire représente dans ce message que la solde n'est pas payée, que les marchés sont suspendus par l'impossibilité où se trouve le Trésor de remplir ses engagements envers les entrepreneurs, que les approvisionnements s'épuisent, qu'on ne peut les renou-

Par le second, il lui transmet la demande de la commune de Toulouse tendante à être autorisée à acheter la ci-devant chapelle de Saint-Géraud, pour y déposer les grains provenant du marché public qui sont restés invendus [1].

Par le troisième, il invite le Conseil à accorder une indemnité à chaque receveur des ci-devant districts et à fixer pour l'an IV à ces receveurs et à leurs commis un traitement fixe; enfin, à fixer les taxations à accorder aux receveurs des départements [2].

Un messager d'État envoyé par le Conseil des Anciens est admis et présente une loi, qui défend la recherche, poursuite et mise en jugement des militaires et autres citoyens armés pour la défense de la patrie, dans les départements de l'Ouest, pour faits ou actes résultant des troubles qui ont agité ces départements, avant le 27 messidor dernier [3].

Le Directoire ordonne que cette loi sera publiée, exécutée et qu'elle sera munie du sceau de l'État. Elle est en conséquence adressée de suite à l'enregistrement pour deux expéditions être envoyées sans délai au ministre de la justice, avec l'arrêté portant ordre d'impression et de publication, dans les formes prescrites par les lois.

Le Directoire autorise la régie de l'enregistrement et du domaine national à faire vendre en numéraire, au prix de dix francs le

---

veler, que presque partout il a fallu recourir aux réquisitions, que les distributions de vivres sont insuffisantes, que le service des étapes ne s'est maintenu que par les avances des préposés, que les aliments ont manqué aux malades dans des hôpitaux, que les services sont désorganisés, que dans plusieurs places les fonds affectés à d'autres destinations ont été enlevés par force des caisses publiques pour les besoins des troupes, que les employés abandonnent leurs postes, etc.

[1] Message lu à la séance du 11 fructidor (*C. C.*, fructidor an IV, 203-204).

[2] Message lu à la séance du 11 fructidor (*C. C.*, fructidor an IV, 199-203). — Le Directoire représente que, pour les quatre dernières années, les taxations des receveurs de district ont été réduites à peu près à rien par le discrédit des assignats; que plusieurs, loin de rien gagner, ont dû, «pour l'acquit de leurs frais de toute espèce, vendre leurs effets et contracter des dettes»; qu'ils ont été exposés à recevoir de faux assignats, «dont il serait injuste de leur faire supporter la perte», etc. Il propose donc : 1° de leur accorder à tous une indemnité de 3,000 livres au minimum et de les décharger de la perte des faux assignats; 2° de fixer leurs traitements d'après un état qui leur attribuerait 735,008 francs (à partager entre 1,240 fonctionnaires); 3° enfin de fixer les taxations des receveurs de départements sur le pied de 2 deniers un quart pour livre, ce qui donnerait 5,625,000 francs pour les 560 receveurs ou préposés et leurs 1,680 coopérateurs.

[3] *Bull.*, II, LXXII, n° 659. — Rapprocher cette loi de l'arrêté du Directoire du même jour qui supprime l'armée des côtes de l'Océan (voir plus bas p. 448) et du message du Directoire au Conseil des Cinq-Cents, du 27 messidor an IV, sur l'extinction de la guerre de Vendée et des Chouans (voir plus haut, p. 92).

quintal, ou un décime la livre, les sels provenant des salines nationales[1].

[Le Directoire exécutif, considérant que les troubles qui avaient nécessité la formation de l'armée des Côtes de l'Océan[2] et de celle de l'armée de l'Intérieur[3] n'existent plus; que les séditieux qui avaient levé l'étendard de la rébellion ont été dissipés, anéantis et que tous les habitants des contrées qui ont été le théâtre de la guerre civile et des dévastations funestes auxquelles elle a donné lieu sont rentrés dans l'obéissance et la soumission qu'ils doivent aux lois de la République;

Considérant qu'il est de l'intérêt de la nation d'apporter dans les dépenses du gouvernement la plus stricte économie et de ramener, autant que les circonstances peuvent le permettre, l'ordre dans les finances;

Arrête ce qui suit:

ARTICLE 1er. L'armée des Côtes de l'Océan et celle de l'Intérieur seront et demeureront supprimées et les états-majors généraux de ces deux armées réformés à partir du 1er vendémiaire de l'an v.

ART. 2. Les divisions militaires comprises dans l'arrondissement de ces armées seront commandées chacune par un général de division et il y sera employé deux généraux de brigade et un adjudant-général.

ART. 3. Les 12e, 13e, 15e et 22e divisions, dépendant de l'armée des Côtes de l'Océan, demeureront sous la surveillance du général Hoche, qui en conservera le commandement en chef; il est en conséquence autorisé à avoir près de lui trois généraux de brigade et trois adjudants-généraux, dont il disposera selon les besoins du service.

ART. 4. Il pourra être employé plus de deux généraux de brigade et plus d'un adjudant-général dans celles des divisions maritimes qui, par leur position, l'importance des postes à garder et leur étendue, paraîtront l'exiger; mais le nombre des généraux de brigade ne pourra excéder celui de trois, et les adjudants-généraux celui de deux.

---

[1] Arrêté du 8 fructidor an IV, signé Carnot, Reubell, Barras, Revellière-Lépeaux (Arch. nat., AF III, 398, dossier 2126).

[2] L'armée des Côtes de l'Océan avait été formée le 5 nivôse an IV (26 décembre 1795), par l'arrêté qui réunissait les trois armées de l'Ouest, des Côtes de Brest et des Côtes de Cherbourg sous le commandement de Hoche.

[3] L'armée de l'Intérieur avait été formée le 24 messidor an III (12 juillet 1795), sous le commandement du général Menou, par un décret de la Convention réunissant les départements de la Somme, de la Seine-Inférieure et de l'Eure à la 17e division militaire.

[25 août 1796] DU DIRECTOIRE EXÉCUTIF. 449

Art. 5. La 17ᵉ division, dépendant de l'armée de l'Intérieur, demeurera composée comme elle l'était avant la formation de cette armée, des départements de la Seine, de Seine-et-Oise, de l'Oise, de Seine-et-Marne, du Loiret, d'Eure-et-Loir, et provisoirement de Loir-et-Cher.

Il ne pourra être employé dans cette division plus de trois généraux de brigade, ni plus de deux adjudants-généraux.

La 15ᵉ division militaire, dépendant de la même armée, sera formée, ainsi qu'elle l'était précédemment, des départements de la Somme, de la Seine-Inférieure et de l'Eure.

Le département de l'Aisne, dépendant précédemment de la 1ʳᵉ division militaire, sera réuni à cette division.

Art. 6. Les officiers généraux, les adjudants-généraux, les aides de camp, les adjoints aux adjudants-généraux, les commissaires-ordonnateurs des guerres en chef, ordonnateurs employés et les commissaires ordinaires formant les états-majors réformés de ces deux armées, qui ne seront point employés dans les divisions militaires ci-dessus, se retireront provisoirement dans le lieu de leur domicile ordinaire, où ils recevront les mêmes appointements que ceux dont ils jouissent actuellement, tant en numéraire qu'en mandats; mais ils ne toucheront plus, à compter du jour de leur réforme, les rations de vivres et de fourrages attribuées à leurs grades respectifs. Ceux qui ne se retireraient pas dans leur domicile seraient censés démissionnaires et privés de tout traitement.

Ils seront tenus, en recevant leur lettre de réforme, d'instruire le ministre de la guerre du lieu où ils se retireront, afin qu'il puisse leur faire expédier les routes[1] dont ils auraient besoin pour s'y rendre, et leur faire parvenir les ordres ultérieurs du Directoire.

Ceux des officiers et commissaires des guerres réformés qui auront reçu des chevaux et équipages des dépôts de la République les y remettront, et le prix qu'ils en ont payé leur en sera remboursé sur le pied de la valeur du jour du payement.

Art. 7. Le ministre de la guerre est chargé de l'exécution du présent arrêté, dont il rendra compte au Directoire, et qui sera imprimé. — Arch. nat., AF III, 398, dossier 2125 [2].]

---

[1] Les feuilles de route. — [2] Signé à la minute Carnot, Barras, Reubell.

Il ordonne la publication et l'exécution dans les départements réunis de la loi du 6 fructidor an IV [1], concernant les patentes [2].

Il arrête que les adjudicataires des coupes des bois destinées pour l'année prochaine seront tenus de payer le prix desdits bois en numéraire ou en mandats au cours du jour où le payement sera fait [3].

Profondément touché de la misère dans laquelle une partie des habitants de Honfleur gémit, le Directoire ordonne que les sels nationaux existant dans les greniers de cette commune seront délivrés à ceux de ses habitants les plus indigents au prix de cinq centimes la livre [4].

Il statue qu'il sera procédé, au fur et à mesure des coupes ordinaires des bois appartenant aux établissements ecclésiastiques dans les pays réunis, à la vente des arbres dépérissants et nuisibles qui s'y trouveront [5].

Il écrit aux administrateurs du département de la Gironde, en retard de prononcer sur les réclamations des citoyens Boyer-Fonfrède [6], Colomb, et sur celles des consuls des puissances étrangères résidant à Bordeaux, concernant leur taxation à l'emprunt forcé, pour leur intimer l'ordre de prendre un arrêté sur ces différentes affaires, au reçu de sa lettre, et de l'adresser de suite et courrier par courrier au ministre des finances [7].

Il accorde un secours de cinquante francs en monnaie de cuivre au citoyen Lemoine [8].

Le ministre de la police générale soumet au Directoire plusieurs demandes en radiation de la liste des émigrés. Le Directoire décide favorablement à l'égard des citoyens dont les noms suivent :

Charles-Guillaume Béraud [9]; Bertrand-Jean-Marie Bonin, dit Tré-

---

[1] Voir plus haut, p. 443.

[2] Arrêté du 8 fructidor an IV, signé Reubell, Barras, Revellière-Lépeaux (Arch. nat., AF III, 398, dossier 2125).

[3] Arrêté du 8 fructidor an IV, signé Carnot, Reubell, Barras, Revellière-Lépeaux (Arch. nat., AF III, 398, dossier 2126).

[4] Arrêté du 8 fructidor an IV, signé Carnot, Reubell, Barras, Revellière-Lépeaux (Arch. nat., AF III, 398, dossier 2126).

[5] Arrêté du 8 fructidor an IV, signé Carnot, Reubell, Barras (Arch. nat., AF III, 398, dossier 2126).

[6] Négociant à Toulouse.

[7] Minute signée Reubell, Barras, Revellière-Lépeaux (Arch. nat., AF III, 398, dossier 2126).

[8] Arrêté du 8 fructidor an IV, signé Le Tourneur, Carnot, Reubell (Arch. nat., AF III, 398, dossier 2124).

[9] Charles-Guillaume *Béraud*, «défenseur de la patrie», inscrit sur la liste des émigrés du département de Lot-et-Garonne «tandis qu'il combattait les ennemis de la République», et qui a justifié de sa résidence. — Arrêté du 8 fructidor an IV, signé Carnot, Reubell, Revellière-Lépeaux (Arch. nat., AF III, 398, dossier 2124).

granteur ⁽¹⁾; Louis Galléry-Servière ⁽²⁾; Charles-Ferdinand-Joseph Beaumaretz ⁽³⁾; Joseph Mézard ⁽⁴⁾; Jean Tachoires ⁽⁵⁾; Louis-Marie Cauvigny ⁽⁶⁾; Toussaint-Ange Bernard fils, et Louis-Marie-Renée Robard, sa femme ⁽⁷⁾; Bernard Senéquier et Anne Péloquin-Senéquier, sa femme ⁽⁸⁾.

Il n'y a pas lieu à délibérer sur la demande faite par les citoyens Petit-Mortier et Cordier Perney, ex-commissaires des guerres, tendante à jouir des rations de vivres ⁽⁹⁾.

Il sera payé au chef de brigade Garnier-Desglancay une indemnité en mandats, au cours, représentative de la somme en numéraire que

⁽¹⁾ Bertrand-Jean-Marie *Bonin*, dit *Trégranteur*, ci-devant conseiller au Parlement de Rennes, inscrit sur la liste des émigrés du département de la Loire-Inférieure, qui a justifié de sa résidence. — Arrêté du 8 fructidor an IV, signé Carnot, Reubell, Revellière-Lépeaux (Arch. nat., AF III, 398, dossier 2124).

⁽²⁾ Louis *Galléry-Servière*, ex-noble, résidant tantôt à Paris, tantôt à Thorigny (Manche), inscrit sur la liste des émigrés du département de la Manche, qui a justifié de sa résidence. — Arrêté du 8 fructidor an IV, signé Carnot, Reubell, Revellière-Lépeaux (Arch. nat., AF III, 398, dossier 2124).

⁽³⁾ Charles-Ferdinand *Beaumaretz*, ex-noble, demeurant à Douai, inscrit sur la liste des émigrés du département du Pas-de-Calais, qui a justifié de sa résidence. — Arrêté du 8 fructidor an IV, signé Carnot, Reubell, Revellière-Lépeaux (Arch. nat., AF III, 398, dossier 2124).

⁽⁴⁾ Joseph *Mézard*, géomètre et avoué à Apt, inscrit sur la liste des émigrés du département de Vaucluse, qui a justifié de sa résidence. — Arrêté du 8 fructidor an IV, signé Carnot, Reubell, Revellière-Lépeaux (Arch. nat., AF III, 398, dossier 2124).

⁽⁵⁾ Jean *Tachoires*, lieutenant de volontaires nationaux en activité de service à Fontainebleau, inscrit sur la liste des émigrés du département des Landes, qui «n'a été prévenu d'émigration que pour avoir négligé de justifier de son activité de service militaire». — Arrêté du 8 fructidor an IV, signé Carnot, Reubell, Revellière-Lépeaux (Arch. nat., AF III, 398, dossier 2124).

⁽⁶⁾ Louis-Marie *Cauvigny*, capitaine au 9ᵉ régiment d'infanterie, commandant le 2ᵉ régiment des grenadiers de l'armée de la République à Mayence, inscrit sur la liste des émigrés du département du Calvados et qui a justifié de son service dans les armées de la République. — Arrêté du 8 fructidor an IV, signé Carnot, Reubell, Revellière-Lépeaux (Arch. nat., AF III, 398, dossier 2124).

⁽⁷⁾ Toussaint-Ange *Bernard*, ex-noble et ex-maître en la ci-devant Chambre des comptes de Nantes, et Louise-Marie-Renée *Robard*, sa femme, inscrits sur la liste des émigrés de la Loire-Inférieure, qui ont justifié de leur résidence. — Arrêté du 8 fructidor an IV, signé Carnot, Revellière-Lépeaux, Reubell (Arch. nat., AF III, 398, dossier 2124).

⁽⁸⁾ Bernard *Senequier*, tailleur d'habits, et Anne *Polequin-Senequier*, sa femme, de Toulon, inscrits sur la liste des émigrés du département du Var, qui «ont fourni les preuves exigées par les lois du 22 nivôse an III et du 4ᵉ jour complémentaire de la même année, relatives aux ouvriers...». — Arrêté du 8 fructidor an IV, signé Carnot, Reubell, Revellière-Lépeaux (Arch. nat., AF III, 398, dossier 2124).

⁽⁹⁾ Arrêté du 8 fructidor an IV, signé Carnot, Reubell, Barras (Arch. nat., AF III, 398, dossier 2125). — Il ressort du rapport du ministre de la guerre (même dossier) que ces rations, qui leur avaient été accordées par faveur pour avoir défendu la représentation nationale dans les journées des 13 et 14 vendémiaire et dont ils ont joui jusqu'au commencement de messidor, leur ont été retirées depuis, en vertu d'une lettre du 1ᵉʳ messidor par laquelle le ministre de la guerre «enjoint à l'ordonnateur de la 17ᵉ division militaire de suspendre toute distribution de vivres aux militaires non employés».

pouvaient valoir les six mille livres, en assignats, qu'il n'a pas touchées pour les premières opérations de l'inspection des brigades de gendarmerie dans la 27° division militaire[1].

On écrit au ministre de la guerre pour l'inviter à se concerter avec celui des relations extérieures sur les moyens de maintenir l'administration par des Français de toutes les parties du service relatives à la tenue de l'armée française de 25,000 hommes en Hollande[2].

Le Directoire signe l'exequatur des patentes par lesquelles le consul de la nation danoise à Ostende nomme pour ses vice-consuls : à Nieuport, M. Norbert Boudeloot; à Bruges, M. Charles Odevaere; à Ostende, M. Philippe Van Iseghem, et à Anvers, M. Théodore Van Morsel fils[3].

Il écrit concernant le service militaire :

Au citoyen Legrand, ex-général de brigade[4];

Au ministre de la guerre[5];

Au général Liébert, à Lille[6].

Et au général de division Xaintrailles-Lauthier, à Bitche[7].

On signe un état de citoyens exemptés du service militaire aux armées[8].

---

[1] Arrêté du 8 fructidor an IV, signé Carnot, Reubell, Barras (Arch. nat., AF III, 398, dossier 2125).

[2] Minute signée Carnot, Reubell, Barras (Arch. nat., AF III, 398, dossier 2125).

[3] Quatre arrêtés du 8 fructidor an IV, signés Reubell, Le Tourneur, Barras (Arch. nat., AF III, 398, dossier 2124).

[4] Minute signée Le Tourneur, Carnot, Revellière-Lépeaux (Arch. nat., 398, AF III, dossier 2124). — Le Directoire lui accuse réception de sa lettre du 2 courant et de la copie du plan de débarquement en Angleterre qui y était jointe.

[5] Minute signée Carnot, Le Tourneur, Revellière-Lépeaux (Arch. nat., AF III, 398, dossier 2126). — Le Directoire lui communique l'extrait de l'ordre qu'il a donné au général Moreau pour faire mettre en jugement le général de division Tuucq.

[6] Minute signée Le Tourneur, Carnot, Revellière-Lépeaux (Arch. nat., AF III, 398, dossier 2126). Le Directoire lui annonce qu'il a recommandé de lui donner communication des nouvelles qui lui seront transmises de Paris par la voie du télégraphe. — Voir plus haut, p. 443.

[7] La minute de cette lettre ne se trouve pas dans les dossiers correspondant à la séance du 8 fructidor.

[8] Voir l'état nominatif de ces jeunes gens (au nombre de 91), avec l'indication des motifs de leur exemption, Arch. nat., AF III, 398, dossier 2125.

Outre les pièces qui viennent d'être indiquées, il faut signaler les suivantes, qui se rapportent aussi à la séance du 8 thermidor et qui ne sont pas mentionnées au procès-verbal, savoir :

Dans le dossier 2124, un arrêté signé Barras, Carnot, Reubell, par lequel le Directoire, en vertu de la loi du 21 floréal, autorise le citoyen Poissant fils, d'Amiens, à résider à Paris.

Dans le dossier 2125 : 1° un arrêté signé Carnot, Reubell, Barras, qui accorde un congé d'un mois au citoyen Rolland, sergent-major de la 8ᵉ compagnie d'artillerie; — 2° un arrêté

A

Traité de paix conclu à Paris le 5 fructidor an iv (22 août 1796) entre la République française et le Margrave de Bade.

La République française et Son Altesse Sérénissime le Margrave de Bade, désirant rétablir entre les deux États les rapports d'amitié et de bon voisinage qui ont existé entre eux avant la présente guerre, ont nommé pour leurs plénipotentiaires, savoir : le Directoire exécutif, au nom de la République française, le citoyen *Charles Delacroix*, ministre des relations extérieures, et Son Altesse Sérénissime le Margrave de Bade, M. le baron *de Reitzenstein*, son Chambellan et Grand-Bailli de Lörrach, lesquels, après avoir échangé leurs pleins pouvoirs respectifs, ont arrêté les articles suivants :

Article 1er. Il y aura paix, amitié et bonne intelligence entre la République française et Son Altesse Sérénissime le Margrave de Bade : en conséquence toutes hostilités cesseront entre les puissances contractantes à compter de la ratification du présent traité.

Art. 2. Le Margrave de Bade révoque toute adhésion, consentement et accession, patente ou secrète, par lui donnés à la coalition armée contre la République française, à tout traité d'alliance offensive et défensive qu'il pourrait avoir contracté contre elle. Il ne fournira à l'avenir, à aucune puissance ennemie de ladite République, aucun contingent ou secours en hommes, chevaux, vivres, argent, munitions de guerre ou autrement, à quelque titre que ce soit, quand même il en serait requis comme membre de l'empire germanique.

Art. 3. Les troupes de la République pourront passer librement dans les États de Son Altesse Sérénissime, y séjourner et occuper tous les postes militaires nécessaires à leurs opérations.

Art. 4. Son Altesse Sérénissime le Margrave de Bade, pour lui, ses successeurs et ayants cause, cède à la République française tous les droits qui peuvent lui appartenir sur les seigneuries de Rode-Machern et Hespringen dans le ci-devant duché de Luxembourg, la portion à lui appartenant dans le comté de Sponheim et ses droits sur l'autre portion, la seigneurie de Grevenstein, les bailliages de Benheim et de Rhod, et généralement tous les territoires, droits et revenus qu'il possédait ou prétendait avoir droit de posséder sur la rive gauche du Rhin. Il renonce à toutes répétitions contre la République pour les arrérages desdits droits et revenus, et pour toute autre cause antérieure au présent traité.

Art. 5. Son Altesse Sérénissime le Margrave régnant de Bade, tant en son nom qu'au nom de ses deux fils, les princes *Frédéric* et *Louis de Bade*, pour lesquels

---

signé Le Tourneur, Carnot, Revellière-Lépeaux, qui nomme général de division le général de brigade Quantin.

Le dossier 2127, dont le contenu, comme celui des trois précédents, est relatif à la séance du 8 fructidor, est formé de 77 pièces relatives à des nominations de juges, d'assesseurs, etc., dans les départements de la Charente, du Calvados, de la Gironde, d'Indre-et-Loire, des Landes, de la Meurthe, de Saône-et-Loire, de Seine-et-Oise et des Vosges.

il se porte fort, cède et abandonne avec toute garantie à la République française les deux tiers de la terre de Kutzenhausen, située dans la ci-devant Alsace, avec tous les droits et revenus en dépendants, ensemble les arrérages desdits droits et revenus qui pourraient rester dus, renonçant à toutes répétitions contre la République pour raison d'iceux et pour toute cause antérieure au présent traité.

Art. 6. Son Altesse Sérénissime cède également, pour lui, ses successeurs et ayants cause, à la République française, toutes les îles du Rhin qui peuvent lui appartenir, tous les droits qu'il peut prendre sur lesdites îles ainsi que sur le cours et les différents bras de ce fleuve et notamment ceux de péage, haut domaine, seigneurie directe, justice civile, criminelle ou de police. Ne seront pas compris sous la dénomination des différents bras du Rhin les petits découlements et les eaux mortes ou stagnantes laissées par suite de débordements de l'ancien cours du fleuve et connus aux riverains sous le nom de *Alt-Wasser, Alt-Rhein* ou *Vieux-Rhin*.

Art. 7. Il sera libre à chacune des parties contractantes de faire exécuter les travaux de digues qu'elle jugera nécessaire à la conservation de son territoire, de manière cependant à ne pas nuire au territoire de la rive opposée. Toutes les contestations, qui pourraient s'élever sur cet objet, ainsi que sur l'établissement et la conservation du chemin de halage, seront décidées non par voie judiciaire, mais de gouvernement à gouvernement.

Art. 8. Son Altesse Sérénissime s'engage à laisser et faire laisser sur la rive droite du Rhin un espace de 36 pieds de largeur pour servir de chemin de halage dans les parties navigables ou qui pourraient le devenir : ce chemin sera débarrassé de ce qui pourrait nuire à son usage. Il est néamoins convenu que les maisons existantes sur l'emplacement qu'il doit occuper, et qui seraient nécessaires à sa continuité, ne pourront être démolies sans qu'il soit payé au propriétaire une juste et préalable indemnité.

Art. 9. La poursuite des délits relatifs à la navigation qui pourraient être commis sur ledit chemin de halage appartiendra à la République française.

Art. 10. Les portions de ce chemin, ainsi que des îles de ce fleuve qui étaient possédées à titre singulier par Son Altesse Sérénissime ou qui appartenaient à des corps ou communautés ecclésiastiques, sont cédées, sans aucune réserve, à la République. Les communautés laïques et les particuliers continueront à jouir sous la souveraineté de la République des portions qu'elles possédaient : il es néanmoins convenu que ladite souveraineté ne s'exercera pas sur les maison dépendantes du Margraviat qui seront jugées nécessaires pour la continuité du chemin de halage, mais seulement sur leur emplacement, après qu'elles auront ét démolies en exécution de l'article 8.

Art. 11. La navigation du fleuve sera libre aux citoyens et sujets des deu puissances contractantes.

Art. 12. Les péages perçus sur la partie du fleuve du Rhin qui coule entre le États des parties contractantes sont abolis à perpétuité ; il n'en sera point établi l'avenir sur le lit naturel du fleuve.

Art. 13. Les stipulations portées dans les précédents traités entre la Franc d'une part, et Son Altesse Sérénissime le Margrave de Bade ou l'Empereur c l'Empire de l'autre part, relatives au cours du Rhin, à la navigation de ce fleuve, aux travaux à faire pour la conservation de son lit et de ses bords, continueront d'être exécutés en ce qui n'est pas contraire au présent traité.

Art. 14. Son Altesse Sérénissime s'engage à ne point permettre aux émigrés et prêtres déportés de la République française de séjourner dans ses États.

Art. 15. Il sera conclu incessamment entre les deux puissances un traité de commerce sur des bases réciproquement avantageuses; en attendant, toutes les relations commerciales seront rétablies telles qu'elles étaient avant la présente guerre. Toutes les denrées et marchandises provenant du sol, des manufactures, colonies ou pêches françaises, jouiront dans les États de Son Altesse Sérénissime de la liberté *de transit* et d'entrepôt, en exemption de tous droits autres que ceux de péage sur les voitures et chevaux. Les voituriers français seront traités, pour le payement desdits droits de péage, comme la nation la plus favorisée.

Art. 16. La République française et Son Altesse Sérénissime le Margrave de Bade s'engagent respectivement à donner main-levée du séquestre de tous effets, revenus ou biens saisis, confisqués, détenus ou vendus sur les citoyens français, d'une part, et de l'autre sur les habitants du Margraviat de Bade, et à les admettre à l'exercice légal des actions et droits qui peuvent leur appartenir.

Art. 17. Tous les prisonniers respectivement faits seront rendus dans un mois, à compter des ratifications du présent traité, en payant les dettes qu'ils pourraient avoir contractées pendant leur captivité. Les malades et blessés continueront d'être soignés dans les hôpitaux respectifs; ils seront rendus aussitôt leur guérison.

Art. 18. Conformément à l'article 6 du traité conclu à la Haye, le 27 floréal de l'an III (16 mai 1795), le présent traité de paix et d'amitié est déclaré commun avec la République batave.

Art. 19. Il sera ratifié, et les ratifications échangées à Paris, dans un mois, à compter de la signature, et plus tôt si faire se peut,

Fait le 5 fructidor de l'an IV de la République française (22 août 1796).

Ch. Delacroix, Sigismond-Charles-Jean, baron de Reitzenstein [1].

Traité secret additionnel au traité de paix conclu à Paris, le 5 fructidor an IV (22 août 1796), entre la République française et le Margrave de Bade, relatif à diverses cessions de territoire et à la fixation d'indemnités ou contributions de guerre.

Les plénipotentiaires soussignés, en addition au traité de paix par eux arrêté et signé aujourd'hui, sont convenus des articles suivants, lesquels demeureront secrets tant que l'intérêt des puissances contractantes paraîtra l'exiger:

Article 1er. Lors du traité de paix avec l'Empereur et l'Empire, la République française accordera ses bons offices à S. A. S. le Margrave de Bade, pour que les

---

[1] Copie envoyée au Conseil des Cinq-Cents par message du 8 fructidor an IV, signé de tous les membres du Directoire (Arch. nat., AF III, 398, dossier 2124).

possessions ecclésiastiques suivantes, avec les droits y appartenant, lui soient cédées et soient sécularisées en sa faveur.

1° L'évêché de Constance et l'abbaye de Reichenau, et la prévôté d'OEhningen y réunis, les terres et revenus du Grand-Chapitre et de la Prévôté chapitrale, distraction faite des seigneuries et juridictions de l'évêque et du Grand-Chapitre situées dans le territoire des Suisses et de leurs alliés, lesquelles seraient réservées à la disposition de la République française; 2° le bailliage de Sehlingen, dépendant du ci-devant évêché de Bâle; 3° la partie de l'évêché de Spire située sur la rive droite du Rhin, y compris les terres du Grand-Chapitre, la prévôté et revenu chapitral de Odenheim. S. A. S. s'oblige dans ce cas à démolir et raser les fortifications de de Philipsbourg, sans jamais souffrir qu'elles soient relevées, si mieux elle n'aime consentir à ce que cette place soit occupée militairement par les troupes de la République, qui aura seule la faculté de faire rétablir le pont sur le Rhin pour le service de la place; 4° le bailliage d'Ettenheim, dépendant du ci-devant évêché de Strasbourg; 5° la ville de Seligenstadt et les petites portions de territoire dépendantes de l'archevêché de Mayence, situées entre la rive gauche des rivières de Gersprentz et du Main jusqu'à Rauenheim et la rive droite du Rhin, depuis Ehefelden jusqu'à Greinsheim, pour être échangées contre différentes enclaves de l'État de Bade et notamment contre la partie du comté de Hanau-Lichtemberg, située le long de la rive droite du Rhin, les seigneuries de Lahr et Geroldseck; 6° la sécularisation et réunion au domaine du Margrave de tous les biens-fonds, revenus et droits que possèdent dans le margraviat ou dans les États qui y seront réunis les communautés ecclésiastiques dont le chef-lieu est situé sur la rive droite du Rhin; réciproquement S. A. S. s'engage à faire connaître et remettre à la République française, pour en disposer ainsi qu'elle jugera à propos, tous les biens-fonds, revenus et droits situés dans les territoires qui lui appartiennent ou appartiendront, qui étaient possédés par les corps et communautés dont le chef-lieu était placé sur la rive gauche du Rhin, à l'exception toutefois des biens-fonds et droits que possédaient, dans l'étendue du margraviat, les évêchés et Grand-Chapitre de Bâle, Strasbourg et Spire; 7° l'abbaye de Salmanswéiler qui serait mise dans la possession des princes Frédéric et Louis de Bade pour leur tenir lieu de la terre de Kutzenhausen qu'ils possèdent dans le département du Bas-Rhin et qui se trouve cédée à la République française par l'article 5 du traité de ce jour.

Art. 2. La République française accordera également ses bons offices au Margraviat de Bade pour lui faire obtenir : 1° le droit illimité de *non appellando;* 2° l'abolition dans ses États de la poste de Taxis; 3° l'exemption de toute mouvance et devoirs féodaux envers les évêques de Bâle et de Spire, ainsi que de toute autre autorité ecclésiastique; 4° les droits attachés à l'évêché de Constance, relativement à la convocation, tenue des États et direction des affaires du Cercle.

Art. 3. Les articles du traité patent relatif au Rhin, à sa navigation, à ses bords, aux îles qu'il renferme, seront exécutés pour tous les districts situés sur le bord de ce fleuve qui par la suite pourront appartenir à S. A. S. ou à ses successeurs et ayants cause.

Art. 4. S. A. S. cède à la République française tous les droits qui peuvent lui appartenir sur la ville, fort et territoire de Kehl. Elle lui cède également sur la rive droite du Rhin, en face de l'ancien pont d'Huningue, un terrain de cinquante arpents, l'arpent de 100 perches, la perche de 22 pieds, le pied de 12 pouces, le pouce de 12 lignes. Ce terrain sera pris dans l'emplacement qui sera jugé le plus convenable et limité d'après le tracé qui en sera fait par un commissaire que le Directoire exécutif nommera à cet effet en présence d'un commissaire de S. A. S. Il sera livré en outre un chemin pour arriver audit terrain, s'il est jugé nécessaire.

Art. 5. S. A. S. renonce pour lui, ses successeurs et ayants cause, à tous les droits, même éventuels, qui pourront lui appartenir sur les territoires situés sur la rive gauche du Rhin, les îles et le cours de ce fleuve qui pourraient être cédés à la République française par d'autres princes d'Allemagne avec lesquels il aurait quelque pacte de succession ou de réversion.

Art. 6. Le Margrave de Bade s'engage, en tant que besoin serait, à garantir la République française de toute action ou prétention sur les territoires, droits et revenus par lui cédés, qui pourraient être formés contre elle par les créanciers de S. A. S. Il s'oblige également à toute garantie de droit pour les mêmes objets envers les princes d'Allemagne avec lesquels il aurait quelque pacte de succession ou de réversion.

Art. 7. Le Margrave de Bade s'oblige également à payer ce qu'il peut devoir personnellement, à quelque titre que ce soit, aux habitants des pays par lui cédés, et à rembourser, dans le délai de cinq années, les emprunts qu'il a pu y faire et pour lesquels il a constitué des rentes au profit des établissements publics qui y sont situés ou des particuliers.

Art. 8. Le margrave de Bade s'oblige, en sa qualité de membre de l'Empire germanique, à concourir par son suffrage à la Diète, lorsque le traité de la paix à conclure entre la République française, l'Empereur et l'Empire y sera porté :

1° A ce que tous les territoires dépendants de l'Empire germanique, situés sur la rive gauche du Rhin, les îles et le cours de ce fleuve soient réunis à la République française ;

2° A ce que les différents États d'Italie soient dégagés de tout lien de féodalité envers l'Empire germanique ;

3° A ce qu'il soit sécularisé un nombre de principautés ecclésiastiques, situées sur la rive droite du Rhin, suffisant pour dédommager les princes laïques des possessions qu'ils se trouvent perdre sur la rive gauche.

Art. 9. Le Margrave de Bade, désirant vivre à perpétuité en bonne harmonie et intelligence avec la République française, s'engage à observer pour les guerres futures qui pourraient s'élever entre elle et quelque autre puissance que ce soit, la plus exacte neutralité et à ne fournir contre elle aucun contingent ni secours, à quelque titre et sous quelque prétexte que ce soit.

Art. 10. Dans toutes les guerres qui pourraient être suscitées à l'avenir à la République française en Allemagne, ses troupes pourront passer et séjourner dans les États de S. A. S. le Margrave de Bade et y occuper tous les postes militaires nécessaires à leurs opérations. Elles y observeront une discipline exacte et s'y comporteront en tout comme dans un pays neutre et ami.

Art. 11. Tous les individus qui pourraient avoir été arrêtés dans les États de S. A. S., ou poursuivis pour leurs opinions politiques, seront sans délai mis en liberté. Toutes poursuites cesseront contre eux ; leurs biens, s'ils avaient été saisis ou confisqués, leur seront rendus ou le prix restitué en cas de vente. Il leur sera loisible d'en disposer, de rentrer demeurer dans les États de S. A. S. ou de s'en retirer.

Art. 12. Tous jugements rendus pour ventes de chevaux, bœufs ou autres effets qui ont pu être faites par les particuliers du margraviat à l'armée française seront regardés comme non avenus. Les amendes payées en vertu de ces jugements et versées dans les caisses de S. A. S. seront restituées.

Art. 13. Il est expressément convenu que tous les différends civils qui pourraient s'élever entre citoyens français dans les États du Margrave de Bade seront jugés par l'agent diplomatique de la République française.

Art. 14. S. A. S. le Margrave de Bade renonce à prendre à l'avenir aucun des titres des principautés et seigneuries qu'il cède à la République française par le traité de ce jour.

Art. 15. Les conditions de l'armistice conclu le 7 thermidor dernier (25 juillet 1796) auront leur exécution pleine et entière en tout ce qui n'est pas contraire aux dispositions du présent traité.

Art. 16. Les contributions qui y sont stipulées [1] seront acquittées en entier, sauf les conversions qui pourraient être convenues de gré à gré, et l'imputation sur lesdites contributions des fournitures dûment constatées qui ont été faites aux armées de la République pour le compte de S. A. S. depuis la signature dudit armistice. Il sera en outre payé une contribution de 20,000 livres par mois à compter du 1er vendémiaire prochain (22 septembre) jusqu'à la signature des préliminaires de paix avec l'Autriche.

Art. 17. Le Margrave s'engage à fournir en supplément d'indemnité à la République française dans l'espace de trois années, par parties égales d'année en année, 8,000 pieds d'arbres propres aux constructions maritimes, choisis et marqués par les agents de la République française et transportés aux frais de S. A. S. sur les bords du Rhin, des canaux ou rivières navigables y affluant, les plus à portée des chantiers d'exploitation. Tous les officiers civils et militaires du Margraviat recevront les ordres nécessaires pour qu'ils prêtent toute aide et assistance auxdits agents de la République et leur procurent toutes facilités possibles pour l'exécution de leur mission.

Art. 18. S. A. S. s'oblige à conserver ou à rendre aux habitants des différentes parties de ses États, ainsi que des territoires qui pourraient lui être cédés à la paix générale, les droits et privilèges dont ils jouissent ou ont joui et notamment ceux qui concernent l'administration intérieure du pays. Il s'oblige également à abolir

---

[1] Ces contributions consistaient en : 2 millions d'argent, 1,000 chevaux, 25,000 quintaux de grains, 12,000 sacs d'avoine, 50,000 bottes de foin, 25,000 paires de souliers.

toutes les servitudes personnelles et mains-mortes qui existent dans les possessions ecclésiastiques qui pourront être sécularisées en sa faveur et à régler les droits et redevances avec équité et douceur.

Fait à Paris, le 5 fructidor an IV (22 août 1796) de la République française une et indivisible.

Charles Delacroix, Sigismond-Charles-Jean, baron de Reitzenstein.

Le Directoire exécutif arrête et signe le présent traité secret additionnel au traité patent arrêté et signé cejourd'hui avec le Margrave de Bade, négocié au nom de la République française par le ministre des relations extérieures, nommé par le Directoire exécutif, par arrêté du 28 thermidor, et chargé de ses instructions à cet effet.

A Paris, ce 8 fructidor an IV (25 août 1796).

Le Tourneur, Reubell, Carnot, P. Barras, L.-M. Revellière-Lépeaux.

DÉLIBÉRATION SECRÈTE DU 8 FRUCTIDOR AN IV [1]

25 AOÛT 1796.

CCLIV

Le Directoire exécutif,

Au citoyen Barthélémy, ambassadeur de la République près le Corps helvétique.

Le Directoire exécutif, citoyen, est tellement convaincu que la paix seule peut consolider le bonheur des Français, qu'il n'hésite pas à se prononcer sur les ouvertures directes que vous lui avez fait passer. Il ne peut donner de meilleures preuves de son amour pour la cause sacrée de l'humanité, qui gémit depuis si longtemps d'une guerre cruelle que l'ambition a suscitée et prolongée, que de manifester son désir ardent d'entamer promptement des négociations avec la maison d'Autriche, mais ce ne peut être avec un homme qui se cache et qui pourrait être désavoué. Qu'on s'explique donc franchement et qu'on fasse des propositions convenables, directes et officielles; le Directoire exécutif prou-

---

[1] Arch. nat., AF III*, 20, p. 75. — AF III, 398, dossier 2124.

vera, par son empressement à les accueillir, combien il souhaite de parvenir à une paix solide et durable que rien ne puisse altérer. Les sentiments, citoyen, que vous avez inspirés au Directoire exécutif, le déterminent à vous charger de communiquer le résultat de sa réponse et de faire connaître que le succès dépend de la confiance qu'on prendra dans sa loyauté [1].

SÉANCE DU 9 FRUCTIDOR AN IV [2]

26 AOÛT 1796.

Le Directoire destitue de ses fonctions le citoyen Jaoul, président de l'administration du canton de la Blaquière, département de l'Hé-

---

[1] Signé à la minute Le Tourneur, Reubell, Carnot, Barras, Revellière-Lépeaux.

Nota. *La lettre de l'ambassadeur Barthélémy et la copie de celle qu'il a adressée au Directoire exécutif sont jointes à la minute (3 pièces).*

Ces pièces se trouvent dans le dossier 2124 (Arch. nat., AF III, 398), correspondant à la séance du 8 fructidor. La lettre de Barthélémy, datée du 18 thermidor, a pour objet l'envoi de la copie de celle qu'il a reçue d'«un des principaux magistrats de la Suisse, distingué par son patriotisme, son influence dans sa patrie, ses lumières et son attachement à la République française». Cette copie, qui y est jointe et qui n'est pas signée, est datée du 31 juillet (13 thermidor). L'auteur dit avoir été chargé par un agent autrichien de faire indirectement au gouvernement français des ouvertures de paix que le *point d'honneur* ne permet pas à l'empereur de faire directement et qui se résument en trois points : 1° cession à la France par l'Empereur de la Belgique et de la rive gauche du Rhin; 2° restitution de la Lombardie par la France à l'Empereur; 3° abandon à l'Empereur de la Bavière jusqu'à l'Isar, en dédommageant l'Électeur palatin par la cession du Brisgau. L'Empereur, craignant le mauvais effet de ce troisième article sur la Prusse et sur l'Empire, voudrait que le Directoire le prît sur lui.

On trouve au dossier 2124, à la suite de cette copie, la lettre par laquelle Barthélemy, le 19 fructidor, répond à celle que le Directoire lui a adressée le 8. Il informe qu'il a fait transmettre la réponse du Directoire et exprime l'espoir que l'Autriche, malgré ses vanteries, finira bien par céder.

Le négociateur «qui se cache et peut être désavoué» dont il est question dans la lettre du Directoire, c'est-à-dire le magistrat suisse auquel a fait allusion Barthélemy, était Charles-Albert *de Frisching*, ancien trésorier du canton de Berne, effectivement très attaché à la France et qui, dès le 1er thermidor, avait fait à Barthélemy des ouvertures officieuses pour l'Autriche. A ce moment le ministre autrichien Thugut était toujours très opposé à la paix. Mais en dehors de lui, l'Empereur, effrayé par les progrès des Français, influencé par Colloredo, Lucy, etc., avait donné l'ordre de faire ces ouvertures (13 juillet). Barthélemy, informé, et d'autre part autorisé par son ministre, Delacroix, avait encouragé cette démarche; de là la lettre du 31 juillet (13 thermidor). Le Directoire aurait voulu se servir de cette offre de l'Autriche pour entraîner la Prusse dans son alliance. Il n'y était pas encore parvenu quand, le 8 thermidor (26 août), il répondait à Barthélemy. — d'autre part, les succès remportés à partir de cette époque en Allemagne par l'Autriche allaient relever à Vienne le parti de la guerre; et dès lors la négociation Frisching n'eut plus de suite.

[2] Arch. nat., AF III*, 4, fol. 185-187. — AF III, 3.

rault, prévenu d'avoir protégé les auteurs des troubles qui ont eu lieu dans ce canton[1].

Il accorde au citoyen Charles Blin, gendarme, qui a arrêté la femme Désiré, une indemnité de quatre-vingts francs, en numéraire[2].

Il accorde aussi au citoyen O'Méara, chef de brigade, chargé de conduire des prisonniers irlandais à la Guerche, département d'Ille-et-Vilaine[3], une indemnité de deux cent quarante livres, et aux citoyens Cathelin et Lumigny, chargés de le seconder dans cette conduite, à chacun cent vingt livres[4].

Il approuve le prêt qu'a fait son commissaire près l'armée des Alpes et d'Italie[5] d'une somme de douze mille francs, en numéraire, à Ismaïl Sidi, bacha à trois queues, ci-devant commandant en Égypte pour la Porte Ottomane[6], rappelé à Constantinople par un firman du Grand-Seigneur[7].

Il écrit au citoyen Durban, en lui accusant réception de sa lettre du 5 messidor et du manuscrit qui y était joint. Il lui témoigne en même temps sa satisfaction sur le zèle qui l'a animé dans ce travail[8].

[Le Directoire exécutif, informé des abus dangereux perpétrés par le fanatisme dans les départements frontières de la Suisse, et voulant empêcher qu'ils ne se reproduisent par la suite, arrête ce qui suit :

Tout prêtre suisse qui viendra dans les communes de la République sera arrêté comme espion et traité comme tel.

---

[1] En laissant se former, sous l'influence d'un employé de l'administration municipale, Letournaire, et de la famille Dessolliers, «connue par son faste, son orgueil et sa haine invétérée du nouvel ordre de choses», deux partis de jeunes gens qui, après maintes provocations, en sont venus aux mains et ont ensanglanté la commune de la Blaquière. — Arrêté du 9 fructidor an IV, signé Barras, Le Tourneur, Revellière-Lépeaux (Arch. nat., AF III, 398, dossier 2128); — rapport du ministre de la police générale (même dossier).

[2] Arrêté du 9 fructidor an IV, signé Barras, Revellière-Lépeaux, Reubell (Arch. nat., AF III, 398, dossier 2128). — C'est en messidor an III que ce gendarme avait contribué à l'arrestation d'une partie de l'Etat-major de l'armée catholique» et de la femme Désiré. — Rapport du ministre de la police (même dossier). — Voir au même dossier un certain nombre de pièces, (lettres de Blin, etc.), relatives à cette affaire et particulièrement aux troubles fomentés dans le département du Calvados par la femme Désiré.

[3] Voir t. II, p. 39.

[4] Arrêté du 9 fructidor an IV, signé Le Tourneur, Revellière-Lépeaux, Barras (Arch. nat., AF III, 398, dossier 2128).

[5] Garrau.

[6] «Ensuite proscrit et actuellement...»

[7] Arrêté du 9 fructidor an IV, signé Le Tourneur, Revellière-Lépeaux, Barras, Reubell (Arch. nat., AF III, 398, dossier 2128).

[8] Minute signée Carnot, Reubell, Barras (Arch. nat., AF III, 398, dossier 2128). — Voir au même dossier le mémoire (12 p. in-4°) du citoyen Durban, intitulé : *Réflexions sur l'état actuel de la République*.

Le ministre des relations extérieures est chargé d'écrire à l'ambassadeur d'informer les cantons de la ferme résolution que le Directoire a prise de maintenir l'entière et stricte exécution de cette mesure. — Arch. nat., AF III, 398, dossier 2128 [1].]

Il écrit au ministre de la marine pour l'autoriser à reprendre les abonnements qu'il prenait ci-devant au journal intitulé : *Courrier de Paris* [2].

Il autorise les citoyens de Boulogne à fournir des chanvres pour l'acquit de leurs contributions.

Il approuve l'exportation de trois cents pains de résine.

Le ministre de la police générale soumet à la décision du Directoire plusieurs demandes en radiation des noms de la liste des émigrés. Le Directoire accueille favorablement celles des citoyens dont les noms suivent :

Pierre-François-Henri Béraud [3]; Henri Gauthier, *dit* Savignac [4]; Prudent de Lisle et Marie Bouchaud, sa femme [5]; Alexandre-Honoré Baynart [6]; Pierre Monteil [7]; Marie-Françoise Barbier, veuve Ogé [8].

Le Directoire accorde un secours de mille francs en mandats à la citoyenne Morel, mère de trois défenseurs de la patrie [9].

---

[1] Signé à la minute Le Tourneur, Revellière-Lépeaux, Barras, Reubell. — Voir plus haut.

[2] Minute signée Le Tourneur, Reubell, Revellière-Lépeaux (Arch. nat., AF III, 398, dossier 2128). — Sur le *Courrier de Paris*, voir t. Ier et II.

[3] Henry *Béraud*, cultivateur, commune de Cavarre (Gironde); inscrit sur la liste des émigrés du département de Lot-et-Garonne, qui a justifié de sa résidence. — Arrêté du 9 fructidor an IV, signé Revellière-Lépeaux, Le Tourneur, Barras (Arch. nat., AF III, 398, dossier 2128.)

[4] Henry *Gautier*, dit *Savignac*, de Moissac, inscrit sur la liste des émigrés du département de la Haute-Garonne, qui a justifié de sa résidence. — Arrêté du 9 fructidor an IV, signé Le Tourneur, Barras, Revellière-Lépeaux (Arch. nat., AF III, 398, dossier 2128).

[5] Prudent *Delisle* et Marie *Bouchaud*, sa femme, ex-nobles, demeurant à Nantes, inscrits sur la liste des émigrés du département de la Loire-inférieure, qui ont justifié de leur résidence. — Arrêté du 9 fructidor an IV, signé Revellière-Lépeaux, Le Tourneur, Barras (Arch. nat., AF III, 398, dossier 2128).

[6] Alexandre Honoré *Baynart*, ancien capitaine de carabiniers, domicilié à Sery (Ardennes), inscrit sur la liste des émigrés du département des Ardennes, qui a justifié de sa résidence. — Arrêté du 9 fructidor, signé Revellière-Lépeaux, Le Tourneur, Barras (Arch. nat., AF III, 398, dossier 2128).

[7] Pierre *Monteil*, prêtre, inscrit sur la liste des émigrés du département de l'Ardèche, qui a justifié de sa résidence. — Arrêté du 9 fructidor an IV, signé Revellière-Lépeaux, Le Tourneur, Barras (Arch. nat., AF III, 398, dossier 2128).

[8] Marie-Françoise *Barbier*, veuve *Ogé* domiciliée à Rozoy-sur-Serre (Aisne), inscrite sur la liste des émigrés du département des Ardennes, qui a justifié de sa résidence. — Arrêté du 9 fructidor an IV, signé Revellière-Lépeaux, Le Tourneur, Barras (Arch. nat. AF III, 398, dossier 2128).

[9] Dont deux sont morts en combattant. — Arrêté du 9 fructidor an IV, signé Carnot, Reubell, Barras (Arch. nat., AF III, 398, dossier 2128).

[26 août 1796] DU DIRECTOIRE EXÉCUTIF. 463

Le ministre de la police générale fait un rapport sur la situation du département de l'Ain, et sur la réclamation que font les administrateurs de ce département contre les plaintes qu'ils croient avoir été témérairement portées contre ce département au Directoire, qui a donné l'ordre au général Kellermann d'y faire marcher des troupes, tandis que le plus grand calme y règne [1].

Conformément à l'arrêté du Directoire du 1ᵉʳ prairial, les ministres de l'intérieur et de la police générale, des relations extérieures, soumettent à l'approbation du Directoire des états des sommes à ordonnancer par eux.

Le ministre de la justice présente aussi l'état des employés de ses bureaux, de ceux de l'envoi des lois et de l'imprimerie de la République pendant le mois de thermidor dernier.

Le Directoire approuve ces dépenses et remet un double desdits états à chacun de ces ministres, pour les ordonnancer.

On écrit douze lettres concernant le service militaire, savoir :

Une au citoyen Reyse [2] ;
Une au général en chef Jourdan [3] ;
Une au général en chef Beurnonville [4] ;
Une au général en chef Moreau [5] ;
Une au commissaire du gouvernement Haussmann ;
Une au général divisionnaire Mouret [6] ;
Une au général Châteauneuf-Randon [7] ;

---

[1] Voir le rapport, Arch. nat., AF III, 398, dossier 2128. — Aucune décision n'est prise par le Directoire. — On lit seulement ces mots en marge dudit rapport : *Simple mention au procès-verbal.*

[2] Minute signée Carnot, Revellière-Lépeaux, Reubell (Arch. nat., AF III, 398, dossier 2128). — Le Directoire le remercie de sa lettre du 6 fructidor «sur les moyens d'améliorer le commerce de nos villes» et lui demande de développer ses vues.

[3] Minute signée Carnot, Revellière-Lépeaux, Reubell (Arch. nat., AF III, 398, dossier 2128). — Le Directoire l'informe que, pour augmenter d'autant les forces de l'armée qu'il commande, il a chargé l'armée du Nord du siège d'Ehrenbreitstein. En conséquence, il l'invite à retirer les troupes et à se concerter à ce sujet avec le général Beurnonville.

[4] Minute signée Carnot, Revellière-Lépeaux, Reubell (Arch. nat., AF III, 398, dossier 2128). — Le Directoire adopte sa proposition de charger l'armée du Nord du siège d'Ehrenbreitstein ; il l'invite à faire les dispositions nécessaires ; il lui témoigne la peine avec laquelle il a appris les manœuvres employées pour retarder l'établissement de la constitution de la République batave.

[5] La minute de cette lettre, non plus que celle de la suivante, ne se trouve pas dans le dossier 2128 (Arch. nat., AF III, 398), correspondant à la séance du 9 fructidor.

[6] Voir le texte de cette lettre plus loin à l'Appendice.

[7] Minute signée Carnot, Revellière-Lépeaux, Reubell (Arch. nat., AF III, 398, dossier 2128). — Le Directoire l'invite à presser la marche du corps de 6,000 hommes dirigé sur l'Italie.

Quatre au ministre de la guerre [1];

Et une au ministre de la police générale [2].

Le Directoire autorise le commandant de la force armée de Marsei[lle] à délivrer aux marchands grecs Manely et Nega les armes qu'ils o[nt] achetées.

Il autorise pareillement le citoyen Charles Girou à se faire examin[er] par le citoyen Monge, à son retour de Rome, pour son admission [à] l'Ecole polytechnique [3].

Il écrit au citoyen Navarre, auteur d'un projet sur les batteries flo[t]tantes, pour lui témoigner sa satisfaction [4].

On signe un état de citoyens exemptés du service militaire aux a[r]mées [5].

LE DIRECTOIRE EXÉCUTIF AU GÉNÉRAL DIVISIONNAIRE MOURET, COMMANDANT À TOULON.

Le Directoire a reçu, citoyen général, toutes les pièces que vous lui avez fa[it] parvenir le 29 thermidor dernier.

Il approuve entièrement la conduite que vous avez tenue, ainsi que le vice-an[...]

---

[1] Minutes signées Carnot, Revellière-Lépeaux, Reubell (Arch. nat., AF III, 398, dossier 2128). — Par la première, le Directoire approuve les ordres qu'il a donnés pour faire déloger des casernes d'Huningue les personnes qui n'ont pas droit d'y demeurer; il l'invite à étendre cette mesure à toutes les places de la République. — Par la seconde, il l'invite à écrire au général Kellermann de fournir aux dépenses des démolitions des forteresses des Alpes sur les 300,000 livres qui doivent lui être envoyées de l'armée d'Italie.

[2] Minute signée Le Tourneur, Carnot, Revellière-Lépeaux (Arch. nat., AF III, 398, dossier 2128). — Le Directoire l'invite à prendre les mesures nécessaires pour arrêter les troubles qui agitent quelques cantons du département de la Moselle, troubles «protégés à main armée par les jeunes gens de la première réquisition et enhardis par la mollesse, l'insouciance ou la complicité des autorités constituées».

[3] Minute d'arrêté signée Le Tourneur, Carnot, Reubell et datée non du 9, mais du 11 fructidor (Arch. nat., AF III, 398, dossier 2131). Voir au même dossier la lettre du [...] présentant Pons de l'Aveyron, demandant ce[tte] faveur pour Girou, son neveu, qui sert a[c]tuellement à l'armée d'Italie.

[4] Minute signée Le Tourneur, Carno[t], Reubell (Arch. nat., AF III, 398, doss[ier] 2131). — La minute est datée du 11 fru[c]tidor.

[5] Arrêté du 9 fructidor an IV, signé [Le] Tourneur, Carnot, Reubel (Arch. nat., [AF] III, 398, dossier 2128). — Ces jeunes ge[ns] sont au nombre de 77, dont les noms so[nt] indiqués ainsi que les raisons de l'exempti[on] qui leur est accordée.

Outre les documents qui viennent d'ê[tre] indiqués, on trouve dans le dossier 2128 [une] minute, signée Reubell, Carnot, Barras, d'u[n] arrêté du 9 fructidor, non mentionné au pr[o]cès-verbal, par lequel, en vertu de la loi [du] 21 floréal, le citoyen *Fournel*, ex-conventio[n]nel, est autorisé à venir à Paris pour s[es] affaires et à y résider pendant trois mois.

Le dossier 2128 se termine par sept pièc[es] relatives à des nominations d'assesseurs [de] juges de paix dans le département du Var.

ral Martin et la municipalité de Toulon, relativement aux lettres apportées par un canot parlementaire anglais. Vous pensez tous en citoyens fidèles et clairvoyants quand vous dites que c'est par l'appât d'une pareille correspondance que la perfidie de nos ennemis intérieurs et extérieurs parvint, il y a trois ans, à s'emparer de cette importante place. Mais ces temps ne reviendront plus, si vous joignez, citoyen général, au patriotisme qui vous caractérise, les précautions qui vont vous être indiquées.

L'intention du Directoire est donc qu'à la réception de la présente vous envoyiez un parlementaire à la flotte anglaise avec une lettre où vous signifierez au commandant que vous avez des ordres positifs, non seulement de ne recevoir aucun bâtiment parlementaire de sa nation, pour quelque cause que ce soit, mais encore de faire couler bas tous ceux qui s'approcheraient dorénavant de la portée des batteries du port et de faire juger comme espions les individus qui s'y présenteraient de la part des Anglais. Vous tiendrez la main, citoyen général, à l'exécution stricte de cet ordre et vous sévirez avec toute la rigueur prescrite par les lois militaires contre ceux qui se permettraient d'y porter la plus légère atteinte. Le Directoire pense que si les ennemis vous offrent l'occasion de faire un exemple, vous ne devez point hésiter à le saisir, afin de leur interdire toute idée de récidive.

CARNOT, L.-M. REVELLIÈRE-LÉPEAUX, REUBELL [1].

SÉANCE DU 10 FRUCTIDOR AN IV [2]

27 AOÛT 1796.

Le Directoire ordonne à son commissaire près le tribunal de cassation de dénoncer à ce tribunal un jugement du tribunal criminel du département du Bas-Rhin, du 16 messidor dernier, qui a annulé une procédure instruite par un juge de paix contre un assesseur du juge de paix, sous le faux prétexte de l'incompétence du juge [3].

Il arrête que chaque ministre fera dresser et lui remettra un tableau général et sommaire par aperçu des dépenses annuelles de son département divisé par ordre de matières et en trois colonnes [4].

---

[1] Arch. nat., AF III, 398, dossier 2128.
[2] Arch. nat., AF III*, 4, fol. 187-191. — AF III, 3.
[3] Arrêté du 10 fructidor an IV, signé Le Tourneur, Carnot, Revellière-Lépeaux (Arch. nat., AF III, 393, dossier 2128).
[4] «...La première comprendra la dépense indispensable fixée sous le point de vue de l'état de la plus profonde paix et du strict nécessaire... La deuxième portera la dépense à une latitude plus étendue et telle que l'on puisse, en suivant toujours cependant de sages principes d'économie, améliorer et perfectionner autant qu'il sera possible, avec cette augmentation de fonds, toutes les parties d'administration qui en sont susceptibles.

Il écrit aux sept ministres en leur transmettant cet arrêté pour les inviter à y satisfaire sans délai [1].

Un messager d'État envoyé par le Conseil des Anciens est admis et dépose cinq lois :

La première autorise le Directoire à délaisser au citoyen Droz la maison provenant de l'émigré Robert Saint-Vincent, située rue Hautefeuille, n° 25 [2].

La seconde ordonne que le Directoire, en proclamant tous les jours le cours des mandats, le réglera sans avoir égard aux fractions [3].

La troisième autorise l'administration municipale de Rouen à ouvrir et prolonger une rue dans cette commune [4].

La quatrième fixe le mode de payement des cotes de contributions directes de l'an III et antérieures [5].

La cinquième maintient les auteurs des ouvrages adoptés comme livres élémentaires et leurs héritiers ou cessionnaires dans le droit exclusif de les faire imprimer, vendre et distribuer [6].

Le Directoire ordonne que ces cinq lois seront publiées, exécutées et qu'elles seront munies du sceau de l'État. Elles sont en conséquence adressées de suite à l'enregistrement pour deux expéditions être envoyées sans délai au ministre de la justice, avec l'arrêté portant ordre d'impression et de publication dans les formes prescrites par les lois.

Le Directoire écrit au ministre de l'intérieur pour l'inviter à prendre les mesures nécessaires afin d'empêcher l'exportation des grains au delà des frontières et de protéger la libre circulation dans l'intérieur du produit de la récolte [7].

La troisième contient des observations sommaires relatives à chaque article...» — Arrêté du 10 fructidor an IV, signé Le Tourneur, Reubell, Carnot (Arch. nat., AF III, 398, dossier 2129).

[1] Minute signée Le Tourneur, Reubell, Carnot (Arch. nat., AF III, 398, dossier 2129).

[2] En paiement de ses découvertes, avances et travaux relatifs à la fabrication des monnaies. — Bull., II, LXXI, n° 653. — Sur Droz, voir t. Iᵉʳ, 712.

[3] «De manière que tout ce qui excédera chaque franc jusqu'à 25 centimes sera porté à 50 centimes, et ainsi de suite, de 25 centimes en 25 centimes». Bull., II, LXXI, n° 655.

[4] Et lui cède plusieurs portions de terrain sur le cimetière Gervais. — Bull., II, LXXI, n° 654.

[5] Ces cotes seront payées pendant un mois suivant le mode établi par les lois précédentes. Passé ce délai, elles ne pourront plus l'être qu'en numéraire ou en mandats au cours. — Bull., II, LXXII, n° 661.

[6] Ceux de ces ouvrages dont les auteurs — ou leurs cessionnaires — ne voudraient ou ne pourraient en faire l'édition seraient imprimés aux frais et à l'imprimerie de la République. — Bull., II, LXXII, n° 660. — Voir aussi la loi du 11 germinal an IV (t. II, p. 63).

[7] La minute de cette lettre ne se trouve pas dans les dossiers correspondant à la séance du 10 fructidor.

[27 août 1796] DU DIRECTOIRE EXÉCUTIF. 467

Il écrit au citoyen Haussmann, son commissaire près l'armée de Rhin-et-Moselle, pour lui transmettre le traité passé avec le ministre des finances et la compagnie Rousseau [1], relativement à une coupe extraordinaire de bois, dans le pays de Trèves, Deux-Ponts, etc..., et l'engage à surveiller l'exécution de la partie de ce traité qui est confiée à ses soins [2].

Il ordonne la publication dans les pays réunis par la loi du 9 vendémiaire an IV [3] de toutes les lois relatives aux émigrés, à leurs biens, et à leurs créanciers [4].

Le citoyen Conté, ingénieur mécanicien à Meudon, désirant se transporter en diverses communes pour y faire des expériences, le Directoire ordonne aux autorités constituées des lieux où il se rendra de lui prêter secours [5].

Le Directoire passe dans la salle de ses audiences publiques, accompagné de ses ministres et du Corps diplomatique,

Le ministre de la guerre [6] présente au Directoire les aides de camp porteurs des drapeaux enlevés aux Autrichiens, en Italie et en Allemagne, et dit :

« Citoyens Directeurs,

« Vous avez admiré avec l'Europe entière l'activité infatigable du conquérant de l'Italie; tous ses pas avaient été, jusqu'ici, marqués par des triomphes, il manquait à sa gloire d'être éprouvé par des revers.

« Un général, blanchi dans les combats, soutenu par des troupes nombreuses, se précipite sur notre armée et porte un instant le désordre dans les rangs; mais grâce à Buonaparte les succès des ennemis ne sont qu'éphémères, les Français, toujours dignes d'eux-mêmes et du héros qui les commande, reprennent bientôt leur supériorité et la défaite des Autrichiens et complète.

« Les drapeaux qui vous sont offerts sont le fruit des journées mémorables de *Salo*, de *Lonato* et de *Castiglione*.

« Les armées de Sambre-et-Meuse et de Rhin-et-Moselle ne le cèdent

---

[1] Voir plus haut, p. 445.
[2] Minute signée Reubell, Le Tourneur, Barras (Arch. nat., AF III, 398, dossier 2129).
[3] Belgique.
[4] Arrêté du 10 fructidor an IV, signé Le Tourneur, Carnot, Revellière-Lépeaux (Arch. nat., AF III, 398, dossier 2129).
[5] Arrêté du 10 fructidor an IV, signé Carnot, Reubell, Barras (Arch. nat., AF III, 398, dossier 2129).
[6] Petiet.

en rien à celle d'Italie; les trophées dont elles vous font l'hommage vous annoncent que sur les bords du *Danube*, comme sur ceux du *Mincio*, la victoire est partout à l'ordre du jour et que les vainqueurs de Fleurus et de la Hollande ne démentiront pas la juste opinion qu'ils ont fait concevoir de leurs talents et de leur courage.

« Grâces aussi soient rendues à la brave armée des côtes de l'Océan ! ses succès sont également dignes de la reconnaissance nationale.

« La pacification de la Vendée est un triomphe aussi cher à la patrie que les conquêtes des autres armées : par cette heureuse pacification, Hoche a signé les préliminaires de la paix glorieuse que Jourdan, Moreau et Buonaparte vont enfin forcer nos ennemis à recevoir : il a marqué le terme d'une guerre que l'aveugle obstination de l'Autriche peut, peut-être, encore prolonger de quelques instants, mais dont la patrie n'aura plus désormais à redouter les ravages. »

L'aide de camp du général divisionnaire Berthier, chef de l'État-major de l'armée d'Italie, adresse au Directoire le discours suivant :

« Vous voyez les étendards arrachés aux ennemis par les républicains en Italie.

« Les Autrichiens, après avoir reçu des renforts considérables, attaquèrent quelques-uns de nos postes et s'en emparèrent. Fiers de ces premières tentatives, ils annoncent à toute l'Italie que bientôt on n'y comptera plus un seul républicain : mais quatre jours seulement ils connurent leurs succès. Les Français réunis attaquent à leur tour cette armée, un instant victorieuse, formidable par le nombre et dernier espoir de l'Autriche. En quatre autres jours, elle est entièrement défaite, toute son artillerie perdue et Wurmser, ainsi que Beaulieu, trouva en Italie les braves qui, en 1792; les défirent tous deux à Jemmapes.

« Ces succès éternellement glorieux sont dus à la bravoure et à l'intrépidité de nos soldats, et aussi aux savantes dispositions et à l'infatigable activité de leur jeune général; nuit et jour à leur tête, partageant leurs dangers, leurs fatigues, leurs privations, il conduit leurs attaques, dirige leur courage et leur ouvre partout le chemin de la victoire.

« Citoyens Directeurs, nous avons à regretter la perte de braves et intrépides camarades, mais ils sont morts dignes de la cause sacrée qu'ils défendaient : j'en ai vu au lit d'honneur, sur le champ de bataille, blessés à mort et près d'expirer, arrêter le dernier soupir pour crier à leurs camarades : *Courage, mes amis, la victoire est à nous!* Un autre, grièvement blessé, porté par ses camarades et voyant passer le général, suspendit le cri que lui arrachait la douleur, pour faire entendre celui de : *mon Général, vive la République!*

« Citoyens Directeurs, que ces drapeaux, que ces trophées, scellés du sang républicain, soient le gage de l'assurance que la seule et noble ambition de l'armée d'Italie et du général qui la commande est d'anéantir jusqu'au dernier les ennemis de la République, et leur plus douce récompense sera d'avoir acquis quelques droits à la reconnaissance nationale. »

L'aide de camp chargé de présenter les drapeaux conquis par l'armée de Sambre-et-Meuse s'exprime ainsi :

« Citoyens Directeurs,

« L'armée de Sambre-et-Meuse, guidée par votre génie, conduite par des chefs de votre choix, animée par le courage du patriotisme et par son amour pour la liberté, a enlevé aux Autrichiens à l'affaire d'Altenkirchen ces drapeaux que j'ai l'honneur de vous présenter. Souvent elle a déjà fait le même hommage à la patrie, et souvent elle le renouvellera, si ses ennemis s'obstinent à vouloir l'être encore. Jalonnez-lui toujours le chemin de la victoire et vous l'y verrez marcher constamment. Montrez-lui sans cesse les couronnes préparées par la reconnaissance nationale et rien ne lui coûtera pour obtenir cette récompense flatteuse, pour étendre la gloire du nom français et pour assurer le triomphe de la République. »

Le Président[1] leur répond :

« Braves guerriers,

« C'est avec la joie la plus vive que le Directoire exécutif reçoit les trophées de la victoire.

« L'intrépidité et le dévouement des soldats républicains, le courage et l'habileté des généraux, ont porté la gloire des armes françaises au plus haut degré et affermi pour jamais le gouvernement républicain.

---

[1] La Revellière-Lépeaux.

« Les prodiges qu'ils ont opérés ont donné de la vraisemblance à ceux qu'on nous raconte de l'antiquité, puisqu'ils les ont surpassés.

« Puissent tant de constance et de succès forcer un ennemi opiniâtre à renoncer enfin au projet insensé de renverser la République et le rendre accessible à la voix de la paix! La paix! objet constant de nos vœux et de nos travaux! Qu'ils apprennent, au surplus, les ennemis de la France, que s'il fallait de nouveaux triomphes pour les y contraindre, ils ne coûteraient rien à nos guerriers; ils sauront achever leur ouvrage. Ils feront plus : après avoir donné l'exemple des vertus guerrières dans les camps, ils donneront dans leurs foyers celui des vertus civiques et du respect dû aux lois.

« Braves guerriers, retournez auprès de vos compagnons d'armes, dites-leur que la reconnaissance nationale est égale à leurs services et qu'ils peuvent compter sur la gratitude de leurs concitoyens, autant que sur l'admiration de la postérité. »

Le Président donne ensuite l'accolade aux deux aides de camp et au frère du général Buonaparte[1], qui était venu apporter des dépêches, et leur donne à chacun, au nom de la République, une paire de pistolets de la manufacture de Versailles.

Les douze paires qui avaient été remises au Directoire se trouvent à ce moyen distribuées [2].

LE DIRECTOIRE EXÉCUTIF AU CITOYEN COFFIN, COMMISSAIRE DU DIRECTOIRE EXÉCUTIF, PRÈS L'ADMINISTRATION CENTRALE DU DÉPARTEMENT DU PAS-DE-CALAIS.

Le Directoire exécutif, citoyen, vous invite à lui transmettre le plus tôt possible des renseignements sur les principes et la conduite du citoyen Corne, administra-

---

[1] C'est-à-dire Louis Bonaparte.

[2] Outre les documents qui viennent d'être indiqués, il faut signaler comme se rapportant à la séance du 10 fructidor : la minute, signée Carnot, Reubell, Barras, d'un arrêté de ce jour, non mentionné au procès-verbal, par lequel, en vertu de la loi du 21 floréal, Jean-Marie *Casarini*, de Milan, «l'un des conducteurs des chevaux envoyés par le général Bonaparte, convalescent d'une maladie fièvreuse», est autorisé à séjourner deux mois à Paris.

Le dossier 2130, dont le contenu, comme celui du précédent, se rapporte à la séance du 10 fructidor, est formé de 62 pièces relatives à des nominations de juges de paix et d'assesseurs dans les départements d'Ille-et-Vilaine, de l'Oise, du Pas-de-Calais, de Saône-et-Loire et de la Seine-Inférieure.

A signaler, dans le dossier 2104 (Arch. nat., AF III, 396), la minute d'une lettre adressée le 10 fructidor an IV par le Directoire au citoyen Coffin et non mentionnée au procès-verbal. On en trouvera le texte plus loin à l'Appendice.

teur du département du Pas-de-Calais, qui lui est dénoncé comme favorisant les émigrés, les déportés et tous les anciens ennemis de la Révolution.

CARNOT, REUBELL, P. BARRAS [1].

SÉANCE DU 11 FRUCTIDOR AN IV [2]

28 AOÛT 1796.

Le Directoire ayant pris séance, un messager d'État, envoyé par le Conseil des Cinq-Cents, est admis et présente un message par lequel ce Conseil demande au Directoire des renseignements sur le nombre de prêtres reclus par défaut de prestation de serment, sur le nombre et la situation des maisons où ils sont détenus, sur leurs moyens d'existence et la manière dont ils sont traités, ainsi que sur les motifs qui lui paraissent s'opposer à leur élargissement [3].

Il ordonne la promulgation dans les pays réunis des articles 22, 23, 24, 25 et 26 de la loi du 21 fructidor an III, portant fixation du traitement des membres des administrations centrales et des commissaires près les administrations centrales et municipales, et de la loi du 4 ventôse dernier [4], qui ordonne que le myriagramme de froment sera provisoirement remplacé par deux francs [5].

Il proclame le cours des mandats des cinq jours précédents, ainsi qu'il suit :

Pour cent livres en mandats, deux francs soixante-quinze centimes ou deux livres quinze sous [6].

Il annule l'arrêté pris le 20 messidor dernier par l'administration

---

[1] Arch. nat., AF III, 396, dossier 2104.

[2] Arch. nat., AF III*, 4, fol. 191-193. — AF III, 3.

[3] Message voté par le Conseil des Cinq-Cents, sur la proposition de Dumolard, dans la séance du 10 fructidor, à la suite de la discussion du rapport de Dulaure sur les ecclésiastiques sujets à la réclusion ou à la déportation (discussion à laquelle avaient pris part Lecointe, Philippe Delleville, Beffroy. — *Déb.*, fructidor an IV, 163-164). — Voir au dossier 2132 (Arch. nat., AF III, 398) l'état par départements de ces prêtres, que le ministre de la police générale envoie au Directoire le 18 brumaire an V, et le message par lequel le Directoire en fait part au Conseil des Cinq-Cents.

[4] Voir t. Ier, p. 665.

[5] Arrêté du 11 fructidor an IV, signé Le Tourneur, Revellière-Lépeaux, Reubell (Arch. nat., AF III, 398, dossier 2132).

[6] Arrêté du 11 fructidor an IV, signé Reubell, Le Tourneur, Barras (Arch. nat., AF III, 398, dossier 2133).

centrale du département de l'Ariège, portant autorisation à l'accusateur public de ce département de poursuivre par devant les tribunaux les membres de l'administration municipale du canton de Rimont[1].

Un messager d'Etat envoyé par le Conseil des Anciens dépose sur le bureau trois lois :

La première portant que toutes soumissions faites ou à faire pour des terrains ou bâtiments actuellement employés au service militaire dans les places de guerre sont et demeurent provisoirement suspendues[2].

La seconde déclare nul l'arrêté pris par le représentant du peuple Boisset[3], le 4 octobre 1793 (v. s.), qui autorise la municipalité de Loriol, département de la Drôme, à s'emparer en toute propriété de la maison nationale ayant appartenu à l'émigré Barathier[4].

La troisième annule les élections, successivement faites par les habitants d'Oudalle[5], de Joseph Deshayes et de Thomas Larry à la place d'agent municipal[6].

Le Directoire ordonne que ces trois lois seront publiées, exécutées et qu'elles seront munies du sceau de la République. Elles sont en conséquence adressées de suite à l'enregistrement, pour deux expéditions de chacune être envoyées, sans délai, au ministre de la justice, avec l'arrêté portant ordre d'impression et de publication dans les formes prescrites par les lois.

On écrit au ministre de la marine concernant la fonderie du Creusot[7].

Le ministre de la police générale soumet à la décision du Directoire

---

[1] Arrêté du 11 fructidor an IV, signé Le Tourneur, Revellière-Lépeaux, Reubell, Barras (Arch. nat., AF III, 398, dossier 2131). — Les administrateurs municipaux de Rimont étaient prévenus d'abus d'autorité commis en faisant arrêter le citoyen Boé, réquisitionnaire, «sur le motif qu'il avait exercé dans des maisons particulières les fonctions de ministre du culte sans avoir fait la déclaration de se soumettre aux lois de la République, conformément à celle du 7 vendémiaire.» — L'arrêté du Directoire se fonde sur ce que l'administrateur de Rimont n'était légalement comptable de sa conduite à l'égard du citoyen Boé qu'à l'administration centrale, qui avait simplement à examiner s'il y avait lieu à sa suspension.

[2] Bull., II, LXIII, n° 662. — Les considérants de cette loi visent celle du 28 ventôse an IV, qui a formellement excepté de l'hypothèque affectée aux mandats les terrains et édifices affectés à un service public.

[3] Député de la Drôme à la Convention.

[4] Bull., II, LXXII, n° 663. — Cette maison est affectée à des établissements publics.

[5] Département de la Seine-Inférieure.

[6] Bull., II, LXXII, n° 664.

[7] La minute de cette lettre ne se trouve pas dans les dossiers correspondant à la séance du 11 fructidor.

plusieurs demandes en radiation de la liste des émigrés. Le Directoire accueille favorablement celles des citoyens ci-après nommés :

Duvigier, femme Flamarens[1]; René-Joseph Bégasson[2]; César-Marie Talaru[3]; Marie-Jeanne Prévôt-Grosbois, épouse de Jean Garnier-Desloges[4]; François-Xavier-Joseph Beauchamp[5]; Joseph-Gabriel Le Peintre[6]; Marie-Anne-Charlotte Le Roi, veuve de Pierre-Louis-Anne Drouin-Vandeuil[7]; Anne-Marie Dufloquet[8]; Michel-Victor Bertrand[9]; François-Auguste-Désiré Audibert, dit Ramatuelle[10]; Françoise-Catherine Perricaud, veuve de Jean-Nicolas Bournisien[11];

---

[1] Elisabeth-Olimpe-Louise-Armande-Félicité *Duvigier*, femme séparée du nommé *Grossoles-Flamarens*, inscrite sur la liste des émigrés du département de la Dordogne, qui a justifié de sa résidence. — Arrêté du 11 fructidor an IV, signé Le Tourneur, Revellière-Lépeaux, Barras (Arch. nat. AF III, 398, dossier 2132).

[2] René-Joseph *Bégasson du Rox*, ancien militaire, demeurant à Paris, inscrit sur la liste des émigrés du département de la Loire-Inférieure, qui a justifié de sa résidence. — Arrêté du 11 fructidor an IV, signé Le Tourneur, Revellière-Lépeaux, Barras (Arch. nat., AF III, 398, dossier 2132).

[3] César-Marie *Talaru*, ancien lieutenant-général des armées françaises, demeurant à Paris, inscrit sur la liste des émigrés du département des Deux-Sèvres, qui a justifié de sa résidence. — Arrêté du 11 fructidor an IV, signé Le Tourneur, Revellière-Lépeaux, Barras (Arch. nat., AF III, 398, dossier 2132).

[4] Marie-Jeanne *Prévost-Grosbois*, épouse de Jean *Garnier-Desloges*, demeurant à Vincent-la-Châtre, près Melle, inscrite sur la liste des émigrés du département des Deux-Sèvres, qui a justifié de sa résidence. — Arrêté du 11 fructidor an IV, signé Le Tourneur, Revellière-Lépeaux, Barras (Arch. nat., AF III, 398, dossier 2132).

[5] François-Xavier-Joseph *Beauchamp*, rentier demeurant à Douai, inscrit sur la liste des émigrés du département du Pas-de-Calais, qui a justifié de sa résidence. — Arrêté du 11 fructidor an IV, signé Le Tourneur, Revellière-Lépeaux, Barras (Arch. nat. AF III, 398, dossier 2132).

[6] Joseph-Gabriel *Le Peintre*, premier commis du bureau des contributions publiques, domicilié à Paris, inscrit sur la liste des émigrés du département de l'Allier, qui a justifié de sa résidence. — Arrêté du 11 fructidor an IV, signé Le Tourneur, Revellière-Lépeaux, Barras (Arch. nat., AF III, 398, dossier 2132).

[7] Anne-Marie-Charlotte *Le Roy*, veuve de Pierre Louis-Anne *Drouyn-Vandeuil*, ci-devant conseiller d'État, inscrite sur la liste des émigrés du département de Seine-et-Oise, qui a justifié de sa résidence. — Arrêté du 11 fructidor an IV, signé Le Tourneur, Revellière-Lépeaux, Barras (Arch. nat., AF III, 398, dossier 2132).

[8] Anne-Marie *Dufloquet*, ex-chanoinesse, domiciliée dans la commune de la Vaudière (Haute-Loire), inscrite sur la liste des émigrés du département de Seine-et-Marne, qui a justifié de sa résidence. — Arrêté du 11 fructidor an IV, signé Le Tourneur, Revellière-Lépeaux, Barras (Arch. nat., AF III, 398, dossier 2132).

[9] Michel-Victor *Bertrand*, domicilié à Provins, inscrit sur la liste des émigrés du département de l'Aube, qui a justifié de sa résidence. — Arrêté du 11 fructidor an IV, signé Le Tourneur, Revellière-Lépeaux, Barras (Arch. nat., AF III, 398, dossier 2132).

[10] François-Auguste-Désiré *Audibert*, dit *Ramatuelle*, domicilié à Paris, inscrit sur la liste des émigrés du département des Bouches-du-Rhône, qui a justifié de sa résidence. — Arrêté du 11 fructidor an IV, signé Le Tourneur, Revellière-Lépeaux, Barras (Arch. nat., AF III, 398, dossier 2132).

[11] Françoise-Catherine *Perricaud*, veuve de Jean-Nicolas *Bournisien*, domiciliée à Paris, inscrite sur la liste des émigrés du département de l'Eure, qui a justifié de sa résidence. — Arrêté du 11 fructidor an IV, signé Le Tourneur, Revellière-Lépeaux, Barras (Arch. nat., AF III, 398, dossier 2132).

Claude-Nicolas Emmery[1]; Alexandre-Guillaume Galard-Béarn-Brassac[2]; Adélaïde-Catherine-Françoise Boux, femme séparée de Charles-Annibal-Marin Urvoy[3]; Jean-François Danssette[4]; et Marie-Elizabeth Faudoas, veuve Paulo[5].

Le Directoire passe à l'ordre du jour sur les réclamations du ministre batave relatives aux frais de digues de la Flandre hollandaise.

Le ministre des relations extérieures fait un rapport sur la médiation de la République, qui peut être réclamée par les Grisons et Valaisans.

On écrit cinq lettres, savoir:

Deux au ministre de la justice[6];

Une au citoyen Gudin, membre du Conseil des Cinq-Cents[7];

Une au ministre de l'intérieur[8];

Et une au général en chef de l'armée des Côtes de l'Océan[9].

On s'occupe du personnel des armées et on prend plusieurs arrêtés qui sont à la section de la Guerre.

On écrit aux représentants, membres de la députation de la Vienne,

---

[1] Claude-Nicolas *Emmery*, homme de loi, domicilié à Metz, inscrit sur la liste des émigrés du département de la Moselle, qui a justifié de sa résidence. — Arrêté du 11 fructidor an IV, signé Le Tourneur, Revellière-Lépeaux, Barras (Arch. nat., AF III, 398, dossier 2132).

[2] Alexandre-Guillaume *Galard-Béarn-Brassac*, inscrit sur la liste des émigrés du département de la Charente, qui a justifié de sa résidence. — Arrêté du 11 fructidor an IV, signé Le Tourneur, Revellière-Lépeaux, Barras (Arch. nat., AF III, 398, dossier 2132).

[3] Adélaïde-Catherine-Françoise *Boux*, femme séparée de corps et de biens de Charles-Annibal-Marin *Urvoy*, ex-noble, demeurant à Nantes, inscrite sur la liste des émigrés du département de la Loire-Inférieure, qui a justifié de sa résidence. — Arrêté du 11 fructidor an IV, signé Carnot, Reubell, Barras (Arch. nat., AF III, 398, dossier 2132).

[4] Jean-François *Dansette*, né et domicilié à Halluin (Belgique), fermier des moulins et ferme de Molimont, à Houplines (Nord), inscrit sur la liste des émigrés du département du Nord, qui a justifié de sa qualité d'étranger. — Arrêté du 11 fructidor an IV, signé Carnot, Reubell, Barras (Arch. nat., AF III, 398, dossier 2132).

[5] Marie-Elisabeth *Faudoas*, veuve *Paulo*, née à la Sauvetat (Gers), inscrite sur la liste des émigrés du département de la Haute-Garonne, qui a justifié de sa résidence. — Arrêté du 11 fructidor an IV, signé Carnot, Reubell, Barras (Arch. nat., AF III, 398, dossier 2132).

[6] Les minutes de ces deux pièces ne se trouvent pas dans les dossiers correspondant à la séance du 11 fructidor.

[7] Minute signée Carnot, Barras, Reubell (Arch. nat., AF III, 398, dossier 2133). — Le Directoire l'informe qu'il a donné des ordres pour faire cesser les entraves (dont se plaint la municipalité de l'Île-Dieu) mises à la communication des habitants de cette île avec les côtes voisines.

[8] Minute signée Carnot, Barras, Reubell (Arch. nat., AF III, 398, dossier 2133). — Le Directoire lui fait passer une lettre de son commissaire près l'armée de Sambre-et-Meuse sur l'épizootie qui y règne.

[9] Minute signée Carnot, Barras, Reubell (Arch. nat., AF III, 398, dossier 2133). — Le Directoire exécutif invite le général Hoche à faire cesser les entraves (dont se plaint la municipalité de l'Ile-Dieu) mises aux communications des habitants de cette île avec les côtes voisines.

pour leur annoncer le déplacement[1] du citoyen Auvrai, commandant temporaire de Poitiers, et son remplacement par le citoyen Lambron-Lacrouzillière[2];

Ainsi qu'au commandant des grenadiers du Corps législatif, pour lui demander les motifs du congé absolu accordé au citoyen François Sellier, sergent dans ce corps[3].

On écrit les lettres suivantes, dont les minutes sont déposées à la section de la Guerre :

Au citoyen Legay, propriétaire du journal *Le Batave*[4];

Au ministre de la guerre[5].

Le Directoire prend les arrêtés ci-après, dont les minutes sont pareillement déposées à la section de la Guerre :

1° Dutronne est nommé lieutenant[6].

2° Il est accordé un congé de deux mois au citoyen Blondeau, capitaine à la 183° demi-brigade[7].

Pareil congé de deux mois accordé au citoyen Dechavanne, médecin à l'hôpital militaire de Pont-à-Mousson[8].

3° Autre qui fixe le traitement et les dépenses du général de brigade Wirion, commissaire chargé de l'organisation de la gendarmerie nationale dans les neuf départements[9].

---

[1] Demandé par eux.

[2] Minute signée Carnot, Barras, Revellière-Lépeaux (Arch. nat., AF III, 398, dossier 2133).

[3] Minute signée Carnot, Revellière-Lépeaux, Barras (Arch. nat., AF III, 398, dossier 2132). — Le commandant répond le 13 fructidor (même dossier) que Sellier a été renvoyé pour avoir donné asile, dans sa chambre, à la caserne, à un voleur.

[4] Minute signée Carnot, Reubell, Barras (Arch. nat., AF III, 398, dossier 2133). — Le Directoire informe Legay que le citoyen Quatremère-Dijonval n'est pas porté sur la liste des militaires employés.

[5] Minute signée Carnot, Reubell, Barras (Arch. nat., AF III, 398, dossier 2133). — Demande d'un rapport sur la suppression totale ou partielle de l'école des trompettes. — On trouve au même dossier deux autres lettres du 11 fructidor, signées Carnot, Barras, Reubell, au ministre de la guerre. — Par la première le Directoire l'invite à donner des ordres pour faire cesser le trafic de certains entrepreneurs français qui, dit-on, ont traité avec les princes qui doivent fournir des vivres et des fourrages aux armées de la République. — Par la seconde, il l'invite à donner des ordres pour que la 29° demi-brigade, actuellement en route pour Marseille, se rende à l'armée d'Italie, et à écrire au général Kellermann, pour qu'il envoie dans cette ville quatorze ou quinze cents hommes bien disciplinés.

[6] Aux grenadiers de la représentation nationale. — Arrêté du 11 fructidor an IV, signé Carnot, Barras, Revellière-Lépeaux (Arch. nat., AF III, 398, dossier 2132).

[7] Arrêté du 11 fructidor an IV, signé Carnot, Barras, Revellière-Lépeaux (Arch. nat., AF III, 398, dossier 2133). Congé accordé pour affaires personnelles.

[8] Pour affaires personnelles. — Arrêté du 11 fructidor an IV, signé Carnot, Barras, Revellière-Lépeaux (Arch. nat., AF III, 398, dossier 2133).

[9] Les neuf départements réunis, c'est-à-dire la Belgique. — Ce traitement et ces dépenses

Le Directoire écrit au ministre de l'intérieur, pour qu'il prenne des mesures pour empêcher l'exportation des grains au delà des frontières, et pour que la libre circulation en soit protégée dans l'intérieur[1].

SÉANCE DU 12 FRUCTIDOR AN IV[2]

29 AOÛT 1796.

Le Directoire annule trois arrêtés de l'administration centrale du département de l'Ain, des 28 germinal, 9 et 21 messidor derniers, qui déclarent résilié le bail passé par la ci-devant administration du

---

sont fixés au total à 23,466 livres 13 sous 4 deniers, pour sept mois, du 1ᵉʳ brumaire au 30 floréal an IV. — Arrêté du 11 fructidor an IV, signé Carnot, Barras, Revellière-Lépeaux (Arch. nat., AF III, 398, dossier 2133). — Voir au même dossier les pièces à l'appui et notamment les lettres des ministres de la police générale et de l'intérieur à Wirion, ainsi que les lettres de ce dernier, sur l'organisation de la gendarmerie dans les pays réunis, et des pièces de comptabilité fournies par Wirion.

[1] Minute signée Le Tourneur, Carnot, Reubell (Arch. nat., AF III, 398, dossier 2131). — Outre les pièces qui viennent d'être indiquées, il faut signaler les suivantes, qui se rapportent aussi à la séance du 11 fructidor et qui ne sont pas mentionnées au procès-verbal, savoir :

Dans le dossier 2131 : 1° Arrêté signé Carnot, Le Tourneur, Reubell, qui ordonne au commandant de la ville de Marseille de rendre, au moment de leur départ, aux capitaines de navires marchands grecs Manely et Nega les armes qu'on leur a séquestrées pour cause de sûreté intérieure de la République. — 2° Arrêté signé Reubell, Barras, Revellière-Lépeaux, qui autorise, en vertu de la loi du 21 floréal, M. Watteville, citoyen de Berne, à séjourner un mois à Paris.

Dans le dossier 2133 : 1° Arrêté signé Le Tourneur, Carnot, Reubell, accordant un congé d'un mois au citoyen Lepreux, chef de brigade d'infanterie légère à l'armée du Nord, actuellement à Otmalun. — 2° Arrêté signé Carnot, Barras, Revellière-Lépeaux, en vertu duquel : le général de brigade *Sabouroux*, commandant à Auxerre, est mis à la retraite; l'ex-adjudant-général *Baude* est remis en activité, comme capitaine à la suite d'un régiment de troupes légères; le chef d'escadron à la suite Jean-Baptiste *Devaux* est rétabli dans le grade d'adjudant général pour être employé sous les ordres du général Quantin; le sous-lieutenant de dragons Jules *Baudard*, adjoint aux adjudants-généraux, est nommé lieutenant; la nomination du citoyen *Evrard* à un second emploi d'adjudant de place à Chambéry et du citoyen *Duplan* au commandement de la place de Maestricht est confirmée pour le temps de la guerre seulement; le citoyen *Margerin*, capitaine au 58ᵉ régiment, est promu chef de bataillon et sera employé à la suite d'une place en attendant qu'il puisse être appelé à un commandement temporaire; le citoyen *Beaupré*, chef d'escadron à la suite de la cavalerie, est confirmé dans ce grade; les citoyens *Durosa*, *Mast*, capitaines, et *Dumarché*, lieutenant, dans la ci-devant légion de police, sont mis en activité à la suite d'un corps en attendant leur remplacement; le citoyen *Bonnet*, ex-tambour-major de la 1ʳᵉ demi-brigade de la légion de police, recevra son congé absolu.

Le dossier 2134, dont le contenu, comme celui des trois précédents, se rapporte à la séance du 11 fructidor, est formé de 55 pièces relatives à des nominations de juges de paix ou d'assesseurs dans les départements du Doubs, d'Eure-et-Loir et du Gard.

[2] Arch. nat., AF III*, 4, fol. 193-195. AF III, 3.

district de Nantua au citoyen Ricaunet de bâtiments dépendants de la maison des ci-devant religieuses de la même commune[1].

Il ordonne l'exécution des lois[2] qui attribuent aux notaires, huissiers et greffiers le droit exclusif de faire les ventes publiques de meubles.

Il rapporte son arrêté du 14 messidor dernier, qui nomme le citoyen Guénin juge de paix de Châteauneuf, département de la Drôme, en remplacement du citoyen Nublat, lequel reprendra ses fonctions, n'étant pas compris dans la loi du 3 brumaire[3].

Il ordonne à son commissaire près l'administration municipale du canton de Londerzeel de poursuivre devant le tribunal de police de ce canton le citoyen Arnaetz[4], prévenu d'avoir injurié et menacé les témoins qui ont déposé contre lui[5].

Il annule l'arrêté de l'administration du département de la Dyle, qui confère une commission au citoyen Arnaetz[6].

Il nomme son commissaire près le tribunal correctionnel de Nivelles le citoyen Chompré, substitut du commissaire du Directoire exécutif près les tribunaux civil et criminel du département de la Dyle, à la place du citoyen Lons, qui est destitué[7];

Et nomme le citoyen Delacroix à la place de son commissaire près les tribunaux civil et criminel du département de la Dyle[8].

---

[1] Arrêté du 12 fructidor, an IV, signé Le Tourneur, Carnot, Reubell (Arch. nat., AF III, 399, dossier 2135).

[2] C'est-à-dire des lois des 26 juillet 1790 et 17 septembre 1793 et des règlements antérieurs, qui avaient été maintenus provisoirement par le décret de la Convention nationale en date du 21 septembre 1792. — Arrêté du 12 fructidor an IV, signé Le Tourneur, Carnot, Reubell (Arch. nat., AF III, 399, dossier 2135).

[3] Arrêté du 12 fructidor an IV, signé Le Tourneur, Revellière-Lépeaux, Barras (Arch. nat., AF III, 399, dossier 2135).

[4] Ci-devant son commissaire près cette administration.
Arrêté du 12 fructidor an IV, signé Le Tourneur, Revellière-Lépeaux, Barras (Arch. nat., AF III, 399, dossier 2135). — Arnaetz, nommé ailleurs Arnaets ou Arnaest, avait été révoqué, par arrêté du 23 prairial an IV (voir t. II, p. 692) de ses fonctions de commissaire du Pouvoir exécutif près l'administration du canton de Londerzeel (département de la Dyle).

[6] Arrêté du 12 fructidor an IV, signé Le Tourneur, Revellière-Lépeaux, Barras (Arch. nat., AF III, 399, dossier 2135). — Cette administration avait chargé Arnaetz de classer les papiers de l'ancienne Cour de justice, destinés à être versés aux archives du tribunal civil du département de la Dyle, avec un traitement correspondant à celui de premier commis dans les bureaux de l'administration. Le Directoire rappelle que par son arrêté du 23 prairial dernier il a destitué Arnaetz de la place de commissaire près l'administration municipale de Londerzeel et fait remarquer que sa conduite postérieure ne l'a pas rendu plus digne d'être employé par la République.

[7] Arrêté du 12 fructidor an IV, signé Le Tourneur, Revellière-Lépeaux, Barras (Arch. nat., AF III, 399, dossier 2135). — Arrêté du même jour (mêmes signatures, même dossier), destituant le citoyen Lons.

[8] Arrêté du 12 fructidor an IV, signé Le

Il destitue le citoyen Rascure de la place de président de l'administration municipale du canton de Nivelles[1].

Il destitue également le citoyen Lefebvre, son commissaire près l'administration municipale du canton de Nivelles[2], et charge le citoyen Bouteville de pourvoir à son remplacement[3].

Le ministre de la justice fait un rapport sur les diverses observations relatives à l'ordre judiciaire, adressées au ministre de la marine par la commission déléguée aux Îles-sous-le-Vent. Il annonce qu'il ne croit pas ces observations susceptibles d'être soumises quant à présent au Corps législatif[4].

Le Directoire adresse une proclamation aux citoyens des départements réunis, pour les inviter à respecter les arrêtés des représentants du peuple en mission concernant les paiements faits en assignats[5].

Il écrit au citoyen Manche, administrateur du département des Bouches-du-Rhône, pour l'inviter à rester au poste périlleux, mais honorable, où il est placé[6].

Il arrête et signe le traité d'alliance offensive et défensive conclu avec le roi d'Espagne, par le citoyen Pérignon, fondé de pouvoir à cet

---

Tourneur, Revellière-Lépeaux, Barras (Arch. nat., AF III, 399, dossier 2137).

[1] Et charge le citoyen Bouteville de pourvoir à son remplacement. — Arrêté du 12 fructidor an IV, signé Le Tourneur, Revellière-Lépeaux, Barras (Arch. nat., AF III, 399, dossier 2135).

[2] Département de la Dyle.

[3] Arrêté du 12 fructidor an IV, signé Le Tourneur, Revellière-Lépeaux, Barras (Arch. nat., AF III, 399, dossier 2135).

[4] Voir le rapport du ministre de la justice (Arch. nat., AF III, 399, dossier 2136). Les observations portent sur trois points : « 1° L'organisation des tribunaux arrêtée par l'impossibilité de payer les juges et par la difficulté de les établir de la même manière qu'en France. — 2° Le placement et l'existence d'un seul tribunal de cassation auquel les condamnés des colonies ne peuvent recourir sans qu'il en résulte de graves inconvénients. — 3° La nature des peines correctionnelles, trop légères dans un pays où la simple détention ne peut affecter sensiblement une certaine classe d'individus. »

[5] Minute signée Le Tourneur, Revellière-Lépeaux, Barras (Arch. nat., AF III, 399, dossier 2135). — Il s'agit de l'arrêté des représentants en mission du 12 thermidor an III portant : 1° Qu'aucun débiteur ne pourrait dorénavant se libérer d'une obligation antérieure à la seconde entrée des troupes de la République dans la Belgique que dans les mêmes espèces dans lesquelles l'obligation aurait été contractée, ou en assignats au cours d'Amsterdam ; — 2° Que cette disposition aurait lieu avec effet rétroactif au 9 prairial et que les paiements, consignations ou remboursements faits depuis cette époque étaient nuls. Le Directoire se plaint de l'inquiétude répandue dans les départements réunis par des malveillants qui donnent à entendre que les libérations antérieures au 9 prairial pourraient bien aussi être annulées, et de l'agitation qu'on est ainsi parvenu à créer dans ces départements.

[6] C'est-à-dire à ne pas persister dans la démission qu'il a cru devoir offrir. — Minute signée Le Tourneur, Barras, Carnot, Reubell (Arch. nat., AF III, 399, dossier 2135). — Le brouillon de cette lettre est de la main de Barras.

[29 août 1796] DU DIRECTOIRE EXÉCUTIF. 479

effet, le 2 du présent mois. Ce traité a été de suite déposé aux Archives[1].

Il adresse trois messages au Conseil des Cinq-Cents.

Le premier pour lui transmettre le traité d'alliance offensive et défensive conclu avec Sa Majesté Catholique le roi d'Espagne[2].

Le second pour inviter le Conseil à prononcer sur la nomination du juge de paix du canton de Damvillers, département de la Meuse[3].

Le troisième pour lui exposer les besoins de la marine et des armées des Côtes de l'Océan et le presser de venir à leur secours[4].

On lit une lettre du citoyen Holandre, naturaliste et médecin de l'hôpital militaire de Metz, par laquelle il demande à remplacer le citoyen Dombey[5], envoyé par la Convention nationale dans l'Amérique septentrionale pour y faire des recherches relatives à l'histoire naturelle : le Directoire ajourne sa décision sur cette demande[6].

---

[1] Voir plus loin à l'Appendice le texte de ce traité et des articles secrets qui l'accompagnent.

[2] Message lu en comité secret. — Arch. nat., AF III, 399, dossier 2135.

[3] Message lu à la séance du 15 fructidor (*C. C.*, fructidor an IV, 267-268). — Ce juge de paix a été nommé *dès le premier tour* de scrutin à la *majorité relative*, ce qui est une infraction à la loi.

[4] Message lu en comité secret. — Arch. nat., AF III, 399, dossier 2135. Le Directoire représente que les ouvriers de plusieurs ports sont sans salaire, que «les travaux y sont interrompus, les arsenaux y sont déserts...»; que «la solde de l'armée des Côtes de l'Océan est en retard dans plusieurs de ses parties; elle est due au 1ᵉʳ bataillon de la 76ᵉ demi-brigade depuis le 11 messidor; elle est due au 1ᵉʳ bataillon de la 61ᵉ depuis le même temps; elle est due au 1ᵉʳ bataillon du 31ᵉ régiment depuis le 11 thermidor; les soldats sont sans souliers, l'armée ne vit que de réquisitions, et cet état de misère, cet état de dénûment et de crise a fourni aux malveillants les moyens, d'une part, de susciter dans les bataillons ci-dessus indiqués une insurrection dont les suites peuvent devenir très dangereuses; d'autre part, d'aigrir de nouveau les esprits dans ces contrées si nouvellement pacifiées et de tenter d'y rallumer le feu de la guerre civile...» Le Directoire représente aussi que «dans ce même instant, l'audacieux Anglais se présente sur nos côtes.» — Voir (dossier 2135) le rapport du général Muller, commandant à Mayenne, sur la mutinerie des troupes à laquelle le message fait allusion.

[5] Dombey (Joseph), médecin et botaniste français, né à Mâcon le 20 février 1742, mort à Mont-Serrat en mai 1794; attaché au Jardin du Roi par Turgot; chargé d'une mission scientifique dans l'Amérique espagnole, au cours de laquelle (1777-1785), malgré les avanies du gouvernement espagnol, il fait de précieuses découvertes et donne des preuves multiples de son désintéressement; chargé par la Convention (octobre 1793) d'une mission aux États-Unis; pris en mer par des corsaires et mort à Mont-Serrat (Antilles).

[6] Voir la lettre de Hollandre (Arch. nat., AF III, 399, dossier 2135). Il y raconte les voyages scientifiques qu'il a faits jadis en Égypte et en Abyssinie, après lesquels, dit-il, sous Louis XVI, «M. de Buffon fut chargé de prendre avec moi des mesures pour que je pusse devancer d'une saison l'ambassadeur *Choiseul-Gouffier*, ambassadeur à Constantinople, et me rendre en Égypte pour y rechercher les vestiges de l'ancien canal qui a existé autrefois entre la mer Rouge et la Méditerranée, et mesurer, par l'isthme de Suez, le niveau des deux mers...» Dombey, envoyé au Pérou par Turgot, revenu en France depuis la Révolution, avait été renvoyé dans l'Amérique septentrionale par la Convention;

Il rapporte son arrêté, par lequel il accordait des rations de vivres aux membres du Conseil des mines[1].

Il rectifie une erreur qui s'est glissée dans son arrêté relatif à l'organisation des aérostiers[2].

On écrit au commissaire du Directoire près l'administration municipale de Dunkerque, pour lui demander des renseignements sur la conduite de l'adjudant-général Ducoudray, contre lequel des plaintes sont parvenues au Directoire[3].

On s'occupe du personnel des armées et on prend plusieurs arrêtés, dont les minutes sont à la section de la Guerre[4].

On écrit au ministre de la justice pour la révocation du mandat d'arrêt lancé contre Charles-Antoine Chollé, s'il n'a d'autre cause que l'insurrection arrivée au mois de ventôse dernier dans le département de l'Indre.

Au citoyen Joubert, commissaire du gouvernement près l'armée de Sambre-et-Meuse, pour le charger de faire la levée de charretiers nécessaires au service de l'armée dans le département de Jemmapes[5].

pris en route par les Anglais, il était mort aux Bermudes en 1794.

[1] Arrêté daté du 11 fructidor an IV, signé Carnot, Reubell, Barras (Arch. nat, AF III, 398, dossier 2131). L'arrêté rapporté datait du 14 messidor.

[2] Arrêté daté du 11 fructidor an IV, signé Carnot, Reubell, Barras (Arch. nat., AF III, 398, dossier 2131), qui modifie l'article 13 de l'arrêté du 10 thermidor dernier, sur l'École de Géographie et des Aérostiers (voir plus haut, p. 206) et décide qu'il sera ainsi conçu : «Le directeur de l'École aérostatique déterminera par un règlement le mode d'instruction et l'emploi du temps des élèves, tant pour la partie théorique que pour la partie pratique de leur instruction. Il soumettra ce règlement, ainsi que tous les autres concernant cette École, à l'approbation du ministre de la guerre.»

[3] Minute signée Carnot, Reubell, Barras (Arch. nat., AF III, 399, dossier 2136). — On craint que la conduite de cet officier «ne trouble la tranquillité» de cette commune.

[4] Deux arrêtés du 12 fructidor, signés Carnot, Reubell, Barras (Arch. nat., AF III, 399, dossier 2136). — Par le premier : le général de brigade Anne-Joseph *Dumas*, ci-devant employé à l'armée des Pyrénées orientales, est nommé au commandement temporaire de Valenciennes; congé absolu est accordé au sous-lieutenant de hussards *Labauche*, pour suivre l'exploitation d'une manufacture de draps; le citoyen Jacques-Léonard-Joseph *Dupont*, ci-devant commissaire des guerres, est remis en activité avec le grade de capitaine à la suite de la place d'Ostende. — Par le second : le citoyen *Simonnet*, ancien capitaine adjudant de place, est remis en activité comme capitaine à la suite d'un corps en attendant son tour de remplacement; le citoyen *Rouville*, ancien chef de bataillon belge, est remis en activité comme lieutenant; la suspension des citoyens *Doucet*, ci-devant capitaine au 48ᵉ, et *Beaufort*, ci-devant chef du 2ᵉ bataillon de volontaires nationaux est levée, et ils sont autorisés à se retirer; le citoyen *Bessenay*, capitaine à la suite de la 202ᵉ demi-brigade, est confirmé dans ce grade et prendra rang du jour où il a été nommé adjudant-major; la promotion du citoyen *Jalabert*, lieutenant dans la 129ᵉ demi-brigade, au grade de capitaine pour action de bravoure, est confirmée; le citoyen *Eschard*, adjoint à l'adjudant-général *Macheret*, continuera de faire partie de la 31ᵉ demi-brigade d'infanterie.

[5] Minute signée Carnot, Reubell, Barras

[29 AOÛT 1796]   DU DIRECTOIRE EXÉCUTIF.   481

On écrit aussi au ministre de la guerre sur les mesures à prendre pour compléter le nombre des chevaux à lever dans les communes, conformément à la loi du 15 pluviôse dernier sur cet objet[1];

Au citoyen Haussmann, commissaire du gouvernement à l'armée de Rhin-et-Moselle[2];

Au général Jourdan, deux lettres[3];

Aux généraux en chef Jourdan et Moreau[4];

Au citoyen Joubert, commissaire près l'armée de Sambre-et-Meuse[5];

Au général en chef Moreau[6];

On signe un état de citoyens exemptés du service militaire aux armées[7].

(Arch. nat., AF III, 399, dossier 2136). — Sur les 334 charretiers qu'il avait à fournir, ce département en devait encore 126; ses administrateurs ne croyaient pas que la loi relative à la réquisition du 23 août 1793 fût applicable aux départements réunis. Le Directoire est d'un avis contraire et autorise Joubert à procéder par réquisition.

[1] Minute signée Carnot, Reubell, Barras (Arch. nat., AF III, 399, dossier 2136). — Le Directoire ne croit pas pouvoir l'autoriser à procéder par voie de cotisations sur les propriétaires en raison du nombre de chevaux possédés, la loi du 15 pluviôse ne le prescrivant pas. Mais il l'invite *à faire tous ses efforts pour lever, dans les communes qui n'ont pas encore fourni ou complété leurs contingents en chevaux, ceux d'entre eux dont la conformation lui paraîtra se rapprocher de celle prescrite par l'arrêté du 25 pluviôse dernier* (voir t. I*er*, p. 606) *et qui auront les forces nécessaires pour le service des armées.* — Voir au dossier plusieurs lettres du ministre de la guerre relatives à cette question et un relevé par départements d'où il ressort que la France possède près de 1,200,000 bêtes de trait, sans compter les chevaux appartenant aux armées, aux postes, messageries, service des rivières, etc., et qu'il n'en a été livré jusqu'à présent que moins de 20,000.

[2] La minute de cette lettre ne se trouve pas dans les dossiers correspondant à la séance du 12 fructidor.

[3] On ne trouve dans les dossiers correspondant à la séance du 12 fructidor que la minute d'une seule de ces deux lettres. Nous en donnons le texte plus loin à l'Appendice.

[4] Voir le texte de cette lettre plus loin à l'Appendice.

[5] Minute signée Carnot, Le Tourneur, Revellière-Lépeaux (Arch. nat., AF III, 399, dossier 2136). — Le Directoire invite Joubert à presser l'envoi sur la rive gauche du Rhin de tout ce qui ne sera pas essentiellement nécessaire à l'armée, et à veiller à l'emploi des impositions mises par le général en chef sur le cercle de Franconie.

[6] La minute de cette lettre ne se trouve pas dans les dossiers correspondant à la séance du 12 fructidor.

[7] Arrêté du 12 fructidor an IV, signé Carnot, Reubell, Barras. Ces jeunes gens sont au nombre de 43, et sont exemptés généralement pour raison de famille.

Outre les pièces qui viennent d'être mentionnées et que contiennent les dossiers correspondant à la séance du 12 fructidor, on trouve dans l'un de ces dossiers (Arch. nat., AF III, 399, dossier 2136) plusieurs lettres du ministre de la police générale au président du Directoire (avec rapports de police et copie d'une proclamation royaliste à l'appui) et surtout un assez long rapport du 12 fructidor, par lequel ce ministre fait connaître au Directoire la tentative d'insurrection qui a eu lieu, pendant la nuit du 11 au 12, dans divers quartiers de Paris et notamment dans le faubourg Saint-Antoine, où trois ou quatre cents factieux armés avaient fait le projet de se réunir et d'appeler le peuple aux armes en

A

Traité d'alliance offensive et défensive entre la République française et le Roi d'Espagne.

Le Directoire exécutif de la République française et Sa Majesté Catholique le roi d'Espagne, animés du désir de resserrer les nœuds de l'amitié et de la bonne intelligence heureusement rétablies entre la France et l'Espagne par le traité de paix conclu à Bâle le 4 thermidor an III (22 juillet 1795), ont résolu de former un traité d'alliance offensive et défensive pour tout ce qui concerne les avantages et la commune défense des deux nations, et ils ont chargé de cette négociation importante et donné leurs pleins pouvoirs, savoir : le Directoire exécutif de la République française au citoyen Dominique-Catherine Pérignon, général de division des armées de la République et son ambassadeur près Sa Majesté Catholique le roi d'Espagne; et Sa Majesté Catholique le roi d'Espagne à Son Excellence don Manuel de Godoy et Alvarez de Faria, Rios, Sanchez, Zarzosa, prince de la Paz, duc de la Alcudia, seigneur del Soto de Roma et de l'État d'Alba, grand d'Espagne de première classe, régidor perpétuel de la ville de Santiago, chevalier de l'ordre de la Toison-d'Or, grand-croix de celui de Charles III, commandant de Valencia, del Ventoso, Rivera et Accnchal dans celui de Saint-Jacques; chevalier grand-croix de l'ordre de Malte, conseiller d'État, premier secrétaire d'État et de dépêches, secrétaire de la Reine, surintendant des postes et des routes, protecteur de l'académie royale des beaux-arts et du cabinet royal d'histoire naturelle, du jardin de botanique, du laboratoire de chimie, de l'observatoire astronomique; gentilhomme de la Chambre du Roi en exercice, capitaine général de ses armées, inspecteur et major des gardes du corps;

Lesquels, après la communication et l'échange respectifs de leurs pleins pouvoirs, dont copie est à la fin du présent traité, sont convenus des articles suivants :

Article 1ᵉʳ. Il existera à perpétuité une alliance offensive et défensive entre la République française et Sa Majesté catholique le roi d'Espagne.

Art. 2. Les deux puissances contractantes seront mutuellement garanties, sans

---

criant que les royalistes égorgeaient les patriotes et voulaient relever le trône (c'est cette nuit même que les accusés de la conspiration Babeuf devaient être transférés à Vendôme). D'après les renseignements qui lui avaient été fournis, des pétards devaient être tirés sur plusieurs points, des cocardes blanches jetées dans les rues. Il y a eu effectivement des pétards, des explosions de bombes, on a trouvé en divers endroits des cocardes blanches, des drapeaux blancs. Mais, en somme, les rassemblements annoncés n'ont pas eu lieu; quelques groupes seulement se sont formés dans la matinée. Le ministre croit qu'il y a eu connivence entre les anarchistes et une certaine catégorie de royalistes, mais c'est en somme aux premiers qu'il semble faire remonter principalement la responsabilité du complot. — Ce rapport a été publié dans les journaux du temps (voir notamment le *Rédacteur*, le *Journal des Débats*).

Le dossier 2137, dont le contenu, comme celui des deux précédents, se rapporte à la séance du 12 fructidor, est formé de 69 pièces relatives à des nominations de juges de paix et d'assesseurs dans les départements des Bouches-du-Rhône, de la Drôme, de la Dyle, d'Eure-et-Loir, de l'Isère, du Mont-Blanc et de la Vienne.

aucune réserve ni exception, et de la manière la plus authentique et la plus absolue, de tous les États, territoires, îles et placs qu'elles possèdent et posséderont respectivement; et si l'une des deux se trouve, par la suite, sous quelque prétexte que ce soit, menacée ou attaquée, l'autre promet, s'engage et s'oblige à l'aider de ses bons offices et à la secourir sur sa réquisition, ainsi qu'il sera stipulé dans les articles suivants.

Art. 3. Dans l'espace de trois mois, à compter du moment de la réquisition, la puissance requise tiendra prêts et mettra à la disposition de la puissance requérante quinze vaisseaux de ligne, dont trois à trois ponts ou de quatre-vingts canons, et douze de soixante-dix à soixante-douze; six frégates d'une force proportionnée, et quatre corvettes ou bâtiments légers, tous équipés, armés, approvisionnés pour six mois et appareillés pour un an. Ces forces navales seront rassemblées par la puissance requise dans celui de ses ports qui aura été désigné par la puissance requérante.

Art. 4. Dans le cas où la puissance requérante aurait jugé à propos, pour commencer les hostilités, de restreindre à moitié le secours qui doit lui être donné en exécution de l'article précédent, elle pourra, à toutes les époques de la campagne, requérir la seconde moitié dudit secours, laquelle lui sera fournie de la manière et dans le délai fixés. Ce délai ne courra qu'à compter de la nouvelle réquisition.

Art. 5. La puissance requise mettra pareillement à la réquisition de la puissance requérante, dans le terme de trois mois à compter du moment de la réquisition, dix-huit mille hommes d'infanterie et six mille de cavalerie, avec un train d'artillerie proportionné, pour être employés seulement en Europe, ou à la défense des colonies que les puissances contractantes possèdent dans le golfe du Mexique.

Art. 6. La puissance requérante aura la faculté d'envoyer un ou plusieurs commissaires à l'effet de s'assurer si, conformément aux articles précédents, la puissance requise s'est mise en état d'entrer en campagne au jour fixé, avec les forces de terre et de mer qui y sont stipulées.

Art. 7. Ces secours seront entièrement remis à la disposition de la puissance requérante, qui pourra les laisser dans les ports ou sur le territoire de la puissance requise, ou les employer aux expéditions qu'elle jugerait à propos d'entreprendre, sans être tenue de rendre compte des motifs qui l'auraient déterminée.

Art. 8. La demande que fera l'une des puissances des secours stipulés par les articles précédents suffira pour prouver le besoin qu'elle en a et imposera à l'autre puissance l'obligation de les disposer, sans qu'il soit nécessaire d'entrer dans aucune discussion relative à la question si la guerre qu'elle se propose est offensive ou défensive, ou sans qu'on puisse demander aucune explication quelconque qui tendrait à éluder le plus prompt et le plus exact accomplissement de ce qui est stipulé.

Art. 9. Les troupes et navires demandés resteront à la disposition de la puissance requérante pendant toute la durée de la guerre, sans que, dans aucun cas, elles puissent être à sa charge. La puissance requise les entretiendra partout où son alliée les fera agir, comme si elle les employait directement pour elle-même. Il est seulement convenu que pendant tout le temps que lesdites troupes ou navires séjourneront sur son territoire ou dans ses ports, elle leur fournira, de ses magasins ou arsenaux, tout ce qui leur sera nécessaire, de la même manière et au même prix qu'à ses propres troupes ou navires.

Art. 10. La puissance requise remplacera sur-le-champ les navires de son contingent qui se perdraient par des accidents de guerre ou de mer; elle réparera également les pertes que souffriraient les troupes de son contingent.

Art. 11. Si lesdits secours étaient ou devenaient insuffisants, les deux puissances contractantes mettront en activité les plus grandes forces qu'il leur sera possible, tant par mer que par terre, contre l'ennemi de la puissance attaquée, laquelle usera desdites forces, soit en les combinant, soit en les faisant agir séparément, et ce, d'après un plan concerté entre elles.

Art. 12. Les secours stipulés par les articles précédents seront fournis dans toutes les guerres que pourraient avoir à soutenir les puissances contractantes, même dans celles où la partie requise ne serait pas directement intéressée et n'agirait que comme puissance auxiliaire.

Art. 13. Dans le cas où, les motifs d'hostilité portant préjudice aux deux parties, elles viendraient à déclarer la guerre, d'un commun accord, à une ou plusieurs puissances, les limitations établies dans les articles précédents cesseront d'avoir lieu, et les deux puissances contractantes seront tenues de faire agir contre l'ennemi commun la totalité de leurs forces de terre et de mer, de concerter leurs plans pour les diriger vers les points les plus convenables, ou séparément, ou en les réunissant.

Elles s'obligeront également, dans les cas désignés au présent article, à ne traiter de la paix que d'un commun accord, et de manière que chacune d'elles obtienne la satisfaction qui lui sera due.

Art. 14. Dans le cas où l'une des puissances n'agirait que comme auxiliaire, la puissance qui se trouvera seule attaquée pourra traiter de la paix séparément, mais de manière à ce qu'il n'en résulte aucun préjudice contre la puissance auxiliaire, et qu'elle tourne même, autant que possible, à son avantage. A cet effet il sera donné connaissance à la puissance auxiliaire du mode et du temps convenu pour l'ouverture et la suite des négociations.

Art. 15. Il sera conclu très incessamment un traité de commerce, d'après des bases équitables et réciproquement avantageuses aux deux peuples, qui assure à chacun d'eux, chez son allié, une préférence marquée pour les produits de son sol et de ses manufactures, ou tout au moins des avantages égaux à ceux dont jouissent, dans les États respectifs, les nations les plus favorisées. Les deux puissances s'engagent à faire, dès à présent, cause commune pour réprimer et anéantir les maximes adoptées par quelques pays que ce soit, qui contrarieraient leurs principes actuels et porteraient atteinte à la sûreté du pavillon neutre et au respect qui lui est dû, ainsi que pour relever et rétablir le système colonial de l'Espagne sur le pied où il a existé ou dû exister d'après les traités.

Art. 16. Le caractère et la juridiction des consuls seront en même temps reconnus et réglés par une convention particulière : celles antérieures au présent traité seront provisoirement exécutées.

Art. 17. Pour éviter toute contestation entre les deux puissances, elles sont convenues de s'occuper immédiatement et sans délai de l'explication et du développement de l'article 7 du traité de Bâle, concernant les frontières, d'après les instructions, plans et mémoires qu'elles se communiqueront par l'entremise des mêmes plénipotentiaires qui négocient le présent traité.

Art. 18. L'Angleterre étant la seule puissance contre laquelle l'Espagne ait des griefs directs, la présente alliance n'aura son exécution que contre elle pendant la guerre actuelle ; et l'Espagne restera neutre à l'égard des autres puissances armées contre la République.

Art. 19. Les ratifications du présent traité seront échangées dans un mois, à compter de sa signature.

Fait à Saint-Ildefonse, le 2 fructidor an IV de la République une et indivisible (19 août 1796).

Signé : Pérignon, El Principe de la Paz [1].

ARTICLES SECRETS.

Article 1er. Le Directoire exécutif s'engage de faire participer immédiatement après la signature du traité la République batave à l'alliance offensive et défensive et à la garantie y exprimée.

Art. 2. Le Directoire exécutif proposera l'accession du présent traité aux autres puissances qui seront jugées propres à concourir à la sûreté commune. Les bases de l'accession seront concertées entre le Directoire exécutif et Sa Majesté Catholique.

Art. 3. Aucun émigré français ne sera souffert sur aucun bâtiment de la marine militaire ou marchande de Sa Majesté Catholique et dans aucun corps militaire de terre qui serait appelé à être combiné avec les troupes de la République française.

Art. 4. Sa Majesté catholique se servira de son influence ou de sa force pour engager ou forcer le Portugal à fermer ses ports aux Anglais lorsque la guerre sera déclarée, et le Directoire exécutif de la République française promet à l'Espagne toutes les forces nécessaires à cet effet, si le Portugal osait résister à la volonté de Sa Majesté Catholique.

Art. 5. Dans le cas d'une guerre commune aux deux parties contractantes, les vaisseaux de guerre et corsaires de la République française pourront s'armer et s'approvisionner, entrer et sortir, amener leurs prises, les vendre et se réparer dans les ports de l'île de Cuba, à la Trinité, à Porto-Rico et à Saint-Augustin. Les bâtiments de guerre et corsaires espagnols jouiront également de ces mêmes avantages dans les ports et îles françaises aux Antilles.

Art. 6. Sa Majesté Catholique donne et transmet à la France la faculté de

---

[1] De Clercq, Recueil des traités de la France, t. Ier, p. 287-290.

couper des bois de Campêche aux mêmes clauses et conditions que celles cédées à l'Angleterre.

Fait à Saint-Ildefonse, le 2 fructidor an IV (19 août 1796).

PÉRIGNON, EL PRINCIPE DE LA PAZ [1].

B

LE DIRECTOIRE EXÉCUTIF AU GÉNÉRAL EN CHEF JOURDAN,
COMMANDANT L'ARMÉE DE SAMBRE-ET-MEUSE.

Nous apprenons, citoyen général, les succès de l'armée que vous commandez [2] avec une satisfaction qui croît avec le prix des moments et l'espérance que nous avons d'avantages plus décisifs. Il est en effet bien important que l'ennemi ne se retire pas dans la Bohême, où vous devez tâcher de le rejeter, avant qu'il ait essuyé une défaite en bataille rangée. Si vous obteniez immédiatement cet avantage, les difficultés que présente l'entrée de la Bohême, jointes à cette espèce de confiance apparente, ou plutôt au désespoir de ses pertes qui a engagé l'ennemi à vous attaquer à Amberg, pourraient ralentir la vivacité de vos opérations et balancer plus longtemps le sort de la campagne. Vous sentirez cependant avec nous, citoyen général, que nous ne devons pas seulement avoir pour objet de nous maintenir au sein de l'Empire germanique, mais qu'il faut frapper la maison d'Autriche de coups si violents qu'elle ne puisse voir sa conservation que dans la paix et qu'elle se décide sur-le-champ à la recevoir à des conditions équitables, dans lesquelles les intérêts, la gloire et la générosité de la République seront conciliés.

Vous ne pouviez sagement prendre un autre parti que celui que vous avez adopté de marcher avec toutes vos forces contre Wartensleben tant qu'il ne divisera pas les siennes, et il n'est pas à présumer qu'il s'affaiblisse par des détachements considérables pendant que vous le presserez d'aussi près. S'il fait sa retraite sur le Danube, malgré vos tentatives pour l'en écarter, après l'avoir battu, vous dirigerez un corps imposant sur Ratisbonne par un mouvement rapide et dérobé, afin d'empêcher sa jonction avec le prince Charles pendant que vous ne cesserez de le harceler dans sa marche. Mais s'il est précieux dans cette supposition d'isoler les deux armées ennemies, il ne l'est pas moins pour le général Moreau et pour vous d'augmenter votre supériorité sur chacune d'elles en opérant la jonction de vos deux ailes. Étant ainsi appuyé par sa gauche, le général Moreau pourra se prolonger plus facilement sur le Lech pour hâter l'occupation de la Bavière par les armes de la République, et nous avons la confiance que vous unirez vos efforts pour reproduire en Allemagne les événements d'Italie. Car, nous vous le répétons,

---

[1] De Clercq, *Recueil des traités de la France*, t. 1er, p. 290-291.

[2] Il s'agit des combats livrés par l'armée de Sambre-et-Meuse du 30 thermidor au 4 fructidor à Sultzbach, Amberg, Wolfe-ring, etc. — Voir les lettres du général Ernouf, chef de l'État-major général de cette armée, au Directoire exécutif, en date du 2 et du 4 fructidor. — *Moniteur universel*, XXVIII, 415-417.

ce n'est pas assez dans la position où nous sommes de faire plier l'ennemi, il faut le battre complètement et le disperser.

Il y a depuis longtemps entre la Bavière et l'Autriche des motifs graves de mécontentement que les habitants de ces deux cercles partagent avec leurs gouvernements. Ces dispositions, maniées avec art et activées par la présence des armées républicaines, présentent de nouveaux moyens de nuire à l'Empereur. Si nos présomptions sont fondées, les Bavarois recevront avec empressement l'amitié des Français et s'uniront à eux pour combattre les Autrichiens. Nous vous autorisons à réveiller par une proclamation conforme à ces vues l'énergie et l'animosité des Bavarois contre eux et à représenter à la cour de Bavière ses véritables intérêts dans le cas où elle entrerait en explication, sans néanmoins lui rien promettre et sans négliger les indemnités que le droit de la guerre nous assure. Il est utile que vous vous concertiez avec le général Moreau pour vos proclamations respectives à ce sujet.

Nous ne pensons pas, citoyen général, que les forts dont vous parlez dans votre dépêche du 21 thermidor doivent être démolis en ce moment. Il est essentiel de prévoir les moyens d'appui à donner à nos quartiers d'hiver, et ces forts, qui couvrent le haut Main et la Reduitz, pourront nous être très utiles. D'ailleurs l'évacuation totale des objets militaires qu'ils renferment serait très difficile pour nous, n'étant pas maîtres de Mayence. Nous vous invitons ainsi à suspendre les travaux que vous avez ordonnés à cet égard et à conserver ces forts en bon état de défense, en en faisant toutefois enlever tout ce qui n'y serait pas nécessaire.

CARNOT, LE TOURNEUR, L.-M. REVELLIÈRE-LÉPEAUX [1].

LE DIRECTOIRE EXÉCUTIF AUX GÉNÉRAUX EN CHEF JOURDAN ET MOREAU.

Les armées françaises, citoyens généraux, se trouvent en Allemagne dans une situation imposante dont la République peut tirer momentanément parti afin de nuire à son ennemi le plus implacable. Les manufactures anglaises languissent plus que jamais aujourd'hui faute de débouchés et le mécontentement des peuples de ce pays augmente en raison de la stagnation de ce genre de commerce. Comme il est possible de diminuer encore en Europe le nombre des consommateurs de l'industrie britannique et qu'une telle mesure doit tourner à l'avantage des intérêts de la France, l'intention du Directoire est que vous défendiez sous peine de confiscation l'introduction dans les pays envahis par nos armes d'aucune marchandise provenant des manufactures d'Angleterre, et ce jusqu'à la conclusion définitive de la paix générale. Vous apercevrez aisément, citoyens généraux, que les bons effets de cette prohibition ne peuvent devenir utiles à la République qu'autant qu'on tiendra sévèrement la main à son exécution.

CARNOT, LE TOURNEUR, L.-M. REVELLIÈRE-LÉPEAUX [2].

---

[1] Arch. nat., AF III, 399; dossier 2136. — [2] Arch. nat., AF III, 399, dossier 2136.

SÉANCE DU 13 FRUCTIDOR AN IV [1]

30 AOÛT 1796.

Le Directoire déclare son arrêté du 2 de ce mois [2] commun à tous les individus prévenus d'avoir pris une part active à la rébellion qui a eu lieu dans le département de l'Indre en ventôse dernier [3].

Il accorde une avance de mille francs, en numéraire, au général de division Krieg [4].

Il écrit quatre lettres :

L'une au ministre de la justice, pour lui transmettre deux doubles du plan qui doit être annexé à la loi du 10 de ce mois [5], relative à l'ouverture d'une rue dans la commune de Rouen [6];

La seconde au général en chef de l'armée de l'intérieur, pour l'inviter à prendre sur-le-champ des renseignements les plus exacts sur un rapport que le Directoire a appris avoir été fait hier au général Foissac [7] concernant le citoyen Barras, l'un de ses membres [8];

La troisième aux représentants du peuple, nommés par le Conseil des Cinq-Cents pour lui rendre compte du dernier traité fait avec l'Espagne, afin de les prévenir que, conformément au contenu de leur lettre de ce jour, le Directoire les attendra après-demain à dix heures du matin [9];

La quatrième aux membres composant la commission des finances du Conseil des Cinq-Cents, pour leur indiquer une conférence pour demain, dix heures du matin [10].

Le Directoire déclare que le citoyen Mackau peut accepter la procuration du Sénat de Hambourg [11].

---

[1] Arch. nat., AF III*, 4, fol. 195-197. — AF III, 3.

[2] Voir plus haut, p. 391.

[3] Arrêté du 13 fructidor an IV, signé Carnot, Reubell, Barras (Arch. nat., AF III, 399, dossier 2138). — Sur la rébellion du département de l'Indre, voir t. II, p. 62, 87, 103, etc.

[4] Arrêté du 13 fructidor an IV, signé Carnot, Reubell, Le Tourneur (Arch. nat., AF III, 399, dossier 2138).

[5] Voir plus haut, p. 466.

[6] Minute signée Carnot, Reubell, Barras, Revellière-Lépeaux (Arch. nat., AF III, 399, dossier 2138).

[7] Latour-Foissac, alors commandant le camp de Grenelle.

[8] Minute signée Barras, Le Tourneur, Carnot (Arch. nat., AF III, 399, dossier 2138).

[9] Minute signée Reubell, Barras, Revellière-Lépeaux (Arch. nat., AF III, 399, dossier 2138).

[10] Minute signée Carnot, Reubell, Barras (Arch. nat., AF III, 399, dossier 2138).

[11] Voir plus loin, p. 493 (délibération secrète du 13 fructidor).

Il décide négativement sur la demande du prince héréditaire de Linanges de venir négocier pour lui-même et sur les propositions faites au citoyen Rivals, au nom du Cercle du Haut-Rhin [1].

Il charge le ministre des relations extérieures d'écrire au citoyen Rivals que les princes de Nassau-Saarbruck et Rhingrave de Salm peuvent envoyer des agents pour traiter de leur paix particulière.

Il charge pareillement le même ministre de communiquer au citoyen Pérignon et, par lui, à l'Espagne, l'article de la convention avec la Prusse relatif à la République batave [2];

Et d'écrire au citoyen Pérignon de demander le rappel de M. Capelletti, résident d'Espagne à Bologne [3].

Un messager d'État envoyé par le Conseil des Anciens est admis et présente une loi du 11 de ce mois, qui annule les élections faites par l'assemblée primaire du canton de Mauléon, département des Basses-Pyrénées, au mois de brumaire dernier, d'un juge de paix [4].

Le Directoire ordonne que cette loi sera publiée, exécutée et qu'elle sera munie du sceau de l'État. Elle est en conséquence adressée à l'enregistrement pour deux expéditions être adressées sans délai au ministre de la justice, avec l'arrêté portant ordre d'impression et de publication dans les formes prescrites par les lois.

Le Directoire arrête que les commissaires destitués ou démissionnaires seront tenus de remettre à leurs successeurs les minutes des lettres qu'ils ont écrites en leurdite qualité [5].

Il approuve la division proposée par le ministre des finances du département de la Lozère en trois arrondissements de recette, pour la perception des contributions [6].

---

[1] La minute de cet arrêté ne se trouve pas dans les dossiers correspondant à la séance du 13 fructidor, non plus que celle du suivant.

[2] Voir plus loin, p. 492 (délibération secrète du 13 fructidor).

[3] La minute de cet arrêté ne se trouve pas dans les dossiers correspondant à la séance du 13 fructidor.

[4] Bull., II, LXXII, n° 665.

[5] Arrêté du 13 fructidor an IV, signé Carnot, Reubell, Barras (Arch. nat., AF III, 399, dossier 2138). — L'arrêté porte simplement que, la remise étant obligatoire d'après l'arrêté du 7 thermidor dernier (voir plus haut, p. 179), le citoyen Teste, ci-devant son commissaire près les tribunaux civil et criminel de Vaucluse, n'en a pas moins le droit «de prendre copie de celles des minutes des lettres qu'il croirait nécessaires pour justifier sa conduite ou de se les faire délivrer à ses frais».

[6] Arrêté du 13 fructidor an IV, signé Carnot, Reubell, Barras (Arch. nat., AF III, 399, dossier 2138). Ces trois arrondissements sont ceux de : Mende (14 cantons: Chair, Saint-Emmené, Auroux, Villefort, Alenc, Rieulord,

[Le Directoire exécutif, considérant que la loi du 3 brumaire ordonne que, le 1er *vendémiaire* de chaque année, on fêtera l'anniversaire de la fondation de la République, et que le Corps législatif, par la loi du 28 thermidor [1], *a chargé le Directoire exécutif de prendre toutes les mesures nécessaires, pour que cette grande solennité reçoive tout l'éclat que commande une époque aussi glorieuse et aussi chère à tous les bons Français;*

Que de toutes les fêtes commémoratives de la Révolution il n'en est aucune qui doive être célébrée avec plus d'enthousiasme que celle qui rappelle le jour où la République fut établie;

Que dans un si grand jour, qui est à la fois l'époque du renouvellement de l'année et celle de la régénération des Français, tous doivent oublier leurs ressentiments, leurs haines, et se réunir enfin pour soutenir cette République qu'ils ont fondée;

Que dans ce jour encore les vrais citoyens doivent témoigner leur reconnaissance à tous ceux qui, par leur sang, leurs travaux, leurs écrits, ont contribué à établir sur des bases immuables un gouvernement sage et juste, qui fera la gloire de la nation, l'admiration des étrangers et le bonheur de la postérité,

Arrête :

ARTICLE 1er. La fondation de la République française sera fêtée le 1er vendémiaire prochain, dans toutes les communes de la République, avec tout l'éclat que les localités pourront permettre. Les administrations municipales sont chargées des dispositions à faire à cet égard.

ART. 2. Tous les fonctionnaires publics et employés dans les administrations se rassembleront, le matin, dans la maison commune : ils en sortiront en ordre, précédés d'un corps de musique, et accompagnés de plusieurs détachements de la garde nationale, et se rendront à l'autel de la patrie, ou, en cas de mauvais temps, dans l'édifice le plus vaste de la commune.

ART. 3. Les instituteurs de la jeunesse, à la tête de leurs élèves, se

Saint-Étienne, Châteauneuf, Chasserades, Bagnols, Saint-Amans, Langogne, Grandreu, Cubières); *Marvejols* (11 cantons : Nasbinals, Saint-Cheli, Le Malzieu, Saint-Alban, Saint-Germain, Aumont, la Canourgue, le Buisson, Fournels, Serverette) et *Florac* (12 cantons : Barre, Ispaubey, Pons-de-Moutiers, Sainte-Croix, Saint-Etienne-de-Vallée, Francesque, Saint-Germain-de-Calberte, Vebron, Saint-Georges, la Parade, le Collet-de-Dèze, les Vialas).

[1] Voir plus haut, p. 374.

rendront dans le même édifice, en chantant des hymnes et tenant à la main des rameaux de chêne.

Art. 4. Le président de l'administration municipale lira au peuple assemblé la déclaration des droits et des devoirs qui précéde la Constitution de l'an III et le premier article de cette Constitution. On chantera ensuite un hymne patriotique.

Art. 5. Dans les communes où il y a des écoles centrales, les membres du jury d'instruction seront présents à cette cérémonie et déclareront publiquement les noms des citoyens du département qu'ils auront jugé avoir contribué par leurs écrits à l'établissement de la République. Ils liront le discours et le poème qui leur auront paru mériter les prix d'éloquence et de poésie. Si les auteurs sont présents, ils seront couronnés.

Art. 6. L'après-midi, la fête sera célébrée par des courses, des jeux et des danses. Dans les communes qui contiennent des troupes, ces jeux seront précédés par des exercices et des évolutions militaires.

Art. 7. Dans les grandes communes, où il y a plusieurs municipalités, les bureaux centraux seront chargés des détails de la fête. Elle sera présidée par les administrations centrales de département, dans toutes les communes de leur résidence.

Il y aura un programme particulier pour Paris.

Le ministre de l'intérieur est chargé de l'exécution du présent arrêté, qui sera imprimé. — Arch. nat., AF III, 399, dossier 2138 [1].]

Le ministre de la justice soumet à l'approbation du Directoire un projet de lettre à adresser par lui aux commissaires du gouvernement près les tribunaux civils des départements ci-devant insurgés [2], par lequel il leur recommande de veiller à ce qu'il ne s'élève dans les communes de ces départements aucunes actions civiles de la nature de celles qui sont détaillées dans la loi du 10 vendémiaire [3], à moins que ce ne soit pour des faits postérieurs à la pacification. Le Directoire approuve ce projet de circulaire et charge les ministres de la police

---

[1] Signé à la minute Revellière-Lépeaux, Carnot, Reubell.

[2] C'est-à-dire des départements de la Vendée, des Deux-Sèvres, de la Loire-Inférieure, de Mayenne-et-Loire, du Morbihan, du Finistère, de l'Eure, du Calvados, de la Manche, des Côtes-du-Nord, d'Ille-et-Vilaine, de la Mayenne, de l'Orne et de la Sarthe.

[3] La loi du 10 vendémiaire an III.

générale et de l'intérieur d'écrire dans le même sens aux commissaires du Directoire exécutif près les administrations centrales des mêmes départements [1].

Il écrit au ministre de la guerre pour l'inviter à examiner s'il n'est pas possible de supprimer les établissements des charrois de la Vendée, ceux encore existants des anciennes frontières, les hôpitaux ambulants, etc. [2].

On écrit une lettre concernant le service militaire au ministre de la guerre [3].

DÉLIBÉRATION SECRÈTE DU 13 FRUCTIDOR AN IV [4]

30 AOÛT 1796.

CCLV

Dépôt d'une lettre de l'ambassadeur de la République française en Espagne, du 3 fructidor, adressée au ministre des relations extérieures, sur le vu de laquelle le Directoire exécutif a pris l'arrêté suivant, qui y est transcrit :

Le Directoire exécutif autorise le ministre des relations extérieures à faire part au citoyen Pérignon de l'article de la convention signée avec le roi de Prusse qui assure l'existence de la République batave [5].

---

[1] Arrêté du 13 fructidor an IV, signé Reubell, Barras, Revellière-Lépeaux (Arch. nat., AF III, 399, dossier 2138).

[2] Minute signée Le Tourneur, Carnot, Reubell (Arch. nat., AF III, 399, dossier 2138).

[3] Minute signée Carnot, Reubell, Barras (Arch. nat., AF III, 399, dossier 2138). — Le Directoire invite le ministre à faire rejoindre son corps à l'aide de camp du général Béguinot à Tournai et à tenir la main à ce qu'il ne soit remplacé que par un autre aide de camp.

Outre les pièces qui viennent d'être signalées on trouve dans le dossier 2138, correspondant à la séance du 13 fructidor, la minute (signée Carnot, Reubell, Barras) d'un arrêté de ce jour, non mentionné au procès-verbal, par lequel André-Pierre Haudry, inscrit sur la liste des émigrés de Seine-et-Oise et comme tel éloigné de Paris, mais pourvu d'une radiation provisoire, est autorisé, en vertu de la loi du 21 floréal, à y revenir et à y résider.

Le dossier 2139, dont le contenu, comme celui du précédent, se rapporte à la séance du 13 fructidor, est formé de 32 pièces relatives à des nominations de commissaires, de juges de paix et d'assesseurs dans les départements de l'Aveyron, des Côtes-du-Nord, d'Eure-et-Loir, du Finistère, d'Ille-et-Vilaine et de la Sarthe.

[4] Arch. nat., AF III*, 20, p. 76-77. — AF III, 399, dossier 2138.

[5] Signé à la minute Revellière-Lépeaux, Reubell, Barras.

CCLVI

Le Directoire exécutif, ouï le rapport du ministre des relations extérieures sur la procuration envoyée par le sénat de Hambourg au citoyen Mackau, pour faire en leur nom l'échange de la ratification faite par ledit sénat de la convention secrète conclue entre la République française et la ville libre et impériale de Hambourg [1]; considérant que l'acte que doit faire le citoyen Mackau en vertu de cette procuration est momentané; qu'il intéresse la République elle-même et qu'il ne peut être considéré comme étant une de ces fonctions qu'un citoyen français ne peut accepter,

Déclare que le citoyen Mackau peut exécuter la procuration qui lui a été envoyée par le sénat de Hambourg. Le présent arrêté ne sera point imprimé [2].

CCLVII

Le Directoire exécutif,

Vu la pétition d'Antoine-Philippe et Alphonse-Hodgard d'Orléans [3], tendant à ce que, pour éviter tout soupçon de connivence avec les agitateurs qui voudraient emprunter les noms des réclamants, et conformément aux dispositions du décret du 13 messidor an III, ils puissent se rendre à Philadelphie ou dans tout autre lieu que le gouvernement voudra leur indiquer [4],

---

[1] Voir le texte de cette convention plus loin à l'Appendice.

[2] Signé à la minute Le Tourneur, Reveillière-Lépeaux, Carnot, Barras, Reubell.

[3] Il s'agit du duc de Montpensier, né en 1775, et du comte de Beaujolais (né en 1779), second et troisième fils de Philippe-Égalité, détenus depuis 1793 à Marseille, et frères de Louis-Philippe. Ces deux princes furent remis en liberté à la fin de 1796, et moururent le premier en 1807, le second l'année suivante.

[4] A la minute de cet arrêté est jointe (Arch. nat., AF III, 399, dossier 2138) la pétition suivante, adressée au Directoire par la duchesse d'Orléans (veuve de Philippe-Égalité et mère des deux jeunes princes): «Pénétrée, citoyens directeurs, des principes de justice et d'équité qui vous animent et qui sont la base de vos décisions, je viens appeler encore une fois votre sollicitude sur mes enfants qui sont à Marseille et au sort desquels je ne cesserai de m'intéresser. Une loi du 13 messidor an III dit que, lors de l'échange déterminé par cette loi, *les autres membres de la famille Bourbon pourront sortir du territoire de la République*. Deux de mes enfants, je le répète, sont encore à Marseille et leur présence dans l'intérieur de la République peut prêter à la malveillance et les exposer à des désagréments dont on ne peut calculer les résultats et qu'il est facile de prévenir. Sans entrer de nouveau dans de plus grands détails qui deviendraient superflus, je vous demande, citoyens directeurs, pour la tranquillité de mes enfants, pour la mienne et pour éviter tout prétexte aux malintentionnés, que, suivant votre première détermination, ils se rendent à Philadelphie selon que vous l'avez indiqué et avec les passeports

Arrête que lesdits Antoine-Philippe et Alphonse-Hodgard d'Orléans se rendront à Philadelphie et qu'à leur arrivée ils s'adresseront au ministre chargé des affaires de la République française près les États-Unis d'Amérique pour faire constater leur débarquement; charge en conséquence les ministres de la police générale et de la marine de faire, chacun pour ce qui le concerne, les dispositions, de donner les ordres et fournir les moyens nécessaires pour que leur translation s'opère convenablement et sûrement.

Les ministres de la marine et de la police générale sont chargés, chacun en ce qui le concerne, de l'exécution du présent arrêté, qui ne sera point imprimé [1].

CCLVIII

Le Directoire exécutif, vu son arrêté, en date de ce jour, portant qu'Antoine-Philippe et Alponse-Hodgard d'Orléans se rendront convenablement et sûrement à Philadelphie;

Arrête que le chargé des affaires ou le consul général de la République française près les États-Unis d'Amérique fera compter par provision annuellement à chacun d'eux la somme de quinze mille livres jusqu'à ce qu'il en soit autrement ordonné. Le payement se fera mois par mois ou de trois mois en trois mois, selon les besoins desdits d'Orléans.

Le ministre des relations extérieures est chargé de l'exécution du présent arrêté, qui ne sera point imprimé [2].

Traité secret conclu à Paris le 6 messidor an IV (24 juin 1796) avec la ville de Hambourg pour le rétablissement des relations commerciales.

La République française et les Sénat et Bourguemestre de la ville libre et impériale de Hambourg, désirant concilier les différends qui les divisent et rétablir dans

qui leur seront délivrés sur vos ordres. J'attends à cet égard votre décision ultérieure et votre justice m'est trop connue pour d'avance n'être pas persuadée que, ma demande ne contrariant en rien les vues sages et politiques du gouvernement dont les grands intérêts vous sont confiés, vous vous empresserez d'y faire droit. *Signé* : L.-M.-A. Penthièvre. »

[1] Signé à la minute Le Tourneur, Carnot, Reubell, Barras, Revellière-Lépeaux. — Arch. nat., AF III, 399, dossier 2138.

[2] Signé à la minute Carnot, Reubell, Barras, Revellière-Lépeaux. — Arch. nat., AF III, 399, dossier 2138.

toute leur activité les relations de commerce et d'amitié qui les unissent, ont nommé, savoir :

Le Directoire exécutif, au nom de la République française, les citoyens *Ramel*, ministre des finances, et Charles *Delacroix*, ministre des relations extérieures, et les Sénat et Bourguemestre de la ville libre et impériale de Hambourg M. *Sieveking*, citoyen de la même ville, pour traiter en leur nom des clauses et conditions propres à rétablir lesdites relations de commerce et d'amitié, lesquels, après avoir échangé leurs pouvoirs respectifs, ont arrêté les articles suivants :

Article 1er. Il est reconnu que la République française pardonne généreusement au Sénat de Hambourg les torts dont il s'est rendu coupable en ne reconnaissant pas sans retard le caractère public de son envoyé, et que c'est uniquement en faveur du commerce de cette place et pour la mettre à l'abri de ses craintes et de ses appréhensions vis-à-vis des gouvernements voisins que la République française diffère d'insister sur cette reconnaissance jusqu'à la pacification générale du continent.

Art. 2. L'envoyé de la République à Altona pourra néanmoins entrer en correspondance particulière avec le Président du Sénat et en recevoir des réponses dont il ne sera pas fait mention sur les registres publics.

Art. 3. La République française, acceptant l'assurance donnée par le gouvernement et le commerce de Hambourg de désirer son amitié et de chercher à se lier avec elle par de nouveaux traités, consent à ce que, jusqu'à la paix générale du continent, les choses soient remises et restent en l'état où elles étaient avant que l'embargo fût mis sur les navires hambourgeois qui se trouvaient dans les ports de la République.

Art. 4. A l'époque de la pacification générale la République accordera son intervention au gouvernement de Hambourg pour que ses droits soient reconnus et respectés. Elle passera en même temps avec lui un nouveau traité de commerce fondé sur la liberté, l'égalité et la réciprocité.

Art. 5. Le gouvernement ou le commerce de la ville de Hambourg recevront de la République des rescriptions fournies par la Hollande, en exécution du traité additionnel, jusqu'à 5 millions de florins courant. Ils seront pris par sommes égales dans chaque échéance.

Art. 6. Il sera fourni en contre-valeur des rescriptions mentionnées par l'article précédent, savoir : 1° dans le délai d'un mois, 2 millions de livres tournois en lettres de change dûment acceptées et dont la plus longue échéance sera trois mois; 2° des quittances de fournisseurs et créanciers de la République, dont le tableau sera remis, jusqu'à concurrence de la somme de 8 millions de livres; ces quittances seront rapportées dans le délai de trois mois. Ces créanciers et fournisseurs seront pris dans les places du Nord et principalement dans celle de Hambourg.

Art. 7. Les rescriptions bataves à remettre par la République ne seront fournies qu'au fur et à mesure des lettres de change et quittances mentionnées dans l'article précédent, de manière cependant qu'elle en ait toujours pour un million de livres devers elle et à délivrer seulement lorsque la totalité des contre-valeurs sera fournie. La République garantit le payement de ces rescriptions à leurs échéances respectives et en monnaies au titre de ce jour.

Art. 8. L'envoyé de la ville de Hambourg remettra provisoirement à la Trésorerie nationale, à compte des 2 millions à fournir en lettres de change, des valeurs de pareille nature jusqu'à concurrence de la somme de 500,000 livres.

Art. 9. La main-levée de l'embargo ne sera exécutée qu'à la charge par les capitaines de vaisseau de remettre préalablement à l'envoyé de la ville de Hambourg des lettres à la grosse jusqu'à la concurrence de la moitié de la valeur des navires et de leurs frets, pour être par lui employées au succès des négociations à faire pour l'exécution de l'article 6.

Art. 10. M. Siéveking remettra à la Trésorerie nationale des engagements personnels jusqu'à concurrence de la moitié des lettres à la grosse qu'il aura reçues; ils seront aux mêmes échéances et ils seront réservés en dépôt comme cautionnement jusqu'à la fin du mois dans lequel les 2 millions en lettres de change acceptées doivent être fournis.

Art. 11. Le gouvernement et le commerce de la ville de Hambourg pourront désigner au Directoire exécutif les fournisseurs et créanciers qui refuseraient de remettre leurs quittances pour l'exécution des articles ci-dessus. Des commissaires convenus seront chargés dans ce cas de procéder à la vérification, apurement et liquidation des comptes des refusants.

Fait et conclu à Paris le 6 messidor an IV, répondant au 24 juin 1796.

Ch. Delacroix, D.-V. Ramel, Sieveking [1].

SÉANCE DU 14 FRUCTIDOR AN IV [2]

31 AOÛT 1796.

Le Directoire adresse un message au Conseil des Cinq-Cents, par lequel il l'invite à appliquer à la commune de Vendôme et à tout le territoire environnant, à dix lieues de distance, les dispositions de la loi du 21 prairial dernier concernant les ex-fonctionnaires publics, militaires destitués, étrangers et autres qui se trouvaient à Paris ou auraient voulu s'y fixer [3].

Le ministre de la police générale soumet à la décision du Directoire plusieurs demandes en radiation de la liste des émigrés. Le

---

[1] De Clercq, *Recueil des traités de la France*, I, 277-279.

[2] Arch. nat., AF III*, 4, fol. 197-199.

[3] Message lu à la séance du 15 fructidor (C. C., fructidor an IV, 269-270) et motivé par la crainte de voir les «ennemis de l'ordre et de la tranquillité intérieurs» profiter de l'établissement de la haute-cour nationale à Vendôme pour essayer de troubler de nouveau la République.

[31 AOÛT 1796] DU DIRECTOIRE EXÉCUTIF.

Directoire décide favorablement à l'égard des citoyens dont les noms suivent :

Charles-Alexandre Damas; Marie-Bonne Briolat; Antoine Marguerit; Antoine-Denis Boudin; Ydesbald-François Guislain Yscbrant; Claude Beignant; Nicolas Blondelu; Jacques-Robert-Jean-Baptiste Barbier; Louise Cauvet et Marie-Anne Chardron, veuve d'Etienne Poupardin du Rivage [1].

Le Directoire déclare les dispositions de son arrêté du 11 floréal dernier [2], relatives à l'ouverture des lettres allant et venant d'Espagne et d'Italie, communes aux lettres allant à Strasbourg, Lyon, Carcassonne, dans le Milanais et la Lombardie, et aux lettres allant de Gênes à Nice et allant de Nice à Gênes.

Il déclare pareillement que les dispositions de l'arrêté du 11 pluviôse [3] ne sont pas applicables aux lettres allant à Strasbourg, Lyon, Carcassonne, dans le Milanais et la Lombardie, non plus qu'aux lettres allant de Gênes à Nice et allant de Nice à Gênes [4].

Le Directoire adresse trois messages au Conseil des Cinq-Cents :

Par le premier, il l'invite à prendre une résolution pour déclarer que les porteurs de billets de loterie, relevés de la déchéance par la loi du 25 messidor dernier [5], ne pourront, dans le cas où les objets par eux gagnés et non réclamés auraient été vendus, obtenir que le remboursement de la valeur en mandats [6].

---

[1] Charles-Alexandre *Damas*, ex-prêtre, domicilié à Paris; Marie-Bonne *Briolat*, fille majeure, demeurant à Saint-Dizier; Antoine *Marguerit*, domicilié à Rouen, y vivant de son revenu; Antoine-Denis *Boudin*, manouvrier, demeurant à Polangis (Marne); Ydesbald-François-Guislain *Yscbrant*, domicilié à Tournai; Claude *Beignant*, laboureur, demeurant à Hermé (Seine-et-Marne); Nicolas *Blondelu*, demeurant à Noyon; Jacques-Robert-Jean-Baptiste *Barbier*, de Béziers; Louise *Cauvet*, rentière, domiciliée à Lyon; Marie-Anne *Chardron*, veuve d'Etienne *Poupardin-du-Rivage*, inscrits sur les listes des émigrés des départements de la Côte-d'Or, de la Marne, de la Seine-Inférieure, de l'Aube, du Pas-de-Calais, de l'Aube, de la Somme, de l'Hérault, de l'Ain et du Loiret, et qui ont justifié de leur résidence (sauf Yscbrant, qui a établi qu'étant né à Tournai et y ayant résidé depuis 1777, il devait être considéré comme étranger jusqu'à l'annexion de son pays à la France). — Dix arrêtés du 14 fructidor an IV, signés Reubell, Le Tourneur, Barras, à l'exception du second, qui est signé Reubell, Revellière-Lépeaux, Barras (Arch. nat., AF III, 399, dossier 2140).

[2] Voir plus haut, p. 265.

[3] Voir t. I, 523-524 (délibération secrète du 11 pluviôse an IV). — Voir aussi l'arrêté du 27 pluviôse (t. I, p. 618).

[4] Arrêté du 14 fructidor an IV, signé Le Tourneur, Reubell, Barras (Arch. nat., AF III, 399, dossier 2140). — Voir (même dossier) le rapport du ministre de la police générale exposant les réclamations du commerce contre les arrêtés du 11 et du 27 pluviôse.

[5] Voir plus haut, p. 87.

[6] Message lu à la séance du 16 fructidor (C. C., fructidor an IV, 284-288), — motivé par la réclamation des citoyens Desclos-Lepeley,

Par le second, il lui propose d'autoriser l'aliénation de la ménagerie de Versailles, à laquelle s'oppose un arrêté des représentants du peuple en mission dans ce département[1].

Par le troisième, il lui transmet la demande de la commune de Villefranche[2] tendant à obtenir la concession de l'église des ci-devant Cordeliers et dépendances pour y établir une halle aux grains et aux toiles.

Un messager d'état du Conseil des Anciens est introduit et présente deux lois.

La première portant que les lois des 24 messidor an III et 11 messidor dernier[3] sont applicables aux ci-devant religieuses et autres personnes du sexe qui avaient été soumises à la prestation du serment civique[4].

La seconde relative à la nomination des professeurs des Écoles centrales non confirmées par les administrations[5].

Le Directoire ordonne que ces deux lois seront publiées, exécutées et qu'elles seront munies du sceau de l'État. Elles sont en conséquence adressées de suite à l'enregistrement pour deux expéditions être envoyées sans délai au ministre de la justice, avec l'arrêté portant ordre d'impression et de publication dans les formes prescrites par les lois.

Il ordonne la vente et adjudication de la réserve située sur le terri-

---

frères, de Nantes, acquéreurs de la maison Balleroy qui, échue par le sort à un citoyen porteur du billet de la loterie nationale gagnant cet immeuble, n'avait pas été réclamée par ce porteur dans le délai de six mois fixé par la loi du 27 vendémiaire an IV. La loi du 25 messidor ayant attribué aux gagnants un nouveau délai de trois mois, ils ont pu craindre de se voir dépossédés de leur acquisition. Le Directoire estime qu'ils ne sauraient l'être sans injustice. De là la nouvelle loi qu'ils proposent.

[1] Message lu à la séance du 16 fructidor (*C. C.*, fructidor an IV, 283-284). Il s'agit de la *ferme de la ménagerie de Versailles*, que l'arrêté pris le 13 frimaire an II par les représentants Lacroix et Musset avait réservée pour le grand établissement national d'éducation agricole que la Convention avait résolu de former dans la commune de Versailles, projet qui n'avait même pas reçu un commencement d'exécution.

[2] Département du Rhône. — Message lu à la séance du 16 fructidor (*C. C.*, fructidor an IV, 280-282).

[3] V. t. II, p. 742.

[4] C'est-à-dire que celles qui n'auraient pas prêté le serment *de la liberté et de l'égalité* dans les délais fixés par les lois du 14 août 1792 et du 9 nivôse an II toucheront leurs pensions, pour les termes et de la manière déterminés par lesdites lois et sur la simple justification de soumission aux lois de la République. — *Bull.*, II, LXXII, n° 668.

[5] *Bull.*, II, LXXII, n° 669. — Cette loi oblige les administrations départementales qui refuseraient de confirmer la nomination d'un professeur d'École centrale par un jury d'instruction de faire connaître les motifs de leur refus au Directoire.

[31 août 1796] DU DIRECTOIRE EXÉCUTIF. 499

toire de Sorel, département des Ardennes, provenant des ci-devant religieux de Sept-Fontaines [1].

Il annule deux arrêtés de l'administration du département de l'Oise, qui ordonnent la mise en jugement du commissaire du Directoire exécutif près l'administration municipale de Grandvilliers [2].

Il autorise la régie de l'enregistrement à passer le bail au citoyen Gardeur du local qu'il avait obtenu pour faire ses fabrications de carton végétal aux ci-devant ateliers des armes, marché Neuf, rue Neuve-de-l'Égalité, à Paris [3].

Il ordonne la vente et adjudication des taillis des arbres dépérissants qui se trouvent dans la réserve de la commune de Thurigny, département de la Nièvre [4].

Il supprime toutes délivrances de fournitures en nature aux employés civils attachés au service militaire qui ne se trouveront pas hors des frontières de la République [5].

Il écrit au ministre de la guerre pour le charger de faire exécuter son arrêté du 25 thermidor dernier [6] qui oblige le citoyen Guffroy à évacuer le logement qu'il occupe dans les bâtiments des ci-devant Capucins et l'autoriser à fixer les indemnités qui peuvent être dues à ce citoyen [7].

Il écrit aussi à son commissaire près le département de l'Oise pour lui demander des renseignements sur les communes *extra muros* de ce département [8].

---

[1] Arrêté du 14 fructidor an IV, signé Le Tourneur, Reubell, Barras (Arch. nat., AF III, 399, dossier 2140).

[2] Arrêté du 14 fructidor an IV, signé Le Tourneur, Reubell, Revellière-Lépeaux, Barras (Arch. nat., AF III, 399, dossier 2140). — Ce commissaire était poursuivi pour avoir fait arrêter l'agent municipal de la commune de Brombot, qui avait soustrait à la gendarmerie un fuyard de la réquisition. — Les considérants de l'arrêté établissent que, légalement, c'était au Directoire seul à le poursuivre.

[3] Arrêté du 14 fructidor an IV, signé Le Tourneur, Reubell, Barras (Arch. nat., AF III, 399, dossier 2140). Il ressort d'un rapport du ministre des finances (même dossier) que Gardeur est inventeur «d'un carton végétal formé de feuilles séchées et plantes inutiles et dont on a fait des applications très avantageuses pour des ardoises artificielles, des chapeaux, etc. . . . ».

[4] Arrêté du 14 fructidor an IV, signé Carnot, Le Tourneur, Revellière-Lépeaux (Arch. nat., AF III, 399, dossier 2143).

[5] Arrêté du 14 fructidor an IV, signé Reubell, Le Tourneur, Carnot (Arch. nat., AF III, 399, dossier 2140).

[6] Voir plus haut, p. 328.

[7] Minute signée Le Tourneur, Carnot, Revellière-Lépeaux (Arch. nat., AF III, 399, dossier 2143). Cette minute est datée du 15 fructidor.

[8] Minute signée Carnot, Revellière-Lépeaux, Barras (Arch. nat., AF III, 399, dossier 2142), et datée du 15 fructidor. — Il s'agit de communes qui n'ont pas d'administrations municipales ou de commissaires du pouvoir exécutif.

On écrit deux lettres : la première au général Hoche[1]; la seconde à la municipalité de Barenton[2].

Le Directoire adresse un message au Conseil des Cinq-Cents relatif à l'erreur d'addition qui existe dans la loi du 6 de ce mois[3] concernant l'envoi d'une somme relative aux pensions des veuves et enfants d'invalides, et invite le Conseil à rectifier l'erreur[4].

SÉANCE DU 15 FRUCTIDOR AN IV[5]

1ᵉʳ SEPTEMBRE 1796.

Le Directoire adresse un message au Conseil des Cinq-Cents pour l'inviter à faire des modifications nécessaires à la loi du 7 messidor an II sur le classement et le triage des titres[6].

Il ordonne l'exécution de l'arrêté du Comité du Salut public, du 4ᵉ jour complémentaire de l'an III, concernant le jardin dit Marbeuf, lequel restera sous la surveillance de la commission d'agriculture provisoirement[7].

Il approuve un arrêté du ministre des finances par lequel il casse et annule les arrêtés de l'administration centrale du département de la Somme des 20, 30 prairial, 3 messidor, 9 et 11 thermidor an IV, qui maintiennent au profit du citoyen Godde la préférence de l'adjudication

---

[1] Minute signée Carnot, Revellière-Lépeaux, Le Tourneur (Arch. nat., AF III, 399, dossier 2140). — Le Directoire lui transmet des pièces adressées par son commissaire près l'administration centrale du Calvados sur les manœuvres employées par les Anglais et les émigrés pour ressusciter la Chouannerie.

[2] Minute signée Le Tourneur, Carnot, Revellière-Lépeaux (Arch. nat., AF III, 399, dossier 2140). — Le Directoire invite la municipalité de Barenton (département de la Manche) à transmettre au général Hoche la demande qu'elle forme pour conserver le général Digonet dans l'arrondissement qu'il commande.

[3] Voir plus loin, p. 546.

[4] Le dossier 2141, dont le contenu, comme celui du précédent, se rapporte à la séance du 14 fructidor, est formé de 86 pièces relatives à des nominations de commissaires, de juges de paix, d'assesseurs, dans les départements du Calvados, de la Gironde, de la Loire-Inférieure, de l'Oise, de la Seine-Inférieure et de l'Yonne.

[5] Arch. nat., AF III*, 4, fol. 199-200.

[6] Message lu à la séance du 18 fructidor (C. C., fructidor an IV, 333-335). — Le Directoire représente que la loi du 7 messidor, «à raison de circonstances survenues depuis», exige diverses modifications sans lesquelles il ne lui est pas possible d'en suivre l'exécution dans les départements.

[7] C'est-à-dire jusqu'à la liquidation des droits de la nation et de ceux des héritiers Marbeuf. Ce jardin est indiqué comme situé «à la grille de Chaillot». — Arrêté du 15 fructidor an IV, signé Le Tourneur, Reubell, Barras (Arch. nat., AF III, 399, dossier 2142).

de la maison des ci-devant Capucins d'Amiens, utilement soumissionnée par le citoyen Merlier [1].

Sur la demande des employés dans l'administration intérieure du Directoire, il ordonne aux ministres de l'intérieur et des finances de leur faire payer l'indemnité accordée aux employés par la loi du 2 messidor [2].

Il écrit aux ministres de l'intérieur [3] et de la police générale pour leur demander quel est le nombre de prêtres reclus, celui des maisons où ils sont détenus, leurs moyens d'existence et les causes qui empêchent leur mise en liberté, et ce pour mettre le Directoire à même de répondre au message du Conseil des Cinq-Cents qui demande ces renseignements [4].

Un messager d'État envoyé par le Conseil des Anciens est admis et remet une loi qui ratifie le traité conclu avec le margrave de Bade [5] et présente aussi une loi qui déclare nul comme contraire à l'article 3 de l'acte constitutionnel le jugement rendu par une commission militaire le 26 vendémiaire an IV, portant peine de mort contre le représentant du peuple Vaublanc [6].

Le Directoire ordonne que ces lois seront publiées, exécutées, et qu'elles seront munies du sceau de l'État. Elles sont en conséquence adressées de suite à l'enregistrement, pour deux expéditions être envoyées, sans délai, au ministre de la justice, avec l'arrêté portant ordre d'impression et de publication dans les formes prescrites par les lois.

Le ministre de la police générale soumet à la décision du Directoire plusieurs demandes en radiation de la liste des émigrés. Le Directoire décide favorablement à l'égard des citoyens dont les noms suivent, et seront rayés de toutes les listes d'émigrés : Françoise-Rosalie Scépeaux, veuve de Joseph-Henri Bouchard-d'Esparbès, dit Aubeterre; Nicole-

---

[1] La minute de cet arrêté ne se trouve pas dans les dossiers correspondant à la séance du 15 fructidor.

[2] Arrêté du 15 fructidor an IV, signé Carnot, Le Tourneur, Reubell (Arch. nat., AF III, 399, dossier 2143). — Sur la loi du 2 messidor, voir t. II, p. 666.

[3] La minute de la lettre porte cette adresse : Aux ministres de la *justice* et de la police générale.

[4] Minute signée Reubell, Barras, Revellière-Lépeaux (Arch. nat., AF III, 399, dossier 2143).

[5] Voir plus haut, p. 453 et suiv.

[6] *Bull.*, II, LXXII, n° 670. — VAUBLANC (Vincent-Marie Vienot DE), né en 1756, ancien membre de l'Assemblée législative, compromis comme royaliste dans l'affaire du 13 vendémiaire, condamné à mort par contumace par la commission militaire de la section Le Peletier, élu presque dans le même temps député de Seine-et-Marne au Conseil des Cinq-Cents, où il siégea à partir de fructidor an IV, fut plus tard membre du Corps législatif, préfet sous l'Empire et ministre sous la Restauration.

Françoise Rivart, veuve Legrand; Jean-Pierre-Philippe-Aimé Lacroix-Laval; Jacques Cladière; Jacques-Augustin Labarberie, dit Reffuveille [1]; Louis-Achille-Marie Tonduty-Malyac fils [2]; Louis-Jacques-Blaise Colmet Daage et Angélique-Jacques Bouchard, son épouse; Guillaume Anézo; Élisabeth-Émilie Derrioux, femme Magniat; François Blanchet; Charles Bruant; Jean-Charles Borda; Alexis Latapie; Godefroy Secondat, dit Roquefort; et Claude Cailleaud père, dit Beaumont, Claude Cailleaud fils, Catherine-Elisabeth-Victoire et Louise-Françoise-Augustine Cailleaud filles [3].

On écrit: au citoyen Joubert, commissaire à l'armée de Sambre-et-Meuse [4]; au général Kellerman [5]; au général Beurnonville [6]; au ministre de la guerre [7].

---

[1] Françoise-Marie-Rosalie Scépeaux, veuve de Joseph-Henry Bouchard-d'Esparbès, dit Aubeterre, maréchal de France, domiciliée à Épinay, près Saint-Denis; Nicole-Françoise Rivart, veuve Legrand, demeurant à Reims; Jean-Pierre-Philippe-Anne Lacroix-Laval, rentier, domicilié à Lyon, condamné à mort par la commission révolutionnaire de cette ville (radiation demandée par sa veuve Élisabeth Robin); Jacques Cladière, traiteur, domicilié à Lyon; Jacques-Augustin La Barberie, dit Réffuveille, ci-devant capitaine au ci-devant régiment des gardes françaises, ex-noble «tombé sous le glaive de la loi en vertu d'un jugement du tribunal révolutionnaire de Paris du 25 germinal an II», représenté par Pierre-Raymond-Hector d'Aubusson et Charlotte-Renée Labarberie, son épouse, ses fille et gendre; inscrits sur les listes des émigrés des départements de la Seine, de l'Aisne, de l'Ain, de la Seine-Inférieure, et dont la résidence a été établie; — cinq arrêtés du 15 fructidor an IV, signés Le Tourneur, Reubell, Revellière-Lépeaux (Arch. nat., AF III, 399, dossier 2143).

[2] Achille-Louis-Marie Tonduty-Malyac fils, natif d'Avignon, inscrit sur la liste des émigrés du département de Vaucluse, qui justifie qu'il est sorti d'Avignon sur la fin de 1790, c'est-à-dire avant la réunion de ce pays à la France, pour aller en Suisse, où son père l'envoya à l'effet d'étudier le commerce et se perfectionner dans la banque — Arrêté du 15 fructidor an IV, signé Le Tourneur, Reubell, Revellière-Lépeaux (Arch. nat., AF III, 399, dossier 2143).

[3] Louis-Jacques-Blaise Colmet-Daage, juge de paix de Bray (Seine-et-Marne), et Angélique-Jeanne Bouchard, son épouse; Guillaume Anézo, domicilié à Herbignac (Loire-Inférieure); Élisabeth-Émilie Derrioux, femme Mogniat, domiciliée à Fontaine (Rhône); François Blanchet, marchand, domicilié à Villeneuve-sur-Vanne (Yonne); Charles Bruant, boulanger à Arcys-sur-Aube (Aube), décédé, représenté par Jean-Nicolas Faugé, son héritier; — Jean-Charles Borda, ancien capitaine de vaisseau, demeurant à Paris; — Alexis Latapie, ci-devant doyen du chapitre de Figeac; — Godefroy Secondat, dit Roquefort, ancien militaire; Claude Cailleaud père, dit Beaumont, et ses enfants; — inscrits sur les listes des émigrés des départements de l'Aube, de la Loire-Inférieure, du Rhône, de l'Aube, de la Marne, de la Loire-Inférieure, du Lot, du Lot et de la Loire-Inférieure, qui ont justifié de leur résidence. — Neuf arrêtés du 15 fructidor an IV, signés Le Tourneur, Reubell, Revellière-Lépeaux. (Arch. nat., AF III, 399, dossier 2143).

[4] Voir le texte de cette lettre plus loin à l'Appendice.

[5] Minute signée Le Tourneur, Carnot, Revellière-Lépeaux (Arch. nat., AF III, 399, dossier 2143). Le Directoire lui témoigne sa satisfaction sur les opérations qu'il a faites pour la formation des corps destinés à renforcer l'armée d'Italie.

[6] Minute signée Le Tourneur, Carnot, Revellière-Lépeaux (Arch. nat., AF III, 399, dossier 2143). Le Directoire approuve ses mesures relativement à l'ancienne garnison palatine de Dusseldorff et l'autorise à renouveler la convention qui la concerne aux mêmes conditions.

[7] Minute signée Carnot, Revellière-Lé-

[1ᵉʳ sept. 1796]

Le Directoire accorde un secours de trente livres en numéraire au citoyen Bachelu, sur les fonds mis à sa disposition [1].

Le Directoire exécutif au citoyen Joubert,
commissaire du gouvernement à l'armée de Sambre-et-Meuse.

On a prévenu le Directoire, citoyen commissaire, qu'un courrier dépêché de Paris pour Francfort par des particuliers dont on ignore les noms était porteur de plusieurs lettres de change pour les émigrés. Ces lettres de change sont, dit-on, adressées aux négociants Alexino Schweizer, Alexandre et Schmidt, à Francfort, à Frey et Cⁱᵉ à Leipzig, etc. Le courrier était vêtu d'un gilet usé de couleur bleu foncé; il avait une cravate rouge, deux paires de pistolets à la selle, une paire à côté des poches de ses culottes et sur la poitrine un médaillon rouge en émail. Quoiqu'on n'ait pu nous donner d'autres renseignements, il est possible cependant que ceux-ci puissent suffire pour arriver à une découverte. Maintenant, citoyen, il faut que vous commettiez à Francfort quelqu'un déjà revêtu d'une autorité quelconque, afin d'examiner les livres des négociants, ci-dessus nommés, à quelles personnes ils ont payé des lettres de change depuis le 23 thermidor dernier (10 août, vieux style). Vous ferez part ensuite au Directoire du résultat de ces recherches.

Le Directoire profite aussi de l'occasion de cette dépêche pour vous engager, citoyen, à user des précautions suivantes dans le cas où elles deviendront désormais nécessaires.

Les effets de différentes natures saisis en pays conquis pour le compte de la République exigent l'emploi des formes propres à en prévenir la détérioration et le pillage. Il faut que les capteurs dressent sur-le-champ un inventaire et l'adressent

---

peaux, Le Tourneur (Arch. nat., AF III, 399, dossier 2143). Le Directoire l'invite à faire passer au général Kellermann trois à quatre cents chevaux de remonte tirés des dépôts de l'intérieur pour opérer la remonte de deux régiments qui sont à Lyon.

[1] Arrêté du 15 fructidor an IV, signé Barras, Carnot, Reubell (Arch. nat., AF III, 399, dossier 2142).

Outre les documents qui viennent d'être signalés, on trouve dans le dossier 2142 (Arch. nat., AF III, 399) les suivants, qui se rapportent aussi à la séance du 15 fructidor et qui ne sont pas mentionnés au procès-verbal : 1° Arrêté signé Barras, Revellière-Lépeaux, Reubell, qui révoque le citoyen Toucas de la place de commissaire du pouvoir exécutif près la commune de Solliès, département du Var (ce commissaire est dénoncé comme ne sachant ni lire ni écrire, comme ayant contribué à la dilapidation des effets appartenant à la République et comme coupable d'assassinats); — 2° Arrêté signé Barras, Revellière-Lépeaux, Reubell, qui nomme le citoyen Garnier, notaire, à la place du citoyen Toucas. Ce dernier est signalé comme terroriste. Voir au dossier un certain nombre de pièces intéressantes (rapports, procès-verbaux, etc.) sur Toucas et sur Garnier.

Le dossier 2144, dont le contenu, comme celui des deux précédents, se rapporte à la séance du 15 fructidor, est formé de quarante-deux pièces relatives à des nominations de juges, d'assesseurs et de commissaires du pouvoir exécutif dans les départements d'Eure-et-Loir, de l'Isère, des Landes, des Pyrénées-Orientales, du Haut-Rhin, du Tarn et du Var.

avec une lettre d'avis aux personnes chargées de recevoir ces effets dans les dépôts qui auront été déterminés. Une escorte militaire ne suffit pas pour la garde ou la conduite de ces effets dans les lieux de dépôt. L'escorte elle-même doit être surveillée par un agent civil responsable qui ne perde jamais les caisses de vue depuis le moment où l'inventaire en a été dressé. Il doit être porteur de cet inventaire et remettre le tout en bon état au lieu de destination. Les scellés préalablement apposés sur les caisses doivent être vérifiés tous les jours de route et de séjour, et si on leur a porté atteinte, on doit arrêter les *fractureurs* et dresser à l'instant procès-verbal du délit. Ce n'est qu'avec de pareilles précautions qu'on pourra remédier aux pillages et établir une responsabilité qui jusqu'à présent était rejetée sur d'autres. Car, lorsque la négligence peut être attribuée à tout le monde, on finit par ne pouvoir accuser personne.

LE TOURNEUR, CARNOT, L.-M. REVELLIÈRE-LÉPEAUX [1].

SÉANCE DU 16 FRUCTIDOR AN IV [2]

2 SEPTEMBRE 1796.

Le Directoire ayant pris séance, un messager d'État envoyé par le Conseil des Anciens est admis et présente cinq lois :

La première rapporte l'arrêté des représentants du peuple Jean-Baptiste Lacoste [3] et Roger-Ducos [4], du 13 frimaire an III, relatif aux bâtiments et terrains occupés par le citoyen Truffaut, à Pont-à-Tressin [5].

La seconde met à la disposition du ministre de la marine et des colonies, pour les dépenses courantes de son département, la somme de six millions, numéraire métallique [6].

La troisième annule les opérations faites par les assemblées primaires de la commune de Béziers le 10 brumaire et jours suivants [7].

La quatrième déclare que les dispositions du décret du 8 septembre 1793 [8] ne sont applicables qu'aux baux par adjudication faits par les corps administratifs postérieurement à la loi du 9 février 1792 [9].

La cinquième, du jour d'hier, supprime les ordres et congrégations

---

[1] Arch. nat., AF III, 399, dossier 2143).
[2] Arch. nat., AF III*, 4, fol. 200-203, et AF III, 3.
[3] Député du Cantal à la Convention.
[4] Député des Landes à la Convention.
[5] *Bull.*, II, LXXIII, n° 675.
[6] *Bull.*, II, LXXIII, n° 676.
[7] *Bull.*, II, LXXIII, n° 677.
[8] Qui, passé un délai d'un an, exceptait les bois des adjudications des biens d'émigrés affermés par les corps administratifs.
[9] C'est par cette loi que les biens des émigrés avaient été mis sous séquestre. — *Bull.*, II, LXXIII, n° 672.

réguliers, monastères, abbayes, prieurés, etc. dans les départements réunis par la loi du 9 vendémiaire dernier [1].

Le Directoire ordonne que ces cinq lois seront publiées, exécutées et qu'elles seront munies du sceau de l'État. Elles sont en conséquence adressées de suite à l'enregistrement, pour deux expéditions être envoyées sur-le-champ au ministre de la justice, avec l'arrêté portant ordre d'impression et de publication, dans les formes prescrites par les lois.

Il adresse un message au Conseil des Cinq-Cents, concernant l'état de situation de la vente des domaines nationaux [2].

[Le Directoire exécutif, considérant que l'article 360 de l'acte constitutionnel interdit toute corporation; que le décret de la Convention nationale, du 21 septembre 1792, veut que, *jusqu'à ce qu'il en ait été autrement ordonné, les lois non abrogées continuent provisoirement d'être exécutées;* qu'ainsi il maintient celles des dispositions du règlement du 29 janvier 1739, concernant les ouvriers papetiers, auxquelles il n'a pas été dérogé postérieurement; que cependant, au mépris de ces dispositions et de celles du 17 juin 1791 et 23 nivôse an II, les ouvriers papetiers continuent d'observer entre eux des usages contraires à l'ordre public, de chômer des fêtes de coteries ou de confréries, de s'imposer mutuellement des amendes, de provoquer la cessation absolue des travaux des ateliers, d'en interdire l'entrée à plusieurs d'entre eux, d'exiger des sommes exorbitantes des propriétaires, entrepreneurs ou chefs de manufactures de papiers, pour se relever des proscriptions ou interdictions de leurs ateliers, connues sous le nom de *damnations;*

Considérant qu'il est urgent de réparer ces désordres en faisant exécuter les lois qui en punissent les auteurs, et par là de dégager le

---

[1] *Bull.*, II, LXXIII, n° 673. — Ces établissements et leurs biens passent sous l'administration de l'État. La loi comprend des mesures relatives à la liquidation et porte qu'il sera attribué, en représentation de leurs pensions de retraite, un capital de 15,000 francs aux abbés, prieurs, religieux et chanoines réguliers, de 5,000 francs aux frères lais ou convers; de 10,000 francs aux religieuses et chanoinesses; de 3,334 francs aux sœurs converses.

[2] Message lu à la séance du 18 fructidor (*C. C.*, fructidor an IV, 340-342). — Cet état, formé d'après les états partiels de quatre-vingt-six départements, offre pour résultat: 1° 194,553 soumissions; 2° 488,936,006 fr. 12 centimes en consignation; — 3° 39,026 ventes consommées; — 4° 344,678,171 francs 62 centimes pour le montant du prix de ces ventes; — 5° 532,813,037 francs 61 centimes en sommes payées à compte; 6° 2,907 déchéances; 7° 3,973,014 francs 10 centimes en sommes restituées aux soumissionnaires déchus.

commerce, l'industrie et le droit de propriété des entraves et des vexations de la malveillance,

Arrête ce qui suit :

Article 1ᵉʳ. Toutes coalitions entre ouvriers de différentes manufactures de papiers, par écrit ou par émissaires, pour provoquer la cessation du travail, sont regardées comme des atteintes à la tranquillité qui doit régner dans les ateliers (*Loi du 23 nivôse an II, art. 5*).

Les délibérations qu'ils prendraient ou conventions qu'ils feraient entre eux pour refuser de concert ou n'accorder qu'à un prix déterminé le secours de leur industrie ou de leur travaux sont déclarées inconstitutionnelles, attentatoires à la liberté et de nul effet; les corps administratifs seront tenus de les déclarer telles. Les auteurs, chefs et instigateurs qui les auront provoquées, rédigées ou présidées, seront cités devant le tribunal correctionnel, à la requête du commissaire du Directoire exécutif près l'administration municipale et condamnés chacun à cinq cents livres d'amende (*Loi du 17 juin 1791, art. 4*).

Art. 2. Néanmoins chaque ouvrier pourra individuellement dresser des plaintes et former des demandes; mais il ne pourra, en aucun cas, cesser le travail, sinon pour cause de maladie ou infirmités dûment constatées (*Loi du 23 nivôse an II, art. 5*).

Art. 3. Si lesdites délibérations ou convocations, affiches apposées ou lettres circulaires contenaient quelques menaces contre les entrepreneurs, artisans, ouvriers ou journaliers étrangers qui viendraient travailler dans le lieu, ou contre ceux qui se contenteraient d'un salaire inférieur, tous auteurs, instigateurs et signataires desdits actes ou écrits seront punis d'une amende de mille livres chacun et de trois mois de prison (*Loi du 17 juin 1791, art. 6*).

Art. 4. Les amendes entre ouvriers, celles mises par eux sur les entrepreneurs seront considérées et punies comme simple vol (*Loi du 23 nivôse, art. 6*).

Le simple vol est, outre les restitutions et dommages-intérêts, puni d'un emprisonnement qui ne peut excéder deux ans : la peine est double en cas de récidive (*Loi du 19 juillet 1791, titre II, art. 32*).

Art. 5. Les proscriptions, défenses et interdictions connues sous le nom de *damnations* seront regardées comme des atteintes portées à la propriété des entrepreneurs; ceux-ci seront tenus de dénoncer au juge de paix les auteurs ou instigateurs de ces délits, qui seront mis sur-le-champ en état d'arrestation et poursuivis, à la requête du commissaire du pouvoir exécutif près l'administration municipale du canton, devant le tribunal correctionnel de l'arrondissement, pour y être jugés conformément à l'article précédent (*Loi du 23 nivôse an II, art. 6*).

Art. 6. Tous attroupements composés d'ouvriers ou excités par eux contre le libre exercice de l'industrie ou du travail, ou contre l'action de la police et l'exécution des jugements rendus en cette matière seront tenus pour attroupements séditieux, et comme tels ils seront dissipés par les dépositaires de la force publique, sur les réquisitions légales qui leur en seront faites, et punis selon toute la rigueur des lois sur les auteurs, instigateurs et chefs desdits attroupements et sur tous ceux qui auront commis des voies de fait et des actes de violence (*Loi du 17 juin 1791, art. 8*).

Art. 7. Nul ouvrier papetier ne pourra quitter l'atelier où il travaille, pour aller dans un autre, sans avoir prévenu l'entrepreneur, devant deux témoins, quatre décades d'avance, à peine de cent livres d'amende payable par corps contre l'ouvrier, et de trois cents livres contre l'entrepreneur qui recevrait dans son atelier et engagerait un ouvrier qui ne lui ait pas représenté le congé par écrit du dernier fabricant chez lequel il aura travaillé, ou du juge de paix du lieu, en cas de refus mal fondé de la part du fabricant. Ces amendes seront appliquées, moitié à la République, l'autre moitié au profit des fabricants que les ouvriers auront quittés sans congé.

Seront aussi tenus les fabricants d'avertir les ouvriers, en présence de deux témoins, quatre décades avant que de les renvoyer, à peine de leur payer leurs gages et nourriture pendant ce terme, sauf le cas de négligence ou inconduite dûment constatée (*Règlement du 29 janvier 1739, art. 48; loi du 3 nivôse an II, art. 7*).

Art. 8. Il est défendu aux fabricants de débaucher les ouvriers les uns des autres en leur promettant des gages plus forts que ceux qu'ils gagnaient chez les fabricants où ils travaillaient, sous les peines portées par l'article précédent, tant contre les fabricants que contre les ouvriers (*Règlement du 29 janvier 1739, art. 49*).

Art. 9. S'il arrivait qu'un ouvrier, pour forcer le fabricant à le congédier avant le temps, gâtât son ouvrage par mauvaise volonté et qu'il en fût convaincu tant par la comparaison de ses autres ouvrages que par la déposition des autres ouvriers travaillant dans le même moulin, il sera condamné, outre le dédommagement, à la même peine que s'il avait quitté le fabricant sans congé (*Règlement du 29 janvier 1739, art. 50*).

Art. 10. Indépendamment du congé mentionné dans les précédents articles, nul ouvrier ne pourra passer d'une manufacture à l'autre sans un passeport signé de l'agent municipal du lieu ou son adjoint et visé par l'administration municipale du canton (*Loi du 23 nivôse an II, art. 8*).

Art. 11. Les fabricants pourront employer ceux de leurs ouvriers ou apprentis qu'ils jugeront à propos à celles des fonctions du métier de papetier qu'ils trouveront leur être le plus convenables, sans qu'aucun des ouvriers puisse s'y opposer, pour quelque cause et sous quelque prétexte que ce soit, à peine de trois livres d'amende payable par corps, contre chacun des compagnons qui auraient formé de pareilles oppositions, et de plus grandes peines s'il y échoit (*Règlement du 29 janvier 1739, art. 48*).

Art. 12. Les fabricants pourront prendre dans leurs moulins tel nombre d'apprentis qu'ils jugeront à propos, soit fils d'ouvriers ou autres.

Les ouvriers ne pourront, sous aucun prétexte, se dispenser de leur montrer leur métier. Les dépenses d'apprentissage seront aux frais des parents des élèves ou apprentis, au profit des ouvriers, et ne pourront excéder 50 livres par an (*Règlement du 29 janvier 1739, art. 53; loi du 23 nivôse an II, art. 9*).

Art. 13. Pourront pareillement les fabricants recevoir dans leurs moulins les ouvriers qui viendraient leur demander du travail, en représentant, par eux, le congé du dernier fabricant qu'ils auront quitté, visé par le juge de paix du domicile de celui-ci, sans que les autres ouvriers puissent les inquiéter ou maltraiter, ni exiger d'eux aucune rétribution, pour quelque cause et sous quelque prétexte que ce soit, à peine, en cas de contravention, de 20 livres d'amende payable par corps, contre chacun des ouvriers, et de plus grandes peines s'il y échoit (*Règlement du 29 janvier 1739, art. 53*).

Art. 14. Les mêmes peines seront appliquées aux ouvriers qui inquiéteraient ou maltraiteraient les élèves ou apprentis, ou exigeraient d'eux, pour quelque cause et sous quelque prétexte que ce fût, une rétribution plus forte que celle fixée par l'article 12 (*ibidem*).

Art. 15. Le salaire des ouvriers particuliers sera payé par les fabricants, d'après les conditions consenties par eux, et cela par jour effectif de travail, et non sur des usages émanés de l'esprit de corporation, de coterie ou de confrérie, réprouvé par la Constitution.

Art. 16. Les ouvriers sont tenus de faire le travail de chaque journée, moitié avant midi et l'autre moitié après midi, sans qu'ils puissent forcer leur travail, sous quelque prétexte que ce soit, sans le congé du fabricant, à peine, en cas de contravention, de trois livres d'amende, payable par corps, contre chaque ouvrier, applicable au profit des pauvres de l'hôpital le plus prochain du lieu où les jugements seront rendus (*Règlement du 29 janvier 1739, art. 51*).

Art. 17. Défenses sont faites à tous ouvriers de commencer leur travail, tant en hiver qu'en été, avant trois heures du matin, et aux fabricants de les y admettre avant cette heure, ni d'exiger d'eux des tâches extraordinaires appelées *avantages,* à peine de 50 livres d'amende contre les fabricants et de 3 livres contre les ouvriers pour chaque contravention; lesdites amendes applicables comme ci-dessus (*Règlement du 29 janvier 1739, art. 59*).

Art. 18. Toutes les contestations qui pourraient s'élever dans les manufactures entre les entrepreneurs ou fabricants et leurs ouvriers, relativement aux salaires de ceux-ci ou à leurs engagements respectifs, seront portées devant le juge de paix du canton, qui y statuera en dernier ressort, ou à la charge de l'appel, suivant les distinctions établies par l'article 10 du titre III de la loi du 24 août 1790 sur l'organisation judiciaire.

Art. 19. Les affaires dans lesquelles il y aura lieu à amende ou à emprisonnement seront portées devant le tribunal de police, ou devant le tribunal correctionnel, d'après les distinctions établies par l'article 233 de l'acte constitutionnel et par l'article 150 du Code des délits et des peines.

Art. 20. Le présent arrêté sera imprimé au *Bulletin des lois.*

Il sera, en outre, à la diligence des commissaires du Directoire exécutif près les administrations centrales, affiché, au nombre de plusieurs exemplaires, dans chaque commune de la République où il existe des papeteries, principalement dans chaque atelier, et lu en séance publique de l'administration municipale de chaque canton dans lequel ces papeteries sont situées.

Les ministres de l'intérieur et de la police générale sont chargés, chacun en ce qui le concerne, de tenir la main à son exécution. — Arch. nat., AF III, 399, dossier 2145 [1].]

Il confirme une décision du ministre de la justice du 15 du présent, portant annulation des procédures faites sans l'autorisation du Directoire, contre le citoyen Desbret [2], agent municipal de la commune de Cusset, département de l'Allier [3].

Sur la demande de la citoyenne Berthelot, veuve Chevalier, il rapporte l'exception par lui accordée le 19 thermidor au citoyen Louis Chevalier [4], son fils, et exempte du service militaire aux armées le citoyen Étienne Chevalier, son autre fils [5].

Il accorde à la veuve du citoyen Blondel, en considération des services de feu son mari, décédé directeur des fortifications à Landau, un secours provisoire de cinq cents livres, valeur métallique [6].

Il accorde pareillement une indemnité de quatre cents livres, en numéraire, au citoyen Blondeau, adjudant général commandant de sa garde, et deux cents livres, aussi en numéraire, à chacun de ses adjoints [7].

Il renvoie par devant le directeur du jury d'accusation Louis Naudet, agent municipal de la commune de Vaillant [8], pour avoir provoqué au pillage d'un bois national les habitants de cette commune [9].

Il ordonne l'établissement, à Metz, d'un atelier pour la fabrication de la petite monnaie [10].

Il adresse cinq messages au Conseil des Cinq-Cents :

Par le premier, il l'invite à mettre en activité pour six mois les juges suppléants du tribunal civil du département de la Seine [11].

---

[1] Signé à la minute Le Tourneur, Revellière-Lépeaux, Carnot (Arch. nat., AF III, 399, dossier 2145).
[2] Dénoncé et poursuivi pour avoir accepté des fonctions publiques en contravention à la loi du 3 brumaire an IV.
[3] Arrêté du 16 fructidor an IV, signé Le Tourneur, Revellière-Lépeaux, Reubell (Arch. nat., AF III, 399, dossier 2145).
[4] Qui est de retour à son corps.
[5] Malade chez sa mère. — Arrêté du 16 fructidor an IV, signé Le Tourneur, Carnot, Reubell (Arch. nat., AF III, 399, dossier 2147).
[6] En attendant la liquidation de la pension à laquelle elle a droit. — Arrêté du 16 fructidor an IV, signé Carnot, Reubell, Barras (Arch. nat., AF III, 399, dossier 2146).
[7] «Pour les mettre à portée de faire face aux dépenses extraordinaires que leur service a exigées». — Arrêté du 16 fructidor an IV, signé Carnot, Le Tourneur, Reubell (Arch. nat., AF III, 329, dossier 2146).
[8] Département de la Haute-Marne.
[9] Et avoir coopéré lui-même à ce pillage. — Arrêté du 16 fructidor an IV, signé Le Tourneur, Reubell, Carnot (Arch. nat., AF III, 399, dossier 2146).
[10] Arrêté du 16 fructidor an IV, signé Le Tourneur, Carnot, Barras (Arch. nat., AF III, 399, dossier 2147).
[11] Message lu à la séance du 18 fructidor (C. C., fructidor an IV, 336-338). — Le Direc-

Par le second, il lui propose l'établissement d'un second notaire, à Maisse, département de Seine-et-Oise [1].

Par le troisième, il l'invite à statuer sur un référé du tribunal de cassation relatif à Louis Meira et François Tessère [2].

Par le quatrième, il lui défère les difficultés élevées sur la nomination du juge de paix du canton de Barens [3].

Par le cinquième, il rétracte son message du 24 floréal [4], relatif au juge de paix du canton de Lannion [5].

Il confirme provisoirement l'article 2 de l'arrêté de l'administration centrale du département du Var du 2 messidor dernier, qui a renvoyé les habitants de la commune de Figanières et les propriétaires des moulins devant les tribunaux compétents [6].

---

toire représente que le tribunal civil de la Seine, composé normalement de 48 juges, se trouve, par suite de l'obligation où il est de fournir des juges au tribunal criminel de ce département, des directeurs au jury d'accusation et des présidents aux tribunaux correctionnels de Franciade et de Bourg-l'Égalité, réduit en fait à 20 juges et que, ce tribunal étant divisé en quatre sections, chaque section ne se trouve composée que de 5 juges, nombre au-dessous duquel, aux termes de l'article 220 de l'acte constitutionnel, une section ne peut juger; que, par suite, les sections ainsi réduites ne pourraient plus venir au secours des tribunaux criminels et correctionnels sans courir risque de manquer elles-mêmes à leur propre service.

[1] Message lu à la séance du 18 fructidor (*C. C.*, fructidor an IV, 339-340).

[2] Message lu à la séance du 18 fructidor (*C. C.*, fructidor an IV, 344-345). — Le Directoire représente que, Meira et Tessère ayant été condamnés à mort par le tribunal révolutionnaire des Alpes-Maritimes (le 15 floréal an II), le tribunal de cassation n'a pas cru pouvoir statuer sur leur pourvoi, l'article 13 de la loi du 10 mars 1790 (sur la formation du tribunal révolutionnaire) portant que les jugements de ce tribunal «seront exécutés sans recours au tribunal de cassation», de sorte qu'ils attendent depuis deux ans qu'il soit décidé de leur sort.

[3] Département des Basses-Pyrénées. — Message lu à la séance du 18 fructidor (*C. C.*, fructidor an IV, 343-344). Deux concurrents se prétendent élus juges de paix par l'assemblée primaire, et le cours de la justice est interrompu.

[4] Voir t. II, p. 369.

[5] Message lu à la séance du 18 fructidor (*C. C.*, fructidor an IV, 338-339). Le Directoire avait demandé l'annulation de l'élection du citoyen Prigent. Il se déclare aujourd'hui mieux informé et demande son maintien.

[6] Arrêté du 16 fructidor an IV, signé Reubell, Barras, Revellière-Lépeaux (Arch. nat., AF III, 399, dossier 2146). — Cet arrêté renvoie «les habitants de la commune de Figanières et les propriétaires des moulins devant les tribunaux pour y discuter et faire juger l'effet de la clause d'aliénation des moulins relativement au tour de rôle pour le détritage des olives cumulativement et simultanément avec celle relative au prix du détritage, et cependant arrête que l'article 2 de l'arrêté de l'administration centrale du Var du 2 germinal an IV, qui fixe un tour de rôle pour le détritage des olives dans les moulins de la commune de Figanières, sera exécuté provisoirement comme mesure de police urgente et nécessaire pour empêcher la perte de la récolte, jusqu'au jugement définitif des tribunaux devant lesquels les habitants de ladite commune sont renvoyés et autorisés à se pourvoir». D'autre part, il porte «qu'il sera intervenu par l'administration centrale du Var, comme défenderesse, au nom de la République, dans la cause entre les meuniers et les habitants de la commune de Figanières; qu'il sera à cet effet et dans la forme prescrite par l'arrêté du Directoire du 10 thermidor (voir plus haut, p. 293), à la requête

Sur le rapport du ministre de la police générale, le Directoire confirme la suspension prononcée par l'administration centrale du département des Alpes-Maritimes du citoyen Macary, agent municipal de la commune de Dolocaque, prévenu de manœuvres tendantes au rétablissement de la royauté et ordonne sa traduction par devant les tribunaux, pour y être jugé, conformément aux lois [1].

Il ordonne à son commissaire près le tribunal de cassation de dénoncer à ce tribunal un jugement du tribunal criminel de Loir-et-Cher et une déclaration du jury d'accusation de Romorantin dans l'affaire instruite contre le nommé Hatton, prêtre réfractaire [2].

Il déclare qu'il n'y a lieu à délibérer sur un référé du tribunal civil du département du Gard du 21 ventôse dernier, relatif à la successibilité des enfants nés hors mariage [3].

---

de son commissaire près l'administration du Var, fait poursuite et diligence à la poursuite du commissaire près le tribunal civil, proposé tels moyens et pris telles conclusions qui paraîtront nécessaires pour soutenir que les droits des habitants résultant de l'acte d'aliénation primitive ont été conservés et stipulés par la République dans l'acte d'adjudication du 10 prairial an II».

[1] Arrêté du 16 fructidor an IV, signé Carnot, Reubell, Barras (Arch. nat., AF III, 399, dossier 2146).

[2] Arrêté du 16 fructidor an IV, signé Le Tourneur, Revellière-Lépeaux, Barras (Arch. nat., AF III, 399, dossier 2146). — «Considérant qu'aux termes de l'article 10 de la loi du 30 vendémiaire an II, tout ecclésiastique qui n'a pas prêté les serments prescrits par les lois des 12, 24 juillet, 27 novembre 1790, 14 août 1792 et 21 août 1793, ou qui les a rétractés, est sujet à la déportation; que, suivant l'article 15 de la même loi, il ne lui est accordé qu'un délai d'une décade pour se soumettre à cette déportation; et que, ce terme expiré, il doit, s'il est trouvé sur le territoire de la République, être conduit dans la maison de justice du tribunal criminel de son département, pour y être jugé conformément à l'article 5; — considérant que le mode de procéder, à l'égard des prêtres réfractaires, est expressément maintenu par l'article 10 de la loi du 3 brumaire dernier; que Jean-Florent Hatton, ex-curé de la commune de Gy, prévenu d'avoir rétracté son serment, était dans le cas d'être poursuivi et jugé dans les formes prescrites par l'article 5 de la loi du 30 vendémiaire an II, et n'aurait pas, par conséquent, dû être renvoyé devant le directeur du jury de l'arrondissement de Romorantin; — considérant, enfin, que les délits de nature à mériter peine afflictive ou infamante doivent seuls être soumis au jury d'accusation; qu'aux termes de l'article 7 de la loi du 7 vendémiaire dernier, tout individu qui exerce les fonctions de ministre d'un culte sans avoir préalablement fait la déclaration prescrite par les articles 5 et 6 de la même loi, ne peut être poursuivi et puni que par voie correctionnelle; qu'ainsi ce délit ne devait pas être compris dans l'acte d'accusation dressé contre Jean-Florent Hatton.....»

[3] Arrêté du 16 fructidor an IV, signé Le Tourneur, Carnot, Reubell (Arch. nat., AF III, 399, dossier 2146). Il s'agit d'un procès entre les filles naturelles de François Lapierre et les héritiers de ce dernier au sujet de sa succession, procès que le tribunal du Gard n'a pas cru devoir juger. — L'arrêté porte «que l'incertitude du tribunal a dû cesser par suite de la loi du 15 thermidor dernier (voir plus haut, p. 250), dont l'article 1ᵉʳ est ainsi conçu : «Le droit de succéder à leurs «père et mère accordé aux enfants nés hors «mariage par la loi du 4 juin 1793 n'aura «d'effet que sur les successions échues postérieurement à la publication de ladite loi; «l'effet rétroactif attribué à ce droit par la

DU DIRECTOIRE EXÉCUTIF.

[2 SEPT. 1796]

Le ministre de la justice fait un rapport sur un jugement rendu par un conseil militaire, séant à Bayeux, le 24 germinal dernier, qui a prononcé à l'égard de plusieurs individus arrêtés dans un rassemblement sous le titre de *Chasseurs du Roi* [1], et qui a condamné à quinze ans de fers trois d'entre eux [2], quoiqu'ils aient justifié de leur patriotisme. Il pense qu'on ne peut séparer ces trois individus des mesures qui pourront être adoptées par la suite pour tous ceux qui se trouvent dans le même cas [3].

Il accorde au citoyen Miollis, nommé son commissaire près les tribunaux du département des Bouches-du-Rhône, une avance de quatre cents livres, en numéraire, sur ses appointements [4].

Il arrête et décide que la Trésorerie nationale paiera, sur les ordonnances du ministre de la marine, la somme de six millions, numéraire métallique, mise à la disposition de ce ministre, par la loi de ce jour d'hui [5].

Il proclame le cours des mandats, des cinq jours précédents, dans la proportion suivante :

Pour cent livres en mandats, deux francs soixante-quinze centimes ou deux livres quinze sous [6].

Sur le rapport du ministre de la police générale il destitue le citoyen Béchier, adjoint municipal de la commune de Grignan, prévenu d'avoir favorisé l'évasion d'un assassin [7].

[Le Directoire exécutif, sur le rapport du ministre de l'intérieur, arrête ce qui suit :

ARTICLE 1er. Le manège de Versailles est destiné à former une école nationale d'équitation.

«première disposition de l'article 1er de la loi «du 12 brumaire an II est aboli; l'article 13 «de la loi du 3 vendémiaire dernier et la loi «du 26 du même mois en ce qui concerne «l'exercice de ce même droit sont abrogés «sans qu'ils puissent être opposés comme «moyen de nullité contre les procédures exer-«cées pour l'exécution de la loi du 4 juin «1793.»

[1] «Commandés par un chef surnommé La Terreur».

[2] Étienne *Catherine*, Charles-Henry *Doublet* et Charles-Henry *Daigremont*.

[3] Arch. nat., AF III, 399, dossier 2146.

[4] Arrêté du 16 fructidor an IV, signé Barras, Le Tourneur, Reubell (Arch. nat., AF III, 399, dossier 2145).

[5] Arrêté du 16 fructidor an IV, signé Le Tourneur, Carnot, Reubell (Arch. nat., AF III, 399, dossier 2145).

[6] Arrêté du 16 fructidor an IV, signé Reubell, Carnot, Barras (Arch. nat., AF III, 399, dossier 2147).

[7] Arrêté du 16 fructidor an IV, signé Carnot, Reubell, Barras (Arch. nat., AF III, 399, dossier 2145). — Il s'agit du citoyen Piola-Deville, arrêté comme complice de l'assassinat du citoyen Juge, commissaire du gouvernement près l'administration municipale de Valréas, et dont Béchier a favorisé la délivrance par le peuple et l'évasion «en refusant au gendarme qui l'avait arrêté le temps nécessaire pour lui justifier du mandat, ainsi qu'il l'en requérait.»

Les cent quatorze chevaux servant actuellement audit manège serviront à l'école. Les remplacements et augmentations pour l'avenir seront déterminés d'après les besoins du service.

Les bâtiments dits ci-devant les Grandes-Écuries, à Versailles, seront affectés exclusivement en totalité à ladite école.

Art. 2. Cette école sera dirigée par un officier supérieur qui sera spécialement chargé de la tenue de l'école proprement dite, de la surveillance sur le service des instituteurs, sous-instituteurs et autres employés, de la discipline et police militaire parmi les élèves. Un officier particulier sera immédiatement sous ses ordres pour suivre ces détails et lui en rendre un compte journalier. Ces deux officiers seront considérés comme en activité de service militaire et jouiront de l'avancement en grades suivant les lois. Ils recevront la solde et rations attribuées à leurs grades sur les fonds de la guerre; il leur sera de plus alloué un supplément qui sera fixé sur les fonds affectés aux dépenses de l'école.

Les autres employés du manège seront :

Deux instituteurs en chef;

Six sous-instituteurs;

Un artiste vétérinaire chargé de la théorie démonstrative et de la pharmacie;

Deux maréchaux-ferrants;

Un garde-magasin et un délivreur des fourrages, selles, brides, ustensiles, etc.;

Un garçon sellier;

Deux trompettes pris à l'École nationale des trompettes;

Deux piqueurs chefs des palefreniers;

Vingt-cinq palefreniers en pied;

Cinq palefreniers surnuméraires.

Tous ceux dénommés au présent article jouiront du logement suivant leurs grades ou qualités.

Art. 3. Le supplément accordé aux deux officiers et le traitement des instituteurs, sous-instituteurs et autres employés seront réglés sur la proposition du ministre de l'intérieur, approuvée par le Directoire.

Art. 4. Tout le matériel sera administré par un directeur comptable, qui sera immédiatement, quant à ses fonctions, sous les ordres du ministre de l'intérieur. Ce directeur sera logé dans les bâtiments de l'école et son traitement sera réglé comme ceux des autres employés.

Art. 5. Chaque régiment de troupes à cheval enverra à l'École nationale d'équitation un lieutenant ou sous-lieutenant et un sous-officier dans le grade de maréchal-des-logis ou brigadier. Les conseils d'administration des corps seront chargés du choix de ces élèves. Du nombre d'aspirants qui se présenteront dans chaque corps on ne choisira que ceux qui, sachant lire et écrire, réuniront au goût de l'équitation les qualités physiques nécessaires pour devenir habiles dans cet art. Ils seront, autant que possible, de l'âge de 18 à 22 ans.

Le temps que les élèves passeront à l'école leur sera compté comme service actif à leurs corps, et ils pourront être promus, quoique absents, aux grades auxquels ils auront droit par leur rang. Tout officier et sous-officier désignés pour être élèves seront tenus, avant leur départ, de contracter avec le conseil d'administration de leur corps l'obligation, s'ils sont jugés capables d'être instructeurs à leur retour de l'école, de suivre ces détails et de remplir ces fonctions pendant trois années, ou au moins le temps qui serait nécessaire pour qu'ils puissent être remplacés par de nouveaux officiers instruits.

Art. 6. Les élèves choisis cesseront d'être payés à leur corps du jour de leur départ. Ils se rendront par route d'étape à Versailles, où ils seront casernés, suivant leurs grades, dans les bâtiments de l'école. Ils jouiront à leur arrivée, ainsi que pendant le cours de leur instruction, de la solde et des rations attribuées à leurs grades militaires, d'après les revues des commissaires des guerres, et seront payés sur les fonds du département de la guerre.

Leur retour à leurs corps respectifs se fera également par route d'étape.

Art. 7. Il sera fourni à chaque élève, sur les fonds destinés à la dépense de l'école, un frac de manège, un gilet, une culotte de peau et des bottes dites à l'écuyère, le tout uniforme et de la couleur qui sera déterminée. Le bouton du frac portera pour inscription : *Élève d'équitation*. Cette fourniture n'aura lieu qu'à la paix; les élèves conserveront provisoirement l'uniforme de leur corps.

Dans tous les cas, cette fourniture ne sera faite qu'une fois à chaque élève pour tout le temps de son instruction, et s'il quitte l'école avant le terme révolu désigné ci-après, pour une cause quelconque, ou s'il est jugé incapable d'instruction, il sera tenu de remettre ces effets au magasin de l'école avant son départ.

Art. 8. Les élèves retourneront à leurs corps du moment qu'ils seront jugés suffisamment instruits.

Au bout de six mois, un élève qui n'aurait montré aucune disposition ni aptitude à l'équitation sera renvoyé à son corps, à qui il en sera demandé un autre.

Dans tous les cas, un élève ne pourra rester à l'école plus de dix-huit mois.

La forme à suivre dans l'examen des élèves sera réglée par une instruction approuvée par le ministre de la guerre.

Art. 9. Ceux des élèves qui seront munis de certificats de suffisante capacité, de retour à leurs corps, y seront instructeurs et en rempliront les fonctions d'après les dispositions prescrites par l'article 5.

Art. 10. Le ministre de l'intérieur se concertera avec celui de la guerre pour déterminer les corps qui pourront ou non envoyer dans ce moment des élèves à l'école d'équitation, ainsi que pour le choix des deux officiers désignés à l'article 2.

Art. 11. Le ministre de l'intérieur réglera tous les détails d'administration, de discipline et d'instruction, sauf, pour la police militaire de l'école, à se concerter avec le ministre de la guerre.

Art. 12. Outre les élèves ci-dessus désignés, le ministre de l'intérieur est autorisé pour la suite et lorsque le nombre des chevaux de service au manège le permettra, à admettre gratis aux leçons d'équitation trente jeunes citoyens, et même un plus grand nombre si cela est possible. Ces externes ne jouiront d'aucun traitement ni logement et seront tenus de porter à leurs frais l'uniforme d'élèves, lorsqu'il sera en usage. Ils seront soumis aux règlements et à la discipline établis dans l'école, subiront l'examen prescrit pour juger de leurs dispositions six mois après leur admission et, dans tous les cas, ils ne pourront profiter des leçons de l'école plus de dix-huit mois.

Art. 13. Le ministre de l'intérieur présentera au Directoire dans le plus bref délai :

1° L'état des dépenses pour les premiers frais de l'établissement de cette école et pour les dispositions dans le local des bâtiments;

2° L'état des dépenses annuelles et courantes pour le service de l'école, ainsi que la fixation des traitements à régler pour les personnes qui y seront employées.

Art. 14. Le ministre de l'intérieur et celui de la guerre sont chargés de l'exécution du présent arrêté, chacun pour ce qui les concerne dans ses dispositions.

Le présent arrêté sera imprimé. — Arch. nat., AF III, 399, dossier 2146 [1].]

En exécution de l'arrêté du Directoire du 10 fructidor dernier, le ministre de la police générale dépose sur le bureau un tableau indiquant par aperçu les dépenses nécessaires à son ministère, calculé pour un an, en numéraire. Ce tableau est déposé à la section de la Comptabilité.

Il écrit, concernant le service militaire :

Deux lettres au ministre de la guerre [2] ;

Une au citoyen Bignon, soldat au 2ᵉ bataillon de la 28ᵉ demi-brigade [3] ;

Une au ministre des relations extérieures [4] ;

Une au ministre de l'intérieur [5] ;

Et une au ministre de la marine [6].

---

[1] Signée à la minute Le Tourneur, Carnot, Revellière-Lépeaux.

[2] Minutes signées l'une Carnot, Reubell, Barras, l'autre Carnot, Le Tourneur, Reubell (Arch. nat., AF III, 399, dossier 2147). — Par la première, le Directoire lui envoie copie d'une lettre du commissaire du gouvernement et directeur général de l'administration du pays conquis entre Meuse et Rhin avec des pièces qui servent à l'explication des objets que cette lettre renferme. — Par la seconde, il l'invite à faire mettre à sa disposition les manuscrits et autres papiers militaires délaissés par le général d'artillerie Montfort, décédé le 10 messidor dernier.

[3] Minute signée Carnot, Reubell, Barras (Arch. nat., AF III, 399, dossier 2145). — Le Directoire lui accuse réception de sa pétition et lui indique son heure d'audience.

[4] Minute signée Carnot, Reubell, Barras (Arch. nat., AF III, 399, dossier 2147). — Le Directoire l'invite à faire passer à son cabinet historique et topographique les mémoires dont il lui transmet la note.

[5] Minute signée Carnot, Reubell, Barras (Arch. nat., AF III, 399, dossier 2147). — Le Directoire lui transmet une lettre de son commissaire près l'armée de Sambre-et-Meuse par laquelle il presse l'envoi des artistes destinés au choix des objets de sciences et d'arts.

[6] Minute signée Carnot, Reubell, Barras (Arch. nat., AF III, 399, dossier 2147). — Le Directoire lui transmet une note relative à des mémoires qui concernent son ministère et qui ont été transportés du Comité de salut public au ministère des relations extérieures.

Outre les documents qui viennent d'être indiqués, on trouve les suivants, datés du 16 fructidor et non mentionnés au procès-verbal, dans les dossiers correspondant à la séance de ce jour, savoir :

Dans le dossier 2145 : arrêté signé Le Tourneur, Carnot, Reubell, par lequel, en vertu de la loi du 21 floréal, les frères Bosson, originaires de Suisse, mais nés à Paris, qui s'étaient rendus en Suisse en 1790 pour y

SÉANCE DU 17 FRUCTIDOR AN IV [1]

3 SEPTEMBRE 1796.

Le Directoire ayant pris séance, un messager d'État envoyé par le Conseil des Anciens est admis et présente trois lois :

La première autorise le Directoire exécutif à engager, même à vendre des domaines nationaux situés dans les neuf départements de la ci-devant Belgique, jusqu'à la concurrence de cent millions, valeur numéraire [2].

La seconde déclare nul et comme non-avenu l'arrêté du représentant du peuple Cherrier [3], du 5 frimaire an III, relatif à la citoyenne Gassot-Champigny [4], concernant ses reprises sur les biens de son mari.

partager les biens de leur père, sont autorisés à résider à Paris.

Dans le dossier 2147 : 1° Arrêté signé Carnot, Reubell, Barras, par lequel : un congé de deux mois est accordé à l'adjudant-général *Rambouillet*, pour soigner sa santé; — le citoyen *Vanet*, ex-lieutenant au 2° bataillon de Valenciennes, est remis en activité à la suite d'un corps; — le citoyen *Menche*, caporal fourrier au 2° bataillon du 22° régiment, est promu au grade de sous-lieutenant pour être employé comme aide de camp du général *Liébert*. — 2° Arrêté signé Carnot, Reubell, Barras, par lequel : le général de division *Grouchy* est nommé au commandement de la 12° division militaire et aura sous ses ordres les généraux de brigade *Avril*, *Digonet* et *Travot* et l'adjudant-général *Lantal*; — le général de division *Hédouville* est nommé au commandement de la 13° division militaire et aura sous ses ordres les généraux de brigade *Spithal*, *Schilz* et *Romand* et les adjudants-généraux *Klingler* et *Labruyère*; — le général de division *Dumesny* est nommé au commandement de la 14° division militaire et aura sous ses ordres les généraux de brigade *Harty*, *Cambray* et *Meunier* et l'adjudant-général *Durieux*; — le général de division *Guyot-Durepaire* est nommé au commandement de la 22° division militaire et aura sous ses ordres les généraux de brigade *Quimet* et *Vidalot-Dusirac* et l'adjudant-

général *Devaux*; — le général *Hoche* conservant le commandement en chef des 12°, 13°, 14° et 22° divisions, aura sous ses ordres immédiats les généraux de brigade *Grigny*, *Mesmet* et *Chérin* et les adjudants-généraux *Grublier* et *Simon*; — le général de division *Foissac-La Tour* est nommé au commandement de la 15° division et aura sous ses ordres les généraux de brigade *Béthancourt* et *Monet* et l'adjudant-général *Remoissant*; — le général de division *Hatry* est nommé au commandement de la 17° division et aura sous ses ordres les généraux de brigade *Lestrange*, *Duvignau* et *Loison* et les adjudants-généraux *Charpentier*, *Lecamus* et *Solignac*.

Le dossier 2147 se termine par 17 pièces relatives à des nominations de substituts, juges de paix, commissaires dans les départements de l'Hérault, d'Indre-et-Loire, de l'Oise et du Tarn.

[1] Arch. nat., AF III*, 4, fol. 203-206. — AF III, 3.

[2] *Bull.*, II, LXXIII, n° 678. — Le Directoire est aussi chargé de la conservation des biens des maisons religieuses de la Belgique et autorisé à les régir, céder, aliéner ou engager.

[3] Député des Vosges à la Convention, chargé en l'an III d'une mission dans les départements du Cher et de l'Indre.

[4] Il s'agit de la citoyenne *Feruée-Gassot-Champigny*, femme séparée de son mari, qui

La troisième oblige à sortir de Vendôme et à s'éloigner à dix lieues de cette commune, pendant la session de la haute-cour de justice, tout amnistié, fonctionnaire public et destitué[1].

Le Directoire ordonne que ces trois lois seront publiées, exécutées et qu'elles seront munies du sceau de l'État. Elles sont en conséquence adressées de suite à l'enregistrement, pour deux expéditions de chacune être envoyées, sans délai, au ministre de la justice, avec l'arrêté portant ordre d'impression et de publication dans les formes prescrites par les lois.

Le ministre de la police générale soumet à la décision du Directoire plusieurs demandes en radiation de la liste des émigrés ; il accueille favorablement celles des citoyens dont les noms suivent, et seront rayés de la liste des émigrés :

Antoine Boucheron, Nicolas Boucheron et Alexandre Maury ; Jean-Louis Boulenne ; Charles-Louis Brouet ; Jean-Pierre Bicais ; Claude-Marie Boniot ; René Brossard ; Edme Bardot ; Eustache-Antoine-Richard Béhague[2] ; Charles Brazy[3] ; Jacques-Philippe Cavillier et

---

demandait la confirmation dudit arrêté, que la présente loi casse parce que c'est un acte purement administratif «et que le Corps législatif, pour ne pas arrêter le cours de la justice, doit s'empresser de statuer sur ces actes et renvoyer le fond aux autorités compétentes». — *Bull.*, II, LXXVIII, n° 710 ; — C. C., fructidor an IV, 367-368.

[1] Cette loi vise (art. 1er) «tou individu qui, ayant été condamné par jugement ou mis en état d'accusation, n'aurait recouvré sa liberté que par l'effet de l'amnistie, tout ex-fonctionnaire public destitué, militaire destitué ou licencié dont le domicile n'était point établi dans la commune de Vendôme avant la mise en activité de la Constitution. — *Bull.*, II, LXXIX, n° 679.

[2] Antoine et Nicolas *Boucheron* et Alexandre *Maury*, demeurant à Jaunes et Mondry (Seine-et-Marne) ; — Jean-Louis *Boulenne*, ancien capitaine de dragons, domicilié à Metz ; — Charles-Louis *Brouet*, aspirant à l'école d'artillerie, domicilié à Châlons ; — Jean-Pierre *Bicais*, ci-devant avoué ; — Claude-Marie *Boniot*, rentière, domiciliée à Metz ; — René *Brossard*, ancien capitaine de cavalerie, demeurant à Versailles ; — Edme *Bardot*, instituteur à Paris, y demeurant depuis 32 ans ;

— Eustache-Antoine-Richard *Béhague*, ancien maire de Calais, demeurant à Versailles, — inscrits sur les listes des émigrés des départements de l'Aube, de la Moselle, de la Marne, des Basses-Alpes, de la Moselle, de l'Aube, de l'Aube et du Pas-de-Calais, qui ont justifié de leur résidence. — Huit arrêtés du 17 fructidor an IV, signés Carnot, Reubell, Barras (Arch. nat., AF III, 400, dossier 2149).

[3] Charles *Brazy*, propriétaire, domicilié dans le district de Metz, inscrit sur les listes des émigrés des départements de la Moselle et de la Meuse, décédé à Marly (Moselle) le 29 floréal an III, dont les héritiers justifient qu'il a résidé sur le territoire de la République depuis le 7 décembre 1791 jusqu'au 29 floréal an III, jour de son décès, à l'exception du séjour qu'il a fait en Suisse pour y prendre les eaux en vertu de l'autorisation des corps administratifs de Metz et du passeport à lui délivré à cet effet, grâce à quoi il se trouve dans l'espèce qui a donné lieu au décret de la Convention du 3 germinal an II, rendu en faveur de la veuve Sanguin. — Arrêté du 17 fructidor an IV, signé Carnot, Reubell, Barras (Arch. nat., AF III, 400, dossier 2149).

Marie-Madeleine Flament, sa femme; Denis-Charlemagne Charon, père; Claude-François Chavy; Nicolas-Noël Caqué; Jean Cunis; Marie-Anne Gaudin, femme de Jean-Baptiste Simon, dit Galisson; Jacques-Etienne-Rémy Petit; Charles Garnier; Marie-Elisabeth Milleret, femme Bernard, et Marie-Anne-Elisabeth-Aimée Montsorbier, veuve de Charles-Louis Tinguy; Armand-Félicité Tinguy, Henri-Honoré Tinguy et Louis-Ferdinand Tinguy[1].

Il signe les lettres de créance du citoyen Bruère, chargé d'affaires de la République française près de celle de Raguse[2].

Il accorde une indemnité de deux mille livres, valeur métallique, au citoyen Lambardi, vice-consul de la République à Porto-Ferrajo, pour l'aider à réparer les pertes qu'il a faites par l'entrée des Anglais dans cette place[3].

Il accorde des secours journaliers, jusqu'à leur guérison, à sept pompiers de Paris, qui ont été blessés aux Champs-Élysées, à la fête du 23 thermidor dernier, commémorative du 10 août[4].

Il arrête qu'il ne sera plus proposé de nominations de commissaires des guerres et que ceux réintégrés, sans activité actuelle, ou à réintégrer par la suite, seront considérés comme réformés, aux termes de l'arrêté du 8 de ce mois[5], et traités comme tels[6].

---

[1] Jean-Philippe Cavillier, ci-devant jardinier, et Marie-Madeleine Flament, son épouse, domiciliés à Crépy (Oise); — Denis-Charlemagne Charon père, domicilié à Crépy (Oise); — Claude-François Chavy, homme de loi, domicilié à Mâcon; — Nicolas-Noël Caqué, officier de santé, domicilié à Reims; — Jean Cunis, domicilié à Reims; — Marie-Anne Gaudin, femme de Jean-Baptiste Simon, dit Galisson, agriculteur, demeurant aux Sables; — Jacques-Etienne Petit, marchand détaillant à Meaux; — Charles Garnier, ci-devant titulaire de la cathédrale de Bayeux, remplissant aujourd'hui les fonctions de médecin près l'armée des côtes de l'Océan; — Marguerite-Elisabeth Milleret, femme de Bernard, chirurgien-major du 20e régiment de cavalerie, domiciliée à Thionville; — Marie-Anne-Elisabeth-Aimée Montsorbier, veuve de Charles-Louis Tinguy, ex-noble, demeurant à Auteuil, près Paris, et ses trois fils, ex-nobles, canonniers montagnards de l'arsenal de Meulan au service de l'armée du Nord; — inscrits sur les listes des émigrés des départements de l'Aisne, de l'Aisne, de l'Ain, des Ardennes, des Ardennes, de la Vendée, de Seine-et-Marne, de l'Orne, de la Moselle et de la Vendée, et qui ont justifié de leur résidence. — Dix arrêtés signés Carnot, Reubell, Barras (Arch. nat., AF III, 400, dossier 2149).

[2] Minute signée Reubell, Le Tourneur, Barras (Arch. nat., AF III, 400, dossier 2148). — Voir plus haut, p. 92 (séance du 27 messidor), la nomination de ce chargé d'affaires.

[3] Arrêté du 17 fructidor an IV, signé de tous les membres du Directoire (Arch. nat., AF III, 400, dossier 2148).

[4] Et au citoyen Ledoux, commandant des pompiers de Paris, le remboursement des dépenses extraordinaires que le traitement des blessures qu'il a aussi reçues lui aura occasionnées. — Arrêté du 17 fructidor an IV, signé Le Tourneur, Revellière-Lépeaux, Barras (Arch. nat., AF III, 400, dossier 2149).

[5] Portant suppression des armées de l'intérieur et des côtes de l'Océan.

[6] Arrêté du 17 fructidor an IV, signé Car-

Il décide qu'il n'y a pas lieu à délibérer sur un rapport fait par le ministre de la guerre relativement au citoyen Vernier, ci-devant quartier-maître et trésorier du régiment de la Guadeloupe, accusé de dilapidation dans l'exercice de ses fonctions et de soustraction de deux pièces produites contre lui, et qui demande la formation d'un conseil militaire pour le juger[1].

Il passe à l'ordre du jour sur la demande des habitants de Mulhausen de prorogation des arrêtés du Comité de salut public relatifs au cordon de douanes établi sur leur territoire[2].

Il écrit aux représentants du peuple composant la commission des finances du Conseil des Cinq-Cents, en leur transmettant comme simple mémoire un projet de message sur l'annulation des assignats démonétisés[3].

Il adresse un message au Conseil des Cinq-Cents, pour l'inviter à examiner s'il ne conviendrait pas de revêtir les agents politiques et consulaires des pouvoirs attribués aux municipalités concernant les actes civils[4].

Il prend plusieurs décisions dont les minutes ont été gardées par le ministre des relations extérieures :

L'une concernant l'envoi d'un agent secret[5] ;

not, Reubell, Barras (Arch. nat., AF III, 400, dossier 2150).

[1] Arch. nat., AF III, 400, dossier 2150. — Le ministre de la guerre dans son rapport est d'avis qu'il n'y a pas lieu de former un conseil militaire pour juger Vernier, les pièces relatives à l'affaire ayant disparu.

[2] Arrêté du 17 fructidor an IV, signé de tous les membres du Directoire (Arch. nat., AF III, 400, dossier 2150). — «...Considérant que, la ville de Mulhausen ne supportant aucune des charges de la République et devant par la suppression du cordon de douanes participer aux avantages accordés aux Alsaciens pour le transit, ce qui opérerait une perte considérable sur les revenus des douanes par la restitution des droits payés aux entrées sur les toiles non manufacturées et réexportées après qu'elles l'auraient été dans leurs fabriques...»

[3] Minute signé Reubell, Le Tourneur, Barras (Arch. nat., AF III, 400, dossier 2150). — Par le projet de message qui y est joint, le Directoire demande au Conseil des Cinq-Cents «de dispenser de la formalité du brûlement les assignats qui n'ont plus cours de monnaie, d'en autoriser au contraire la vente, à la charge d'en faire constater l'anéantissement sous le pilon et d'ordonner que les assignats de petites coupures qui rentreront dans les caisses des départements seront brûlés sur les lieux, afin d'épargner les frais de transport à Paris...»

[4] Message lu à la séance du 19 fructidor (C. C., fructidor an IV, 360-362). — Le Directoire représente qu'un des plus grands bienfaits de la Révolution a été d'arracher «les citoyens à l'influence du sacerdoce pour les actes de naissance, de mariage et de décès» et de les rendre «uniquement dépendants des magistrats du peuple» pour tous ces actes, et qu'il convient d'en faire jouir «les Français momentanément fixés hors de la République.»

[5] La minute de cet arrêté, non plus que celle du suivant, ne se trouve pas dans les dossiers correspondant de la séance du 17 fructidor.

La seconde, sur la réclamation faite par le roi de Maroc d'un bateau portugais;

La troisième excepte de la traduction[1] comme déserteurs des Français qui, après avoir prêté serment au roi d'Espagne, ont servi dans les troupes de la République[2].

On écrit aux citoyens Garrau et Saliceti, commissaires du gouvernement près l'armée d'Italie[3], pour qu'ils prennent des renseignements sur un prétendu vol de cent louis fait à un médecin vénitien par des soldats français.

On écrit au commissaire du Directoire près l'administration du département de la Haute-Marne, concernant les administrateurs de ce département[4];

Et au ministre de la guerre pour lui renvoyer son rapport sur la demande de l'ingénieur Sganzin, qui demande à entrer dans le génie[5].

Le ministre de la guerre est chargé de faire dresser les plans, devis et estimation des ouvrages à faire à Rennes pour y établir un arsenal[6].

---

[1] C'est-à-dire de la traduction sur nos frontières.

[2] Arrêté du 17 fructidor an IV, signé de tous les membres du Directoire (Arch. nat., AF III, 400, dossier 2148). — Il s'agit de citoyens français qui, s'étant réfugiés en Espagne pour se soustraire à la loi du 23 août 1793 et ayant prêté serment au roi d'Espagne, n'en avaient pas moins été expulsés de cet État, étaient venus servir dans nos armées aux Pyrénées et en Vendée, puis, après la paix, étaient rentrés en Espagne, où certains gouverneurs et commandants avaient ordre de les arrêter et faire conduire à nos frontières comme déserteurs français. — Le Directoire, suivant l'avis du ministre des relations extérieures, estime que, vu leur serment au roi d'Espagne, ils sont devenus étrangers et qu'il n'y a pas lieu de les faire traduire sur nos frontières comme déserteurs.

[3] Minute signée Carnot, Reubell, Barras (Arch. nat., AF III, 400, dossier 2150). — Il ressort de la réponse de Garrau (même dossier) en date du 29 vendémiaire an V, et des pièces qui y sont jointes, qu'il paraît bien que le docteur Martinelli a été volé par des soldats français pendant qu'il donnait ses soins à un commandant français, mais qu'il y a presque impossibilité à découvrir les coupables.

[4] Minute signée Le Tourneur, Carnot, Barras (Arch. nat., AF III, 400, dossier 2148). — Le Directoire demande une liste exacte des noms des membres de toutes les administrations municipales du département de la Haute-Marne.

[5] Minute signée Le Tourneur, Carnot, Barras (Arch. nat., AF III, 400, dossier 2149). — Le Directoire répond au ministre que Sganzin, ingénieur des ponts et chaussées, qui demandait à passer dans le génie avec le grade de capitaine de 1re classe, ne remplit pas les conditions prescrites pour l'entrée dans ce corps par l'article 9 de la loi du 14 ventôse an III.

[6] Arrêté du 17 fructidor an IV, signé Le Tourneur, Carnot, Barras (Arch. nat., AF III, 400, dossier 2148). — Un rapport du Bureau d'artillerie (même dossier) conclut à cette création, sans rien préjuger sur l'École d'artillerie dont l'établissement à Rennes avait été décrété le 11 nivôse an III, le 24 messidor et le cinquième jour complémentaire an III, mais n'avait pas encore été mis à exécution.

Le Directoire approuve[1] le versement de la somme de six cents livres, en numéraire, mise à la disposition de chaque demi-brigade de l'armée d'Italie[2], pour réparer ses armes[3].

Il écrit au ministre de la guerre[4] pour lui accuser réception de la première partie du travail demandé par l'arrêté du 10 fructidor[5] et l'inviter de transmettre les deux autres parties au plus tôt[6].

Le Directoire écrit aussi au général Moreau[7];

Au général de division Berthier[8];

Au ministre de la guerre[9];

Au général en chef Buonoparte[10];

Aux citoyens Garrau et Saliceti, commissaires près l'armée d'Italie[11];

Au citoyen Haussmann, commissaire près l'armée de Rhin-et-Moselle[12];

Au citoyen Bella, commissaire et directeur de l'administration des pays conquis entre Rhin et Moselle[13];

---

[1] «Pour cette fois seulement et sans tirer à conséquence pour l'avenir.»

[2] Par ordre du général en chef en date du 23 messidor,

[3] Arrêté du 17 fructidor an IV, signé Le Tourneur, Carnot, Barras (Arch. nat., AF III, 400, dossier 2148).

[4] Minute signée Carnot, Reubell, Revellière-Lépeaux (Arch. nat., AF III, 400, dossier 2150).

[5] Voir plus haut, p. 465.

[6] C'est-à-dire : «1° L'aperçu des menues dépenses ordinaires dans le même état de paix, mais calculées dans la supposition d'une économie moins rigide et de manière à fournir non seulement les moyens de faire strictement le service, mais encore ceux d'en perfectionner toutes les parties avec la grandeur qui convient à la nation; — 2° Celui des dépenses extraordinaires que la nécessité de ne détruire que peu à peu et sans secousses les abus de la guerre et de la Révolution rendra indispensables pendant quelques années encore après la conclusion de la paix, mais que chaque année verra diminuer avec les abus qui les occasionnèrent».

[7] La minute de cette lettre ne se trouve pas dans les dossiers correspondant à la séance du 17 fructidor.

[8] Minute signée Carnot, Le Tourneur, Reubell (Arch. nat., AF III, 400, dossier 2150). — Le Directoire lui accuse réception de plusieurs lettres interceptées qu'il lui a transmises.

[9] Quatre lettres, signées, les trois premières Carnot, Reubell, Barras, la quatrième Le Tourneur, Carnot, Reubell (Arch. nat., AF III, 400, dossier 2150). — Par la première le Directoire transmet au ministre de la guerre la plainte formée par le grand-bailli de Roeteln contre le général Tuncq et le charge de faire traduire ce dernier par le général Moreau devant un conseil militaire. — Par la seconde, il l'invite à faire sortir de Bicêtre le citoyen Badin, qui quoique ne commandant plus cette maison, s'obstine à y rester. — Par la troisième, le Directoire l'invite à presser le plus possible la terminaison de l'affaire du général Tuncq et de l'adjudant-général Perrin. — Par la quatrième, il lui fait part de la pénurie où se trouve l'armée des Alpes, afin qu'il se concerte avec le ministre des finances pour la faire cesser.

[10] Voir le texte de cette lettre plus loin à l'Appendice.

[11] Voir le texte de cette lettre plus loin à l'Appendice.

[12] La minute de cette lettre ne se trouve pas dans les dossiers correspondant à la séance du 17 fructidor.

[13] Idem.

Au général en chef Beurnonville[1];
Au citoyen Joubert, commissaire près l'armée de Sambre-et-Meuse[2];
Au général en chef Hoche[3];
Et au général Kellermann[4].

A

Le Directoire exécutif au général Bonaparte.

Le Directoire a reçu, citoyen général, vos dépêches du 9 de ce mois[5]. Le tableau des forces de l'armée que vous commandez, rendue en ce moment inactive par les maladies, et le compte que vous lui rendez du retard qu'éprouvent dans leur marche les renforts qui vous sont destinés l'ont vivement affecté; il écrit de nouveau, et de la manière la plus impérative, relativement à ce dernier objet, aux généraux Kellermann et Châteauneuf-Randon; il vous observe néanmoins que vos précédentes lettres et celles de ses commissaires annonçaient que des troupes parties des côtes de l'Océan arrivaient successivement à Milan.

Quelque important qu'il soit de marcher sur les traces de l'ennemi après sa défaite, nous reconnaissons toutefois la nécessité du délai que vous avez cru devoir mettre à vous engager dans le Tyrol[6]. La nature du terrain, la connaissance particulière qu'en ont les Autrichiens, qui, quoique vaincus et consi-

---

[1] Minute signée Carnot, Reubell, Barras (Arch. nat., AF III, 400, dossier 2150). — Le Directoire l'invite de la manière la plus pressante à rassembler les 5,000 hommes de troupes à Cassel et autres lieux destinés pour l'opération dont le général Quentin a été chargé.

[2] Voir le texte de cette lettre plus loin à l'Appendice.

[3] La minute de cette lettre ne se trouve pas dans les dossiers correspondant à la séance du 17 fructidor.

[4] Minute signée Carnot, Reubell, Barras (Arch. nat., AF III, 400, dossier 2150). — Le Directoire lui accuse réception de plusieurs lettres et des plans et profils des forteresses piémontaises dont la démolition a été ordonnée. Il approuve les mesures qu'il a prises pour l'organisation de la 10e demi-brigade expédiée sur-le-champ pour l'armée d'Italie; il l'invite à suivre avec zèle l'organisation des renforts qui sont destinés à ladite armée.

Outre les minutes qui précèdent, on trouve dans le dossier 2150 celle de la lettre (non mentionnée au procès-verbal) que le Directoire adresse le 17 fructidor à l'administration centrale de la Meuse-Inférieure pour lui annoncer qu'il persiste dans son arrêté confirmatif de celui du commissaire Alexandre touchant les houillères de Rolduc.

A signaler dans le dossier 2149 l'arrêté du 17 fructidor, signé Revellière-Lépeaux, Reubell, Barras, par lequel le Directoire, en vertu de la loi du 21 floréal, autorise le citoyen *Croville*, prévenu à tort d'émigration, à revenir à Paris et à y résider.

Le dossier 2151, dont le contenu, comme celui des trois précédents, se rapporte à la séance du 17 fructidor, est formé de 105 pièces relatives à des nominations de juges, juges de paix, assesseurs, dans les départements de la Charente-Inférieure, de la Côte-d'Or, des Côtes-du-Nord, de la Creuse, de l'Isère, des Landes, de Maine-et-Loire, de la Marne, de la Nièvre, du Puy-de-Dôme, de Seine-et-Oise, des Vosges et de l'Yonne.

[5] *Corr. de Napoléon Ier*, 1, 566-567.
[6] *Idem.*

dérablement affaiblis, osent encore résister dans de nouvelles positions, et la situation intérieure de l'Italie, sont, à cet égard, autant de motifs que nous savons apprécier. Mais le temps accordé à des précautions nécessaires doit assurer une plus grande activité aux opérations ultérieures, et nous pensons que vous serez incessamment à Trente, et bientôt, soit à Brixen, soit à Inspruck, selon les circonstances qui vous y détermineront.

Le passage de la Leck par l'armée de Rhin-et-Moselle, la direction de sa droite sur les derrières de l'armée autrichienne et la retraite du prince Charles sur l'Iser ajoutent une nouvelle confiance à la sécurité que nous partageons avec vous sur la suite de vos mouvements et qui naît des victoires multipliées dont l'influence ne peut être que décisive en faveur de la République, puisque la détresse de la cour de Vienne et l'humiliation de ses défaites n'ont pu encore la toucher assez pour lui faire désirer sincèrement la fin de la guerre. Soyons d'autant plus terribles qu'elle est plus opiniâtre et orgueilleuse, et redoublons d'énergie pour arriver au terme de la campagne par de nouveaux succès, sans compromettre surtout ceux que nous avons déjà obtenus.

Nous approuvons la vigueur de vos menaces à l'égard de Naples[1] et nous vous autorisons à les effectuer, si cette cour reprend une attitude hostile envers la France. Nous désirons être exactement instruits de ce qui s'est passé et quel motif le roi de Naples prête aujourd'hui à son mouvement sur Rome.

Nous réservons toujours pour le moment le plus favorable l'exécution de nos vues sur les puissances d'Italie avec lesquelles nous avons des intérêts à discuter; l'objet le plus impérieux aujourd'hui est d'assurer nos triomphes.

Quoique éloigné des lieux où les Barbets exercent leurs brigandages[2], ne

---

[1] Bonaparte informait le Directoire, par lettre du 9 fructidor (*Corr. de Napoléon Ier*, I, 568-569) qu'un corps napolitain avait pénétré dans l'État de l'Église, menaçant soit d'aller se joindre à Wurmser, soit de se porter sur Livourne. «...J'ai écrit, ajoutait-il, au citoyen Cacault, de rassurer la cour de Rome et de signifier à celle de Naples que, si le roi des Deux-Siciles s'avançait sur le territoire de Rome, je regarderais l'armistice comme nul et que je ferais marcher une division de mon armée pour couvrir Rome. Le citoyen Cacault m'assure, sans en être certain, que le roi de Naples s'est désisté de son entreprise et qu'il est retourné de sa personne à Naples. Cette cour est perfide et bête. Je crois que si M. Pignatelli n'est pas encore arrivé à Paris, il convient de séquestrer les 2,000 hommes de cavalerie que nous avons en dépôt, arrêter toutes les marchandises qui sont à Livourne, faire un manifeste bien frappé pour faire sentir la mauvaise foi de la cour de Naples, principalement d'Acton. Dès l'instant qu'elle sera menacée, elle deviendra humble et soumise. Les Anglais ont fait croire au roi de Naples qu'il était quelque chose. J'ai écrit à M. d'Azara à Rome; je lui ai dit que si la cour de Naples, au mépris de l'armistice, cherche encore à se mettre sur les rangs, je prends l'engagement, à la face de l'Europe, de marcher contre les prétendus 70,000 hommes avec 6,000 grenadiers, 4,000 hommes de cavalerie et cinquante pièces d'artillerie légère...»

[2] A propos des Barbets, Bonaparte écrivait le 9 fructidor au Directoire (*Corr. de Napoléon Ier*, I, 567): «Le roi de Sardaigne ayant licencié ses régiments provinciaux, les Barbets se sont accrus. Un chariot portant de l'argent a été pillé. Le général Dujard, allant à Nice, a été tué. J'ai organisé une colonne mobile avec un tribunal contre les Barbets, pour en faire justice. Je ne puis influer d'aucune manière sur les départements du Var et du Rhône; mon éloignement est tel que je reçois les lettres beaucoup plus tard que le ministre de la guerre». — Sur les *Barbets*, voir plus haut, p. 369-398.

perdez pas de vue ces obscurs et dangereux ennemis: des ordres émanés de vous auront plus d'effet que ceux qui pourraient être donnés sans votre participation, pour comprimer ce fléau, qui se propage dans plusieurs départements.

Bien loin d'autoriser la pusillanimité, les lois sur l'organisation des commissaires des guerres leur prescrivent au contraire un courage égal à celui des défenseurs de la patrie. Un de nos arrêtés ordonne, en outre, qu'il en sera toujours attaché aux troupes, même en présence de l'ennemi, et que ceux qui seraient assez lâches pour quitter le poste de l'honneur, du danger, devront être traduits en jugement. Nous vous invitons, citoyen général, à vous faire représenter cet arrêté[1] et à veiller avec sévérité sur son exécution.

Nous vous invitons également à nous instruire de tout ce qui concerne l'opération qui va s'entamer sur la Corse[2], et à seconder de tous vos moyens le zèle du citoyen Saliceti et l'audace des réfugiés de cette île.

CARNOT, REUBELL, P. BARRAS[3].

B

LE DIRECTOIRE EXÉCUTIF AUX CITOYENS GARRAU ET SALICETI,
SES COMMISSAIRES PRÈS L'ARMÉE D'ITALIE.

Vos lettres des 6 et 9 fructidor, citoyens commissaires, sont parvenues au Directoire exécutif avec les différentes pièces qui y sont annoncées.

Ce que vous lui dites des mauvais traitements essuyés par les Français dans les différents États d'Italie était connu du Directoire et si, jusqu'à ce moment, il n'a pas pris des mesures à cet égard, c'est que les circonstances exigent de tolérer jusqu'à une époque ultérieure, qui sera celle de nouveaux succès sur les Autrichiens, les injures faites aux envoyés du gouvernement français et les assassinats exercés sur les soldats républicains par des gens soudoyés par l'hypocrisie italienne. Le général en chef, qui nous a successivement rendu des comptes exacts sur la dissimulation et la conduite des cours de Rome, de Naples et de Toscane, est parfaitement instruit de nos intentions à l'égard de chacune et il travaille à amener la circonstance favorable qui doit le mettre à même de les remplir d'une manière satisfaisante pour la France.

---

[1] Dans une de ses lettres du 9 fructidor au Directoire (*Corr. de Napoléon Ier*, I, 566), Bonaparte s'étend longuement sur le peu de courage dont ont fait preuve les commissaires des guerres pendant les revers passagers qu'a éprouvés l'armée d'Italie: l'un d'eux, Salva, a fui jusqu'à deux lieues de Gênes, où il est mort dans les transports d'une fièvre violente, se croyant poursuivi par les houlans.

[2] Bonaparte écrivait le 9 fructidor au Directoire (*Corr. de Napoléon Ier*, I, 569):

«Vous trouverez ci-joint deux lettres que je reçois de Corse. Les Anglais embarquent toutes leurs munitions de guerre sur des barques pour les transporter à l'île d'Elbe. Où donc est le projet qu'ils avaient pu avoir dans le temps qu'ils nous croyaient battus, de se porter sur Livourne, comme le pourrait faire croire la proclamation ci-jointe? Tous les réfugiés corses sont déjà rendus à Livourne, le commissaire Saliceti doit partir demain».

[3] Arch. nat., AF III, 400, dossier 2150.

Les comptes que vous nous rendez sur l'état actuel des contributions et de leur recouvrement nous ont satisfaits, et les mesures que vous avez prises pour accélérer le versement régulier de celles qui n'ont pas encore été remplies ont obtenu notre assentiment.

Il faut exiger des membres qui composaient l'administration militaire de la Lombardie qu'ils rendent leurs comptes dans le plus bref délai. Il sera bon de fixer un terme pour qu'ils les remettent, ainsi que les papiers dont ils sont dépositaires, et il n'en est pas fait mention dans l'arrêté qui supprime cette agence.

Votre arrêté relatif aux moyens de recouvrement pour la contribution imposée par le général en chef sur le Mantouan a été approuvé. Seulement le Directoire présume que le nombre des commissaires nommés pour composer la commission administrative pourrait être réduit en raison de la somme et de l'étendue du terrain.

Le Directoire n'a pas regardé comme utile la mesure que vous avez prise de maintenir en activité les agents militaires provinciaux pour le recouvrement de la solde de la contribution de guerre. Ils feront le contraire de ce que vous attendez d'eux pour prolonger leurs fonctions et il est essentiel de les surveiller, comme aussi de prononcer leur suppression absolue s'ils ne remplissent pas vos intentions et s'ils n'apportent pas l'activité nécessaire dans le recouvrement dont vous les avez chargés.

Le Directoire voit avec satisfaction les soins que vous vous donnez pour ramener l'ordre et la clarté dans vos opérations administratives et il vous invite à apporter toujours le même zèle dans le cours des fonctions intéressantes qui vous sont confiées.

Le Tourneur, Carnot, P. Barras [1].

C

Le Directoire exécutif au citoyen Joubert,
commissaire du gouvernement près l'armée de Sambre-et-Meuse.

Le Directoire a reçu, citoyen, votre lettre du 1ᵉʳ fructidor dernier. Comme vous manifestez des doutes sur ses sentiments à votre égard qui ne sont point fondés et que, pour excuser une supposition qu'il ne saurait admettre, il croit nécessaire de vous donner une explication de sa lettre du 21 thermidor [2], dont le sens cependant ne devait pas vous sembler équivoque.

Non, citoyen, les abus qui se sont glissés dans l'armée de Sambre-et-Meuse et dont le Directoire gémit ainsi que vous n'ont pas eu lieu, comme vous le dites, depuis l'époque de la prise de Francfort. Ils existaient avant le dernier passage en Franconie et durant l'armistice ils étaient connus de tous les départements de l'armée. Ils l'étaient de vous, des généraux et des chefs de l'administration militaire. Plusieurs d'entre eux en conviennent. Mais on n'avait employé jusqu'alors

---

[1] Arch. nat., AF III, 400, dossier 2150. — [2] Voir plus haut, p. 300.

que de trop faibles moyens pour les réprimer. Certainement tous ceux qui devaient donner l'exemple du désintéressement et du bon ordre n'ont point été complices des dilapidations scandaleuses qui s'exerçaient dans ce temps-là, on le sait, mais enfin le Directoire a dû être d'autant plus étonné de leur continuation qu'il avait la certitude que vous, son commissaire, et le général en chef, étiez exempts de tout reproche. La confiance qu'il avait en vous quand il vous a choisi n'a jamais été altérée un seul instant et vous n'avez dû voir dans sa lettre du 21 thermidor qu'une exhortation à user dorénavant d'une fermeté qui, si elle eût été déployée convenablement dès le principe, aurait prévenu l'intensité de toutes les passions cupides qui ont été portées au delà du Rhin.

Montrez-vous donc hautement, citoyen, avec la vigueur de caractère que votre honnêteté personnelle et les pouvoirs que vous tenez du Directoire autorisent également. Ne vous bornez plus à des plaintes vagues, sévissez directement contre les individus assez abjects pour avilir leur dignité de défenseurs de la patrie par un infâme esprit de rapine. Traduisez-les au conseil militaire. Faites sentir au général en chef la nécessité de composer ces conseils de membres inaccessibles à la séduction comme à la crainte. Enfin destituez et punissez les voleurs, remplacez-les par des hommes probes, et si jamais l'importance des coupables pouvait vous faire hésiter un moment, dénoncez-les au Directoire et le Directoire en fera justice.

Vous annoncez une opération du commissaire ordonnateur en chef Dubreton, pour détruire l'agiotage dans les armées. Un pareil travail est d'autant plus urgent, qu'il peut empêcher que la désorganisation ne jette de plus profondes racines. Mais le Directoire n'en a encore aucune connaissance.

Nous voyons par votre lettre du 2 fructidor que vous avez très bien compris qu'il ne fallait payer aux entrepreneurs Lamotze que ce qui leur était strictement dû pour les fournitures faites à l'armée active de Sambre-et-Meuse, et nous nous reposons à cet égard sur ce que vous arrêterez avec l'ordonnateur en chef, en conséquence des sommes ordonnancées par le ministre de la guerre.

Le ministre de l'intérieur a ordre d'envoyer en Allemagne le plus promptement possible les artistes propres à faire le choix des productions dont la République doit s'enrichir par droit de conquête.

Employez tous vos soins, citoyen, pour que nous puissions enfin connaître l'état comparatif des consommateurs et des consommations de l'armée. La marche rapide de celle-ci ne peut empêcher qu'on ne fasse parvenir un aperçu qui s'approche assez de l'exactitude pour satisfaire le Directoire qui ne veut plus le demander en vain.

Le Tourneur, Carnot, L.-M. Revellière-Lépeaux, Reubell[1].

[1] Arch. nat., AF III, 400, dossier 2150.

SÉANCE DU 18 FRUCTIDOR AN IV [1]

4 SEPTEMBRE 1796.

On lit une note du représentant du peuple Rivaud [2], par laquelle il avertit le Directoire que des fournisseurs même étrangers, qui ont obtenu d'un ministre des avances sur un marché, avant de l'exécuter, se font payer pour d'autres marchés faits avec un autre ministre; il assure qu'un nommé Fournier de Gotenbourg, présentement à Paris, est dans ce cas. Le Directoire envoie copie de cette note au ministre de la guerre et à celui des finances et recommande cette affaire à leur examen : il charge en même temps le ministre des finances de présenter sans délai les mesures nécessaires pour empêcher que des fournisseurs qui sont en compte, pour avances reçues pour de certains objets, ne puissent être payés pour d'autres objets tant qu'ils n'auront pas liquidé celui relativement auquel ils ont reçu des avances [3].

Un messager d'Etat envoyé par le Conseil des Anciens est admis et présente quatre lois.

La première fixe les cas où il y a lieu à la révision de jugements militaires [4].

La seconde ordonne l'éxécution des dispositions de l'article 14 de la loi du 2 thermidor [5], relative aux paiements faits avant la publication de cette même loi, sur les prix de fermes représentatifs de la récolte de l'an III [6].

---

[1] Arch. nat., AF III*, 4, fol. 206-208. — AF III, 3.

[2] Membre du Conseil des Cinq-Cents.

[3] Minute signée Reubell, Carnot, Revellière-Lépeaux (Arch. nat., AF III, 400, dossier 2153). La note de Rivaud est jointe à ce dossier.

[4] Bull., II, LXXIV, n° 683. — La révision ne peut avoir lieu que «lorsqu'il y a violation des formes prescrites, ou lorsque la peine infligée est plus forte que celle que la loi applique au délit».

[5] Il s'agit de la loi du 2 thermidor an III, relative au paiement de la contribution foncière du prix des baux stipulés en argent et aux demandes de dégrèvement dont la moitié devait être payée en nature pour l'an III ; l'article était ainsi conçu : «Les dispositions de la présente loi auront lieu à l'égard des fermiers, colons, métayers ou autres qui ont payé par anticipation, en tout ou en partie, le prix de leur ferme pour l'an courant, soit en vertu des clauses du bail, soit volontairement, soit ensuite des conventions particulières : lors du paiement de la somme payable en nature ou en équivalent, il leur sera fait état des sommes payées par anticipation.»

[6] Bull., II, LXXIII, n° 681.

La troisième fixe le mode de paiement du prix des baux et des rentes foncières[1].

La quatrième est relative aux accusés, contumaces, déportés des colonies françaises par les Anglais[2].

Le Directoire ordonne que ces quatre lois seront publiées, exécutées et qu'elles seront munies du sceau de l'État. Elles sont, en conséquence, adressées de suite à l'enregistrement pour deux expéditions, être envoyées, sans délai, au ministre de la justice, avec l'arrêté portant ordre d'impression et de publication dans les formes prescrites par les lois.

Sur le rapport du ministre de la police générale sont rayés de la liste des émigrés les noms des citoyens ci-après :

Louis Bruno-Boisgelin; Jean-François Brice; Jean Baudry; Alexandre-Edme Méchin; Charles-Marie Méchin; François-Xavier Guillibert; Louis-Archambaud Douglas; Suzanne Prévôt-Grosbois; Thérèse Prévôt-Bourgneuf et Marie Angélique Prévôt; et les citoyennes Rose, Reine-Suzanne, Suzanne-Marie et Marie-Anne Cocaud[3].

Le Directoire signe l'exequatur de la commission du citoyen Charles Stillig, commissaire général de la navigation des Provinces unies dans

---

[1] *Bull.*, II, LXXIII, n° 680. — Cette loi porte (art. 1ᵉʳ) que «le mode d'acquittement du prix des baux et des rentes foncières, moitié en grains valeur de 1790, l'autre moitié en papier-monnaie valeur nominale, établi pour l'an III par les lois des 2 thermidor même année, 3 brumaire, 13 frimaire et 15 germinal dernier, cesse d'avoir lieu pour tous les paiements restant à faire.» Ces paiements auront lieu en numéraire métallique ou en mandats au cours (art. 2).

[2] Cette loi (*Bull.*II., LXXIV, n° 682) était motivée par le cas du citoyen Millet, qui, condamné par contumace par jugement du Conseil supérieur de la Martinique, en 1785, actuellement déporté de Saint-Lucie par les Anglais, ne pouvait purger sa contumace en se présentant devant le même tribunal qui avait instruit la procédure. La nouvelle loi autorise le tribunal de cassation à indiquer aux accusés contumaces déportés des colonies françaises par les Anglais un des tribunaux criminels de la République française par devant lequel ils seront admis à purger leur contumace.

[3] Louis Bruno-*Boisgelin*, ex-maréchal de camp, demeurant à Paris; — Jean-François *Brice*, ci-devant professeur à Pont-à-Mousson, prêtre assermenté; — Jean *Baudry*, ex-maître en la Chambre des comptes de la ci-devant province de Bretagne, domicilié à Nantes; — Charles-Marie *Méchin*, propriétaire dans le département de Seine-et-Marne, canonnier de la commune de Paris à l'armée de l'Ouest; — Alexandre-Edme *Méchin*, âgé de 25 ans; — François-Xavier *Guillibert*, homme de loi et notaire à Apt (Vaucluse); — Louis-Archambaud *Douglas*; — Suzanne *Prévôt-Grosbois*, Thérèse *Prévost-Bourgneuf* et Marie-Angélique *Prévôt*, sœurs; — Rose, Reine-Suzanne, Suzanne-Marie et Marie-Anne *Cocaud*, sœurs; — inscrits sur la liste des émigrés des départements de la Loire-Inférieure, de la Moselle, de la Loire-Inférieure, de Seine-et-Marne, de Seine-et-Marne, de Vaucluse, de l'Ain, des Deux-Sèvres et de la Loire-Inférieure, qui ont justifié de leur résidence. — Neuf arrêtés du 18 fructidor an IV, signés Le Tourneur, Reubell Revellière-Lépeaux (Arch. nat., AF III, 400, dossier 2152).

les départements de la Seine-Inférieure, du Calvados et de la Manche, à la résidence du Havre[1].

Il arrête qu'à compter du 1er vendémiaire prochain, les troupes stationnées dans les 12e, 13e, 14e et 22e divisions militaires[2] seront pourvues de pain, de viande, de bois, de fourrages et de souliers, par les soins des corps administratifs[3].

Il autorise le citoyen Henryot[4] à se présenter à l'examen des ponts et chaussées.

Il met en réquisition les ouvriers de la forge de Bélabre[5].

On lit une lettre du président de la haute cour de justice[6] séante à Vendôme, par laquelle il transmet au Directoire un procès-verbal dressé par les juges de la haute-cour, qui constate le mauvais état des lieux destinés à la tenue de ses séances[7].

Le Directoire écrit de suite au ministre de l'intérieur, en lui transmettant copie de cette lettre et du procès-verbal y énoncé pour l'inviter à prendre les mesures les plus promptes pour accélérer les dispositions à faire pour la tenue des séances de la haute-cour et pour activer les travaux nécessaires à la sûreté des prisons de Vendôme[8].

Il transmet copie des mêmes pièces au ministre de la justice et le charge de lui faire un prompt rapport sur les opérations préliminaires auxquelles la haute-cour peut vaquer, en attendant que les emplacements destinés à la tenue de ses séances soient entièrement préparés[9].

Il autorise le citoyen Sandoz, ancien officier général au service de France, natif de Neufchâtel en Suisse, à quitter le service de la République et à en prendre chez une puissance de ses alliées[10].

---

[1] Arrêté signé Reubell, Le Tourneur, Barras (Arch. nat., AF III, 400, dossier 2152).

[2] Placées sous le commandement du général Hoche.

[3] Et non plus par voie de réquisition militaires. — Arrêté du 18 fructidor an IV, signé Le Tourneur, Carnot, Reubell (Arch. nat., AF III, 400, dossier 2152).

[4] Sergent-major, prisonnier de guerre échappé des mains de l'ennemi. (Voir sa pétition au Directoire. Arch. nat., AF III 400, dossier 2154). — Arrêté daté du 19 fructidor an IV, signé Carnot, Reubell, Revellière-Lépeaux (Arch. nat., AF III, 400, dossier 2154).

[5] Arrêté daté du 19 fructidor an IV et signé Carnot, Reubell, Revellière-Lépeaux (Arch. nat., AF III, 400, dossier 2155). Les ouvriers retenus à Bélabre sont au nombre de 28. Cinq sont envoyés aux armées.

[6] Gandon.

[7] Voir cette lettre au dossier de l'affaire Babeuf. (Arch. nat., AF III, 42).

[8] Minute signée Reubell, Le Tourneur, Revellière-Lépeaux (Arch. nat., AF III, 42, dossier de l'affaire Babeuf).

[9] Minute signée Reubell, Le Tourneur, Revellière-Lépeaux (Arch. nat., AF III, 400, dossier de l'affaire Babeuf).

[10] Arrêté du 18 fructidor an IV, signé Le Tourneur, Reubell, Revellière-Lépeaux

Il arrête que les ambassadeurs, envoyés, consuls et autres personnes de telle classe que ce soit, employés au dehors de la République, ne se donneront et ne recevront officiellement d'autres qualités ou dénomination que celle de citoyen [1].

Le Directoire s'occupe ensuite du personnel des armées et prend plusieurs arrêtés, déposés à la section de la Guerre [2].

Le Directoire autorise le ministre de la guerre à faire payer au citoyen Shée [3] une indemnité de quatre mille huit cents livres, en numéraire, en remplacement de ses effets et argent volés sur la route de Laval à La Gravelle [4].

Il écrit au général en chef de l'État-major de l'armée de Sambre-et-Meuse pour le charger de faire arrêter un étranger et des prêtres émigrés, accusés de troubler la tranquillité publique [5].

(Arch. nat., AF III, 400, dossier 2153). — SANDOZ désirait passer au service de l'Espagne.

[1] Arrêté du 18 fructidor an IV, signé Le Tourneur, Revellière-Lépeaux, Reubell (Arch. nat., AF III, 400, dossier 2152).

[2] 1° Arrêté signé Carnot, Reubell, Barras (Arch. nat., AF III, 400, dossier 2153), par lequel : le citoyen *Junot*, aide de camp chef de bataillon, sera compris en cette qualité sur le tableau des officiers à la suite des troupes légères à cheval; — le citoyen Adrien *Legras*, aide de camp provisoire du général de brigade Delaunay, est promu au grade de sous-lieutenant dans les troupes légères à cheval, pour prendre rang avec les officiers à la suite, et continuera les fonctions d'aide de camp; — le citoyen Didier *Le Moine*, ancien capitaine de chasseurs, retiré avec pension, sera remis en activité à la suite des vétérans nationaux détachés à Verdun; — la suspension de l'ex-commissaire des guerres *Meynadier* est levée, mais sans réintégration. — 2° Arrêté signé Carnot, Reubell, Barras (Arch. nat., AF III, 400, dossier 2153) accordant congé absolu au citoyen Jean Delaville, charretier des transports militaires de l'armée des Côtes de l'Océan. — 3° Arrêté signé Carnot, Reubell, Barras (Arch. nat., AF III, 400, dossier 2153) accordant congé absolu au citoyen Talman, charretier des transports militaires au parc de Valenciennes.

[3] «Envoyé à l'armée des Côtes de l'Océan pour prendre le commandement des prisonniers de guerre qui doivent y être assemblés» (Rapport du ministre de la guerre. Arch. nat., AF III, 400, dossier 2153). — Voir au même dossier la lettre du général Hédouville rendant compte de l'arrestation de Shée, dont «le postillon s'est arrêté si prestement à la première menace que le citoyen Shée présume qu'il était d'accord avec les voleurs».

[4] Arrêté du 18 fructidor an IV, signée Carnot, Reubell, Barras (Arch. nat., AF III, 400, dossier 2153).

[5] Minute signée Carnot, Reubell, Barras (Arch. nat., AF III, 400, dossier 2153). — D'après plusieurs lettres du général commandant la troisième division militaire, du ministre de la police générale et du citoyen Albert, de Metz (même dossier), il s'agit particulièrement d'un nommé *Kœnig*, bailli de Dagstuhl, qui, habitant en pays conquis, mais non réuni à la République française, peut être considéré comme étranger, et du prêtre émigré *Collignon*.

Le dossier 2153 se termine par quatre pièces relatives à la nomination d'un commissaire du pouvoir exécutif près l'administration municipale de Villedieu (Loir-et-Cher), d'un juge de paix et de deux assesseurs de justice de paix dans le département de Saône-et-Loire.

SÉANCE DU 19 FRUCTIDOR AN IV [1]

5 SEPTEMBRE 1796.

Le Directoire adresse deux messages au Conseil des Cinq Cents.

Par le premier, il l'invite de mettre cinq millions en numéraire, à la disposition du ministre des finances [2].

Par le second, il soumet à ce Conseil les états présentés par le ministre de la justice et l'invite à mettre à la disposition de ce ministre un million deux cent vingt-huit mille francs en numéraire [3].

Il ratifie le traité conclu le 18 de ce mois entre le ministre des finances et les citoyens Collot, Caillard et compagnie, fournisseurs généraux des vivres-viandes, relativement à une coupe extraordinaire de bois dans les pays conquis, situés entre la Sarre et le Rhin, la Queich et la Moselle [4].

Il ratifie un semblable traité, pour pareille coupe de bois, conclu entre le ministre des finances et le citoyen Van-Recum, en paiement de fournitures de fourrages à l'armée de Rhin-et-Moselle [5].

Il reçoit un message du Conseil des Anciens, relatif à l'envoi d'une loi qui autorise les ecclésiastiques dont la réclusion a été ordonnée par la loi du 3 brumaire dernier [6] à reprendre la possession et la jouissance de leurs biens [7].

Le Directoire ordonne que cette loi sera publiée, exécutée et qu'elle sera munie du sceau de l'État. Elle est en conséquence adressée de suite à l'enregistrement pour deux expéditions être envoyées, sans

---

[1] Arch. nat., AF III*, 4, fol. 208-211 — AF III, 3.

[2] Méssage lu à la séance du 19 fructidor (C. C., fructidor an IV, 363-364).

[3] Message lu à la séance du 19 fructidor (C. C., fructidor an IV, 364-365. — On le retrouve aussi dans le procès-verbal de la séance du Conseil des Cinq-Cents du 21 fructidor (C.C., fructidor an IV, 414-415).

[4] Arrêté du 19 fructidor an IV, signé Reubell, Barras, Revellière-Lépeaux (Arch. nat., AF III, 460, dossier 2155). Cette coupe est évaluée à cinq millions de livres tournois. (Voir le contrat, même dossier.)

[5] Jusqu'à concurrence d'une somme de 150,000 livres ou environ». — Arrêté du 19 fructidor an IV, signé Reubell, Barras, Revellière-Lépeaux (Arch. nat., AF III, 400, dossier 2155).

[6] En vertu des lois portées contre eux en 1792 et 1793. — Il s'agit des prêtres réfractaires.

[7] Bull., II, LXXIV, n° 684. — Le préambule rappelle que la loi du 22 fructidor an III a levé la confiscation des biens des prêtres reclus ou sujets à la réclusion et n'en a «interdit la possession et la jouissance qu'à ceux de ces ecclésiastiques qui, ayant été condamnés par un jugement légal, ont encouru la peine de la mort civile». La loi du 22 fructidor est confirmée.

délai, au ministre de la justice, avec l'arrêté portant ordre d'impression et de publication dans les formes prescrites par les lois.

Il destitue le citoyen Royanet, percepteur des contributions dans la commune de Saint-Antoine, pour avoir exercé des concussions dans la perception de l'emprunt forcé[1];

Et le citoyen Colle, membre de l'administration municipale de Nivelles, département de la Dyle[2], pour exaction dans ses fonctions; et ordonne leur traduction devant les tribunaux.

Il ordonne à son commissaire près le tribunal de cassation de dénoncer à ce tribunal deux jugements: l'un du tribunal criminel du département du Pas-de-Calais, du 17 prairial an IV, qui acquitte de l'accusation de faux Rodolph Moussette et condamne à trente mille livres de dommages et intérêts le citoyen Warmé-Janville, son dénonciateur[3];

Le second, du tribunal criminel du département d'Eure-et-Loir, du 8 de ce mois, relatif à Charles-André Renouard-Saint-Loup, émigré arrêté au delà du Rhin[4].

Le ministre des relations extérieures est autorisé à donner un passeport à la citoyenne Olivier[5], pour rentrer sur le territoire de la République.

---

[1] Arrêté du 19 fructidor an IV, signé Reubell, Revellière-Lépeaux, Barras (Arch. nat., AF III, 400, dossier 2155).

[2] Arrêté du 19 fructidor an IV, signé Le Tourneur, Revellière-Lépeaux, Barras, Reubell (Arch. nat., AF III, 400, dossier 2155). Colle s'est permis de donner aux gendarmes, bien qu'il y eût à Nivelles une caserne pour y loger la gendarmerie nationale, des billets de logement sur des citoyens, qui n'ont pu se racheter qu'en leur payant certaines sommes qu'il est soupçonné d'avoir partagées avec eux.

[3] Ce jugement est dénoncé: 1° parce que le substitut du commissaire du pouvoir exécutif nommé pour suppléer le substitut en titre près le tribunal criminel l'a été illégalement par le tribunal civil; 2° parce que Warmé-Janville a été condamné sans avoir été ni entendu ni appelé. — Arrêté du 19 fructidor an IV, signé Le Tourneur, Revellière-Lépeaux, Barras, Reubell (Arch. nat., AF III, dossier 2155).

[4] Arrêté du 19 fructidor an IV, signé Le Tourneur, Revellière-Lépeaux, Barras (Arch. nat., AF III, 400, dossier 2155). — Le Directoire estime que le prévenu ayant fait valoir qu'il n'était rentré en France, du fait de son arrestation, que par une cause indépendante de sa volonté, le tribunal devait, aux termes de la loi du 25 brumaire an III, renvoyer sa réclamation devant l'administration du département; que le tribunal, en admettant que Renouard Saint-Loup pût être admis à rester en France, est contrevenu à l'article 373 de l'acte constitutionnel qui déclare qu'en aucun cas les émigrés ne seront admis à y rentrer; afin qu'en décidant qu'il sera maintenu en prison jusqu'à ce que le Corps législatif ait prononcé sur son cas et les cas semblables, le tribunal a prolongé illégalement et arbitrairement sa détention.

[5] Sophie *Olivier*, âgée de 16 ans, native de Reims. Passeport demandé pour elle par sa grand'mère, domiciliée dans la même ville. — Arrêté du 19 fructidor an IV, signé Revellière-Lépeaux, Reubell, Carnot (Arch. nat., AF III, 400, dossier 2154).

La commission des contributions directes à Paris est chargée exclusivement dans l'étendue des douze municipalités de cette commune de la délivrance des patentes [1].

Les droits qui se perçoivent sur les consommations dans les départements réunis ne seront point remboursés à l'avenir, lorsque les marchandises ne seront point consommées dans les lieux où les droits auront été payés [2].

Le Directoire ordonne l'exécution des articles 1, 2, 9 et 10 de la loi du 30 thermidor [3], contenant les mesures pour terminer la liquidation et le recouvrement de l'emprunt forcé, dans les neuf départements de la ci-devant Belgique [4].

La loi du 23 thermidor dernier, relative à la répression des délits ruraux et forestiers [5], sera exécutée dans les mêmes départements [6].

Le ministre de la marine, en exécution de l'arrêté du Directoire du 4 frimaire [7], rend compte des mouvements des poudres pendant le mois de thermidor [8].

Le ministre de la justice fait un rapport sur le citoyen Frigard, huissier du juge de paix de Pont-de-l'Arche, signataire d'un procès-verbal d'assemblée primaire contenant des dispositions séditieuses [9]. Il propose d'attendre la décision du Corps législatif.

Il autorise et approuve un projet de marché proposé par les citoyens Bainoens, Beths et compagnie au ministre des finances, pour la perception des revenus tant arriérés que de l'année courante des biens nationaux de la ci-devant Belgique, mis à la disposition du Directoire par la loi du 17 de ce mois [10].

---

[1] Vu la loi du 6 fructidor an IV portant établissement d'un droit de patente pour l'an V. — Arrêté du 19 fructidor an IV, signé Reubell, Barras, Revellière-Lépeaux (Arch. nat., AF III, 400, dossier 2155). La loi chargeait de la délivrance des patentes les administrations municipales de canton. Mais il n'y en avait pas à Paris et le Directoire estime que cette opération sera faite avec plus d'uniformité par la commission des contributions que par les douze administrations distinctes d'arrondissements.

[2] Arrêté du 19 fructidor an IV, signé Reubell, Barras, Revellière-Lépeaux (Arch. nat., AF III, 400, dossier 2155).

[3] Voir plus haut, p. 382.

[4] Arrêté du 19 fructidor an IV, signé Reubell, Barras, Revellière-Lépeaux (Arch. nat., AF III, 400, dossier 2155).

[5] Voir plus haut, p. 311.

[6] Arrêté du 19 fructidor an IV, signé Reubell, Barras, Revellière-Lépeaux (Arch. nat., AF III, 400, dossier 2155).

[7] Voir t. I, p. 124.

[8] Lettre du ministre de la marine Truguet. (Arch. nat., AF III, 400, dossier 2155).

[9] Et qui, suspendu pour ce fait de ses fonctions en vertu de la loi du 3 brumaire, réclame contre l'application de cette loi (Arch. nat., AF III, 400, dossier 2154).

[10] Arrêté du 19 fructidor an IV, signé

Il confirme l'arrêté de l'administration centrale du département de la Haute-Saône, du 28 messidor dernier, portant suspension du président de l'administration municipale de Clairegoutte [1].

Il rapporte les articles 4 et 6 de son arrêté du 8 prairial dernier [2], relatif aux prétentions élevées par les municipalités de Lyon sur l'administration de la police [3].

Sur le rapport du ministre de la police générale, il confirme l'arrêté de l'administration du département de la Seine du 29 thermidor dernier, qui déclare que le citoyen François-Cyprien Blancard [4] n'est pas dans le cas de l'émigration et doit être mis en liberté [5].

Sur le rapport du même ministre sont rayés définitivement de la liste des émigrés les noms des citoyens ci-après :

François-Charles-Guillaume Perrier; René-François Prioul-Delalande-Guérin; Jean-Baptiste Gaze; Jean-Baptiste-François Boyery-Bermond; Jean-Joseph Roux; Roch-Antoine Général; Félicien-Marie-Joseph Caignart-Saulcy; Louise-Françoise Perrette Champagne; Marguerite Camprond, veuve Domonville; Louis Chemin [6].

Reubell, Le Tourneur, Barras (Arch. nat., AF III, 400, dossier 2155). Ces revenus sont mis à leur disposition, et ils s'engagent à fournir provisoirement, à valoir sur ce produit, pour dix millions de traites en un mois. — Pour la loi du 17 fructidor, voir plus haut.

[1] Arrêté du 19 fructidor an IV, signé Carnot, Reubell, Revellière-Lépeaux (Arch. nat., AF III, 400, dossier 2154). — «..Considérant... qu'il s'est formé dans la commune de Clairegoutte un attroupement considérable; que les individus qui le composaient ont exercé des voies de fait à l'égard des agents forestiers qui agissaient en vertu de la loi du 8 pluviôse et d'un arrêté du département; que le citoyen Jean *Maire*, président de la municipalité du canton, s'est trouvé à la tête de ce rassemblement; que ce délit répréhensible le devient encore davantage lorsqu'il est commis par un premier fonctionnaire public, sur qui le gouvernement se repose de fait à l'exécution des lois et du maintien de la tranquillité publique...»

[2] Voir t. II, p. 485.

[3] Arrêté du 19 fructidor an IV, signé Carnot, Reubell, Revellière-Lépeaux (Arch. nat., AF III, 400, dossier 2154). — «..Considérant que ces prétentions ont l'effet d'une fausse interprétation des articles 4 et 6 de l'arrêté du Directoire du 8 prairial dernier; que d'ailleurs elles sont contraires aux articles 10 et 11 de la loi du 21 fructidor de l'an III et de l'article 9, titre 2, de celle du 19 vendémiaire de l'an IV, qui fixent les attributions du Bureau central et lui confient l'administration de la police générale et des subsistances comme objets indivisibles, sauf à lui à déléguer aux municipalités pour la partie exécutive ce qu'il jugera convenable...»

[4] Qui a justifié de sa résidence, de l'exercice de fonctions publiques, et qui est détenu à Paris depuis le 21 vendémiaire an IV.

[5] Arrêté du 19 fructidor an IV, signé Carnot, Reubell, Barras (Arch. nat., AF III, 400, dossier 2154). — Blancard, employé à l'armée d'Italie, avait été dénoncé comme signataire d'une adresse contre-révolutionnaire et la dénonciation avait été reconnue inexacte.

[6] François-Charles-Guillaume *Perrier*, décédé le 25 mars 1793, représenté par Marie-Madeleine-Marguerite *Guéroult*, sa femme, tutrice de ses enfants mineurs, demeurant à la Genevraye, près de Laigle; — René-François *Prioul-Delalande-Guérin*, domicilié à Rennes, y vivant de son revenu; — Jean-Baptiste *Gaze*, officier de santé, de Cahors; — Jean-Baptiste-François *Boyery-Bermond*,

Il maintient sur la liste des émigrés le nom de Catherine-Joseph Mayrot, département du Jura[1].

Il adresse une circulaire aux sept ministres, pour les inviter à faciliter au citoyen Testu, rédacteur de l'*Almanach national* la collection des matériaux qui lui sont nécessaires pour cet ouvrage [2].

Il est accordé un congé de deux mois au citoyen Lavergne, officier de santé au 3ᵉ régiment de dragons [3].

Les officiers réformés, réintégrés, prisonniers de guerre ou auxiliaires, attachés à la suite des corps dans l'intérieur, se retireront dans le lieu de leur domicile et y jouiront d'un traitement qui sera incessamment réglé [4].

Il pourra être accordé des congés absolus aux sous-officiers du grade de sergent surnuméraires dans les corps qui servent dans l'intérieur de la République, y compris les pays réunis [5].

En exécution de l'arrêté du Directoire du 1ᵉʳ prairial dernier les ministres de la guerre, de la justice, des finances et de l'intérieur soumettent à l'approbation du Directoire chacun un état des dépenses à ordonnancer par eux : Le Directoire approuve ces dépenses et remet un double desdits états à chacun des ministres qui les ont présentés.

La convention conclue entre la République française et le roi de Prusse, le 18 thermidor dernier, négociée au nom de la Répu-

---

cultivateur, de la commune d'Apt; — Jean-Joseph *Roux*, ci-devant homme de loi dans la commune d'Aix; — Roch-Antoine *Général*, rentier, de la commune d'Avignon; — Félicien-Marie-Joseph *Caignart-Saulcy*, employé dans les transports militaires près l'armée des Alpes; — Louise-Françoise-Perrette *Champagne*, domiciliée à Reims; — Marguerite *Camprond*, veuve de Sainte-Mère-Eglise *Domonville*, ex-noble, demeurant à Valognes; Louis *Chemin*, cultivateur de la commune de Maureguy; — inscrits sur les listes des émigrés des départements de l'Orne, d'Ille-et-Vilaine, du Lot, des Bouches-du-Rhône, des Bouches-du-Rhône, de Vaucluse, de l'Ardèche, des Ardennes, de la Manche et des Ardennes, dont la résidence a été suffisamment établie. — Dix arrêtés du 19 fructidor an IV, signés Carnot, Reubell, Barras (Arch. nat., AF III, 400, dossier 2154).

[1] Catherine-Joseph *Mayrot*, ci-devant chevalier de Saint-Louis, demeurant à Dôle, inscrit sur la liste des émigrés du Jura, qui n'est pas rentré en France conformément à la loi du 8 avril 1792, qui ne produit point de certificat de résidence en France suivant le vœu de la loi et qui n'est dans aucune des exceptions déterminées par elle. — Arrêté du 19 fructidor an IV, signé Carnot, Reubell, Barras (Arch. nat., AF III, 400, dossier 2154).

[2] Minute signée Reubell, Carnot, Barras (Arch. nat., AF III, 400, dossier 2154). Sur l'*Almanach national*, voir t. I et II.

[3] «Pour vaquer à ses affaires particulières». — Arrêté du 19 fructidor an IV, signé Carnot, Reubell, Revellière-Lépeaux (Arch. nat., AF III, 400, dossier 2155).

[4] Arrêté du 19 fructidor an IV, signé Carnot, Reubell, Revellière-Lépeaux (Arch. nat., AF III, 400, dossier 2155).

[5] Arrêté du 18 fructidor an IV, signé Carnot, Reubell, Revellière-Lépeaux (Arch. nat., AF III, 400, dossier 2155).

blique par le citoyen Caillard, ministre plénipotentiaire de cette République près le roi de Prusse, muni des pouvoirs nécessaires par arrêté en date du 1ᵉʳ dudit mois de thermidor [1], et, au nom du roi de Prusse, par le comte de Haugwitz [2], fondé de pleins pouvoirs du roi de Prusse, par acte signé à Pyrmont, le 23 juillet 1796 (vieux style), a été soumise au Directoire, avec les articles secrets y annexés. Le Directoire a approuvé ces deux conventions et a, en conséquence, couché au bas des deux cahiers sur lesquels elles étaient transcrites un arrêté par lequel il les a arrêtées et signées. Chacun des deux cahiers a été attaché par un cordon tricolore, dont les bouts ont été passés dans une boîte d'argent, en forme ronde, où le grand sceau de la République a été apposé en cire rouge. Le sceau qui à cet effet avait été tiré du lieu de son dépôt ordinaire y a été replacé, et la clé en a été reprise par le président. La convention patente a été ensuite remise au secrétaire général, pour être déposée aux archives du Directoire, et la convention secrète a été remise au citoyen Le Tourneur, l'un des membres du Directoire [3].

On écrit cinq lettres, dont les minutes sont à la section de la guerre, savoir :

Aux généraux en chef des armées de Sambre-et-Meuse et de Rhin-et-Moselle [4];

Au général Jourdan [5];

Au général en chef Moreau [6];

Au citoyen Joubert, commissaire du gouvernement près l'armée de Sambre-et-Meuse [7].

On signe un état de citoyens exemptés du service militaire aux armées [8].

---

[1] Voir plus haut, p. 136.
[2] HAUGWITZ (Chrétien-Henri-Charles, comte DE), né en 1752, mort en 1832, ministre des affaires étrangères de Prusse depuis 1792.
[3] Voir le texte des deux conventions plus loin à l'Appendice.
[4] La minute de cette lettre ne se trouve pas dans les dossiers correspondant à la séance du 19 fructidor.
[5] Voir le texte de cette lettre plus loin à l'Appendice.
[6] La minute de cette lettre ne se trouve pas dans les dossiers correspondant à la séance du 19 fructidor.
[7] Minute signée Carnot, Reubell, Barras (Arch. nat., AF III, 400, dossier 2155). — Le Directoire lui accuse réception de plusieurs lettres. Il lui annonce qu'il a senti l'avantage qu'il y aurait à assigner pour la sûreté des différents services des sommes en numéraire distraites du produit des contributions et qu'il a demandé un rapport à ce sujet au ministre de la guerre.
[8] Arrêté du 19 fructidor an IV, signé Carnot, Reubell, Barras (Arch. nat., AF III,

A

Traité conclu à Berlin le 18 thermidor an iv (5 août 1796) entre la République française et la Prusse pour l'établissement de la ligne de démarcation destinée à assurer la neutralité du nord de l'Allemagne.

La République française et S. M. le roi de Prusse ayant jugé convenable d'une manière conforme aux circonstances actuelles les stipulations concernant la neutralité du nord de l'Allemagne convenue par le traité de Bâle du 5 avril 1795 et par la convention du 17 mai de la même année, elles ont nommé pour se concerter à ce sujet, savoir: la République française le sieur Antoine-Bernard *Caillard*, son ministre plénipotentiaire à Berlin; S. M. P. le sieur Chrétien-Henri, comte de *Haugwitz*, son ministre d'État, de guerre et du cabinet, lesquels, après avoir échangé leurs pleins pouvoirs respectifs, sont convenus des articles suivants:

Article 1ᵉʳ. La République s'abstiendra de pousser les opérations de la guerre ou de faire entrer ses troupes, soit par terre, soit par mer, dans les pays et États compris dans la ligne de démarcation suivante: Cette ligne commencera depuis la partie du duché de Holstein située sur la mer du Nord, s'étendant le long des bords de cette mer du côté de l'Allemagne et comprenant l'embouchure de l'Elbe, du Weser et de l'Ems, ainsi que les îles situées dans ces parages jusqu'à Gorcum. De là elle suivra les frontières de la Hollande jusqu'à Anhalt, passant à Heerenberg, et en comprenant les possessions prussiennes, près de Sevenaer jusqu'à Boer sur l'Issel; elle ira ensuite le long de cette rivière jusqu'à son confluent avec le Rhin; de là elle remontera ce dernier fleuve jusqu'à Wesel et plus loin jusqu'à l'endroit où la Roer s'y jette; elle longera ensuite la rive gauche de la Roer jusqu'à sa source; de là, laissant la ville de Medenbach à sa gauche, elle prendra sa direction vers l'Eder, dont elle suivra le cours jusqu'à son confluent avec la Fulde, et remontera enfin cette rivière jusqu'à sa source.

Art. 2. La République française regardera comme pays et États neutres tous ceux qui sont derrière cette ligne, à condition qu'ils observent de leur côté une étroite neutralité, dont le premier point sera de ne plus fournir pour la continuation de la guerre aucune contribution pécuniaire, quelle qu'en soit la dénomination, de rappeler réellement, s'ils ne l'ont pas déjà fait, leurs contingents, et cela dans le délai de deux mois, à compter de la signature du présent traité, et de ne contracter aucun engagement qui puisse les autoriser à fournir des troupes aux puissances en guerre avec la France. Ceux qui ne rempliront pas ces conditions seront exclus du bénéfice de la neutralité.

400, dossier 2155). Ces jeunes gens, au nombre de 67, sont exemptés généralement pour raisons de famille.

A signaler, dans le dossier 2155 la minute (signée Le Tourneur, Carnot, Barras) d'une lettre du 19 fructidor, non mentionnée au procès-verbal, par laquelle le Directoire invite le ministre de la guerre à comprendre au nombre des généraux de division en activité et à faire payer en conséquence le général Pichegru, l'ambassade de Suède étant provisoirement suspendue.

Le dossier 2155 se termine par quatre pièces relatives à des nominations de juges de paix et d'assesseurs dans les départements de la Corrèze et de Saône-et-Loire.

Art. 3. Quant à la partie du comté de la Mark qui, se trouvant sur la rive gauche de la Roer, n'est pas comprise dans la ligne susdite, elle n'en jouira pas moins d'une entière neutralité; mais Sa Majesté Prussienne consent à ce que les troupes des puissances belligérantes puissent la traverser, bien entendu qu'elles ne pourront y établir le théâtre de la guerre, ni y prendre des positions retranchées.

Art. 4. Sa Majesté Prussienne nommera des commissaires qui, dans le cas du passage effectif des troupes françaises par ladite partie du comté de la Mark, veilleront au maintien du bon ordre et auxquels les généraux et agents français s'adresseront. La République promet et s'engage de faire payer, au plus tard dans trois mois, en espèces sonnantes, tout ce qui y sera fourni ou consommé pour le compte de l'armée française, de procurer tous les dédommagements justes et raisonnables et de faire observer une discipline sévère.

Art. 5. Les principautés de Sa Majesté Prussienne en Franconie, ainsi que le comté de Sayn-Altenkirchen sur le Westerwald, y compris le petit district de Bendorf au-dessous de Coblentz, étant dans la possession de Sa Majesté le Roi de Prusse, ils sont censés compris dans les stipulations exprimées ci-dessus en faveur du comté de la Mark, situé sur la rive gauche de la Roer.

Art. 6. Sa Majesté le Roi de Prusse se charge de la garantie qu'aucunes troupes des États compris dans la neutralité du nord de l'Allemagne ne sortent de la ligne indiquée à l'article 1 pour combattre les armées françaises, ni pour exercer aucunes hostilités contre les Provinces-Unies; pour cet effet, elle rassemblera un corps d'observation suffisant et se concertera à cet égard avec les Princes et États dont les pays sont renfermés dans la ligne de démarcation, afin qu'ils se joignent à elle pour concourir à ce but. L'unique destination de ce rassemblement est de garantir le nord de l'Allemagne contre tout ce qui porterait atteinte à sa sûreté.

Art. 7. La présente convention sera ratifiée par les parties contractantes et les ratifications seront échangées dans le terme d'un mois ou plus tôt à compter de la signature. En foi de quoi ladite convention a été signée et scellée par les plénipotentiaires susmentionnés.

Fait à Berlin, le 5 août 1796 (18 thermidor an IV).

Antoine-Bernard Caillard, Chrétien, comte de Haugwitz [1]

B

Convention secrète conclue à Berlin le 18 thermidor an IV (5 août 1796) entre la République française et la Prusse pour la fixation d'indemnité en cas de réunion à la France de la rive gauche du Rhin.

La République française et Sa Majesté le Roi de Prusse, animés d'un égal désir de voir cesser bientôt la guerre funeste qui afflige l'Europe et se flattant que

---

[1] De Clercq, *Recueil des Traités de la France*, t. I, p. 279-281.

l'accomplissement de ce désir ne saurait être fort éloigné, ont cru devoir entrer d'avance en communication amicale sur plusieurs objets relatifs à cette pacification qu'elles espèrent prochaine.

Sa Majesté Prussienne, par un effet de la franchise dont elle s'est fait une loi dans toutes les explications entre elle et la France qui ont suivi la paix de Bâle, n'a point caché à la République le vœu que lui dictait sa qualité de membre du corps germanique et les devoirs qu'elle lui impose, que la constitution et le territoire de l'Empire puissent être maintenus dans toute leur intégrité. Elle s'est de même ouvert avec confiance envers le gouvernement français sur le désir que lui inspiraient également les liens étroits qui l'attachent à la maison d'Orange, que cette maison pût être rétablie dans ses charges et dignités en Hollande, moyennant telles modifications équitables dont on pourrait convenir. Elle a fait usage de tous les arguments et des instances amicales qui lui ont paru les plus propres à appuyer ses propositions à cet égard; mais la République française ayant persisté dans le sentiment qu'au point où les choses en sont venues, les circonstances ne lui permettent de partager ce double vœu, ni d'en favoriser l'accomplissement, les deux parties se sont ultérieurement concertées entre elles par l'organe du citoyen Antoine-Bernard *Caillard*, ministre plénipotentiaire de la République française, et du sieur Chrétien-Henry-Charles, comte *de Haugwitz*, ministre d'État, de la guerre et du cabinet de Sa Majesté Prussienne, etc., lesquels, après avoir échangé leurs pleins pouvoirs respectifs, sont tombés d'accord des stipulations éventuelles suivantes, qui supposent l'admission, à la pacification avec l'Empire germanique, des bases sur lesquelles elles se fondent.

Article 1er. L'intention des parties contractantes étant d'abord de s'entendre sur une indemnisation territoriale de la perte des provinces prussiennes sur la rive gauche du Rhin, pour le cas où ladite rive serait cédée à la France, à l'époque de la paix avec l'Empire, on a jeté les yeux pour cet effet sur l'évêché de Munster, y compris le pays de Recklinghausen. Mais le gouvernement français ayant manifesté le désir que la république des Provinces-Unies obtînt, en guise de dédommagement des cessions qu'elle lui a faites, cette partie du susdit évêché qui s'étend depuis l'endroit où l'Ems entre dans l'Ost-Frise, le long de cette rivière en la remontant jusqu'à Wintrup; de là, en ligne droite sur Heyden et longeant ensuite la frontière du duché de Clèves jusqu'à l'endroit où elle coïncide avec celle de la Hollande; Sa Majesté Prussienne, pour donner à la République française une preuve de ses sentiments d'amitié, déclare que lorsqu'il sera question de la rive gauche du Rhin à la France, elle ne s'y opposera pas, et comme alors, pour dédommager les princes séculiers qui perdront à cet arrangement, le principe des sécularisations devient absolument indispensable, Sa Majesté consent à accepter ledit principe et elle recevra en dédommagement desdites provinces transrhénanes, y compris l'enclave de Sevenaer, lesquelles dans ce cas seront cédées à la France, le reste de l'évêché de Munster avec le pays de Recklinghausen, déduction faite de la partie énoncée ci-dessus et moyennant leur sécularisation préalable; se réservant toutefois Sa Majesté d'y ajouter ce qui pourrait être de sa convenance pour compléter son indemnisation, objet sur lequel les deux puissances s'entendront amicalement.

Art. 2. L'article 2 du traité de Bâle du 5 avril 1795 est maintenu. En conséquence, la République française accepte la médiation du roi de Prusse en faveur des autres princes d'Allemagne qui désireraient traiter directement avec elle sur les bases énoncées dans l'article précédent.

Art. 3. Dans la double supposition exprimée à l'article 1 de la cession de la rive gauche du Rhin à la France et de l'admission du principe des sécularisations, la République française et Sa Majesté le Roi de Prusse s'obligent à réunir leurs soins pour procurer aux princes de la maison de Hesse la sécularisation des États ecclésiastiques à leur bienséance; pour les indemniser des États et biensfonds qu'ils se trouveront perdre au delà du Rhin, et à la branche de Hesse-Cassel la dignité électorale.

Art. 4. Sa Majesté le Roi de Prusse s'engage à conserver les villes de Hambourg, Bremen et Lubeck dans leur intégrité et leur indépendance actuelle.

Art. 5. Si, lors de la pacification future, le rétablissement de la maison d'Orange dans ses charges et dignités en Hollande est jugé inadmissible, la République française et Sa Majesté le Roi de Prusse s'engagent, pour ce cas, à interposer leurs bons offices et puissante médiation pour moyenner un arrangement convenable entre la République batave et le prince de Nassau-Orange, dont les clauses fondamentales seront, d'une part, la renonciation à toute prétention sur la dignité de Stathouder, ainsi qu'aux biens immeubles dudit prince situés sur la rive gauche du Rhin et dans les provinces belgiques; et, réciproquement, que la République batave paiera au prince de Nassau-Orange une indemnité équivalente au prix de tous les biens immeubles situés dans les Provinces-Unies, du pays dit de la Généralité et des Colonies hollandaises, si mieux n'aime ladite République batave laisser lesdits biens immeubles au prince Nassau-Orange pour en disposer dans un délai qui sera convenu de gré à gré ou réglé par arbitres que les parties choisiront; et pour effectuer ledit arrangement la République française s'engage à employer tous ses efforts pour opérer en faveur dudit prince de Nassau-Orange et de ses héritiers mâles la sécularisation des évêchés de Wurtzbourg et de Bamberg auxquels sera attachée la dignité électorale, et de faire stipuler la réversion desdits évêchés en faveur de la maison de Brandebourg, faute d'héritiers mâles de ladite maison de Nassau-Orange.

Art. 6. La présente convention secrète sera ratifiée par les parties contractantes et les ratifications en seront échangées à Berlin dans l'espace de six semaines, ou plus tôt si faire se peut.

En foi de quoi ladite convention a été signée et scellée par les plénipotentiaires sus-mentionnés.

Fait à Berlin, le 18 thermidor an IV (5 août 1796, v. s.).

Antoine-Bernard CAILLARD, Chrétien-Henry-Charles, comte DE HAUGWITZ [1].

---

[1] De Clerq, *Recueil des Traités de la France*, t. 1, p. 281-283.

C

LE DIRECTOIRE EXÉCUTIF AU GÉNÉRAL JOURDAN, COMMANDANT EN CHEF L'ARMÉE DE SAMBRE-ET-MEUSE.

Nous avions prévu, citoyen général, que les deux armées ennemies se rapprochant par l'effet de notre marche progressive dans l'intérieur de l'Allemagne, le prince Charles acquerrait la facilité de détacher des troupes de l'une à l'autre avec assez de rapidité pour suspendre momentanément l'offensive des deux armées républicaines. C'est ce qui nous avait déterminés à vous prescrire de livrer bataille au général Wartensleben avant sa jonction avec le prince Charles. Nous n'avons donc point été surpris d'apprendre que, n'ayant pu empêcher un corps ennemi de se porter sur Neumarck, d'où il menaçait vos derrières, vous ayez abandonné la Naab pour vous replier[1]. Aujourd'hui que vous occupez la Rednitz, notre intention est que vous considériez cette position comme nécessaire et que vous la mettiez à l'abri d'être compromise, malgré toutes les tentatives que pourra faire l'ennemi pour vous ramener sur le haut Main. Établissez donc sur cette ligne une défensive vigoureuse en profitant de tout ce que la nature du terrain et les forts qui s'y trouvent nous présentent d'avantageux, sans cesser de communiquer avec l'armée de Rhin-et-Moselle, qui continuera d'envahir la Bavière et tâchera de dissoudre les forces qui lui sont opposées, pendant que vous retiendrez devant vous celles que vous avez à combattre. Mais la défensive que nous vous prescrivons ne vous interdit pas d'attaquer toutes les fois qu'une occasion favorable se présentera d'envoyer des partis et de vous porter même tout entier au delà de la Rednitz selon les mouvements des ennemis. Le général Moreau a profité de ceux qu'ils ont faits de votre côté et vous profiterez de même de celui qu'ils feront probablement pour se reporter en force dans la Bavière lorsqu'ils verront que nous ne nous en laissons pas imposer par leur manœuvre et que nous savons poursuivre notre plan avec prudence, activité et vigueur. Dans tous les cas votre terme le plus rétrograde doit être le cours de la Rednitz. Cette rivière nous devient en effet indispensable pour servir au besoin de front à nos quartiers d'hiver et principalement aujourd'hui pour lier votre ligne d'opérations, qui, d'Ehrenbreitstein, s'étend sur le Danube et jusqu'aux montagnes du Tyrol. Tout le terrain compris en arrière de cette ligne doit être regardé comme irrévocablement destiné à alimenter la guerre et il est nécessaire d'observer avec soin qu'aucun parti ne s'y introduise, soit pour jeter des alarmes fâcheuses parmi les habitants, soit pour exciter les incursions des garnisons des places du Rhin.

Nous ne doutons pas que, tandis que vous occuperez le prince Charles et le général Wartensleben sur la Rednitz et que vous accréditerez le bruit que l'armée du Nord envoie 25,000 hommes à votre appui, le général Moreau, dégagé d'une partie des forces qui couvraient la Bavière, ne se prolonge jusqu'à Ratisbonne, en laissant

---

[1] C'est à la suite du combat de Neumarck, qui avait eu lieu le 6 fructidor (23 août) et où Bernadotte, son lieutenant, avait eu le dessous, que Jourdan, menacé dans ses communications, avait cru devoir commencer sa retraite.

toutefois quelques corps sur son flanc gauche pour conserver sa communication avec vous. La situation des Autrichiens deviendra alors plus critique par la difficulté de leur approvisionnement. Le passage de la Lech par l'armée du Rhin-et-Moselle [1] doit les avoir vivement étonnés et c'est ainsi qu'il faut frapper sur-le-champ de grands coups sur les points qu'ils dégarnissent, ce qui nécessite entre vous et le général Moreau le concert le plus actif.

Vous verrez, citoyen général, que notre confiance dans la brave armée que vous commandez est inaltérable et nous sommes persuadés que nous recevrons incessamment de vous les nouvelles les plus satisfaisantes.

CARNOT, REUBELL, P. BARRAS [2].

SÉANCE DU 20 FRUCTIDOR AN IV [3]

6 SEPTEMBRE 1796.

Le Directoire écrit au ministre de la guerre, pour l'inviter à faire les réductions les plus promptes dans les dépenses de son département et à réformer les deux tiers des employés de ses bureaux [4].

Il arrête que le citoyen Faujas jouira cumulativement des traitements affectés à ses deux places d'inspecteur des mines et de professeur au Muséum d'histoire naturelle [5].

---

[1] A la suite du combat de Friedberg, livré le 7 fructidor (24 août).

[2] Arch. nat., AF III, 400, dossier 2155.

[3] Arch. nat., AF III*, 4, fol. 211-213. — AF III, 3.

[4] Minute signée Barras, Revellière-Lépeaux, Reubell (Arch. nat., AF III, 400, dossier 2157). — «Cette première réforme, dit le Directoire en terminant cette lettre, est fondamentale et toutes les autres, qui sont commandées par la nécessité d'une rigide économie, doivent marcher avec elles... L'intention du Directoire est... que tout le territoire de la République, y compris les pays réunis, soit mis sur le pied de la plus profonde paix; que le nombre des troupes y soit réduit aux simples garnisons des places fortes; que le service de l'intérieur se fasse uniquement par la gendarmerie nationale et les gardes nationales sédentaires; que tout le surplus des forces soit porté hors des frontières, où réuni aux armées triomphantes elles achèveront d'accabler un ennemi sourd à la voix de l'humanité et de ses propres intérêts. Toutes les troupes de France vivront à ses dépens; toutes les calamités de la guerre seront transférées sur son territoire jusqu'à ce qu'il lui plaise enfin d'accepter les conditions justes et modérées que nous n'avons cessé et que nous ne cesserons de lui offrir. Quant à l'intérieur, l'intention du Directoire est de faire disparaître jusqu'aux derniers vestiges du régime militaire...»

[5] «Et qu'il sera néanmoins dispensé pour cette année des voyages auxquels il est assujetti comme inspecteur des mines» et cela parce qu'il «est actuellement occupé d'un ouvrage utile sur la Hollande, où il a été envoyé par le gouvernement pour la conservation des monuments des sciences et des arts». — Arrêté du 20 fructidor an IV, signé Barras, Revellière-Lépeaux, Reubell (Arch. nat., AF III, 400, dossier 2156). — FAUJAS DE SAINT-FOND (Barthélemy), géologue et voyageur, né en 1741, mort en 1818, auteur de nombreux ouvrages d'histoire naturelle, appar-

Il accorde par forme de secours à la citoyenne Anquetil, veuve d'un ancien consul de France à Surate et mère de quatre défenseurs de la patrie [1], une somme de cinq cents francs, valeur réelle.

Au citoyen Dufour, octogénaire [2], la somme de cinquante livres, en numéraire, et à la citoyenne Henry, femme Verneuil [3], dont le mari est capitaine de grenadiers, quinze cents livres, en mandats.

Sur le rapport du ministre de la police générale, sont rayés de la liste des émigrés les noms des citoyens ci-après :

François-Clément-Jean-Baptiste-Joseph-Augustin Daignan; Jacques Poignant; Geneviève Gouin, veuve de Jean-Louis-Emmanuel Hélie; Jean-Baptiste-Jacques Thillaye; Marie Damat; Marie-Anne-Louise Pépin, épouse de Jean-Charles-Julien Dandigné; Armand-Gérôme Bignon; Jean-Baptiste Egasse et Pierre Baffour; Charles-Louis-Ange Beaulaincourt; Charles-Antoine-Jean Beauvarlet; et Marie-Anne Massonneau, dite Des Borrières, et Anne-Françoise Fermont [4].

Le Directoire rejette la demande en radiation formée par Barthélemy Bezombes, inscrit sur la liste des émigrés du département des Pyrénées-Orientales. Il sera conduit hors des frontières et son bien demeure confisqué [5].

---

tenait déjà au personnel du Muséum avant la Révolution.

[1] «Dont un est mort dans les combats, et de deux filles à sa charge.» — Arrêté du 20 fructidor an IV, signé Reubell, Revellière-Lépeaux, Barras (Arch. nat., AF III, 400, dossier 2156).

[2] Ancien agent diplomatique, âgé de 81 ans. — Arrêté du 20 fructidor an IV, signé Barras, Reubell, Revellière-Lépeaux. (Arch. nat., AF III, 400, dossier 2156).

[3] Arrêté du 20 fructidor an IV, signé Carnot, Revellière-Lepeaux, Reubell (Arch. nat., AF III, 400, dossier 2156).

[4] François-Clément-Jean-Baptiste-Joseph-Augustin d'Aignan, conseiller au ci-devant parlement de Toulouse; — Jacques Poignant, ancien inspecteur des domaines, demeurant à Caen; — Geneviève Gouin, veuve de Jean-Louis-Emmanuel Hélie, demeurant à Langrune (Calvados); — Jean-Baptiste-Jacques Thillaye, chirurgien, demeurant à Paris; — Marie Damat, rentière, native de Volx (Basses-Alpes); — Marie-Anne-Louise Pepin, femme de Jean-Charles Julien d'Andigné, ancien officier d'infanterie, ex-noble, demeurant ci-devant à Paris et actuellement à Saint-Mandé; Armand-Jérôme Bignon, ex-noble; — Jean-Baptiste Égasse, cultivateur à Frouais, et Pierre Baffour, conducteur de voitures publiques; — Charles-Louis-Ange Beaulaincourt, demeurant à Béthune; — Charles-Antoine-Jean Beauvarlet, demeurant à Abbeville; — Marie-Anne Massonneau, dite des Borrières, et Jeanne-Françoise Fermont, demeurant à Ancenis; — inscrits sur les listes des émigrés des départements de la Haute-Garonne, de la Manche, de la Seine-Inférieure, des Bouches-du-Rhône, de la Loire-inférieure, de la Manche, de Seine-et-Oise, du Pas-de-Calais, de la Somme et de la Loire-Inférieure, — qui ont justifié de leur résidence. — Onze arrêtés du 20 fructidor an IV, signés les uns Reubell, Barras, Revellière-Lépeaux, les autres Carnot, Reubell, Barras (Arch. nat., AF III, 400, dossier 2157).

[5] Barthélemy Bezombes, ci-devant contrôleur des douanes, inscrit sur la liste des émigrés du département des Pyrénées-Orientales, qui ne peut se réclamer de la loi du 22 ni-

Un messager d'État envoyé par le Conseil des Anciens présente deux lois. La première ordonne que la Trésorerie nationale paiera à titre de pensions la somme de cent cinquante-deux mille deux cent vingt-huit francs dix-huit centimes aux militaires et marins blessés ou infirmes et aux veuves des citoyens morts en défendant la patrie [1].

La seconde accorde un délai de quinze jours aux acquéreurs et soumissionnaires de biens nationaux pour se libérer du montant total ou partiel du quart du prix desdits biens [2] et ordonne qu'il n'en sera plus vendu que sur enchères [3].

Le Directoire ordonne que ces deux lois seront publiées, exécutées et qu'elles seront munies du sceau de l'État. Elles sont en conséquence adressées de suite à l'enregistrement, pour deux expéditions être envoyées, sans délai, au ministre de la justice avec l'arrêté portant ordre d'impression et de publication, dans les formes prescrites par les lois.

Le ministre de l'intérieur présente à la signature du Directoire des expéditions de brevets de pensions pour les citoyens Paul Desgenettes et la veuve Chambon.

On s'occupe du personnel des armées et on prend plusieurs arrêtés déposés à la section de la guerre [4].

On écrit quinze lettres dont les minutes sont déposées à la section de la guerre, savoir :

Une au citoyen Boulay-Paty [5];

vôse an III et qui, n'étant rentré en France que le 29 floréal an III, «n'est point au nombre de ceux que la loi a voulu favoriser, puisqu'il prend lui-même la qualité de ci-devant contrôleur des douanes de la République, ce qui prouve qu'avant sa sortie il n'exerçait aucun métier ou art mécanique». — Arrêté du 20 fructidor an IV, signé Reubell, Barras, Revellière-Lépeaux (Arch. nat., AF III, 400, dossier 2157).

[1] Somme à répartir entre eux dans les proportions établies aux cinq états fournis par le Directoire. — Les enfants recevront jusqu'à 12 ans à titre de secours annuel la moitié de la pension accordée à leurs mères veuves. Le secours sera viager pour les enfants infirmes ou hors d'état de pourvoir par leur travail à leur subsistance. — *Bull.*, II, LXXIV, n° 688. — Voir les états indicatifs des bénéficiaires de ces pensions et de leur montant fourni le 24 thermidor par le ministre des colonies (Arch. nat., AF III, 400, dossier 2156).

[2] Conformément à la loi de 13 thermidor an IV (Voir plus haut, p. 231).

[3] *Bull.*, II, LXXIV, n° 687.

[4] Arrêté du 20 fructidor an IV, signé Carnot, Reubell, Revellière-Lépeaux (Arch. nat., AF III, 400, dossier 2157), par lequel : le général *Foissac-Latour*, désigné par l'arrêté du 16 de ce mois (voir plus haut, p. 518) pour commander dans la 15ᵉ division militaire, continuera à être employé dans la 17ᵉ sous les ordres du général Hatry; — les adjudants-généraux *Prisye* et *Caire* sont maintenus en activité dans la 17ᵉ division; — l'adjudant-général *Solignac* passera sans délai à l'armée de Rhin-et-Moselle; — le général de division Germain-Félix *Laubadère* est maintenu dans le commandement de la 15ᵉ division.

[5] Minute signée Carnot, Reubell, Barras

[6 sept. 1796] DU DIRECTOIRE EXÉCUTIF. 547

Au général Châteauneuf-Randon [1];
Au général Kellermann [2];
Trois au général Hoche [3];
Une au ministre de la police générale [4];
Six au ministre de la guerre [5];

(Arch. nat., AF III, 400, dossier 2157). — Le Directoire lui accuse réception de la lettre par laquelle il rappelle la conduite militaire du général Cambray et réclame un témoignage de satisfaction en faveur de cet officier.

[1] Minute signée Le Tourneur, Carnot, Revellière-Lépeaux (Arch. nat., AF III, 400, dossier 2157). — Le Directoire lui accuse réception de plusieurs lettres et l'informe qu'il ne pense point qu'il soit nécessaire de mettre tel canton ou telle grande commune en état de siège pour en imposer aux malveillants; qu'il suffit pour intimider les ennemis de l'ordre de déployer les forces attachées aux départements qu'il commande. Il lui témoigne son mécontentement de la lenteur apportée à l'envoi des renforts destinés pour l'armée d'Italie.

[2] Minute signée Le Tourneur, Carnot, Revellière-Lépeaux (Arch. nat., AF III, 400, dossier 2157). — Le Directoire lui accuse réception de plusieurs lettres, l'invite à disposer des troupes du département de la Haute-Loire qui appartiennent à l'armée qu'il commande et lui fait passer l'état des fonds qui ont dû lui être expédiés depuis le 19 pluviôse jusqu'au 24 thermidor (savoir : en numéraire, 6,545,940 livres 7 sous 4 deniers; — en assignats, 68,943,374 livres 6 sous 5 deniers; — en mandats 62,486,690 livres 6 sous).

[3] Minutes signées les deux premières Carnot, Le Tourneur, Revellière-Lepeaux, la troisième Carnot, Reubell, Barras (Arch. nat., AF III, 400, dossier 2157). — Par la première le Directoire lui accuse réception de plusieurs lettres et lui recommande l'exacte observation des principes auxquels est due la pacification de l'Ouest, ainsi que des promesses qui ont été faites aux habitants de ces contrées. — Par la seconde, il lui transmet une lettre à l'éloge du général Cambray, dont on assure «qu'il a donné des preuves multipliées de zèle et de fermeté à Nantes, à Machecoul, à Montaigu, à Chemillé et que c'est à lui qu'on doit la conservation de l'île de Noirmoutiers». Il l'invite à envoyer à cet officier une lettre de félicitation, s'il croit que ses services le méritent. — Par la troisième, il l'informe que plusieurs membres du Corps législatif demandent un témoignage de satisfaction en faveur du général de brigade Larue; il l'invite à faire droit à cette réclamation, s'il la croit fondée.

[4] Minute signée Carnot, Reubell, Barras (Arch. nat., AF III, 400, dossier 2157). — Le Directoire lui transmet une lettre des habitants de la commune d'Arzal en faveur du nommé Labaye-Desiltz.

[5] Minutes signées les quatre premières Le Tourneur, Carnot, Revellière-Lépeaux, les deux dernières Carnot, Reubell, Barras (Arch. nat., AF III, 400, dossier 2157). — Par la première le Directoire l'autorise à effectuer la mesure qu'il lui a proposée concernant la nouvelle demi-brigade que le général Hoche doit former en remplacement de celle qu'il a mise à la disposition du contre-amiral Villaret. — Par la seconde le Directoire lui annonce qu'il pense comme lui relativement à la demande faite par la commission d'échange établie à Bruxelles au sujet des déserteurs nés et domiciliés dans les pays réunis; en conséquence ils ne seront point regardés comme les déserteurs étrangers qui en vertu d'ordres précédents sont dirigés sur Lille. — Par la troisième, il lui accuse réception du relevé des fonds expédiés pour le service de l'armée des Alpes depuis son entrée au ministère. — Par la quatrième, il l'autorise à faire droit à la demande de 2,000 hommes faite par le ministre de la marine pour la flottille de la Méditerranée. — Par la cinquième il lui communique un paragraphe d'une lettre du citoyen Rivaltz, ministre de la République à Cassel, relatif au citoyen Rostaingt, considéré comme otage à Erfurt, et l'invite à donner des ordres pour que ce dernier «recouvre sa liberté après qu'on aura recueilli sur cette affaire tous les éclaircissements convenables». — Par la sixième il lui

35.

7° Il sera envoyé en Franconie un agent diplomatique chargé d'y surveiller les intérêts de la République française. — (*Copie*). Arch. nat., AF III, 400, 3 [1].]

DÉLIBÉRATION SECRÈTE DU 20 FRUCTIDOR AN IV [2]

6 SEPTEMBRE 1796.

CCLIX.

Le Directoire exécutif,

Considérant que l'ignorance, l'oubli des principes et la trahison ont livré aux Anglais les colonies orientales appartenantes à la République ou à ses alliés;

Qu'il importe également à la dignité et aux intérêts de la République non seulement d'arrêter les entreprises des ennemis et de reprendre les colonies dont ils se sont rendus maîtres, mais encore de s'emparer des possessions qui excitent leur orgueil et sont la source de leurs richesses, ainsi que des bâtiments qu'ils entretiennent dans ces régions éloignées,

Arrête :

Il sera expédié du port de Brest pour les mers de l'Inde une escadre composée de huit vaisseaux et de six frégates ou corvettes;

Trois mille hommes de troupes seront embarqués sur cette escadre.

Le terme de son départ est fixé à un mois.

Charge le ministre de la marine et des colonies de l'exécution du présent arrêté, qui demeurera secret [3].

---

[1] Signé Carnot, Reubell, Barras.
Le dossier 2158 (Arch. nat., AF III, 400), dont le contenu, comme celui des deux précédents, se rapporte à la séance du 20 fructidor, est formé de quarante-une pièces relatives à des nominations de commissaires du pouvoir exécutif et de juges de paix et assesseurs dans les départements de l'Oise, des Alpes-Maritimes, du Doubs et de la Moselle.

[2] Arch. nat., AF III*, 20, p. 77. — AF III, 400, dossier 2157.

[3] Signé à la minute Le Tourneur, Revellière-Lépeaux, Carnot, Barras, Reubell.

Et deux au ministre des relations extérieures [1].

[Le Directoire exécutif arrête ce qui suit :

1° L'arrangement provisoire arrêté le 20 thermidor dernier entre les députés du cercle de Franconie et le général de division Ernouf, chef de l'état-major de l'armée de Sambre-et-Meuse, dûment autorisé par le général en chef Jourdan, est confirmé à l'exception de l'article 12 et il aura sa pleine et entière exécution.

2° L'article 12 sera rédigé de la manière suivante : «Les possessions appartenantes au roi de Prusse, au landgrave de Hesse-Cassel et aux princes en paix avec la France ne sont pas comprises dans l'arrangement actuel pour les contributions qu'il détermine».

3° Les contributions imposées par le général en chef Jourdan sur les villes et territoires de Nuremberg et de Bamberg, sur la ville et évêché de Wurtzbourg et la ville de Schweinfurt sont regardées comme non avenues et de nul effet.

4° Les sommes ou valeurs payées sur lesdites contributions imposées par le général en chef de l'armée de Sambre-et-Meuse seront considérées et employées comme des acomptes sur les sommes ou valeurs dues en vertu de l'arrangement du 20 thermidor.

5° Le ministre des relations extérieures est chargé de faire connaître incessamment le présent arrêté aux députés du cercle de Franconie.

6° Il traitera dans le plus court délai possible avec ces députés pour un supplément de contributions en numéraire et en nature qui seront réparties par l'assemblée générale du cercle de Franconie sur les pays non appartenants aux princes qui sont en paix avec la République française.

---

transmet un rapport de l'ordonnateur en chef de l'armée de Sambre-et-Meuse, une lettre et un projet du commissaire du gouvernement Joubert concernant les difficultés qu'éprouve l'administration militaire pour satisfaire aux différents services et les moyens d'y pourvoir en affectant diverses sommes en numéraire prises sur les contributions levées dans les pays conquis.

[1] Minutes signées, l'une Le Tourneur, Carnot, Revellière-Lépeaux, l'autre Carnot, Reubell, Barras (Arch. nat., AF III, 400, dossier 2157). — Par la première le Directoire l'informe que le citoyen Simon, secrétaire de légation, a fait une démarche qui tend à empêcher le versement des contributions imposées par le général en chef de l'armée de Sambre-et-Meuse sur différents États du cercle du Haut-Rhin. Il l'invite à faire rentrer cet agent dans le cercle de ses fonctions diplomatiques. — Par la seconde, il lui transmet l'arrêté qu'il a cru devoir prendre relativement aux contributions mises sur le cercle de Franconie (voir ci-après); il lui communique les bases d'après lesquelles il désire traiter avec ce cercle.

SÉANCE DU 21 FRUCTIDOR AN IV [1]

7 SEPTEMBRE 1796.

Le Directoire adresse au Conseil des Cinq-Cents quatre messages.

Par le premier il lui justifie de la comptabilité du ministre des relations extérieures et lui demande de nouveaux fonds pour ce ministre [2].

Par le second il l'informe de l'affluence à Vendôme d'individus étrangers à cette commune et lui propose de statuer que tout citoyen non domicilié à Vendôme avant l'établissement de la haute-cour de justice ne pourra y rester sans une permission expresse et par écrit du Directoire [3].

Par le troisième il met sous les yeux du Conseil l'état alarmant de pénurie des armées de l'intérieur et l'affreuse situation de toutes les parties du service tant militaire que civil [4].

Par le quatrième, il l'invite à accorder un délai aux habitants des départements ci-devant insurgés pour faire enregistrer les actes susceptibles de cette formalité qui ne l'ont pas reçue à cause des troubles [5].

Un messager d'État envoyé par le Conseil des Anciens est admis et présente cinq lois.

La première fixe le mode de paiement des loyers d'habitation [6].

---

[1] Arch. nat., AF III*, 4 fol. 213-215. — AF III, 3.

[2] Message lu à la séance du 21 fructidor (C. C., fructidor an IV, 413-414).

[3] Message lu à la séance du 21 fructidor (C. C., fructidor an IV, 411-412). — «...Une foule de personnes, lit-on dans ce document, affluent dans cette commune, s'y présentent comme parents ou amis des accusés traduits par devant la Haute-Cour et, en cette qualité, réclament à chaque instant la permission d'entrer dans les prisons pour conférer avec lesdits prévenus. La municipalité est alarmée de cet état de choses; le peu de sécurité des prisons, auxquelles on n'a pu faire encore toutes les réparations nécessaires, ajoute à ses inquiétudes et exige une surveillance tellement active qu'elle ne peut se soutenir, quel que soit le zèle de ceux qui l'exercent...»

[4] Message lu en Comité secret. — Arch. nat., AF III, 401, dossier 2160. Le Directoire envoie l'original d'une dépêche du commandant de la 12ᵉ division militaire. «Tout ce que nous pourrions ajouter, dit-il, ne pourrait qu'affaiblir le tableau de l'affreuse situation des armées de l'intérieur et de toutes les parties du service...»

[5] Message lu à la séance du 24 fructidor (C. C., fructidor an IV, 465-466).

[6] Bull., II, LXXIV, n° 691. — Les loyers stipulés par baux ou conventions antérieures au 1ᵉʳ nivôse an III seront payés en numéraire ou en mandats au cours pour le temps qui s'écoulera à partir du 1ᵉʳ vendémiaire prochain. Si les baux ou conventions sont

[7 sept. 1796]　DU DIRECTOIRE EXÉCUTIF.　551

La seconde ordonne la translation de l'hospice civil de Poitiers, dit l'Hôtel-Dieu, dans la maison nationale dite le grand Séminaire [1].

La troisième accorde deux mois de vacances chaque année aux tribunaux civils [2].

La quatrième permet le recours en cassation contre les jugements des commissions militaires pour cause d'incompétence [3].

La cinquième statue que le mode de radiation de la liste des émigrés décrété par la loi du 22 prairial an III est applicable aux citoyens dénommés dans la loi du 28 floréal an IV [4].

Le Directoire ordonne que ces cinq lois seront publiées, exécutées et qu'elles seront munies du sceau de l'État. Elles sont en conséquence adressées de suite à l'enregistrement pour deux expéditions être envoyées le même jour au ministre de la justice, avec l'arrêté portant ordre d'impression et de promulgation dans les formes prescrites par les lois.

Sur le rapport du ministre des finances il autorise la vente des arbres de réserve nuisibles et dépérissants, dans les deux dernières coupes exploitées par la commune de Ville-en-Woëvre, département de la Meuse [5].

Il proroge de trois années le bail passé en 1781 au citoyen Malherbe des forges de la Hunaudière, département de la Loire-Inférieure, en considération des pertes que ce citoyen a essuyées par le fait des Chouans [6].

Il déclare valable la soumission faite pour les forges de Clavières [7].

---

postérieurs au 1ᵉʳ nivôse an III, ils seront réglés de gré à gré entre les parties; en cas de difficulté ils le seront par experts et payés, pour le temps à compter du 1ᵉʳ vendémiaire prochain, en numéraire ou en mandats.

[1] *Bull.*, II LXXV, n° 694.

[2] *Bull.*, II, LXXIV, n° 690. — Ces vacances auront lieu du 15 fructidor au 15 brumaire. Pendant leur durée il sera pourvu aux affaires courantes par une *Section des vacations* qui sera renouvelée tous les ans par roulement. Les tribunaux correctionnels, criminels, de commerce et le tribunal de cassation n'auront par de vacances.

[3] *Bull.*, II, LXXIV, n° 689.

[4] *Bull.*, II, LXXV, n° 695. Il s'agit des citoyens de la ville de Longwy que la loi du 28 floréal an IV (voir t. II, p. 408-409) avait déchargés de l'accusation portée contre eux en 1793.

[5] Arrêté du 21 fructidor an IV, signé Reubell, Barras, Revellière Lépeaux (Arch. nat., AF III, 401, dossier 2160).

[6] Arrêté du 21 fructidor an IV, signé Reubell, Barras, Revellière-Lépeaux (Arch. nat., AF III, 401, dossier 2160). — Voir dans le rapport du ministre des finances (même dossier) le détail des violences, destructions, pillages commis par les Chouans.

[7] Département de la Nièvre. — Arrêté du 21 fructidor an IV, signé Reubell, Revellière-Lépeaux, Barras (Arch. nat., AF III, 401,

Il sera procédé à la vente du canton appelé la côte des Plants[1], faisant partie de la réserve de la commune de Piémorin[2].

Le citoyen Le Chevalier, notaire public à la résidence du canton de Tirepied[3] et élu juge de paix du même canton, ayant opté pour sa place de notaire, sera tenu de cesser toutes fonctions de juge de paix[4].

Le ministre de l'intérieur est chargé de donner les secours convenables aux trois filles de l'ex-député conventionnel Esnue-Lavallée, réduites à une extrême indigence[5].

Soixante musulmans nés dans la Servie et la Bosnie, désertés des armées de l'empereur où ils servaient forcément, seront renvoyés du dépôt des déserteurs étrangers établi à Péronne, où ils sont maintenant, et pourront retourner en leur patrie[6].

La terme moyen du cours des mandats des cinq jours précédents est proclamé dans la proportion suivante :

Pour cent livres en mandats, trois francs soixante quinze centimes (trois livres quinze sous)[7].

Le ministre des relations extérieures est autorisé à traiter avec les députés du cercle de Franconie[8] sur les contributions imposées à la presque universalité des États de ce cercle[9].

Le Directoire écrit au citoyen Edouard Church, consul général des États-Unis de l'Amérique en Portugal, en l'invitant à employer ses talents en négociations auprès de cette puissance pour lui inspirer à

---

dossier 2160). — Voir au même dossier le rapport du ministre des finances (Ramel) qui établit que cette aliénation est sans inconvénients pour l'État.

[1] Contenant environ vingt arpents de bois.

[2] Département du Jura. — Arrêté du 21 fructidor an IV, signé Reubell, Barras, Revellière-Lépeaux (Arch. nat., AF III, 401, dossier 2160).

[3] Département de la Manche.

[4] Vu l'incompatibilité établie entre ces deux fonctions par la loi du 2 vendémiaire an III. — Arrêté du 21 fructidor an IV, signé Reubell, Revellière-Lépeaux, Barras (Arch. nat., AF III, 401, dossier 2159).

[5] Arrêté du 21 fructidor an IV, signé Carnot, Barras, Revellière-Lépeaux (Arch. nat., AF III, 401, dossier 2159). — Le ministre de l'intérieur est chargé d'assurer leur retour près de leurs parents à Craon. — ESNUE DE LAVALLÉE (François-Joachim), né à Craon en 1751, mort à Paris le 21 février 1816; député de la Mayenne à l'Assemblée législative (1791), puis à la Convention (1792); décrété d'arrestation comme terroriste, à la suite du 1er prairial (1795); amnistié le 4 brumaire an IV; non réélu après la Convention.

[6] Arrêté du 21 fructidor an IV, signé Reubell, Revellière-Lépeaux, Barras (Arch. nat., AF III, 401, dossier 2159).

[7] Arrêté du 21 fructidor an IV, signé Reubell, Revellière-Lépeaux, Carnot (Arch. nat., AF III, 401, dossier 2160).

[8] Zwanziger et Rhodius.

[9] Arrêté du 21 fructidor an IV, signé Revellière-Lépeaux, Carnot, Barras (Arch. nat., AF III, 401, dossier 2159). Voir plus haut, p. 458 et plus loin p. 548.

l'égard des Français et des Anglais des sentiments que sa position lui commande [1].

Il écrit aussi à la haute-cour de justice et l'invite à s'occuper des actes d'instruction qui n'exigent pas une audience publique, en attendant que la salle destinée pour son auditoire soit prête [2].

Deux autres lettres, dont les minutes sont déposées à la section de la guerre, sont écrites au ministre de la guerre [3].

On prend divers arrêtés concernant le personnel des armées [4].

On écrit au ministre de la guerre pour lui transmettre la réclamation du général de brigade Beaufort contre la disposition qui ordonne

---

[1] Voir le texte de cette lettre plus loin à l'Appendice.

[2] Minute signée Reubell, Barras, Revellière-Lépeaux (Arch. nat., AF III, 42, dossier de la conspiration Babeuf).

[3] Minutes signées l'une Carnot, Le Tourneur, Revellière-Lépeaux, l'autre Carnot, Reubell, Barras (Arch. nat., AF III, 401, dossier 2160). — Par la première le Directoire transmet au ministre copie d'une dépêche écrite au commandant des 9e et 11e divisions militaires, dont il est nécessaire qu'il ait connaissance. — Par la seconde il lui transmet une lettre du secrétaire général de l'administration des pays conquis entre Rhin et Moselle, ainsi que de plusieurs pièces, lesquelles constatent des abus.

[4] Deux arrêtés du 21 fructidor an IV, signés Carnot, Revellière-Lépeaux, Barras (Arch. nat., AF III, 401, dossier 2160), par lesquels : l'ex-général de brigade Bonavita est mis en activité à la suite de la place de l'île d'Oléron, avec le traitement de commandant temporaire de 2e classe, en attendant que sa pension de retraite soit décrétée ; — l'ex-adjudant général provisoire Cazabonne recevra la retraite dont ses blessures le rendent susceptible ; — le citoyen Hellin, adjoint aux adjudants de place à Lille, sera employé suivant son grade à la suite d'une compagnie de vétérans en attendant qu'il puisse obtenir un emploi ; — la nomination du citoyen Tournaillon à un emploi d'adjudant de place à Ostende est confirmée pour le temps de la guerre seulement ; — les promotions faites le 18 thermidor dernier dans le 1er régiment de chasseurs à cheval par le général Jourdan sont confirmées ; — le citoyen Bessier, maréchal des logis au 10e régiment de hussards, est nommé à l'emploi de quartier-maître dudit régiment, mais il ne pourra parvenir au grade de lieutenant qu'à son rang d'ancienneté ; — le citoyen Beauchet-Laborde, lieutenant adjoint aux adjudants-généraux, est promu au grade de capitaine à la suite des troupes légères à cheval ; — le citoyen Beaudriot, capitaine invalide, est nommé à l'emploi de capitaine de la 33e compagnie de vétérans nationaux ; — le citoyen Poncelet (J. B.), lieutenant, est nommé capitaine de la 121e compagnie ; — le citoyen Carette, lieutenant de la 79e, est nommé capitaine de la même compagnie ; — le citoyen Barraud, sergent-major de la 55e, est nommé lieutenant de la même compagnie ; — le citoyen Jenost, lieutenant de la 36e, est nommé capitaine de la même compagnie ; — le citoyen Closmesnil, sergent-major de la 175e, est nommé lieutenant de la même compagnie ; — le citoyen Foucaud, sergent-major de la 87e, est nommé lieutenant de la même compagnie ; — le citoyen Devouc, lieutenant de gendarmerie, est nommé capitaine à la 157e compagnie ; — il n'y a pas lieu à admettre le citoyen Valcroissant à la maison nationale des Invalides ; il continuera à jouir de sa pension de retraite ; le citoyen Bertrand, capitaine pensionné, sera employé suivant son grade à la suite d'une compagnie de vétérans ; — la destitution prononcée par le général en chef de l'armée de Rhin-et-Moselle contre le chef d'escadron Semy au 2e régiment de chasseurs, pour cause de concussions, contre Baniel et Parent, sous-lieutenants au 6e régiment de dragons, pour inconduite, est confirmée ; — le capitaine Dutaillis, aide de camp du général Berthier, est promu au grade de chef de bataillon, pour prendre

qu'il sera fait une retenue sur ses appointements au profit de sa femme [1], avec qui il dit avoir divorcé [2];

Au même ministre pour lui demander compte du refus de paiements des fournitures du citoyen Gossuin [3];

Au citoyen Morisset, commissaire du pouvoir exécutif à l'île d'Oléron, pour qu'il lui rende compte des motifs qui l'ont autorisé à laisser arpenter le territoire de cette place [4];

Et aux ministre des finances et de la guerre, pour leur annoncer que les adjudicataires des herbages des terrains de fortifications sont assujettis aux droits du timbre et d'enregistrement [5];

Le Directoire charge son secrétaire général de l'exécution des mesures propres à prévenir certains abus que pourraient faire les courriers extraordinaires, porteurs de dépêches adressées au Directoire [6];

Un messager d'État envoyé par le Conseil des Cinq-Cents est admis et présente un message par lequel ce Conseil presse de nouveau le Directoire de lui envoyer l'état des maisons occupées par des établissements publics dans le département de la Seine, et des personnes qui y sont logées gratuitement, afin de répondre, dans la décade, aux messages qui lui ont été adressés par ce Conseil en exécution de ses arrêtés des 30 messidor dernier et 1ᵉʳ fructidor, présent mois [7].

---

rang du jour où il lui était dû par ancienneté dans le 14ᵉ bataillon de chasseurs.

[1] Voir plus haut, p. 230.

[2] Minute signée Carnot, Barras, Revellière-Lépeaux (Arch. nat., AF III, 401, dossier 2160).

[3] Minute signée Carnot, Barras, Revellière-Lépeaux (Arch. nat., AF III, 401, dossier 2159). — Gossuin, entrepreneur de la manufacture d'armes de guerre de Charleville, se plaint que le retard qu'on met à le payer désorganise cet établissement et qu'on a prétendu qu'il était débiteur au lieu d'être créancier du gouvernement.

[4] «Alors que la loi du 10 juillet 1791 défend à tous particuliers autres que les agents militaires désignés par le ministre d'eu exécuter (des arpentages) de ce genre qu'à la distance de 500 toises de la place». — Minute signée Carnot, Barras, Revellière Lépeaux (Arch. nat., AF III, 401, dossier 2160).

[5] Minutes signées Carnot, Barras, Revellière-Lépeaux (Arch. nat., AF III, 401, dossier 2160).

[6] Arrêté du 21 fructidor an IV, signé Carnot, Barras, Reubell (Arch. nat., AF III, 401, dossier 2160). — Il porte que ces courriers ne pourront repartir sans avoir pris les ordres du Directoire et qu'à cet effet ils devront aussitôt après leur arrivée remettre contre reçu au secrétaire général leur passeport qui ne leur sera remis qu'au moment de leur départ.

[7] Message voté par le Conseil des Cinq-Cents dans sa séance du 21 fructidor (C. C., fructidor an IV, 399), à la suite d'un rapport de Fabre, au nom de la commission des dépenses. Ce représentant s'est plaint très vivement du retard que le Directoire a mis à répondre aux précédents messages, ajoutant «qu'il est du devoir du Corps législatif de surveiller les dépenses en constructions et réparations et de renvoyer à des temps plus heureux celles qui ne seront pas reconnues

[Le Directoire exécutif, considérant qu'il importe de saisir tous les moyens qui se présentent pour économiser les dépenses de l'administration et accélérer l'expédition de ses travaux, et qu'il n'en est point de plus sûr ni de plus efficace pour parvenir à ce but, vers lequel doit toujours tendre un gouvernement occupé essentiellement des intérêts du peuple, que d'établir dans la correspondance des autorités constituées un mode qui réunisse à la simplicité et à la clarté de la marche des affaires l'avantage de la rendre aussi économe que rapide,

Arrête ce qui suit :

Article 1er. A compter du 1er vendémiaire prochain, il ne pourra être adressé :

Aux ministres,

Aux administrations départementales et municipales,

Aux bureaux centraux des cantons de Paris, de Marseille, de Lyon et de Bordeaux,

Aux accusateurs publics,

Aux commissaires du Directoire exécutif près les administrations et les tribunaux,

A la régie de l'enregistrement,

A la régie des douanes,

A l'administration générale des postes et messageries,

A la direction générale de la liquidation,

A la commission établie à Paris pour la liquidation de la dette des émigrés du département de la Seine,

Et au bureau du domaine national du même département,

aucun mémoire, pétition ou lettre, qu'il ne soit écrit à mi-marge, sur double feuille et étiqueté, en tête de chacune des deux feuilles, d'un ou deux mots indicatifs de la nature d'affaires à laquelle il appartient, et d'un numéro.

Art. 2. Dans le cas où le mémoire, lettre ou pétition serait de nature à être réduit à une série de questions, il suffira qu'il soit écrit sur une simple feuille, sauf à y joindre, sur feuille double, la série de questions à laquelle il donnera lieu.

---

indispensables et très urgentes; de ne laisser aux établissements publics que les maisons nationales qui leur sont nécessaires, d'ordonner l'aliénation des autres pour subvenir aux dépenses de la guerre, et enfin de suivre l'emploi des fonds mis à la disposition des ministres». *Journal des débats*, fructidor an IV, 309-310).

Art. 3. La disposition des articles précédents s'applique aux mémoires, lettres et pétitions que les autorités s'écriront entre elles comme à ceux que leur adresseront les citoyens. Elle ne s'applique pas aux pièces jointes à ces mémoires, lettres ou pétitions.

Art. 4. Chaque autorité à laquelle aura été adressé un mémoire, lettre ou pétition, consignera la minute de sa réponse à la marge de chacun des doubles qu'elle aura par devers elle.

Elle gardera l'un de ces doubles par devers elle, pour minute, et enverra l'autre à l'autorité ou au citoyen qui les lui aura adressés tous les deux.

Art. 5. Si le mémoire, lettre ou pétition contient plusieurs articles, la réponse sera couchée à la marge de chacun.

Art. 6. Tout mémoire, lettre ou pétition,
qui contiendrait plusieurs objets distincts,
qui ne serait pas écrit à mi-marge,
ou qui ne serait pas étiqueté, ainsi que le prescrit l'article 1er,
sera renvoyé sans réponse à celui ou ceux de qui il proviendra.

Art. 7. Les ministres et les autorités désignées dans l'article 1er réformeront ceux de leurs employés dont les services leur deviendront inutiles d'après les dispositions du présent arrêté.

Art. 8. Le présent arrêté sera inséré au *Bulletin des lois*.

Il sera, à la diligence des commissaires du Directoire exécutif près les administrations départementales, imprimé et affiché dans toutes les communes de la République. — Arch. nat., AF III, 401, dossier 2159 [1]].

---

[1] Signé à la minute Reubell, Carnot, Barras.

Outre les documents qui viennent d'être signalés, on trouve dans les dossiers correspondants à la séance du 21 fructidor les pièces suivantes, datées de ce jour et non mentionnées au procès-verbal, savoir :

Dans le dossier 2159 : 1° Lettre, signée Carnot, Barras, Revellière-Lépeaux, au ministre de la justice pour lui demander des explications sur l'arrestation d'un des membres de l'administration de Grandvilliers (département de l'Oise), qui a été constitué prisonnier par le commissaire du Pouvoir exécutif près cette administration. — 2° Lettre, signée Barras, Carnot, Revellière-Lépeaux, au ministre de la justice pour l'inviter à rendre au citoyen *Dumesnil*, qui avait été dénoncé à tort comme ivrogne, sa commission de juge de paix du canton de Franqueville (Seine-Inférieure). — 3° Arrêté signé Carnot, Barras, Revellière-Lépeaux, par lequel, en vertu de la loi du 21 floréal, le citoyen Jean-Antoine *Philippi*, né Hollandais, âgé de 24 ans, est autorisé à résider à Paris, où il est venu «pour acquérir des instructions et se perfectionner dans les sciences et beaux-arts».

Dans le dossier 2160, un arrêté, signé Carnot, Reubell, Barras, exemptant du ser-

Le Directoire exécutif au citoyen Edouard Church.

Le Directoire exécutif, informé par vous, citoyen, que vous êtes sur le point de vous rendre en Portugal pour y reprendre l'exercice de vos fonctions de consul général des États-Unis d'Amérique, a jugé à propos de saisir cette occasion de mettre en action votre philanthropie et votre habileté dans les négociations pour prévenir, s'il est possible, les maux que la guerre attire nécessairement sur tous les États et la crise qui menace en particulier à ce moment l'existence même du Portugal.

Le Directoire connaît la juste influence que vous avez dans ce pays et la confiance particulière dont vous jouissez près de quelques-uns des principaux ministres. Il ne s'agit point d'agir officiellement à cette cour, mais bénévolement et comme ami de l'humanité. Nous avons un ambassadeur en Espagne vers lequel vous pouvez vous présenter au même titre et qui entretiendra avec vous correspondance, s'il voit que ce puisse être un moyen d'accélérer des engagements désirables pour la puissance chez laquelle vous résidez et avantageux à la France, en ôtant à son ennemi principal, l'Angleterre, un de ses alliés les plus utiles ou plutôt une de ses victimes les plus malheureuses.

Vous ferez rougir le gouvernement portugais de l'état d'oppression et de nullité où il a été successivement amené par la politique astucieuse et cruelle des Anglais. Montrez-lui ses campagnes en friche, son industrie éteinte, son commerce entre les mains de ces hommes cupides; faites-lui voir que ses colonies sont près de lui échapper par leur rapacité; qu'ils n'attendent pour les lui enlever que le moment où son territoire européen sera envahi par les Français, catastrophe inévitable pour le Portugal et qui est une suite du droit de la guerre, si le gouvernement portugais ne la prévient par une mesure décisive et courageuse.

Quelle doit être cette mesure? Elle est simple : c'est de s'unir d'intérêt avec la France et avec l'Espagne, aujourd'hui l'une et l'autre en guerre avec les Anglais; c'est de saisir cette occasion, qui ne se présentera plus, de secouer un joug odieux et de reprendre cette activité qui seule peut lui faire tenir un rang convenable parmi les puissances; c'est enfin de fermer ses ports à ces oppresseurs du genre humain, à ces dominateurs insolents de la mer, à ces tyrans du Portugal, qu'ils regardent comme une de leurs provinces, ou plutôt comme un pays conquis, qui n'a d'existence que celle qu'ils veulent bien lui conserver et qu'ils n'entretiennent que pour le dévorer.

En s'unissant à la France et à l'Espagne, au contraire, le Portugal acquiert l'indépendance qu'il doit conserver; son territoire lui est garanti; ses colonies lui sont assurées; l'industrie se ranime, l'agriculture renaît, le commerce étend ses relations et l'État reprend sa consistance et son ancienne splendeur.

vice militaire, pour raison de famille, 86 jeunes gens de la réquisition.

Le dossier 2161, dont le contenu, comme celui des deux précédents, se rapporte à la séance du 21 fructidor, est formé de 38 pièces relatives à des nominations de juges et de commissaires dans les départements de l'Ardèche, de l'Ariège, du Gard, du Var et des Vosges.

Tout autre système entraîne la ruine infaillible du Portugal. La France sait que c'est frapper l'Anglais au cœur que de le lui enlever; elle ne négligera rien pour le faire. L'Espagne, aujourd'hui en guerre avec l'Angleterre, n'a qu'à se montrer, soutenue par la France, pour faire du Portugal une de ses provinces. Une invasion de 40,000 hommes dans le pays, lors même qu'ils n'en feraient pas la conquête pour la conserver, y porte pour jamais le germe de la dissolution tant au moral qu'au physique; les colonies sont à l'instant saisies par les Anglais pour n'être jamais rendues et le Portugal est effacé de la liste des puissances.

Voilà des vérités que le citoyen Edouard Church connaît parfaitement, et c'est à dessiller sur elles les yeux du gouvernement portugais que ses soins doivent se porter. Il ne doit point lui montrer cette lettre, qui pourrait paraître suspecte aux Portugais, quoique dictée par les plus purs motifs, mais agir de lui-même d'après ses connaissances locales et diplomatiques et établir entre les trois puissances française, espagnole et portugaise l'harmonie et la confiance qui doit amener la sûreté de chacune d'elles et l'abaissement de leur ennemi naturel.

Si cet ensemble désirable pouvait s'établir promptement, le gouvernement français changerait alors la destination des forces qu'il rassemble pour l'exécution de son projet sur le Portugal; mais alors il faudrait que la France fût indemnisée et, quelle que fût cette indemnité, le Portugal y gagnerait tout, car il est à la veille de tout perdre. Les seuls efforts qu'il sera obligé de faire pour opposer quelque résistance pour retarder de quelques instants sa chute absorberont beaucoup plus que tout ce que la France pourrait exiger. Les principes du gouvernement français à l'égard des puissances étrangères en paix avec lui sont connus : il ne s'immisce point dans leur régime intérieur; mais sa propre sûreté lui commande d'employer toutes ses ressources pour la destruction de ceux qui la combattent. Ce gouvernement, citoyen, attend beaucoup de vos lumières et de votre amour pour la paix du genre humain. Il ne doute pas que vous n'employiez tous vos soins au succès des vues qu'il vient de vous développer et que ces soins ne soient très efficaces auprès d'une cour dont vous avez mérité l'estime et la bienveillance.

CARNOT, BARRAS, L.-M. REVELLIÈRE-LÉPEAUX [1]

SÉANCE DU 22 FRUCTIDOR AN IV [2]

8 SEPTEMBRE 1796.

Le Directoire adresse trois messages au Conseil des Cinq-Cents :
Par le premier il sollicite une loi additionnelle à celle du 1ᵉʳ floréal an III, relative à la liquidation de la dette des émigrés [3].

---

[1] Arch. nat., AF III, 401, dossier 2159.
[2] Arch. nat., AF III*, 4, p. 215-216. — AF III, 3.

[3] Message lu à la séance du 24 fructidor (C. C., fructidor an IV, 467-469). — Le Directoire représente que, d'après la loi du 1ᵉʳ floréal

[8 SEPT. 1796] DU DIRECTOIRE EXÉCUTIF. 559

Par le second, il lui transmet copie d'une lettre du général en chef de l'armée de Sambre-et-Meuse Jourdan et l'invite à porter une loi pour rétablir la discipline militaire dans cette armée[1].

Par le troisième, il propose à ce Conseil d'accorder un nouveau délai à ceux des habitants des ci-devant départements insurgés qui sont créanciers d'émigrés, pour produire leurs titres[2].

Sur le rapport du ministre de la police générale, sont rayés de la liste des émigrés les noms des citoyens ci-après :

Nicolas-Étienne Colomby; Fiacre Cruel; Marie-Anne Charonnat, veuve Champenois; Nicolas-Joseph Corrard; Joseph Chassaignon; Victoire-Julie Corrard; Louis-Laurent Corrard; Louis-François Charette, dit Lacolinière; Madeleine-Charlotte-Françoise-Dorothée Renouard, femme Mairot; Jean-Baptiste-Louis Huger; Charles-César-Marie-Josué Sandret; Jean-René Marquand; Louis-François-Auguste Lemarquant; Henry-Claude-Robert Lesens, dit Lion; Alexandre-Marie-Léon Dary; Jean Lesselin; Claude-Nicolas Petau, père; Louis-Gédéon Petau et Marie-Jeanne-Marguerite Petau[3].

an III, les créances sur les émigrés reconnus solvables devaient être payées par l'État, en assignats, jusqu'à 2,000 livres; qu'au-dessus de cette somme leurs reconnaissances étaient admissibles en paiement de biens nationaux; mais que, depuis la loi du 28 ventôse an IV, qui a créé les mandats territoriaux, lesdites créances ne peuvent plus être payées en assignats, et que, depuis la loi du 6 floréal an IV, les acquisitions de biens nationaux ne se font plus qu'en mandats. De là la nécessité de la loi additionnelle qu'il demande.

[1] Message lu en Comité secret. — Arch. nat., AF III, 401, dossier 2162. A ce message sont jointes deux lettres, l'une du général en chef Jourdan, l'autre du commissaire Joubert, dont on trouvera le texte plus loin à l'Appendice et qui donneront une idée de l'indiscipline de l'armée de Sambre-et-Meuse et des excès commis par elle pendant sa retraite.

[2] Ils n'ont pu, par l'effet de la guerre civile, les produire dans les délais fixés par les lois, et beaucoup d'entre eux mêmes les ont perdus. — Message lu à la séance du 26 fructidor (C. C., fructidor an IV, 511-512).

[3] Nicolas-Étienne Colomby, négociant de Marseille; — Fiacre Cruel, cultivateur, domicilié à Saint-Brice (Seine-et-Marne); — Marie-Anne Charonnat, veuve Champenois, rentière, domiciliée à Villenaux; — Louis-Laurent Corrard, employé, et Victoire-Julie Corrard, domiciliés à Paris, section des Droits de l'homme; — Joseph Chassaignon, droguiste, domicilié à Lyon; — Nicolas-Joseph Corrard, marchand, domicilié à Villenaux (Aube); — Louis-François Charette, dit la Colinière, ancien président au parlement de Rennes, décédé, représenté par Louise-Marie-Félicité Courtoux, sa veuve, et Marie-Sophie-Anne-Modeste Charette, sa sœur; — Madeleine-Charlotte-Françoise-Dorothée Renouard, femme Mairot, résidant habituellement à Besançon; — Jean-Baptiste-Louis Huger, domicilié à Rouen; — Charles-César-Marie-Josué Sandret; — Jean-René Marquand, demeurant à Paris; — Louis-François-Auguste Le Marquant, domicilié à Anet (Eure-et-Loir); — Henry-Claude-Robert Le Sens, dit Lion, ex-noble, demeurant à Caen; — Alexandre-Marie-Léon Dary, ancien militaire, ex-noble, demeurant au Vallalet (Oise); — Jean Lesselin, marchand épicier, demeurant à Paris, section de l'Ouest; — Claude-Nicolas Petau père, Louis-Gédéon et Marie-Jeanne-Marguerite Petau, ses enfants, possessionnés dans la commune de Montfort-l'Amaury; — inscrits sur les listes des émi-

Il n'y a pas lieu de délibérer sur la demande des citoyennes Anne-Marie et Charlotte-Françoise Villot, sœurs, département de la Moselle, tendante à rentrer en France : elles peuvent rentrer, n'ayant jamais dû être regardées comme émigrées[1].

Le nom de Marie-Rose-Joséphine Le Vasseur[2] est maintenu sur la liste des émigrés du département de la Seine : ses biens sont acquis à la République; elle sera tenue de sortir de son territoire dans la décade[3].

L'orgue de la ci-devant église de Popincourt et les soufflets déposés aux Quinze-Vingts seront délivrés à titre de prêt au lycée des Arts[4].

Le département de la Drôme sera divisé en quatre arrondissements de recettes pour la perception des contributions[5].

---

grés des départements des Bouches-du-Rhône, de l'Aube, de la Marne, de l'Aube, de l'Ain, de la Marne, de la Seine-Inférieure, de Saône-et-Loire, de la Seine-Inférieure, du Calvados, de la Manche, d'Eure-et-Loir, de l'Eure, de la Seine-Inférieure, de l'Eure et de Seine-et-Oise, et dont la résidence a été justifiée. — Seize arrêtés du 22 fructidor an IV, signés Reubell, Barras, Revellière-Lépeaux (Arch. nat., AF III, 401, dossier 2162 et 2163).

[1] Arrêté du 22 fructidor an IV, signé Reubell, Barras, Revellière-Lépeaux (Arch. nat., AF III, 401, dossier 2163). — «... Considérant qu'il est légalement justifié que les réclamantes se sont vouées dès leur enfance à l'étude des sciences et des arts, que leur fortune ni celle de leurs parents ne leur permettaient pas de les cultiver en amateurs, mais pour en faire leur état; qu'elles ne sont sorties de France que munies de leurs passeports de leurs communes, dans un temps où la loi autorisait; — Considérant qu'elles ne sont portées sur aucune liste d'émigrés... »

[2] Ancienne actrice du théâtre de l'Opéra de Paris.

[3] Arrêté du 22 fructidor an IV, signé Reubell, Barras, Revellière-Lépeaux (Arch. nat., AF III, 401, dossier 2163). — «... Considérant que Marie-Rose-Joséphine Levasseur n'est nullement dans le cas des exceptions qu'elle invoque, attendu : 1° qu'elle n'était point au nombre de ceux qui peuvent s'être absentés pour acquérir de nouvelles connaissances dans son état, puisque ses succès comme actrice jouant les premiers rôles ne lui laissaient rien à désirer; que, s'étant retirée de l'Opéra en 1783 (v. s.) avec une pension, elle ne pouvait plus en 1792, époque de son départ, se considérer comme actrice; 3° enfin qu'elle est sortie de France sans passeport...»

[4] Arrêté du 22 fructidor an IV, signé Reubell, Barras, Carnot (Arch. nat., AF III, 401, dossier 2162).

[5] Premier arrondissement, chef-lieu Valence; 23 cantons (Alex, Bourg-les-Valence, Chabeuil, Châteauneuf-de-Galaure, Clérieux, Étoile, Hauterives, Hostun, La Chapelle-en-Vercors, Loriol, Montelier, Montmiral, Montrigaud, Moras, Peyrins, Romans, Saint-Donat, Saint-Jean-en-Royans, Saint-Paul-les-Romans, Saint-Romain-d'Albon, Saint-Vallier, Tain, Unité-sur-Isère). — Second arrondissement, chef-lieu Crest, 11 cantons (Aouste, Bourdeaux, Chabrillant, Châtillon, Die, Luc, Lus-la-Croix-Haute, Plan-de-Baix, Pontaix, Saillans, Saint-Nazaire-le-Désert). — Troisième arrondissement, chef-lieu Le Buis, 8 cantons (La Motte-Chalançon, Mirabel, Montaulieu, Montbrun, Nyons, Remuzat, Saint-Jalle, Valdrome). — Quatrième arrondissement, chef-lieu Montélimart, 9 cantons (Châteauneuf-de-Mazenc, Dieu-le-Fit, Donzère, Marsanne, Pierrelatte, Puy-Saint-Martin, Saint-Paul-Trois-Châteaux, Sauzet, Taulignan). — Arrêté du 22 fructidor an IV, signé Reubell, Barras, Carnot (Arch. nat., AF III, 401, dossier 2163).

[8 sept. 1796] DU DIRECTOIRE EXÉCUTIF. 561

Les scellés apposés sur le salon dit des Arts[1] seront levés, à la charge par le propriétaire de n'admettre dans ce local aucune association politique ou religieuse[2].

La Trésorerie nationale est autorisée à délivrer à la compagnie Gobat et Rousseau[3] trois millions de florins en rescriptions bataves, à titre de dépôt, en échange d'une ordonnance du ministre de la guerre de deux millions de livres[4].

Sept lettres dont les minutes sont déposées à la section de la guerre sont écrites concernant le service militaire :

Au citoyen Grival, hussard au 3ᵉ régiment[5];

Au ministre de la guerre[6];

Au ministre des finances[7];

Au citoyen Bella, commissaire du gouvernement dans les pays conquis entre Rhin et Moselle[8];

À l'administration du département du Morbihan[9];

Au citoyen Carteaud, de Saint-Domingue, à Narbonne[10];

Et au ministre de la police générale[11].

Le Directoire signe l'exequatur des patentes de M. Antoine Fougasse, vice-consul d'Espagne au port de la Ciotat et ses dépendances;

---

[1] Voir t. I, p. 691. Le Salon des Arts était situé maison de Sérilly, rue du Temple.

[2] Arrêté du 22 fructidor an IV, signé Carnot, Reubell, Barras (Arch. nat., AF III, 401, dossier 2163).

[3] Fournisseurs (de fourrages).

[4] « A la charge de les restituer lorsque les deux millions de livres pourront leur être payés ». — Arrêté du 22 fructidor an IV, signé Reubell, Barras, Carnot (Arch. nat., AF III, 401, dossier 2162).

[5] Minute signée Carnot, Reubell, Barras (Arch. nat., AF III, 401, dossier 2162). — Le Directoire lui accuse réception de sa lettre du 16 fructidor et applaudit au zèle patriotique qui la lui a dictée.

[6] Minute signée Carnot, Barras, Reubell (Arch. nat., AF III, 401, dossier 2163). — Le Directoire lui transmet copie d'une lettre adressée par son commissaire près l'administration municipale du canton de Saint-Haon-le-Châtel, département de la Loire, sur les mouvements séditieux qui ont eu lieu dans les communes environnantes.

[7] Minute signée Carnot, Barras, Reubell (Arch. nat., AF III, 401, dossier 2163). — Le Directoire l'invite à faire un rapport sur le contenu d'une lettre qu'il lui transmet, écrite de Segré par le citoyen Bancelin au général Hoche.

[8] La minute de cette lettre ne se trouve pas dans les dossiers correspondant à la séance du 22 fructidor.

[9] Minute signée Carnot, Barras, Reubell (Arch. nat., AF III, 401, dossier 2163). — Le Directoire accuse réception à cette administration d'une lettre et de plusieurs pièces; il lui témoigne sa satisfaction sur la surveillance qu'elle exerce afin de garantir le département du Morbihan de toute invasion de la part des Anglais.

[10] Minute signée Carnot, Barras, Reubell (Arch. nat., AF III, 401, dossier 2162). — Le Directoire lui accuse réception de ses observations politiques sur le Portugal et l'en remercie.

[11] Minute signée Carnot, Barras, Reubell (Arch. nat., AF III, 401, dossier 2163). — Le Directoire lui demande un rapport sur le contenu d'une lettre qu'il lui transmet, écrite de Pontivy par le citoyen Paillon au général Hoche.

De M. Joseph Cabanellas, vice-consul de la même nation à Marseille[1];

Et de M. Jacques Chartier, vice-consul d'Espagne au port d'Arles[2].

A

Extrait d'une lettre du général en chef Jourdan au Directoire exécutif.

Au quartier général de Schweinfurt, le 14 fructidor an IVe.

Je ne dois pas vous laisser ignorer, citoyens directeurs, que les horreurs de tous genres commises par l'armée ont armé tous les habitants contre nous et que, quoique l'ennemi ne soit plus derrière l'armée, les communications n'en sont pas plus sûres. Les habitants arrêtent et assassinent tout individu voyageant isolément. Ils conduisent les partis ennemis sur nos équipages, nos parcs et nos partis. Quantité de traînards ou de pillards ont été assassinés par les paysans ou faits prisonniers par les Autrichiens, conduits par les premiers. Les villes et les villages sont abandonnés et l'armée est privée par là des moyens de pouvoir subsister. Il est impossible de se procurer un cheval ni une voiture dans tout le pays. Souvent même on ne peut se procurer de guides. J'ai fait faire des exemples terribles, des villages ont été brûlés, des habitants pris les armes à la main ont été fusillés; mais cela achève d'aigrir les esprits et je vous déclare que l'armée s'est déshonorée par sa conduite et qu'il n'y a que le grand amour de la patrie qui puisse engager les officiers à continuer de servir. Il serait inutile, citoyens directeurs, de rejeter ces excès sur la faiblesse des officiers; je dois rendre justice au zèle de la plus grande partie d'entre eux. La cause en existe dans les mandats, dans la misère de l'officier et dans l'impossibilité où on est de fournir exactement les vivres aux troupes[3].

B

Extrait d'une lettre du citoyen Joubert, commissaire du gouvernement près l'armée de Sambre-et-Meuse, au Directoire exécutif.

Je ne puis, citoyens directeurs, sans une profonde douleur vous rappeler l'état dans lequel se trouve la discipline militaire. Cette retraite a ajouté un nouveau degré au mal et je tremble que bientôt il ne soit sans remède. D'affreux désordres se commettent et malheureusement ils restent impunis. Les infortunés paysans,

---

[1] Arrêté du 22 fructidor an IV, signé Revellière-Lépeaux, Reubell, Barras (Arch. nat., AF III, 401, dossier 2162).

[2] Arrêté du 22 fructidor an IV, signé Revellière-Lépeaux, Reubell, Barras (Arch. nat., AF III, 401, dossier 2162).

Le dossier 2164, dont le contenu, comme celui des deux précédents, se rapporte à la séance du 22 fructidor, est formé de vingt-sept pièces relatives à des nominations de commissaires du pouvoir exécutif et de juges, juges de paix, assesseurs, etc., dans les départements du Calvados, de la Marne, de la Haute-Marne, de la Moselle, du Nord, de la Seine et de Vaucluse,

[3] Arch. nat., AF III, 401, dossier 2162.

chassés de leurs habitations, fuient dans les forêts et le désespoir leur met les armes à la main contre nous. C'est par les paysans attroupés et réunis aux Autrichiens que nos communications sont le plus gênées. Tous les jours des Français sont assassinés sur les routes. Tel est le résultat effrayant du brigandage et de l'impunité. Que peuvent contre ce débordement de crimes les efforts individuels de quelques généraux et des officiers d'état-major, au zèle desquels je ne puis que donner des éloges et qui n'ont pour réprimer ces excès que des moyens que la loi réprouve à la vérité, mais que l'indignation et les circonstances justifient? La loi du 2ᵉ complémentaire, je le vois enfin, peut être suffisante, pour des troupes en cantonnements ou en garnison, mais elle est nulle dans nos camps et dans nos marches. Des horreurs se commettent et il ne se trouve pas un dénonciateur. Si quelque officier arrête un coupable, point de témoins pour appuyer son accusation. Ceux des juges égaux en grade à l'accusé, soit par crainte, soit par un sentiment de complicité, prononcent presque toujours l'acquittement, et les officiers, réduits à voter seuls et sans fruit pour les peines sévères, se dégoûtent et tombent dans une funeste apathie. Les peines d'ailleurs ne sont point adaptées au régime des armées en action. Qu'importe à un scélérat la déclaration d'incapacité à servir la République? Les trois mois de prison? Comment exécuter ces jugements? Comment former des conseils militaires dans des marches rapides et à cent lieues des frontières? Cet état déplorable fait chaque jour des progrès. Il menace l'armée d'une désorganisation complète. Il anéantit les moyens de subsistance que le pays nous offre en abondance, enfin il prépare de grands revers. Sans doute la masse des troupes ne partage pas ces atrocités, mais il se trouve dans les armées un grand nombre d'hommes sans sentiments qui ne peuvent être contenus que par l'appareil du supplice et par des institutions d'une extrême rapidité. Les charretiers, les vivandiers, etc., moins directement assujettis aux appels et à la vigilance des chefs, se livrent surtout à tous les excès. Une prévôté seule pourrait contenir cette lie des armées. Mais cet établissement nous manque et je ne vois aucun moyen de le suppléer. Je supplie le Directoire de donner toute son attention aux réflexions que je lui soumets à cet égard [1].

SÉANCE DU 23 FRUCTIDOR AN IV [2]

9 SEPTEMBRE 1796.

Le Directoire adresse deux messages au Conseil des Cinq-Cents:

Le premier portant invitation au Conseil de fixer le traitement des commissaires de police [3];

---

[1] Arch. nat., AF III, 401, dossier 2162.
[2] Arch. nat., AF III*, 4, fol. 217-220. — AF III, 3.

[3] Message lu à la séance du 26 fructidor (C. C., fructidor an IV, 507-509). — Le Directoire représente que ni la loi du 3 bru-

564　　　PROCÈS-VERBAUX ET ARRÊTÉS　　[23 FRUCT. AN IV]

Le second tendant à faire supprimer l'une des deux justices de paix de la commune de Vire, département du Calvados[1].

Il révoque la nomination faite par ses commissaires dans les départements réunis du citoyen Flesbens à la place de juge de paix du canton d'Aerschot, département de la Dyle[2].

La suspension prononcée par l'administration centrale de la Haute-Saône contre l'agent municipal de la commune d'Auvet, prévenu d'avoir toléré un attroupement fanatique et séditieux en cette commune, est confirmée[3].

[Le Directoire exécutif, vu l'arrêté dont la teneur suit :

Le commissaire du gouvernement, directeur général de l'administration des pays conquis entre Rhin et Moselle;

Vu...

Considérant qu'il est important de faire rendre bonne justice aux habitants des pays conquis et par conséquent de régler promptement cette partie essentielle de l'administration en supprimant les anciens tribunaux, ainsi que ceux qui peuvent avoir été établis depuis et en les remplaçant par d'autres dont l'organisation soit conforme aux dispositions contenues dans lesdits arrêtés,

Arrête :

ARTICLE 1er. Tous les tribunaux, tant anciens que nouveaux, sous quelque dénomination qu'ils puissent être existants, dans les pays conquis entre Rhin et Moselle et dans le haut et bas électorat de Trèves situés sur les deux rives de cette rivière, sont supprimés. Il est enjoint aux juges et autres officiers qui composent ces tribunaux de cesser leurs

---

maire, ni la Constitution n'ont fixé le traitement des commissaires de police qui doivent être établis dans les communes au-dessus de 5,000 habitants; qu'il en résulte que plusieurs communes qui devraient en avoir n'en ont pas. Il demande : 1° si les administrations municipales qui, aux termes de la loi du 3 brumaire, ont le droit de nommer et de destituer les commissaires de police, fixeront leurs traitements; 2° si ce traitement fera partie des dépenses locales à la charge des communes.

[1] Message lu à la séance du 26 fructidor (C. C., fructidor an IV, 509-510). — Le Directoire représente que la population de cette commune n'est que de 8,000 habitants, chiffre inférieur à celui qu'exigent les lois pour l'établissement de deux justices de paix.

Il fait observer qu'un des deux juges de paix vient de mourir.

[2] Arrêté du 23 fructidor an IV, signé Revellière-Lépeaux, Barras, Reubell (Arch. nat., AF III, 401, dossier 2165).

[3] Arrêté du 23 fructidor an IV, signé Reubell, Barras, Revellière-Lépeaux (Arch. nat., AF III, 401, dossier 2165). — «... Considérant... qu'il s'est formé dans la commune d'Auvet un attroupement considérable, au son de la cloche; que les individus qui le composaient ont opposé une résistance ouverte à l'exécution de la loi et aux ordres d'une autorité supérieure; que l'agent municipal de cette commune s'est refusé, nonobstant la réquisition qui lui a été faite, d'interposer son autorité pour dissiper l'attroupement.,. »

fonctions au moment de l'installation de ceux de canton et d'appel qui vont être établis ci-après.

Art. 2. Les officiers municipaux de chaque commune se réuniront par députation de deux seulement, quinze jours après la publication du présent arrêté, dans le chef-lieu de leurs cantons, pour y élire un juge, deux assesseurs, ceux-ci pris dans le chef-lieu du canton, et un greffier, par la voie du scrutin.

Le procès-verbal d'élection sera adressé au commissaire du gouvernement directeur général par le maire ou premier magistrat du chef-lieu du canton, qui sera de droit président de l'assemblée, à laquelle assistera le receveur de l'administration, sans voix délibérative ni consultative.

Il surveillera à ce qu'elle ne s'occupe que des élections pour lesquelles elle aura été convoquée et tiendra la main à ce qu'elle soit dissoute immédiatement après. Dans le cas où il trouverait de l'opposition, il requerra de la force armée, dressera procès-verbal, qu'il enverra au procureur général, pour être statué contre les coupables de désobéissance.

Art. 3. Dès que les procès-verbaux d'élection parviendront au directeur général, il les ratifiera s'il y a lieu. Dans le cas où il sera à sa connaissance que quelqu'un des juges, assesseurs ou greffiers élus auraient tenu antérieurement une conduite contraire aux intérêts de la République et n'auraient pas les qualités requises, il les remplacera par des sujets sur la moralité et les intentions desquels il ne puisse y avoir aucun doute.

Art. 4. Les procès-verbaux d'élection ainsi examinés, il en sera fait des extraits qui seront envoyés par le directeur général aux juges, assesseurs et aux greffiers, pour leur tenir lieu de commission.

Art. 5. Les juges appelleront leurs assesseurs quand ils le jugeront à propos. Ceux-ci les suppléeront de droit en cas d'absence ou de maladie.

Art. 6. La justice sera rendue d'après les lois et usages du pays.

Art. 7. Trois tribunaux d'appel seront établis, savoir un à Trèves, un à Deux-Ponts et un troisième provisoirement à Creutznach.

Les cantons qui devront ressortir à chacun de ces tribunaux seront déterminés par le commissaire du gouvernement directeur général.

Art. 8. Chaque tribunal sera composé de six juges de canton

et d'un greffier qui sera élu par eux, sauf ratification du directeur général.

Art. 9. Il y aura auprès de chaque tribunal un commissaire national qui fera les fonctions de partie publique et qui sera nommé par le directeur général.

Art. 10. Les commissaires près les tribunaux entretiendront une correspondance suivie avec le directeur général; ils lui dénonceront les abus qui pourront se glisser dans l'administration de la justice; ils lui enverront chaque mois l'état fourni des procédures qui auront été jugées, l'état de celles qui seront encore au rôle et leurs observations sur la conduite des juges de canton, de leurs assesseurs, des greffiers, des huissiers et des notaires.

Le directeur général en rendra compte à son tour au ministre de la justice.

Art. 11. Le greffier du tribunal d'appel, qui ne pourra pas être le même que celui du juge de canton, sera chargé du dépôt des registres et actes judiciaires; il en sera responsable.

Art. 12. Le directeur général formera un tableau des juges de canton qui devront être appelés pour former le tribunal d'appel; les six premiers inscrits entreront en fonctions au jour qui sera indiqué; les six suivants les remplaceront, et ainsi de suite en recommençant lorsque tous ceux dans l'ordre du tableau auront fait leur tour.

Art. 13. Les sessions des tribunaux d'appel seront de deux mois chaque trimestre, pendant lesquels il y aura séance tous les jours, et même de relevée, si la multiplicité des affaires l'exige.

Art. 14. Si toutes les causes susceptibles d'être jugées l'ont été avant l'expiration des deux mois, les juges se sépareront et retourneront dans leurs cantons respectifs; les commissaires près les tribunaux sont tenus de le requérir et d'en rendre compte au directeur général.

Art. 15. Les tribunaux d'appel connaîtront et jugeront en dernier ressort toutes les causes civiles qui, d'après les lois et usages locaux, ne sont pas dans le cas d'être jugées définitivement en première instance.

Art. 16. Les procédures criminelles seront instruites d'après les usages du pays par les juges du canton et ensuite portées au tribunal d'appel pour être jugées en dernier ressort.

Art. 17. En aucun cas les tribunaux d'appel ne pourront juger en nombre moindre de cinq membres.

Art. 18. Le juge qui aura prononcé en première instance ne pourra juger en cause d'appel.

Art. 19. En cas de maladie ou autre empêchement d'un ou plusieurs membres, ils seront suppléés par les assesseurs du canton, qui, à cet effet, seront appelés par le commissaire national, qui en instruira le directeur général.

Art. 20. Les tribunaux d'appel évoqueront à eux toutes les affaires tant civiles que criminelles qui, soit des anciens tribunaux, soit de ceux qui auront pu être formés depuis, auraient été portées à la Chambre impériale de Wetzlar ou à tout autre tribunal étranger.

Art. 21. Il y aura près du directeur général un bureau composé de trois jurés-consulte des pays conquis.

Ils seront chargés, sous sa surveillance et sa signature, de la correspondance relative à la justice et à la police; ils examineront les réclamations pour défaut de forme, entendront les parties sur simple mémoire et donneront leur avis au directeur général pour prononcer le renvoi, s'il y a lieu, à un autre tribunal. La décision sera préalablement soumise au ministre de la justice.

Art. 22. La justice sera rendue gratuitement. Les traitements des juges et autres officiers seront fixés par un arrêté séparé; les sommes nécessaires seront prélevées sur toutes les communes du pays conquis; ce travail sera préalablement soumis à l'approbation du Directoire exécutif, ainsi que le présent arrêté qui sera, à cet effet, adressé au ministre de la justice.

Bella.

Approuve et confirme ledit arrêté, lequel sera en conséquence exécuté provisoirement, selon sa forme et teneur, en attendant que les trois tribunaux d'appel prescrits de plus par l'arrêté du Comité de Salut public du 8 fructidor an III, confirmatif de celui des représentants du peuple Rivaud et Merlin de Thionville du 22 thermidor précédent, puissent être organisés.

Le présent arrêté sera imprimé et publié dans le pays conquis entre Rhin et Moselle à la diligence du directeur général.

Le ministre de la justice est chargé de tenir la main à son exécution. — Arch. nat., AF III, 401, dossier 2165 [1].]

Il ordonne la publication dans les départements réunis : 1° de l'article 5 de la loi du 11 septembre 1790, relatif aux droits d'assistance des juges; 2° de la loi du 16 prairial [2]; 3° de l'article 1er de la loi du 19 septembre 1792, relatif à l'administration des biens de l'ordre de Malte, ainsi que de l'article 8 de la même loi, et des décrets des 21 prairial et 2 messidor an II, relatifs aux fermiers des biens de l'ordre de Malte; 4° de la loi du 28 thermidor dernier [3], de celle du 2 de ce mois [4], de l'arrêté du Directoire du même jour, concernant les pièces de billon [5]; la loi du 4 de ce mois, sur les défenseurs de la patrie [6], de celle aussi du 10 de ce mois, concernant les livres élémentaires [7]; de celle du 14 sur les Écoles centrales et de l'arrêté du Directoire du 16, concernant les papetiers [8].

[Le Directoire exécutif, considérant que, par l'article 3 de la loi du 17 de ce mois [9], il est autorisé à engager ou hypothéquer, même à vendre, d'après estimation faite rigoureusement par experts, des domaines nationaux situés dans les neuf départements de la ci-devant Belgique, jusqu'à concurrence de cent millions, valeur numéraire;

Considérant que cette disposition étend celles de la loi du 4 pluviôse dernier [10], qui autorise le Directoire à vendre, aux conditions et suivant les modes qu'il jugera les plus utiles à la République, la partie des domaines nationaux situés dans les neuf départements réunis par la loi du 9 vendémiaire, provenant des ci-devant bénéficiers, corps ecclésiastiques français;

Considérant aussi que la même disposition modifie provisoirement et en partie l'article 19 de la loi du 15 de ce mois [11], portant que les lois relatives à l'administration, aux baux et à la vente des biens nationaux de l'ancien territoire seront publiées, si fait n'a été, dans lesdits départements réunis, pour y être appliquées aux biens dépendant des maisons ou établissements religieux supprimés par la loi du 15;

---

[1] Signé à la minute Revellière-Lépeaux, Barras, Reubell.
[2] Loi du 16 prairial an IV (voir t. II, p. 541).
[3] Voir plus haut, p. 374.
[4] Voir plus haut, p. 390.
[5] Idem.
[6] Voir plus haut, p. 428.
[7] Voir plus haut, p. 466.
[8] Voir plus haut, p. 505. — Arrêté du 23 fructidor an IV, signé Revellière-Lépeaux, Barras, Reubell (Arch. nat., AF III, 401, dossier 2165).
[9] Voir plus haut, p. 518.
[10] Voir t. I, p. 472.
[11] Voir plus haut, p. 524.

Considérant d'ailleurs que l'article 4 de la loi du 17 de ce mois porte que le montant du prix des ventes autorisées par l'article 3 sera versé à la Trésorerie nationale, soit en numéraire, soit en ordonnances des ministres, imputables sur les sommes remises à leur disposition, et visées préalablement par les commissaires de la Trésorerie; que cette disposition doit être rapprochée de l'article 13 de la loi du 15, portant que les capitaux accordés par l'article 11 aux membres des maisons ou établissements supprimés, ou en représentation de leurs pensions de retraite, seront respectivement payés en *bons,* qui ne pourront être employés qu'en acquisition de biens nationaux situés dans la ci-devant Belgique, et que cette faculté, indéfiniment accordée, rend lesdits *bons* admissibles en paiement des biens dont la vente est ordonnée par les lois des 15 et 17 de ce mois, comme ceux déclarés aliénables par la loi du 4 pluviôse; qu'en conséquence il y a lieu, de la part du Directoire, à modifier son arrêté du 11 dudit mois de pluviôse dernier[1], qui détermine un mode et d'autres conditions de vente;

Considérant enfin que l'article 13 de la loi du 15 et l'article 4 de la loi du 17 de ce mois n'ont point abrogé la loi du 3 frimaire an IV[2], qui autorise le Directoire à opérer les négociations en numéraire ou en papier que peuvent exiger les besoins du trésor public,

Arrête ce qui suit:

Article 1er. Le commissaire exécutif spécialement nommé, par l'article 22 de l'arrêté du 11 pluviôse, pour surveiller les ventes dans la ci-devant Belgique fera imprimer et afficher dans les neuf départements réunis et dans les départements voisins, et dans celui de la Seine, l'état général des biens que les lois des 15 et 17 de ce mois autorisent à vendre, ainsi qu'il en a été usé pour ceux déclarés aliénables par la loi du 4 pluviôse dernier.

Ces affiches annonceront en même temps que les soumissions seront reçues, soit par l'administration de la situation du bien, soit par le commissaire spécial du Directoire exécutif ci-dessus désigné, qui, en ce cas, fera passer sur-le-champ ces soumissions à l'administration du département et veillera à ce qu'il y soit donné suite.

Art. 2. Les commissaires que la direction des domaines nationaux nommera en exécution de l'article 2 de la loi du 15 de ce mois, outre

---

[1] Voir t. 1, p. 519. — [2] Voir t. 1, p. 117.

les opérations qui leur sont textuellement prescrites par cet article, et pour remplir d'autant le vœu de l'article 19 de ladite loi, formeront sur papier libre et sans frais, à la vue des registres et comptes de régie, baux et autres titres de chacun des établissements supprimés, un état sommaire des biens immeubles de ces mêmes établissements; cet état servira à la rédaction de l'état général mentionné en l'article précédent.

Art. 3. Les ventes seront faites par l'administration centrale de la situation du bien, à la chaleur des enchères, dans les formes prescrites par les lois sur l'aliénation.

Art. 4. Les enchères seront ouvertes sur le pied d'une estimation faite rigoureusement par un seul expert pour chaque exploitation.

Art. 5. Les experts seront nommés par chaque administration de département aussitôt après la soumission, si déjà il n'y a été pourvu comme il sera expliqué ci-après.

Art. 6. Sans attendre les soumissions et au plus tard après la fixation des états sommaires ordonnés ci-dessus, article 2, les administrations de département enverront dans chaque canton un ou plusieurs experts pour procéder aux estimations, de telle manière néanmoins qu'un seul expert soit employé pour les objets composant actuellement une seule exploitation; le commissaire du Directoire exécutif près l'administration municipale du canton et, à son défaut, un membre de ladite administration, assistera chaque expert. Le receveur des domaines de l'arrondisssment lui donnera tous les renseignements qui seront en son pouvoir.

Art. 7. L'estimation ne pourra être au-dessous de dix-huit fois le revenu annuel du bien, rigoureusement estimé.

Elle comprendra, sans diminution ni addition, tout ce qui fera l'objet d'un bail, ou, par préférence, d'un sous-bail, ou enfin tout ce qui se trouvera exploité, sans bail, par un seul et même cultivateur.

Cette règle néanmoins n'aura pas lieu lorsque des objets compris actuellement dans un bail ou sous-bail, ou exploités par un même cultivateur, se trouveront séparés ou éloignés de telle sorte qu'il y ait convenance à les diviser; et alors, de l'avis du commissaire près l'administration municipale, l'expert proposera cette division par son procès-verbal d'estimation, qu'il aura soin alors de classer par chapitres.

Dans le même cas, s'il y a un bail ou sous-bail, l'expert aura soin de faire la ventilation du prix des fermages et de désigner, pour chaque article, la portion respective du revenu qui lui appartiendra.

Cette estimation, quoique sommaire, devra indiquer l'origine du bien, sa nature, sa consistance, ses tenants et aboutissants.

Attendu que l'estimation doit être rigoureuse, ce sera comme renseignement, et non comme base décisive d'appréciation que cette estimation rappellera le prix du bail ou sous-bail, si le bail est affermé, et la valeur par aperçu des objets non affermés, ou non compris dans le prix du bail ou sous-bail.

Art. 8. Aussitôt que l'estimation sera faite, et sans qu'il soit besoin d'attendre les soumissions, mais néanmoins à commencer par les objets soumissionnés s'il y en a, l'administration du département fera apposer des affiches indicatives de la première séance d'enchères pour le dixième jour après l'apposition desdites affiches dans le chef-lieu du département.

Le lendemain de la première séance d'enchères, la même administration fera apposer de secondes affiches, qui indiqueront l'adjudication définitive pour le jour de la décade suivante correspondant à celui où les premières enchères auront été reçues.

Les premières affiches énonceront le montant de l'estimation; et les secondes, en rappelant ce montant, indiqueront en outre le résultat des premières enchères.

Art. 9. Ces deux affiches spéciales seront indépendantes des affiches générales mentionnées ci-dessus, article 1er.

Elles seront respectivement apposées dans tous les lieux accoutumés du territoire du département, dans celui de la situation des biens et dans toutes les communes chefs-lieux de canton du département.

Elles feront mention de l'heure des opérations.

Art. 10. Ces opérations seront combinées de manière qu'à partir de la première vente qui pourra avoir lieu, il y ait successivement un même jour séance d'adjudication et séance de premières enchères.

Il ne devra s'écouler aucune décade sans que l'administration emploie à ces opérations au moins deux jours; elle en affectera davantage s'il est nécessaire, et les déterminera sur la réquisition du commissaire du Directoire exécutif près le département.

Art. 11. Le projet de chacune des deux affiches sera rédigé par le préposé en chef de la régie du domaine national, dans le département de la situation du bien et approuvé par l'administration de ce département.

Ce préposé présentera de même le projet des clauses et conditions à insérer dans les procès-verbaux de première séance d'enchères.

Art. 12. On ne garantira, dans les conditions des ventes, que les tenants et aboutissants du bien vendu, et non sa consistance ni ses produits, sauf aux acquéreurs à prendre connaissance du bien avant de se présenter aux enchères.

Art. 13. Les acquéreurs ne pourront rien prétendre aux fruits et revenus de l'année courante, laquelle sera déterminée d'après l'usage des lieux, attendu que par les articles 1er et 2 de la loi du 17 de ce mois, le Directoire exécutif est autorisé à user desdits revenus, ainsi que de ceux arriérés, de la manière qu'il jugera la plus utile à l'intérêt de la République.

Art. 14. Les acquéreurs se conformeront, relativement aux baux, aux lois observées dans l'ancien territoire de la République et qui ont été promulguées dans les neuf départements.

Art. 15. Les procès-verbaux d'adjudication seront assujettis au droit proportionnel d'enregistrement, comme les autres actes translatifs de propriété entre particuliers, et acquittés dans les mêmes délais par l'adjudicataire.

Ce droit pourra être payé en bons délivrés d'après l'article 13 de la loi du 15 de ce mois, par ceux auxquels l'article 14 de la même loi permet d'en user, mais seulement lorsqu'ils auront déjà acquitté, soit en un ou plusieurs des mêmes bons, soit avec un ou plusieurs desdits bons et partie d'un autre, le premier quart du prix de la vente qu'il sera question d'enregistrer; et quant au mode d'admission de l'excédent ou de la portion primitive d'un desdits bons, lorsqu'il y aura lieu de l'appliquer à plusieurs objets, il y sera pourvu ci-après.

Art. 16. Les frais à la charge de tous les acquéreurs, en sus du prix des ventes, sont ceux ci-après :

Les vacations de l'expert et du commissaire de l'administration municipale, suivant la fixation qui doit en être faite par l'administration du département;

Le papier et l'enregistrement des procès-verbaux d'estimation;

L'enregistrement du procès-verbal de la première séance d'enchères et le papier tant de ce procès-verbal que de celui d'adjudication, sur l'enregistrement duquel il a été statué ci-dessus;

L'impression et apposition des affiches de première enchère et d'adjudication;

Les bougies;

Enfin un demi pour cent du montant du prix principal de la vente, dont deux tiers seront employés en indemnités au profit tant des administrateurs que du commissaire du Directoire exécutif et du préposé de la régie qui aura concouru aux opérations de vente, et l'autre tiers en gratifications à ceux des secrétaires et commis de l'administration départementale qui auront été employés à ces opérations;

Le montant desdits frais sera fixé par l'administration du département et rapporté dans le préambule du procès-verbal d'adjudication.

Le paiement de ces frais ne pourra avoir lieu qu'en numéraire.

ART. 17. Le prix des ventes sera stipulé en livres ou francs, monnaie métallique de la République.

Il ne pourra être inférieur au montant de l'estimation.

ART. 18. Il sera acquitté, soit à Paris à la Trésorerie nationale, soit dans les neuf départements à la caisse du receveur des domaines établi dans le chef-lieu où l'adjudication aura lieu.

ART. 19. Ce prix sera payable, soit en numéraire, soit en ordonnances des ministres, imputables sur les sommes mises à leur disposition, et visées préalablement par les commissaires de la Trésorerie nationale, sur un arrêté antérieur du Directoire, soit enfin, de la part seulement des membres des établissements supprimés, en bons à eux délivrés en exécution des articles 13 et 14 de la loi du 15 de ce mois. Lorsque ces bons se trouveront d'une somme supérieure à la première moitié du prix de la vente, ils pourront être appliqués soit au paiement du prix d'autres adjudications, soit à l'acquittement du droit d'enregistrement, conformément à l'article 15, et ainsi qu'il sera expliqué ci-après.

ART. 20. Le même prix sera exigible, savoir :

Le montant des frais, dans le jour de l'adjudication;

Il sera versé entre les mains du secrétaire en chef de l'administration départementale.

Et quant au prix principal de la vente, payable dans les valeurs et aux caisses ci-devant désignées, le quart sera exigible dans les dix jours, à partir de l'adjudication, sans intérêts jusqu'à ladite époque.

L'adjudicataire qui n'acquittera pas son premier quart dans la première décade et excèdera le délai jusqu'à concurrence de dix autres jours supportera l'intérêt dudit quart, à cinq pour cent sans retenue, pour les jours qui se seront écoulés à compter de celui de l'adjudication jusqu'à celui du paiement.

Et s'il ne s'est pas libéré dans les vingt jours ci-dessus, il sera déclaré déchu, par un arrêté que l'administration départementale sera tenue de prendre le trentième jour à partir de l'adjudication, sur la simple déclaration du receveur du domaine près le département, qui attestera n'avoir reçu aucun paiement direct dans les deux décades à compter de l'adjudication, ou depuis aucun récépissé de la trésorerie nationale constatant un paiement suffisant effectué dans le même délai.

Art. 21. Les trois quarts restants dudit prix principal de vente devront être payés en un an, en trois paiements égaux, de quatre mois en quatre mois, à partir de l'adjudication; et pour chacun desdits paiements l'adjudicataire remettra, avant de pouvoir retirer l'expédition du procès-verbal de son adjudication, trois billets à l'ordre du caissier général de la trésorerie nationale, et payables à jour fixe, au domicile du receveur du domaine du chef-lieu du département.

Ces billets à ordre produiront intérêt à cinq pour cent sans retenue, et emporteront hypothèque tant sur l'objet vendu que sur les autres biens meubles et immeubles dudit adjudicataire; et pour cet effet ils seront enregistrés, aux frais des acquéreurs, au greffe du tribunal civil, conformément à la loi du 27 septembre 1790 (*vieux style*).

Les adjudicataires qui paieront au delà du premier quart pourront imputer l'excédent sur celui qu'ils préféreront des trois billets à ordre relatifs au paiement des trois quarts restants; et alors ce billet sera réduit d'autant.

Art. 22. Les adjudicataires devront faire successivement chez le receveur du domaine du chef-lieu du département les fonds du montant de chacun de leurs billets aux époques fixes de leurs échéances.

A défaut de fonds ainsi réalisés, le receveur laissera faire le protêt des billets; d'après ce protêt, la déchéance sera prononcée par le département et les biens revendus de suite à la folle enchère.

Mais quarante jours après la date du protêt, le même receveur sera tenu d'effectuer au compte de la République et sur les deniers de sa recette journalière le paiement du billet protesté, qu'il remettra ensuite, comme valeur comptant, à la trésorerie.

Art. 23. L'expédition du procès-verbal d'adjudication, sans laquelle un adjudicataire ne peut entrer en possession et qui, aux termes de l'article précédent, ne doit lui être délivrée qu'après la remise de ses billets à ordre pour les trois quarts restants, ne pourra, à plus forte raison, lui être remise, s'il ne justifie du paiement du premier quart, ainsi que des frais et du droit d'enregistrement; et l'expédition fera mention de cette justification.

Elle mentionnera également la livraison des billets au receveur des domaines près l'administration départementale, lequel en donnera son récépissé, en tiendra registre et en fera l'envoi à la trésorerie nationale.

Art. 24. Le receveur du domaine qui négligera la remise de la déclaration mentionnée article 20, dont récépissé devra lui être donné par le secrétaire de l'administration, sera déplacé par la régie et, pour la première fois, nommé à un bureau d'une classe inférieure; en cas de récidive, il sera destitué.

Art. 25. Pour mettre ce receveur dans la possibilité de remplir l'obligation que lui impose l'article 20, le secrétaire de l'administration départementale lui fera passer sous son récépissé, le jour de chaque adjudication ou au plus tard le lendemain, un extrait du procès-verbal indiquant seulement sa date, le nom, la situation, l'origine du bien, le nom et la demeure de l'adjudicataire et le prix de l'adjudication.

Si le secrétaire omet ou diffère la remise de cet extrait, il sera privé, par rapport à l'adjudication omise, de sa portion dans le tiers du demi pour cent de gratification mentionné ci-dessus, article 16, et cette portion sera répartie au profit des employés.

Art. 26. Immédiatement après la déchéance prononcée par arrêté suivant l'article 20, les biens seront remis en vente à la folle enchère.

Les affiches feront mention de la déchéance, de l'arrêté qui l'aura prononcée et du nom de l'acquéreur déchu.

Art. 27. L'acquéreur ne pourra démolir, couper les bois, ni vendre qu'il n'ait soldé la totalité du prix de son adjudication, à moins qu'il n'en obtienne une autorisation expresse de l'administration de département.

La remise qu'il aura faite de ses billets à ordre pour les trois quarts restants du prix ne pourra être considérée comme opérant le solde.

Les receveurs des domaines et les administrations municipales surveilleront l'exécution du présent article.

Art. 28. Les bons dont est fait mention dans l'article 13 de la loi du 15 de ce mois seront délivrés par les commissaires indiqués par l'article 2, auxquels la direction des domaines donnera en compte, par procès-verbal double, le papier nécessaire à cet effet.

La délivrance desdits bons sera constatée par un reçu de celui au profit duquel elle aura eu lieu.

L'adjudicataire qui, aux termes de l'article 14 de la loi du 15 de ce mois, pourra présenter en paiement un ou plusieurs desdits bons en déposera entre les mains du receveur du domaine près le département la quantité qu'il jugera convenable pour acquitter tout ou partie de son adjudication.

Mais s'il n'entend payer strictement que le premier quart exigible et si un ou plusieurs bons par lui déposés se trouvent excéder ce quart, ledit receveur aura soin, par une note au dos du bon qui produira cet excédent, d'en faire la mention expresse et de la signer avec l'adjudicataire porteur du bon.

Le même receveur délivrera ensuite audit adjudicataire un certificat conforme à cette mention; et ledit certificat, après avoir été légalisé par le président et le secrétaire de l'administration départementale, sera reçu, jusqu'à concurrence de l'excédent qu'il énoncera, en paiement du droit d'enregistrement, ou du prix d'une autre adjudication de biens nationaux, comme il a été ci-devant expliqué, et dans les délais fixés par la loi du 15 de ce mois.

Art. 29. Les biens sur l'aliénation desquels il était statué par l'arrêté du 11 pluviôse seront vendus conformément à ce qui est prescrit par le présent, à moins qu'il n'y soit pourvu par des arrêtés particuliers.

Art. 30. Le commissaire spécial du Directoire exécutif, chargé de surveiller les ventes, se fera adresser par chacun des commissaires du Directoire exécutif près les administrations départementales, au fur et à mesure des adjudications, des extraits semblables à ceux indiqués article 25, dont ledit commissaire spécial aura soin de tenir registre.

Le même commissaire se fera également adresser par les receveurs du domaine près chaque département, et par chaque décade, l'état des paiements effectués par les acquéreurs, avec distinction des trois natures de valeurs dans lesquelles ces paiements ont pu être effectués.

Il en sera également tenu registre par ledit commissaire spécial, qui aura soin d'envoyer les résultats desdits registres au ministre des finances le primidi de chaque décade.

Art. 31. Les adjudicataires des biens aliénés en exécution du présent arrêté seront admis, pendant les dix jours de la date du procès-verbal, à faire leur déclaration de command, pour tout ou partie de la vente, au moyen d'un simple droit d'un franc d'enregistrement pour chaque déclaration.

Si elle est faite par un ci-devant religieux ou religieuse, elle sera réputée vente et elle donnera ouverture aux droits ordinaires.

Art. 32. Le ministre des finances est chargé de l'exécution du présent arrêté, qui sera inséré au *Bulletin des lois* et ensuite imprimé et affiché, dans les deux langues [1], dans les neuf départements réunis. — [Arch. nat., AF III, 401, dossier 2167 [2]].

Sur le compte rendu par le ministre de l'intérieur qu'une avance par lui faite au citoyen Revellière-Lépeaux, membre du Directoire, d'une somme de 25,000 francs en mandats a procuré lors du remboursement un bénéfice sur le change de douze cent soixante-deux livres quinze sous, qui n'est applicable à aucune partie de la comptabilité, le Directoire met cette dernière somme à la disposition du ministre de l'intérieur pour être employée en œuvres de bienfaisance [3].

Il sera passé en dépense aux héritiers du citoyen Bardoulat, receveur de l'enregistrement à Sancerre, mort victime de son dévouement à la cause de la liberté [4], la somme de six mille cinq cent soixante-dix francs quatre-vingt-sept centimes, pillée dans sa caisse par les brigands [5].

Le commissaire ordonnateur Levaillant est chargé de poursuivre la vente des toiles, mouchoirs et mousselines déposés dans le port de Brest, provenant des prises faites sur les ennemis [6].

Un messager d'État envoyé par le Conseil des Anciens est admis et présente deux lois : la première distrait de la commune de Morienval,

---

[1] C'est-à-dire en français et en flamand.

[2] Signé à la minute Reubell, Barras, Revellière-Lépeaux.

[3] Arrêté du 23 fructidor an IV, signé Revellière-Lépeaux, Reubell, Barras (Arch. nat., AF III, 401, dossier 2165).

[4] Lorsque les rebelles envahirent cette ville.

[5] Arrêté du 23 fructidor an IV, signé Reubell, Barras, Revellière-Lépeaux (Arch. nat., AF III, 401, dossier 2167).

[6] Arrêté du 23 fructidor an IV, signé Reubell, Barras, Revellière-Lépeaux (Arch. nat., AF III, 401, dossier 2166).

département de l'Oise, le hameau de la Vacherie et le réunit à la commune de Fresnoy-la-Rivière[1].

La seconde déclare que la remise de dix pour cent accordée sur le prix des maisons d'habitation, qui, en exécution de la loi du 6 floréal dernier[2], ont été estimées séparément, doit s'étendre sur la totalité du prix[3].

Le Directoire ordonne que ces deux lois seront publiées, exécutées et qu'elles seront munies du sceau de l'État : elles sont en conséquence adressées de suite à l'enregistrement pour deux expéditions être envoyées sans délai au ministre de la justice, avec l'arrêté portant ordre d'impression et de publication, dans les formes prescrites par les lois.

Sur le rapport du ministre de la police générale, sont rayés de la liste des émigrés les noms des citoyens ci-après :

Alexandre-Marie Brion, dit Marolles; Jean-Baptiste-François-de-Paule Secondat-Montesquieu, puîné, et Guillaume-Alexandre Tulles[4].

Le ministre de la police générale fait un rapport avantageux sur la demande faite par le citoyen Quatremère-Disjonval, adjudant-général batave, d'être employé dans les armées de la République.

Le ministre de l'intérieur est invité par une lettre à donner son avis sur des tableaux existants chez le citoyen Rossel, représentant des batailles navales de la dernière guerre, faits par ordre de l'ancien gouvernement[5].

Des observations sur la perception des contributions, présentées par le ministre des finances, sont transmises à la commission des finances du Conseil des Cinq-Cents[6].

Le ministre de la justice rend compte au Directoire d'une décision

---

[1] *Bull.*, II, LXXV, n° 696.

[2] Voir t. II, p. 232.

[3] *Bull.*, II, LXXV, n° 697. — Il s'agit du paiement du prix du dernier quart des domaines nationaux soumissionnés et dans lesquels les maisons d'habitation avaient été estimées séparément. — Sur le paiement du dernier quart, voir plus haut (p. 231) la loi du 13 thermidor an IV.

[4] Alexandre-Marie *Brion*, dit *Marolles*, ex-noble, domicilié à Paris, possessionné dans les départements de Seine-et-Marne et de l'Allier; — Jean-Baptiste-François-de-Paule *Secondat-Montesquieu;* — Guillaume-Alexandre *Tulles*, ci-devant directeur d'artillerie, demeurant dans la commune de Geniez, — inscrits sur les listes des émigrés des départements de Seine-et-Marne, de Lot-et-Garonne et du Lot, et qui ont justifié de leur résidence. — Trois arrêtés du 23 fructidor an IV, signés Reubell, Barras, Revellière-Lépeaux (Arch. nat., AF III, 401, dossier 2165).

[5] Minute signée Carnot, Reubell, Barras (Arch. nat., AF III, 401, dossier 2165). — Le Directoire demande « s'il est de l'intérêt de la République que la vente de ces tableaux s'effectue ou s'il existe des raisons de les conserver ».

[6] Minute signée Reubell, Carnot, Barras (Arch. nat., AF III, 401, dossier 2166). — Voir le texte des observations du ministre des finances (même dossier), mettant en lumière l'extrême difficulté de cette perception et les mécomptes qui en résultent pour l'État.

qu'il a donnée relativement à trente-six individus, détenus à Bellesme, département de l'Orne, accusés de chouannerie[1].

Le Directoire prend plusieurs arrêtés concernant le personnel des armées[2].

Le Directoire arrête que les directeurs de l'administration des pays conquis entre Rhin, Moselle et Meuse déféreront aux réquisitions des commissaires ordonnateurs pour les divisions des armées en marche[3].

On supprime, à compter du 1er vendémiaire prochain, la distribution du vin à huit compagnies des vétérans nationaux, détachés de l'Hôtel à Paris[4].

On écrit au général Moreau pour le charger de veiller à ce qu'il ne soit acheté ni grains, ni chevaux, sur le territoire de la République, de la part du margrave de Baden[5].

On écrit vingt-neuf lettres, savoir :

1° Au citoyen Alexandre, commissaire du gouvernement près l'armée du Nord[6];

---

[1] Arch. nat., AF III, 401, dossier 2166. — Le ministre informe le Directoire que sur l'avis de l'accusateur public près le tribunal de l'Orne, il a cru devoir recommander de suspendre les poursuites et de ne provoquer jusqu'à nouvel ordre aucune espèce de jugement sur le sort de ces prévenus. Il envoie en même temps l'état indicatif des individus détenus au 20 thermidor, dans les prisons de Bellesme, avec l'indication des délits dont ils sont prévenus (même dossier).

[2] 1° Arrêté signé Carnot, Reubell, Barras, par lequel congé absolu est accordé aux citoyens *Beneteau*, ex-chef du 1er bataillon le Vengeur; *Chaperon*, ex-chef du 4e bataillon de l'Aube; *Dombre*, ex-lieutenant au 38e régiment, et *Lollieron*, ex-sous-lieutenant au 1er bataillon du district de Béziers; — les citoyens *Boylesve*, ci-devant capitaine au 84e régiment, et *Lartigue*, ci-devant lieutenant au 56e, sont réintégrés; — la suspension du citoyen *Dangreville*, ex-commandant en second du 2e bataillon de l'Aube, est levée sans réintégration; — la nomination du citoyen *Bourdalier*, grenadier au 1er bataillon du 29e régiment, au grade de sergent est confirmée. — 2° Quatre arrêtés signés Carnot, Reubell, Barras (Arch. nat., AF III, 401, dossier 2166), par lesquels un congé de deux mois est accordé à Gaspard-Balthazard *Novière*, grenadier près la représentation nationale; — Congé absolu est accordé à Louis *Cambronne*, chasseur à cheval, soumissionnaire d'une voiture attelée de quatre chevaux en activité de service au parc de construction de la commune de Saint-Quentin; à François-Quentin *Lefebvre*, charretier des transports militaires; — à Pierre *Dewez*, cultivateur et meunier en la commune de Mont-d'Origny-sur-Oise, canton de Ribemont (Aisne).

[3] Arrêté du 23 fructidor an IV, signé Carnot, Reubell, Barras (Arch. nat., AF 401, dossier 2166).

[4] Arrêté du 23 fructidor an IV, signé Carnot, Reubell, Barras (Arch. nat., AF III, 401, dossier 2166). — Le ministre de la guerre représente dans son rapport (même dossier) que ces compagnies détachées dans Paris, pour le service de quelques établissements publics, sont fournies de vin par la maison nationale des Invalides, tandis que d'autres compagnies qui font le même service n'en reçoivent point, ce qui donne lieu à des réclamations.

[5] Arrêté et lettre du 23 fructidor an IV, signés Carnot, Reubell, Barras (Arch. nat., AF III, 401, dossier 2166). — Voir (même dossier) les plaintes de l'administration centrale du Bas-Rhin au sujet de ces achats.

[6] Minute signée Carnot, Revellière-Lépeaux, Reubell (Arch. nat., AF III, 401,

Une au général de division commandant en chef l'artillerie de l'armée de Rhin-et-Moselle [1];

Une au citoyen Derheims, employé des subsistances militaires à Alfort [2];

Une au général de division Moulin, commandant la 5ᵉ division militaire à Strasbourg [3];

Une au général en chef de l'armée de Sambre-et-Meuse et à son commissaire près cette armée [4];

Une aux citoyens composant le Conseil d'administration du 4ᵉ bataillon de l'Hérault, à la Rochelle [5];

Une au général en chef Kellermann, commandant l'armée des Alpes [6];

Une aux citoyens Garrau et Saliceti, commissaires du gouvernement près l'armée d'Italie [7];

Une au citoyen Joubert, commissaire du gouvernement près l'armée de Sambre-et-Meuse [8];

Deux au général en chef Buonaparte, commandant en chef l'armée d'Italie [9];

---

dossier 2167). — Le Directoire lui annonce qu'il a jugé convenable d'étendre ses fonctions à l'armée de Sambre-et-Meuse, en remplacement du citoyen Joubert, qui vient momentanément à Paris.

[1] La minute de cette lettre ne se trouve pas dans les dossiers correspondant à la séance du 23 fructidor.

[2] Minute signée Carnot, Revellière-Lépeaux, Reubell (Arch. nat., AF III, 401, dossier 2165). Le Directoire lui accuse réception de sa lettre du 27 thermidor et du mémoire qui y était joint, sur les armées républicaines en Italie et en Allemagne.

[3] La minute de cette lettre ne se trouve pas dans les dossiers correspondant à la séance du 23 fructidor.

[4] Minute signée Carnot, Revellière-Lépeaux, Reubell (Arch. nat., AF III, 401, dossier 2167). — Le Directoire leur transmet son arrêté du 20 fructidor (voir plus haut, p. 548) sur les contributions du cercle de Franconie, dont la répartition doit être confiée à l'assemblée générale de ce cercle.

[5] Minute signée Carnot, Barras, Reubell (Arch. nat., AF III, 401, dossier 2167). — Le Directoire leur témoigne sa satisfaction sur les exhortations qu'ils ont faites pour calmer l'effervescence qui s'est manifestée dans le corps dont ils font partie; il leur annonce l'envoi d'une somme considérable en numéraire pour le service des troupes.

[6] Minute signée Carnot, Reubell, Barras (Arch. nat., AF III, 401, dossier 2167). — Le Directoire l'invite à vérifier le fait qui lui a été dénoncé, qu'il existait entre Turin et Suze un rassemblement de dix mille hommes de troupes piémontaises. Il lui accuse réception de la carte où se trouve tracée la ligne de démarcation entre les États du roi de Sardaigne et la République; il lui rappelle les citoyens qui sont chargés de cette opération. — Voir plus loin, à l'Appendice, le texte des articles secrets du traité de paix du 15 mai 1796 entre la République française et le roi de Sardaigne.

[7] Voir le texte de cette lettre plus loin, à l'Appendice.

[8] Voir le texte de cette lettre plus loin, à l'Appendice.

[9] Voir le texte de la première plus loin, à l'Appendice. — Par la seconde, signée Carnot, Reubell, Barras, le Directoire l'invite à faire vérifier le fait qui lui est dénoncé qu'il existe

[9 sept. 1796] DU DIRECTOIRE EXÉCUTIF. 581

Trois au général en chef Moreau, commandant l'armée de Rhin-et-Moselle[1];

Deux au commissaire Haussmann, commissaire du gouvernement près l'armée de Rhin-et-Moselle;

Deux au général de division Marescot, commandant à Landau[2];

Deux au général en chef Jourdan, commandant l'armée de Sambre-et-Meuse[3];

Deux au général en chef Beurnonville, commandant l'armée du Nord[4];

Deux au ministre de l'intérieur[5];

Cinq au ministre de la guerre[6];

entre Turin et Suze un rassemblement de dix mille hommes de troupes piémontaises, et, si le fait est vrai, à obliger le gouvernement sarde à dissoudre sur-le-champ ce rassemblement, contraire au traité conclu entre la République et la Cour de Turin.

[1] Les minutes de ces lettres ne se trouvent pas dans les dossiers correspondant à la séance du 23 fructidor. — On n'y trouve pas non plus celles des deux suivantes.

[2] Les minutes de ces lettres ne se trouvent pas dans les dossiers correspondant à la séance du 23 fructidor.

[3] Par la première, signée Carnot, Revellière-Lépeaux, Reubell (Arch. nat., AF III, 401, dossier 2167), le Directoire lui transmet les plaintes qui ont été portées contre les généraux et agents militaires employés devant Mayence, qui s'opposent aux mesures prises par les commissaires du Directoire dans les pays conquis entre Rhin et Moselle pour y rétablir l'ordre. — Quant à la seconde, on en trouvera le texte plus loin, à l'Appendice.

[4] Voir le texte de la première de ces lettres plus loin, à l'Appendice. — Par la seconde, signée Carnot, Revellière-Lépeaux, Reubell (Arch. nat., AF III, 401, dossier 2167), le Directoire appelle son attention sur la discipline, qui paraît avoir éprouvé un relâchement funeste dans l'armée de Sambre-et-Meuse, dont il vient de lui confier le commandement; il l'invite à faire un règlement aussi rigoureux que peut se comporter le régime militaire pour en détruire la cause.

[5] Minutes signées Carnot, Revellière-Lépeaux, Reubell (Arch. nat., AF III, 401, dossier 2166). — Par la première, le Directoire l'invite à écrire au commissaire ordonnateur Prieur au sujet des quatre étalons propres aux haras qui ont été livrés par le duc de Wurtemberg et à lui indiquer dans quel haras il pourra les envoyer. — Par la seconde, il lui transmet une lettre de son commissaire près l'armée de Sambre-et-Meuse, par laquelle il presse le départ pour l'Allemagne des personnes chargées d'y recueillir les objets de sciences et d'arts.

[6] Par la première, signée Carnot, Revellière-Lépeaux, Reubell (Arch. nat., AF III, 401, dossier 2165), le Directoire le prévient que le général Hoche est chargé de la destination ultérieure des officiers qui conduisent en ce moment des soldats étrangers à Blain et à la Guerche. — Par la seconde, signée Carnot, Barras, Revellière-Lépeaux (Arch. nat., AF III, 401, dossier 2167), le Directoire l'autorise à faire lever l'état de siège de la ville d'Antibes (qui date de septembre 1793). — Par la troisième, signée Carnot, Revellière-Lépeaux, Reubell (dossier 2167). il l'invite à faciliter la remise au corps helvétique des sels qu'il a achetés en Allemagne dans les pays occupés par nos armes. — Par la quatrième, signée Carnot, Reubell, Barras (même dossier), il l'invite à prendre des mesures pour empêcher que les chevaux qui doivent être fournis par les princes de Bade et de Wurtemberg en vertu des armistices ne soient point achetés dans les départements de la République (voir plus haut). — Par la cinquième, signée Carnot, Revellière-Lépeaux, Reubell (même dossier), il lui transmet une lettre écrite par le commandant de l'artillerie de l'armée de Rhin-et-Moselle et l'invite à donner des ordres pour approvisionner le service de cette arme.

On écrit au ministre de la guerre, pour qu'il ne propose des sous-officiers pour occuper des grades d'officiers qu'après que tous les officiers surnuméraires seront mis en activité[1];

On écrit au ministre de la marine, pour qu'au 1er vendémiaire tous les élèves de l'École polytechnique soient traités également;

Et au ministre de l'intérieur, pour le même objet[2].

On rapporte les arrêtés[3] qui accordaient des rations de vivres, de fourrages, aux ingénieurs des ponts et chaussées[4].

A

Articles séparés et secrets du traité de paix conclu à Paris le 26 floréal an iv (15 mai 1796) entre la République française et la Sardaigne [5].

Article 1er. Le roi de Sardaigne consent à ce que la République française possède les îles de Saint-Pierre, Saint-Antioche et îlots en dépendant, la baie qu'elles forment, ainsi que le fort qui existe sur l'île Saint-Pierre, et qu'elle en use comme Sa Majesté en userait elle-même. S. M. consent également à ce que la République use de l'artillerie, des munitions de guerre et de bouche qui s'y trouveront à l'époque de l'occupation. Les pêcheries possédées par des particuliers dans lesdites

---

[1] La minute de cette lettre ne se trouve pas dans les dossiers correspondant à la séance du 23 fructidor.

[2] Minute signée Carnot, Reubell, Barras (Arch. nat., AF iii, 401, dossier 2165). — Le Directoire invite le ministre de l'intérieur à faire de nouveau comprendre dans les états de paiement des élèves de l'École polytechnique neuf élèves de l'École des ingénieurs de vaisseau qui en ont été distraits mal à propos, excepté l'un d'eux, qui a été renvoyé pour refus de serment de haine à la royauté.

[3] Des 30 pluviôse et 16 prairial an iv (voir t. I, p. 543 et t. II, p. 633).

[4] Arrêté du 23 fructidor an iv, signé Carnot, Reubell, Barras (Arch. nat., AF iii, 401, dossier 2165). — Le ministre de l'intérieur, dans son rapport (même dossier), représente que « presque partout les rations de vivres, ainsi que les effets d'habillement, sont de la plus mauvaise qualité et annulent, pour ainsi dire, le traitement des ingénieurs dans un grand nombre de départements. »

Outre les documents qui viennent d'être indiqués, on trouve les suivants, non mentionnés au procès-verbal, dans les dossiers correspondant à la séance du 23 fructidor, savoir :

Dans le dossier 2165 : 1° Lettre, signée Carnot, Reubell, Barras, au citoyen Coffin, commissaire près l'administration centrale du Pas-de-Calais, par laquelle le Directoire le charge de surveiller les fonctionnaires publics du ci-devant district de Saint-Pol et d'envoyer la démission de ceux qui seraient repoussés par l'opinion publique; — 2° Arrêté du 23 fructidor, signé Reubell, Revellière-Lépeaux, Barras, nommant le citoyen Gerlain, homme de loi, son commissaire près les tribunaux civil et criminel du département de Seine-et-Marne, en remplacement du citoyen Mallet, démissionnaire; — 3° Arrêté du 23 fructidor, signé Reubell, Barras, Revellière-Lépeaux, rapportant celui du 26 floréal précédent par lequel le citoyen Antoine Accinelli, négociant génois, était autorisé à séjourner à Paris.

Le dossier 2167 se termine par seize pièces relatives à des nominations de commissaires du Pouvoir exécutif près les administrations municipales dans le département de l'Oise.

[5] Voir le texte du traité public, t. II, p. 650.

îles continueront à l'être au même titre et de la même manière qu'elles l'étaient sous la domination de S. M. Sarde.

Art. 2. Le Directoire exécutif ne s'oppose pas à ce que les deux filles du roi de Sardaigne[1] rejoignent leur père, sans que cependant il puisse être formé de leur part aucune action ou prétention quelconque contre la République.

Art. 3. Les citoyens des départements du Mont-Blanc et des Alpes-Maritimes qui ont pu être enlevés par ordre de Sa Majesté ou de ses agents seront mis en liberté sur-le-champ.

Art. 4. Les troupes de Sa Majesté seront remises sans délai sur le pied de paix, et les milices licenciées et rendues à leurs travaux.

Art. 5. Le roi de Sardaigne s'oblige, soit à démolir la forteresse de Demont et les retranchements dits Les Barricades, soit à abandonner à la République française la portion de territoire située entre la frontière du département des Alpes-Maritimes et des Hautes-Alpes désignée en l'article 3 et la limite qui sépare les ci-devant comtés de Beuil et de Tende de la province de Coni; laquelle limite embrasse le château d'Ison, Pardillon, les bains de Vaudier et le haut des vallées de Sture, de Gesso et de Borbo. L'option résultant du présent article est réservée à S. M. Sarde du consentement du Directoire exécutif; mais elle sera faite en même temps que la ratification du présent traité.

Art. 6. Le roi de Sardaigne fera remettre sans délai dans tous ses ports le séquestre sur les vaisseaux appartenant soit aux gouvernements, soit aux sujets des puissances ennemies de la République qui pourraient s'y trouver. Il s'engage de plus à ne jamais donner accès ni retraite auxdits vaisseaux ennemis, soit pendant la présente guerre, soit pendant le cours de celles qui pourraient avoir lieu dans la suite, et à prendre toutes les mesures qui seront en son pouvoir pour empêcher les fraudes qui pourraient être commises contre le présent article sous pavillon neutre ou de toute autre manière. Les vaisseaux français trouveront au contraire dans tous les temps, soit de paix, soit de guerre, asile, sûreté et protection dans tous les ports du roi de Sardaigne.

Art. 7. Le roi de Sardaigne n'emploiera plus à l'avenir, dans aucun acte, les titres de souveraineté ou de seigneurie des pays cédés par le présent traité.

Fait et conclu à Paris le 26 floréal an IV (15 mai 1796).

Ch. Delacroix, Le chevalier de Revel, Le chevalier Tonso[2].

Déclaration additionnelle du 1ᵉʳ juin 1796.

Victor Amé, par la grâce de Dieu, Roi de Sardaigne, de Chypre et de Jérusalem, etc., à tous ceux qui ces présents verront, salut.

Comme ainsi soit que dans le cinquième des articles séparés et secrets faisant partie intégrante de notre traité de paix avec la République française, signé à

---

[1] La comtesse de Provence et la comtesse d'Artois.

[2] De Clercq, *Recueil des Traités de la France*, 1, 274-275.

Paris par nos plénipotentiaires et le ministre des relations extérieures de ladite République, le 15 du mois de mai dernier, nous nous serions engagé soit à... (*analyse du susdit article 5*); et que l'option résultant du présent article nous aurait été réservée du consentement du Directoire exécutif pour être faite en même temps que la ratification du susdit traité, Nous, ayant vu et examiné la teneur dudit article, avons déclaré et déclarons choisir et préférer la démolition de la forteresse de Demont et des retranchements dits Les Barricades, plutôt que de donner à la République française la portion de territoire ci-dessus spécifiée. En foi de quoi nous avons signé de notre main la présente pour être annexée à notre ratification des articles séparés et secrets et fait contresigner par l'avocat Ganières, notre premier officier au département des affaires étrangères et à icelle fait apposer le sceau de nos armes.

Donné à Turin le 1ᵉʳ juin, l'an de grâce 1796, de notre règne le 24ᵉ.

V.-Amé, Ganières [1].

B

Le Directoire exécutif aux citoyens Garrau et Saliceti,
commissaires du Gouvernement près l'armée d'Italie.

Le Directoire avait lieu de penser, citoyens, qu'après avoir fortement manifesté ses intentions pour que le brigandage exercé dans l'armée d'Italie fut réprimé et qu'après avoir reçu de vous l'assurance qu'il le serait, on n'aurait plus à craindre sa continuation; mais les plaintes qui nous parviennent de toutes parts ne prouvent que trop qu'il se perpétue avec l'impudeur qui ne peut être que la suite d'une impunité trop prolongée. Le mépris des bonnes mœurs et la friponnerie y sont portés au comble; la dilapidation et le gaspillage, déplorables résultats de pareils désordres, sextuplent les consommations au profit de ceux qui les fournissent ou qui les administrent, et l'armée se trouverait manquer bientôt du nécessaire au sein de l'abondance après avoir déjà offert le scandaleux assemblage des qualités guerrières et de la cupidité la plus effrénée.

Qui peut donc paralyser ainsi l'exécution des lois répressives de ces monstrueux abus? qui peut vous empêcher, citoyens, de demander impérativement qu'elles pèsent indistinctement sur les coupables? N'êtes-vous pas assurés de tout l'appui que le Directoire doit donner à vos démarches et n'êtes-vous pas également certains que, si vous tardez davantage à prendre les mesures nécessaires, bientôt la désorganisation sera parvenue à un terme qui rendrait tous vos efforts impuissants pour l'arrêter?

Déployez donc, citoyens, le caractère dont vous êtes revêtus avec toute l'énergie que demandent les circonstances. Suspendez ou faites arrêter tout Français attaché au service de l'armée, n'importe en quelle qualité, assez ennemi de la probité et de la gloire de sa patrie pour braver les devoirs de l'une et pour avilir l'autre. De

---

[1] De Clercq, *Recueil des Traités de la France*, I, 275-276.

tous les services que vous êtes en état de rendre à la patrie, soyez persuadé que celui-ci est dans ce moment le plus essentiel.

Vous n'avez rien répondu jusqu'à présent à ce que nous vous avions écrit touchant le prompt envoi en France des productions des arts qui ont été rassemblées en Italie à cet effet. Cependant la saison s'avance et le transport de ces effets précieux deviendrait très difficile si l'époque en était reculée plus longtemps. Faites en sorte, citoyens, que le Directoire n'ait plus à revenir sur le même objet dans sa correspondance avec vous.

CARNOT, REUBELL, P. BARRAS [1].

C

LE DIRECTOIRE EXÉCUTIF AU CITOYEN JOUBERT,
SON COMMISSAIRE PRÈS L'ARMÉE DE SAMBRE-ET-MEUSE.

Le Directoire a reçu, citoyen, vos lettres des 14, 15 et 19 fructidor dernier. Il avait prévu les événements militaires dont vous donnez le détail, dès le moment où il a connu les désordres qui régnaient dans l'armée de Sambre-et-Meuse et le peu d'ensemble qui régnait entre les chefs. Mais tout peut se réparer et la situation hasardée de l'armée ennemie en donne l'espoir.

Vous nous prévenez, citoyen, que l'intention du général Jourdan est de donner sa démission et que votre désir est de venir à Paris pour nous rendre compte de votre mission. Le Directoire a cru devoir se rendre aux vives instances de ce général en chef. Le général Jourdan prendra le commandement de l'armée du Nord et il aura la facilité de rétablir sa santé et de se reposer des fatigues de cette pénible campagne.

Le général Beurnonville sera chargé du commandement en chef de l'armée de Sambre-et-Meuse. Le Directoire consent à la demande que vous formez de vous rendre à Paris. Le commissaire du gouvernement Alexandre ira remplir provisoirement vos fonctions à l'armée de Sambre-et-Meuse et vous sentez qu'il sera nécessaire que vous lui remettiez avant votre départ tous les documents qui pourront servir à diriger son travail, tant pour les opérations qui ne sont pas consommées que pour celles que vous vous proposiez d'entreprendre.

CARNOT, L.-M. REVELLIÈRE-LÉPEAUX, REUBELL [2].

D

LE DIRECTOIRE EXÉCUTIF AU GÉNÉRAL EN CHEF BONAPARTE.

Il est survenu en Allemagne, citoyen général, quelques événements qui, sans compromettre jusqu'ici le succès que la République a obtenu, exigent néanmoins un nouveau degré d'énergie pour exécuter des dispositions nouvelles que nous

---

[1] Arch. nat., AF III, 401, dossier 2167. — [2] Arch. nat. AF III, 401, dossier 2167.

avons ordonnées. L'armée de Sambre-et-Meuse, attaquée tout à coup par le prince Charles, qui a conduit de la Bavière un renfort au général Wartensleben, a été obligée, quoique sans combat sérieux, de se replier sur la Rednitz et successivement sur la Lahn.

Cette situation, qui pourrait avoir des suites fâcheuses, si nous ne rompions le dessein de l'ennemi par une mesure prompte et audacieuse, nous a déterminés à prescrire au général Moreau de marcher sur-le-champ avec la plus grande partie de ses forces entre la Rednitz et le haut Neckar, pour attaquer le prince Charles, qui le sera de front en même temps par le général Beurnonville, qui amène de l'armée du Nord un renfort à celle de Sambre-et-Meuse dont il prendra le commandement. Le général Jourdan, ayant besoin de repos, passe à celui de l'armée du Nord[1]. Le général Moreau établira dans la Bavière, avant de la quitter, une défensive assez forte pour couvrir le Lech et contenir les ennemis qui se trouvent dans cette partie du théâtre de la guerre. Mais, pour remplir ce but, qui est essentiel, il est nécessaire que vous occupiez vivement dans le Tyrol les Autrichiens, qui pourraient porter des secours en Bavière, ainsi qu'ils l'ont déjà fait, d'après des rapports qui nous sont parvenus, afin de se trouver en force sur la droite de leur ligne d'opération. Ainsi nous pensons que vous devez agir de manière à vous porter sur Inspruck avec rapidité et menacer de faire une irruption dans la Bavière. Évitez, autant que la nature du terrain vous le permettra, de disséminer les troupes, afin de ne rien donner au hasard dans ce genre difficile d'opérations que vous avez à exécuter. Vous sentirez puissamment que les circonstances actuelles sont du plus grand intérêt et qu'il est instant de déployer tous nos moyens et surtout d'en combiner l'emploi sur toute la ligne occupée par nos armées agissantes. Ce concert peut seul nous y rendre l'offensive sur tous les points et nous espérons que la manœuvre du prince Charles, heureuse un moment, attirera sur son armée des coups plus terribles, en l'invitant à tenter de nouveau le sort des batailles.

Nous vous faisons passer copie du dernier rapport du général Jourdan.

Nous nous bornons, citoyen général, à vous parler dans cette dépêche du mouvement que nous prescrivons dans le Tyrol à la brave armée d'Italie et à son habile général d'opérer immédiatement.

Nous nous en référons à nos précédentes lettres pour tout ce qui concerne les autres objets du commandement qui vous est confié.

CARNOT, P. BARRAS, L.-M. REVELLIÈRE-LÉPEAUX[2].

[1] Voir plus loin.
[2] Arch. nat., AF III, 401, dossier 2167. — Le jour même où le Directoire écrivait cette lettre à Bonaparte, Moreau en adressait une de Guisenfeld au général en chef de l'armée d'Italie pour lui donner avis que les revers de l'armée de Sambre-et-Meuse l'obligeaient à se porter à son secours et, par conséquent à s'éloigner d'Inspruck au lieu de s'en rapprocher. (Voir cette lettre dans la *Correspondance inédite de Napoléon Bonaparte ou correspondance Panckouke*, II, 25.) — Quant à Bonaparte, à la date du 23 fructidor, lendemain du combat de Bassano, il s'écartait lui-même de plus en plus du Tyrol. L'aile droite de l'armée de Rhin-et-Moselle se trouvait donc découverte, contrairement au désir maintes fois exprimé par le Directoire.

E

LE DIRECTOIRE EXÉCUTIF AU GÉNÉRAL EN CHEF JOURDAN.

Le Directoire a reçu, citoyen général, vos lettres des 14, 15 et 18 fructidor dernier, qui lui ont été apportées par deux officiers de l'armée que vous commandez. Il est sans doute malheureux que les forces ennemies aient obligé l'armée de Sambre-et-Meuse à se replier. Mais nous espérons que, rassemblés sur la Lahn, les soldats républicains que la victoire a si souvent conduits sauront s'y maintenir et reprendront bientôt l'offensive qui leur convient et que la situation hasardée de l'ennemi les mettra à même de ressaisir avec avantage. La première mesure que nous vous recommandons est celle de vous soutenir sur la Lahn, d'y rétablir l'armée dans la discipline, sans laquelle elle ne peut agir avec espoir de succès, de continuer le siège d'Ehrenbreitstein dont il faut se rendre maître à quelque prix que ce soit, et de contenir la garnison de Mayence sur la rive gauche du Rhin au moyen du corps de Marceau.

Ce que nous vous recommandons ensuite, c'est de marcher de nouveau sur le Main. L'archiduc Charles ne laisse devant vous que le corps de Wartensleben, pour se porter avec vivacité sur le flanc du général Moreau.

Nous venons d'ordonner à ce général d'abandonner les bords de l'Ysar, de se replier sur la Lech, d'y laisser un gros corps d'observation capable de contenir le reste de l'armée autrichienne, pendant que celle d'Italie agira dans le Tyrol. Nous lui prescrivons de marcher avec le gros de son armée entre la Rednitz et le haut Neckar, tandis qu'un autre corps gardera l'entre Rhin et Neckar, et de tomber avec la plus grande impétuosité sur les derrières des troupes qui vous combattent et qui seront ainsi placées entre deux feux.

Les instances avec lesquelles vous avez demandé au Directoire votre remplacement dans le commandement de l'armée de Sambre-et-Meuse ont pu seules le porter à obtempérer à cette demande. Il a pensé toutefois que les services que vous n'avez cessé de rendre et ceux que vous pouvez rendre encore à la République exigeaient qu'il vous confiât un poste honorable et important et il s'est déterminé à vous donner le commandement de l'armée du Nord où vous continuerez, jusqu'à ce que les circonstances permettent au Directoire de nouvelles dispositions, à assurer la tranquillité des pays en partie conquis par vos armes. Nous ordonnons aujourd'hui au général en chef Beurnonville de se rendre sur-le-champ à votre quartier général pour prendre jusqu'à nouvel ordre le commandement en chef de l'armée de Sambre-et-Meuse. Votre zèle et votre véritable patriotisme nous garantissent que vous vous empresserez de donner à ce général tous les renseignements sur les hommes et sur les choses qui lui sont indispensables pour vous remplacer. Il vous remettra en échange des notes sur la situation des pays où vous allez commander.

Nous espérons recevoir incessamment de vous, citoyen général, l'annonce de l'amélioration de la discipline et de la confiance de l'armée de Sambre-et-Meuse.

Carnot, P. Barras, L.-M. Revellière-Lépeaux [1].

F

Le Directoire exécutif au général en chef Beurnonville, commandant l'armée du Nord.

La République commande impérieusement, citoyen général, que ses succès en Allemagne soient scellés par de nouveaux succès. Nous pensons qu'ils ne peuvent être compromis par les événements qui ont forcé momentanément l'armée de Sambre-et-Meuse à se replier sur la Lahn, nous espérons même que nous retirerons des avantages signalés des circonstances actuelles; mais il nous a paru nécessaire de déployer de plus grands moyens et de produire par des mesures grandes et audacieuses une impulsion qui entraîne des victoires décisives. Notre intention est de rétablir l'offensive sur toute la ligne de nos opérations et, pour y parvenir rapidement, de dégager l'armée de Sambre-et-Meuse pressée en ce moment par des forces qui n'ont acquis sur elle qu'une supériorité éphémère. En conséquence nous vous ordonnons, citoyen général, d'extraire de l'armée du Nord un corps de troupes de dix à douze mille hommes au moins, quelles que soient les difficultés qui pourraient s'élever à cet égard, commandé par des officiers généraux distingués, et de le conduire à l'armée de Sambre-et-Meuse, dont vous prendrez provisoirement le commandement. Reconnaissant le besoin de repos que nous a exposé le général Jourdan, nous le destinons à vous remplacer au Nord. La haute confiance que nous vous témoignons, citoyen général, en vous conférant ce commandement repose sur la certitude où nous sommes qu'une armée si souvent victorieuse trouvera dans son nouveau chef des talents et une énergie dignes de la conduire à de nouveaux et glorieux combats. Ce n'est en effet que par la force de nos armes que nous devons songer à rejeter dans le fond de l'Allemagne un ennemi présomptueux qui ne peut leur résister, et les premiers pas que vous avez à faire doivent être pour le chercher et le combattre en bataille rangée. Il essaiera de vous étonner par le nombre de ses troupes légères; mais vous savez que c'est la baïonnette qui décide de la victoire, quand elle est maniée par l'audace républicaine.

Ne perdons pas un instant, citoyen général, pour vous rendre au quartier-général du général Jourdan et pour mettre en marche le renfort que vous retirerez de l'armée du Nord. Vous recevrez de ce général tous les renseignements intéressants qu'il s'empressera sans doute de vous donner en échange de ceux qu'il a droit d'attendre de vous sur tout ce qui concerne son nouveau commandement.

Pendant ce temps le général Moreau aura reçu l'ordre que nous lui donnons de marcher lui-même au secours de l'armée de Sambre-et-Meuse. Après avoir orga-

---

[1] Arch. nat., AF III, 401, dossier 2167.

nisé une bonne défensive dans la Bavière, il se portera rapidement sur les derrières du prince Charles réuni au général Wartensleben, en se dirigeant entre la Rednitz et le haut Neckar. Ce mouvement, combiné avec le vôtre, placera nécessairement l'armée ennemie entre deux feux et doit lui faire essuyer des pertes irréparables et vous mettre en état de vous porter sur la Rednitz en même temps que le général Moreau ira reprendre son offensive dans la Bavière.

Nous vous le répétons, citoyen général, c'est par une bataille que l'armée de Sambre-et-Meuse doit sortir de la situation où elle se trouve. Préparez-la à cette glorieuse journée, qu'elle attend sans doute avec impatience et dans laquelle nous verrons avec satisfaction rivaliser de bravoure les troupes faisant partie de l'armée du Nord. Songez surtout que le concert est indispensable pour régulariser nos opérations sur tout le théâtre de la guerre et que les dispositions prescrites par le gouvernement doivent être exécutées avec précision.

Le général Jourdan se trouvera chargé du siège d'Ehrenbreitstein par l'effet de votre mutation de commandement et de fournir au général Quentin les troupes destinées à l'expédition qui lui est confiée.

Nous vous invitons, citoyen général, à nous rendre compte de votre position par de fréquents courriers.

CARNOT, L.-M. REVELLIÈRE-LÉPEAUX, REUBELL[1].

SÉANCE DU 24 FRUCTIDOR AN IV.[2]

10 SEPTEMBRE 1796.

Le ministre de la police générale fait son rapport au Directoire[3] sur les événements arrivés pendant la nuit dernière à Paris. Sept à

---

[1] Arch. nat., AF III, 401, dossier 2167.
[2] Arch. nat., AF III*, 4, fol. 220-222. — AF III, 3.
[3] Les quarante-sept accusés de l'affaire Babeuf ayant été transférés à Vendôme (11 fructidor), leurs amis avaient essayé, sans succès, dans la nuit du 11 au 12 fructidor, de soulever Paris, et notamment le faubourg Saint-Antoine, en répandant le bruit d'un mouvement royaliste. La capitale n'ayant pas répondu à leur appel, ils s'étaient remis en campagne et avaient organisé un complot révolutionnaire qu'ils essayèrent de réaliser dans la nuit du 23 au 24 fructidor. Ce complot consistait dans l'attaque du camp de Grenelle, dont ils essayèrent d'entraîner les troupes aux cris de *Vive la République! Vive la Constitution de 1793! A bas les Conseils! A bas les nouveaux tyrans!* On trouve le récit de cette attaque et de ses résultats dans le rapport du ministre de la police, Cochon, au Directoire, et dans les deux rapports du général Latour-Foissac, commandant du camp, au général en chef de l'armée de l'intérieur, tous datés du 24 fructidor (*Monit.*, XXVIII, 422-424. — *Déb.*, fructidor an IV, 363-365). — Le nombre des assaillants était, suivant le ministre, de sept à huit cents, suivant le général d'environ 400. Plusieurs avaient pris des costumes de représentants ou de généraux. La résistance du 21e régiment de dragons, auquel ils s'étaient adressés tout d'abord parce qu'il était en grande partie formé de l'ancienne Légion de police, avait donné le temps de se remettre de leur surprise au reste des troupes, qui ne leur avaient pas fait meilleur accueil. Une vingtaine des assaillants avaient été tués, la masse avait pris la fuite,

huit cents brigands armés se sont introduits dans le camp de Grenelle, vers onze heures du soir, après avoir surpris les premières vedettes, ont cherché à assassiner les officiers qui commandent ce camp et à corrompre par des propositions anarchiques et en même temps royalistes les braves militaires qui composent cette division. Mais les défenseurs de la patrie, indignés de ce nouvel attentat, se sont armés à la hâte et ont fondu sur ces brigands, qui ont laissé vingt de leurs morts sur le champ de bataille et plus de cent prisonniers. Les militaires du camp ont montré les plus grands attachements à la Constitution ainsi que ceux composant la garde du Directoire et celle du Corps législatif.

[Le Directoire exécutif, ouï le rapport du ministre de la police générale et le compte rendu par le général Foissac-Latour sur les événements survenus dans la nuit du 23 au 24 fructidor;

Arrête que le général en chef de l'armée de l'intérieur est chargé de témoigner aux braves soldats du camp de Grenelle, à ceux qui composent sa garde et celle du Corps législatif, sa satisfaction sur la conduite qu'ils ont tenue pour repousser les attaques du brigandage et de l'anarchie. — Arch. nat., AF III, 401, dossier 2169 [1]].

non sans laisser aux mains des défenseurs de la Constitution un certain nombre de prisonniers, parmi lesquels l'ex-adjudant général Lay, l'ex-général de brigade Fion, le journaliste Saunier. On ne tarda pas à arrêter aussi d'anciens conventionnels mêlés au mouvement (Huguet, Javogues, Cusset), tous babouvistes. Le nombre des prisonniers s'éleva en tout à 132. — Cette même nuit une fausse alerte avait été donnée au palais du Luxembourg, résidence du Directoire, où l'on annonça l'approche des insurgés. Carnot et Le Tourneur se montrèrent en armes dans la cour du palais pour diriger la défense. La Revellière-Lépeaux affirme dans ses *Mémoires* qu'il y vint aussi, mais attiré par le bruit et sans que ses deux collègues, malgré sa qualité de président du Directoire, eussent cru devoir le faire prévenir (*Mém.* de La Revellière-Lépeaux, II, 3-7). — Carnot, au contraire, dans sa *Réponse à Bailleul*, p. 135, affirme qu'il était allé lui-même le réveiller et que La Revellière-Lépeaux lui aurait tranquillement répondu *qu'il s'en remettait bien pour cela à Le Tourneur et à lui qui étaient militaires.* Qui croire? Quant à Reubell il couchait cette nuit-là à Arcueil, où sa famille était en villégiature. Pour Barras, il ne parut pas de la nuit. Carnot et La Revellière sont d'accord pour le constater. Ce dernier prétend qu'on frappa à sa porte sans obtenir de réponse ni de lui ni de ses gens, et il l'accuse formellement de complicité avec les assaillants. Barras expliqua son absence en disant que lui aussi avait couché à la campagne. Il se défend hautement dans ses *Mémoires* (II, 193-194) de toute connivence avec les Babouvistes insurgés, mais il soutient que la responsabilité de l'échauffourée doit retomber sur Carnot et Cochon qui, avertis depuis longtemps de ce qui se préparait, avaient pu tout prévenir, mais avaient mieux aimé laisser se consommer cette attaque impuissante, «pour se donner ensuite l'amour-propre de la découverte et la satisfaction du carnage». — La Revellière (*loc. cit.*, 8-9) dit que Carnot et Cochon «songeaient à se rapprocher du parti clichyen»; — «... A partir de cet instant, ajoute-t-il, ils commencèrent à pencher visiblement vers la faction royaliste, et l'affaire du camp de Grenelle leur servit toujours de prétexte».

[1] Signé à la minute Le Tourneur, Carnot, Barras.

Un messager d'État envoyé par le Conseil des Cinq-Cents présente un message par lequel ce Conseil demande des renseignements sur les événements de la dernière nuit [1].

Le Directoire se hâte d'y satisfaire et de procurer à ce Conseil les détails qui lui sont parvenus sur les événements qui l'intéressent [2].

Il lui adresse un second message contenant des détails plus circonstanciés et l'invite de décider de quelle manière doivent être jugés les coupables arrêtés ou ceux qui le seront [3].

Les événements derniers et ce qui se passe journellement prouvant qu'une foule de malveillants abondent à Paris, le Directoire invite par un troisième message le Conseil des Cinq-Cents à l'autoriser à faire faire des visites domiciliaires à Paris [4].

[Le Directoire exécutif, d'après le rapport du ministre de la marine et des colonies; considérant que, nonobstant les mesures qui ont été prises par le gouvernement pour assurer la levée des gens de mer,

---

[1] Message voté dans la séance du 24 fructidor sur la proposition de Boissy-d'Anglas. — On voit dans le procès-verbal de cette séance (*C. C.*, fructidor an IV, 452) qu'au moment où ce message allait être fait, le président du Conseil reçut et lut à l'assemblée une lettre du président du Directoire annonçant deux messages relatifs à l'attaque du camp de Grenelle et que, par suite, le Conseil rapporta aussitôt son arrêté.

[2] Minute signée Revellière-Lépeaux, Barras, Carnot, Reubell (Arch. nat., AF III, 401, dossier 2168). En attendant l'impression annoncée du rapport du ministre de l'intérieur et de diverses autres pièces, le Directoire, par ce message, fait connaître au Conseil que : «... un corps de brigands armés, au nombre de six à sept cents, sous la conduite de chefs en uniformes d'officiers généraux et en panaches se sont rendus la nuit dernière au camp de Grenelle. Après avoir inutilement tenté de grossir leur bande par des cris de : *Vive la Constitution de 93! A bas les Conseils et les nouveaux tyrans!* ils commencèrent l'attaque; mais ils ne trouvèrent que de vrais républicains qui les repoussèrent, tuèrent une vingtaine d'entre eux et leur firent cent trente-deux prisonniers, la plupart blessés. Le Directoire exécutif s'occupe des mesures qu'il croit propres à assurer la punition des coupables et à faire ramasser autant que possible les brigands qui se sont échappés. Nous apprenons à l'instant que les ex-conventionnels Huguet et Javogues ont été arrêtés, l'un d'eux ayant dans la poche l'écharpe de son ancien costume et portant des poignards, pistolets et munitions...»

[3] Minute signée Carnot, Reubell, Barras (Arch. nat., AF III, 401, dossier 2168). — Le Directoire représente que si l'on applique aux coupables la loi du 22 messidor an IV portant que nul délit ne peut être jugé par les conseils militaires si les prévenus ne font pas partie de l'armée, la procédure contre cent trente-deux accusés devant les tribunaux ordinaires sera interminable et rendra possible bien des troubles et des tentatives pour les sauver. Il incline à penser que, la nature du délit commis étant «entièrement militaire, puisqu'il s'agit d'individus tous armés et pris en combattant ou en fuyant après leur défaite», il y aurait plutôt lieu d'appliquer les lois du 30 prairial an III, du 1er vendémiaire an IV et le Code des délits et des peines, et de recourir à la juridiction militaire. — Message lu à la séance du 24 fructidor (*C. C.*, fructidor an IV, 453-456).

[4] Minute signée Carnot, Barras, Reubell (Arch. nat., AF III, 401, dossier 2168). — Message lu à la séance du 24 fructidor (*C. C.*, fructidor an IV, 457-459).

améliorer le sort des marins et accélérer les armements des vaisseaux de la République, qui n'attendent que le complément de leurs équipages pour venger l'honneur du pavillon français, les efforts redoublés de la malveillance et l'incurie de divers corps administratifs et municipaux sont parvenus à entraver les opérations des officiers d'administration de la marine et à rendre illusoires les réquisitions faites aux marins de voler à la défense de la patrie; considérant qu'il importe essentiellement au salut de la République de déjouer des manœuvres aussi criminelles et de manifester l'intention ferme et inébranlable du gouvernement de maintenir l'exécution des lois par tous les moyens qu'elles ont mis à sa disposition, et qu'il est nécessaire de rappeler aux autorités constituées les obligations qui leur sont imposées à cet égard,

Arrête ce qui suit :

Article 1er. Les corps administratifs, municipaux et autres autorités constituées sont tenus, *sous leur responsabilité*, de prêter aux officiers d'administration de la marine, préposés à l'inscription maritime, et syndics des marins : 1° les secours prescrits par les lois des 7 janvier 1791 (*vieux style*) et 3 brumaire an IV, relativement aux levées des gens de mer et ouvriers requis pour le service des vaisseaux ou pour celui des ports et arsenaux de la République; 2° ceux prescrits par les loi et arrêté des 21 septembre 1793 (*vieux style*) et 3 floréal an III, pour contraindre lesdits gens de mer et ouvriers déserteurs, fuyards ou désobéissants, à se présenter et pour les faire rejoindre.

Art. 2. En cas de refus ou de retard à l'exécution des ordres de levée, les frais de recherche, d'arrestation et de conduite, par la gendarmerie nationale ou par la force armée, des gens de mer et ouvriers seront entièrement à la charge desdites autorités constituées, conformément aux loi et arrêté des 21 septembre 1792 et 3 floréal an III.

Art. 3. Les administrations municipales, et notamment les commissaires du Pouvoir exécutif près de celles desdites administrations dans l'arrondissement desquelles se trouveront des marins déserteurs, fuyards ou désobéissants, seront *personnellement* responsables de l'inexécution du présent arrêté.

Art. 4. Tous ceux des gens de mer et ouvriers compris dans l'inscription maritime qui, conformément à la loi du 3 brumaire an IV, auront été requis pour le service des vaisseaux ou pour celui des ports et arsenaux de la République et ne se seront pas rendus à leur poste, ou qui l'auront quitté sans congé ni permission, seront tenus, dans la huitaine de la publication du présent arrêté, de se présenter à l'officier d'administration chargé de l'inscription maritime de leur quartier qui leur délivrera un ordre de rejoindre.

Art. 5. Après ce délai expiré, lesdits officiers d'administration emploieront contre les déserteurs, fuyards ou désobéissants, les mesures de rigueur prescrites par les lois et arrêtés du 7 janvier 1791, 21 septembre 1793, 3 floréal an III et 3 brumaire an IV.

Art. 6. En cas d'insuffisance de ces mesures, les familles des marins et ouvriers seront personnellement responsables de leur évasion ou désertion, conformément à l'arrêté de l'ex-Comité de salut public du 3 floréal an III.

Art. 7. Les officiers d'administration, préposés à l'inscription maritime et syndics des marins sont autorisés, en vertu des loi et arrêté des 12 octobre 1791 et 3 floréal an III, à requérir *directement* la gendarmerie nationale ou force armée et à établir garnison chez les parents des gens de mer déserteurs, fuyards ou désobéissants, jusqu'à ce que ces derniers se soient présentés au bureau de l'inscription maritime de leur quartier.

Art. 8. Les dispositions des lois et arrêtés des 7 janvier 1791, 21 septembre 1793, 16 germinal, 3 floréal et 7 thermidor an III et 3 brumaire an IV, relatives aux gens de mer et ouvriers déserteurs, fuyards ou désobéissants, seront exécutées dans tous les quartiers et syndicats désignés par l'arrêté du Directoire exécutif du 21 ventôse an IV, ainsi que celles des lois des 22 août 1790 et 26 nivôse an II, concernant les peines à infliger auxdits gens de mer et ouvriers.

Art. 9. Il est défendu à tous capitaines des bâtiments du commerce, maîtres pilotes ou patrons de bateaux, tartanes, barques, allèges et autres bâtiments faisant le cabotage ou la navigation intérieure des rivières situées dans l'étendue des quartiers de cacher ou recéler des marins ou de les embarquer à leur bord, s'ils ne sont portés sur les rôles d'équipage, et ce, sous peine contre lesdits capitaines, maîtres ou patrons d'être destitués de leur commandement et embarqués sur les vaisseaux de la République dans la simple qualité de matelots.

Art. 10. Il est enjoint aux corps administratifs, municipaux et autres autorités constituées de se renfermer strictement dans les bornes de leurs fonctions : en conséquence, il leur est expressément défendu de s'immiscer directement ni indirectement dans tout ce qui est relatif aux opérations maritimes, expéditions navales et dispositions des officiers civils et militaires de la marine, officiers d'administration, préposés dans ces quartiers, et ce, sous les peines portées par les lois et arrêtés des 26 janvier, 20 juillet 1793 (*vieux style*), 25 brumaire an II et 3 floréal an III.

Art. 11. Il est pareillement défendu à tous officiers civils et militaires de la marine, ingénieurs-constructeurs, officiers d'administration, préposés dans les quartiers et syndics des marins d'avoir aucun égard aux réquisitions, certificats et arrêtés des corps administratifs, municipaux et autorités constituées, qui auraient pour objet l'exemption du service de la marine ou le renvoi de leur quartier des marins et ouvriers employés au service de la République.

Les ministres de la marine et des colonies, de la guerre, de l'intérieur et de la police générale sont chargés, chacun en ce qui le concerne, de donner les ordres nécessaires pour l'entière exécution du présent arrêté, qui sera imprimé et inséré au *Bulletin des lois*. — Arch. nat., AF III, 401, dossier 2169 [1]].

Il sera payé, à titre de secours extraordinaire, au citoyen Texier de Norbec, ancien directeur de l'artillerie de la marine, une somme de six cents livres, en numéraire [2].

Le ministre de l'intérieur se rendra sur-le-champ à Vendôme, pour y presser les travaux relatifs à l'établissement de la haute-cour de justice dans cette commune [3].

Le citoyen Daigremont est nommé agent maritime à Anvers [4].

Trois lettres sont écrites :

La première aux représentants du peuple, membres de la commission des dépenses du Conseil des Cinq-Cents. pour leur indiquer l'heure d'une conférence [5];

La seconde au ministre des finances, pour le presser de donner au

---

[1] Signé à la minute Carnot, Le Tourneur, Reubell, Barras, Revellière-Lépeaux.

[2] Arrêté du 24 fructidor an IV, signé Le Tourneur, Revellière-Lépeaux, Barras (Arch. nat., AF III, 401, dossier 2169).

[3] Arrêté du 24 fructidor an IV, signé Le Tourneur, Reubell, Carnot (Arch. nat., AF III, 42, *Affaire Babeuf*).

[4] Aux appointements de 7,200 livres par an. — Arrêté du 24 fructidor an IV, signé Le Tourneur, Revellière-Lépeaux, Barras (Arch. nat., AF III, 401, dossier 2169).

[5] Minute signée Revellière-Lépeaux, Barras, Reubell (Arch. nat., AF III, 401, dossier 2168). — Le Directoire propose le surlendemain à 10 heures du matin.

Directoire les renseignements demandés par un message du Conseil des Cinq-Cents[1] sur les maisons occupées par des établissements publics dans le département de la Seine[2] ;

La troisième au ministre de l'intérieur, pour lui demander de nouveau des éclaircissements sur l'objet ci-dessus et sur les bâtiments qui se font actuellement dans le département de la Seine[3].

Un messager d'État envoyé par le Conseil des Anciens est admis et présente quatre lois.

La première met à la disposition du ministre des finances une somme de cinq cent mille livres, valeur métallique, pour les dépenses de son département[4].

La seconde oblige de sortir de la commune de Vendôme tous les individus qui n'y étaient pas domiciliés à l'époque de la proclamation portant convocation de la haute-cour de justice[5].

La troisième autorise le Directoire à ordonner des visites domiciliaires, de jour seulement, dans les départements de la Seine, Seine-et-Oise et Seine-et-Marne[6].

La quatrième déclare que la loi du 22 messidor ne porte aucune limitation ni dérogation aux dispositions de l'article 598 du code des délits et des peines, non plus qu'aux lois confirmées par ledit article, concernant les rebelles saisis dans un rassemblement armé[7].

---

[1] Voir plus haut, p. 554 (message du 21 fructidor).

[2] Minute signée Reubell, Revellière-Lépeaux, Barras (Arch. nat., AF III, 401, dossier 2168).

[3] Minute signée Reubell, Revellière-Lépeaux, Barras (Arch. nat., AF III, 401, dossier 2168).

[4] Bull., II, LXXVI, n° 703.

[5] A moins qu'ils n'y soient appelés ou retenus par la justice, ou qu'ils n'en obtiennent la permission expresse du président de la haute-cour ou de l'un des accusateurs nationaux. Quiconque arrivera dans la commune de Vendôme n'y pourra séjourner plus de vingt-quatre heures sans la même permission. — Bull., II, LXXV, n° 700, conforme au message du Directoire du 21 fructidor (voir plus haut, p. 550) et additionnelle à la loi du 17 fructidor (voir plus haut, p. 519).

[6] Bull., II, LXXV, n° 699. — Cette loi n'avait été votée qu'après une assez vive et assez longue discussion. Elle n'accordait au Directoire le droit de visite domiciliaire, demandé par lui dans son message du même jour (voir plus haut), que sous les deux réserves indiquées dans le procès-verbal et sous celles-ci : 1° qu'il cesserait d'être exercé le 1ᵉʳ vendémiaire an v, c'est-à-dire au bout de quelques jours; 2° qu'il ne le serait que conformément à l'article 359 de la constitution (portant «qu'aucune visite domiciliaire ne peut avoir lieu qu'en vertu d'une loi, et pour la personne ou l'objet expressément désigné dans l'acte qui ordonne la visite»).

[7] Bull., II, LXXV, n° 698. — Loi du 24 fructidor votée pour répondre au message du Directoire du même jour (voir plus haut, p. 591). Elle est précédée de ce considérant que «la loi du 22 messidor (voir plus haut, p. 48) n'est relative qu'aux individus qui, sous le prétexte de délits militaires, étaient distraits de leurs juges naturels, et non aux rébellions et aux rassemblements armés». — L'article 598 du Code des délits et des

Le Directoire ordonne que ces quatre lois seront publiées, exécutées et qu'elles seront munies du sceau de l'État. Elles sont en conséquence adressées de suite à l'enregistrement, pour deux expéditions de chacune être envoyées dans le jour au ministre de la justice, avec l'arrêté portant ordre d'impression et de publication, dans les formes prescrites par les lois.

Il décide que la Trésorerie nationale paiera sur les ordonnances du ministre des finances jusqu'à concurrence de la somme de cinq cent mille livres, valeur métallique, mise à sa disposition par la loi de ce jour, pour les dépenses courantes de son département [1].

Il approuve un supplément d'instructions au citoyen Caillard, proposé par le ministre des relations extérieures [2].

En exécution de l'arrêté du Directoire du 1er prairial de l'an IV, le ministre de la guerre, celui des finances et celui de la justice, déposent sur le bureau et soumettent à l'approbation du Directoire chacun un état des dépenses à ordonnancer par eux.

Le Directoire approuve ces dépenses et remet un double desdits états à chacun des ministres qui les a déposés pour les ordonnancer.

On écrit trois lettres concernant le service militaire et dont les minutes sont déposées à la section de la guerre, savoir :

Deux au général en chef Hoche, commandant l'armée des Côtes de l'Océan [3] ;

---

peines est ainsi conçu : «Sont également maintenues les lois sur la manière de juger les émigrés et les rebelles armés contre la République sous les noms de *barbets, chouans*, ou autres». — C'est donc la loi du 30 prairial an III qui fut appliquée aux *brigands de Grenelle*. Cette loi déférait aux tribunaux militaires non seulement les militaires, mais tous individus pris dans les soulèvements armés dirigés contre la République. — En conséquence, une commission militaire réunie au Temple eut à juger les 132 prisonniers du 24 fructidor. Du 3e jour complémentaire an IV au 12 brumaire an V (19 septembre-2 novembre) elle prononça un grand nombre de condamnations, dont trente-deux condamnations à mort, qui furent exécutées. C'est ainsi que furent fusillés dans la plaine de Grenelle l'ex-adjudant général Lay, l'ex-général Jacob, les ex-conventionnels Huguet, Javogues, Cusset, l'ex-maire de Lyon Bertrand, le peintre Gagnant, secrétaire de Drouet, etc.

[1] La minute de cet arrêté ne se trouve pas dans les dossiers correspondant à la séance du 24 fructidor.

[2] Le texte de ce supplément d'instructions ne se trouve pas dans les dossiers correspondant à la séance du 24 fructidor.

[3] Minutes signées Carnot, Reubell, Revellière-Lépeaux. Par la première de ces lettres (Arch. nat., AF III, 401, dossier 2168) le Directoire annonce à Hoche qu'il a renouvelé au ministre des finances l'ordre de pourvoir par tous les moyens possibles aux besoins de l'armée qu'il commande; que déjà 1,500,000 livres ont été envoyées à La Rochelle, «où des mouvements insurrectionnels et séditieux s'étaient manifestés parmi les troupes au sujet de la solde qui leur était due»; qu'incessamment l'ordre sera expédié pour la vente des toiles, mouchoirs et autres

[10 SEPT. 1796]   DU DIRECTOIRE EXÉCUTIF.   597

Et une au citoyen Haussmann, commissaire du gouvernement près l'armée de Rhin-et-Moselle [1].

LE DIRECTOIRE EXÉCUTIF AU GÉNÉRAL EN CHEF HOCHE, COMMANDANT L'ARMÉE DES CÔTES DE L'OCÉAN.

L'armée de Sambre-et-Meuse s'est retirée sur la Lahn; celle de Rhin-et-Moselle, après de nombreux succès, va avoir à combattre la plus grande partie des forces ennemies et de nombreux renforts lui sont indispensables. Nous avons pensé que ces renforts pouvaient seuls être distraits de l'armée que vous commandez et déjà il vous a été fait une demande de 6,000 hommes qui devront être dirigés sur l'armée de l'intérieur, qui en enverra un pareil nombre à celle que commande le général Moreau. Les moments sont chers, citoyen général, et il est essentiel que les troupes qui doivent passer à l'armée de Rhin-et-Moselle y arrivent le plus promptement possible de la manière dont nous l'avons indiqué. Il est urgent qu'elles parviennent à leur destination avant la fin de la campagne. Nous vous invitons en conséquence à ne pas perdre un instant et à détacher de l'armée que vous commandez non seulement les 6,000 hommes déjà demandés, mais encore toutes les troupes qu'il est possible d'en extraire indépendamment de ces 6,000 hommes et que vous pouvez faire partir directement pour l'armée de Rhin-et-Moselle.

Et pour vous développer nos intentions à cet égard, nous ajouterons, citoyen général, que notre désir est que vous conserviez seulement dans l'arrondissement que vous commandez : 1° les troupes absolument indispensables pour le maintien de la tranquillité et la garde des côtes de l'Océan; 2° celles que vous destinez à l'expédition que nous vous avons confiée [2]. Le refluement du reste des troupes sur une autre armée produira d'ailleurs le bien inappréciable de diminuer les consommations et les réquisitions désastreuses qui irritent l'esprit des habitants des campagnes. Il contribuera sans doute à consolider la paix que vous avez amenée dans les pays où vous commandez.

Les circonstances demandent de ne pas différer l'envoi des forces que nous vous demandons par la présente et nous comptons dans cette occasion sur le dévoue-

---

marchandises qui sont à Brest. — Quant à la seconde lettre, on en trouvera le texte plus loin à l'Appendice.

[1] La minute de cette lettre ne se trouve pas dans les dossiers correspondant à la séance du 24 fructidor.

Outre les documents qui viennent d'être indiqués, il faut signaler (Arch. nat., AF III, 401, dossier 2169) un arrêté du 24 fructidor, signé Le Tourneur, Revellière-Lépeaux, Barras, non mentionné au procès-verbal, par lequel est acceptée la démission du citoyen Foussedoire, commissaire du Directoire près les tribunaux civil et criminel du département de Loir-et-Cher.

Le dossier 2169 se termine par 23 pièces relatives à des nominations d'assesseurs de juges de paix, de commissaires du pouvoir exécutif et de juges dans les départements des Alpes-Maritimes, de l'Aube, de l'Aude et des Vosges.

[2] C'est-à-dire à l'expédition d'Irlande.

ment républicain et l'activité qui vous caractérisent et que nous avons si souvent éprouvés.

CARNOT, REUBELL, L.-M. REVELLIÈRE-LÉPEAUX[1].

SÉANCE DU 25 FRUCTIDOR AN IV[2]

11 SEPTEMBRE 1796.

Le Directoire adresse deux messages au Conseil des Cinq-Cents.

Par le premier il l'invite à statuer sur la demande du ministre de la guerre, tendante à ce que les bâtiments du ci-devant couvent des Capucins, à Arras, soient définitivement affectés au service de son département[3].

Par le second, il lui propose d'annuler un arrêté du Comité des finances[4] du 8 vendémiaire dernier, qualifié transaction entre l'agent du Trésor public et le citoyen Caulet-d'Hauteville, portant annulation d'un acte sur lequel il était réservé au Corps législatif de prononcer[5].

L'exequatur accordé à la patente de Jean Féraudy, consul de la République de Raguse à Nice, est rapporté. Il sera écrit à la République de Raguse, afin qu'elle donne un successeur à cet agent[6].

Le citoyen Venture, premier interprète de la République française à Constantinople, est rappelé à Paris, pour reprendre ses fonctions d'interprète en langues orientales. Le citoyen Ruffin est réintégré dans les fonctions de premier secrétaire interprète de la légation[7].

Le citoyen Delaunay, consul à Boston, est rappelé; il sera pourvu à son remplacement[8].

---

[1] Arch. nat. AF III, 401, dossier 2169.
[2] Arch. nat., AF III*, 4, fol. 222-223. — AF III, 3.
[3] Pour y placer le magasin général des lits militaires des départements frontières du Nord. — Message lu à la séance du 27 fructidor (*C. C.*, fructidor an IV, 536-537).
[4] De la Convention.
[5] Il y a là une inexactitude. Ce n'est pas l'arrêté du Comité des finances qui constitue la transaction. L'arrêté annulait au contraire la transaction, ce en quoi le Directoire fait observer que le Comité a excédé ses pouvoirs, le Corps législatif seul ayant, aux termes de la loi du 27 août 1791, à prononcer sur de pareils actes. La transaction consistait dans l'adjudication en forme de vente faite au citoyen Caulet-d'Hauteville de la ci-devant terre de Crosne. — Message lu à la séance du 27 fructidor (*C. C.*, fructidor an IV, 538-559).

[6] Arrêté du 25 fructidor an IV, signé Revellière-Lépeaux, Barras, Reubell (Arch. nat., AF III, 401, dossier 2170).

[7] Arrêté du 25 fructidor an IV, signé Revellière-Lépeaux, Barras, Reubell (Arch. nat., AF III, 401, dossier 2170).

[8] Arrêté du 25 fructidor an IV, signé

Il sera délivré un passeport au citoyen Audibert-Caille, pour se rendre à Berlin [1].

Il est fait à l'épouse du général O'Shée une avance de six cents livres, valeur métallique, qui sera prélevée sur les appointements de son mari [2].

Le ministre des relations extérieures est chargé de prendre les mesures convenables pour que le citoyen Collot, contre lequel le gouvernement fédéral fait instruire une procédure, soit envoyé par devant les juges de France [3].

Le traité passé entre le ministre des finances et le citoyen Gouvy, relativement à une coupe de bois dans les pays conquis entre Rhin-et-Moselle en paiement de fournitures [4], est confirmé [5].

La régie est autorisée à vendre au citoyen Russilion, receveur des sels du canton de Berne, six cents quintaux de sel, des salines de Salins ou d'Arc [6].

Sur le rapport du ministre de la police générale sont rayés de la liste des émigrés les noms des citoyens ci-après :

Dieudonné Rosse et Catherine Piret, sa femme [7] ; Félicité-Marie

---

Revellière-Lépeaux, Barras, Reubell (Arch. nat., AF III, 401, dossier 2170).

[1] Arrêté du 25 fructidor an IV, signé Revellière-Lépeaux, Barras, Reubell (Arch. nat., AF III, 401, dossier 2170). — AUDIBERT-CAILLE, agent diplomatique secret. — Voir t. I, p. 386.

[2] Vu «la situation fâcheuse dans laquelle elle se trouve par le défaut d'argent qu'elle ne peut se procurer de son mari, dont elle ignore la résidence». — Arrêté du 25 fructidor an IV, signé Revellière-Lépeaux Barras, Reubell (Arch. nat., AF III, 401, dossier 2170).

[3] Faute de quoi le Directoire «prendra les mesures nécessaires pour qu'il soit usé de représailles». — Arrêté du 25 fructidor an IV, signé Revellière-Lépeaux, Barras, Reubell (Arch. nat., AF III, 401, dossier 2170). — Collot, ci-devant gouverneur de la Guadeloupe, renvoyé aux États-Unis prisonnier sur parole après la capitulation de cette île, y avait été attaqué en justice par un négociant américain «pour prétendus dommages résultant de la saisie d'un bâtiment que ledit citoyen Collot avait fait arrêter durant son administration parce que ce bâtiment était chargé d'écrits incendiaires et contre-révolutionnaires» (Rapport du ministre des relations extérieures, même dossier).

[4] «De viandes salées, dont il n'a pu toucher le montant à la Trésorerie» (Rapport du ministre des finances. Arch. nat., AF III, 401, dossier 2170).

[5] Arrêté du 25 fructidor an IV, signé Reubell, Le Tourneur, Revellière-Lépeaux (Arch. nat., AF III, 401, dossier 2170).

[6] «Au prix de 10 livres le quintal, à condition que le citoyen Russilion ne pourra les revendre ailleurs que dans le canton de Berne». — Arrêté du 25 fructidor an IV, signé Reubell, Revellière-Lépeaux, Le Tourneur (Arch. nat., AF III, 401, dossier 2170).

[7] Dieudonné *Rosse*, tanneur à Givet, et Catherine *Piret*, sa femme, inscrits sur la liste des émigrés du département des Ardennes, qui ont justifié que, poursuivis comme fédéralistes, ils n'ont pris la fuite, postérieurement aux événements du 31 mai et du 2 juin, que pour se soustraire à ces poursuites. — Arrêté du 25 fructidor an IV, signé Carnot, Reubell, Barras (Arch. nat., AF III, 401, dossier 2170).

de Reconseille[1]; Marie-Anne Chéreau, veuve de Nicolas Brunet; André-Julien Frain-Maupertuy; Louis-Pierre-Robert Lorriot; Pierre-Michel Le Rouyer[2]; Étienne-Michel-Bernard Belet fils[3]; Aimé Seillière, Germain-Auguste Seillière et Louis-Aimé Seillière[4]; Louis Didier; Claude-Henri Corrard; Augustin-Aimé Mesnil et Michel Mauduit[5].

Le Directoire signe l'expédition du traité de paix avec le duc de Wurtemberg[6];

Une convention avec le Sénat de Hambourg et des articles secrets[7].

Il rejette Esaye Gase, nommé plénipotentiaire à Paris[8].

Il ajourne sa décision sur l'admission du citoyen Stamati[9] comme consul en Moldavie.

Il décide sur le projet fait par le ministre de Suède de faire rappeler le ministre de Hollande près le roi de Suède.

Le ministre des relations extérieures insistera sur l'indemnité

---

[1] Félicité-Marie de Reconseille, âgée de 28 ans, née à Paris, y ayant demeuré jusqu'en 1788, et ne s'étant rendue en Angleterre à cette époque «que pour aller se perfectionner dans son état d'ouvrière et de marchande de modes». — Arrêté du 25 fructidor an IV, signé Reubell, Barras, Revellière-Lépeaux (Arch. nat. AF III, 401, dossier 2170).

[2] Marie-Anne Chéreau, veuve de Nicolas Brunet, domiciliée à Bray-sur-Seine (Seine-et-Marne); — André-Julien Frain-Maupertuy, ci-devant colonel du 103e régiment d'infanterie, actuellement cultivateur de ses biens à Joissigny (Seine-et-Marne); — Louis-Pierre-Robert Lorriot, négociant à Rouen; — Pierre Michel Le Rouyer, ex-officier au ci-devant régiment des grenadiers royaux d'Artois, domicilié à Nonancourt (Eure); — inscrits sur les listes des émigrés des départements de l'Aube, de Seine-et-Marne, de l'Eure, de l'Eure, mais qui ont justifié de leur résidence. — Quatre arrêtés du 25 fructidor an IV, signés Carnot, Reubell, Barras (Arch. nat., AF III, 401, dossier 2170).

[3] Etienne-Michel Belet fils, inscrit sur la liste des émigrés du département d'Eure-et-Loir, dont les parents ont justifié qu'il n'est sorti de France, en septembre 1791, que «pour achever son éducation et apprendre et pratiquer le commerce». — Arrêté du 25 fructidor an IV, signé Carnot, Reubell, Barras (Arch. nat., AF III, 401, dossier 2170).

[4] Inscrits sur la liste des émigrés du département de la Meurthe, mais dont le frère a établi que leurs voyages à l'étranger avaient pour raison les intérêts de sa maison de commerce. — Arrêté du 25 fructidor an IV, signé Carnot, Reubell, Barras (Arch. nat., AF III, 401, dossier 2170).

[5] Louis Didier; — Claude-Henri Corrard, ancien juge du tribunal de district de Troyes, domicilié dans cette commune; — Augustin-Henri Mesnil, officier de santé, domicilié à Caen; — et Michel Mauduit, inscrits sur les listes des émigrés des départements de la Meurthe, de la Marne, de la Manche et de la Manche, qui ont justifié de leur résidence. — Quatre arrêtés du 25 fructidor an IV, signés Carnot, Reubell, Barras (Arch. nat., AF III, 401, dossier 2170).

[6] Voir plus haut le texte de ce traité de paix.

[7] Voir plus haut, p. 494-496, le texte de cette convention secrète.

[8] La minute de cet arrêté, non plus que celles des deux suivants, ne se trouve pas dans les dossiers correspondant à la séance du 25 fructidor.

[9] Sur Stamati, voir t. I, p. 571, 576, 577, 652.

due aux actionnaires du corsaire le *Sans-Culotte*, retenu par les Vénitiens [1].

Le Directoire prend une décision sur la convention à conclure avec les députés de Franconie [2].

On écrit au citoyen Bouteville, commissaire du gouvernement, pour lui demander s'il a nommé un commissaire près le département de Jemmapes [3].

On écrit aussi au citoyen Coffin, commissaire du gouvernement près l'administration centrale du département du Pas-de-Calais, pour lui demander des hommes propres aux places de commissaires dans ce département.

DÉLIBÉRATION SECRÈTE DU 25 FRUCTIDOR AN IV [4]

11 SEPTEMBRE 1796.

CCLX

Dépôt d'une lettre adressée au Directoire exécutif le 19 de ce mois par le citoyen Barthélemy, ambassadeur de la République française près le corps helvétique, en réponse à celle que lui a écrite le Directoire exécutif [5] le 8 de ce mois.

---

[1] Arrêté du 25 fructidor an IV, signé Revellière-Lépeaux, Barras, Reubell (Arch. nat., AF III, 401, dossier 2170). — L'ambassadeur de la république de Venise, Querini, alléguait comme raison, pour justifier la détention de ce corsaire et de ses prises, «la nécessité de constater la légalité des lettres de marque de ses armateurs qui ne pouvaient pas être connues du Sénat, vu qu'elles ne se trouvaient point conformes à celles que le gouvernement avait notifiées officiellement à celui de Venise...»

[2] La minute de cet arrêté ne se trouve pas dans les dossiers correspondant à la séance du 25 fructidor.

[3] Minute datée du 27 fructidor et signée Carnot, Reubell, Barras (Arch. nat., AF III, 401, dossier 2175). — Par lettre du 4ᵉ jour complémentaire (même dossier), Bouteville informe le Directoire qu'il a nommé à ce poste le citoyen Gonnet, conservateur des hypothèques à Péronne, dont les sentiments républicains et les qualités administratives lui sont connus.

Le dossier 2171, dont le contenu, comme celui du précédent, se rapporte à la séance du 25 fructidor, est formé de 44 pièces relatives à des nominations de commissaires du pouvoir exécutif, de juges et d'assesseurs dans les départements de l'Aisne, du Calvados, de la Haute-Marne, du Nord, de Seine-et-Oise et de la Seine.

[4] Arch. nat., AF III*, 20, p. 78.

[5] Voir plus haut, p. 459.

SÉANCE DU 26 FRUCTIDOR AN IV [1]

12 SEPTEMBRE 1796.

Le Directoire adresse un message au Conseil des Cinq-Cents, pour l'inviter à prononcer une peine contre les officiers de l'état civil qui admettraient à se marier des personnes entre lesquelles le mariage est prohibé [2].

Il reçoit un message du Conseil des Cinq-Cents, par lequel il demande des renseignements relatifs à une pétition du citoyen Vandevelde, qui sollicite une réduction de droits de douane sur l'importation des toiles de coton propres à l'imprimerie [3].

Il proclame le cours des mandats des cinq jours précédents, dans la proportion suivante :

Pour cent livres en mandats, cinq francs cinquante centimes ou cinq livres dix sous [4].

Il arrête des instructions pour le traité de paix et de commerce à conclure avec le roi de Naples [5].

Le ministre de la justice fait un rapport sur les réclamations des administrateurs du canton de Granvilliers [6] contre le commissaire du Directoire dans ce canton [7].

Il écrit au général Foissac-Latour, commandant du camp de Grenelle, que les militaires de ce camp qui ont pris part aux mouvements

---

[1] Arch. nat, AF III*, 4, fol. 224. — AF III, 3.

[2] Message lu à la séance du 28 fructidor (*C. C.*, fructidor an IV, 549-551). — Il s'agit de frapper d'une sanction pénale l'infraction par les officiers de l'état civil de l'article 11 du titre IV (section 1re) de la loi du 20 septembre 1792, ainsi conçu : «Le mariage est prohibé entre les parents naturels et légitimes en ligne directe, entre les alliés dans cette ligne et entre le frère et la sœur». — Message motivé par une infraction à cet article commise dans le département de l'Eure et visée par un rapport du ministre de la justice (Arch. nat., AF III, 402, dossier 2173).

[3] Message voté par le Conseil des Cinq-Cents dans sa séance du 12 fructidor (*C. C.*, fructidor an IV, 213).

[4] Arrêté du 26 fructidor an IV, signé Le Tourneur, Revellière-Lépeaux Reubell, Carnot (Arch. nat., AF III, 402, dossier 2172).

[5] Le texte de ces instructions ne se trouve pas dans les dossiers relatifs au 25 fructidor.

[6] Département de l'Oise.

[7] Arch. nat., AF III, 402, dossier 2172. Ce commissaire ayant fait arrêter un des administrateurs, l'administration du département de l'Oise avait cru devoir le dénoncer à l'accusateur public près le tribunal. Le ministre de la justice rappelle qu'il a fait observer que cette administration n'en avait pas le droit et que ce droit n'appartenait qu'au Directoire exécutif. — Voir plus haut, p. 499 (séance du 14 fructidor).

séditieux de la nuit du 23 au 24 de ce mois doivent être jugés par un conseil militaire [1].

Le commissaire du Directoire près le tribunal de cassation dénoncera à ce tribunal un jugement du tribunal correctionnel de Strasbourg, du 8 floréal dernier, rendu contre deux militaires qui devaient être jugés par un conseil militaire [2].

Il n'y a pas lieu à délibérer sur un référé du tribunal criminel du département du Tarn, concernant un prêtre réfractaire [3].

Le ministre des relations extérieures délivrera un passeport pour l'Espagne au citoyen Sandoz [4].

Le Directoire écrit au général en chef Moreau une lettre dont la minute est déposée à la section de la guerre [5].

---

[1] En vertu de la loi du 24 fructidor (voir p. 595). — Minute signée Carnot, Reubell, Barras (Arch. nat., AF III, 402, dossier 2172).

[2] Aux termes de la loi du 2ᵉ jour complémentaire portant que «tout délit commis par un militaire ou par tout autre individu attaché aux armées ou employé à sa suite doit être jugé par un conseil militaire». — Arrêté du 26 fructidor an IV, signé Revellière-Lépeaux, Barras, Reubell (Arch. nat., AF III, 402, dossier 2172).

[3] Arrêté du 26 fructidor an IV, signé Revellière-Lépeaux, Barras, Reubell (Arch. nat., AF III, 402, dossier 2172). Il s'agit d'un prêtre qui, ayant prêté le serment prescrit par la loi du 26 décembre 1790, l'avait rétracté postérieurement à l'abrogation de la Constitution civile du clergé et avait fait le serment exigé par la loi du 15 août 1792 et la soumission ordonnée par la loi du 11 prairial an III. La question était de savoir s'il se trouvait dans le cas de l'application de l'article 1ᵉʳ de celle des 21 et 23 avril 1793. «...Considérant, dit l'arrêté, que l'exécution de la loi du 26 août 1792 relative aux prêtres réfractaires et confirmée par celle du 3 brumaire dernier se trouve spécialement déléguée aux corps administratifs par les articles 3, 6 et 7 de la première; — Considérant qu'il n'appartient point à un tribunal criminel de statuer sur la question proposée et que l'administration départementale a seule le droit de juger définitivement si les prêtres dénoncés comme insermentés ou comme coupables de rétractation doivent être déportés ou reclus...»

[4] Natif du Locle, pays de Neuchâtel (Suisse). — Arrêté du 26 fructidor an IV, signé Reubell, Carnot, Barras (Arch. nat., AF III, 402, dossier 2172).

[5] La minute de cette lettre ne se trouve pas dans les dossiers correspondant à la séance du 26 fructidor.

Outre les pièces qui viennent d'être indiquées, il faut signaler les suivantes, relatives aussi à la séance du 26 fructidor, non mentionnées au procès-verbal et qui se trouvent au dossier 2172 (Arch. nat., AF III, 402): 1° Arrêté signé Revellière-Lépeaux, Reubell, Barras, rapportant celui du 27 messidor an IV qui avait nommé le citoyen Durand juge de paix du canton de Céret *intra muros* (Durand étant allié au degré de cousin-germain du citoyen Ferrier, premier assesseur de la justice de paix de ce canton); — 2° Deux arrêtés signés Carnot, Reubell, Barras, autorisant, en vertu de la loi du 21 floréal, Henri-Chrétien Ebecke, commis de négociant, originaire de Mecklembourg-Strelitz, et Muller, négociant suisse, à séjourner à Paris.

Le dossier 2174, dont le contenu, comme celui des deux précédents, se rapporte à la séance du 26 fructidor, est formé de 54 pièces relatives à des nominations de juges, juges de paix, assesseurs, commissaires, dans les départements du Cher, de la Gironde, d'Ille-et-Vilaine, du Morbihan, de la Nièvre, des Hautes-Pyrénées et de Seine-et-Oise.

DÉLIBÉRATION SECRÈTE DU 26 FRUCTIDOR AN IV[1]

12 SEPTEMBRE 1796.

CCLXI[2]

Dépôt d'une lettre de Drouet, représentant du peuple, au Directoire exécutif, datée du 25 fructidor présent mois.

CCLXII

Le ministre de la police communique au Directoire une lettre qu'il dit être du nommé Bacon fils; elle contient le passage suivant : « Vous « devez vous rappeler, citoyen ministre, que, dans une de mes lettres, « après la nuit du 11 au 12 de ce mois, nuit à jamais remarquable[3], « je vous marquais que plusieurs enragés du faubourg Antoine, voyant « leur coup manqué, avaient arrêté entre eux de dire aux membres du « Bureau central (en cas d'arrestation) que tel jour, à telle heure, ils « avaient reçu de l'argent des députés Rovère, Isnard et autres pour « qu'ils assassinent des membres du Directoire. Eh bien, citoyen ministre, « d'après plusieurs rapports de mes agents et agentes, il résulte que « des exclusifs de ce même faubourg disent aujourd'hui : Si nous sommes « arrêtés, nous dirons que nous avons marché par ordre de Barras, « Tallien, Legendre et autres. Ils se proposent d'envoyer promptement « des lettres aux désorganisateurs pris en flagrant délit au camp de « Grenelle pour que dans leurs interrogatoires ils tiennent un pareil « langage ».

Le Directoire arrête que la mention de cette lettre sera consignée sur son registre secret.

---

[1] Arch. nat., AF III* 20, p. 78.
[2] Note du registre : «Les actes et autres documents relatifs à la conspiration anarchique de Drouet, Babeuf et autres forment un dossier particulier placé à la date du 19 floréal». — Voir ce dossier (Arch. nat., AF III, 42, 43).
[3] Voir plus haut, p. 589 et suiv.

SÉANCE DU 27 FRUCTIDOR AN IV [1]

13 SEPTEMBRE 1796.

Le ministre de la police communique au Directoire un passage d'une lettre qui fait part d'une réponse concertée que les meneurs des anarchistes veulent faire faire par ceux qui ont été arrêtés par suite de l'affaire du camp de Grenelle. Le Directoire arrête que mention sera faite de cette lettre dans son registre secret, quel passage de la lettre y sera transcrit, et que le nom de la personne qui l'a écrit y sera consigné sur la déclaration que le ministre de la police en a faite.

Le Directoire approuve une décision du ministre des finances, par laquelle il a confirmé un arrêté du bureau du domaine national, qui annule les soumissions faites sur le domaine de Tivoli, provenant de feu Boutin, condamné [2], porté sur la liste des émigrés [3].

Les commissaires de la Trésorerie nationale sont autorisés à tirer des traites sur les payeurs des départements jusqu'à concurrence de vingt-cinq millions de livres, en numéraire [4].

Trois lettres sont écrites : la première au citoyen Rouyer, représentant du peuple, pour lui indiquer une audience qu'il demande [5].

Le seconde au citoyen Pérignon, ambassadeur de la République près la cour d'Espagne, pour l'inviter à donner des marques de bienveillance au citoyen Church [6], consul général des États-Unis d'Amérique en Portugal ;·

---

[1] Arch. nat., AF III*, 4, fol. 224-225 — et AF III, 3.

[2] Par le tribunal révolutionnaire.

[3] Rapport du ministre des finances approuvé par le Directoire (Arch. nat., AF III, 402, dossier 2176). — Le Bureau du domaine avait pensé «qu'il ne pouvait y avoir lieu à aliéner cette propriété jusqu'à ce que le Directoire eût définitivement statué sur la demande en radiation du nom de Boutin de la liste des émigrés».

[4] Arrêté du 27 fructidor an IV, signé Carnot, Reubell, Barras (Arch. nat., AF III, 402, dossier 2176). — La répartition sera faite sur les départements qui par leur situation et l'état des recouvrements présentent le plus de moyens pour faciliter le service. Mais ne seront pas compris dans la distribution les départements occupés par l'armée des Côtes de l'Océan, leur produit devant continuer à être affecté aux troupes qui y sont ou qui pourront y aller.

[5] Ainsi que ses collègues du département de l'Hérault. —Minute signée Carnot, Reubell, Barras (Arch. nat., AF III, 402, dossier 2176).

[6] «... Très attaché aux intérêts de la France, où il habite autant qu'il peut et où il est propriétaire d'une quantité fort considérable de biens nationaux qu'il a achetés... C'est un philosophe très instruit et dont la correspondance pourra vous être fort utile en vous faisant connaître la situation du pays où il va résider et les avantages que la France

La troisième au ministre des finances, pour lui demander les procès-verbaux d'estimation de trois maisons sises en la rue de Vaugirard, que le Directoire se propose d'acquérir[1].

Un secours de deux mille quatre cents livres, mandats, est accordé à la citoyenne Elizabeth Pioret, veuve Pelletier-Chambures[2].

Sur le rapport du ministre de la police générale, sont rayés de la liste des émigrés les noms des citoyens ci-après :

Alexandre Juge, dit Brassac; Fiacre Champenois; Pierre-Louis Coudrot; Jean-Joseph Collot; Jean Champy; Charles Soucelier[3]; Antoine Tonneillier[4] n'est pas réputé émigré, mais il est renvoyé par devant le tribunal criminel du département de la Seine pour y être jugé comme étranger arrêté en France pendant la guerre.

Sont maintenus sur la liste des émigrés les noms de Jean-Thomas-Antoine Achard et de Prosper-Emmanuel Hureau[5].

Les chevaux dont sont pourvus les officiers qui cesseront d'être en activité de service seront remis dans les dépôts de la République[6].

Il sera créé une quatrième compagnie de vétérans nationaux pour la garde du palais et du jardin des Tuileries[7].

---

peut en tirer...». — Minute signée Carnot, Reubell, Barras (Arch. nat., AF III, 402, dossier 2175).

[1] Minute signée Carnot, Reubell, Barras (Arch. nat., AF III, 402, dossier 2176).

[2] Veuve d'un employé dans les bureaux des vivres, restée sans ressources avec trois enfants après la condamnation de son mari par le tribunal révolutionnaire, vivement recommandée par le représentant Eschassériaux jeune (Arch. nat., AF III*, 402, dossier 2176). — Arrêté du 27 fructidor an III, signé Carnot, Reubell, Barras (Arch. nat. AF III, 402, dossier 2176).

[3] Alexandre Juge, dit *Brassac*, ex-militaire; Fiacre *Champenois*, domicilié à Villenaux; Pierre-Louis *Coudrot*, marchand, domicilié à Villeneuve-sur-Vanne (Yonne); Jean-Joseph *Collot*, domicilié à Villenaux; Jean *Champy*, rentier, domicilié à Villenaux; Charles *Soucelyer*, négociant, de Nuits (Côte-d'Or), inscrits sur les listes des émigrés des départements du Tarn, de la Marne, de la Marne et de la Côte-d'Or, qui ont justifié de leur résidence.— Six arrêtés du 27 fructidor an IV, signés le premier Carnot, Barras, Revellière-Lépeaux, les cinq autres, Carnot, Reubell,

Barras (Arch. nat., AF III, 402, dossier 2175).

[4] Sorti de France en 1780 pour aller à Londres y exercer son état de perruquier, auquel il a renoncé depuis pour servir en qualité de valet de chambre. — Arrêté du 27 fructidor an IV, signé Carnot, Barras, Revellière-Lépeaux (Arch. nat., AF III, 402, dossier 2175).

[5] Jean-Thomas-Antoine *Achard*, de Valongue (Calvados), et Prosper-Emmanuel *Hureau*, perruquier-coiffeur de femmes jusqu'en 1790, puis valet de chambre en Angleterre, en Suisse, etc.; inscrits sur les listes des émigrés des départements du Calvados et de la Seine-Inférieure, qui ne justifient pas de leur résidence et ne peuvent invoquer les exceptions aux lois contre l'émigration. — Deux arrêtés du 27 fructidor an IV, signés Carnot, Reubell, Barras (Arch. nat., AF III, 402, dossier 2175).

[6] Arrêté du 27 fructidor an IV, signé Carnot, Reubell, Barras (Arch. nat., AF III, 402, dossier 2176).

[7] Arrêté du 27 fructidor an IV, signé Carnot, Reubell, Barras (Arch. nat., AF III, 402, dossier 2176).

Le général de division Tilly est réintégré et reprendra ses fonctions à l'armée du Nord [1].

Un quart de la solde des officiers et commissaires des guerres sera payé en numéraire [2].

Le Directoire écrit une lettre de satisfaction au citoyen d'Halancourt, ci-devant adjudant-général [3].

On signe un état de citoyens exemptés du service militaire aux armées [4].

[Le Directoire exécutif,

Vu la loi du 24 fructidor présent mois [5] qui l'autorise à ordonner des visites domiciliaires de jour dans les départements de la Seine, de Seine-et-Oise et de Seine-et-Marne ;

Considérant qu'aux termes de l'article 359 de la Constitution, ces visites domiciliaires ne peuvent avoir lieu que pour un objet expressément désigné et qu'il importe d'assurer la régularité et le succès de cette mesure en indiquant aux corps administratifs, autorités constituées et fonctionnaires publics qui en seront chargés les individus qui doivent y être compris ;

Arrête ce qui suit :

ARTICLE 1er. Il sera fait des visites domiciliaires, de jour seulement, dans les départements de la Seine, de Seine-et-Oise et de Seine-et-Marne.

ART. 2. Ces visites domiciliaires n'auront lieu que jusqu'au 1er vendémiaire prochain, à moins que ce délai ne soit prorogé par le Corps législatif.

ART. 3. Elles auront pour objet :

1° Tous les citoyens qui ne sont pas pourvus d'une carte de sûreté aux termes de l'article 8 de la loi du 27 ventôse an III ;

---

[1] Vu, lisons-nous dans cet arrêté du Directoire, « qu'en faisant juger par un conseil militaire des individus attachés à l'armée et accusés de divertissement et vol d'effets appartenant à la République, il n'a point contrevenu aux lois sur la police militaire et la compétence des conseils militaires... ». — Arrêté du 27 fructidor an IV, signé Carnot, Reubell, Barras (Arch. nat., AF III, 402, dossier 2176).

[2] A partir du 1er vendémiaire prochain.— Arrêté du 27 fructidor an IV, signé Carnot,

Le Tourneur, Reubell (Arch. nat., AF III, 402, dossier 2176).

[3] Qui a démissionné pour raison de santé. — Minute signée Carnot, Reubell, Barras (Arch. nat., AF III*, 402, dossier 2176).

[4] Arrêté du 27 fructidor an IV, signé Carnot, Reubell, Revellière-Lépeaux (Arch. nat., AF III, 402, dossier 2177). Ces jeunes gens, exemptés en général pour raisons de famille, sont au nombre de 127.

[5] Voir plus haut, p. 595.

2° Tous les individus émigrés ou déportés rentrés sur le territoire de la République en contravention aux lois;

3° Tous les étrangers nés dans les pays avec lesquels la République est en guerre, venus en France depuis le 1er janvier 1792 et qui n'en seraient pas sortis conformément à l'article 1er de la loi du 23 messidor an III;

4° Ceux nés dans les pays amis et alliés de la France qui ne seraient pas avoués par les ambassadeurs ou agents des puissances avec lesquelles la République est en paix, conformément à l'article 6 de la même loi;

5° Tout individu trouvé hors de son canton sans passeport, conformément à l'article 6 de la loi du 6 vendémiaire dernier;

6° Toutes personnes arrivées à Paris depuis le 1er fructidor an III et qui, aux termes de l'article 1er de la loi du 27 ventôse dernier, n'ont pas déclaré devant l'administration municipale de leur arrondissement leurs noms et prénoms, âge, état ou profession, leur domicile ordinaire, leur demeure à Paris, et exhibé leurs passeports;

7° Tout citoyen qui, ayant été membre de la Convention nationale, se trouve aujourd'hui dans le département de la Seine sans y avoir de fonctions publiques et qui n'y avait pas de domicile établi avant l'époque de sa nomination;

Tout ex-fonctionnaire public, tout militaire destitué ou licencié, dont le domicile n'était point établi dans ledit département avant le 1er janvier 1793, tout prévenu d'émigration non rayé définitivement de la liste des émigrés, encore qu'il eût son domicile dans le département de la Seine, conformément à l'article 1er de la loi du 21 floréal dernier;

8° Tous particuliers nés hors des terres de la République qui ne seraient pas attachés par leurs fonctions au corps diplomatique ou qui ne seraient pas établis dans le département de la Seine avant le 14 juillet 1789, conformément à l'article 2 de la même loi;

9° Tout citoyen qui, ayant été condamné par jugement ou mis en état d'accusation n'aurait recouvré sa liberté que par l'effet de la loi d'amnistie du 4 brumaire, conformément à l'article 3 de la loi dudit jour 21 floréal;

10° Tous ceux connus sous le nom de Chouans et qui sont exceptés des dispositions de la loi du 4 brumaire relative à l'amnistie;

11° Enfin ceux qui ont fait partie du rassemblement séditieux qui

[13 sept. 1796] DU DIRECTOIRE EXÉCUTIF. 609

s'est porté à force ouverte sur le camp de Grenelle dans la nuit du 23 au 24 de ce mois.

Art. 4. Le ministre de la police générale est chargé de l'exécution du présent arrêté, qui ne sera point imprimé. — Arch. nat., AF III, 402, dossier 2176 [1]].

SÉANCE DU 28 FRUCTIDOR AN IV [2]

14 SEPTEMBRE 1796.

Le ministre de la police générale soumet au Directoire les réclamations de plusieurs employés de ses bureaux, en grande partie pères de famille, réformés pour motif d'économie, qui sollicitent une indemnité pareille à celle qui a été allouée aux employés du ministère de la guerre par la lettre du Directoire du 20 de ce mois [3]; il demande d'être autorisé à accorder à chacun d'eux trois mois de traitement pour leur donner le temps de pourvoir par d'autres moyens à l'existence de leurs familles. Le Directoire approuve cette proposition [4].

Il adresse deux messages au Conseil des Cinq-Cents :

Par le premier, il l'invite à autoriser les généraux en chef à faire des règlements militaires pour la prompte répression des délits, lorsque les armées qu'ils commandent seront hors du territoire de la République [5].

---

[1] Signé à la minute Le Tourneur, Carnot, Reubell, Revellière-Lépeaux.

Outre les pièces qui viennent d'être indiquées, il faut signaler trois arrêtés du 27 fructidor, non mentionnés au procès-verbal, et signés, le premier, Reubell, Carnot, Revellière-Lépeaux, les deux autres, Le Tourneur, Revellière-Lépeaux, Barras, par lesquels les citoyens Augustin *Forestier*, bourgeois de Fribourg en Suisse; Honoré *Lestiboudois*, né à Louisbourg en Acadie, et Frédéric *Behmer*, né à Berlin en Prusse, sont autorisés à séjourner à Paris.

Le dossier 2177 se termine par 29 pièces relatives à des nominations d'administrateurs, juges de paix, assesseurs, commissaires, substituts de commissaires près les tribunaux dans les départements de la Dordogne, de l'Isère, du Loiret, de la Moselle, de Saône-et-Loire et de la Seine.

[2] Arch. nat., AF III*, 4, fol. 226-229. — AF III, 3.

[3] Voir plus haut, p. 544.

[4] Arrêté du 28 fructidor an IV, signé Reubell, Barras, Revellière-Lépeaux (Arch. nat., AF III, 402, dossier 2178).

[5] Le Directoire rappelle au Conseil qu'il lui a signalé «le relâchement dans lequel la discipline militaire est tombée et le danger dont il menace la gloire des armées républicaines et le salut même de la République». Il lui représente combien il est urgent d'y pourvoir. — Message du 28 fructidor an IV (Arch. nat., AF III, 402, dossiers 2178-2179).

Par le second, il lui propose de statuer sur le mode de remplacement[1] des officiers surnuméraires, à la suite des corps employés aux armées actives[2].

Un messager d'État envoyé par le Conseil des Anciens est admis et présente deux lois.

La première rapporte l'article 12 de la loi du 30 fructidor an III[3], sur l'établissement des conseils militaires, et permet aux prévenus traduits devant ces conseils de se choisir un défenseur dans toutes les classes de citoyens[4].

La seconde rapporte le décret du 29 fructidor an III relatif aux biens provenant de la congrégation de Fourquevaux[5].

Le Directoire ordonne que ces deux lois seront publiées, exécutées et qu'elles seront munies du sceau de l'État. Elles sont en conséquence adressées de suite à l'enregistrement pour deux expéditions être envoyées sans délai au ministre de la justice, avec l'arrêté portant ordre d'impression et de publication dans les formes prescrites par les lois.

Le ministre des relations extérieures est chargé d'écrire au chevalier Azara[6], ministre plénipotentiaire de Sa Majesté Catholique près

---

[1] C'est-à-dire de nomination de ces officiers aux places vacantes.

[2] Message lu à la séance du 28 fructidor (*C. C.*, fructidor an IV, 551-553). — Le Directoire, tant pour réduire le nombre de surnuméraires que pour reconnaître leurs services, propose que, dans les armées actives, toutes les places vacantes de lieutenant et de capitaine leur soient attribuées. Pour les troupes qui sont dans l'intérieur, il demande que le droit de nommer aux emplois réservés au choix des corps lui soit transporté.

[3] Ou plutôt du 2e jour complémentaire an III. — Cet article ne permettait au prévenu de prendre son défenseur que dans les militaires, s'il était militaire, et dans les employés ou attachés à la suite des armées, s'il en faisait partie.

[4] *Bull.*, II, LXXVII, n° 705.

[5] *Bull.*, II, LXXIX, n° 723. — Ces biens avaient été vendus comme provenant d'une congrégation. Mais sur les instances de la citoyenne Fourquevaux, institutrice à Toulouse, se disant propriétaire de ces biens et soutenant qu'il n'y avait pas congrégation, la loi du 29 fructidor an III avait rapporté l'application qui leur avait été faite de la loi du 18 août 1792 (supprimant les communautés religieuses). Les acquéreurs s'étaient, depuis, mis en instance auprès du Corps législatif, qui finit par leur donner raison, après de multiples et longues délibérations et notamment la discussion qui eut lieu sur ce point au Conseil des Anciens le 27 et le 28 fructidor. L'assemblée s'arrêta à cette opinion que les biens en question, provenant d'un legs qui datait de l'année 1714, n'avaient été depuis cette époque possédés que fictivement par de prétendus propriétaires, qui n'étaient que des fidéi-commissaires pour le compte d'une communauté religieuse; que tel était particulièrement le cas de la citoyenne Fourquevaux; et que par conséquent ils tombaient bien en réalité sous le coup de la loi du 18 août 1792 et avaient pu être vendus comme biens nationaux. — *Anc.*, fructidor an IV, 310-319 et 330-332.

[6] AZARA (Jose-Nicolas DE), homme d'État espagnol, né à Barbunalès (Aragon) en 1731, mort à Paris le 26 janvier 1804; attaché à l'ambassade d'Espagne à Rome (1765), puis titulaire de cette ambassade jusqu'en 1798; ambassadeur en France de 1798 à 1799, puis de 1801 à 1803.

Sa Sainteté, pour lui témoigner la satisfaction du Directoire sur sa conduite loyale, franche et amicale, dans les circonstances où les Français se sont récemment trouvés à Rome.

[Le Directoire exécutif, sur le rapport du ministre des relations extérieures, arrête ce qui suit :

Article 1er. Le citoyen Lesseps[1] est maintenu et confirmé dans la place du consul général de la République française à Saint-Pétersbourg.

Art. 2. En attendant qu'il puisse exercer cette place ou tout autre consulat, l'ambassadeur de la République à Constantinople est autorisé à l'employer, soit auprès de lui, soit dans les missions qu'il jugera nécessaires pour le bien du service et à fixer son traitement, sauf l'approbation du Directoire exécutif[2].

Art. 3. Le ministre des relations extérieures est chargé de l'exécution du présent arrêté, qui ne sera point imprimé. — Arch. nat., AF III, 402, dossier 2178].

Le ministre des relations extérieures est chargé d'ouvrir des négociations avec les commissaires de la Convention nationale batave, relativement à l'accession de la République batave au traité d'alliance offensive et défensive conclu entre la République française et le Roi d'Espagne[3].

Instruit que les magistrats de Genève ont empêché le citoyen Hachon, voiturier à Ferney, en arrivant de cette commune, de charger pour toute autre route que celle de cette commune, le Directoire arrête qu'il sera donné des ordres aux préposés[4] d'arrêter toutes les voitures appartenant à des voituriers genevois et retournant à Genève, chargées pour toute autre destination[5].

---

[1] Lesseps (Jean-Baptiste-Barthélemy de), né à Cette le 27 janvier 1766, mort à Libourne le 6 avril 1834; successivement vice-consul de France à Cronstadt (1783); attaché à l'expédition de Lapérouse, puis consul de France à Cron- stadt, à Saint-Pétersbourg (1793); attaché à l'ambassade de France à Constantinople (1794); commissaire général des relations commerciales en Russie (1802); consul général (1814), puis chargé d'affaires (1816) de France à Lisbonne. (Portugal).

[2] Arrêté du 28 fructidor an IV, signé Revellière-Lépeaux, Le Tourneur, Reubell (Arch. nat., AF III, 402, dossier 2178).

[3] Le 2 fructidor (19 août) précédent. Sur ce traité, voir plus haut, p. 482-486. — Arrêté du 28 fructidor an IV, signé Barras, Le Tourneur, Revellière Lépeaux (Arch. nat., AF III, 402, dossier 2178).

[4] Des douanes.

[5] Arrêté du 28 fructidor an IV, signé Revellière-Lépeaux, Le Tourneur, Reubell (Arch. nat., AF III, 402, dossier 2178).

Il approuve la dépêche proposée par le ministre pour le citoyen Rivals, concernant les députés à envoyer par le cercle du Haut-Rhin[1].

L'article 13 de la loi du 12 septembre 1791 sur la résidence des fonctionnaires publics sera appliqué au citoyen Gluay, juge du tribunal civil du département de Vaucluse[2], lequel est en conséquence déclaré démissionnaire[3].

Les procédures engagées contre le garde-magasin[4] de Saint-Martin, à Paris, pour avoir le paiement des frais de transport, par les citoyens Charpentier et autres voituriers, sont annulées[5].

Le ministre de la justice fait un rapport sur la pétition de la citoyenne Latour, femme divorcée de Ménard, émigré, par laquelle elle demande à être exceptée des dispositions de la loi du 9 floréal an III, concernant les biens des pères et mères d'émigrés, comme n'ayant pas contribué à l'émigration de son mari et de ses enfants. Le ministre trouve cette demande mal fondée[6].

Il est permis au citoyen Pierre Touchet[7] de faire citer en jugement l'ex-maire Pache, pour l'indemnité qu'il annonce lui être par lui due, pour raison de l'arrestation qu'il a subie par son ordre.

L'agent municipal de la commune de Mélincourt, département de la Haute-Saône, est destitué pour avoir autorisé le gaspillage des bois de cette commune[8].

---

[1] La minute de cet arrêté ne se trouve pas dans les dossiers relatifs à la séance du 28 fructidor.

[2] Qui, nommé à ce tribunal depuis le 14 nivôse an IV, ne s'est pas encore rendu à son poste, malgré plusieurs invitations du ministre de la justice.

[3] Arrêté du 28 fructidor an IV, signé Le Tourneur, Revellière-Lépeaux, Barras (Arch. nat., AF III, 402, dossier 2178).

[4] Warluzelle.

[5] Attendu «que ce n'était point avec lui qu'ils avaient traité du prix du transport, mais bien avec des charrois des vivres, à qui ils devaient s'adresser pour être payés»; qu'ils n'avaient pas le droit de faire saisir des denrées renfermées dans son magasin, que cette saisie pouvait «compromettre esentiellement la subsistance des troupes» auxquelles ces denrées étaient destinées, etc. — Arrêté du 28 fructidor an IV, signé Le Tourneur, Revellière-Lépeaux, Barras (Arch. nat., AF III, 402, dossier 2178).

[6] La minute de ce rapport ne se trouve pas dans les dossiers relatifs à la séance du 28 fructidor.

[7] Marchand et marinier, de Nantes, employé pour l'approvisionnement de Paris, arrêté en germinal an II, par ordre de Pache, alors maire de Paris. Postérieurement au 9 thermidor et à la loi d'amnistie qui lui rendait la liberté, Pache avait été poursuivi pour ce fait devant le tribunal criminel d'Eure-et-Loir, qui avait déclaré Touchet non recevable, l'article 203 de l'acte constitutionnel défendant aux juges de citer devant eux les administrateurs pour raison de leurs fonctions. Le Directoire invoque l'article 6 de la loi du 4 brumaire an IV réservant «à ceux qui prétendaient avoir été lésés par des administrateurs accusés de délits révolutionnaires le droit de les poursuivre par voie civile». Arrêté du 28 fructidor an IV, signé Le Tourneur, Revellière-Lépeaux, Barras (Arch. nat., AF III, 402, dossier 2178).

[8] Et aussi pour avoir «souffert que des prêtres déportés exerçassent publiquement

Le général Foissac-Latour, commandant le camp de Grenelle, instruit par une lettre le Directoire qu'un grenadier de ce camp a été assailli hier soir, dans la commune de Vaugirard, par une dizaine d'assassins armés de bâtons qui l'ont excédé de coups, en le menaçant que, dans peu, ils en feraient autant à tous les soldats de ce camp [1].

Les citoyens Monge frères, examinateurs hydrographes de la marine [2], seront traités à l'instar des employés pour leurs appointements [3].

Le président de l'administration centrale du canton de Hochfelden, département du Bas-Rhin [4] est destitué pour avoir fait un usage abusif de ses fonctions [5].

Sur le rapport du ministre de la police générale, le nom de Pierre-

leur culte dans sa commune». — Arrêté du 28 fructidor an IV, signé Reubell, Barras, Revellière-Lépeaux (Arch. nat., AF III, 402, dossier 2178).

[1] Foissac-Latour écrit que «le citoyen Bénédit, grenadier, 1er bataillon de la 7e demi-brigade, guerrier sage et irréprochable dans ses mœurs comme dans son courage, rentrait au camp en passant par Vaugirard, vers 7 heures et demie du soir; des hommes qui semblaient être citoyens du lieu l'abordent et lui disent: «Bonsoir, camarade, où vas-tu? — La retraite est battue, répond le grenadier, je retourne au camp. — Ah! tu fais partie du camp?» Aussitôt des coups de sifflet sont donnés et dix hommes armés de bâtons tombent sur le brave guerrier, le désarment, lui assènent mille coups et le laissent pour mort sur place; les premiers coups qu'il avait reçus furent accompagnés de ces mots: «Tiens, en attendant ce que nous réservons à ceux qui composent le camp de Grenelle». — Le général ajoute que les seuls hommes atteints dans la nuit du 23 au 24 (voir plus haut, p. 589-591) dont il a pu se procurer les noms sont ceux de cinq dragons, dont deux seulement sont grièvement blessés de coups de couteau et de poignard, ayant été renversés de leurs chevaux; et qu'il y a eu dans ce régiment cinq sabres et sept manteaux perdus et huit sabres cassés (Arch. nat., AF III, 402, dossier 2181).

[2] Sur Monge, voir t. I, p. 94, 120, 478, 588; II, p. 376.

[3] C'est-à-dire que, conformément aux dispositions de l'arrêté du 25 messidor dernier, ces citoyens recevront le paiement de leurs appointements moitié en numéraire, moitié en valeur nominale. — Arrêté du 28 fructidor an IV, signé Le Tourneur, Revellière-Lépeaux, Carnot (Arch. nat., AF III, 402, dossier 2179).

[4] Le procès-verbal porte: *Haut-Rhin*, évidemment par erreur.

[5] «Soit en dispensant différentes communes de son canton du service des transports militaires moyennant une rétribution, soit en se rendant adjudicataire de la fourniture du 30e cheval en agissant en sa qualité de président pour mieux assurer le succès de ses affaires lorsqu'il s'est agi du paiement; soit en frustrant la République d'un 29e cheval que devait fournir son canton, soit en exigeant 6 francs en numéraire pour frais de quittances de l'emprunt forcé délivrées par lui; — soit en exigeant 3 francs de chaque commune en leur remettant les mandats de paiement pour la livraison des chevaux; soit en provoquant par un discours les agents municipaux au mépris de l'article de la loi sur la police des cultes concernant l'enlèvement des signes extérieurs; — soit enfin en négligeant l'exécution des lois les plus essentielles et en tolérant les vexations auxquelles différents administrés ont été en butte». — Arrêté du 28 fructidor an IV, signé Reubell, Barras, Revellière-Lépeaux (Arch. nat., AF III, 402, dossier 2178).

Julien Perrée, dit Villestreux, du département de la Loire-Inférieure, est rayé définitivement de la liste des émigrés [1].

On écrit au citoyen Canterac, président du conseil militaire séant à Soissons, pour lui déclarer que l'expédition d'un arrêté du Directoire qui exempte le citoyen Destremont du service militaire est fausse et que ce particulier n'a jamais obtenu cette exemption [2].

Sur le rapport du ministre de l'intérieur, les citoyens Billardel, Genon et consorts, voituriers, sont renvoyés à se pourvoir par devant qui de droit, pour obtenir le paiement de deux voitures de grains saisis sur eux dans la commune de Nogent-sur-Seine, par ordre de la municipalité [3].

Un messager d'État envoyé par le Conseil des Cinq-Cents est admis et présente un extrait du procès-verbal de ce Conseil, du jour d'hier, portant qu'il a passé à l'ordre du jour sur la question de savoir duquel des deux départements de la Creuse et de la Corrèze doit dépendre la commune de Crabanat [4], motivé sur ce que les habitants de ce hameau ont toujours exercé leurs droits politiques dans les municipalités, district et département de la Creuse [5].

On s'occupe du personnel des armées et on prend plusieurs arrêtés déposés à la section de la guerre [6].

---

[1] Arrêté du 28 fructidor an IV, signé Reubell, Barras, Revellière-Lépeaux (Arch. nat., AF III, 402, dossier 2178).

[2] Minute signée Le Tourneur, Carnot, Revellière-Lépeaux (Arch. nat., AF III, 402, dossier 2179).

[3] Le projet d'arrêté présenté par le ministre de l'intérieur (Arch. nat., AF III, 402, dossier 2178) porte que les farines saisies leur seront payées par la commune de Nogent-sur-Seine conformément aux arrêtés du Comité de Salut public. Mais il ne porte pas les signatures des membres du Directoire. — L'arrêté ici mentionné ne se trouve pas dans les dossiers relatifs à la séance du 28 fructidor.

[4] Voir t. II, p. 704.

[5] Message du 27 fructidor (Arch. nat., AF III, 402, dossier 2177). — Voir sur cette question le message du Directoire du 6 messidor (t. II, p. 704).

[6] 1° Arrêté signé Carnot, Reubell, Barras accordant congé absolu au citoyen Charles Labbé, charretier des transports militaires de l'armée des Côtes de l'Océan, réclamé par son père, qui ne peut se passer de lui pour son exploitation agricole (Arch. nat., AF III, 402, dossier 2179); — 2° Arrêté signé Carnot, Reubell, Barras accordant congé absolu au citoyen Jacques Morière, charretier des transports militaires, réclamé par son père qui ne peut se passer de lui pour son exploitation agricole (Arch. nat., AF III, 402, dossier 2179); — 3° Arrêté signé Carnot, Reubell, Barras par lequel : Guérin-Etoquigny, ci-devant chef du 13e régiment de hussards, est confirmé dans ce grade; Œhlert, capitaine d'une compagnie franche de chasseurs à l'armée des Côtes de l'Océan, est promu au grade de chef de bataillon; la retraite est accordée à Levrat, lieutenant de la gendarmerie nationale à Orgelet, et Barrel, lieutenant au même corps à Ornans; il n'y a pas lieu de faire droit à la demande de Pagnon-Laborie de la première place de chef de brigade inspecteur qui vaquera dans le corps de la gendarmerie (Arch. nat., AF III, 402, dossier 2179).

Il sera provisoirement attaché un quartier-maître à chacune des divisions de la gendarmerie des neuf départements réunis : ils auront le grade et le traitement de lieutenants et seront chargés de la comptabilité de la division.

Les citoyens Lenfant, Dautancourt, Guérand[1] et Léonard sont nommés aux quatre emplois ci-dessus [2].

On autorise le ministre de la guerre à acheter les mémoires, cartes et dessins concernant le canal de Sambre-et-Oise, appartenant au citoyen Renardvielle, de Saint-Quentin [3].

Il arrête que le citoyen Conté est autorisé à construire trois machines pour les aérostats [4].

Il écrit deux lettres : l'une au ministre de la police, pour qu'il prenne des renseignements sur le citoyen Renard, commissaire du pouvoir exécutif à Humes [5];

L'autre au commissaire du pouvoir exécutif près le département de Seine-et-Oise, pour qu'il demande des renseignements sur l'administration de l'Isle-Adam [6].

---

[1] Le procès-verbal porte par erreur le nom de Guérin.

[2] Arrêté du 28 fructidor an IV, signé Carnot, Reubell, Barras (Arch. nat., AF III, 402, dossier 2179). — Voir au même dossier les états de proposition, notes personnelles et pièces diverses relatives à ces nominations.

[3] Arrêté du 28 fructidor an IV, signé Carnot, Reubell, Barras (Arch. nat., AF III, 402, dossier 2178).

[4] Savoir: «Une machine destinée à purifier le gaz hydrogène en lui enlevant tout le gaz acide carbonique qu'il peut contenir...; une seconde machine propre à servir de réservoir dans lequel on comprimera avec la première machine le gaz hydrogène destiné à remplir un aérostat...; un aérostat télégraphique en peau blanche...». — Arrêté signé Carnot, Reubell, Barras, et daté du 29 fructidor (Arch. nat., AF III, 402, dossier 2182). — Voir au même dossier la lettre par laquelle Conté propose et justifie ces constructions. — Voir aussi (même dossier) les copies des procès-verbaux des essais de la correspondance télégraphique au moyen des aérostats, rédigés à Meudon et envoyés au Directoire et la lettre d'envoi de Conté, datée du 20 fructidor.

[5] Département de la Haute-Marne. — Minute signée Carnot, Reubell, Barras (Arch. nat., AF III, dossier 2181) et datée du 29 fructidor. On trouve au même dossier copie de la dénonciation portée le 6 thermidor an IV par l'administration centrale de la Haute-Marne contre Renard, qui est non seulement taxé d'incapacité, mais représenté comme un terroriste, accusé d'actes de pillage, d'arrestation arbitraire, de faux, de vente à faux poids, de subornation de témoins, etc., — et la réponse faite le 15 fructidor à cette dénonciation par Renard, qui nie les faits en question et attribue la malveillance dont il est l'objet au zèle qu'il a mis à requérir le port de la cocarde nationale, le départ des volontaires, l'exécution de la loi sur les patentes, sur le 30e cheval, sur les signes extérieurs des cultes, sur les cloches mises à la disposition de la municipalité, sur les registres à tenir par les aubergistes, sur la dégradation des bois nationaux et communs, sur la réorganisation de la garde nationale et surtout sur les prêtres réfractaires.

[6] Minute signée Carnot, Reubell, Barras, et datée du 29 fructidor (Arch. nat., AF III, 402, dossier 2181). — Voir au même dossier la lettre adressée le 26 fructidor à Carnot, qualifié «directeur général de la République

SÉANCE DU 29 FRUCTIDOR AN IV [1]

15 SEPTEMBRE 1796.

Le Directoire adresse deux messages au Conseil des Cinq-Cents :

Par le premier, il l'invite à s'occuper sans délai de plusieurs questions relatives aux défenseurs officieux des accusés dans l'affaire du camp de Grenelle et à ceux qui sont devant la haute cour de justice [2].

Par le second, il lui soumet des observations sur l'administration des postes et messageries [3].

Il ordonne que les deux sous par livre qui seront perçus sur le prix des adjudications des coupes de bois qni seront vendues pour l'année prochaine seront employés de préférence à acquitter le traitement des administrateurs, gardes et agents forestiers [4].

Il n'y a pas lieu à délibérer sur la lettre du citoyen Christiani, représentant du peuple [5], par laquelle il demande au Directoire de l'autoriser à se servir des chariots des transports militaires pour voiturer ses meubles.

Il n'y a également lieu à délibérer sur la demande du citoyen Beau-

---

[1] Arch. nat., AF III*, 4, fol. 229-231. — AF III, 3.

[2] Message lu à la séance du 29 fructidor (*C. C.*, fructidor an IV, 562-565). — Le Directoire représente que les accusés du Temple sont maintenant au nombre de cent quarante et qu'il se présente pour eux « une infinité de défenseurs officieux »; — que d'autre part, le nombre des accusés devant la haute-cour, déjà considérable, peut encore s'accroître et que le gouvernement est informé qu'ils « se disposent à demander chacun plusieurs défenseurs ». Sur la question de savoir si le nombre des défenseurs peut être illimité, les lois existantes semblent ou contradictoires ou peu claires. Le Directoire exécutif est d'avis qu'il y aurait lieu, dans les deux affaires présentes, de le limiter, pour prévenir de nouveaux troubles et ne pas rendre les procès interminables.

[3] Message lu à la séance du 29 fructidor (*C. C.*, fructidor an IV, 569-572). — Le Directoire estime que le revenu des postes et messageries est trop faible. Il propose d'élever le tarif pour les paquets, de mettre un terme à l'abus des contre-seings et de la franchise des correspondances administratives, d'augmenter le tarif du port des papiers publics, de prohiber le transport de ces papiers par les particuliers, de mettre en ferme le service des messageries, enfin, pour prévenir les vols et assassinats qui se commettent sur les malles des dépêches, de charger les corps administratifs de faire marcher des patrouilles extraordinaires et d'autoriser les courriers à requérir une main-forte de quatre hommes armés, auxquels on allouerait 2 livres par course d'un relais à l'autre.

[4] Arrêté du 29 fructidor an IV, signé Reubell, Carnot, Barras (Arch. nat., AF III, 402, dossier 2182). — Voir (même dossier) le rapport du ministre des finances représentant que le salaire de ces agents « est nul par le discrédit du papier ».

[5] Député du Bas-Rhin au Conseil des Cinq-Cents.

Le Directoire nomme le général de division Krieg commandant de la garde qui doit être établie près de lui en vertu de la Constitution [1].

Les président et secrétaires du Conseil des Anciens transmettent au Directoire le rapport fait à ce Conseil par la commission chargée par lui de l'examen du traité d'alliance offensive et défensive entre la République française et le roi d'Espagne (ce rapport est joint à la minute d'une lettre du 3ᵉ jour complémentaire [2]).

Un messager d'État du Conseil des Anciens est admis et présente une loi du 26 de ce mois portant ratification du traité de paix offensif et défensif entre la République française et le roi d'Espagne [3].

Le Directoire ordonne que cette loi sera publiée et exécutée et qu'elle sera munie du sceau de l'État. Elle est en conséquence adressée de suite à l'enregistrement pour deux expéditions être envoyées au ministre de la justice, avec l'arrêté portant ordre d'impression et de publication dans les formes prescrites par les lois [4].

---

française par ce commissaire, nommé Dupré, qui dénonce «une *cabale tramée pour obtenir sa destitution*».

[1] Arrêté du 28 fructidor an IV, signé de tous les membres du Directoire (Arch. nat., AF III, 402, dossier 2179).

[2] Ce rapport, très étendu, est de Mathieu Dumas (Arch. nat., AF III, 402, dossier 2173).

[3] *Bull.*, II, XCI, n° 867. — Loi votée à la suite de deux délibérations en comité secret, les 20 et 26 fructidor an IV (*Anc.*, fructidor an IV, 222, 301). — Voir le texte de ce traité plus haut, p. 482 (séance du 12 fructidor).

[4] Outre les pièces qui viennent d'être indiquées, il faut signaler les suivantes, qui se rapportent comme elles à la séance du 28 fructidor et qui ne sont pas mentionnées au procès-verbal : 1° Arrêté, signé Barras, Reubell, Carnot, nommant membres du Bureau central de la commune de Marseille, sur la proposition de l'administration centrale du département des Bouches-du-Rhône, les citoyens *Guiraud* cadet, ex-officier municipal, *Corail* père, ex-officier municipal, et Antoine *Fabre*, ex-juge de paix (Arch. nat., AF III, 402, dossier 2178. — Voir au même dossier diverses pièces relatives à cette nomination);

— 2° Arrêté, signé Le Tourneur, Carnot, Reubell, autorisant, en vertu de la loi du 21 floréal, Georges-Frédéric *Rebmann*, homme de lettres prussien (ou danois), à résider à Paris jusqu'au 30 vendémiaire ; deux autres arrêtés, l'un du 4 brumaire an V, signé Le Tourneur, Carnot, Reubell, l'autre du 24 frimaire an V, signé Carnot, Reubell, Revellière-Lépeaux, lui accordant des prolongations de séjour (Arch. nat., AF III, 402, dossier 2178). — Plusieurs pièces (même dossier) dont un certificat de Reinhard, ministre de la République près les villes hanséatiques, un rapport du ministre des relations extérieures et une lettre du Bureau central de Paris, représentant Rebmann comme un homme «passionné pour la liberté, curieux de voir de près nos institutions nouvelles» et à qui son dévouement aux principes de la révolution française a valu la persécution qui l'a obligé de quitter son pays.

Le dossier 2180, dont le contenu, comme celui des deux précédents, se rapporte à la séance du 28 fructidor, est formé de 39 pièces relatives à des nominations de juges, juges de paix, etc., dans les départements de l'Ain, de l'Allier, de la Haute-Garonne, de la Gironde et d'Indre-et-Loire.

mont d'Obenheim[1] tendante à obtenir une permission de venir à Paris, pour y finir ses affaires.

Sur le rapport du ministre de la police générale sont rayés de la liste des émigrés les noms des citoyens ci-après :

Marie-Victoire-Rosalie de Frotté de Perdries; Marie-Jeanne Bernard, femme de Michel-Paul-Augustin-Antoine Belet; Madeleine-Henriette-Célestine-Mélanie Baillard[2], Louis Abril[3]; Jean-Joseph La Borde[4]; Henri-Louis Mouchard-Chaban; Nicolas-Alexandre Chenuat[5]; François Moine[6]; Christophe Champenois et François-Alexandre Le Roux[7].

On écrit au ministre de la justice pour qu'il fasse juger promptement le nommé Lespagnol, prévenu d'avoir vendu de fausses exemptions du service militaire[8];

Et aux administrateurs du département de Maine-et-Loire, pour les presser d'adresser au Directoire la liste des citoyens qu'ils croient propres à remplir les places publiques dans ce département[9].

---

[1] Ci-devant directeur du génie militaire et professeur de géométrie à l'École polytechnique, compromis dans les événements du 13 vendémiaire. — Voir (Arch. nat., AF III, 402, 2178) le rapport du ministre de la police, qui lui est favorable, et en tête duquel on lit qu' « il ne paraît pas qu'il ait été statué sur la demande de Beaumont d'Obenheim ».

[2] Inscrits sur les listes des émigrés des départements de l'Orne, de Loir-et-Cher et de la Seine-Inférieure, et qui ont justifié de leur résidence. — Trois arrêtés signés le premier Le Tourneur, Revellière-Lépeaux, Barras, les deux autres Reubell, Barras, Revellière-Lépeaux (Arch. nat., AF III, 402, dossier 2181).

[3] Condamné et exécuté en vertu d'un jugement de la Commission populaire d'Orange et dont la non-émigration a été établie par ses frères et sœur. — Arrêté du 29 fructidor an IV, signé Reubell, Barras, Revellière-Lépeaux (Arch. nat., AF III, 402, dossier 2181).

[4] Banquier à Paris, condamné à mort par le tribunal révolutionnaire et exécuté le 29 germinal an II, dont la non-émigration a été établie par sa veuve.

[5] *Mouchard-Chaban*, volontaire au 2ᵉ bataillon de Paris; et Nicolas-Alexandre *Chenuat*, marchand de bois, — inscrits sur la liste des émigrés des départements de la Vendée et de la Marne, qui ont justifié de leur résidence. — Deux arrêtés du 29 fructidor an IV, signés Reubell, Barras, Revellière-Lépeaux (Arch. nat., AF III, 402, dossier 2181).

[6] François *Moine*, caporal au 1ᵉʳ bataillon de l'Yonne, inscrit sur la liste des émigrés de ce département et dont la résidence a été établie par son père. — Arrêté du 29 fructidor an IV, signé Reubell, Barras, Revellière-Lépeaux (Arch. nat., AF III, 402, dossier 2181).

[7] Christophe *Champenois*, notaire à Villenauxe, et Alexandre *Le Roux*, ancien marchand à Rouen, inscrits sur les listes des émigrés des départements de la Marne et de l'Eure, qui ont justifié de leur résidence. — Deux arrêtés signés le premier Reubell, Barras, Revellière-Lépeaux, le second Le Tourneur, Revellière-Lépeaux, Barras (Arch. nat., AF III, 402, dossier 2181).

[8] Minute signée Reubell, Barras, Carnot (Arch. nat., AF III, 402, dossier 2182). — Le Directoire rappelle sa lettre du 5 thermidor dernier (voir plus haut, p. 170). Le Directoire s'étonne qu'un délit avéré et avoué par son auteur n'ait pas encore été poursuivi et puni.

[9] Minute signée Revellière-Lépeaux, Barras, Reubell (Arch. nat., AF III, 402, dossier 2181). — Voir au même dossier une lettre du 24 fruc-

La commune de Neublans, département du Jura, est autorisée à vendre 62 arpents 95 perches, formant le quart de ses bois, mis en réserve[1].

Il sera loué sans enchères au citoyen Boudin, acquéreur d'une maison nationale[2] un terrain qui y est contigu, sur lequel il fera construire de petites boutiques, cloître du Muséum[3].

L'église de Saint-Taurin d'Évreux est provisoirement mise à la disposition de la régie des poudres et salpêtres, pour y établir un atelier de fabrication de salpêtre[4].

Le citoyen Poissant est nommé commissaire du gouvernement dans les pays conquis d'entre Meuse et Rhin à l'effet de se concerter avec le citoyen Bella, directeur général de l'administration de cette division[5], sur l'exécution de l'arrêté du 28 floréal dernier[6].

Le département des Basses-Alpes est divisé en cinq arrondissements pour la perception des contributions[7].

---

tidor par laquelle les administrateurs de Maine-et-Loire signalent au Directoire des rassemblements, des propos, des insultes aux patriotes qui ont eu lieu dans ce département et représentent la nécessité de prendre « des mesures pour déjouer les projets des malveillants et surtout des prêtres ».

[1] Arrêté du 29 fructidor an IV, signé Reubell, Barras, Revellière-Lépeaux (Arch. nat., AF III, 402, dossier 2182).

[2] « Maison provenant de la nation située Cloître du Muséum, ci-devant Germain-l'Auxerrois, en face du puits, numérotée 32... » Depuis, les maisons attenantes ayant été vendues et démolies, la place est restée vacante, non pavée, ce qui a donné lieu « à un terrain vague, qui sert de latrines, dépôt de gravats et immondices au public, ce qui occasione une infection sur cette place... » (Rapport du 6 thermidor au ministre des finances, Arch. nat., AF III, 402, dossier 2182).

[3] C'est-à-dire « à la charge de n'y pouvoir construire que des boutiques, avec de petits entresols de peu d'élévation, d'entretenir pendant le temps de sa jouissance le pourtour de ces boutiques en état de propreté et de rendre les terrains dont il s'agit aussitôt que le gouvernement pourra en avoir besoin et de démolir à la première réquisition les constructions qu'il aura faites, sans pouvoir pour ce ni pour quelque cause que ce soit répéter aucune

espèce d'indemnité ». — Arrêté du 29 fructidor an IV, signé Reubell, Carnot, Barras (Arch. nat., AF III, 402, dossier 2182).

[4] Arrêté du 29 fructidor an IV, signé Reubell, Carnot, Barras (Arch. nat., AF III, 402, dossier 2182).

[5] Division d'entre Rhin et Moselle.

[6] Arrêté du 29 fructidor an IV, signé Reubell, Carnot, Barras (Arch. nat., AF III, 402, dossier 2182). — Sur l'arrêté du 28 floréal, voir t. II, p. 397 et suiv.

[7] Premier arrondissement, chef-lieu Digne, plus 15 cantons (Champtercier, Thoard, Malijai, Les Mées, Oraison, Valensolle, Quinson, Riez, Puismoisson, Mezel, Barrême, Le Brusquet, Seyne, le Vernet, Moustiers), — 2e arrondissement, chef-lieu Forcalquier, plus 7 cantons (Manosque, Sainte-Tulle, Reillane, Banon, Saint-Étienne, Volx, Lurs); — 3e arrondissement, Sisteron, plus 9 cantons (Volone, Château-Arnoux, Noyers, Turriers, Lamotte, Claret, Mizon, Valcivique, Saint-Geniez); — 4e arrondissement, chef-lieu Castellane, plus 7 cantons (Ubraye, Saint-André, Senez, Colmars, Thorame-Haute, Annot, Entrevaux); — 5e arrondissement, chef-lieu Barcelonnette, plus 6 cantons (Jausiers, Saint-Paul, Larche, Meulun, Alloz, la Bréoule). — Arrêté du 29 fructidor an IV, signé Reubell, Carnot, Barras (Arch. nat., AF III, 402, dossier 2182).

Celui de l'Ariège l'est en trois arrondissements de recettes[1].

Un secours de deux cents livres, en numéraire, est accordé à la citoyenne Victoire Javit, veuve Long[2].

Il en est accordé un autre de trois cent vingt-cinq livres, en numéraire, à la citoyenne Hue, veuve d'un capitaine en second de vaisseau, mort des blessures qu'il a reçues au service de la République[3];

Le Directoire confirme un arrêté du ministre de la justice du 29 fructidor dernier, portant annulation d'un arrêté de l'administration municipale et de deux jugements du juge de paix du canton d'Alost, département de l'Escaut[4].

Il révoque la nomination provisoire du citoyen Fradin, à la place du juge de paix du même canton d'Alost[5].

Il adresse deux messages au Conseil des Cinq-Cents.

Par l'un il lui propose d'assigner une partie des bâtiments de la ci-devant abbaye Martin[6], à Paris, pour y établir le conservatoire des Arts-et-Métiers[7].

Par le second, il invite ce Conseil à autoriser la démolition de partie de la chapelle dite de Notre-Dame, sise à Saint-Junien[8], sur un pont de cette commune, pour en employer les matériaux aux réparations du pont et élargir la voie publique[9].

En exécution de l'arrêté du Directoire du 1er prairial, le ministre de la police générale, celui de la justice, celui de la guerre et celui de l'intérieur déposent sur le bureau et soumettent à l'approbation du

---

[1] Premier arrondissement, chef-lieu Foix, 12 cantons (Foix, Tarascon, Ax, Saurat, Labastide, Vic-dessos, Querigut, les Cabannes, Saint-Paul, Lavelanet, Belesta, Montferrier); — 2e arrondissement, chef-lieu Pamiers, 10 cantons (Pamiers, Mazères, Mirepoix, Varilhes, Saverdun, Leran, Donmaran, Saint-Ybars, Carlos-le-Peuple, Mas-d'Azil); — 3e arrondissement, chef-lieu Saint-Girons, 7 cantons (Saint-Girons, Castillon, Saint-Lizier, Oust, Rimont, Sainte-Croix, Massart). — Arrêté du 29 fructidor an IV, signé Reubell, Carnot, Barras (Arch. nat., AF III, 402, dossier 2182).

[2] Arrêté du 29 fructidor an IV, signé Carnot, Barras, Revellière-Lépeaux (Arch. nat., AF III, 402, dossier 2181). — Voir au même dossier la lettre adressée par cette femme, à la date du 29 fructidor, au directeur Reubell, pour représenter sa misère et rappeler les services qu'elle aurait rendus à la République.

[3] « Pour la mettre à même de retourner à Nantes, au sein de sa famille ». — Arrêté du 29 fructidor an IV, signé Le Tourneur, Revellière-Lépeaux, Barras, Reubell (Arch. nat., AF III, 402, dossier 2182).

[4] Pour cause de conflit entre les autorités judiciaire et administrative. — Arrêté du 29 fructidor an IV, signé Le Tourneur, Carnot, Reubell (Arch. nat., AF III, 402, dossier 2181).

[5] Arrêté du 29 fructidor an IV, signé Le Tourneur, Carnot, Barras (Arch. nat., AF III, 402, dossier 2182).

[6] Saint-Martin.

[7] Message lu à la séance du 1er jour complémentaire (C. C., fructidor an IV, 599-601).

[8] Département de la Haute-Vienne.

[9] Message lu à la séance du 1er jour complémentaire (C. C., fructidor an IV, 598-599).

Directoire chacun un état des sommes à ordonnancer par eux, pour les dépenses de leurs départements. Le Directoire approuve ces dépenses et remet un double desdits états à chacun des ministres qui les a déposés.

On écrit au citoyen Lamer, général de division, commandant la 10ᵉ division militaire, pour lui faire des observations sur sa réponse tardive et peu détaillée à la lettre du Directoire du 20 thermidor [1];

Et au commissaire du Directoire près l'administration centrale du département de la Somme, pour lui demander des renseignements sur le général Laubadère, qu'on dit sujet à s'enivrer [2];

Et au général en chef Jourdan [3].

Le Directoire exécutif au général en chef Jourdan.

Le Directoire exécutif vient d'apprendre, citoyen général, que vous vous êtes empressé de donner avis au général Beurnonville de votre mouvement sur la Lahn, afin de régler avec prudence ce qui concerne le siège d'Ehrenbreitstein. Nous pensons en effet que si vous avez cru devoir vous replier en deçà de cette rivière, il est convenable de ne pas exposer le train de siège sur la droite du Rhin, mais nous préférons la supposition que vous vous serez maintenu dans les dernières dispositions dont vous nous avez rendu compte et nous la croyons d'autant plus fondée que le général Moreau nous affirme que l'équivalent des forces que le prince Charles a portées de la Bavière en Franconie a été reporté presque au même instant de la Franconie en Bavière. Il nous paraît d'ailleurs peu conforme à la circonspection ordinaire des généraux ennemis de continuer leur marche de notre côté pendant que l'armée de Rhin-et-Moselle occupe l'Isar et s'avance sur Ratis-

---

[1] Minute signée Carnot, Reubell, Barras (Arch. nat., AF ɪɪɪ, 402, dossier 2182). — Sur la lettre du 20 thermidor, voir plus haut, p. 286.

[2] Minute signée Carnot, Reubell, Barras (Arch. nat., AF ɪɪɪ, 402, dossier 2182).

[3] Voir le texte de cette lettre plus loin, à l'Appendice.

Outre les pièces qui viennent d'être indiquées, on trouve également, dans le dossier 2182, les suivantes, se rapportant comme elles à la séance du 29 fructidor et non mentionnées au procès-verbal : 1° Message du 29 fructidor par lequel le Conseil des Cinq-Cents demande au Directoire des renseignements sur la détention de l'adjudant-général Hugues Montbrun, ex-gouverneur des îles Sous-le-Vent et sur les délits qui lui sont imputés (cet officier, arrêté à Saint-Domingue, retenu vingt mois en prison, avait été renvoyé en France et était détenu depuis sept semaines à Rochefort); — 2° Lettre signée Carnot, Reubell, Barras, par laquelle le Directoire invite le ministre de la guerre à éloigner le citoyen Chaillot, officier du génie à Bitche, de cette place, de façon qu'il en soit au moins à 30 lieues de distance.

Le dossier 2183, dont le contenu, comme celui des deux précédents, se rapporte à la séance du 29 fructidor, se compose de cinquante-neuf pièces relatives à des nominations de juges de paix, de commissaires, d'assesseurs, d'administrateurs municipaux, etc., dans les quatre départements de l'Aude, des Bouches-du-Rhône, de l'Hérault et du Bas-Rhin.

bonne. Dans cette situation, nous avons cru devoir modifier l'ordre en vertu duquel cette armée devait se porter sur-le-champ entre la Rednitz et le haut Neckar pour dégager, par un mouvement direct, l'armée de Sambre-et-Meuse. L'équilibre des forces respectives étant à peu près rétabli et l'intérêt le plus pressant de l'ennemi étant de couvrir Ratisbonne, nous avons prescrit au général Moreau de persister dans son plan d'opérations, persuadés qu'il en résultera pour l'armée de Sambre-et-Meuse une diversion puissante qui la mettra en état de reprendre rapidement l'offensive, surtout étant accrue des renforts de celle du Nord, que le général Beurnonville doit lui amener.

Les derniers et importants succès de l'armée d'Italie[1] sont un nouveau motif de presser l'ennemi par la droite de notre ligne d'opérations et de ne pas compromettre notre position sur le Danube.

Nous vous invitons à communiquer ces nouvelles dispositions à votre successeur[2] et à régler avec lui tout ce qui a rapport à l'échange de commandement auquel le besoin de repos que vous nous avez manifesté a donné lieu.

Nous chargeons de cette dépêche l'adjudant-général Ducheiron, qui a montré une louable impatience de rejoindre son général.

CARNOT, REUBELL, P. BARRAS[3].

SÉANCE DU 30 FRUCTIDOR AN IV[4]

16 SEPTEMBRE 1796.

Le Directoire exécutif arrête et signe la convention arrêtée ce jour-d'hui entre la République française et le cercle de Franconie, négociée au nom de la République française par le citoyen Delacroix, ministre des relations extérieures, nommé par le Directoire exécutif, par arrêté du 21 fructidor présent mois[5], MM. de Rhodius et de Zwanziger, députés de l'assemblée générale du Cercle de Franconie[6].

Le Directoire reçoit une lettre des président et secrétaires du Conseil des Anciens, portant envoi du rapport fait à ce Conseil au nom de la commission chargée par lui de l'examen du traité d'alliance offensive et défensive entre la République française et le Roi d'Espagne (cette pièce est jointe à une lettre du 3ᵉ jour complémentaire)[7].

---

[1] Victoires de Roveredo, Bassano, etc. — Voir plus haut.
[2] Beurnonvile.
[3] Arch. nat., AF III, 402, dossier 2182.
[4] Arch. nat., AF III*, 4, fol. 231-233. — AF III, 3.
[5] Voir plus haut, p. 552.
[6] Voir le texte de cette convention du 30 fructidor avec le cercle de Franconie, plus loin, à l'Appendice.
[7] Voir plus loin (séance du 3ᵉ jour complémentaire).

Le ministre de la justice fait un rapport sur la conduite du citoyen Puissant, ordonnateur de la marine à Toulon lors de la livraison de ce port aux Anglais, mis hors la loi par décret de la Convention nationale du 9 septembre 1793 [1].

Le Directoire écrit au général en chef Moreau, commandant l'armée de Rhin-et-Moselle, pour le prévenir qu'il a accordé des passeports à MM. Zwanziger et de Rhodius, députés du Cercle de Franconie, afin qu'il ait soin que ces députés n'éprouvent aucun retard dans leur route [2].

Les commandants amovibles et leurs secrétaires et les adjudants de place [3] sont réduits au nombre fixé par l'arrêté du Comité du salut public du 30 messidor an III [4].

Le ministre de la guerre est autorisé à faire payer au citoyen Gaudolphi, à titre de secours et pour le mettre à portée de retourner aux armées, une somme de deux cents livres, valeur métallique [5].

On écrit au général Hoche, pour lui adresser copie de la lettre du représentant Richou, concernant quelques désordres commis par divers détachements de l'armée de l'Ouest, et l'inviter à les réprimer [6];

Au ministre de la guerre, relativement au même objet [7];

Au même ministre : 1° pour l'inviter à prendre des informations

---

[1] Arch. nat., AF III, 402, dossier 2184. — Puissant avait débarqué à Cherbourg le 13 frimaire an IV sur un navire parlementaire anglais et avait demandé à être jugé. Il était détenu depuis cette époque à l'hôpital maritime de cette ville. Le ministre de la justice rend compte de son enquête et des pièces qu'il a pu se procurer dans le département du Var sur les faits qui lui sont imputés. Il en ressort que les charges les plus graves pèsent sur Puissant au sujet de sa complicité avec les rebelles de Toulon et de sa participation à la trahison qui a livré ce port aux Anglais en 1793.

[2] Minute signée Reubell, Le Tourneur, Carnot (Arch. nat., AF III, 402, dossier 2184).

[3] « Employés dans les places ou postes militaires autres que ceux portés en l'état annexé à l'arrêté du Comité de Salut public du 30 messidor an III ».

[4] C'est-à-dire que tous ceux qui dépassent le nombre fixé par cet arrêté seront réformés à dater du 1er brumaire prochain. — Arrêté du 30 fructidor an IV, signé Carnot, Le Tour-

neur, Reubell, Barras (Arch. nat., AF III, 402, dossier 2184).

[5] Arrêté du 30 fructidor an IV, signé Carnot, Reubell, Barras (Arch. nat., AF III, 402, dossier 2184). — Gaudolphi avait été employé à l'armée d'Italie d'abord sous Kellermann, puis sous Schérer, qui l'avait renvoyé, et, à ce qu'il semble, au service de l'espionnage. Il était à Paris, dans la plus profonde misère, à ce qu'il ressort de sa demande de secours au Directoire du 15 fructidor (même dossier).

[6] Minute signée Carnot, Reubell, Barras (Arch. nat., AF III, 402, dossier 2184). — Voir (même dossier) la lettre adressée de Thouars, le 17 fructidor par Richou, membre du Conseil des Anciens, pour informer Carnot qu'un bataillon des chasseurs des Ardennes, composé de 600 hommes, se rendant des Sables-d'Olonne à Tours, a passé à Saint-Maixent le 15 fructidor et que, aucune mesure n'ayant été prise pour son logement et sa subsistance, il a commis divers actes de violence et de pillage.

[7] Minute signée Carnot, Reubell, Barras (Arch. nat., AF III, 402, dossier 2184).

sur le citoyen Fonty, employé dans l'État-major de l'armée de l'intérieur [1];

2° Pour l'inviter à envoyer au Cabinet topographique deux cartes avec les divisions militaires [2];

3° Pour le charger de faire dresser par les officiers du génie de Metz les plans et profils d'une machine économique établie à la Grange-le-Mercier [3], pour le blanchissage des draps des lits des militaires [4].

Il accorde une indemnité en numéraire aux officiers, sous-officiers et gendarmes rassemblés à Vendôme, près de la haute-cour de justice [5];

Seize lettres, dont les minutes sont déposées au Bureau topographique, sont écrites, savoir :

Une au général en chef Hoche [6];
Une au général en chef Kellermann [7];
Une au ministre de la police générale [8];
Une aux ministres des finances et des relations extérieures [9];
Deux au général en chef Moreau [10];
Une au général divisionnaire Willot, commandant à Aix [11];

---

[1] Minute signée Carnot, Revellière-Lépeaux, Barras (Arch. nat., AF III, 402, dossier 2184). — Le Directoire désire savoir si Fonty est employé dans l'état-major de l'armée de l'intérieur. — Le 3 vendémiaire, le ministre répond (même dossier) que, malgré toutes ses recherches, il « n'a pu découvrir ce citoyen, qui n'a jamais eu la qualité qu'on lui a supposée ».

[2] « Deux exemplaires de la carte de la République, sur lesquels soient exprimées les divisions militaires territoriales actuelles ». — Minute signée Carnot, Revellière-Lépeaux, Barras (Arch. nat., AF III, 402, dossier 2184).

[3] Département de la Moselle.

[4] Minute signée Revellière-Lépeaux, Carnot, Barras (Arch. nat., AF III, 402, dossier 2184).

[5] Arrêté du 30 fructidor an IV, signé Carnot, Le Tourneur, Reubell, Barras (Arch. nat., AF III, 402, dossier 2184). — L'indemnité (en sus de la solde habituelle) sera de 20 sous par jour pour les officiers, de 15 sous pour les sous-officiers, de 10 sous pour les simples gendarmes. — Le détachement de gendarmerie employé à la conduite des prisonniers était de 52 hommes, dont 1 capitaine, 3 lieutenants, 3 maréchaux des logis, 5 brigadiers et 40 gendarmes (même dossier).

[6] Minute signée Carnot, Revellière-Lépeaux, Barras (Arch. nat., AF III, 402, dossier 2184). Le Directoire lui annonce l'envoi d'une somme de 250,000 livres pour les besoins de l'armée qu'il commande et celui qui a dû lui être fait de l'ordre touchant la vente des marchandises qui sont à Brest et qui sont estimées 500,000 livres.

[7] Voir le texte de cette lettre plus loin, à l'Appendice.

[8] Minute signée Carnot, Revellière-Lépeaux, Barras (Arch. nat., AF III, 402, dossier 2184). — Le Directoire lui annonce la dissolution des trois compagnies de volontaires composant la colonne mobile du département de la Drôme et l'invite à examiner si ce département a besoin de la formation d'une nouvelle colonne mieux organisée.

[9] Minute signée Le Tourneur, Carnot, Revellière-Lépeaux (Arch. nat., AF III, 402, dossier 2184). — Le Directoire leur envoie copie d'un arrêté du citoyen Haussmann qui maintient les foires dans les pays conquis par l'armée de Rhin-et-Moselle.

[10] Les minutes de ces deux lettres ne se trouvent pas dans les dossiers relatifs à la séance du 30 fructidor.

[11] Minute signée Carnot, Reubell, Barras (Arch. nat., AF III, 402, dossier 2184). —

[16 sept. 1796] DU DIRECTOIRE EXÉCUTIF. 625

Une aux administrateurs du département du Haut-Rhin [1];

Une au citoyen Garrau, commissaire du gouvernement près l'armée d'Italie [2];

Et sept au ministre de la guerre [3].

Le Directoire ordonne l'impression et la publication dans les formes prescrites par les lois : d'un acte du Corps législatif du 28 de ce mois, à lui adressé le même jour, par lequel ce Conseil [4] passe à l'ordre du jour sur la question de savoir de quel département de la Creuse ou de la Corrèze doit dépendre la commune de Crabanat. En conséquence, cet acte est de suite adressé à l'enregistrement, pour deux expéditions être envoyées sans délai au ministre de la justice, avec l'arrêté portant ordre d'impression et de publication [5].

Les président et secrétaires du Conseil des Anciens font passer au Directoire une nouvelle expédition de la loi du 27 de ce mois, qui donne aux prévenus de délits militaires le droit de se choisir des défenseurs dans toutes les classes de citoyens [6], attendu que cette loi avait été renvoyée à ce Conseil par le ministre de la justice, parce qu'il

---

Le Directoire l'invite à temporiser jusqu'à ce qu'il ait plus de moyens répressifs pour abattre le parti désorganisateur qui s'agite dans la division qu'il commande.

[1] La minute de cette lettre ne se trouve pas dans le dossier 2184, relatif à la séance du 30 fructidor.

[2] Voir le texte de cette lettre plus loin, à l'Appendice.

[3] Minutes dont les six premières signées Carnot, Revellière-Lépeaux, Barras (Arch. nat., AF III, 402, dossier 2184). — Par la première de ces lettres, le Directoire informe le ministre de la guerre qu'il a approuvé le passage du général Mouret au commandement de la 21e division militaire. — Par la seconde, il l'invite à presser le général Desenfants de se rendre à Huningue pour y remplacer le général Tuncq, qui par sa présence ne fait qu'y entretenir le mécontentement. — Par la troisième, il l'invite à faire réunir à Valenciennes tous les détachements du 13e régiment de chasseurs, qui se trouve au complet en hommes et en chevaux et qui pourra être mis à la disposition du commandant de l'armée du Nord. — Par la quatrième, il l'invite à faire poursuivre un commissaire des guerres qui a fait conduire à Huningue et vendre à quatre francs le quintal (chiffre notoirement inférieur à leur valeur réelle) les farines prises à Rhinfelden, ce qui n'a pu sans doute avoir lieu sans impéritie ou friponnerie. — Par la cinquième, il lui témoigne sa satisfaction de ce qu'une partie essentielle des préparatifs de l'expédition qui a été ordonnée au général Quentin se trouve prête; il l'invite à faire rendre promptement à Dunkerque les troupes qui doivent être mises à sa disposition. — Par la sixième, il l'invite à obtempérer aux demandes du général Quentin contenues dans l'extrait ci-joint. — Par la septième (minute signée Le Tourneur, Carnot, Reubell, Barras), il l'invite à faire mettre à la disposition de ce général, à Dunkerque, une somme de cinq mille livres en numéraire.

[4] Le Conseil des Cinq-Cents. — Voir plus haut, p. 614. — Il s'agit de l'ordre du jour voté par le Conseil des Cinq-Cents le 27 fructidor et adressé au Directoire le 28.

[5] Bull., II, LXXVIII, n° 713.

[6] Cette loi (Bull., II, LXXVII, n° 705) donne à tout prévenu militaire traduit devant un Conseil militaire le droit « de se choisir un défenseur dans toutes les classes de citoyens, pourvu que ce soit sur le lieu où s'instruit la procédure ».

existait une erreur de citation dans l'expédition qui avait été envoyée au Directoire [1].

A

Convention entre la République française et le Cercle de Franconie.

Le Directoire exécutif ayant égard aux représentations qui lui ont été faites par MM. de Rhodius et Zwanziger, députés de l'Assemblée générale du cercle de Franconie, tendantes à assurer aux États qui la composent les avantages d'une cessation de toutes hostilités, a chargé le citoyen Charles Delacroix, ministre des relations extérieures, de négocier et traiter sur ce sujet avec mesdits sieurs députés dudit cercle. En conséquence, le citoyen Delacroix et MM. de Zwanziger et de Rhodius s'étant réunis et ayant échangé leurs pleins pouvoirs respectifs, sont convenus de ce qui suit :

Article premier. Il sera levé sur le cercle de Franconie :

1° Conformément à l'arrangement provisoire du 20 thermidor dernier, six millions de francs en numéraire;

Plus deux millions en effets ou denrées, en déduction desquels il sera fourni vingt mille paires de bottes évaluées à 15 livres la paire; cent mille chemises évaluées à quatre livres l'une; cent mille paires de souliers évaluées à quatre livres la paire;

2° En conformité du traité actuel :

Deux millions en numéraire payables, savoir : le premier le 15 brumaire prochain et le second dans un mois à compter dudit 15 brumaire.

Il sera fourni par le cercle de Franconie, en déduction des deux millions ci-dessus, vingt mille paires de bottes, cent cinquante mille chemises évaluées comme ci-dessus, et cinquante mille paires de guêtres évaluées à quarante sols la paire.

Art. 2. La répartition des contributions ci-dessus sera établie à la diligence et sous l'autorité et la responsabilité de l'assemblée générale du cercle de Franconie et de manière à ne pas peser sur la classe indigente du peuple.

---

[1] Arch. nat., AF III, 402, dossier 2184. Outre les pièces qui viennent d'être signalées, on trouve dans le dossier 2184 les suivantes, se rapportant comme elles à la séance du 30 fructidor et non mentionnées au procès-verbal : 1° Arrêté signé Carnot, Reubell, Barras, accordant congé absolu à François Deffresne, charretier des transports militaires à l'armée des Côtes de l'Océan, réclamé par ses parents pour leur exploitation agricole; — 2° Arrêté signé Carnot, Reubell, Barras, accordant congé absolu à Philippe Vanderkerkhove, charretier des transports militaires au parc de Dunkerque, malade d'hémoptysie persistante; — 3° Lettre, signée Le Tourneur, Carnot, Revellière-Lépeaux, Reubell, au ministre des relations extérieures pour l'informer que le Directoire a adopté le projet de traité concernant le supplément de contribution à fournir par le cercle de Franconie et l'autorisant à le signer.

Le dossier 2184 relatif à la séance du 30 fructidor, se termine par dix-huit pièces relatives à des nominations de juges de paix, commissaires du pouvoir exécutif, assesseurs de juges de paix, etc., dans les départements de la Loire-Inférieure, de la Manche, du Morbihan et du Bas-Rhin.

Art. 3. Les différends qui pourront avoir lieu relativement à l'ancien article 12 du premier arrangement[1] seront réglés à l'amiable.

Art. 4. Les dispositions contenues dans l'arrangement provisoire du 20 thermidor et qui ont pour but d'assurer des contributions et de fixer les caisses, etc., où elles seront versées sont applicables aux contributions stipulées dans le présent traité.

Art. 5. Le libre cours des postes dans l'intérieur du Cercle de la Franconie aura lieu autant que les opérations militaires pourront le permettre.

Art. 6. Les membres de l'assemblée générale du Cercle de Franconie, les receveurs des contributions, ainsi que les personnes chargées de leur levée sont placés sous la sauvegarde de la République française pendant l'exercice de leurs fonctions.

Art. 7. Les papiers-monnaies français n'auront pas de cours forcé dans les pays du Cercle de Franconie et ne pourront être reçus que de gré à gré.

Fait et arrêté à Paris, le 30 fructidor an IV de la République française une et indivisible.

Ch. Delacroix, Rhodius, Zwanziger.

Le Directoire exécutif arrête et signe la convention ci-dessus et des autres parts entre la République française et le Cercle de Franconie négociée au nom de la République française par le ministre des relations extérieures nommé par le Directoire exécutif par arrêté du 21 fructidor présent mois et chargé de ses instructions à cet effet. Fait au palais national du Directoire exécutif, le 30 fructidor an IV de la République française une et indivisible.

Reubell, Le Tourneur, L.-M. Revellière-Lépeaux, Carnot, P. Barras[2].

B

Le Directoire exécutif au général Kellermann,
commandant en chef l'armée des Alpes.

Nous avons reçu, citoyen général, plusieurs lettres que vous nous avez envoyées, ainsi que les pièces qui y étaient jointes. En voici les dates : une du 14 fructidor, deux du 15, une du 16, deux du 18, une du 20, une du 22. Nous allons répondre aux objets qui ont besoin d'éclaircissements dans quelques-unes de ces lettres.

(Lettre du 14). — Faites dissoudre sur-le-champ les trois compagnies de la colonne mobile établie dans le département de la Drôme et rentrer dans les dépôts les armes qui leur avaient été données.

(Lettre du 15). — Le Directoire sait que la plainte portée par son commissaire près du département du Mont-Blanc touchant la démolition des forteresses piémontaises est dénuée de fondement.

---

[1] Du 20 thermidor. — [2] Arch. nat., AF III, 402, dossier 2184.

(Lettre du 16). — S'il y a contre l'adjudant-général Louis et le commissaire du canton de Cuers des preuves constatées du délit qui leur est imputé, il faut traduire le premier au conseil militaire et l'autre devant ses juges naturels.

(Lettre du 18). — Le Directoire pressera l'exécution des ordres qu'il a déjà donnés pour l'envoi des 300,000 livres que l'armée d'Italie doit faire à l'armée des Alpes.

(Lettre du 20). — Il faudra informer le Directoire des dispositions qui auront été faites par le duc d'Aoste pour arrêter le brigandage des Barbets.

(Lettres du 21 et du 22). — Le Directoire a lu avec satisfaction les éclaircissements que vous lui avez donnés sur la force des brigades que vous avez fait passer en Italie, ainsi que le compte rendu sur l'état des démolitions du fort d'Exiles et la confiance qu'il a mise en vous, citoyen général, est pleinement justifiée par la continuation du zèle que vous montrez au service de la chose publique.

CARNOT, L.-M. REVELLIÈRE-LÉPEAUX, P. BARRAS [1].

LE DIRECTOIRE EXÉCUTIF AU CITOYEN GARRAU,
COMMISSAIRE DU GOUVERNEMENT PRÈS L'ARMÉE D'ITALIE.

Le Directoire a reçu, citoyen, votre lettre du 20 fructidor et les différents états des contributions perçues en Italie pendant la première décade [2] du présent mois. Vous annoncez l'emploi que vous allez faire de nouvelles mesures propres à faire rentrer les sommes arriérées. Le Directoire vous invite à combiner cette opération de manière à ce qu'elle puisse remplir ce but et faire éviter par la suite les mêmes retards dans le recouvrement.

Vous avez envoyé précédemment des notes détaillées sur l'état politique de la Lombardie, que nous n'avons pas lues sans intérêt; mais nous pensons que, dans le moment actuel, il faut se borner à maintenir l'ordre et la tranquillité sur ce territoire par une police tout à la fois sévère et paternelle, sans épouser les vues particulières des spéculatifs [3] et attendre du temps et des circonstances ce qui pourra être déterminé pour le bonheur des peuples.

Pressez, citoyen, l'envoi à l'armée des Alpes des 300,000 livres qui devraient lui être parvenues depuis quelque temps [4], si les ordres positifs que nous en avons donnés eussent été exécutés sur-le-champ.

CARNOT, L.-M. REVELLIÈRE-LÉPEAUX, P. BARRAS [5].

---

[1] Arch. nat., AF III, 402, dossier 2184.
[2] Voir Arch. nat., AF III, 198 (Contributions levées par l'armée d'Italie).
[3] Allusions aux mouvements révolutionnaires qui se produisaient depuis quelque temps dans l'Italie du Nord et qui étaient favorisés par le général Bonaparte. — Voir plus haut.
[4] Voir plus haut, lettre à Kellermann.
[5] Arch. nat., AF III, 402, dossier 2184.

DÉLIBÉRATION SECRÈTE DU 30 FRUCTIDOR AN IV [1]

16 SEPTEMBRE 1796.

CCLXIII

Le Directoire exécutif,

Considérant que les ordres qu'il a donnés au ministre de la marine et des colonies d'expédier des escadres pour se rendre à Terre-Neuve et dans l'Inde ont déjà reçu leur exécution, mais qu'il ne suffit pas à la vengeance nationale de déployer des forces contre les possessions éloignées de l'Angleterre;

Voulant mettre un terme à l'audace et à la perfidie de l'ennemi le plus cruel de la République et user d'une représaille légitime et trop longtemps retardée en portant le fer et la flamme jusque dans ses propres foyers;

Arrête :

Une armée de quinze mille hommes, aux ordres du général Hoche, sera débarquée en Irlande dans le plus bref délai.

Un corps de cinq mille hommes commandé par le général Quentin sera également débarqué sur la côte de l'est de l'Angleterre.

Charge le ministre de la marine et des colonies de faire toutes les dispositions nécessaires pour l'exécution du présent arrêté, qui demeurera secret [2].

SÉANCE DU 1ᵉʳ JOUR COMPLÉMENTAIRE AN IV [3]

17 SEPTEMBRE 1796.

Le Directoire exécutif révoque la nomination des citoyens Landot, Thirot, Buard et Millier aux fonctions d'huissiers du Directoire [4].

---

[1] Arch. nat., AF III*, 20, p. 78-79. — AF III, 402, dossier 2184.

[2] Signé à la minute Le Tourneur, Revellière-Lépeaux, Barras, Carnot, Reubell, c'est-à-dire de tous les membres du Directoire.

[3] Arch. nat., AF III*, 4, fol. 233-234. — AF III, 3.

[4] Arrêté du 1ᵉʳ jour complémentaire an IV, signé de tous les membres du Directoire (Arch. nat., AF III, 403, dossier 2185).

Il proclame le cours des mandats des cinq jours précédents, dans la proportion suivante :

Pour cent livres en mandats, cinq francs ou cinq livres[1].

Il sera payé aux ouvriers des ports une indemnité en numéraire, pour les aider à payer leurs loyers[2].

Les citoyens Mathé, Jacques et Jean Guigonard, Futaine, Jean-Baptiste Petiniau et François La Salle[3] sont mis en réquisition spéciale pour desservir les relais de postes de la Laigne, Mauzé, Dormans, Morterol et Boismandé[4].

Les citoyens Disnemartin, Chéron, l'aîné et le cadet, Dutreix, Montellier, Peyte, Pellerin, Lacroix, Baudet, Regné, Courty, Peyrat et Delage[5], sont mis en réquisition pour le service de la monnaie de Limoges[6].

Le citoyen Guédon, concierge de la maison dite du Saint-Esprit[7], servant de dépôt de titres, sera payé du traitement qui lui est dû en cette qualité, depuis le 1ᵉʳ germinal jusqu'au 1ᵉʳ fructidor, sur le même pied que les garçons du bureau du triage des titres[8].

Un message est adressé au Conseil des Cinq-Cents, pour l'inviter à statuer sur deux questions concernant le paiement du dernier quart du prix des ventes des Domaines nationaux, relativement aux droits d'enregistrement[9].

---

[1] Arrêté du 1ᵉʳ jour complémentaire an IV, signé Le Tourneur, Revellière-Lépeaux, Barras (Arch. nat., AF III, 403, dossier 2186).

[2] Arrêté du 1ᵉʳ jour complémentaire an IV, signé Le Tourneur, Revellière-Lépeaux, Reubell, Barras (Arch. nat., AF III, 403, dossier 2186). — Cette indemnité provisoire sera, par jour et en numéraire, de deux sous pour les ouvriers non mariés, de trois sous pour les ouvriers mariés sans enfants, de quatre sous pour les ouvriers mariés ayant des enfants.

[3] Faisant partie de la première réquisition.

[4] Départements de la Charente-Inférieure, des Deux-Sèvres, de la Marne, de la Haute-Vienne. — Arrêté du 1ᵉʳ jour complémentaire an IV, signé Carnot, Barras, Revellière-Lépeaux (Arch. nat., AF III, 403, dossier 2186).

[5] De la première réquisition.

[6] Arrêté du 1ᵉʳ jour complémentaire an IV, signé Carnot, Barras, Revellière-Lépeaux (Arch. nat., AF III, 403, dossier 2186).

[7] Place de Grève, où était établie la ci-devant *agence temporaire des titres*.

[8] Arrêté du 1ᵉʳ jour complémentaire an IV, signé Carnot, Barras, Revellière-Lépeaux (Arch. nat., AF III, 403, dossier 2186).

[9] Message lu à la séance du 3ᵉ jour complémentaire (*C. C.*, fructidor an IV, 659-661). — Ces deux questions sont relatives à l'application de la loi du 13 thermidor an IV (voir plus haut, p. 231) sur le paiement du dernier quart. — «La première consiste à savoir si les acquéreurs dont les contrats ont été passés et enregistrés avant la publication de cette loi doivent, à raison du supplément de prix qu'elle exige sur le quatrième quart, payer un supplément de droit d'enregistrement. — La deuxième, si les acquéreurs qui, d'après l'augmentation du prix exigée par la loi, auront renoncé à leur acquisition, doivent être rendus complètement indemnes et si, en conséquence, le droit d'enregistrement qu'ils ont payé est dans le cas de leur être restitué».

Un messager d'État envoyé par le Conseil des Anciens présente deux lois :

La première, du jour d'hier, qui autorise les actionnaires du pont Morand, de Lyon, à percevoir à titre d'indemnité pendant cinq années un double droit de péage [1].

La seconde charge l'Institut national de prendre connaissance de l'état actuel des dépôts littéraires établis dans le département de la Seine et à Versailles [2].

Le Directoire ordonne que ces deux lois seront publiées, exécutées et qu'elles seront munies du sceau de l'État. Elles sont en conséquence adressées de suite à l'enregistrement pour deux expéditions de chacune être envoyées sans délai au ministre de la justice, avec l'arrêté portant ordre d'impression et de publication, dans les formes prescrites par les lois.

Sur le rapport du ministre de la police générale, sont rayés de la liste des émigrés les noms des citoyens ci-après :

Marie-Marguerite Caron, veuve Puget; Louise-Catherine Circaud, femme Philibert-Antoine Polissard [3]; Louise-Henriette Robert [4]; Marie-Anne Cuisy, veuve Mangin; Antoine Chatain; Henri-Louis-Jean Fitz-James; Joseph-Augustin Bouëxic-Pinieux; Pierre-Marie Chenuat et Nicolas-Honoré Guérin [5].

---

[1] *Bull.*, II, LXXVIII, n° 714.

[2] *Bull.*, II, LXXVII, n° 706. — Cette loi, motivée par la nécessité « de conserver pour les bibliothèques nationales établies dans les départements les livres les plus capables d'y propager les connaissances; de décharger en même temps les dépôts où les bibliothèques des corporations supprimées et celles des émigrés ont été portées des livres inutiles dont le prix facilitera l'établissement des bibliothèques départementales », — porte (art. 2) que l'Institut « présentera ses vues : 1° sur la manière la plus avantageuse de composer les bibliothèques nationales à établir dans les départements, de compléter la grande bibliothèque nationale... et de procurer aux autres bibliothèques nationales les suppléments qui peuvent leur être nécessaires; 2° sur la nature et le nombre des livres dont il serait possible de se défaire ».

[3] Marie-Marguerite *Caron*, veuve *Puget*, inscrite sur la liste des émigrés de la Moselle; et Louise Catherine *Circaud*, femme de Philibert-Antoine *Polissard* (qui, suspendu de ses fonctions législatives en vertu de la loi du 3 brumaire, avait obtenu le 20 prairial sa radiation définitive), inscrite sur la liste de Saône-et-Loire, — qui ont justifié de leur résidence. — Deux arrêtés du 1er jour complémentaire an IV, signés Carnot, Reubell, Barras (Arch. nat., AF III, 403, dossier 2185).

[4] Louise-Henriette *Robert*, inscrite sur la liste des émigrés du département de la Seine, actuellement détenue à Paris, qui a justifié « qu'elle était partie en octobre 1781 pour l'Angleterre, qu'avant son départ elle était notoirement connue pour être ouvrière en modes, qu'elle s'était exclusivement livrée à cet état et qu'elle n'a passé à Londres que pour suivre cet état et s'y perfectionner ». — Arrêté du 1er jour complémentaire an IV, signé Carnot, Reubell, Barras (Arch. nat., AF III, 403, dossier 2185).

[5] Marie-Anne *Cuisy*, veuve *Mangin*, domiciliée à Courtavon-la-Barbuisse (Aube); — Antoine *Chatain*, menuisier à Villenauxe; —

Le citoyen André Bonneval, domicilié à Neuilly-sur-Seine et porté sur la liste des émigrés du département de la Haute-Vienne, qui lui est étranger, n'est pas réputé émigré[1].

Le Directoire écrit au citoyen Bella, son commissaire, directeur général de l'administration des pays conquis entre Rhin et Moselle[2].

SÉANCE DU 2ᵉ JOUR COMPLÉMENTAIRE AN IV[3]

18 SEPTEMBRE 1796.

Le Directoire exécutif adresse un message au Conseil des Cinq-Cents pour l'inviter à assujettir à la consignation d'amende les recours en cassation contre les jugements des tribunaux de police[4].

Il sera fait présent à MM. Wœlwarth et Abel, ministres plénipotentiaires du duc de Wurtemberg, d'un objet de la valeur de vingt-quatre mille francs, en numéraire; un de douze cents francs à leur secrétaire et un de six cents francs à leurs domestiques[5].

Henry-Louis-Jean *Fitz-Jam* (ou *Fitz-James*), rentier à Semur; — Joseph-Augustin *Bouëxic-Pinieux*, ancien militaire, propriétaire aux Coudreaux, commune de Marboé, canton de Chateaudun; — Pierre-Marie *Chenuat*, directeur de la poste aux lettres de Villenauxe; — Nicolas-Honoré *Guérin*, négociant à Marseille; — inscrits sur les listes des émigrés des départements de l'Aube, de la Marne, de la Côte-d'Or, d'Ille-et-Vilaine, de la Marne et des Bouches-du-Rhône, qui ont justifié de leur résidence. — Six arrêtés du 1ᵉʳ jour complémentaire an IV, signés Carnot, Reubell, Barras (Arch. nat., AF III, 403, dossier 2185).

[1] André *Bonneval*, ci-devant maréchal de camp, domicilié à Neuilly-sur-Seine et qui a justifié de sa résidence. — Arrêté du 1ᵉʳ jour complémentaire an IV, signé Carnot, Reubell, Barras (Arch. nat., AF III, 403, dossier 2185).

[2] La minute de cette lettre ne se trouve pas dans les dossiers relatifs à la séance du 1ᵉʳ jour complémentaire.

Le dossier 2186, relatif comme le précédent, à la séance du 1ᵉʳ jour complémentaire, se termine par 27 pièces relatives à des nominations de commissaires, de juges de paix, etc.

dans les départements de l'Allier, des Basses-Alpes, des Landes, de la Nièvre, de la Seine, du Var et de la Haute-Vienne.

[3] Arch. nat., AF III*, 4, fol. 234-236. — AF III, 3.

[4] Message lu à la séance du 4ᵉ jour complémentaire (*C. C*, fructidor an IV, 671-672). — Il s'agit de la consignation de l'amende prescrite par le règlement de 1738, usage qui, sans avoir été formellement abrogé, avait cessé depuis la promulgation du Code des délits et des peines. — Le Directoire représente qu'il en est résulté une augmentation démesurée et injustifiable du nombre des recours en cassation, et que, par suite, le tribunal de cassation est dans l'impossibilité d'exécuter l'article 452 du Code des délits et des peines, qui l'oblige à prononcer dans le mois. Il propose d'en revenir à la consignation, avec exception en faveur des indigents (comme le voulait la loi du 8 juillet 1793).

[5] Arrêté du 2ᵉ jour complémentaire an IV, signé Carnot, Barras, Revellière-Lépeaux (Arch. nat., AF III, 403, dossier 2187). — Sur le traité conclu avec le Wurtemberg, voir plus haut, p. 295-298.

Il en sera fait un de deux mille quatre cents livres, en numéraire, au citoyen Mackau, qui a été chargé d'échanger les ratifications de la convention[1] passée avec la ville libre et impériale de Hambourg[2].

Il sera payé au citoyen Morainville une somme de dix mille livres, pour être employée à l'opération secrète dont il est chargé[3].

Il est fait lecture d'une lettre signée Drouet, représentant du peuple français, par laquelle il demande une entrevue au Directoire et la levée des scellés apposés sur son domicile[4].

Le Directoire passe à l'ordre du jour et écrit aux ministres de la justice et de la police générale pour les charger de lui rendre compte des démarches qui auraient pu être faites auprès d'eux pour obtenir la levée de ces scellés et de donner des ordres pour qu'ils ne soient pas levés[5].

Les passeports qui ont pu être accordés aux citoyens Vestris et Dauberval sont révoqués[6].

Les citoyens Étienne Hugo, demeurant à Arcueil, et François Canon,

[1] Voir plus haut, p. 494-496.
[2] Arrêté du 2ᵉ jour complémentaire an IV, signé Carnot, Barras, Revellière-Lépeaux (Arch. nat., AF III, 403, dossier 2187).
[3] Il s'agissait de contrefaçon de billets de banque anglais. — Sur Morainville, voir t. II, p. 46, 429, 644, 645. — Arrêté du 2ᵉ jour complémentaire an IV, signé Le Tourneur, Reubell, Barras, Revellière-Lépeaux (Arch. nat., AF III, 403, dossier 2187).
[4] Sur l'évasion de Drouet, voir plus haut, p. 383, 388. — La lettre dont il est ici question se trouve au dossier de *l'affaire Babœuf* (Arch. nat., AF III, 42). — Elle est conçue en ces termes : «Drouet, représentant du peuple français, aux membres du Directoire exécutif. — Je vous ai adressé avant-hier une lettre dans laquelle je vous demandais une entrevue, soit avec l'un de vous, soit avec un citoyen ayant votre confiance, pour conférer sur la situation critique des affaires et concerter ensemble les moyens de ramener les esprits exaspérés de part et d'autre à un point de réunion nécessaire, si on veut de bonne foi maintenir le gouvernement républicain. Vous n'avez pas répandu le bruit de la réception de cette lettre; c'était le signe auquel je vous disais que je reconnaîtrais que vous étiez disposés à accueillir ma demande. En conséquence je m'empresse de vous indiquer la manière d'entretenir une correspondance facile et sans intermédiaire. La voie la plus naturelle, et la plus courte et celle qui me convient le mieux, c'est à mon domicile. — Un juge de paix s'est avisé d'y faire apposer les scellés sur mes meubles incontinent après ma sortie de prison, ce qui a obligé ma femme de l'abandonner. Le ministre de la police, à qui elle s'est adressée par l'organe du citoyen *Réal*, mon défenseur, a dit qu'il ignorait cet incident et qu'il donnerait des ordres pour opérer la levée de mes scellés. Faites en sorte que ces scellés soient levés promptement. Ma femme retournera habiter mon logement, rue Honoré, n° 73; et alors vous pourrez m'adresser là une réponse à mes deux lettres dans laquelle vous m'indiquerez le moyen de parvenir à la conférence dont je vous ai parlé dans la première. — Salut et fraternité. — DROUET».
[5] Minute signée Carnot, Reubell, Barras, Revellière-Lépeaux (Arch. nat., AF III, 42, *dossier de l'affaire Babœuf*).
[6] Arrêté du 2ᵉ jour complémentaire an IV, signé Carnot, Barras, Revellière-Lépeaux (Arch. nat., AF III, 403, dossier 2187). — Le ministre des relations extérieures est chargé de transmettre cet arrêté au commissaire pour l'échange des prisonniers à Londres.

ancien commissaire civil de la section des Plantes [1], sont nommés huissiers du Directoire [2].

Trois lettres sont adressées : l'une au ministre de l'intérieur, portant invitation de donner un témoignage de son estime et de sa satisfaction au citoyen Le Tellier, pour la manière sage et prudente avec laquelle il s'est acquitté du commissariat que le Directoire lui avait confié dans la Vendée [3] ;

Les deux autres au général en chef de l'armée de l'intérieur, pour l'inviter : 1° à faire les recherches les plus exactes pour découvrir les auteurs des deux coups de fusil qui ont été tirés il y a peu de jours sur l'adjudant-général Valory [4] ;

2° A s'assurer de la personne de l'officier qui commandait la garde chargée des détenus du Temple, lors de l'évasion du nommé Wauthier [5], l'un d'eux.

[Le Directoire exécutif, après avoir entendu le ministre de la justice ;

Considérant que, lors de la distribution du territoire français en départements et en districts, il fut ordonné par l'article 4 de la loi du 19 octobre 1790 que «les procès criminels et civils pendants en première instance dans les tribunaux supprimés dont le ressort se trouve divisé en plusieurs districts continueront d'être instruits devant le tribunal de district où était le chef-lieu du tribunal supprimé»;

Que depuis la loi du 9 vendémiaire an IV portant réunion de neuf départements à la République, le ci-devant pays de Liège a non seulement formé l'entier département de l'Ourthe, mais aussi une partie des départements environnants ;

Que ces départements, relativement à l'ordre judiciaire et à raison des tribunaux ci-devant établis à Liège, sont aujourd'hui précisément dans le cas où étaient les autres départements de l'ancienne France lors de la publication de la loi du 19 octobre 1790;

Qu'il est donc nécessaire de leur rendre communes les dispositions

---

[1] C'est à dire du jardin des Plantes.

[2] Arrêté du 2ᵉ jour complémentaire an IV, signé de tous les membres du Directoire (Arch. nat., AF III, 403, dossier 2187).

[3] Minute de la main de la Revellière-Lépeaux, signée Revellière-Lépeaux, Carnot, Barras (Arch. nat., AF III, 403, dossier 2187). — Sur la mission de Le Tellier, voir t. II.

[4] Minute signée Carnot, Reubell, Barras, Revellière-Lépeaux (Arch. nat., AF III, 403, dossier 2187.).

[5] Minute signée Carnot, Reubell, Barras, Revellière-Lépeaux (Arch. nat., AF III, 403, dossier 2187). — Wauthier était un des prévenus de l'affaire du camp de Grenelle (voir plus haut, p. 589-591).

de cette loi analogues aux circonstances où se trouvent ces nouveaux départements;

Arrête que les articles 4, 5 et 6 de la loi précitée du 19 octobre 1790 seront exécutés dans les départements réunis par la loi du 9 vendémiaire an IV avec les modifications qu'y ont apportées l'acte constitutionnel et la loi du 19 du même mois vendémiaire an IV, le tout ainsi qu'il suit:

ARTICLE 1er. Les procès civils et criminels pendants en première instance dans les tribunaux dont le ressort se trouve divisé *sous plusieurs départements* continueront d'être instruits devant le tribunal civil du *département* où était le chef-lieu du tribunal supprimé et y seront jugés.

ART. 2. Les procès civils pendants aux tribunaux d'appel supprimés seront renvoyés aux tribunaux civils de *départements* qui remplacent les anciens tribunaux qui ont jugé ces procès en première instance, et les parties y procéderont conformément aux dispositions de *l'article 219 de la Constitution*[1] *et de l'article 28 de la loi du 19 vendémiaire an IV*[2], au choix d'un tribunal d'appel sur les trois qui y composeront le tableau pour le tribunal substitué à celui qui a rendu le jugement, ce qui n'aura lieu toutefois que dans le cas où toutes les parties ne consentiraient pas à être jugées par les tribunaux de *département* établis dans les *communes* où étaient les tribunaux d'appel saisis de ces procès.

ART. 3. Les procès pendants en première instance ou par appel dans quelques tribunaux ou devant quelques commissions extraordinaires que ce soit en vertu de *committimus* ou autres privilèges, ou en vertu d'évocation ou attribution quelconque, seront renvoyés aux tribunaux civils *de département* qui remplacent ceux qui auraient dû naturellement connaître de ces procès, soit pour y être instruits et jugés en première instance, soit pour y être procédé au choix d'un tribunal d'appel, ainsi qu'il est dit en l'article précédent.

Le ministre de la justice est chargé de l'exécution du présent arrêté,

---

[1] Ainsi conçu: «L'appel des jugements prononcés par le tribunal civil se porte au tribunal civil de l'un des trois départements les plus voisins, ainsi qu'il est déterminé par la loi.»

[2] Ainsi conçu: Les appels des jugements qui seront rendus par les tribunaux civils seront portés, conformément à l'article 219 de la Constitution, aux tribunaux les plus voisins, ainsi qu'ils sont respectivement indiqués par le tableau joint à la présente loi. Le choix du tribunal d'appel se fera comme ci-devant, et dans les formes jusqu'à présent observées.»

qui sera imprimé et publié dans les neuf départements réunis seulement. — Arch. nat., AF III, 403, dossier 2187 [1]].

Sur le rapport du ministre de la police générale sont rayés de la liste des émigrés les noms des citoyens ci-après désignés :

Claudine Cabanes, veuve Marisy; Jean-Baptiste Collignon; Jean Pichard; Jean Balthazard; Jacques-Étienne et Jacques-Jean Roufignac Saint-Exupéry et François Ruyneau, dit Saint-Georges [2].

Les Bataves pourront exporter les bois non propres aux constructions maritimes et civiles et non convertis en merrain [3].

Le ministre des relations extérieures est autorisé à envoyer un passe-port à M. Balbo, ambassadeur de Sardaigne [4].

On adresse des instructions pour le citoyen Jacob, chargé d'affaires à Turin [5].

MM. d'Hannonville et Cibou, ambassadeurs et ministres de Malte, sont rejetés [6].

On s'occupe du personnel des armées et on prend plusieurs arrêtés déposés à la section de la Guerre [7].

On écrit dix lettres concernant le service militaire, dont les minutes sont déposées au Cabinet topographique, savoir :

Deux au ministre de la guerre [8];

---

[1] Signé à la minute Le Tourneur, Revellière-Lépeaux, Barras.

[2] Claudine Cabanes, veuve Marizy; Jean-Baptiste Collignon, imprimeur, domicilié à Metz; Jean Pichard, adjudant-major du 68ᵉ régiment d'infanterie; Jean-Balthazard Roufignac-Saint-Exupéry, Jacques-Étienne et Jacques-Jean, ses deux fils; François Ruyneau, dit Saint-Georges, homme de loi, demeurant à Felletin (Creuse), — inscrits sur les listes des émigrés des départements de la Moselle, de la Moselle, de Lot-et-Garonne, de la Dordogne et de la Creuse, — qui ont justifié de leur résidence. — Cinq arrêtés du 2ᵉ jour complémentaire an IV, signés Carnot, Reubell, Barras (Arch. nat., AF III, 403, dossier 2187).

[3] La minute de cet arrêté ne se trouve pas dans les dossiers relatifs à la séance du 2ᵉ jour complémentaire.

[4] La minute de cet arrêté ne se trouve pas dans les dossiers relatifs à la séance du 2ᵉ jour complémentaire.

[5] Id.

[6] Id.

[7] La minute de ces arrêtés (Arch. nat., AF III, 403, dossier 2187), signés Carnot, Barras, Reubell, concerne : 1° le général de division Puget-Barbantane, qui est destitué; 2° le citoyen Grillon, adjudant-général provisoire réformé, qui devra cesser toute fonction militaire; 3° l'adjudant-général Solignac, précédemment désigné pour l'armée de Rhin-et-Moselle, qui devra passer à l'armée d'Italie (sur sa demande).

[8] Minutes signées Carnot, Barras, Reubell (Arch nat., AF III, 403, dossier 2187). — Par la première de ces lettres, le Directoire transmet au ministre de la guerre un projet de marché proposé par son commissaire à l'armée de Sambre-et-Meuse avec la maison Van Wonterghem et compagnie, concernant une fourniture de grains — Par la seconde il l'informe qu'il approuve son rapport sur le projet d'arrêté proposé par le directeur général de l'administration des pays conquis entre Rhin-et-Moselle, en vertu duquel les ordonnateurs en chef et les commissaires des

Deux au commissaire du gouvernement près l'armée de Rhin-et-Moselle [1];

Une au général de division Dumas, commandant en Maurienne, département du Mont-Blanc [2];

Une au ministre de la police générale [3];

Une aux administrateurs municipaux du canton de Lestre, département de la Manche [4];

Une au général divisionnaire Krieg, inspecteur général de l'infanterie de l'armée de l'intérieur [5];

Une au général Kellermann, commandant en chef de l'armée des Alpes [6];

Et une au citoyen Coyaud, commissaire du gouvernement près l'administration de la Vendée [7];

On écrit encore trois lettres dont les minutes sont déposées à la section de l'artillerie :

1° Au citoyen Baudel, ex-commissaire de l'administration de Cœuvres, département de l'Aisne, pour lui témoigner que le défaut de domicile est seul cause de sa révocation [8];

2° Au ministre de la guerre [9], pour qu'il prenne des renseignements sur les citoyens Marminier et Lambert, de Cœuvres [10];

guerrres seraient seuls chargés de faire des réquisitions.

[1] Les minutes de ces deux lettres ne se trouvent pas dans les dossiers relatifs à la séance du 2ᵉ jour complémentaire.

[2] Minute signée Carnot, Barras, Reubell (Arch. nat., AF III, 403, dossier 2187). — Le Directoire accuse réception à Dumas de sa lettre concernant les passeports délivrés par le gouvernement sarde et au moyen desquels les prêtres et les émigrés affluent dans le département du Mont-Blanc.

[3] Minute signée Carnot, Barras, Reubell (Arch. nat., AF III, 403, dossier 2187). — Le Directoire lui transmet la note communiquée par le général divisionnaire Dumas, qui appelle sa surveillance «sur la personne qui y est signalée, ainsi que sur celles qui ont facilité sa rentrée clandestine sur le territoire de la République».

[4] Minute signée Carnot, Barras, Reubell (Arch. nat., AF III, 403, dossier 2187). — Le Directoire leur accuse réception de leur réclamation tendant à faire excepter leur canton du désarmement qui a été ordonné dans les départements de l'Ouest; il les informe qu'il ne peut satisfaire à cette demande.

[5] Minute signée Carnot, Barras, Reubell (Arch. nat., AF III, 403, dossier 2187). — Le Directoire lui témoigne sa satisfaction sur les renseignements qu'il lui a fait parvenir le 27 fructidor.

[6] Minute signée Carnot, Barras, Reubell (Arch. nat., AF III, 403, dossier 2187). — Le Directoire lui communique les plaintes du général Dumas (voir plus haut) sur les prêtres réfractaires et les émigrés qui trouvent accès dans le département du Mont-Blanc.

[7] Voir le texte de cette lettre plus loin à l'Appendice.

[8] Et que le Directoire rend justice à la manière dont il a rempli ses fonctions. — Minute signée Carnot, Reubell, Revellière-Lépeaux (Arch. nat., AF III, 403, dossier 2187). — Voir au même dossier une longue lettre de Baudel dénonçant Marminier et Lambert.

[9-10] [9] Erreur, c'est au ministre de la police

3° Au ministre de la police générale pour qu'il prenne des renseignements sur plusieurs fonctionnaires publics de Valenciennes [1].

Le Directoire arrête que les articles 4, 5 et 6 de la loi du 19 octobre 1790 seront exécutés dans les départements réunis [2].

A

LE DIRECTOIRE EXÉCUTIF AU CITOYEN COYAUD, COMMISSAIRE DU GOUVERNEMENT
PRÈS L'ADMINISTRATION DÉPARTEMENTALE DE LA VENDÉE.

Votre lettre du 16 fructidor, citoyen, a excité toute l'attention du Directoire. Il aperçoit comme vous parmi les habitants du département où vous exercez vos fonctions une classe d'hommes assez nombreuse à qui les sentiments de paix et d'union seront encore longtemps sinon étrangers, au moins pénibles à mettre en

qu'est adressée cette lettre. — [10] Marminier, commissaire près l'administration municipale, a été dénoncé comme un intrigant, «un fripon dont la rapacité est un scandale public, une véritable sangsue du peuple dévorant la substance du pauvre, de la veuve et de l'orphelin; il est, dit-on, tout à la fois notaire, arpenteur, assesseur du juge de paix, agent municipal de la commune et défenseur officieux; on ajoute qu'il est accusé hautement de s'être fait nommer agent et assesseur à prix d'argent». Quant à Lambert, secrétaire de l'administration de Cœuvres, on l'a représenté «comme pervertissant l'esprit public, fanatique déterminé, recevant gratis une foule de brochures et de pamphlets incendiaires, à l'aide desquels il se glisse dans le sein des familles pour y pervertir l'esprit public et faire ce qu'il appelle des prosélytes». — Minute signée Carnot, Reubell, Revellière-Lépeaux (Arch. nat., AF III, 403, dossier 2187).

[1] Minute signée Carnot, Reubell, Revellière-Lépeaux (Arch. nat., AF III, 403, dossier 2187). — Le Directoire renvoie au ministre une dénonciation venue de Valenciennes contre plusieurs fonctionnaires du département du Nord et lui demande son opinion.

[2] Arrêté déjà mentionné ci-dessus et dont nous avons donné le texte complet.

Outre les pièces qui viennent d'être indiquées, nous devons signaler les suivantes, qui se rapportent également à la séance du 2ᵉ jour complémentaire et qui, non mentionnées au procès-verbal, se trouvent dans le dossier 2187 (Arch. nat., AF III, 403):
1° Arrêté signé Le Tourneur, Revellière-Lépeaux, Barras, rapportant celui du 29 messidor par lequel le citoyen Loyaud avait été nommé juge de paix du canton de Château-Renard (département des Bouches-du-Rhône), place qui, de fait, ne se trouvait pas vacante. — 2° Deux lettres (minutes signées Carnot, Reubell, Barras) du Directoire au général Beurnonville, commandant en chef l'armée de Sambre-et-Meuse. Par la première le Directoire l'informe que les arrangements qu'il a arrêtés avec l'ancien commandant palatin de Dusseldorf pour le renouvellement de la capitulation sont entièrement conformes à ses vues. — Quant à la seconde, on en trouvera le texte plus loin à l'Appendice. — 3° Lettre (signée Carnot, Reubell, Revellière-Lépeaux au commissaire du Pouvoir exécutif près l'administration centrale du département des Ardennes pour lui demander la liste des administrations cantonales de ce département près lesquelles sont vacantes les places de commissaires et des citoyens propres à remplir ces places.

Le dossier 2188, dont le contenu, comme celui du précédent, se rapporte à la séance du 2ᵉ jour complémentaire, est formé de 59 pièces relatives à des nominations de commissaires, juges, juges suppléants, juges de paix, assesseurs, etc., dans les départements des Ardennes, des Bouches-du-Rhône, de la Côte-d'Or, du Loiret, de Loir-et-Cher, de Lot-et-Garonne, du Gers, de la Haute-Marne, du Nord, du Bas-Rhin et de Seine-et-Oise.

pratique. La moindre vexation peut rouvrir chez les uns des plaies mal fermées; chez les autres elle peut ranimer les efforts d'une rage expirante. La tolérance pour les anciennes erreurs et l'oubli des torts réciproques peuvent seuls opérer à la longue le rapprochement des esprits, et votre occupation la plus pressante, citoyen, doit être dirigée vers ce but salutaire. La tâche est pénible, sans doute, mais la fin est douce, utile et glorieuse. Évitez qu'aucun acte arbitraire puisse donner matière aux mécontentements. Évitez surtout que les prêtres soient troublés dans l'exercice de leur culte tant qu'ils se conformeront aux lois, et s'il arrivait des circonstances où quelques-uns devinssent répréhensibles, faites en sorte que leurs torts soient tellement reconnus de tout le monde que personne ne soit tenté d'épouser leurs préjugés ou d'appuyer leur fanatisme. En un mot ne perdez jamais de vue que vous êtes placé pour faciliter la régénération de ces malheureuses contrées et que rien ne doit être négligé de tout ce qui peut amener la tranquillité et l'observance des lois constitutionnelles.

Le Directoire prendra en considération les observations que vous lui avez transmises sur la réorganisation de la gendarmerie et le recouvrement des contributions arriérées.

CARNOT, P. BARRAS, REUBELL[1].

B

LE DIRECTOIRE EXÉCUTIF AU GÉNÉRAL BEURNONVILLE, COMMANDANT EN CHEF L'ARMÉE DE SAMBRE-ET-MEUSE.

Nous éprouvons, citoyen général, une vive satisfaction de la célérité des dispositions dont vous nous rendez compte dans vos lettres du 27 fructidor concernant le nouveau commandement que nous avons confié à vos talents et à votre dévouement pour la République. Il n'y a pas en effet un instant à perdre pour combiner avec l'armée de Sambre-et-Meuse les renforts que celle du Nord doit lui fournir et pour la reporter sur la Rednitz. En se retirant sur la Lahn, elle a mis à découvert la gauche de celle de Rhin-et-Moselle, et nous ne pouvons sans danger laisser plus longtemps interrompre la communication qui doit exister entre elles. Le général Moreau a prévenu nos intentions et avant de recevoir l'ordre que nous lui avons donné de marcher entre la Rednitz et le haut Neckar avec la majeure partie de ses forces, après avoir toutefois assuré sa position sur la Leck, a entamé ce mouvement, dont l'effet nécessaire sera de rappeler le prince Charles à lui et de dégager l'armée de Sambre-et-Meuse. Il est vrai que, ne pouvant prévoir que cette armée rétrograderait jusqu'à la Lahn, et instruit qu'un corps considérable ennemi s'était détaché de l'armée du général Wartensleben pour se porter sur le Danube, nous avons modifié les précédentes dispositions en prescrivant au général Moreau de se diriger sur Ratisbonne afin de forcer l'ennemi à sortir de la Franconie par cette diversion puissante. Mais nous n'avons cessé de lui dire que son

---

[1] Arch. nat., AF III, 403, dossier 2189.

principal objet était de secourir l'armée de Sambre-et-Meuse et nous apprenons par sa lettre du 25 fructidor que, voyant la retraite de cette armée se prolonger, il marche directement pour la dégager, ainsi que nous le lui avions d'abord ordonné. Dans cette situation, il importe éminemment que vous marchiez vous-même avec assez de célérité pour empêcher que les principales forces de l'ennemi ne soient trop longtemps réunies devant l'armée de Rhin-et-Moselle, qui ne pourrait conserver à la fois ses vastes conquêtes sur la droite du Danube et faire face aux entreprises du prince Charles sur la gauche de ce fleuve.

Ainsi nous vous prescrivons, citoyen général, de prendre rapidement l'offensive, de presser, en concertant vos mouvements avec ceux du général Moreau, les Autrichiens sur leurs deux flancs, de les placer entre deux feux pour les battre avec plus d'avantage et de les rejeter au delà de la Rednitz. Vous devez regarder le cours de cette rivière comme indispensable à occuper, soit pour lier votre ligne d'opérations, soit pour établir vos quartiers d'hiver lorsqu'il en sera temps. Tous vos efforts doivent tendre à ce but, et, quand il sera rempli, les circonstances décideront de vos mouvements ultérieurs.

Nous aimons à penser qu'un échec susceptible d'être promptement réparé n'aura laissé aucune impression fâcheuse dans l'esprit d'une armée si souvent victorieuse et qui se voit secourue par une autre armée rivale de gloire et de bravoure. Vous connaissez toute l'importance attachée à la confiance que les troupes ont en elles-mêmes. Entretenez avec soin parmi elles ces sentiments généreux qui font la force d'une armée républicaine, et développez dans cette circonstance toutes les ressources de la bravoure nationale qu'elle réclame.

Une attention sévère et constante vous est également recommandée par l'intérêt de la discipline. Établissez la subordination de grade en grade. Usez de tous les droits du commandement pour en réprimer la violation et comprimer les désordres qui ont affligé le gouvernement et qui mettraient bientôt le salut même de l'armée en danger. Ne cessez donc pas d'être inexorable contre le pillage et les autres abus de la force envers les habitants paisibles. Publiez des proclamations qui rétablissent leur confiance, particulièrement celle des Bohémiens, qu'il faut s'attacher à gagner, qui impriment le respect des lois militaires et déjouent les effets de la proclamation de l'Empereur qui tend à faire armer les paysans. Les actes de sévérité que vous serez obligé d'exercer ne doivent pas toutefois porter eux-mêmes des coups dangereux au bon ordre et la prudence invite à ne pas compromettre l'autorité au delà des bornes qu'elle peut atteindre.

Nous n'avons pu accéder à la proposition que vous nous faites de partager le commandement entre vous et le général Jourdan. Ses nouvelles instances pour s'en démettre confirment notre précédente résolution.

Le général Tilly est destiné à remplacer provisoirement le général Ernouf, ainsi que vous désirez, d'après la connaissance que vous avez de ses moyens. A l'égard du général Poncet, dont vous vous plaignez dans votre lettre du 25 fructidor, nous vous invitons à réfléchir s'il ne convient pas que vous lui infligiez la punition des arrêts, ou même de la prison, selon les circonstances qui ont accompagné son refus d'obéir.

Vous trouverez ci-joint copie des deux dernières dépêches du général Moreau dont il est utile que vous ayez connaissance.

Vous connaissez maintenant, citoyen général, nos instructions. Vous les remplirez avec le zèle qui vous caractérise et qui nous promet une suite glorieuse de nouveaux succès. Nous vous invitons à rendre votre correspondance avec nous très active ainsi qu'avec le général Moreau et à maintenir entre vous deux une harmonie fondée sur l'estime réciproque, sur notre confiance et sur les intérêts de la République.

CARNOT, REUBELL, P. BARRAS [1].

SÉANCE DU 3ᵉ JOUR COMPLÉMENTAIRE AN IV [2]

19 SEPTEMBRE 1796.

Le Directoire adresse au Conseil des Cinq-Cents un message transmissif de la demande que font les régisseurs des douanes, tendante à ce qu'un bâtiment situé sur le port de Nice soit mis à leur disposition pour y établir la perception des droits de cette partie [3].

Il fait passer au ministre des finances le message qui lui a été adressé par le Conseil des Cinq-Cents à l'occasion de la demande du citoyen Vandevelde, négociant à Bruxelles [4], pour qu'il mette le Directoire à même d'y répondre [5].

Les régisseurs de l'enregistrement et des douanes sont autorisés à passer bail au citoyen Janety [6], sans enchères et sur simple estimation rigoureuse, du surplus du corps de bâtiment dont il occupe le rez-de-chaussée dans les bâtiments de la ci-devant abbaye Saint-Germain-des-Prés, à Paris [7].

Le département de l'Ain est divisé en huit arrondissements pour la perception des contributions [8].

---

[1] Arch. nat., AF III, 403, dossier 2187.
[2] Arch. nat., AF III*, fol. 236-238. — AF III, 3.
[3] Arch. nat., AF III, 403, dossier 2187.
[4] Voir plus haut, p. 602.
[5] Minute signée Reubell, Le Tourneur, Revellière-Lépeaux (Arch. nat., AF III, 403, dossier 2189).
[6] «Chargé par le gouvernement de la fonte et de la purification de la platine destinée à la fabrication des étalons des poids et mesures» (Rapport du ministre des finances, dossier 2189).
[7] Arrêté du 3ᵉ jour complémentaire an IV, signé Barras, Le Tourneur, Reubell (Arch. nat., AF III, 403, dossier 2189).
[8] Premier arrondissement, chef-lieu Bourg, avec les ci-devant districts de Bourg et de Châtillon-sur-Chalaronne et les communes de Saint-Nizier, du Désert, du Plantay, de Ron-

Sur le rapport du ministre de la police générale, sont rayés de la liste des émigrés les noms des citoyens ci-après :

Pauline-Georges-Chelaincourt, épouse de Louis-Gabriel Marconnay; Jean Mérot père, Gabrielle-Catherine Arnollet, sa femme, Philippe Mérot, Rose Mérot et Perrine Mérot, femme de Louis-Victor-Jacques-Simon Lessard; Jean-Armand Roquelaure; Charles-François-Gabriel Gosselin [1]; Philippe Coustou [2]; Édouard-André Lahogue; Louis-René Belleval; Jean-Baptiste Elzéar Coriolis [3]; Salomon Narboud [4]; Jean-Baptiste-Pierre-Anne Huart-Duparc ; Louis Douce et Jean-Nicolas Colin [5].

Cinq états qui doivent être annexés à la loi du 20 fructidor der-

zuel et de Châtenay (ci-devant district de Montluel). — 2ᵉ arrondissement, chef-lieu Pont-de-Vaux, avec le district de ce nom. — 3ᵉ arrondissement, chef-lieu Trévoux, avec le ci-devant district de ce nom. — 4ᵉ arrondissement, chef-lieu Montluel, avec le ci-devant district de ce nom, sauf les quatre communes réunies à l'arrondissement de Bourg. — 5ᵉ arrondissement, chef-lieu Belley, avec le ci-devant district de ce nom. — 6ᵉ arrondissement, chef-lieu Gex, avec l'ancien district de ce nom. — 7ᵉ arrondissement, chef-lieu Nantua, avec l'ancien district de ce nom. — 8ᵉ arrondissement, chef-lieu Ambronay, avec l'ancien district de Rombert. — Arrêté du 3ᵉ jour complémentaire an IV, signé Le Tourneur, Barras, Reubell (Arch. nat., AF III, 403, dossier 2189).

[1] Pauline-Georges *Chelaincourt*, femme *Marconnay*, Jean *Mérot* père, ci-devant noble, négociant à Nantes, Gabrielle-Catherine *Arnollet*, sa femme, Philippe *Mérot*, Rose *Mérot* et Perrine *Mérot*, femme de Louis-Victor-Jacques-Simon *Lessart*, ses enfants; — Jean-Armand *Roquelaure*, ci-devant évêque de Senlis, demeurant à Crépy; — Charles-François-Gabriel *Gosselin*, — inscrits sur les listes des émigrés des départements de la Moselle, de la Loire-Inférieure, de la Seine et de la Seine-Inférieure et qui ont justifié de leur résidence. — Quatre arrêtés du 3ᵉ jour complémentaire an IV, signés Carnot, Reubell, Barras (Arch. nat., AF III, 403, dossier 2189).

[2] Philippe *Coustou*, négociant de Montpellier, inscrit sur la liste des émigrés du département de l'Hérault pour s'être rendu en Espagne en 1792 et en 1793, arrêté, détenu à Toulon par ordre du représentant Jeanbon-Saint-André, remis en liberté le 7 frimaire an III, et dont le frère, Pierre *Coustou*, de Montpellier, a justifié «qu'il était dans l'usage de faire des voyages en pays étranger pour raison de son commerce et qu'il a passé en Espagne pour y régir une maison de commerce...», — Arrêté du 3ᵉ jour complémentaire an IV, signé Carnot, Reubell, Barras (Arch. nat., AF III, 403, dossier 2189).

[3] Edouard-André *Lahogue*, domicilié section des Gravilliers à Paris; — Louis-René *Belleval*, ci-devant lieutenant des maréchaux de France, domicilié à Abbeville; Jean-Baptiste-Elzéar *Coriolis*, ancien militaire, retiré à Nancy; inscrits sur les listes des émigrés des départements de la Manche, de la Somme et de la Meuse, qui ont justifié de leur résidence. — Trois arrêtés du 3ᵉ jour complémentaire an IV, signés Carnot, Reubell, Barras (Arch. nat., AF III, 403, dossier 2189).

[4] Denis-Salomon *Narboud*, inscrit sur la liste des émigrés du département de Saône-et-Loire après son décès, et dont la résidence a été établie par Anne-Geneviève *Journel*, sa veuve. — Arrêté du 3ᵉ jour complémentaire an IV, signé Carnot, Reubell, Barras (Arch. nat., AF III, 403, dossier 2189).

[5] Jean-Baptiste-Pierre-Anne *Huart-Duparc*, domicilié à Paris; — Louis *Douce*, domicilié à Paris; — Jean-Louis-Nicolas *Colin*, tissier en toile, demeurant à Briey, inscrits sur les listes des émigrés des départements de Loir-et-Cher, des Ardennes et de la Moselle, et qui ont justifié de leur résidence. — Trois arrêtés du 3ᵉ jour complémentaire an IV, signés Carnot, Reubell, Barras (Arch. nat., AF III, 403, dossier 2189).

nier [1], relative aux pensions des marins et de leurs veuves, sont renvoyés au ministre de la justice [2].

Le rapport fait au Conseil des Anciens par la commission chargée par lui de l'examen du traité d'alliance offensive et défensive entre la République française et l'Espagne [3] et envoyé au Directoire est renvoyé au ministre des relations extérieures, pour en faire rapport au Directoire [4].

Le Conseil des Anciens ayant fait repasser au Directoire une nouvelle expédition de la loi du 27 fructidor [5], relative aux prévenus de délits militaires, dans laquelle expédition une erreur contenue dans la première est rectifiée, le Directoire transmet cette loi en double au ministre de la justice [6].

Un messager d'État envoyé par le Conseil des Anciens est admis et dépose cinq lois.

La première déclare nuls et comme non avenus l'arrêté des représentants du peuple Laignelot [7] et Lequinio [8], du 4 frimaire an II, et par suite l'arrêté du Conseil exécutif provisoire, du 9 germinal même année [9].

La seconde déclare valables les opérations faites par l'assemblée primaire du canton d'Azille [10], les 10, 13 et 15 brumaire dernier [11].

La troisième est relative aux honneurs militaires à rendre à tout militaire blessé dans un combat par tout corps stationnaire devant lequel il passera [12].

La quatrième, en date du jour d'hier, portant que les créances dues

---

[1] Voir plus haut, p. 546.
[2] Minute signée Reubell, Barras, Revellière-Lépeaux (Arch. nat., AF III, 403, dossier 2189).
[3] Voir plus haut, p. 482-486.
[4] Arrêté du 3ᵉ jour complémentaire an IV, signé Reubell, Barras, Revellière-Lépeaux (Arch. nat., AF III, 403, dossier 2189).
[5] Voir plus haut, p. 610.
[6] Minute signée Reubell, Barras, Revellière-Lépeaux (Arch. nat., AF III, 403, dossier 2189).
[7] Député de Paris à la Convention.
[8] Député du Morbihan à la Convention.
[9] Bull., II, LXXVIII, n° 717. — Loi motivée sur ce que «la loi du 18 brumaire an II, qui ôtait aux tribunaux et attribuait au gouvernement le droit de prononcer sur la validité ou invalidité des prises maritimes n'était pas connue à Rochefort par sa promulgation, lorsque, par leur arrêté du 4 frimaire de la même année, les représentants du peuple Laignelot et Lequinio forcèrent le tribunal du district de Rochefort à se dépouiller de la connaissance de l'appel du jugement rendu par le tribunal de commerce de La Rochelle sur la prise du navire l'*Éclair*, et à la renvoyer au Conseil exécutif provisoire».
[10] Département de l'Aude.
[11] Bull., II, LXXVIII, n° 716.
[12] Bull., II, LXXVII, n° 709. — Cette loi porte que les tambours battront aux champs, que la troupe, les factionnaires présenteront les armes; et qu'il y aura dans les fêtes publiques une place affectée aux guerriers blessés.

aux citoyens du ci-devant comtat d'Avignon avant sa réunion à la France seront liquidées de la même manière et dans les formes établies précédemment pour la liquidation des autres parties de la dette publique[1].

Et enfin la cinquième, en date aussi du jour d'hier, annule l'arrêté du représentant du peuple Boisset[2], relatif à un différend existant entre les habitants de la commune de Cadolet[3] et le citoyen Gramont, à l'occasion des îles du Rhône situées au terroir de ladite commune[4].

Le Directoire ordonne que ces lois seront publiées, exécutées et qu'elles seront munies du sceau de l'État. Elles sont en conséquence adressées de suite à l'enregistrement pour deux expéditions de chacune d'elles être envoyées sans délai au ministre de la justice, avec l'arrêté portant ordre d'impression et de publication dans les formes prescrites par les lois.

Le Directoire écrit ensuite au général Moreau, commandant l'armée de Rhin-et-Moselle[5].

OBSERVATIONS DU MINISTRE DES RELATIONS EXTÉRIEURES (CH. DELACROIX) SUR LES ÉCLAIRCISSEMENTS FOURNIS PAR M. DE PRIOCCA.

Le Directoire est instruit des plaintes faites sur la prétendue négligence avec laquelle s'exécutait, disait-on, la démolition des places fortes[6]. Les éclaircissements obtenus ont prouvé qu'elles étaient sans fondement. D'ailleurs, quand cette négligence eût été réelle, on n'eût point pu l'imputer au roi de Sardaigne, qui souffre cette démolition, en paie les frais, mais ne la fait point exécuter.

Il paraît constant que les milices ont été licenciées; qu'il a été fait de très grandes réformes dans les troupes sardes; on en a eu la preuve dans le retour de

---

[1] Vu que la loi du 30 frimaire an III, qui autorisait le représentant Jean Debry, alors en mission dans le département de Vaucluse, à liquider ces créances, n'a pas reçu son exécution. — *Bull.*, II, LXXVII, n° 708.

[2] Député de la Drôme à la Convention.

[3] Département du Gard.

[4] Attendu que cet arrêté (du 9 nivôse an II) est un acte purement judiciaire et qu'il y a lieu de restituer aux tribunaux l'autorité que la constitution leur a déléguée. — *Bull.*, II, LXXVIII, n° 715. — *C. C.*, fructidor an IV, 657.

[5] La minute de cette lettre ne se trouve pas dans les dossiers relatifs à la séance du 3ᵉ jour complémentaire.

Outre les pièces qui viennent d'être signalées, on trouve dans le dossier 2189 (Arch. nat., AF III, 403) un arrêté, non mentionné au procès-verbal, signé de tous les membres du Directoire, et portant approbation des *observations* du ministre des relations extérieures en réponse aux éclaircissements (auxquels elles font suite dans le dossier) fournis par M. de Priocca, ministre des affaires étrangères du roi de Sardaigne, sur les procédés peu amicaux qui ont été imputés à son gouvernement par le gouvernement français. — Voir le texte de ces *observations* plus loin à l'Appendice.

[6] En Piémont.

beaucoup de soldats savoyards, qui a excité des inquiétudes et dont j'ai donné avis à mon collègue le ministre de la police.

J'ignore s'il a été fait des plaintes sur le trop grand nombre de troupes conservées dans quelques parties du Piémont. Il m'a paru au contraire que les généraux français ont témoigné plusieurs fois le désir qu'elles y restassent pour le maintien de la police.

Quant à l'augmentation des troupes piémontaises au moment de l'incursion de Wurmser, elle n'est prouvée par aucun renseignement précis. Seulement il résulte de plusieurs dépêches de nos agents en Suisse que l'on y a fait des achats de chevaux pour le roi de Sardaigne, ce qui n'indiquait pas des sentiments très pacifiques.

J'ai demandé, mais non encore reçu des pièces officielles sur les assassinats et vols commis par les Barbets [1] sur les confins des Alpes-Maritimes. Ne conviendrait-il pas de répondre au ministre que le Directoire ne doute pas du désir qu'a S. M. sarde de faire punir les désordres de cette espèce et de les prévenir pour la suite; que cependant il me charge de lui déclarer que si de pareils désordres arrivent encore et si les coupables ne sont pas livrés, le Directoire les punira sur les villages piémontais les plus voisins du lieu où le crime aura été commis; qu'il compte aussi sur la restitution des 80,000 francs de numéraire enlevés, sauf à Sa Majesté à les faire rembourser par les villages voisins du lieu du vol?

Le ministre du roi de Sardaigne désavoue les intelligences que l'on a prétendu exister avec la cour de Vienne. Il déclare que les pièces que l'on dit exister entre les mains du gouvernement français et qui prouvent cette intelligence sont un faux ou une trahison. Le Directoire appréciera cette réponse d'après la lecture de la lettre ci-jointe de M. le marquis de Gherardini au baron de Thugut et voudra bien me donner ses ordres à cet égard, ainsi que sur les passeports demandés par M. Balbo [2], nommé ambassadeur près la République française, dont on ne dit point de mal.

Le Directoire approuve les propositions contenues au mémoire.

Paris, le 3ᵉ jour complémentaire an IV.

Le Tourneur, Carnot, Reubell, P. Barras, L.-M. Revellière-Lépeaux [3].

SÉANCE DU 4ᴱ JOUR COMPLÉMENTAIRE AN IV [4]

20 SEPTEMBRE 1796.

Le Directoire arrête que les ministres de la marine et des finances se concerteront pour prendre les mesures nécessaires afin d'empêcher

---

[1] Sur les Barbets, voir p. 369, 370, 398, 525-526, 628. — [2] Voir plus haut, p. 636. — [3] Arch. nat., AF III, 403, dossier 2189. — [4] Arch. nat., AF III*, 4, fol. 238-240. — AF III, 3.

l'introduction dans les ports de la Belgique et de la France des marchandises anglaises et il renvoie au ministre des relations extérieures copie de la lettre du citoyen Lestevenon qui a donné lieu au présent arrêté [1].

Par un autre arrêté, il accepte la démission donnée [2] par le citoyen Roubaud de sa place de messager d'État près le Directoire exécutif [3].

Le Directoire nomme à la place de messager vacante par la démission du citoyen Roubaud le citoyen Zimmermann, actuellement capitaine d'infanterie [4].

Sur le rapport du ministre de la police générale sont rayés de la liste des émigrés les noms des citoyens ci-après:

Pierre-André-Louis-Marie Rostand [5]; Jacques-Joseph Belnet et Élisabeth-Marie Mousin, sa femme [6]; Charles-Marie Picot, dit Cœthual [7]; Louis-Jean-Baptiste-Laurent Robert; Charles-Nicolas-Paul Briolat père; Simon-Pierre Cochois; Pierre-Guillaume-Charles-Albert La Bletonnière-Dygé [8]; Nicolas Arnous père et Pierre-Nicolas Arnous

---

[1] Arrêté du 4º jour complémentaire an IV, signé Reubell, Carnot, Barras (Arch. nat., AF III, 403, dossier 2191). — Lestevenon, par sa lettre (même dossier), informe le Directoire «que l'ordre vient d'être donné ou plutôt renouvelé par le gouvernement de la République batave pour ne mettre aucun empêchement à la navigation des neutres sur l'Escaut, que pour autant qu'il est nécessaire de vérifier si les cargaisons apportées sont sujettes aux droits de sortie».

[2] Pour cause de maladie.

[3] Arrêté du 4º jour complémentaire an IV, signé Le Tourneur, Carnot, Barras (Arch. nat., AF III, 403, dossier 2191).

[4] Arrêté du 4º jour complémentaire an IV, signé Le Tourneur, Carnot, Barras (Arch. nat., AF III, 403, dossier 2191).

[5] Pierre-André-Marie-Louis Rostand, vérificateur de l'enregistrement et du domaine, inscrit sur la liste des émigrés du département des Bouches-du-Rhône, qui a justifié de sa résidence. — Arrêté du 4º jour complémentaire an IV, signé Le Tourneur, Reubell, Revellière-Lépeaux (Arch. nat., AF III, 403, dossier 2190).

[6] Jacques-Joseph Belnet, et Elisabeth-Louise-Marie Mousin, sa femme, domiciliés à Vesoul, inscrits sur la liste des émigrés du département de la Meuse, qui ont justifié de leur résidence. — Arrêté du 4º jour complémentaire an IV, signé Reubell, Barras, Revellière-Lépeaux (Arch. nat., AF III, 403, dossier 2190).

[7] Charles-Marie Picot-Cœthual, fermier et directeur des forges de Port-Billet, commune d'Olivet, district de Laval, «arrêté le 15 nivôse an II et envoyé par ordre du représentant du peuple Lavallée dans la maison de détention Porte-Michel, à Rennes, où il est décédé la nuit du 9 au 10 nivôse suivant»; et dont la résidence a été établie par ses héritiers. — Arrêté du 4º jour complémentaire an IV, signé Le Tourneur, Reubell, Revellière-Lépeaux (Arch. nat., AF III, 403, dossier 2190).

[8] Louis-Jean-Baptiste-Laurent Robert, médecin à Brignoles; — Charles-Nicolas-Paul Briolat père, rentier, demeurant à Saint-Dizier; — Siméon-Pierre Cochois, avoué et maire de Sézanne;- Pierre-Guillaume-Albert Labletonnière-Dygé, — inscrits sur les listes des émigrés des départements du Var, de la Marne, de l'Aube et de la Seine, qui ont justifié de leur résidence. — Quatre arrêtés du 4º jour complémentaire an IV, signés Reubell, Barras, Revellière-Lépeaux (Arch. nat., AF III, 403, dossier 2190).

fils [1]; Antoine-Pierre-Viel, dit Lunas [2]; Jean-Baptiste Renard fils, et Thérèse Venant, sa femme [3].

Il rejette la demande des nommés François Menaud, du département de la Charente-Inférieure, et Joseph Clergé, du département du Bas-Rhin [4].

Le Directoire adresse au Conseil des Cinq-Cents un message transmissif des états et résumé général constatant la situation des sommes mises à la disposition du ministre des finances. Par ce message, le Directoire demande qu'il soit ouvert un nouveau crédit pour ce ministre [5].

Le Directoire écrit à l'administration centrale du département des Bouches-du-Rhône pour l'inviter à lui envoyer sans délai la liste de ses commissaires près les administrations municipales de ce département dont il est important, pour la tranquillité publique, d'ordonner le remplacement; comme aussi de désigner les candidats propres à les remplacer [6].

Le Directoire demande en outre des renseignements relativement aux juges de paix nommés par le citoyen Fréron [7].

[Le Directoire exécutif, considérant qu'un des principaux moyens

---

[1] Nicolas *Arnous* père, négociant à Nantes, et Pierre-Nicolas *Arnous* fils, aussi négociant à Nantes, actuellement à Philadelphie, inscrits sur la liste des émigrés du département de la Loire-Inférieure et qui ont justifié, le premier de sa résidence en France, le second du fait qu'il est «compris dans les exceptions portées au n° 4 de l'article 2 de la section 1re du titre 1er de la loi du 25 brumaire an III». — Arrêté du 4e jour complémentaire an IV, signé Carnot, Reubell, Barras (Arch. nat., AF III, 403, dossier 2190).

[2] Antoine-Pierre *Viel*, dit *Lunas*, domicilié à Pantin, inscrit sur la liste des émigrés du département de la Nièvre, qui a justifié de sa résidence. — Arrêté du 4e jour complémentaire an IV, signé Reubell, Barras, Revellière-Lépeaux (Arch. nat, AF III, 403, dossier 2190).

[3] Jean-Baptiste *Renard* fils, âgé de 21 ans, et Thérèse *Venant*, sa femme, âgée de 20 ans, détenus à Paris, inscrits sur la liste des émigrés du département de la Seine, qui ont justifié «avoir été envoyés l'un et l'autre en Angleterre par leurs parents en 1791 et 1792 pour leur éducation et y apprendre la langue et le commerce...» et qu'ils sont dans le cas des exceptions de la loi du 25 brumaire an III. — Arrêté du 4e jour complémentaire an IV, signé Carnot, Reubell, Barras (Arch. nat. AF III, 403, dossier 2190).

[4] François *Menaud*, domestique, né à Férignac (Charente-Inférieure) qui, sorti de France avec son maître, noble émigré, en 1791, n'y est rentré que le 5 floréal an III; — et Joseph *Clergé*, ouvrier tuilier, né à Saaraltorf (Meurthe) qui, de son aveu, a émigré plusieurs fois. — Arrêté du 4e jour complémentaire, signé Reubell, Barras, Revellière-Lépeaux (Arch nat., AF III, 403, dossier 2190).

[5] Message lu à la séance du 4e jour complémentaire (*C. C.*, fructidor an IV, 673-674). — Le Directoire rappelle qu'il n'a été accordé, le 24 fructidor dernier, que 500,000 livres, numéraire, au ministre des finances, sur un état de besoins s'élevant à cinq millions.

[6] Minute signée Barras, Carnot, Reubell (Arch. nat., AF III, 403, dossier 2191).

[7] Même document.

de consacrer la reconnaissance nationale envers les généraux défenseurs de la patrie est de retracer avec une parfaite exactitude les événements qui les ont signalés pendant le cours de la campagne actuelle; considérant que les cartes qui existent de l'Allemagne ne sont point assez détaillées pour que ce travail puisse être exécuté avec toute la précision que son importance exige, arrête ce qui suit :

Article 1er. Tout le pays situé sur la rive droite du Rhin qui a été ou qui pourra devenir le théâtre des opérations militaires des armées de la République sera exactement détaillé sur une carte géographique dessinée sur une échelle de deux lignes pour cent toises.

Art. 2. Le cours du Rhin depuis Bâle jusqu'à Clèves sera (pour plus d'activité dans le travail) partagé en six parties à peu près égales. Ces parties seront les bases d'autant de divisions territoriales qui s'étendront de l'Ouest à l'Est jusque sur les derrières des armées de la République. Elles seront limitées latéralement entre elles soit par les rivières qui auraient leur cours à peu près de l'Est à l'Ouest, soit par d'autres lignes convenues et dirigées dans le même sens.

Art. 3. Un officier supérieur du génie sera chargé en chef de la surveillance du travail topographique à faire dans toutes les divisions mentionnées ci-dessus et principalement de diriger et activer les opérations des officiers qui y seront employés.

Art. 4. Il sera attaché à chacune de ces divisions territoriales un officier du génie qui sera chargé de tout ce qui y sera relatif pour la partie topographique.

Art. 5. Il sera mis sous les ordres de chacun de ces officiers un nombre suffisant d'autres officiers ou adjoints du génie ou ingénieurs géographes les plus propres par leurs talents pour les opérations dont il s'agit. Ce nombre sera au moins de trois par chaque division. Ces différents aides seront pris parmi les officiers du génie et ingénieurs géographes actuellement attachés aux armées de Rhin-et-Moselle et de Sambre-et-Meuse, autant que les généraux en chef ne les jugeront pas indispensablement nécessaires auxdites armées. Si le nombre était insuffisant, il en sera tiré des différentes places de guerre de la République.

Art. 6. Les généraux en chef et les commissaires du Directoire exécutif près les armées ci-dessus désignées donneront les ordres nécessaires pour que chaque officier du génie chargé d'une division territoriale reçoive des autorités civiles et militaires toutes les facilités dont il aura besoin pour l'exécution de sa mission.

Art. 7. Il sera envoyé du dépôt général de la guerre à chacun desdits officiers chargés d'une division la quantité d'instruments et les cartes jugées les plus propres pour les aider et accélérer leurs opérations, lesquelles consistent en général à rapporter sur une plus grande échelle les cartes d'Allemagne reconnues déjà comme probablement bonnes, et en rectifier par le lever avec ou à la boussole les défauts et les omissions qui se rencontreraient dans les détails.

Art. 8. Afin que ce travail éprouve le moins de lenteur possible, le ministre de la guerre donnera au Directoire du dépôt et archives des fortifications l'ordre de faire rapporter par des dessinateurs sur l'échelle de deux lignes pour cent toises les cartes d'Allemagne qui passent pour les plus exactes; il donnera aussi à celui du dépôt général de la guerre l'ordre de concourir, tant par les cartes que par les dessinateurs qui dépendent de son bureau, à la plus prompte expédition de la réduction desdites cartes.

Art. 9. Les directeurs désignés ci-dessus s'entendront ensemble pour mettre la plus grande activité dans cet ouvrage préparatoire.

Art. 10. Ces cartes ainsi rapportées (sans aucune figure de terrain) seront faites en double expédition pour être envoyées comme canevas à remplir sur les lieux et à rectifier (seulement dans les détails) par les officiers destinés à ce travail.

Art. 11. Les dépenses que ces levés exigeront sur les lieux seront acquittées sur les ordonnances des commissaires ordonnateurs en chef des armées, d'après les mémoires et états particuliers arrêtés par les officiers du génie, chacun pour ce qui est relatif à la division dont ils sont chargés, et visés par l'officier supérieur du génie chargé en chef d'activer les opérations.

Art. 12. Il sera attribué à chaque officier du génie, adjoint et ingénieur géographe, pendant le temps de sa mission, un supplément de traitement réglé comme il suit, en valeur métallique et par mois, savoir :

A l'officier supérieur du génie en chef................	300^{fr}
A chaque officier chargé d'une division..............	200
A chaque autre officier, adjoint du génie et ingénieur géographe......................................	150

Ces suppléments, ainsi que leurs appointements ordinaires et leurs frais de route pour se rendre des différentes places où ils sont à leur destination sur la rive droite du Rhin, leur seront payés sur les ordonnances des commissaires ordonnateurs en chef des armées.

Art. 13. Les cartes de chaque division territoriale, ainsi que les mémoires et renseignements y relatifs, seront réunis en une seule sous la surveillance de l'officier supérieur du génie chargé en chef de cette partie et qui le fera parvenir au ministre de la guerre.

Art. 14. Le ministre de la guerre est chargé de l'exécution du présent arrêté, ainsi que de diriger une instruction particulière pour les officiers qui seront employés aux opérations dont il est question. — Arch. nat., AF III, 3. — Copie].

On s'occupe du personnel des armées, et on prend plusieurs arrêtés déposés à la section de la guerre[1].

On écrit une lettre au ministre de la guerre pour qu'il comprenne dans la réforme dont il s'occupe la partie des transports et charrois[2], tant ceux relatifs à l'artillerie qu'aux diverses administrations militaires.

On écrit au ministre de la police générale, pour qu'il donne des renseignements sur plusieurs commissaires du Pouvoir exécutif près le département de l'Aisne[3].

---

[1] En vertu de ces arrêtés: Le ci-devant chef de bataillon *Miollis* est promu chef de brigade; le ci-devant commandant des dragons de Pondichéry *Aubineau-Duplessis* est promu chef de brigade; le général de brigade *Moynat-d'Anxon*, employé dans le département de l'Ardèche, passera dans la 8ᵉ division militaire, aux ordres du général Willot; le chef de brigade Robert *O'Shée*, commandant à l'École militaire, est réformé; le chef de brigade *Demayer* est promu général de brigade; l'adjudant-général *Duphot* employé dans la 20ᵉ division militaire passera à l'armée d'Italie; la nomination du citoyen *Autran* comme adjudant de place à Nice est confirmée; le ci-devant commandant temporaire *Vidal*, à Guise, recevra sa retraite; des renseignements seront fournis au Directoire sur les chefs de bataillon de la 118ᵉ demi-brigade qui peuvent concourir avec le citoyen *Marnet* à l'emploi de chef de brigade; la nomination de *Bureau* comme chef de la 16ᵉ demi-brigade d'infanterie légère est confirmée; *Baudin-Le-Sauvage*, commissaire des guerres réformé et capitaine au 60ᵉ régiment d'infanterie, sera inscrit au tableau des officiers de son grade pour être replacé à son tour; *Dumas*, ex-capitaine au 4ᵉ bataillon du Puy-de-Dôme, sera mis à la retraite pour ses services et ses blessures; le capitaine à la suite *Léonard* «demeurera suspendu jusqu'à ce qu'il ait acquis le degré d'instruction nécessaire»; la mise en activité du commissaire des guerres *Dalbon* à l'armée de Sambre-et-Meuse est confirmée; — le général de brigade *Resnier*, l'adjudant-général *Ducoudray* et l'adjoint aux adjudants-généraux *Saunier*, employés à Dunkerque, sont destitués. — Deux arrêtés signés Carnot, Reubell, Revellière-Lépeaux (Arch. nat., AF III, 403, dossier 2191).

[2] Il s'agit de la partie devenue inutile en beaucoup d'endroits et qui donne lieu à beaucoup d'abus. — Minute signée Carnot, Reubell, Revellière-Lépeaux (Arch. nat., AF III, dossier 2191).

[3] La seule lettre adressée par le Directoire au ministre de la police le 4ᵉ jour complémentaire que l'on trouve dans les dossiers relatifs

[20 sept. 1796] DU DIRECTOIRE EXÉCUTIF. 651

Il accorde au citoyen Conté, directeur de l'École nationale aérostatique, une indemnité de 1,000 livres[1].

Il autorise le citoyen Hanriot à passer à l'examen de l'École polytechnique[2].

Il est permis aux Hollandais de faire descendre des bois de construction tirés des pays, vers le Rhin, non réunis[3].

Il écrit ensuite quinze lettres concernant le service militaire, dont les minutes sont déposées au cabinet topographique, savoir :

Une au citoyen Denniée, commissaire ordonnateur en chef à l'armée d'Italie[4].

Une au ministre des relations extérieures[5];

Une au ministre des finances[6];

Une au général Kellermann[7];

Une à Alexandre, son commissaire près l'armée de Sambre-et-Meuse[8].

à la séance de ce jour a pour objet de lui demander des renseignements sur les sujets proposés pour remplir les places de commissaires vacantes non dans le département de l'Isne, mais dans celui de l'Aube. — Minute signée Carnot, Reubell, Revellière-Lépeaux (Arch. nat., AF III, 403, dossier 2190).

[1] Pour dépenses extraordinaires occasionnées par ses expériences. — Arrêté du 4ᵉ jour complémentaire an IV, signé Carnot, Reubell, Revellière-Lépeaux (Arch. nat., AF III, 403, dossier 2191).

[2] Le Directoire rapporte l'arrêté du 19 fructidor par lequel il permettait à Habert Hanriot de se présenter à l'École des Ponts-et-Chaussées et l'autorise à se présenter à l'École polytechnique. — Arrêté du 4ᵉ jour complémentaire an IV, signé Carnot, Reubell, Revellière-Lépeaux (Arch. nat., AF III, 403, dossier 2191).

[3] La minute de cet arrêté ne se trouve pas dans les dossiers relatifs à la séance du 4ᵉ jour complémentaire.

[4] Minute signée Carnot, Revellière-Lépeaux, Barras (Arch. nat., AF III, 403, dossier 2191). — Le Directoire lui témoigne son étonnement sur la demande qu'il a faite à ses commissaires près l'armée d'Italie d'une somme de 10,600,000 francs pour le service de cette armée pendant 35 jours seulement, après qu'il a été arrêté, à la suite des renseignements fournis par lui-même qu'une somme de 4 millions suffirait pour la dépense de chaque mois; il l'invite à ne plus faire de pareilles demandes que lorsque l'utilité en sera bien démontrée.

[5] Minute signée Carnot, Reubell, Barras (Arch. nat., AF III, 403, dossier 2191). — Le Directoire l'informe qu'il ne voit aucun motif qui puisse empêcher de consentir à la demande que font les commissaires chargés de régler les indemnités accordées aux habitants de la Biscaye et du Guipuzcoa.

[6] Minute signée Carnot, Reubell, Barras (Arch. nat., AF III, 403, dossier 2191). — Le Directoire lui transmet la plainte de son commissaire près les armées du Nord et de Sambre-et-Meuse contre la Trésorerie qui, après avoir promis l'envoi de 1,500,000 francs en numéraire pour achat de grains, s'est bornée à n'en faire parvenir que 400,000.

[7] Minute signée Carnot, Reubell, Barras (Arch. nat., AF III, 403, dossier 2191). — Le Directoire lui a accusé réception de six états concernant la continuation des travaux pour la démolition des places piémontaises et lui témoigne sa satisfaction pour l'activité qu'on apporte à cette opération.

[8] Minute signée Carnot, Reubell, Barras (Arch. nat., AF III, 403, dossier 2191). — Le Directoire l'informe qu'il est inutile de s'occuper de l'approvisionnement de siège pour Luxembourg et Maëstricht; il l'invite à surveiller les agitateurs dans les pays réunis

Une au général Hoche [1] ;
Une au citoyen Bella, son commissaire près le pays conquis entre Rhin et Moselle [2] ;
Au général divisionnaire Willot, commandant à Marseille [3] ;
Deux au ministre de la guerre [4] ;
Deux aux citoyens Saliceti et Garrau, commissaires à l'armée d'Italie [5] ;
Trois au général Bonaparte [6],
On signe un état de citoyens exemptés du service militaire aux armées [7].

---

et à faire traduire devant les tribunaux les prêtres et les moines fanatiques; à établir de l'ordre dans la rentrée des contributions; il lui accuse réception et lui annonce l'envoi au ministre de la guerre de son projet de marché pour fourniture de grains avec une maison de commerce de Bruxelles.

[1] Minute signée Carnot, Reubell, Barras (Arch. nat., AF III, 403, dossier 2191). — Le Directoire lui accuse réception de la lettre par laquelle il fait part de l'activité qu'il met à déterminer le mouvement de 15,000 hommes de renfort destinés à l'armée de Rhin-et-Moselle; il lui témoigne sa satisfaction; il approuve ses vues concernant le supplément de 4,000 hommes qu'il propose de porter sur le Rhin.

[2] La minute de cette lettre ne se trouve pas dans les dossiers relatifs à la séance du 4ᵉ jour complémentaire.

[3] Minute signée Carnot, Reubell, Barras (Arch. nat., AF III, 403, dossier 2191). — Le Directoire lui témoigne sa satisfaction sur l'emploi qu'il fait de l'autorité qui lui a été confiée, afin de maintenir la tranquillité dans un pays encore agité par les factions.

[4] Minute signée Carnot, Reubell, Barras (Arch. nat., AF III, 403, dossier 2191). — Par la première de ces lettres, le Directoire l'informe qu'il approuve son projet d'arrêté concernant la confection des cartes du théâtre actuel des opérations militaires sur la rive droite du Rhin (voir plus haut). — Par la seconde, il l'invite à donner promptement des ordres pour faire parvenir à Marseille la solde des troupes qui y sont en garnison et qui ne cessent de murmurer.

[5] Voir le texte de ces deux lettres plus loin à l'Appendice.

[6] Voir le texte de ces trois lettres plus loin à l'Appendice. Nous y joignons celui d'une lettre de Carnot à Bonaparte, publiée comme les trois autres dans le t. I de la *Correspondance inédite de Napoléon Iᵉʳ* (Panckoucke), qui leur donne la date exacte du 3ᵉ jour complémentaire.

[7] État et arrêtés signés Carnot, Le Tourneur, Barras (Arch. nat., AF III, 403, dossier 2190). — Ces jeunes gens sont au nombre de 170 et sont exemptés en général pour raison de famille.

Outre les pièces qui viennent d'être signalées, on trouve dans les dossiers 2190 et 2191 les suivantes, qui se rapportent comme elles à la séance du 4ᵉ jour complémentaire et qui ne sont pas mentionnées au procès-verbal, savoir :

Dans le dossier 2190 une lettre signée Carnot, Reubell, Revellière-Lépeaux, au citoyen Coffin, commissaire du Directoire près l'administration centrale du département du Pas-de-Calais, pour lui demander à bref délai la démission, déjà demandée le 25 fructidor (voir plus haut, p. 601), — des commissaires du Pas-de-Calais «qui ne jouissent pas de l'estime générale».

Dans le dossier 2191 : 1° Arrêté signé Carnot, Reubell, Revellière-Lépeaux, rapportant celui qui a nommé le citoyen Caillet commissaire du pouvoir exécutif près l'administration municipale de Bar-sur-Aube (suivent diverses pièces représentant Caillet non seulement comme un incapable, mais comme un terroriste fougueux, une défense écrite de

A

LE DIRECTOIRE EXÉCUTIF AUX CITOYENS SALICETI ET GARRAU,
COMMISSAIRES DU GOUVERNEMENT PRÈS L'ARMÉE D'ITALIE.

Le Directoire exécutif a reçu, citoyens commissaires, votre lettre du 25 fructidor dans laquelle vous lui rendez compte de votre entrevue avec M. Galepi, plénipotentiaire du pape, et du délai de six jours que vous lui avez accordé pour communiquer au prince de Rome les traités et conventions en vertu desquels la paix pourra être conclue entre ses États et la République française.

Votre conduite dans cette circonstance a obtenu l'approbation du Directoire.

CARNOT, REUBELL, P. BARRAS[1].

B

LE DIRECTOIRE EXÉCUTIF AUX CITOYENS GARRAU ET SALICETI,
COMMISSAIRES DU GOUVERNEMENT PRÈS L'ARMÉE D'ITALIE.

Nous avons reçu, citoyens, plusieurs lettres que vous nous avez adressées, savoir une du 1er fructidor, deux du 2, une du 11, une du 13, deux du 19, deux du 25, et deux du 26. Le Directoire va répondre à toutes.

(Lettre du 1er fructidor). — C'est un malheur attaché aux circonstances que les meilleures dispositions pour la comptabilité soient exposées à des altérations qui, confondant les différents besoins, obligent de prendre beaucoup sur les uns pour satisfaire à d'autres qui sont devenus plus pressants. Le Directoire cependant prendra des mesures pour que son arrêté du 3 messidor[2] soit à l'avenir observé.

(Lettre du 2). — Même réponse qu'à la précédente. Il faut éclaircir d'où provient le défaut qui se trouve dans la caisse d'argenterie venue de Bologne et livrer les coupables à la sévérité des lois.

(Lettre du 11). — Il a été donné des ordres pour épurer différents services des agents qui se conduisent mal et pour en limiter le nombre.

ce dernier et un mémoire imprimé de 11 pages présenté par lui pour sa justification). — 2° Quatre arrêtés signés Carnot, Reubell, Barras, autorisant, en vertu de la loi du 21 floréal, à résider à Paris, Ursanne *Meusy*, bourgeois de Soleure; Chrétien-Christophe *Bentzien*, sujet prussien, négociant à Bordeaux (l'un jusqu'au 10 brumaire, l'autre jusqu'au 1er brumaire); *Roubaud*, ex-conventionnel, messager d'État démissionnaire (ce dernier sans terme); et *Gault*, aide de camp, dont la maison dans l'Ille-et-Vilaine a été détruite par les brigands et qui dit n'avoir d'autre domicile que la maison du représentant du peuple Marbot, dont il a été l'aide de camp pendant trois ans (ce dernier arrêté signé Carnot, Reubell, Revellière-Lépeaux).

Le dossier 2192, dont le contenu, comme celui des deux précédents, se rapporte à la séance du 4e jour complémentaire, est formé de 24 pièces relatives à des nominations de juges de paix, assesseurs, etc., dans les départements de l'Ain, de l'Aisne, de la Creuse, d'Eure-et-Loir, de la Loire et de Saône-et-Loire.

[1] Arch. nat., AF III, 403, dossier 2191.
[2] Voir t. II, 671.

(Lettre du 13). — La levée des séquestres sur les propriétés napolitaines à Livourne ayant eu lieu, il est inutile de revenir sur cet objet.

(Lettres du 19). — Le Directoire a reçu les pièces jointes à ces deux lettres et y a donné l'attention qu'elles méritent.

(Lettres du 25). — Il faut laisser les choses comme elles sont, relativement à la levée des séquestres à Livourne. Le Directoire approuve les précautions que vous avez prises pour empêcher le détournement des effets. Le détail que vous nous donnez du succès des premières opérations qui concernent la Corse [1] nous a beaucoup satisfaits et votre proclamation aux citoyens de cette île est propre à réunir tous les bons esprits en faveur de la République. Aux premières nouvelles favorables, le commissaire Saliceti et les généraux destinés à l'expédition ne doivent pas différer leur départ.

(Lettres du 26). — Les demandes de l'ordonnateur Denniée pour le service du mois de fructidor [2] ont scandalisé le Directoire. Est-ce malversation de la part de ce commissaire en chef, ou seulement le résultat d'une impéritie qui lui fait regarder comme indispensables toutes les dépenses proposées par les différents chefs de service? Quoi qu'il en soit, la chose mérite d'être éclaircie sans délai et le Directoire vous engage très fortement, citoyens, à ne faire délivrer des fonds au citoyen Denniée qu'à proportion des besoins dont il sera tenu de vous justifier les détails et l'emploi. Si vous aviez entre les mains un état circonstancié du nombre de parties prenantes de toute espèce dont l'armée est composée, ainsi que de tous les chevaux qui tiennent aux divers services, la vérification serait moins difficile à faire. Il faut que l'état-major vous fournisse la partie de ces renseignements qu'il peut donner et use du moyen le plus efficace afin de vous procurer le reste, malgré la cavillation des principaux agents employés aux vivres, aux fourrages, aux charrois, à l'habillement. Nous savons bien que ce moyen sera encore insuffisant pour arrêter les abus, mais il aura au moins l'avantage de comprimer ceux qui les commettent et d'empêcher qu'ils ne les portent comme ils font à présent jusqu'au dernier excès.

Votre seconde lettre du 26 nous instruit des mouvements d'insurrection qui ont eu lieu dans le Modenois. Il faut éviter dans ce moment qu'ils ne s'accroissent. Le maintien de la tranquillité dans la partie de l'Italie conquise par la France doit seul occuper les troupes républicaines qui y sont répandues. Quant aux vues politiques ultérieures, le temps et surtout la paix donneront l'occasion de les développer de la manière la plus utile aux intérêts de la patrie.

Dans une lettre anonyme écrite par un Piémontais de Mondovi, on se plaint que, malgré l'amnistie, les patriotes qui se sont prononcés pour la France sont encore persécutés par le gouvernement sarde, et entre autres le nommé Moschetti; que, dans l'assiette des contributions de guerre, les paysans ont été chargés bien plus que les nobles et les riches de la province de Mondovi; que lorsque des réclamations (sic) les commissaires français exigeaient préliminairement le paiement de la moitié et ne terminaient jamais sur les demandes en dégrèvement;

---

[1] Voir plus haut, p. 63-64, 119-125, etc. — [2] Voir ci-dessus, p. 651.

que les réquisitions et les corvées tombaient toutes à la charge du peuple qui en était écrasé, etc.

Nous vous transmettons, citoyens, ces réclamations, dont vous êtes plus à portée que nous d'apprécier la valeur, afin que vous puissiez y faire droit si elles sont fondées et éviter qu'il n'en soit désormais formé de pareilles.

Carnot, L.-M. Revellière-Lépeaux, P. Barras [1].

C

Le Directoire exécutif au général en chef Bonaparte, commandant l'armée d'Italie.

L'armée que vous commandez, citoyen général, a complètement justifié nos espérances dans le cours de cette campagne; mais elle semble les avoir devancées par les nouveaux succès dont vous nous rendez compte [2]. Le résultat des journées du 21 et du 22 fructidor est aussi glorieux qu'inouï et quand bien même Wurmser parviendrait à s'échapper à votre poursuite avec ses honteux débris, ce qui n'est pas vraisemblable, nous devons regarder la défaite de son armée comme entière et la conquête de l'Italie comme irrévocable.

Faites jouir, citoyen général, l'armée républicaine du prix qui lui est justement réservé par la reconnaissance et l'estime publiques, après des triomphes aussi éclatants; témoignez lui notre satisfaction particulière et recevez vous-même la part distinguée qui vous en est due.

Parmi les dispositions que nous avons adoptées pour tirer parti de nos avantages et les rendre décisifs en faveur de la République, dont les intérêts tendent tous à la paix, la première est de signifier à l'empereur que, s'il ne consent à envoyer sur-le-champ un chargé de pouvoirs à Paris pour entrer en négociation, vous allez détruire son port de Trieste et tous ses établissements de la mer Adriatique. Aussitôt que le sort de Wurmser et de sa dernière division sera décidé, vous dépêcherez à Vienne pour faire cette notification et vous marcherez sur Trieste, prêt à exécuter une menace que légitiment le droit de la guerre et l'opiniâtreté d'une maison qui ose tout contre la République et se joue de sa loyauté.

Pendant ce mouvement, vous continuerez à faire disperser le reste des Autrichiens disséminés dans le Tyrol; vous établirez une communication sûre entre l'armée de Rhin-et-Moselle, et vous imposerez de fortes contributions partout où pénétreront les armes françaises.

Il est à présumer qu'en vous éloignant du Milanais, ceux des habitants de l'intérieur de l'Italie qui sont malintentionnés pour nous saisiront ce moment pour fomenter de nouvelles révoltes. Comprimez d'avance l'explosion de leurs perfides desseins en donnant aux généraux auxquels vous confierez la sûreté des

---

[1] Arch. nat., AF III, 403, dossier 2191. — [2] Voir *Corr. de Napoléon Ier*, t. I, p. 601-606.

troupes et du pays qu'elles occupent des ordres précis et en leur indiquant les mesures salutaires qu'ils auront à prendre suivant les événements.

Quant à la situation politique de l'Italie, une observation principale fixe notre attention et doit diriger votre conduite à l'égard des différents états ou villes qui voudraient se donner un gouvernement, c'est que la paix, notre premier vœu, peut dépendre du sort du Milanais et qu'il nous importe de ménager des moyens d'échange pour consolider la réunion de quelques parties de territoire à la République. Il est donc essentiel de ne pas favoriser indiscrètement des innovations politiques nuisibles à la conclusion de la paix et à l'affermissement de notre liberté.

Le moment paraît enfin arrivé de frapper Venise des mesures que nous avons déjà prescrites, dont une sage circonspection nous a fait différer l'exécution. Faites valoir la légitimité de nos prétentions, employez les formes conciliatrices autant qu'elles pourront remplir votre objet, et faites ensuite succéder, s'il est nécessaire, les moyens de la victoire aux procédés conformes à la neutralité que nous voulons conserver avec cet État après la juste satisfaction que nous avons droit d'en exiger. Le courrier que vous enverrez à Vienne pourra porter la lettre que vous trouverez ci-jointe pour M. de (*illisible*).

CARNOT, L.-M. REVELLIÈRE-LÉPEAUX, P. BARRAS [1].

D

LE DIRECTOIRE EXÉCUTIF AU GÉNÉRAL EN CHEF BONAPARTE.

Nous approuvons, citoyen général, la proposition que vous nous faites [2] d'accéder aux vœux du Milanais, qui demande à former des bataillons pour être employés au blocus de Mantoue, puisque vous n'y trouvez pas d'inconvénients sous les rapports militaires; mais en adoptant cette mesure il est essentiel d'observer que nos lois ne nous permettent pas d'introduire des corps étrangers dans nos armées: ainsi les bataillons du Milanais seront considérés comme des troupes distinctes de celles de la République, et qui ont un ennemi commun à combattre, sans qu'il soit rien stipulé à ce sujet avec le Milanais.

Il nous a été soumis une considération sur laquelle nous désirons avoir votre opinion. Pendant que vous poursuivez le plan d'opérations que nous avons tracé dans notre première dépêche de ce jour, n'est-il pas dangereux de laisser les troupes piémontaises en supériorité de forces en Italie, et ne conviendrait-il pas d'engager le roi de Sardaigne, par la concession de quelques avantages, à faire marcher 15,000 hommes de concert avec l'armée que vous commandez?

Nous ne présumons pas que le roi de Sardaigne se rende facilement à cette proposition; quelle que soit la loyauté reconnue de la nation française, il craindra de dégarnir ses États et de se livrer par là sans défense à un allié qu'il craint peut-être encore.

[1] Arch. nat., AF III, 403, dossier 2191. — [2] *Corr. de Napoléon Ier*, I, 598.

Quoi qu'il en soit, malgré les inconvénients que nous croyons entrevoir, nous vous autorisons à traiter de cet objet avec la cour de Turin, si vous y voyez des avantages, et à lui donner toutes les garanties nécessaires pour sa sûreté. Si votre négociation n'a pas de suites, il sera bien utile de s'assurer du désarmement du Piémont, ainsi qu'il a été stipulé dans le traité de paix, afin de ne laisser derrière vous aucun sujet d'inquiétude qui puisse vous distraire de vos mouvements.

La même attention doit se porter sur la cour de Naples. Nous ne pouvons en ce moment que l'observer et la contenir de loin. Notre objet le plus important est de frapper sur la maison d'Autriche et de marcher sur Trieste. Fixez un prompt délai pour la réponse de la cour de Vienne à votre déclaration, afin de ne pas perdre des moments que l'approche de l'arrière-saison rend plus chers.

Nous avons reçu du citoyen Saliceti des nouvelles qui sont d'un heureux augure pour le succès de nos vues sur la Corse.

CARNOT, REVELLIÈRE-LÉPEAUX, P. BARRAS [1].

E

LE DIRECTOIRE EXÉCUTIF AU GÉNÉRAL EN CHEF BONAPARTE.

Nous avons reçu, citoyen général, une réclamation envoyée de Mondovi, dont vous êtes plus à portée que nous d'apprécier la valeur. On se plaint que, malgré l'amnistie, les patriotes piémontais qui se sont prononcés pour la France sont encore persécutés par le gouvernement sarde, et entre autres le nommé Moschetti. On assure que la ligne de démarcation qui détermine les possessions piémontaises que doivent occuper nos troupes jusqu'à la paix est souvent rompue et que, depuis le mois de messidor, les troupes sardes sont à Mondovi. On se plaint surtout de l'extrême licence exercée impunément par nos soldats et par plusieurs de leurs chefs dans les parties du pays conquis où ils sont distribués. On ajoute enfin que, par une suite inévitable de ce relâchement de la discipline, les habitants, victimes des excès de leurs vainqueurs, assassinent continuellement ceux dont ils ne peuvent se venger autrement. Peut-être y-a-t-il de l'exagération dans ces plaintes; mais enfin plusieurs faits particuliers ont déjà prouvé qu'elles ne sont pas sans fondement. Le Directoire, citoyen général, vous engage donc à donner tous les ordres nécessaires pour arrêter ces horribles vengeances, et surtout pour en prévenir la cause: tous les militaires qui sont sous vos ordres doivent être dignes des éclatants succès que vous obtenez continuellement sur l'ennemi, et nous savons que vous ne souffrez pas qu'il se trouve dans l'armée des hommes qui déshonorent la République, quand ses triomphes, dus à vos talents et à sa valeur, élèvent si puissamment sa gloire.

CARNOT, L.-M. REVELLIÈRE-LÉPEAUX, P. BARRAS [2].

[1] Arch. nat., AF III, 403, dossier 2191. — [2] Arch. nat., AF III, 403, dossier 2191.

F

Au général Bonaparte.

Nous attendions, mon cher général, avec une impatience que vous concevez facilement, le résultat de l'action que vous nous aviez annoncée par votre courrier précédent [1]. Nous venons de recevoir vos dernières nouvelles [2] et, quoique accoutumés aux choses les plus extraordinaires de votre part, nos espérances ont été surpassées par la victoire de Bassano. Quelle gloire pour vous, immortel Bonaparte! Quel coup terrible porté à l'orgueilleuse Autriche! Elle ne s'en relèverait pas si toutes nos armées avaient eu le même succès que celle d'Italie; mais la misérable reculade de Jourdan déconcerte tous nos projets. L'armée de Rhin-et-Moselle, qui allait vous donner la main, s'est trouvée compromise, presque cernée, obligée de rétrograder avec précipitation pour défendre son flanc, et il faudra toute l'habileté de Moreau pour sortir d'embarras. Cependant Beurnonville, qui remplace Jourdan, vient avec un renfort considérable; il va reprendre l'offensive et j'espère que la fin de tout ceci sera la déconfiture générale de l'armée du prince Charles.

Il n'en résultera pas moins que nous serons privés des ressources de la Bavière, que votre gauche n'est plus appuyée, que nous aurons beaucoup de peine à vous faire parvenir un secours équivalent à la colonne qui devait se réunir à vous par Inspruck. C'est donc dans votre énergie que nous trouverons de nouveaux moyens. Poussez jusqu'à Trieste, si vous croyez votre gauche assurée et que vous soyez tranquille sur vos derrières; levez de fortes contributions dans le Frioul et menacez l'Empereur de détruire son port unique, s'il ne se hâte d'accepter la paix; mais il faudra bien en venir là s'il s'obstine. N'oubliez pas que, aussitôt les quartiers d'hiver pris sur le Rhin, il va avoir beaucoup de forces disponibles qu'il ne manquera pas d'employer contre vous et que c'est une raison pour ne pas vous enfourner sans être certain des gorges du Tyrol.

Carnot [3].

---

[1] Lettre de Bonaparte au Directoire du 21 fructidor (7 septembre), par laquelle il rend compte du combat de Primolano. — Corr. de Napoléon I*er*, I, 601-602.

[2] Lettre de Bonaparte au Directoire du 23 fructidor (9 septembre), par laquelle il rend compte de la bataille de Bassano (Corr. de Napoléon I*er*, I, 603-604).

[3] Correspondance inédite de Napoléon Bonaparte (Panckoucke), t. II, 55-56.

SÉANCE DU 5ᵉ JOUR COMPLÉMENTAIRE AN IV[1]

21 SEPTEMBRE 1796.

Le Directoire adresse six messages au Conseil des Cinq-Cents :

Le premier est relatif aux inconvénients du mode établi par la loi du 20 pluviôse pour l'expédition des procédures criminelles [2].

Par le second, le Conseil est invité à statuer sur le mode de remplacement des exécuteurs des jugements criminels [3].

Le troisième a pour objet la transmission d'un arrêté tendant à remédier aux abus qui se pratiquent par les dépositaires des fonds publics [4].

Par le quatrième, le Conseil est invité à déterminer les fonds qui doivent être affectés pour la distribution du pain et de la viande aux indigents de la commune de Paris et pour le service de la viande aux hospices civils et maisons d'arrêts [5].

Et par le cinquième et dernier, le Conseil est invité à rapporter comme préjudiciables aux intérêts de la République les arrêtés des

---

[1] Arch. nat. AF III*, 4, fol. 239-242. — AF III, 3.

[2] Message lu à la séance du 2 vendémiaire (C. C., vendémiaire an V, 14-15). Le Directoire rappelle les inconvénients qu'entraîne, pour les frais d'expédition des procédures au tribunal criminel de la Seine, l'exécution des articles 6 et 9 de la loi du 20 pluviôse dernier (voir t. I, p. 579). Les mêmes inconvénients se présentent dans les autres départements. Il exprime le vœu qu'il y soit pourvu par une mesure générale.

[3] Message lu à la séance du 2 vendémiaire (C. C., vendémiaire an V, 21-24). Le Directoire représente que dans plusieurs départements l'exécution des jugements criminels est suspendue faute d'exécuteurs. Les lois du 13 juin 1793 et du 22 floréal an II n'ont pas produit, à cet égard, les effets qu'on en attendait. Il propose de faire nommer, dans chaque département, l'exécuteur par le ministre de la justice sur la proposition de l'administration départementale, ou directement par cette dernière, et d'obliger l'exécuteur à la résidence dans la commune où siège le tribunal criminel. Il propose que des peines de 3 jours à 3 mois de prison soient infligées aux exécuteurs qui se comporteraient d'une manière «atrocement insolente» dans les exécutions ou qui s'y présenteraient «pris de boisson».

[4] Message lu à la séance du 5ᵉ jour complémentaire (C. C., fructidor an IV, 733-734). — Voir plus loin (même séance).

[5] Message lu à la séance du 5ᵉ jour complémentaire (C. C., fructidor an V, 735-736). — Le Directoire fait connaître que les distributions qui, au début du gouvernement constitutionnel, se faisaient à 600,000 individus et coûtaient 150,000 francs par jour en numéraire, ne se font plus qu'à 185,000 individus et ne coûtent plus que 30,000 francs par jour. Il représente que cette dépense doit incomber à la commune de Paris à partir du 1ᵉʳ vendémiaire, mais que le Corps législatif n'ayant encore pris aucun moyen pour lui assurer les fonds nécessaires, le Directoire a cru devoir ordonner au ministre de l'intérieur de continuer à pourvoir à ce service jusqu'à ce que ledit Corps législatif ait statué. De

représentants du peuple qui promettaient au citoyen Marquet le bail des Forges d'Aillon, Famié et Bellevaux, du département du Mont-Blanc [1].

Un messager d'État du Conseil des Anciens est admis et dépose cinq lois.

La première porte que la somme de dix mille trois cent soixante-cinq livres, accordée par la loi du 9 thermidor dernier [2] aux veuves et enfants des militaires invalides, est portée à celle de dix mille cinq cent soixante-cinq livres [3].

La seconde rapporte le décret du 1er messidor an II [4], concernant l'exécution des jugements arbitraux.

La troisième ordonne que les rentiers et pensionnaires désignés aux articles 1 et 2 de la loi du 8 messidor dernier [5] recevront pour les arrérages du dernier semestre de l'an IV, échéant au 1er vendémiaire prochain, un quart en numéraire effectif, par forme d'à compte [6].

La quatrième annule l'arrêté des Comités de salut public et de législation réunis, rendu le 10 vendémiaire an IV, contre le citoyen Broussonneix, sur la réclamation du citoyen Vallade [7].

Et le cinquième, en date du jour d'hier, porte que le prix des

---

même pour le service de la viande aux hospices et maisons d'arrêt, qui revient à 100,000 francs par mois.

[1] Message lu à la séance du 2 vendémiaire (*C. C.*, vendémiaire an V, 16-18). — Le Directoire représente que «les opérations d'inventaire et d'estimation des objets du bail ont été faites sans contradicteurs légitimes et sont remplies d'irrégularités»; que Marquet et ses associés sont accusés de «dilapidation capable d'entraîner la ruine des usines». Il estime donc, avec l'administration du Mont-Blanc, les commissaires du Directoire des cantons de Chatelard et de Lescheraines et la régie de l'enregistrement, qu'il n'y a pas lieu à la passation du bail.

[2] Voir plus haut, p. 204.

[3] *Bull.*, II, LXXIX, n° 725.

[4] Décret portant sursis à l'exécution de deux jugements arbitraux entre les communes de Saint-Blaise, Fortebach, Fartru et Escheri et le procureur-syndic du département du Haut-Rhin. — *Bull.*, II, LXXVIII, n° 720.

[5] Voir t. II, p. 719.

[6] *Bull.*, II, LXXVIII, n° 719. — «Considérant, lit-on dans le préambule, qu'en même temps que les recettes de la Trésorerie se rétablissent successivement en numéraire effectif, la justice exige que les paiements soient faits pareillement en numéraire, mais que les contributions de l'an IV n'ayant été acquittées en numéraire que pour partie, et ce qui en reste dû ne rentrant que graduellement, il n'est pas possible, soit de payer pour le moment actuel la totalité des arrérages du dernier semestre de l'an IV, soit d'ouvrir les paiements indistinctement à tous les créanciers qui se présenteraient au même jour...». La loi porte que la totalité des paiements sera répartie sur chacun du jour du semestre, de façon que chaque jour il soit payé des sommes à peu près égales et que la totalité de la somme payable en numéraire soit acquittée en un semestre.

[7] Parce que ces comités n'avaient pas le droit d'anéantir, par leur arrêté «l'effet de deux jugements contradictoires rendus l'un par le tribunal consulaire de Nontron, le second par le tribunal civil de Ribérac, ce dernier en date du 28 prairial an III» entre Broussonneix et Vallade. — *Bull.*, II, LXXIX, n° 724.

adjudications du bois, pour l'ordinaire prochain [1], sera payé en valeur réelle et effective, dans le cours de l'an v [2].

Le Directoire ordonne que ces lois seront publiées, exécutées et qu'elles seront munies du sceau de l'Etat. Elles sont en conséquence adressées de suite à l'enregistrement pour deux expéditions de chacune d'elles être envoyées sans délai au ministre de la justice, avec l'arrêté portant ordre d'impression et de publication dans les formes prescrites par les lois.

Il n'y a pas lieu à délibérer sur le référé du tribunal criminel du département de la Haute-Saône relatif au citoyen Bouillon [3].

[Le Directoire exécutif, sur le rapport du ministre des finances, arrête :

Article 1er. Les opérations relatives à la fabrication du papier-monnaie, les traitements de tous les préposés et employés seront absolument suspendus à compter du 1er vendémiaire prochain. Les mesures prises à cet effet par le ministre des finances seront exécutées en leur entier.

Art. 2. Il sera réservé sur le mobilier déposé dans les établissements de la fabrication de quoi pouvoir effectuer le renouvellement du signe circulant s'il était nécessaire ou à fournir une fabrication d'un million par jour en coupures de 50 et 100 francs.

Art. 3. Le surplus du mobilier sera vendu à l'enchère.

Art. 4. Le ministre des finances fera un rapport sur les encouragements et récompenses à donner aux artistes, préposés et employés qui se sont le plus distingués dans la fabrication du papier-monnaie. Il présentera en même temps le compte général de ce qui a été dépensé pour cet objet.

Le présent arrêté ne sera point imprimé. — Arch. nat., AF III, 403, dossier 2194 [4]]

---

[1] *C'est-à-dire pour l'an v.*
[2] *Bull.*, 11, LXXVIII, n° 718.
[3] Arrêté du 5e jour complémentaire an IV, signé Carnot, Reubell, Barras (Arch. nat., AF III, 403, 2193). — Il s'agit de Bouillon, ex-commissaire national du ci-devant district de Montbéliard qui, accusé d'avoir soustrait une obligation par lui souscrite au profit d'un particulier, s'était réclamé de la loi du 4 brumaire (loi d'amnistie); le tribunal criminel avait rejeté sa demande, mais avait ensuite refusé de se prononcer sur son cas, par la raison qu'il ne croyait pas pouvoir porter deux fois une décision sur le même objet. De là son référé au Corps législatif. Le Directoire exécutif croit devoir écarter le référé par la raison qu'il s'agit d'un fait totalement étranger à la révolution et «auquel le tribunal ne peut se dispenser d'appliquer la peine prononcée par la loi».

[4] Signé à la minute Revellière-Lépeaux, Reubell, Barras.

Il supprime le bureau de la poste aux lettres situé à Lalinde, département de la Dordogne [1].

[Le Directoire exécutif, sur le rapport du ministre des finances, arrête :

Article 1er. La monnaie des médailles [2] est réunie à l'Hôtel des Monnaies de Paris.

Art. 2. Les machines, outils, ustensiles et effets qui s'y trouvent et appartiennent à la République seront transportés audit hôtel.

Art. 3. La collection des carrés qui ont servi à frapper les médailles et jetons sera également transportée à l'Hôtel des monnaies et placée en lieu convenable.

Art. 4. Les règlements relatifs à la fabrication des médailles et jetons d'or, d'argent et de cuivre continueront d'être exécutés provisoirement jusqu'à ce que le Corps législatif en ait autrement ordonné.

Le ministre des finances est chargé de l'exécution du présent arrêté, qui ne sera point imprimé. — Arch. nat., AF III, 403, dossier 2194 [3]].

Les administrateurs de l'hospice civil de la commune de Roanne sont autorisés à faire vendre les arbres dépérissants dans la futaie du domaine de Noailly [4].

Il sera vendu trente-deux arpents de bois taillis faisant partie de la réserve de la commune d'Aubrivelle et des arbres nuisibles et dépérissants qui s'y trouvent [5].

[Le Directoire exécutif, vu les lettres du commissaire du Directoire exécutif près l'administration municipale de Cherbourg, en date du 30 fructidor dernier et du 1er complémentaire de cette année, concernant le citoyen Porta, qui s'est trouvé sur un bâtiment anglais pris par le *Requin,* corsaire de Cherbourg, avec un autre Français nommé Saint-Aubert; considérant que dans les effets pris avec ces deux indi-

---

[1] Bureau peu important et dont le titulaire, démissionnaire depuis trois mois, n'a pas encore été remplacé. Ce bureau sera remplacé par un bureau de distribution. — Arrêté du 5e jour complémentaire an IV, signé Carnot, Reubell, Barras (Arch. nat, AF III, 403, dossier 2194).

[2] Établie sous Henri II dans la maison des Etuves, à l'extrémité de l'île du Palais, transférée depuis, sous Louis XIII. — Rapport du ministre des finances (Arch. nat., AF III, 403, dossier 2194).

[3] Signé à la minute Carnot, Reubell, Barras.

[4] Arrêté du 5e jour complémentaire an IV, signé Carnot, Reubell, Revellière-Lépeaux (Arch. nat., AF III, 403, dossier 2193).

[5] Arrêté du 5e jour complémentaire an IV, signé Carnot, Reubell, Barras (Arch. nat., AF III, 403, dossier 2193).

vidus, il s'est trouvé des signes de grades militaires qui prouvent qu'ils étaient ou se destinaient au service de l'Angleterre;

Arrête que lesdits citoyens Porta et Saint-Aubert, ainsi que tout individu qui pourrait se trouver dans le même cas, seront provisoirement retenus comme prisonniers de guerre jusqu'à ce qu'il en ait été autrement ordonné; annule tout ordre contraire qui aurait pu être donné à ce sujet.

Les ministres de la police générale et de la marine sont chargés, chacun en ce qui peut les concerner, de l'exécution du présent arrêté, qui ne sera pas imprimé. — Arch. nat., AF III, 403, dossier 2193[1].]

Le Directoire destitue de ses fonctions le nommé Champenois, capitaine au 3e bataillon de la 7e demi-brigade[2].

On met à la disposition du général Krieg[3] une somme de mille francs, valeur métallique, pour subvenir aux frais de son installation[4].

[Le Directoire exécutif, sur le rapport du ministre des finances, considérant que la vérification de l'état des caisses faites chez tous les receveurs de Paris le 2e jour complémentaire constate que quelques-uns d'entre eux se sont affranchis de l'obligation de cacheter les dépôts faits sur les consignations pour les domaines nationaux et qu'il s'est trouvé dans leurs caisses un déficit et quelquefois un excédent également répréhensibles;

Considérant que la violation du dépôt des fonds publics et l'emploi qui en est fait abusivement porte au crédit public une atteinte qu'il est pressant de réparer et de prévenir;

Arrête comme mesure d'urgence et provisoire ce qui suit:

ARTICLE 1er. Les receveurs des domaines nationaux à Paris seront tenus dans les 24 heures de la notification du présent arrêté de remettre à la caisse des dépôts de la Trésorerie nationale les sommes consignées chez eux pour l'acquit des domaines nationaux avec le bor-

---

[1] Signé à la minute Le Tourneur, Revellhère-Lépeaux, Barras. — Porta s'était dit Suisse; comme de plus il avait été pris sur un navire marchand, non armé contre la République française, le ministre de la marine avait d'abord cru devoir ordonner de le remettre en liberté et de le renvoyer en Angleterre. Mais les autorités de la ville de Cherbourg avaient pris sur elles de surseoir à l'exécution de cet ordre. — Voir les pièces relatives à cette affaire (Arch. nat., AF III, 403, dossier 2193).

[2] Arrêté du 5e jour complémentaire an IV, signé Carnot, Reubell, Barras (Arch. nat, AF III, 403, dossier 2194).

[3] Commandant de la garde du Directoire (Voir plus loin, même séance).

[4] Arrêté du 5e jour complémentaire an IV, signé Carnot, Reubell, Barras (Arch. nat., AF III, 403, dossier 2193).

dereau indiquant les sommes et le nom des personnes à qui elles appartiennent.

Art. 2. Les citoyens admissibles à reprendre les sommes par eux consignées les retireront sans frais de la Trésorerie nationale sur le certificat d'identité qui leur sera remis par le préposé entre les mains duquel elles avaient leur dépôt.

Art. 3. Le ministre des finances est chargé de l'exécution du présent arrêté.

Expédition conforme du présent sera envoyée par un message au Conseil des Cinq-Cents pour lui faire connaître les abus existants et le moyen provisoire employé pour les faire cesser. — Arch. nat., AF III, 403, dossier 2194 [1].]

Il écrit au citoyen Chanchot, pour lui accuser réception de seize cents livres en assignats, dont il a fait don [2].

On s'occupe ensuite du personnel de la guerre et on prend plusieurs arrêtés dont les minutes sont déposées à la section de la guerre [3].

On écrit au général Moreau pour le prévenir que le Directoire, ayant récemment maintenu le citoyen Sauvat dans le commandement de la 89ᵉ demi-brigade, n'a pu confirmer la nomination faite par ce général du citoyen Rubis audit emploi après l'affaire du 7 fructidor dernier [4]; au ministre de la guerre, pour le prévenir que le Directoire a décidé que le général Châteauneuf-Randon cessera les fonctions qu'il remplissait dans les 9ᵉ et 10ᵉ arrondissements militaires [5];

Au général Châteauneuf-Randon, commandant les 9ᵉ et 10ᵉ divisions militaires, pour le prévenir qu'ayant supprimé les commandements généraux dans l'intérieur de la République, il est autorisé à se retirer dans ses foyers pour y jouir du traitement réglé par les derniers arrêtés du Directoire [6].

---

[1] Signé à la minute Carnot, Le Tourneur, Reubell.

[2] Minute signée Carnot, Reubell, Barras (Arch. nat., AF III, 403, dossier 2193).

[3] Par ces arrêtés, dont la minute ne se trouve pas dans les dossiers relatifs à la séance du 5ᵉ jour complémentaire : la destitution prononcée par le général en chef de l'armée de Rhin-et-Moselle contre le sous-lieutenant *Lecoeur* (du 3ᵉ bataillon de la 31ᵉ demi-brigade) est confirmée; — un congé de deux mois est accordé à l'ex-adjudant-général *Delage*; — *Ducos*, lieutenant adjoint aux adjudants-généraux de l'armée d'Italie, est promu capitaine; — *Giacomoni*, ci-devant général de division provisoire, est mis à la retraite comme général de division; l'adjudant-général *Leclerc* est réintégré. — Arch. nat., AF III, 3.

[4] La minute de cette lettre ne se trouve pas dans les dossiers relatifs à la séance du 5ᵉ jour complémentaire.

[5] *Id.*

[6] *Id.*

Le Directoire réduit à moitié l'école des trompettes et supprime le manège établi près cette école [1].

Il arrête que le bois de chauffage continuera d'être délivré gratuitement aux officiers et commissaires des guerres [2].

On écrit au citoyen Blondeau, adjudant-général commandant la garde provisoire du Directoire, pour le prévenir que le commandement de cette garde est confié au général Krieg [3].

Aux citoyens Thomas et Bonnesœur, représentants du peuple [4].

Au ministre de la guerre [5];

Au général de division Moulin, à Strasbourg [6];

Au citoyen Alexandre, son commissaire, près l'armée de Sambre-et-Meuse [7];

Au citoyen Boulet-Paty, commissaire près les tribunaux civil et criminel du département de la Loire-Inférieure [8];

Au citoyen Haussmann, commissaire du gouvernement près l'armée de Rhin-et-Moselle [9].

Le Directoire ordonne que Cormatin [10] sera transféré au fort de l'Isle-Pelée, en exécution du jugement du tribunal criminel de la Manche [11].

[1] Arrêté du 5ᵉ jour complémentaire an IV, signé Le Tourneur, Carnot, Barras (Arch. nat., AF III, 403, dossier 2194).

[2] Jusqu'au 1ᵉʳ vendémiaire, et, à partir de cette date, à demi-tarif. — Arrêté du 5ᵉ jour complémentaire, signé Carnot, Reubell, Barras (Arch. nat., AF III, 403, dossier 2194).

[3] Sous les ordres duquel il servira provisoirement. — Minute signée Carnot, Revellière-Lépeaux, Reubell (Arch. nat., AF III, 403, dossier 2193).

[4] Minute signée Carnot, Revellière-Lépeaux, Barras (Arch. nat., AF III, 403, dossier 2194). — Le Directoire leur annonce que le général Larüe, auquel ils se sont intéressés, a reçu des témoignages de satisfaction pour sa bonne conduite dans le district de Domfront.

[5] Minute signée Carnot, Revellière-Lépeaux, Barras (Arch. nat., AF III, 403, dossier 2194). — Le Directoire lui communique la demande faite par le commissaire-ordonnateur Denniée d'une somme de 10,600,000 francs pour 35 jours de dépense de l'armée d'Italie; il trouve que cette somme est exorbitante et l'invite à faire surveiller la conduite administrative de cet ordonnateur.

[6] La minute de cette lettre ne se trouve pas dans le dossier relatif à la séance du 5ᵉ jour complémentaire.

[7] Minute signée Carnot, Revellière-Lépeaux, Barras (Arch. nat., AF III, 403, dossier 2194). — Le Directoire lui accuse réception d'une lettre et d'une pièce qui y était jointe et lui annonce qu'il compte sur sa fermeté et son intelligence pour rétablir l'ordre et l'économie dans toutes les parties du service confié à sa surveillance.

[8] Minute signée Carnot, Revellière-Lépeaux, Barras (Arch. nat., AF III, 403, dossier 2194). — Le Directoire l'informe que le général Cambray, en faveur duquel il a réclamé, n'ayant pas contribué à l'extinction de la guerre de Vendée, le général Hoche n'a pu le comprendre au nombre des militaires qui ont obtenu des témoignages de satisfaction.

[9] La minute de cette lettre ne se trouve pas dans les dossiers relatifs à la séance du 5ᵉ jour complémentaire.

[10] Desotteux, dit Cormatin.

[11] Du 28 fructidor dernier. — Arrêté du

Il adresse un message au Conseil des Cinq-Cents relatif aux citoyens Solages et Garrigou, concessionnaires des mines de fer des cantons d'Albon, de Villefranche, de Penne[1] et de Puicelcy[2], qui demandent que les forêts de Grésigne et des Carmes soient affectées à leurs établissements[3].

Il reçoit deux messages du Conseil des Cinq-Cents :

Par le premier il lui demande son avis sur la pétition des habitants des départements réunis, par laquelle ils demandent à jouir de la plénitude du régime constitutionnel[4].

Par le second il lui demande des renseignements sur la détention du citoyen Hugues Montbrun, ex-adjudant général à Saint-Domingue, etc... [5].

5ᵉ jour complémentaire an IV, signé Carnot, Reubell, Barras (Arch. nat., AF III, 403, dossier 2194). — Sur Cormatin, voir t. I, p. 126, 127, 282, 283.

[1] Département du Tarn.

[2] Id.

[3] Message lu à la séance du 2 vendémiaire (C. C., vendémiaire an V, 24-26). — Malgré la houille, que Carmaux leur fournit abondamment, Solages et Garrigou ont besoin de charbon de bois; de plus, il leur faut des étançons pour l'exploitation des houillères — Le Directoire est d'avis de leur affecter une grande partie de la forêt de Grésigne (qui a 8,000 arpents), en réservant le surplus pour être adjugé en la manière ordinaire et satisfaire aux besoins du pays; et de charger les adjudicataires de la forêt des Carmes (qui a 750 arpents) de leur fournir des étançons.

[4] Message voté par le Conseil des Cinq-Cents dans sa séance du 4ᵉ jour complémentaire (C. C., fructidor an IV, 666) à la suite d'une discussion au cours de laquelle : 1° Bergier, rapporteur, a conclu à donner entière satisfaction aux auteurs de la pétition; 2° Pérès (de la Haute-Garonne) a représenté que, sans les arrêtés des représentants en mission en Belgique et le régime des réquisitions appliqué à ce pays, l'armée de Sambre-et-Meuse serait restée sans subsistances; 3° Puyraveau a fait remarquer que le Directoire a eu sans doute de fortes raisons pour suspendre l'exercice complet de la constitution en Belgique et qu'avant toute décision il serait sage de lui demander son avis. De là le message (Déb., fructidor an IV, 512-514).

[5] Message voté par le Conseil des Cinq-Cents dans sa séance du 29 fructidor (C. C., fructidor an IV, 518), à la suite de la lecture d'une lettre adressée à cette assemblée par Hugues Montbrun, qui se plaint d'avoir été retenu vingt mois en prison à Saint-Domingue, puis d'avoir été renvoyé en France comme prisonnier et d'être «détenu depuis sept semaines à Rochefort sans mandat d'arrêt et sans avoir été entendu, quoique à son arrivée il ait écrit au Directoire exécutif pour demander à être jugé».

Outre les documents qui viennent d'être indiqués, il faut signaler deux arrêtés du 5ᵉ jour complémentaire, signés Carnot, Le Tourneur, Revellière-Lépeaux, non mentionnés au procès-verbal, par lesquels : 1° le congé accordé à Sébastien Martin, grenadier au 2ᵉ bataillon de la 11ᵉ demi-brigade, campée au Luxembourg, est prorogé jusqu'au 30 brumaire ; 2° un congé absolu est accordé au citoyen Dufour, charretier des transports militaires.

Le dossier 2195, dont le contenu, comme celui des deux précédents, se rapporte à la séance du 5ᵉ jour complémentaire, est formé de 30 pièces relatives à des nominations de juges, juges de paix, assesseurs, dans les départements de l'Allier, des Basses-Alpes, des Hautes-Alpes, des Bouches-du-Rhône, de la Dordogne, du Jura et de la Haute-Saône.

SÉANCE DU 1ᵉʳ VENDÉMIAIRE AN V [1]

22 SEPTEMBRE 1796.

Le Directoire fixe le cours des mandats à cinq livres pour les cinq jours complémentaires de l'an IV [2].

Passant ensuite au personnel de la guerre, il écrit six lettres dont les minutes sont déposées au Cabinet topographique, savoir :

Une au général en chef Kellermann, commandant l'armée des Alpes [3];

Une au général Le Doyen, chef de l'État-major de ladite armée [4];

Une au général Châteauneuf-Randon, commandant les 9ᵉ et 10ᵉ divisions territoriales militaires [5];

Et trois au ministre de la guerre [6].

---

[1] Arch. nat., AF III*, 5, fol. 1-5. — AF III, 4.

[2] Arrêté du 1ᵉʳ vendémiaire an V, signé Le Tourneur, Revellière-Lépeaux, Carnot (Arch. nat., AF III, 404, dossier 2196).

[3] Minute signée Carnot, Reubell, Revellière-Lépeaux (Arch. nat., AF III, 404, dossier 2196). — Le Directoire, lui accusant réception de ses trois lettres du 28 fructidor, juge inspirées par un esprit de loyauté les démarches du gouvernement sarde tendant à réprimer, conjointement avec la France, les excès que commettent journellement les Barbets; il l'invite à les seconder de tous ses moyens.

[4] Minute signée Carnot, Reubell, Revellière-Lépeaux (Arch. nat., AF III, 404, dossier 2196). — Le Directoire lui accuse réception du tableau des forces et des mouvements de l'armée des Alpes, ainsi que de l'état des démolitions des forteresses piémontaises.

[5] Minute signée Carnot, Revellière-Lépeaux, Reubell (Arch. nat., AF III, 404, dossier 2196). — Le Directoire répond à sa lettre du 15 fructidor que les Chouans et émigrés, prêtres ou séculiers, qui ont fait leur soumission à la République et qui en respectent les lois peuvent demeurer sur son territoire; que les émigrés que la loi condamne à la déportation doivent être conduits à la frontière; que, vu les circonstances, il faut user de ménagements envers les réquisitionnaires qui ne sont pas en règle avec la loi; enfin que l'état de siège ne doit être mis sur aucune commune.

[6] Minutes signées, la première et la troisième Carnot, Reubell, Barras, la seconde, Carnot, Reubell Revellière-Lépeaux (Arch. nat., AF III, 404, dossier 2196). — Par la première de ces lettres le Directoire informe le ministre de la guerre que le général Hoche a dû faire partir 15,000 hommes pour l'armée de Rhin-et-Moselle, et qu'il peut encore détacher 4,000 hommes, qui devront être dirigés sur l'armée d'Italie. Il faudra aussi envoyer à cette dernière armée les troupes qui pourront être tirées des 15ᵉ et 17ᵉ divisions militaires, sauf 2,000 hommes qu'on fera passer de suite à Toulon; il l'avise que la 11ᵉ division militaire aura à fournir un bataillon et les 9ᵉ et 10ᵉ divisions un autre bataillon pour remplacer à l'armée des Alpes les 1,500 hommes que Kellermann a reçu l'ordre d'envoyer à Marseille pour y établir une force respectable. — Par la seconde, il le prévient qu'il a désigné provisoirement le général Delaistre pour chef de l'état-major de l'armée de Sambre-et-Meuse. — Par la troisième, il lui accuse réception de ses rapports sur les mouvements de troupes précédemment ordonnés; il l'invite à diriger sur l'armée de Rhin-et-Moselle les secours en troupes à cheval que l'intérieur pourra fournir.

Le Directoire suspend sa séance pour se rendre au champ de la fédération [1], où devait se célébrer la fête commémorative de la fondation de la République. Arrivé à l'École militaire, le Directoire, accompagné de ses ministres et du corps diplomatique, se rend au tertre élevé au milieu du champ de la fédération. Les autorités constituées y étaient déjà placées et un peuple immense garnissait les talus du champ.

Une salve d'artillerie annonce l'arrivée du Directoire; il se fait un profond silence et le président [2] prononce le discours suivant :

« Si les époques de la Révolution dont la célébration fut ordonnée par l'élan de nos cœurs, autant que par les dispositions de nos lois, rappellent toutes des faits propres à nourrir de grandes et sublimes idées, à élever la pensée et à porter à l'héroïsme, il n'en est cependant aucune qui pénètre l'âme d'un sentiment aussi délicieux que la fondation de la République.

« Il est beau, certes! il est digne de l'admiration des hommes, le spectacle d'un peuple qui brise ses fers par les efforts les plus généreux et prodigue son sang et ses richesses pour reconquérir ses droits. Rien, en même temps, n'est plus touchant que ces fédérations, où tous les amis de la liberté, rassemblés par un même cœur, se jurent de rester toujours unis pour sa défense. Cependant tant d'honorables travaux, tant de nobles résolutions sont toujours accompagnés de quelque crainte ou de ne pas atteindre le but ou de le dépasser, et ce but, que doit-il être? une constitution qui nous assure la République. La République, une fois instituée, doit être regardée comme le fruit désiré de toutes les fatigues et de toutes les sollicitudes qui peuvent accompagner une révolution. C'est le glorieux repos qu'on s'est acquis par de périlleux triomphes. L'anniversaire de la République est donc le plus heureux comme le plus grand des jours, puisque c'est pour cette institution sublime, créatrice des actions héroïques et des vertus éminentes, que le peuple voit, sans incertitude, sa liberté et son repos également assurés.

« C'est en effet de ce moment que le règne de la loi est substitué à la volonté d'un seul homme ou de quelques hommes; c'est de ce moment

---

[1] Champ-de-Mars. — [2] La Révellière-Lépeaux.

que le jeu terrible des factions cesse d'usurper le nom de gouvernement républicain ; c'est enfin de ce moment que, chaque autorité étant clairement et définitivement circonscrite, tant pour l'étendue que pour la durée de ses pouvoirs, et chaque citoyen ayant un mode fixe et régulier d'émettre son vœu, des scélérats adroits agitent en vain une tourbe insensée et la mettent en fureur; les rugissements de l'anarchie ou les cris séditieux du fanatisme et de la royauté ne peuvent plus se mettre à la place du vœu national.

« Trop souvent, au milieu du choc violent des passions qui marque nécessairement le passage révolutionnaire du despotisme à la liberté, des hommes profondément ambitieux ou avides de richesses, les uns pour établir leur propre domination, les autres pour tout renverser et ramener le régime des abus dont ils vivaient, poussent les plus gens de bien hors de mesure, lorsqu'ils ne sont pas doués d'un esprit assez clairvoyant. Ils bouleversent tout, confondent tout, ils étouffent la voix de la raison par la violence; ce qui était une vérité évidente est obscurci par les couleurs du mensonge; ils ont l'art de présenter aux yeux d'une multitude aveuglée les vertus les plus sacrées comme des vices affreux et de rejeter sur ceux qui leur opposent une courageuse résistance tout l'odieux des forfaits que seuls ils ont pu concevoir.

« Au milieu d'un pareil désordre, les vrais amis de la liberté restent toujours inquiets sur le sort de la révolution : ils redoutent le retour au despotisme par une délirante anarchie et par une immoralité presque générale. Le peuple, tourmenté de toutes parts, ne sachant plus où il doit fixer ses regards, souvent en effet est prêt à se jeter dans les bras du premier séducteur qui lui promet d'assurer son repos.

« Mais lorsque enfin la République existe, je veux dire lorsqu'elle est constituée, chaque chose est mise à sa place, celui qui se parerait d'une fausse vertu est promptement démasqué, le vrai mérite paraît dans tout son jour, l'intérêt national est clairement démontré, l'opinion publique véritablement connue, car alors on peut énoncer librement sa pensée, sans crainte d'être voué aux fers ou à la mort par la seule volonté d'un chef de parti. C'est la loi, la loi seule qui punit et qui protège avec une égale impartialité; l'homme social est enfin élevé à sa véritable dignité : la bonne foi ne doit plus être égarée, on sait que le but est atteint, tous les citoyens dans les moments de crise ont un point assuré autour duquel ils peuvent se rallier : c'est la République, c'est-à-dire la constitution, alors, en exécution, qui assure à chacun l'exercice de ses droits, les fruits de son industrie et de sa propriété et à tous la liberté civile et politique.

« Loin de moi, cependant, l'idée de jeter les citoyens dans cet état de langueur et d'apathie qui anéantit la vigueur de l'âme et énerve les forces du corps au point de porter les hommes à se laisser égorger sans le moindre effort, comme de vils troupeaux, ou enmuseler comme des bêtes de somme. La liberté doit être vigilante, active, je veux plus, je veux qu'elle soit inquiète sur tout ce qui pourrait lui nuire; mais il faut aussi qu'elle aille de concert avec la raison, sans quoi, marchant d'écarts en écarts, elle se jette bientôt elle-même dans le précipice où elle craignait d'être lancée. On ne peut assurer son existence qu'en veillant au maintien du code des lois, avec cette assiduité et cette sollicitude que les vestales apportaient à conserver le feu sacré. Privée de ce point d'appui, la liberté nage dans le vague sans aucune direction assurée, son énergie s'épuise en vains efforts. La volonté nationale se dissout en volontés partielles, l'intérêt public est étouffé sous la multiplicité des intérêts particuliers, il n'existe plus de but général, chacun a le sien; l'opinion se corrompt, l'esprit public s'éteint, la liberté n'est plus! Car encore une fois elle n'existe que par la République, et la République elle-même n'est fondée que sur des lois stables.

« Ainsi, nous aimons à le redire, le jour où nous célébrons la fondation de la République est pour nous le plus sacré comme le plus glorieux des jours. A cette glorieuse époque le délire patriotique qui doit régner dans toutes les fêtes de la liberté doit être accompagné d'un charme encore plus ravissant que dans les autres circonstances.

« Loin d'ici les cœurs froids et les âmes insensibles à l'amour de la patrie qui ne seraient émus par le grand objet qui nous rassemble.

« Que la joie la plus vive et la plus pure, que la plus douce fraternité et le plus heureux abandon règnent parmi nous! que la voix du plaisir s'accorde avec les mâles accents de la liberté! que nos jeux viennent pour ainsi dire donner de l'action et de la vie au sentiment qui nous presse et que ces jeux eux-mêmes soient animés par toutes les acclamations que peuvent enfanter les plus sublimes transports, que le signal des courses et des danses soit donné par des instruments et le son du canon, entrecoupé des cris mille fois répétés de *Vive, Vive à jamais la République!* »

Au discours ont succédé les cris longtemps répétés de *Vive la Liberté! Vive la République!* des hymnes analogues à la fête ont été chantées et le Directoire exécutif est rentré à l'école militaire, et là il a joui des exercices et des jeux qui n'ont fini qu'avec le jour [1].

DÉLIBÉRATION SECRÈTE DU 1ᵉʳ VENDÉMIAIRE AN V [2]

22 SEPTEMBRE 1796.

CCLXIV

Le Directoire exécutif, considérant qu'il est urgent de venir au secours d'une classe de citoyens que les circonstances du moment accablent de misère; que les citoyens obstruent journellement son audience et qu'il n'existe aucuns fonds destinés à cette partie de la bienfaisance nationale;

Arrête que, sur les fonds mis à la disposition du ministre des finances pour la bonification des mandats, il sera prélevé la somme de cinq cent mille livres, qui sera mise entre les mains du ministre de l'intérieur pour être par lui répartie tant sur les renvois du Directoire exécutif que sur ses bons particuliers.

Le ministre des finances et celui de l'intérieur sont chargés de l'exécution du présent arrêté [3].

---

[1] Il faut encore signaler comme se rapportant à la séance du 1ᵉʳ vendémiaire les pièces suivantes, qui se trouvent dans le dossier 2196 (Arch. nat., AF III, 404) et qui ne sont pas mentionnées au procès-verbal : 1° Arrêté signé Le Tourneur, Carnot, Reubell, autorisant à résider à Paris le citoyen *Escher-Glattfelden*, bourgeois de Zurich, qui, appelé dans cette ville par le général de division *Deprey-Crassier* pour lui servir d'aide de camp, ne l'y a pas trouvé, par suite de son départ pour Ornex, près Ferney-Voltaire. — 2° Arrêté signé Carnot, Reubell, Barras, qui autorise à résider à Paris le citoyen Blanchard, envoyé du clergé de Cologne (dans une requête qui se trouve au même dossier Blanchard expose que, le gouvernement français ayant décidé que les dîmes du Clergé de Cologne seraient administrées pour le compte de la nation française, ledit clergé l'a chargé de venir offrir au Directoire «un produit égal ou même plus considérable que celui que le gouvernement retirerait en faisant exploiter les dîmes par ses agents», ce produit devant être payé «ou en nature ou en argent, au gré de l'administration»).

[2] Arch. nat., AF III*, 20, p. 79. — AF III, 404, dossier 2196.

[3] Signé à la minute Barras, Reubell, Carnot.

SÉANCE DU 2 VENDÉMIAIRE AN V [1]

23 SEPTEMBRE 1796.

Le Directoire envoie un message à chacun des deux Conseils; l'un et l'autre sont transmissifs du rapport présenté par le ministre des finances sur la situation par aperçu des finances à l'époque du dernier jour de l'an quatrième [2].

---

[1] Arch. nat., AF III*, 5, fol. 5-8. — AF III, 4.

[2] Message lu à la séance du 2 vendémiaire (*C. C.*, vendémiaire an v, 15-16). — Le Directoire fait remarquer que ce n'est là qu'un compte rendu «préliminaire». Il l'envoie non pour tenir lieu de ce que ce compte rendu promet, mais «pour donner une preuve de son exactitude à remplir tout ce qui est prescrit par l'acte constitutionnel, du désir qu'il a de le faire d'une manière qui réponde à l'attente de la nation et de la surveillance active qu'il exerce sur l'exécution des lois». — De ce rapport du ministre des finances (Arch. nat., AF III. 404, dossier 2197), il ressort que : au 5 brumaire an IV, les caisses publiques renfermaient : En espèces, lingots, diamants ou papiers sur l'étranger, 22,138,165 francs; en assignats, 664,592,912 francs; que les recettes connues ont produit depuis lors en numéraire 36,264,490 francs; en assignats, y compris la nouvelle fabrication, 25,867,464,790; en rescriptions et promesses de mandats par création, 2,400,000,000; en contributions, 69,885,587; en denrées provenant de la contribution foncière 2,712,322 quintaux; en rescriptions bataves provenant de l'indemnité payée par la Hollande calculée sur le pied de 2 francs par florin, 10,000,000 francs; en contributions provenant de l'Italie, 30,000,000; en contributions provenant de l'Allemagne, *mémoire*; — Que la dépense s'est élevée, jusqu'au dernier jour de l'an IV: en numéraire à 65,000,000 francs; en assignats employés pour la majeure partie en achat de numéraire sur le pied de 200 et 300 capitaux, à 24,000,000,000 francs; en rescriptions et promesses de mandats employées pour 500 millions à l'échange des assignats et pour le surplus en majeure partie en achats de numéraire sur le pied moyen de 15 à 20 capitaux à 2,400,000,000 francs; en denrées aux 9/10 des recouvrements; en rescriptions bataves, environ à 20,000,000 francs; qu'il doit rester dans les caisses : 3 millions; en numéraire ou papier sur l'étranger, 20 millions; en assignats, *mémoire*; en mandats 250 millions; en denrées, *mémoire*; en rescriptions bataves, 80 millions; en contributions de l'Italie ou de l'Allemagne, *mémoire*; — que, sur l'arriéré de la contribution foncière antérieure à septembre 1794, dont le total est de 167,011,611 francs, il ne faut pas comprendre plus d'un sixième dans l'actif de la République, le surplus étant dû par les domaines nationaux; qu'il n'est pas possible d'évaluer exactement ce qui reste dû de la contribution foncière de l'an III, mais qu'il s'élève probablement à 200,000 ou 250,000 quintaux de grains et 20 à 25 millions en numéraire ou en papier circulant au cours; que, sur la contribution foncière de l'an IV, il devra encore rentrer 25 millions en assignats et 25 millions en mandats valeur nominale, 125 millions en denrées (réduits à 80 millions valeur métallique par la baisse du prix des denrées et par le déchet et les frais de garde), enfin 125 millions en mandats à l'octuple ou au cours qui feront rentrer vraisemblablement un milliard ou 1,200 millions valeur nominale; — que pour la contribution personnelle et somptuaire l'arriéré antérieur à l'an III est de 44,480,555 fr., qui ne donneront probablement pas plus de 6 à 10 millions en assignats valeur nominale; que sur l'arriéré de l'an III, que l'on ne peut pas encore évaluer, il rentrera peut-être 12 millions de la même façon; que sur la contribution personnelle et somptuaire de l'an IV, dont on ne connaît pas le montant total,

[23 sept. 1796] DU DIRECTOIRE EXÉCUTIF. 673

Un second message est envoyé au Conseil des Cinq-Cents; il a pour objet de transmettre le septième état de la situation de la vente des biens nationaux [1].

On écrit aux deux commissaires des Conseils chargé de l'examen du message concernant la discipline des troupes [2], en leur envoyant copie des dépêches relatives à l'indiscipline de l'armée de Sambre-et-Meuse [3].

Le citoyen Panassot, sous-lieutenant surnuméraire de la vingt-

---

il rentrera probablement de 20 à 25 millions métalliques, soit 300 millions en mandats; — que pour les patentes, l'arriéré antérieur à l'an III (3,387,253 fr.) peut être classé comme non-valeur, qu'il peut être dû 4 millions sur celles de l'an III; que celles de l'an IV, à prélever en entier, sont évaluées à 20 millions valeur numéraire et pourront donner 300 millions en mandats; — que les recettes des dix premiers mois de l'an IV, pour la régie de l'enregistrement et des domaines, s'élèvent à 5,250,498,120 francs (dont 3,200,000,000 en assignats valeur nominale et active et 6 millions en numéraire, plus, pour les deux derniers mois, probablement 200 millions en mandats valeur morte pour prix des domaines nationaux et 20 à 25 millions valeur numéraire pour revenus des bois et domaines nationaux); — que les douanes ont produit, pour les neuf premiers mois de l'an III, 4,139,249 francs en numéraire ou mandats et 46,474,203 francs en assignats valeur nominale, les trois derniers mois ayant dû produire le quart de ces valeurs; que pour les postes et messageries, la dépense a excédé la recette, pour les dix premiers mois de l'an III, de 50 millions en assignats valeur nominale; que les poudres et salpêtres, vu l'état de guerre, doivent être portés en dépenses; — que la fabrication du cuivre donnera peut-être 20 à 25 millions net à la République; que les frais de la marque d'or et d'argent absorbent encore plus que le produit; — que pour les départements réunis (Belgique) il est dû sur la contribution ordinaire 23,201,379 francs et sur la contribution indirecte 1,387,757; — qu'on peut évaluer à 3 ou 4 millions ce qui reste dû en contributions ordinaires par les pays conquis en deçà du Rhin; — que sur l'emprunt forcé de l'an IV il est rentré 201,721,632 francs et qu'il reste dû 232,172,252; — que les dépenses fixes et ordinaires peuvent être arrêtées à 520 millions, y compris les intérêts de la dette et les pensions; — que les moyens extraordinaires qui restent à la République s'élèvent à 1,650 millions (dont 1,500 millions de domaines nationaux et 150 millions d'arriéré disponible); — enfin que l'*extraordinaire* de l'an V exige un fonds disponible de 500 millions et que pour y pourvoir il faut reprendre la vente des biens nationaux, dont les paiements auraient lieu de la manière suivante : un dixième en numéraire ou en mandats au cours, moitié dans les dix jours et moitié dans les six mois; 5 dixièmes en dettes publiques d'où qu'elles proviennent, à 20 fois la rente, arriéré des départements, créances sur les émigrés liquidées, etc., enfin 4 dixièmes en obligations payables en numéraire, payables en 1, 2, 3 ou 4 ans avec intérêts à 5 pour 100; — on gardera 800 millions à vendre pour le service de l'an VI.

[1] Message lu à la séance du 2 vendémiaire (C. C., vendémiaire an V, 18-20). — Cet état, dressé d'après les états partiels de quatre-vingt-six départements parvenus jusqu'au cinquième jour complémentaire, fournit les résultats suivants en ce qui concerne les biens nationaux : 1° 210,459 soumissions 2° 547,069,967 fr. 44 centimes en consignations; 3° 46,380 ventes consommées; 4° 348,554,296 fr. 44 centimes pour le montant du prix de ces ventes; — 5° 402,776,619 fr. 25 centimes en sommes payées à compte; — 6° 4,864 déchéances; — 7° 9,660,788 fr. 28 centimes en sommes restituées aux soumissionnaires déchus.

[2] Voir plus haut.

[3] Message signé Le Tourneur, Carnot, Barras (Arch. nat., AF III, 404, dossier 2198).

unième demi-brigade, est nommé à une place d'huissier près le Directoire exécutif [1].

Un secours de cent livres, en numéraire, est accordé au citoyen Desbans, sexagénaire et ancien militaire [2].

Il est arrêté que tout Français qui a prêté le serment dit le *Contrat étranger*, portant promesse de fidélité et obéissance au Sénat d'Hambourg, ne sera point inscrit sur la matricule tenue par le consul de la République qui y réside [3].

Il sera envoyé au nom du Directoire à M. le prince de la Paix [4] un présent en porcelaine de Sèvres, de la valeur de trente-cinq à quarante mille livres [5].

Il sera pareillement fait un présent de la valeur de vingt-quatre mille livres, en porcelaine de Sèvres, à M. d'Haugwitz, qui a signé les conventions entre la République française et le roi de Prusse [6].

Il sera offert au prince Henri de Prusse un échantillon [7] des armes de la manufacture de Versailles.

Le citoyen Legrain est autorisé à se pourvoir contre l'agent de la commune de Saintré [8], pour le paiement des dépenses faites chez lui par deux gendarmes [9].

---

[1] Arrêté du 2 vendémiaire an v, signé Le Tourneur, Carnot, Revellière-Lépeaux (Arch. nat., AF III, 404, dossier 2198).

[2] «Pour l'aider à se rendre dans sa famille». — Arrêté du 2 vendémiaire an v, signé Carnot, Reubell, Revellière-Lépeaux (Arch. nat., AF III, 404, dossier 2197). — Desbans, dans une pétition du 2 vendémiaire, expose au Directoire qu'ancien lieutenant-colonel, il s'est retiré en 1789 avec deux blessures, après 45 ans de service; qu'il a été depuis élu deux fois commandant des gardes nationales de sa commune; que l'irrégularité du paiement de sa pension, la dépréciation des mandats, la vente de son mobilier, etc., l'ont réduit à la dernière misère.

[3] Arrêté du 2 vendémiaire an v, signé Carnot, Reubell, Barras (Arch. nat., AF III, 404, dossier 2197). — Voir plus haut (p. 494-496) le traité.

[4] «Qui a négocié et signé le traité de l'alliance offensive et défensive entre la République française et Sa Majesté catholique...»

[5] Arrêté du 2 vendémiaire an v, signé Revellière-Lépeaux, Barras, Reubell (Arch. nat., AF III, 404, dossier 2197). — Sur Manuel Godoy, prince DE LA PAIX, voir p. 83, 482.

[6] C'est-à-dire le traité du 18 thermidor (voir plus haut, p. 539). — Arrêté du 2 vendémiaire an v, signé Le Tourneur, Revellière-Lépeaux, Carnot, Barras (Arch. nat., AF III, 404, dossier 2197).

[7] Échantillon de la valeur de quinze cents à deux mille livres. — Arrêté du 2 vendémiaire an v, signé Le Tourneur, Revellière-Lépeaux, Carnot, Barras (Arch. nat., AF III, 404, dossier 2197). — Le prince Henri de Prusse (né en 1726 mort en 1802) était frère du roi Frédéric II et s'était toujours fait remarquer par sa sympathie pour la France.

[8] Département de l'Eure.

[9] Arrêté du 2 vendémiaire an v, signé Reubell, Carnot, Le Tourneur (Arch. nat. AF III, 404, dossier 2197). — Legrain, aubergiste à Verneuil (Eure), réclamait

On écrit au ministre de la marine pour lui demander des renseignements sur la détention du citoyen Hugues Montbrun [1].

Sur le rapport du ministre de la police générale sont rayés de la liste des émigrés les noms des citoyens ci-après :

Thibaut-Joseph Gobineau; Amaury-Christophe Coutance, dit la Celle; Marie-Françoise Carvoisin, femme Bombelles; Louis-François-Julien Benjamin; Jean-Baptiste-Nicolas Lyvet; Michel Guermann, manouvrier; Anne Guermann; Conrard André, manouvrier; Léonard Ferling, berger, Nicolas Ferling; Henry Litzenburger; Joseph Bruhl, Antoine Bruhl; Jacques-Louis-Nicolas Petit; Marie-Jeanne Chartron, veuve Tripié; Gabrielle-Jeanne Ménan, femme Marreau [2]; Arnould-Nicolas-Georges Chelaincourt [3]; Jacques-Marie Banville; Jean-Claude Chalumeau (toutefois le séquestre tenant jusqu'à ce qu'il prouve la résidence de ses enfants [4].

42,729 francs (en assignats) pour dépenses faites chez lui, du 26 pluviôse au 16 ventôse an IV par deux gendarmes et leurs chevaux qui y avaient été envoyés par l'agent municipal de Saintré (Eure) pour contraindre le citoyen Roussel, de cette commune, à se soumettre à une réquisition de grains à laquelle il prétendait se soustraire. — Voir au même dossier 34 pièces relatives à cette réclamation.

[1] Ex-gouverneur général des îles sous le Vent. — Renseignements demandés de la part du Conseil des Cinq-Cents. — Voir plus haut, p. 621, 666.

[2] Thibaut-Joseph Gobineau, ci-devant homme de loi. — Amaury-Christophe Coutance, dit La Celle, domicilié à Nantes; — Marie-Françoise Carvoisin, femme séparée de biens de Jean-Louis-Charles-Frédéric Bombelles; Louis-François-Julien Benjamin, cultivateur à Exmes (Orne); — Jean-Baptiste-Nicolas Lyvet, cultivateur à Ourville; Michel Guermann, manouvrier, et Anne Guermann, célibataire, Léonard Ferling, berger, Nicolas Ferling, célibataire, Henry Litzenburger, cultivateur, Joseph et Antoine Bruhl, cultivateurs, demeurant tous les huit dans dans les communes d'Eping et Durbach, district de Bitche, département de la Moselle; Jacques-Nicolas Louis Petit, avoué au tribunal du ci-devant district de Chartres; Marie-Jeanne Chartron, veuve d'Antoine Tripié, domiciliée à Sézanne (Marne); — Gabrielle-Jeanne Ménan, femme de Pierre Marreau, demeurant à Paris; — inscrits sur les listes des émigrés des départements de la Gironde, d'Ille-et-Vilaine, de la Meurthe, de l'Orne, de la Seine-Inférieure, de la Moselle, de la Sarthe, de l'Aube, de la Sarthe, qui ont justifié de leur résidence. — Neuf arrêtés du 2 vendémiaire an V, signés Reubell, Barras, Revellière-Lépeaux (Arch. nat., AF III, 404, dossier 2198).

[3] Arnould-Nicolas-Georges Chelaincourt, ci-devant officier de dragons, résidant à Retousey, inscrit sur la liste des émigrés du département de la Moselle, qui a justifié de sa résidence. — Arrêté du 2 vendémiaire an V, signé Reubell, Barras, Revellière-Lépeaux (Arch. nat., AF III, 404, dossier 2198).

[4] Jacques-Marie Banville, domicilié dans la commune de la Ferrière-au-Doyen (Calvados), y vivant de son revenu; et Jean-Claude Chalumeau, ex-maître en la ci-devant chambre des comptes de la ci-devant Bretagne, domicilié à Nantes, — inscrits sur les listes des émigrés des départements de la Manche et de la Loire-Inférieure, qui ont justifié de leur résidence. — Deux arrêtés du 2 vendémiaire an V, signés le premier Reubell, Barras, Carnot, le second Reubell, Barras, Revellière-Lépeaux (Arch. nat., AF III, 404, dossier 2198).

Le Directoire écrit dix-huit lettres dont les minutes sont déposées au Cabinet topographique[1] :

Au citoyen Bella, son commissaire dans les pays conquis entre Rhin et Moselle ;

Au citoyen Haussmann, son commissaire près l'armée de Rhin-et-Moselle ;

Au général en chef Moreau ;

Au général Reynier, chef de l'État-major de Rhin-et-Moselle ;

Au général Saint-Cyr ;

Au général Beaupuy ;

Au général Desaix ;

Au général de brigade Decaen ;

Au chef de brigade de Gazan ;

Au citoyen Gavary, aide de camp ;

Au commandant du premier régiment de carabiniers ;

Au commandant du deuxième régiment de cavalerie ;

Au commandant du deuxième régiment de chasseurs ;

Au commandant du huitième régiment de chasseurs ;

Au chef de la troisième demi-brigade d'infanterie légère ;

Au chef de bataillon Marconier ;

Au citoyen Musset, capitaine d'artillerie ;

Au ministre de la marine[2].

En conformité de l'arrêté du 1er prairial an IV, les ministres des finances, de la justice, de l'intérieur et des relations extérieures déposent sur le bureau et invitent le Directoire à approuver les états des sommes par eux ordonnancées pour les dépenses de leurs départements respectifs pendant les cinq jours complémentaires.

Le Directoire approuve ces dépenses et remet un double desdits états, après l'avoir signé, à chacun desdits ministres[3].

---

[1] Ces 18 lettres (sauf celle au ministre de la marine) ne se trouvent pas dans les dossiers 2197 et 2198 relatives à la séance du 2 vendémiaire.

[2] Minute signée Carnot, Reubell, Barras (Arch. nat., AF III, 404, dossier 2198). — Le Directoire l'informe que les dispositions convenues avec le général Hoche touchant une amnistie ne sont point changées. « La loi d'amnistie n'est point rendue. Il est d'ailleurs incertain si elle concernerait les prisonniers dont il s'agit dans la lettre que ce général vous a écrite... »

[3] Le dossier 2198 (Arch. nat., AF III, 404), dont le contenu, comme celui du précédent, se rapporte à la séance du 2 vendé-

SÉANCE DU 3 VENDÉMIAIRE AN V [1]

24 SEPTEMBRE 1796.

Le Directoire adresse trois messages au Conseil des Cinq-Cents.

Par le premier, le Conseil est invité à statuer sur la demande de l'administration d'Eure-et-Loir tendant à obtenir le rétablissement de la couverture de la ci-devant cathédrale de Chartres [2].

Par le second, onze états de demandes de pensions sont transmis au Conseil [3].

Et le troisième est transmissif de trois états, contenant les noms des citoyens morts ou blessés à la poudrerie de Grenelle [4] et des veuves et enfants de ceux qui y sont morts et qui sont susceptibles d'obtenir des pensions [5].

Un messager d'État du Conseil des Anciens est admis et dépose sur le bureau trois lois. La première est relative à l'établissement des sourds et muets de Bordeaux, pour lesquels on affecte définitivement la maison nationale dite des Catherinettes, avec le jardin qui en dépend [6].

---

miaire, se termine par six pièces relatives à des nominations de commissaires et de juges dans les départements de l'Aube, de la Meurthe et de la Haute-Saône.

[1] Arch. nat., AF III*, 5, fol. 8-10. — AF III, 4.

[2] Message lu à la séance du 5 vendémiaire (C. C., vendémiaire an V, 81-82). — Les plombs de cette couverture avaient été enlevés, trois ans auparavant, pour le service de la guerre. L'opération, très urgente, est estimée à 48,729 francs. Pour y subvenir, le Directoire propose d'autoriser l'administration d'Eure-et-Loir à vendre aux enchères et en numéraire les édifices nationaux suivants, sis dans ce département et devenus inutiles : 1° le château de la Louppe; 2° le château de Maillebois; 3° la ci-devant église des Saints-Pères, de Chartres; 4° l'église de Saint-Maurice, qui sert au culte, mais qui tombe en ruines.

[3] Message lu à la séance du 5 vendémiaire (C. C., vendémiaire an V, 77-80). — Il s'agit de demandes de pensions pour les veuves de citoyens morts dans l'exercice de fonctions publiques, des instituteurs publics, etc. — Le Directoire annonce qu'indépendamment des pensionnaires compris dans ces états, un grand nombre de citoyens ayant droit à des pensions sont en instance pour les obtenir (notamment plus de 600 employés supprimés des douanes de Belgique), dont les pensions n'ont pu encore être liquidées. Il demande donc, bien que l'article 162 de la Constitution ne l'oblige à présenter qu'une fois aux Conseils l'aperçu des finances, l'état des pensions, etc., à être autorisé à présenter dans le courant de la présente année de nouveaux états comprenant les pensions actuellement en souffrance.

[4] Il s'agit de l'explosion de la poudrerie de Grenelle, à Paris, qui avait eu lieu le 14 fructidor an II et avait fait un grand nombre de victimes.

[5] Message lu à la séance du 5 vendémiaire (C. C., vendémiaire an V, 83-84).

[6] Bull., II, LXXIX, n° 728. — Voir plus haut, p. 254 (Message du Directoire du 16 thermidor an IV).

La seconde ordonne que le prix des réquisitions exercées depuis le 1ᵉʳ brumaire dernier, pour le service des armées de la République, sera précompté aux citoyens, sur le montant des contributions antérieures à l'an iv[1].

La troisième rapporte la disposition du décret du 4 brumaire[2] et répartit définitivement la commune de Bouillon et son territoire entre les départements des Ardennes, des Forêts et de Sambre-et-Meuse[3].

Le Directoire ordonne que ces trois lois seront publiées, exécutées et qu'elles seront munies du sceau de l'Etat. Elles sont en conséquence adressées de suite à l'enregistrement, pour deux expéditions être envoyées sans délai au ministre de la justice, avec l'arrêté portant ordre d'impression et de publication dans les formes prescrites par les lois.

Sur le rapport du ministre de la justice, le Directoire prend trois arrêtés :

Le premier annule un arrêté du département du Mont-Terrible, relatif au citoyen Fleury, commissaire du Pouvoir exécutif près l'administration municipale du canton de Cœuves[4].

Le second nomme le citoyen Lefèvre à la place de commissaire près l'administration municipale de Nivelles[5].

Le troisième porte ordre d'afficher dans les auditoires des tribunaux les articles 17 et 18 de la loi du 6 pluviôse an iv[6].

L'adjudant général Blondeau et le capitaine Blondeau, son adjoint, se rendront sans délai à l'armée d'Italie, pour y être employés dans leurs grades respectifs[7].

---

[1] Et subsidiairement sur celles de cette même année. — *Bull.*, II, LXXIX, n° 726.

[2] Du décret de la Convention du 4 brumaire an iv portant qu'il serait attribué une partie du territoire de Bouillon au département de l'Ourthe.

[3] *Bull.*, II, LXXXII, n° 754.

[4] Arrêté du 3 vendémiaire an v, signé Le Tourneur, Revellière-Lépeaux, Barras (Arch. nat., AF III, 404, dossier 2199). — L'arrêté du département est annulé parce que cette administration a excédé ses pouvoirs en suspendant Fleury jusqu'à la paix ou jusqu'à la radiation définitive de son fils et de son beau-frère de la liste des émigrés, vu qu'il n'avait que le droit d'en référer au Directoire. Le Directoire suspend du reste Fleury de ses fonctions et arrête qu'il sera remplacé provisoirement.

[5] Département de la Dyle. — Arrêté du 3 vendémiaire an v, signé Le Tourneur, Revellière-Lépeaux, Barras (Arch. nat., AF III, 404, dossier 2199).

[6] Arrêté du 3 vendémiaire an v, signé Le Tourneur, Revellière-Lépeaux, Barras (Arch. nat., AF III, 404, dossier 2199).

[7] Arrêté du 3 vendémiaire an v, signé Carnot, Reubell, Barras (Arch. nat., AF III, 404, dossier 2199).

On envoie au ministre de l'intérieur la liste des administrations municipales des départements de l'Hérault, des Basses-Pyrénées et des Basses-Alpes, près desquelles les commissaires du Directoire ont donné leur démission [1].

Le Directoire signe la lettre de créance du citoyen Jacob, chargé d'affaires de la République française près Sa Majesté le Roi de Sardaigne [2].

Le ministre de la justice fait quatre rapports :

1° Sur la compétence des conseils militaires, relativement aux domestiques d'officiers [3] ;

2° Sur les déprédations de plusieurs employés dans les administrations militaires [4] ;

3° Sur la pétition du citoyen Hédoin, domicilié à Reims [5] ;

4° Sur le citoyen Housset, commissaire du Pouvoir exécutif près les tribunaux civil et criminel du département de l'Yonne [6].

---

[1] Minute signée Barras, Revellière-Lépeaux, Reubell (Arch. nat., AF III, 404, dossier 2199). — Il s'agit des administrations municipales de Pontacq, Espelette, Saulsarrette (Basses-Pyrénées), Digne, Ubraye, Valensolle, Le Vernet, Senéz, Thozane, Forcalquier (Basses-Alpes), Servian, La Salvetat, Capestang, Pézenas, Murviel, Florensac, Soubès, Clermont, Restinclières, Castries (Hérault).

[2] «Jusqu'à ce qu'il ait été choisi un citoyen pour y remplir les fonctions d'ambassadeur.» — Minute signée Reubell, Barras, Revellière-Lépeaux (Arch. nat., AF III, 404, dossier 2199).

[3] Arch. nat., AF III, 404, dossier 2199. — Il s'agit de savoir devant quelle juridiction doivent être envoyés le citoyen Leclerc, adjoint à l'état-major de l'armée du Nord, et ses deux co-prévenus, accusés de vol d'effets nationaux, attendu que l'un d'eux, domestique de Leclerc, ne paraît pas devoir être considéré comme attaché à l'armée. Le ministre est d'avis que c'est non devant un conseil militaire, mais devant le tribunal criminel du département de la Dyle qu'ils doivent être poursuivis et que, dans le cas où ils déclineraient cette juridiction, le tribunal de cassation aurait à prononcer un règlement de juges.

[4] Arch. nat., AF III, 404, dossier 2199. — Il s'agit de déprédations commises à Tours et qui ont donné lieu à une enquête dont le ministre communique le résultat au Directoire.

[5] Arch. nat., AF III, 404, dossier 2199. — Le ministre expose qu'Hédoin, condamné à la prison par le tribunal de police correctionnelle de Reims pour dénonciation calomnieuse contre la municipalité de cette ville, avait fait appel au tribunal de district, qui l'avait déchargé de sa condamnation et que, ne se tenant pas pour satisfait, il demandait au ministre de la justice de poursuivre ses premiers juges devant les tribunaux. Le ministre estime qu'il n'a pas à intervenir et qu'il y a lieu à laisser au citoyen Hédoin le soin de les prendre à partie s'il le trouve convenable.

[6] Arch. nat., AF III, 404, dossier 2200. — Le ministre expose que Housset a été dénoncé comme complice d'assassinats commis à Auxerre le 19 août 1792, époque où il était procureur de la commune; que des enquêtes et procédures qui ont eu lieu à cet égard, il paraît bien ressortir qu'il est coupable au moins de faux témoignage, dont il ne serait couvert que par l'amnistie du 4 brumaire. «Jugez, dit-il en terminant, si vous devez conserver dans sa place un commissaire noté pour un faux témoignage solennellement reconnu, dont la conduite offre souvent l'abus du pouvoir dont vous l'aviez investi et qui

Le Directoire écrit concernant le service militaire :

Au général de division Hatry [1], en lui annonçant qu'il est nommé au commandement de la dix-septième division militaire [2];

Au général de brigade Duvignau [3], en lui annonçant qu'il continue à être employé dans son grade dans la dix-septième division [4];

Au ministre de la guerre, pour l'autoriser à faire continuer aux officiers généraux et particuliers, ainsi qu'aux commissaires des guerres, employés près le Directoire exécutif, le traitement et les attributions accordés par les lois à leurs grades respectifs [5];

Au même ministre, pour l'inviter à empêcher que les facteurs [6] des corps ne prennent au delà de six deniers par livre sur l'argent qu'on envoie aux militaires [7].

On écrit encore cinq lettres, dont les minutes sont déposées au cabinet topographique :

Une au ministre de la guerre [8];

Une aux commissaires de la Trésorerie [9];

Une au ministre des finances [10];

---

néanmoins... montre du zèle dans l'exercice de ses fonctions». — A la suite de ce rapport viennent 58 pièces manuscrites ou imprimées relatives à l'affaire Housset de 1792 à l'an IV et qui forment avec lui la totalité du dossier 2200.

[1] Général en chef de l'armée de l'intérieur.

[2] Le Directoire lui exprime en même temps la satisfaction qu'il a de ses services. — Minute signée Le Tourneur, Carnot, Revellière-Lépeaux (Arch. nat., AF III, 404, dossier 2199).

[3] Ancien chef de l'état-major de l'armée de l'intérieur.

[4] Le Directoire lui exprime en même temps la satisfaction qu'il a de ses services. — Minute signée Le Tourneur, Carnot, Revellière-Lépeaux (Arch. nat., AF III, 404, dossier 2199).

[5] Minute signée Le Tourneur, Carnot, Revellière-Lépeaux (Arch. nat., AF III, 404, dossier 2199).

[6] Les vaguemestres ou facteurs.

[7] Minute signée Le Tourneur, Carnot, Reubell (Arch. nat., AF III, 404, dossier 2199).

[8] Minute signée Carnot, Reubell, Barras (Arch. nat., AF III, 404, dossier 2199). — Le Directoire lui transmet l'extrait d'une lettre de ses commissaires près l'armée d'Italie sur le principe qui a produit la désorganisation de la partie administrative de cette armée. Il l'invite à faire cesser un état de choses aussi nuisible au service et à prendre des renseignements sur la conduite répréhensible de l'ordonnateur Denniée. Celui-ci, dit-il, « peut se reprocher une grande partie de ces déplorables abus; sa molle négligence le rend au moins bien répréhensible d'avoir souffert qu'ils parvinssent à ce degré d'accroissement».

[9] Minute signée Carnot, Reubell, Barras (Arch. nat., AF III, 404, dossier 2199). — Le Directoire invite au nom du bien public les commissaires de la Trésorerie nationale à réformer sévèrement ceux des employés qui, par impéritie ou immoralité, ont désorganisé le service administratif de l'armée d'Italie.

[10] Minute signée Carnot, Reubell, Barras (Arch. nat., AF III, 404, dossier 2199). — Le Directoire lui transmet un extrait d'une lettre de ses commissaires près l'armée d'Italie; il l'invite à réprimer, conjointement avec les commissaires de la Trésorerie, le mal dont ils se plaignent.

Une au citoyen Noël, ministre de la République près la République batave [1];

Et une au général de brigade Cambray [2].

SÉANCE DU 4 VENDÉMIAIRE AN V [3]
25 SEPTEMBRE 1796.

Un messager d'État du Conseil des Anciens est admis et dépose sept lois :

La première, en date du 26 fructidor, porte que la loi du 26 floréal an III [4] n'est point applicable aux ecclésiastiques sujets à la réclusion ou à la déportation [5];

La seconde, aussi en date du 26 fructidor, déclare que les militaires qui composent le camp de Grenelle, ceux qui forment la garde du Directoire, etc... ne cessent de bien mériter de la patrie [6];

La troisième concerne les conditions exigées par l'article 2 de la loi du 28 prairial an III, relative aux gardes nationales des départements [7];

---

[1] Minute signée Carnot, Reubell, Barras (Arch. nat., AF III, 404, dossier 2199). — Le Directoire lui accuse réception des observations qu'il lui a adressées « tendantes à paralyser le commerce des marchandises anglaises dans le pays occupé par les armées républicaines ».

[2] La minute de cette lettre ne se trouve pas dans les dossiers relatifs à la séance du 3 vendémiaire.
Le dossier 2201, dont le contenu, comme celui des deux précédents, se rapporte à la séance du 3 vendémiaire, est formé de 40 pièces relatives à des nominations de juges de paix, assesseurs, commissaires, etc., dans les départements de l'Aube, du Jura, de la Meurthe, de l'Oise, de l'Orne, du Pas-de-Calais et de la Seine.

[3] Arch. nat., AF III*, 5, fol. 10-13. — AF III, 4.

[4] Portant que ceux qui jusqu'à cette date n'ont point réclamé contre leur inscription sur les listes d'émigrés sont définitivement exclus de le faire et réputés émigrés.

[5] *Bull.*, II, LXXVIII, n° 712. — Les ecclésiastiques sujets à la réclusion ou à la déportation auront six mois pour revendiquer leurs biens ou leur valeur s'ils sont vendus. Ceux qui, relevés de la réclusion ou de la déportation, se trouveraient inscrits sur des listes d'émigrés, seront mis provisoirement en possession de leurs biens, en justifiant qu'ils n'ont pas quitté le territoire de la République depuis le 9 mai 1792 jusqu'au moment de la loi qui les déportait.

[6] Vu « la conduite que ces troupes ont tenue dans la nuit du 23 au 24 de ce mois. » (Voir plus haut, p. 589-591). — *Bull.*, II, LXXVIII, n° 711.

[7] Cet article portait que les gardes nationales des départements étaient composées «de tous les citoyens valides *âgés de seize à soixante ans.*» La loi du 4 vendémiaire rend cette condition facultative et porte que *tout citoyen valide et en état de porter les armes* ne pourra être refusé pour faire le service de la garde nationale sédentaire. » — *Bull.*, II, LXXIX, n° 730.

La quatrième est relative à la jouissance accordée au conservateur général des hypothèques par les arrêtés du Comité de finances des 6 fructidor an III et 17 brumaire an IV de la maison ci-devant dite de l'Oratoire, rue Honoré [1];

La cinquième, en date du 3 vendémiaire présent mois, est relative aux matières judiciaires dans lesquelles il est intervenu, soit de la part des Comités de la Convention nationale, soit de celle des représentants du peuple en mission, des arrêtés depuis révoqués par une loi [2];

La sixième charge les ministres de l'intérieur et de la justice, chacun en ce qui le concerne, d'ordonnancer, pour le premier trimestre de l'an V, les états de toutes les dépenses que la loi du 28 messidor dernier a mises à la charge des départements [3];

Et la septième et dernière ordonne que la somme de cent mille livres, accordée à la haute-cour de justice pour ses dépenses [4], sera acquittée en numéraire effectif [5].

Le Directoire ordonne que ces lois seront publiées, exécutées et qu'elles seront munies du sceau de l'État. Elles sont, en conséquence, adressées de suite à l'enregistrement pour deux expéditions être envoyées sans délai au ministre de la justice, avec l'arrêté portant ordre d'impression et de publication dans les formes prescrites par les lois.

Il adresse ensuite deux messages au Conseil des Cinq-Cents :

Par le premier, ce Conseil est invité à statuer sur le paiement des amendes relatives aux droits de douanes et de navigation [6];

Le second a pour objet de demander que le ci-devant couvent des Deux-Amants, à Lyon, soit affecté à l'établissement de l'École vétérinaire de cette commune [7].

---

[1] *Bull.*, II, LXXIX, n° 733. — Cette loi (du 4 vendémiaire) restreint ladite jouissance aux seuls bâtiments ci-devant conventuels.

[2] *Bull.*, II, LXXIX, n° 727. — Cette loi porte que les parties « déchues de l'effet de ces arrêtés recouvrent le plein exercice des actions et exceptions qui leur appartenaient à l'époque où elles s'étaient pourvues devant les représentants ou les comités ».

[3] *Bull.*, II, LXXIX, n° 731. — Sur la loi du 28 messidor, voir plus haut, p. 102-103.

[4] Par la loi du 20 thermidor an IV (voir plus haut, p. 291).

[5] *Bull.*, II, LXXX, n° 739.

[6] Message lu à la séance du 7 vendémiaire (*C. C.*, vendémiaire an V, 100-101). — Le Directoire fait observer que la loi du 14 thermidor an IV (voir plus haut, p. 241), qui ordonne le paiement en numéraire ou en mandats, valeur représentative des droits de douane et de navigation, n'a rien prononcé sur les amendes pour contravention à ces droits. Il estime que le paiement de ces amendes doit se faire de la même façon.

[7] Le Directoire rappelle qu'il a été désigné pour ce service par les représentants en mission dans cette ville et qu'il y a été déjà fait pour 216,137 livres 10 sous de réparations et travaux d'aménagement. — Message lu à la

Il est arrêté, sur le rapport du ministre des finances, que les étangs renfermés dans les forêts nationales des départements de la Moselle, de la Meurthe et des Vosges sont exceptés de la loi qui autorise l'aliénation des domaines nationaux [1].

Sur le rapport du même ministre, il règle le mode de paiement des adjudications des bois nationaux qui seront vendus cette année [2].

Le citoyen Deseboin est destitué de ses fonctions d'agent municipal de la commune d'Heuchin [3].

Il écrit à la commission des finances du Conseil des Cinq-Cents et lui fait des observations sur le projet d'admettre une partie de la Dette publique en paiement du dernier quart des domaines nationaux [4].

Le citoyen Crozot (Nicolas-Adrien), ancien militaire, est nommé à une place d'huissier vacante près le Directoire [5].

En exécution de l'arrêté du Directoire du 1er prairial an IV, le ministre de la justice dépose sur le bureau et soumet à l'approbation du Directoire l'état des sommes par lui ordonnancées pour les quatre premiers jours de vendémiaire.

Le Directoire, après avoir approuvé cet état, en renvoie un double au ministre de la justice.

---

séance du 7 vendémiaire (*C. C.*, vendémiaire an v, 98-99).

[1] En conséquence, les soumissions qui auraient pu en être faites sont annulées. — Arrêté du 4 vendémiaire an v, signé Reubell, Barras, Revellière-Lépeaux (Arch. nat, AF III, 404, dossier 2202). — Rendu sur un rapport du ministre des finances qui se trouve au même dossier et où on lit « que ces étangs servent à réunir les eaux par des pentes, souvent peu apparentes, que leur écoulement forme des ruisseaux qui, au moyen du flottage, servent à sortir les bois exploités des forêts, dont il est impossible de les exporter par charrois pendant la majeure partie de l'année;... que l'aliénation de ces étangs introduirait dans l'enceinte des forêts des propriétaires particuliers qui ne manqueraient pas de profiter des facilités qu'ils auraient à y commettre des délits ».

[2] Le paiement aura lieu pour un cinquième en espèces dans la décade et pour les quatre autres en quatre traites échelonnées de 3 à 6 mois, plus le paiement comptant des deux sous pour livre du principal. — Arrêté du 4 vendémiaire an v signé Reubell, Barras, Revellière-Lépeaux (Arch. nat., AF III, 404, dossier 2202).

[3] Pour avoir « recélé chez lui Gaudet, ex-curé de Lisbourg, sujet à la déportation conformément à la loi du 26 août 1792, qu'il était obligé par devoir de faire arrêter et traduire devant les tribunaux ». — Arrêté du 4 vendémiaire an v, signé Le Tourneur, Reubell, Revellière-Lépeaux (Arch. nat., AF III, 404, dossier 2202).

[4] Le Directoire déclare ne pouvoir approuver ce projet. — Minute signée Revellière-Lépeaux, Le Tourneur, Reubell (Arch. nat., AF III, 404, dossier 2202). — Le Directoire craint que cette mesure ne porte une atteinte funeste au crédit des mandats territoriaux.

[5] Arrêté du 4 vendémiaire an IV, signé Carnot, Reubell, Barras (Arch. nat., AF III, 404, dossier 2202).

Il approuve ensuite une dépêche présentée par le ministre des relations extérieures et servant de supplément aux instructions données au citoyen Jacob sur l'occupation de l'île de Saint-Pierre en Sardaigne [1].

Il charge le citoyen Verninac de seconder le désir que témoigne l'Espagne de se rapprocher de la Porte [2].

Ces deux arrêtés sont restés entre les mains du ministre des relations extérieures.

Le Directoire adresse plusieurs lettres concernant le service militaire et dont les minutes sont à la section de la Guerre, savoir :

Au général Saint-Hilaire [3];

Au général Victor [4];

Au général Murat [5];

Au général Bertin [6];

Au général en chef Beurnonville [7];

Au citoyen Alexandre, commissaire du gouvernement [8];

Au général en chef Bonaparte [9];

Au citoyen Garrau, commissaire du gouvernement [10];

Au citoyen Joubert, commissaire du gouvernement près l'armée de Sambre-et-Meuse [11];

---

[1] La minute de cet arrêté ne se trouve pas dans les dossiers correspondant à la séance du 4 vendémiaire. — Sur la nomination de Jacob, voir plus haut, p. 679 (séance du 3 vendémiaire).

[2] La minute de cet arrêté ne se trouve pas dans les dossiers correspondant à la séance du 4 vendémiaire.

[3] Minute signée Carnot, Reubell, Barras (Arch. nat., AF III, 404, dossier 2202). — Le Directoire lui témoigne combien il apprendra avec satisfaction son prompt rétablissement, également attendu avec impatience par ses braves frères d'armes.

[4] Minute signée Carnot, Reubell, Barras (Arch. nat., AF III, 404, dossier 2202). — Le Directoire lui témoigne le plaisir qu'il aura de le voir reparaître à la tête des armées, aussitôt après son rétablissement des blessures qu'il a reçues au service de la République.

[5] Minute signée Carnot, Reubell, Barras (Arch. nat., AF III, 404, dossier 2202). — Le Directoire le félicite du courage brillant qu'il a montré dans les dernières opérations de l'armée d'Italie.

[6] Minute signée Carnot, Reubell, Barras (Arch. nat., AF III, 404, dossier 2202). — Le Directoire, espérant que ses blessures ne le retiendront pas longtemps éloigné du théâtre de la guerre, l'invite à lui annoncer le moment où il ira cueillir de nouveaux lauriers.

[7] Voir le texte de cette lettre plus loin à l'Appendice.

[8] Minute signée Carnot, Reubell, Barras (Arch. nat., AF III, 404, dossier 2202). — Le Directoire l'invite à prendre les informations les plus positives sur le compte de ceux qui se sont rendus coupables de dilapidations et de brigandages dans l'armée de Sambre-et-Meuse, quels que soient leurs grades, et à lui en faire parvenir l'état.

[9] Voir le texte de cette lettre plus loin à l'Appendice.

[10] Voir le texte de cette lettre plus loin à l'Appendice.

[11] Minute signée Carnot, Barras, Reubell

Et une au général en chef Beurnonville [1].

Un messager d'État du Conseil des Cinq-Cents est admis; il dépose un message par lequel le Directoire est invité à donner des renseignements sur l'état de détresse où se trouvent les armées des Côtes de l'Océan et les brigades de gendarmerie stationnées à Saint-Clar et Lectoure [2].

(Arch. nat., AF III, 404, dossier 2202). — Le Directoire lui annonce que, d'après son rapport, il a approuvé l'arrêté tendant à mettre une somme de 2,008,700 francs à la disposition du commissaire ordonnateur en chef de l'armée de Sambre-et-Meuse pour les différents services de cette armée. — La minute porte : au citoyen Joubert, commissaire du gouvernement près l'armée de Sambre-et-Meuse *ou en son absence au commissaire du gouvernement Alexandre.*

[1] Voir le texte de cette lettre plus loin à l'Apppendice.

[2] Département du Gers. — Message voté par le Conseil des Cinq-Cents dans sa séance du 4 vendémiaire (*C. C.*, vendémiaire an V, 34), sur la motion de Desmolin (du Gers). Ce député a signalé avec vivacité les agissements des fournisseurs et agents de l'administration des vivres, fourrages, etc., qui sont, selon lui, les auteurs de tout ce mal. « Ces essaims de frelons ne manquent jamais de rien, et toujours au détriment du militaire. Leur nombre est si excessif qu'il y en aurait assez pour dix armées comme celle-là. A Niort, où il n'y a en garnison qu'une compagnie de canonniers, il existe cependant de treize à quatorze cents parties prenantes. » Les gendarmes de Saint-Clar et de Lectoure sont dans un dénuement absolu, obligés de vendre leurs effets, de faire pacager dans les prés leurs chevaux, qui n'ont plus la force de faire le service, ou même de les vendre. Plusieurs ont dû abandonner eux-mêmes le service. « Cependant les fournisseurs n'en exigent pas moins du gouvernement des avances plus fortes et se font délivrer des ordonnances qui deviennent pour eux un nouvel instrument d'agiotage; ils les mettent dans le commerce et les délivrent à plus bas prix que leur valeur nominale, pour se ménager la ressource d'en demander d'autres au gouvernement en lui faisant voir combien ils ont perdu... » (*C. C.*, vendémiaire an IV, 33-35. — *Déb.*, vendémiaire an V, 19-21).

Outre les pièces qui viennent d'être signalées, on trouve dans le dossier 2202, qui se rapporte à la séance du 4 vendémiaire, les suivantes, qui ne sont pas mentionnées au procès-verbal : 1° Lettre au ministre de la guerre, signée Carnot, Barras, Reubell, pour l'informer que, d'après son rapport, le Directoire a approuvé l'arrêté tendant à mettre à la disposition du commissaire ordonnateur en chef de l'armée de Sambre-et-Meuse une somme de 2,008,700 francs pour les différents services de cette armée. — 2° Lettre au ministre de la guerre, signée Carnot, Reubell, Barras, par laquelle le Directoire l'invite à prendre les mesures convenables pour opérer la réunion de divers fragments de troupes à cheval qui se trouvent dans l'intérieur et dont les corps sont aux armées; l'invite à écrire au général Beurnonville pour qu'il dirige sur l'armée de Rhin-et-Moselle un régiment qu'il détachera de son aile droite, l'invite aussi à faire distribuer aux régiments incomplets qui sont dans l'intérieur des remontes qui puissent les mettre à même de remplacer aux armées ceux qui sont affaiblis. — 3° Lettre signée Carnot, Reubell, Barras, par laquelle le Directoire écrit au général Mayer qu'il désire son prompt rétablissement afin qu'il voie tomber avec Mantoue le dernier espoir de l'Autriche sur l'Italie. — 4° Lettre signée Carnot, Revellière-Lépeaux, Reubell, au général Beurnonville pour l'inviter à faire examiner la conduite du général Castelverd, qui a quitté son poste, et à le faire traduire devant un conseil militaire, s'il est coupable.

Le dossier 2202 se termine par 13 pièces relatives à des nominations d'administrateurs municipaux, juges, juges suppléants dans les départements de la Dordogne, de l'Indre et de Lot-et-Garonne.

A

Le Directoire exécutif au général Beurnonville, commandant en chef de l'armée de Sambre-et-Meuse.

Il est nécessaire, citoyen général, de joindre aux moyens militaires dont nous sommes persuadés que vous ferez un digne usage pour l'utilité de la République ceux que la politique commande dans la circonstance présente. Vous connaissez la proclamation que l'Empereur a dernièrement adressée à ses sujets; vous avez vu qu'une partie des craintes qu'il a cherché à leur inspirer sur la manière dont ils seraient traités par nos troupes ne s'est que trop vérifiée par la conduite qu'elles ont tenue avant que vous prissiez le commandement de l'armée de Sambre-et-Meuse.

Il est donc indispensable d'employer les mêmes moyens au moment où l'armée de Sambre-et-Meuse, après avoir repris l'offensive, se sera portée sur le Main, pour faire revenir les peuples justement ulcérés des vexations qu'ils ont éprouvées. Ainsi vous ferez une proclamation rédigée en langue allemande, bohémienne et moravienne. Il faut qu'elle soit répandue avec profusion dans tous ces pays et que son émission coïncide avec la rentrée de l'armée en Franconie. Il est superflu de vous dire que le style doit en être simple et propre par sa franchise à faire revenir les esprits et à leur donner de la confiance dans la loyauté française. C'est particulièrement les Bohémiens qu'il faut s'attacher à persuader et nous pensons qu'un des moyens pour remplir ce but consiste à avouer franchement dans la proclamation (en usant cependant de la mesure convenable) les désordres exercés par nos troupes et à donner l'assurance qu'ils n'auront plus lieu par la suite. Il sera bon aussi d'y insérer une injonction aux habitants des campagnes pour les obliger à rentrer dans l'ordre. Ces mesures, appuyées de quelques exemples sévères, exercés principalement sur les grands coupables, ramèneront le calme en Allemagne et n'exposeront plus l'armée aux vengeances des paysans, que nos désordres ont armés.

Carnot, Reubell, P, Barras, L.-M. Revellière-Lépeaux[1].

B

Le Directoire exécutif au général en chef Bonaparte.

Nous attendions avec confiance, citoyen général, les nouvelles que vous nous aviez annoncées par le courrier qui a précédé celui du 30 fructidor[2], et elles sont, en effet, très satisfaisantes, quoique le succès dont vous nous rendez compte n'ait pas été aussi complet que vous aviez droit de l'espérer de la précision et de la hardiesse de vos dispositions[3]. La défaite de Wurmser sous les murs de Mantoue a vengé

---

[1] Arch. nat., AF III, 404, dossier 2202.
[2] Lettre du 21 fructidor, par laquelle Bonaparte rend compte de la bataille de Bassano (*Corr. de Napoléon Ier*, 603-604).
[3] Voir la lettre du 30 fructidor par laquelle Bonaparte rend compte au Directoire des combats de Cerea, de Castellaro, de la prise de Porto-Legnago, du combat de Due-Castelli et de la bataille de Saint-Georges (*Corr. de Napoléon Ier*, I, 615-619).

la brave armée d'Italie de ce qu'il est échappé à sa poursuite, au passage de l'Adige et de la Brenta, et il ne lui reste plus, pour mettre le comble à sa gloire, qu'à faire tomber cette place au pouvoir de la République avec les débris de l'armée autrichienne qu'elle renferme. Pour remplir cet objet, non seulement il est nécessaire de ne rien donner au hasard; mais les derniers événements survenus en Allemagne nous commandent de mettre tout en œuvre pour prévenir l'arrivée des troupes que les Autrichiens pourraient envoyer au secours de Mantoue. Quelque importante que soit l'opération que nous vous avions prescrite sur Trieste, il est encore plus essentiel de consolider la conquête de l'Italie par la prise de la première de ces deux places; et nous vous recommandons d'y employer tous vos moyens avec l'audace et l'activité qui dirigent toutes vos entreprises. Il serait à désirer sans doute que votre marche sur Trieste pût s'opérer en même temps, et il est à craindre que la saison ne vous permette pas de l'opérer lorsque Mantoue sera rendue; mais, nous vous le répétons, nous croyons devoir sacrifier cet avantage à la nécessité de fermer l'Italie aux renforts autrichiens et d'en rester maîtres à la fin de la campagne.

Nous sommes bien persuadés que vous sentez toute la force de nos motifs pour ne rien exposer aux chances de la fortune. C'est en Italie que nous devons nous dédommager de nos revers en Allemagne et forcer l'empereur à la paix; il est donc nécessaire d'y rendre notre position militaire inexpugnable.

Sans analyser ici les causes des échecs en Allemagne, nous nous bornons à vous annoncer que l'armée de Sambre-et-Meuse a successivement abandonné la Rednitz, le Main et la Lahn et qu'elle s'est repliée, partie sur Dusseldorf, partie derrière le Rhin. Le général Beurnonville, qui en a pris le commandement et qui l'a renforcée d'un corps considérable de celle du Nord, nous annonce qu'il va la reporter en avant et nous espérons qu'il marchera avec assez de célérité pour empêcher que la majeure partie des forces ennemies ne se porte sur l'armée de Rhin-et-Moselle et ne la force elle-même à la retraite. Dans la supposition contraire, il est à croire que l'ennemi fera filer ensuite des renforts dans le Tyrol; et c'est cette considération qui nous engage à vous prescrire de considérer la prise de Mantoue comme un objet auquel vous devez sacrifier en ce moment toute autre opération.

L'indisposition des Allemands contre nos troupes, occasionnée par l'indiscipline, et les suites qui en sont résultées, nous avertissent de nouveau et d'une manière fâcheuse combien la mollesse dans l'exercice de l'autorité militaire, de grade à grade, est funeste à la gloire d'une armée, et combien il importe de gagner les habitants du théâtre de la guerre par le maintien du bon ordre.

Mais il ne nous suffit pas d'empêcher qu'ils ne deviennent nos ennemis, il faut les rendre tels à l'égard de leur ancien gouvernement et jeter les germes de l'insurrection dans les pays mêmes où nos armes n'ont pas encore pénétré. Cette observation s'applique particulièrement à la Hongrie, où des intérêts politiques fortement prononcés parmi la haute et la petite noblesse et les différentes classes du peuple rendent plus pesant le joug de l'Autriche. Répandez-y, dans les langues vulgaires, des proclamations dont l'énergie réveille la fierté des Hongrois et leur antique haine pour leurs oppresseurs. La renommée de vos succès et de la loyauté française les rendra confiants à vos promesses et leur inspirera peut-être le désir de reconquérir leur indépendance : la cour de Vienne en sera du moins alarmée et les ressources de tout genre qu'elle retire de ce royaume diminueront proportionnellement à ses craintes.

Nous allons recevoir avec une vive satisfaction les drapeaux que l'aide de camp Marmont[1] a apportés, et nous nous proposons d'accorder aux braves qui se sont distingués dernièrement les récompenses que vous avez demandées pour eux. Nous vous invitons à témoigner à l'armée, et particulièrement aux officiers généraux et autres qui ont été blessés, la satisfaction que leur dévouement nous a fait éprouver.

CARNOT, REUBELL, P. BARRAS[2].

C

LE DIRECTOIRE EXÉCUTIF AU CITOYEN GARRAU, COMMISSAIRE DU GOUVERNEMENT PRÈS L'ARMÉE D'ITALIE.

Nous avons reçu, citoyen, vos lettres des 1er et 2e jours complémentaires de l'an IV. Le ministre de l'intérieur donnera des ordres pour remédier aux causes qui retardent la célérité du service des postes : c'était l'objet de votre lettre du 2e jour complémentaire; celle du 1er exige une réponse plus détaillée.

Nous approuvons l'arrêté que vous avez pris touchant l'établissement de plusieurs préposés qui doivent surveiller les administrations chargées de la rentrée des revenus domaniaux. Nous approuvons de même ceux concernant divers agents militaires suspects ou coupables d'infidélité dans leur gestion.

C'est un malheur attaché à la complication des circonstances que la conduite des dilapidateurs puisse si souvent échapper à la rigueur des lois. Vos observations à cet égard sont très justes et le général en chef, qui sans doute les a également faites, aura composé le tribunal militaire de façon à ne plus faire craindre que le crime reste impuni.

Ce que vous marquez, citoyen, à l'égard de l'emploi des fonds de la compagnie Flachat est de nature à exiger un rapport du ministre des finances de façon à faire concorder ses dispositions avec les besoins du service de l'armée. Nous vous ferons part de la détermination qui sera prise en conséquence.

Le Directoire avait déjà reçu avec vos précédentes lettres copie de la demande de l'ordonnateur en chef Denniée pour les dépenses du mois de vendémiaire. Elle lui a semblé, comme à vous, exorbitante et l'administration de ce commissaire deviendrait un nouveau gouffre où se perdraient les contributions, si elle n'était pas très prochainement amendée.

---

[1] MARMONT (Auguste-Frédéric-Louis Viesse de), né à Châtillon-sur-Seine le 20 juillet 1774, mort à Venise le 22 juillet 1852; lieutenant d'artillerie au siège de Toulon (1793); capitaine à l'armée de Rhin-et-Moselle (1795); aide de camp de Bonaparte à l'armée de l'intérieur, puis à l'armée d'Italie (1796); plus tard maréchal et duc de Raguse; auteur de *Mémoires* publiés après sa mort et qui provoquèrent des réclamations (Paris, Perrotin, 1856, 8 vol. in-8°).

[2] Arch. nat., AF III, 404, dossier 2202.

Quand le Directoire s'est plaint à vous, citoyen, des abus de confiance et des dilapidations de toute espèce dont l'armée d'Italie offrait le douloureux spectacle malgré ses victoires, il n'a pu avoir le plus léger doute sur la pureté de vos sentiments. Il vous a confié ses inquiétudes patriotiques pour vous porter à les calmer par l'usage de l'autorité dont il vous a revêtu. Sans doute vous ne pouvez pas tout réprimer, sans doute la régénération des bons principes ne sera jamais entière dans ce moment, malgré le zèle que vous mettez à opérer ce bien, mais enfin si votre courage peut beaucoup pour en procurer une partie, les mesures que vous prendrez deviendront d'autant plus efficaces qu'elles seront encore fortifiées du poids de votre exemple, et c'est sur quoi le Directoire a toujours compté et sa confiance vous maintient au poste que vous occupez et dans lequel elle saura vous soutenir.

CARNOT, REUBELL, P.-BARRAS[1].

D

LE DIRECTOIRE EXÉCUTIF AU GÉNÉRAL EN CHEF BEURNONVILLE,
COMMANDANT L'ARMÉE DE SAMBRE-ET-MEUSE.

Le Directoire a reçu, citoyen général, vos lettres du 29 fructidor et des 4ᵉ et 5ᵉ jours complémentaires. La nouvelle du retour de l'armée de Sambre-et-Meuse sur la rive gauche du Rhin nous aurait affligés profondément si la confiance que nous avons dans votre fermeté, votre amour pour la discipline, votre attachement à la cause qui a armé tous les véritables Français et vos talents militaires ne nous rassurait et si nous n'étions persuadés que vous ne tarderez pas à faire reprendre l'offensive aux troupes qui vous sont confiées.

Des soins d'organisation vous occupent en ce moment : nous en connaissons toute l'importance et nous savons qu'ils demandent quelques jours de repos; mais nous ne pouvons perdre un seul instant de vue la position de l'armée de Rhin-et-Moselle et son salut dépend des mouvements que va faire celle de Sambre-et-Meuse. Après avoir mûrement réfléchi sur la situation de cette dernière, nous avons pensé qu'elle pouvait dès à présent ressaisir insensiblement et comme par degrés l'offensive et que votre activité, secondée par celle du Commissaire du gouvernement Alexandre, la mettrait bientôt à même de réparer les fautes qui ont été faites et dont le principe appartient plutôt à l'indiscipline tolérée et encouragée par les chefs qu'au manque de courage et de désir de triompher des ennemis de la République.

Nous croyons, en conséquence, qu'après avoir assuré votre droite par des forces suffisantes dans le Hundsrück et les environs de la Nahe, ainsi que par la conservation de la tête de pont de Neuwied, votre aile gauche peut sur-le-champ remarcher en avant. Elle doit être en partie composée de divisions venues de l'armée du Nord, lesquelles, suivant les rapports qui nous sont parvenus, se trouvent en

[1] Arch. nat., AF III, 404, dossier 2202.

situation d'agir. Les arrangements faits avec la Prusse nous permettent de traverser les pays qui lui sont soumis et qui se trouvent sur la rive gauche de la Roer en y observant la conduite qui doit avoir lieu dans un pays ami. Mais il est bon de n'y entrer que lorsque les mouvements militaires le demandent, et nous préférons que l'armée de Sambre-et-Meuse se développe dans le duché de Berg, où elle doit cependant se conduire avec la même discipline, ce duché étant compris dans l'armistice qui vient d'être conclu avec l'Électeur de Bavière [1]. Si donc votre aile gauche se trouve dès à présent disponible, n'hésitez pas à la porter sur la Wipper et sur la Sieg; qu'elle y soit renforcée par les divisions du centre aussitôt que leurs moyens de transport et de subsistances le permettront, et que bientôt la réorganisation et la renaissance de l'ordre dans le reste de l'armée la mettent en état de revenir avec vivacité sur la Lahn pour y reprendre d'abord le siège d'Ehrenbreitstein et ensuite remarcher en avant afin de rétablir la campagne dans le cœur de l'Allemagne. C'est le seul moyen d'obtenir une paix dont l'opiniâtreté de nos ennemis a jusqu'ici éloigné l'époque glorieuse.

Nous sommes convaincus, citoyen général, que vous ne perdrez pas un instant de vue la situation hasardée de l'armée de Rhin-et-Moselle; chaque jour, chaque heure de retard peut la compromettre. En vous prescrivant de marcher pour l'appuyer nous n'exigeons pas l'impossible; mais nous demandons de vous, nous attendons des braves que vous allez conduire à la victoire tous les efforts que des républicains généreux peuvent entreprendre.

Nous n'ignorons pas, citoyen général, que vos yeux sont à chaque instant désagréablement frappés par le tableau de la cupidité, du crime et des horreurs que l'indiscipline amène; mais nous espérons qu'il suffira de sévir contre ceux qui, chargés de réprimer ces honteux désordres, ont au contraire donné l'exemple du brigandage le plus effréné et de châtier les protecteurs du crime pour le faire disparaître. Cette tâche pénible à remplir, nous la confions à votre zèle et à votre fermeté; vous ne pouvez prendre des mesures trop vigoureuses. Le Directoire, persuadé de votre énergie et de votre sagesse, approuvera toutes celles que vous croirez devoir adopter pour ramener les soldats à la discipline, et l'idée de la responsabilité ne l'arrête point; car il sent qu'avant tout il faut sauver la patrie, l'armée qui vous obéit et venger le caractère national, sur lequel le pillage et les délits qui l'accompagnent impriment le sceau du déshonneur.

Cette guerre ne doit point être une spéculation d'un peuple qui désire s'enrichir en dépouillant les autres nations. C'est la guerre de la liberté; c'est pour elle, c'est pour notre indépendance que nous combattons et pour la paix qui doit la consolider. Il importe que nos vertus, notre humanité, notre désintéressement même soient autant admirés des nations étrangères qu'ont pu l'être et notre courage et l'opiniâtreté avec laquelle nous avons jusqu'ici défendu la République. Ces sentiments, qui sont les nôtres, vous en êtes pénétré, citoyen général, et nous ne doutons pas du succès de vos efforts pour les faire renaître dans l'âme de

---

[1] Armistice conclu à Pfaffenhoffen par Moreau et les commissaires de l'Électeur le 21 fructidor an IV (voir le texte de cette convention dans le *Monit.*, XXVIII. 433-434).

ceux qui avaient pu les oublier un moment pour suivre le torrent contagieux des désordres qui n'ont été que trop tolérés.

L'espèce d'animosité qui existe entre les généraux Pichegru et Jourdan s'oppose principalement à ce que le premier, qui a d'ailleurs donné sa démission de commandant en chef de l'armée de Rhin-et-Moselle, soit employé à celle de Sambre-et-Meuse, où quelques généraux le verraient avec inquiétude. Il est en outre douteux qu'il acceptât. Le Directoire, désirant de vous voir secondé par quelques officiers d'un mérite distingué, se propose d'en envoyer incessamment à l'armée que vous commandez. Il donnera des ordres pour que le général de brigade Saint-Fieff aille vous rejoindre le plus tôt possible, et il vous autorise à écrire au général Ligneville pour l'engager à aller servir sous vos ordres. Le général de division Hédouville, étant nécessaire à Rennes, ne peut être déplacé. Il en est de même du général de division Frégeville, qui est au Conseil des Cinq-Cents.

Il est du devoir du Directoire de chercher à connaître d'une manière positive les auteurs des désordres qui affligent l'armée que nous venons de vous confier. Nous aurons le courage de sonder cette plaie douloureuse afin de la fermer le plus tôt possible à l'aide des remèdes qu'il est urgent d'employer. Nous vous demandons, et au Commissaire du gouvernement, un tableau exact des choses. Nous vous demandons des notes sur la moralité, la conduite et les talents des généraux, de leurs aides de camp, des adjudants-généraux et de leurs adjoints et des principaux employés des administrations militaires. Vous parlerez le langage de la vérité et nous sommes dignes de l'entendre. Nous vous autorisons à suspendre et à renvoyer sur les derrières tous les officiers généraux ou autres que vous jugerez indignes de servir la République, et nous autorisons pareillement le Commissaire du gouvernement Alexandre à suspendre tous les commissaires des guerres ou employés des administrations militaires qui, par leur improbité et leur manque de talents, appelleraient sur eux les mêmes actes de justice et de sévérité. Nous seconderons par tous les moyens qui sont en notre pouvoir les efforts que vous allez faire pour ramener la probité et la discipline dans une armée que la victoire n'a abandonnée que par leur absence.

Le général de division Delaistre est parti pour remplacer provisoirement le général Ernouf. Nous croyons inutile, citoyen général, de vous recommander de nouveau la plus grande énergie et l'activité la plus soutenue.

CARNOT, L.-M. REVELLIÈRE-LÉPEAUX, REUBELL [1].

---

[1] Arch. nat., AF III, 404, dossier 2202. — La minute de cette lettre paraît être de la main de Reubell.

SÉANCE DU 5 VENDÉMIAIRE AN V [1]

26 SEPTEMBRE 1796.

Le Directoire envoie trois messages au Conseil des Cinq-Cents :

Le premier a pour objet d'inviter le Conseil à faire établir dans toutes les communes un rôle provisoire sur lequel chaque citoyen sera tenu de payer dans le mois, par acompte sur l'exercice de l'an v, le dixième de ses contributions directes de l'an iv [2];

Par le second, on soumet différentes questions relatives au jugement de plusieurs individus émigrés échoués à Calais [3];

---

[1] Arch. nat., AF iii*, 5, fol. 13-15.

[2] Message lu à la séance du 7 vendémiaire (*C. C.*, vendémiaire an v, 103-105). — Le Directoire représente la nécessité de pourvoir par le produit de cet acompte aux dépenses administratives et locales.

[3] Message lu à la séance du 7 vendémiaire (*C. C.*, vendémiaire an v, 105-116). — Il s'agit de l'affaire des *Naufragés de Calais*. Sur cette affaire, voir t. I, p. 254. p. 323; II, p. 188, 457-460. — Le message du 5 vendémiaire, très long et très détaillé, contient d'abord un historique de la question. Il y est exposé comment trois navires sous pavillon danois, mais chargés, pour le compte de l'Angleterre, de troupes à la solde de cette puissance, troupes dont faisaient partie un certain nombre d'émigrés français, ayant échoué près de Calais le 23 brumaire an iv, le Directoire, consulté par le général Landremont, commandant de cette place, avait, le 28 du même mois, ordonné de mettre ces émigrés en jugement; comment, d'après les instructions du ministre de la justice, en date du 15 frimaire, une commission militaire avait été constituée et avait rendu, le 9 nivôse, un jugement par lequel elle se déclarait incompétente et, tout en déclarant que les prévenus ne devaient pas être considérés comme émigrés rentrés en France, les renvoyait cependant devant les tribunaux criminels de leurs départements respectifs comme prévenus d'être rentrés en France après leur émigration. Le Directoire rappelle ensuite que le jugement de la commission militaire n'était pas vicié seulement par cette contradiction, mais qu'il l'était aussi parce que plusieurs de ses membres avaient été nommés irrégulièrement. Il ajoute que ladite commission n'avait eu connaissance que d'une très faible partie des papiers saisis le 23 brumaire sur les côtes de Calais; que de l'examen de ces papiers ressort la preuve formelle que les Français arrêtés à cette époque étaient non seulement émigrés, mais engagés au service de l'Angleterre contre la France et qu'ils avaient combattu les armées de la République; qu'une masse d'autres papiers compromettants pour eux ont, d'autre part, disparu. Toutes ces raisons expliquent l'arrêté du 5 prairial (voir t. II, p. 457) par lequel le Directoire a cru devoir dénoncer au tribunal de cassation le jugement de la commission. Il expose après cela que, le tribunal de cassation, qui a prononcé le 7 thermidor sur cette requête, n'ayant pas cru devoir y faire droit, il a jugé nécessaire de déférer les individus arrêtés le 23 brumaire devant les tribunaux criminels de leurs départements respectifs; qu'il a commencé par traduire sept d'entre eux devant le tribunal du Nord; mais que ce dernier, ayant reconnu, d'après les nouvelles pièces à lui soumises par le commissaire du Pouvoir exécutif, que les prévenus étaient incontestablement dans le cas prévu par l'article 7 du titre 5 de la loi du 25 brumaire an iii (c'est-à-dire justiciables d'une commission militaire), a cru devoir, vu le jugement par lequel la commission de Calais s'était déclarée incompétente et les nouvelles pièces produites depuis qui établissaient le contraire, décider (par jugement du 26 fructidor) qu'il devait en être référé au Corps législatif. Le Directoire représente au Conseil des Cinq-

Le troisième porte des observations sur le projet de la commission des finances présenté à la séance du 4 vendémiaire dernier, concernant le paiement du dernier quart des biens nationaux [1].

Un messager d'État du Conseil des Anciens est admis : il dépose une loi qui annule l'arrêté du représentant du peuple Bouchereau [2], en date du 9 vendémiaire an IV, relatif à une distribution de bois faite aux employés de l'administration forestière [3].

Le Directoire ordonne que cette loi sera publiée, exécutée et qu'elle sera munie du sceau de l'État. Elle est, en conséquence, adressée de suite à l'enregistrement pour deux expéditions être envoyées sans délai au ministre de la justice, avec l'arrêté portant ordre d'impression et de publication dans les formes prescrites par les lois.

On dénonce au tribunal de cassation la procédure intentée contre les membres de l'administration du canton de Rimont, département de l'Ariège [4].

Le Directoire écrit plusieurs lettres :

Au citoyen Pélissier, ex-commissaire du Directoire exécutif près

---

Cents : 1° que, si d'après la loi du 21 fructidor dernier (voir plus haut, p. 551) les jugements des commissions militaires peuvent être déférés au tribunal de cassation lorsqu'elles ont excédé les bornes de leur compétence, ils doivent l'être aussi quand elles se déclarent mal à propos incompétentes et renvoient les causes dont elles devraient connaître à des juges incompétents ; — 2° que, d'autre part, il y a excès de pouvoir pour un corps judiciaire à statuer comme s'il avait une existence légale quand il est composé irrégulièrement, ce qui était le cas de la commission de Calais et que, par suite, aux termes de l'article 162 de la constitution, un tel excès de pouvoir doit être dénoncé au tribunal de cassation. Pour toutes ces raisons, il soumet la question pendante au Corps législatif et lui demande une interprétation de la loi qui permette de la résoudre et empêche le retour de pareilles difficultés.

[1] Message lu à la séance du 5 vendémiaire (C. C., vendémiaire an V, 80-81). — Le Directoire informe le Conseil qu'il trouve des « inconvénients majeurs » au projet de la commission des finances de cette assemblée de « donner aux acquéreurs de biens nationaux la faculté de payer le dernier quart en ordonnances de fournisseurs, en bons sur les biens des condamnés ou sur les biens des personnes portées sur la liste des émigrés ou rayées provisoirement... » Il estime que ce projet « achèvera nécessairement d'atténuer les ressources qui restent pour continuer un service déjà si difficile... »

[2] Député de l'Aisne à la Convention, en mission dans le département de la Somme en vendémiaire an IV.

[3] Bull., II, LXXX, n° 743. — L'arrêté en question, qui accordait des distributions de bois de chauffage aux agents de l'administration forestière de Noyon, est annulé comme ayant été pris contrairement aux dispositions de l'article 17 du décret faisant suite à la loi du 29 septembre 1791 sur l'administration forestière.

[4] Arrêté du 5 vendémiaire an V, signé Le Tourneur, Carnot, Reubell (Arch. nat., AF III, 404, dossier 2203). — Le Directoire dénonce au tribunal de cassation comme illégale la procédure intentée contre les membres de la municipalité de Rimont par l'administration du département de l'Ariège, qui a ordonné leur traduction devant les tribunaux « pour avoir, par arrêté du 10 floréal dernier, prescrit l'arrestation de Paul Boé, tant comme ministre insermenté d'un culte que comme réquisitionnaire. »

l'administration centrale du département des Bouches-du-Rhône, pour lui annoncer que le Directoire a accepté sa démission et qu'il est satisfait de sa conduite [1];

A la commission des finances du Conseil des Cinq-Cents, en lui envoyant copie du rapport fait par le ministre des finances [2];

Au ministre de la justice, en lui demandant quelles mesures il a prises pour accélérer le jugement de Maratray-Cussy [3];

Au même ministre, en le chargeant d'accélérer la décision du tribunal de cassation, relative aux prévenus de l'assassinat du courrier de Lyon [4];

Et aux ministres de la police générale et de la justice, en leur transmettant copie d'un message du Conseil des Cinq-Cents, qui demandait des renseignements au Directoire sur la question de savoir s'il est utile de faire cesser l'action du gouvernement militaire dans les départements réunis [5].

Sur le rapport du ministre de la police générale, sont rayés de la liste des émigrés les noms des citoyens ci-après :

Antoine-Simon Giraud-Lachaud cadet; Michel Brulard; Pierre-Léopold de Castre; Nicolas Douine; Joachim-Auguste-Marie-Joseph Sagnier, dit Luigné; Ambroise-Augustin Pihuit; François Guillebert-Dulendey; Desessarts, femme Dudognon; Charles-François Bibault et Guillaume Mauger [6].

---

[1] Minute signée Reubell, Carnot, Le Tourneur (Arch. nat., AF III, 404, dossier 2203).

[2] Minute signée Le Tourneur, Carnot, Reubell (Arch. nat., AF III, 404, dossier 2203). — Ce rapport (même dossier), relatif à la question de savoir si la loi du 8 messidor dernier (voir t. II, p. 719) qui accorde un complément de paiement en mandats aux rentiers et pensionnaires de l'État est applicable à ceux qui reçoivent des secours annuels à quelque titre que ce soit, conclut à la nécessité d'une conférence entre le ministre et la commission.

[3] Minute signée Le Tourneur, Carnot, Reubell (Arch. nat., AF III, 404, dossier 2203). — Le Directoire se plaint des lenteurs de la procédure. « Cette espèce de sommeil de la justice, dit-il, enhardit le crime et rend nulle la surveillance du gouvernement... »

[4] Minute signée Le Tourneur, Carnot, Reubell (Arch. nat., AF III, 404, dossier 2203). — Sur l'affaire du Courrier de Lyon, voir t. II, p. 383.

[5] Minute signée Le Tourneur, Carnot, Reubell (Arch. nat., AF III, 404, dossier 2204).

[6] Simon *Giraud-Lachaud* cadet; Michel *Brulard*, ci-devant conseiller à l'élection de Chartres; Pierre-Léopold *Decastre*, ancien capitaine des grenadiers royaux, ci-devant chevalier de Saint-Louis; Nicolas *Douine*, procureur syndic du district de Sens, et Marie-Marguerite *Salmon*, sa femme; Joachim-Auguste-Marie-Joseph *Sagnier*, dit *Luigné*, ancien commandant de bataillon, demeurant à Paris; Ambroise-Augustin *Pihuit*, marchand à Guer; François *Guillebert-Dulendey*, de Mortagne, ex-noble, vivant de son bien; Marguerite *Benois-Desessarts*, femme de François *Vidaud-Dudognon*, domiciliée à Paris; Charles-François *Bibault*, propriétaire à Biache, canton de Péronne; Guillaume *Mauger*, receveur de la

Jean-Baptiste-Augustin-Nicolas Godinot[1] et Dagobert-Sigismond Wurmser[2] ne seront point rayés de la liste des émigrés.

Le ministre de la justice dépose sur le bureau l'état des appointements de ses employés pendant le mois de fructidor. Après avoir approuvé cet état, le Directoire en remet un double signé de lui au ministre.

Il s'occupe ensuite du personnel des armées et prend plusieurs arrêtés dont les minutes sont à la section de la Guerre[3].

Il écrit six lettres concernant le service militaire, dont les minutes sont au cabinet topographique, savoir :

Deux au ministre de la police[4];

---

terre d'Ussé, commune de Rigny (Indre-et-Loire), — inscrits sur les listes des émigrés des départements de la Haute-Loire, de Seine-et-Oise, des Ardennes, de l'Aube, de la Loire-Inférieure, du Morbihan, de l'Orne, de la Charente, de la Somme et du Calvados, qui ont justifié de leur résidence. — Dix arrêtés du 5 vendémiaire an v, signés Carnot, Reubell, Revellière-Lépeaux (Arch. nat., AF III, 404, dossier 2203).

[1] Jean-Baptiste-Augustin-Nicolas *Godinot*, ci-devant docteur en théologie, prêtre, attaché à la maison de Sorbonne où il professait la théologie, frappé en 1792 par la loi de déportation. — Arrêté du 5 vendémiaire an v, signé Carnot, Reubell, Revellière-Lépeaux (Arch. nat., AF III, 404, dossier 2203).

[2] Dagobert-Sigismond *Wurmser*, général au service de l'Autriche et qui commandait encore à ce moment contre Bonaparte en Italie. Sa radiation était réclamée par son parent Frédéric Wurmser, domicilié à Strasbourg. L'arrêté déclare qu'il est «né Français, qu'il avait en France, notamment dans la ci-devant Alsace, des possessions pour la jouissance desquelles il fallait être Français». — Arrêté du 5 vendémiaire an v, signé Carnot, Reubell, Revellière-Lépeaux (Arch. nat., AF III, 404, dossier 2203). — Dans une note non signée qu'on trouve au même dossier, on lit : «Envoyer copie au général Buonaparte de l'arrêté qui maintient Wurmser sur la liste des émigrés. Ne pourrait-on pas faire connaître à Wurmser cet arrêté et lui insinuer que, s'il poussait l'obstination à l'extrême, on ne pourrait se dispenser de l'envoyer lié et garrotté à Paris, pour le faire juger comme émigré pris les armes à la main, au lieu qu'en faisant une capitulation honorable il serait traité militairement... Le général Buonaparte est plus à portée que tout autre d'apprécier cette idée. Car la crainte d'être conduit pourrait peut-être faire un effet contraire sur Wurmser et le faire battre en désespéré.»

[3] 1° Arrêté signé Carnot, Reubell, Barras (Arch. nat., AF III, 404, dossier 2203) par lequel l'adjudant-général *Leclerc*, destitué le 8 fructidor dernier (voir plus haut, p. 445), est réintégré dans ses fonctions. — 2° Arrêté signé Carnot, Reubell, Barras (Arch. nat., AF III, 404, dossier 2203) par lequel : la destitution prononcée par le général en chef de l'armée de Rhin-et-Moselle contre le sous-lieutenant *Lecœur* est confirmée; — le citoyen *Ducos*, adjoint aux adjudants-généraux de l'armée d'Italie, est promu capitaine; le ci-devant général de division provisoire *Giacomoni* est autorisé à prendre sa retraite comme général de division; — il est accordé un congé de deux mois au citoyen *Delage*, ex-adjudant-général employé à la suite de Collioure.

[4] Minutes signées Carnot, Reubell, Barras (Arch. nat., AF III, 404, dossier 2203). — Par la première de ces lettres le Directoire invite le ministre de la police à présenter ses vues sur trois chefs de Chouans qui viennent d'être arrêtés à Caen et à Rouen, les nommés Picot, Fresnel et le soi-disant vicomte de Chambray. Ne pourrait-on pas avoir par eux «de nouveaux et précieux renseignements?»
— Par la seconde, il lui adresse copie d'une lettre écrite par le citoyen Parrocel, minéralogiste, dont il est nécessaire qu'il ait connaissance.

Une au ministre de l'intérieur[1];
Une au chef d'escadron Rutteau[2];
Une au citoyen Parrocel, minéralogiste[3];
Et une au citoyen Bessy, négociant à Nice[4].

On signe ensuite un état des citoyens exemptés du service militaire aux armées[5].

[Le Directoire exécutif, sur le rapport du ministre de la justice, et vu son arrêté du 7 thermidor an IV[6], par lequel il a tracé la marche qui doit être suivie à l'égard de ses commissaires près les tribunaux, qui, sortant de place, par démission ou autrement, ne remettraient pas à leurs successeurs les pièces existantes entre leurs mains à raison de leurs fonctions;

Considérant que cet arrêté ne peut obtenir un plein et entier effet qu'autant qu'il existe un moyen de constater la réception de chacune des pièces qui leur sont envoyées,

Arrête ce qui suit :

ARTICLE 1er. Les commissaires du Pouvoir exécutif près les tribunaux tiendront un registre où seront inventoriés les *Bulletins des Lois*, les circulaires, lettres et papiers officiels qui leur sont adressés, et même les lettres qu'ils ont écrites dans l'exercice de leurs fonctions.

ART. 2. Les greffiers des tribunaux tiendront également registre des pièces et papiers qu'ils reçoivent officiellement pour l'usage des tribunaux, de manière que ces registres et ceux des commissaires se servent mutuellement de contrôle.

Le présent arrêté sera inséré au *Bulletin des Lois*.

---

[1] Minute signée Carnot, Reubell, Barras (Arch. nat., AF III, 404, dossier 2203). — Le Directoire lui transmet copie d'une lettre de son commissaire près l'armée d'Italie, par laquelle il se plaint des entraves apportées au service des postes.

[2] A Merueis (Lozère). — Minute signée Carnot, Reubell, Barras (Arch. nat., AF III, 404, dossier 2203). Le Directoire lui accuse réception d'un mémoire et lui témoigne sa satisfaction sur le zèle dont il fait preuve pour apaiser les troubles intérieurs du département de la Lozère.

[3] Minute signée Carnot, Reubell, Barras. Le Directoire lui accuse réception de sa lettre et l'informe qu'il l'a transmise au ministre de la police.

[4] Minute signée Carnot, Reubell, Barras (Arch. nat., AF III, 404, dossier 2203). Le Directoire exécutif accuse réception au citoyen Bessy de sa lettre du 9 fructidor et lui exprime l'émotion avec laquelle il a appris l'assassinat commis sur plusieurs républicains français.

[5] Ces jeunes gens, au nombre de 99, sont exemptés généralement pour raisons de famille. — Arrêté du 5 vendémiaire an V, signé Carnot, Reubell, Barras (Arch. nat., AF III, 404, dossier 2203).

[6] Voir plus haut, p. 179.

[26 SEPT. 1796] DU DIRECTOIRE EXÉCUTIF. 697

Le ministre de la justice est chargé de son exécution. — Arch. nat., AF III, 4, 2203 [1].]

SÉANCE DU 6 VENDÉMIAIRE AN V [2]

27 SEPTEMBRE 1796.

Le Directoire signe les exequatur pour service de commissions aux agents de la nation espagnole ci-après désignés :

1° Au sieur Paul Charon, vice-consul dans les ports de Rouen et Caudebec [3] ;

2° Au sieur Alexandre-Ferdinand Laportolle, vice-consul à Amiens, Abbeville et Saint-Valéry-sur-Somme [4] ;

3° Au sieur Étienne Saffrey, vice-consul de la nation espagnole dans les ports de Caen, Carentan, Touques, Isigny, Bayeux et Dives [5] ;

4° Au sieur Emmanuel-Louis Acher, vice-consul dans les ports du Havre, Honfleur et Quillebœuf [6] ;

---

[1] Signé à la minute Le Tourneur, Revellière-Lépeaux, Reubell.
Outre les pièces qui viennent d'être signalées, on trouve dans le dossier 2203 (Arch. nat., AF III, 404), correspondant à la séance du 5 vendémiaire, les suivantes, qui ne sont pas mentionnées au procès-verbal : 1° Lettre signée Carnot, Reubell, Barras, au général Châteauneuf-Randon, commandant les 9e et 10e divisions militaires, pour le prévenir qu'ayant supprimé les commandements généraux dans l'intérieur de la République, le Directoire l'autorise à se retirer dans ses foyers pour y jouir du traitement attribué par les derniers arrêtés aux officiers réformés, en attendant qu'il trouve l'occasion de l'employer. — 2° Lettre signée Carnot, Reubell, Barras, au ministre de la guerre, pour le prévenir que le Directoire a décidé que le général Châteauneuf-Randon cesserait les fonctions qu'il remplissait dans les 9e et 10e divisions militaires. — 3° Lettre signée Carnot, Reubell, Barras, au général Moreau, commandant en chef l'armée de Rhin-et-Moselle, pour le prévenir que le Directoire, ayant récemment maintenu le citoyen Sauvat dans le commandement de la 89e demi-brigade, n'a pu confirmer la nomination faite par le général du citoyen Rubis audit emploi après l'affaire du 7 fructidor dernier.
Le dossier 2204, dont le contenu, comme celui du précédent, se rapporte à la séance du 5 vendémiaire, est formé de 74 pièces relatives à des nominations de commissaires du Pouvoir exécutif, de juges de paix, assesseurs, etc., dans les départements des Basses-Alpes, des Alpes-Maritimes, des Bouches-du-Rhône, de la Drôme, du Gard, du Mont-Blanc, des Basses-Pyrénées, de la Haute-Saône, de Seine-et-Oise, de la Somme, des Vosges et de l'Yonne.

[2] Arch. nat., AF III*, 5, fol. 15-18. — AF III, 4.

[3] Arrêté du 5 vendémiaire an v, signé Carnot, Reubell, Barras (Arch. nat., AF III, 404, dossier 2205).

[4] Arrêté du 6 vendémiaire an v, signé Carnot, Le Tourneur, Reubell (Arch. nat., AF III, 404, dossier 2205).

[5] Arrêté du 6 vendémiaire an v, signé Carnot, Reubell, Le Tourneur (Arch. nat., AF III, 404, dossier 2205).

[6] Arrêté du 6 vendémiaire an v, signé Carnot, Le Tourneur, Reubell (Arch. nat., AF III, 404, dossier 2205).

5° Au sieur Jean Forjaron, vice-consul dans les ports de Dieppe, Fécamp, Saint-Valéry et Tréport [1];

6° Et au sieur Bruno-Pierre-Louis Liais, vice-consul dans les ports de Cherbourg, La Hougue, Barfleur, Port-Bail, Carteret, Coutances et Granville [2].

Il est arrêté que les fournisseurs généraux des armées, leurs agents et autres individus, qui ne font pas essentiellement partie de l'armée, sont obligés de se munir de passeports, soit pour sortir du territoire de la République, soit pour voyager dans l'intérieur [3].

Le Directoire confirme l'arrêté de l'administration centrale du département du Bas-Rhin, du 17 fructidor, qui suspend de ses fonctions l'adjoint de l'agent municipal de la commune de Kirrberg [4].

Il destitue de ses fonctions d'agent de la commune de Bourg-Beaudoin, canton de Saint-Pierre, département de l'Eure, le citoyen Roussel [5].

Plusieurs membres de l'administration municipale du canton de Pierrefontaine, département du Doubs [6], sont pareillement destitués.

---

[1] Arrêté du 6 vendémiaire an v, signé Carnot, Le Tourneur, Reubell (Arch. nat., AF III, 494, dossier 2205).

[2] Arrêté du 6 vendémiaire an v, signé Le Tourneur, Carnot, Reubell (Arch. nat., AF III, 404, dossier 2205).

[3] Arrêté du 6 vendémiaire an v, signé Reubell, Barras, Revellière-Lépeaux (Arch. nat., AF III, dossier 2205). — Voir (même dossier) le rapport du ministre de la police se plaignant de l'habitude qu'ils ont prise de voyager sans passeports, ce qui leur permettrait de faire rentrer en France des émigrés.

[4] « Considérant que cet adjoint a trahi ses devoirs et annoncé une volonté bien prononcée de ne point faire exécuter la loi du 7 vendémiaire sur la police des cultes en refusant de signer l'arrêté pris par l'administration municipale pour empêcher la sonnerie des cloches pour la convocation des exercices religieux... » — Arrêté du 6 vendémiaire an v, signé Reubell, Barras, Revellière-Lépeaux (Arch. nat., AF III, 404, dossier 2205).

[5] Arrêté du 6 vendémiaire an v, signé Reubell, Barras, Revellière-Lépeaux (Arch. nat., AF III, 404, dossier 2205). — « Considérant que l'agent de la commune de Bourg-Beaudoin s'est permis de faire sonner le tocsin à l'effet de faire rassembler la commune en masse et qu'il s'est transporté ensuite chez un acquéreur de biens nationaux avec 300 personnes, ayant une baguette à la main, ornée de fleurs et de rubans, ainsi qu'autour de son chapeau, et qu'étant arrivé chez ce citoyen, il y a tenu des propos durs et menaçants... »

[6] Dont le président, Cattin, et plusieurs agents et adjoints. — « Considérant, lit-on dans l'arrêté, qu'il est constant que dans la matinée du 22 messidor et pendant que l'administration municipale du canton de Pierre-Fontaine était assemblée au lieu de ses séances, il fut fait un rassemblement considérable qui s'est porté vers la maison où le nommé Peseux, prêtre déporté, s'était réfugié; que celui-ci a été accompagné jusqu'à l'édifice destiné au culte, où il a été installé dans les fonctions sacerdotales; que l'administration municipale, alors en séance, informée de cette infraction aux lois et requise par le commissaire du Directoire exécutif de prendre les mesures nécessaires pour faire arrêter ce prêtre réfractaire et dissiper le rassemblement, n'a eu aucun égard à son réquisitoire et a favorisé par son inertie coupable l'audace des perturbateurs de l'ordre public; ... que ces scènes scandaleuses se sont répétées plusieurs fois... » — Arrêté

[27 SEPT. 1796] DU DIRECTOIRE EXÉCUTIF. 699

Le ministre des relations extérieures fait un rapport sur l'organisation de ses bureaux, duquel il résulte une suppression considérable d'employés[1].

A cet égard, le Directoire lui écrit pour l'inviter à porter la même économie dans les autres branches d'administration de son département[2].

Le cours des mandats pour les cinq premiers jours de vendémiaire est fixé à quatre livres cinq sols[3].

On transmet au ministre de la guerre un message du Conseil des Cinq-Cents[4] relatif à l'état de pénurie où se trouvent l'armée des Côtes de l'Océan et les brigades de gendarmerie en résidence à Saint-Clar et à Lectoure, département du Gers.

En exécution de l'arrêté du 1er prairial an IV, le ministre de la guerre

---

du 6 vendémiaire an v signé Reubell, Barras Revellière-Lépeaux (Arch. nat., AF III, 404, dossier 2205).

[1] Dans ce rapport (Arch. nat., AF III, 404, dossier 2205) le ministre expose la nécessité de faire des économies, par suite des suppressions d'emploi. Passant en revue les divers services du ministère, il établit d'abord que le *Secrétariat général* devra être réduit de 41 employés à 23 (5 employés proprement dits, 3 traducteurs, 6 employés au chiffre, 4 à l'analyse, 5 aux passeports); ensuite que le *Bureau des Consulats* peut être supprimé, de façon à rendre à chaque division politique la correspondance entière avec les Consuls de son arrondissement et à répartir dans les divisions politiques ceux des employés des Consulats qui mériteraient d'être conservés. La 1re division politique (Suède, Danemark, Allemagne) sera réduite de 7 à 5 employés; la seconde (Russie, Turquie, États barbaresques, Perse, Inde) comprendra 6 employés; la troisième (Espagne, Portugal, Suisse, Grisons, Sardaigne, Italie) en comptera 6; la quatrième (Hollande, Angleterre, États-Unis), 5. — Le bureau du *Contentieux politique* sera réduit à 2 employés (plus 2 commis extraordinaires). La division des *Archives* comprendra 9 employés, dont un conservateur du dépôt des cartes. Il y aura 6 employés au *Bureau des dépenses*. Le service des *Bureaux et de la maison* comprendra 19 personnes (3 courriers, 9 garçons de bureau et 7 personnes pour le service général de la maison). Au total le personnel sera réduit de 99 personnes à 62 pour les travaux ordinaires, plus 12 (pouvant être réduits bientôt à 6) pour les travaux extraordinaires. En terminant, le ministre des relations extérieures se plaint de l'installation défectueuse des services dans les locaux affectés à son département et demande «que la maison *Maurepas*, présentement occupée par la direction de l'instruction publique..., lui soit accordée pour y placer la plus grande partie des bureaux». Il ressort de plusieurs états qui accompagnent le présent rapport : 1° que l'économie proposée par le ministre est de 104,600 francs et que l'économie totale opérée depuis brumaire an IV se trouvera ainsi portée à 250,820 francs; 2° que la dépense du ministère sera désormais de 268,850 francs (*Secrétariat général*, 86,300; *1re division politique et consulaire*, 23,700; 2e, 28,300; 3e, 22,800; 4e, 21,900; *Contentieux*, 13,500; *Archives et cartes*, 36,500; *Fonds et comptabilité*, 27,600; *Service de la maison*, 8,150), plus 50.000 francs pour dépenses extraordinaires (frais de bureau, bois, lumière, frais imprévus). Les *Surnuméraires employés temporairement* coûteraient 37,300 francs. Les trois mois d'appointements accordés aux employés réformés s'élèveraient à 16,350 francs.

[2] Voir le texte de cette lettre plus loin à l'Appendice.

[3] Arrêté du 6 vendémiaire an v, signé Le Tourneur, Revellière-Lépeaux, Barras (Arch. nat., AF III, 404, dossier 2205).

[4] Voir plus haut, p. 683.

dépose sur le bureau et soumet à l'approbation du Directoire l'état des sommes par lui ordonnancées pendant les cinq premiers jours de vendémiaire de l'an v. Le Directoire, après avoir approuvé cet état, en remet un double au ministre de la guerre.

Sur le rapport du ministre de la police générale, sont rayés de la liste des émigrés les noms des citoyens ci-après :

Bon-Louis-Charles Bauquet-Campigny ;

Guillaume Raviot ;

Jacques-François Brouard de Clermont ;

Et Kermarec, dit Traurout, père et fils [1].

On écrit quinze lettres concernant le service militaire, savoir :

Une au citoyen Lauroza, à Milan [2] ;

Deux au général de division Moulin [3] ;

Une au général en chef Bonaparte [4] ;

Deux au général en chef Moreau [5] ;

Une au général de brigade Scherb [6] ;

Une au général en chef Kellermann [7] ;

---

[1] Bon-Louis-Charles *Bauquet*, ci-devant marquis *de Campigny*, domicilié à Palaiseau ; Guillaume *Raviot*, ancien maire de Dijon, domicilié à Paris ; — Jean-François *Brouard de Clermont*, demeurant à Vire, y vivant de son bien ; — François-Claude *Kermarec*, dit *Traurout*, ex-noble, demeurant à Rennes, et ses deux fils, Joseph-Félicité-Marie-Anne et Louis-François-Marie-Anne, inscrits sur les listes des émigrés des départements de la Manche, de la Côte-d'Or, de la Manche et de la Loire-Inférieure, qui ont justifié de leur résidence. — Quatre arrêtés du 6 vendémiaire an v, signés les trois premiers Carnot, Reubell, Barras, le quatrième Reubell, Barras, Revellière-Lépeaux (Arch. nat., AF III, 404, dossier 2205).

[2] Minute signée Carnot, Reubell, Barras (Arch. nat., AF III, 404, dossier 2205). — Le Directoire lui accuse réception de deux mémoires qu'il lui a adressés et lui en témoigne satisfaction.

[3] Les minutes de ces lettres ne se trouvent pas dans le dossier 2205 correspondant à la séance du 6 vendémiaire. Mais on y trouve la minute signée Carnot, Le Tourneur, Reubell, d'une lettre au ministre de la guerre l'invitant à donner sur-le-champ des ordres pour que le général Moulin soit envoyé sur les derrières de l'armée et que le général Schauembourg commande provisoirement la place de Strasbourg. — MOULIN (Jean-François-Auguste), né à Caen, le 14 mars 1752, mort à Pierrefitte (Seine), le 12 mars 1810, soldat en 1768 ; employé des ponts et chaussées de 1770 à 1788 ; volontaire de la garde nationale de Paris (1789) ; adjudant général de cette garde (10 août 1792) ; employé en Vendée (1793) ; général de brigade (11 sept. 1793) ; de division (28 nov. 1793) ; général en chef de l'armée des Côtes de Brest (27 avril 1794) ; de l'armée des Alpes (8 oct. 1794) ; commandant de la 5ᵉ division militaire à Strasbourg (24 février 1796) ; de la 17ᵉ à Paris (13 déc. 1797) ; membre du Directoire (20 juin 1799) ; mis en non-activité après le 18 brumaire (15 oct. 1800) ; employé plus tard à la Grande Armée.

[4] Voir le texte de cette lettre plus loin, à l'Appendice.

[5] Les minutes de ces deux lettres ne se trouvent pas dans le dossier correspondant à la séance du 6 vendémiaire.

[6] *Id.*

[7] Minute signée Le Tourneur, Carnot, Reubell (Arch. nat., AF III, 404, dossier 2205). — Le Directoire lui annonce que, d'après les renseignements qu'il a reçus de lui, il est persuadé qu'on n'a jamais eu dessein d'apporter

Une au ministre de la guerre [1];
Une au général de brigade Rey [2];
Une au ministre de la justice [3];
Une au citoyen Marescot, commandant à Landau [4];
Une au citoyen Haussmann, commissaire du gouvernement près l'armée de Rhin-et-Moselle [5];
Une au général de division Schauembourg [6];
Et une au citoyen Garrau, commissaire à l'armée d'Italie [7];

On écrit au ministre de la guerre pour qu'il fasse examiner la découverte d'un pistolet qui chasse la balle à une distance de 150 toises, de l'invention du citoyen Girardet [8];

Et au citoyen Vallenet, commissaire du Pouvoir exécutif près l'administration de Livry [9], pour l'inviter à continuer ses fonctions [10].

---

de la lenteur dans la démolition des forteresses du Piémont et que le gouvernement sarde n'a nullement cherché à rassembler 10,000 hommes de troupes entre Suze et Turin. Il lui témoigne sa satisfaction des dispositions ordonnées par le roi de Sardaigne pour nettoyer les gorges des Alpes des brigands et des Barbets.

[1] Minute signée Le Tourneur, Revellière-Lépeaux, Carnot (Arch. nat., AF III, 404, dossier 2205). — Le Directoire lui demande des renseignements sur le dénuement de l'armée des Côtes de l'Océan et des brigades de gendarmerie en résidence à Saint-Clar et à Lectoure, département du Gers (Voir plus haut, p. 685, message du Conseil des Cinq-Cents à ce sujet).

[2] Minute signée Carnot, Le Tourneur, Reubell (Arch. nat., AF III, 404, dossier 2205). — Le Directoire lui accuse réception de plusieurs pièces qui constatent la bonne conduite des troupes qu'il commande.

[3] Minute signée Le Tourneur, Carnot, Reubell (Arch. nat., AF III, 404, dossier 2205). — Le Directoire l'invite à lui rendre compte des mesures prises ou à prendre en conséquence de la lettre du général Labarollière, dans laquelle il expose les suites fâcheuses qui naîtraient de la contradiction existante entre les ordres du général Hoche et les dispositions prescrites au commissaire près le tribunal civil de Saint-Brieuc par une lettre du ministre de la justice. — Par lettre du 8 vendémiaire (Arch. nat., AF III, 405. dossier 2208), le ministre de la justice informe le Directoire qu'il a levé cette contradiction par sa circulaire du 16 fructidor aux commissaires près les tribunaux des départements de l'Ouest qui ont été le théâtre de la guerre civile, que cette lettre a paru dans le *Rédacteur* et que, sur la dénonciation qui en a été faite au Conseil des Cinq-Cents, un ordre du jour pur et simple a de fait confirmé les mesures qu'il a prises.

[4] La minute de cette lettre ne se trouve pas dans le dossier correspondant à la séance du 6 vendémiaire.

[5] *Id.*

[6] *Id.*

[7] *Id.*

[8] Minute signée Carnot, Reubell, Barras (Arch. nat., AF III, 404, dossier 2205).

[9] Seine-et-Oise.

[10] Minute signée Carnot, Reubell, Barras (Arch. nat., AF III, 405; dossier 2206). — Vallenet, qui avait donné sa démission en germinal an IV, avait écrit le 2 vendémiaire (voir sa lettre au dossier) que, sur les instances des « bons citoyens » et du représentant du peuple Albert, il consentait à la retirer.

Le dossier 2205, correspondant à la séance du 6 vendémiaire, se termine par 16 pièces relatives à des nominations de juges de paix, suppléants, juges, etc., dans les départements des Basses-Alpes, des Alpes-Maritimes, de la Dyle, des Basses-Pyrénées et des Vosges.

A

LE DIRECTOIRE EXÉCUTIF AU MINISTRE DES RELATIONS EXTÉRIEURES.

Le Directoire a vu avec satisfaction, citoyen ministre, le plan de la réforme que vous vous proposez de faire dans vos bureaux et que vous lui avez soumise. Vous paraissez avoir été dirigé dans ce travail également par l'esprit d'économie que commande l'intérêt public et par celui de justice que réclament les citoyens que cette réforme peut concerner. Il vous invite à ne consulter dans la confection de ce travail que l'utilité générale et à mettre sévèrement de côté toute espèce de considération personnelle. Le talent, le républicanisme prononcé, l'attachement constant à la constitution de l'an III et la bonne conduite sont les seuls titres qui doivent vous déterminer. Dans le seul cas de mérite égal vous aurez égard non aux recommandations d'aucun genre, mais aux services rendus et à la position plus ou moins malheureuse des concurrents et de leurs familles.

La situation pénible à laquelle sont réduits depuis longtemps les employés soumis à la réforme par la presque nullité de leur traitement exige que la réforme s'opère graduellement et avec ménagement. Le Directoire vous autorise en conséquence à conserver à chacun des employés réformés son traitement pendant trois mois pour lui donner le temps de pourvoir par d'autres moyens à son existence. Il pense aussi que, pour éviter une interruption instantanée, effet nécessaire d'une suppression trop subite, la réforme ne doit s'opérer que graduellement d'ici au 15 brumaire prochain.

Enfin le Directoire vous recommande d'apporter dans toutes les autres parties d'administration le même esprit d'économie, en la conciliant avec ce qu'exigent le besoin du service, la sûreté et la dignité de la République.

LE TOURNEUR, CARNOT, REUBELL[1].

B

LE DIRECTOIRE EXÉCUTIF AU GÉNÉRAL EN CHEF BONAPARTE.

Nous croyons utile, citoyen général, de vous transmettre par un courrier extraordinaire une lettre que nous venons de recevoir du général en chef Moreau ; elle vous fera connaître la position dans laquelle se trouve l'armée de Rhin-et-Moselle. Nous espérons qu'elle se maintiendra sur les bords du Danube jusqu'à ce que celle de Sambre-et-Meuse puisse reprendre l'offensive, et qu'aidée par les efforts que fera incessamment cette dernière, elle s'avancera de nouveau sur les bords du Lech et même sur ceux de l'Iser, pour y prendre ses quartiers d'hiver.

Dans cette situation des choses, nous craignons que l'ennemi, abandonnant l'armée de Sambre-et-Meuse, ne présente un instant quelques forces à celle du

---

[1] Arch. nat., AF III, 404, dossier 2205.

Rhin-et-Moselle que pour masquer avec plus de certitude un mouvement dont le but serait de porter avec vivacité contre vous tout ce qu'il aurait de troupes disponibles, pour vous faire lever le siège de Mantoue; et nous croyons utile de vous recommander de garder avec soin les débouchés du Tyrol (en levant dans ce pays tout ce que vous pourrez de contributions), jusqu'à ce que la mauvaise saison les intercepte et interdise à l'ennemi toute entreprise contre vous de ce côté. Les regards de l'Autriche sont presque uniquement tournés vers Mantoue. Cette ville, que la cour de Vienne considère comme le dernier boulevard de l'Italie, renferme les débris de l'armée du général Wurmser, et il est présumable que l'Empereur tentera tout pour le délivrer.

Cherchez donc, citoyen général, à finir cette campagne d'Italie par la prise de cette place, à laquelle le sort de cette presqu'île semble en quelque sorte attaché. Continuez à correspondre fréquemment avec le général en chef Moreau, afin que l'accord de vos mouvements en impose aux ennemis de la République que la conquête de l'Italie a étonnés, et qui se verront forcés de songer sérieusement à la paix quand ils seront certains que ce pays, défendu par le talent, le courage et la force, ne pourra nous être arraché, et que la brave armée d'Italie et son chef, qui l'ont conquis, leur enlèvent tout espoir de le reprendre.

Les dernières sommes envoyées à l'armée des Alpes ont été absorbées sur-le-champ et une partie a été employée pour les dépenses absolument indispensables pour la conduite des nombreux prisonniers de guerre faits par l'armée d'Italie.

C'est avec regret que nous vous annonçons, citoyen général, que le trésor national est dans l'impossibilité absolue de fournir aux besoins urgents de l'armée des Alpes, que de légers secours envoyés par vous n'ont pu encore établir dans une situation satisfaisante. Nous vous recommandons de regarder cette armée comme faisant en quelque sorte partie de celle qui vous obéit et nous vous invitons à pourvoir à tous ses besoins, en vous concertant avec le général en chef qui la commande. Votre zèle nous est connu, et nous savons qu'il suffit de vous indiquer ce moyen d'être utile à la patrie pour être persuadé que vous vous empresserez de l'adopter.

Nous attendons avec impatience la nouvelle de la reddition de Mantoue.

CARNOT, REUBELL, P. BARRAS [1].

SÉANCE DU 7 VENDÉMIAIRE AN V [2]

28 SEPTEMBRE 1796.

Le Directoire exécutif adresse au Conseil des Cinq-Cents un message, pour lui transmettre : 1° copie de son arrêté du 29 messidor an IV [3],

[1] Arch. nat., AF III, 404, dossier 2205. — [2] Arch. nat., AF III*, 5, fol. 18-21. — AF III, 4. — [3] Voir plus haut, p. 115.

sur les propositions faites par le citoyen Poyet, architecte, relativement à l'établissement d'un local convenable aux fêtes nationales; 2° de la pétition du citoyen Poyet à cette occasion et l'inviter à prendre cette demande en considération[1].

Il accorde au citoyen Brun, Français, réfugié d'Angleterre, maintenant domicilié à Paris, une somme de trois cents francs, numéraire, à titre de secours extraordinaire et provisoire[2].

Il ordonne la traduction par-devant le conseil de guerre qui doit être établi à Rochefort des citoyens qui ont été déportés de Saint-Domingue par arrêté des agents du Directoire, depuis le 26 prairial jusques et compris le 12 messidor, comme prévenus de complicité avec le général Villate[3].

En considération de l'hommage que le prince Henri de Prusse[4] a fait à l'Institut national de l'ouvrage de Diderot, intitulé *Jacques le Fataliste*[5], il sera acheté douze exemplaires de cet ouvrage et autant de chacun des ouvrages du même auteur intitulé la *Religieuse*[6] et le *Salon*, pour être envoyés reliés avec soin à ce prince[7].

La somme de quinze cent mille francs, mise à la disposition du ministre des relations extérieures par la loi de ce jourd'hui[8], sera payée par la Trésorerie sur les ordonnances de ce ministre[9].

Sur le rapport du ministre de la police générale, il est sursis provi-

---

[1] Message lu à la séance du 7 vendémiaire (*C.C.*, vendémiaire an v, 101-103). — Le Directoire expose que, postérieurement à son arrêté du 29 messidor, le citoyen Poyet, craignant certains obstacles, lui a adressé une pétition dans laquelle il fait encore ressortir les avantages de l'entreprise et propose de nouvelles conditions.

[2] Arrêté du 7 vendémiaire an v, signé Revellière-Lépeaux, Barras, Reubell (Arch. nat., AF III, 405, dossier 2206). — Voir t. II, p. 721-722.

[3] « Lors de la révolte qui a eu lieu au Cap dans les mois de ventôse et germinal de l'an IV ». — Arrêté du 7 vendémiaire an v, signé de tous les membres du Directoire (Arch. nat., AF III, 405, dossier 2207). — Voir plus haut, p. 381-382 (séance du 30 thermidor).

[4] Né en 1726, mort en 1802, frère de Frédéric II.

[5] Le prince Henri avait fait don à l'Institut d'une copie manuscrite de *Jacques le Fataliste*, dont il était possesseur et d'après laquelle cet ouvrage fut publié peu après (Paris, Buisson, 1796, 2 vol. in-8°).

[6] La *Religieuse*, écrite vers 1750, ne fut publiée pour la première fois, comme *Jacques le Fataliste*, qu'en 1796 (Paris, Buisson, in-8°). — C'est en l'an IV (1795) que parurent, également pour la première fois (Paris, Buisson, in-8°), d'après une copie trouvée, dit-on, dans l'Armoire de fer aux Tuileries, les *Essais sur la peinture*, suivis des *Observations sur le Salon de peinture de 1765*. Les autres *Salons* de Diderot ne furent publiés qu'un peu plus tard.

[7] Arrêté du 7 vendémiaire an v, signé Revellière-Lépeaux, Barras, Reubell (Arch. nat., AF III, 405, dossier 2206).

[8] Voir plus loin.

[9] Arrêté du 7 vendémiaire an v, signé Reubell, Revellière-Lépeaux, Barras (Arch. nat., AF III, 405, dossier 2206).

soirement à la vente des biens de Michel Barreault, porté sur la liste des émigrés du département de Seine-et-Oise[1].

Sont rayés définitivement de la liste des émigrés les noms des citoyens ci-après :

Marie-Louise Brunet, femme de François Le Roy; Henry-Étienne Roques, dit Clausonnette; Bertrand Grégoire; Jacques-Philibert Couet, dit Lorry; et Françoise-Cécile Dommartin, sa femme; Anne Bois-Guérin, femme Gelnoncourt; Jean-François et Michel de Blaizot[2]; Thomas Waters[3]; Mexme-Picault; Philibert-Hubert Dorneau; Charles-François Belvaux et Barthélémy Trouvé[4].

Alexis-François Deflers est maintenu sur la liste des émigrés[5].

Sera inscrit sur la même liste le nom de François Gauthier, dont l'inscription sur cette liste a été arrêtée par l'administration centrale du département de la Seine du 26 thermidor dernier[6].

[1] Arrêté du 7 vendémiaire an V, signé Carnot, Reubell, Barras (Arch. nat., AF III, 405, dossier 2206). — Michel *Barreault*, officier de marine, était parti de Versailles, lieu de sa naissance et de sa résidence, en mai 1787. Il était inscrit sur la liste des émigrés du département de Seine-et-Oise. Il ressort du rapport du ministre de la police (dossier précité) qu'il paraît établi, qu'il est marié et propriétaire à l'Île de France et qu'il y a d'ores et déjà des préventions assez fortes de sa non-émigration.

[2] Marie-Louise *Brunet*, femme de François *Le Roy*, domiciliée à Langres; — Henry-Étienne *Roques*, dit *Clausonnette*, propriétaire à Guérande; — Bertrand *Grégoire*, chirurgien à Beaucaire; — Jacques-Philibert *Couet*, dit *Lorry*, ancien officier, et Françoise-Cécile *Dommartin*, sa femme; — Anne *Bois-Guérin*, femme *Gelnoncourt*; — Jean-François et Michel de *Blaizot*, demeurant à Bayeux, le premier ci-devant contrôleur de l'ancienne régie des aides à Alençon, le second vivant de son bien; — inscrits sur les listes des émigrés des départements de la Haute-Marne, du Gard, de la Loire-Inférieure, de la Moselle, de la Meuse et de la Manche, qui ont justifié de leur résidence. — Six arrêtés du 7 vendémiaire an V signés Carnot, Reubell, Barras (Arch. nat., AF III, 405, dossier 2206).

[3] Thomas *Waters*, présumé émigré (liste du département du Cher), dont le père, cultivateur à Genouilly (Cher), a établi qu'il n'a quitté la France que pour son éducation. —

Arrêté du 7 vendémiaire an V, signé Carnot, Reubell, Barras (Arch. nat., AF III, 405, dossier 2206).

[4] *Mexme-Picault*, juge du tribunal civil d'Indre-et-Loire; Philibert-Hubert *Dorneau*, ancien agent national de la commune de Sault (Yonne); Charles-François *Belvaux*, négociant à la Chalade; Barthélémy *Trouvé*, domicilié à Vosnes (Côte-d'Or); — inscrits sur les listes des émigrés des départements d'Indre-et-Loire, de la Côte-d'Or, de la Meuse et de la Côte-d'Or, qui ont justifié de leur résidence. — Quatre arrêtés du 7 vendémiaire an V, signés Carnot, Reubell, Barras (Arch. nat., AF III, 405, dossier 2206).

[5] Alexis-François *Deflers*, ex-conseiller au ci-devant Châtelet de Paris, plusieurs fois arrêté en 1792, avait émigré en octobre de cette même année. Rentré seulement le 5 thermidor an III, il se réclamait de la loi du 16 germinal an III comme n'ayant fui que pour se soustraire à un mandat d'arrêt. L'arrêté qui le concerne, signé Carnot, Reubell, Barras (Arch. nat., AF III, 405, dossier 2206), porte que ni cette loi ni celles des 22 germinal et 22 prairial an III et 4e jour complémentaire de la même année ne lui sont applicables.

[6] Arrêté du 7 vendémiaire an V, signé Carnot, Reubell, Barras (Arch. nat., AF III, 405, dossier 2206). — François *Gauthier*, né à Genevray (Haute-Saône), inscrit sur la liste des émigrés du département de la Seine.

Il est pris une décision sur les propositions des députés de Francfort. La minute a été gardée par le ministre des relations extérieures [1].

Un messager d'État est introduit et présente trois lois.

La première charge la Trésorerie nationale de tenir à la disposition du ministre des relations extérieures la somme d'un million cinq cent mille livres [2].

La seconde autorise les acquéreurs de navires provenant des prises à les expédier pour toute destination que bon leur semblera, en remplissant les formalités prescrites par les lois [3].

La troisième met la comptabilité nationale sous la surveillance immédiate du Corps législatif [4].

Le Directoire ordonne que ces trois lois seront publiées, exécutées et qu'elles seront munies du sceau de l'État. Elles sont en conséquence adressées de suite à l'enregistrement pour deux expéditions de chacune être envoyées sans délai au ministre de la justice, avec l'arrêté portant ordre d'impression et de publication dans les formes prescrites par les lois.

Le ministre des relations extérieures remet au Directoire le procès-verbal de l'échange des ratifications du traité de paix conclu entre la République française et son Altesse Sérénissime le duc de Wurtemberg et de Teck, le 20 thermidor an IV; cet échange a eu lieu à Paris, le 6 fructidor dernier, entre ledit citoyen Charles Delacroix, ministre des relations extérieures, et MM. Charles, baron de Woelwarth, et Conrard Abel, ministres plénipotentiaires des deux puissances [5].

Le Directoire ordonne au ministre de la justice de faire imprimer

---

L'arrêté porte « que de son aveu il a été attaché au service personnel du ci-devant abbé Rivière, ex-chanoine de Paris, avec lequel il est sorti de France au mois de novembre 1789 et qu'il ne se trouve dans le cas d'aucune des exceptions prononcées par les lois des 25 brumaire, 22 nivôse et 4° jour complémentaire an III; qu'il est au contraire dans le cas de l'émigration; qu'il a été arrêté sur territoire étranger occupé par les armées de la République, sans cependant avoir porté les armes contre la France ».

[1] Cette minute ne se trouve pas dans les dossiers correspondant à la séance du 7 vendémiaire.

[2] *Bull.*, II, LXXX, n° 742.

[3] Il s'agit des navires provenant de prises dont la vente aura été faite et consommée antérieurement à la loi du 19 thermidor an IV (voir plus haut, p. 277) et dans les formes prescrites par les lois pour ces sortes de ventes. — *Bull.*, II, LXXX, n° 743.

[4] Qui l'exerce conformément aux art. 2, 3 et 4 de la loi du 3 floréal an IV (voir t. II, p. 193) concernant la Trésorerie nationale. Les dispositions des articles 5, 6, 7 et 8 de la même loi, relativement aux dépenses de la Trésorerie et au mode de payement de ses commissaires, sont déclarées communes à la comptabilité. — *Bull.*, II, LXXX, n° 741.

[5] Voir le texte de ce traité et des articles secrets qui l'accompagnent plus haut, p. 295-298.

et publier solennellement dans toute la République ledit traité de paix, revêtu de la ratification qui lui a été donnée par le Corps législatif et le duc de Wurtemberg.

Le Directoire ordonne le dépôt du traité dans ses archives. Les articles secrets de ce traité seront remis au citoyen Le Tourneur, membre du Directoire.

On s'occupe du personnel des armées et on prend plusieurs arrêtés qui sont déposés à la section de la guerre [1].

---

[1] 1° Arrêté du 7 vendémiaire an v, signé Le Tourneur, Carnot, Reubell (Arch. nat., AF III, 405, dossier 2207) par lequel : *Mangin*, lieutenant à la 35ᵉ compagnie des vétérans nationaux, est nommé capitaine (même compagnie); *Miquel*, sergent-major à la 13ᵉ, est nommé lieutenant (même compagnie); *Martin*, sergent-major (53ᵉ compagnie), est nommé lieutenant (même compagnie); *Arnould*, sergent-major (136ᵉ compagnie), est nommé lieutenant (même compagnie); *Duchomé*, lieutenant à la suite (36ᵉ compagnie), est nommé lieutenant (même compagnie); *Perlot*, lieutenant (155ᵉ compagnie), est nommé capitaine (même compagnie); *Melin*, sergent-major (75ᵉ compagnie), est nommé lieutenant (même compagnie); *Joquard*, sergent-major (76ᵉ compagnie), est nommé lieutenant (même compagnie). — 2° Arrêté du 7 vendémiaire an v, signé Le Tourneur, Carnot, Reubell (Arch. nat., AF III, 405, dossier 2207), par lequel : le général de division *Despinoy* cessera d'être employé à l'armée d'Italie et est mis à la disposition du ministre de la guerre; les généraux de brigade *Verdière* et *Brune* et le citoyen *Milscent*, adjoint à l'adjudant-général Blondeau, passeront à l'armée d'Italie; la promotion faite par le général en chef Moreau du chef de bataillon *Robin* (21ᵉ demi-brigade d'infanterie légère) au grade de chef de brigade, et du citoyen *Saraguen*, sergent dans la 3ᵉ compagnie légère, au grade de sous-lieutenant est confirmée; la suspension prononcée par le général en chef Moreau contre les citoyens *Renard* et *Nicole*, sous-lieutenants dans la 56ᵉ demi-brigade, et *Saurand*, lieutenant au 3ᵉ bataillon de la 100ᵉ, est confirmée; le citoyen *Charpentier*, capitaine à la suite du bataillon des grenadiers de la représentation nationale, continuera à y servir en cette qualité jusqu'à son remplacement afin de pouvoir y suivre les détails de l'instruction dont il est chargé. — 3° Arrêté du 7 vendémiaire an v, signé Le Tourneur, Carnot, Reubell (Arch. nat., AF III, 405, dossier 2207), par lequel : le général de division *Caffin*, les généraux de brigade *Baville*, *Lérivint* et *Watrin* et l'adjudant-général *Demont* passeront sans délai à l'armée de Sambre-et-Meuse, où ils prendront les ordres du général Beurnonville. — 4° Arrêté du 7 vendémiaire an v, signé Le Tourneur, Carnot, Reubell (Arch. nat., AF III, 405, dossier 2207), par lequel : le citoyen *Letort*, capitaine d'infanterie, aide de camp du général Huet, sera proposé à une place de sous-lieutenant, au choix du Directoire, dans un corps de troupes légères à cheval; le citoyen *Vallin*, aide de camp du général Hardy, est promu au grade de lieutenant et continuera ses fonctions; la retraite est accordée au citoyen *Lallemand*, capitaine, ex-adjoint provisoire aux adjudants-généraux; — il sera expédié un brevet de chef de brigade au citoyen *Gilet*, ci-devant inspecteur des côtes du Calvados, pour récompense de ses services; — congé absolu est accordé au citoyen *Hébert*, sous-lieutenant dans la demi-brigade de la Gironde; — le citoyen *Augeard*, capitaine au 3ᵉ bataillon de Paris (première fonction), est destitué; — le citoyen *André* est maintenu dans le grade de sous-lieutenant au 1ᵉʳ bataillon des tirailleurs de l'armée d'Italie; — l'arrêté du Comité de salut public du 6 messidor an III portant levée de la suspension, mais sans réintégration, du citoyen *Martel*, ancien capitaine au 3ᵉ régiment, est maintenu; — le citoyen *Villermé*, aide de camp du général Bonnaire, est promu au grade de capitaine et ne prendra rang qu'à compter de ce jour; — les citoyens *Desandrieux*, *Delarue* et *Desaubliaux*, sous-lieutenants dans la ci-devant légion de police, sont réintégrés dans leurs grades; — le citoyen *Pérard*, adjoint à l'état-major de l'armée des Alpes, ne prendra rang parmi les lieutenants réformés

On écrit neuf lettres concernant le service militaire; les minutes de ces lettres sont déposées à la section de la guerre :
Une au général Tournade, directeur des fortifications à Strasbourg [1];
Une au général Hoche [2];
Une au citoyen Grival, hussard au 3ᵉ régiment [3];
Une au commandant de la place de Brest [4];
Une au ministre des finances [5];
Et quatre au ministre de la guerre [6].

des dragons que du jour où ce grade lui sera dû d'après la loi du 12 germinal, comme officier de l'état-major; — le citoyen *Dessolles* est maintenu dans l'emploi de capitaine au 19ᵉ régiment de dragons; — le citoyen *Soufland*, brigadier au 25ᵉ régiment de dragons, sera proposé concurremment aux premières sous-lieutenances qui vaqueront dans ce corps au choix du Directoire; — la sous-lieutenance vacante dans le 5ᵉ régiment de hussards au choix du Directoire sera donnée au plus ancien de grade des trois maréchaux des logis présentés par le chef de brigade; — le citoyen *Evrard*, sous-lieutenant au 2ᵉ régiment de carabiniers, est nommé à l'emploi de capitaine vacant dans ce corps; — le citoyen *Fontaine*, commissaire réformé et auparavant capitaine dans les dragons du Hainaut, sera traité comme les commissaires réformés d'après l'arrêté du ... fructidor dernier; — la décision qui retire le citoyen *Langenhagen* du 3ᵉ régiment de hussards, où il était chef d'escadron en pied, est confirmée. Il sera traité comme un officier à la suite d'après l'arrêté du 19 fructidor.

[1] La minute de cette lettre ne se trouve pas dans les dossiers correspondant à la séance du 7 vendémiaire.

[2] Voir le texte de cette lettre plus loin, à l'Appendice.

[3] Minute signée Carnot, Reubell, Le Tourneur (Arch. nat., AF III, 405, dossier 2207). — Le Directoire lui accuse réception d'une lettre contenant des observations sur la guerre d'Italie. «Elle contenait des idées militaires qui font honneur à leur auteur et annonçait un ami de la gloire et du bonheur de son pays...».

[4] Minute signée Le Tourneur, Carnot, Reubell (Arch. nat., AF III, 405, dossier 2207). — Le Directoire lui accuse réception d'une lettre des conseils d'administration des 17ᵉ, 107ᵉ demi-brigades, 39ᵉ régiment et 2ᵉ bataillon du 9ᵉ régiment destinés à former la 46ᵉ demi-brigade.

[5] Minute signée Le Tourneur, Carnot, Reubell (Arch. nat., AF III, 405, dossier 2207). — Le Directoire l'invite à lui présenter ses vues sur la destination des fonds de la compagnie Flachat.

[6] On trouve dans le dossier 2207 (Arch. nat., AF III, 405) cinq lettres au ministre de la guerre, signées, la première, la 3ᵉ, la 4ᵉ et la 5ᵉ, Le Tourneur, Carnot, Reubell, la seconde Le Tourneur, Carnot, Revellière-Lépeaux. — Par la première, le Directoire l'invite à faire conduire à la Guerche par les citoyens Macdonagh et Cazot, dit Blainville, les prisonniers irlandais qui doivent être à Beauvais et extraits des départements de la Somme, de l'Aisne et de l'Oise. — Par la seconde, il se plaint que pendant l'attaque du fort de Kehl plus de cent officiers autrichiens prisonniers, logés chez les particuliers, aient pu parcourir toute la ville de Strasbourg et que la porte d'une prison où sont enfermés 800 soldats autrichiens soit restée ouverte toute la nuit du 1ᵉʳ au 2ᵉ jour complémentaire; il invite le ministre à faire refluer les prisonniers de Strasbourg et des autres places frontières dans l'intérieur de la République. (Il ressort des lettres du commissaire ordonnateur de la 1ʳᵉ subdivision de la 5ᵉ division militaire au ministre de la guerre, du 15 vendémiaire, et du ministre de la guerre au Directoire du 29 vendémiaire, lettres qui se trouvent au dossier 2207, que les faits signalés par le Directoire ne sont pas exacts. — Une autre lettre du ministre au Directoire, du 29 vendémiaire, porte que l'ordre a été donné de faire refluer 3,000 prisonniers de guerre dans les départements d'Eure-et-Loir et du Loiret). — Par la troisième, le Directoire transmet au ministre copie d'une lettre écrite par le général Marescot, concernant le major autrichien Fahrmann,

Le Directoire écrit aussi au général de brigade Fuzier, pour lui témoigner sa satisfaction sur la pacification du ci-devant district de Saint-Pol [1];

Et au général Laprun [2], pour lui demander des renseignements sur la conduite du général Xaintrailles dans la procédure intentée à l'économe de l'hôpital militaire de Bitche [3].

Il sera dressé un état général des officiers non en activité, qui, aux termes de l'arrêté du 8 fructidor dernier [4], doivent se retirer dans leurs domiciles [5] et cet état sera clos le 30 du présent mois [6].

LE DIRECTOIRE EXÉCUTIF AU GÉNÉRAL HOCHE.

Vous êtes sans doute instruit, citoyen général, que les chefs du 10° bataillon de sapeurs de Paris, détenus à l'île de Ré, sont prévenus d'avoir provoqué le mouve

---

arrêté à Landau; il fait remarquer qu'avant de prononcer sur le sort de cet officier, « il est utile de connaître l'opinion du général en chef de l'armée de Rhin-et-Moselle ». — Par la quatrième, il lui transmet des observations qui lui ont été adressées par le citoyen Grival, hussard au 3° régiment, sur la guerre d'Italie; il l'invite à prendre des renseignements sur la moralité de cet individu, qui paraît susceptible d'être employé plus utilement. — Par la cinquième, il l'invite à ajouter aux mesures qu'il a dû prendre pour remonter promptement le service des transports de l'armée de Sambre-et-Meuse celle de faire rentrer dans l'armée une grande partie des voitures attelées que les fuyards et dilapidateurs ont fait filer sur la rive gauche du Rhin.

[1] Minute signée Carnot, Reubell, Barras (Arch. nat., AF III, 405, dossier 2207). — Département du Pas-de-Calais.

[2] Commandant la 3° division militaire à Metz.

[3] Minute signée Le Tourneur, Carnot, Reubell (Arch. nat., AF III, 405, dossier 2207). — Le Directoire rappelle que, sur des dénonciations portées par les officiers de santé, cuisiniers, servants attachés à l'hôpital militaire de Bitche contre l'économe de cet établissement, le général de division Xaintrailles l'a traduit devant un conseil militaire à Bitche; que, ce conseil l'ayant acquitté, il s'est hâté de le traduire devant un nouveau conseil à Strasbourg, lieu où il n'avait aucun commandement; que cette précipitation et plusieurs irrégularités de procédure ont déterminé le gouvernement à lui retirer le commandement de Bitche. Il prie Laprun de faire une enquête. On trouve au dossier 2207 le résultat de cette enquête dans un rapport adressé le 4 brumaire an V au Directoire par Laprun, qui s'efforce d'atténuer les fautes de Xaintrailles en représentant qu'il s'est borné à faire désigner à Strasbourg par le général Moulin les membres d'un conseil de cassation et que, ce conseil ayant annulé le jugement rendu à Bitche, Xaintrailles a constitué un nouveau conseil militaire, devant lequel il a eu seulement le tort de ne pas confier l'instruction à un capitaine-rapporteur.

[4] Voir plus haut, p. 449.

[5] Pour y jouir du traitement accordé aux officiers réformés.

[6] Arrêté du 7 vendémiaire an V, signé Carnot, Le Tourneur, Reubell (Arch. nat., AF III, 405, dossier 2207). — Voir au même dossier cet état fourni par le ministère de la guerre et daté du 13 frimaire an V.

Le dossier 2207, correspondant, comme le précédent, à la séance du 7 vendémiaire, se termine par une pièce relative à des nominations de juges et de suppléants dans le département des Vosges.

ment qui a eu lieu dans la garnison de la Rochelle par des écrits favorables aux complots des anarchistes.

Comme le séjour de ces individus dans la division du Sud pourrait être nuisible à la tranquillité et qu'ils seraient également dangereux ailleurs par leurs principes, nous vous invitons à considérer s'ils ne sont pas susceptibles d'entrer dans l'organisation de quelques-uns des corps destinés à l'expédition insulaire qui vous est confiée et nous vous donnons à cet égard l'autorisation nécessaire.

CARNOT, REUBELL, LE TOURNEUR [1].

SÉANCE DU 8 VENDÉMIAIRE AN V [2]

29 SEPTEMBRE 1796.

Le Directoire reçoit un message du Conseil des Anciens, relatif à l'envoi d'une loi portant que ces expressions : *l'article 14 de la loi du 2 thermidor dernier* [3], insérées dans le considérant de la résolution du 17 fructidor an IV [4], relative aux payements des fermages, sont rapportées et seront remplacées par celles de *l'article 14 de la loi du 2 thermidor an III* [5].

Le Directoire ordonne que cette loi sera publiée, exécutée et qu'elle sera munie du sceau de l'État. Elle est en conséquence adressée de suite à l'enregistrement pour deux expéditions être envoyées sans délai au ministre de la justice, avec l'arrêté portant ordre d'impression et de publication, dans les formes prescrites par les lois.

Le Directoire envoie un message au Conseil des Cinq-Cents : il a pour objet de faire appliquer aux officiers de la marine qui n'ont pu être employés [6] les dispositions de la loi du 28 septembre 1791 [7].

[Le Directoire exécutif, vu l'arrêté pris, le 15 fructidor dernier, par l'administration centrale du département des Bouches-du-Rhône, por-

---

[1] Arch. nat., AF III, 405, dossier 2207.
[2] Arch. nat., AF III*, 5, fol. 21-23. — AF III, 4.
[3] Voir plus haut, p. 529 (séance du 18 fructidor).
[4] Devenue loi le 18 fructidor (voir plus haut, p. 529).
[5] *Bull.*, II, LXXX, n° 745.
[6] C'est-à-dire compris dans la nouvelle organisation.

[7] Message signé Le Tourneur, Revellière-Lépeaux, Barras (Arch. nat., AF III, 405, dossier 2208). — La loi du 28 septembre 1791 graduait les retraites sur la durée des services sans condition de minimum d'âge. Elle avait été abrogée par celle du 7 août 1793 et cette dernière avait laissé en vigueur celle du 22 août 1790, qui exigeait cinquante ans d'âge.

tant que tous les citoyens désignés comme mis hors la loi dans les décrets des 19 mars, 19 juin et 5 juillet 1793 sont compris dans l'exception portée par les lois des 22 germinal et prairial an III; et qu'en conséquence ceux de ces citoyens qui voudraient profiter du bénéfice de ces deux lois n'ont qu'à se présenter pour en recevoir l'application;

Considérant qu'à la vérité la loi du 22 germinal an III a rapporté le décret du 27 mars 1793, qui avait mis hors la loi tous les ennemis de la Révolution, et celui du 23 ventôse an II, portant qu'on regarderait et punirait comme leurs complices tous ceux qui les avaient recélés ou n'avaient pas découvert le lieu de leur retraite, et qu'elle a réintégré dans leurs droits et dans leurs biens tous les individus que ces mesures avaient frappés; mais qu'il ne suit nullement de ces dispositions que ceux de ces individus qui se trouvent inscrits sur des listes d'émigrés en soient rayés de plein droit; qu'en effet, de l'article 7 de la loi du 22 prairial an III, combiné avec la loi du 22 germinal précédent, il résulte qu'on doit établir, à l'égard des mis hors la loi, une distinction entre ceux qui y avaient été mis sous la dénomination vague d'ennemis de la Révolution et ceux qui y avaient été mis *nommément ou collectivement, comme membres d'un corps;* que cette distinction est la conséquence nécessaire de la partie de l'article 7 de la loi du 22 prairial an III, dans laquelle il est dit que « le décret du 22 germinal sera exécuté, avec cette modification, que ceux qui n'avaient pas été nommément ou collectivement, comme membres d'un corps, mis hors la loi, s'ils ont été compris dans une liste d'émigrés postérieurement au 27 mars 1793, ne pourront en obtenir la radiation, et la mainlevée des séquestres, qu'en se conformant aux articles 3, 4, 5 et 6 ci-dessus »; que de là il faut nécessairement conclure, d'une part que ceux qui ont été mis hors la loi, nommément ou collectivement, comme membres d'un corps, n'ont point été assujettis à de pareilles formalités et qu'il leur suffit de se présenter pour reprendre tous leurs droits politiques et obtenir la levée de tous séquestres; de l'autre, que ceux qui ont été mis hors la loi sous la dénomination vague d'ennemis de la révolution, ou autre semblable, sont obligés, pour obtenir leur radiation de la liste des émigrés, de se conformer aux dispositions générales sur cette matière;

Considérant qu'autant est juste et exacte l'application que l'arrêté du 15 fructidor dernier fait de l'article cité de la loi du 22 prairial an III à ceux qui ont été mis hors de la loi par le décret du 19 juin 1793, rendu contre les membres du tribunal populaire de Marseille, autant est illégale et arbitraire celle qu'il fait du même article aux individus mis hors de la loi par les décrets des 19 mars et 5 juillet 1793; qu'en effet ces derniers décrets n'ont désigné nominativement aucun individu ni aucun corps auxquels dussent s'appliquer la mise hors de la loi que prononce l'un et la peine de mort qu'inflige l'autre; que le décret du 19 mars 1793 n'est relatif qu'aux révoltes occasionnées par le recrutement de 300,000 hommes ordonné par la loi du 24 février précédent, et que celui du 19 juillet n'a eu pour objet que de déterminer ce qu'on devait entendre par *chef de révolte* dans les décrets des 19 mars et 10 mai de la même année; qu'aucun de ces décrets ne peut être appliqué aux mouvements qui ont eu lieu dans plusieurs départements après le 31 mai; qu'ils ne sont relatifs qu'à la rébellion de la Vendée et des autres départements de l'Ouest; qu'ainsi on ne peut prendre ni l'un ni l'autre de ces décrets pour base du mode d'exécution de la partie de l'article 7 de la loi du 22 prairial an III qui excepte les mis hors la loi, nommément ou collectivement, comme membres d'un corps, de la règle générale concernant les formalités à remplir par les individus inscrits sur les diverses listes d'émigrés; que l'exemple vrai ou faux de l'abus que le ci-devant tribunal révolutionnaire des Bouches-du-Rhône aurait pu faire des décrets des 19 mars et 5 juillet 1793, pour juger, de la manière qu'ils déterminent, des citoyens qui avaient pris part aux mouvements occasionnés par le 31 mai ne peut pas légitimer l'extension que les administrateurs de ce département se sont permis de faire de ces mêmes décrets par leur arrêté du 15 fructidor dernier;

Considérant que laisser subsister cet arrêté, ce serait admettre, indistinctement, à rentrer dans leurs droits et dans leurs biens tous les émigrés dont l'inscription sur la liste se trouverait postérieure au 27 mars 1793, puisqu'il n'en est aucun qui, pour jouir de cette étrange faveur, ne prétendît qu'il était, lors de son émigration, regardé comme ennemi de la Révolution française, et que c'est la crainte d'être traité comme tel qui l'a déterminé à fuir en pays étranger;

Considérant enfin que, par l'article 373 de l'acte constitutionnel, la nation a déclaré qu'en aucun cas elle ne souffrirait le retour des Français qui, ayant abandonné leur patrie depuis le 15 juillet 1789, n'étaient pas, à l'époque de la publication de cette charte sacrée, compris dans les exceptions portées aux lois rendues contre les émigrés; qu'elle a même interdit au Corps législatif de créer de nouvelles exceptions sur ce point et qu'à plus forte raison est-il du devoir du Directoire exécutif de réprimer les actes par lesquels les autorités administratives s'ingéreraient d'étendre les exceptions légales à des cas pour lesquels elles n'ont pas été faites,

Arrête ce qui suit :

Article premier. L'arrêté de l'administration des Bouches-du-Rhône, ci-dessus mentionné, est nul, de nul effet et comme non avenu, en tant qu'il comprend dans l'exception portée par l'article 8 de la loi du 22 prairial an III les individus qui prétendaient avoir été mis hors la loi par les décrets des 19 mars et 5 juillet 1793, sans rapporter aucun décret ou arrêté qui, en exécution de l'un ou de l'autre de ces deux décrets, les eût déclarés hors la loi, non d'une manière vague et indéterminée, mais nommément ou collectivement, comme membres de tel corps spécialement désigné.

Art. 2. Le ministre de la police générale se fera rendre compte des arrêtés que les administrations de département pourraient avoir pris ou prendraient ci-après, en exécution de l'article 7 de la loi du 22 prairial an III; et il annulera, sauf l'approbation définitive du Directoire, ceux de ces arrêtés qui seraient contraires aux principes ci-dessus rappelés.

Le présent arrêté sera inséré dans le *Bulletin des lois*. — Arch. nat., AF III, 405, dossier 2208][1].

Il accorde un secours de trois cents livres en numéraire au citoyen Bouth, capitaine au 29e régiment [2].

Le Directoire approuve un rapport du ministre de la justice, relatif aux salaires des ouvriers de l'Imprimerie de la République, et ordonne qu'il sera exécuté à compter du 1er de ce mois [3].

---

[1] Signé à la minute Le Tourneur, Revellière-Lépeaux, Barras, Reubell. — Voir au même dossier le rapport du ministre de la justice (Merlin) en conformité duquel cet arrêté a été rendu.

[2] De chasseurs à cheval. Recommandé par Goupilleau (de Fontenay). Le secours lui est accordé à raison de ses blessures et de l'insuffisance de son traitement. — Arrêté du 8 vendémiaire an v, signé Carnot, Reubell, Revellière-Lépeaux (Arch. nat., AF III, 405, dossier 2209).

[3] Arrêté du 8 vendémiaire an v, signé Le Tourneur, Revellière-Lépeaux, Reubell (Arch. nat., AF III, 405, dossier 2208). Le rapport du ministre (même dossier) proposait que, vu la suppression de la fourniture du pain aux ouvriers et le renchérissement des denrées, la journée fût fixée : pour les compositeurs, imprimeurs et fondeurs à 3 francs; pour les relieurs, trempeurs et cardeurs à 2 fr. 4 décimes; pour les garçons d'atelier et hommes de peine, à 2 fr., et pour les plieuses et apprêteuses à 1 fr. 2 décimes, payables un

Il passe à l'ordre du jour sur un projet d'arrêté présenté par le même ministre, tendant à mettre en jugement le citoyen Puissant, ex-ordonnateur de la marine à Toulon [1].

Le ministre de la justice fait encore deux rapports :

Le premier relatif au citoyen Destremont, prévenu de faux ;

Le second concerne une lettre écrite par ce ministre au commissaire des tribunaux civil et criminel du département des Côtes-du-Nord, qui se trouve en contradiction avec un ordre donné par le général Hoche.

On écrit au ministre de l'intérieur en lui envoyant [2] un rapport par lui fait sur les établissements de l'enseignement de la médecine, attendu qu'il désigne à tort la ville de Rennes comme ayant possédé une Université [3].

Il est répondu à la note confidentielle de la commission des dépenses du Conseil des Anciens.

Sur le rapport du ministre de la police générale, sont rayés de la liste des émigrés les noms des citoyens ci-après :

Marguerite-Rosalie Pourceau ;

Marie-Julie Pourceau, dite Rotivaud ;

Louise-Catherine-Magdeleine Desqueulx, femme de Nicolas-Edme Chenuat ;

Nicolas-Edme Chenuat ;

Pierre-Dieudonné Mauboussin ;

Pierre-Anne Sourdille ;

Thomas-Pierre Agnès ;

Jean-Étienne-Thomas Cugnon ;

Nicolas Bruno de Brecey et Charles-Victor Dequeulx [4].

---

tiers en valeur métallique et les deux autres tiers en mandats au cours.

[1] Arch. nat., AF III, 405, dossier 2208. — Sur Puissant, accusé de complicité dans la livraison de Toulon aux Anglais, voir plus haut, p. 465.

[2] Renvoyant.

[3] Minute signée Revellière-Lépeaux, Reubell, Barras (Arch. nat., AF III, 405, dossier 2208). — Le Directoire fait remarquer que l'Université de Bretagne était à Nantes, et que si, dans les dernières années avant la Révolution, l'École de droit avait été transférée à Rennes, elle était toujours censée faire partie de l'Université de Nantes.

[4] Marie-Julie *Pourceau*, dite *Rotivaud*, ex-noble, âgée de 82 ans, demeurant à Nantes ; — Marguerite-Rosalie *Pourceau*, âgée de 73 ans, demeurant à Guérande ; — Louise-Catherine-Madeleine *Dequeulx*, femme de Nicolas-Edme *Chénuat* ; — Nicolas-Edme *Chénuat*, ci-devant commis aux affaires étrangères, demeurant à Pont-sur-Seine ; — Pierre-Dieudonné *Mauboussin*, propriétaire à Château-du-Loir ; Pierre-Anne *Sourdille*, ci-devant invalide et depuis chef de bataillon de la garde nationale de Château-Gonthier ; — Thomas-Pierre *Agnès*, laboureur à Beaumont (Manche) ; — Jean-Étienne-Thomas *Cugnon*, rentier, demeurant à Attincourt (Meuse) ; — Nicolas

Le ministre de l'intérieur est chargé de fournir au citoyen Mirondot, ancien consul à Bagdad [1], les subsistances nécessaires et autres secours de première nécessité, ainsi que cela s'est pratiqué à l'égard de Raynal [2].

Le Directoire s'occupe ensuite du personnel de la guerre.

Il écrit au ministre de la marine et des colonies pour qu'il prenne en considération les bonnes dispositions des propriétaires des établissements de Creusot [3].

Pareille lettre au ministre des finances [4].

On accorde trois mois de traitement au citoyen Simon, commissaire des guerres [5].

On écrit au ministre de la guerre pour l'inviter à faire le moins de changements possible dans les résidences des commissaires des guerres [6].

On écrit onze lettres concernant le service militaire dont les minutes sont déposées au Cabinet topographique :

Une au général Despinoy [7];

Une au citoyen Bella, directeur général de l'administration du pays conquis entre Rhin et Moselle [8];

Une au général divisionnaire Marescot [9];

Deux au ministre des finances [10];

Bruno, dit Brecey, cultivateur à Saint-Malo; — Charles-Victor Dequeulx, commis au dépôt des Affaires étrangères à Versailles; — inscrits sur les listes des émigrés des départements de la Loire-Inférieure, de la Loire-Inférieure, de l'Aube, de l'Aube, de la Sarthe, de Maine-et-Loire, de la Manche, de la Marne, de la Manche et de l'Aube, qui ont justifié de leur résidence. — Dix arrêtés du 8 vendémiaire an v, signés Reubell, Barras, Revellière-Lépeaux (Arch. nat., AF III, 405, dossier 2208).

[1] Et ancien évêque de Babylone, âgé de 73 ans, qui est rentré en France par congé du roi pour raison de santé et qui depuis plusieurs années a perdu tous ses traitements et ses pensions.

[2] Arrêté signé Revellière-Lépeaux, Reubell, Carnot (Arch. nat., AF III, 404, dossier 2197). — Sur Raynal, voir t. I, p. 712.

[3] Minute signée Carnot, Revellière-Lépeaux, Reubell (Arch. nat., AF III, 405, dossier 2209).

[4] Même minute.

[5] Ex-capitaine du génie, autorisé par arrêté du 18 thermidor à prendre sa retraite, qui n'a pas l'ancienneté exigée pour obtenir une pension, mais qui mérite la bienveillance du gouvernement par ses services et par sa misère. — Arrêté du 8 vendémiaire an v, signé Carnot, Revellière-Lépeaux, Reubell (Arch. nat., AF III, 405, dossier 2208).

[6] Minute signée Le Tourneur, Carnot, Reubell (Arch. nat., AF III, 405, dossier 2209).

[7] Minute signée Carnot, Reubell, Barras (Arch. nat., AF III, 405, dossier 2209). — Le Directoire lui accuse réception d'un mémoire justificatif et lui annonce qu'il a accédé à son vœu d'être employé dans une armée autre que celle d'Italie. — Sur Despinoy, voir plus haut, p. 61, 334, 437, 707.

[8] La minute de cette lettre ne se trouve pas dans les dossiers correspondant à la séance du 8 vendémiaire.

[9] Id.

[10] Minutes signées Carnot, Reubell, Barras (Arch. nat., AF III, 405, dossier 2209). — Par la première, le Directoire lui annonce qu'il a décidé que l'administration établie pour la rentrée des contributions du pays entre Rhin et Moselle ferait partie des attribu-

Deux au ministre de la guerre[1];
Une au même ministre[2];
Deux aux commissaires du gouvernement à l'armée d'Italie[3];
Une au général en chef Bonaparte[4].

On signe un état de citoyens exemptés du service militaire aux armées[5].

---

tions du département de la guerre. — Par la seconde, il lui écrit que, différents fournisseurs de l'armée de Rhin-et-Moselle ayant demandé des acomptes sur la caisse particulière de Strasbourg, le commissaire du gouvernement près cette armée leur a déclaré que, pour ne pas dégarnir cette caisse, ces payements se feraient par celle du quartier général.

[1] Minutes signées, la première Le Tourneur, Carnot, Reubell, la seconde Carnot, Reubell, Barras (Arch. nat., AF III, 405, dossier 2209). Par la première de ces lettres, le Directoire invite le ministre à examiner de nouveau le travail qu'il a communiqué au Directoire sur la nouvelle répartition des commissaires des guerres dans les divisions qui formaient l'arrondissement des armées de l'intérieur et des côtes de l'Océan. Plusieurs lui paraissent manquer de capacité et de probité. Deux d'entre eux, Hion et Juric, ont dû être révoqués. « Un troisième, Gouffé-Lalande, est dénoncé pour avoir fait une fortune considérable et avoir acheté pour 200,000 francs de biens nationaux, pour avoir retenu des chevaux qui appartiennent à la République et comme avilissant le gouvernement. Un quatrième, Langeron, ne paraît pas non plus avoir la confiance des administrateurs du département de la guerre ». — Par la seconde, le Directoire invite le ministre, dans l'intérêt de la subordination, à retirer le général Despinoy de l'armée d'Italie et à en prévenir le général Bonaparte.

[2] Minute signée Carnot, Reubell, Barras (Arch. nat., AF III, 405, dossier 2209). — Le Directoire prévient le ministre qu'il a mis sous sa surveillance l'administration établie pour la rentrée des contributions des pays entre Rhin-et-Moselle. — On trouve en outre au dossier 2209 la minute, signée Carnot, Revellière-Lépeaux, Reubell, d'une lettre du 8 vendémiaire, non mentionnée au procès-verbal, par laquelle le Directoire invite le ministre à faire passer à l'armée de Sambre-et-Meuse plusieurs officiers d'artillerie et notamment le général de brigade Saint-Fiest.

[3] Voir le texte de ces deux lettres plus loin à l'Appendice.

[4] Voir le texte de cette lettre plus loin, à l'Appendice.

[5] Arrêté signé Carnot, Revellière-Lépeaux, Reubell (Arch. nat., AF III, 405, dossier 2209). — Ces jeunes gens, au nombre de 187, sont exemptés en général pour raisons de famille.

Outre les pièces qui viennent d'être indiquées, il faut signaler les suivantes, qui se rapportent aussi à la séance du 8 vendémiaire et qui, renfermées dans le dossier 2209 (Arch. nat., AF III, 405), ne sont pas mentionnées au procès-verbal : 1° Arrêté signé Carnot, Revellière-Lépeaux, Reubell, portant que les dispositions de l'arrêté du 19 fructidor dernier sur les officiers à la suite des corps ne sont pas applicables aux officiers des corps du génie et de l'artillerie qui, comme prisonniers de guerre, ne sont pas encore remplacés et qu'en conséquence ils seront traités comme les officiers en activité. — 2° Arrêté signé Carnot, Revellière-Lépeaux, Reubell, par lequel le citoyen Joseph *Debelle*, adjudant sous-officier au 4° régiment d'artillerie à cheval (frère du général Debelle), qui a eu une cuisse emportée par un boulet de canon à l'affaire du 4 fructidor dernier sur la Naab, sera pourvu du brevet de lieutenant au 2° régiment d'artillerie légère. — 3° Deux arrêtés signés Carnot, Reubell, Revellière-Lépeaux, par lesquels congé absolu est accordé à Félix *Cosne* et à Pierre *Godard*, charretiers des transports militaires, réclamés par leurs parents, cultivateurs, qui ne peuvent se passer d'eux.

Le dossier 2210, dont le contenu, comme celui des deux précédents, se rapporte à la séance du 8 vendémiaire, est formé de 73 pièces relatives à la nomination d'administrateurs municipaux, juges de paix et assesseurs des

A

Le Directoire exécutif à ses commissaires près l'armée d'Italie.

Nous avons reçu, citoyens commissaires, vos dépêches du 4ᵉ jour complémentaire relatives à la négociation avec la cour de Rome. Son refus d'accepter les conditions que nous lui avions offertes a été sans doute motivé sur l'espoir d'un retour de fortune en faveur de nos ennemis et nos derniers succès ont peut-être modifié ces dispositions de manière à les rendre plus favorables à la paix. Cependant comme l'affermissement de la conquête de l'Italie tient à la chute de Mantoue et qu'il est utile à la République de ne pas rompre l'armistice conclu avec le Pape[1], nous vous autorisons à suivre la négociation entamée et même à la soutenir au besoin par des insinuations capables de produire cet effet et qui néanmoins n'auraient aucun caractère d'engagement de notre part contraire à nos précédentes intentions. Notre but est d'arriver ainsi au moment de la prise de Mantoue et la clôture de la campagne en Italie nous mettra en état ou de dicter à Rome les conditions qu'elle refuse aujourd'hui ou de diriger contre elle les armes de la République et peut-être de la rayer du nombre des puissances. Entretenez dans cet esprit les communications qui existent entre vous et ses fondés de pouvoir et faites en même temps exécuter ce qui a été stipulé à notre avantage par la suspension d'armes. Nous prévenons le général en chef de ces dispositions, qui appellent particulièrement le concours de l'exactitude et de l'habileté que vous mettez à remplir les vues du gouvernement.

Les commissaires de la Trésorerie nationale nous rendent compte que le payeur de l'armée d'Italie possède toute leur confiance. Comme vous avez porté des plaintes sur lui, ainsi que sur la plupart des employés de l'administration, nous vous invitons à préciser davantage les faits qui motivent vos reproches, afin qu'il puisse résulter de notre utile surveillance les mesures promptes et les changements que réclame le bien du service. Nous sommes convaincus que cette surveillance devient chaque jour plus nécessaire.

Nous voyons avec un vif intérêt l'activité de vos soins relatifs à la Corse et l'espoir du succès de la brillante et utile entreprise dont cette île est l'objet.

Carnot, L.-M. Revellière-Lépeaux, Reubell[2].

B

Le Directoire exécutif aux commissaires du gouvernement près l'armée d'Italie.

Nous avons reçu, citoyens, votre lettre du 4ᵉ jour complémentaire et celle du 1ᵉʳ vendémiaire suivant. Nous apprenons avec une bien vive satisfaction l'heureuse

---

juges de paix dans le département des Bouches-du-Rhône.

Le dossier 2111, dont le contenu se rapporte aussi à la séance du 8 vendémiaire, est formé de 37 pièces relatives à des nominations de juges de paix, assesseurs, etc., dans les départements de la Charente-Inférieure, de la Côte-d'Or, de l'Eure, de l'Orne, de la Seine et de l'Yonne.

[1] L'armistice de Bologne.
[2] Arch. nat., AF III, 405, dossier 2209.

arrivée en Corse des citoyens de cette île qui y sont passés pour l'affranchir du joug de l'Angleterre. Nous partageons déjà l'espérance que vous concevez du succès de votre entreprise et nous ne douterons plus de son entière réussite dès que les généraux Gentili et Cervoni et le commissaire Saliceti auront pu, avec reste des braves républicains corses qui sont à Livourne, rejoindre leurs frères d'armes et devenir les compagnons de leur gloire.

CARNOT, L.-M. REVELLIÈRE-LÉPEAUX, REUBELL [1].

C

LE DIRECTOIRE EXÉCUTIF AU GÉNÉRAL EN CHEF BONAPARTE.

Nos commissaires près l'armée d'Italie nous ont rendu compte, citoyen général, du refus fait par le Pape d'accepter les conditions de paix que nous avions tracées [2]. Notre intention n'est point de les modifier; mais comme il importe de terminer la campagne par la prise de Mantoue, pour dicter plus sûrement des lois dans l'Italie méridionale, et qu'il est utile, en attendant, de ne pas rompre les armistices que vous avez conclus, nous donnons pour instructions à nos commissaires [3] de prolonger la négociation de manière à arriver au moment où nous pourrons commander impérieusement la paix à Rome ou renverser sa puissance.

Le général Beurnonville a fait un mouvement en avant de la Sieg; le prince Charles est devant lui. La campagne recommence dans cette partie du théâtre de la guerre, avec espoir de succès, et le général Moreau, qui s'appuie à Ulm et à Bregentz, nous fait également espérer qu'il se maintiendra en Souabe jusqu'à ce qu'une offensive décidée soit rétablie sur la gauche de notre ligne d'opérations. Quelques corps sortis du Tyrol ont cherché à inquiéter son flanc droit et ont été repoussés.

Nous pressons la marche d'un renfort d'environ 10,000 hommes que nous vous destinons. Chaque jour la conquête de l'Italie nous paraît devoir influer davantage en notre faveur dans la balance des intérêts politiques; son affermissement est lié à la prise de Mantoue, et nous vous donnons tous les moyens qui sont en notre pouvoir pour terminer la campagne par cet avantage décisif.

CARNOT, L.-M. REVELLIÈRE-LÉPEAUX, REUBELL [4].

---

[1] Arch. nat., AF III, 405, dossier 2209. — [2] Voir plus haut, p. 358-363. — [3] Garrau et Saliceti. — Voir plus haut, p. 717. — [4] Arch. nat., AF III, 405, dossier 2209.

SÉANCE DU 9 VENDÉMIAIRE AN V [1]

30 SEPTEMBRE 1796.

Le Directoire envoie deux messages au Conseil des Cinq-Cents :

Le premier a pour objet de donner des renseignements à l'égard de l'ex-général Hugues Montbrun [2].

Par le second on transmet à ce Conseil un rapport du ministre de la guerre devant servir de réponse au message des Cinq-Cents [3] par lequel ce Conseil demandait des renseignements sur la position des brigades de gendarmerie stationnées à Saint-Clar et Lectoure, ainsi que de l'armée de l'Océan [4].

Il sera payé à titre de secours à la citoyenne Marrot, orpheline et sans fortune, une somme de quatre-vingt neuf francs [5].

Il sera payé au citoyen Lefebvre [6], adjoint de l'ex-commissaire Fréron, une somme de trois mille livres, dont la moitié en numéraire effectif et l'autre moitié en mandats, valeur nominale, pour lui tenir lieu d'indemnité et frais généralement quelconques, pour objet de sa mission [7].

Il sera vendu 187 arpents 80 perches de bois renversés dans la forêt de Compiègne par l'ouragan du 25 messidor dernier [8].

Il sera vendu pareillement : 1° 669 arpents 55 perches de bois, dans la forêt de Fontainebleau, pour tenir lieu de l'ordinaire prochain ; 2° 67 arpents 19 perches qui seront exploités par forme de recépage [9].

---

[1] Arch. nat., AF III*, 5, fol. 23-26. — AF III, 4.

[2] Message lu à la séance du 11 vendémiaire (C. C., vendémiaire an V, 286-287). — Le Directoire envoie copie de la réponse que lui a faite le ministre de la marine. — Voir plus haut, p. 621, 666, 675. Le procès est activé et sera jugé sous peu.

[3] Voir plus haut, p. 685, 699, 701.

[4] Message lu à la séance du 11 vendémiaire (C. C., vendémiaire an V, 289).

[5] Pour frais du voyage de Toulouse à Paris de cette enfant, âgée de 11 à 12 ans, dont le père et le frère ont rendu des services aux armées et dont l'oncle, Dintrans, qui la fait venir auprès de lui, est employé au ministère des finances. — Arrêté du 9 vendémiaire an V, signé Carnot, Reubell, Barras (Arch. nat., AF III, 405, dossier 2212).

[6] Secrétaire adjoint à Fréron pendant sa mission dans le midi.

[7] Arrêté du 9 vendémiaire an V, signé Carnot, Reubell, Barras (Arch. nat., AF III, 405, dossier 2212). — Méchin, qui avait accompagné Fréron au même titre, avait également reçu 3,000 francs d'indemnité.

[8] Arrêté du 9 vendémiaire an V, signé Reubell, Revellière-Lépeaux, Barras (Arch. nat., AF III, 405, dossier 2213).

[9] Arrêté du 9 vendémiaire an V, signé

Il sera procédé à la saisie et confiscation du bois de celles des coupes situées dans la ci-devant maîtrise de Pacy-sur-Eure qui ont été adjugées pour l'ordinaire de l'an IV et dont l'exploitation n'a pas été commencée avant le 1er prairial dernier[1].

Les lois des 19 pluviôse et 4 ventôse[2], concernant les dispositions des terrains et domaines dans les neuf départements réunis par la loi du 9 vendémiaire an IV, seront proclamées[3].

L'église de Saint-Mesme, située commune de Chinon, département d'Indre-et-Loire, est provisoirement mise à la disposition de la régie des poudres et salpêtres[4].

Il sera payé au citoyen Langlais, lieutenant de brigade des douanes, blessé dans son service, la somme de 303 francs, pour le rembourser des frais de pansement[5].

Le Directoire prévient le ministre de la guerre que les vingt drapeaux envoyés par le général Bonaparte, commandant l'armée d'Italie, seront reçus décadi prochain à midi et le prie d'en prévenir le citoyen Marmont, chargé de les présenter[6].

En conséquence, le Directoire écrit une circulaire aux ministres pour les inviter à se trouver ce jour-là en costume à l'audience publique; charge en outre le ministre des relations extérieures de prévenir les ambassadeurs de cette cérémonie[7].

Sur le rapport du ministre de la police générale sont rayés de la liste des émigrés les noms des citoyens ci-après :

Joseph Duchesne; Allain-Xavier Dabzac, dit Dubalet; Marie-Jeanne-Suzanne Duplessis; Louis-Antoine Dujay; Louis-François Dubacq,

---

Reubell, Barras, Revellière-Lépeaux (Arch. nat., AF III, 405, dossier 2213).

[1] Comme elle devait l'être d'après le cahier des charges. — Arrêté du 9 vendémiaire an V, signé Carnot, Reubell, Barras (Arch. nat., AF III, 405, dossier 2213).

[2] Voir t. I, p. 573 et 665.

[3] Dans ces neuf départements. — Arrêté du 9 vendémiaire an V, signé Carnot, Reubell, Barras (Arch. nat., AF III, 405, dossier 2213).

[4] «A l'effet, est-il dit dans l'arrêté, d'y établir un atelier pour la fabrication du salpêtre, sauf à provoquer du Corps législatif ultérieurement l'autorisation de cette mesure.»
— Arrêté du 9 vendémiaire an V, signé Carnot,

Reubell, Barras (Arch. nat., AF III, 405, dossier 2213).

[5] Arrêté du 9 vendémiaire an V, signé Reubell, Barras, Revellière-Lépeaux (Arch. nat., AF III, 405, dossier 2213).

[6] Minute signée Le Tourneur, Revellière-Lépeaux, Barras (Arch. nat., AF III, 405, dossier 2213). — Voir au même dossier la lettre de Bonaparte annonçant au Directoire l'envoi par Marmont de ces drapeaux «pris aux combats de Seravalle, Lavis, au passage des gorges de la Brenta et aux batailles de Roveredo, Bassano et Saint-Georges.».

[7] Minute signée Revellière-Lépeaux, Reubell, Barras (Arch. nat., AF III, 405, dossier 2213).

[30 SEPT. 1796] DU DIRECTOIRE EXÉCUTIF. 721

Louise-Agathe Tirlet, sa femme, et Marie Tirlet, sa belle-sœur; Marc-Pierre-Antoine-Augustin-César d'Hervilly; Angélique-Hyacinthe Demarle; Charlemagne-François Couvert, dit Coulons; Nicolas-Jacques Demarle; Étiennette-Dorothée Riquet, femme Cambon; Marie-Françoise Paradis; Louis-Armand Gérard et Jeanne-Joseph Séjan, veuve Luce[1].

Sur la proposition du ministre des relations extérieures, il est arrêté qu'il ne sera point ajouté foi aux actes de M. Parish, consul américain à Hambourg[2].

Il n'y a pas lieu à délibérer sur la proposition de maintenir l'hôpital du Gros-Caillou.

On écrit plusieurs lettres concernant le service militaire dont les minutes sont déposées au cabinet topographique :

Au ministre de l'intérieur[3];
Au général commandant la 9e division militaire[4];
Au général commandant la 10e division militaire[5];
Au général en chef Hoche[6].

---

[1] Joseph *Duchesne*, domicilié à Provins; — Alain-Xavier *d'Abzac*, dit *Dubalet*, domicilié à Sainte; — Marie-Jeanne-Suzanne *Duplessis*, âgée de 23 ans, domiciliée à Rouen; — Louis-Antoine *Dujay*, de Meaux; — Louis-François *Dubacq*, arpenteur, Louise-Agathe *Tirlet*, sa femme, et Marie *Tirlet*, sa belle-sœur, demeurant à Crépy (Oise); — Marc-Pierre-Antoine-Augustin-César *Hervilly*, ex-noble, demeurant ordinairement à Denicourt (Somme); — Angélique-Hyacinthe *Demarle*, de la commune d'Égalité-sur-Marne; — Charlemagne-François *Couvert*, dit *Coulons*, domicilié à Bayeux; — Nicolas-Jacques *Demarle*, marchand à Égalité-sur-Marne; — Étiennette-Dorothée *Riquet*, femme *de Cambon*, ex-premier président du parlement de Toulouse; — Marie-Françoise *Paradis*, ouvrière en robes, âgée de 31 ans, détenue à Paris; — Louis-Armand *Gérard*, ancien officier des grenadiers ci-devant royaux; — Jeanne-Josèphe *Séjan*, veuve *Luce*; — inscrits sur les listes des émigrés des départements de l'Aube, de Lot-et-Garonne, de l'Eure, de l'Aisne, de l'Aisne, de la Somme, de la Marne, de la Manche, de la Marne, de la Haute-Garonne, de la Seine, du Haut-Rhin et de Seine-et-Marne, qui ont justifié de leur résidence. — Treize arrêtés du 9 vendémiaire an v, signés Le Tourneur, Carnot, Reubell (Arch. nat., AF III, 405, dossier 2212).

[2] C'est-à-dire que le gouvernement français ne reconnaîtra plus comme valables les pièces signées par ce consul, qui s'est permis de délivrer des passeports à des Anglais sous le titre d'Anglo-Américains. — Arrêté du 9 vendémiaire an v, signé Le Tourneur, Revellière-Lépeaux, Reubell (Arch. nat., AF III, 405, dossier 2212).

[3] Minute signée Carnot, Revellière-Lépeaux, Reubell (Arch. nat., AF III, 405, dossier 2213). — Le Directoire lui transmet copie d'une lettre de ses commissaires près l'armée d'Italie dont il est important qu'il ait connaissance.

[4] Minute signée Carnot, Revellière-Lépeaux, Reubell (Arch. nat., AF III, 405, dossier 2213). — Le Directoire le charge : 1° de lui faire parvenir l'état exact des troupes qui ont passé de la 9e division en Italie; 2° de porter sans délai à la même destination celles qui ont été désignées par le général Châteauneuf-Randon, s'il en existait encore dans cette division.

[5] Même lettre que la précédente.

[6] La minute de cette lettre ne se trouve pas dans les dossiers correspondant à la séance du 9 vendémiaire.

Il arrête ensuite que le travail préparatoire relatif aux nominations[1] sera fait dans un même bureau : charge en conséquence son secrétaire général de lui présenter un projet d'organisation pour ce bureau[2].

DÉLIBÉRATION SECRÈTE DU 9 VENDÉMIAIRE AN V[3]

30 SEPTEMBRE 1796.

CCLXV

Le Directoire exécutif, vu la note adressée au ministre des relations extérieures par le lord Grenville, datée de Westminster le 24 septembre 1796; voulant donner la preuve du désir qu'il a de faire la paix avec l'Angleterre, arrête ce qui suit :

Le ministre des relations extérieures est chargé de délivrer les passeports nécessaires à l'envoyé d'Angleterre qui sera muni de pleins pouvoirs, non seulement pour préparer et négocier la paix entre la République française et cette puissance, mais pour la conclure définitivement entre elles[4].

---

[1] «Dont le Directoire est chargé».

[2] Arrêté du 9 vendémiaire an v, signé Le Tourneur, Carnot, Reubell (Arch. nat., AF III, 405, dossier 2213).
Outre les pièces qui viennent d'être indiquées, il faut signaler la suivante, qui se trouve dans le dossier 2213 et qui n'est pas mentionnée au procès-verbal : arrêté du 9 vendémiaire an v, signé Carnot, Reubell, Revellière-Lépeaux, par lequel le général *Durtubie* est chargé de l'inspection générale d'artillerie de la 12ᵉ tournée (Vosges, Meurthe, Haute-Saône, Doubs, Côte-d'Or) et le général *Drouas* est chargé de celle du 7ᵉ arrondissement en remplacement du général Durtubie.
Le dossier 2214, dont le contenu, comme celui des deux précédents, se rapporte à la séance du 9 vendémiaire, est formé de 54 pièces relatives à des nominations d'administrateurs municipaux, de juges de paix, de commissaires, dans les départements des Bouches-du-Rhône, du Lot et de la Meurthe.

[3] Arch. nat., AF III*, 20, p. 79-80. — AF III, 405, dossier 2212.

[4] Le ministère anglais, n'ayant pu empêcher la Prusse, puis l'Espagne, de traiter avec la France (5-19 août), constatant d'autre part les succès du Directoire en Allemagne et en Italie (août), se croyant menacé d'une descente en Irlande, et s'inquiétant, de plus, de la situation financière en Grande-Bretagne, avait jugé bon d'amorcer une négociation avec la République, ne fût-ce que pour prouver à la nation anglaise qu'il voulait la paix et pour gagner du temps. De là les ouvertures très indirectes et très vagues qu'il lui avait fait faire d'abord par les agents Charretié, Nettement, par le banquier Perregaux, puis la note qu'il avait fait remettre à Delacroix par Kœnemann, ministre de Danemark à Paris. Le Directoire s'étant montré méfiant et ayant déclaré (note de Reubell à Delacroix du 20 septembre) qu'il ne recevrait *rien de confidentiel et de la part de quelqu'un qui ne serait pas autorisé*, lord Grenville avait par sa dépêche du 24 septembre (malgré la répugnance du roi d'Angleterre à négocier) renouvelé formellement sa

Le présent arrêté ne sera pas imprimé[1].

CCLXVI

Le Directoire exécutif,

Voulant mettre la plus grande activité aux opérations combinées qui se préparent au port de Brest[2] et prévenir toutes les entraves que pourrait mettre aux mesures vigoureuses qu'il est urgent de prendre la diversité dans les opérations;

Arrête que le général Hoche se concertera sur l'exécution des opérations qui se préparent au port de Brest avec le vice-amiral Villaret[3], l'ordonnateur de la marine Sané et le directeur des mouvements Bruix; et cependant, toutes les fois qu'il sera nécessaire de centraliser l'autorité, le général Hoche donnera les ordres impératifs au vice-amiral Villaret, à l'ordonnateur de la marine Sané et au directeur des mouvements Bruix, qui seront tenus d'y obéir;

Charge le ministre de la marine de l'exécution du présent arrêté, qui ne sera pas imprimé[4].

SÉANCE DU 10 VENDÉMIAIRE AN V[5]

1er OCTOBRE 1796.

Le Directoire reçoit un message du Conseil des Anciens, relatif à l'envoi de deux lois :

La première annule les arrêtés des représentants du peuple Pinet[6] et Monestier en date des 13 frimaire et 8 nivôse an II, relatifs à la

---

demande de passeport pour un envoyé d'Angleterre. Il comptait que la réponse serait défavorable. Mais, le Directoire, désireux lui aussi de gagner du temps et de paraître favorable à l'idée de paix tout en rendant la négociation difficile par les conditions qu'il mettait à la délivrance des passeports, s'était bien gardé de décliner cette invitation. — Sur tous les essais et préliminaires de négociations anglo-françaises sous le Directoire, voir R. Guyot, *Le Directoire et la paix de l'Europe* (Paris, 1911), p. 145-157 et 261-289.

[1] Signé à la minute Le Tourneur, Reubell, Carnot, Revellière-Lépeaux, Barras.

[2] Il s'agit de l'expédition d'Irlande.

[3] VILLARET DE JOYEUSE (Louis-Thomas), né à Auch en 1750, mort à Venise en 1812; entré dans la marine en 1766; contre-amiral en 1793. — Il était opposé à l'expédition d'Irlande et c'est Morard de Galles qui fut désigné quelque temps après pour en être le chef maritime.

[4] Signé à la minute Le Tourneur, Carnot, Revellière-Lépeaux.

[5] Arch. nat., AF III*, 5, fol. 26-27.

[6] Pinet aîné, député de la Dordogne à la Convention. — Monestier, député du Puy-de-Dôme.

concession d'une partie de la mine de Baburet, en faveur du citoyen Luppé [1].

La seconde relève de leur déchéance les militaires suisses qui ont droit à des pensions ou gratifications et qui n'ont pas déposé aux bureaux de la guerre, dans les délais fixés [2], les titres demandés.

Le Directoire ordonne que ces lois seront publiées, exécutées et qu'elles seront munies du sceau de l'État. Elles sont en conséquence adressées de suite à l'enregistrement pour deux expéditions être envoyées sans délai au ministre de la justice avec l'arrêté portant ordre d'impression et de publication dans les formes prescrites par les lois.

[Le Directoire exécutif, vu la demande du citoyen Hacquart, imprimeur, tendante à être chargé de l'impression et des travaux accessoires du *Rédacteur* et du *Journal des défenseurs de la patrie*, à raison de vingt sols par abonnement pour le premier mois et à raison de dix-huit sols pour les suivants, avec imputation du bénéfice des abonnements particuliers; vu l'offre faite par les citoyens Gratiot et compagnie de continuer leur entreprise aux mêmes conditions; — considérant qu'il est juste de donner la préférence à la compagnie qui a fait les frais de l'établissement et s'est donné les peines et soins que sa formation a exigés;

Arrête que les abonnements aux journaux dont il s'agit seront payés pour le mois de fructidor aux citoyens Gratiot et compagnie à raison de vingt sols et les suivants avec la réduction ci-dessus indiquée. Les ordonnances qui leur ont été expédiées et dont le payement avait été suspendu leur seront payées, pour leur importance être imputée en la concurrence ci-dessus sur le mois fructidor et suivants;

Charge le ministre de l'intérieur de l'exécution du présent arrêté qui ne sera pas imprimé. — Arch. nat., AF III, 405, dossier 2215 [3].]

On écrit au ministre de la guerre pour l'inviter à faire examiner de nouveau le travail qu'il a communiqué au Directoire sur la nouvelle

---

[1] *Bull.*, II, LXXX, n° 748. — Loi rendue sur la réclamation du citoyen Angosse, au préjudice de qui la concession a été faite et parce que lesdits arrêtés sont contraires aux dispositions de la loi du 28 juillet 1791 en ce qui concerne la concession des mines. — C. C., vendémiaire an v, 280-281.

[2] Parce qu'ils «se sont trouvés dans l'impossibilité absolue de satisfaire aux formalités» exigées par la loi du 29 germinal an II *sur les pensions des officiers, sous-officiers et soldats suisses licenciés* (cette loi fixait un délai de trois mois pour la production des titres). — *Bull.*, II, LXXX, n° 746.

[3] Signé à la minute Le Tourneur, Carnot, Reubell.

répartition des commissaires des guerres dans les divisions qui formaient l'arrondissement de l'armée de l'intérieur[1].

Le Directoire passe dans la salle de ses audiences publiques pour y recevoir vingt-deux drapeaux conquis sur les Autrichiens par l'armée d'Italie et qui lui sont envoyés par le général de cette invincible armée.

La musique militaire exécute les airs de la victoire à l'aspect des nouveaux trophées de l'armée d'Italie; les citoyens qui étaient accourus en grand nombre élèvent jusqu'aux cieux les cris multipliés de : *Vive la République.*

Le ministre de la guerre[2] présente au Directoire le citoyen Marmont, aide de camp du général Bonaparte, chargé de sa part de venir offrir au Directoire ces nouveaux monuments de la gloire de son armée, et dit :

« Citoyens Directeurs,

« L'armée d'Italie, toujours triomphante, vous présente les trophées de ses nouvelles victoires.

« Les ennemis vaincus à Castiglione avaient reçu des renforts considérables; ils préparaient en silence une nouvelle attaque avec l'espoir de réparer leurs défaites, mais ils étaient attendus par une armée accoutumée à vaincre et la bataille de Saint-Georges a mis un dernier terme à leurs efforts.

« La postérité croira avec peine au témoignage de l'histoire, lorsqu'elle apprendra, que, dans le cours d'une seule campagne, l'Italie entière a été conquise, que trois armées ont été successivement détruites, que plus de cinquante drapeaux sont restés entre les mains des vainqueurs, que quarante mille Autrichiens ont déposé les armes, enfin que trente mille Français et un guerrier de 25 ans ont opéré tous ces prodiges.

« L'armée d'Italie n'a plus de triomphes à obtenir; elle a rempli la plus glorieuse et la plus étonnante carrière : qu'elle renvoie donc la victoire à l'armée du Rhin, et qu'un ennemi trop prompt à s'enorgueillir de quelques avantages éphémères apprenne bientôt que les Français sont partout les mêmes et que lorsqu'ils combattent pour la liberté, rien ne peut résister à leur courage. »

---

[1] La minute de cette lettre ne se trouve pas dans le dossier 2215, correspondant à la séance du 10 vendémiaire. — [2] Petiet.

Le citoyen Marmont prononce ensuite le discours suivant :

« Citoyens Directeurs,

« L'armée d'Italie, après avoir conquis la plus belle contrée de l'Europe, n'avait pas fait assez pour sa patrie et pour sa gloire : ses phalanges guerrières devaient, avant de se livrer au repos, anéantir l'ennemi qui leur restait à combattre.

« Une expédition est projetée. La sagesse des dispositions, l'infatigable constance des troupes, la confiance entière de chaque soldat dans le général qui le commande, tout promet un heureux succès. L'armée part; elle renverse tout ce qui s'oppose à sa marche, et pour la première fois depuis l'existence de la nation, les Français voient les sources de la Brenta et pénètrent dans l'antique ville de Trente; alors, changeant subitement de direction, l'armée arrive avec la rapidité de l'éclair sur les derrières de l'armée autrichienne et le général Bonaparte force le général Wurmser à recevoir bataille dans son quartier-général même.

« L'armée de la liberté devait être celle de la victoire : les Autrichiens sont défaits et le peu qui échappent au fer des Français n'a d'autre espoir que de se jeter dans Mantoue. Des circonstances le favorisent, il pénètre jusqu'à cette place. C'est alors que Wurmser, fort..... de quelques troupes fraîches qu'il y trouve, veut encore tenter la fortune; mais un combat est une nouvelle occasion de gloire pour les Français; nos troupes marchent dans le plus bel ordre et, grâce à l'excellente combinaison de nos forces, la victoire ne chancelle pas un moment. Les Autrichiens rentrent en foule par le seul passage qu'ils possèdent : nous nous en rendons maîtres et ce qui reste, ne pouvant ni fuir ni se défendre, se confie à notre générosité.

« Ainsi Wurmser, qui a cherché avec les débris de son armée asile dans Mantoue, et qui avait conçu l'espérance de prolonger la défense de cette place, assure au contraire sa reddition et en rapproche même l'époque.

« Les vingt-deux drapeaux que j'ai l'honneur de vous présenter sont les témoignages éclatants de ces succès; ils ont été pris en quatorze jours aux combats de Serravalle, de Lavis, des gorges de la Brenta et aux batailles de Roveredo, de Bassano et Saint-Georges.

« L'armée d'Italie, pendant cette brillante campagne, a détruit deux armées, pris 47,000 hommes, 280 pièces de canon et 49 drapeaux. Ces victoires vous sont un sûr garant, Citoyens Directeurs, de son amour constant pour la République ; elle sait défendre les lois et leur obéir, comme elle a su battre les ennemis extérieurs. Veuillez la considérer comme une des plus fermes colonnes de la liberté et croyez que tant que les soldats qui la composent existeront, le gouvernement aura d'intrépides défenseurs.

« J'ai l'honneur aussi de vous présenter deux drapeaux pris sur les troupes du Pape : nous y ajoutons peu de prix, parce que nous avons eu peu de peine à les obtenir; mais ils sont au moins un monument qui atteste l'activité de l'armée d'Italie et l'étendue du pays qu'elle a parcouru pendant cette campagne. »

Le Président du Directoire[1] lui répond :

« Plus rapide que la renommée, l'armée d'Italie vole de triomphes en triomphes, par elle chaque jour est marqué d'un succès éclatant!

« Tant de faits héroïques, tant d'heureux résultats l'ont rendue également chère aux amants de la gloire et aux amis de l'humanité; car si ses victoires ont honoré à jamais les armées françaises, elles doivent aussi forcer nos ennemis à la paix!

« Grâces soient donc rendues à la brave armée d'Italie et au génie supérieur qui la dirige! Le Directoire exécutif, au nom de la République française, reçoit avec la plus vive satisfaction les trophées qui attestent tant d'actions étonnantes; il vous charge de porter à vos braves frères d'armes les témoignages de la reconnaissance nationale.

« Et vous, jeune guerrier, dont le général atteste la bonne conduite et le courage, recevez ces armes comme une marque de l'estime du Directoire et n'oubliez jamais qu'il est aussi glorieux de les faire servir au dedans pour le maintien de notre constitution républicaine que de les employer à anéantir ses ennemis extérieurs : car le règne des lois n'est pas moins nécessaire au maintien des républiques que l'éclat de la victoire! »

En terminant ce discours le Président a remis une paire de pistolets au citoyen Marmont et lui a donné l'accolade fraternelle.

[1] La Révellière-Lépeaux.

Le public applaudit avec enthousiasme. Les fanfares exécutées par la musique militaire se joignent aux cris mille fois répétés : Vive la République! Vive l'armée d'Italie!

Le ministre des relations extérieures présente au Directoire M. le baron Mandelsloh, envoyé par le duc de Wurtemberg en qualité de ministre plénipotentiaire près le Directoire exécutif. Celui-ci remet au président du Directoire ses lettres de créance et dit :

« Citoyens Directeurs,

« Le ministre plénipotentiaire du duc de Wurtemberg a l'honneur de vous présenter la lettre de créance de Son Altesse Sérénissime, mon Maître. Il vous offre les hommages et le respect dû au gouvernement d'une très grande nation. Il tient à un pays trop heureusement constitué pour ne pas faire ses vœux pour la République française et pour vous.

« Les ducs de Wurtemberg ont prouvé qu'ils ne connaissaient pas d'autre intérêt que celui de l'État et qu'ils savaient lui faire des sacrifices.

« Le duc Charles[1], sur les instances du citoyen Marceau, acceptait le premier le principe des indemnités et prévoyait déjà qu'elles serviraient par le refus des autres de motifs à la guerre. Le duc Louis[2] pressa la diète de l'Empire d'embrasser le système de la pacification. Enfin le duc actuel[3], les surpassant tous pour son amour pour les Wurtembourgeois, donne l'exemple d'une paix séparée. Sa politique et sa confiance est telle, que les événements ne changent rien à ses instructions et c'est dans ce moment même, citoyens Directeurs, qu'il mettrait le plus d'empressement à négocier avec vous le complément des intérêts réciproques. Le Cercle de Souabe, dont il est directeur, a été trop imposé en raison de sa population. Il a le désir et non la possibilité de remplir tous ses engagements, et il sent tout le prix d'un rapprochement avec la République française. Je me flatte, citoyens Directeurs, que l'expression de ces sentiments méritera la bienveillance du Directoire exécutif et, pour ma part, je vous la demande avec instance. »

---

[1] *Charles-Louis*, duc de Wurtemberg (1737-1793). — [2] *Louis-Eugène*, duc de Wurtemberg (1793-1796). — [3] *Frédéric-Eugène*, frère et successeur des deux précédents (1796-1798).

Le Président du Directoire lui répond :

« Monsieur le ministre plénipotentiaire du duc de Wurtemberg,

« Le Directoire exécutif vient d'entendre avec un véritable plaisir l'expression des sentiments du duc de Wurtemberg envers la République. Votre gouvernement peut compter sur un retour sincère de la part du gouvernement français. Si notre République est un ennemi terrible, elle n'est pas un allié moins fidèle.

« Puisse l'exemple des gouvernements qui ont la sagesse de s'unir à nous faire consentir enfin nos superbes ennemis à terminer une guerre que nous avons entreprise non pour troubler le repos du monde, mais pour assurer le nôtre et maintenir notre indépendance. Une guerre à laquelle, malgré quelques revers partiels et momentanés, le courage et la constance des républicains saura donner une issue aussi glorieuse que la cause qui l'a fait entreprendre est juste.

« Monsieur le ministre plénipotentiaire, le Directoire exécutif compte sur votre loyauté personnelle, comme vous devez être assuré de sa bienveillance et de sa franchise. Il espère que votre séjour parmi nous ne servira qu'à vous convaincre de plus en plus de la pureté de nos intentions, comme nous comptons sur celle du duc de Wurtemberg et la vôtre. »

Le Directoire, étant rentré dans le lieu de ses séances, écrit au ministre de l'intérieur en lui envoyant une réclamation du citoyen Biaunie contre sa réforme du 14ᵉ régiment de chasseurs, où il était capitaine, avec invitation de faire un rapport au Directoire[1].

Le Directoire écrit ensuite huit lettres concernant le service militaire :

Une au citoyen Garrau, commissaire à l'armée d'Italie[2];

Deux au ministre de la guerre[3];

---

[1] Minute signée Carnot, Le Tourneur, Reubell (Arch. nat., AF III, 405, dossier 2215).

[2] Voir le texte de cette lettre à l'Appendice.

[3] Minutes signées Carnot, Revellière-Lépeaux, Reubell (Arch. nat., AF III, 405, dossier 2215). — Par la première de ces lettres, il lui transmet copie de la lettre qui lui a été adressée par la Trésorerie nationale en réponse aux plaintes portées par les commissaires près l'armée d'Italie sur le service du payeur général de cette armée. Par la seconde, le Directoire rappelle l'attention du ministre sur deux abus : l'un consiste dans la multiplicité des secrétaires employés dans les états-majors; l'autre dans l'infidélité des états servant de feuilles de prêts (par l'exagération des effectifs).

Une au général en chef Beurnonville[1];
Une au général Hoche[2];
Une au ministre de la police[3];
Une au général Bonaparte[4];
Et une au général Kellermann[5].

A

Le Directoire exécutif au citoyen Garrau,
commissaire du gouvernement près l'armée d'Italie.

Vous avez fait, citoyen, dans votre lettre du... une observation à laquelle le Directoire doit répondre afin de calmer vos inquiétudes. Vous vous êtes plaint que sa lettre du 27 *fructidor* avait été répandue dans l'armée d'Italie. Cependant la lettre est du 23 précédent et non du 27. Elle n'a été adressée qu'à vous et les précautions que nous prenons pour empêcher que de pareilles dépêches ne se divulguent nous garantissent que l'abus de confiance ne provient pas de nos bureaux; l'erreur de date dans la copie qui a paru à ... confirme encore cette opinion; et d'ailleurs nous ne pouvons jamais avoir l'intention dans les dépêches confidentielles que nous adressons à nos commissaires de diminuer la considération qui leur est due par ceux près desquels ils exercent leur autorité.

Votre lettre du 11 fructidor contient des réclamations qui nous ont paru assez importantes pour envoyer à la trésorerie nationale copie de celle qui la concerne. Maintenant nous vous transmettons copie de la réponse de la trésorerie, et comme elle est appuyée par des faits dont elle est plus à portée que nous de connaître l'exactitude, nous vous engageons, citoyen, à nous éclairer de nouveau en faisant sur cette réponse toutes les observations que vous jugerez les plus propres au bien du service.

Carnot, L.-M. Revellière-Lépeaux, Reubell[6].

---

[1] Voir le texte de cette lettre plus loin à l'Appendice.

[2] Minute signée Carnot, Revellière-Lépeaux, Reubell (Arch. nat., AF III, 405, dossier 2215). — Le Directoire lui transmet copie de deux pièces contenant des renseignements dont la connaissance peut lui devenir utile.

[3] Minute signée Carnot, Revellière-Lépeaux, Reubell (Arch. nat. AF III, 405, dossier 2215). — Le Directoire l'invite à faire veiller sur les démarches du citoyen Carelly, ex-commissaire près l'administration centrale du département du Mont-Blanc, qui par des renseignements inexacts tâche de rendre suspecte la conduite du gouvernement sarde.

[4] Voir le texte de cette lettre plus loin à l'Appendice.

[5] Voir le texte de cette lettre plus loin à l'Appendice.

A signaler encore un arrêté du 10 vendémiaire an v, signé Le Tourneur, Carnot, Reubell (Arch. nat., AF III, 405, dossier 2215), non mentionné au procès-verbal, portant révocation du commissaire-ordonnateur *Ilion* et du commissaire des guerres *Jurie* (voir plus haut, p. 716, séance du 8 vendémiaire).

Le dossier 2215, dont le contenu se rapporte à la séance du 10 vendémiaire, se termine par 16 pièces relatives à des nominations de commissaires du pouvoir exécutif dans les départements de Saône-et-Loire et de la Haute-Saône.

[6] Arch. nat., AF III, 405, dossier 2215.

B

Le Directoire exécutif au général en chef Beurnonville,
commandant l'armée de Sambre-et-Meuse.

Nous avons reçu, citoyen général, votre lettre datée de Cologne le 2 vendémiaire. Nous allons y répondre.

Nous n'avons pas lu sans surprise que le général Jourdan vous avait assuré qu'il n'avait d'autres instructions de la part du Directoire que celle de poursuivre l'ennemi partout et de le combattre. Cette singulière réponse, si elle contenait en effet la totalité des instructions que le Directoire a transmises à votre prédécesseur, deviendrait en quelque sorte un chef d'accusation contre lui, puisqu'il est constant que, loin de poursuivre l'ennemi partout, ce général lui a donné par son inhabileté et sa mollesse le temps d'échapper à la valeur républicaine, quoique les Autrichiens fussent beaucoup inférieurs en forces; puisqu'il est certain encore que, malgré l'ordre positif que nous n'avons cessé de lui donner de livrer bataille afin d'anéantir dès l'entrée en campagne l'armée ennemie qu'il avait à combattre et de nous rendre ainsi maîtres absolus de l'Allemagne de la même manière que nous l'avons été de l'Italie, il lui a permis de faire une retraite extrêmement lente sans l'entamer ou le tourner et sans le forcer à soutenir tout le poids d'une attaque faite par des forces supérieures. Nous espérons, citoyen général, que, ne pouvant être satisfait de la réponse que vous a faite le général Jourdan, vous lui aurez demandé communication de nos lettres, qui contiennent les instructions successives que nous lui avons données et qui peuvent ne pas être inutiles pour les opérations que vous allez entreprendre.

Vous trouverez la preuve que le Directoire avait donné pour instructions à ce général de vaincre l'ennemi et que c'est précisément ce qu'il a oublié de faire et que lorsqu'il prétend que cette instruction est la seule qu'il ait reçue, il est en contradiction avec lui-même, puisqu'il s'est plaint dans ses lettres du peu de confiance qu'on lui montrait en lui laissant trop peu de latitude pour ses opérations et en lui traçant une marche trop précise. Ses instructions portaient en général d'aller au devant de l'ennemi avec rapidité et il n'a jamais fait que le suivre beaucoup trop lentement. On lui avait recommandé de couvrir son flanc gauche par un corps de troupes considérable lors de sa première arrivée sur la Lahn, et il s'est laissé tourner. Vous verrez dans ces lettres que lorsque la faiblesse des ennemis, dont la majorité s'était portée contre le général en chef Moreau, eut enfin amené l'armée de Sambre-et-Meuse sur les bords du Main et devant Francfort, le Directoire prescrivit formellement au général Jourdan de couper la retraite de l'ennemi en portant vivement un corps de troupes sur la route d'Aschaffenbourg à Nuremberg et qu'au lieu d'exécuter cet ordre il a donné à l'ennemi 48 heures pour évacuer Francfort. Ces lettres vous feront connaître combien nous lui avions recommandé une correspondance active avec le général Moreau, et cependant c'est par nous que celui-ci a appris que le général Jourdan l'avait laissé à découvert. Il lui avait été ordonné de maintenir dans l'armée la discipline la plus sévère et de nous désigner nominativement les pillards, de quelque grade qu'ils fussent, et jamais il n'y eut relâchement semblable à celui qu'il a laissé régner dans cette armée. Vous verrez enfin en parcourant notre correspondance que si votre prédécesseur eût suivi ponctuellement les instructions qu'il a reçues, les lauriers de nos braves frères d'armes n'eussent pas été flétris et que nous n'aurions pas perdu le fruit de la plus belle campagne qui eût jamais été faite. Mais il faut laisser à ce général malheureux et qui a jadis rendu des services la consolation de rejeter ses nombreuses fautes sur ceux qui ont fait tout ce qui était en leur pouvoir pour l'empêcher d'y tomber et qui les ont constamment couvertes du manteau de la générosité et de la reconnaissance nationale pour ses premiers services.

Il suffirait de ces réflexions, citoyen général, pour suppléer au refus peu présumable qu'aurait pu faire le général Jourdan de vous communiquer notre correspondance et la sienne et vous en conclurez qu'il n'a jamais pu être possible que nous laissassions sans instructions une des trois armées qui ont opéré sur une même ligne et dont la marche simultanée a étonné l'Europe, pacifié une partie de la Germanie et fait trembler la cour de Vienne. Il nous reste à vous tracer les mouvements que nous croyons pouvoir demander à l'armée de Sambre-et-Meuse et au général qui la commande avant la fin de la campagne.

Nul doute que le cours de la Rednitz ne soit la ligne la plus avantageuse pour les quartiers d'hiver de cette armée, et sa force actuelle lui permettrait de les prendre si la saison avancée n'y apportait de grands obstacles. Kœnigshoffen armé et approvisionné assurerait la gauche et nous donnerait des moyens d'en imposer à la Saxe; Forchheim le centre, Nuremberg la droite, Wurtzbourg et Schweinfurth les communications. Les circonstances et les moyens audacieux et prompts que l'on peut employer, ainsi que le plus ou moins de constance des défenseurs de la patrie peuvent seuls amener cet événement glorieux et qui déciderait la paix et permettre à l'armée de Rhin-et-Moselle de prendre en même temps des quartiers d'hiver sur la Lech, en laissant un gros corps sur la rive gauche du Danube. Nous nous contenterons donc de vous indiquer d'autres lignes qu'on pourrait occuper suivant le plus ou moins d'obstacles que pourra rencontrer l'armée qui vous obéit et les efforts que vous ferez pour les surmonter.

La seconde ligne propre à assurer les quartiers d'hiver après celle de la Rednitz est celle de Kœnigshoffen à Wurtzbourg en passant par Schweinfurth avec une avant-garde sur la gauche du Main. Cette ligne, qui obligera l'armée de Rhin-et-Moselle à occuper Stuttgard et la rive gauche du haut Neckar, présente d'immenses avantages. Elle tient la Saxe en respect, elle menace la Bohême et force l'ennemi à la couvrir. Elle le met dans la presque impossibilité de vous tourner, surtout par votre gauche, et place l'armée de Sambre-et-Meuse pendant son repos dans la situation la plus offensive et la plus heureuse. Nous regarderions l'occupation de cette ligne comme l'avantage le plus important.

La troisième ligne que nous vous indiquerons est celle du cours de la Kintzig. En jetant quelques corps dans Francfort et Offenbach, ou sur la gauche du Main en avant de ces places, cette ligne, que la force de l'armée de Sambre-et-Meuse la rend maîtresse de prendre incessamment, en déterminant à une retraite prompte l'armée ennemie de beaucoup inférieure en forces qui lui est opposée, présente comme la seconde l'avantage d'interdire par son occupation seule l'entrée du Darmstadt aux Autrichiens. Mais elle a l'inconvénient de nous placer sur territoire hessois, où nous paierons tout au poids de l'or et de nous mettre en point de contact avec les troupes du landgrave de Hesse-Cassel qui seront dans Hanau. Les avantages de la ligne de Kœnigsboffen à Wurtzbourg étant préférables, nous espérons que l'armée de Sambre-et-Meuse l'occupera au moins avant le 20 brumaire; l'esprit qui anime les guerriers qui la composent, votre audace connue et vos talents militaires nous en offrent la certitude.

Quant à la ligne depuis Gersen jusqu'à Hanau que vous proposez dans votre lettre du 2, nous avons pensé qu'elle présentait, entre autres inconvénients graves, celui de ne mettre aucun obstacle naturel sur votre front, de le couper en quelque sorte par la chaîne des montagnes de la Wétéravie et de compromettre votre droite, dans le cas où quelque autre partie de l'armée se trouverait attaquée en même temps et repoussée. Il ne faut pas d'ailleurs s'attendre que le landgrave de Hesse-Cassel nous permette l'occupation momentanée de Hanau, ce qui équivaudrait de sa part à une déclaration de guerre avec l'empereur.

La présente et les lettres que nous vous avons écrites avant vous prescrivent, citoyen général, de prendre l'offensive sans délai. Nous ajouterons quelques développements à cet ordre, afin de régler les mouvements de l'armée qui vous obéit d'après l'expérience qu'a donnée l'habitude de parcourir le théâtre militaire où vous agissez.

Nous pensons qu'avant tout il est essentiel d'assurer les divisions de votre droite qui sont dans le Hundsruck et de leur donner des moyens d'offensive contre les sorties que pourrait faire la garnison de Mayence. Ces divisions doivent resserrer cette place d'aussi près qu'elles le pourront, en s'en éloignant cependant assez pour être à l'abri d'une surprise de la part des ennemis qui y seront renfermés et sans négliger d'enlever à la garnison tous les moyens de subsistance que pourrait lui présenter le terrain qui l'enveloppe.

Vous ne quitterez pas les bords du Rhin et de la Lahn sans laisser dans Dusseldorf une garnison suffisante et les troupes nécessaires pour bloquer Ehrenbreitstein. Ces troupes devront être assez nombreuses sinon pour en faire le siège, au moins pour inquiéter fortement la garnison au moyen de quelques approches et la tenir dans un état de fatigue qui puisse la décourager.

Un officier actif et entreprenant occupe ce blocus. La nécessité de garantir vos derrières nous a fait penser qu'il serait utile de laisser un corps de douze à quinze cents hommes dans le duché de Berg et la Wétéravie septentrionale. Ce corps se partagerait quelquefois et il ferait le service de colonne mobile en se portant avec rapidité dans tous les endroits où la sûreté des communications et des convois pourrait être menacée et où la rentrée des contributions éprouverait des difficultés. Nous ne voyons même aucun obstacle à ce que l'ancienne garnison palatine de Dusseldorf contribue au maintien de la tranquillité dans le duché de Berg.

Il peut ne pas être inutile, citoyen général, d'appeler votre attention sur la nécessité de ne pas trop se serrer au Rhin en marchant sur la Lahn et de là sur la Kintzig et le Main. Il est en effet peu vraisemblable que l'ennemi instruit se détermine jamais à porter ses forces entre le Rhin et votre droite, car alors le plus léger mouvement que vous feriez vers cette aile anéantirait ses moyens d'agression et lui interdirait tout espoir de retraite. Votre gauche pouvant être pour ainsi dire seule menacée, c'est à la composer avec vigueur que vous devez vous attacher avec le soin le plus scrupuleux, et cette aile doit toujours être dans la situation offensive la plus menaçante et bien pourvue de troupes à cheval. Nous en prenons occasion de vous recommander de rompre par degrés ce système divisionnaire destructeur de la subordination, protecteur de l'envie et de la haine des généraux entre eux, singulièrement préjudiciable à la marche de l'armée et que la trop grande familiarité du chef avec ses subordonnés a alimenté d'une manière fatale. Ce système, qui s'est emparé en général de l'armée de Sambre-et-Meuse, a fait que tels généraux ont cru ne pouvoir combattre qu'à la gauche ou à la droite et seulement avec les troupes de leur choix. Reportez aux ailes de l'armée une partie de la grosse cavalerie qui doit cesser d'être en quelque manière inutile, en ne laissant que ce qui est nécessaire à la réserve. Protégez en outre ses flancs par quelques troupes légères et faites agir le reste de celles-ci à l'avant-garde; c'est le seul moyen de déjouer les projets des nombreuses troupes à cheval des Autrichiens.

Vous n'avez pas besoin de vous rappeler que c'est en agissant contre les flancs et les derrières de l'ennemi que nous pourrons espérer des succès et la pratique constante de cette manière qu'a suivie le général en chef Bonaparte lui a donné le moyen d'anéantir en une seule campagne deux armées autrichiennes en Italie. Les mêmes moyens en Allemagne peuvent et doivent nous donner les mêmes résultats.

Nous vous avons entretenu du blocus de Mayence sur la rive gauche du Rhin. Il nous reste à vous parler de l'indispensabilité de cerner cette place et d'en contenir la garnison sur la rive droite. Les forces que vous y destinez devront être détachées de l'armée qui vous obéit au moment qu'elle se portera sur la Kintzig; elles bloqueront la place sur l'une et l'autre rive du Main. Vous les réunirez sous les ordres d'un général divisionnaire qui commandera la totalité du blocus.

La situation des choses et celle de l'armée de Rhin-et-Moselle demandent que vous ne perdiez pas un instant à faire reprendre l'offensive à l'armée de Sambre-et-Meuse. Celle de l'Italie, au commencement de la campagne, et ayant encore l'Apennin à traverser, n'avait ni subsistances ni transports lorsqu'elle a vaincu des ennemis qui étaient du double supérieurs en nombre. L'armée qui vous obéit surpasse de beaucoup en guerriers et en valeur celle qui la combat. La tête du pont de Neuwied vous donne des moyens d'en envelopper une partie, s'il est vrai que l'archiduc ait osé passer imprudemment la Sieg. Agissez donc, citoyen général, et que vos premiers succès réparent la honte d'une retraite longue et non forcée qui a compromis un instant l'espoir d'une paix solide et durable attendue par tous les amis de la République.

Le Tourneur, Carnot, L.-M. Revellière-Lépeaux [1].

[1] Arch. nat., AF III, 405, dossier 2215. — Cette minute paraît de la main de Carnot.

C
Le Directoire exécutif au général en chef Bonaparte.

Vous trouverez ci-joint, citoyen général, un arrêté relatif à Wurmser[1] : ce général ennemi, que vous avez battu si souvent et qui touche à sa dernière défaite dans la place que vous assiégez, se trouve dans le cas des lois de la République relatives aux émigrés. Nous vous laissons à juger s'il convient de lui donner connaissance de cet arrêté pour le déterminer à rendre Mantoue, en lui faisant craindre d'être traduit à Paris et y être jugé comme émigré, s'il résiste jusqu'à la dernière extrémité, et en lui offrant une capitulation honorable s'il consent à vous livrer cette place. Cette alternative paraît devoir le frapper et, quelque confiance que nous ayons dans l'issue de l'opération importante qui vous occupe, il ne faut négliger aucun des moyens légitimes qui peuvent être utiles contre un ennemi opiniâtre; mais si vous pensiez, d'après une connaissance particulière de l'état des choses, que cette communication dût produire un effet contraire et porter Wurmser à se défendre en désespéré au lieu de se laisser étonner par une crainte personnelle, vous ne ferez aucun usage de l'arrêté et nous nous reposons sur la force de nos armes et sur le talent qui les distingue pour accélérer la prise de Mantoue, à laquelle nous mettons le plus grand prix[2].

D
Le Directoire exécutif au général Kellermann, commandant en chef l'armée des Alpes.

Nous avons reçu, citoyen général, vos deux lettres du second jour complémentaire et les deux autres du 4ᵉ jour. Ce n'est qu'avec beaucoup de persévérance qu'on pourra réussir à détruire les Barbets qui infectent les gorges des Alpes. Si la dernière expédition dans les vallées de Barcelonnette a été infructueuse, d'autres auront sans doute plus de succès, principalement quand on agira de concert avec les troupes sardes dans les occasions où il faudra attaquer ces brigands sur plusieurs points à la fois afin d'empêcher qu'ils ne s'échappent. Ce genre de guerre demande une activité et une connaissance du pays que vous possédez parfaitement et nous sommes persuadés, citoyen général, que le gouvernement piémontais vous secondera loyalement dans tout ce que vous entreprendrez, pour la terminer à l'avantage des deux nations. L'état que vous transmettez de la démolition des forteresses et le rapport des officiers que vous aviez envoyés pour vérifier le prétendu rassemblement des troupes sardes entre Suze et Turin donnent encore la confirmation des intentions pacifiques de ce gouvernement envers la République et nous voyons avec satisfaction que toutes vos démarches tendent à maintenir cette bonne harmonie.

Carnot, L.-M. Révellière-Lépeaux, Reubell[3].

[1] Voir plus haut, p. 695. — [2] *Corr. inéd. de Napoléon Bonaparte* (Panckoucke), II, 53. — [3] Arch. nat., AF III, 405, dossier 2215.

SÉANCE DU 11 VENDÉMIAIRE AN V [1]

2 OCTOBRE 1796.

Le Directoire adresse quatre messages au Conseil des Cinq-Cents. Par le premier il demande qu'il soit mis de nouveaux fonds à la disposition du ministre de l'intérieur [2].

Par le second il propose un nouveau mode pour l'organisation des conseils d'administration [3].

Le troisième est relatif aux irrégularités commises dans les élections faites dans l'assemblée primaire du canton de Vernoux, département de l'Ardèche [4].

Par le quatrième et dernier, il demande que le chef-lieu de canton de Saint-Lubin-des-Joncherets soit transféré à Laons [5].

Le Directoire autorise le citoyen Brasdor, lieutenant d'artillerie [6], à se présenter au concours de l'École polytechnique.

Il fixe à quatre cent mille francs, en numéraire, par mois, les secours à accorder aux indigents de la commune de Paris [7].

---

[1] Arch. nat., AF III*, 5, fol. 27-29. — AF III, 4.

[2] Le total s'élève à 44 millions, en valeurs métalliques. — Message lu à la séance du 11 vendémiaire (C.C., vendémiaire an v, 287-288).

[3] Message lu à la séance du 11 vendémiaire (C.C., vendémiaire an v, 289-295). — Il s'agit des conseils d'administration des corps de troupes, dont la composition, déterminée par les lois des 19 et 24 pluviôse an II, paraît au Directoire devoir être modifiée par la diminution du nombre des membres de ces conseils, qui est actuellement trop grand et entraîne des inconvénients (lenteur des opérations, responsabilité trop partagée, par suite illusoire), et par l'exclusion des soldats, sous-officiers et officiers inférieurs, qui manquent des connaissances nécessaires et dont la participation aux travaux de ces conseils nuit à la discipline. Il propose donc que ces Conseils soient réduits à sept membres : le chef de brigade ou commandant du corps, un chef de bataillon ou d'escadron (par roulement), l'adjudant-major et quatre capitaines (par roulement); le quartier-maître assisterait au conseil sans voix délibérative, ainsi que les officiers chargés de détails d'administration qui pourraient y être appelés par le conseil lui-même; le commissaire des guerres ou le commissaire-ordonnateur serait admis de droit pour faire ses observations ou réquisitions, mais n'aurait pas non plus voix délibérative.

[4] Message lu à la séance du 13 vendémiaire (C.C., vendémiaire an v, 318-319).

[5] Département d'Eure-et-Loir. — On fait observer que Saint-Lubin est à une extrémité du canton, dans un pays malsain, sujet aux inondations, aux épidémies et d'accès difficile dans la mauvaise saison. — Message lu à la séance du 13 vendémiaire (C.C., vendémiaire an v, 317-318).

[6] Âgé de 23 ans, ayant par conséquent passé l'âge légal du concours. — Arrêté du 11 vendémiaire an v, signé Carnot, Reubell, Revellière-Lépeaux (Arch. nat., AF III, 405, dossier 2216).

[7] Arrêté du 11 vendémiaire an v, signé Le Tourneur, Reubell, Revellière-Lépeaux (Arch. nat., AF III, 405, dossier 2216).

[2 oct. 1796] DU DIRECTOIRE EXÉCUTIF. 737

Le cours des mandats pour les cinq derniers jours de la première décade du présent mois est fixé à quatre francs[1].

Le Directoire donne son approbation à deux traités passés entre le ministre des finances et les citoyens François Clavey et Bauwens-Beths et compagnie[2].

Le premier a pour objet une exploitation de bois[3]. Le second est relatif à une vente de biens nationaux situés dans la Belgique.

[Le Directoire exécutif arrête qu'il sera sur-le-champ expédié un courrier à la cour d'Espagne à l'effet de lui donner connaissance de la note officielle datée de Westminster le 24 septembre 1796 (vieux style) – 3 vendémiaire an v — pour demander des passeports pour un envoyé du cabinet britannique qui se rend en France pour y faire des ouvertures de paix; qu'une expédition de cette note sera adressée par le courrier avec une ampliation de l'arrêté pris en conséquence par le Directoire; que la cour d'Espagne sera invitée à charger quelqu'un le plus promptement possible des instructions qu'elle croira convenables, relativement à cette importante négociation[4];

Charge le ministre des relations extérieures de l'exécution du présent arrêté et d'en donner connaissance à M. l'ambassadeur d'Espagne près la République française.

Le présent arrêté ne sera pas imprimé. — Arch. nat., AF III, 405, dossier 2216][5].

Un messager d'État du Conseil des Anciens est admis; il dépose deux lois:

La première rapporte celle du 14 germinal dernier[6], en ce qu'elle établit un deuxième substitut du commissaire du Pouvoir exécutif près les tribunaux civil et criminel du département de l'Yonne[7].

La seconde annule les nominations faites par l'assemblée primaire du canton de Thiberville, département de l'Eure, du juge de paix, de ses assesseurs et du président de l'administration municipale[8].

---

[1] Arrêté du 11 vendémiaire an v, signé Le Tourneur, Carnot, Revellière-Lépeaux (Arch. nat., AF III, 405, dossier 2216).

[2] Arrêtés du 11 vendémiaire an v, signés Carnot, Reubell, Le Tourneur (Arch. nat., AF III, 405, dossier 2216).

[3] Dans le Brisgau.

[4] Voir plus haut, p. 722.

[5] Signé à la minute Carnot, Reubell, Barras.

[6] Voir t. II.

[7] Bull., II, LXXX, n° 748.

[8] Bull., II, LXXX, n° 749. — Les nominations sont annulées comme faites «dans différentes réunions non émanées d'une seule assemblée», réunions qui «s'étant formées séparément avant que d'avoir organisé un bureau général, n'ont pu être considérées comme les parties d'une assemblée primaire».

Le Directoire ordonne que ces lois seront publiées, exécutées et qu'elles seront munies du sceau de l'État. Elles sont en conséquence adressées de suite à l'enregistrement pour deux expéditions être envoyées, sans délai, au ministre de la justice, avec l'arrêté portant ordre d'impression et de publication dans les formes prescrites par les lois.

Sur le rapport du ministre de la police générale, le Directoire prononce la radiation définitive de la liste des émigrés des noms des citoyens ci-après :

Jean-Georges Lefranc Lacarry; Jean-Joseph Siméon; Jean-Baptiste Letailleur; Jacques-Laurent Woulfe; Julienne-Marie-Rose Hervagault; Marie-Bernardine Darcy, veuve de Martin Darcy; Jean-François Chassepot; Françoise et Marie Mosnier, dites Thonaré, sœurs; Charles-Antoine Brosse; Bernard Dromard; Alexandre Daulnay[1].

Le ministre de la justice fait un rapport dans lequel il rend compte de l'état où se trouve l'affaire de Maratray-Cussy[2].

Le Directoire écrit au ministre de la guerre pour l'inviter à augmenter la garnison de Bitche, et à l'approvisionner[3].

---

[1] Jean-Georges *Lefranc-Lacarry*, ci-devant marin; — Jean-Joseph *Siméon*, receveur de l'enregistrement de Méaunes, district de Brignoles; — Jean-Baptiste *Letailleur*, marchand de charbon de terre, demeurant à Paris; — Jacques-Laurent *Woulfe*, demeurant à Paris, rue du faubourg Martin, 44; — Julienne-Marie-Rose *Hervagault*, veuve de *Farcy*, interdite pour démence, procédant sous l'autorité de *Desbouillons*, son curateur; — Marie-Bernardine *Darcy*, veuve de Martin *Darcy*, demeurant à Saint-Germain-en-Laye; — Jean-François *Chassepot*, ex-noble, demeurant à Amiens, décédé, représenté par Edmée-Claire *Bourdin*, sa veuve; — Françoise et Marie *Mosnier*, dites *Thouaré*, sœurs, demeurant à Paris; — Charles-Antoine *Brosse*, de Charnay (Saône-et-Loire); — Bernard *Dromard*, de Dijon; — Alexandre *Daulnay*, rentier, de Saint-Dizier; — inscrits sur les listes des émigrés des départements du Lot, du Var, de la Loire-Inférieure, de la Loire-Inférieure, de la Loire-Inférieure, de la Loire-Inférieure, de la Marne, de la Loire-Inférieure, de Saône-et-Loire, de la Côte-d'Or et de l'Aube, — dont la résidence a été justifiée. — Onze arrêtés du 11 vendémiaire an v, signés Carnot, Reubell, Revellière-Lépeaux (Arch. nat., AF III, 405, dossier 2216).

[2] Arch. nat., AF III, 4. — Le Directoire avait témoigné son étonnement de ce que le tribunal criminel n'eût pas encore prononcé sur le sort de *Maratray-Cussy*, prévenu d'émigration. Le ministre répond en rendant compte des instructions qu'il a données pour hâter sa mise en jugement devant le tribunal criminel de la Seine (il ressort de son rapport que certaines *manœuvres* avaient été employées pour le sauver).

[3] Minute signée Carnot, Le Tourneur, Reubell (Arch. nat., AF III, 405, dossier 2216).

— Le Directoire invite aussi le ministre «à y placer un commandant et des officiers d'artillerie et du génie sur les talents, les principes l'énergie et la bravoure desquels on puisse compter en toute circonstance».

A signaler encore, dans le dossier 2216, un arrêté du 11 vendémiaire an v, non mentionné au procès-verbal, signé Le Tourneur, Revellière-Lépeaux, Reubell, par lequel Bernardin Garasa, Espagnol (signalé dans une lettre de recommandation annexée au dossier comme «littérateur distingué»), est autorisé,

SÉANCE DU 12 VENDÉMIAIRE AN V [1]

3 OCTOBRE 1796.

Le Directoire accorde un secours de deux cents francs en numéraire à la citoyenne Ursule Habit, sous-lieutenant au 3ᵉ bataillon de l'Aube [2].

Il charge le citoyen Caillard de recevoir l'accession de l'Électeur de Saxe, des princes de sa maison et du Cercle de Haute-Saxe à la neutralité convenue pour le Nord de l'Allemagne [3].

[Le Directoire exécutif, vu la lettre du ministre de la police générale en date de ce jour concernant Antoine-Philippe et Alphonse-Hodgard d'Orléans [4], arrête :

Il sera payé à chacun des susnommés, à compte de la pension qui leur a été assignée, une somme de quatre mille livres, valeur métallique ;

Il sera de plus fourni à chacun d'eux des linges, habits, chaussures et autres effets qui peuvent leur être nécessaires, jusqu'à la concurrence d'une semblable somme de 4,000 livres. Le commissaire du Pouvoir exécutif près l'administration centrale du départe-

---

[1] Arch. nat., AF III*, 5, fol. 29-30. — AF III, 4.

[2] Arrêté du 12 vendémiaire an v, signé Carnot, Reubell, Barras (Arch. nat., AF III, 406, dossier 2218). Cette citoyenne sert la République depuis trois ans «avec zèle et bravoure; elle a vu périr son mari à ses côtés d'un boulet de canon; elle-même, blessée de deux coups de sabre au côté droit et d'un coup de feu qui a traversé le corps, elle est hors d'état de pouvoir travailler, mère de quatre enfants, dont trois d'une seule couche deux garçons et une fille vivants, âgés de 18 mois, on lui a donné une route pour aller à Chartres; il lui est impossible de subsister et de faire subsister ses enfants avec une demi-livre de viande et une livre et demie de pain qu'on lui donne» (pétition de la citoyenne Habit, renvoyée au Directoire par Bergoeing, Bailleul et Chasset. — Arch. nat., AF III, 406, dossier 2218).

[3] La minute de cette lettre ne se trouve pas dans les dossiers correspondant à la séance du 12 vendémiaire. — Il s'agit d'accessions au traité de neutralité du 18 thermidor an IV.

[4] Il s'agit du duc de Montpensier et du comte de Beaujolais, dont le Directoire avait accordé la translation aux États-Unis par arrêté du 13 fructidor (voir plus haut, p. 493). La lettre du ministre de la police (Arch. nat., AF III, 406, dossier 2218) représente l'état de dénuement dans lequel ils se trouvent et qui a été signalé par le général Willot.

en vertu de la loi du 21 floréal, à revenir à Paris et à y résider.

Le dossier 2217, dont le contenu, comme celui du précédent, se rapporte à la séance du 11 vendémiaire, est formé de 75 pièces relatives à des nominations de commissaires, de juges de paix, assesseurs, etc., dans le pays conquis entre Rhin et Moselle et dans les départements de l'Ariège, du Finistère, du Gard, de la Gironde, de Loir-et-Cher, du Morbihan, des Basses-Pyrénées et de la Haute-Saône.

ment des Bouches-du-Rhône se concertera à cet égard avec le général Willot[1].

Le ministre des finances assignera les fonds nécessaires pour l'exécution du présent arrêté, qui ne sera pas imprimé. — Arch. nat., AF III, 406, dossier 2218[2]].

Les président, agents et adjoints municipaux des communes du canton d'Ottonville, département de la Moselle, sont destitués[3].

Il répond à la lettre que lui a écrite la commission chargée par le Conseil des Cinq-Cents de la surveillance de la Trésorerie nationale, concernant le paiement en numéraire du quart accordé aux rentiers et pensionnaires de l'État[4].

Sur le rapport du ministre de la police générale sont rayés de la liste des émigrés les noms des citoyens ci-après :

Marie Salomon Delahaye, femme Mengin; Charles Bouraine; Félix-Jean Carraud et Denis-Pierre-Nicolas Larrabit[5].

Sont maintenus sur la liste les nommés Diébole-Luttemann[6] et Germain Moret[7].

[1] Commandant la 8ᵉ division militaire à Marseille.

[2] Signé à la minute Le Tourneur, Reubell, Barras, Revellière-Lépeaux.

[3] Arrêté du 12 vendémiaire an v, signé Barras, Revellière-Lépeaux, Reubell (Arch. nat., AF III, 406, dossier 2218). — Les motifs de leur destitution sont : qu'ils n'ont pas fait la déclaration prescrite par la loi du 3 brumaire an IV avant d'entrer en fonctions ; qu'ils n'ont pas prêté le serment de haine à la royauté, mais seulement de *haine à la tyrannie;* qu'ils n'ont pris aucune mesure pour faire rejoindre l'armée aux réquisitionnaires et militaires déserteurs; qu'ils n'ont point organisé la garde nationale dans leur canton; qu'ils n'ont pas fourni l'état des impositions ordinaires, non plus que du contingent des foins, qu'ils n'ont pas fait observer les lois sur la police des cultes, que leur canton «a présenté une espèce d'insurrection religieuse, que toutes les communes se sont livrées à des processions en masse, avec des signes extérieurs du culte, ont parcouru des cantons voisins pour y propager l'esprit de révolte, que munies de bâtons elles ont opposé une coupable résistance à la force armée..., que les agents... se sont réunis eux-mêmes à ces attroupements dirigés par des prêtres émigrés récélés dans les communes de ce canton»; qu'ils ont méconnu la hiérarchie des pouvoirs et commis divers abus d'autorité.

[4] Minute signée Reubell, Barras, Revellière-Lépeaux (Arch. nat., AF III, 406, dossier 2218). — Le Directoire répond qu'il «portera la décision qu'exige l'article 318 de la Constitution pour que ce paiement puisse être fait, si tôt qu'il aura connaissance que des fonds auront été faits à cet égard». Quant aux autres ssrvices, «il a chaque jour la douleur de voir qu'ils (*les fonds*) ne suffisent pas aux dépenses les plus urgentes et les plus sacrées».

[5] Marie-Salomon *Delahaye*, femme *Mengin;* — Charles *Bouraine*, rentier; — Félix-Josseph *Carraud*, d'Orléans;— Denis-Pierre *Larrabit*, rentier, domicilié à Paris, et Nicolas *Larrabit*, son frère, officier municipal de la commune de Roye, — inscrits sur les listes des émigrés des départements de l'Aube, de Seine-et-Oise, du Loiret et de la Somme, qui ont justifié de leur résidence. — Quatre arrêtés signés Reubell, Barras, Revellière-Lépeaux (Arch. nat., AF III, 406, dossier 2218).

[6-7] *Diébole-Luttmann*, ci-devant domicilié dans la commune de Kustosheim (Bas-Rhin), tailleur, inscrit sur la liste des émigrés du

[3 oct. 1796] DU DIRECTOIRE EXÉCUTIF. 741

Le Directoire écrit au ministre de la guerre, sur la restitution des armes[1];

Au commissaire du Pouvoir exécutif près le département du Calvados, pour avoir des renseignements sur les administrateurs de ce département[2];

[Le Directoire exécutif, sur la proposition du ministre de la guerre, arrête ce qui suit:

La redoute appelée Lagonne, construite à sept ou huit cents toises de la place de Mont-Libre[3], sera dépalissadée;

Seront aussi dépalissadées les places de Perpignan et de Collioure;

Les bois qui en proviendront seront emmagasinés.

Le ministre de la guerre est chargé de l'exécution du présent arrêté qui ne sera pas imprimé. — Arch. nat., AF III, 406, dossier 2218[4]].

[Le Directoire exécutif arrête ce qui suit:

Le citoyen Gaspard-Louis Guyot, de Montréjau, canton de Saint-Gaudens, département de la Haute-Garonne[5], est autorisé à se présenter à l'examen de l'École polytechnique dans le lieu le plus prochain de son domicile.

Le ministre de l'intérieur est chargé de l'exécution du présent arrêté, qui ne sera pas imprimé. — Arch. nat., AF III, 406, dossier 2218[6]].

département du Bas-Rhin, qui n'est pas rentré dans le délai fixé par la loi, qui a servi dans l'armée autrichienne et qui n'est dans aucune des exceptions portées dans les lois sur l'émigration. — Arrêté du 12 vendémiaire an V, signé Reubell, Barras, Revellière-Lépeaux (Arch. nat., AF III, 406, dossier 2218). — [2] Germain *Moret*, ci-devant receveur et arpenteur à Prémont (Aisne), émigré en novembre 1793, qui, n'étant pas «dans la classe des ouvriers et laboureurs, non ex-nobles ou prêtres, travaillant habituellement de leurs mains aux ateliers, aux manufactures et à la terre et vivant de leur travail journalier», ne peut se réclamer de loi du 22 nivôse. — Arrêté du 12 vendémiaire an V, signé Reubell, Barras, Revellière-Lépeaux (Arch. nat., AF III, 406, dossier 2218).

[1] Minute signée Carnot, Reubell, Revellière-Lépeaux (Arch. nat., AF III, 406, dossier 2218). — Le Directoire n'est pas d'avis comme le ministre de surseoir à la restitution des armes qui pourraient être réclamées par les citoyens auxquels elles ont été enlevées par les comités des sections (après le 13 vendémiaire).

[2] Minute signée Carnot, Reubell, Revellière-Lépeaux (Arch. nat., AF III, 406, dossier 2218). — Le Directoire demande des renseignements sur des plaintes qui lui ont été adressées contre plusieurs administrateurs et commis du département du Calvados, ainsi que sur la réclamation de l'administration municipale de Caumont contre la nomination de Dalbette, comme commissaire du pouvoir exécutif, près d'elle (lequel est accusé de détournement de grains).

[3] Mont-Louis (Pyrénées-Orientales).

[4] Signé à la minute Carnot, Reubell, Revellière-Lépeaux.

[5] Âgé de 22 ans, volontaire dans le bataillon de ce canton, qui, déjà autorisé l'année précédente, avait été empêché de se présenter par «une maladie affreuse».

[6] Signé à la minute Carnot, Reubell, Revellière-Lépeaux.

On écrit au ministre de la guerre pour l'autoriser à accéder à la demande des otages de la ville de Wurtzbourg, détenus à Charlemont, pour être transférés à Givet [1];

Au ministre des finances, pour lui demander si la Trésorerie nationale pourra payer de suite les appointements du mois de vendémiaire aux officiers et commissaires des guerres ci-devant attachés à l'armée de l'intérieur [2];

Au citoyen Marescot, à Landau, et au ministre de la police générale [3];

Le Directoire autorise le ministre des relations extérieures à traiter avec M. Belmonte-Pignatelli, ministre plénipotentiaire du roi de Naples, pour la conclusion de la paix entre la République et le Roi de Naples [4].

---

[1] Minute signée Carnot, Reubell, Barras (Arch. nat., AF III, 406, dossier 2218). Il s'agit de dix-huit habitants de Wurtzbourg pris comme otages lors de l'occupation de cette ville par les Français.

[2] Et qui, par suite de l'arrêté du 8 fructidor (voir plus haut, p. 449) doivent se rendre dans leurs domiciles respectifs. Certains d'entre eux ont contracté des dettes et voudraient pouvoir les payer avant de partir. — Minute signée Carnot, Reubell, Barras (Arch. nat., AF III, 406, dossier 2218).

[3] Les minutes de ces deux lettres ne se trouvent pas dans les dossiers correspondant à la séance du 12 vendémiaire.

[4] La minute de cet arrêté ne se trouve pas dans les dossiers correspondant à la séance du 12 vendémiaire. — Après l'armistice de Brescia (17 prairial), Belmonte-Pignatelli, envoyé pour négocier par la Cour de Naples, était allé d'abord trouver Bonaparte et s'était ensuite rendu à Paris, où il était depuis le 7 thermidor. Le Directoire demandait à cette époque : une indemnité de guerre, la fermeture des ports napolitains aux Anglais, la cession de Trapani, de l'île d'Elbe, des présides de Toscane, etc. — La négociation, retardée alors d'une part par l'espoir que la cour de Naples fondait sur les succès de Wurmser, de l'autre par le désir qu'avait le Directoire de conclure d'abord ses arrangements avec le pape, n'avait commencé sérieusement qu'en fructidor. A ce moment (26 fructidor), le Directoire demandait : 60 millions d'indemnité, la fermeture des ports aux Anglais, l'expulsion des émigrés, l'amnistie aux amis de la France, l'abolition du servage, livraison de 100 statues, d'un certain nombre de vaisseaux, abandon de l'île d'Elbe, des présides, de Trapani, excuses pour l'ancien ambassadeur Mackau, renvoi d'Acton, etc.— La Cour de Naples n'avait incliné réellement à la paix que quand l'Angleterre, ayant retiré sa flotte de la Méditerranée par l'effet de l'alliance franco-espagnole du 2 fructidor an IV, l'avait engagée à céder. Elle n'en avait pas moins présenté un contre-projet. Le Directoire, de son côté, cédant à Bonaparte (qui, pour avoir les mains libres dans le nord de l'Italie, demandait avec instance la paix avec Naples) et de plus craignant un rapprochement de Naples et de Rome, n'avait plus alors demandé (9 vendémiaire) que : 20 millions, plus Trapani; il renonçait à l'île d'Elbe moyennant 6 millions, mais Belmonte-Pignatelli ne cédait pas encore. Reubell de son côté tenait bon, mais Carnot, Le Tourneur, La Revellière-Lépeaux inclinaient à de nouvelles concessions, qui effectivement n'allaient pas tarder à être faites.

Outre les pièces qui ont été indiquées à propos de la séance du 12 vendémiaire, il faut signaler les suivantes, qui se trouvent dans le dossier 2218 (Arch. nat., AF III, 406) et qui ne sont pas mentionnées au procès-verbal : 1° Arrêté signé Carnot, Reu-

[4 OCT. 1796] DU DIRECTOIRE EXÉCUTIF. 743

SÉANCE DU 13 VENDÉMIAIRE AN V [1]

4 OCTOBRE 1796.

Le Directoire envoie trois messages au Conseil des Cinq-Cents.

Le premier a pour objet de demander la concession d'une portion de terrain sis rue de la Cossonnerie, près la rue Denis [2].

Par le second on transmet la demande des régisseurs nationaux, tendante à ce que les bâtiments affectés au service des douanes soient exceptés de ceux qui sont dans le cas d'être soumissionnés [3].

Et par le troisième on demande au Conseil qu'il autorise les juges de paix à se nommer des greffiers [4].

Le ministre de l'intérieur est chargé de fournir au citoyen Rétif-la-Bretonne [5] les subsistances nécessaires et les autres secours de première nécessité.

---

bell, Barras, accordant congé absolu au citoyen François *Girondelle*, cultivateur à Brandonvillers (Marne), volontaire de la 26ᵉ demi-brigade (armée de Sambre-et-Meuse). — 2° Arrêté signé Carnot, Reubell, Le Tourneur, portant que l'adjudant-général *Lamarque* sera employé dans la 11ᵉ division militaire, sous les ordres du général Moncey en qualité d'historiographe militaire. — 3° Minute signée Carnot, Le Tourneur, Reubell, d'une lettre au ministre de la police générale pour appeler son attention sur les moyens d'astreindre les colonnes mobiles à une discipline sévère et à une obéissance passive envers les autorités qui ont le droit de les mettre en activité (particulièrement dans les 9ᵉ et 10ᵉ divisions militaires). — 4° Minute signée Carnot, Reubell, Revellière-Lépeaux, d'une lettre par laquelle le Directoire invite le ministre de la guerre à mettre de l'économie dans la distribution des armes qu'il fait aux militaires.

Les dossiers 2219 et 2220, dont le contenu se rapporte, comme celui du dossier 2218, à la séance du 12 vendémiaire, sont formés : le premier de 71 pièces, relatives à des nominations de juges de paix et d'assesseurs de juges de paix dans le département de l'Ardèche; — le second de 39 pièces relatives à des nominations de commissaires du pouvoir exécutif, de juges, de juges de paix, assesseurs, dans les départements du Calvados, de la Marne, de la Haute-Marne, de l'Oise, du Pas-de-Calais, des Basses-Pyrénées, de Seine-et-Oise et de la Somme.

[1] Arch. nat., AF III*, 5, fol. 30-33. — AF III, 4.

[2] Il s'agit de la vente, moyennant 750 livres en numéraire, d'une portion de terrain de trois quarts de toise superficielle, aux mineurs Butler, propriétaires (rue Saint-Denis) d'une maison mitoyenne avec une maison nationale sise rue de la Cossonnerie. — Message lu à la séance du 15 vendémiaire (*C. C.*, vendémiaire an v, 348-349).

[3] Message lu à la séance du 15 vendémiaire (*C. C.*, vendémiaire an v, 350-351).

[4] Message lu à la séance du 15 vendémiaire (*C. C.*, vendémiaire an v, 345-348). — Le Directoire représente qu'en vertu de la loi du 19 vendémiaire an IV, les assesseurs des juges de paix concourent avec les juges eux-mêmes à la nomination des greffiers, ce qui ne va pas sans inconvénient (lenteurs, débats interminables et surtout défaut d'autorité suffisante du juge de paix sur le greffier) Il demande donc que les juges de paix seuls aient le droit de faire choix de ces fonctionnaires.

[5] Arrêté du 13 vendémiaire an v, signé

Il sera procédé en la forme ordinaire à la vente et adjudication de quarante arpents formant le quart de réserve des bois de la commune d'Arnancourt [1], à la charge par l'adjudicataire de réserver un nombre de baliveaux déterminé et de payer le prix de son adjudication entre les mains du receveur du département, lequel servira à l'acquittement des dettes de ladite commune [2].

Le Directoire fixe à trois mille six cents livres le traitement annuel des huit hommes de lettres, employés au triage des titres [3].

Il annule la procédure intentée contre le citoyen Longchamps, agent du Pouvoir exécutif près la municipalité de Bellevue-les-Bains [4].

Carnot, Reubell, Barras (Arch. nat., AF III, 406, dossier 2221). — Rétif de la Bretonne, l'écrivain bien connu (né en 1734, mort en 1806), avait déjà reçu de la Convention (14 nivôse an III) un secours de 2,000 francs. Il était dans le besoin et avait adressé à Carnot la lettre suivante (Arch. nat., AF III, 406, dossier 2221) : « Citoyen directeur, il doit vous paraître étrange qu'un inconnu vous écrive pour la seconde fois. C'est que vous êtes le seul homme en place qui ayez accordé à un homme de lettres estimable, estimé (aux rapports des voyageurs) des nations qui nous environnent, à l'auteur de la *Vie de mon père*, ce qu'il a demandé. Elle est la source de ma confiance. Ruiné par l'état des choses, j'espérais qu'une place à l'Institut national me mettrait à l'abri de l'extrême besoin. Cette place, sans que je la demandasse, m'était promise. Jugez, citoyen directeur, avec quel étonnement j'ai vu que les efforts du citoyen Mercier, du citoyen Bernardin Saint-Pierre avaient été inutiles pour moi ! Jugez dans quel étonnement profond je suis tombé en voyant la liste... *immonde* (passez-moi l'expression) de ceux qui m'avaient été préférés !.. L'indignation me console. Mais le citoyen Mercier veut que je me remue ! Mais je ne sais qu'un moyen de me remuer, c'est d'être utile à ma patrie dans mon état. J'ai composé quatre traités de *Physique*, de *Morale*, de *Religion*, de *Politique*, traités que je crois propres à former l'homme, le citoyen, et le citoyen *Bonneville* (cercle social) vient d'en imprimer un, la *Physique*, dont je vous prierai d'accepter un exemplaire aussitôt que l'impression sera achevée. Pouvez-vous là quelque chose, citoyen directeur ? Car je n'en sais rien. Renfermé chez moi, travaillant du matin au soir, j'ignore tout, et rapports et convenances. Je me jette avec confiance dans votre bonne volonté. On a secouru trop tard mon ami Beaurien ? — Salut, respect, fraternité, liberté, justice. Votre ami, Rétif-Labretonne, rue du Fouarre, n° 16, décade 10 vendémiaire an V».

[1] Département de la Haute-Marne.

[2] Arrêté du 13 vendémiaire an V, signé Carnot, Reubell, Barras (Arch. nat., AF III, 406, dossier 2223).

[3] Arrêté du 13 vendémiaire an V, signé Carnot, Barras, Revellière-Lépeaux (Arch. nat. AF III, 406, dossier 2221). — Le traitement des deux *déchiffreurs* attachés audit triage est porté à 3,000 francs ; celui de deux des quatre *expéditionnaires* à 1,800 francs. — Voir l'arrêté du 5 floréal an IV (t. II, p. 217).

[4] Département de Saône-et-Loire. — Arrêté du 13 vendémiaire an V, signé Le Tourneur, Reubell, Barras (Arch. nat., AF III, 406, dossier 2221). Longchamps — ou Delongchamps — avait été poursuivi devant la justice de paix de Bellevue à la requête de François Pinot, directeur de la poste aux lettres de cette localité, pour prétendus propos calomnieux tenus par lui en la séance de l'administration municipale de ce canton du 26 pluviôse, à laquelle il assistait en qualité de commissaire du pouvoir exécutif, au sujet de la destitution prononcée contre Pinot par le représentant Reverchon. Le Directoire est d'avis que Longchamps « était alors en fonction (*de commissaire*) et qu'il n'a pu être cité

[4 OCT. 1796] DU DIRECTOIRE EXÉCUTIF. 745

Sur le rapport du ministre de la justice, il dénonce au tribunal de cassation quatre jugements :

Le premier du tribunal de police correctionnelle du canton d'Artzfeld[1];

Le second du tribunal criminel de la Seine-Inférieure, qui annule un acte d'accusation admis contre Michel Duclos[2];

Le troisième rendu par une commission militaire relatif à Ferdinand Duchesne[3];

Et le quatrième rendu par le tribunal criminel du département de la Dyle, relatif à François Thibeau[4].

Il n'y a pas lieu à délibérer sur un référé du tribunal du département de la Vendée, concernant les citoyens Sevestre et Gabory[5].

Étienne François, agent municipal de la commune de Donnemarie[6],

devant les tribunaux pour un fait commis pendant cet exercice sans une violation manifeste des principes constitutionnels».

[1] Département des Forêts. Il s'agit d'excès et violences commis dans la maison du citoyen Poters, au village de Boischet, contre des fusiliers de la 16ᵉ compagnie auxiliaire qui y étaient logés, et contre un officier et des soldats de la garde de police qui s'y étaient transportés pour rétablir l'ordre. — Le Directoire déclare que ce délit, jugé par le tribunal de police d'Artzfeld, «excède par sa gravité les bornes de sa compétence». — Arrêté du 13 vendémiaire an v, signé Le Tourneur, Reubell, Barras (Arch. nat., AF III, 406, dossier 2221).

[2] Arrêté du 13 vendémiaire an v, signé Le Tourneur, Reubell, Barras (Arch. nat., AF III, 406, dossier 2221). — Duclos, accusé de détournements de bois appartenant à la nation, avait été renvoyé par le tribunal criminel de la Seine-Inférieure devant le directeur du jury de l'arrondissement de Rouen. Le Directoire estime que le délit qui lui est imputé est «de nature à être soumis à un jury d'accusation».

[3] Le Directoire estime que le jugement rendu dans la Vendée contre Duchesne par une commission militaire, qui l'a condamné à la détention pour avoir servi dans les troupes ennemies et avoir fait partie de rassemblements d'émigrés, doit être cassé parce que cette commsssion n'avait pas été légalement constituée et parce que Duchesne ne pouvait être regardé que comme simple prévenu d'émigration et comme tel devait être renvoyé devant le tribunal criminel du département de son domicile. — Arrêté du 13 vendémiaire an v, signé Le Tourneur, Reubell, Barras (Arch. nat., AF III, 406, dossier 2222).

[4] Arrêté du 13 vendémiaire an v, signé Le Tourneur, Reubell, Barras (Arch. nat., AF III, 406, dossier 2222). — Les motifs sont que Thibeau ayant fait appel d'un jugement du tribunal correctionnel de Bruxelles qui l'avait condamné à la prison pour vol, le tribunal criminel de la Dyle, tout en confirmant le jugement, l'a fait mettre, à raison de son recours en cassation, en liberté provisoire, ce qu'il n'avait pas le droit de faire.

[5] Arrêté du 13 vendémiaire an v, signé Le Tourneur, Revellière-Lépeaux, Reubell (Arch. nat., AF III, 406, dossier 2222). Gabory ayant revendiqué comme lui appartenant des meubles que Sevestre avait achetés à une vente faite par les commissaires vendéens insurgés, le tribunal de la Vendée en avait référé au Corps législatif. Le Directoire ne voit pas qu'il y ait lieu à référer, attendu «qu'il a toujours été reconnu qu'en fait de meubles la possession seule vaut titre, et que d'après cette règle générale on a constamment rejeté les revendications de meubles même volés lorsqu'elles étaient exercées contre des tiers possesseurs qui les avaient achetés publiquement...»

[6] Département de la Haute-Marne.

est suspendu de ses fonctions et sera dénoncé à l'accusateur public, comme prévenu de prévarications[1].

On ordonne la mention au procès-verbal de trois rapports faits par même ministre[2] : le premier concernant le nommé Vaillant, nommé juge de paix du canton de Lorry-les-Metz[3] ;

Le second relatif à plusieurs officiers d'un bataillon de sapeurs prévenus de s'être répandus en propos séditieux contre le gouvernement[4].

Le troisième est relatif au citoyen Gros-Jean, commissaire du Directoire exécutif près l'administration municipale du canton de Mollans, département de la Haute-Saône[5].

Le ministre de la justice fait un rapport relatif au nombre de paires de souliers que doivent fournir les cordonniers de la République pendant la durée de la guerre : Le Directoire ne statue rien[6].

Aux termes de l'article 166 de l'acte constitutionnel, le Directoire

---

[1] «Considérant qu'Étienne François... a non seulement toléré, mais même autorisé les dévastations commises dans les bois communaux de Donnemarie en procédant lui-même au partage de ces bois coupés en délit; que par ce fait il s'est rendu coupable d'un délit qualifié par l'article 5 de la 5ᵉ section de titre 1ᵉʳ, 2ᵉ partie, du Code pénal».

[2] C'est-à-dire le ministre de la justice.

[3] Département de la Moselle. — Rapport du 13 vendémiaire an v, signé Merlin (Arch. nat., AF III, 406, dossier 2222). — Vaillant, suspendu de ses fonctions de juge de paix en vertu de la loi du 3 brumaire comme parent d'émigré, réclamait comme ayant rempli depuis la Révolution les fonctions de commandant de la garde nationale. Le ministre représente que le décret relatif aux citoyens qui ont servi la République dans les armées ne peut s'appliquer aux gardes nationales sédentaires et conclut au rejet de sa réclamation.

[4] Arch. nat., AF III, 42 (dossier de l'affaire Babeuf). — Il s'agit de plusieurs officiers d'un bataillon de sapeurs arrivés à la Rochelle le 27 messidor, venant de Nantes, et qui, outre leurs propos, «firent une pétition en faveur du représentant Drouet adressée au Conseil des Cinq-Cents», officiers dont plusieurs ont été arrêtés par ordre du général Vincens; — et association « contraire aux lois» qui s'est formée dans le même sens, à Fontenay-le-Peuple. Le ministre (Merlin) ne voit pas dans les pièces qui lui ont été transmises de preuves d'une complicité proprement dite avec Drouet. Il pense qu'il suffira de renvoyer le tout au ministre de la guerre en le chargeant de prendre des mesures disciplinaires.

[5] Rapport du 13 vendémiaire an v, signé Merlin (Arch. nat., AF III, 406, dossier 2222). — Il s'agit d'une rixe survenue entre Grosjean et un soumissionnaire de biens nationaux parce qu'il refusait de continuer à vérifier l'expertise desdits biens, rixe au cours de laquelle Grosjean avait frappé son adversaire d'un coup d'épée; d'où poursuites contre lui. Le ministre estime qu'il faut laisser continuer ces poursuites, attendu que ce n'est pas dans l'exercice de ses fonctions que ce commissaire a commis le fait qui lui est reproché.

[6] Rapport du 13 vendémiaire an v, signé Merlin (Arch. nat., AF III, v, 406, dossier 2222). — Le ministre juge «essentiel de décider si l'on doit continuer d'employer des motifs coactifs pour faire exécuter la loi de 14 ventôse an II», en vertu de laquelle «les cordonniers de chaque commune fournissent deux paires de souliers par chaque décade pendant tout le temps que durera la guerre, sous peine de cent livres d'amende».

fixe le mode d'organisation de sa garde, qui sera composée au total de deux cent quarante hommes [1].

[Le Directoire exécutif, informé que la malveillance est parvenue dans certains cantons à persuader que les détachements de la garde nationale sédentaire connus sous le nom de colonnes mobiles, dont l'organisation a été arrêtée par son arrêté du 17 floréal dernier [2], étaient destinés à marcher aux frontières contre les ennemis extérieurs de la République, lorsque, par leur institution même, il est évident qu'ils ne doivent être employés que pour maintenir la tranquillité publique, ainsi que pour protéger les personnes et les propriétés dans leurs cantons respectifs et ceux environnants;

Considérant que ces bruits artificieusement répandus ont produit dans plusieurs cantons le mauvais effet d'éloigner de ces détachements une très grande quantité d'excellents citoyens qui, quoique les plus propres à remplir le véritable et le seul but que s'était proposé le Directoire exécutif en ordonnant cette organisation, ne pouvaient cependant pas, sans les plus graves inconvénients, soit à cause de leur état, soit à cause de leurs établissements, désirer être classés parmi ceux destinés à combattre loin de leurs foyers les ennemis de la République;

Considérant que ces détachements, loin de rendre le service de la garde nationale sédentaire moins fatigant pour la majeure partie des citoyens et plus utile en même temps pour maintenir l'ordre et la tranquillité publique, pourraient au contraire devenir extrêmement dangereux s'ils se trouvaient mal composés,

Arrête ce qui suit:

Le ministre de la police générale est autorisé, en en rendant compte au Directoire exécutif, à suspendre jusqu'à la paix générale l'organisation des détachements de la garde nationale sédentaire connus sous le nom de colonnes mobiles, et même à les licencier, en tout ou en partie dans tous les cantons où il pensera qu'il pourrait être dan-

---

[1] Arrêté du 13 vendémiaire an v, signé Carnot, Reubell, Barras (Arch. nat., AF III, 406, dossier 2221). Cette garde comprendra un *état-major général* de 16 hommes (un officier-général commandant en chef, deux aides de camp, un commandant en second, quatre adjudants, un quartier-maître trésorier, un chirurgien-major, un tambour-major, un maître tailleur, un maître cordonnier-bottier, un maître armurier, un maître sellier, un maître éperonnier), et quatre compagnies, dont deux à pied et deux à cheval formant 224 hommes.

[2] Voir t. II, p. 312-316.

gereux ou inutile d'en établir. Il tiendra en conséquence la main à ce que dans ces cantons la garde nationale sédentaire continue à y faire son service conformément aux diverses lois et règlements antérieurs.

Le présent arrêté sera communiqué au ministre de la guerre et ne sera point imprimé. — Arch. nat., AF III, 406, dossier 2221 [1]].

Le ministre de l'intérieur est invité par une lettre à faire passer les pièces qui ont donné lieu à son rapport [2] sur la commune de Sarlat [3].

Sur le rapport du ministre de la police générale, sont rayés de la liste des émigrés les noms des citoyens ci-après :

Marie-Thérèse-Ernestine Lamock, veuve Lachevardière, dit Grandville; Maccarthy-Puiberneau et ses trois enfants; Louis-Alexandre Cholier-Cibeins; Michel Calvé, dit Soursac; Jean-Francois-Ignace Dondel et Jean-Charles Leterrier [4].

Le collège d'Harcourt sera converti en une caserne.

On écrit au citoyen Dubois-Dubais, concernant sa soumission des poudres [5].

On autorise les élèves de l'École des ponts-et-chaussées de se présenter à l'École polytechnique [6].

On écrit au représentant du peuple Drulhe [7], pour lui annoncer,

---

[1] Signé à la minute Carnot, Reubell, Barras.

[2] Du 30 fructidor dernier.

[3] Minute signée Revellière-Lépeaux, Reubell, Barras (Arch. nat. AF III, 406, dossier 2221).

[4] Marie-Thérèse-Erneste *Lamock*, veuve d'Antoine-François *Lachevardière*, dit *Lagrandville*, habitant de Stenay; — Marie-Barthélemy *Maccarthy*, veuve de Jacques-Henry-Salomon *Lévesque*, dit *Puiberneau*, et ses trois enfants, François-Denis-Salomon-Henry, Jacques-Joseph Alexis, François-Silvestre-René, âgés de 14 et 12 ans; tous ex-nobles, demeurant habituellement à la Rochelle et actuellement à Poitiers; — Louis-Alexandre *Cholier-Cibeins*, demeurant ordinairement à Lyon; — Michel *Calvé*, dit *Soursac*, aîné, sous-officier municipal du Croisic, y demeurant, — Jean-François-Ignace *Dondel*, demeurant à Vannes; — Jean-Charles *Leterrier*, ex-vicaire, demeurant à Paris; — inscrits sur les listes des émigrés des départements des Ardennes, de la Vendée, de l'Ain, de la Loire-Inférieure, de la Loire-Inférieure, de la Manche, qui ont justifié de leur résidence. — Six arrêtés du 13 vendémiaire an v, signés Reubell, Barras. Revellière-Lépeaux (Arch. nat., AF III, 406, dossier 2221).

[5] Membre du Conseil des Cinq-Cents. — Le Directoire lui accuse réception de sa lettre du 7 vendémiaire et de l'envoi du projet de soumission d'une compagnie de cinq membres «qui offre de se charger de la fourniture des poudres dont peut' avoir besoin le gouvernement». — Minute signée Carnot, Reubell, Barras (Arch. nat., AF III, 406, dossier 2223).

[6] Quel que soit leur âge. — Arrêté du 13 vendémiaire an v, signé Carnot, Reubell, Barras (Arch. nat., AF III, 406, dossier 2221).

[7] Aux représentants Drulhe, Pémartin, Lakanal et Richaud, qui par lettre du 5 vendémiaire (Arch. nat., AF III, 406, dossier 2221) demandaient la réintégration de

que la révocation de Fauvel, administrateur du département de Seine-et-Oise, a été mûrie avant de la prononcer[1].

SÉANCE DU 14 VENDÉMIAIRE, AN V[2]

5 OCTOBRE 1796.

Il est fait lecture d'une lettre adressée au Directoire par le citoyen Grasset-Saint-Sauveur, par laquelle en lui rappelant l'entreprise qu'il a faite de la publication des *Fastes du Peuple français,* ouvrage destiné à immortaliser par des gravures soignées les belles actions des défenseurs de la patrie et les actes de vertu des citoyens français, il l'invite en même temps à encourager ce travail par un abonnement de cent exemplaires au moins, qu'il lui offre à deux francs le cahier, composé de quatre tableaux.

Le Directoire, voulant soutenir l'auteur dans son ouvrage, entrepris pour la gloire du nom français, arrête que l'abonnement de trente exemplaires de cet ouvrage, pris précédemment, sera porté au nombre de cent, lesquels seront non coloriés[3].

Un messager d'État du Conseil des Anciens est admis; il présente deux lois : la première met à la disposition de la commune de Clermont département du Puy-de-Dôme, des bâtiments et terrains nationaux, pour y établir un marché, une place d'exercices militaires et gymnastiques et une salle de spectacle[4].

La seconde met les citoyens Huet, Tardieu et Désormeaux en possession du domaine national connu sous le nom de maison des filles du Calvaire[5].

Le Directoire ordonne que ces lois seront publiées, exécutées et

---

Fauvel comme très méritant à tous égards et représentaient au Directoire que sa religion avait été surprise.

[1] Arrêté du 13 vendémiaire an v, signé Carnot, Reubell, Barras (Arch. nat., AF III, 406, dossier 2221).

Le dossier 2223, dont le contenu, comme celui des deux précédents, se rapporte à la séance du 13 vendémiaire, se termine par 10 pièces relatives à des nominations de commissaires et de juges de paix dans les départements de la Loire, de l'Orne, de Saône-et-Loire et de la Seine.

[2] Arch. nat., AF III*, 5, fol. 33-35. — AF III, 4.

[3] Arrêté du 14 vendémiaire an v, signé Reubell, Barras, Carnot (Arch. nat., AF III, 406, dossier 2224).

[4] *Bull.*, II, LXXXII, n° 755.

[5] *Bull.*, II, LXXXII, n° 756.

qu'elles seront munies du sceau de l'État. Elles sont en conséquence adressées de suite à l'enregistrement pour deux expéditions être envoyées sans délai au ministre de la justice, avec l'arrêté portant ordre d'impression et de publication, dans les formes prescrites par les lois.

Sur le rapport du ministre de la marine et des colonies, l'arrêté du 22 thermidor an IV[1], qui attribuait au citoyen d'Hermand le demi pour cent sur le produit des ventes des prises faites par Richery et conduites à Cadix, est rapporté[2].

Après avoir entendu le rapport du ministre de l'intérieur, il destitue les membres de l'administration centrale du département de l'Ariège[3].

Sur la proposition du ministre de la police générale, sont rayés de la liste des émigrés les noms des citoyens ci-après:

Victor Courtois; Guillaume Cadot; Sophie Cotelle d'Outresoulle, veuve Desmoulins; Jean-François Stanislas Dondel; Jacques Decambray et Jeanne-Apolline Mansuet, sa femme; Henry-Auguste Cressac; Louis-Jean-Népomucène-Marie-François Camus-Laguibourgère; Édouard Catherinot; Nicolas Courtois; François-Valérien Doué; Pierre-Germain Boucheron; Jérôme-Jacques-Thomas Labarberie; Pierre-Charles Cheddé; Joseph-Charles Régis; Broche-Descombes et Nicolas-Jean Théodore[4].

---

[1] Voir plus haut, p. 301.

[2] Arrêté du 14 vendémiaire an V, signé de tous les membres du Directoire (Arch. nat., AF III, 406, dossier 2224). — Le demi pour cent est attribué au citoyen Poirel, qui a rempli les fonctions consulaires à Cadix à la place de d'Hermand, qui ne les remplissait plus, remplissant par intérim celles d'ambassadeur à Madrid.

[3] Arrêté du 14 vendémiaire an V, signé Le Tourneur, Carnot, Reveillière-Lépeaux (Arch. nat., AF III, 406, dossier 2225). — Le Directoire est informé, lit-on dans ce document, «que dans le département de l'Ariège l'esprit de parti domine; que les lois y restent sans exécution; qu'à Foix, à Pamiers et plusieurs autres communes les réquisitionnaires, les déserteurs, les prêtres atteints par la loi du 3 brumaire affluent et se promènent publiquement; que des individus connus par leurs principes anticiviques y fomentent des troubles; qu'ils ont même insulté, assailli, maltraité des citoyens paisibles, et que l'administration centrale, loin de remplir son devoir en faisant exécuter exactement les lois sur les réquisitionnaires, les déserteurs et les prêtres réfractaires, en faisant rechercher et poursuivre devant les tribunaux les auteurs de ces agressions et ceux de l'évasion de deux prêtres déportés détenus à Foix, dont l'un est prévenu d'émigration, semble au contraire leur accorder protection par une inertie coupable et autorise en quelque sorte les administrations municipales à suivre son exemple.» — Voir au même dossier le rapport du ministre de l'intérieur et neuf pièces de correspondance administrative intéressantes sur la situation politique du département de l'Ariège.

[4] Victor *Courtois*, vinaigrier, domicilié à Nemours, possessionné dans le département du Loiret; — Guillaume *Cadot*, vigneron à

[5 oct. 1796]   DU DIRECTOIRE EXÉCUTIF.   751

Le Directoire s'occupe ensuite du personnel de la guerre [1].
On écrit trois lettres concernant le service militaire [2].

Goussainville; — Jean-Baptiste-Hyacinthe-Désiré *Cotelle-d'Outresoulle*, demeurant à Coutances, officier au 7ᵉ régiment d'artillerie, décédé (condamné à mort par le tribunal révolutionnaire), représenté par Sophie *Cotelle-d'Outresoulle*, sa sœur; — Jean-François-Stanislas *Dondel*, demeurant à Redon; — Jacques *Decambray*, ci-devant procureur, et Jeanne-Apolline *Mansuet*, sa femme, tous deux domiciliés à Clerizet-Sainte-Eufraise; — Henry-Auguste *Cressac*, domicilié à Tours, possessionné dans le département du Loiret; — Louis-Jean-Népomucène-Marie-François *Camus-Laguibourgère*, ancien conseiller au ci-devant parlement de Paris, y domicilié; — Édouard *Catherinot*, ancien militaire, «couvert de blessures et d'infirmités»; — Nicolas *Courtois*, chaudronnier à Villenauxe; — François-Valérien *Doué*, notaire public à Chézy; — Pierre-Germain *Boucheron*, négociant, domicilié à Paris, possessionné dans le département de Seine-et-Oise; — Jérôme-Jacques-Thomas *Labarberie*, ancien négociant, domicilié à Villemomble; — Pierre-Charles *Cheddé*, ex-prêtre; — Joseph-Charles-Régis *Broche-Descombes* aîné, originaire de Pont-Saint-Esprit; — et Jean-Théodore *Nicolas*, de Marseille; — inscrits sur les listes des émigrés des départements du Loiret, de Seine-et-Oise, de la Manche, de la Loire-Inférieure, des Ardennes, du Loiret, de la Loire-Inférieure, du Cher, de la Marne, de la Marne, de Seine-et-Oise, de l'Orne, de Seine-et-Oise, du Gard et des Bouches-du-Rhône, dont la résidence a été justifiée. — Quinze arrêtés du 14 vendémiaire an v, signés Carnot, Reubell, Barras (Arch. nat., AF III, 406, dossier 2224).

[1] Arrêté du 14 vendémiaire an v, signé Carnot, Reubell, Barras, par lequel congé illimité est accordé au citoyen Gilbert *Audebert*, de Saint-Varent (Deux-Sèvres), charretier des transports militaires de l'armée des Côtes de l'Océan (Arch. nat., AF III, 406, dossier 2225).

[2] Indépendamment de ces trois lettres, on trouve dans le dossier 2225 (Arch. nat., AF III, 406) les suivantes, datées du 14 vendémiaire et non mentionnées au procès-verbal de la séance de ce jour : 1° Minute signée Carnot, Reubell, Barras, d'une lettre par laquelle le Directoire invite le ministre de la guerre à donner des ordres contraires à ceux du commissaire ordonnateur Berthier (qui, sous prétexte de réduire le service en pied de paix, a invité le général de division commandant à la Rochelle à retirer les troupes de la côte ou du moins des postes les plus éloignés et refuse même la solde et les rations aux agents du service actif des côtes) et à faire plus exactement que jamais le service des côtes. — 2° Minutes signées Carnot, Reubell, Barras, de deux autres lettres au ministre de la guerre; par la première le Directoire lui annonce qu'il a prévenu ses observations tendant à rétablir l'indépendance dans le commandement des 9ᵉ et 10ᵉ divisions militaires, en conséquence il l'invite à écrire à ce sujet au général Lamer, qui commande la 10ᵉ division, et à appeler le général Haquin au commandement de la 9ᵉ; — par la seconde il lui demande l'état des exemplaires de la carte de France de Cassini qui se trouvent au dépôt de la guerre et une note de la dépense que coûte leur tirage. — 3° Minute signée Carnot, Reubell, Barras, d'une lettre au général Berthier, chef de l'État-major de l'armée d'Italie, pour lui accuser réception des détails qu'il a fournis sur la réforme qu'a subie l'armée piémontaise et sur la force actuelle de cette armée; en faisant vérifier les détails, fournis par le roi de Sardaigne, le général en chef évitera «les démarches ostensibles qui pourraient annoncer la défiance et altérer la bonne harmonie entre les deux gouvernements». — 4° Minute signée Carnot, Reubell, Barras, d'une lettre aux commissaires du Directoire près l'armée d'Italie pour les inviter à pourvoir, de concert avec le général en chef, aux besoins qu'éprouvent les savants et les artistes employés à la recherche des monuments précieux. — 5° Minute d'une lettre du Directoire au général Bonaparte, dont on trouvera le texte plus loin à l'Appendice. — 6° Minute signée Carnot, Reubell, Barras d'une lettre du Directoire au général Beurnonville pour lui annoncer le départ prochain pour l'armée de Sambre-et-Meuse du général de division Caffin, des généraux de brigade Berville, Lécrivint et Vatrin et de l'adjudant général Demonts. — 7° Minute d'une lettre du Directoire, dont on trouvera le texte plus loin à

Deux au général en chef Moreau[1];

Et une au citoyen Haussmann, commissaire du gouvernement près l'armée de Rhin-et-Moselle[2].

En exécution de l'arrêté du 1ᵉʳ prairial dernier, le ministre de la guerre dépose sur le bureau et soumet à l'approbation du Directoire un état des sommes qu'il a ordonnancées pour les dépenses de son département.

Le Directoire approuve cet état et en remet un double au ministre de la guerre.

On reçoit un message du Conseil des Cinq-Cents; il a pour objet de dénoncer le n° 347 du journal intitulé le *Courrier des armées et du Corps législatif*[3], dans lequel on établit un parallèle perfide entre l'ancien et le nouveau régime, afin de faire haïr l'un et regretter l'autre[4].

---

l'Appendice, à la mère du général Marceau, tué récemment à Altenkirchen pendant la retraite de l'armée de Sambre-et-Meuse. — 8° Minute signée Carnot, Reubell, Barras, d'une lettre au général Kellermann, pour l'inviter à économiser l'emploi des fonds qu'il a reçus de l'armée d'Italie, jusqu'à ce qu'on puisse lui en faire passer d'autres; le Directoire, instruit de l'enlèvement d'un troupeau considérable de bêtes à laine par les Barbets «et de l'espèce de fraternité que les habitants de Démont témoignent à ces brigands», pense que «le gouvernement sarde ne peut hésiter de se prononcer contre ceux de ses sujets qui entretiennent une coupable intelligence avec les ennemis de la France et du Piémont». — 9° Minute signée Carnot, Reubell, Barras, d'une lettre au général Willot, commandant la 8ᵉ division militaire (à Marseille) pour lui témoigner la satisfaction du Directoire sur la proclamation qu'il a faite et qui tend à rallier tous les esprits au maintien de la constitution; le Directoire lui annonce aussi que le général Kellermann a dû détacher de son armée deux bataillons qui lui sont destinés.

[1] La minute de ces lettres ne se trouve pas dans les dossiers correspondant à la séance du 14 vendémiaire.

[2] Minute approuvée par le Directoire et signée Reubell, Carnot, Barras (Arch. nat., AF III, 406, dossier 2224), par laquelle Haussmann est invité à faire payer à Strasbourg les sommes dues à Burger et Duchenne fournisseurs de l'armée de Rhin-et-Moselle, par exception à la mesure générale arrêtée précédemment de transporter tous les paiements au quartier général de cette armée.

[3] Voir t. I, p. 306-308.

[4] Message voté par le Conseil des Cinq-Cents dans sa séance du 14 vendémiaire (*C. C.*, vendémiaire an V, 325). On trouve joint au message (Arch. nat., AF III, 4) le numéro du 6 vendémiaire du *Courrier des armées et du Corps législatif* dénoncé par le Conseil des Cinq-Cents. Voici un extrait du tableau de la France en 1788 et en 1796 qui y est reproduit sur deux colonnes, d'après la *lettre à un rentier* de Barruel-Beauvers :

En 1788.	En 1796.
Une Bastille.	Plus de 44 mille Bastilles.
Une religion dominante.	Plus de religion d'aucune espèce.
Églises riches en argenterie.	Églises entièrement dépouillées.
Abondance de numéraire.	Numéraire exporté, enfoui, disparu.
26 millions de Français.	19 millions de Français.
Milices et miliciens tirés au sort.	Réquisitions et volontaires marchant liés et garrottés.
Peuple ne manquant jamais de choses de première nécessité.	Peuple dans la détresse et dans la misère.

[5 oct. 1796]   DU DIRECTOIRE EXÉCUTIF.   753

A

Le Directoire exécutif au général Bonaparte,
commandant en chef l'armée d'Italie.

Vous avez appelé le premier, citoyen général, l'attention du gouvernement sur les monuments dont la conquête doit enrichir le Muséum français, et vous avez demandé que des savants et des artistes fussent chargés de recueillir ces précieuses dépouilles; ainsi il sera agréable pour vous de concourir à l'exécution d'une mesure utile à la commission que nous avons nommée à cet effet. Nous sommes instruits que les membres qui la composent éprouvent des besoins auxquels la générosité nationale doit s'empresser de pourvoir et sur lesquels ils ont négligé jusqu'ici de l'intéresser par une délicatesse mal entendue.

Nous vous invitons en conséquence, citoyen général, à faire délivrer, de concert avec nos commissaires près l'armée, à cette commission les sommes nécessaires à l'entretien de ses membres et que l'utilité de leurs travaux réclame.

CARNOT, REUBELL, P. BARRAS [1].

B

Le Directoire exécutif à la citoyenne Marceau.

Le Directoire exécutif a partagé, citoyenne, l'affliction que la perte de votre fils, le général Marceau [2], a dû vous causer. Les services qu'il a rendus à la

Effets publics en crédit.	Mandats et assignats sans valeur.
55 millions de déficit.	Plus de 50 milliards de déficit.
Liberté sous le nom d'esclavage.	Esclavage sous le nom de liberté.
Respect aux personnes et aux propriétés.	Les brigandages exercés envers les personnes et les propriétés.
Protection accordée à la vertu et aux talents.	Protection aux voleurs, aux assassins.
Échafaud pour le crime.	Amnistie pour le crime et échafaud pour la vertu.

Outre les pièces qui viennent d'être signalées, on trouve les suivantes datées du 14 vendémiaire, et non mentionnées au procès-verbal, dans les dossiers 2224 et 2225, savoir :

Dans le dossier 2224 : Arrêté signé Le Tourneur, Carnot, Reubell, autorisant, en vertu de la loi du 21 floréal, Guillaume Ballière, ex-membre du Comité révolutionnaire de la section de l'Ouest, à revenir à Paris et à y résider.

Dans le dossier 2225 : Minute signée Carnot, Reubell, Barras, d'une lettre par laquelle le Directoire accuse réception au citoyen Rotch (maison de France, rue de Beaune) de son mémoire du 11 vendémiaire et lui indique une heure d'audience.

Le dossier 2226, dont le contenu, comme celui des deux précédents, se rapporte à la séance du 14 vendémiaire, est formé de 77 pièces relatives à des nominations d'administrateurs, juges de paix, assesseurs, etc., dans les départements des Hautes-Alpes, des Ardennes, de l'Ariège, des Côtes-du-Nord, du Finistère, de la Gironde, des Landes, du Mont-Blanc, des Basses-Pyrénées et de la Loire-Inférieure.

[1] Arch. nat., AF III, 406, dossier 2225.
[2] MARCEAU (François-Séverin *Desgraviers*-), né à Chartres le 1er mars 1769, général de division, blessé mortellement à Altenkirchen, le 19 septembre 1796, pendant la retraite de l'armée de Sambre-et-Meuse.

République et les regrets de ses braves frères d'armes rendent sa mort glorieuse, et sa mémoire sera toujours chère et honorée parmi les amis de la République. L'ennemi lui-même a respecté ses vertus guerrières. Jeune encore il en a montré la réunion précieuse.

Le Directoire s'empresse de vous donner ce témoignage dont il était pénétré pour le digne général Marceau et d'apporter à votre douleur un juste intérêt de consolation.

Le Tourneur, Carnot, P. Barras[1].

DÉLIBÉRATION SECRÈTE DU 14 VENDÉMIAIRE AN V[2]

5 OCTOBRE 1796.

CCLXVII

Dépôt d'une adresse au gouvernement, non signée et sans date, sur la paix, suivie d'un projet de lettre au baron de Thugut[3].

CCLXVIII

Dépôt de deux lettres écrites en italien, portant date du 18 août 1796[4].

CCLXIX

Dépôt d'une note écrite par le ministre plénipotentiaire de Naples[5], relative à une phrase du discours que doit prononcer au Directoire exécutif l'ambassadeur ou ministre de cette puissance, lors de la présentation de ses lettres de créance[6].

---

[1] Arch. nat., AF iii, 406, dossier 2225.
[2] Arch. nat., AF iii*, 20, p. 80-81.
[3] Voir le texte de cette adresse et de cette lettre plus loin à l'Appendice.
[4] Ces deux lettres de Querini, envoyé de Venise à Paris, sont en réalité datées du 16 août. — Elles sont accompagnées d'une troisième adressée, le 16 août aussi, de Paris, à son frère, et signée *Vostra affectionnata cognata*. — Voir ces lettres dans le dossier 2224 Arch. nat., AF iii, 406).
[5] Belmonte-Pignatelli.
[6] Cette note est conçue dans les termes suivants : «Dans le discours de l'ambassadeur ou ministre de Naples au Directoire à la présentation des lettres de créance, il y aura une phrase qui exprime le plaisir avec lequel Sa Majesté sicilienne voit que la paix et la bonne intelligence qui sont rétablies entre les deux puissances vont effacer le souvenir des maux que l'on s'est causés réciproquement par la guerre et des événements qui, à l'époque où elle a été déclarée, ont pu être envisagés comme contraires aux égards que Sa Majesté a toujours eus pour la République française».

CCLXX

Le Directoire exécutif arrête :

Sur les fonds mis à la disposition du ministre des finances pour la bonification des mandats, il remettra au ministre de l'intérieur la somme de deux millions mandats pour être par lui employés au service des approvisionnements de la commune de Paris, laquelle somme le ministre de l'intérieur remplacera sur les fonds mis à sa disposition par le Corps législatif.

Le ministre des finances et celui de l'intérieur sont chargés de l'exécution du présent arrêté[1].

---

14 vendémiaire 5ᵉ année.

Aux citoyens composant le Directoire.

Citoyens,

Quel est le bon Français qui ne sera pas touché de l'embarras où vous vous trouvez? Vous avez publié dans votre note sur la paix une phrase relative à l'Autriche que l'Angleterre anime contre nous lorsqu'elle aurait quelque inclination pour la paix. Cette phrase me fait ressouvenir que j'ai dans mes papiers des pièces capables de faire à la cour de Vienne une révolution favorable à nos intérêts. Je pose sous vos yeux un projet de lettre au baron de Thugut[2] qui peut l'accabler d'inquiétude et d'embarras et le déterminer à de nouvelles mesures. Mais je n'agirais que par les ordres du gouvernement dans cette affaire qui, étant bien conduite, peut changer à Vienne la face de nos affaires relatives à cette cour.

Projet de ma lettre au baron de Thugut.

Vous n'êtes pas né sujet de l'empereur, Monsieur le baron. Vous devez votre élévation à l'ancienne France, parce que vous rendîtes dans tous les postes inférieurs que

---

[1] Signé à la minute Le Tourneur, Revellière-Lépeaux, Barras.

[2] Thugut (François-Marie, baron de), né à Lintz en 1736, mort à Vienne le 29 mai 1818; élève de l'école des langues orientales de Vienne (1752); attaché à l'ambassade d'Autriche à Constantinople (1754); chargé d'affaires (1769), puis (1771) internonce et ministre plénipotentiaire auprès de la Porte Ottomane; chargé d'une mission auprès de Frédéric II (1778); ambassadeur d'Autriche à Varsovie (1780), puis à Naples (1788); chargé de l'administration des provinces de Moldavie et de Valachie pendant la guerre austro-turque (1788-1790); ministre plénipotentiaire en France (1790); successeur du prince de Kaunitz à la chancellerie d'État et au ministère des affaires étrangères (1794), qu'il occupa jusqu'en 1797, puis, une seconde fois, de 1799 à 1800.

vous avez parcourus des services bien suivis à nos ambassadeurs à Constantinople, à Louis XV et à ses successeurs, aux dépens de la maison d'Autriche. Vous receviez de M. de Vergennes, alors à Constantinople, un traitement annuel de 18,000 livres et 6,000 livres de gratification; vous aviez une fortune à faire; vous visiez de loin à la place de ministre que vous avez enfin obtenue, et pour vous étayer vous choisîtes celle des cours de l'Europe qui, par ses liaisons avec la cour de Vienne, pouvait le moins vous faire suspecter. Vous avez envoyé au Roi en ce temps vos instructions secrètes et vos chiffres. Vous avez communiqué à nos ambassadeurs les dépêches que vous receviez de Vienne. Vous concertiez avec eux vos réponses et vous exécutiez les ordres de votre cour en suivant avec fidélité les nuances que vous inspirait le comte de Vergennes[1] et après lui M. le chevalier de Saint-Priest[2].

Je connais l'intérêt qu'avait la France d'élever un homme qu'elle avait conduit jusqu'à ce point-là. Plus vous obteniez des faveurs de la cour impériale et plus vous étiez alors dans la dépendance de l'ancienne France. Vous fûtes pendant trente ans tourmenté de l'ambition des richesses et de parvenir où vous êtes arrivé; la même passion doit vous porter à les conserver. M. de Vergennes, qui savait tout, vous obligea à continuer vos services à l'ancienne France. Je veux vous obliger, puisque j'en sais autant que lui sur votre compte, à servir l'humanité.

Je suis du parti, Monsieur le baron, qui désire la paix et qui la demande. Je suis de la classe que ruine la guerre; je ferai tout ce qui est permis à un bon citoyen pour faire valoir mon opinion et mes intérêts. Vous êtes donc mon ennemi, puisque j'apprends que vous êtes devenu à Vienne le pivot de la guerre et de la paix et que vous alimentez la guerre suivant les impulsions de l'Angleterre. Pour faire cesser ce fléau, il ne faut peut-être que vous déplacer et pour y réussir il ne s'agit que de faire connaître votre correspondance curieuse avec M. de Vergennes, avec son successeur, celle de Louis XVI avec ses ministres. Quatre voies peuvent nous servir pour punir en vous la passion de la guerre et il ne s'agit plus que de savoir à qui confier ces pièces, ou à vos ennemis ou à la cour de Vienne, ou aux papiers étrangers ou aux papiers français. Louis XVI a écrit votre sentence; son écriture est connue de votre cour; voulez-vous, Monsieur le baron, que je commence mon attaque de ce côté?

L'Angleterre ne vous rendra pas la Belgique, pas plus que notre gouvernement. Une détermination générale du peuple français dans l'acceptation de la Constitution a lié les mains au Directoire. Nous ne voulons pas être au-dessous de l'ancienne France dans la paix prochaine, et notre Directoire, que nous aimons, que nous considérons parce que ses opérations nous semblent le résultat de la volonté générale de la nation, ne peut pas, comme un monarque, exécuter à votre égard une volonté particulière. Ni Drouet ni Babeuf ne nous ôteront l'attachement que nous portons à ce Directoire; il triomphera de ses ennemis tant qu'il maintiendra la grandeur et la dignité du nom français en Europe, et si depuis deux siècles

---

[1] Ministre plénipotentiaire, puis ambassadeur de France à Constantinople de 1754 à 1768.
— [2] Ambassadeur de France à Constantinople de 1768 à 1785.

notre patrie a pris à l'égard de l'Autriche la situation à laquelle la nature l'avait appelée, le Directoire ne fera pas dégénérer la République. L'ancienne France, sans perdre un pouce de terrain, s'unit à vos ennemis et les établit en Portugal, en Sardaigne, en Silésie et dans divers postes occupés par la maison autrichienne. Elle adjugea à des Bourbons l'Espagne et les Indes, Naples et le duché de Parme; à chaque traité de paix elle se conservait pour elle-même tantôt le Roussillon et tantôt la Lorraine, puis la Franche-Comté ou l'Alsace, ou enfin une portion des Pays-Bas. Depuis deux siècles l'Autriche est dans un état de décadence physiquement organisée. Ses mauvais ministres et l'appât de l'or anglais ont organisé la baisse de ses forces. Voilà, Monsieur le baron, les sentiments d'un bon Français que me dictent nos derniers revers. Ces revers, au lieu de nous abattre, nous animent. La France développe ses forces contre celles d'Autriche et si vous persistez à vous montrer notre ennemi, je vais employer contre vous vos propres correspondances pour vous ôter d'un poste où vous ordonnez tant de calamités.

Je désire, Monsieur le baron, je désire plutôt de vous attacher par intérêt à ma patrie; un homme qui a autant de génie et de suite dans ses vues que vous en avez peut-il montrer tant de haine contre une puissance qui renferme dans son sein des citoyens qui tiennent votre honneur et votre sort dans leurs mains? Ne vaudrait-il pas mieux, après la grande fortune que vous avez faite, et vous trouvant revêtu des premiers emplois de la terre, jouir en paix de trente ans de travaux et du beau titre de prince de la Paix comme Alcudia[1]? Prévenez un coup fatal; évitez de voir vos dépêches tomber dans les mains de vos ennemis: préparez avec moi des ouvertures pour une paix salutaire. J'attends votre réponse[2].

SÉANCE DU 15 VENDÉMIAIRE AN V[3]

6 OCTOBRE 1796.

Le Directoire envoie un message au Conseil des Cinq-Cents. Il a pour objet de demander l'adjonction des bâtiments du ci-devant séminaire Saint-Louis à ceux du Luxembourg et invite de nouveau le Conseil des Cinq-Cents à y réunir les maisons situées entre la caserne et la grille du jardin[4].

[1] Manuel Godoy.
[2] Arch. nat., AF III, 406, dossier 2225.
[3] Arch. nat., AF III*, 5, fol. 35-37. — AF III, 4.
[4] Message lu à la séance du 15 vendémiaire (C.C., vendémiaire an v, 352-354).— Le Directoire, se référant à son message du 8 thermidor an IV (voir plus haut, p. 193), représente que les bâtiments, servant de caserne à sa garde sont insuffisants; que, de plus il peut arriver que la sûreté du Directoire exige un renfort momentané; que deux compagnies de grenadiers se trouvent ainsi campées dans le jardin du Luxembourg et que l'approche de l'hiver exige qu'on leur fournisse un casernement; que le ci-devant

Un messager d'État envoyé par le Conseil des Anciens présente deux lois :

La première, en date du 14 du présent mois, met à la disposition du ministre des finances, pour les dépenses de son département, la somme d'un million, valeur métallique[1].

La seconde porte que le sixième net de toutes les sommes qui proviendront de la perception des revenus et contributions ordinaires sera employé par la Trésorerie au paiement des arrérages de rentes et pensions ordonné par la loi du cinquième jour complémentaire[2].

Le Directoire ordonne que ces lois seront publiées, exécutées et qu'elles seront munies du sceau de l'État. Elles sont en conséquence adressées de suite à l'enregistrement pour deux expéditions être envoyées sans délai au ministre de la justice, avec l'arrêté portant ordre d'impression et de publication dans les formes prescrites par les lois.

On reçoit un message du Conseil des Cinq-Cents, qui demande un compte détaillé, 1° des liquidations de toute nature terminées au 1er vendémiaire; 2° des liquidations restant à faire; 3° des demandes en liquidation tombées en déchéance; 4° et des liquidations susceptibles d'être portées au Grand-livre[3].

Le Directoire ordonne le versement à la Trésorerie nationale des fonds consignés par les soumissionnaires de biens nationaux entre les mains du receveur du domaine à Versailles[4].

La veuve Dumesnil demande que l'on comprenne dans la terre de Cercueil, qu'elle a soumissionnée, un bois taillis situé près de la maison dépendante de cette terre, quoiqu'il ne soit pas à la distance prescrite des autres bois nationaux[5].

Cette demande étant contraire à la loi, le Directoire la rejette[6].

On ordonne la publication dans les départements réunis des articles

---

séminaire de Saint-Louis, qui, placé dans l'angle du jardin et isolé des rues extérieures, est adjacent aux bâtiments du Luxembourg et dont aucune partie n'a été soumissionnée, paraît parfaitement convenable pour ce service.

[1] *Bull.*, II, LXXXII, n° 757.

[2] *Bull.*, II, LXXXII, n° 758. — Sur la loi du 5e jour complémentaire, voir plus haut, p. 660.

[3] Le Conseil invite aussi le Directoire à lui envoyer tous les trois mois un pareil compte avec distinction des opérations du trimestre précédent. — Message voté par le Conseil des Cinq-Cents dans sa séance du 14 vendémiaire (*C.C.*, vendémiaire an V, 325).

[4] Arrêté du 15 vendémiaire an V, signé Reubell, Barras, Revellière-Lépeaux (Arch. nat., AF III, 406, dossier 2227).

[5] Il n'en est qu'à 330 toises.

[6] Arrêté du 15 vendémiaire an V, signé Reubell, Barras, Revellière-Lépeaux (Arch. nat., AF III, 406, dossier 2227).

[6 oct. 1796] DU DIRECTOIRE EXÉCUTIF. 759

1, 2, 3, 4, 5 et 6 de la loi du 1er mars 1793, qui annule tout traité d'alliance et de commerce passé entre la France et les puissances avec lesquelles elle est en guerre et des articles 1, 2, 3 et 6 de celle du 18 vendémiaire an II, qui proscrit du sol de la République toutes les marchandises anglaises[1].

Le Directoire, vu la loi en date du jour d'hier portant qu'il est mis à la disposition du ministre des finances une somme d'un million valeur métallique, arrête que la Trésorerie paiera sur les ordonnances de ce ministre jusqu'à concurrence de ladite somme d'un million[2].

Il s'occupe ensuite du personnel de la guerre et il écrit vingt-et-une lettres concernant le service militaire, dont les minutes sont déposées au Cabinet topographique, savoir :

Une à F. Rotch, maison de France, rue de Beaune[3];

Une au général Schauenbourg[4];

Quatre au général Willot[5];

Une au citoyen Boucher, commissaire près le canton de Neuf-Brisach[6]; .

Deux au général en chef Kellermann[7];

Une à ses commissaires près l'armée d'Italie[8];

---

[1] Arrêté du 15 vendémiaire an V, signé Reubell, Revellière-Lépeaux, Barras (Arch. nat., AF III, 406, dossier 2227).

[2] Arrêté du 15 vendémiaire an V, signé Reubell, Barras, Revellière-Lépeaux (Arch. nat., AF III, 406, dossier 2227).

[3] Lettre datée du 14 vendémiaire et signalée plus haut, p. 753 (séance du 14 vendémiaire).

[4] La minute de cette lettre ne se trouve pas dans le dossier correspondant à la séance du 15 vendémiaire.

[5] Une de ces lettres datée du 14 vendémiaire, a été signalée plus haut, p. 752 (séance du 14 vendémiaire). Les minutes des trois autres, signées Carnot, Reubell, Barras, se trouvent dans le dossier 2227 (Arch. nat., AF III, 406) et sont datées du 15. Par la première le Directoire informe Willot qu'il a reçu des administrateurs municipaux de Toulon une lettre par laquelle ils expriment leurs craintes sur la sûreté des prisons du fort Lamalgue depuis qu'il en a confié la police au commandant du fort; il appelle son attention sur cet objet. — Pour la seconde il lui annonce que le général Kellermann a dirigé sur Marseille deux bataillons de son armée. — Par la troisième, il l'autorise à garder de 14,000 à 15,000 hommes sur les troupes qui lui ont été envoyées par Châteauneuf-Randon et par Kellermann, et l'invite à faire passer le reste à l'armée d'Italie.

[6] La minute de cette lettre ne se trouve pas dans les dossiers correspondant à la séance du 15 vendémiaire.

[7] Minutes signées l'une Carnot, Revellière-Lépeaux, Barras, l'autre Carnot, Reubell, Barras (Arch. nat., AF III, 406, dossier 2227). — Par la première de ces lettres, le Directoire informe le général Kellermann qu'il a fait parvenir au ministre des finances ses réclamations touchant le supplément de solde accordé aux troupes employées dans les places piémontaises, supplément auquel le payeur de l'armée refuse de satisfaire. — Par la seconde il approuve l'envoi ordonné par le général de deux bataillons à Marseille, à l'effet d'y prévenir les troubles qui menacent cette ville.

[8] Lettre datée du 14 vendémiaire et signalée plus haut, p. 751 (séance du 14 vendémiaire).

Deux au général en chef Bonaparte [1];

Une au citoyen J. Haas, receveur à Frankenthal [2];

Une au général Berthier, chef de l'État-major à l'armée d'Italie [3];

Une au général en chef Beurnonville [4];

Cinq au ministre de la guerre [5];

et une au citoyen Proclenté, secrétaire du commissaire du Directoire exécutif pour le département du Bas-Rhin [6].

Le ministre des finances dépose sur le bureau et soumet à l'approbation du Directoire deux états des sommes ordonnancées par différents ministres en prairial et en messidor.

Le Directoire approuve ces deux états.

Il écrit encore dix lettres concernant le service militaire dont les minutes sont déposées au Cabinet topographique :

Une au commissaire du Directoire près le département du Rhône, à Lyon [7];

Une au citoyen Garrau, commissaire à l'armée d'Italie [8];

Une au général en chef Kellermann [9];

Une à l'administration municipale du canton de Pont-d'Ain [10];

---

[1] La première de ces lettres, datée du 14 vendémiaire, a été signalée et reproduite plus haut, p. 753 (séance du 14 vendémiaire). — Quant à la seconde, on en trouvera le texte plus loin à l'Appendice.

[2] La minute de cette lettre ne se trouve pas dans le dossier correspondant à la séance du 15 vendémiaire.

[3] Lettre datée du 14 vendémiaire et signalée plus haut, p. 751 (séance du 14 vendémiaire).

[4] Lettre datée du 14 vendémiaire et signalée plus haut, p. 751 (séance du 14 vendémiaire).

[5] Trois de ces lettres, datées du 14 vendémiaire, ont été mentionnées plus haut, p. 751 (séance du 14 vendémiaire). — Des deux autres, signées Carnot, Barras, Revellière-Lépeaux, et datées du 15 (Arch. nat., AF III, 406, dossier 2227), la première invite le ministre à ordonner à quelques prisonniers irlandais qui sont aujourd'hui à Franciade (Saint-Denis) de se rendre sans délai à leur destination. — Par la seconde, le Directoire l'invite à mander au général Moulin de rester provisoirement à Strasbourg sans exercice de fonction, jusqu'à ce qu'on ait reçu des renseignements sur sa conduite lors de l'attaque du fort de Kehl.

[6] Minute signée Carnot, Reubell, Barras (Arch. nat., AF III, 406, dossier 2227). — Le Directoire lui accuse réception de son travail sur l'organisation militaire des troupes en temps de paix et le félicite de son zèle républicain.

[7] Minute signée Carnot, Revellière-Lépeaux, Barras (Arch. nat., AF III, 406, dossier 2227). — Le Directoire lui accuse réception d'une lettre sur la situation de la commune de Lyon; il l'informe que le général Kellermann est chargé de veiller à sa tranquillité.

[8] Minute signée Carnot, Revellière-Lépeaux, Barras (Arch. nat., AF III, 406, dossier 2227). — Le Directoire lui transmet un mémoire sur la Corse dont la connaissance peut être utile au citoyen Saliceti.

[9] Lettre datée du 14 vendémiaire et déjà mentionnée plus haut, p. 752 (séance du 14 vendémiaire).

[10] Minute signée Carnot, Revellière-Lépeaux, Barras (Arch. nat., AF III, 406, dossier 2227). — Le Directoire lui accuse réception d'un extrait de sa délibération du 30 fructidor et lui témoigne sa satisfaction sur le rétablisse-

Une au ministre des finances[1] ;

Quatre au ministre de la guerre[2] ;

Et une au citoyen Alexandre, commissaire près l'armée de Sambre-et-Meuse[3].

On signe un état de citoyens exemptés du service militaire aux armées[4].

A

Le Directoire exécutif au général Bonaparte.

Le Directoire, intéressé, citoyen général, à accélérer le moment où la démolition des places fortes piémontaises doit être terminée, veut ajouter au zèle du général Kellermann et aux moyens qu'il emploie à ce travail important pour la France. Il vous invite en conséquence à obtempérer avec empressement à la demande que vous a faite ce général d'une compagnie de mineurs. Votre situation présente fait présumer que ce secours donné à l'armée des Alpes n'influera en rien sur les derniers efforts que vous allez tenter pour assurer à la République française la conquête de l'Italie et dont nous espérons les succès les plus glorieux.

Carnot, Reubell, P. Barras[5].

---

ment de l'ordre et de la tranquillité dans le canton de Pont-d'Ain (département de l'Ain).

[1] Minute signée Carnot, Revellière-Lépeaux, Barras (Arch. nat., AF III, 406, dossier 2227). — Le Directoire lui envoie copie d'une lettre du général Kellermann et des pièces à l'appui d'une réclamation qu'il fait au nom des troupes employées dans les places piémontaises concernant un supplément de solde (voir plus haut).

[2] Minutes signées Carnot, Revellière-Lépeaux, Barras (Arch. nat., AF III, 406, dossier 2227). — Par la première de ces lettres, le Directoire lui fait part du mécontentement manifesté par les employés ouvriers attachés à l'armée de Rhin-et-Moselle, à qui, dit-on, les moyens d'exister vont manquer si on ne rapporte l'arrêté supprimant les subsistances qui leur étaient accordées; il l'invite à lui faire un rapport à ce sujet. — Par la seconde il lui transmet une lettre écrite de Chambéry par un officier d'artillerie, laquelle décèle des abus sur lesquels il appelle son attention. — Par la troisième, il lui envoie une dénonciation portée contre les généraux Delmas, Laroche et Vandamme. — Quant à la quatrième, on en trouvera le texte plus loin à l'Appendice.

[3] Minute signée Carnot, Revellière-Lépeaux, Barras (AF III, 406, dossier 2227). — Le Directoire lui transmet copie d'une lettre de l'inspecteur des transports de l'armée de Sambre-et-Meuse, par laquelle il se plaint des vexations qui entravent son service et qui exigent une sévère répression. Il lui dénonce la réquisition arbitraire que le général Bonami « a eu l'impudence de faire» dans le Hundsrück de «cent livres de poudre à coiffer». — «Il est temps, ajoute-t-il, que ces actes de cupidité aient leur terme».

[4] Arrêté signé Carnot, Reubell, Barras (Arch. nat., AF III, 406, dossier 2227). — Ces jeunes gens, au nombre de 113, sont exemptés généralement pour raisons de famille.

Le dossier 2227, correspondant à la séance du 15 vendémiaire, se termine par 23 pièces relatives à des nominations de juges, d'assesseurs, de commissaires, etc., dans les départements du Mont-Blanc, des Basses-Pyrénées et de Saône-et-Loire.

[5] Arch. nat., AF III, 406, dossier 2227.

B

LE DIRECTOIRE EXÉCUTIF AU MINISTRE DE LA GUERRE.

Vous n'ignorez pas, citoyen ministre, combien la conduite du général Duhesme[1], chargé de couvrir le quartier général de l'armée de Rhin-et-Moselle, a été répréhensible à l'époque du passage du Danube. Vous en connaissez les résultats honteux sous le rapport des opérations militaires et de l'intégrité. Il est donc nécessaire qu'un tel chef, qui s'est rendu indigne de commander des Français, soit sévèrement puni et que son châtiment serve d'exemple à ceux qui seraient tentés de suivre ses traces.

Le Directoire, par son arrêté du 4 fructidor dernier[2], vous a engagé à recueillir toutes les preuves relatives à cette affaire et il vous autorise, citoyen ministre, à donner des ordres pour que le général Duhesme, ainsi que le général Delmas[3], non moins coupable, soit traduit au conseil militaire que vous nommerez à l'effet de prononcer sur les charges qui seront produites par vous et par le commissaire du gouvernement près l'armée de Rhin-et-Moselle.

CARNOT, L.-M. REVELLIÈRE-LÉPEAUX, P. BARRAS[4].

[1] Voir plus haut, p. 415-416.
[2] Voir plus haut, p. 415.
[3] Voir plus haut, p. 761.
[4] Arch. nat., AF III, 406, dossier 2227.

INDEX ALPHABÉTIQUE
DES NOMS ET DES MATIÈRES
CONTENUS
DANS LE TOME III
DU
RECUEIL DES ACTES DU DIRECTOIRE EXÉCUTIF.

Nota. Les noms de matières sont imprimés en caractères romains. — Les noms de personnes le sont en petites capitales (exemple : Hoche). — Les noms de villes ou de pays en italiques. — Les titres de sociétés, de théâtres, de journaux et de publications diverses le sont en caractères gras (exemple : **Neveu de Rameau [Le]**).

A

Arbatucci (général), 55, 437.
Abel, envoyé extraordinaire et plénipotentiaire de Wurtemberg, 211, 291, 295, 632, 706.
Abergement (L') [*Doubs*], 108.
Aboville (général), 231.
Abril (L.), rayé de la liste des émigrés, 618.
Accinelli, négociant génois, 582.
Achard (J.-T.-A.), émigré, 606.
Acher (E.-L.), 697.
Adam, rayé de la liste des émigrés, 386.
Adam (E.-L.-N.), rayé de la liste des émigrés, 435.
Adet, ministre plénipotentiaire aux États-Unis, 434.
Adjudants sous-officiers, 397.
Aérostats, aérostiers, école aérostatique, 163, 480, 615.
Aerschot (*Dyle*), 564.
Agence temporaire des titres, 630.
Agents secrets, 521.

Agnès (T.-P.), rayé de la liste des émigrés, 714.
Aiguillon (succession d'), 78, 79, 294.
Aire (*Landes*), 347.
Aix (*Bouches-du-Rhône*), 168, 206, 212, 213, 216, 225, 245, 251, 259.
Albert, de Metz, 532.
Alexandre, commissaire du Directoire, 21, 184, 265. 398, 524, 579-580, 651-652, 665, 684, 691, 761.
Alexandre (veuve), rayée de la liste des émigrés, 327.
Alger, 138, 253.
Allamps (*Meurthe*), 357.
Allard (P. F.), rayé de la liste des émigrés, 374.
Almanach national, 537.
Alost (*Escaut*), 620.
Amance (*Haute-Saône*), 55, 272.
Amance (*Doubs*), 346.
Amar, ex-conventionnel, 67.
Amberg, 486.

AMBIALET, sous-lieutenant, 270.
AMI, chef de bataillon, 270.
Amiens, 364, 365.
Amnistie, 23, 242, 306, 447, 676.
AMONNIN, SAINTE-LUCE et LEBON-LAHOUTRAIE, anciens payeurs des rentes, 285.
AMPHERNET (veuve D'), rayée de la liste des émigrés, 277.
ANCILLION, ex-administrateur de Nemours, 120.
ANDIGNÉ (femme D'), rayée de la liste des émigrés, 545.
ANDRÉ (J.), commerçant, 294.
ANDRÉ (A.-J.), rayé de la liste des émigrés, 374.
ANDRÉ (A.-C.-J.), rayé de la liste des émigrés, 435.
ANDRÉ (C.), rayé de la liste des émigrés, 675.
ANDRÉ, sous-lieutenant, 707.
ANDRIEUX, juge au tribunal de cassation, 66.
ANDRIEUX, secrétaire de l'état-major, 328.
ANÉZO, rayé de la liste des émigrés, 502.
Angleterre, Anglais, gouvernement anglais, 9, 61, 63, 64, 67, 124, 125, 151, 164, 171, 189, 242, 244, 245, 246, 283, 350, 485, 487, 500, 525, 530, 549, 552-553, 557-558, 629, 645-646, 722-723, 737, 759.
ANGOSSE, maître de forge, 168, 169, 724.
ANHALT-SCHAUMBOURG (prince D') 230, 434.
ANOIR, conservateur du Muséum des monuments français, 255, 256.
ANQUETIL (veuve), secourue par le Directoire, 545.
ANSON, grenadier, 197.
Anspach, 339.
Antibes, 581.
Antilles, 485.
ANTONELLE, ancien député, 67.
AOSTE (duc D'), 58, 281, 628.
APPERT, commandant d'Avranches, 172.
Arbitrage forcé, 235-236.
Archives, 102, 500, 744.
Archives des administrations et des tribunaux, 179, 180, 489, 696.
Archives des sections de Paris, 169, 170.
Archives du Directoire, 163.
ARÇON (général D'), 26.
Arles, 308.
ARLET, adjoint au génie, 82.
Arnancourt (Haute-Saône), 744.
Armée (effectif, dépenses, état de l'), 162, 387, 441, 446, 523, 550, 580.
Armée de l'Intérieur, 38, 54, 132, 133, 134, 157, 160, 184, 186, 193, 194, 212, 230-231, 281, 311, 357, 371-372, 397, 398, 449, 550, 590, 597, 634, 725, 742.
Armée de Rhin-et-Moselle, 5, 7, 13, 18, 20, 21, 22, 26, 27, 30, 31, 34, 58, 82, 83, 84, 85, 86, 99, 119, 122, 165-167, 189, 217, 220-223, 233-235, 240, 241, 265, 280, 286, 301, 304-305, 309, 329-330, 334-337, 338, 344, 357, 377-380, 407, 410, 412, 416, 433, 436, 467, 468, 481, 486, 487, 525, 538, 543-544, 550, 585-586, 587-589, 597, 626, 622, 624, 637, 639-641, 652, 655, 658, 667, 685, 689, 702, 703, 716, 731-734, 752, 761, 762.
Armée des Alpes, 26, 58, 96, 119, 120, 121, 219, 221, 240, 281, 282, 285, 329, 344, 370, 422, 434, 502, 523, 547, 627-628, 667, 703, 735, 752.
Armée de Sambre-et-Meuse, 8, 9, 13, 18, 20, 22, 26, 28, 29, 30, 34, 58, 72, 73, 85, 96, 98-100, 118, 122, 149, 166, 173, 184, 222, 223, 224, 230, 233-235, 249, 264, 265, 272, 280, 298-300, 308, 312, 330, 331, 332, 333, 336, 337, 338-341, 357, 369, 377-380, 398, 410-412, 434, 463, 467, 469-470, 474, 481, 486, 487, 502, 527, 528, 532, 538, 543-544, 548, 559, 562-563, 580, 585, 581, 586, 587-588, 589, 621, 622, 638, 639-641, 651-652, 658, 665, 673, 684, 685, 686, 689-691, 702-703, 709, 716, 731-734, 751, 761.
Armée des Côtes de l'Océan, 150, 164, 172, 212, 221, 241, 242, 256, 257,

330, 345, 369, 397, 447, 448-449, 474, 479, 596, 597, 685, 699, 701, 719.
Armée des Pyrénées-Orientales, 4.
Armée d'Italie, 5, 7, 19, 20, 31, 58, 61-65, 83, 91, 96, 118, 119, 120-127, 154, 164, 173, 184, 187, 188, 189, 190, 218, 219, 221, 232, 233, 240, 241, 242, 243, 244, 245, 246, 247, 281, 282, 283, 299, 311, 318, 319, 328, 329, 331-334, 336, 340, 343, 346, 356, 367, 368-370, 398. 407, 408-410, 431, 434, 435-440, 463, 464, 467-469, 475, 502, 523, 524-527, 580, 584-585, 622, 628, 653-658, 667, 680, 684, 686, 689, 702-703, 716-718, 725-727, 729, 751-752, 753, 759, 760, 761.
Armée du Nord, 7, 8, 175, 176, 223, 224, 265, 312, 340, 377, 463, 502, 579-580, 588-589, 621, 622, 625.
Armes, armement, 59, 154-156, 392, 701.
Armes d'honneur, 205, 206, 345, 365, 381, 382, 470.
ARNAL, 155.
ARNAETZ, ci-devant commissaire du pouvoir exécutif, 477.
ARNOULD, lieutenant, 707.
ARNOUS père et fils, rayés de la liste des émigrés, 646-647.
Arras, 265, 266, 598.
Arrondissements forestiers, 310.
Arthonnay (Yonne), 37.
Artillerie, 95, 218.
ARTOIS (comtesse D'), 108, 583.
Arts-et-Métiers (Conservatoire des), 620.
Artzfeld (Forêts), 404.

Arzal (Morbihan), 547.
Assassinats commis dans le midi, 259.
Assignats, 69, 521.
Astronomes, 132, 133.
ATTHALIN, rayé de la liste des émigrés, 405.
AUBERT, garde-magasin, 253.
AUBINEAU-DUPLESSIS, chef de brigade, 650.
Aubrivelle, 662.
AUBRY, capitaine, 217.
AUDEBERT, charretier des transports militaires, 41, 751.
AUDIBERT-CAILLE, agent secret, 599.
AUDIBERT, dit RAMATUELLE, rayé de la liste des émigrés, 473.
Audierne (baie d'), 172.
AUGEARD, capitaine, 707.
AUGEREAU (général), 407, 437.
AUTRAN, adjudant de place, 650.
Autriche, Autrichiens, gouvernement autrichien, 122, 170, 171, 188, 223, 241, 318, 337, 350, 351, 362. 377-380, 409-412, 436-440, 459, 460, 467, 486, 487, 524-528, 639-641, 655-658, 686-691, 725-728, 730-734, 735, 755-757.
Auvet (Haute-Loire), 564.
AUVRAY, commandant temporaire à Poitiers, 399, 475.
Avignon, *Comtat Venaissin*, 73, 219, 361, 643-644.
AVRIL (général), 96, 164, 518.
Axel (Escaut), 25.
AZARA (D'), ministre plénipotentiaire d'Espagne, 63, 64, 525, 610-611.
AZÉMAR fils, concessionnaire de mines, 396.
Azille (Aude), 643.

B

BABEUF, Babouvisme, Affaire Babeuf, 35, 65, 67, 237, 249, 366, 370-372, 496, 604, 633.
Baburet (mine de), 724.
BACHELIER, vétéran, 229.
BACHER, secrétaire de l'ambassade de France à Bâle, 202.
BACON fils, agent secret, 284.
BACON, auteur d'une lettre au Directoire, 604.
Bacquet, 160.
Bade, margrave de Bade, 363, 444, 453-459, 501, 579, 581.
BADET, sous-lieutenant, 153.

BADIN, commandant temporaire de Bicêtre, 329, 523.
BAFFIER, rayé de la liste des émigrés, 17.
BAFFOUR, rayé de la liste des émigrés, 545.
BAILE, adjoint municipal, 216.
BAILLARD (M.-H.-C.-M.), rayé de la liste des émigrés, 618.
BAILLON (M.-A.), rayé de la liste des émigrés, 35.
BAILLOT (général), 174, 206.
BAILLY, sous-lieutenant, 399.
Bain (Ille-et-Vilaine), 204.
BAINOENS, BETHS et Cie. Voir BAUWENS, BETHS et Cie.
Baireuth, 339.
BALAIS, adjudicataire de bois, 446.
BALBO, ambassadeur de Sardaigne, 636, 645.
Bâle, 168, 312.
Baliveaux (les *deux*) [Aube], 145.
Ballée (Mayenne), 185.
BALLET, chef de bataillon, 366.
BALLIÈRE (G.), ex-membre du Comité révolutionnaire de la section de l'Ouest, 753.
BALTHAZARD (l.), rayé de la liste des émigrés, 636.
Bamberg, 357.
BANCELIN, auteur d'une lettre au général Hoche, 561.
BANIEL, sous-lieutenant, 553.
BANVILLE, rayé de la liste des émigrés, 675.
Bapaume, 195.
BAR (DE), général, 78.
Bar-sur-Aube, 652-653.
BARAGUAY-D'HILLIERS (général), 172.
BARAIL, rayé de la liste des émigrés, 441.
BARATHIER, émigré, 472.
Barbantane, 129.
BARBAUT, rayé de la liste des émigrés, 248.
BARBAZAN (général), 345.
Barbets, 369, 370, 398, 525-526, 628, 645, 667, 701, 735, 752.
BARBIER (l.-R.-l.-B.), rayé de la liste des émigrés, 497.

BARBIEUX, rayé de la liste des émigrés, 425.
BARDON, dit SEGONZAC, rayé de la liste des émigrés, 248.
BARDOT (E.), rayé de la liste des émigrés, 519.
BARDOULET, receveur de l'enregistrement, 577.
Barens (Basses-Pyrénées), 511.
Barenton (Manche), 500.
BARILLIER, caporal, 119.
BARRAS, membre du Directoire, 75, 383, 478, 488, 590, 604.
BARRAUD, lieutenant, 513.
BARRÉ, chargé d'un voyage dans le nord-est de l'Europe, 290.
BARRÉ (G.), Suédois, 383.
BARREAULT, inscrit sur la liste des émigrés, 704-705.
BARREL, lieutenant de gendarmerie, 674.
BARRÈRE (citoyenne), 57.
Barricades (les), 109.
BARRY, président de l'administration municipale de Toulouse, 365.
BARTELS, rayé de la liste des émigrés, 147, 148.
BARTHÉLEMY, ambassadeur en Suisse, 56, 64, 167, 168, 309, 384, 416, 421, 422, 459-460, 601.
Bassano (bataille de), 658, 686.
BASSVILLE, ministre de France à Rome, 360.
Batave (république). — Voir *Hollande*.
Batellerie, 273, 274, 396, 397.
Bâtiments publics, 160, 387, 431, 595.
BATTINCOURT, adjudant-général, 294.
BAUDARD, adjoint aux adjudants-généraux, 328.
BAUDART-BRUYANT, rayé de la liste des émigrés, 327.
BAUDE, accusé, 67.
BAUDE, ex-adjudant-général, 476.
BAUDEL, ex-commissaire du gouvernement, 637.
BAUDET, ci-devant employé aux relations extérieures, 161.
BAUDIN, consul de Prusse, 82.
BAUDIN-LE-SAUVAGE, commissaire des guerres, 650.

BAUDOT (femme), rayée de la liste des émigrés, 386.
BAUDRY (I.), rayé de la liste des émigrés, 530.
BAUMÉ, membre de l'Institut, 399.
BAUQUET-CAMPIGNY, rayé de la liste des émigrés, 700.
BAUWENS, BETHS et Cie, concessionnaires de biens nationaux, 535, 737.
Bavière, Bavarois, 324, 350, 486, 487, 690.
BAVILLE (général), 707.
Bayeux, 513.
BAYLE, adjoint municipal, 292.
BAYNART, rayé de la liste des émigrés, 462.
BAZIN (Étienne), 291.
Beaucaire (foire de), 25, 311.
BEAUCHAMP, rayé de la liste des émigrés, 473.
BEAUCHET-LABORDE, capitaine, 553.
BEAUDRIOT, capitaine, 553.
BEAUFORT (général), 230, 553-554.
BEAUFORT (femme), 230.
BEAUFORT, ci-devant chef de bataillon, 480.
BEAUJOLAIS (comte DE), 493, 494, 739, 740.
BEAULAINCOURT (C.-L.-A.), rayé de la liste des émigrés, 545.
BEAULIEU (général), 31, 648.
Beaulon (Nièvre), 403.
BEAUMETZ, rayé de la liste des émigrés, 451.
Beaumont, 160.
BEAUMONT D'OBENHEIM, ci-devant directeur du génie, 617, 618.
Beaumont-Pied-de-Bœuf (Mayenne), 185.
Beaune, 416.
BEAUPRÉ, chef d'escadron, 476.
BEAUPUY (général), 265, 676.
Beauvais, 178, 185, 446.
BEAUVARLET (C.-A.-I.), rayé de la liste des émigrés, 545.
BECDELIÈVRE, chef de bataillon, 58.
BÉCHET, rayé de la liste des émigrés, 442.
BÉCHIER, adjoint municipal, 513.
BÉCHON-D'ARQUIAN, rayé de la liste des émigrés, 303.

BECQUET, rayé de la liste des émigrés, 415.
BEFFROY, du Conseil des Cinq-Cents, 471.
BÉGASSON, rayé de la liste des émigrés, 473.
BÉGASSON DE LA LARDAIS, rayé de la liste des émigrés, 191.
BÉGUINOT (général), 492.
BÉHAGUE (E. A. R.), rayé de la liste des émigrés, 519.
BEHMER, de Berlin, 609.
BEIGNANT, rayé de la liste des émigrés, 497.
BEIN, agent secret, 324.
Bélabre, 531.
BELET (femme), rayé de la liste des émigrés, 618.
Belgique, 8, 13, 50, 32, 95, 127, 128, 129, 149, 161, 162, 179, 194, 202, 203, 205, 212, 214, 279, 287, 320, 353-356, 367, 391, 395, 404, 416, 416-421, 429, 450, 467, 475, 478, 504, 505, 518, 535, 568-577, 615, 634-635, 666, 694, 720, 737.
BELLA, directeur général de la division d'Entre-Rhin-et-Moselle. — 13, 523, 561, 564-567, 619, 632, 652, 676, 715.
BELLANGER, officier municipal, 444.
BELLAVESNE (général), 55, 83.
Belle-Ile, 96, 164.
BELLEMARE, dit SAINT-CYR, rayé de la liste des émigrés, 327.
Bellesme (Orne), 579.
BELLET, rayé de la liste des émigrés, 441.
BELLET fils (E.-M.-B.), rayé de la liste des émigrés, 600.
BELLEVAL (L.-R.), rayé de la liste des émigrés, 642.
BELLEVILLE, 283.
Bellevue-les-Bains (Saône-et-Loire), 744.
BELMONTE-PIGNATELLI. — Voir PIGNATELLI.
BELNET (époux), rayés de la liste des émigrés, 646.
BELON, rayé de la liste des émigrés, 405.
BELVAUX, rayé de la liste des émigrés, 405.
BÉNARD-LAGRAVE, représentant du peuple, 399, 401-402.

BENETEAU, ex-chef de bataillon, 579.
BÉNÉZECH, ministre de l'intérieur, 81.
BENGY-PUIVALLÉE père et fils, rayés de la liste des émigrés, 17.
BENJAMIN (L.-F.-J.), rayé de la liste des émigrés, 675.
Bennwihr (Haut-Rhin), 248.
Bentheim (comté de), 367.
BENTZIEN, sujet prussien, 653.
BÉRAUD (C.-G.), rayé de la liste des émigrés, 450.
BÉRAUD (P.-F.-H.), rayé de la liste des émigrés, 462.
BÉRENGER, inspecteur de l'enregistrement, 68.
Berck (Pas-de-Calais), 33.
Berg (grand-duché de), 429.
BERGER DU JAUNET, président de l'administration de Varenne, 115.
BERGEROT, liquidateur de la dette des émigrés, 294.
BERGIER, membre du Conseil des Cinq-Cents, 666.
Bergzabern, 293.
BÉRIGOT (ou BÉRIGNOT), prêtre réfractaire, 129, 130, 318.
BERNADOTTE (général), 357, 543.
BERNARDIN DE SAINT-PIERRE, homme de lettres, 11, 12.
BERNARD, capitaine vétéran, 82.
BERNARD (M.-A.), fils d'un représentant, 356-357.
BERNARD fils (T.-A.), rayé de la liste des émigrés, 451.
BERNARD (femme), rayée de la liste des émigrés, 520.
Berncastel, 18.
BERNERET, officier de santé, 163.
Bernsdorf (Bas-Rhin), 430-431.
BERTHÉLEMY (J.), rayé de la liste des émigrés, 374.
BERTHIER (général), chef de l'état-major de l'armée d'Italie, 121, 154, 213, 434, 437, 468, 523, 751, 760.
BERTHIER, commissaire ordonnateur, 751.
BERTIN (général), 684.
BERTRAND, capitaine, 305.
BERTRAND (Ph.), rayé de la liste des émigrés, 442.

BERTRAND (M.-V.), rayé de la liste des émigrés, 473.
BERVILLE (général), 751.
BESSAY, rayé de la liste des émigrés, 425.
BESSENAY, capitaine, 480.
BESSIER, quartier-maître, 553.
BESSON (C.-M.), rayé de la liste des émigrés, 386.
BESSON (J.-B.), rayé de la liste des émigrés, 435.
BESSY, négociant à Nice, 696.
BÉTHANCOURT (général), 518.
BETTE-DELEYDE (veuve), rayée de la liste des émigrés, 17.
Betton, 412.
BEURNONVILLE, général en chef de l'armée du Nord, puis de l'armée de Sambre-et-Meuse, 5, 7, 20, 58, 174, 175, 177, 219, 223, 224, 290, 312, 367, 463, 502, 524, 581, 588-589, 621, 638, 639-641, 658, 684, 685, 686, 689-691, 718, 730, 731-733, 751, 760.
Béziers, 504.
BÉZIN père, rayé de la liste des émigrés, 386.
BEZOMBES, émigré, 545-546.
BIASSOU, de Saint-Domingue, 381.
BIAUNIE, capitaine, 729.
BIBAULT (C.-F.), rayé de la liste des émigrés, 694.
Bibliothèque nationale, 163.
Bibliothèques, 631.
BICAIS, rayé de la liste des émigrés, 519.
Bicêtre, 329.
BIÉTRY, capitaine, 172.
BIGNON, soldat, 517.
BIGNON (A.-G.), rayé de la liste des émigrés, 545.
BIGOT (veuve), de Saint-Gilles, 161.
BILLANT, capitaine, 107.
BILLARDET, GENON et consorts, voituriers, 614.
BIRÉ et SAVALETTE, 428.
Biscaye et Guipuzcoa, 651.
Bitche, 709, 738.
BIZOUARD, rayé de la liste des émigrés, 414.
Blain (Loire-Inférieure), 177.
BLAIRCKIE, Écossais, 39.

DES NOMS ET DES MATIÈRES.

BLAIZOT (J.-F. et M. DE), rayés de la liste des émigrés, 705.
BLANCARD (F.-C.), remis en liberté, 536.
BLANCHARD, envoyé du clergé de Cologne, 671.
BLANCHET (F.), rayé de la liste des émigrés, 502.
Blanchissage des draps, 624.
Blaquière [La] (Hérault), 460, 461.
BLAIN, ambassadeur de la République batave, 364.
Blé (prix du), 43.
BLIN, rayé de la liste des émigrés, 17.
BLIN (C.), gendarme, 461.
BLONDEAU (L.-J.), accusé, 68.
BLONDEAU, capitaine, 408, 475, 678.
BLONDEAU, adjudant-général, 510, 665, 678.
BLONDEL, de Lausanne, 39.
BLONDEL (J.-B.-G.), rayé de la liste des émigrés, 303.
BLONDEL (veuve), secourue par le Directoire, 510.
BLONDELU, rayé de la liste des émigrés, 497.
BLONDIN, rayé de la liste des émigrés, 191.
Blotzheim (Haut-Rhin), 433.
BLUGET, inspecteur des forges, 229.
BOCQUET, commandant de la place d'Angers, 217.
BODHON, accusé, 67.
Boé, prêtre insermenté, 693.
BOEMER, chef d'escadron retraité, 270.
Bohain (Aisne), 293.
Bohême, 410, 411, 412.
Bois (vente de), 33, 135, 145, 190, 191, 192, 273, 390, 393, 403, 408, 445, 448, 450, 467, 498-499, 533, 551, 552, 599-619, 661, 662, 683, 719, 720, 744.
Boischet (Forêts), 745.
BOISGÉRARD (général), 55.
BOISSAC (veuve), rayée de la liste des émigrés, 385.
BOISSET, représentant du peuple, 2, 472, 644.
BOISTEL, rayé de la liste des émigrés, 303.
Bologne. — Voir *Romagne.*
Bologne (Armistice de), 31. 439.

BOLOGNE (Ch.), rayée de la liste des émigrés, 35.
BOMBELLES (femme), rayée de la liste des émigrés, 675.
BONAPARTE, général en chef de l'armée d'Italie, 20, 26, 58, 61, 62-64, 118, 119, 120, 121, 122, 123, 124, 125, 126, 127, 184, 185, 187, 188, 189, 190, 192, 225, 226, 232-233, 240, 258, 265, 282, 283, 299, 328, 329, 332-334, 337, 349, 350, 368-370, 407, 409-410, 434, 435-440, 467-469, 523, 524-526, 580, 581, 585-586, 652, 655-658, 684, 686-689, 700, 702-703, 716, 717, 718, 720, 730, 735, 742, 751, 753, 760, 761.
BONAPARTE (Louis), capitaine, 421, 470.
BONNARD, ex-général, 159.
BONELLI, chef de bataillon, 124.
BONAVITA (général), 553.
BONIN (J.), président d'administration municipale, 357.
BONIN, dit TRÉGANTEUR, rayé de la liste des émigrés, 450, 451.
BONIOT (C.-M.), rayé de la liste des émigrés, 519.
BONIS, sous-lieutenant, 399.
BONNAMI (général), 761.
BONNAT, chef de bataillon, 249.
BONNESŒUR, représentant du peuple, 665.
BONNET, ex-tambour-major, 476.
BONNET, dit SAINT-PIERRE, rayé de la liste des émigrés, 114.
BONNET (général), 377, 407.
BONNEVAL (A.), non réputé émigré, 632.
Bons au porteur, 317.
BORDA (J.-C.), rayé de la liste des émigrés, 502.
Bordeaux, 254, 403, 677.
BORDET, capitaine, 330.
BOSSON frères, 517-518.
BOTTARD, gendarme, 229.
BOUCHARD D'ESPARBÈS, dit AUBETERRE (veuve), rayée de la liste des émigrés, 501.
BOUCHAUD, professeur au Collège de France, 391.
BOUCHER, commissaire du pouvoir exécutif, 759.

BOUCHEREAU, représentant du peuple, 317, 693.
BOUCHERON (A. et N.), rayés de la liste des émigrés, 519.
BOUCHEBON (G.), rayé de la liste des émigrés, 750, 751.
BOUDELOOT (Norbert), vice-consul de Danemark, 452.
BOUDIN, accusé, 68,
BOUDIN, sous-lieutenant, 229.
BOUDIN (A.-D.), rayé de la liste des émigrés, 497.
BOUDIN, acquéreur de maison nationale, 619.
BOUËXIC-PINIEUX, rayé de la liste des émigrés, 631, 632.
Bouillon, 22, 678.
BOUILLON, ex-commissaire national du district de Montbéliard, 661.
BOUIN, accusé, 67.
Boulay (Moselle), 342, 343.
BOULAY-PATY, commissaire du pouvoir exécutif, 546-547, 665.
BOULENNE, rayé de la liste des émigrés, 519.
BOULLAY, négociant, 194.
BOULLAY, officier municipal, 444.
Boulogne, 462.
BOUQUIN, rayé de la liste des émigrés, 113.
BOURAINE, rayé de la liste des émigrés, 740.
Bourbriac (Côtes-du-Nord), 321.
BOURCET, adjoint au génie, 107, 396.
BOURDALIER, sergent, 579.
Bourg-l'Égalité. — Voir *Bourg-la-Reine*.
BOURGAGNA, ouvrier, 385.
BOURGELAS (femme), rayée de la liste des émigrés, 147.
Bourges, 238, 239.
BOURGET, administrateur des Bouches-du-Rhône, 103, 168.
Bourg-la-Reine (Seine), 412, 413, 511.
BOURGUIGNON, canonnier, 45.
BOURGUIGNON, tué à Marseille, 210.
BOURNISIEN (veuve), rayée de la liste des émigrés, 473.
BOURNON-MALARME (citoyenne), 26-27.
BOURRET, commissaire en Piémont, 281.

BOURVILLE, vice-consul à Latakieh, 384.
BOUSNARD (femme), rayée de la liste des émigrés, 386.
BOUSQUET, de Bordeaux, 344.
Boussac (Creuse), 242.
BOUTEILLE, prévenu de complicité d'émigration, 432.
BOUTEVILLE-DUMETZ, commissaire du Directoire en Belgique, 3, 162, 349, 382, 406, 478, 601.
BOUTH, capitaine, 713.
BOUTIN (femme), rayée de la liste des émigrés, 113.
BOUTIN, condamné à mort, 605.
BOUVERIE, sous-lieutenant, 216.
BOUY-LAVERGNE (femme), rayée de la liste des émigrés, 386.
BOUZEREAU, ci-devant prêtre, 416.
BOVIER-BELLEVAUX, 229.
BOYERI-BERMOND, rayé de la liste des émigrés, 536.
BOYER-FONFRÈDE, négociant à Toulouse, 450.
BOYLESVE, capitaine, 579.
BRAINVILLE frères, rayés de la liste des émigrés, 268, 269.
BRARD, commissaire du pouvoir exécutif, 434.
BRASDON, lieutenant, 736.
BRAZY (Madeleine-Adélaïde), rayée de la liste des émigrés, 435.
BRAZY (C.), rayé de la liste des émigrés, 519.
Brescia, 438.
BRESSOT, dit CADET, sergent-major, 231.
Brest, 206, 266, 708, 733.
BRÉTILLOT, rayé de la liste des émigrés, 57.
BRETON, accusé, 67.
BRETON (femme), accusée, 67.
Bréval (Seine-et-Oise), 430.
Brevet d'invention, 396, 397.
BRIANCIAUX, ancien armateur, 194.
BRIA (J.-F.), rayé de la liste des émigrés, 530.
BRIEL (J.-P.), rayé de la liste des émigrés, 69.
BRIÈRE, dit LESMONT, rayé de la liste des émigrés, 148.

DES NOMS ET DES MATIÈRES.

Brigandages, 308, 334, 337, 338, 344, 369, 370, 398, 525-526.
Brigot, rayé de la liste des émigrés, 114.
Briolat père (C.-N.-D.), rayé de la liste des émigrés, 646.
Briolat (M.-B.), rayée de la liste des émigrés, 497.
Brion, dit Marolles, rayé de la liste des émigrés, 578.
Briot, de Besançon, 119.
Brisgau (Le), 301, 302, 334, 338.
Brission (Tristan), adjudant-général, 217.
Broche-Descombes, rayé de la liste des émigrés, 750, 751.
Brombot (Oise), 499.
Brossard (R.), rayé de la liste des émigrés, 519.
Brosse, brigadier, 229.
Brosse (C.-A.), rayé de la liste des émigrés, 738.
Brossier, employé aux relations extérieures, 107, 281.
Brouard, adjudant-général, 47.
Brouard de Clermont, rayé de la liste des émigrés, 700.
Brouet (C.-L.), rayé de la liste des émigrés, 519.
Brousfeld (cour de), 404.
Brousse, rayé de la liste des émigrés, 415.
Broussonneix (arrêté contre), 660.
Bruant, rayé de la liste des émigrés, 502.
Bruène, consul à Raguse, 92, 520.
Bruhl (J. et A.), rayés de la liste des émigrés, 675.
Bruix, directeur général des mouvements de la flotte à Brest, 723.
Brulard (M.), rayé de la liste des émigrés, 694.

Brun, réfugié d'Angleterre, 704.
Brune (général), 707.
Brunet (veuve), rayée de la liste des émigrés, 600.
Bruno-Boisgelin, rayé de la liste des émigrés, 530.
Bruno de Brecey, rayé de la liste des émigrés, 714-715.
Bruny, administrateur de Vaucluse, 268.
Bruxelles, 47.
Bruyker, agent municipal, 130.
Buard, huissier du Directoire, 629.
Budes-Guébriant (veuve), rayée de la liste des émigrés, 404, 405.
Buget, rayé de la liste des émigrés, 375.
Buissy (L.-L.-J.), rayé de la liste des émigrés, 442-443.
Buissy (M.-L.), rayé de la liste des émigrés, 424.
Bulletin des lois, 147, 421.
Bulletins décadaires, 187, 311.
Buonarroti, accusé, 67.
Bureau, prévenu de complicité d'émigration, 432.
Bureau, chef de brigade, 650.
Bureau central de Paris, 10, 34, 71, 149, 169, 170, 225, 226.
Bureau central des villes de plus de 100,000 âmes, 81, 255, 616.
Bureau, Mollerat et Cailus, acquéreurs du Creusot, 427.
Bureaux (fournitures des), 105.
Burger et Duchesne, fournisseurs militaires, 752.
Burnhaupt-le-Haut (Haut-Rhin), 346.
Busquin, réquisitionnaire, 131.
Butler frères, acquéreurs de domaine national, 743.
Butor, soldat, 119.

C

Cabanellas, vice-consul d'Espagne, 562.
Cabinet topographique, 213, 249.
Cacault, envoyé à Rome, 349.
Cadet, agent secret, 10, 284.
Cadolet (Gard), 644.

Cadot (G.), rayé de la liste des émigrés, 750, 751.
Caffin (général), 172, 206, 707, 751.
Caignart-Saulcy, rayé de la liste des émigrés, 536.

CAILLAED, ministre plénipotentiaire en Prusse, 135, 136, 537, 538, 539, 541, 596, 739.
CAILLEAUD père, dit BEAUMONT, rayé de la liste des émigrés, 502.
CAILLEAUD fils et filles, rayés de la liste des émigrés, 502.
CAILLET, commissaire du pouvoir exécutif, 652-653.
Ça ira (le), vaisseau, 103.
CAIRE, adjudant-général, 546.
Calendrier républicain, 128.
CALMESNIL, rayé de la liste des émigrés, 268.
CALVÉ dit SOURSAC, rayé de la liste des émigrés, 748.
CALVÉ, dit SOURSAC (P.-I.-G,), rayé de la liste des émigrés, 405.
CAMBON (femme), rayée de la liste des émigrés, 721.
Cambrai, 345.
CAMBRAY (général), 518, 547, 665, 681.
CAMBRONNE (L.), chasseur à cheval, 579.
CAMPO (del), ambassadeur d'Espagne, 351.
CAMUS, membre du Conseil des Cinq-Cents, 81, 269.
CAMUS-LAGUIBOURGÈRE, rayé de la liste des émigrés, 750, 751.
CANDELON-PARIS, rédacteur au Cabinet topographique, 249.
CANON, ancien receveur des douanes, 391.
CANON (F.), huissier du Directoire, 633, 634.
CANTERAC, président du Conseil militaire de Soissons, 614.
CANUEL (général), 345, 391, 399.
CAPELLETTI, résident d'Espagne à Bologne, 489.
CAPOUILLET, secouru par le Directoire, 170, 171.
CAPPA (Juvénal), pétitionnaire, 169.
Cantiniers et vivandières, 306-308.
CAQUET (N.-N.), rayé de la liste des émigrés, 520.
Carantilly (Manche), 347.
CARBONNEL, vainqueur de la course à cheval, 441.
CARBONNIER, acquéreur de sel, 402.

CARDENAU (général), 164.
CARDENOIS, capitaine, 153.
CARELLY, ex-commissaire du pouvoir exécutif, 730.
CARMINATI, directeur de l'hôpital de Pavie, 91.
CARNOT, membre du Directoire, 41, 75, 81, 112, 122, 186, 199-202, 211, 590, 615, 616, 742.
CARON, commissaire du pouvoir exécutif, 149.
CARRAUD (F.-I.), rayé de la liste des émigrés, 740.
CARRIOL, ingénieur, 78, 79, 294.
CARTEAUD, de Saint-Domingue, 561.
Carte de France, 54, 149, 624, 751.
CARTERET, commissaire du pouvoir exécutif, 343.
Cartes du théâtre de la guerre, 443, 647-650, 652.
CARTIÉ, rayé de la liste des émigrés, 327.
CARTON, rayé de la liste des émigrés, 148.
CASABIANCA (général), 437.
CASALTA (général), 124-125.
CASARINI, de Milan, 470.
CASSIN, rayé de la liste des émigrés, 159.
CASTEL (femme), 364.
CASTELVERD (général), 685.
Castiglione (bataille de), 332, 336, 368, 467.
CASTRE (P.-L. DE), rayé de la liste des émigrés, 694.
Castries (maison de), 1,
CATHELIN, 177.
CATHERINOT, rayé de la liste des émigrés, 750, 751.
CATOLLE (dénonciation contre), 172.
CATTOIR, lieutenant, 331.
CAULET-D'HAUTEVILLE, adjudicataire de bien national, 598.
Cautionnement, 374.
CAUVET, rayé de la liste des émigrés, 497.
CAUVIGNY, rayé de la liste des émigrés, 451.
CAVELIER, contrôleur à Toulouse, 40.
CAVILLIER (P.-I.), rayé de la liste des émigrés, 519-520.

DES NOMS ET DES MATIÈRES. 773

Cazabonne, ex-adjudant général, 553.
Cazeaux, rayé de la liste des émigrés, 159.
Cellier (citoyenne), 70.
Cels, membre de l'Institut, 424.
Céret, 603.
Certain, rayé de la liste des émigrés, 159.
Cervoni (général), 125, 718.
Chaillot, officier du génie à Bitche, 621.
Chalenge, rayé de la liste des émigrés, 35.
Châlons-sur-Marne, 406.
Chaloupes canonnières, 183.
Chalumeau, rayé de la liste des émigrés, 675.
Chalvet, agent municipal, 54.
Chambarlhac, chef de brigade, 5.
Chambellée, rayé de la liste des émigrés, 405.
Chambéry, 346.
Chambon (veuve), titulaire d'une pension, 546.
Chambray (vicomte de), chef de chouans, 695.
Champagne (L.-V.), rayé de la liste des émigrés, 536.
Champenois (veuve), rayée de la liste des émigrés, 405.
Champenois (F.), rayé de la liste des émigrés, 606.
Champenois (C.), rayé de la liste des émigrés, 618.
Champenois, capitaine, 663.
Champmessière, receveur de l'enregistrement, 321.
Champosoult (Orne), 101.
Champy, rayé de la liste des émigrés, 606.
Chauchat, donateur d'assignats, 664.
Chaperon, ex-chef de bataillon, 579.
Chappe, directeur du télégraphe, 443.
Chappelle, dit Courteilles, rayé de la liste des émigrés, 303.
Char, juge au Tribunal de cassation, 66.
Chardoillet, capitaine, 229.
Charette, dit Lacolinière, rayé de la liste des émigrés, 559.
Charles (archiduc), 28, 166, 189, 223,
333, 337, 410, 486, 487, 525-528, 589, 621, 718.
Charles (E.), rayé de la liste des émigrés, 159.
Charleville, 66.
Charmes [Les] (Haute-Saône), 145.
Charon (P.), vice-consul d'Espagne, 697.
Charon père (D.-C.), rayé de la liste des émigrés, 520.
Charpentier, aide de camp, 432-433.
Charpentier, adjudant-général, 518.
Charpentier, voiturier, 612.
Charpentier, capitaine, 707.
Charretié, agent diplomatique du Directoire, 722.
Chartier (I.), vice-consul d'Espagne, 562.
Chartres, 677.
Chassaignes (Sarthe), 72.
Chassaignon, rayé de la liste des émigrés, 559.
Chassepot (I.-F.), rayé de la liste des émigrés, 738.
Chasseurs de la Vendée, 156, 165.
Chasseurs du Roi, 513.
Chatain, rayé de la liste des émigrés, 631.
Châteauneuf (Drôme), 477.
Châteauneuf-Randon (général), 4, 18, 19, 25, 31, 83, 118, 172, 173, 174, 218, 219, 258, 311, 312, 357, 433, 434, 443, 463, 524, 547, 664, 667, 697, 721, 759.
Château-Trompette, 404.
Châtel, chef de brigade destitué, 270.
Châtelet (le) (Seine-et-Marne), 153.
Châtenois (Bas-Rhin), 25.
Chauvet, de Mézel, 23.
Chauvet, dit Le Roux, gendarme, 229.
Chauvin (Haute-Saône), 273.
Chavy (C.-F.), rayé de la liste des émigrés, 520.
Cheddé (P.-C.), rayé de la liste des émigrés, 750, 751.
Cheffant ou Chauffant, agent municipal, 292.
Chelaincourt (A.-N.-G.), rayé de la liste des émigrés, 675.
Chemin (L.), rayé de la liste des émigrés, 536.

Chenuat (N.-A.), rayé de la liste des émigrés, 618.
Chenuat (époux N.-E.), rayés de la liste des émigrés, 714.
Chenuat (P.-M.), rayé de la liste des émigrés, 632, 633.
Chérin (général), 518.
Cherrier, représentant du peuple, 518.
Cherrier, capitaine, 153.
Cherter, commandant provisoire du Cap, 217.
Chevalier (N.), rayé de la liste des émigrés, 425.
Chevalier frères, réquisitionnaires, 510.
Chevallier, rayé de la liste des émigrés, 228.
Chevaux (levée des), 157.
Chevaux d'officiers, 606.
Cheyré, dépositaire des Archives domaniales, 192.
La Chèze (Côtes-du-Nord), 432.
Chinon, 720.
Choiseul, émigré, 319.
Choisy (Seine), 171.
Cholier-Cibeins, rayé de la liste des émigrés, 748.
Chollé (C.-A.), 480.
Chollet (Maine-et-Loire), 421.
Chollet-la-Joubardière, chef royaliste, 391.
Chompré, commissaire près le Tribunal correctionnel de Nivelles, 477.
Choppin, chef d'escadron, 153.
Chouans, chouannerie, manœuvres royalistes, 5, 23, 90, 161, 174, 197, 198, 206, 212, 213, 217, 242, 251, 257, 321, 322, 330, 377, 407, 432, 433, 434, 481, 482, 488, 500, 512, 513, 578-579, 695.
Chrétien, accusé, 67.
Christiani, représentant du peuple, 617.
Church, consul général des États-Unis en Portugal, 552-553, 557-558, 605.
Cibou, ministre de Malte, 636.
Citoyen (dénomination de), 72, 74, 75, 532.
Cladière, rayé de la liste des émigrés, 502.
Clairegoutte (Haute-Saône), 536.

Clavey, concessionnaire de bois, 737.
Clavières (Nièvre), 551.
Clémenceau, rayé de la liste des émigrés, 405.
Clémens, rayé de la liste des émigrés, 414.
Clément (P.), administrateur des Bouches-du-Rhône, 255.
Clément (J.-B.), rayé de la liste des émigrés, 405.
Clergé (J.), émigré, 647.
Clergeau, émigré, 159, 160.
Clérix, accusé, 67.
Clermont-Ferrand, 161, 225, 749.
Clinchamp, chef de brigade, 305.
Coalitions, grèves ouvrières, salaires, 505-510.
Cocaud sœurs, rayées de la liste des émigrés, 530.
Cochois (S.-P.), rayé de la liste des émigrés, 646.
Cochon, ministre de la police générale, 589, 590.
Code hypothécaire, 317.
Cœuves (Mont-Terrible), 678.
Cœuvres (Aisne) 637, 638.
Coffin, commissaire du pouvoir exécutif, 41, 42, 91, 149, 345, 399-401, 470-471, 601, 652.
Cognères (Sarthe), 72.
Coignard, grenadier, 90.
Coilljot, rédacteur du *Journal des Campagnes*, 137, 138.
Col, chef de brigade, 376.
Colin (J.-N.), rayé de la liste des émigrés, 642.
Colinet, Laugier et Cie, 59.
Colle, administrateur de Nivelles, 534.
Colleys-Mency (domaine de), 91.
Colli, général piémontais, 211.
Collières, capitaine d'artillerie, 615.
Collignon, chef de la surveillance des Hollandais réfugiés, 47, 130, 201.
Collignon, prêtre émigré, 532.
Collignon (J.-B.), rayé de la liste des émigrés, 636.
Collin, ci-devant major au service de la Russie, 5.
Collinet, ancien officier de marine, 7.

COLLINET, ci-devant adjudant de place, 270.
Collioure, 741.
COLLOREDO, ministre autrichien, 460.
COLLOT, ci-devant gouverneur de la Guadeloupe, 599.
COLLOT (J.-J.), rayé de la liste des émigrés, 606.
COLLOT, CAILLARD et Cie, fournisseurs, 533.
COLLOT-D'HERBOIS, ex-conventionnel, 71, 72.
Colmar (Haut-Rhin), 519, 520.
COLMET-DAAGE, rayé de la liste des émigrés, 502.
Cologne, 241, 696.
Colombes (Seine), 38, 107, 121, 197.
COLOMBIER, directeur de l'arsenal d'Autun, 7, 12.
COLOMBY (N.-E.), rayé de la liste des émigrés, 554.
Colonies (déportés des), 366, 373, 374.
Colonnes mobiles, 344, 427, 432, 624, 743, 747-748.
COMBLAIN, préposé des douanes, 33.
Comités de bienfaisance, 18.
COMMEAU, rayé de la liste des émigrés, 17.
Commissaires du Directoire près les administrations, 203.
Commissaires du Directoire près les armées, 13.
Commissaires du Directoire près les tribunaux, 203.
Communes (dettes et actif des), 192, 193.
COMMÈNE (femme), rayée de la liste des émigrés, 191.
Communaux (partage des), 145.
Compiègne, 719.
Compression (machine de), 138.
Comptabilité nationale, 212, 254, 278, 706.
Comptabilité (bureau de la), 373.
Compte (états de), 147.
CONDÉ (armée de), 28.
Coudres (Eure), 432;
Congés, réformes, retraites, etc., 4, 90, 108, 117, 119, 132, 152, 153, 197, 231, 250, 271, 282, 305, 331, 366, 385, 408, 428, 452, 475, 476, 480, 518, 532, 537, 579, 614, 626, 650, 666, 707, 716, 743, 751.
Coni (Piémont), 281.
CONROUX, chef de bataillon, 376.
Conseil des Anciens, 714.
Conseil des Cinq-Cents, 89, 138, 145, 162, 182, 444, 479, 488, 521, 591, 594.
Conseil des Mines, 480.
Conseils (entretien des bâtiments des), 77.
Conseils d'administration (des Corps de troupes), 736.
Conseils et commissions militaires, 236, 237, 253, 286, 335, 351, 413, 501, 513, 551, 595, 596, 602-603, 610, 625, 679, 704.
Conservatoire national de musique, 199, 202.
Consommation (droits de), 535.
Conspiration de Saillans, avec les pièces authentiques, rédigé et imprimé par ordre du département de l'Ardèche.
Constance, 379, 380.
CONSTANT, rayé de la liste des émigrés, 303.
Constitution civile du Clergé, 238, 359.
Constantinople (mission à), 138.
CONTÉ, directeur de l'école aérostatique, 365, 467, 615, 651.
CONTI (prince de), 423.
Contrat-Social (section du), 280, 281.
Contributions, 13, 43, 59, 93, 94, 95, 169, 185, 269, 300, 302, 311, 345, 364, 390, 462, 466, 489, 578, 619, 620, 641-642, 678, 692.
Contributions de guerre, 65, 119, 149, 184, 221, 230, 233-235, 265, 279, 280, 282, 283, 286, 300, 304-305, 332, 333, 338, 377, 409, 427, 434, 458, 481, 538, 548, 552, 580, 626, 715-716, 728.
Contributions indirectes, 320, 321.
Contumaces, 530.
COQUET, 138.
CORANCEZ et LÉON, propriétaires, 193.
CORDELLIER (général), 218, 219.

CORDIER-PERNEY, ex-commissaire des guerres, 451.
CORDOS, accusé, 67.
CORIOLIS (J.-B.-E.), rayé de la liste des émigrés, 642.
CORMATIN (Desoteux DE), émigré, 284-285, 665.
CORME, prévenu de complicité d'émigration, 432.
CORNU, émigré rayé, 386.
Corps législatif, députés, etc., 102, 291, 706.
CORRADO, lieutenant, 305.
CORRARD, rayé de la liste des émigrés, 559.
CORRARD (V.-J.), rayée de la liste des émigrés, 559.
CORRARD (L.-L.), rayé de la liste des émigrés, 559.
CORRARD (C.-H.), rayé de la liste des émigrés, 600.
Correspondance administrative, 555-556.
Corse, 63, 64, 119, 121, 123, 124, 125, 188, 189, 190, 243, 244, 245, 283, 439-440, 526, 654, 657, 718, 760.
CORSINI, ministre de Toscane à Paris, 242, 246, 364.
CORTEZ, adjudant-général, 174, 206.
COSNE, charretier des transports militaires, 716.
COSSÉ-BRISSAC, rayé de la liste des émigrés, 175.
COSSIGNY, auteur d'un mémoire adressé au Directoire, 399.
COSTE, CAYLUS et GIVAUDAN, 273, 294.
Côtes maritimes (service maritime), 55.
COTTINEAU, émigré, 114.
COUDREAU (P.-L.), rayé de la liste des émigrés, 606.
COUET, dit LORRY (époux), rayés de la liste des émigrés, 705.
COURLET-VRÉGILLE, commandant de l'arsenal de Besançon, 282, 294.
Courrier de Lyon (affaire du), 694.
Courriers du Directoire, 554.
Courses de chevaux, 204.
COURSON (M.-E.), rayée de la liste des émigrés.

Courtalin, 161.
COURTOIS, ex-curé, 181.
COURTOIS (N.), rayé de la liste des émigrés, 750, 751.
COURTOIS (V.), rayé de la liste des émigrés, 750.
COUSSOL, rayé de la liste des émigrés, 191.
COUSTARD DE VILLIERS, rayé de la liste des émigrés, 35.
COUSTON (P.), rayé de la liste des émigrés, 642.
COUTANCE, dit LA CELLE, rayé de la liste des émigrés, 675.
COUTURE, commandant de la Vallée d'Osson, 270.
COUTURIER, capitaine, 271.
COUVERT, gendarme, 229.
COUVERT, dit COULONS, rayé de la liste des émigrés, 721.
COTAUD, commissaire du gouvernement, 637, 638-639.
Crabanat, 614, 625.
Craon, 177, 178, 321.
Créances (visa sur), 130, 131.
CREGUT, voir ERAGUET.
CRESPIN, accusé, 67.
CRESSAC (H.-A.), 750, 751.
Creusot (fonderies du), 426, 427, 472, 715.
CROCHAT, économe de l'hôpital de Bitche, 396.
Croisic [Le] (Loire-Inférieure), 398.
CROMOT (veuve), rayée de la liste des émigrés, 327.
CROVILLE, prévenu d'émigration, 524.
CROZOT, huissier du Directoire, 683.
CRUBLIER, adjudant-général, 164, 167, 168, 174, 205, 309, 421, 518.
CRUEL (F.), rayé de la liste des émigrés, 559.
CUÉNOT, émigré, 304.
Cuers (Var), 321.
CUGNON (J.-E.-T.), rayé de la liste des émigrés, 714.
Cultes, police des cultes, 292, 293, 323, 324, 342, 343, 430, 431, 432, 564, 613, 615, 652, 698, 740.
CUNIS (J.), rayé de la liste des émigrés, 520.

Cureau (veuve), rayée de la liste des émigrés, 35.

Cusset (Allier), 510.
Cusset, ex-conventionnel, 590.

D

Dabzac, dit Dubalet (A.-X.), rayé de la liste des émigrés, 720-721.
Daendels (général), 173.
Dagomet, commissaire près le tribunal correctionnel de Louviers, 36.
Daignan (F.-C.-J.-B.-J.-A.), rayé de la liste des émigrés, 545.
Daigremont, agent maritime, 594.
Dalbon, commissaire des guerres, 650.
Dallemagne (général), 366.
Damas (C.-A.), rayé de la liste des émigrés, 497.
Damat (N.), rayé de la liste des émigrés, 545.
Damvillers (Meuse), 479.
Danemark (prince royal de), 9, 21.
Dangreville, ex-commandant en second, 579.
Danssette, rayé de la liste des émigrés, 474.
Dantin, gendarme, 229.
Darche, émigré, 162.
Darondeau, commissaire du pouvoir exécutif, 197.
Darric, officier municipal, 444.
Darthé, accusé, 67.
Dary (A.-M.-C.), rayé de la liste des émigrés, 559.
Dassier, officier, 153.
Daubert, rayé de la liste des émigrés, 147.
Dauberval, privé de son passeport, 633.
Daulnay, rayé de la liste des émigrés, 738.
Daumant, chef de brigade, 229.
Dautancourt, quartier-maître de gendarmerie, 615.
Dauzée, commissaire des guerres, 253.
Davigot, rayé de la liste des émigrés, 69.
Damoiseau (femme), rayée de la liste des émigrés, 375.
Debelle, commis greffier, 237.
Debelle, lieutenant, 716.

Debry (Jean), représentant du peuple, 644.
Décadence et chute du système des finances de l'Angleterre, par Th. Paine, 258.
Decaen (général), 58, 222, 676.
Decambray (époux), rayés de la liste des émigrés, 750, 751.
Decaulx, rayé de la liste des émigrés, 327.
Dechavanne, médecin militaire, 475.
Déclaye, ex-général, 47.
Decomble (veuve), rayée de la liste des émigrés, 442.
Dedon, chef de bataillon, 58.
Defermon, membre du Conseil des Cinq-Cents, 269.
Deffosse, chef de la comptabilité au ministère de la Justice, 37.
Deflers (A.-F.), émigré, 705.
Deghilenghien, pétitionnaire, 407.
Dejean, juge, 129.
Dejean, sous-lieutenant, 153, 270.
Dejean, inspecteur des fortifications, 154.
Dejean, chef de brigade, 217.
Dejean (J.-G.), rayé de la liste des émigrés, 228.
Delachartre, grenadier du Corps législatif, 41.
Delacroix, ministre des relations extérieures, 211, 295, 349, 350, 355, 358, 363, 444, 495, 622, 644-645, 706.
Delacroix, commissaire du pouvoir exécutif, 477.
Delagarde, manufacturier, 161.
Delage, capitaine, 154.
Delage, ex-adjudant-général, 286, 664, 695.
Delaine-Denvers, commissaire du pouvoir exécutif, 206.
Delaistre (général), 667, 691.
Delambre, astronome, 132.

DELANDRE, propriétaire du Journal de la justice civile, 86.
DELARUE, sous-lieutenant, 707.
DELATTRE, représentant du peuple, 399, 401-402.
DELAUNAY, consul à Boston, 598.
DELAVILLE, charretier des transports militaires, 41, 532.
DELCHELS, commissaire des guerres, 154.
DELÉMONT, 253.
DELEURE, lieutenant, 229.
DELISLE, rayé de la liste des émigrés, 462.
Délits maritimes, 384.
Délits militaires, 48, 433, 595, 596, 609, 625-626, 643.
Délits ruraux et forestiers, 535.
DELLEVILLE (Ph.), du Conseil des Cinq-Cents, 471.
DELMAS (général), 761, 762.
DEMARLE (A.-H.), rayé de la liste des émigrés, 721.
DEMARCHE (M.-J.), rayé de la liste des émigrés, 721.
DEMAYER (général), 650.
Demont (Piémont), 96, 109, 752, 761.
DEMONT (adjudant-général), 707, 751.
DEMONTY (Cécile), rayée de la liste des émigrés, 405.
DEMORY, sous-lieutenant, 153.
DENIZOT, substitut du directeur du jury d'accusation de Paris, 205.
DENNIÉE, commissaire ordonnateur à l'armée d'Italie, 651, 654, 665, 680, 688.
DENORMANDIE, liquidateur général des pensions militaires, 266.
Département de l'*Ain*, 58, 69, 157, 220, 309, 358, 421, 463, 601, 644-642, 653.
Département de l'*Aisne*, 6, 41, 66, 91, 195, 196, 282, 331, 368, 428, 650, 653.
Département de l'*Allier*, 66, 74, 220, 400, 616, 632, 666.
Département des *Alpes-Maritimes*, 66, 173, 398, 512, 597, 697, 701.
Département de l'*Ardèche*, 18, 66, 331, 389, 557, 743.

Département des *Ardennes*, 55, 66, 282, 323, 428, 638, 678, 753.
Département de l'*Ariège*, 55, 66, 471-472, 557, 620, 739, 750, 753.
Département de l'*Aube*, 91, 220, 400, 597, 651, 677.
Département de l'*Aude*, 19, 39, 55, 60, 66, 96, 231, 286. 323, 343, 358, 597, 621.
Département de l'*Aveyron*, 66, 255, 258, 259, 274, 275, 358, 377, 400, 407, 428-429, 492.
Département du *Bas-Rhin*, 19, 55, 66, 101, 265, 292, 408, 444, 465, 579, 621, 626, 638, 698.
Département des *Basses-Alpes*, 19, 26, 66, 231, 250, 345, 619, 632, 666, 679, 701.
Département des *Basses-Pyrénées*, 6, 120. 388, 679, 697, 701, 739, 743, 753, 761.
Département des *Bouches-du-Rhône*, 9, 10, 42, 66, 120, 168, 197, 212, 215, 245, 254, 255, 325. 348, 357, 388, 413, 421, 432, 621, 638, 666, 697, 710-713, 717, 722.
Département du *Calvados*, 6, 66, 118, 165, 175, 197, 282, 330, 331, 368, 400, 428, 444, 453, 491, 500, 601, 743.
Département du *Cantal*, 66, 266, 460.
Département de la *Charente*, 66, 453.
Département de la *Charente-Inférieure*, 27, 66, 74, 165, 256, 358, 421, 524.
Département du *Cher*, 66, 220, 238, 239, 603.
Département de la *Corrèze*, 66, 539, 614, 625.
Département de la *Côte-d'Or*, 54, 66, 154, 250, 524, 638.
Département des *Côtes-du-Nord*, 39, 66, 88-90, 220, 256, 257, 316, 408, 491, 492, 714, 753.
Département de la *Creuse*, 66, 197, 444, 524, 614, 625, 653.
Département des *Deux-Nèthes*, 205-208, 530, 612.
Département des *Deux-Sèvres*, 87, 286, 316, 323, 388, 491.

DES NOMS ET DES MATIÈRES. 779

Département de la *Dordogne*, 6, 609, 666, 685.
Département du *Doubs*, 102, 119, 476.
Département de la *Drôme*, 154, 560, 624, 697.
Département de la *Dyle*, 477, 701.
Département de l'*Escaut*, 74, 322, 323.
Département de l'*Eure*, 197, 331, 491.
Département d'*Eure-et-Loir*, 29, 74, 316, 331, 476, 492, 503, 534, 653, 677.
Département du *Finistère*, 66, 172, 400, 491, 492, 739, 753.
Département des *Forêts*, 404, 678.
Département du *Gard*, 9, 10, 39, 66, 154, 173, 197, 257. 323, 394, 476, 512-513, 557, 697, 739.
Département du *Gers*, 66, 358, 638.
Département de la *Gironde*, 6, 74, 83, 108, 358, 450, 453, 603, 616, 739, 753.
Département du *Golo*, 66.
Département des *Hautes-Alpes*, 66, 134, 282, 402; 753.
Département de la *Haute-Garonne*, 66, 96, 108, 154, 175, 181, 182, 616.
Département de la *Haute-Loire*, 42, 120, 168, 173.
Département de la *Haute-Marne*, 6, 74, 91, 220, 242, 522, 601, 615, 638, 743.
Département des *Hautes-Pyrénées*, 39, 47, 603.
Département de la *Haute-Saône*, 19, 66, 96, 309, 323, 536, 661, 666, 677, 697, 730, 739.
Département de la *Haute-Vienne*, 91, 120, 358, 632.
Département du *Haut-Rhin*, 266, 503, 625, 660.
Département de l'*Hérault*, 47, 66, 165, 518, 621, 679.
Département d'*Ille-et-Vilaine*, 4, 66, 118, 164, 177, 197, 204, 470, 491, 492, 603.
Département de l'*Indre*, 47, 66, 83, 316, 448, 685.
Département d'*Indre-et-Loire*, 47, 66, 453, 518, 616.

Département de l'*Isère*, 47, 60, 69 120, 134, 138, 154, 197, 323, 503, 524, 609.
Département de *Jemmapes*, 3, 8, 601.
Département du *Jura*, 5, 19, 66, 74, 129, 130, 666.
Département des *Landes*, 60, 66, 256, 347, 453, 503, 524, 632, 753.
Département du *Liamone*, 66.
Département de la *Loire*, 4, 66, 69, 145, 146, 331, 368, 653.
Département de la *Loire-Inférieure*, 5, 27, 96, 108, 177, 219, 220, 256, 286, 289, 290, 358, 366, 388, 400, 491, 626, 753.
Département de *Loir-et-Cher*, 66, 120, 316, 358, 370, 371, 398, 400, 408, 512, 597, 638, 739.
Département du *Loiret*, 55, 96, 179, 348, 383, 609, 638.
Département du *Lot*, 66, 100, 247, 256, 282, 722.
Département de *Lot-et-Garonne*, 27, 197, 213, 256, 358, 638, 685.
Département de la *Lozère*, 4, 6, 19, 47, 55, 120, 388, 428, 443, 489, 490.
Département de la *Lys*, 322.
Département de *Maine-et-Loire*, 213, 220, 227, 286, 421, 491, 524, 618.
Département de la *Manche*, 66, 91, 165, 220, 284, 285, 316, 400, 428, 491, 626.
Département de la *Marne*, 6, 51, 66, 94, 256, 309, 524, 743,
Département de la *Mayenne*, 36, 74, 90, 108, 165, 177, 491.
Département de la *Meurthe*, 74, 83, 91, 120, 138, 173, 182, 225, 327, 357, 453, 677, 722.
Département de la *Meuse*, 341.
Département de la *Meuse-Inférieure*, 8, 56, 341, 348, 398, 524.
Département du *Mont-Blanc*, 4, 46, 47, 58, 91, 250, 256, 266, 421, 637, 660, 697, 730, 753, 761.
Département du *Mont-Terrible*, 253, 678.
Département du *Morbihan*, 39, 66, 165, 172, 345, 348, 491, 561, 603, 626, 739.

Département de la *Moselle*, 66, 95, 342, 343, 383, 464, 609.
Département de la *Nièvre*, 220, 408, 444, 524, 603, 632.
Département du *Nord*, 108. 120, 177 195, 601, 638.
Département de l'*Oise*, 27, 59, 66, 165, 197, 470, 499, 518, 582, 743.
Département de l'*Orne*, 6, 96, 175, 428, 434, 435, 491.
Département de l'*Ourthe*, 8.
Département du *Pas-de-Calais*, 6, 41, 42, 58-59, 66, 74, 91, 101, 149, 175, 181, 195, 197, 212, 220, 345, 357, 368, 399-402, 470, 534, 582, 601, 652, 743.
Département du *Puy-de-Dôme*, 6, 134, 348, 524.
Département des *Pyrénées-Orientales*, 74, 91, 444, 503.
Département du *Rhône*, 120, 145, 146, 305-306, 312, 367, 423, 647.
Département de *Sambre-et-Meuse*, 8, 147, 678.
Département de *Saône-et-Loire*, 39, 66, 79, 250, 348, 383, 453, 470, 532, 539, 609, 653, 730, 761.
Département de la *Sarthe*, 173, 175, 282, 491, 492.
Département de la *Seine*, 19, 27, 34, 102, 107, 120, 175, 197, 254, 260, 263, 536. 601, 607, 609, 632.
Département de *Seine-et-Marne*, 34, 56, 66, 153, 175, 284, 309, 368, 607.
Département de *Seine-et-Oise*, 6, 19, 23, 27, 34, 59, 66, 74, 91, 134, 165, 175, 272, 282, 400, 430, 453, 524, 601, 603, 607, 638, 697, 743, 748, 749.
Département de la *Seine-Inférieure*, 42, 56, 175, 256, 331, 435, 470.
Département de la *Somme*, 56, 74, 197, 212, 357, 500-501, 621, 697, 743.
Département du *Tarn*, 18, 19, 154, 413, 503, 518, 603,
Département du *Var*, 10, 42, 51, 96, 365, 421, 503, 511-512, 557, 632.
Département de *Vaucluse*, 9, 10, 129, 268, 357, 400.

Département de la *Vendée*, 56, 91, 96, 156, 164, 254, 256, 286, 289, 290, 345, 348, 368, 400, 491, 492, 637, 638-639, 745.
Département de la *Vienne*, 74, 358, 474-475.
Département des *Vosges*, 39, 42, 408, 421, 435, 444, 453, 524, 557, 597, 697, 701, 709.
Département de l'*Yonne*, 242, 524, 697, 737.
Départements ci-devant rebelles, 432, 491, 492, 550, 559, 638, 639.
Départements réunis. Voir *Belgique*.
Dépenses publiques, 102, 103.
Dépenses du Directoire, 239, 387, 431.
Déportation, Déportés, 17.
Dépôt de la guerre, 213.
Dépôts (abus de), 100.
Dépôts de fonds publics, 659.
DEPREY-CRASSIER (général), 671.
DEQUEN, rayé de la liste des émigrés, 386.
DEQUEULX (C.-V.), rayé de la liste des émigrés, 714-715.
DERHEIMS, employé des subsistances militaires, 580.
DEROST, quartier-maître, 153.
DESAIGNES, ancien receveur de l'enregistrement, 393.
DESAIX (général), 58, 83, 119, 676.
DESANDRIEUX, sous-lieutenant, 707.
Désarmement (après le 13 vendémiaire), 741.
DÉSAUBLIAUX, sous-lieutenant, 707.
DESBANS, ancien militaire, 674.
DESBOIN, agent municipal, 680.
DESBRET, agent municipal, 510.
DESCAMP, agent secret, 284.
DESCHAMPS (citoyenne), propriétaire, 193.
DESCHAMPS (G.), condamné pour escroquerie, 342.
DESCLOS-LEPELEY, acquéreur d'une propriété nationale, 497-498.
DESDOINT père, officier municipal, 444.
DESDORIDES, commandant à la suite, 216.
DESENFANTS (général), 625.
DESENS-MONSAN, rayé de la liste des émigrés, 35.
Déserteurs. Voir *Réquisitionnaires*.

DES NOMS ET DES MATIÈRES. 781

Déserteurs étrangers, 90, 173, 177, 552.
DESFORGES, employé du Directoire, 385.
DESGENETTES, titulaire d'une pension, 546.
DESGNERS, commandant provisoire de Vizille, 132.
DESGROUAS, commissaire du pouvoir exécutif, 434.
DESHAUTSCHAMPS (général), 162, 163.
Désiré (femme), 461.
DESJONS, agent secret, 284.
DESMEUNIERS, rayé de la liste des émigrés, 114.
DESMOULINS (veuve), rayée de la liste des émigrés, 750, 751.
DESPINOY (général), 61, 334, 437, 707, 715, 716.
DESPORTES, résident français à Genève, 92, 93, 136, 216.
DESSOLLES, capitaine, 708.
Destelberge (Escaut), 130.
DESTREMONT, réquisitionnaire, 614.
DESTREMONT, prévenu de faux, 714.
DESVAUX, rayé de la liste des émigrés, 191.
DESVIGNES, lieutenant, 230.
Détritage des olives, 51, 511-512.
Dette publique, 212, 643-644, 683, 740.
DEVAUX, adjudant général, 476, 518.
DEVILLIERS, chef de bataillon, 376.
DEWEZ, cultivateur, 579.
DEWRINTZ, émigré rayé, 414.
DIDIER, accusé, 67.
DIDIER (L.), rayé de la liste des émigrés, 600.
DIDOT jeune, imprimeur, 259.
DIEBOLE-LUTTEMANN, émigré, 740, 741.
DIETRICH, sous-lieutenant, 153.
DIGONET (général), 174, 206, 266, 500, 518.
Directoire (bureaux du), 722.
Directoire (membres du), 291.
Directoire (palais du), 193, 606, 757-758.
Discipline des troupes, 673.
Doël, 162.
Dol (Ille-et-Vilaine), 204.
Dôle, 130, 318.
Dolocaque (Alpes-Maritimes), 512.

Domaines nationaux, 1, 2, 34, 40, 45, 48-50, 51-52, 59, 68, 74, 91, 95, 106, 135, 145, 162, 171, 178, 179, 193, 231, 251, 260, 274, 301, 346, 347, 384, 391, 395, 396, 404, 408, 410, 472, 497-498, 499, 504, 505, 518, 535, 546, 568-577, 578, 598, 605, 610, 630, 663-664, 673, 682, 683, 693, 698, 719, 720, 737, 743, 749, 758.
DOMBEY, médecin et naturaliste, 479.
DOMBRE, ex-lieutenant, 579.
DOMQNVILLE (veuve), rayée de la liste des émigrés, 536.
Donations et successions, 203, 204.
DONDEL (F.-F.-J.), rayé de la liste des émigrés, 748.
DONDEL (F.-F.-S.), rayé de la liste des émigrés, 750, 751.
Donjon (Allier), 257.
Donnemarie (Haute-Marne), 745, 746.
Dons patriotiques, 160, 193.
DORLAN-POLIGNAC, émigré, 269.
Dormans, 78.
DORNEAU (P.-H.), rayé de la liste des émigrés, 705.
DOSSONVILLE, agent secret, 284.
Douai, 346.
Douanes, Droits de Douane, 48-50, 69, 241, 259, 277, 278, 353-356, 391, 402-403, 429, 445, 521, 641, 682, 743.
DOUCE, rayé de la liste des émigrés, 642.
DOUCET, ci-devant capitaine, 480.
DOUÉ (F. V.) rayé de la liste des émigrés, 750, 751.
DOUGLAS (L. A.), rayé de la liste des émigrés, 530.
DOUINE, (N.), rayé de la liste des émigrés, 694.
DOULCET-PONTÉCOULANT, membre du Conseil des Cinq-Cents, 210, 211.
DRAIN, prévenu d'émigration, 157, 158.
DREÜE, rayé de la liste des émigrés, 303.
DREVON, rayé de la liste des émigrés, 159.
DROMARD (B.), rayé de la liste des émigrés, 738.
DROUAS (général), 722.

DROUET, représentant du peuple, 358, 366, 373, 383, 388, 604, 633, 746.
DROUIN, accusé, 67.
DROUIN, sous-lieutenant, 216.
DROUIN-VANDEUIL, rayé de la liste des émigrés, 473.
DROZ, graveur, 466.
DRULHE, représentant du peuple, 748, 749.
DRUT (général), 174.
DUBACQ (époux), rayés de la liste des émigrés, 720, 721.
DUBARRY, condamné à mort, 404.
DUBOIS, déserteur, 319.
DUBOIS-DUBAIS, membre du Conseil des Cinq-Cents, 25, 748.
DUBOIS-DUMILLAC, président du tribunal criminel du département de Jemmapes, 259.
DUBOSC, locataire de maison nationale, 395.
DUBOUEXIE, dit LA DRIANNAIS, rayé de la liste des émigrés, 35.
DUBUISSON, directeur d'artillerie, 231.
DUCHESNE, dit CHEVOY, rayé de la liste des émigrés, 35.
DUCHESNE, juge, 147.
DUCHESNE (J.), rayé de la liste des émigrés, 720-721.
DUCHOMÉ, lieutenant, 707.
DUCKE, agent secret, 284.
DUCLOS (M.), accusé de détournement de bois, 745.
DUCOS, capitaine, 664, 695.
DUCOT et consorts, acquéreurs de biens nationaux, 162.
DUCOUDRAY, adjudant-général, 480, 650.
DUDOGNON (femme), rayée de la liste des émigrés, 694.
DUDOYER, rayé de la liste des émigrés, 35.
DUFAY, rayé de la liste des émigrés, 35.
DUFAYET, officier, 153.
DUFFRESNE, charretier des transports militaires, 626.
DUFLOQUET (A. M.), rayée de la liste des émigrés, 473.
DUFOREST, déserteur, 319.
DUFOUR, accusé, 67.
DUFOUR (général), 376.

DUFOUR, ancien agent diplomatique, 545.
DUFOUR, charretier des transports militaires, 666.
DUGEAT, adjudicataire des forêts nationales, 25.
DUGUA (général), 118, 172, 205.
DUHAUTOIR, ancien employé aux relations extérieures, 107, 281.
DUHESME (général), 415-416, 762.
DUJAY, (L. A.), rayé de la liste des émigrés, 720, 721.
DULAURE, du Conseil des Cinq-Cents, 471.
DULENDEY (F. G.), rayé de la liste des émigrés, 694.
DUMARCHÉ, lieutenant, 476.
DUMAS, commissaire du Directoire dans la Vendée, 192, 286.
DUMAS (A.-J.), général, 480.
DUMAS (général), 637.
DUMAS, ex-capitaine, 650.
DUMESNIL ou DUMESNY (général), 172, 518.
DUMESNIL, juge de paix, 556.
DUMESNIL (veuve), 758.
DUMOLARD, membre du Conseil des Cinq-Cents, 145, 210, 211, 471.
DUMONT (veuve), rayée de la liste des émigrés, 268, 269.
DUMOULINET, dit PONT-CHARTRYE, rayé de de la liste des émigrés, 406.
DUNEVAC, juge, 147.
Dunkerque, 212, 480, 625.
DUPÉRON, auteur de Réflexions adressées au Directoire, 164.
DUPERRON, rayé de la liste des émigrés, 191.
DUPHOT, adjudant-général, 650.
DUPLAN, commandant de la place de Maestricht, 476.
DUPLAY père, accusé, 67.
DUPLAY fils, accusé, 67.
DUPLESSIS (M. J. S.), rayée de la liste des émigrés, 720, 721.
DUPONT, commissaire des guerres, 480.
DUPRÉ, commissaire du pouvoir exécutif, 616.
DUQUESNE, déserteur, 319.
DURAND, juge de paix, 603.
DURAND-DANICHE, commissaire du pouvoir exécutif, 294.

DURBAN, auteur d'un mémoire adressé au Directoire, 461.
DURIEUX, adjudant-général, 518.
Durlach (margraviat de), 286.
DUROSA, capitaine, 476.
DURTUBIE (général), 722.
DUS (D.), serrurier, 444.
DUTAILLIS, chef de bataillon, 553-554.
DUTERTRE (général), 236-237.
DUTHIL (général), 172-206.

DUTOCQ, juge au tribunal de cassation, 66.
DUTRONNE, lieutenant, 475.
DUVAL (Amaury), ci-devant employé aux relations extérieures, 118.
DUVAL (C. F.), lieutenant, 428.
DUVERGER, du Mans, 54.
DUVIGNAU (général), chef d'état-major de l'armée de l'intérieur, 281, 518, 680.
DUVRAC, rayé de la liste des émigrés, 228.

E

EBECKE, commis de négociant, 603.
ECHERT, lieutenant destitué, 230.
École aérostatique, 208, 21, 480.
École d'artillerie, 406, 408.
École d'équitation, 513-517.
École de géographie, 206-210.
École de Liancourt, 34.
École des ingénieurs de vaisseau, 582.
École des ponts et chaussées, 748.
École de trompettes, 149, 475, 665.
École polytechnique, 134, 162, 163, 206-210, 376, 406, 582, 651, 736, 741, 748.
École vétérinaire, 682.
Écoles centrales, 66, 77, 78, 185, 258, 259, 498.
Écoles de médecine, 714.
EGASSE (J. B.), rayé de la liste des émigrés, 545.
Église (État de l'), 62, 63, 358-363.
Ehrenbreitstein, 340, 367, 378, 412, 463, 589.
EICHMANN, lieutenant, 217.
Elbe (île d'), 63, 125, 188, 190, 526.
ELIE (général), 4, 118, 196, 197, 198, 219, 240, 367, 399, 434.
ELLEVIOU, réquisitionnaire, 330.
EMERY, ex-administrateur de l'Aude, 195.
Émigrés, émigration, 32, 36, 44, 79, 88-90, 101, 102, 129, 157-158, 170, 255, 269, 270, 274, 275, 293, 294, 303, 327, 342, 353, 377, 382-383, 390, 392, 404-406, 414-415, 416-421, 424-425, 428, 429, 432, 434-435, 441-443, 450-451, 462, 467,
473-474, 485, 496, 497, 501-502, 503, 504, 519-520, 530, 532, 536-537, 545-546, 551, 558-559, 578, 599-600, 605, 606, 612, 613, 618, 631-632, 636, 637, 642, 646-647, 675, 681, 694-695, 700, 705-706, 714-715, 720-721, 738, 740-741, 748, 750-751.
EMMERY (F.), consul de Suède, 26.
EMMERY (J. M.), consul de Suède, 26.
EMMERY (C.-N.), rayé de la liste des émigrés, 474.
Emprunt forcé, 1, 216, 248, 382, 450, 534, 335, 613, 615.
Ems (embouchure de l'), 272.
Encyclopédie de Saint-Domingue, 488.
Enfants nés hors mariage, 250, 512-513.
ENGELMANN, rayé de la liste des émigrés, 393.
Enregistrement, 48-50, 68, 116, 241, 274, 393, 447, 550.
Entrains (Nièvre), 264.
Entrepreneurs et fournisseurs, 441.
ERAGUET ou CREGUT, complice de Saillans, 389.
ERNOUF (général), 55, 233, 486, 548, 640, 691.
Ernée (Mayenne), 177.
Erolle (Aube), 145.
ESAYE GASE, plénipotentiaire non accepté, 600.
Escaut (digues de l'), 107.
ESTAYRAC (veuve D'), rayée de la liste des émigrés 159.

Escayrac (L. et E. d'), rayés de la liste des émigrés, 159.
Eschard, adjoint à l'adjudant-général Macheret, 480.
Eschentzwiller (Bas-Rhin), 430-431.
Escher-Glattfelden, bourgeois de Zurich. 671.
Esnue-Lavallée, ex-conventionnel, 552.
Espagne, gouvernement espagnol, 42, 92, 271, 349, 403, 478-479, 482-486, 488, 522, 557-558, 611, 616, 643, 737.
Espariat, rayé de la liste des émigrés, 57.
Essais sur la peinture et Observations sur le Salon de 1765, de Diderot, 704.
Esterno et ses filles, rayés de la liste des émigrés, 414.
Estève, chef de bataillon, 270.
Estratte, agent municipal, 323.

Établissements publics (maisons occupées par des), 387, 431, 554-555, 594-595.
Étampes, 23.
Étampes (d') père, rayé de la liste des émigrés, 57.
Étapes (régisseur des), 136, 137, 185, 186.
État civil, mariage, etc., 404, 521, 602.
État de siège, 217, 218, 219.
États-Unis d'Amérique, 494.
Ettlingen, 99, 166.
Euvremer, commissaire du pouvoir exécutif, 39.
Évangelisti, secrétaire de légation, 351.
Évasion de prévenus, 412.
Évrard, adjudant de place, 476.
Évrard, capitaine, 708.
Évreux, 18, 619.
Exécuteurs des jugements criminels, 659.
Exilles (Piémont), 58, 96, 308.
Exportation, 345, 462, 466, 476.

F

Fables de Mancini-Nivernais, 259.
Fabrefond (général), 217.
Fabrici, tué à Marseille, 210.
Face fils, rayé de la liste des émigrés, 425.
Fahrmann, major autrichien, 709.
Faipoult, ministre plénipotentiaire à Gênes, 126, 127.
Falcon, rayé de la liste de émigrés, 113.
Falconet, juge de paix, 108.
Fallatieux, manufacturier, 59.
Falquières, colonel vétéran, 396.
Fanatisme. — Voir Prêtres réfractaires.
Faouët (Morbihan), 4.
Fastes du peuple français (les), 749.
Fauconnet (général), 55.
Faujas, inspecteur des mines et professeur au Muséum, 544.
Fauvel, administrateur de Seine-et-Oise, 150, 371, 748, 749.
Favre, sous-lieutenant, 153, 154.
Fazas, dit Favol, rayé de la liste des émigrés, 404.

Fécamp, 68.
Félix, 424.
Féodalité, droits féodaux, 23.
Féraudy, consul de Raguse, 598.
Ferdinand III, grand-duc de Toscane, 188.
Férino (général), 58, 85, 166, 335, 336.
Ferling (L. et N.), rayés de la liste des émigrés, 675.
Fermes (prix des), baux, fermages, 529, 530, 710.
Fermont (A. F.), rayé de la liste des émigrés, 545.
Fernet, capitaine, 5.
Ferney, 611.
Ferrare. — Voir *Romagne*.
Ferraris, commandant de la place d'Ath, 376.
Ferté-sur-Marne ou *Ferté-sous-Jouarre* (la), 446.
Fêtes nationales, 13-17, 60, 67, 81, 115-116, 198-202, 204, 226-228, 231,

DES NOMS ET DES MATIÈRES.

312-316, 327, 351-353, 374, 441, 490-491, 520, 668-671, 704.
Feuilles de route, 218, 219.
Figanières (Var), 51, 511-512.
Filles-Dieu, 1.
Finances publiques, 372-373, 388-389, 430, 672-673.
Fion (ex-général), 67, 590.
Fiquet (C.), accusé, 67.
Fiquet (A.), accusé, 67.
Firmin, dit Rétif, condamné aux fers, 430.
Fitz-Gerald, patriote irlandais, 167.
Fitz-James (H.-C.-J.), rayé de la liste des émigrés, 631, 632.
Flachat (Cie), 688, 708.
Flamarens (femme), rayée de la liste des émigrés, 473.
Flandre hollandaise, 161, 162, 474.
Flessingue, juge de paix, 564.
Flesbens, 173, 268.
Fleury, commissaire du pouvoir exécutif, 678.
Florence, casernier, inspecteur des îles du Rhin, 433.
Florensac (Hérault), 430.
Foissac-Latour (général), 433, 488, 518, 546, 589-591, 602-603, 613.
Foisy, sergent-major, 230.
Foix, 179.
Follin (P.-M.), rayée de la liste des émigrés, 327.
Fontaine, commissaire réformé, 708.
Fontainebleau, 196, 719.
Fontenay-le-peuple ou *Fontenay-le-Comte*, 746.
Fontenouille (Yonne), 185.
Fontvieille (Bouches-du-Rhône), 180.
Fonty, officier d'état-major, 624.
Forestier, de Fribourg, 609.
Forestiers, administration forestière, 617, 693.
Forceville, fils d'émigré, 44.
Forjaron, vice-consul d'Espagne, 698.
Formé, adjudicataire de bois, 145.
Forno, capitaine, 305.
Fortier (M. E.), rayé de la liste des émigrés, 35.
Fortifications, 218.

Fossé, émigré, 347.
Foucaud, lieutenant, 553.
Foucauld, rayé de la liste des émigrés, 113.
Foucques-du-Parc, rayé de la liste des émigrés, 113.
Fougasse, vice-consul d'Espagne, 561.
Fougères, 204.
Fougeret (héritiers), 445-446.
Fourcy, directeur des postes à Tournon, 239-240.
Fournel, rayé de la liste des émigrés, 228.
Fournier, commissaire du pouvoir exécutif, 197.
Fournier, fournisseur, 529.
Fournisseurs, 364, 475, 529, 685, 698.
Fournitures militaires, 230, 531, 665, 746.
Fourquevaux (citoyenne), 610.
Fourrages, 218, 219.
Foussedoire, commissaire du Directoire, 597.
Foy (café de), 70.
Fradin, juge de paix, 620.
Frain-Maupertuy, rayé de la liste des émigrés, 600.
France, chef d'escadre, 153.
Francfort, Francfortois, 132, 149, 166, 233, 340, 377, 706.
Franciade. Voir *Saint-Denis*.
François, administrateur de Lisieux, 107.
François II, empereur, 188, 460.
François (E.), agent municipal, 745, 746.
Franconie (cercle de), 548, 549, 552, 580, 601, 622, 626-627.
Freden (mémoire du citoyen), 90.
Frégeville (général), 691.
Frémont, ci-devant capitaine, 305.
Fréron, ex-commissaire du gouvernement, 329, 647, 719.
Fresnel, chef de chouans, 695.
Fresnoy-la-Rivière (Oise), 578.
Freudenstadt (prise de), 84.
Frézet, commissaire de surveillance à Courtalin, 161.

FRIGARD, huissier, 635.
FRISCHING, négociateur pour l'Autriche, 460.
Frise, 8, 9, 175.
FROMENTHAL, capitaine destitué, 229.

FROSSARD, chef d'institution, 294.
FROTTÉ DE PERDRIES, rayé de la liste des émigrés, 618.
FUTAINE, employé des postes, 78.
FUZIER (général), 709.

G

GAGNERAUX, peintre, 407.
GALARD-BÉARN-BRASSAC, rayé de la liste des émigrés, 474.
GALEPI, plénipotentiaire du pape, 653.
GALLERY-SERVIÈRE, rayé de la liste des émigrés, 451.
Ganges (Hérault), 22.
Gap, 329.
GARASA (B.), Espagnol, 738-739.
Garde du Corps législatif, 186, 227, 328.
Garde du Directoire, 4, 231, 616, 681, 746-747.
Garde nationale, 34, 35, 154, 192, 344, 427, 615, 681.
GARDES (citoyenne), pétitionnaire, 169.
Gardes champêtres et forestiers, 311.
GARDEUR, fabricant de coton végétal, 499.
GARNIER (général), 437.
GARNIER, commissaire du Pouvoir exécutif, 503.
GARNIER (C.), rayé de la liste des émigrés, 520.
GARNIER-DESGLANCAY, chef de brigade, 451-452.
GARNIER-DESLOGES (femme), rayée de la liste des émigrés, 473.
GARRAU, commissaire du Directoire à l'armée d'Italie, 31, 58, 63, 64, 91, 119, 123-124, 185, 189, 190, 242, 243, 329, 331-332, 349, 350, 358, 367, 385, 406, 407, 408-409, 434, 439-440, 461, 522, 523, 526-537, 580, 584-585, 625, 628, 652, 653-655, 684, 688-689, 701, 716-718, 729, 730, 751, 759, 760.
GASSOT-CHAMPIGNY (femme), 518-519.
GASTEL, rayé de la liste des émigrés, 82.
GASTINE, chef de brigade, 230.
GAUDET, prêtre réfractaire, 683.

GAUDICHER (M.-P.-J.), rayé de la liste des émigrés, 57.
GANDOLPHI, employé secret, 623.
GAULT, aide de camp, 653.
GAULTIER (général), 437.
GAUTHIER, représentant du peuple, 58.
GAUTHIER (F.), rayé de la liste des émigrés, 705.
GAUTHIER, dit SAVIGNAC, rayé de la liste des émigrés, 461.
GAUTHIER DU HAUTIER, émigré, 393.
GAVARY, aide de camp, 676.
GAZAN, chef de brigade, 676.
GAZE (J.-B.), rayé de la liste des émigrés, 536.
GELASSEAU, administrateur municipal, 421.
GELNONCOURT (femme), rayée de la liste des émigrés, 705.
GENCY (général), 206.
Gendarmerie nationale, 52-54, 95, 153, 247, 287, 475, 615, 685, 699, 701, 719.
GÉNÉRAT (R.-A.), rayé de la liste des émigrés, 536.
Gênes, 122, 123, 124, 125, 126, 127, 243, 287-289, 305, 333, 350, 363, 364.
GENÈT, rayé de la liste des émigrés, 415.
Genève, 136, 216, 395, 611.
GENEY (général), 174.
Génie, 95.
Gens de mer, 591-594.
GENTILI (général), 124, 125, 718.
GEOFFROY, dessinateur, 274.
Géographie et hydrographie (ateliers de), 285.
GÉRARD (L.-A.), rayé de la liste des émigrés, 721.

DES NOMS ET DES MATIÈRES.

GERLAIN, commissaire du Pouvoir exécutif, 582.
GERMAIN, accusé, 67.
GÉRIN, administrateur des Bouches-du-Rhône, 103, 168.
GIACOMONI (général), 664, 695.
Gien, 179.
GIGOT, rayé de la liste des émigrés, 159.
GILET, chef de brigade, 707.
GILLOZ, rayé de la liste des émigrés, 228.
GILLOT, gendarme, 229.
GINOUX, préposé en chef de la régie de l'enregistrement, 444.
GIRARDET, pétitionnaire, 281.
GIRARDET, inventeur, 701.
GIRARDOT, fourrier, 250.
GIRAUD-LACHAUD cadet, rayé de la liste des émigrés, 694.
GIRAULT, représentant du peuple, 398.
GIRAUT, commissaire à Saint-Domingue, 381.
GIRBAUD (veuve), 327.
GIRODET-TRIOSON, peintre, 71, 72.
GIRONDELLE, soldat, 743.
GIROU, candidat à l'École polytechnique, 464.
GLUAY, juge, 612.
Gobelins (manufacture des), 151.
GOBAT et ROUSSEAU, fournisseurs (Voir GOBERT et ROUSSEAU), 561.
GOBERT et ROUSSEAU, fournisseurs, 118.
GOBINEAU (J.-J.), rayé de la liste des émigrés, 675.
GODARD, charretier des transports militaires, 153.
GODARD, charretier des transports militaires, 716.
GODDE, adjudicataire de propriété nationale, 500, 501.
GODINOT (J.-B.-A.-N.), rayé de la liste des émigrés, 695.
GODOY (Manuel), ministre espagnol, 83, 482, 674.
GOËTHALS, de Destelberge, 130.
GONCHON, commissaire extraordinaire, 173.
GONNET, commissaire du Pouvoir exécutif, 601.
GORIS, chef de bataillon, 305.

GOSSEAUME, rayée de la liste des émigrés, 442.
GOSSELIN (C.-F.-G.), rayé de la liste des émigrés, 642.
GOSSEY, rayé de la liste des émigrés, 442.
GOSSUIN, fournisseur, 554.
GOUDARD, de Cette, 351.
GOUFFÉ-LALANDE, commissaire des guerres, 716.
GOUIN, teinturier, 260.
GOULARD, accusé, 67.
GOUSSIER (veuve), déchargée de saisie-arrêt, 396.
GOUT, rayé de la liste des émigrés, 228.
GOUVION-SAINT-CYR (général), 27, 83, 119, 676.
GOUVY, fournisseur, 599.
Grains, 69, 161, 162, 240, 364, 365, 466, 476.
GRAMMONT (veuve), émigrée, 320.
Grandvilliers (Oise), 499, 556, 602.
Grange-le-Mercier (Moselle), 624.
GRASSET (J.), frère du consul de France à Corfou, 403.
GRASSET-SAINT-SAUVEUR, auteur des Fastes du peuple français.
Grastalt (Bas-Rhin), 293.
GRATIEN (général), 172, 206.
Gratifications, 161.
GRATIOT, imprimeur, 724.
Graulhet (Tarn), 106.
GRAY, rayé de la liste des émigrés, 327.
Greffiers, 477, 743.
GRÉGOIRE (B.), rayé de la liste des émigrés, 705.
GREIFFENECK père, intendant du Brisgau, 301.
GREIFFENSTEIN (baronne DE), 358.
Grenant (Haute-Marne), 343.
Grenelle (camp de), affaire du camp de Grenelle, etc., 589-591, 595-596, 602-603, 605, 613, 617, 634, 681.
Grenelle (poudrerie de), 677.
Grenoble, 230.
GRENUS, horloger, 74.
GRENVILLE (lord), ministre anglais, 722, 723.
GRIES, poursuivi pour dilapidation, 322.
GRIFFON, ci-devant chef de bataillon, 399.

Grignan, 513.
Grignon, 119.
Grigny (général), 172, 206, 518.
Grillon, adjudant-général réformé. 636.
Grimbert, rayé de la liste des émigrés, 375.
Grimblot, capitaine, 270.
Grimouard-Duperré, émigré, 57-58.
Grisel, lieutenant, 408.
Grisel, capitaine, 110.
Grisons, Lignes grises, 62, 246, 247, 474.
Grival, hussard, 561, 708, 709.
Griveau, rayé de la liste des émigrés, 148.
Gros-Caillou (hôpital du), 721.
Grosjean, commissaire du Pouvoir exécutif, 746.
Grouchy (général), 271, 397, 518.
Grout de Saint-Paër (veuve), rayée de la liste des émigrés, 57.
Guadeloupe (la), 67.
Gudin, membre du Conseil des Cinq-Cents, 474.
Guédon, concierge, 630.
Guénet de Saint-Just, rayé de la liste des émigrés, 147, 148.
Guénin, juge de paix, 477.
Guéraud, quartier-maître de gendarmerie, 615.

Guérin (veuve), rayée de la liste des émigrés, 228.
Guérin (N.-H.), rayé de la liste des émigrés, 631, 632.
Guérin-Etoquigny, chef du 13ᵉ régiment de hussards, 614.
Guermann (A.), rayée de la liste des émigrés, 675.
Guermann (M.), rayé de la liste des émigrés, 675.
Guezno, représentant du peuple, 172.
Guffroy, imprimeur, 328, 499.
Guibert, président de l'administration du 5ᵉ arrondissement de Paris, 27.
Guichardet, officier, 153.
Guilhem, accusé, 67.
Guillaume, officier municipal, 444.
Guilliaud, négociant à Lyon, 182.
Guillibert (F.-X.), rayé de la liste des émigrés, 530.
Guillon, receveur de l'enregistrement, 321, 322.
Guyard, chef de bataillon, 173.
Guyenot, maître de forges, 41.
Guyon, lieutenant, 366.
Guyot (G.-L.), candidat à l'École polytechnique, 741.
Guyot-Durepaire, 518.
Guyton, membre de l'Institut, 399.

H

Haas (J.), receveur à Frankenthal, 760.
Habit (citoyenne Ursule), sous-lieutenant, 739.
Hache, aide de camp, 408.
Hachon, voiturier à Ferney, 611.
Hacquart, imprimeur, 724.
Hainin, administrateur de département, 348-349.
Halancourt (d'), ci-devant adjudant-général, 607.
Hallot, adjudicataire de bois, 192.
Hambourg, 488, 493, 494-496, 600, 679.
Hannonville (d'), ambassadeur de Malte, 636.

Hanriot, candidat à l'École polytechnique, 651.
Haquin (général), 751.
Haras, 412, 581.
Harcourt (collège d'), 748.
Hardenberg, ministre prussien, 339.
Hardouin, commandant la place de Tarascon, 147.
Harel, capitaine, 180, 181.
Harmonville (Vosges), 446.
Harty (général), 518.
Hatry, général en chef de l'armée de l'Intérieur, 184, 212, 429, 488, 518, 590, 634, 680.
Hatton, prêtre réfractaire, 512.

HAUDRY, rayé de la liste des émigrés, 492.
HAUGWITZ (comte DE), ministre prussien, 538, 539, 541, 674.
HAUREAU, administrateur de Seine-et-Oise, 375.
HAUSSMANN, commissaire du gouvernement à l'armée de Rhin-et-Moselle, 5, 7, 18, 58, 119, 217, 220, 240, 265, 286, 309, 312, 330, 335, 337-338, 344, 407, 416, 433, 463, 467, 481, 523, 581, 624, 665, 676, 701, 752.
Haute-Cour de justice, 66, 202, 278, 291, 358, 370-372, 373, 387, 389, 496, 519, 531, 550, 553, 594, 595, 617, 624, 682.
Haute-Saxe (cercle de), 739.
Haut-Oltrost (Bas-Rhin), 292, 293.
Haut-Rhin (cercle du), 489, 548, 612.
HAÜY, membre de l'Institut, 399.
Havre (le), 294, 531.
HÉBERT, sous-lieutenant, 707.
HECTOR, adjudant-général, 308.
Hédic (île d'), 164.
HÉDOIN, de Reims, 679.
HÉDOUVILLE (général), 5, 6, 47, 54, 172, 206, 242, 518, 532, 691.
Helgoat (Finistère), 73.
HÉLIE (veuve), rayée de la liste des émigrés, 545.
HÉLIS (D'), général, 96.
HELLIN, adjoint aux adjudants-généraux, 553.
HÉNIN, lieutenant, 249.
HENNIN (veuve D'), rayée de la liste des émigrés, 435.
HENRI de Prusse (prince), 674, 704.
HENRIQUEZ, dit DUFAYEL, rayé de la liste des émigrés, 303.
HENRY, sous-lieutenant, 153.
HENRY (A.-T.), émigré, 269.
HENRYOT, sergent-major, 531.
HERCULAIS, envoyé extraordinaire auprès des régences barbaresques, 253.
Héricourt (Haute-Saône), 295.
HERMANN, représentant du peuple, 82.
HERMAND (D'), consul de France à Madrid, 301, 750.
Hermès ou Recherches philosophiques sur la Grammaire universelle, 171.

HERVAGAULT (J.-M.-R.), rayée de la liste des émigrés, 738.
HERVILLY (M.-P.-A.-A.-D.), rayé de la liste des émigrés, 721.
HERWYN, consul de Prusse, 12.
HESSE, consul de Suède, 26.
Hesse, 339.
Hesse-Cassel, 548.
Heuchin (Pas-de-Calais), 683.
HEUDELINE-LAMANCIÈRE (citoyenne), 72.
HILSCHER, consul de Prusse, 12.
HION, commissaire des guerres, 716, 730.
HOCHE, général en chef de l'armée des Côtes de l'Océan et de l'armée d'Irlande, 4, 47, 54, 112, 140-144, 147, 150, 151, 154, 156, 164, 165, 172, 184, 206, 212, 213, 213, 217, 242, 257, 265, 266, 330, 344, 474, 500, 518, 524, 547, 581, 596, 597, 598, 623, 624, 629, 652, 667, 676, 701, 708, 709-710, 714, 721, 723, 730.
Hochfelden (Bas-Rhin), 613.
HOHENLOHE (princes DE), 230, 397.
HOHENLOHE (D'), général allemand, 121, 223.
Hohenlohe (château de), 339.
HOLANDRE, médecin, 479.
Hollande, Hollandais, 636, 646, 651.
Honfleur, 450.
Hongrie, 410, 411.
Honneurs militaires, 643.
Hôpitaux, 154, 266, 403, 427, 721.
Horbourg (Haut-Rhin), 295.
HOREAU, administrateur de Seine-et-Oise, 150.
HOROY, chef de bataillon, 398.
Hors la loi (citoyens mis), 710-713.
Houat (île d'), 164.
HOURCADE, prêtre, 323, 324.
HOURCASTREMÉ, du Havre, 81, 83, 84.
HOUSSET, commissaire du Directoire, 74, 679, 680.
HOUY (D'), capitaine, 153.
HUART-DUPARC (J.-B.-P.-A.), rayé de la liste des émigrés, 642.
HUBERT, commandant provisoire d'Avignon, 132.
HUGUÉ, chef de bataillon, 270, 366.

Hue, capitaine de vaisseau, 103.
Huet, Tardieu et Désormeaux, concessionnaires de la maison des Filles-du-Calvaire, 749.
Huger (J.-B.-L.), rayé de la liste des émigrés, 559.
Hugo (E.), huissier du Directoire, 633, 634.
Hugresse-Malville, capitaine, 18.
Huguenin, père, mécanicien, 154.
Huguet, maréchal-des-logis, 154.
Huguet, ex-conventionnel, 590, 591.
Huissiers, 50-51, 477.
Humbert (général), 112, 151.
Humes (Haute-Marne), 615.
Hunaudière [la] (Loire-Inférieure), 551.
Huningue, 335, 433, 434, 463, 625.
Hureau (A.-E.), rayé de la liste des émigrés, 606.
Hurleaux, rayé de la liste des émigrés, 248.
Hypothèques, 394, 682.

I

Iderviller (Bas-Rhin), 293.
Ile-Dieu, 474.
Iles-sous-le-Vent, 351, 478.
Importation, 285, 422, 429, 602, 645, 646.
Imprimerie de la République, 713-714.
Incompatibilités, 348.
Inde (escadre de l'), 549.
Indigents (secours, distributions aux), 278, 279, 353, 659-660, 736.
Infantado (duchesse de l'), 303.
Ingénieurs des mines, 3.
Ingénieurs des ponts-et-chaussées, 212, 582.
Ingénieurs géographes militaires, 132, 133, 647-650.
Insinuation des actes, 324.
Inspecteurs des salles des deux Conseils, 258, 275, 290, 365.
Institut national, 81, 117, 399, 631.
Instructions préliminaires données par A. F. Letellier, commissaire général du Pouvoir exécutif, aux habitants des départements de la Vendée et de la Loire-Inférieure, lors de l'organisation des Administrations républicaines de ces contrées, 256.
Insurgés, Insurrections. — Voir Chouans, Royalistes.
Insurrection (tentatives d') à Paris, 481, 482, 589-591, 595, 596, 604.
Invalides, 88, 149. — Voir Vétérans nationaux.
Ira Allen, général irlandais, 75, 76, 77, 106, 110, 111, 167-168.
Irlande (expédition d'), 112, 125, 140-144, 150, 151, 177, 178, 224, 597, 629, 723.
Isabelle et Costé, propriétaires, 274.
Iseghem (Van), vice-consul de Danemark, 452.
Ile-Adam (Seine-et-Oise), 615.
Isle-Jourdain (Gers), 446.
Ismaïl-Sidi, officier turc, 461.
Isnard, député, 604.
Issy, 133.
Istria (Pancrace), 343.

J

Jacob, secrétaire de légation, chargé d'affaires à Turin, 403, 404, 636, 679, 684.
Jacques le fataliste, de Diderot, 704.
Jacquin, sous-lieutenant, 282.
Jalabert, capitaine, 480.
Jalès (camp de), 389.
Janety, locataire du domaine national, 641.
Jaoul, président d'administration municipale, 460, 461.
Jautard, juge de paix, 344.

DES NOMS ET DES MATIÈRES.

Javary, rayé de la liste des émigrés, 82.
Javogues, ex-conventionnel, 590, 591.
Jemmi, ancien capitaine suisse, 391-392.
Jenanemard, aide de camp, 432-433.
Jenort, capitaine, 553.
Joinville (Haute-Marne), 250.
Jolleau, lieutenant, 153.
Jolly, ancien chef de bataillon, 399.
Joly de Fleury, rayé de la liste des émigrés, 191.
Joquard, lieutenant, 707.
Jouan (M.), prévenu d'émigration, 88-90.
Joubert, commissaire du Gouvernement à l'armée de Sambre-et-Meuse, 21, 22, 26, 55, 58, 72, 73, 118, 149, 155, 173, 184, 230, 249, 264, 272, 294, 300, 331, 377, 410-411, 427-428, 434, 480, 481, 502, 503-504, 517, 524, 527-528, 528, 538, 548, 562-563, 580, 585, 637, 684, 685.
Jourdain-Rocheplate, capitaine invalide, 423.
Jourdan, général en chef de l'armée de Sambre-et-Meuse, puis de l'armée du Nord, 18, 20, 22, 26, 28, 58, 85, 90, 96, 98, 100, 149, 230, 233, 235, 264, 272, 294, 298, 299, 300, 329, 330, 338, 341, 357, 377-378, 407, 411-412, 463, 481, 486, 487, 538, 543, 544, 553, 559, 562, 580, 581, 586, 587-588, 621-622, 658, 691, 731-734.
Jourdan, rayé de la liste des émigrés, 148.

JOURNAUX :

Batave (Le), 475.

Courrier de Paris ou Chronique du Jour, 137, 365, 462.
Courrier des Armées et du Corps législatif (Le), 752, 753.
Fastes du peuple français (Les), 103.
Gazette de Francfort (La), 154.
Gazette générale de l'Europe (La), 156.
Journal de la Justice civile et criminelle, 86.
Journal des Campagnes (Le), 137.
Journal des Débats, 482.
Journal des Défenseurs de la Patrie, 431, 724.
Messager du Soir (Le), 102.
Rédacteur (Le), 482, 701, 724.
Sentinelle (La), 264.
Tableau de Paris (Le), 69.

Joyant, déserteur, 306.
Joybert, rayé de la liste des émigrés, 159.
Juddes, acquéreur de bois, 194, 393.
Juge, dit Brassac, rayé de la liste des émigrés, 606.
Jugements annulés, 44, 59.
Jugements arbitraux, 660.
Juges, 160, 213.
Juges de paix, 157, 259, 322, 343, 344, 647.
Junot, aide de camp de Bonaparte, 367, 532.
Jurés de jugement, 413.
Jurie, commissaire des guerres, 716, 730.
Jurys d'accusation, 149, 412.
Jussieu, directeur du Muséum, 3.
Justamond, professeur de langues, 250.

K

Kehl, 335, 708.
Keith (G.), pétitionnaire, 269.
Keller (J.), homme de confiance, 368.
Kellermann, général en chef de l'armée des Alpes, 26, 31, 58, 96, 118, 119, 121, 173, 174, 190, 196, 197, 198, 219, 240, 265, 266, 281, 282, 285, 308, 311, 329, 344, 407, 409, 410, 416, 422, 434, 463, 464, 475, 502, 503, 524, 547, 580, 624, 627, 628, 637, 651, 667, 700-701, 730, 735, 752, 759, 760, 761.
Kellermann, commandant de la place de Boulogne, 196.

KERHOËNT ou QUERHOËNT (veuve), rayée de la liste des émigrés, 424-425.
KERMAREC, dit TRAURONT, père et fils, rayés de la liste des émigrés, 700.
KERMORVAN (général), 25.
KIEN, adjoint municipal, 248.
KILMAINE (général), 112, 437.
Kirrberg (Bas-Rhin), 698.
KLÉBER (général), 28, 29, 272, 294, 298, 299, 300, 312, 330, 333, 336, 338.
Kleingœfft (Bas-Rhin), 293.

Klingenthal, 155.
KLINGLER, adjudant-général, 518.
KNAPS, dénoncé pour corruption, 320.
KŒNEMANN, ministre de Danemark à Paris, 722.
KŒNIG, bailli de Dagstuhl, 532.
KŒNIGSTEIN, 377.
KOLLE, mis en réquisition, 74.
KRAJEWSKI, polonais, 304.
KRIEG (général), 217, 488, 616, 637, 663, 665.

L

LABARBERIE, dit REFFUVEILLE, rayé de la liste des émigrés, 502.
LABARBERIE (J. J. T.), rayé de la liste des émigrés, 750, 751.
LABARDERIE-SAINT-FRONT, rayé de la liste des émigrés, 57.
LABAROLLIÈRE (général), 83, 172, 206, 345, 701.
LABARRIÈRE, adjudant-général, 351.
LABATE, rayé de la liste des émigres, 191.
LABATUT, éditeur, 137.
LABAUCHE, lieutenant, 480.
LABBÉ, charretier des transports militaires, 38, 614.
LABLETONNIÈRE, rayé de la liste des émigrés, 408.
LABLETONNIÈRE-DYGÉ (P.-G.-C.-A.), rayé de la liste des émigrés, 646.
LABORDE (général), 55, 85, 276, 432-433.
LABORDE (J.-J.), rayé de la liste des émigrés, 618.
LABOURDONNAYE, émigré, 114.
LABROUE, rayé de la liste des émigrés, 82.
LA BRUE, émigré, 387.
La Brunette (Piémont), 58, 96, 308.
LA BRUYÈRE, adjudant-général, 518.
LACÉPÈDE, secrétaire de l'Institut, 399.
LACHEVARDIÈRE-GRANDVILLE (veuve), rayée de la liste des émigrés, 748.
LACHÈZE, 283.
LACOSTE (J.-B.), conventionnel, 504.

LACROIX, chef de bataillon, 47.
LACROIX-LAVAL (I.-P.-P.-A.), rayé de la liste des émigrés, 502.
LAFONT (veuve), rayée de la liste des émigrés, 35.
LAFORTELLE, réquisitionnaire, 320.
LAGARDE, secrétaire général du Directoire, 81, 102.
LAGRANGE-FLOIRAC, rayé de la liste des émigrés, 405.
La Guerche (Ille-et-Vilaine), 177, 461.
LAHAYE-DE-SILZ, émigré, 218, 547.
LAHARPE (mandat d'arrêt relatif à), 44.
LAHOGUE (E.-A.), rayé de la liste des émigrés, 642.
LAIGNELOT, ex-conventionnel, 67, 643.
LAINÉ-SAINT-MARTIN (veuve), rayée de la liste des émigrés, 414.
LAKANAL, représentant du peuple, 748, 749.
LALANDE, gendarme, 229.
LALANNE, rayé de la liste des émigrés, 303.
LALEU (veuve), rayée de la liste des émigrés, 405.
Lalinde (Dordogne), 662.
LALLEMAND, émigré, 114.
LALLEMAND, lieutenant, 408.
LALLEMAND, capitaine, 707.
LALOT, représentant du peuple, 308.
LAMARQUE, prétendu nonce du pape, 425.
LAMARQUE, adjudant-général, 743.
LAMARTINIÈRE, chef de bataillon, 172.

LAMBARDI, vice-consul à Porto-Ferrajo, 520.
LAMBERT, accusé, 67.
LAMBERT (M.-A.), accusée, 67.
LAMBERT, commissaire-ordonnateur en chef, 408.
LAMBERT, secrétaire de l'administration de Cœuvres, 638.
LAMBERTÉ, accusé, 67.
Lamberville (Calvados), 54.
LAMBRON-LACROUZILLIÈRE, chef de bataillon, 399, 475.
LAMER (général), 4, 73, 286, 621, 751.
LAMIRAULT, rayé de la liste des émigrés, 228.
La Mothe (Lot), 70.
LAMOTHE, ci-devant chef de brigade, 132, 197.
LAMOTHE, chef de brigade, 302.
LAMOTZE et Cie, fournisseurs, 331, 427, 428.
Landau, 95, 221.
LANDOT, huissier du Directoire, 629.
Landrecies, 177.
LANGENHAGEN, officier à la suite, 708.
LANGERON, commissaire des guerres, 716.
LANGLAIS, lieutenant des douanes, 720.
LANGLE (DE) frères, émigrés, 386.
Langlée (Loiret), 68.
LANJUINAIS (Gabriel), parent du représentant, 213.
Lannion, 511.
LANTAL, adjudant-général, 518.
Laons (Eure-et-Loir), 736.
LA PALME (veuve), rayée de la liste des émigrés, 35.
LAPEYROUSE (général), 308.
LAPIERRE (M.-S.), accusée, 67.
LAPIQUE (veuve), rayée de la liste des émigrés, 442.
LAPLACE, membre de l'Institut, 399.
LAPLASSE, émigré, 303, 304.
LAPORTOLLE (A.-F.), vice-consul d'Espagne, 697.
LAPPARA, lieutenant, 270.
LAPRADE, maréchal-des-logis, 229.
LAPRUN (général), 709.
LA RÉVELLIÈRE-LÉPEAUX, membre du Directoire, 18, 74, 81, 211, 288, 289, 313-316, 469-470, 577, 590, 668, 727, 729, 742.
Largentière, 2.
LARIVIÈRE (Henry), lieutenant, 217.
LAROCHE (général), 58, 761.
LAROCHEBOSSUOT, rayé de la liste des émigrés, 35.
LARRABIT (D. P. A.), rayé de la liste des émigrés, 740.
LARTIGUE, lieutenant, 579.
LARUE (général), 547, 665.
LA SALCETTE (général), 423.
LASMOLES, officier, 153.
LASSALLE, lieutenant, 154.
Lassay (Mayenne), 392.
LATAPIE (A.), rayé de la liste des émigrés, 502.
LATOUR (citoyenne), femme divorcée d'émigré, 612.
LATREMBLAYE (C.-F.-R.), 421.
LATRIBOUILLE, émigré, 432.
LATTEUR, président du tribunal civil du département de Jemmapes, 259.
LAUBADÈRE (général), 546, 621.
LAUCHOU, rayé de la liste des émigrés, *Lauffenbourg*, 414, 433.
Laune (Basses-Pyrénées), 323.
LAURAIN, sapeur, 18.
LAURENT, colporteur, 154.
LAUROZA, auteur de mémoires adressés au Directoire, 700.
LAUTERBACH et D'HOFFATZ, fournisseurs, 119.
LAUTOUR, adjoint municipal, 266.
LAVERGNE, officier de santé, 537.
LAUZER, aide de camp, 376.
Laval (Mayenne), 392.
LAVALETTE, adjudant-général, 174, 206.
LAY, ex-adjudant-général, 546.
LEBLANC (veuve), 268.
LEBLANC, déserteur, 319.
LEBLANC, commissaire à Saint-Domingue, 381.
LEBLOND-SAINT-HILAIRE (femme), veuve d'un capitaine de vaisseau, 325, 326.
LEBON (Joseph), 149.
LEBRUN, représentant du peuple, 151.
LECAMUS, adjudant-général, 518.

794 INDEX ALPHABÉTIQUE

Lechat, 424.
Le Chauff, rayé de la liste des émigrés, 113.
Le Chevalier, notaire, 552.
Leclerc, adjoint aux adjudants-généraux, 445, 679, 695.
Leclerc, adjudant, 445.
Leclerc-Saint-Aubin, fonctionnnaire destitué, 346.
Lecoeur, sous-lieutenant, 664, 695.
Lecointe, rayé de la liste des émigrés. 191.
Lecointe, membre du Conseil des Cinq-Cents, 471.
Lecomte (femme), rayée de la liste des émigrés, 113.
Lecourbe (général), 14.
Lecourtois, dit Mantamy, rayé de la liste des émigrés, 386.
Lecousté, rayé de la liste des émigrés, 374.
Le Couteulx-Canteleux, membre du Conseil des Anciens, 171, 196, 197.
Lécrivain, émigré, 375.
Lécrivint (général), 751.
Le Crosnier, capitaine adjudant-major, 282.
Lectoure (Gers), 685, 699, 701, 719.
Ledoux, commandant de pompiers, 520.
Le Doyen (général), 311, 667.
Leduix, suspect d'agiotage, 43.
Lefebvre, commissaire du Directoire. 147,
Lefebvre (F.-G.), charretier des transports militaires, 579.
Lefebvre, secrétaire adjoint à Fréron, 719.
Lefèvre, adjoint municipal, 72.
Lefèvre, commissaire du pouvoir exécutif à Nivelles, 678.
Lefranc-Lacary, rayé de la liste des émigrés, 738.
Legall, mathématicien, 45.
Legardeur, ancien militaire, 72.
Légations et consulats, 73.
Legay, propriétaire de journal, 475.
Legendre, ex-conventionnel, 604.
Legendre, membre de l'Institut, 399.
Léger, propriétaire à Paris, 33, 413.
Léger, chargé de mission, 92.

Léger, capitaine, 229.
Légion de police, 78, 153.
Legouez, Léger et Cie. — Voir Trésorerie nationale.
Legrain, de Saintré, 674.
Legrand, secrétaire interprète, 32.
Legrand (Henriette-Adélaïde), 32.
Legrand (général), 132, 452.
Legrand, président du tribunal de Sambre-et-Meuse, 147.
Legrand, agent municipal, 430, 435.
Legrand (veuve), rayée de la liste des émigrés, 502.
Legras, aide de camp, 532.
Le Hoc, ci-devant ambassadeur en Suède, 325.
Leipzig, 312.
Lelandais, ouvrier, 88.
Le Lièvre, membre de l'Institut, 339.
Leloup (veuve), rayée de la liste des émigrés, 159.
Lemaire, chef de bataillon, 270,
Le Mans, 177, 330.
Le Marié, rayé de la liste des émigrés, 268.
Lemarquand, rayé de la liste des émigrés, 559.
Lemoine, caporal, 90.
Lemoine, ancien perruquier, 149.
Lemoine (général), 172, 205.
Lemoine, sous-lieutenant révoqué, 225.
Lemoine, secouru par le Directoire, 450.
Lemoine, ancien capitaine, 532.
Lemonnier, homme de lettres, 148.
Lemonnier, ex-curé, 274.
Lemot, rayé de la liste des émigrés, 405.
Lenfant, quartier-maître de gendarmerie, 615.
Lenormand, rayé de la liste des émigrés, 414.
Léonard, quartier-maître de gendarmerie, 615.
Léonard, capitaine à la suite, 650.
Lepape, commandant de la place d'Oudenarde, 270.
Lépeaux (Deux-Sèvres), 408.
Le Peintre, rayé de la liste des émigrés, 473.

LE PETIT, dit BOIS-SOUCHARD, rayé de la liste des émigrés, 327.
LÉPINE, sous-lieutenant destitué, 230.
LEPREUX, chef de brigade, 476.
LE PRÉVOST (veuve), rayée de la liste des émigrés, 303.
LEQUINIO, ex-conventionnel, 435, 643.
LÉRIVINT (général), 707.
LE ROUX (F.-A.), rayé de la liste des émigrés, 618.
LE ROUYER (P.-M.), rayé de la liste des émigrés, 600.
LE ROY (femme), rayée de la liste des émigrés, 705.
LE ROY DE L'ISLE, rayé de la liste des émigrés, 303.
LESENS, dit LION, rayé de liste des émigrés, 559.
LESPAGNOL, prévenu de faux et d'escroquerie, 170, 618.
LESSELIN (J.), rayé de la liste des émigrés, 559.
LESSEPS, diplomate français, 267, 268, 611.
LESTEVENON, 646.
LESTIBOUDOIS, de Louisbourg, 609.
LESTRANGE (général), 518.
Lestre (Manche), 637.
LETAILLEUR (J.-B.), rayé de la liste des émigrés, 738.
LETELLIER, officier municipal, 27.
LETELLIER, femme LA ROCHEFOUCAULD, rayée de la liste des émigrés, 57.
LE TELLIER, femme MONTESQUIOU, rayée de la liste des émigrés, 57.
LETELLIER, commissaire du pouvoir exécutif, 96, 254, 256, 286, 289, 290, 634.
LETERRIER (J.-C.), rayé de la liste des émigrés, 748.
LETORT, capitaine, 707.
LE TOURNEUR, membre du Directoire, 77, 590, 742.
LETRÔNE, agent secret, 284.
LEUSSE (veuve), rayée de la liste des émigrés, 228.
LEUSSE (A.-E.), rayé de la liste des émigrés, 228.
LEUSSE (F.-M.), rayé de la liste des émigrés, 228.

LEVAILLANT, commissaire ordonnateur, 577.
LEVASSEUR, adjudant-général, 58.
LEVASSEUR (M.-R.-J.), émigrée, 560.
LEVASSEUR D'ARMONVILLE, sous-lieutenant, 270.
LEVASTRE, MASNEUF, DEGOUT, acquéreurs de biens nationaux, 59.
L'ÉVEILLÉ (général), 381.
LEVRAT, lieutenant de gendarmerie, 614.
LEYSENNE, officier destitué, 153.
LHERMITE (M.-R.-J.), rayée de la liste des émigrés.
L'HUILLIER (veuve), rayée de la liste des émigrés, 248.
LIAIS (B.-P.-L.), vice-consul d'Espagne, 698.
LIBOREL, représentant du peuple, 399, 401-402.
LIÉBERT (général), 25, 95, 96, 265, 309, 345, 452.
Liége, 73.
LIÉGEARD, capitaine, 217.
LIGNEVILLE (général), 691.
Lille, 177, 345, 443.
Limbourg (Ourthe), 205.
LINAGE, agent secret, 284.
LINANGE (prince DE), 489.
LIMODIN, membre du Bureau central de Paris, 34.
Limoges, 630.
LINDET (Robert), ancien conventionnel, 67.
LINNGBERG, ingénieur, 281.
LINTZ, lieutenant, 153.
Liquidations, 758.
Lisieux, 106, 107.
LISNÉ, garçon de bureau, 391.
Lisy (Seine-et-Marne), 2.
LITZENBURGER, rayé de la liste des émigrés, 675.
Livourne, 61, 64, 123, 242, 245, 246, 283, 350, 440, 526, 654, 718.
Livres élémentaires, 466.
Livry (Seine-et-Oise), 272, 701.
LOCQUIN, chef de bataillon, 163.
Lodi, 91.
LOINTIER, réquisitionnaire, 74, 321.
LOISON (général), 518.

LOLLIERON, ex-sous-lieutenant, 579.
LOMBARD, gendarme, 229.
Lombardie. — Voir *Milan.*
Lonato (bataille de), 318, 336, 467.
Londerzeel (Dyle), 477.
LONG, capitaine en second de vaisseau, 620.
LONG (veuve), secourue par le Directoire, 620.
LONG, HUPPÉ et GELOT, fournisseurs, 273, 295.
LONGCHAMPS (ou DELONGCHAMPS), commissaire du pouvoir exécutif, 744.
LONS, commissaire du pouvoir exécutif, 477.
LONTREUIL, adjoint municipal, 101.
LORDAT frères, rayés de la liste des émigrés, 69.
Loriol (Drôme), 472.
LORRIOT (L.-P.-R.), rayé de la liste des émigrés, 600.
Lorry-les-Metz (Moselle), 746.
Loteries, 87, 497-498.
LOTTIN (citoyenne), femme DE WAST, 135.
LOUBERS, sous-lieutenant, 153.

Loudéac, 432.
LOUIS, adjudant-général, 628.
LA LOUPPE (Eure-et-Loir), 677.
LOYAUD, juge de paix, 638.
Loyers, 550-551.
LUBERSAC, rayé de la liste des émigrés, 17.
LUCE (veuve), rayée de la liste des émigrés, 721.
LUCOTTE, chef de brigade, 96, 272.
Lucques, 121.
LUMIGNY, 177.
Lunéville, 225, 327.
Lupiac (Gers), 50.
LUPPÉ, concessionnaire de mines, 723, 724.
Luxembourg, 404, 651.
Luxembourg (palais du), 757-758.
Lycée des Arts, 590.
Lyon, Lyonnais, 4, 118, 119, 145, 146, 182, 197, 198, 219, 220, 240, 311, 312, 343, 367, 379, 380, 422, 423, 433, 434, 503, 536, 631, 682, 760.
LYVET (J.-B.-N.), rayé de la liste des émigrés, 695.

M

MACART, agent municipal, 512.
MACCARTHY-PUYBERNEAU, rayé de la liste des émigrés, 748.
MACDONOUGHI, chef de bataillon, 177, 178.
MACHEMIN, lieutenant, 376.
MACKAU, chargé de procuration par le Sénat de Hambourg, 488, 493, 633.
MACKLOT, émigré, 391.
MACQUART (général), 437.
MAESCHALK, commissaire du pouvoir exécutif, 322.
Maestricht, 154, 651.
Magalas (Hérault), 263.
MAGALLON-LAMORLIÈRE, 87.
MAHIER, capitaine de gendarmerie, 329.
MAGNIAT (femme), rayée de la liste des émigrés, 502.
MAILHE, sous-lieutenant, 305.

MAILHES, rayé de la liste des émigrés, 405.
MAILLAT (femme), rayée de la liste des émigrés, 303.
Maillebois (Eure et-Loir), 677.
MAILLÉ-BRÉZÉ, ancien militaire, 348.
MAINOT (femme), rayée de la liste des émigrés, 559.
MAISON, chef de bataillon, 376.
MALDERRÉE, rayé de la liste des émigrés, 228.
MALET-COUPIGNY (femme), rayée de la liste des émigrés, 375.
MALFAIT, rayé de la liste des émigrés, 191.
MALHERBE, maître de forge, 551.
Malijay (Basses-Alpes), 216.
MALLET, commissaire du pouvoir exécutif, 582.

Malo, officier de dragons, 54.
Maloet, médecin, 213.
Malversations, concussions, déprédations, dilapidations, indiscipline, pillage, prévarications, 58, 82, 83, 106, 172, 174, 217, 236, 237, 240, 241, 248, 249, 286, 292, 298, 300, 308, 322, 334, 335, 337, 338, 341, 342, 344, 345, 377, 438, 444-445, 503-504, 527, 528, 534, 562-563, 581, 584, 585, 587-589, 625, 651, 653, 654, 665, 679, 680, 685, 686-691, 709, 716, 717, 729, 761,
Malzac (Basses-Alpes), 292.
Manche, administrateur des Bouches-du-Rhône, 265, 478.
Mancini, duc de Nivernais, 259.
Mandat, rayé de la liste des émigrés, 191.
Mandats territoriaux, promesses de mandats, 24, 131, 134, 135, 161, 211, 218, 300, 347-348, 365, 380, 385, 413, 431, 466, 471, 513, 552, 602, 630, 667, 683, 699, 737.
Mandelsloh (baron), plénipotentionnaire de Wurtemberg à Paris, 728, 729.
Manely et Nega, marchands grecs, 464, 476.
Mangin, adjoint du génie, 18.
Mangin (veuve), rayée de la liste des émigrés, 631.
Mangourit, chargé d'affaires de la République, 194, 254.
Mannheim, 221, 235, 329, 340.
Mantes (Seine-et-Oise), 151, 396.
Mantoue, Mantouan, 120, 121, 188, 190, 243, 234, 341, 333, 336, 337, 369, 437, 526-527, 656, 685, 703, 717, 735.
Manufactures, 379, 380.
Manuscrits, 81, 377.
Maratray-Cussy, prévenu d'émigration, 694, 738.
Maraudet, secrétaire d'ambassade, 433.
Marbeuf (jardin), 500.
Marbot, représentant du peuple, 653.
Marcard, gendarme, 229.
Marceau (général), 21, 28, 99, 341, 752, 753-754.

Marceau (citoyenne), mère du général, 751, 752, 753-754.
Marchandeau-Delisle, préposé en chef de la régie de l'enregistrement, 444.
Marchiennes, 152.
Marcilly, juge, 147.
Marconier, chef de bataillon, 676.
Marconnay (femme), rayée de la liste des émigrés, 642.
Maréchal, administrateur des Bouches-du-Rhône, 255.
Marescot (général), 357, 358, 581, 701, 708-709, 715, 742.
Margerin, capitaine, 476.
Marguerit (A.), rayé de la liste des émigrés, 497.
Marigny, sculpteur, 258.
Marine militaire, 292, 591-594, 710.
Marisy (veuve), rayée de la liste des émigrés, 636.
Marivaux, secrétaire de légation en Suède, 267.
Marly, 231.
Marminier, commissaire du pouvoir exécutif, 638.
Marmont, aide de camp de Bonaparte, 367, 688, 720, 725-727.
Marnet, chef de bataillon, 650.
Maroc, 522.
Marquand (J.-R.), rayé de la liste des émigrés, 554.
Marquet, exploitant de forges, 659-660.
Marreau (femme), rayée de la liste des émigrés, 675.
Marron-Martin, capitaine, 286.
Marrot (citoyenne), orpheline, 719.
Marseille, 210, 211, 212, 215, 216, 225, 241, 245, 251, 255, 259, 285, 291, 311, 357, 422, 464, 476, 616, 759.
Martel (E.), prétendu émigré, 37.
Martel, capitaine, 153.
Martel, ancien capitaine, 707.
Martel frères, rayés de la liste des émigrés, 268, 269.
Martin, rayé de liste des émigrés, 35.
Martin (femme), accusée, 67.
Martin, rayé de la liste des émigrés, 69.
Martin (J.), sergent-major, 119.

MARTIN, juge de paix de Barbantane, 129.
MARTIN, commandant provisoire de Luxeuil, 132.
MARTIN, adjudant sous-officier, 270.
MARTIN, vice-amiral, 464-465.
MARTIN (S.), grenadier, 666.
MARTIN, sous-lieutenant, 707.
MARTIN-DARCY (veuve), rayée de la liste des émigrés, 738.
MARTINELLI, médecin vétérinaire, 522.
MASSANI (Giuseppe), 118.
MASSARD, accusé, 67.
MAST, capitaine, 476.
MASSÉNA (général), 184, 407, 437.
MASSON, administrateur de la Haute-Loire, 168.
MASSONNEAU, dite DES BARRIÈRES, rayée de la liste des émigrés, 545.
MASSOT père et fils, acquéreurs de bois, 403.
MATHÉUS, substitut de commissaire du pouvoir exécutif, 60.
MATHIEU, économe des hôpitaux militaires, 152.
Maubeuge, 170.
MAUBOUSSIN (P.-D.), rayé de la liste des émigrés, 714.
MAUDUIT (M.), rayé de la liste des émigrés, 600.
MAUGER (G.), rayé de la liste des émigrés, 694, 695.
Mauléon (Basses-Pyrénées), 489.
MAULÉVRIER, non émigré, 375.
MAUPAS, réquisitionnaire, 170.
MAUPEOU, rayé de la liste des émigrés, 303.
MAURIN, lieutenant, 376.
MAURY frères, volontaires, 231.
MAURY (A.), rayé de la liste des émigrés, 519.
MAUVOISIN, émigrés, 170.
Mayençais réfugiés, 380.
Mayence, 340, 367, 378, 412, 487.
MAYER, maître de poste, 3.
MAYER, MAX, HODECHAUX, ALAUX et Cie, fournisseurs, 264.
MAYER (général), 685.
MAYROT (C.-J.), émigré, 537.

MAZEILLY, rayé de la liste des émigrés, 385.
MÉCHAIN, astronome, 132.
MÉCHAIN (A.-E.), rayé de la liste des émigrés, 530.
MÉCHIN, grenadier, 90.
MÉCHIN (C.-M.), rayé de la liste des émigrés, 530.
MEIRA (L.), condamné à mort, 511.
Meistratzheim (Bas-Rhin), 292, 293.
MELIN, lieutenant, 707.
Mélincourt (Haute-Saône), 612.
MENA, lieutenant destitué, 229.
MÉNAGE (général), 174, 205.
MÉNAGE, rayé de la liste des émigrés, 248.
MÉNARD, émigré, 612.
MÉNARD (citoyenne), femme d'émigré, 79.
MENAUD (F.), émigré, 647.
MENDE, sous-lieutenant, 518.
MENESSIER, accusé, 67.
MENEUST, rayé de la liste des émigrés, 35.
MENGAUD (général), 335.
MENGIN (femme), rayée de la liste des émigrés, 740.
Ménigoute (Deux-Sèvres), 162.
Mennolsheim (Bas-Rhin), 293.
MÉNOIRE, aide de camp, 106, 217, 290.
MENOU, rayé de la liste des émigrés, 35.
MERLAT, adjudicataire de bois, 145.
MERLIN, ministre de la justice, 129, 242, 432, 746.
MERMEL (général), 518.
MERMET (général), 174, 206.
MÉROT (époux), rayés de la liste des émigrés, 642.
MÉROT (enfants), rayés de la liste des émigrés, 642.
MESNARD, dit DUBOISSY, rayé de la liste des émigrés, 374.
MESNARD, notaire, 426.
MESNIL (A.-A.), rayé de la liste des émigrés, 600.
Messageries, 346.
Metz, 510.
METZ (F.-B.), prêtre, 40.
Meudon, 163.
MEUNIER (général), 163, 437, 518.
Meuse-et-Rhin (pays d'Entre), 13, 260-263, 517, 619.

DES NOMS ET DES MATIÈRES. 799

Meusy, sujet suisse, 653.
Mexme-Picault, rayé de la liste des émigrés, 705.
Meyel, 290.
Meyer, fournisseur de l'armée de l'Intérieur, 38.
Meyer, de Lugano, 83.
Meymes (Gers), 50.
Mézard, rayé de la liste des émigrés, 451.
Mézières, 66.
Michel (P.), général, 381.
Michon, 88.
Micheau, assesseur de juge de paix, 242.
Michel (général), 153.
Michel, agent secret, 284.
Micoud, chef de brigade, 217.
Milan, Milanais, 61, 62, 64, 65, 91, 243, 244, 322, 333, 334, 350, 410, 527, 628, 655-656.
Milcent, agent secret, 284.
Millet, rayé de la liste des émigrés, 191.
Milleville, rayé de la liste des émigrés, 327.
Millier, huissier du Directoire, 629.
Milscent, adjoint à l'adjudant-général Blondeau, 707.
Ministères (dépenses des), 465, 544.
Ministères (employés des), 34, 544.
Ministère, ministre de la Guerre, 1, 4, 5, 18, 21, 25, 40, 58, 72, 73, 83, 87, 118, 132, 133, 149, 153, 154, 165, 178, 179, 212, 218, 219, 241, 281, 285, 286, 287, 308, 312, 323, 330, 357, 358, 367, 376, 398, 407, 416, 433, 443, 452, 464, 475, 502, 517, 523, 529, 537, 544, 547, 548, 596, 620, 623, 625, 652, 665, 685, 697, 699-700, 708-709, 741, 751, 752, 760-761, 762.
Ministère, ministre de la Justice, 2, 3, 36, 37, 39, 73, 119-120, 165, 196, 241, 254, 256, 281, 323, 349, 358, 463, 474, 537, 553, 596, 620, 676, 682, 683, 695, 701.
Ministère, ministre de la Marine, 90, 91, 171, 172, 183, 225, 265, 310, 422, 504, 513, 547, 549, 676, 715, 723.

Ministère, ministre de la Police générale, 18, 25, 26, 32, 41, 55, 73, 77, 86, 103, 105, 120, 151, 154, 164, 174, 196, 212, 217, 241, 255, 258, 266, 281, 283-284, 308, 330, 345, 358, 398, 416, 426, 463, 464, 497, 517, 547, 589-591, 609, 624, 637, 638, 695-696, 730.
Ministère, ministre de l'Intérieur, 3, 32, 41, 59, 73, 87, 111, 120, 165, 240-241, 281, 323, 358, 376, 407, 422, 463, 474, 517, 537, 577, 581, 620, 671, 676, 682, 696, 721, 736.
Ministère, ministre des Finances, 3, 32, 39, 43, 73, 111, 118, 120, 138-140, 165, 184, 196, 249, 258, 273, 281, 294, 308, 317, 322, 323, 376, 423, 434, 529, 533, 537, 595, 595, 624, 647, 651, 676, 680, 694, 708, 715, 716, 758, 759, 760, 761.
Ministère, ministre des Relations extérieures, 39, 83, 93, 119, 154, 176, 177, 178, 250, 281, 291, 364, 376, 463, 517, 548, 550, 552, 624, 651, 676, 699, 702, 704, 706, 722, 737.
Miollis, commissaire du pouvoir exécutif, 513.
Miollis (général), 650.
Miot, ambassadeur à Florence, 184.
Miquel, lieutenant, 707.
Mireur, adjudant-général, 357.
Mirondot, ancien consul à Bagdad, 715.
Mission du citoyen Fréron, ex-député à la Convention nationale et commissaire du gouvernement, dans les départements des Bouches-du-Rhône, de Vaucluse, de la Drôme, du Gard, des Hautes et des Basses-Alpes, 104.
Missions étrangères (maison des), 173, 179.
Mitchel (Ch.), commerçant, 368.
Modène, Modenais, 244, 350, 654.
Moine, rayé de la liste des émigrés, 618.
Molhérat, suspect d'agiotage, 43.
Mollans (Haute-Saône), 746.
Moncey (général), 743.
Moncombles, déserteur, 319.
Mondeville (Calvados), 2.

MONESTIER, représentant du peuple, 169, 723.
MONET (général), 518.
MONGE, examinateur à l'École polytechnique, 464, 613.
MONGENDRE, administrateur des Bouches-du-Rhône, 255.
Monnaie, 215, 220, 239, 254, 324, 390, 510, 630, 662.
MONNARD, accusé, 67.
MONNARD (femme), accusée, 67.
MONNET, chef de brigade, 172.
MONNIER, accusé, 67.
MONNOT, membre du Conseil des Cinq-Cents, 269.
Monsieur (circulaire sur le mot), 72, 74, 75.
Montagnac (Hérault), 25.
MONTAIGNAC, rayé de la liste des émigrés, 248.
Montaigu, 172.
Montauban, 365.
MONTAUDOIN, rayé de la liste des émigrés, 268, 269.
MONTAULT (veuve A. DE), rayée de la liste des émigrés, 303.
MONTBEL (citoyenne), femme d'émigré, 247.
Montbéliard, 295.
Mont-Blanc (section du), 327.
Montbois (Ardennes), 242.
MONTBRUN, lieutenant, 376.
MONTBRUN (H.) ex-gouverneur des *Îles sous le vent*, 621, 666, 675, 769.
Montdidier, 317.
Montechiaro (bataille de), 336.
MONTEIL (P.), rayé de la liste des émigrés, 462.
Montélimar, 181, 329.
MONTFORT, capitaine suspendu, 196.
Montfort (Ille-et-Vilaine), 204.
MONTFORT (général), 517.
MONTIGNY (général), 51.
MONTIGNY, rayé de la liste des émigrés, 113.
Montigny-les-Vesoul (Haute-Saône), 273.
Mont-Libre; — Voir Montlouis.
MONTLINOT, publiciste, 7.
Montlouis (Pyrénées-Orientales), 741.

MONTMORENCY-LUXEMBOURG, émigré, 145.
Montpellier, 351.
MONTPENSIER (duc DE), 493, 494, 739, 740.
MONTPEZAT, rayé de la liste des émigrés, 424.
Montreuil (Eure), 343-344.
MONTRICHARD (général), 83; 222.
MORAINVILLE, agent secret, 177, 633.
MORARD, caporal, 117.
MOREAU, général en chef de l'armée de Rhin-et-Moselle, 20, 26, 27, 30, 82, 84-86, 99, 100, 121, 122, 164, 165-167, 217, 221-223, 234-235, 276, 312, 329, 330, 333, 334, 335, 336, 337, 338, 339, 344, 357, 369, 377, 378-380, 416, 433, 434, 436, 452, 463, 481, 486, 487, 523, 538, 544, 579, 581, 585-587, 597, 603, 621, 624, 639-641, 644, 658, 664, 676, 697, 700, 702, 703, 718, 731-734.
MOREL, accusé, 67.
MOREL (citoyenne), secourue par le Directoire, 462.
MORET (G.), émigré, 740, 741.
Morey (Haute-Saône), 148.
Morienval (Oise), 577-578.
MORIÈRE, charretier des transports militaires, 37, 38, 614.
MORIN, rayé de la liste des émigrés, 69.
MORIN fils, rayé de la liste des émigrés, 69.
MORISSET, commissaire du pouvoir exécutif, 554.
MORISSON, représentant du peuple, 164, 165.
MOROI, accusé, 67.
MORSEL (VAN), vice-consul de Danemark, 452.
Mortagne, 434.
Mortain, 5, 60.
MORTIER, blessé au 13 vendémiaire, 12.
MOSCATI, médecin, 91.
MOSCHETTI, patriote piémontais, 654, 657.
MOSNIER, dites THONARÉ, rayées de la liste des émigrés, 738.
MOTTE, capitaine, 172.

DES NOMS ET DES MATIÈRES.

Mouchard-Chabau, rayé de la liste des émigrés, 618.
Moulin (général), 580, 665, 700, 760.
Moulinier, chargé de mission, 92.
Mouret (général), 26, 154, 329, 433, 463, 464-465, 625.
Moussette (R.), acquitté, 534.
Mousseval (Haute-Marne), 322.
Moussy, rayé de la liste des émigrés, 442.
Moustier (A.), rayé de la liste des émigrés, 159.
Moutel, complice de Saillans, 389.
Mouter, sous-lieutenant, 376.
Moynat-d'Auxon (général), 650.
Mugnier, accusé, 67.

Mühlenbeck, négociant, 603.
Mulhausen, 521.
Muller, négociant suisse, 108, 161.
Municipalités, 13, 185.
Munier, adjoint aux adjudants-généraux, 325.
Murat (général), 684.
Muséum d'histoire naturelle, 3, 33, 413, 544-545.
Muséum des monuments français, 255, 256.
Musnier-la-Converserie, adjudant-général, 132.
Musset, capitaine, 676.
Mutelé, adjudant-général, 51.

N

Nagera, brigadier de gendarmerie, 329.
Nalin, rayé de la liste des émigrés, 114.
Namur, 147.
Nantes, 5, 714.
Nantua, 476, 477.
Naples, Napolitains, 121, 362, 437-440, 525, 602, 742, 754.
Narbonne père, rayé de la liste des émigrés, 159.
Narbonne, 286.
Narbonne-Pelet (citoyenne), rayée de la liste des émigrés, 191.
Narboud (S.), rayé de la liste des émigrés, 642.
Nardon, administrateur de Saône-et-Loire, 39.
Nassau-Saarbrück (prince de), 489.
Nassier, gendarme, 229.
Naturalité française, 271, 275, 674.
Naudet, agent municipal, 510.
Naufragés de Calais, 37, 319, 692-693.
Navarre, de Meaux, 174.
Navarre, capitaine, 270.
Navarre, auteur d'un projet sur les batteries flottantes, 464.
Neresheim (bataille de), 411.
Nettement, agent diplomatique du Directoire, 722.
Neublans (Jura), 619.

Neuchèse, rayé de la liste des émigrés, 191.
Neuf-Brisach, 759.
Neufchâtel (Seine-Inférieure), 342.
Neumarck (combat de), 543.
Neutralisation (lettres de), 104-105.
Ney (général), 239, 357, 358.
Nice, 109.
Nicolas (C.), grenadier, 282.
Nicolas (J.-T.). — Voir Théodore.
Nicole, sous-lieutenant, 707.
Nicolot, lieutenant, 229.
Niederschœnthal, 4.
Niger, chef de brigade, 96, 308, 309.
Ninis (Marie), accusée, 100, 101.
Niolet, lieutenant de gendarmerie, 47.
Ninoth, arrêté à Amsterdam, 130.
Nivelles, 477, 478, 534, 678.
Noaille, membre du Conseil des Cinq-Cents, 210, 211.
Noblet (sœurs), rayées de la liste des émigrés, 17.
Noblet, rayé de la liste des émigrés, 228.
Nodewez (Dyle), 236.
Noël, ministre de France en Hollande, 5, 9, 174, 176, 384, 681.
Noël, agent secret, 244.
Nogent-sur-Seine, 614.
Noirot, rayé de la liste des émigrés, 425.

Noizet-Saint-Paul, chef de brigade, 107.
Nomény (Meurthe), 389.
Nontron (Dordogne), 660.
Normand, chef de brigade, 239.
Notaires, 57, 179, 390, 477.
Nouet, astronome, 132.
Nouvillers, commis greffier, 237.
Novière, grenadier, 579.
Novion (Ardennes), 259.
Novion (femme divorcée de), 342.
Nublat, juge de paix, 477.
Numéraire (paiements en).

O

Objets d'art et de sciences enlevés en pays ennemi, 5, 63, 240, 265, 331, 407, 409, 517, 581, 751, 753.
Obligations (réduction des), 117 130, 169.
O'Connor, patriote irlandais, 167.
Odevaere, vice-consul de Danemarck, 452.
O'Donnell, capitaine, 408.
OEulert, chef de bataillon, 614.
Officiers à la suite, 537.
Officiers (nomination, réforme, remplacement, réintégration, destitution d'), 5, 18, 38, 46, 47, 132, 133, 202, 229, 230, 270, 271, 330, 376, 377, 399, 582, 610, 623, 707-708, 710, 716.
Ogé (veuve), rayée de la liste des émigrés, 462.
Oléron (île d'), 554.
Olivier (citoyenne), autorisée à rentrer en France, 534.
O'Méara, chef de brigade, 461.
Onfroy, libraire, 93.
Orange (prince d'), 416.
Ordinaire, acquéreur de biens nationaux, 346.
Ordres et congrégations religieux, 504.
Orléans (duchesse d'), 493.
Orléans (A.-H. d'). — Voir Beaujolais.
Orléans (A.-P. d'). — Voir Montpensier.
O'Shée, chef de brigade, 650.
O'Shée (femme), 599.
Ostheim (Bas-Rhin), 295.
Otages, 742.
Ottonville (Moselle), 740.
Oudalle (Seine-Inférieure), 472.
Ouest (départements de l'), 276, 289, 290.
Ourre (général), 132.

P

Pache, ex-maire de Paris, 612.
Pacquin-Vanzlémont (général), 107.
Pacy-sur-Eure, 720.
Padoux, officier destitué, 153.
Pagnon-Laborie, 614.
Paigis (de la Mayenne), 55.
Paillard (général), 433.
Paillon, auteur d'une lettre au général Hoche, 561.
Paine (Th.), ex-conventionnel, 258.
Paix (prince de la). — Voir Godoy.
Palatin (électeur), 33.
Panassot, huissier du Directoire, 673, 674.
Pape. — Voir Pie VI.
Papier-monnaie, 661.
Paradis (M.-F.), rayée de la liste des émigrés, 721.
Parent, sous-lieutenant, 553.
Parfouru, dragon, 95.
Paris (commune de); — approvisionnements, 93, 96-98, 102, 157, 185, 755.
Paris (justice de paix de), 117.
Parish, consul américain à Hambourg, 721.
Parme, 93, 195, 244, 350.
Paroisse, inventeur, 399.
Parret, rayé de la liste des émigrés, 82.
Parrieu, accusé, 67.

PARROCEL, minéralogiste, 695, 696.
Parthenay, 164.
PASQUIER (veuve), rayée de la liste des émigrés, 374.
Passavant (Haute-Saône), 295.
Patentes, 443, 450, 535, 615.
PAULLO (veuve), rayée de la liste des émigrés, 474.
PAVÉE, rayé de la liste des émigrés, 435.
Pavie, 91.
Payeurs des rentes, 48.
Pays conquis. — Voir *Meuse-et-Rhin* et *Rhin-et-Moselle*.
PÉCHART, président de l'administration de l'Aisne, 195.
PEIGNARD, gendarme, 229.
PELGRIN, 118.
PÉLISSIER, commissaire du pouvoir exécutif, 693, 694.
PELLETAN, membre de l'Institut, 47.
PELLETIER (A.), émigré, 405.
PELLETIER (E.-A.-L.), rayé de la liste des émigrés, 415.
PELLETIER-CHAMBURES (veuve), secourue par le Directoire, 606.
PELLETIER-MONTMARIE, sous-lieutenant, 217.
PELLISSIER, capitaine destitué, 229.
PELLOUTIER, consul de Prusse, 82.
PÉMARTIN, représentant du peuple, 748, 749.
PENLOET (veuve), rayée de la liste des émigrés, 191.
Penne-de-Pie (Calvados), 274.
Pensions et secours, 22, 174, 204, 236, 317-318, 356-357, 376, 393, 500, 548, 642-643, 660, 677, 724, 740, 758.
PÉRARD, lieutenant de gendarmerie, 329.
PÉRARD, adjoint à l'état-major de l'armée des Alpes, 707, 708.
Percepteurs, receveurs. — Voir Contributions.
PERCHERON, commissaire pour la fixation des limites à Flessingue, 268.
PÉRÈS, représentant du peuple, 418, 419, 660.
PÉRIGNON (général), ambassadeur en Espagne, 42, 403, 478, 482, 489, 492, 605.

PERLOT, capitaine, 707.
Permissions (militaires), 4.
PERNAY, 55.
PERNY, astronome, 132.
Péronne, 173, 177, 552.
PÉROT, dit LARDERET, rayé de la liste des émigrés, 157.
PÉROUZE, rayé de la liste des émigrés, 248.
Perpignan, 741.
PERRACHE, rayé de la liste des émigrés, 159.
PERAUX-LA-CAZE, suspect d'agiotage, 43.
PERRÉE, dit VILLESTREUX, rayé de la liste des émigrés, 613, 614.
PERREGAUX, banquier, 722.
PERRIER, ancien employé, 422.
PERRIER (F.-C.-G.), rayé de la liste des émigrés, 536.
PERRIN, adjudant-général, 4, 286, 334, 337, 338, 433, 523.
PERROCHEL, chargé d'affaires en Suisse, 267.
PERRON, lieutenant, 229.
PERSONNE, représentant du peuple, 399, 401-402.
PÉRUSSE D'ESCARS, émigré, 393.
PESCHER, ex-capitaine, 249, 376.
Peschiera, 409.
PESEUX, prêtre déporté, 698.
PÉTARD fils, président d'administration municipale, 72.
PETAU père, rayé de la liste des émigrés, 559.
PETAU (enfants), rayés de la liste des émigrés, 559.
PETEGUECY, chef de bataillon, 163.
PÉTIET, ministre de la guerre, 467, 468, 725.
PETIT, garde-magasin, 3.
PETIT, adjudicataire de bois, 145.
PETIT (J.-E.-R.), rayé de la liste des émigrés, 520.
PETIT (J.-L.-N.), rayé de la liste des émigrés, 675.
PETIT-MORTIER, ex-commissaire des guerres, 451.
PEYRE (général), 25.
PEYRONINQ (veuve), rayée de la liste des émigrés, 148.

Phalsbourg, 301.
Philadelphie, 493, 494.
Philadelphie (consul à), 434.
Philip, accusé, 67.
Philippi, sujet hollandais, 556.
Philippon (veuve), rayée de la liste des émigrés, 35.
Philippot, capitaine, 154.
Philippsbourg, 221, 235.
Piac (Lot), 70.
Pichard, rayé de la liste des émigrés, 636.
Pichegru (général), 539, 691.
Picot, chef de chouans, 695.
Picot (C.-M.), dit Coethual, rayé de la liste des émigrés, 646.
Picot-Laroche, assesseur de juge de paix, 242.
Picquery, commissaire du pouvoir exécutif, 341, 349.
Pie VI, 81, 119, 349, 350, 358-363, 385, 406, 437, 439-440, 717, 718.
Piémont, *Piémontais*, places piémontaises, 407, 434, 628, 644-645, 651, 654, 657, 701, 735, 761.
Pieracchi, envoyé du pape, 349, 350, 351, 358, 440.
Pierrefontaine (Doubs), 698, 699.
Pierrot (général), 381, 424.
Pignatelli, envoyé de Naples, 184, 438, 525, 742, 754.
Pihuit, rayé de la liste des émigrés, 694.
Pillé, accusé, 67.
Pilot-Dampierre (veuve), rayée de la liste des émigrés, 374.
Pinot, directeur de la poste à Bellevue-les-Bains, 744.
Pinet, représentant du peuple, 169, 723.
Piolat-Deville, complice d'assassinat, 513.
Pitt (Elisabeth), ex-religieuse, 171.
Places de guerre (conservation et police des), 218.
Plouigneau (Finistère), 317.
Poids et mesures, 212, 641.
Poignant, rayé de la liste des émigrés, 545.
Poissant fils, d'Amiens, 452.
Poissant, commissaire du gouvernement, 619.

Poisson (veuve), rayée de la liste des émigrés, 303.
Poitevin, chef de bataillon, 58.
Poitiers, 551.
Poitou, chef de brigade, 172.
Police militaire, 335, 336, 349.
Polissard (femme), rayée de la liste des émigrés, 631.
Polverel, commissaire à Saint-Domingue, 381.
Poncelet, capitaine, 553.
Poncet, émigré, 36.
Poncet (général), 18, 640.
Pons (de l'Aveyron), représentant du peuple, 464.
Ponsot (général), 132.
Pontacq (Basses-Pyrénées), 343.
Pont-d'Ain (Ain), 760, 761.
Porée, rayé de la liste des émigrés, 442.
Port des journaux, livres, etc., 138, 139, 140, 162, 427.
Port des lettres, 131, 149, 160, 169, 171, 173, 174, 214, 427.
Porta, prisonnier de guerre, 662, 663.
Portal, administrateur de la Haute-Loire, 168.
Porte Ottomane. — Voir *Turquie*.
Portiez, représentant du peuple, 418, 419.
Portugal, 195, 485, 552, 557-558.
Postes et messageries, administration des postes, 46, 49, 79, 131, 214, 424, 497, 616, 630, 662, 696.
Poterat, agent diplomatique, 55, 56, 276, 325, 335.
Pothier, commissaire de police, 280, 281.
Pottofeux, accusé, 67.
Poudres, salpêtres, 294, 619, 720.
Pouget (général), 96.
Poullaouen (Finistère), 73.
Poupardin du Rivage (veuve), rayée de la liste des émigrés, 497.
Poupart-Dorfeuille, concessionnaire de théâtre, 79, 80, 81.
Poupilier frères, rayés de la liste des émigrés, 57.
Pourceau (M. R.), rayée de la liste des émigrés, 714.
Pourtan, gendarme, 229.

DES NOMS ET DES MATIÈRES.   805

Pouzet, ex-chef de bataillon, 229,
Poyet, architecte, 115, 704.
Prats-de-Mollo (Pyrénées-Orientales), 294.
Prêtres réfractaires, reclus ou déportés, 3, 25, 46, 89, 102, 129, 238, 239, 292, 293, 342, 343, 346, 443, 471, 501, 512, 533, 603, 612-613, 615, 637 681, 683, 698.
Prêtres suisses, 461, 462.
Préville, rayé de la liste des émigrés, 375.
Prévôt, de Cherbourg, 171.
Prévôt (M. A.), rayé de la liste des émigrés, 530.
Prévôt-Bourgneuf, rayée de la liste des émigrés, 530.
Prévôt-Grosbois (S.), rayée de la liste des émigrés, 530.
Prieur, commissaire ordonnateur, 581.
Prigent, juge de paix, 511.
Priocca (du), ministre des affaires étrangères de Sardaigne, 644.
Prioul-Delalande-Guérin, rayé de la liste des émigrés, 536.
Prises maritimes, ventes de prises, 577, 624, 643, 706, 750.

Prisonniers de guerre, 177, 178, 257, 461, 708, 760,
Prisons, 366, 373.
Prisye, adjudant-général, 546.
Privat, lieutenant, 172.
Procédure, 204, 236, 659, 681,
Proclenté, secrétaire du Commissaire du Directoire dans le Bas-Rhin, 760.
Provence (comtesse de), 108, 583.
Prudhomme, chef d'escadron, 376.
Prudon, adjudant sous-officier, 366.
Pruneau, directeur général d'Entre-Rhin-et-Moselle, 13.
Prusse, gouvernement prussien, 99, 136, 223, 224, 230, 272, 300, 339, 364, 367, 434, 489, 492, 537-538, 539-542, 548, 739.
Puget (veuve), rayée de la liste des émigrés, 631.
Puget (général), 173, 281, 349.
Puget-Barbantane, 636.
Puissant, ex-ordonnateur de la marine, 714.
Pujeot (général), 381.
Puyraveau, député, 668.

Q

Quantin (général), — Voir Quentin.
Quasdanowich, général autrichien, 331.
Quatremère-Disjonval, adjudant-général, 578.
Quéand, déserteur, 319.
Quentin (général), 154, 172, 173, 177, 205, 453, 524, 589, 625, 629.
Querini, ministre de la République de Venise à Paris, 601, 754.

Question intentionnelle (abus de la) 47, 394, 395.
Quimet (général), 518.
Quinette (lieutenant), 172.
Quinquina, 83.
Quinson, rayé de la liste des émigrés, 159.
Quinsonnas (veuve), rayée de la liste des émigrés, 17.
Quintin-Beauvert ou Quentin-Beauvert, chef de brigade, 197, 261, 396.

R

Rabillat-la-Vazeille, rayé de la liste des émigrés, 113.
Raby, chef de bataillon, 399.
Racine (A.), rayé de la liste des émigrés, 374.

Radiation de la liste des émigrés, 35, 57, 58, 69, 82, 113, 147, 159, 170, 191, 226, 248, 255, 268, 275, 277, 303, 327, 374, 375, 385, 386, 390, 393, 404-406, 414-415, 424-425,

434-435, 441-442, 450-451, 462, 473, 474, 496, 497, 501, 502, 519-520, 530, 536-537, 545, 551, 559-560, 578, 599-600, 605, 606, 614, 618, 631-632, 636, 642, 646-647, 675, 694-695, 700, 705-706, 714-715, 720-721, 738, 740-741, 748, 750-751.
Ragot, adjudant du génie, 396.
Raguideau, commissaire du pouvoir exécutif, 23.
Raguse, 520, 598.
Rahu, ex-capitaine, 115.
Rallemont (de), rayé de la liste des émigrés, 374.
Rambouillet, adjudant-général, 58.
Ramel, adjudant-général, 58.
Ramel, négociant, 74.
Ramel, ministre des finances, 294, 495.
Ramus, fermier du Creusot, 427.
Rémond (B.), rayé de la liste des émigrés, 374.
Rapatel, capitaine, 374.
Rascure, président d'administration municipale, 478.
Rasentraten, cavalier, 5.
Rastadt, 99.
Ratisbonne, 333, 337, 339, 377.
Raulot (C.), rayée de la liste des émigrés, 69.
Ravenne. — Voir *Romagne*.
Ravenstein (pays de), 32, 33.
Raviox (G.), rayé de la liste des émigrés, 700.
Raynal-Latour, émigré, 415.
Raymond (Caroline), donataire du domaine d'Eyrans, 445.
Raynal, écrivain, 715.
Ré (Île de), 397.
Réal et Cie, négociants, 79.
Réal, défenseur officieux, 322, 406.
Redmann, homme de lettres, 616.
Recco, chef de bataillon, 367.
Recrutement. — Voir Réquisitionnaires.
Reconseille (F.-M. de), rayée de la liste des émigrés, 600.
Recusson, chef de brigade, 217.
Redot, capitaine, 230.

Référés, 287, 284, 317, 430, 511, 603, 661, 743.
Réflexions sur l'état actuel de la République, par Durban, 461.
Réfractaires. — Voir Réquisitionnaires.
Reggio (Italie), 244.
Régis (J. C.), rayé de la liste des émigrés, 750, 751.
Regnault-la-Contrie, commissaire du pouvoir exécutif, 39.
Régnieu, inspecteur général des armes portatives, 4, 156.
Rehaussen (de), envoyé de Suède, 267.
Reitzenstein (baron de), ministre de Bade, 363, 444.
Relation historique des campagnes de l'Armée des Pyrénées-Orientales, 4.
Religieuse (la), ouvrage de Diderot, 704.
Religieux, religieuses (ci-devant), 742.
Renoissant, adjudant-général, 518.
Renard, commissaire du pouvoir exécutif à Humes, 615.
Renard (époux), rayés de la liste des émigrés, 647.
Renard, sous-lieutenant, 707.
Renardville, de Saint-Quentin, 615.
Renaud, chef de bataillon, 172.
Renaud, ci-devant capitaine, 413.
Renchen (bataille de), 22, 27, 29.
Rennes, 167, 168, 204, 522, 714.
Renou, de Saint-Sauveur, 309.
Renouard-Saint-Loup, émigré, 534.
République batave. — Voir *Hollande*.
Réquisitionnaires, 5, 18, 25, 47, 55, 58, 59, 73, 74. 83, 131, 170, 220, 231, 264, 282. 320, 323, 387, 427, 443, 444, 452, 464, 481, 499, 510, 522, 531, 538, 539, 547, 556-557, 607, 614, 630, 652, 696, 716, 740, 761.
Réquisitions, 118, 164, 217, 218-219, 266, 300, 345, 398, 531, 579, 636-637, 654, 655, 678.
Résidence des fonctionnaires publics, 612.
Ressier (général), 650.
Rességuier, rayé de la liste des émigrés, 248.
Rétif-la-Bretonne, homme de lettres, 743-744.

REUBELL, membre du Directoire, 41, 138, 691, 742.
Reutenbourg (Bas-Rhin), 293.
Réveil du Peuple (Le), 115.
REVEL (DE), ministre plénipotentiaire de Sardaigne, 384, 439, 440.
REVERCHON, membre du Conseil des Cinq-Cents, 47, 69, 423, 744.
Révision (demandes en), 346.
Révision des jugements militaires, 529.
REY (général), 132, 701.
REY, de Chambéry, 412.
REYDELET, commissaire du pouvoir exécutif, 39.
REYNIER (général), 58, 676.
REYR, accusé, 67.
REYSE, 463.
Rhin (le), 312.
Rhin et Moselle (pays entre), 13, 14, 322, 553, 564-567, 579, 581, 636-637, 715-716, 739.
Rhinfelden, 241.
Ribérac (Dordogne), 660.
RICAUNET, locataire de bâtiments nationaux, 477.
RICHARD, déserteur, 319.
RICHAUD, représentant du peuple, 748, 749.
RICHERY, chef d'escadre, 301, 750.
RICHOU, représentant du peuple, 623.
RICORD aîné, ex-conventionnel, 67.
RIDEL, 36.
Rimont (Ariège), 472, 693.
RIPERT, directeur de jury, 129.
RIGAUD, chef de brigade, 376.
Riquewihr (Haut-Rhin), 295.
RIVALS, agent diplomatique français, 489, 547, 612.
RIVAUD, capitaine, 107.
RIVAUD, représentant du peuple, 529.
ROALDES, agent municipal, 70.
Roanne, 662.
ROBERT, de Lisy, 2.
ROBERT, rayé de la liste des émigrés, 191.
ROBERT, adjudant-général, 426.
ROBERT (L.-H.), rayée de la liste des émigrés, 631.
ROBERT (L.-J.-B.-L.), rayé de la liste des émigrés, 646.

ROBERT DE SAINT-VINCENT, émigré, 466.
ROBIN, chef de brigade, 707.
ROCHE (P. H.), rayé de la liste des émigrés, 375.
ROGÉ, lieutenant, 229, 336.
ROGEAU, sergent, 197.
ROGER, chef d'escadron, 153.
ROGER-DUCOS, conventionnel, 504.
ROGIER, commissaire du pouvoir exécutif, 341.
Rolduc (houillères de), 265, 524.
ROLLAND, sergent-major, 452.
Romagne, 62, 63, 64, 65, 350, 351, 410.
ROMAIN, agent secret, 284.
ROMAND (général), 172, 518.
Rome, 525,
Romorantin (Loir-et-Cher), 512,
ROQUES, dit CLAUSONNETTE, rayé de la liste des émigrés, 705.
ROQUEFORT (femme), rayée de la liste des émigrés, 268.
ROQUELAURE (J. A.), rayé de la liste des émigrés, 642.
Rosheim (Bas-Rhin), 292.
ROSSARD, émigré, 57, 60.
ROSSE (époux), rayés de la liste des émigrés, 599.
ROSSEL, manufacturier, 138.
ROSSEL, propriétaire de tableaux, 578.
ROSTAINGT, otage à Erfurt, 547.
ROSTAND (P.-A.-L.-M.), rayé de la liste des émigrés, 646.
ROTCH, auteur d'un mémoire adressé au Directoire, 753, 759.
ROTTMANN, libraire, 93.
ROUBAUD, messager d'État, 663, 653.
Rouen, 41, 162, 466, 488.
ROUFF, capitaine, 153.
ROUFIGNAC-SAINT-EXUPÉRY (frères), rayés de la liste des émigrés, 636.
ROUGEVILLE (Gousse), prévenu d'émigration, 114-115.
ROUJOT (veuve), 40.
ROUME-SAINT-LAURENT, commissaire à Saint-Domingue, 381.
ROUMENS, entrepreneur de travaux publics, 59.
ROUSSEAU, chef d'escadron, 376.

Rousseau et C¹ᵉ, entrepreneurs de fourrages, 445, 467.
Roussel, ex-commissaire des guerres, 47.
Roussel, rayé de la liste des émigrés, 191.
Roussel, agent municipal à Saint-Pierre, 698.
Rousset, agent secret, 284.
Roustouilh, sergent, 18.
Rouville, lieutenant, 480.
Roux (J.-J.), rayé de la liste des émigrés, 536.
Rouyer, représentant du peuple, 605.
Rovère, député, 604.
Royalisme, — Voir Chouans.
Royanet, percepteur, 534.

Royou, rayé de la liste des émigrés, 414.
Rozand, capitaine, 153.
Rozerieulle, rayé de la liste des émigrés, 414.
Rubis, chef de bataillon, 664, 697.
Ruffin, secrétaire interprète à Constantinople, 598.
Rutteau, chef d'escadron, 696.
Ruyneau, dit Saint-Georges, rayé de la liste des émigrés, 636.
Ruiz de Casaonentz, général napolitain, 184.
Russilion, receveur des sels de Berne, 599.
Ryard, rayé de la liste des émigrés, 69.

S

Saamslag (Escaut), 25.
Sabathé, de Plaisance (Gers), 50.
Sabatuié, agent municipal, 70.
Sablé, 177.
Sables-d'Olonne (les), 164.
Saboureux (général), 476.
Saffrey (E.), vice-consul d'Espagne, 697.
Sagnier dit Luigné, rayé de la liste des émigrés, 694.
Sahuguet (général), 437.
Saillans, chef royaliste, 389.
Saint-Amand (Nord), 49.
Saint-Aubert, prisonnier de guerre, 662, 663.
Saint-Aubin (Jura), 129.
Saint-Bonnet-du-Four (Allier), 292.
Saint-Brieuc, 2,701.
Saint-Calais (Sarthe), 430.
Saint-Clar (Gers), 685, 699, 701, 719.
Saint-Cyr. — Voir Gouvion-Saint-Cyr.
Saint-Denis (Seine), 511.
Saint-Domingue, 381, 382.
Saint-Exupéry (femme), rayée de la liste des émigrés, 327.
Saint-Fargeau (Yonne), 413.
Saint-Fieff (général), 716.
Saint-Fiest (général), 716.
Saint-Georges (bataille de), 686, 725.

Saint-Georges (Ille-et-Vilaine), 398.
Saint-Gilles (Ille-et-Vilaine), 161.
Saint-Girons, 344.
Saint-Haon-le-Châtel (Loire), 561.
Saint-Hilaire (général), 684.
Saint-Jean-d'Angély, 294.
Saint-Jean-du-Corail (Manche), 266.
Saint-Junien (Haute-Vienne), 620.
Saint-Lubin-des-Joncherets (Eure-et-Loir), 736.
Saint-Malo (Ille-et-Vilaine), 5.
Saint-Maixent, 623.
Saint-Marc-de-la-Bastide, ex-prêtre, agent municipal, 425-426.
Saint-Maurice (Eure-et-Loir), 677.
Saint-Morel (Ardennes), 242.
Saint-Nicolas (Escaut), 322.
Saint-Pierre (Eure), 698.
Saint-Pierre (Île de) [Sardaigne], 684.
Saint-Pierre-Lorouer (Sarthe), 72.
Saint-Pol (Pas-de-Calais), 582, 709.
Saint-Servan, 204.
Saint-Vaast (ancienne abbaye de), 42, 91.
Sainte-Croix, directeur de la Monnaie de Perpignan, 331.
Sainte-Suzanne (général), 83, 222, 249.
Saintré (Eure), 674.
Saisy (Saône-et-Loire), 48, 57.
Saliceti, commissaire du gouvernement à l'armée d'Italie, 31, 58, 63, 64, 65,

91, 119, 123, 124, 125, 185, 188, 190, 242, 243, 244, 245, 265, 281, 282, 183, 329, 331-332, 349, 350, 358, 367, 385, 406, 407, 408-409, 434, 439-440, 522, 523, 526-527, 580, 584-585, 652, 653-655, 657, 716, 717, 718, 751, 759, 760.
SALM (Rhingrave de), 489.
SALMON, soumissionnaire de bien national, 346.
Salo, 333, 336, 467.
SALOMON fils, de Blotzheim, 433.
Salpêtrière (hospice de la), 423.
SALZNER, réfugié mayençais, 380, 381.
Sambre-et-Oise (canal de), 615.
SAMSON, réfugié de Saint-Domingue, 399.
Sancerre, 577.
SANDOZ, du Locle, 40, 41, 603.
SANDOZ, officier suisse, 531.
SANDOZ-ROLLIN, ministre plénipotentiaire de Prusse, 272.
SANDRET (C.-J.-M.-J.), rayé de la liste des émigrés, 559.
SANÉ, ordonnateur de la marine, 723.
Sans-Culotte (le), corsaire, 600, 601.
SANSONNETTY, rayé de la liste des émigrés, 159.
SANTHONAX, commissaire à Saint-Domingue, 381.
SANTY, 118.
Sap (le) [Orne], 398.
SAPPEY, 124.
Sardaigne, Piémont, cour de Turin, 96, 107, 108, 109, 136, 281, 308, 369, 370, 434, 439, 440, 580, 582-584, 644, 645, 656, 657, 667, 701, 735.
Sarlat (Dordogne), 37, 748.
SARAGUEN, sous-lieutenant, 707.
Sas-de-Gand, 162.
SATUR, administrateur du Lot, 247.
SAUNIER, adjoint aux adjudants-généraux, 650.
SAURET (général), 333, 437.
SAUSSURE, professeur, 23.
SAUVAT, chef de brigade, 399, 664, 697.
Savoie, 109.

Savonnerie (Manufacture de la), 151.
Saxe (Électeur de), 739.
SCARPA, chirurgien, 91.
Sceaux (Seine), 412.
SCHALCH frères, négociants, 368.
SCHAUENBOURG (général), 701, 759.
SCHEPELER, négociant, 150.
SCHILZ (général), 518.
SCHLICKUM, négociant, 108.
SCÉPEAUX, chef de chouans, 217, 218.
SCHERB (général), 700.
SCHÉRER (général), 206, 312.
SCHMITZ, sous-lieutenant, 216, 217.
SCIARD, commandeur provisoire à Senlis, 376.
SCOTT, commandant à Chartres, 443.
Seclin (Nord), 257.
SECONDAT, dit ROQUEFORT, rayé de la liste des émigrés, 502.
SECONDAT-MONTESQUIEU, rayé de la liste des émigrés, 578.
Secours, 57, 72, 82, 87, 106, 149, 161, 164, 170, 194, 247, 258, 268, 274, 302, 325-326, 327, 348, 364, 366, 385, 422, 450, 462, 510, 520, 545, 552, 606, 620, 623, 671, 674, 694, 704, 713, 719, 739.
Sections de Paris, 169.
Sées (Orne), 444.
SEGUIN, prêtre émigré, 129.
SÉGUY, négociant, 404.
SEILLIÈRE (A.), rayé de la liste des émigrés, 600.
Sel (distribution, vente de), 424, 447, 448, 450, 599.
SELLIER, sous-lieutenant, 153.
SELLIER, sergent, 475.
Sels étrangers, 324, 581.
SEMY, chef d'escadron, 553.
SENEQUIER (A.-M.), rayé de la liste des émigrés, 442.
SENEQUIER (B.), rayé de la liste des émigrés, 451.
Senlis, 190, 191.
SENLON, vice-consul à Carthagène, 403.
Septembre (Massacres de), 102.
SERANNES, officier, 152.
Serments, 43, 202, 205, 238, 239, 247, 251, 257, 498, 603.

SERMOISE, commissaire du pouvoir exécutif, 341, 342.
SERURIER (général), 120, 121, 437.
SÉVÈNE, suspect d'agiotage, 43.
Sèvres (manufacture de), 151.
Sèvres, 178.
SGANZIN, ingénieur des ponts et chaussées, 522.
SHÉE, agent civil, 224, 532.
SHERLOCK, adjudant-général, 178.
SIDUET, juge au tribunal de cassation, 66.
SIEVEKING, plénipotentiaire de Hambourg, 495, 496.
SIMÉON, membre du Conseil des Cinq-Cents, 210, 211.
SIMÉON (J. J.), rayé de la liste des émigrés, 738.
SIMON (femme), rayée de la liste des émigrés, 159.
SIMON, capitaine, 153.
SIMON, adjudant-général, 174, 206, 518.
SIMON, officier du génie, 264.
SIMON, sergent-major, 282.
SIMON, dit GALISSON (femme), rayée de la liste des émigrés, 520.
SIMON, secrétaire de légation, 548.
SIMON, commissaire des guerres, 715.
SIMONNET, capitaine adjudant de place, 480.
Singrest (Bas-Rhin), 293.
SIRUGUE, chef de brigade, 118, 119.
Société du **Panthéon**, 70.
Société des **Patriotes**, 70,
Société du **Salon des Arts**, 561.
Société du **Salon des Muses**, 424.
Société du **Salon des Princes**, 70, 71, 424.
SOLAGES et GARRIGOU, concessionnaires de mines, 666.
SOLANET, rayé de la liste des émigrés, 228.
Solde des troupes, des officiers, 318, 319, 364, 580, 607.
SOLIGNAC, adjudant-général, 518, 546, 636.
Solingen, 152, 154, 155.

Solliès (Var), 321, 503.
SOLMS-BRAUNFELS (prince DE), 434.
SOLOMÉ, rayé de la liste des émigrés, 442.
SOMBREUIL, émigré, 252,
SOMBREUIL (citoyenne), 251-253.
SONGIS (général), 366.
SONNECK, fabricant de membres mécaniques, 38.
Sorel (Ardennes), 499.
Souabe, 312, 338, 344.
Souabe (cercle de), 728.
SOUCELIER (J.), rayé de la liste des émigrés, 606.
SOUFFLAND, brigadier de dragons, 708.
SOUHAM (général), 271.
SOULAVIE, homme de lettres, 215.
SOULIER-LORTAL, rayé de la liste des émigrés, 191.
SOUPAIS, agent secret, 284.
SOURDILLE (d'A.), rayé de la liste des émigrés, 714.
Sourds-muets, 254.
Sous-officiers, 445.
SOUVESTRE, commissaire des guerres, 253.
SPANOCCHI, gouverneur de Livourne, 61.
SPINDLER, ingénieur de la place de Huningue, 433.
SPINOLA, envoyé extraordinaire de la république de Gêne, 287-289, 305, 363, 364.
SPITAL (général), 172, 518.
STAËL (baron DE), ambassadeur de Suède, 266, 267.
STAMATI, consul de Moldavie, 600.
STAPPAL, agent municipal, 236.
STEIGNE, soldat, 108.
STILLIG, commissaire général de la navigation batave, 530, 531.
Strasbourg, 22, 265, 603, 708.
Suède, 266, 267, 600,
Suisse, Suisses, 246, 247, 324, 384, 581.
Suisses au service de la France, 724.
Sûreté générale, 52, 589-591.
SURGY, commissaire surveillant à Courtalin, 161.
Suze (Piémont), 26, 58, 281, 306.

T

Taffoureau, accusé, 67.
Taillebourg, rayé de la liste des émigrés, 268.
Talaru (C.-M.), rayé de la liste des émigrés, 473.
Talleyrand-Périgord (G.-M.), rayé de la liste des émigrés, 228.
Tallien, ex-conventionnel, 604.
Talleman, charretier des transports militaires, 532.
Talot, représentant du peuple, 377.
Tandeau-Marsac, rayé de la liste des émigrés, 327.
Tarascon, 147, 349.
Taron, 517.
Tartas, commissaire surveillant de papeterie, 68.
Tascher, rayé de la liste des émigrés, 303.
Taschoires, rayé de la liste des émigrés, 451.
Tassu, employé des hôpitaux militaires, 184.
Taverny (Seine-et-Oise), 54-55.
Télégraphe, 443, 452.
Tellier, rayé de la liste des émigrés, 148.
Templeuve (Jemmapes), 366-367.
Tessère (F.), condamné à mort, 511.
Teste, ci-devant commissaire du Directoire, 179, 180.
Testu, rédacteur de l'Almanach national, 537.
Texier, rayé de la liste des émigrés, 268, 269.
Texier de Norbec, ancien directeur de l'artillerie de la marine, 594.
Thann (Haut-Rhin), 46.
Théâtre **Feydeau**, 70.
Théâtre de l'**Odéon**, 79, 80, 81.
Théâtre du **Luxembourg**. — Voir **Odéon**.
Théodore (N.-D.), rayé de la liste des émigrés, 750, 751.
Théron, administrateur du Lot, 247.
Thibaudeau, sous-lieutenant, 229.

Thibeau, condamné pour vol, 745.
Thiberville (Eure), 737.
Thiébault et Thouras, acquéreurs de domaine national, 391.
Thierry, accusé, 67.
Thierry, chef de bataillon, 399.
Thiéry (E.-A.-J.), rayé de la liste des émigrés, 414.
Thiers (Puy-de-Dôme), 152, 153, 155.
Thillaye (J.-B.-J.), rayé de la liste des émigrés, 545.
Thilorier, inventeur de machine pour la remonte des bateaux, 396, 397.
Thirot, huissier du Directoire, 629.
Thivaudey, sous-lieutenant, 408.
Thoisy, rayé de la liste des émigrés, 113.
Tholmé (général), 58.
Tholosé, Noiret, Saint-Pol, Brossier, commissaires pour la démarcation de Sardaigne, 264.
Tholozé (général), 107.
Thomas aîné, négociant, 174.
Thomas, représentant du peuple, 665.
Thonon, 22.
Thorspecken, négociant, 150.
Thoumin, commissaire du Directoire, 434.
Threy (Doubs), 264.
Thugut, ministre autrichien, 460, 645, 754, 755-757.
Thurigny (Nièvre), 499.
Thurl, sous-lieutenant, 178, 384.
Thurot, traducteur, 171.
Tilly (général), 271, 406, 444-445, 607, 640.
Timbre, papier timbré, 241.
Tinguy (veuve), rayée de la liste des émigrés, 520.
Tinguy (frères), rayés de la liste des émigrés, 520.
Tombebeuf (femme), rayée de la liste des émigrés, 442.
Tonduty-Malzac fils, rayé de la liste des émigrés, 502.

Tongres, 342.
Tonneillier (A.), réputé étranger, 606.
Tort-la-Sonde, accusé, 322, 406.
Tortone, 91.
Toscane, 61, 62, 188, 242, 244, 245, 246, 350, 364.
Toucas, commissaire révoqué, 503.
Touchet, marchand et marinier à Nantes. 612.
Toulon, 365, 403, 465, 714, 759.
Toulouse, 36, 324, 447.
Toulouse, commissaire du pouvoir exécutif, 101.
Touret, garçon de bureau, 391.
Tournade (général), 708.
Tournaillon, adjudant de place, 553.
Toussaint-Louverture (général), 381, 424.
Traitements, indemnités, fournitures en nature, 56, 66, 82, 103, 117, 132, 135, 137, 138, 160, 165, 171, 172, 205, 212, 214, 237, 270, 290, 291, 324, 325, 326, 327, 384, 391, 396, 399, 423, 424, 429, 447, 451-452, 471, 475, 488, 499, 500, 501, 510, 513, 520, 532, 563-564, 609, 630, 651, 680, 715, 719, 720, 742, 744.
Traités d'alliance et de commerce, 758, 759.
Transit, 290, 395.
Transports et charrois militaires, 650.
Trant (Marie), Anglaise, 239.
Trappe, vice-consul de Prusse, 82.
Travot (général), 174, 206, 518.
Trente, 726.
Trentième cheval (levée du), 5, 367, 481, 613, 615.
Trésorerie nationale, 2, 24, 46, 48, 50, 71, 77, 87, 135, 182, 184, 226, 253, 254, 269, 272, 322, 423, 433, 513, 596, 605, 651, 680, 740, 742.

Tresseman, rayé de la liste des émigrés, 57.
Trèves, 266, 404.
Triage des titres. — Voir Archives.
Tribunal de cassation, 66, 88, 100, 180, 181, 202, 215, 216, 236, 257, 259, 278, 318, 342, 343, 353, 392, 393, 413, 430, 432, 444, 465, 511, 512, 534, 551, 603, 632, 693, 745.
Tribunaux, 60, 87, 88, 89, 90, 100, 101, 102, 120, 127, 128, 129, 130, 146, 147, 157, 158, 180, 181, 203, 204, 257, 263, 286, 317, 318, 320-321, 322, 341, 342, 343, 347, 392, 393, 394, 412, 413, 432, 444, 465, 477, 478, 510-511, 512, 513, 534, 551, 564, 567, 597, 603, 634-635, 661, 678, 701, 714, 737, 745,
Trieste, 436, 655.
Tripié, (veuve), rayée de la liste des émigrés, 675.
Trotonier, arrêté à Paris, 130.
Trouvé (B.), rayé de la liste des émigrés, 705.
Truffaut, de Pont-à-Tressin, 504.
Tugot, adjoint au génie, 107, 281,
Tuileries (jardin des), 40, 182, 294.
Tulles (G. A.), rayé de la liste des émigrés, 578.
Tuncq (général), 164, 286, 334, 337, 338, 452, 523, 625.
Tunis, 78.
Turcs, Turquie, 90, 267, 268.
Turenne (femme), rayée de la liste des émigrés, 17.
Turenne (maréchal de), 255.
Turgis, rayé de la liste des émigrés, 415.
Turnhout, 445.
Tyrol, 324, 336, 337, 434, 436, 524-525, 655.

U

Uchon, soldat, 18.
Université de Paris (professeurs de l'), 423.

Urvoy (femme), rayée de la liste des émigrés, 474.

DES NOMS ET DES MATIÈRES.   813

V

Vacances judiciaires, 551.
VACHETTE, soldat, 18.
VADIER, ancien conventionnel, 36, 67.
Vaguemestres, 680.
VAILLANT, de Châtillon-sur-Seine, 27.
VAILLANT, juge de paix, 746.
Vaine pâture, 276, 277.
Valais, Valaisans, 328, 474.
VALCROISSANT, ancien maréchal de camp, 406.
Val-des-Prés (Hautes-Alpes), 54.
Valence (Drôme), 219, 329.
VALENCE (veuve), rayée de la liste des émigrés, 148.
Valenciennes, 49, 195, 625, 638.
VALETTE (général), 368.
VALLADE (arrêté pour), 660.
VALLEAU, dit DURIVAGE (veuve), rayée de la liste des émigrés, 374.
VALLENET, commissaire du pouvoir exécutif, 701.
VALLETAUX (général), 172, 206.
VALLIN, aide de camp, 707.
VALLON-VILLENEUVE, chef de bataillon, 294.
Valmunster (Moselle), 446.
VALORY, adjudant-général, 634.
Valréas (Vaucluse), 513.
VAMPIERRE, sous-lieutenant, 376.
VANDAMME (général), 761.
VANDERKERKHOVE, charretier des transports militaires, 626.
VANDEVELDE, pétitionnaire, 602, 641.
VANDEWART, administrateur de département, 348-349.
VANET, lieutenant, 270.
VANTÉE, vice-consul de Suède, 306.
VANHERCK, facteur des postes, 72.
VAN HEYDEM, chef de brigade, 366.
VANIER (veuve), rayée de la liste des émigrés, 148.
VAN MOZELLE (époux), pétitionnaires, 270.
VAN ONSEM, agent municipal, 150.
VAN RECUM, fournisseur, 533.

Vans [les] (Ardèche), 316.
Varennes (Allier), 115.
VARIN (général), 172.
VAUBOIS (général), 437.
VARON, commissaire du pouvoir exécutif, 3.
VASSELOT, rayé de la liste des émigrés, 268.
Vassy (Haute-Marne), 250.
VASSY (DE), de Mousseval, 322.
VAUBLANC, représentant du peuple, 501.
Vauciennes (Oise), 273.
Vaud, 395.
Vemmel (Dyle), 150.
Venaissin (Comtat), 73, 361.
VENAULT (veuve), rayée de la liste des émigrés, 442.
Vendée (guerre de), 92, 321.
Vendôme, 358, 370-372, 373, 496, 519, 531, 550, 594, 595, 624.
Venise, Vénitiens, 122, 243, 246, 247, 333, 336, 350, 600, 601, 656.
Venlo, 290.
VENTURE, interprète à Constantinople, 598.
VERBIGIER, lieutenant, 270.
VERDIER (général), 366.
VERDIÈRE (général), 707.
VERGER, adjudant-général, 132.
VERGIS, chef de bataillon, 270.
VERGNE, accusé, 67.
VERGNETTE, rayé de la liste des émigrés, 35.
VERGNETTE (femme), rayée de la liste des émigrés, 35.
VÉRITÉ, adjoint municipal, 72.
VERNEUIL (femme), secourue par le Directoire, 545.
VERNIER, ci-devant quartier-maître, 521.
VERNINAC, chargé d'affaires de France à Constantinople, 684.
Vernoux (Ardèche), 736.
Vérone, 246, 336.
VERREAUX, chef de brigade, 153.
Versailles, 178, 498, 513.

VESTRIS, privé de son passeport, 633.
Vétérans, 88, 149, 579, 606.
VICTOR (général), 407, 684.
VIDAL, capitaine, 270.
VIDAL, ci-devant commandant temporaire, 650.
VIDALOT-DUSIRAC (général), 518.
VIEL, dit LUNAS (A. D.), rayé de la liste des émigrés, 647.
VIEL, dit RAFFETON, rayé de la liste des émigrés, 159.
Vienne (Isère), 117, 152, 153, 155.
Vierzon, 392.
Vieux-Brisach, 240, 286, 312.
VIGNOLLES (général), 366.
VILATTE, de Saint-Domingue, 382, 704.
Villaines (Mayenne), 392.
VILLARET-JOYEUSE, vice-amiral, 547, 723.
Villedieu (Loir-et-Cher), 532.
Ville-en-Woëvre (Meuse), 551.
Villefranche (Rhône), 498.
VILLEMIN, sous-lieutenant, 153.
VILLEMINOT, chef de bataillon, 90.

VILLEMONEY, commissaire du pouvoir exécutif, 59.
VILLEMOUNY, commissaire du pouvoir exécutif, 406.
Villeneuve (Landes), 425.
VILLERMÉ, aide de camp, 707.
VILLETARD, rayé de la liste des émigrés, 148.
VILLETARD, secrétaire de légation, 403, 404.
Villiers (Moselle), 44.
VILLOT (sœurs), non émigrées, 560.
Vincennes, 133, 197.
VINCENS (général), 746.
VINCENT-LE-ROI, prévenu d'émigration, 293.
Vire (Calvados), 564.
VIRIVILLE, lieutenant de gendarmerie, 329.
Visite (droit de), 104.
Visites domiciliaires, 591, 607-609.
Vitré, 204.
Vlodorp (Meuse inférieure), 402, 403.
VOILLOT, rayé de la liste des émigrés, 69.

W

Waës (Escaut), 332.
WAGEN, dit AGHAN, cultivateur, 231.
WANDEWICK, agent municipal, 25.
WARDENBURG, médecin, 47.
WARLUZELLE, garde-magasin, 612.
WARMÉ-JANVILLE, condamné, 534.
WARNIER-WAILLY (veuve), rayée de la liste des émigrés, 425.
WARTENSLEBEN, général autrichien, 166, 333, 336, 369, 578, 411-436, 486, 589.
WASSEMME, 218.
WATERS (T.), rayé de la liste des émigrés, 705.
WATRIN (général), 172, 206, 707.
Wauxhall (le) 115, 116.
WATTEVILLE, citoyen bernois, 476.
WAUTHIER, prisonnier évadé, 634.
WILKERS, consul de Prusse, 12.
WILLENS et DOTRENGE, fondés de procuration d'absents prévenus d'émigration, 416-421.

WILLOT (général), 245, 365, 624, 652, 739, 740, 759.
WIMPFEN (général), 138.
WIRION (général), 95, 287, 399-400, 475.
WOELWARTH (baron DE), envoyé extraordinaire et plénipotentiaire de Wurtemberg, 211, 291, 295, 632, 706.
WOLF TONE, partisan irlandais, 111, 112, 140-141, 213, 214.
WONTERGH (VAN) et Cie, fournisseurs, 636.
WOULFE (J. L.), rayé de la liste des émigrés, 738.
WURMSER, général autrichien, 121, 223, 331, 337, 343, 368, 369, 378, 379, 410, 436, 468, 655, 695, 703.
Wurtemberg, 211, 217, 291, 292, 295-298, 344, 374, 581, 600, 706, 707, 728, 729, 735.
WUSTEMBERG (ou WUSTENBERG), consul de Prusse, 13, 69.

X

Xaintrailles (général), 95, 396, 452, 709.

Y

York (duc d'). 240.
Ysebrant (Y.-T.-G.), rayé de la liste des émigrés, 497.

Yviquet (citoyenne), dite Saint-Gouslan, rayée de la liste des émigrés, 248.

Z

Zajonczeck, général polonais, 309.
Zimmer, capitaine destitué, 229, 230.
Zimmer, sous-lieutenant destitué, 230.
Zimmermann, messager d'État, 646.

Zorg (le), navire hollandais, 101.
Zwanziger et Rhodius, députés du cercle de Franconie, 552, 622.

SE TROUVE À PARIS

À LA LIBRAIRIE ERNEST LEROUX

RUE BONAPARTE, 28

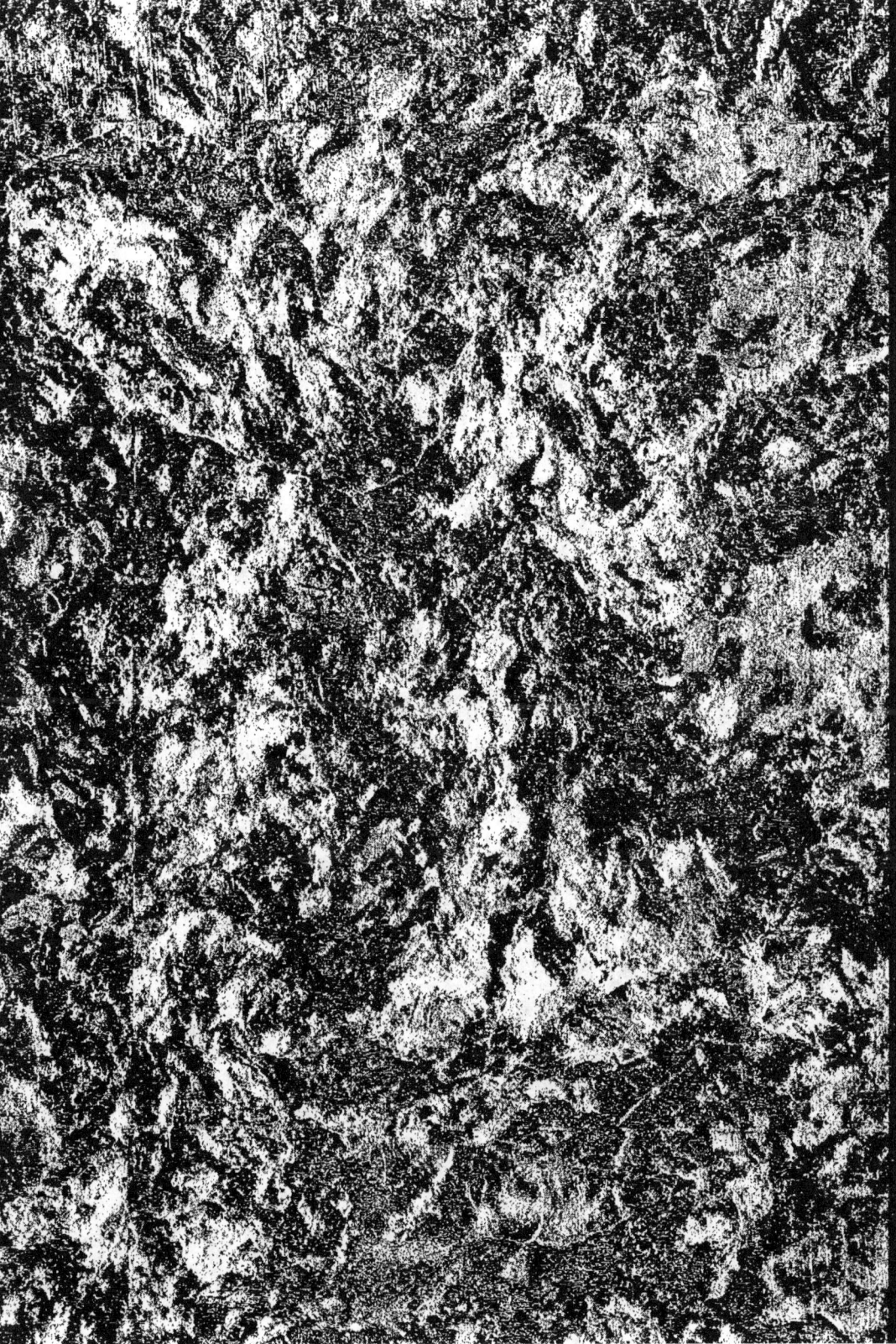